承德年鉴

2018 CHENGDE NIANJIAN

承德年鉴编纂委员会 编

方志出版社
Publishing House of Local Records

图书在版编目（CIP）数据

承德年鉴.2018/承德年鉴编纂委员会编.--北京：方志出版社，2019.3

ISBN 978-7-5144-3694-5

Ⅰ.①承… Ⅱ.①承… Ⅲ.①承德—2018—年鉴 Ⅳ.①Z522.23

中国版本图书馆CIP数据核字（2019）第040324号

承德年鉴（2018）

编　　者：承德年鉴编纂委员会

责任编辑：王海荣

出 版 人：冀祥德

出 版 者：方志出版社

地址　北京市朝阳区潘家园东里9号（国家方志馆4层）

邮编　100021

网址　http://www.fzph.org

发　　行：方志出版社图书经销中心

电话（010）67110500

经　　销：各地新华书店

印　　刷：承德金鼎源彩色印刷有限公司

开　　本：889×1194　1/16

印　　张：42.5

字　　数：937千字

版　　次：2019年3月第1版　2019年3月第1次印刷

印　　数：0001～1000册

ISBN 978-7-5144-3694-5　**定价**：296.00元

编辑说明

一、《承德年鉴（2018）》以马克思列宁主义、毛泽东思想、邓小平理论、“三个代表”重要思想、科学发展观、习近平新时代中国特色社会主义思想为指导，坚持辩证唯物主义和历史唯物主义的立场、观点和方法，努力提高编纂质量，为各级领导科学决策提供参考资料，为国内外读者了解承德提供年度最新信息，为纂修承德市志积累资料。

二、《承德年鉴》全面系统记述承德自然、政治、经济、文化、社会、生态文明建设等方面情况。

三、本年鉴在翔实记载2017年度承德市各方面取得的新成就、新经验的同时，兼有适当的年度比较，以便读者了解承德市情脉络。

四、本年鉴采用分类编纂，分为类目、分目、条目3个层次。

五、凡本年度逝世的副市级以上领导干部、省级以上劳动模范、专家学者及对承德发展有突出贡献的知名人士以人物简介形式入年鉴。

六、本年鉴计量单位以《中华人民共和国法定计量单位》为准，土地面积延用“亩”。

七、本年鉴各稿均由市直各有关部门及各县（市、区）地方志编纂委员会专人撰写，并经主管领导审定。全局性综合数据以市统计局提供为准，个别采用部门数据。

八、本年鉴中图片除特邀拍摄外均为供稿单位提供。

《承德年鉴(2018)》编纂委员会

名誉主任：周仲明　河北省人大常委会副主任、承德市委书记
主　　任：常丽虹　市委副书记、市政府市长
常务副主任：李晋宇　市委常委、市政府常务副市长
丁　伟　市委常委、秘书长、市直机关工委书记
副 主 任：王素芝　市人大常委会党组副书记、副主任
柴　山　市政协党组副书记、副主席
傅海旺　承德高新技术产业开发区党工委书记、管委会主任、河北省科学技术厅副巡视员
崔万峰　市政府秘书长、党组成员、市政府机关党组书记
袁丽枝　市纪委副书记、市监察委员会副主任
祁　军　市委副秘书长、办公室主任
刘树华　市政府常务副秘书长、市政府机关党组副书记
委　　员：李德昆　军分区政治工作处主任
段向东　市委组织部常务副部长
王　强　市委宣传部常务副部长
张立军　市委党史研究室主任
吴景新　市档案局（档案馆）局长（馆长）
梁世杰　市委宣传部副部长（兼）承德广播电视台台长、党委书记
贠连成　市人大常委会副秘书长、办公室主任
刘海峰　市政府党组成员、市发展和改革委员会主任、党组书记
栾志宏　市财政局局长、党组书记
房宝占　市人力资源和社会保障局局长、党组书记、市公务员局局长、市委组织部部务会成员

王国维　市教育局局长、党组书记、市委教育工委书记（兼）
李　威　市科技局局长、党组书记
朱守仓　市卫生和计划生育委员会主任、党组书记
董　宇　市文化广电新闻出版局局长、党组书记
曹金岗　市文物局局长、党组书记
王成军　市旅游发展委员会主任、党组书记
张　忠　市民族宗教事务局局长、党组书记
冯国杰　市统计局局长、党组书记
常金超　市民政局局长、党组书记
关利军　市住房和城乡建设局局长、党组书记
张富民　市政协副主席、民革市委主委、市交通运输局局长
刘宝龙　市农牧局局长、党组书记
王　江　市林业局局长、党组书记兼市绿委办主任
宋清礼　市工业和信息化局局长、党组书记
毕凤君　市政协副秘书长、办公室主任
佟伊民　市总工会常务副主席、党组书记
王立功　承德日报社社长、党组书记
杨玉甫　双桥区区委副书记、政府区长
王贺民　双滦区区委副书记、政府区长
高浚力　鹰手营子矿区区委副书记、政府区长
甄毓敏　围场满族蒙古族自治县县委副书记、政府县长
杨宪军　丰宁满族自治县县委副书记、政府县长
李　东　隆化县县委副书记、政府县长
刘志琦　承德县县委副书记、政府县长
曹佐金　平泉市市委副书记、政府市长
于　山　滦平县县委副书记、政府县长
杨海龙　宽城满族自治县县委副书记、政府县长
焦　军　兴隆县县委副书记、政府县长
奚晓红　市地方志办公室主任

《承德年鉴(2018)》

主　　　　编	奚晓红
副　主　编	迟卫国　　路海红
特约审稿	袁树森
编　　　　辑	路海红　　宋利大　　蔡国栋　　兰　岚 孙　杰
特邀图片编辑	王海琦
图片设计	曹　静
摄　　　　影	王海琦　　孙树峰　　衡晓博　　杜　森 郎　朗
翻　　　　译	王　斌

武烈河两岸城区

城市夜景(一)

承德市行政中心

承德高新区科技大厦

滨河公园

城市雕塑——马踏飞燕

承德高新区奥体中心

航拍承德市城区风貌

武烈河大桥夜景

承德市中心火神庙环岛

城市夜景(二)

12 月 5 日，联合国环境规划署宣布，中国塞罕坝林场建设者获得 2017 地球卫士奖

2018年6月30日，联合国副秘书长索尔海姆访问塞罕坝

塞罕坝林海

2017年8月30日，河北塞罕坝林场先进事迹报告会在北京人民大会堂举行

塞罕坝林场先进事迹报告会代表合影

刘军、齐淑艳夫妇坚守望海楼十年，守护塞罕坝百万亩森林

中央电视台采访扎根坝上的务林人

市委书记周仲明、市长常丽虹等市领导在旅发大会上

观星小镇

2017年9月25日至26日，首届承德市旅游产业发展大会在兴隆、滦平两县举办，大会以“旅居金山岭，漫游大燕山”为主题。游客在兴隆县主会场青松岭塞外江南水镇旅游景区畅游

兴隆山玻璃栈道

兴隆山游客集散中心

游客游览兴隆山

2017年9月26日，首届承德市旅游产业发展大会文艺演出在兴隆县拉开帷幕

首届承德市旅游产业发展大会文艺演出现场

2017 年 5 月 31 日，承德普宁机场正式通航，市委书记周仲明、市长常丽虹参加通航仪式

普宁机场通航仪式

飞机待起飞

图一

图二

图一、图二为京沈客专河北段铺轨

图一、图二为农村公路建设

平泉市架式栽培香菇

承德县苹果丰收

生态富农

工作人员在大唤起林场的育苗基地精心培育落叶松、樟子松幼苗

平泉市平菇栽培

围场县风力发电风机吊装现场

220 千伏输变电站一角

红松风电场一角

北汽福田生产线

颈复康颗粒德国自动包装生产线

承德苏垦银河连杆股份有限公司生产线

图一

图二

图一、图二乘坐火车到承德兴隆六道河镇赶大集成为北京人的一种新生活

2017年8月4日，被中宣部授予“时代楷模”荣誉称号、从承德走出去的“中国大兵”王锐，作为突击车的“掌舵者”，正和战友一起，用一场实弹演练向军旗致敬、向祖国汇报

2017年11月16日，宽城桲罗台镇的工作人员向潘家口水库西卜子村村民宣讲党的十九大精神

2017年1月13日，承德市足球协会成立

承德冰雪季暨2016—2017全国大众速度滑冰马拉松系列赛现场

2017"首农杯"承德御道口中国雪地摩托车越野锦标赛现场

雪地摩托

2017 承德赏花季暨第五届金山岭长城杏花节启动仪式

2017 承德赏花季暨第五届金山岭长城杏花节演出现场

目录

特　载

专　文

大　事　记

概　况

中共承德市委

承德市人大及其常委会

承德市人民政府

政协承德市委员会

纪检监察

民主党派

群众团体

军　事

法　治

综合管理

农　业

工业和信息产业

旅 游 业

商贸流通

银 行 业

保 险 业

城乡建设 环境保护

交 通

教 育

科 技

卫生计生

文　化

社会生活

县区及承德高新区、御道口牧场管理区

Discipline inspection and supervision

Democratic parties

Mass organizations

Military

Rule of law

Integrated management

Agriculture

Industry and information industry

Tourist industry

Business trade

The banking sector

The insurance industry

Urban and rural construction, environmental protection

Communications

Education

Science and technology

Health and family planning

Culture

Social life

Counties, districts, Chengde high-tech zone and Yudaokou pasture management district

Personages

Appendix

特载

政府工作报告

——2018年2月6日在承德市第十四届
人民代表大会第三次会议上

承德市人民政府市长　常丽虹

一、2017年工作回顾

刚刚过去的2017年，全市上下认真学习宣传贯彻党的十九大精神，全面落实中央、省委省政府和市委各项决策部署，紧紧围绕“12345”总体思路目标，攻坚克难，砥砺前行，较好完成了市十四届人大一次会议确定的目标任务，为建设新时代生态强市、魅力承德奠定了坚实基础。

经济发展取得新成绩。坚持稳中求进工作总基调，经济整体回升向好。全市实现生产总值1618.6亿元，增长7.1%；固定资产投资完成1732.5亿元，增长7.2%；规上工业实现增加值563.9亿元，增长5%；全部财政收入完成177.1亿元，增长20.5%；公共财政预算收入完成89.2亿元，增长8.6%。以上指标增速全省排位均居上游。大力实施重点项目建设“33591”工程，承钢钒钛高强冷轧板、青松岭文化旅游度假区等一批事关全局、支撑作用明显的重大项目顺利推进。农业稳步发展，粮食总产量达到138.4万吨，农业产业化经营率达到69.7%，功能农业培育取得新进展。经济发展内生动力进一步增强，现代服务业加快发展，消费对经济增长贡献率达到56.6%，第三产业税收贡献超出第二产业5.5个百分点。

转型升级迈出新步伐。坚持绿色发展不动摇，积极培育新动能。十大绿色产业加快发展，绿色产业增加值占GDP比重达到35%。高新技术产业增加值增长17.9%，高出工业12.9个百分点。坚定不移去产能，圆满完成压减炼钢产能190万吨、炼铁产能104万吨、煤炭产能48万吨目标任务。加快传统产业改造提升，工业技改投资增长30%，新增规上工业企业55家。大力培育大智移云产业生态，德鸣大数据小镇、华明服务外包产业园等项目加快建设，博彦科技、软通动力等软件外包企业落户承德高新区，承德县高新区列入国家新型工业化（大数据）产业示范基地。成功举办首届全市旅游产业发展大会，一批旅游业新景区、新业态应运而生，全市游客接待量5796万人次、旅游总收入679亿元，分别增长25%和35%，荣获全国“厕所革命”十大优秀城市奖。

脱贫攻坚取得新进展。坚持精准扶贫精准脱贫，创新实施“八措并举”组合拳，全力推动脱贫攻坚向纵深发展。16.25万贫困人口实现稳定脱贫，“政银企户保”“三零”扶贫新模式在全国全省推广。大力推进产业扶贫，食用菌、林果、马铃薯等九大特色产业，帮助12.1万困难群众摆脱贫困、走向富裕。全国产业扶贫现场会在平泉召开，围场列入国家农业可持续发展试验示范区。易地扶贫搬迁“两区同建”完成45个安置小区、1.01万人的新居建设任务。积极实施万户阳光扶贫工程，建成村级电站131个、户用光伏1.24万个，带动2万“三无”特困户实现稳定增收。全面推开“632”医疗保障救助扶贫模式，为68.66万人次困难群众增报医疗费用2.6亿元。扎实推进美丽乡村建设，建设省级美丽乡村精品片区4个，围场、滦平、隆化等县的美丽乡村实现成线连片，农村人居环境显著改观。

生态文明建设达到新水平。习近平总书记对塞罕坝建设者感人事迹作出重要指示，塞罕坝被联合国授予“地球卫士奖”，被省委省政府授予“生态文明建设范例”，全国掀起学习弘扬塞罕坝精神热潮。坚持全民共治、源头防治，打赢蓝天保卫战，PM2.5平均浓度35微克、下降12.5%，提前三年达到国家二级标准。市区优良天数达到291天，继续保持京津冀前列。持续开展国土绿化行动，新增造林绿化62.5万亩，森林覆盖率达到57.67%，成功创建国家森林城市。加大矿山整治修复力度，完成复垦披绿、取缔关闭、绿色改造矿山各100家。加强水污染防治，市县乡村四级全部建立“河长制”。全面取缔潘家口水库网箱养鱼，潘家口水库水质从Ⅴ类提升至Ⅲ类。系统推进生态建设体制机制改革，《水源涵养功能区保护条例》立法工作顺利推进。启动国家绿色发展战略环评和“三线一单”试点，对丰宁、兴隆开展领导干部自然资源资产离任审计，在围场县实施GEP核算体系试点，承德特色的生态文明建设法制和制度体系加快构建。

协同发展实现新突破。认真落实京津冀协同发展重大国家战略，在对接和服务京津中加快发展。实施与京津合作项目295个，完成投资610亿元。天津中德应用技术大学承德分校项目加快建设。交通基础设施一体化全面提速，京沈高铁承德段全线铺轨，承平高速即将全面开工。承德机场正式通航，开通6条航线、通达7个城市，旅客吞吐量达到14.6万人次，实现了承德人民多年翘首以盼的“蓝天梦”。深入实施“一带三区”城市发展战略，加快推进“五城联创”，成功争创首批省级文明城市，并再获全国文明城市提名资格，围场、滦平和平泉三县（市）荣获首批省级文明县城和文明城市称号，平泉成功获批县改市。全市常住人口城镇化率达到50.7%，中心城区辐射力增强，县城建设提质提速，协同发展承载力进一步提升。面向珠三角开展精准招商，中美友谊示范农场建设正式启动，对外开放深度广度进一步拓展。

改革创新释放新活力。坚持改革引领、创新驱动，发展活力明显增强。继续深化“放管服”改革，取消下放行政许可事项11项，市县行政审批局全部挂牌，市级行政审批流程再造迈出实质步伐，行政审批效率提高60%。实行“多证合一”改革，新增市场主体3.96万户。市属31家国有破产企业遗留问题基本解决，安置职工1.19万人。国控集团及下属六大产业集团全部实行年薪制，资本运营机制进一步完善，直接支持发展资金55.5亿元，撬动社会资本126.9亿元。新增上市企业10家。市级9家公立医院实行药品零差率销售。大力实施科技创新，新增院士工作站6家、高新技术企业37家，实现了倍增目标；科技型中小企业新增427家、达到1317家。农村综合改革扎实推进，农村土地承包经营权确权基本完成，土地流转率达到32.1%。农民专业合作社实现村级全覆盖，双滦区农村集体资产股份制改革经验在全国推广。国有林场改革、供销社改革、城管综合执法改革走在全省前列。

民生保障水平得到新提升。坚持以人民为中心的发展思想，尽心竭力改善民生福祉。十四届人大一次会议上向全市人民承诺的“十项民生工程”20件惠民利民实事全部完成。财政民生投入占公共财政预算支出的85%，达到281.1亿元。城乡居民人均可支配收入达到27042元和9682元，分别增长8.8%和10.8%。新增城镇就业5.48万人，高校毕业生就业率达到95.4%，城镇登记失业率3.53%。全市新建、改扩建各类学校52所，中心城区新建中小学校15所，隆化县、兴隆县义务教育均衡发展通过国家验收，双桥区通过省级验收，义务教育均衡发展水平进一步提高。城乡居民医疗保险、养老保险参保率分别达到95%和99%，为14万失地农民解决养老保险遗留问题。中心城区长期护理保险试点启动实施。改造棚户区6668套、农村危房2.7万户，95%的房地产开发遗留问题得到解决。启动实施基层医疗卫生服务"雨润工程"，市县34家医院建立对口帮扶协作关系。承德民族团结清文化展览馆和博物馆、冰上运动中心等文化体育设施主体完工，"21世纪避暑山庄"文化旅游产业园跻身全国首批示范园区创建行列。安全生产、食品药品安全形势保持平稳，法治承德、平安承德建设扎实推进，社会和谐稳定局面进一步巩固。

一年来，我们坚决落实全面从严治党各项部署，深入开展"两学一做"学习教育，认真执行中央"八项规定"和实施细则，驰而不息纠正"四风"，扎实推进微腐败专项整治和"一问责八清理"专项行动，加大行政监察和审计监督力度，进一步巩固强化反腐败斗争压倒性态势，政府系统作风建设取得显著成效。我们忠实履行宪法和法律赋予的职责，自觉接受人大法律监督与工作监督、政协民主监督以及社会监督、舆论监督，共办理人大代表建议281件、政协提案357件，按时办复率均为100%。我们进一步巩固军政军民团结局面，国防动员、优抚安置工作不断加强，荣获全省双拥模范城"九连冠"。人口计生、民族宗教、新闻出版广电、外事侨务、人民防空、史志档案、统计调查、气象地震、防灾减灾、对口援疆、邮政通信、妇女儿童、老龄、残疾人等工作取得新成绩。

各位代表，过去一年全市经济社会发展取得的成绩和进步，是习近平新时代中国特色社会主义思想领航定向、伟大实践的结果，是省委、省政府和中共承德市委正确领导的结果，是全市人民勠力同心、拼搏进取的结果。在此，我代表市人民政府，向全市383万人民，向人大代表、政协委员，向各民主党派、工商联、无党派人士和人民团体，向驻承德人民解放军、武警部队官兵和政法干警，向一直以来关心和支持承德经济社会发展的国内外各界朋友，致以崇高的敬意和衷心的感谢！

各位代表，在看到来之不易成绩的同时，我们也清醒地认识到，发展中还存在不少差距和问题，必须时刻保持强烈的责任感、紧迫感和忧患意识。主要是：经济总量小、底子薄、基础差的基本市情尚未根本改变，补短板、强弱项任务繁重；产业结构不合理，壮大实体经济尤为紧迫，经济发展质量亟待提升；贫困面大、贫困程度深，脱贫攻坚任务十分艰巨；科技创新水平不高，高层次人才匮乏，企业以创新引领发展的内生动力不强，新旧动能转换迫在眉睫；公共服务基础设施欠账较多、能力偏弱，社会治理、社区管理需进一步加强；安全生产、环境保护、金融秩序、政府债务、社会稳定等方面风险不容忽视，应对的压力和挑战较大；营商环境不优，开放水平不高，一些工作人员不担当不作为，形式主义、官僚主义等四风问题和消极腐败现象还不同程度存在，政府服务能力、质量和效率尚需大力改善。对这些问题，我们决不回避、决不推脱，一定拿出更加精准有力的举措认真加以解决，以新的发展成效回应全市人民的期盼和重托。

二、2018年工作总体要求

今年是全面贯彻党的十九大精神的开局之年，是改革开放40周年，是决胜全面建成小康社会、实施"十三五"规划承上启下的关键一年，做好今年工作至关重要。中国特色社会主义和经济发展进入新时代，承德的发展站在了新的历史起点上。我们一定要坚决贯彻习近平新时代中国特色社会主义思想，一定要坚决落实习近平总书记对承德作出的“定位于建设京津冀水源涵养功能区，同步考虑解决京津周边贫困问题”重要指示，一定要大力弘扬“牢记使命、艰苦创业、绿色发展”的塞罕坝精神，牢牢把握历史性窗口期和战略机遇期，乘势而上，只争朝夕，团结奋斗，用实干实政实绩书写贯彻落实党的十九大精神的生动篇章。

进入新时代，我们必须践行新理念、把握高质量发展新要求。新时代的发展，是追求更高质量、更有效率、更加公平、更可持续的内涵式发展，是承德摆脱传统路径依赖、实现跨越赶超的转型发展。我们必须牢固树立大质量观，让新发展理念深深植根于头脑、落实于行动，使创新成为第一动力、协调成为内生特点、绿色成为普遍形态、开放成为必由之路、共享成为根本目的，切实把高质量发展贯穿于经济社会发展各领域、全过程，以高质量发展引领转型升级，推动承德经济爬坡过坎、破茧成蝶。

进入新时代，我们必须肩负新使命、提升绿色发展新境界。承德作为京津冀水源涵养功能区和全国全省脱贫攻坚主战场，做优生态、全面脱贫两大政治任务历史地落在了我们肩上。我们必须牢固树立生态优先的发展理念，调高思想标尺和工作标尺，正确处理生态与发展之间的关系，坚持绿色发展要求，摒弃粗放落后的发展方式，用实际行动践行“两山”理论，坚定不移走生态优先、绿色发展之路，筑牢承德永续发展的根基命脉。

进入新时代，我们必须直面新矛盾、回应人民群众新期待。承德作为革命老区、民族地区和欠发达地区，发展不平衡不充分问题较为突出，城乡群众在就业、上学、看病、社保等方面还有不少操心事、烦心事，公共服务的能力和水平与人民群众对美好生活的期待相比还有不小的差距。我们必须始终把人民群众放在心中最高位置，把人民群众是否拥护、赞成和满意作为检验工作的最高标准，下大力解决好人民群众的现实困难，维护好人民群众的切身利益，一件事接着一件事抓、一年接着一年干，不断提高人民群众的获得感、幸福感。

进入新时代，我们必须抢抓新机遇、创造担当干事新业绩。党的十九大吹响建设社会主义现代化国家的前进号角，催人奋进；党中央实施京津冀协同发展、扶贫攻坚、生态文明建设等重大国家战略给我们带来的历史机遇，千载难逢；省委省政府支持承德走生态保护与绿色发展双赢之路，建设生态文明先行示范区，力度空前；塞罕坝建设者所创造的人间奇迹、所展现的时代精神就在我们身边，鼓舞斗志；承德政通人和万事兴的良好政治生态业已形成、区位和交通优势日益彰显。只要我们振奋精神，抢抓机遇，奋力拼搏，就一定能够谱写出无愧于时代、无愧于历史、无愧于人民的辉煌篇章！

今年政府工作的总体要求是：全面贯彻党的十九大精神，坚持以习近平新时代中国特色社会主义思想为统领，认真落实习近平总书记对河北、对承德作出的重要指示要求，按照省委九届六次全会和市委十四届三次全会总体部署，坚持稳中求进工作总基调，坚持高质量发展，坚持生态优先、绿色发展，紧紧围绕“12345”总体思路目标和“三区一城”发展定位，深化供给侧结构性改革，加快建设现代化经济体系，奋力开创新时代“生态强市、魅力承德”建设新局面，为打赢脱贫攻坚硬仗、决胜全面建成小康社会、谱写中华民族伟大复兴中国梦的承德篇章奠定更加坚实的基础。

今年全市经济社会发展的主要预期目标是：生产总值增长6.8%，规上工业增加值增长5%，服务业增加值增长10%以上；全部财政收入和公共财政预算收入均增长7%；固定资产投资增长6.5%；社会消费品零售总额增长11%；出口总值和实际利用外资均增长5%；城乡居民人均可支配收入分别增长 8% 和 10%；PM2.5 平均浓度、地表水环境质量及化学需氧量、二氧化硫、氨氮、氮氧化物减排完成省下达目标，万元生产总值能耗下降 4%；城镇登记失业率控制在 4.5% 以内。

上述目标，既符合高质量发展的时代要求，与我市“十三五”规划目标相衔接，又为调整优化经济结构留出空间，符合中央和省对承德的定位，符合我市的发展实际。我们要解放思想，奋发作为，撸起袖子加油干，苦干实干拼命干，努力创造新时代承德发展的崭新业绩！

三、2018 年重点工作

实现全年工作目标，必须统筹兼顾、把握关键，以重点突破活跃带动全局。着力抓好十个方面工作：

（一）大力推动经济高质量发展。坚持质量第一、效益优先，以高质量发展引领转型升级，以高质量发展打造竞争新优势，以高质量发展赢得未来。

以高质量投资增强发展后劲。把项目建设作为重中之重，深入实施重点项目建设“三年攻坚行动”和“四个一”工程，谋划储备重点项目 1000 个以上，重点推进超 10 亿元项目 100 个以上，实施超亿元项目 1000 个以上，完成投资 1200 亿元以上，绿色产业项目投资占比达到 60% 以上。落实落细“六个一”包保、“七人小组”、“工作专班”和“通报约谈”等项目建设工作机制，着力保障重点项目土地供给，着力净化项目周边环境，着力提高土地“亩均效益”。推动特变电工、北京热力等一批重大项目落地，中电信息产业园、崔梨沟滑雪度假小镇加快开工建设，以高质量投资支撑全市经济实现量的增长、质的提升。

以高质量服务壮大实体经济。着力支持以绿色制造业为核心的实体经济加快发展，推进经济结构优化调整，制定出台支持实体经济发展的若干措施，推动资金、技术、人才等生产要素向实体经济集聚。落实国务院“降税、减证、提标”三项措施，降低实体经济交易成本。实施 100 家重点骨干企业帮扶行动，大力优化企业发展环境，切实为企业发展解难题、办实事。力争新增规上工业企业 40 家、“专精特新”中小企业 12 家、市场主体 2.8 万户。围绕我市优势产业组建行业协会，增强企业契合发展优势。加强企业家队伍建设，组织企业家到发达国家和地区培训，开阔视野，提高素质。制定鼓励民间资本投资政策措施，力争民营投资占固定资产投资比重达到 75% 以上，民营经济增加值增长 6.5% 以上，让民营经济活力充分迸发。

以高质量供给扩大消费需求。深入开展增品种、提品质、创品牌专项行动，在中高端消费、绿色低碳、共享经济、现代供应链等领域培育新增长点，着力增强消费对经济发展的基础性作用。加快发展现代物流、金融保险等生产性服务业和医疗康养、便民商业等生活性服务业，推进怡达集团、远通集团等 9 个京津冀一小时流通圈项目建设。加快实施电子商务进农村进社区和“互联网 + 流通”战略，扶持梵纳瑞等跨境电商做大做强，推动 60% 以上大型零售企业实现线上线下融合发展，鼓励“大槐树”等电商企业扩大农产品在线交易，全市农产品上行规模增长 10% 以上，电子商务交易额增长 20% 以上，服务业对经济增长的贡献率达到 67% 以上。

（二）大力培育现代化经济体系。以培育壮大十大绿色产业为主抓手，积极探索构建现代化经济体系的机制和路径，力争绿色产业增加值占 GDP 比重再提高 5 个百分点、达到 40% 以上，绿色产业竞争力进一步增强。

推动传统产业迈向中高端。制定实施加快推进工业转型升级的指导意见，与深圳合作建立市级“工业设计”中心，打造“设计 +”产业链。实施新一轮亿元以上技改升级项目 80 个，传统工业向数字化、网络化、智能化、绿色化转变。强力推进钒钛产业向中间产品、钒钛新材料发展，支持承钢钒钛产业园、天大钒业高端合金、建龙钒氮合金等项目快速推进，加快产业链条向绿色化高端化延伸，提高国际国内市场占有率，钒钛产业主营业务收入达到450亿元。强力推进装备制造业智能化发展，培育壮大军民融合产业，推动输送装备、智能仪器仪表等传统产业做优做强，支持比亚迪新能源汽车等龙头企业扩大产能、开拓市场，装备制造业产值增速达到10%以上。强力推进新型建材产业产学研一体化发展，提高集成服务、链式配套能力，力争产值达到200亿元。强力推进绿色食品及生物医药产业发展，支持平安高科、天原药业等企业扩规模增效益，农产品加工业总产值增长8%以上。

推动新兴产业撑起新天地。围绕建设京津冀大数据综合试验区和国家绿色大数据中心，进一步完善大数据基础设施，建成与北京大数据直通直连网络。大数据产业从存储向研发、应用延伸，构建完整的大数据产业链条。加快德鸣大数据产业园、中经承园等重点项目建设，大数据产业产值实现倍增。围绕建设“中国高锶矿泉城”，做大做强本土企业，积极引进品牌企业，提高矿泉水产业产品销售量、市场占有率、品牌影响力，新增产能100万吨。围绕建设国家级清洁能源产业基地，推动风电基地二期项目建成投产，加快丰宁抽水蓄能电站工程建设，清洁能源电力装机达到700万千瓦以上，发电量达到100亿千瓦时。围绕建设京津冀节能环保产业基地，加快高新区节能环保产业园建设，节能环保产业产值达到100亿元以上。

推动文化旅游产业再升级。瞄准国际旅游城市建设目标，加快建设“一核、两带、五大板块、六个旅游度假区”，双桥、滦平等6个县区完成全域旅游示范区创建任务，为2019年我市建成国家全域旅游示范城市奠定坚实基础。举全市之力承办好第三届河北省旅游产业发展大会，重磅推出“国家1号风景大道”承德旅游金字招牌，高水平建设中国马镇、契丹部落等六大组团20个精品项目，倾力打造“木兰秋狝大典”“马秀”两台大型实景演出，实现精彩、震撼、超越的目标。下大力完善旅游基础设施，培育航空体验、房车营地、VRAR等新兴旅游业态。金山岭长城建成国家AAAAA级景区，兴隆山等一批景区提档晋级。新建游客服务中心27个、旅游厕所200个、停车位2万个以上。深度实施“旅游+”战略，加快发展文化创意、影视演艺、数字传媒等文化产业，国家图书馆文献战略储备库开工建设，承德北京影视基地等一批重大项目落地实施。打造宽城满族风情、兴隆塞外江南、营子山楂小镇等23个品牌特色小镇。组建承德演艺集团。举办中国承德非物质文化遗产大展。大力发展冰雪运动，积极承办重大冰雪赛事，承德市冰上运动中心建成投用，文化旅游业对经济增长的贡献率进一步提升。

（三）大力推进精准扶贫精准脱贫。以更大的决心、更实的举措、更严的要求，进一步深化“八措并举”组合拳，推动脱贫攻坚向纵深发展，确保11万贫困人口实现稳定脱贫，兴隆、滦平、承德县摘帽出列。

向重点区域人群聚焦发力。持续加大对丰宁、围场、隆化3个深度贫困县72个深度贫困村的支持力度，扎实开展基础设施和公共服务提升工程。积极推进易地扶贫搬迁“两区同建”，确保去年开工的52处集中安置小区今年全部竣工。加大政策兜底保障力度，在巩固提升“632”医疗保障救助扶贫成果基础上，探索引入商业保险，进一步减轻群众医疗负担，让贫困群众就医有兜底、看病不再愁。

向特色扶贫产业聚焦发力。加快打造“五个百万基地”“一环六带”扶贫产业带，着力发展林果、蔬菜、食用菌、中药材等九大特色扶贫产业，继续推进以肉牛、马铃薯等产业为主导的跨县连片扶贫产业聚集区建设，加快推广“互联网＋扶贫”新模式，培育扶贫龙头企业610个，扶持产业扶贫示范村80个、乡村旅游贫困村120个，新增村级光伏扶贫电站645个、户用光伏1.5万个，确保贫困村、贫困户产业项目全覆盖。

向创新扶贫机制聚焦发力。完善社会帮扶机制，充分发挥中省直、京津及唐山市对口帮扶作用，选优派强190个市直和563个县市区直驻村工作队。巩固金融扶贫机制，“政银企户保”实现全覆盖。建立长效机制，扶贫与扶志、扶智相结合，激发贫困群众脱贫致富的内生动力。强化责任机制，深入开展扶贫领域腐败和作风问题专项治理，严格资金和项目全程监管，严格评估考核和追责问责，使扶贫工作得到群众认可、经得起历史检验。

（四）大力实施乡村振兴战略。紧紧围绕“产业兴旺、生态宜居、乡风文明、治理有效、生活富裕”总要求，加快编制乡村振兴总体规划和实施方案，实现乡村振兴战略开好局、起好步。

着力提升现代农业。大力推进农业产业化，加快构建“龙头企业＋基地＋园区＋合作社＋农户”的农业产业经营机制，培育市级以上龙头企业50家，实施千万元以上产业化项目160个，大幅提高农业综合效益。突出发展科技农业，积极争创国家农业高新技术产业示范区，转化落地农业新技术成果20项以上，构建全产业链技术支撑体系。突出发展绿色农业，加快创建省级农业绿色发展示范市，扩大绿色有机产品规模，新增高效节水灌溉面积9万亩。突出发展质量农业，健全质量追溯体系和监管体系，农业标准化生产覆盖率达到60%，平泉、双滦建成国家级农产品质量安全县（区）。突出发展功能农业，立足建设全国功能农业扶贫综合示范区，打造功能农业田园综合体，加快建成辐射京津冀、一二三产融合发展的功能农业“智慧中心”。力争新增国家地理标志保护产品11个。加快种植结构调整步伐，年内调减籽粒玉米30万亩。

着力打造美丽乡村。深入实施农村人居环境整治三年行动计划，加强农村建设规划管控，保护乡村风貌，开展田园建筑示范，新建一批高水平的美丽乡村精品片区。多渠道增加投入，补齐农村基础设施和公共服务短板，新改建农村公路900公里，实施农村电网改造项目785个，推进行政村4G网络全覆盖，农村垃圾处理率达到90%，卫生厕所普及率达到57%以上，行政村主街道硬化率达到100%。建管并举，建设广大农民安居乐业的美丽家园。

着力培育新型农民。加强农村思想道德建设，促进形成良好家风、淳朴民风、文明乡风。发挥妇联、共青团等群团组织和农村红白理事会等各类基层群众自治组织作用，通过修订完善村规民约，开展丰富多彩、形式多样、喜闻乐见的群众性活动，培树一批文明家庭和文明个人，教育引导群众自觉抵制不孝敬不赡养老人、婚丧嫁娶大操大办、索要高额彩礼、封建迷信等不良风气，传承弘扬中华民族传统美德。加强农民职业技能培训，培养新型职业农民，提高农民增收致富本领。支持大中专毕业生和农民工返乡创业，为新农村建设培养一批骨干和带头人。

（五）大力推进生态文明建设。承德作为塞罕坝精神的发源地，生态文明建设必须自我加压、调高标尺，持续巩固放大生态优势，努力建设国家生态文明先行示范区。

坚定不移打好水环境整治攻坚战。以全面落实市县乡村四级“河长制”为总抓手，坚决落实国家“水十条”、省“水五十条”，标本兼治、长短结合，全面改善和提升水环境质量。采取污水处理厂增能提质、垃圾整治、治企断源、舍饲禁牧、园区养殖、粪便集中处理、绿色种植、河道修复等综合措施，实施水污染防治“三年百项重点工程”，今年开工治理项目48个。完善上下游联防联控机制，实行“一断面一策、一源一档”管理，推行第三方治理，完成全市13个国家考核地表水环境质量自动监测站建设，确保水环境质量“长治久清”。

毫不放松打好蓝天保卫战。制定实施大气污染防治三年作战计划和冬季清洁取暖三年规划，严格落实“1+18”政策体系，开展太阳能、地热、电代煤气代煤等清洁方式试点，新增集中和清洁供热面积300万平方米，环境空气质量自动监测站实现乡镇全覆盖，PM2.5平均浓度控制在35微克以下。

一招不让打好国土治理持久战。开展国土绿化三年行动，深入实施京津风沙源治理、京冀津冀水源林、山水林田湖修复试点等重大生态项目建设。继续推进国家绿色矿业发展示范区建设“6743”工程，造林绿化65万亩，治理水土流失面积500平方公里。实施生态保护红线勘界定标，加强风景名胜区和自然保护区管理。严格落实“土十条”，建立固体危险废物全过程监管制度，启动化肥农药零增长行动，加强农业面源污染防治，全力维护土壤环境安全。

积极创新完善生态文明体制机制。发挥塞罕坝全国生态文明建设范例的示范作用，编制实施《塞罕坝机械林场及周边地区可持续发展规划》，进一步提升坝上地区生态建设水平和综合发展能力。围绕《水源涵养功能区保护条例》的颁布实施，深化自然资源资产负债表应用，开展绿色GDP统计试点，进一步扩大领导干部自然资源资产离任审计试点范围。推动与京津建立多元化生态补偿机制，探索用能权、碳排放权、排污权等生态产品交易模式，打造辐射京津冀的生态产品交易市场。大力推进绿色循环低碳发展，促进形成绿色生产方式和生活方式。加强环境保护执法监管，严厉打击环境违法违规行为，坚决守住生态保护底线，为承德永续发展创造和积累更加雄厚的生态财富。

（六）大力拓展协同发展广度深度。坚持立足京津、面向全国、放眼世界，统筹区域布局，优化要素配置，以全方位开放促进高质量发展。

深层次推进京津冀协同发展。以落实津承“1+4”和京承战略合作协议为重点，瞄准文化、旅游、体育、会议展览、教育医疗等优势资源疏解，深化与京津的全方位对接合作，谋划和承接产业合作项目80个以上，新落地50个以上。加快津冀六沟产业园、丰宁怀丰产业园建设，推动承德朝阳产业园、双滦北京大洋路批发市场等项目落地实施。天津中德应用技术大学承德分校正式招生。

全方位扩大对内对外开放。坚持引进来走出去，紧盯长三角、珠三角和港澳台，面向“一带一路”国际市场，跨出小天地、构建大格局。深入开展“2018开放招商年”活动，制定出台扩大对外开放的实施意见，完善产业链招商指导目录，推动组织天津投资贸易洽谈会、百家名企进承德等专题招商活动，组建深圳承德企业商会，引进市外资金380亿元以上。积极拓展对外贸易，引导和推动企业“走出去”，支持平泉保税物流中心、双滦鹏涛智慧云谷建设，打造2个县域特色产业外贸基地，新增出口备案企业30家。

大力度提升开发区承载能力。深入实施开发区改革发展三年攻坚行动，深化体制机制改革，全面提升基础配套能力，探索建立园区共建共享机制。支持各县市区围绕十大绿色产业，选准产业门类，构建特色突出、区域联动、错位发展的园区格局，开发区新入园企业170家以上，固定资产投资增长20%以上，经济总量占到全市的“半壁江山”。

高标准提升新型城镇化质量。大力推进以人为中心的新型城镇化，促进产业、人口向城镇集中，全市城镇化率提高1.2个百分点以上。启动新一轮城市总体规划修编。增强中心城区辐射能力，深入实施“一带三区”城市发展战略，谋划推进高铁商圈一期等重点产业和基础设施项目30个。双峰寺水库启动蓄水，临空经济区2平方公里起步区开工建设。加快县城和小城镇建设，持续开展县城建设攻坚行动，实施“一补三化”15项重点任务，建设一批城市排水防涝设施、地下综合管廊和海绵城市示范工程。推进城乡交通基础设施建设，完善承德机场功能，增开2～3条新航线、通达10个以上城市，吞吐量突破30万人次。京沈高铁承德段具备通车条件，承平高速全面开工建设。全力推进津承城际铁路、承克高速前期工作，开工建设干线公路530公里，加快构建现代综合交通体系。

高品质推进文明城市创建。深入实施以国际旅游城市建设为统领的“五城联创”，启动全国文明城市创建三年行动计划，围绕“八大环境”建设补短板、强弱项、提品质、增内涵，确保2020年全国文明城市创建成功。加快补齐公共服务设施短板，今年启动中心城区游客服务中心、市图书馆建设，承德民族团结清文化展览馆和博物馆建成投用。加快智慧城市建设，提升城市精细化、智能化管理水平。完成城市市容和环境卫生管理地方立法相关工作，严厉整治占道经营、城市“牛皮癣”等乱象。深入开展道路交通秩序整顿，实施道路改扩建、优化交通组织、强化交规教育、健全志愿者队伍、加强停车场管理、错时上下班等措施，多措并举、综合施策解决交通拥堵问题。着力提升社区建设管理水平，改善社区办公条件，提高社区工作人员待遇。推行楼长制、路长制，织密城市基层管理网络，服务群众，方便百姓，架起党委政府和群众之间的“连心桥”。培育和践行社会主义核心价值观，广泛开展文明礼仪规范、公共场所治乱等“十个专项行动”。深入挖掘历史文脉、民族特色和地域风情，厚植承德文化传承，支持市评剧团、歌舞团改革发展，引进高雅艺术文化产品，培育文化消费市场，让文明之花在承德大地更加璀璨。

（七）大力实施创新驱动提升发展内生动力。坚持把创新作为引领发展的第一动力，推动各类创新资源加速向承德聚集。

积极培育创新主体。把人才培养引进作为高质量发展的当务之急，制定出台含金量高、吸引力大的优惠政策，实施引进高端人才“千人计划”，今年引进300名以上。全面落实“1+9+N”系列科技创新政策，引导企业加大研发投入力度。实施科技型企业培育“331”工程，新增高新技术企业30家、科技型中小企业300家、科技小巨人企业10家。万人发明专利拥有量达到1.29件，高新技术产业增加值增长12%以上。

积极打造创新平台。围绕协同创新，与京津共建院士工作站、工程技术研究中心、产业技术研究院和众创空间等科技创新平台15家以上。聚焦战略性新兴产业，实施科技成果转化项目10个，新增省级产业技术创新战略联盟1家。支持平泉市、承德县省级创新型县城试点建设，积极争创国家可持续发展议程创新示范区。

积极推进质量强市。制定加快质量强市建设实施意见，推动标准、质量、品牌、信誉联动提升，以高标准、高质量、名品牌构建承德信誉。组建质量与品牌协会、标准化专业技术委员会，培育一批有影响力的标准领跑企业。开展旅游业、制造业、食品农产品等质量提升“十大专项行动”，夯实质量基础工作。积极争创省政府质量奖，评选颁发市政府质量奖。争创中国驰名商标3件、中国地理标志商标5件、省级以上知名品牌2项、省级名优产品30项，双滦检验检测园争创国家级公共检验检测平台。

（八）大力推进重点领域和关键环节改革。坚持上下联动、精准发力，坚定不移进行重点领域和关键环节改革，着力破解影响发展的体制机制障碍。

以最大决心和力度优化营商环境。大力开展“承德办事一次成”改革，作为各级政府“一把手”工程强力推进实施，不达目标不收兵。完善提升“互联网＋政务服务”平台功能，编制“承德办事一次成”清单，全面推开“在线咨询、网上审批、快递送达”服务模式，年底前一次办结事项占许可事项的60%以上。深化“放管服”改革，继续向基层下放一批行政权力，“三级清单、两个代办”实现全覆盖。深化相对集中行政许可权改革，加快行政审批标准化规范化建设，市县两级行政审批局全部规范运行。深化“双随机、一公开”监管，探索建立营商环境评价体系，重拳铁腕治理不作为、乱作为、慢作为，让市场主体感到营商环境显著改善，让投资者来得放心、干得顺心、发展得有信心。

以提高效益为核心深化国有资产管理改革。改革国有资本授权经营体制，健全和完善国控集团及产业平台企业领导人员管理体制和绩效考核、薪酬分配制度。进一步完善国有资产监管体制机制，向管理资本为主转变，切实提高国资监管的针对性、有效性和系统性，促进国有资产保值增值。全面推进行政事业单位国有资产管理改革，整合财汇、财通、蓝天等基金，组建承德投资集团，进一步健全国有资本运营体系。

以优化管理为重点促进财税金融改革。围绕保民生、促发展优化财政支出结构，深化绩效预算管理制度改革，推进财政事权和支出责任划分，建立财源建设新机制，稳妥推进水资源税征收和环保税改革。支持承德银行在雄安新区和张家口设立分支机构，兴业银行承德分行开业运营，组建兴隆、隆化村镇银行，鼓励支持金融机构向县市区和乡镇社区布点。支持企业借助资本市场扩大融资，启动承德热力公司主板上市前期工作，新增上市企业6家，金融业增加值达到150亿元以上。

以激活资源资产为突破深化农村综合改革。全面完成农村承包地确权登记颁证工作。推进承包地“三权分置”改革，促进适度规模经营，土地流转达到150万亩、流转率达到36%。积极稳妥推进农村集体产权制度改革，所有行政村全面完成农村集体资产清产核资工作。盘活农村各类资源资产，推进农村产权流转交易，探索“市民农宅”等新型模式。加快培育农业新型规模经营主体，新认定省级农村股份合作制经济组织10家以上、市级100家以上。加快农场、林场、牧场办社会职能改革，全面完成32个国有林场改革任务。

统筹推进社会事业改革。深化教育领域综合改革，围绕落实党中央、国务院关于深化教育体制机制改革和全面深化新时代教师队伍建设改革的意见，统筹推进学前教育、城乡义务教育、高中阶段教育、职业教育、高等教育和特殊教育发展，实施名校、名师、名校长工程，提高人民群众对教育的满意度。深化医药卫生体制改革，持续推进“雨润工程”，探索多种形式医联体建设，实行公立医院人员编制备案管理改革，更好保障城乡群众病有所医。扎实推进住房制度改革，坚持“房子是用来住的、不是用来炒的”定位，探索建立多主体供给、多渠道保障、租购并举的住房制度，促进房地产市场平稳健康发展。

（九）大力防范和化解重大风险。坚持守土有责、守土尽责、守土负责，牢牢掌握风险防控主动权，进一步筑牢首都政治“护城河”。

有效防控金融风险。深入开展全面彻底的金融领域风险隐患排查处置专项行动，大力整顿规范金融秩序，严厉查处非法集资、金融诈骗等违法行为，有效防范化解信用风险和地方金融机构资管业务风险。建立金融风险监测、预警和处置机制，规范小额贷款公司、担保公司和农民专业合作社等经营行为，坚决守住不发生系统性、区域性金融风险的底线。

高度关注政府债务风险。严格执行地方政府债务限额管理制度，坚决禁止通过政府担保、PPP、购买服务等方式变相违规举债，完善政府债务管理台账，完善风险防控措施，坚决管住不产生新的隐性债务。按照量力而行的原则实施基础设施建设，坚决防止盲目随意铺摊子上项目，坚决防止变相扩大政府债务搞形象工程、政绩工程，确保财政安全。

严管严控安全风险。全面推进安全生产领域改革发展，严格落实企业主体责任、地方属地管理责任、部门监管责任。继续推进重点行业领域安全风险分级管控和隐患排查治理，大力加强重点行业领域专项治理。进一步加大执法监察力度，严防各类事故发生。强化食品药品全过程监管，实施国家食品安全示范城市创建“六大建设工程”，确保人民群众舌尖上的安全。

重拳出击扫黑除恶。坚决有力开展扫黑除恶专项斗争，严查狠打黑恶势力犯罪活动。严厉打击涉枪涉爆、电信诈骗、涉众型经济犯罪等违法犯罪行为，完善立体化、信息化社会治安防控体系。构建新型矛盾排查化解机制，妥善处理各类突发事件，切实保障人民群众生命财产安全，维护社会安全稳定，打造法治的承德、平安的承德、和谐有序的承德。

加强全民国防教育、国防动员和后备力量建设，做好退役人员安置和管理服务工作，巩固军政军民团结的好局面。充分发挥工会、共青团、妇联等人民团体和群众组织桥梁纽带作用。继续做好人口计生、民族宗教、新闻出版广电、外事侨务、人民防空、史志档案、气象地震、地理信息、对口援疆、邮政通信、妇女儿童、老龄、残疾人等工作。

（十）大力办好事关人民群众切身利益的民心实事。民有所呼、我有所应，我有所为、民有所享。通过向社会公开征集，充分考虑群众所需所盼所想，本着量力而行、尽力而为的原则，今年集中力量实施“十大民心工程”，再办20件民心实事。一是教育优先发展工程。

关于承德市2017年国民经济和社会发展计划执行情况与2018年国民经济和社会发展计划（草案）的报告

——2018年2月6日在承德市第十四届人民代表大会第三次会议上

承德市发展和改革委员会主任　王　毅

一、2017年计划执行情况

2017年，全市上下坚持以习近平新时代中国特色社会主义思想引领航向，牢固树立和贯彻落实新发展理念，全力以赴稳增长、坚定不移调结构、不遗余力促协同、持之以恒推改革、坚持不懈优环境、千方百计惠民生，全市经济保持平稳增长，计划执行情况良好。初步统计，年初确定的32项计划指标中，有29项实现了年初任务，其中约束性指标全部完成。

——地区生产总值增长7.1%，高于计划0.1个百分点；规模以上工业增加值增长5%，达到年初计划要求；服务业增加值增长11%，高于计划1个百分点。

——社会消费品零售总额603.4亿元，增长11.1%，高于计划1.1个百分点；出口总额32.5亿元，增长11.9%，高于计划6.9个百分点。

——旅游总收入增长34.9%，高于计划4.9个百分点；规模以上高新技术产业增加值增长17.9%，高于计划5.9个百分点；城镇化率50.5%。

——新增城镇就业5.48万人，城镇登记失业率3.53%，控制在4.5%目标以内；城镇、农村居民人均可支配收入分别增长8.8%和10.8%；稳定脱贫人口16.25万人。

——每万元生产总值能耗和化学需氧量、二氧化硫、氨氮、氮氧化物排放量均超额完成既定任务；PM2.5平均浓度35微克，下降12.5%，新增造林62.5万亩。

在经济保持平稳增长的同时，受宏观经济环境趋紧的外部压力和自身结构偏重的内部矛盾叠加影响，固定资产投资（增长7.2%，低于计划2.8个百分点）、旅游接待人数（增长25%，低于计划5个百分点）、实际利用外资（3770万美元）等3项预期性指标与年初计划有一定差距。与此同时，经济运行中还存在一些矛盾和问题。一是增长动力有所偏弱。2017年“两黑”产业占GDP比重较上年提高了1.3个百分点。在钢铁去产能的大形势下，“两黑”产业支撑能力存在较大不确定性。而节能环保、天然山泉水等绿色产业尚处于起步阶段，对经济拉动有限，经济增长换挡期特征较为明显。二是有效投资依然不足。产业投资增速放缓，2017年高新技术产业投资下降17%。房地产投资偏高，全年增长12%，高于全省平均水平9.3个百分点。三是重点工作难度加大。大气污染防治任务艰巨，脱贫攻坚难度加大，去产能、实际利用外资等工作存在较大不确定性。对这些问题，我们将在今后工作中采取有效措施，努力加以解决。

二、2018年经济社会发展主要目标

2018年是贯彻党的十九大精神的开局之年，是改革开放40周年，是决胜全面建成小康社会、实施“十三五”规划承上启下的关键一年，也是我市推进转型升级、绿色发展的重大机遇之年。按照中央经济工作会议和省委、市委全会精神，坚持科学合规、保持连续、适当调整的原则，在指标设置上做到与国家、省指标体系相衔接，与重大规划目标任务相衔接，力求落实好高质量发展的要求，充分挖掘了三次产业、三大需求的增长潜力。

2018年国民经济和社会发展计划共设置6方面38项指标。主要目标为：

——综合实力持续提升。生产总值增长6.8%，其中服务业增加值增长10%以上，规模以上工业增加值增长5%，固定资产投资增长6.5%，社会消费品零售总额增长11%。

——创新融合步伐加快。研发经费支出占GDP比重提高到0.56%，每万人口发明专利拥有量增加到1.29件，军民融合型企业达到18家。

——质量效益继续提高。规模以上高新技术产业增加值增长12%以上，城镇、农村居民人均可支配收入分别增长8%和10%。常住人口城镇化率提高1.2个百分点以上。

——开放合作不断深化。出口总值增长5%，引进市外到位资金增长6%。

——生态环境保持领先。每万元生产总值能耗、设区市PM2.5平均浓度等节能减排指标达到省要求（省指标尚未正式分解），新增造林面积65万亩。

——人民生活稳步改善。稳定脱贫11万人，城镇新增就业4.3万人，城市、农村居民最低生活保障标准分别达到600元／月、3900元／年，居民消费价格涨幅控制在3%左右。

三、工作重点和主要措施

围绕全年经济社会发展目标，重点做好八个方面工作：

（一）**着力推动更高质量发展**。把提高供给体系质量作为主攻方向，加快发展十大绿色转型产业，积极推动转型升级，大力培育经济发展新动能。一是做大做强战略性新兴产业。启动战略性新兴产业三年行动计划，加快德鸣大数据产业园、百万千瓦风电基地、钛合金3D打印粉末等项目建设，确保风电、光伏装机分别达到600万千瓦和120万千瓦，规上高新技术产业增加值增长12%以上。加大优势企业支持力度，实施建龙全提钒改造、福田高精尖汽车零部件、金隅建材基地、农夫山泉生产基地等项目建设，推动先进装备、新型建材、食品医药等产业加快发展。二是推动现代服务业提档升级。抓好服务业综合改革国家级试点建设，加快推进省旅发大会“六个组团”23个项目建设，确保6月底前投入使用，高质量地举办好全省第三届旅发大会，实施好物流园区、城市综合体、电子商务等重点工程，打造高效便捷的物流消费体系，确保服务业增加值增长10%以上。三是全力推进供给侧结构性改革。继续巩固钢铁煤炭去产能成果，严控新增产能和封停设备复产，妥善做好去产能企业债务处置和职工安置工作。加快国家级钒钛产业基地建设，推动钒钛产业向高端化绿色化发展。加强热点区域房价管控，引导房地产业健康发展。抓好城市道路、供水、供热、供气、供电、充电桩、排水防涝等设施建设，补齐基础设施短板。

（二）**着力加强经济运行调节**。坚持稳中求进工作总基调，强化运行调控，加大实体经济支持力度，力促经济平稳发展。一是加强经济预测预警分析。继续坚持部门联席会议、指标通报、定期督导等调度机制，及时分析运行态势，协调解决存在问题，有针对性地采取对策措施。二是加大实体经济支持力度。深入开展“双创双服”活动，实施企业精准帮扶，对主营业务收入超10亿元和超亿元企业，建立领导分包、专人对接机制，帮助其扩产扩能，切实发挥拉动作用；对小微企业和停产半停产规上企业，实施一企一策，加大倒贷资金、融资担保等支持力度，促其加快发展、扭亏增效。落实好电力直接交易、减税降费等降成本举措，支持实体经济加快发展。三是确保生产要素供应。提前完善有序用电、供热保障、天然气迎峰度冬应急等各项保障预案，加强与铁路、交通、供电等部门和煤源企业沟通协调，确保企业和居民正常生产生活需求。

（三）着力实施项目建设攻坚。坚持把项目作为经济工作的中心之中心、要务之要务，加快重大项目建设，努力扩大有效投资。一是确保三年攻坚行动圆满收官。紧紧围绕转型升级、生态扶贫、补齐短板、旅发大会、协同发展、壮大财源等六大重点领域抓项目，努力实现“四个一”工作目标，即：实施亿元以上项目1000个，重点推进100个10亿元以上重大项目，谋划储备亿元以上项目1000个，确保完成投资1200亿元以上。二是不断完善项目管理机制。继续坚持重大项目集中开工和现场观摩制度，继续实行市县领导分包、逐月媒体通报和启动约谈三项机制，努力营造上项目、促发展的良好氛围。三是推动一批重点项目实现突破。启动机场后续项目建设，继续完善机场功能，力争旅客吞吐量达到30万人次。确保京沈客专承德段具备通车条件，力争承平高速正式开工建设，积极推进津承城际铁路、围克高速前期工作。

（四）着力推进京津冀协同发展。积极抢抓协同发展机遇，在服务京津、扩大开放中实现借力发展。一是扩大与京津在重点领域对接成果。持续推动交通、生态和产业“三个率先突破”，加快打造京津承1小时交通圈，积极推动与北京构建潮河流域横向生态补偿机制，大力推进中国供热绿色产业园、北京嘉孚科技空气源热泵等一批项目建设，全力打造节能环保产业基地。二是力争平台载体建设实现新突破。以承德朝阳产业园建设等为依托，着力提升平台载体承载能力；深化与京津在教育、医疗卫生、科技、文化、旅游等方面合作，着力提升公共服务水平；积极打造河北民族师范学院创业创新示范园等一批创新平台，着力提升协同创新能力。三是全方位扩大对外开放。立足京津，拓宽视野，国内紧盯长三角、珠三角和港澳台，国外紧盯“一带一路”沿线国际市场，优化营商环境，创新招商模式，吸引各类优质生产要素聚集，努力形成与京津对接合作、其他区域合作和利用外资工作三个新局面，确保引进市外到位资金增长6%。

（五）着力加强生态文明建设。坚持生态优先，以建设京津冀水源涵养功能区为重点，持续提升生态环境质量。一是继续实施造林增绿工程。推进山水林田湖草整体修复，实施好京津风沙源治理、京冀水源林等生态项目建设，不断增强绿色屏障作用，新增造林65万亩。加快创建国家矿业绿色发展示范区，确保完成损毁山体修复任务。二是不断加大环境治理力度。持续加强能耗、电耗、煤耗等指标调度，全面完成省下达的目标任务。深入推进“减煤、治企、抑尘、控车、增绿”五场攻坚战，确保环境空气质量保持京津冀前列。全面落实“河长制”，深入开展全流域综合整治，保障饮用水质安全。抓好土壤污染治理与修复试点，维护土壤环境安全。三是积极创新生态文明体制机制。以弘扬塞罕坝精神为契机，实施好塞罕坝机械林场及周边地区可持续发展规划。加快健全自然资源资产产权制度和生态环境损害赔偿机制，出台水源涵养功能区保护条例，探索建立绿色发展考核体系。积极争创生态文明试验区，努力争取国家、省生态文明政策支持。

（六）着力提升改革创新动力。加快深化改革步伐，强力实施创新驱动，激发经济发展动力活力。一是推动重点领域改革。继续深化“放管服”改革，加快推进“多证合一、一照一码”改革，用好投资项目在线审批监管平台、公共资源交易平台，打造良好政务服务环境。继续推进扩权强县、农村土地、国有林场等各项改革，确保按要求完成各项任务。二是提升科技创新能力。推进以企业为主体的技术创新体系建设，提升企业技术中心、工程实验室等平台建设水平和创新能力。积极争创国家可持续发展议程创新示范区，深入实施“大众创业万众创新”三年行动计划，加强创业知识产权保护和资金支持力度，激发创新活力。三是加快各类园区建设。抓好开发区薪酬制度、融资平台、行政审批、机构编制四个方面改革，制定优惠政策吸引高素质人才聚集。继续实施开发区建设攻坚，加快完善水电路气讯等基础设施，实行委托代理招商制度，提升吸引力和竞争力，力争双滦开发区进入全省前20名。

（七）着力促进城乡协调发展。大力实施乡村振兴战略，加快“一带三区”和县城建设，提升新型城镇化水平。一是支持农业农村优先发展。按照产业兴旺、生态宜居、乡风文明、治理有效、生活富裕的总要求，全面推进农业供给侧结构性改革三年行动计划，加快实施160个农业产业化项目，促进农业增效、农民增收。落实农村承包地“三权”分置制度，基本完成农村承包地确权登记颁证，加快培育农业新型规模经营主体。实施好以工代赈、农村电网、危房改造等工程，改善农村生产生活条件，新建农村公路900公里。二是提高中心城区发展水平。全面落实“一带三区”发展战略，合理布局城镇建设、产业发展、生态建设、公共服务各类空间，引导高端要素向“一带三区”聚集，加快推进城市道路、综合管廊、停车场等一批配套项目，提升中心城市辐射带动能力。三是加快发展县域经济。加快实施县城建设攻坚，坚持产城教融合发展，推动县城扩容提质。启动产业集群发展能力提升工程，培育壮大县域特色产业，带动县域经济增比进位。大力推进美丽乡村建设，完成230个以上美丽乡村建设任务。

（八）着力保障和改善民生。坚持以人民为中心的发展思想，让人民群众共享改革发展成果。一是强力推进脱贫攻坚。聚焦重点贫困村和深度贫困群体，全力打好八措并举“组合拳”，推广好特色产业扶贫、“政银企户保”金融扶贫、万户阳光扶贫、脱贫攻坚党旗红等成功经验，利用好京津对口帮扶机遇，多渠道增加贫困户收入，确保11万贫困人口稳定脱贫。推进集中安置与产业园区“两区同建”，确保所有搬迁工程按照时间要求完成。二是加强就业社保工作。围绕高校毕业生、农村劳动力转移、化解过剩产能企业职工等重点群体，强化援企稳岗，实现城镇新增就业4.3万人。加大财政保障力度，确保城镇、农村低保稳定增长。三是推动社会事业全面发展。进一步改善办学条件，加强基础教育标准化学校建设，推进教育资源均衡配置。实施改善医疗服务行动，扎实提升基层医疗结构综合诊治能力。加大价格管理和监督检查力度，努力营造良好的消费价格环境。加强平安承德建设，做好安全生产、森林草原防火、信访维稳等工作，确保社会和谐稳定。

关于承德市2017年市本级预算和市总预算执行情况与2018年市本级预算和市总预算（草案）的报告

——2018年2月6日在承德市第十四届人民代表大会第三次会议上

承德市财政局局长　栾志宏

一、2017 年财政预算执行情况

2017 年是党的十九大胜利召开的重要一年，也是我市深入实施“十三五”规划、推进供给侧结构性改革、决胜全面建成小康社会最为较劲儿的一年。一年来，面对诸多困难和挑战，在市委的坚强领导和市人大常委会的监督支持下，全市各级、各部门认真贯彻落实党的十八大、十九大精神，紧紧围绕市委决策部署，认真执行市人大常委会各项决议，坚持“党建统揽、绩效引领、创新驱动、整合支撑”工作思路，牢固树立“解放思想、大胆干事、事争一流、唯旗是夺”理念，敢于担当、善谋实干、锐意进取，圆满完成市十四届人大一次会议确定的目标任务，有力推动了全市经济社会持续健康发展。

（一）全市财政预算执行情况

2017 年，全市全部财政收入完成 1771133 万元（快报数，下同），占预算的 114.8%，同比增长 20.5%。一般公共预算收入完成 892213 万元，占预算的 103.5%，同比增长 8.6%，一般公共预算收入中税收收入完成 663631 万元，占比为 74.4%。政府性基金预算收入完成 646825 万元，占预算的 76.1%，同比增长 92.8%。国有资本经营预算收入完成 12884 万元，占预算的 121.5%。社会保险基金预算收入完成 1606331 万元，占预算的 111%。

一般公共预算支出完成 3307806 万元，占调整预算的 98.1%，同比增长 8%；政府性基金预算支出完成 996900 万元，占调整预算的 96.8%，同比增长 113.2%。国有资本经营预算支出完成 9114 万元，占预算的 85.9%。社会保险基金预算支出完成 1566399 万元，占预算的 116%。

（二）市本级财政预算执行情况

市本级全部财政收入完成 153484 万元（快报数，下同），占预算的 125.8%，可比增长 5.8%。一般公共预算收入完成 99213 万元，占调整预算的 101.2%，可比增长 5.6%。政府性基金预算收入完成 90642 万元，占预算的 72.3%，同比增长 17.7%。国有资本经营预算收入完成 12864 万元，占预算的 121.3%。社会保险基金预算收入完成 682955 万元，占预算的 113%。

一般公共预算支出完成 664253 万元，占预算的 90.2%，可比增长 1.8%。政府性基金预算支出完成 127371 万元，占调整预算的 113.6%，同比增长 281.7%。国有资本经营预算支出完成 9105 万元，占预算的 85.9%。社会保险基金预算支出完成 618504 万元，占预算的 105%。

总的看，2017 年按照市委决策部署，全市各级财政部门继续坚持“保工资、保运转、保民生”的原则，大力压减一般性支出，持续加大民生投入，着力推进基本公共服务均等化。在预算执行中，各项重点支出保障有力，全市民生支出完成 281.1 亿元，占一般公共预算支出的 85%，增长 7.6%，较好地保障了各项事业的发展。

1. 财政收入实现恢复性增长。2015 年以来，全市财政收入连续两年出现断崖式下滑，面对这样的困境，全市上下戮力同心、共克时艰，千方百计抓征管、促增收，财政收入总量和质量企稳向好。一是综合督导机制成效明显。严格落实市委“以旬保月、以月保季、以季保年”要求，修订完善了县市区督导机制，定期召开财税部门联席会、财政收入调度会，为实现增收提供了制度保障。二是综合治税成效明显。依托综合治税信息平台、涉地税收一体化平台，结合“6321”专项清查（对全市商砼生产销售等 6 个行业，兴隆、营子食品加工业等 3 个区域，房地产开发企业增值税和水资源税 2 个税种，以及重点税源企业进行专项检查），采集涉税信息 183 万条，税务部门有效利用 103 万条，增加收入 10.6 亿元。

2. 向上跑办争取实现新突破。牢固树立“向上争取与抓收入同等重要”理念，继续辑印《争取上级资金工作指南》，与各县区和市直部门共同做好向上争取工作。全年累计争取到位上级财政资金 211.7 亿元，同比增长 8.6%。其中：争取重点生态功能区转移支付 8.7 亿元、京津对口支援资金 5.4 亿元、中德应用技术大学承德分校建设资金 2.5 亿元、引滦入津上下游横向生态保护补偿资金 2.41 亿元、化解过剩产能专项奖补资金 2.33 亿元、资源枯竭城市补助资金 1.27 亿元、双峰寺水库补助资金 1 亿元。此外，通过超前谋划、主动作为，省核定我市新增债务限额 54.04 亿元，较上年增加 20.83 亿元，增长 62.7%，其中市本级及辖区 21.76 亿元，较上年增加 8.62 亿元，增长 65.6%，为重大基础设施和民生项目建设提供了资金保障。

3. 财税体制改革迈出新步伐。面对异常繁重的改革任务，我们统筹兼顾、把握关键，确保各项改革稳步推进。一是财政体制改革进展顺利。根据省以下财政事权和支出责任划分改革总体框架，坚持“责权利相统一、财权与事权相统一”原则，印发了《承德市市以下财政事权与支出责任划分改革方案》，推动形成了依法规范、权责匹配、运转高效的划分模式和分工体系。积极推进环保体制改革、司法体制改革、监察体制改革、公立医院改革，使事权和支出责任进一步明确。二是绩效预算改革不断深化。各预算部门坚持以绩效预算管理为引领，切实担负起“用钱必问效、低效必问责”的主体责任。完善了专项资金定期评价和退出机制，将评价结果作为资金分配、预算标准及政策调整的重要依据，出台了《承德市部门工作活动绩效评价指标框架体系》，对农业、林业、水务、教育、城建等 8 个领域开展了部门整体绩效评价，累计完成重点评价项目 66 个，评价金额 27.13 亿元，追缴绩效缺失资金 1851.2 万元，并责成相关单位对存在问题进行了严肃整改。三是税制改革稳步推进。水资源税改革通过财政部评估，累计实现收入 8911.35 万元；矿产资源税从价计征改革扎实推进，累计实现收入 5.64 亿元；环保税开征前准备工作稳妥有序，为 2018 年度开征奠定了基础。四是谋划启动了市直行政事业单位国有资产管理体制改革。针对市直单位国有资产管理存在的突出问题，立足“全面深化改革、提高行政效能、转变政府职能、打造廉洁高效政府”大局，按照“统一管理、规范管理、科学管理、严格管理”要求，开展了行政事业单位国有资产管理体制改革，在整合盘活国有资源资产、提高资产使用效益上迈出了新步伐。

4. 支持经济发展开辟新路径。用活用好政策资金，积极拓展筹资渠道，全力支持经济平稳较快增长。一是减税降费成效明显。全市深入贯彻落实"营改增"、简并增值税税率、小微企业所得税优惠、科技型中小企业研发费用加计扣除等一系列国家出台的税收优惠政策，以及严格执行取消政府性基金2项，扩大1项政府性基金免征范围，取消或停征行政事业性收费19项，降低4项行政事业性收费标准等国家、省出台的基金、收费优惠政策，全年累计减轻企业负担约12.33亿元。二是政府和社会资本合作稳步推进。全市共有33个PPP项目签约落地，引入社会资本204.86亿元；5个项目被省推荐申报财政部第四批示范项目，投资额19.46亿元。三是重点项目建设保障有力。累计筹集资金45.5亿元，较好保障了双峰寺水库项目建设。安排资金9035万元、争取上级资金2284万元、落实新增债券资金16.57亿元，为旅发大会顺利举办奠定了坚实基础。分别筹集资金2.5亿元、2.38亿元、1.54亿元、5000万元、2000万元、1000万元，为天津中德职业技术大学承德分校、"两馆"、冰上运动中心、河北民族师范学院二期规划、特教学校、体育运动学校射击馆建设提供了资金保障。安排拆迁款、前期费、建设资金超过3亿元，支持启动了两大类42个重点城市建设项目，有效改善了人居环境。四是政府性引导基金成效逐步显现。农业产业发展引导基金50亿元已全部到位，基金运行一年来，累计支出23.6亿元，带动社会资本投入74亿元，全市受益人口104万人；其中，通过股权投资形式，对河北绿天、宇航人等11家企业投资4.34亿元。财鑫基金同北京诺宝、方富天元、新毅投资等公司达成了7亿元子基金合作意向，完成了对天大钒业的直接股权投资，投资金额3000万元。同时，利用亚行、世行贷款5000万美元，设立了财汇蓝天基金，重点支持大气污染治理和生态环境保护修复。设立了总额3300万元的科技型中小企业技术创新增信基金，通过与银行合作，为16家企业融资6400万元。

5. 保障改善民生取得新成效。一是社保提标保障到位。筹集资金10.6亿元，将城乡居民基本医疗保险财政补助标准由人均420元提高至450元；筹集资金7.8亿元，将城市低保、农村低保标准分别提高至月550元以上和年3500元以上，补助城乡低保对象24万人；筹集资金9774万元，将基本公共卫生补助标准由人均45元提高至50元。二是山水林田湖生态保护修复试点取得阶段性进展。探索"5+3"推进模式，即山、水、林、田、湖5大要素统筹考虑，不搞单打独斗；管理、技术、产业3大支撑协同并举，打好组合拳，用最先进的管理理念和世界一流的技术推动项目实施，注重与产业融合发展，实现生态反哺百姓，改善民生的良性循环。2017年开工建设项目25个，累计投入资金9.4亿元，试点成效已经初步显现。三是环境保护治理投入持续加大。积极响应省政府号召，不等不靠、千方百计筹措资金6.59亿元，依法取缔潘家口水库养鱼网箱38982个，提前半年完成任务。筹集资金9108万元，重点支持了燃煤锅炉取缔、电代煤气代煤、新能源汽车推广应用等领域。筹集资金9718万元，支持了全市重点流域污染防治项目，改善了流域水环境。筹集资金6542万元，支持了农村环境综合整治，全市重点地区农村环境得到有效治理。四是脱贫攻坚财政政策落实有力有效。市本级安排扶贫资金3060万元，占一般公共预算收入的2.5%，达到并超出上级要求。严格落实贫困县统筹整合使用财政涉农资金政策，全市7个试点贫困县共整合资金26.27亿元。与农行合作成功创设承德市农业产业化增信基金，2016年以来，累计办理业务78笔，放贷4.87亿元。抢抓省级设立农担公司有利时机，注册成立了全省第一家市级农业信贷担保机构，资本金2亿元，其中争取省级资金1亿元，可撬动金融资本20亿元。累计将238个村争列为"扶持村级集体经济发展试点"，为每个村争取资金100万元，落实资金2.38亿元。

6. 财政监管效能实现新提升。一是制度建设步伐加快。在认真落实《中华人民共和国预算法》、严格执行《关于进一步加强财政管理的意见》基础上，制定了《承德市党政机关进一步厉行勤俭节约反对铺张浪费的实施意见》《承德市党政机关国内公务接待实施细则》等制度办法，确保预算管理有据可依。二是制度执行规范严肃。坚持先有预算后有支出，2017 年全市、市本级一般性支出分别安排 22.09 亿元、7.59 亿元，同比分别下降 5.3%、5.2%。“三公”经费分别安排 2.13 亿元、1743 万元，同比分别下降 9.4%、6.1%。实现政府采购规模 37.32 亿元，节约资金 3.86 亿元，资金节约率 10.3%。预决算公开有序进行，除涉密单位外，市级部门预决算信息和“三公”经费支出全部在政府门户网站公开，市县两级政府预决算公开率全部达到 100%，实现了从晒“对账单”向晒“成绩单”的转变。三是监督检查规范有序。严格按照“双随机一公开”、“三项执法制度改革”和“两个专项行动”要求，重点开展了设立“小金库”等违反财经纪律问题专项清理。加大培训和指导力度，全市 1728 个行政事业单位全部落实了行政事业单位内部控制报告制度。四是借智借力成效显著。聘请石家庄物联网产业发展研究院对承德市智慧旅游大数据平台建设工程费用预算进行了投资论证，建设工程费用送审金额 2337 万元，审定金额 1250 万元，节约资金 46.5%。智慧政务和智慧交通云服务平台项目投资论证工作正在有序推进。

在总结成绩的同时，我们也清醒地看到，当前面临的困难和挑战依然较多，突出表现在：财政收入尚存在诸多不确定性因素，增收潜力和减收压力并存，刚性支出需求不断增加，财政收支矛盾日益尖锐；大部分县区财政运转困难，市级勉强维持运转，全市财政平衡难度较大；税制改革加速实施，新兴产业对税收增长的支撑作用尚不明显，财源建设迫在眉睫；政府性债务进入偿债高峰期，财政平稳运行存在一定风险；违反财经纪律的现象仍时有发生，部门依法用财主体责任需进一步加强，等等。我们将通过全面深化改革、创新工作机制、严格预算管理等措施，逐步加以解决。

二、2018 年预算安排情况

2018 年是贯彻落实党的十九大精神的开局之年，是改革开放 40 周年，是决胜全面建成小康社会、实施“十三五”规划承上启下的关键一年，编制执行好 2018 年预算，具有十分重要的意义。

（一）预算编制的指导思想和基本原则

2018 年预算编制的指导思想是：全面贯彻落实党的十九大、省委九届六次全会、市委十四届三次全会精神，牢固树立政治意识、大局意识、核心意识、看齐意识，坚持党对经济工作的领导，坚持稳中求进工作总基调，坚持新发展理念，按照高质量发展的要求，聚焦习近平新时代中国特色社会主义思想引领，围绕“生态强市、魅力承德”建设，继续实施积极的财政政策，增强财政可持续性；聚焦承德经济社会发展存在的突出矛盾，统筹整合资金资源资产，深入推进供给侧结构性改革，防范化解财政金融风险；聚焦人民群众最关心、最关注的关键领域，突出公共性和普惠性，推进基本公共服务均等化、促进区域协调发展。

根据上述指导思想，2018 年预算编制遵循如下原则：

一是依法理财原则。严格执行《中华人民共和国预算法》，明确部门在预算执行中担负主体责任，落实好预算编制与预算执行、人大监督、审计监督、财政监督、绩效评价、预决算公开挂钩机制，防范运行风险。

二是勤俭节约原则。牢固树立过“紧日子”思想，严格落实“八项规定实施细则”以及中央和省市关于厉行节约的相关要求，大力压减会议费、培训费和“三公”经费等一般性支出。

三是统筹整合原则。强化资金资源资产统筹整合，开辟资金筹集新路径。继续清理取消和整合现行各类专项资金政策，着力解决财政资金使用散、碎问题，集中财力办大事。

四是突出重点原则。坚持“有所为有所不为”，围绕中央和省市重大决策部署，量力而行，量财办事。在“保工资、保运转、保民生”前提下，优先支持已落地开工项目，重点加大对脱贫攻坚、生态保护、大气污染防治、产业转型升级等领域支持力度。

五是深化改革原则。提高贷款贴息、股权投资、风险补偿等市场化方式的扶持比例。在项目建设和产业发展上，用好用活财鑫、财通、财汇蓝天等股权引导基金。

六是讲求绩效原则。坚持先有绩效、后有预算，无绩效、低绩效项目不得列入预算。落实“用钱必问效、低效必问责”要求，合理运用2017年预算绩效评价结果，奖优罚劣、奖勤罚懒。

（二）全市预算草案

1. 一般公共预算。全市全部财政收入和一般公共收入预算安排增长7%，即全部财政收入189.5亿元，一般公共预算收入95.5亿元。

全市当年一般公共预算收入，加上税收返还、上级转移支付、调入资金等212.1亿元，收入总计307.6亿元。

全市一般公共预算支出安排311.4亿元，当年一般公共预算支出，加上解上级支出-3.8亿元，支出总计307.6亿元，收支安排是平衡的。

2. 政府性基金预算。收入预算安排99.1亿元，加上上级转移支付、上年结余等转移性收入9.9亿元，收入总计109亿元。支出预算安排98.4亿元，加上上解支出、调出资金等10.6亿元，支出总计109亿元。

3. 国有资本经营预算。收入预算安排4550万元，支出预算安排4550万元。

4. 社会保险基金预算。收入预算安排101.6亿元，加上上级补助、上年结余等转移性收入86.6亿元，收入总计188.2亿元；支出预算安排119.6亿元，加上上解下拨、年终结余等转移性支出68.6亿元，支出总计188.2亿元。

（三）市本级预算草案

1. 一般公共预算

（1）收入情况。全部财政收入安排15.7亿元，剔除2018年御道口牧场管理区收入财政体制独立核算因素，增长7%；一般公共收入预算安排10.6亿元，增长7%。

（2）财力情况。以上年实际完成收入为基数，根据收入目标增长7%测算，一般公共预算总财力预计为43.4亿元，其中：当年财政收入形成的财力为39.5亿元，调入资金1.9亿元（教育收费），调入预算稳定调节基金 2亿元。

（3）支出拟安排情况。一般公共支出预算继续坚持“保工资、保运转、保民生”的保障顺序（民生政策提标主要包括：城乡居民医保财政补贴标准由450元提高到490元；城市低保标准由月550元提高至600元；农村低保年标准由3500元提高至3900元；基本公共卫生服务财政补助标准由人均50元提高至55元；困难残疾人生活补贴由月55元提高至月66元；重度残疾人护理补贴由月50元提高至月60元），按照急需必要的原则，量力而行、尽力而为，大力压减一般性支出，全年拟安排43.4亿元，其中：个人支出27.71亿元、增长14.1%，公用支出7.07亿元、压减5.3%，两项支出占一般公共预算支出的80.1%；民生支出安排37.3亿元，占一般公共预算支出的86%。重点保障了高质量发展及品牌创建、公交运营补贴、承德机场运营、保障性安居工程、市级扶贫专项资金、文化旅游产业发展、云服务平台建设及大数据建设、教育及科技事业发展、改善医疗条件、生态保护等项目。

（4）预算平衡情况。一般公共预算收入106200万元，返还性收入288807万元，一般转移支付955067万元，专项转移支付收入651293万元，上年结转收入72514万元，调入预算稳定调节基金20000万元，调入资金19000万元，收入总计2112881万元。

一般公共预算支出729690万元，返还性支出188585万元，一般转移支付支出784628万元，专项转移支付支出447973万元，上解上级支出−38195万元，增设预算周转金200万元，支出总计2112881万元。

2. 政府性基金预算

（1）收入情况。收入预算为167356万元，其中：国有土地使用权出让收入135506万元，农业土地开发资金收入513万元，国有土地收益基金收入7776万元，城市基础设施配套费收入17540万元，体育彩票公益金收入1600万元，福利彩票公益金收入2074万元，彩票发行机构和彩票销售机构的业务费用567万元，污水处理费收入1780万元。加上上级补助收入62186万元，收入总计229542万元。

（2）支出情况。支出预算77245万元，其中，市本级收入安排31337万元，主要包括：国有土地收益基金安排地方政府专项债券相关费用等支出7776万元；城市基础设施配套费安排水务集团中心城区老旧主干管网改造、阀门更新改造、中心城区自备井关停及污水处理厂亏损补贴，住建局老城区主干道日常中小维修养护及市区周边道路地质灾害防护，公交公司纯电动公交车贴息等支出16370万元；彩票发行机构和彩票销售机构收入安排福彩中心运转等支出567万元；福利彩票公益金安排社会办养老服务机构建设及运行补贴等支出2074万元；体育彩票公益金安排全民健身体育器材购置费、奥体中心维修改造资金等支出1600万元；污水处理费安排污水处理厂运转等支出1780万元。加上下达三区土地成本等转移性支出152297万元，支出总计229542万元。

3. 国有资本经营预算

（1）收入安排。考虑我市国有工商建交企业极少，企业事业双重身份及公用事业企业占比较大，盈利能力较弱，结合2017年国有资本经营预算预计执行情况，以及重点企业（承德银行、热力集团）盈利预计，2018年收入预算为4550万元。具体如下：

①承德银行股份有限公司上缴国有资本收益1700万元。

②热力集团上缴国有资本收益2650万元。

③承德矿业集团有限责任公司等其他企业上缴国有资本收益200万元。

（2）支出安排。支出安排4550万元，包括：解决历史遗留问题及改革成本支出2405万元，支持热力集团发展660万元，承德市国控投资集团有限责任公司资本金注入400万元，解决汽车仪表厂及拔丝制钉厂遗留问题248.28万元，国有企业办职教幼教退休人员补助180万元，其他国有资本经营预算支出656.72万元。

4. 社会保险基金预算

2018年承德市本级社保基金预算按险种分别编制，包括基本养老保险基金（含企业职工基本养老保险和机关事业单位基本养老保险）、基本医疗保险基金（含职工基本医疗保险和城乡居民基本医疗保险）、工伤保险基金、失业保险基金和生育保险基金。

收入预算安排 363353 万元，加上上解下拨收入 151236 万元、上年结余收入 274547 万元，收入总计 789136 万元。支出预算安排 505627 万元，加上上解下拨支出 95668 万元、年终结余 187841 万元（本年收支结余 -86706 万元），支出总计 789136 万元。

（1）企业职工基本养老保险基金收入 313085 万元，同比下降 18%，其中：保险费收入 171147 万元，同比增长 5%；上级补助收入 138938 万元，同比增长 21%；利息及转移收入 3000 万元。支出 391724 万元，同比增长 13%，其中：待遇支出 295826 万元，转移支出 1200 万元，补助下级支出 94698 万元。基金本年收支结余 -78639 万元，通过上年结余弥补支出缺口，年末滚存结余 689 元。

（2）机关事业单位基本养老保险基金收入 48566 万元，同比下降 37%，其中：保险费收入 32458 万元，财政补贴收入 14700 万元，利息收入 357 万元，上级补助收入 1051 万元。基金支出 66764 万元，全部为待遇支出，同比增长 14%。基金本年收支结余 -18198 万元，通过上年结余弥补支出缺口，年末滚存结余 0 万元。

（3）职工基本医疗保险基金收入 77249 万元，同比增长 5%，其中：保险费收入 73230 万元，同比增长 5%，利息收入 1930 万元，下级上解收入 2089 万元。基金支出 66236 万元，全部为待遇支出，同比增长 3%。基金本年收支结余 11013 万元，年末滚存结余 108334 万元。

（4）城乡居民基本医疗保险基金收入 32148 万元，同比增长 9%，其中：保险费收入 7090 万元，同比增长 16%；财政补助收入 16204 万元，同比增长 7%（财政补贴标准由 450 元提高到 490 元）；利息收入 250 万元；下级上解收入 8604 万元。基金支出 21930 万元，同比增长 18%，其中：待遇支出 20580 万元，大病险支出 1350 万元。基金本年收支结余 10218 万元，年末滚存结余 46382 万元。

（5）工伤保险基金收入 28729 万元，同比下降 1%，其中：保险费收入 28639 万元，同比下降 1%；利息收入 90 万元。基金支出 31497 万元，同比增长 7%，其中：待遇支出 31279 万元，劳动能力鉴定及工伤预防费用支出 218 万元。基金本年收支结余 -2768 万元，年末滚存结余 2733 万元。

（6）失业保险基金收入 10827 万元，同比增长 2%，其中：保险费收入 10078 万元，同比增长 4%；上级补助收入 388 万元，同比减少 28%；利息收入及转移收入 361 万元。基金支出 17496 万元，同比下降 7%，其中：待遇支出 11924 万元，稳岗补贴支出 3000 万元，技能提升补贴支出 920 万元，其他费用支出 682 万元，上解上级支出 970 万元。基金本年收支结余 -6670 万元，通过上年结余弥补支出缺口，年末滚存结余 28761 万元。

（7）生育保险基金收入 3986 万元，同比增长 5%，其中：保险费收入 3716 万元，同比增长 5%；利息收入 105 万元，下级上解收入 165 万元。基金支出 5649 万元，全部为待遇支出，同比增长 5%。基金本年收支结余 -1662 万元，通过上年结余弥补支出缺口，年末滚存结余 1631 万元。

（四）承德高新技术产业开发区和承德市御道口牧场管理区预算草案

按照《河北省预算审查监督条例》第三十七条“各级政府设立的各类开发区应当编制预算，并编入市级政府预算，报本级人民代表大会审查批准，接受本级人民代表大会及其常委会的监督”要求，承德高新技术产业开发区管理委员会和承德市御道口牧场管理区委员会编制 2018 年预算草案，同时提请市十四届人民代表大会第三次会议审议。

1. 承德高新技术产业开发区预算草案

（1）一般公共预算。全部财政收入安排 183870 万元，增长 10%。一般公共收入预算安排 89053

万元，增长 10.4%。

一般公共预算收入 89053 万元，返还性收入 2351 万元、一般转移支付 14032 万元、专项转移支付 1809 万元、调入资金 65402 万元（其中调入预算稳定调节基金 16020 万元、调入政府性基金预算收入 49382 万元）、上年结转 2067 万元，收入总计 174714 万元。

一般公共支出预算安排 118189 万元，上解上级支出 56525 万元，支出总计 174714 万元。

（2）政府性基金预算。收入预算安排 152395 万元，增长 146.7%，上级转移支付收入 124 万元，上年结转 11758 万元，收入总计 164277 万元。

支出预算安排 110907 万元，上解上级支出 3988 万元，调出资金（调入一般公共预算）49382 万元，支出总计 164277 万元。

（3）社会保险基金预算。收入预算安排 3390 万元，同比下降 30.4%，主要包括：参保人员缴纳的保险费收入 2533 万元、中央和省级财政养老保险补贴收入 832 万元、保险金存款利息等其他收入 24 万元、转移收入 1 万元。加上上年滚存结余 1911 万元，收入总计 5301 万元。

支出预算安排 2506 万元，同比下降 40.1%。加上年终滚存结余 2795 万元，支出总计 5301 万元。

2. 承德市御道口牧场管理区预算草案

一般公共预算。一般公共收入预算安排 1387 万元，返还性收入 638 万元、一般转移支付 1587 万元、专项转移支付 7001 万元，收入总计 10613 万元。

一般公共支出预算安排 10613 万元，支出总计 10613 万元。

三、2018 年预算执行重点工作

（一）强化节约意识，着力提升财政资金使用绩效。更加注重优化结构、用好增量、激活存量，着力改变支出项目只增不减的固化格局。一是构建运行高效的资金管理机制。硬化预算约束，坚持“先有预算、后有支出”原则，严格控制预算调整事项。对于预算执行进度缓慢或预计年内难以执行的资金，及时调整用途，避免资金沉淀。深化国库集中收付制度改革，合理拨付和调度资金，提高财政资金运行效率。对部门结余资金及连续两年未用完的结转资金，一律收回统筹使用。按照上级部署，运用综合预算理念，取消一般公共预算中一些以收定支、专款专用的规定，对相关领域支出统筹安排。加大政府性基金预算转列一般公共预算力度。提高国有资本经营预算调入一般公共预算的比例。将存量资金使用与年度预算安排统筹考虑。二是健全厉行节约长效机制。强化节约也是增收理念，严格落实“八项规定实施细则”，深化公务卡管理制度改革，继续按照“零增长”的原则编制“三公”经费、会议费、培训费等一般性支出预算。严格遵循“过紧日子”要求，既注重面上的民生普惠，又注重点上的精准发力，按照建机制、保基本、兜底线、促公平的原则，确保民生政策可落实、可持续。严格落实《政府采购货物和服务招标管理办法》，推进政府采购管理规范化、法制化。合理界定政府购买服务范围，健全政府购买服务的市场竞争机制和绩效评价制度。巩固党政机关车改成果，按上级部署开展事业单位、国有企业车改相关工作。三是优化财政资金资源配置。按照轻重缓急统筹安排支出，集中财力优先落实“保工资、保运转、保民生”政策。优化科技、教育、节能环保、涉农、医疗卫生等方面资金配置，强化各类专项资金统筹，集中财力办大事。深入完善财政扶贫政策体系，扎实推进贫困县统筹整合使用财政资金试点，支持打好脱贫攻坚战。深入践行总书记“两山”理论，扎实推进山水林田湖草生态保护修复试点，持续支持做好大气污染综合治理，加快建立京冀上下游横向生态补偿机制。四是注重发挥绩效监督作用。深入落实《关于进一步加强财政管理的意见》，完善全员、全过程财政监督体系，切实承担起财政资金的监管责任，督促各部门依据工作职责承担财政资金监管的主体责任。重点围绕纳入国务院、省市督查范围的重大政策和资金落实，开展专项绩效评价，规范资金使用。完善通过政府购买服务、委托专业中介机构等模式，提高财政监管能力。严格按照《全市扶贫领域腐败和作风问题专项治理实施方案》要求，履行好扶贫资金监督责任。

（二）强化征收征管，着力提升财政保障能力。在促进依法征管、应收尽收的同时，坚决防止和纠正收取“过头税”以及采取“空转”方式虚增财政收入的行为。一是管好税源，深化综合治税。完善全市综合治税信息系统平台和涉地税收一体化信息平台，做好涉税信息收集和税收分析模型使用，持续向国地税部门、各县区推送有价值的信息，定期形成专题报告，提出可行性建议。继续采取专项治理手段，紧盯重点行业、重点企业，适时组织开展有针对性税收专项治理，堵塞“跑冒滴漏”，确保应收尽收。结合全市项目建设、企业上市计划等经济社会发展实际，及时发现新税源，做到应收尽收。二是建好机制，加强非税收入征管。严格执行《政府非税收入管理办法》，持续加强对国有资源（资产）有偿使用收入、行政事业单位资产经营性收入的征收管理，提高公共资源使用效率。引入“互联网＋非税收入”管理模式，稳步推进财政电子票据管理改革，提高非税收入征缴效率。严格非税收入年度稽查，强化对国土、住建等重点执收部门监管稽查力度，坚持依法征收、应收尽收。

（三）强化问题导向，着力提升财源建设水平。一是开展高质量高效益财源建设工程。将“经济发展看效益，效益提高看利税，利税增长看入库”的效益财政理念，贯穿于财源建设全过程。强化高质量发展意识，紧密结合十大绿色产业“三年倍增计划”，探索实行依托规划整合、预算源头整合、行业板块整合、项目平台整合、激励撬动整合等方式，不断扩大资金、资产、资源整合范围，拿出真金白银支持财源培育，突出在壮大实体经济上下功夫，在财源支撑项目建设上用力量。结合重点项目建设“三年攻坚行动”，按照谁主导谁直接参与谁受益，谁投入谁受益、共享收益的原则，科学分配财政利益，破除行政区划界限和财政省直管县体制制约，调动全市各级政府引进重点项目加快财源建设的积极性。积极推进市区财源建设一体化进程，市级财政性引导基金重点向市、区投入。从提升市级调控能力角度出发，强化市本级财源培育，建立市级领导分包帮扶机制，支持专享企业做大做强；适当增加专享企业数量，重点将域外到我市发展的金融、保险机构列入市级专享范围。二是加速培植地方税体系。及时研究国家税制改革政策方向及对地方财力的影响，支持县区结合各自的资源禀赋和产业特征，及时调整产业发展规划，对属于地方税种或地方分成比例较大的产业，做大税收总量和基数；对属于中央税种或地方分成比例较小的产业，在延长产业链、带动相关产业发展和促进就业上下功夫，以新产业、新业态培植新的地方主体税源。同时，积极主动研究好以房地产税制为重点的财产税改革政策。按照省级部署，完善水资源税征收方式，按时开征环保税。

（四）强化合力攻坚，着力提升向上争取实效。在当前一般公共预算收入逐步趋稳的前提下，向上争取资金将成为今后一段时期提升我市公共服务保障水平的主渠道。一是做好一般性转移支付争取。认真研究分配政策、测算因素和方法，准确提供数据及相关情况，对相关政策逐一列出，做到有的放矢。重点在工资、津补贴、社保、教育、农业等方面争取更多转移支付资金，保障长远发展。二是做好专项转移支付争取。充分发挥财政部门争取资金信息主渠道作用，继续印发争取上级资金工作指南。围绕脱贫攻坚、大气污染防治、生态保护、十大绿色产业、京津冀协同发展、旅游发展等重点领域，找准争取资金的突破口，积极帮助县市区部门遴选包装项目，做到精准谋划、精准对接，申报一批，成功一批。三是做好债券资金争取。积极配合省财政厅做好政府债券发行工作，在债务限额内，争取省财政提高我市新增债券、置换债券及土地储备专项债券分配规模。

（五）强化创新意识，着力提升财政调控水平。一是深化行政事业单位国有资产管理体制改革。组织开展市本级行政事业单位国有资产专项排查行动，对市属行政事业单位国有资产进行全面、细致清查统计，按户摸清底数。成立行政事业单位国有资产管理中心，统一负责市直行政事业单位国有资产管理；组建行政事业单位国有资产投资运营公司，负责对行政事业单位出租出借闲置的资产进行市场化运作。在合理划分资产属性的同时，分类制定盘活政策，支持国控等市属国有企业集团做大做强。加快组建承德投资集团，进一步提升政府调控能力。二是深化绩效预算管理改革。按照建立全面规范透明、标准科学、约束有力的预算制度要求，坚持以全面实施预算绩效管理为突破口，实施中期规划、加强项目预算评审、加大预算信息公开力度，完善全过程预算绩效管理体系，促进绩效目标、绩效监控、绩效评价、结果应用各环节紧密衔接，形成绩效管理闭环。在各县市区全面开展绩效预算管理示范县创建活动。建立完善基本支出定额标准体系，促进基本支出预算公平、项目支出预算规范。严格规范项目库管理，对入库项目进行全面审核，择优排序、动态管理，未入库的项目不予安排支出，2018 年重点对城建项目进行规范。三是深化财政事权和支出责任划分改革。按照建立现代财政制度的要求，研究制定市对区财政激励约束办法，有效调动区级发展经济、培植财源、增加收入的积极性，促进区域协调均衡发展、增强基本公共服务均等化的保障能力。探索建立地下综合管廊市区共建共享机制。四是深化财政支持经济发展和支出方式改革。减少政府直接配置资源方式，进一步提高贷款贴息、股权投资、风险补偿等市场化方式的扶持比例，推动财政资金由拨款变投资、由资金变基金、由补助变奖励、由单一渠道变多种渠道。做大做强财鑫、财通、财汇等股权引导基金，科学界定投资领域，合理选择投资方式，鼓励风投、创投、社会资金参与设立子基金，专注投向战略性新兴产业领域的初创期和成长型企业。

（六）强化精准施策，着力提升促发展实效。一是改善企业营商环境。依据国家、省有关要求，落实好减税政策，进一步清理、规范行政事业性收费和政府性基金项目，降低实体经济综合负担。完善“政银企”风险共担机制，做大中小企业信用担保、农业担保等资金规模，发挥好科技型中小企业技术创新增信基金、农业产业化增信基金作用，帮助企业拓宽融资渠道。积极推进“政银企户保”模式，鼓励保险机构开展贷款保险。持续推行政府采购支持供应商融资的办法，为金融机构和供应商的信用融资搭建平台、提供服务。二是规范推广 PPP 模式。严格项目入库标准，对新申请纳入项目管理库的项目进行严格把关，优先支持存量项目，审慎开展政府付费类项目，确保入库项目质量。按项目所处阶段将项目库分为项目储备清单和项目管理库，将处于识别阶段的项目，纳入项目储备清单，重点进行项目孵化和推介；将处于准备、采购、执行、移交阶段的项目，纳入项目管理库，按照 PPP 相关法律法规和制度要求，实施全生命周期管理，确保规范运作。

（七）强化底线思维，着力提升风险防范和化解能力。一是坚决守住政府债务风险底线。严格执行政府债务限额管理制度，禁止通过政府担保、PPP、购买服务等方式违规举债。按照《财政部关于坚决制止地方政府违法违规举债遏制隐性债务增量情况的报告》要求，完善政府债务管理台账，厘清每一笔债务来龙去脉，逐笔明确还款主体、资金来源和风险防控措施，不因管理不到位造成政府信用缺失。重点督促县区政府、特别是债务高风险地区履行主体责任，制定切实可行的风险化解预案，坚决守住区域性风险底线。二是坚决守住财政风险底线。依托财政一体化信息管理系统，加强对各县市区财政收入、支出进度、预算项目、债务管理、资金绩效的实时监控，全面掌握各级财政运行信息，特别是区级“三保”问题，及时识别、预警、处置风险。强化政策研究对接，主动开辟新的资金筹集渠道，有效化解财政收支矛盾，确保偿还到期政府债务，确保机关事业单位离退休养老金按时发放，确保财政平稳运行。三是规范推进融资平台转型发展。支持推广国控集团改革经验，利用国有资源、资产，支持市县两级国有控股投融资平台做优做强。对政府委托企业承担的公益性业务，通过注入资本金、政府采购等方式依法支持，阻断风险传导。利用好国外金融组织贷款，扩大与国开行、农发行等政策性银行合作，为重点项目建设提供信贷融资支持。

各位代表，做好今年的财政工作，使命光荣、责任重大。我们将在市委的坚强领导下，严格落实市十四届人大三次会议的决议和要求，继续解放思想、开拓进取，努力完成各项目标任务，为开创新时代生态强市、魅力承德新局面而努力奋斗。

承德市中级人民法院工作报告

——2018年2月7日在承德市第十四届
人民代表大会第三次会议上

承德市中级人民法院院长　刘福明

2017年以来，全市法院在市委的坚强领导、市人大及其常委会的有力监督，市政府、市政协及社会各界的大力支持下，认真贯彻落实党的十八大和党的十九大精神，紧紧围绕司法为民公正司法主线，全面加强审判管理，努力提升司法能力，各项工作持续向好发展。全市法院共受理各类案件75327件，审执结72902件（含旧存），结案率96.78%，位居全省第1位。其中，市中院受理8369件，审执结8187件（含旧存），结案率97.83%，在全省11个中院中也名列前茅。

一、坚持依法服务全市大局，不断提升司法保障能力

依法维护社会和谐稳定。依法坚决维护国家安全，特别是国家政治安全。依法惩处杀人、抢劫、绑架、爆炸以及黄赌毒、黑拐骗等违法犯罪，维护社会和谐稳定，切实增强人民群众的安全感。发挥人民法庭在乡村治理中的重要作用，完善多元化纠纷解决机制，减少社会不稳定因素发生；有效规范减刑、假释和暂予监外执行工作，积极开展涉诉信访隐患排查及化解工作，促进平安承德建设。全市法院共受理各类刑事案件2635件，审结2603件，判处罪犯2827人。其中，市中院受理431件，审结427件，一审审结43件，生效判处罪犯75人。

依法服务经济发展。围绕承德“三区一城”发展定位和“12345”总体思路目标，努力实现法律效果和社会效果有机统一。出台十项举措服务保障塞罕坝地区环境安全管理集中整治工作，得到了市委、市政府主要领导的批示肯定。依法服务保障供给侧结构性改革、京津冀协同发展、脱贫攻坚、生态建设。依法开展打击非法集资、电信诈骗等专项行动，加强产权司法保护，依法解决房地产开发遗留问题，积极营造良好的营商环境。全市法院共受理各类商事案件20097件，审结19787件。其中，市中院受理1988件，审结1963件。审结了去年全省人数最多、涉案金额巨大的电信诈骗案件，对42名被告人依法给予刑事处罚。

依法推进法治承德建设。依法支持监督行政机关依法行政，保护行政相对人合法权益。通过发布《行政审判白皮书》、提出司法建议等形式，助推法治政府建设。落实“谁执法谁普法”，通过以案释法，讲好法治故事，努力营造浓厚的法治氛围，弘扬社会主义核心价值观，推进法治承德建设。全市法院共受理各类行政案件896件，审结870件，其中，市中院受理385件，审结374件。

二、坚持以人民为中心理念，不断完善司法为民举措

全面落实便民利民举措。不断加强诉讼服务中心建设，构建集立案、调解、诉讼、收费、信访为一体的诉讼服务大平台。坚持“有案必立、有诉必理”，现场立案与网络立案相结合，依法保护和方便人民群众行使诉权。全市法院网上预约立案12365件，网上预约立案数在全省位居前列。制定《接访处访工作规程》，完善接访处访工作机制，依法保护信访群众的合法权益。加强法律救助工作，全市法院共发放司法救助款872.76万元，减免诉讼费35.16万元，让生活困难者打得起官司，让打赢官司的困难者尽力得到救助。

重点审理好涉民生案件。依法审理婚姻家庭纠纷、民间借贷纠纷、劳动争议等传统民事案件，妥善处理破产企业职工安置、棚户区改造、征地补偿等新类型案件。扎实开展家事审判改革，全市所有基层法院都成立了家事审判庭，市中院聘请9名心理咨询师助力家事少年审判工作。努力发挥人民陪审员作用，深化司法民主。全市法院共受理各类民事案件28119件，审结27694件，其中，市中院受理2660件，审结2643件。人民陪审员共参加陪审案件8773件。

扎实开展“基本解决执行难”工作。加强联合信用惩戒，敦促被执行人自动履行生效裁判文书义务。不断完善信息化执行平台建设，加大执行财产的查控力度，提高执行效果。坚持公诉与自诉同步发力，依法打击拒执犯罪。规范执行行为，穷尽执行举措，加强积案清理和案款管理，着力解决消极执行、选择性执行、乱执行等问题。全市法院共执结案件18229件，执行到位金额15.86亿元，公开失信被执行人信息3357条，限制高消费2362人次，限制出境6人次；移送公安机关追究涉嫌拒不执行判决裁定罪37人，法院判决12人；司法拘留600人次；采取罚款强制措施31件，罚款金额270万元。

三、坚持执法办案第一要务，不断提升审判质效

坚持严格公正司法。进一步树立科学司法理念，坚持法律面前人人平等，“以事实为根据，以法律为准绳”，坚持实体公正和程序公正并重，坚守法律底线，切实提高案件质量。全市法院生效案件改判率0.13%，同比下降0.01个百分点；服判息诉率76.68%，同比上升0.03个百分点；申诉信访案件701件，同比下降12.48%。

切实加强审判管理。实行统筹分案、均衡结案，强化审限管理，努力提高办案效率。全市法院法官人均结案103.95件，审限内结案率99.69%，案件平均办理天数41.08天，较全省平均办理天数少16.25天，在全省位居前列。持之以恒抓好案件常规评查、专项评查、重点评查工作，强化通报、约谈等举措促进审判质效提升。市中院评查每个入额法官案件3件，对再审改判案件全部进行评查。对查出问题认真进行整改。院长亲自担任长期未结案件审判长，加大长期未结案件清理力度。持续加强审判流程信息化管理，加强立、审、执各个节点的管控，提高审判工作的信息化、科学化管理水平。全市法院审判业绩位居全省前列。

深入推进司法公开。继续推行审判流程、裁判文书、执行信息公开，推进庭审、司法拍卖、减刑假释案件、失信被执行人信息等公开，加强实质化公开，致力于将司法公开打造成展示法院工作、塑造法院形象和接受社会监督的平台。全市法院共公开审判流程69425件，庭审18145个，裁判文书49028份，执行信息19842件，减刑、假释案件1760件，网络司法拍卖436件。在2017年全省阳光司法指数评估中，全市法院位居全省法院第1位；市中院本级在全省190个法院混合排名中位居第2位，在11个中院中位居第1位。

不断加强智慧法院建设。积极搭建信息化应用平台，强化智能化综合办案系统、移动OA办公系统等应用，促进信息化成果转化。全面推进电子诉讼平台应用，实现网上立案、送达、缴费、证据交换与质证、庭审等功能。市中院被省高院选定为“电子法院”试点法院。

四、坚持以落实司法责任制为核心，不断深化司法改革

深入推进司法责任制改革。推进新审判权机制运行。进一步落实主审法官和合议庭负责制。全力推进审判团队建设，努力推进审判工作专业化。全市法院共组建审判团队188个。平稳完成了第二批法官入额工作。强化专业法官会议运行，充分发挥专业法官会议参谋智囊、监督管理、能力提升和过滤审查作用。全市法院共召开专业法官会议233次，研讨案件434件。加强监督管理机制建设。制定了《关于规范审判权运行监督管理办法（试行）》，将院庭长应该监管的4类案件细化为20种情形，强化院庭长主动监管职责。强化院庭长办案工作。出台了《院、庭长办案实施办法》，强化院庭长实质化办案，要求院庭长带头办案，充分发挥示范引领作用，带动审判质效提升。全市法院院庭长累计办案36828件，占结案总数的51.77%。去年11月，省高院对全省法院司法改革检查评估，我市法院进入全省法院第1档次。

扎实开展相关配套改革。扎实开展内设机构改革。全市所有基层法院对内设机构进行减缩，由原有的194个减为85个，累计减少56.20%，有力提高了工作效率。扎实开展繁简分流改革。扩大简易程序和小额速裁程序应用范围。实行简案快审，繁案精审。全市法院民事一审简易程序适用率76.22%，累计办理小额诉讼案件2580件，节约了诉讼资源，提高了诉讼效率。双滦区法院被最高院确定为“案件繁简分流机制改革示范法院”。扎实开展以审判为中心的刑事诉讼制度改革。强化庭审实质化功能，努力提高刑事辩护率、证人鉴定人出庭率、当庭宣判率，坚决防止冤假错案发生。依法判处无罪5人。积极推行“轻刑快判”工作机制。全市法院轻刑快判审结案件1063件，适用率47.93%，居全省第1位。

五、坚持教育监督管理并重，不断加强队伍建设

不断提升干警政治素养。始终把政治建设摆在首位，强化“四个意识”、坚定“四个自信”，坚决在思想上政治上行动上与以习近平同志为核心的党中央保持高度一致。抓住“关键少数”，出台《关于加强领导干部思想政治建设的实施意见》，从讲政治、守规矩、敢担当、常自律、真带头五个方面，对全市法院领导干部提出具体要求。加强法院机关党建工作。完成机关党委换届，开展全市法院基层院长党建述职、党组书记上党课、中院党支部书记党建述职、迎“七一”“一先双优”评选和“两学一做”学习教育知识竞赛，组织党员干警深入扶贫村慰问老党员、体会农村基层党支部生活，强化干警爱党、爱国、爱民和敬仰法律意识，提升干警思想政治水平。将法院文化注入思想政治建设中，成功举办“和合承德　与法同行”全国法院系统书画摄影邀请展。

努力提高干警司法能力。分级分类抓好重点培训，鼓励和支持干警参加上级法院的各级各类培训。突出典型引领和传帮带功能，通过开展“庭审质量和裁判文书双十佳评选”等活动，提高干警的辨法析理能力、群众工作能力、信息化运用能力。

着力改进干警工作作风。实施队伍日常精细化管理，先后制定了涵盖党建工作、审判执行、队伍建设、行政管理各个方面的制度规定，坚持从出勤、院内秩序等小事抓起、小节做起，实现由小见大，促进干警良好习惯和规矩意识的养成。机关面貌发生可喜变化。集中开展“微腐败”治理、机关作风评议、纪律作风问题专项督查等工作，认真落实中央“八项规定”，着力解决“六难三案”问题。

全面落实从严治党责任。坚持党组理论中心组思想政治学习，认真召开领导班子专题民主生活会，与各基层法院院长、中院各部门主要负责同志进行集体廉政谈话，落实领导干部“一岗双责”，不断压实“两个责任”。加强执纪问责。全市法院共查处违纪干警8人，诫勉谈话8人，提醒谈话3人，函询约谈9人。

一年来，全市法院牢固树立接受监督意识，自觉将法院工作置于人大及社会各界的监督之下。

积极开展邀请人大代表、政协委员旁听庭审活动，高度重视代表、委员意见建议提案办理，坚持人大代表联络和登门走访制度，定期向代表、委员寄送《法院要讯》，及时汇报全市法院工作，积极配合市人大常委会开展“基本解决执行难”工作专项执法检查和调研活动，对人大常委会提出的审议意见认真落实整改。同时，自觉接受政协民主监督、检察机关法律监督、新闻媒体舆论监督和广大人民群众社会监督，及时回应社会各界司法关切。

全市法院工作所取得的成绩，是党委的坚强领导，人大及其常委会的有力监督以及政府、政协和社会各界大力支持的结果。在此，我代表全市法院表示衷心感谢！

同时，我们也清醒地认识到全市法院工作依然存在一些问题，与党委的要求和人民群众的期待还存在一定差距，主要表现在：一是审判质效有待进一步提高。个别案件裁判和执行时间过长，裁判质量不高；二是审判管理有待进一步强化。个别地方的管理力度不够，观念保守陈旧；三是审判作风有待进一步改进。“六难三案”问题和干警违纪行为仍有发生。对于上述问题，我们将予以高度重视，认真加以整改。

各位代表，2018年，全市法院工作基本思路是：认真学习贯彻党的十九大精神，坚持以习近平新时代中国特色社会主义思想为指导，坚持司法为民公正司法主线，狠抓执法办案第一要务，深入推进司法改革，全面加强队伍建设，依法服务保障大局，不断满足人民群众对美好生活司法需求，为全市决胜全面建成小康社会和新时代生态强市、魅力承德建设作出新的更大的贡献。

一是要紧紧围绕新时代中国特色社会主义发展的战略安排，为经济社会发展提供更加优质高效的司法服务和保障。要围绕承德“三区一城”发展定位和“12345”总体思路目标，更加牢固地树立大局意识，更加坚定地服从大局，更加有效地服务大局。依法维护社会和谐稳定，努力营造公平持续健康有序的经济社会发展环境。

二是要紧紧围绕我国社会主要矛盾的历史性变化，不断满足人民群众对美好生活司法需求。要围绕人民群众对民主、法治、公平、正义、安全、环境等方面日益增长的对美好生活需要，依法惩处危害社会治安、生态环境、公民人身财产安全等犯罪，依法审理好各类涉民生案件，着力破解执行难题，最大限度地实现人民群众的合法权益。要继续下大力解决好办案不公、久拖不决、久拖不执、程序空转等方面的问题，着力解决案件质量和效率方面存在的不平衡不充分问题。

三是要紧紧围绕建设社会主义法治国家，努力推进依法治国。一方面，要充分发挥“排头兵”和“主力军”作用。坚守法治信仰，坚持严格公正司法，坚守法律底线，依法保障人权，防止冤假错案。切实加强审判管理，深化司法公开，深入推进智慧法院建设。另一方面，要充分发挥和延伸审判职能，促进法治承德建设。

四是要紧紧围绕让人民群众在每一个司法案件中感受到公平正义，不断深化司法改革。要努力推进司法体制综合配套改革，全面落实司法责任制，加强审判团队建设，不断强化院、庭长的监管职责，落实好案件质量终身负责制。同时，要深入推进以审判为中心的刑事诉讼制度改革，深化矛盾纠纷多元解决机制。

五是要紧紧围绕习近平总书记“五个过硬”和“四句话、十六字”方针要求，不断加强队伍建设。坚持把政治建设摆在首位，以习近平新时代中国特色社会主义思想武装头脑，指导工作，坚决与以习近平同志为核心的党中央在思想上政治上行动上保持高度一致。不断加强司法能力、司法作风建设，加强党风廉政建设，下大力解决人民群众反映强烈的“六难三案”问题和不作为、慢作为、乱作为问题。

各位代表，全市法院将在市委的坚强领导下，认真学习贯彻党的十九大精神，高举习近平新时代中国特色社会主义思想伟大旗帜，求真务实、攻坚克难、奋勇争先，努力开拓全市法院工作新局面，为决胜全面建成小康社会和新时代生态强市、魅力承德建设做出新的更大的贡献！

承德市人民检察院工作报告

——2018年2月7日在承德市第十四届
人民代表大会第三次会议上

承德市人民检察院检察长　纪志明

2017年的主要工作

2017年，在市委和省检察院的坚强领导下，在市人大及其常委会的有力监督下，在市政府、市政协和社会各界的关心支持下，全市检察机关认真学习贯彻党的十九大精神，围绕中心、服务大局，依法认真履行检察职能，各项检察工作持续健康发展。

一、落实维稳政治任务，促进平安承德建设

把为党的十九大胜利召开营造和谐稳定的社会环境和良好法治环境作为首要政治任务，着力维护社会和谐稳定。

依法严厉打击刑事犯罪。认真落实提前介入、联席会议制度，共批捕犯罪嫌疑人1258人，提起公诉2991人，依法办理了马骥等人涉案超亿元的虚开增值税专用发票案、张进等人生产销售有毒有害食品案等重大案件。正确贯彻宽严相济刑事政策，加强释法说理、刑事和解等工作，依法不批捕265人、不起诉139人。

强化检察环节社会矛盾化解。坚持把化解社会矛盾贯穿司法办案始终，深入开展涉法涉诉信访"四个专项治理"刑事申诉案件公开审查等活动，通过远程视频接访、检察长接待日、带案下访、律师参与化解和代理涉法涉诉信访案件等形式，做好信访维稳工作，共办理各类控告申诉案件3110件，通过促成和解依法化解了平泉市侯文儒十年诉讼纠纷案。市院被评为全国检察机关"文明接待示范窗口"，4个基层院被评为全国检察机关"文明接待室"。

提升社会治理法治化水平。以推进民生领域社会治理创新为重点，积极参与打击"村霸"和宗族恶势力犯罪及电信网络诈骗犯罪专项活动，共批捕犯罪嫌疑人81人，提起公诉170人，依法办理了于某某等42人电信诈骗案等重点案件；组织开展了涉农犯罪、危害食品药品安全犯罪等专项立案监督活动，通过监督立案等多种形式加大工作力度；认真落实普法责任制，深入开展"法律九进"活动，不断提升群众法治意识。

二、落实服务大局举措，优化发展法治环境

把服务大局作为首要责任，突出抓好服务发展环境、生态环境、扶贫攻坚等重点工作。

努力营造良好营商环境。认真落实"转、优、促"部署，制定《推进构建法治化营商环境的意见》，采取严厉打击破坏企业生产经营、侵犯企业知识产权等危害经济秩序犯罪，开展服务非公企业活动等措施，为创新驱动、转型升级、生态发展、扶贫攻坚营造良好法治环境，依法办理了秘安等人假冒山庄老酒、板城和顺等多种白酒的注册商标案等重大影响案件，《河北日报》等媒体对该服务举措均予以报道。对承钢钒钛高强冷轧板项目等13个重大建设项目开展同步预防，开展行贿犯罪档

案查询5672次。

多措并举促进绿色发展。坚决贯彻习近平总书记对弘扬塞罕坝精神的重要批示精神，创新“并体保护”工作模式，为全市实施生态优先、绿色发展战略提供坚强司法保障，共批捕破坏生态环境刑事犯罪31人，提起公诉142人，监督查办了双滦西地前营废钢渣提炼厂污染环境、石良喜等人跨省倾倒危险废物等案件；开展了生态环境保护检察、打击大气污染犯罪等活动，建议行政执法机关移送涉嫌犯罪案件14件，监督公安机关立案21件，发出督促整改检察建议11件。市人大常委会审议了全市生态环境保护检察工作，并给予充分肯定。

强化扶贫攻坚司法保障。深入开展查办和预防扶贫领域职务犯罪专项活动，查办截留、虚报冒领惠农扶贫资金等贪污贿赂案件51人，同比增长13.3%，我院打击扶贫领域职务犯罪经验在省检察院作了典型发言。

三、落实反腐倡廉职责，加大惩防并举力度

把服从服务国家监察体制改革作为重要政治责任，继续保持惩防职务犯罪高压态势。

持续加大惩治职务犯罪。持续加大查办本地案件力度，共立案查办贪污贿赂案件129人、渎职侵权案件63人，同比分别增长9.3%和28.6%，查办贪污贿赂大要案32人、渎职侵权重特大案件47人，为国家和集体挽回经济损失879万余元；突出查办严重损害群众利益问题，组织开展了医疗卫生、森林草原防火监管、安全生产等领域小专项活动，共立案查办贪污贿赂和渎职侵权案件43人。注重打击行贿犯罪，立案查办围猎干部、谋取不正当利益的行贿案件18人。

持续深化职务犯罪预防。开展警示教育77次；与市邮政公司联合开展“预防职务犯罪邮路”活动，完成预防调查等102件，两级院多篇预防职务犯罪年度报告被党委、人大、政府领导批示肯定。

各位代表，全市反贪反渎和预防部门干警，在历年来取得重大成绩为全市反腐败作出重要贡献的基础上，把思想和行动统一到中央重大决策部署上来，坚决拥护服从、全力支持配合国家监察体制改革，切实做到了人心不散、工作不断、力度不减。在今年工作中表现出来的敢于和自己较劲、敢于和工作较真、敢于在全省叫响的“较劲、较真、叫响”精神，受到省检察院高度肯定，为我市检察机关留下了宝贵精神财富。

四、落实立身之本要求，维护社会公平正义

把加强检察监督作为立身之本，着力提高监督精度、增加监督深度、拓展监督广度，全面提升检察监督水平。

加强刑事诉讼监督。监督公安机关立案、撤案62件，同比增长34.7%；纠正侦查活动违法198件次；共提出刑事抗诉43件，同比增长126%，提升抗诉案件质量经验被省检察院转发。积极推进行政执法与刑事司法衔接工作，建成了覆盖55个部门的“两法衔接”信息共享平台，通过线上线下审查行政执法案件1470件，建议行政执法机关移送涉嫌犯罪案件17人，公安机关已立案11人，其中包括一涉案3500余万元的组织、领导传销犯罪案件。

强化民事检察监督。加强生效裁判监督，提请抗诉35件，同比增长150%；提出民事抗诉和再审检察建议27件，同比增长17.4%。指导基层院与同级法院会签了《加强民事执行活动法律监督工作若干问题的意见》等文件，重点对进入执行环节的执行行为和执行裁定进行监督，共提出检察建议110件，被采纳105件。

实化行政检察监督。在市政府大力支持下，通过在“两法衔接”信息共享平台增加行政检察监督模块搭建起行政检察与行政执法衔接平台，与市场监督管理局会签了《强化食品药品安全监督领域合作机制的实施方案》，围场县院提请围场县人大常委会审议通过《加强行政检察监督工作的决定》，从软件开发、试点单位应用、部门协调联动等方面夯实了行政检察监督工作基础。组织开展了“清收耕地占用税、契税”专项活动，督促相关部门收缴税款3400余万元，经验做法被省检察院转发。围绕河道采砂、林地使用等环节开展公益诉讼，通过诉前程序追缴土地出让金1700万元。发出督促履职检察建议285件，支持起诉86件。

深化刑事执行检察监督。书面纠正执行机关提请减刑、假释、暂予监外执行不当88人次，书面纠正刑事执行和社区矫正违法违规案件173件。注重提高监督准度，办理羁押必要性审查案件并被采纳意见104件，采纳率达到100%，杨朔等人羁押必要性审查案获评全国精品案件，丰宁县院羁押必要性审查工作经验被省检察院推广。两级院均建成了刑事执行检察信息中心，实现对看守所、监狱、社区矫正活动的动态监督。

创新未成年人检察监督。认真落实对涉罪未成年人特殊检察制度，与市公安局会签了《全面落实犯罪记录封存、加强未成年人保护的若干规定》，依法不批捕24人，附条件不起诉11人，同比分别增长41.1%和57.1%。设立未检办案专区、教育园区检察官办公室和法制长廊，组织开展“检察开放日”“法治进校园”等活动，接受学校法制教育的师生达3万余人次，共同打造学校、社会、司法机关联动加强未成年人犯罪预防工作新格局。

五、落实深化改革部署，增强自身发展活力

严格按照省检察院深化司法改革工作部署，认真落实各项改革任务。

稳步推进司法责任制改革。全面实行人员分类管理，完成322名入额检察官的等级评定、89名检察官等级晋升以及检察官助理和书记员的等级确定工作，完成第二轮检察官入额及员额检察官比例调整工作。推行司法办案新模式，制定业务职权划分、法律文书签发权限等制度，入额院领导和检察官均按照新的检察权运行模式办理案件，人均办案量同比增长31%，人均办案用时减少5.6个工作日。建立案件质量评查聘任、打分定档、一人一档“三项机制”，有效规范司法行为，提高办案效能，最高检给予充分肯定。

稳步推进以审判为中心的诉讼制度改革。与市公安局会签了《加强侦查监督工作配合的规定》《规范案件移送审查起诉工作的意见》等文件，指导基层院会签了《加强诉侦配合的实施意见》《提前介入刑事案件、退回补充侦查活动的实施办法》《几种常见罪名证据采信标准》《办理刑事案件构建新型诉辩关系的若干意见》等文件，在构建新型诉侦、诉审、诉辩关系方面进行有益探索。共提前介入侦查262件次，召开联席会议136次，列席法院审判委员会讨论案件64件次，网上预约律师和诉讼代理人1102件次，市院被最高检评为保障律师执业权利示范单位。

稳步推进人民监督员制度改革。协助市司法局完成82名市级人民监督员的选任和培训工作，组织监督案件15件，邀请参加案件公开答复、职务犯罪案件评查等活动15次。

六、落实队伍建设目标，夯实事业发展根基

牢牢把握习近平总书记“五个过硬”要求，以常态化督查为抓手，以转变作风为保障，不断提升职业化建设水平。

全面加强检察队伍建设。认真学习宣传贯彻党的十九大精神，深入推进“两学一做”常态化制度化，扎实开展“学习塞罕坝，加快走新路大讨论”等活动，并结合实际开展向身患绝症病故前10

天仍坚持工作的身边模范、原营子区院副检察长曲阳同志学习活动，努力形成学精神、齐奋进、勇争先的良好氛围，有3个基层院获得省级文明单位，2名检察人员被评为全市最美政法干警。全面实施素质提升工程，组织各类培训2748人次，有5门课程在省检察院精品课评选中获奖，14件精品案件入选全国检察业务指导性案例，宣传稿件、理论调研文章被省级以上报刊采用460余篇。

全面加强党风廉政建设。制定《廉政风险防控机制建设工作手册》，落实防控措施205条；开展了深化基层党风政风“清洁行动”、推进“微腐败”专项治理等活动，开展警示教育和谈话函询161人次，在全省检察系统率先建立干警廉政档案178份。按照省检察院对市院党组开展巡视工作部署，认真查找在党的建设、从严治党治检等方面的突出问题，并根据省检察院巡视组反馈意见和市委主要领导落实反馈意见指示精神，坚决、全面进行了整改。

全面加强基层基础建设。深入开展基层院“八化”建设，1个基层院被评为全省“八化”建设示范院，2个基层院被评为全省“八化”建设先进院。以打造“智慧检务”为统领，完成现代化侦查办案、检察监督、检务保障及办公等平台建设。省检察院评价我院信息化建设在全省起步最早、速度最快、效果最好、内容最全、管理最严。

各位代表，一年来，全市检察机关和广大检察人员牢固树立“四个意识”，准确把握检察工作转型发展的重大机遇，扎实推动检察工作争先创优，两级院共有13个集体和67名个人获得省级以上表彰，全市检察工作呈现出稳中向好、稳中有进的良好局面。成绩的取得，是市委正确领导，人大及其常委会有力监督，政府、政协及社会各界全力支持的结果。在此，我代表全市检察机关表示衷心的感谢！

当前，检察机关正处于改革期，检察工作正处于转型期，检察人员正处于适应期，面对特殊形势，对照上级要求和人民需求，我市检察工作还存在一些问题和不足。一是服务大局还缺乏深度，需要进一步在创新创强上下功夫。二是检察监督不全面、不充分、不平衡的问题依然存在，需要进一步在提质增效上下功夫。三是司法体制改革所带来的不适应、不适合问题比较突出，需要在强化办案监督管理上下功夫。四是队伍建设中还存在不符合新时代要求的职业素能问题，需要进一步在提高专业化、职业化建设上下功夫。

2018年主要任务

2018年，全市检察机关将以习近平新时代中国特色社会主义思想为统领，认真落实市委、省检察院决策部署，依法全面履行检察职能，努力为全市经济社会发展提供优质高效的司法保障。

贯彻新发展理念，服务全市中心工作。围绕市委十四届三次全会确定的“做到五个坚持、打好六场硬仗、突出六项重点”的决策部署，细化完善各项服务举措。围绕弘扬塞罕坝精神和加强生态建设，严厉打击破坏生态环境刑事犯罪，强化生态检察监督，促进生态环境持续优化。

加强和创新社会治理，推动平安承德建设。以保障人民群众安全为宗旨，继续保持对各类严重刑事犯罪严打高压态势。积极参与平安承德治理体系建设，加强检察环节预防和化解社会矛盾机制建设，落实“谁执法，谁普法”责任，共同打造共建共治共享的社会治理格局。

深化依法治国实践，强化检察监督。聚焦检察监督主责主业，创新检察监督平台、加强执法司法联动、着力做好公益诉讼工作，全面加强刑事、民事、行政等诉讼活动法律监督，切实保障严格执法和公正司法，切实维护国家利益和公共利益。

保障和改善民生，加强和改进民生检察工作。坚持以人民为中心，围绕事关广大人民群众对美好生活的司法需求，着力加强“接地气”式的民生检察工作，力求在扶贫攻坚、教育医疗、食药安全、生态环保等领域提供优质公共司法产品。

加强素能建设，着力打造过硬检察队伍。认真开展“不忘初心、牢记使命”主题教育活动，用习近平新时代中国特色社会主义思想武装检察人员。结合司法责任制改革，强化专业能力、专业精神培养，提升检察队伍适应转型发展的能力。深化纪律作风建设，着力打造风清气正的过硬检察队伍。

各位代表，新的一年里，全市检察机关将在市委和省检察院的坚强领导下，在各级人大及其常委会的有力监督下，深入贯彻本次会议精神，充分发挥检察职能，为推进新时代生态强市、魅力承德建设提供有力的司法保障。

专文

上世纪六十年代至今，河北塞罕坝机械林场的干部职工，肩负着党的期盼、国家的重托，肩负着为北京阻沙源、为京津冀涵水源的神圣使命，顽强拼搏、无私奉献，老一辈先驱筚路蓝缕在塞北茫茫荒原上爬冰卧雪、战天斗地，新一代矢志不渝、不忘初心接续传承，三代12任55年生命不息、奋斗不止，在几近人类生存禁区的荒原上，克服重重困难，攻克道道难关，依靠科技创新造林育林，使一片“不毛之地”变成了碧波万顷的浩瀚林海，为京津冀地区乃至全国改善生态环境做出了重要贡献。他们坚韧不拔、锲而不舍，铸就了塞罕坝精神，成为全国生态文明建设的生动范例，受到党和国家领导的高度评价，获得国际组织的高度认可。

2017年8月14日，中共中央总书记、国家主席、中央军委主席习近平对河北塞罕坝林场建设者感人事迹作出重要指示指出：55年来，河北塞罕坝林场的建设者们听从党的召唤，在“黄沙遮天日，飞鸟无栖树”的荒漠沙地上艰苦奋斗、甘于奉献，创造了荒原变林海的人间奇迹，用实际行动诠释了绿水青山就是金山银山的理念，铸就了牢记使命、艰苦创业、绿色发展的塞罕坝精神。他们的事迹感人至深，是推进生态文明建设的一个生动范例。全党全社会要坚持绿色发展理念，弘扬塞罕坝精神，持之以恒推进生态文明建设，一代接着一代干，驰而不息，久久为功，努力形成人与自然和谐发展新格局，把我们伟大的祖国建设得更加美丽，为子孙后代留下天更蓝、山更绿、水更清的优美环境。

2017年8月28日，学习宣传河北塞罕坝林场生态文明建设范例座谈会在北京召开。中共中央政治局委员、中宣部部长刘奇葆在会上传达了习近平的重要指示并讲话。2017年8月30日上午，由中宣部、国家发展改革委、国家林业局和河北省委联合举办的塞罕坝林场先进事迹报告会在人民大会堂举行。中央和国家机关干部、北京市基层党员干部、林业系统干部职工和有关高校师生代表800余人参加。

截至2017年10月上旬，河北塞罕坝机械林场先进事迹报告会在人民大会堂、北京市、河北省、江西省、福建省、青海省、山西省、贵州省、内蒙古自治区、江苏省盐城市等地举办了十次。学习弘扬塞罕坝精神在全国展开。

2017年11月17日上午，中央文明委在北京召开全国精神文明建设表彰大会，河北省塞罕坝机械林场总场获“全国文明单位”荣誉称号。2017年12月5日，在肯尼亚内罗毕举行的第三届联合国环境大会上，联合国环境规划署宣布，中国塞罕坝林场建设者荣获2017年联合国环保最高荣誉——“地球卫士奖”。

我们将塞罕坝先进事迹报告团成员的报告汇登于此，让塞罕坝精神照耀我们砥砺前行！

做生态文明建设的“先锋树”

承德塞罕坝机械林场党委书记、场长　刘海莹

人们在恶劣的自然条件下造林时，会先栽上一些适应性强的树，为其他树种落地生根创造条件，这些树被叫作“先锋树”。

在塞罕坝人心里，老书记王尚海就是一棵永远挺立的“先锋树”。

1962 年，40 岁的王尚海是承德专署农业局局长，一家人住在承德市一栋舒适的小楼里。塞罕坝林场组建，组织上派他担任林场第一任党委书记。在抗战时期担任过游击队长的王尚海，二话没说，像是要奔赴新战场的战士，举家上坝。

建场头两年，由于造林成活率低，加上生活艰苦，人们情绪一度很低落。王尚海穿上老皮袄，骑上黑鬃马，带着技术人员跑遍了塞罕坝的山山岭岭，仔细研究那些残存的落叶松。他和大家一起啃窝头、喝雪水、住窝棚。晚上睡觉的时候，总是睡在离漏风的草帘子门最近的地方。

1964 年春天，在决定林场命运的马蹄坑大会战中，王尚海亲自带着一个机组作业。植苗机在山地上开过，后面卷起厚厚的沙尘，裹着风雪，打在王尚海的脸上、身上，喘气都很困难，但他顾不得这些，跟在植苗机后面一棵一棵地察看刚刚栽种的树苗。他和大伙一起，憋足了劲，一定要把树种活，一定要把林场办下去！最终，马蹄坑大会战取得了全面胜利，开创了中国高寒地区机械栽植落叶松的先河。

很多林场老职工们记得，由于孩子多，王尚海一家人生活得很困难。有一次，一位老战友上坝来看他，正赶上他家吃午饭，除了一锅土豆煮白菜，别的啥也没有，仅有的两个黑莜面窝头，要紧着王尚海 70 多岁的老父亲吃。看到他的几个孩子穿得破破烂烂，饿得面黄肌瘦，老战友难过得掉下泪眼，劝他别在坝上干了。可王尚海说，林场还没建成，我就是死，也要死在塞罕坝！

人们回忆，老书记曾经当众掉过两次眼泪，一次是马蹄坑大会战胜利的时候，他跪在山坡上号啕大哭；一次是他的小儿子发高烧，因为大雪封山，缺医少药，孩子的病转成了小儿麻痹。知道孩子将落下终生残疾，他紧紧地抱着孩子，哭了很长时间。

王尚海在塞罕坝干了 13 年，在任期间林场完成造林 54 万亩。1989 年，68 岁的王尚海病逝。遵从遗愿，他的骨灰被撒在了马蹄坑。伴他长眠的那片落叶松林，如今被叫作“王尚海纪念林”。

在王尚海的身后，是塞罕坝坚韧不拔、无私奉献的共产党员的群像。

塞罕坝原来是没有樟子松的。樟子松的家乡在大兴安岭，它耐寒、耐旱、耐瘠薄。1965 年春天，后来曾担任过省林业厅厅长的技术员李兴源开始试验引进樟子松。育苗必须用农家粪做底肥，他就在路上捡拾马粪驴粪，还经常去附近公厕掏大粪。松芽出土时最怕鸟来啄苗，他拿着铜锣，在苗圃周围使劲地敲。就这样，一试三年，终于取得了樟子松引种的成功，如今，樟子松已成为塞罕坝的第二大树种，解决了干旱沙地造林的一大难题。

1984 年，我从河北林业专科学校毕业到了塞罕坝，成了林二代。在我的心中，我的入党介绍人

王凤明，就是我身边的一棵先锋树。

王凤明大我十岁，我们曾一起共事十多年，情同手足。我到林场工作时还不是党员，王凤明和我结成了对子，工作中处处帮助我，生活中常常照顾我，我和爱人结缘就是他给做的媒。从他的身上，我明白了什么是共产党员的先锋模范作用。

工作十几年，王凤明的工作岗位换过四五回，最苦、最偏远的林场他都干过。我曾问他，刚干出成绩就调离，你就一点想法也没有？他憨厚地笑着说，我是个党员，党让干啥就干啥，干啥也得干好！

2005年，一位工人在清理水井时遇险，他第一个跳下井去救人，不幸以身殉职，年仅50岁。当时，我正在省城开会，听到这个噩耗，泪水一下子就模糊了双眼。凤明老哥，我就知道你是这个脾气，干啥都要冲在最前面，干啥都把最难最险的留给自己！你这一生没有做过一件惊天动地的事，没有说过一句感天动地的话，但在我心里，你永远是一个顶天立地的共产党员！

塞罕坝上的这些共产党员，就是我的人生榜样。像他们一样，我把人生和事业扎根在这片林海。多年来，我主持完成了樟子松常年造林、云杉育苗技术等多项课题研究，创造了石质山区造林绿化新模式，让造林成活率提高了60%。在第三乡林场担任技术副场长期间，我尝试引入全面质量管理方式，第三乡连续多年在生产联查中位居6个林场第一名。

如今，我成为林场的第12任党委书记，绿色的接力棒交到了我们这一任党委班子手中，如何在生态文明建设中，继续发挥先锋模范作用，做绿色发展的开路先锋，守住、守好这片林子，让它绿得更有质量，是我们思考最多的问题。

当年造林时，是按照每亩300多棵的高密度栽植落叶松，现在我们通过抚育间伐，要不断地去掉次树，选留好树，每亩只保留十几棵树，然后再利用树下空间栽上新树。用这样的办法，我们实现了森林数量和质量的双提高。

吃祖宗饭，断子孙路不是能耐，能够还祖宗账，留子孙粮才是本事。近年来，林场大幅压缩了木材采伐限额，全面停止了天然林商业性采伐，木材产业收入占总收入的比例已降到了50%以下。我们还把最擅长的育苗技术变成了产业，建成了8万亩的绿化苗木基地。2017年，通过发展绿化苗木、森林旅游等实现的收入，已经超过总收入的一半。2017年，塞罕坝林场森林资源总价值已达到202亿元，每年带动当地实现社会总收入超过6亿元。塞罕坝的这片绿水青山，已经成为真正的金山银山！

习近平总书记的批示对塞罕坝建设者给予了高度评价，这让三代塞罕坝人倍受感动，无比自豪。生态文明建设在总书记心中分量有多重，塞罕坝人肩上的担子就有多重。中国梦，需要更多的“中国绿”，我们将牢记重托，不负使命，把塞罕坝精神发扬光大，在绿色发展的新征途上，当好先锋树，再创新辉煌！

选择塞罕坝　我无怨无悔

第一代塞罕坝林场工人　陈彦娴

这张照片是1964年拍的，最上面那排最左边的那个人就是我。那年我19岁，在承德二中上高三。快要毕业的时候，我们宿舍的六个好姐妹经常在一起谈理想，大家有一个共同的心愿：要是能像新中国第一位女拖拉机手梁军那样，开着拖拉机驰骋在原野上，为祖国建设贡献一份力量，那该有多好啊！

我家的邻居刘文仕是塞罕坝机械林场第一任场长。我们听说那里正在开展大规模机械化造林，姐妹们都让我找一找他，于是我鼓起了勇气给刘场长写了一封信。信发出不到一个月，就收到了林场的回信，说欢迎我们去工作。就这样，我们放弃了高考，选择了塞罕坝。1964年8月23日，学校给我们开了欢送会。我们怀着激动的心情，迈出了通往理想的第一步！

承德到塞罕坝有两百多千米，我们坐汽车颠簸了两天两夜才赶到林场。记得我们吃的第一顿饭，是黑莜面饼和炒蘑菇，这可是当时林场招待客人最好的饭菜了，可我们都觉得有一股怪味，根本咽不下去。那时，人们喝的是雪水、雨水、沟塘子里的水，吃的是黑莜面窝头、土豆和咸菜。偶尔能吃顿黑馒头，就算是改善生活了。

住的条件更是艰苦，房子不够住，大家就住在仓库里、马棚里、窝棚里、泥草房里。夏天外面下大雨屋里就下小雨，外面雨停了屋里还在滴水，环境阴暗潮湿，被褥常年都是潮乎乎的。最难熬的还是冬天，嗷嗷叫的白毛风，吹到人身上刺骨地疼，一刮起来对面根本就看不到人，呼吸都很困难。最冷的时候有零下四十多度，人们的脸上、鼻子、耳朵、手和脚上都长了冻疮。我们睡在只铺了一层莜麦秸秆的土炕上，睡觉时都要穿着棉袄棉裤戴着棉帽子，早上起来眉毛、帽子、被子上都是一层厚厚的霜。

到林场熟悉了一段时间的环境之后，领导并没有安排我们去学开拖拉机，而是让我们去苗圃学习育苗，我们很失望。领导耐心地给我们讲，育苗也很重要，做好这项工作也很了不起。

育苗确实不是个容易干的活儿，整地、做床、催芽、播种，每项工作程序都有严格的技术要求。为了掌握好播种时盖土的厚度和压实度，我们拿着滚桶和刮板一遍又一遍地练，手磨出了血泡，手臂肿得抬不起来，可我们还是不停地练，直到达到技术要求为止。

苗圃育苗使用的是有机肥，都是用牛车拉大粪。夏天在厕所里掏大粪对我们来说是最难的。成群的苍蝇嗡嗡地扑过来，往身上脸上乱撞，我们拿着粪勺把大粪掏进桶里，再将桶提到牛车上拉到粪场。一天下来弄得满身都是大粪，收工后也只能在河边洗洗手，刷刷鞋，根本没有地方去洗澡。

那年冬天，我们到马蹄坑作业区清理残木。山上的风特别大，男同志跪在雪地里采伐残木，女同志负责拖坡，就是把残木用大麻绳捆好，然后拖到山下。由于积雪太深根本没有路，拖起来十分吃力，使出浑身力气才能缓慢地向前挪动，但大家都比着劲儿地干，你拖得多，我比你拖得还多，汗水把棉袄湿透了，棉衣又结成了冰甲，走起路来，全身哗哗地响。工作一整天下来，肩膀被大麻绳子磨得血红，厚厚的棉袄也都被磨破了。晚上回到营林区，我们在昏暗的煤油灯下匆忙吃口饭，赶紧把棉衣补好倒头就睡。就这样，一干就是一个多月，我们累得就像脱了一层皮，等回到总场场部时，大家都已认不出我们了。但是，让我们骄傲的是，我们创下了女同志上山参加采伐作业的历史，男同志能做到的，我们女同志也做到了！

有一年春节前，就在大家高高兴兴准备回家过年的时候，突然下了一场大雪，积雪有一米多深。总场派了一辆大卡车送我们下坝，又派了一辆拖拉机推雪开道。可是，拖拉机在前面刚推出了路，后面的路又马上被狂风卷起的大雪给埋上了，走走停停，走了整整一天才挪出了 4 千米。天渐渐黑了，风雪也越来越大，拖拉机掉进了雪坑里，汽车也抛锚了，我们只好一个拉着一个的手，摸着黑又走回到林场。那一年的春节，我们是在坝上过的。没有电灯，没有电话，没有鞭炮，也没有饺子，只有对家乡、对亲人浓浓的思念。

这些年，林场常请我去给新职工做报告，讲我们当年创业的故事。总有年轻人问我，陈阿姨，当年你们就真不觉得苦和累吗？说真的，那时候的人们思想很单纯，没有想什么苦啊累啊的，只是想怎么把党交给的工作干好。

还有一年冬天，一个职工家属抱着不满周岁的儿子回围场娘家探亲。回林场时，她坐在一辆卡车的车厢里，天气寒冷，怕把孩子冻坏了，她就使劲地搂着裹在被子里的孩子，天越冷她搂得越紧，等到了林场下车时，孩子的父亲高兴地打开被子一看，才发现竟被活活地闷死在妈妈的怀里！

后来，这位年轻的父亲把孩子埋在了他亲手造林的山坡上。每当他走过那片山坡，看到小树一天天长高，就像是看到自己的孩子也在一天天地长大。

50 多年过去了，当年的小树都已经长成了大树，当年的茫茫荒原已经变成百万亩林海，我们所有吃过的苦、受过的累、流过的汗水和泪水，都变成了快乐、骄傲和自豪！

如果我能重新回到 19 岁，重新选择一次，我还是会毫不犹豫地告诉大家——

选择塞罕坝，我无怨无悔！

谢谢大家！

花海是我最美的裙子

塞罕坝机械林场职工　杨　丽

2009 年，我研究生毕业后，来到了塞罕坝。在来之前，我百度了一下，网上那些美丽的风光让我心怀期待。可没想到的是，报到的第一天，我就大失所望。

我家在石家庄行唐县，距离塞罕坝有 800 千米。报到那天，已经是 12 月中旬了，知道那里冷，我特地穿了上最厚的保暖内衣和棉衣棉裤。坐着绿皮火车咣当了 10 多个小时到承德，再坐 5 个多小时汽车到了林场，一下车，我人就傻了。

寒风像无数把刀子，割在了我的皮肤上，还夹杂着雪，扑到我的脸上，眼镜上立刻雾蒙蒙一片。林场孤零零地夹在大山里，满眼望去看不到人烟，我的心一下子凉透了，泪水开始在眼睛里打转。

林场领导很了解我们这些新职工的心理，一上班就组织大家参观场史馆。当那些前辈们住过的马架子、造林用过的工具、穿戴过的衣帽就在眼前，马蹄坑大会战、六女上坝一个个感人的故事就在耳边时，我被深深地震撼了。

在如此艰苦的条件下，前辈们不仅自己造绿，还让子孙后代接着造绿。听着创业者的故事，再看看我现在的生活、工作条件，现代化的办公楼，干净舒适的公寓，水电暖齐全，有室内卫生间，我还有什么不知足的呢？

塞罕坝的人都很朴实，相处起来很轻松，我渐渐地喜欢上了这里。一开始我在办公室做文秘工作，几个月后我发现专业没有用武之地，便主动要求调到了生产股，还参加了林场青年先锋队。

我到生产股时已进入 12 月份，白天气温也在零下 30 多度，而此时我们需要到山上统计木材。第一次去干这个活儿，就让我终身难忘。当时的工作地点正好处于风口上，风力达到了七八级，积雪没过了膝盖，风裹着雪打到脸上钻心地疼。脚冻得没有知觉，手也冻木了，根本张不开，只好每隔十分钟去车上暖和一会儿，回来再接着干。那个时候心里最期盼的是午饭，因为可以在山场看库人的窝棚里，用烧开的积雪水泡方便面，围着火炉子取暖。直到现在，我还认为人生的一大快事就是在大冬天守着火炉吃泡面。

每年统计工作结束后，大家会被安排轮休，家近的人都回家了，公寓楼里经常是我一个人。走在楼道里，我都能听到自己的呼吸声。那一阵子，我感到很无聊，每天在宿舍里看电视，玩手机，读网络小说。

一天，我跟着领导去大光顶子山顶的望海楼去慰问，一位叫刘军的瞭望员给我上了一课。

瞭望员的工作单调乏味，在每年 9 个月的防火期里，瞭望、记日记、报告是他们每天要做的事，每 15 分钟就要瞭望一次，一天要瞭望 96 次，一年要瞭望 25000 多次，而刘军和他的爱人已经在这里坚守了十多年。为了排遣寂寞，刘军跟着电视上的节目学会了画水彩画，他把望海楼房前屋后的景色全都画在了画里，然后裱好了挂在墙上，最上方还挂上四个大字：乐在其中。

看着那一幅幅有趣的画，我的人生突然又照进了一缕阳光。我为什么不能利用这难得的闲暇干点什么呢?

当时林场刚好出了一本植物图谱，我便利用业余时间来研究。那里面的各种花卉最让我心动，它们美丽的花色、芬芳的果实深深吸引了我。

塞罕坝生态环境的改善，也使这里的生物多样性得到恢复。2017 年，这里的野生植物多达 600 多种。由于生长条件特殊，塞罕坝的野生花卉花大色艳，引种栽培的价值很大。林场成立了专门课题组，我成为其中的一员。

我的生活充实多了，查资料，搞调查，写论文，好多个晚上，经常是翻着翻着书就趴在桌子上睡着了。慢慢的，我认识了塞罕坝数百种花卉，能够准确地说出她们的生长习性和生长地域。到现在，我们的课题组已成功地将玉竹、百里香等 20 多种坝上花卉，引到低海拔地区，为城市绿化美化增添了新的美丽。而我，也因为这项研究课题与我母校的博士生导师结缘，2016 年顺利地考取了河北农业大学的博士研究生，成为林场历史上的第一位女博士生。

花是美丽的，但研究花的过程并不全是诗情画意。为了能确定野生花卉的分布、生长状态和发展趋势，需要进行大量的野外调查。有一次在山上，我被一种当地土语叫作“桦皮夹子”的虫子咬了，4 天后才发现，像苍蝇那么大的虫子已深深烂死在我的肉里，到医院才取了出来。所以，即使是在夏天，我都会穿着秋衣秋裤上山。

今天来到这个讲台，我特意穿上了裙子。到塞罕坝 8 年了，我从未穿过裙子。但我从不觉得这是一种遗憾，因为我与鲜花为伍，已经将自己的事业和人生融在了林海中。当鲜花铺满绿海时，花海，就是我最美的裙子!

今天，我站在这里来讲述林三代的故事，其实，来的并不是我一个人，我身后是林场 279 名“80 后”“90 后”的青年职工。像前辈们一样，以青山为伴，与绿树为友，我们也一定会让这片绿海记下我们的青春，我们的故事，我们的精彩!

谢谢大家!

塞罕坝的绿色种子撒遍承德大地

承德市林业局干部　封捷然

我与塞罕坝机械林场同龄，小时候，父亲和乡亲们每年总要到一个叫“塞罕坝”的地方参加造林会战。

父亲每次回来，总对我们说，塞罕坝人真了不起！条件那么差，还是一年到头、成年累月地干，有的连命都搭上了。咱坝下的条件比人家好多了，更应该响应国家号召，跟着人家多栽树。

长大以后，我才知道，原来承德南连京津、北接内蒙，正处在浑善达克沙地的大风口。塞罕坝人年复一年地种树，就是在为京津抗风沙、涵水源，他们做的事太伟大了！

55年来，承德人见证了、参与了塞罕坝人创造绿色奇迹的全过程，塞罕坝精神也像绿色的种子，播撒在承德大地上，感召着、激励着承德人民和塞罕坝人并肩作战，共同构筑起保卫京津的生态屏障。

50多年来，承德全民造林每年投工投劳都在十万人次以上。特别是近五年，投入最多、增长最快，新增造林面积400多万亩。2017年，承德的有林地面积达到了3417万亩，比新中国成立初期增加了10倍，森林覆盖率由5.8%上升到57.67%，成为华北地区最绿的城市。

树多了，风沙锁住了。今天，承德已经从沙尘暴加强区变为阻滞区，实现了树进沙退的历史性转变，我们可以自豪地说，在抗击风沙这场战役中，承德这块阵地，我们守住了！

在塞罕坝精神的感召下，承德也塑造起了自己的绿色精神。

隆化县全国造林模范郑淑芳，30年种活了40多万棵树，30年，她在山和家之间往返奔波，走过的路，相当于走了三个长征。由于长期在荒山上忙碌，顾不上家里。丈夫责问她：“你到底要山还是要家？”俩人发生了激烈的争吵。郑淑芳一宿没睡，哭了一整夜，可第二天一大早她就拉上树苗，又上山种树了。她常说：“想不开了就到山上转转，看到满山绿葱葱的树，心里慢慢地就敞亮了。”

潮河是北京密云水库的主要水源。十年前，承德在沿岸实施了稻改旱，1万多农民从种水稻改为种玉米，这样每年就可以多为北京供水5000万立方米。虽说收入减了不少，可乡亲们说：“咱普通农民能为北京做点事，光荣，我们改！”

党的十八大以来，按照习近平总书记关于生态文明建设的一系列重要论述和克志书记坚持生态优先、绿色发展的要求，市委市政府确定了建设生态强市、魅力承德总目标和水源涵养功能区、绿色发展先行区、脱贫攻坚示范区、国际旅游城市的绿色发展定位。

为了天更蓝，打响了减煤控车等五大攻坚战，空气质量优良天数稳定在70%以上；为了水更清，坚持多措并举，保持水环境全省最优；为了地更洁，主动砍掉了200个矿山，取缔污染企业1400多家，拒绝污染项目2000多个，减少利税50多亿元。

我敬自然一尺，自然还我一丈。伴随着绿色在承德大地上蔓延，不敢想的变化，来了；没想到的收获，有了。

树多了，水也多了。通过植树造林，承德的水源涵养能力提高了30倍，是华北地区唯一不缺水的城市。仅2016年一年，在承德新投资天然矿泉水的企业就有20多家。

树多了，环境好了。一批大项目、好项目落户承德，其中，亿元以上项目就有616个，总投资4080亿元。2016年，文化旅游、大数据及电子信息等十大绿色产业增加值，超过了传统产业10个百分点，实现了主导产业的绿色转变。

树多了，百姓富了。2017年承德拥有经济林1000多万亩，培育出了全国最大的山楂、山杏仁生产加工企业和全国最大的果壳活性炭生产基地，带动了几十万农民增收。

尝到绿色发展甜头的我们，更加珍爱这片绿色了。

每年森林防火的季节，许多农民主动加入护林防火队伍，承德的森林防火，村村有人盯，路路有人守，人人都是护林员，家家都是望海楼，老百姓说，宁可掉了自家门牌，也不能掉森林防火责任牌。

2016年，承德市成为全国第一个公布自然资源资产负债表的地级城市。干部离任，都要接受自然资源资产的审计。

学习塞罕坝，加快走新路。作为京津冀水源涵养功能区，我们将牢记使命、接力奋斗，让塞罕坝的绿色种子在承德大地生根、开花、结果！

谢谢大家！

塞罕坝的绿色年轮

河北日报记者 赵书华

1962 年 2 月 21 日，《河北日报》刊登了塞罕坝机械林场建场的消息。从那时起到现在，我们对塞罕坝的关注已经 55 年了。半个多世纪里，新闻里的塞罕坝，常写常新，总有写不完的故事。

门振成是我们报社的一位老记者。1977 年他第一次上坝采访，就赶上了罕见的雨凇灾害。这场灾难，让他亲眼见证了塞罕坝人不屈的性格和不垮的精神。

那年 10 月 28 日，白天下了一天的雨，天气越来越冷。结束了一天的采访，晚上门振成和工人们一起睡在营林区职工宿舍的大通铺上。半夜时分，大家突然被外面爆竹般的响声惊醒，原来，雨落在树上，冻成了厚厚的冰溜子，越压越重，到了晚上，刚刚长成的小树再也不堪重负，纷纷折断，那场景就如同地震一般，地动山摇。

快去看咱们的树！人们呼喊着冲出门跑到山上，用手托起被压弯的树枝，用木棍敲打树枝上的冰凌。可是，一切都无济于事，辛辛苦苦种了 15 年的林子，一夜之间，损失过半。让门老师终生难忘的是，人们脸上那种痛惜的表情，就像是自己的胳膊折断了一样。面对着一片狼藉的松林，不少人痛哭失声。

第二天一大早，所有的人就都默默地上了山。大家流着泪扶起残枝，拖走断木。由于坡陡路滑，一位女职工在往山下拖断木时被砸断了腿，落下了终生残疾。

塞罕坝是精神高地，更是信念高地。在采访中，门振成记下了一位林场职工说的话：树倒了，还能扶起来；林子毁了，还能种出来；只要人不倒，塞罕坝就不会倒！

塞罕坝的夫妻望火楼，不同时期的《河北日报》都曾有过报道。上世纪 90 年代初，女记者张利平采访过一对瞭望员夫妻。丈夫叫陈瑞军，妻子叫初景梅。他们从 1984 年起在亮兵台望火楼驻守了 12 年，直到 1996 年陈瑞军患病，夫妇俩才从坝上撤了下来。

张利平记得，由于远离人烟、食物单调，他们的儿子长乳牙和学步都晚于同龄孩子，都 5 岁了，仍然只会叫爸爸、妈妈。

那时望火楼条件简陋，没有报纸，更没有电视。张利平问他们是如何熬过寂寞的，夫妻俩说，只要这片林子每天平安，不出事，我们越寂寞越好。

这话让张利平至今仍很感慨。50 多年来，塞罕坝共有 20 多对夫妻守过望火楼，50 多年来，塞罕坝没有发生过一起森林火灾。如今，望火楼已经被人们改叫望海楼，意思是眺望林海，他们用这种守望告诉我们，无论到了什么年代，无论用上多少高科技，什么都不能代替人的坚守，不能代替人对树的感情。

2017 年 7 月，我在塞罕坝采访，意外地又听到了这个故事的接续。2011 年，年仅 54 岁的陈瑞军在农村老家病逝。在他离去后多年，因为一个偶然的机会，他的女儿陈燕才真正地理解了父母。2015 年，林场举行演讲比赛，组织者邀请陈燕写写父母的故事。说好了三天交稿，可陈燕写了一个多星期，她说："我是一边哭一边写，真的是写不下去啊！"后来，在这篇蘸着泪水写成的演讲稿里，陈燕写道："思念是林，绵延是海，爸爸，在那高高的望火楼上，我已经不知道您是一棵树还是一个人了。爸爸，您的小燕子想您、心疼您啊！"

在塞罕坝采访，我常常想一个问题：做为《河北日报》新一代的记者，我的报道怎样才能呈现出新的视角呢？

我印象最深刻的是，塞罕坝人对树有着常人难以体会的感情。树，是他们的眼珠子，命根子。塞罕坝人给孩子起名字喜欢用林海、建林这样带林字的名字，许多孩子的小名都叫苗苗、森森。人们用这种方式来延续、传承与树的情缘，为的就是让孩子们记住这片林海，记住他们永远是塞罕坝人。

采访中，我还被这样一个细节打动，塞罕坝国家森林公园本来可以承受每年 100 万人的接待量，可以靠卖门票轻松增加 8000 多万元的收入，可塞罕坝人却将每年的游客量控制在 50 万人以内，收入自然也随着减少了一半。2017 年，这里的旅游开放面积也仅占林场总面积的万分之四。

只要影响到树，影响到绿，影响到造林，影响到防火，有钱也不挣！塞罕坝人把对树、对自然的朴素感情，升华为一种保护生态的自觉。

在塞罕坝采访，我和所有的记者一样，被这片林海、被这里的人们感动着，我们像塞罕坝人种树一样，全力以赴地采访、写稿，为的就是不辜负塞罕坝的绿，不辜负塞罕坝的人，为的就是让这个生态文明建设的生动范例，能够感染、感召更多的人一起来珍爱绿色、守护家园。

从一棵树到一片林海，塞罕坝每棵树的年轮里都记录着生态文明的进程。我们用 55 年的报道记录了一个绿色信念长成参天大树的故事，也用这个三代人接力写成的绿色传奇告诉人们：建设生态文明，走向美丽中国，这，就是信心；这，就是路径；这，就是未来！

谢谢大家！

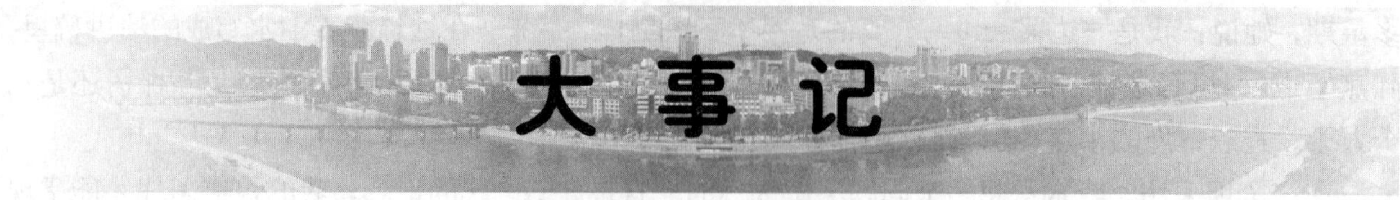

大事记

1月

3日

白河口至承德上板城污水处理厂段污水管网工程正式完工。工程共完成井室5座，浇筑混凝土600余立方米，安装管道330米。

5日

承德市企业科技创新研究会成立。承德苏垦银河连杆有限公司总经理范士义当选会长。

5—8日

2017“首农杯”中国雪地摩托车越野锦标赛（承德御道口站）暨御道口皇家猎场冰雪狂欢季活动在围场满族蒙古族自治县御道口管理区雍乾狩猎场举行。

6日

刘军、齐淑艳夫妇因作为瞭望员坚守塞罕坝机械林场望火楼11年，成为承德市唯一入选“2016 河北年度十大新闻人物”的获奖人物。

8日

2017（首届）中国诗词春节联欢晚会在承德剧场举办。

13日

承德市足球协会成立。承德市登记在册的足球队共有21支，足球运动员700多人。

19日

国家林业局和国家标准化管理委员会公布的2016年国家林业标准化示范企业名单中，承德华净活性炭有限公司是河北省唯一获得此称号的企业。

23日

全国中小企业股份转让系统正式批准承德避暑山庄旅游股份公司挂牌（证券简称：避暑山庄；证券代码：870861)。

24日

中国残联主席张海迪到滦平县巴克什营镇偏桥村等地看望慰问贫困残疾人家庭。

26日

中国北方最大藏传佛教寺庙承德普宁寺举办“驱魔法会”。这是自1986年普宁寺恢复宗教活动后首次举办“驱魔法会”，法会由普宁寺住持金刚上师莫日根图主法。

2月

4日

国家旅游局在广州市举行的全国厕所革命工作现场会上，对2016年全国推进“厕所革命”的先进城市予以表扬，承德市获得“2016 年全国厕所革命先进市”称号。

12—13日

河北省人大常委会副主任范照兵就贯彻落实省第九次党代会精神，加强和改进新形势下人大工作到承德市开展调研。

13日

承德市首个环境保护志愿服务社“滦平施乐生态服务社”成立。

14日

商务部对宽城电子商务进农村综合示范进行了绩效评价，评价等级为优秀，排名位于河北省第一名。

同日

国家林业局森林公安局授予全国森林公安系统57个单位“全国森林公安机关执法示范单位”荣誉称号，丰宁满族自治县森林公安局榜上有名，是河北省唯一获此荣誉的森林公安局。

17日

承德宽航新材料有限公司和承德信通首承矿业有限责任公司经河北省人力资源和社会保障厅、省博士后管理委员会批准通过设立博士后创新基地。至此，承德市博士后创新实践基地增至为8家。

21日

河北省发改委发布河北省首批特色小镇创建和培育类公示名单。承德市围场皇家猎苑小镇、承德县德鸣大数据小镇列入河北省首批特色小镇创建类名单；丰宁中国马镇、丰宁汤河温泉小镇、滦平古城国际庄园小镇、隆化枫水满乡小镇列入河北省首批特色小镇培育类名单。

3月

1日

农业部、国务院扶贫办举办的全国产业扶贫现场会议在平泉县召开。

9日

承德城市推介人、承德电视台主持人管媛当选中央电视台《城市1对1》首届“最佳城市推介人”。

10日

河北省政府副省长张古江到承德市调研提高贫困人口医疗保障和社会救助及文物安全保护工作。

12日

承德金山岭长城在世界摄影（旅游）大会暨第五届国家摄影大典上被评选为“中国十大摄影旅游圣地”和“中国十大典藏摄影旅游景区”。

14日

承德市首部人大志书《承德市人民代表大会志》正式出版发行。

同日

承德市获2014—2015年度“全国无偿献血先进城市”称号，这已经是承德市连续7次获此殊荣。

14日

承德体校被国家体育总局评为“国家重点高水平体育后备人才基地”。

16日

承德检验检疫局对来自德国的食用植物油集装箱进行检疫查验时，在集装箱内截获有害生物球螋，这是承德市首次截获此类生物。

18日

中国共产党承德市第十四次代表大会在承德大剧院开幕。周仲明代表中国共产党承德市第十三届委员会向大会作了题为《深入贯彻新理念坚定不移走新路为加快建设生态强市魅力承德而努力奋斗》的报告。

21日

中国共产党承德市第十四届委员会举行第一次全体会议。会议选举产生中国共产党承德市第十四届委员会常务委员会委员，周仲明当选市委书记，常丽虹、张泽峰当选市委副书记。选举周仲明、常丽虹、张泽峰、邢留逮、路洪昌、李晋宇、丁伟、刘新宇、吴清海、路立营为市委常委。

22日

承德市被中国林业产业联合会授予“中国山杏产业基地”称号。

24日

中共河北省委常委、省纪委书记梁惠玲到承德市调研。省纪委常委、秘书长黄利锋陪同调研。梁惠玲一行先后到承德县华唐服务外包产业园、德鸣大数据产业园和承德市规划展览馆，听取工作情况汇报和基层党员、群众的意见建议。召开座谈会，与市县乡镇党委、纪委负责同志进行座谈交流；听取承德市经济社会发展和落实主体责任情况的汇报，听取承德市党风廉政建设和反腐败情况的汇报。梁惠玲对承德市工作给予充分肯定，围绕调研主题提出了工作要求。

同日

中共河北省委常委、宣传部部长田向利到围场满族蒙古族自治县调研脱贫攻坚工作。河北省商务厅厅长李石、中国建设银行河北分行党委书记李民、省委宣传部秘书长史建伟、省扶贫办副主任王留根、省商务厅副巡视员徐彦平参加调研。田向利一行入户走访了困难群众，看望驻村工作队员，详细了解基层生产生活情况，主持召开“五包一”“三包一”帮扶工作第一次联席会议。承德市政府市长常丽虹代表中共承德市委、市政府就承德市脱贫攻坚工作进行了汇报。开滦（集团）有限公司、唐山市丰南区及承德市相关部门负责同志参加调研。

24—25 日

中共河北省委常委、统战部部长高志立到隆化县调研脱贫攻坚工作。省委统战部常务副部长邹平，省委统战部副部长栗慧英，省交通厅党组书记、厅长单宝凤，省发改委党组成员贾乐堂，省人社厅副厅长赵爱平，省卫计委副巡视员马健参加调研。24 日，高志立一行走访慰问了困难群众，向村干部了解生产生活和基层党组织建设情况，并看望了驻村工作组人员，连夜召集省直和隆化县相关部门负责人研究该县脱贫攻坚工作实施方案。25 日，高志立还召开了隆化县脱贫攻坚工作座谈会，在座谈会上，中共承德市委书记周仲明就承德市脱贫攻坚工作进行了汇报，市长常丽虹主持会议。中国邮政储蓄银行河北省分行、唐山三友集团相关负责人，迁安市政府和承德市相关部门负责同志参加调研。

27 日

中共承德市委、承德市政府在承德高新区举行全市重点项目集中开工活动。全市有 140 个重点项目参加此次集中开工，项目总投资 1390 亿元，平均规模达 9.9 亿元，年计划投资 235 亿元，其中 5 亿元以上项目 47 个，10 亿元以上项目 29 个。

4 月

1 日

平泉县和双滦区被农业部认定为第二批国家农产品质量安全县创建试点单位。

5 日

承德避暑山庄被中国侨联确认为中国华侨国际文化交流基地。

9 日

在政协承德市第十四届委员会第一次会议上，刘文勤当选政协主席。柴山、李建华、关继高、张富民、王利华、信祥、白宝君、郭靖涛当选政协副主席。

7—10 日

承德市十四届人大一次会议在承德大剧院举行。会议通过了承德市政府市长常丽虹向大会做的政府工作报告，在会上，韩福才当选为承德市第十四届人民代表大会常务委员会主任；常丽虹当选为承德市人民政府市长；刘福明当选为承德市中级人民法院院长；纪志明当选为承德市人民检察院检察长；孔庆龙、王素芝、李伟、蔡福浩、丁然、李兴臣当选为承德市第十四届人民代表大会常务委员会副主任；李晋宇、薛寒、苏铁成、董正国、王成、刘宏伟当选为承德市人民政府副市长。

10 日

根据国家民政部印发的《关于同意河北省撤销平泉县设立县级平泉市的批复》，撤销平泉县，设立县级平泉市，以原平泉县的行政区域为平泉市的行政区域。平泉市由河北省直辖，承德市代管。

18 日

承德市行政审批局揭牌仪式在承德市行政审批服务中心举行。

19 日

人力资源社会保障部、中央电视台主办，承德技师学院承办的《中国大能手》（第三季）电气装置项目全国总决赛在在承德技师学院开赛。

26 日

承德市中心医院被评为“河北省内首家乡村医生培训工程定点培训中心”。

同日

“缘天然”“菇芳源”“五谷农庄”“三融”“亚欧”“神栗”6件注册商标被国家工商行政管理总局认定为中国驰名商标。

27日

中华全国总工会授予承德鼎盛文化产业投资有限公司2017年“全国五一劳动奖状”，国网冀北电力有限公司承德供电公司运维检修部主任庞博“全国五一劳动奖章”；授予河北广盛居酒业有限公司酿酒车间灌装班组、滦平建龙矿业有限公司选矿车间“全国五一先锋号”称号。

5月

6日

“中国·承德高锶康养矿泉水院士专家工作站”成立仪式在北京举行。工作站是全国第一家矿泉水院士工作站。

12日

承德市首届“南丁格尔奖”颁奖典礼在承德医学院附属医院举行，曹玲玲等51名护理人员获奖。

18日

“中国国家博物馆中华优秀传统文化教育基地”挂牌仪式在避暑山庄博物馆举行，避暑山庄博物馆成为全国第一个与中国国家博物馆合作建立中华优秀传统文化教育基地的地方博物馆。

23日

承德市至张家口市客运班线正式开通运行，自此承德市与河北省各市间的客运班线全部开通。

24日

人力资源社会保障部办公厅认定的第四批国家级充分就业社区的名单中，双桥区石洞子沟街道广电路社区榜上有名。

27日

承德市环保局在承德县主会场和全市7个分会场同步举行县环保分局及市县环境监控中心、环境执法支队、环境执法大队揭牌仪式，此次揭牌标志着承德市环保垂直管理制度改革工作基本完成。

6月

4—5日

中共河北省委常委、组织部部长梁田庚到丰宁、隆化就扶贫工作和抓党建促脱贫攻坚进行调研。

8日

承德全域旅游电商运营中心成立，全承游OTA平台上线。承德全域旅游电商运营中心是集旅游电商平台运营、地方特色旅游项目开发、文化创意产品开发、旅游大数据开发、旅游品牌企业孵化、全域智慧旅游体系建立、旅游服务站体系铺设等于一体的互联网旅游运营实体。

9日

潘家口水库承德水域网箱养鱼已全部依法取缔，共清理网箱38982个，组织出鱼4445.75万公斤，提前半年完成任务。

12日

世界首条亚熔盐法清洁提钒示范生产线在河钢承钢建成。这是由河钢承钢与中科院共同开发的自主创新技术，它的投产标志着我国在战略金属钒和铬的工业提取技术方面迈入国际领先水平。

13日

中共中央政治局委员、中央政法委书记孟建柱在承德公安基层单位调研社会治安情况。

13—14日

河北省政协副主席姜德果到承德市就“政银企户保”金融扶贫工作进行调研。

20日

中关村承德创新创业大厦项目全楼封顶。

22日

中国关心下一代工作委员会、中国社会福

利基金会关心下一代基金、财团法人中国信托慈善基金会，在围场满族蒙古族自治县朝阳地小学举行“中国关心下一代教育示范基地”挂牌仪式。朝阳地小学成为河北全省首家“中国关心下一代教育示范基地”学校。

25 日

河北省政府副省长李谦在承德调研工业经济运行和尾矿库安全度汛工作。

同日

在 2017 第六届品牌农商发展大会上“隆化肉牛”和“宽城板栗”被评为“2017 最受消费者喜爱的中国农产品区域公用品牌”。

26 日

中共河北省委常委、宣传部部长田向利到围场满族蒙古族自治县调研脱贫攻坚工作。

同日

承德市召开全市旅游工作推进 10 万人广播电视动员大会，引导全市上下以全域旅游为方向，以旅发大会为抓手，开启承德旅游发展新局面。

同日

高新区“河北省仪器仪表产业技术研究院”通过省级评估。

28 日

第十五届中国（承德）国际经济贸易洽谈会暨“百家名企进承德”活动举行市情推介暨项目签约会。会上，共签订重点合作项目 46 项，总投资 1109 亿元。

30 日

中共河北省委、河北省政府作出关于命名塞罕坝机械林场“生态文明建设范例”的决定。

7 月

1 日

“美丽河北文化行走——河北第二届万人健步走·魅力承德”活动在承德市启动。承德市 2016“美丽河北”最美人物代表和各行业干部职工代表共 2000 余人参加了健步行走。

3—4 日

河北省政府率领 54 个省民委成员单位和省直有关部门在平泉市、丰宁满族自治县现场办公。河北省政府副省长张古江出席现场办公活动并讲话。此次现场办公会议共确定支持两县（市）项目 568 个，资金 242.9 亿元，其中无偿支持 91.3 亿元、贷款 151.6 亿元，涉及基础设施、生态环保、社会事业等方面。

8 日

在“2017 第三届中国避暑旅游产业峰会”上，承德市荣获“最佳避暑旅游城市”称号。

8—10 日

河北省人大常委会副主任王刚就承德市贯彻实施扶贫开发法规政策情况进行检查。

13 日

承德高新区承德菲时博特自动设备有限公司、承德市开发区盛方电子有限公司 2 家企业顺利通过 2017 年第一批国家级高新企业认定。

15—16 日

中共中央政治局委员、中央书记处书记、中宣部部长刘奇葆在承德市塞罕坝机械林场调研。

18 日

承德市第十四届人民代表大会常务委员会第三次会议决定任命郭士刚为承德市人民政府副市长；决定免去薛寒的承德市人民政府副市长职务。

同日

高新区正式启动崔梨沟国际滑雪度假区项目。

8 月

5 日

承德市归国留学人员联谊会成立大会暨第一次会员大会召开。

10 日

国家体育总局公布了首批运动休闲特色小镇试点项目名单，宽城满族自治县都山运动休闲特色小镇入选。

12—14 日

中共河北省委书记、省人大常委会主任赵克志到承德市调研。

14 日

中共中央总书记、国家主席、中央军委主席习近平对河北塞罕坝林场建设者感人事迹作出重要指示指出，55 年来，河北塞罕坝林场的建设者们听从党的召唤，在“黄沙遮天日，飞鸟无栖树”的荒漠沙地上艰苦奋斗、甘于奉献，创造了荒原变林海的人间奇迹，用实际行动诠释了绿水青山就是金山银山的理念，铸就了牢记使命、艰苦创业、绿色发展的塞罕坝精神。他们的事迹感人至深，是推进生态文明建设的一个生动范例。习近平强调，全党全社会要坚持绿色发展理念，弘扬塞罕坝精神，持之以恒推进生态文明建设，一代接着一代干，驰而不息，久久为功，努力形成人与自然和谐发展新格局，把我们伟大的祖国建设得更加美丽，为子孙后代留下天更蓝、山更绿、水更清的优美环境。

16 日

中共中央宣传部向全社会公开发布王锐的先进事迹，授予他“时代楷模”荣誉称号。王锐是中国人民解放军陆军第 74 集团军某旅班长，承德籍。

17 日

中共河北省委常委、宣传部部长田向利在围场满族蒙古族自治县调研精准脱贫工作。

同日

河北省政府副省长徐建培到承德就文物保护工作进行调研。

同日

全国卫生计生系统先进集体、先进工作者和劳动模范及“白求恩奖章”获得者表彰大会在北京召开，承德市中心医院在会上获“全国卫生计生系统先进集体”荣誉称号。

18 日

河北省政府省长许勤到承德市调研。许勤先后到承德市高新区、滦平县，详细了解企业发展、旅游资源开发等情况，并对推进绿色发展，构建现代产业体系、节能环保、抢抓京津冀协同发展机遇等方面内容提出了要求。

同日

优客工场创业文化小镇项目正式落户高新区。

21 日

第十八届中国绿色食品博览会上，隆化县选送的隆泉牌大米荣获第十八届中国绿色食品博览会金奖。

24—25 日

中共河北省委常委、统战部部长高志立在承德市调研脱贫攻坚工作。

25 日

2017 中国全域旅游发展论坛暨全域旅游魅力指数排行榜颁奖典礼在北京举行，承德成为河北省唯一跻身“2017 中国全域旅游魅力指数排行榜”城市。

同日

河钢承钢公司在北京举行的中国两化融合大会上获“创新型企业”称号，是全国 20 家获奖企业中唯一获奖的钢铁企业。

26 日

承德市 9 所公立医院同时全面启动药品零差率销售，全部取消药品加成，同步实施配套改革措施，全面推开城市公立医院综合改革。

28 日

国家中药材产业技术体系河北综合试验站落户承德，成为河北全省唯一一家承担国家级中药材产业技术体系的综合试验站。

29 日

承德市射击选手杨皓然以 248.9 环成绩，夺得第十三届全运会男子 10 米气步枪项目的金牌。

30 日

中共中央政治局常委、中央书记处书记刘云山会见塞罕坝林场先进事迹报告团成员，代表习近平总书记，代表党中央，向报告团成员和塞罕坝林场干部职工表示问候，对学习宣传塞罕坝林场先进事迹提出要求。

同日

中宣部、国家发展改革委、国家林业局和河北省委联合举办的塞罕坝林场先进事迹报告会在人民大会堂举行，中央和国家机关干部、北京市基层党员干部、林业系统干部职工和有关高校师生代表800余人参加。中共承德市委书记周仲明、承德市政府市长常丽虹带队参加报告会。

同日

承德市第十四届人民代表大会常务委员会第四次会议决定任命张建宇为承德市人民政府副市长。

9 月

1 日

高新区和合众创空间获评省级众创空间。

3—4 日

中共中央政治局常委、中央书记处书记刘云山到塞罕坝机械林场就学习塞罕坝先进事迹、加强基层党建工作进行调研。

4 日

中共河北省委书记、省人大常委会主任赵克志，省委副书记、河北省政府省长许勤就扎实推进脱贫攻坚到滦平县、隆化县调研。

8 日

宽城满族自治县文化体育旅游广播电影电视局被国家体育总局授予“2013—2016 年度全国群众体育先进单位”荣誉称号。

10 日

2017年环中国国际自行车公路赛承德皇家御道暨国家1号风景大道赛段在丰宁满族自治县大汗行宫开赛。

19 日

“中国网事·感动河北”2017（下半年）网络人物评选结果揭晓，通过“网络投票＋微信投票＋大众评审”的方式推选出了20位(组)“草根英雄”，承德塞罕坝机械林场群体成为承德市唯一的上榜人物。

21 日

农业部、中央农办确定100个县（市、区）为2017年度农村集体产权制度改革试点单位，平泉市名列其中。

同日

农业部办公厅公布2017 年中国美丽休闲乡村推介名单。滦平县小城子村入选“特色民居村”，隆化县西道村入选“现代新村”。

23 日

中美友谊示范农场项目启动仪式在承德市滦平县虎什哈镇五道河村举行。中共河北省委书记、省人大常委会主任赵克志出席并致辞。

27 日

承德市城市管理综合执法局正式挂牌成立。

26—27 日

以“旅居金山岭·漫游大燕山”为主题的首届承德市旅游产业发展大会在兴隆县、滦平县举办，兴隆县“燕山百里风景画廊”、滦平县“金山岭长城旅游度假区”获“2017河北省市级旅发大会优秀奖”。

28 日

承德市政府部门行政审批印章封存仪式举行，涉及市发改委、市环保局等部门的22枚行政审批印章被封存，这标志着承德市行政审批制度改革取得了突破性进展，由此进入“一局一章管审批”的阶段。

10 月

10 日

2017森林城市建设座谈会在承德市召开。

会上，承德市获得“国家森林城市”称号。

同日

文化部印发《关于公布第一批国家级文化产业示范园区创建资格名单的通知》，“21世纪避暑山庄”文化旅游产业园区获得第一批国家级文化产业示范园区创建资格。

11—13日

环境保护部副部长赵英民到隆化、围场两县进行定点扶贫调研和督促检查。

16—18日

2017秋季钒产品峰会在杭州举行，河钢承钢荣获“2017年度中国十佳钒明星企业”称号。

24日

国家发改委、人力资源社会保障部等10部委联合下发通知，宽城满族自治县成为第三批结合新型城镇化开展支持农民工等人员返乡创业试点。

11月

2日

中华全国新闻工作者协会主办的第二十七届中国新闻奖评选揭晓，承德日报社报送新闻作品《潮河情·滦水行——京津冀三地媒体大型联合采访》系列报道荣获全国新闻界最高奖“中国新闻奖”。

同日

承德全承游—旅游智慧平台在WCEC2017世界电子商务大会上，获得了WCEC2017年度旅游行业最具发展潜力奖。

5日

文化部艺术发展中心和承德市人民政府主办的“中国·承德——刺玫瑰”国际微电影节颁奖仪式在承德市畅达大剧院举行。

8日

中央美院助学助教基地挂牌仪式在承德八中艺术高中举行，标志着承德八中艺术高中正式成为中央美术学院助学助教基地。

17日

经市政府第十四届第四次常务会议审定，决定授予李兰杰、钱晓国、刘春海、王玉宏、耿金川、王春民、高树满、安丽萍、梁彦民、董树国10名科技工作者首届承德市“科技创新十佳”称号。

16日

纪念“中国—卢森堡建交45周年”金山岭长城纪念封揭幕仪式在金山岭长城举行。

17日

兴隆县被农业部认定为全国休闲农业和乡村旅游示范区。

17日

全国精神文明建设表彰大会在北京举行。在表彰大会上，承德市文明办荣获第四届全国未成年人思想道德建设工作先进单位荣誉称号。塞罕坝机械林场总场、承德银行股份有限公司、承德市卫生和计划生育委员会、承德市公安局交通警察支队、承德市审计局、承德避暑山庄及周围寺庙景区管理委员会、承德医学院附属医院、中国建设银行承德分行、河北怡达食品集团有限公司9个单位荣获第五届全国文明单位称号。承德市鹰手营子矿区滨河路小学、承德市实验小学、承德市双滦区第四小学3所学校荣获第一届全国文明校园称号。承德市双滦区偏桥子镇小贵口村、丰宁满族自治县胡麻营镇河东村、承德县新杖子镇苇子峪村、滦平县虎什哈镇西营坊村、宽城满族自治县亮甲台镇北五沟村、隆化县七家镇西道村6个村荣获第五届全国文明村镇称号。承德市玉龙山庄幸福家园敬老院党支部书记兼院长丁玉龙荣获第六届全国道德模范提名奖荣誉称号。

18日

河北建投承德上板城2×350兆瓦超临界热电产工程第二台机组投产发电。

19日

承德市在2017年世界厕所日暨中国厕所革命宣传日活动上获得“厕所革命优秀城市奖”。

12 月

2 日

农业部下发了《关于启动第一批国家农业可持续发展试验示范区建设开展农业绿色发展先行先试工作的通知》，公布了第一批 40 个国家农业可持续发展试验示范区，承德市围场满族蒙古族自治县入选，成为河北省唯一入选县域。

同日

国家体育总局体育信息中心主办的中国 CS：GO 超级联赛（简称 CSL2017）全国总决赛在承德市开赛。

5 日

联合国环境规划署宣布，中国塞罕坝·林场建设者获得 2017 年联合国环保最高荣誉——“地球卫士奖”。

8 日

承德市市主城区（双桥区、双滦区、承德高新技术产业开发区）被确定为“十三五”国家服务业综合改革试点区域。

同日

文化部下发《文化部非物质文化遗产司关于公布 2018 年度非遗保护传承观察点名单的通知》，丰宁满族自治县入选 2018 年国家级非遗保护传承观察点，为河北省唯一入选县域。

10 日

第十二届河北省精神文明建设“五个一工程”奖评选揭晓，由承德市组织创作并选送的河北梆子《卧云岭》和歌曲《当个好官有啥难》2 部作品榜上有名。

11 日

《人民日报》全国党媒公共平台和人民网联合主办的首届全国党媒优秀原创视频评选结果揭晓。中共兴隆县委组织部自制的微视频《组织部的年轻人》获 2017 全国政企优秀原创视频“十佳作品奖”。

12 日

中共河北省委书记王东峰与塞罕坝机械林场“地球卫士奖”获奖代表进行座谈。他强调，河北全省广大党员干部群众要认真学习贯彻习近平总书记关于塞罕坝机械林场的重要批示精神，大力弘扬塞罕坝精神，深入推进全省生态文明建设和绿色发展。

同日

河北省农业厅与承德市人民政府签订战略合作协议，将共促承德创建农业绿色发展示范市，以充分释放承德市生态、资源和文化优势，推动当地生态特色农业发展。

13 日

中共中央国家机关工委主管的重要党刊《紫光阁》（2017 年第 12 期）以《搭建“公述民评”的“三方联动”监督平台——聚焦电视问政的“承德样本”》为题，对承德电视问政工作的成功经验和做法进行了专题报道，承德电视问政工作经验走向全国。

同日

河北省文明委公布首届河北省文明城市（城区、县城）名单，承德市入选首届河北省文明城市名单，荣获首届“河北省文明城市”称号，平泉市入选首届河北省文明城市县级市名单，滦平县、围场满族蒙古族自治县荣获首届“河北省文明县城”称号。

同日

农业部下发《关于启动第一批国家农业可持续发展试验示范区建设开展农业绿色发展先行先试工作的通知》，围场满族蒙古族自治县入选 40 个国家农业可持续发展试验示范区，成为河北省唯一入选县域。

14 日

河北省政府副省长王晓东带领省有关部门负责同志到承德市调研。王晓东实地考察承德大数据研发展示中心和“厕所革命”工作开展情况。听取省、市有关部门和企业关于第三届省旅发大会筹备和中美友谊示范农场建设情况汇报，现场研究解决工作中存在的困难和问题。

19日

承德市第十四届人民代表大会常务委员会第六次会议决定免去魏莉、邓子来的承德市人民政府副市长职务。

20日

承德纪实映像文化传播股份有限公司成功在石家庄股权交易所挂牌。

22日

承德市体育运动学校在国家体育总局组织的2017年全国体育事业突出贡献奖评选工作中，获得“全国体育事业突出贡献奖先进集体”。是河北省唯一一所获奖的单位。

27日

民政部将双滦区确认为首批全国农村社区治理实验区，该实验区的实验内容为“以农村基层党建为统领，推动多方主体参与农村社区治理”。实验时间从2018年1 月至2021年1月，为期3年。

28日

文化部公示第五批国家级非物质文化遗产代表性项目及代表性传承人名单，滦平县“抡花”当代传承人梁志福成为承德市该批次国家级非遗传承人名录中唯一上榜非遗项目。

28日

平泉市产业扶贫的“三零”模式（投入零成本、经营零风险、就业零距离）在人民日报社《人民论坛》杂志社、《国家治理》周刊、人民智库主办的“习近平新时代中国特色社会主义思想研讨会——2017 第四届国家治理高峰论坛年会”上，获得“2017精准扶贫10佳典型经验”。

29日

中国地方志指导小组办公室在北京人民大会堂举办首届中国地情论坛暨首届全国名村论坛，围场满族蒙古族自治县《庙宫村志》成功列入首批“中国名村志文化工程”，是河北省唯一列入此工程的村志。

30日

国家发改委印发首批国家农村产业融合发展示范园创建名单，滦平县农村产业融合发展示范园入选。

概 况

地理位置 地貌地质

【地理位置】 承德市位于北纬40°11'24.75"～42°37'04"，东径115°54'10"～119°14'24.71"。地处河北省东北部，华北与东北地区过渡带。东、东南与辽宁省朝阳市、河北省秦皇岛市相邻，南、西南隔长城与北京市、天津市、河北省唐山市毗邻，西与张家口市相连，西北、北、东北与内蒙古自治区锡林郭勒盟、赤峰市接壤。人民政府驻双桥区府前路1号，电话区号0314，邮政编码067000，距省会石家庄540千米，距首都北京251千米。辖区东西最大距离278千米，南北最大距离270千米，总面积39489.54平方千米。

【行政区划】 2017年末，承德市辖3区7县1市，即双桥区、双滦区、鹰手营子矿区、围场满族蒙古族自治县、丰宁满族自治县、隆化县、承德县、滦平县、宽城满族自治县、兴隆县、平泉市，另辖1个国家级高新技术产业开发区、1个御道口牧场管理区。共有14个街道办事处、104个镇、101个乡（其中26个民族乡），2457个村民委员会。

表1 **2017年承德市行政区划表**

县(区)	所含建置镇	所 含 乡	所含街道办事处
双桥区	水泉沟镇、狮子沟镇、牛圈子沟镇、大石庙镇、冯营子镇、双峰寺镇、上板城镇	—	西大街街道办事处 头道牌楼街道办事处 潘家沟街道办事处 中华路街道办事处 新华路街道办事处 石洞子沟街道办事处 桥东街道办事处
双滦区	双塔山镇、滦河镇、大庙镇、偏桥子镇	陈栅子乡、西地满族乡	元宝山街道办事处 钢城街道办事处 秀水街道办事处
鹰手营子矿区	鹰手营子镇、北马圈子镇、寿王坟镇、汪家庄镇	—	铁北路街道办事处
承德县	下板城镇、甲山镇、六沟镇、三沟镇、头沟镇、高寺台镇、鞍匠镇、三家镇、上谷镇、磴上镇、新杖子镇、石灰窑镇	东小白旗乡、刘杖子乡、孟家院乡、大营子乡、八家乡、满杖子乡、五道河乡、岔沟乡、岗子满族乡、两家满族乡、仓子乡	—
兴隆县	兴隆镇、半壁山镇、挂兰峪镇、青松岭镇、六道河镇、平安堡镇、北营房镇、孤山子镇、蓝旗营镇、雾灵山镇、李家营镇、大杖子镇、三道河镇	南天门满族乡、八卦岭满族乡、陡子峪乡、上石洞乡、蘑菇峪乡、、安子岭乡、大水泉乡	—

续表 1

县（区）	所含建置镇	所　含　乡	所含街道办事处
平泉市	平泉镇、黄土梁子镇、榆树林子镇、杨树岭镇、七沟镇、小寺沟镇、党坝镇、卧龙镇、南五十家子镇、北五十家子镇、桲椤树镇、柳溪镇、平北镇	王土房乡、七家岱满族乡、茅兰沟满族蒙古族乡、台头山乡、松树台乡、道虎沟乡	—
滦平县	滦平镇、长山峪镇、红旗镇、金沟屯镇、虎什哈镇、巴克什营镇、张百湾镇、付营子镇、大屯镇	平坊满族乡、安纯沟门满族乡、小营满族乡、西沟满族乡、邓厂满族乡、五道营子满族乡、马营子满族乡、付家店满族乡、火斗山乡、两间房乡、涝洼乡	中兴路街道办事处
隆化县	韩麻营镇、中关镇、七家镇、汤头沟镇、张三营镇、唐三营镇、蓝旗镇、步古沟镇、郭家屯镇	荒地乡、章吉营乡、茅荆坝乡、尹家营满族乡、庙子沟蒙古族满族乡、偏坡营满族乡、山湾乡、八达营蒙古族乡、太平庄满族乡、旧屯满族乡、西阿超满族蒙古族乡、白虎沟蒙古族满族乡、碱房乡、韩家店乡、湾沟门乡	安州街道办事处
丰宁满族自治县	大阁镇、大滩镇、鱼儿山镇、土城镇、黄旗镇、凤山镇、波罗诺镇、黑山咀镇、天桥镇、胡麻营镇	万胜永乡、四岔口乡、苏家店乡、外沟门乡、草原乡、窟窿山乡、小坝子乡、五道营乡、南关蒙古族乡、选将营乡、西官营乡、王营乡、北头营乡、石人沟乡、汤河乡、杨木栅子乡	新半路街道办事处
宽城满族自治县	宽城镇、龙须门镇、峪耳崖镇、板城镇、汤道河镇、桲罗台镇、碾子峪镇、亮甲台镇、化皮溜子镇、松岭镇、	塌山乡、孟子岭乡、独石沟乡、铧尖乡、东黄花川乡、苇子沟乡、大字沟门乡、大石柱子乡	—
围场满族蒙古族自治县	围场镇、四合永镇、克勒沟镇、棋盘山镇、半截塔镇、朝阳地镇、朝阳湾镇、腰站镇、龙头山镇、新拨镇、御道口镇、城子镇	道坝子乡、黄土坎乡、四道沟乡、蓝旗卡伦乡、银窝沟乡、新地乡、广发永乡、育太和乡、郭家湾乡、杨家湾乡、大唤起乡、哈里哈乡、张家湾乡、宝元栈乡、山湾子乡、三义永乡、姜家店乡、下伙房乡、燕格柏乡、牌楼乡、老窝铺乡、石桌子乡、大头山乡、南山嘴乡、西龙头乡	—

（供稿　靳适维）

【地质】 承德市区域大地构造位置处于兴蒙地槽和华北地台两个Ⅰ级构造单元内，即以北纬42°线的康保—围场—赤峰东西向深大断裂为界，以北为内蒙—大兴安岭地槽褶皱带，以南是华北地台。华北地台又以丰宁—隆化深断裂及密云—喜峰口深断裂两个东西向断裂为界，进一步分为三个Ⅱ级构造单元，自北向南依次为内蒙地轴、燕山台褶带和迁西陆块。承德市幅员辽阔，区内地质构造复杂，地层出露齐全，岩浆活动强烈，地质条件优越，岩石多样，矿产丰富。

地层。区内地层可以分为变质表壳岩和未变质的沉积地层。从构造演化角度来看可分为两套构造层，下部的变质表壳岩及其中的变质深成侵入体为结晶基底（以吕梁运动为界，距今约18.5亿年），上部为沉积盖层，由中—新元古代、古生代、中生代至新生代地层组成，其中中生代主要为火山—沉积岩地层。从老至新为古老结晶基底。区域结晶基底可以分为两套地层。下部为太古界迁西岩群。上部为元古界单塔子群、红旗营子群地层。沉积盖层。在古老结晶基底之上，依次沉积形成了中—上元古代海相碳酸盐及碎屑岩交互沉积、早古生代稳定的浅海台地碳酸盐岩沉积、晚古生代的稳定海陆交互相－陆相碎屑岩沉积、中生代陆相火山岩、火山沉积岩组合和新生代山前和山间沉积岩夹火山岩组合，构成区域沉积盖层。

构造。承德区域地质构造发育且复杂多样，主要构造表现形式有断裂构造、韧性剪切带、推覆构造、褶皱构造等。

岩浆岩。区内地质历史时期岩浆活动曾剧烈而频繁，持续时间较长，从早前寒武纪岩浆岩侵入体到新时代火山活动均有出露。

【地貌】 承德市为华北平原与内蒙古高原的过渡地带，大马群山脉尾闾的东猴顶山、宜肯坝、豪松坝、塞罕坝从西部伸向东北，把全市分割成两大部分。西北为内蒙古高原的边缘，俗称“坝上”；东北部为七老图岭、努鲁儿虎和杜岭山脉；西南与南部为燕山山脉。从而构成了全市西北高，东南低的地势。就地貌单元而论，全市分为坝上高原与冀北山地两大地貌类型。冀北山地由高到低依次为中山、低山、丘陵和盆地顺序排列。这种由西北向东南阶梯下降的地势，明显地影响了全市的气候、水文、土壤和植被等自然因素，从而形成了土地利用上的地域差异。这种特定的土地资源条件，对农业生产的立体布局，充分和合理利用土地资源具有重要意义。

坝上高原。坝上高原位于丰宁、围场两县的西北部，属于内蒙古高原的一部分。其南缘以东猴顶山、老窝铺、姜家店一线为界，其他部分止于省、市界。总面积663.65万亩，占全市土地总面积的11.2%，占全省坝上高原总面积的25.9%。坝上高原平均海拔为1000～1700米，地势南高北低，坝缘翘起，属典型的波状高原。坝头地带切割较碎，多呈垄状低山，相对高度在200米左右，坡度较陡，一般为20°～40°。坝头以北为低山和缓丘相间分布，丘陵坡度一般为5°～10°，多呈台状分布，相对高度为50～100米。山丘之间有黄土分布，河谷两侧为耕地分布区。其内分布有固定和半固定沙丘，风蚀洼地和花岗岩、变质岩残丘。加之湖泊（泡子）点缀在其间，使高原呈现出疏缓丘陵散布的景象，不仅具有一般高原的状态，又有多湖淖滩梁的特点。

冀北山地。冀北山地主要由燕山、七老图岭和阴山山脉的余脉构成，总面积5264.04万亩，占全市土地总面积的88.8%。其地貌由中山、中低山、低山及河流谷地、山间盆地组成。其中，中山、低山类型面积较大。境内有海拔1000～2000米的山峰30余座，2000米以上的山峰10座。东猴顶山海拔2293米，为全市最高峰；其次为小梁山，海拔2206.5米，两座高山都分布在丰宁县的西部边陲。位于兴隆县境内的雾灵山为燕山主峰，海拔2118.2米，居第六位。纵观整个山区，群山环绕，流水切割侵蚀作用强烈，地表支离破碎，沟谷纵横，河流交错，构成了复杂的山区地貌，影响太阳辐射和水热资源的再分配，形成了不同的小气候，使全市土地利用和农业生产呈现出多样性的特点。冀北山地又可分为坝下山地和燕山山地两大部分。坝下山地：主要由中山、低山、丘陵、山间盆地和河流谷地组成。包括丰宁、围场两县的坝下地区，以及隆化县、滦平县、承德县、平泉县和双桥区、双滦区的大部分地区，总面积4483.8万亩，占全市土地总面积的75.6%，占坝下地区总面积的85.3%。全区地势自西北向东南呈阶梯式倾斜，一般海拔在1300～1500米，相对高度500～800米，山势坡度多在25°～35°以上。北部坝根地区，河谷多为"V"形谷，狭窄，阶地不发育，山体阴坡森林植被保存较多。中南部地势降低，由低山丘陵和较宽的河流谷地组成，耕地多分布在滦河、潮河等干流及其支流的两侧阶地上，是全市农产品的主产区。燕山山地：位于承德市的最南部，长城北侧，包括兴隆、宽城两县和鹰手营子矿区，总面积780.24万亩，占全市总面积的13.2%，占坝下地区总面积的14.7%，属长城以北燕山山脉主脉区。该区山地面积较广，海拔一般为400～1200米，高差多在150～700米，坡度在40°以上。山高谷深，沟川并列，地势复杂。燕山山脉主峰雾灵山位于承德西部，海拔2,116.2米，为最高控制点。其东部最高峰为都山，海拔1846米。该区耕地较少，且多为坡地，水土流失严重。

（供稿　许　磊）

【土壤】 承德市耕地土壤类型共十三个国标土类，二十九个国标亚类。十三个土类分布如下：山地草甸土，总面积3.1万亩，占全部土类面积的0.51%主要分布在围场北部；新积土，总面积4.2万亩，占全部土类面积的0.70%主要分布在承德中南部；栗钙土，总面积19.2万亩，占全部土类面积的3.2%全部分布在丰宁县北部坝上地区；棕壤，总面积287.6万亩，占全部土类面积的47.6%，除丰宁、围场坝上地区分布少，其他全市都有分布；沼泽土，总面积2.9万亩，占全部土类面积的0.48%，几乎全部分布在围场坝上地区；潮土，总面积11.6万亩，占全部土类面积的1.92%，主要分布在河流水域周围；灰色森林土，总面积27.6万亩，呈带状分布于围场、丰宁坝上地区，占全部土类面积的4.56%；石质土，总面积3.2万亩，主要分布在东南部，占全部土类面积的0.54%；粗骨土，总面积4.3万亩，占全部土类面积的0.72%，中南部地区较集中分布，其他地区呈零星分布；草甸土，总面积3.2万亩，占全部土类面积的0.53%，主要分布在围场、丰宁坝上地区，隆化县有部分呈条状分布；褐土，总面积222.8万亩，占全部土类面积的36.9%，除坝上地区，其他地区均有分布。为全市主要土类之一；风沙土，总面积7.4万亩，占全部土类面积的1.23%，其中绝大部分分布在围场坝上地区，少部分在丰宁坝上附近地区；黑土，总面积2.4万亩，占全部土类面积的0.40%，主要分布在围场东北部地区。

成土母质类型包括：冲积物、洪积物、风沙沉积物、黄土、人工堆垫物和各种岩石残坡积物。土壤质地分为砂质、砂壤质、轻壤质、中壤质、重壤质和黏质。由于土壤类型和成土母质类型多样，土壤理化性质和肥力水平差异很大。局部存在砂砾层、砂礓层、钙积层、潜育层和盐积层等障碍性土层。土壤有机质含量低，土壤氮、磷、钾含量差异很大，养分不平衡。

表2　　全市土壤养分平均值一览表

养分种类	有机质	全氮	有效磷	速效钾	有效锰	有效铁	有效锌	有效铜	pH
单位	g/kg	g/kg	mg/kg	mg/kg	mg/kg	mg/kg	mg/kg	mg/kg	
平均含量	18.98	0.94	18.73	143.32	21.44	24.59	1.59	1.22	7.02

（供稿　贾洪男）

河流水系

承德市河流分属三个流域四大水系，即滦河流域、潮白蓟运河流域、辽河流域（包括辽河水系和大凌河水系）。滦河流域集水面积为28878平方千米，占全市总面积的72.5%，主要一级支流有小滦河、兴洲河、伊逊河、武烈河、老牛河、柳河、瀑河、青龙河、澈河等。潮白蓟运河流域集水面积为6777平方千米，占全市总面积的17.0%，主要一级支流有潮河、白河、安道木河、清水河、沟河等。辽河流域集水面积4154平方千米，在承德市分为辽河南和辽河北两部分，分别占全市总面积的7.0%和3.4%，主要一级支流有大凌河、老哈河、阴河、乌力代河、西路嘎河。

【滦河流域】 滦河发源于丰宁满族自治县西北大滩界牌梁，向西流经张家口沽源县，向北流经内蒙古多伦县，向南流经承德市丰宁、隆化、滦平、双滦区、双桥区、承德县、兴隆、宽城，汇入潘家口水库，干流全长877千米，在承德市河长374千米，河道平均纵坡为2.43‰。滦河水系在承德市流域面积1000平方千米以上的支流有9条，100平方千米以上的支流有80条，10平方千米以上的支流有654条，其中较大的支流主要有小滦河、兴洲河、伊逊河、武烈河、老牛河、柳河、瀑河、澈河等。

小滦河。滦河一级支流，发源于围场满族蒙古族自治县西北部老岭西，流经围场、隆化，于隆化郭家屯镇上游1千米处汇入滦河，河长131千米，平均坡度3.47‰，流域面积2009.73平方千米。控制站沟台子水文站集水面积1890平方千米，多年平均径流量0.9937亿立方米，实测最大洪峰流量122立方米／秒（2001年5月），调查最大洪峰流量170立方米／秒（1939年）。

兴州河。滦河一级支流，发源于丰宁满族自治县杨树底下，流经丰宁满族自治县、滦平县，于滦平张百湾镇汇入滦河，河长113.33千米，平均坡度10.1‰，流域面积1970.88平方千米。控制站波罗诺水文站集水面积1378平方千米，多年平均径流量0.9108亿立方米，实测最大洪峰流量662立方米／秒（1997年7月8日），调查最大洪峰流量940立方米／秒（1939年）。

伊逊河。滦河一级支流，发源于围场满族蒙古族自治县台子水三道窝铺分水岭，其中一支流不澄河发源围场县蓝旗卡伦川草帽梁，通过钓鱼台水库后流入伊逊河；另一支流蚁蚂吐河源于围场子桃儿山分水岭，流经围场、隆化后在隆化县城汇入伊逊河。伊逊河流经围场、隆化、滦平，于承德市双滦区大龙庙村汇入滦河，河长222.7千米，平均坡度6.84‰，流域面积6789平方千米。上游建有庙宫、钓鱼台水库，总库容分别为18300万立方米和1320万立方米，对流域内水量起调蓄作用。控制站韩家营水文站集水面积6761平方千米，多年平均径流量3.634亿立方米，实测最大洪峰流量2020立方米／秒（1958年7月14日），调查最大洪峰流量4250立方米／秒（1890年）。

武烈河。滦河一级支流，发源于隆化县鹦鹉川娘娘庙分水岭，流经隆化县、承德县，承德市市区，于承德市双桥区　窝汇入滦河，河长106.23千米，平均坡度10.8‰，流域面积2590.94平方千米。控制站承德水文站集水面积2460平方千米，多年平均径流量2.226亿立方米，实测最大洪峰流量2580立方米／秒（1962年7月26日），调查最大洪峰流量3980立方米／秒（1938年）。

老牛河。滦河一级支流，发源于承德县獾子沟分水岭，流经平泉县、承德县，于承德县下板城镇胡杖子汇入滦河，河长71千米，平均坡度13.09‰，流域面积1712.74平方千米。控制站下板城水文站集水面积1616平方千米，多年平均径流量1.448亿立方米，实测最大洪峰流量1110立方米／秒（1968年7月25日），调查最大洪峰流量3890立方米／秒（1962年）。

柳河。滦河一级支流，发源于雾灵山东南八拨子分水岭，流经兴隆、鹰手营子矿区、承德县，于兴隆县柳河口汇入滦河，河长120.5千米，平均坡度5.62‰，流域面积1199.15平方千米。控制站李营水文站集水面积626平方千米，多年平均径流量1.287亿立方米，实测最大洪峰流量2310立方米／秒（1958年7月14日），调查最大洪峰流量2350立方米／秒（1917年）。

瀑河。滦河一级支流，发源于平泉县安杖子乌呼马梁，流经平泉、宽城，于宽城瀑河口汇入潘家口水库，河长110.75千米，平均坡度7.87‰，流域面积1989.53平方千米。控制站宽城水文站集水面积1661平方千米，多年平均径流量1.845亿立方米，实测最大洪峰流量1720立方米／秒（1994年7月13日），调查最大洪峰流量4260立方米／秒（1962年7月26日）。

潵河。滦河一级支流，发源于兴隆县东八品叶梁，流经兴隆县、唐山迁西县，于迁西县园楼汇入大黑汀水库，境内河长58.36千米，平均坡度10.6‰，流域面积965.85平方千米。控制站蓝旗营水文站集水面积为646平方千米，多年平均径流量1.500亿立方米，实测最大洪峰流量2180立方米／秒（1962年7月25日），调查最大洪峰流量6870立方米／秒（1894年）。

柴白河。滦河一级支流，发源于承德县两益城，整条河流在承德县境内，于承德县上板城镇白河南汇入滦河，河长66.3千米，流域面积702.42平方千米。

暖儿河。滦河一级支流，发源于承德县计杖子，整条河流在承德县境内，于承德县彭杖子汇入滦河，河长40.5千米，流域面积232.82平方千米。

青龙河。滦河一级支流，发源于平泉县倪杖子，流经平泉县、经辽宁省凌源市进入宽城，经宽城进入秦皇岛市青龙，承德市境内河长32.0千米，流域面积862.38平方千米。

长河。滦河一级支流，发源于宽城亮甲台大汉沟，经宽城进入唐山市迁西县，承德市境内河长57.6千米，平均坡度10.4‰，流域面积391.06平方千米。

【潮白蓟运河流域】 潮白蓟运河流域分为潮白河和蓟运河水系，潮白河水系主要一级支流有潮河、白河、安达木河、清水河等。蓟运河水系主要一级支流有泃河、沙河等，均发源于兴隆县南部。

潮河。潮河发源于丰宁满族自治县上黄旗哈拉海沟，经过丰宁满族自治县、滦平县部分乡镇与潮白河水系的另一条支流安达木河汇合后流入密云水库，干流全长253.0千米，在承德市境内185.8千米，平均坡度5.7‰，流域面积4787.39平方千米。控制站古北口水文站（原为戴营水文站，2003年下迁到巴克什营）集水面积4701平方千米，多年平均径流量2.739亿立方米，实测最大洪峰流量1630立方米／秒（1991年6月11日），调查最大洪峰流量2420立方米／秒（1939年）。

白河。白河干流发源于张家口市大马群山，其中两条支流汤河和天河发源于丰宁满族自治县西部的东猴顶，汤河在承德市境内河长54千米，天河35千米，河道纵坡13.2‰。

【辽河流域】 辽河流域在承德市分为辽河以南和辽河以北两部分，分别占全市总面积的7.0%、3.4%，辽河以南主要一级支流有大凌河、老哈河，辽河以北的主要一级支流有阴河、乌力代河、西路嘎河。

大凌河发源于平泉县榆树林子九神庙分水岭，境内河长24千米，平均坡度14.6‰。

老哈河发源于平泉县九神庙川光头山，境内河长57千米，平均坡度13.1‰。

阴河发源于围场东北部山弯子川新拨乡，境内河长48.75千米，平均坡度23.2‰。

西路噶河发源于围场县东部及北部的朝阳湾、朝阳地，河长51.75千米，平均坡度6.25‰。

乌力代河发源于围场县境内。

表 3

承德市主要河流情况统计表

流域名称	河流名称	河流等级	流域面积（平方千米）	起　　点	终点	长度（千米）	平均坡降（‰）
滦河流域	闪电河	滦河干流	1024	丰宁县大滩镇	滦河	—	—
	吐里根河	一级支流	703	围场县	滦河	—	—
	小滦河	一级支流	2010	围场县西北部塞罕坝上老岭西麓	滦河	131	3.5
	滦河干流	滦河干流	5791	丰宁县大滩镇	渤海	346	—
	兴洲河	一级支流	1971	丰宁县选将营子川	滦河	113	10.1
	伊逊河	一级支流	6732	围场县台子水川	滦河	223	6.8
	武烈河	一级支流	2591	隆化县鹦鹉川娘娘庙	滦河	106	10.8
	老牛河	一级支流	1713	承德县獾子沟分水岭	滦河	71	13.1
	柳河	一级支流	1199	兴隆县雾灵山	滦河	121	5.6
	瀑河	一级支流	1990	平泉县安杖子	滦河	111	7.9
	潵河	一级支流	966	兴隆县东八品叶梁	大黑汀水库	58	10.6
	柴白河	一级支流	702	承德县两益城	滦河	66	—
	暖儿河	一级支流	233	承德县计杖子	滦河	40	—
	青龙河	一级支流	862	平泉县倪杖子	滦河	32	2
	长河	一级支流	391	宽城县亮甲台	滦河	58	11.4
潮白蓟运河流域	潮河	一级支流	4787	丰宁县上黄旗哈拉海沟分水岭	密云水库	186	5.7
	安道木河清水河	一级支流	494	承德县、兴隆县	密云水库	—	—
潮白蓟运河流域	白河	一级支流	820	丰宁县	黑河	54	13.2
	洵河	一级支流	289	兴隆县	—	—	1.7
	沙河	一级支流	386	兴隆县	—	—	1.7
辽河流域	大凌河	一级支流	435	平泉县榆树林子	辽河	24	1.5
	阴河	一级支流	1483	围场县新拨乡	辽河	49	23.2
	乌力代河	一级支流	850	围场县	辽河	—	—
	西路嘎河	一级支流	472	围场县朝阳湾	辽河	52	6.3
	老哈河	一级支流	914	平泉县九神庙光头山	辽河	57	13.1

（供稿　滕树海　刘玉铭）

气候及自然灾害

2017 年，全市年平均气温 8.6℃，较常年（8.0℃）偏高 0.6℃；年平均降水量 535.1 毫米，比常年（531.0 毫米）偏多 0.8%。年平均日照时数 2678.1 小时，较常年偏多 40 小时。按照气候异常度的划分标准，日照和降水属于正常年份，气温属偏高年份。2017 年全市灾情与常年基本持平，属中等偏上灾害年份，受灾较重的区域主要集中在丰宁县、兴隆县、承德县和平泉市。

2017 年主要天气气候事件有：干旱、寒潮、大风、沙尘、暴雨、冰雹和洪涝灾害。气象灾害发生的频率和损失程度接近多年以来的平均水平。

【气温】 2017年，全市各县区年平均气温在5.2℃～10.4℃之间，平均为8.6℃，与常年值（8.0℃）相比偏高0.6℃，与2016年（8.1℃）相比升高了0.5℃，属于气温偏高年份。2017年全市年平均气温分布为：北部5.2℃～8.1℃，中部8.6℃～9.9℃，南部8.8℃～10.4℃。全市各县气温距平在−0.5℃～1.1℃之间，其中围场偏低最多，偏低0.5℃，滦平偏高最多，偏高1.1℃。

【降水】 2017年全市年平均降水量535.1毫米，较常年（531.0毫米）多4.1毫米，降水距平百分率为0.8%，根据气候异常度的划分标准，属于降水正常年份。2017年全市降水季节分布不均匀，春、秋季降水显著偏少，夏季降水偏多，冬季降水接近常年。降水量的空间分布为：北部465.4～540.9毫米，中部438.3～572.5毫米，南部593.1～701.8毫米。从降水距平百分率来看，各县区降水距平百分率在−20%～9%之间，平均为−1%。滦平偏少最多为−20%，达到偏少的标准，平泉偏多最多为9%，属于降水显著偏多的地区。

【日照】 2017年，全市年平均日照时数2678.1小时，较常年（2638.1小时）偏多40小时，属日照正常的年份。从全市各县区日照时数距平分布来看，围场日照偏少最多，达到73.9小时，承德县偏多最多，为159小时，除承德县达到偏多标准外，其余县区均接近常年。各县日照时数在2486.3～2778.1小时之间，滦平日照时数最多，宽城日照时数最少，中北部地区多于南部地区。

【干旱】 2017年春季，承德市出现气象干旱，大部分农田春播未出苗，种子干粉，旱情影响较大。2017年春季，承德降水偏少、气温偏高，4月初，承德市开始出现旱情；4月下旬，气象干旱迅速发展，围场、隆化、平泉、市区、承德县和宽城出现重旱；5月中旬，除市区和丰宁外，其他县（市）区均出现特旱；5月下旬，承德市出现阵雨和雷阵雨，旱情得到有效缓解。6月上中旬，全市降水偏少，致使旱情再次发展，平泉、滦平、市区、兴隆、承德县和宽城出现重、特旱，6月下旬降水过程后，全市大部地区旱情解除。4～6月，全市平均干旱日数70天，是常年的2倍多，为近30年最多。围场、隆化、平泉、市区、承德县和宽城干旱日数均超过70天，其中隆化、承德县和宽城最多，为80天。

【寒潮】 2017年，影响承德的冷空气过程共43次，较常年偏多4次，但到达寒潮等级的降温过程较少，全市平均寒潮日数9天，较常年偏少3天。全市年内共出现寒潮81站次，较常年偏少25.6%，为近10年最少。春季最后一次寒潮发生在5月5日，秋季最早的寒潮出现在9月23日。全市除6—8月外均有寒潮发生，12月发生寒潮最多。影响范围超过4个县（市）区的寒潮降温过程8次，分别为1月18日、4月9日、9月27—29日、10月3—4日、11月11日、12月12日和31日，其中9月27—29日寒潮持续时间最长，影响范围最广，降温幅度最大。9月27—29日，承德各县（市）区都出现了寒潮天气过程，丰宁、市区和宽城出现寒潮，围场、隆化、平泉、滦平、兴隆和承德县出现强寒潮，寒潮发生范围为2017年最广，单日强寒潮发生范围为历史同期（9月下旬）最大。受低温寒潮天气影响，29日全市平均最低气温降至0.5℃，与26日相比全市平均降幅达12.7℃，围场、隆化、平泉和承德县最低气温降幅在13℃以上，平泉降温幅度最大，达15.3℃。受降温天气影响，29日北部县区最低气温在0℃以下，围场降至−3.4℃，围场、承德县日最低气温达到或突破历史同期（9月）最低值。

【大风】 2017年承德市平均大风日数17天，较常年值（8.2天）偏多9天，为近40年最多。其中丰宁出现大风日数最多，为78天，其次宽城20天，市区18天，围场15天，其他县区在10天以内，平泉没有出现大风。5月出现大风最多，占全年的20.3%，其次是4月，占全年的17.0%。全年累计出现7次影响范围超过4个县（市）区的大风过程，分别为4月18日、5月5—6日、5月11日、6月8日、7月7—8日、11月10日和11月28日。大风灾害较重的有：5月5—6日和7月7—8日两次过程。5月5—6日，全市除平泉外均出现大风天气，影响范围最广，围场和宽城日极大风速突破春季历史最大值。期间，丰宁极大风速最大为27.3米／秒，大风天气带来大量沙尘。7月7—8日承德出现了2017年最强雷雨大风天气，围场、滦平、兴隆、承德县和宽城都出现灾害性大风，影响范围为历史同期最大，丰宁、围场和兴隆的极大风速都突破历史同期最大值，其中丰宁最大，为39.3米／秒（风力13级）。

【暴雨】 2017年全市平均降水日数63.3天，较常年偏少近20%。全年降水570站次，其中小雨（0.1～9.9毫米）427站次，中雨（10.0～24.9毫米）91站次，大雨（25.0—49.9毫米）42站次，暴雨（≥50.0毫米）10站次。小雨较常年偏少，大雨较常年偏多，中雨和暴雨接近常年。强降水过程主要出现在6月22—23日、6月30日、7月6—7日、7月14日和8月3日，其中8月3日的暴雨过程影响较大，过程降水量为2017年最大。8月2—3日，承德出现2017年范围最广、强度最大的降水过程。8月3日，平泉、兴隆、承德县和宽城4个站出现大暴雨，日最大降水出现在宽城，为150.8毫米。平泉和承德县的日降水量位于历史同期第二。全市平均过程降水量72.4毫米，共有125个乡镇降雨量大于25毫米，其中81个乡镇大于50毫米，54个乡镇大于100毫米，7个乡镇大于200毫米，最大降水出现在兴隆县西台子村，为270毫米。兴隆、承德县、宽城、平泉、隆化和鹰手营子区受灾严重。

【冰雹】 2017年，承德市共出现3个站次冰雹，较常年偏少86.4%，平泉、承德县和丰宁出现冰雹，出现时间分别为：6月19日、7月8日和8月16日。最强风雹灾害出现时间为7月7～8日，出现地区集中在丰宁和承德县。承德县刘杖子乡、鞍匠镇、新杖子镇、满杖子乡、三沟镇、六沟镇、大营子乡等多个乡镇出现风雹灾害，瞬时极大风速达到18.6米／秒（风力8级），最大雹径在5厘米以上。丰宁县北头营、大滩、石人沟、大阁、黑山嘴、胡麻营、南关、西官营等13个乡镇32个行政村遭受风雹灾害，其中北头营乡、大滩镇受灾较为严重。

【洪涝】 2017年夏季全市共发生暴雨洪涝9次：6月21—24日隆化县，7月1日隆化县，7月4日隆化县，7月6—7日兴隆县，7月7日围场县，7月8日隆化县，8月2—3日兴隆、承德县、宽城、平泉、隆化和鹰手营子区，8月5日隆化县、8月22—23日隆化县。隆化发生洪涝灾害次数最多，有些乡镇或行政村多次遭受洪涝灾害。

【沙尘】 2017年，承德市平均沙尘日数1.8天，较常年偏少30.8%，比2016年偏多1.8倍。全年出现扬沙5站次，浮尘14站次，年内未出现沙尘暴天气。沙尘主要出现在春季，全市除隆化和平泉外均出现沙尘，围场的沙尘日数最多，为4天。沙尘过程出现日期为：5月4—5日、5月11日和11月21日，其中沙尘影响范围超过4个县（市）区的有2天，为5月4日和5日。5月4，承德市有7个县区出现浮尘，5月5日，承德市有4个县区出现浮尘，围场、市区和承德县3个县区出现扬沙。5月4日和5日单日影响范围年内最广，达7个县（市）区，为近15年影响范围第二大。

（供稿　于　超）

自然资源

【土地】 承德市土地总面积3948953.23公顷，其中农用地3090858.5公顷，占辖区总面积的78.27%；建设用地122479.55公顷，占辖区总面积的3.1%；未利用地735615.18公顷，占辖区总面积的18.63%。

【矿产】 承德市矿产资源比较丰富，已发现各类矿产100种，已探明有储量的矿种59种，开发利用的矿产52种，探明上表矿产地353处。其中，油页岩、钒、钛、钼、银、铅、铂、萤石、磷矿等9种矿产资源储量居全省首位；铁、金、铜、硫铁、沸石等5种居全省第二位；锌居全省第三位；水泥用灰岩居全省第四位。

矿产资源分布情况。铁矿资源分布：单一磁铁矿（鞍山式）主要分布在兴隆南部、丰宁的杨营子—石灰窑、滦平的周台子、宽城的豆子沟；钒钛磁铁矿（大庙式）主要分布在承德县、双滦区和隆化县的大乌苏沟；超贫钒钛磁铁矿主要分布在滦平的红旗和小营、宽城的孤山子和亮甲台、平泉的娘娘庙和沙坨子。金、银矿、铂钯矿主要分布在宽城、平泉、丰宁县；铜、钼矿主要分布在丰宁县、平泉市。油页岩分布在丰宁满族自治县、围场满族蒙古族自治县。

优势矿产资源储量概况。黑色金属矿产储量，占全省铁矿资源总量的36%，按矿石类型分类，主要分单一磁铁矿（鞍山式），钒钛磁铁矿（大庙式），超贫钒钛磁铁矿等三类。截至2017年底，单一磁铁矿保有储量1.88亿吨；钒钛磁铁矿保有储量13.60亿吨；超贫钒钛磁铁矿保有储量30.34亿吨。有用组分V_2O_5，保有储量97.20万吨（占全省储量96%）；T_iO_2保有储量307.1万吨（占全省储量98%）。有色金属矿产储量，钼保有储量36.43万吨（占全省的46.38%）；铅保有储量50.2万吨；锌储量93.55万吨；铜储量19.76万吨。贵金属矿产储量，金保有储量116.48吨（全省的55.25%）；银矿储量为2970吨（占全省的49.16%）；铂保有储量8.6吨；钯保有储量1.9吨。能源矿产储量，油页岩矿保有资源储量10809万吨，含页岩油671万吨。

（供稿　许　磊）

【水】 承德是首都圈的“水源高地”，东有潘家口和大黑汀水库，西有潮河等流入密云水库，是京津冀首都圈的重要水源区。潘家口水库的93.4%水量和密云水库56.7%的水量来自承德。根据全国水资源综合规划评价结果，1956—2000年，承德多年平均地表水资源量为36.0亿立方米，地下水资源量为17.1亿立方米，扣除地表水和地下水资源重复计算量，全市水资源总量为37.6亿立方米，人均水资源量为995 立方米。全市水资源具有时空分布不均，年际变化异常悬殊的特点。受降水及地形地貌等因素的影响，水资源量从北向南、从上游向下游递增，北部围场、丰宁径流深在55毫米以下，兴隆、宽城县南部沿长城一线多年平均年径流深为170～230毫米。由于全年降水量主要集中在7—9月，导致径流在年内分配也不均匀，全年径流近70%集中在汛期，特别是丰水年汛期径流占比高达80%，南部平泉、宽城、兴隆高达90%。

全市水资源量的年际变化也很大，天然年径流量特征值Cv都在0.5以上，全市1959年径流量最大为109.06亿立方米，2000年最小为9.23亿立方米，两者相差近12倍。

承德境内包括三个水资源三级区，分别是滦河山区、北三河山区及和西拉木伦河及老哈河区。从境内三个区的水资源量来看，滦河流域平均年径流量26.46亿立方米，水资源量为27.22亿立方米，占全市水资源总量的73.5%。北三河区的潮白蓟运河流域在承德市境内分为两片，一片为西部的潮白河水系，平均年地表径流量为5.25亿立方米，水资源总量为5.37

亿立方米，另一片为南部的蓟运河水系，是全市降水量及单位面积产水量最大的地区（单位面积产水量为全区平均值的2.7倍），平均年地表径流量为1.69亿立方米，水资源总量为1.72亿立方米。辽河流域北片的阴河、乌力代河、西路嘎河，平均年径流量为1.42亿立方米，水资源总量为1.45亿立方米；南片的大凌河和老哈河，年径流量为2.22亿立方米，水资源总量为1.25亿立方米。

承德地下水为典型的浅层地下潜水，含水层为山间河谷盆地极薄含水层类型，含水层厚度多为5～13米，水位埋深多在1～6米，含水层水量调蓄能力极弱。受地下水含水层特性影响，承德市地下水主要为河川基流，地下水与地表水相互转化极其剧烈，其富水程度与地表径流大小密切相关，呈现为丰枯同步、多寡一致的特征。

（供稿　滕树海　刘玉铭）

【旅游】 承德是全国首批历史文化名城、中国优秀旅游城市、国家全域旅游示范区创建城市，被评为亚洲最受欢迎旅游城市。2017年，共接待中外游客5796.55万人次，实现旅游收入683.48亿元。

承德生态优势得天独厚，是京津重要的水源地和生态屏障。全市有林地面积3417万亩，占河北省的45.1%，占京津冀区域的38.4%，森林覆盖率达57.67%，雄踞华北之首，是名副其实的“绿色宝库、生态绿肺、天然氧吧”。承德水资源丰沛，水质优良，境内滦河、潮河、辽河、大凌河四大水系，年均自生水量37.6亿立方米，密云水库的56.7%、潘家口水库的93.4%蓄水来自承德，每年为京津供水22亿立方米。全市自流泉达12处、日涌量11600吨。冬天的承德千里冰封、万里雪飘，存雪期长达4个月，平均气温达零下10℃，与夏季相比同样气象万千、诗情画意。早在清朝康熙乾隆年间，每到冬天人们都要在避暑山庄举办大规模的冰嬉活动，这一传统一直延续至今。

以“真山真水”而著称的承德，有着集山川、坝地、湖泊、河流、草原、林海于一身的独特自然风光。在京津冀协同发展中，承德被定位为“京津冀水源涵养功能区”。特别是塞罕坝机械林场三代人55年躬耕不息，在平均海拔1500米、最低气温超过零下43℃的环境下，成功造林112万亩，打造出资源价值超153亿元的世界上最大的人工森林，创造了荒漠变林海的“绿色奇迹”，被习近平总书记称为“推进生态文明建设的一个生动范例”，被联合国授予“地球卫士”称号。

承德文化底蕴厚重、博大精深，是享誉中外的旅游胜地。清代皇家文化、佛教文化、草原游牧文化、民族民俗文化在这里完美融合。全市拥有世界文化遗产2处，国家级非物质文化遗产9项，各类文化遗存4253处，先后发展国家A级景区30处。世界上现存最大的皇家园林避暑山庄、最大的皇家寺庙群外八庙、最大的皇家猎苑木兰围场，见证了“康乾盛世”的百年辉煌，演绎了“和合文化”的璀璨篇章，成为中华多民族大家庭团结和谐的象征。在“21世纪避暑山庄”文化旅游产业园区，你可以观赏大型户外实景演出《鼎盛王朝—康熙大典》，穿越时空走近康熙大帝文治武功的传奇人生。列入世界文化遗产名录的滦平金山岭长城，是万里长城最精华的一段，被《孤独星球》旅行指南评为“中国最佳长城徒步线路”。承德以承办第三届河北省旅游产业发展大会为契机，整合优势旅游资源，强力打造国家“一号风景大道”和木兰秋狝、阿鲁布拉克围、国家牧场、中国马镇等六大组团，全力构建“一心、两带、五大板块、六个旅游度假区”的全域旅游发展新格局。突出培育和发展新的旅游业态，以精彩的景区、丰富的业态、舒心的环境、优质的服务，加快国家全域旅游示范区和“国际旅游城市”创建步伐。

【能源】 光伏发电。承德在全国太阳能资源区域划分中属于二类地区，坝上地区多年平均总辐射量在 4600 ～ 6000 兆焦 / 平方米之间，坝下地区总辐射在 5100 ～ 5600 兆焦 / 平方米，南部低山丘陵地带辐射量最低，约在 4600 ～ 5100 兆焦 / 平方米，全市年日照小时数平均为 2753 小时。

风电。承德风资源主要分布在围场、丰宁所属的坝上风能丰富地区和各县（区）海拔较高山区的风能资源丰富地区。全市 70 米高年平均风速绝大部分在 5.5 ～ 9 米 / 秒之间，风功率 200 ～ 560 瓦特 / 平方米。

水电。承德水能资源相对比较丰富，多年平均水资源年总量为 37.013 亿立方米，水能资源理论蕴藏量为 72.98 万千瓦，技术可开发量 54.17 万千瓦，约占河北省水能资源技术可开发总量的 35%。

生物质。承德生物质资源丰富，主要包括农业剩余物、林业剩余物、牲畜粪便和城市垃圾中的有机成分。全年各类生物质资源总量为 862.1 万吨，每年用于能源方面的生物质可获得量为 377.3 万吨。

地热能。迄今承德已探明的地热温泉点有 12 处，均属低温地热（25℃ ～ 90℃）。全市浅层地下浅层水资源丰富，占地面积约 1103.4 平方千米，总储水量为 7831 万立方米。

油母页岩。根据 2012 年河北省地质局地质四队最新的勘探结果，全市累积查明油页岩资源储量 1.08 亿吨，预计油页岩资源储量 19.1 亿吨。

（供稿　刘　帅）

人口　民族　宗教

【人口】 2017 年末，承德市常住总人口 356.50 万人，较上年末增加 3.32 万人，增速为 0.94%，继续保持稳定低速增长。全市常住人口自然增长率为 5.24‰，比上年提高 0.93 个千分点；人口出生率为 12.15‰，比上年提高 1.43 个千分点，出生人口 4.33 万人，比上年增加 0.54 万人；死亡率为 6.91‰，比上年提高 0.5 个千分点，死亡人口 2.46 万人，比上年增加 0.19 万人。分性别看，男性人口 181.78 万人，女性人口 174.72 万人，总人口性别比为 104.04（女性 =100）。分城乡看，全市常住人口城镇化率为 50.70%，比上年提高 1.7 个百分点，城镇人口 180.75 万人，比上年增加 7.69 万人。分县（市，区）看，常住人口数量由高到低分别是：平泉市 45.28 万人，围场县 42.78 万人，承德县 39.30 万人，隆化县 37.76 万人，丰宁县 36.46 万人，双桥区 34.66 万人，兴隆县 32.01 万人，滦平县 29.32 万人，宽城县 25.62 万人，双滦区 15.85 万人，承德高新区 11.13 万人，营子区 6.33 万人。分年龄看，全市 0 ～ 14 岁少儿人口占常住人口的比重为 18.09%，比上年提高 0.04 个百分点；15 ～ 59 岁劳动力资源人口占常住人口的 64.26 %，比上年下降 0.74 个百分点；60 岁及以上老年人口占常住人口的 17.65%，比上年提高 0.7 个百分点。

（供稿　王　欣）

【民族】 承德市是多民族聚居地区，是全省少数民族和民族自治地方最多的市，所占比例之大在全国地州市中也位居前列，在非自治地市中位列首位，是名副其实的民族大市。截至 2016 年底，全市共有满、蒙古、回、朝鲜、壮等 54 个少数民族成分（无乌兹别克族），少数民族人口 1703627 人，占全市总人口的 44.45%，占全省少数民族人口的 47.86%。其中满族 1479102 人，占全市少数民族人口的 86.82%，蒙古族 181259 人，占 10.64%，回族 33614 人，占 1.97%，其他 51 个少数民族 9652 人，占 0.57%。所辖 8 县（市）三区中，除鹰手营子矿区外，其余县（市）区均为省民族工作重点县区（少数民族人口万人以上），其中全省 6 个自治县、3 个民族县（在河北省享受自治县相关政策待遇）中承德市占6个，3个自治县，即丰宁满族自治县，1987年建立，少数民族人口293767人，占全县总人口的71.46%，宽城满族自治县，1990年建立，少数民族人口176472人，占全县总人口的67.36%，围场满族蒙古族自治县，1990年建立，少数民族人口356134人，占全县总人口的65.74%。3个民族县，即滦平县(2002年省政府批准)，少数民族人口211560人，占全县总人口的64.17%、隆化县(2002年省政府批准)，少数民族人口271710人，占全县总人口的60.40%，平泉市(2004年省政府批准)，少数民族人口187564人，占该县级市总人口的38.91%，2017年4月份经省政府批准撤县建市。以上6县少数民族人口占全市少数民族人口的近88%，区域面积占全市总面积的83%，除宽城为参照省扶贫开发工作重点县外，均为国家级贫困县。在全省50个民族乡中承德市有26个，其中滦平9个，隆化8个，平泉3个，兴隆2个，承德县2个，丰宁1个，双滦区1个，同时有民族村1777个(含自治县、民族县、民族乡所辖村)。

【宗教】 承德是佛、道、伊、天、基五大宗教俱全地区，有市佛教协会、道教协会、伊斯兰教协会、天主教爱国会、基督教协会（三自爱国会）五个市级宗教团体。全市共有信教群众26.4万人，其中佛教15.1万人，道教3.4万人，伊斯兰教3.5万人，天主教2万人，基督教1.4万人。有备案教职人员183人，其中佛教90人，道教27人，伊斯兰教28人，天主教13人，基督教25人。有宗教活动场所149处，其中佛教59处，道教25处，伊斯兰教20处，天主教15处，基督教30处。兴隆、围场、滦平、平泉、隆化、双桥区为省宗教工作重点县区。

（供稿　黄自强）

中共承德市委

综　述

2017年，面对严峻复杂的困难和挑战，在中央和省委的坚强领导下，市委坚持以习近平新时代中国特色社会主义思想为统领，深入学习宣传贯彻党的十八大、十九大精神和省委九次党代会和九届五次、六次全会精神，坚持“稳中求进”工作总基调，认真贯彻新发展理念，解放思想、抢抓机遇、真抓实干，推动全市经济建设、政治建设、文化建设、社会建设、生态文明建设和党的建设取得了新的成就。

坚持旗帜鲜明讲政治，坚决维护捍卫核心，全市上下政通人和万事兴的良好局面更加巩固。市委把坚决维护和捍卫习近平总书记核心地位作为最大的政治。严守党的政治纪律和政治规矩，牢固树立“四个意识”，更加坚定“四个自信”，坚决做到“四个服从”，坚决维护党中央权威和集中统一领导，坚决同以习近平同志为核心的党中央保持高度一致，时时处处事事忠诚核心、维护核心、捍卫核心。坚决以党的十九大精神统一思想、凝聚共识。市委坚持以上率下，把认真学习十九大精神与弘扬“红船”精神、“西柏坡”精神、塞罕坝精神紧密结合，原原本本学、深入系统学、联系实际学，组织市委理论中心组集中到塞罕坝机械林场重温入党誓词，使大家受到一次深刻的精神洗礼和党性教育；市四大班子、各县市区领导干部示范引领，先学一步、深学一层，纷纷下基层、上讲台，深入联系点开展宣讲；各级党组织精心安排，深入开展“千名书记讲党课”、县处级干部培训班、青年干部读书班等系列培训活动，形成学习宣传贯彻的浓厚氛围。坚决用习近平新时代中国特色社会主义思想武装头脑、指导实践、推动工作。特别是坚决贯彻习近平总书记对河北“四个加快”“六个扎实”“三个扎扎实实”和对承德、对塞罕坝林场建设者感人事迹作出的重要指示，牢牢把握京津冀水源涵养功能区、国家绿色发展先行区、环京津扶贫攻坚示范区、国际旅游城市“三区一城”的发展定位，紧紧扭住“12345”总体思路目标，牢固树立和贯彻落实新发展理念，坚持稳中求进工作总基调，全力推进新时代“生态强市、魅力承德”建设，全市上下政通人和万事兴，圆满完成全年各项目标任务，主要指标增速全省排位均居上游，地区生产总值1618.6亿元，增长7.1%；规上工业增加值563.9亿元，增长5%；固定资产投资1732.5亿元，增长7.2%；全部财政收入177.1亿元，增长20.5%；公共预算收入89.2亿元，增长8.6%；城镇居民人均可支配收入27042元，增长8.8%；农村居民人均可支配收入9682元，增长10.8%。

坚持加强生态环境建设不动摇，全力建生态保生态，生态文明建设成效明显。坚决落实习近平总书记“两山”理论，大力弘扬塞罕坝精神，全面加强生态文明建设，着力建设京津冀水源涵养功能区。突出生态建设。大力实施京津风沙源治理、山水林田湖草系统整治等重大生态项目，全年新造林绿化62.5万亩，发展经济林28.3万亩，完成草原生态治理48万亩，国土绿化进程不断加快，被国家林业局授予“全国森林城市”荣誉称号。习近平总书记对塞罕坝林场建设者感人事迹作出重要指示，成为全国生态文明建设的生动范例，在国内外引起强烈反响。突出环境保护。结合中央和省环保督察反馈意见整改落实，全力推进大气污染综合治理，坚决打好环境保护攻坚战，超额完成节能减排目标任务，市区优良天数291天，同比增加16天，PM2.5浓度35微克/每立方米，同比下降12.5%；全力推进国家绿色矿业发展示范区建设，深入实施“6743工程”，全面完成矿山企业“三个一百”行动任务；全面落实市县乡村四级“河长制”，提前半年全面完成潘家口水库网箱养鱼清理工作，继续保持水环境质量京津冀领先。突出生态文明体制机制建设。深入推进生态文明“1+1+N”制度体系建设，加快生态保护地方立法，积极探索领导干部自然资源资产离任审计制度和GEP核算体系，进一步压实各级生态保护责任。扎实推进跨区域用能权、用水权、排污权、炭排放交易权等生态产品交易，大力倡导绿色价值取向和绿色生产生活方式，全民参与生态保护建设初步形成共识。

认真贯彻新发展理念，加快转型升级、绿色发展，产业结构调整迈出可喜步伐。牢牢把握高质量发展根本要求，坚持以供给侧结构性改革为主线，一手用高新技术和现代实用技术改造嫁接传统优势产业，一手深入实施“十大绿色产业”三年倍增计划，坚决走好“差异化、特色化、增量调整”的绿色发展路子。全年实施亿元以上十大绿色产业项目518个，完成投资772.3亿元，实现了由“两黑主导”到“绿色支撑”的转型发展，“十大绿色产业”增加值占GDP比重达到35%,超过传统“两黑”产业8.5个百分点。文化旅游产业，大力实施“旅游+”战略，成功举办全市首届旅发大会，投资980亿元建设了一批精品景区，全省第三届旅发大会筹办工作取得阶段性进展，入选“2017中国全域旅游魅力指数排行榜”，被评为全国“最佳避暑旅游城市”。2017年，全市接待游客5796.6万人次，实现旅游收入683.5亿元，同比分别增长25%和34.9%。大智移云产业，紧紧围绕“京津冀大数据走廊”核心支撑城市定位，坚持完善配套与做优项目双轮驱动，中科曙光大数据研究院等一批科研机构挂牌运营；高新区绿色大数据产业园等一批专业化园区落地实施；德鸣大数据产业园、华明服务外包产业园等一批产业项目落地运营，累计达到32个，初步形成了集数据中心、配套服务、人才培训、科技研发为一体的完整产业链条。天然矿泉水产业，坚持以矿泉水开发弥补压减铁矿带来的经济缺口，大力发展“液体富矿”，矿泉水生产企业达到36家，项目产能达到420万吨。建成全国第一家矿泉水院士工作站、矿泉水研究院和矿泉水文化博物馆。钒钛新材料产业，围绕“钢铁产能减半、效益倍增”的目标，压减炼铁产能104万吨，炼钢产能190万吨，谋划实施钒钛高强冷轧板、钛合金3D打印等一批高端项目，世界首条亚熔盐法清洁提钒示范生产线投入运行，钒钛新材料重点加工企业达到14家，主营收入392亿元。新型建材及住宅产业化，围绕将25亿吨尾矿砂“变废为宝”，推进“尾矿变建材、建材变住宅”，重点实施了尾矿微晶系列制品、低碳装饰材料等十大新型建材项目，绿色新型建材企业达到120家，年产值达到180亿元。清洁能源产业，着力打造风、光、水三个千万千瓦级清洁能源基地，电力装机达到442.24万千瓦，发电量83.19亿千瓦时，分别占全市电力总装机和总发电量的70.8%和61.8%。节能环保产业，抢抓“国家生态环保产业基地”的机遇，稳步推进高新区与江苏宜兴环保科技工业园合作工程，确定首批示范项目43个，总投资29亿元。绿色食品和生物制药产业，全年实施千万元以上农业产业化项目145个，总投资680亿元，完成投资85亿元，产业化经营率达到69.7%，被确定为全省“农业绿色发展先行示范市”，围场列入“国家级农业可持续发展试验示范区”。缘天然、神栗等6家企业品牌成功争创“中国驰名商标”。特色装备制造产业，坚持打特色牌、走特色路，全年实施特色装备制造业项目48个、总投资250.5亿元，完成投资24.7亿元。现代物流产业，全力推进物流标准化建设，20家试点企业标准托盘使用率和租赁率分别提升44%和59.5%。全市电子商务交易额达到560亿元、同比增长24.4%。围绕转型发展，深入实施“项目攻坚三年计划”，全面推行“五个一”工作模式，大力实施“33591”工程。全市在建亿元以上项目918个，完成投资1311.4亿元，有效拉动了全市经济稳定增长，促进了产业结构优化升级，特别是现代服务业加快发展，消费对经济增长贡献率达到56.6%，第三产业税收贡献超出第二产业5.5个百分点。

抢机遇促协同，深入推进京津冀协同发展，区域发展承载力有所提升。抢抓京津冀协同发展和雄安新区建设等重大机遇，努力在服务京津中借势借力加快发展。聚焦非首都功能疏解，全力争取国家和京津冀协同发展重点支持。深入推进“五合一”精准对接，全年对接央企、京企、津企合作项目295个，总投资3429亿元，已完成投资610亿元；争取到位上级财政资金211.7亿元，新增债券54.04亿元，同比分别增长8.6%和62.7%。聚焦补齐短板，全力建平台强支撑。围绕扩容提质，大力加强城市建设。在深入推进“五城联创”基础上，加快实施“一带三区”城市发展战略，已引进项目90个，计划总投资1011亿元，项目完成后，可拓展产城发展空间175平方千米。承德县高新区列入国家新型工业化（大数据）产业示范基地。深入实施新型城镇化战略，扎实推进“产教城”融合发展，新增城镇常住人口10.5万人，城镇化率同比提高2个百分点，达到50.7%；平泉被民政部批准撤县设市。围绕打造项目平台，大力推进开发区建设。深入实施“三年攻坚行动”，全面实现“七通一平”和免费Wi-Fi全覆盖。一年来，全市开发区主营业务收入和固定资产投资分别达到2470亿元、808亿元，同比分别增长36.95%和54.17%。围绕破解瓶颈制约，大力加强基础设施建设。普宁机场正式通航，京沈高铁加快建设，承平、承克高速扎实推进，一批重大基础设施项目加快实施，农村生产生活条件加速改善。聚焦引资合作，全方位扩大对外开放。立足京津，国内紧盯长三角、珠三角，国外紧盯“一带一路”沿线等国际大市场，先后举办了“深圳招商推介会”“承德国际经济贸易洽谈会暨百家名企进承德活动”等一系列大型招商活动，全年引进市外到位资金362亿元，外贸出口29亿元。

抓改革促创新，全面增强发展动能，制约发展的体制机制瓶颈有效破解。坚持以高度的政治自觉和政治定力推进改革，共研究部署改革任务312项，出台改革方案102件，完成省级改革试点任务145项，“四梁八柱”改革主体框架基本建立。着力推进“放管服”改革。强力推进“行政许可相对集中改革”，市县区行政审批局全部挂牌运行，审批流程全面再造，实现“一局一章管审批”。全面打造“政企直通车”，在全省率先探索实行“银行代办执照”和证照联办。截至2017年底，全市共有各类市场主体20.6万户，同比增长13.75%，其中新增各类企业10784户，同比增长33.3%，居全省前列。着力推进投融资体制改革。做大做强国控集团，通过发债募股等手段，总资产增至199.25亿元，累计提供资金55.5亿元，撬动社会资本126.8亿元。各县市区也分别组建国控融资平台，融资287.5亿元；建立银企帮扶基金，为138家工业企业帮助“过桥贷款”247笔、88.3亿元；总规模50亿元的农业产业发展引导基金平稳运行，有力推动了农村经济发展和脱贫攻坚。围绕推进产融结合、助推实体经济发展，共发起和组织各类基金25支，总规模达到210亿元。积极推进行政事业单位国有资产管理体制改革，在整合盘活国有资源资产上取得新进展。着力推进农村综合改革。始终把“三农”工作摆在突出位置，大力推进农业供给侧结构性改革，加快农业农村现代化。扎实推进农村三权分置改革，农村土地确权登记颁证工作基本完成，全市累计流转土地121万亩，占家庭承包耕地总面积的29.1%。全面做好国有林场、牧场改革工作，圆满完成53个国有林场改革任务。农村集体资产股份制改革经验做法在全国推广。着力推进科技创新改革。坚持把科技创新摆在发展全局的核心位置，大力实施创新驱动发展战略，深入实施"高新技术企业双倍增"等十大科技创新工程，制定出台"1+9+N"科技创新政策包，全力争创"国家可持续发展议程创新示范区"。高新技术产业项目加快发展，全市64个项目被列入国家、省科技项目计划，中关村互联网文化创意产业园等一批项目落地运营。创新开展"双招双引"活动，2017年，新增院士工作站6家，高新技术企业37家，实现倍增目标，新增科技型中小企业427家、达到1317家，高新技术产业增加值增长17.9%，科技创新经验在全省推广。

脱贫攻坚惠民生，切实办好保障改善民生实事，人民群众幸福指数稳步提升。牢固树立"以人民为中心"的发展思想，大力发展惠民事业，积极实施惠民举措，优先保障民生投入，努力让改革发展成果更多更公平惠及广大人民群众。坚持精准扶贫、精准脱贫，坚决打好八措并举"组合拳"。坚持把脱贫攻坚作为重大政治任务、最大的民心工程，按照习近平总书记"六个精准""五个一批"重要指示要求，下"绣花"功夫，八措并举，精准施策，全力打好脱贫攻坚"组合拳"，16.5万贫困人口稳定脱贫。突出精准识别，着力打牢精准扶贫脱贫基础。全面开展建档立卡"回头看"工作，创新实施"三严、四准、五到位、六比对"精准识别、建档立卡工作法，核定农村贫困人口为36.9万人，较"回头看"前减少9%。突出产业扶贫，着力促进贫困群众持续增收。通过培育果、菜、牧、菌等九大特色扶贫产业，打造了总投资122亿元的"五个百万基地"。启动全国首个功能农业扶贫示范市建设，新建成省级现代农业园区6个，全市累计达到17个，市级以上农业产业化龙头企业达到404家。全国产业扶贫现场会在承德市平泉召开。突出"政银企户保"金融扶贫，着力解决贫困户筹资困难。累计放贷51亿元，撬动社会资金209亿元，带动90395个贫困户增收致富。突出开展"万户阳光扶贫"，着力破除"三无"特困户增收无门难题。全市131个村级光伏扶贫电站并网发电，6027户特困户建设分布式光伏电站，户均年增收4000元左右。突出改善贫困地区生产生活条件，着力提高群众获得感。建成农村公路750公里；实施农村电网改造项目191个，完成投资4.78亿元；新增改善灌溉面积15.59万亩；坚持产业园区（城镇新区）与易地搬迁社区"两区同建"，完成10127人易地搬迁新居建设任务。突出医疗保障救助，着力根治因病致贫返贫顽症。创新实施"632"医疗保障救助模式，为68.66万人次落实提高医疗保障救助2.6亿元。突出深化改革创新，着力激活农村沉睡资源。深入推进农村土地三权分置、村集体资产股份制等一系列改革，农村股份合作经济组织发展到2996家，农民合作社发展到12656家，带动5.8万贫困户增收。突出"脱贫攻坚党旗红"，提升基层党组织和广大党员干部致富带富能力。党员与贫困户结成帮扶致富对子19万个，形成了"一个支部就是一个堡垒、一名党员就是一面旗帜"，团结带领群众脱贫致富的良好局面。脱贫攻坚八措并举"组合拳"，受到汪洋、赵乐际和刘云山、孟建柱等中央领导的肯定。省委、省政府就承德脱贫攻坚经验专题上报党中央、国务院领导，汪洋副总理两次作出重要批示。其中，"政银企户保"金融扶贫、医疗保障救助扶贫、脱贫攻坚党旗红等经验做法在全国推广，脱贫工作连续两年在全省考核第一。积极抓好对口帮扶，不断扩大合作成果。谋划京津对口帮扶项目156个，总投资354.8亿元。承德津冀六沟产业园等项目加快建设，天津中德应用技术大学承德分校全面开工。坚持"六合一"思路，深入推进美丽乡村和特色小镇建设。突出打造4

个省级重点片区、12个市级重点片区；重点建设22个特色小镇，6个特色小镇进入“河北省首批特色小镇创建和培育类名单”，宽城化皮镇被评为“全国特色小镇”。打造乡村旅游村182个，全年接待游客1530万人次、收入95.9亿元，同比分别增长20%、30%。认真贯彻习近平总书记推进厕所革命的重要指示和省委省政府要求，荣获全国“厕所革命”十大优秀城市奖。全力发展社会事业，社会民生保障体系不断健全。积极发展教育科技、医疗卫生、文化体育等各项事业，进一步完善城乡居民基本养老保险、社会救助、社会福利、慈善事业、优抚安置等制度，健全农村留守儿童和妇女、老年人关爱服务体系，全面提升便民惠民服务水平。“21 世纪避暑山庄”文化旅游产业园跻身全国首批示范园区创建行列。认真抓好就业再就业工作，城镇新增就业5.03万人、失业人员再就业1.82万人、就业困难人员就业7502人、农村劳动力转移就业4.05万人。积极完善社会保障体系，城乡居民养老保险参保率达到99%。年初确定的十项民心工程20件惠民利民实事顺利实施。全年民生支出281.1亿元，占公共财政预算支出的85%。被授予全国35个“体育产业联系点”称号，列为全国首批长期护理保险十五个试点城市之一。

全面加强民主法治建设和社会管理创新，扎实推进平安承德建设，共建共治共享氛围日益浓厚。坚持把持续维护和谐稳定摆在重要位置，用法治规范秩序、协调关系、化解矛盾、保障权益，促进社会公平正义、和谐安定，坚决拱卫首都安全。扎实推进法治承德建设。紧紧围绕“科学立法、严格执法、公正司法、全民守法”要求，严格落实《中共中央关于全面推进依法治国若干重大问题的决定》，加快推动依法治市。坚持市委领导班子带头学法守法用法，带动全社会普法学法。带头加强党内法规制度建设，着力推动政府职能转变和机构改革，加快建设法治政府。积极稳妥推进司法体制综合配套改革，全面落实司法责任制，司法公正公平效率更加凸显。突出抓好社会治理制度建设，积极开展“七五”普法工作，社会治理社会化、法治化、智能化、专业化水平显著提高。全力做好信访稳定工作。健全完善预防和化解社会矛盾机制，扎实推进公共安全、社会治安、网络安全、机要保密、防范和处理邪教各项工作，突出抓好军队退役人员、国企改制、城建遗留问题等重点群体的信访维稳工作，圆满完成全国“两会”、“一带一路”国际合作高峰论坛、十九大等特殊时期安保工作。全市信访形势总体稳定，是全省十九大期间唯一进京访零记录的地级市。被评为全国社会治安综合治理先进集体，连续四届十六年获得全国社会治安综合治理优秀市。严格抓好安全生产工作。全面落实安全生产“党政同责、一岗双责、失职追责”责任制，深入开展安全生产隐患大排查大整治、道路安全综合整治专项行动，全市工矿商贸领域安全生产事故起数和死亡人数分别下降8.3%、45%，实现连续三年“双下降”。严格抓好森林草原防火、文物防火防盗、食品药品安全、防灾减灾救灾等工作，有力保障了全市群众生命和财产安全。

坚定不移推动全面从严治党向纵深发展，抓党建转作风，党的建设更加坚强有力。始终把抓好党建作为最大政绩和主责主业，加强党的全面领导，认真履行全面从严治党政治责任和主体责任，全面推进党的政治建设、思想建设、组织建设、作风建设、纪律建设，把制度建设贯穿其中，在全市上下营造了政通人和的良好局面。高度重视领导班子自身建设，进一步完善市委常委会议事规则和决策程序，制定出台了《关于维护党中央集中统一领导的规定》等文件，严格落实民主集中制，不断提高决策的科学化、民主化和法治化水平。充分支持市人大及其常委会依法行使职权，充分支持政府依法行政，充分支持市政协履行政治协商、民主监督和参政议政职能，切实加强新形势下统战工作，认真落实党的民族宗教政策，大力加强对工会、共青团、妇联等群团组织的领导，认真抓好党管武装工作，国防和后备力量建设取得新成效。严格落实意识形态工作责任制。认真抓好理论武装和宣传思想文化工作，牢牢把握"两个巩固"的根本任务，坚持用习近平新时代中国特色社会主义思想凝神聚魂。扎实推进"两学一做"学习教育常态化制度化，牢牢掌控意识形态领导权、主动权、话语权，全面加强精神文明建设，深化习近平新时代中国特色社会主义思想和中国梦宣传教育，推动社会主义核心价值观落细落小落实，被评为第一届"河北省文明城市"，获得"全国文明城市"提名资格。大力弘扬塞罕坝精神，深入开展"学习塞罕坝，加快走新路"系列活动，在全市上下凝成了深度共识，得到了中央和省委领导的充分肯定。塞罕坝林场建设者获得2017年联合国环保最高荣誉"地球卫士奖"；根据塞罕坝林场创业感人事迹改编的主旋律电视剧《最美的青春》在北京人民大会堂举行开机仪式新闻发布会。大力加强干部队伍建设。坚持正确的选人用人导向，认真贯彻新时期好干部标准，选优配强各级领导班子。圆满完成了市县集中换届工作，为承德发展注入强大动力。着力加强基层组织建设。坚决落实基层党建工作责任制，创新基层组织设置和活动方式，全面提升"三支队伍"建设水平，加强党员监督管理，持续整顿软弱涣散党组织。大力实施"基层党组织建设提升年"活动，全市企业、机关、学校、街道社区、社会组织党建工作取得实效。深入开展"脱贫攻坚党旗红活动"，基层党组织战斗力极大提升。坚定不移正风肃纪、惩治腐败。认真落实中央"八项规定"和实施细则精神，严查严处"四风"问题。精准运用监督执纪"四种形态"，推行"四见"工作法，扎实开展"微腐败"专项整治和"一问责八清理"专项行动，深化"基层党风政风清洁行动"，加大扶贫领域腐败和作风问题治理力度。加快健全监督体系，市县联动开展三轮专项和一轮常规巡察，扎实推进国家监察体制改革试点工作。全市各级纪检监察机关共处置问题线索4629件，立案2354件，党政纪处分2739人，移送司法机关97人。着力加强干部作风建设。深入开展"转作风、优环境、促发展"活动，严格落实"四干四有五个事""督考问用"四位一体、"重大事项专报直通车"和一系列激励鼓劲、容错纠错机制，一级对一级负责，一级帮助一级解决问题，形成了领导带头、上下联动、齐抓共管的良好局面。

2017年的工作还存在一些问题和不足。一是经济总量小、基础差，产业结构重、发展质量低；二是绿色产业发展刚刚起步，新旧动能亟待转换；三是财源性支撑产业偏弱，财政收支矛盾尖锐；四是深度贫困地区、特困群体脱贫难度大，如期脱贫摘帽、决胜全面建成小康社会任务艰巨；五是全面从严治党仍需加大力度，等等。

（供稿　唐士国）

党代会　市委全体会
常委及扩大会　联席会

【第十四次党代会】　2017年3月18日至21日上午，召开中国共产党承德市第十四次代表大会。大会听取和审查了中国共产党承德市第十三届委员会工作报告；审查了中国共产党承德市第十三届纪律检查委员会工作报告；审查了中国共产党承德市第十三次代表大会以来全市党费收缴使用和管理情况的报告；选举产生了中国共产党承德市第十四届委员会；选举产生了中国共产党承德市第十四届纪律检查委员会。

【市委全体会议】　2017年3月2日上午，市委召开十三届十二次全体会议。会议审议通过了中共承德市委《关于贯彻落实中共河北省委〈关于深入学习贯彻落实习近平总书记视察河北重要讲话和指示要求的意见〉的实施意见（草案)》；审议通过了《中国共产党承德市第十三届委员会工作报告（草案)》；讨论了《中国共产党承德市第十三届纪律检查委员会工作报告（草案)》；审议通过了中国共产党承德市第十四次代表大会有关重要事项。

2017 年 3 月 21 日下午，市委召开十四届一次全体会议。会议选举了中国共产党承德市第十四届委员会常务委员会委员和书记、副书记，通过了中国共产党承德市第十四届纪律检查委员会第一次全体会议选举产生的常务委员会委员和书记、副书记。

2017 年 11 月 6 日，市委召开十四届二次全体会议。会议深入学习宣传贯彻党的十九大精神，学习贯彻省委九届五次全会精神；审议通过了《中共承德市委关于深入学习宣传贯彻党的十九大精神全力推进新时代生态强市魅力承德建设的决定》《中国共产党承德市第十四届委员会第二次全体会议决议》。

2017 年 12 月 28 日，市委召开十四届三次全体会议。会议深入贯彻落实党的十九大精神和省委九届六次全会精神，报告了市委常委会今年工作，总结了 2017 年全市经济工作，部署了 2018 年全市经济工作任务，审议通过了《中共承德市委承德市人民政府关于全面推进高质量发展的决定》《中共承德市委承德市人民政府关于建立健全推动工作落实长效机制确保中央和省委重大决策部署落地见效的决定》，审议通过了《中共承德市第十四届委员会第三次全体会议决议》。

【常委及扩大会议】 2017 年 1 月 4 日下午，市委召开十三届 180 次常委会议。会议研究讨论并同意市委办公室《关于调整市委常委工作分工的情况汇报》。会议研究讨论并同意市委组织部关于干部任免的汇报意见。会议研究讨论并同意市纪委《关于给予王文建行政撤职处分的请示》。

2017 年 1 月 15 日下午，市委召开十三届 181 次常委（扩大）会议。会议传达学习了省十二届人大五次会议和省政协十一届五次会议精神，研究了贯彻落实意见。会议研究讨论并同意《全市经济工作会议方案》；研究讨论并原则同意《开展“2017 年项目攻坚年”活动实施方案》《周仲明同志在全市经济工作会议上的讲话》《常丽虹同志在全市经济工作会议上的讲话》。会议研究讨论并同意市委组织部《关于受到组织处理或党纪政纪处分的干部在县区领导班子换届中使用问题的意见》；研究讨论并同意市委组织部关于县区领导班子换届人事安排和市直干部任免的汇报意见；研究讨论并同意市委组织部《关于市级领导班子换届期间对市直单位主要负责人调整原则的建议》。

2017 年 1 月 24 日上午和 1 月 25 日下午，市委召开十三届 182 次常委（扩大）会议。会议传达学习了习近平总书记在张家口市考察冬奥会筹办工作和在张北县视察调研时的重要指示精神，研究了贯彻落实意见。

2017 年 2 月 6 日下午和 2 月 7 日上午，市委召开十三届 183 次常委会议。会议研究讨论并原则同意市委组织部《关于市十四次党代会代表候选人预备人选推进情况的汇报》《关于市级党员领导干部到县区参选市十四次党代会代表的建议方案》。会议传达学习了省纪委九届二次全会精神，研究讨论并原则同意《市纪委年度工作报告》和《市纪委向市十四次党代会工作报告》主要内容。会议传达学习了全省农村工作暨扶贫开发工作会议精神，研究了贯彻落实意见。会议研究讨论并原则同意《承德市“转作风、优环境、促发展”活动实施方案》。

2017 年 2 月 14 日下午，市委召开十三届 184 次常委会议。会议传达学习了全国党内法规工作会议精神，会议传达学习了全省高校思想政治工作会议精神，会议传达学习了全省宣传部部长会议精神，会议传达学习了中央政法工作会议和全省政法工作会议、全省社会治安综合治理创新会议精神，会议传达学习了全省旅游工作会议精神，研究了贯彻落实意见。会议研究讨论并同意市委组织部关于干部任免的汇报意见。会议研究讨论并同意市委组织部《关于市直十四届人大代表人选到各县区参选建议方案有关情况的汇报》。

2017 年 2 月 17 日下午，市委召开十三届 185 次常委会议。会议研究讨论并同意市人大常委会党组《关于召开市十四届人大一次会议的请示》。会议研究讨论并同意市政协党组《关于市政协十四届一次会议准备情况及有关事项的汇报》。会议研究讨论并同意市委组织部《关于市委、市纪委换届候选人预备人选和市人大、政府、政协、法院、检察院换届候选人问题的意见》。会议研究讨论并同意市委组织部《关于市十四届人大代表候选人初步人选建议名单有关情况的汇报》。会议研究讨论并同意市委组织部《关于市十四届人大常委会组成人员建议名单有关情况的汇报》。

2017 年 2 月 28 日上午，市委召开十三届 186 次常委会议和常委（扩大）会议。会议传达学习了省委管理干部学习贯彻党的十八届六中全会精神第一期专题研讨班精神，会议传达学习了全国、全省信访维稳工作有关会议精神，研究了贯彻落实意见。会议传达学习了省委九届二次全会精神，研究讨论并原则同意《关于贯彻落实中共河北省委〈关于深入学习贯彻落实习近平总书记视察河北重要讲话和指示要求的意见〉的实施意见（讨论稿）》。会议传达学习了全省加快全国产业转型升级试验区建设暨去产能工作推进会议精神，研究讨论了《承德市 2017 年化解钢铁过剩产能实施方案》。会议研究讨论并同意《市委十三届十二次全体会议方案》，研究讨论并原则同意《中国共产党承德市第十三届委员会工作报告》，研究讨论并同意市委组织部《关于市十四次党代会代表选举和代表资格初步审查情况的汇报》《关于市十三次党代会以来全市党费收缴、使用和管理情况的报告》《关于市十四次党代会有关重要事项的汇报》。会议研究讨论并原则同意《关于深入推进农业供给侧结构性改革加快培育农业农村发展新动能的实施意见》。会议研究讨论并原则同意《2017 年承德市美丽乡村建设推进方案》。

2017 年 3 月 17 日下午，市委召开十三届 187 次常委会议。会议研究讨论并同意市人大常委会党组《关于承德市第十四届人民代表大会第一次会议有关具体事项的请示》。会议听取了市委统战部关于政协承德市第十四届委员会委员人选建议名单有关情况的汇报，听取了市委组织部关于政协承德市第十四届委员会常委人选建议名单有关情况的汇报，研究讨论并同意《政协承德市第十四届委员会委员人选建议名单》《政协承德市第十四届委员会常委人选建议名单》。会议传达学习了全省军队退役人员工作调度会议精神，研究了贯彻落实意见。

2017 年 3 月 22 日上午，市委召开十四届 1 次常委会议。会议集中学习了《中国共产党地方委员会工作条例》。会议研究讨论并原则同意《中共承德市委常委会议事决策规则》。会议研究讨论并原则同意《关于进一步贯彻落实中央“八项规定”精神改进工作作风的实施办法》。会议传达学习了省委书记赵克志同志在传达学习全国“两会”精神领导干部会议上的讲话精神，会议传达学习了全省推进深度贫困地区脱贫攻坚工作座谈会议精神，会议传达学习了全省组织部部长会议精神和全省国有企业党建工作会议精神，研究了贯彻落实意见。会议研究讨论并同意《中共承德市第十四届委员会常务委员会委员工作分工》。

2017 年 3 月 26 日上午，市委召开十四届 2 次常委会议。会议传达学习了省委常委、省纪委书记梁惠玲到承德调研讲话精神，会议传达学习了省委常委、宣传部部长田向利和省委常委、统战部部长高志立调研指导所帮扶县脱贫工作时的讲话精神，会议传达学习了全省党委秘书长会议精神，会议听取了团市委关于共青团河北省委第十四届第六次全体（扩大）会议精神的汇报，会议听取了市科协关于河北省科协九届二次全委会精神的汇报,会议传达学习了全省文明委全体(扩大）会议精神，会议传达学习了全省老干部工作会议精神，研究了贯彻落实意见。会议研究讨论并原则同意《政府工作报告》。会议研究讨论并原则同意《关于承德市2016年国民经济和社会发展计划执行情况与2017年国民经济和社会发展计划（草案）的报告》。会议研究讨论并同意《承德市2016年市本级预算和市总预算执行情况及2017年市本级预算和市总预算草案的报告》。

2017年4月8日上午，市委召开十四届3次常委会议。会议研究讨论并同意市委组织部关于市人大常委会副主任差额人选、市政府副市长差额人选、市人大常委会委员差额人选和市十四届人大法制委员会组成人选的意见。会议传达学习了党中央、国务院和省委、省政府关于雄安新区建设的有关精神，研究了贯彻落实意见。

2017年4月10日下午，市委召开十四届4次常委会议。会议传达学习了省委组织部有关换届工作的通知精神，研究讨论并同意市委组织部关于省管干部的市管职务任免意见。会议通报了省委第十一巡视组巡视承德市工作反馈意见有关情况,研究讨论并原则同意《省委巡视组整改“回头看”暨换届风气专项巡视反馈意见整改落实工作方案》。

2017年4月13日上午，市委召开十四届5次常委（扩大）会议。会议专题传达学习了全省做好军队退役人员工作第二次调度会议精神，研究了贯彻落实意见，并听取了四个工作专班和双滦区、围场满族蒙古族自治县、承德县的工作汇报。

2017年4月17日上午，市委召开十四届6次常委会议。会议传达学习了全省深入推进信访积案攻坚化解动员会议精神，研究了贯彻落实意见。会议听取了全市第一季度经济运行情况汇报，会议听取了全市第一季度环境保护工作情况的汇报，会议听取了全市第一季度安全生产工作情况的汇报，会议听取了全市第一季度信访维稳工作情况的汇报。会议研究讨论并同意市委组织部关于干部任免的汇报意见。会议研究讨论并同意市纪委《关于给予马贵山党纪处分的请示》《关于给予张立军开除公职处分的请示》《关于解除刘宝忠纪律处分的请示》。

2017年4月24日下午，市委召开十四届7次常委会议。会议传达学习了省委九届三次全会精神，会议传达学习了全省稳定工作情况通报会议精神，会议传达学习了全国创建文明城市工作经验交流会议精神和河北省2016年度文明家庭表彰会议精神，会议传达学习了省委对台工作会议精神，研究了贯彻落实意见。会议研究讨论并同意市委组织部关于干部任免的汇报意见。

2017年5月10日上午，市委召开十四届8次常委会议。会议传达学习了中共中央《关于部分纪检监察干部违纪案件及其教育警示的通报》和省委办公厅《认真贯彻中共中央〈通报〉的通知》精神，研究了贯彻落实意见。会议研究并原则同意撤销平泉县设立县级平泉市相关事宜。会议研究讨论并同意市委组织部关于平泉撤县设市干部过渡的汇报意见。

2017年5月23日下午，市委召开十四届9次常委会议。会议传达学习了全省推进“两学一做”学习教育常态化制度化工作座谈会议精神，研究了贯彻落实意见。会议研究讨论并同意市纪委《关于给予王树勤党纪政纪处分的请示》《关于给予陶奎党纪处分的请示》《关于给予于雷党纪处分的请示》。

2017年6月8日上午，市委召开十四届10次常委会议。会议传达学习了省委常委、组织部部长梁田庚到承德调研讲话精神，会议传达学习了全省党史工作会议精神,研究了贯彻落实意见。会议研究讨论并原则同意《关于推进“两学一做”学习教育常态化制度化的实施方案》。

2017年6月27日上午，市委召开十四届11次常委会议。会议传达学习了中央政治局委员、中央政法委书记孟建柱到承德调研讲话精神，会议传达学习了省委常委、省政府常务副省长袁桐利到承德调研讲话精神，研究了贯彻落实意见。会议听取了市督考办关于学习贯彻中共中央《关于加强新形势下党的督促检查工作的意见》有关情况的汇报。会议研究讨论并原则同意《关于进一步把社会主义核心价值观融入法治建设的落实意见》。会议研究讨论并原则同意《关于加强和改进新形势下高校思想政治工作的实施意见》。会议传达学习了河北省委九届28次常委（扩大）会议和省军区“驻冀部队全面停止有偿服务工作协调对接会”有关会议精神，研究了贯彻落实意见。会议研究讨论并同意市委组织部关于2016年市管领导班子和市管干部年度综合考核评价等次有关情况的汇报意见。

2017年6月30日下午，市委召开十四届12次常委会议。会议研究讨论并同意市委组织部关于干部任免的汇报意见。会议通报了省“一问责八清理”专项行动暨基层“微腐败”专项整治领导小组办公室问责指导组督导承德市工作反馈意见有关情况，研究了下步工作。

2017年7月7日上午，市委召开十四届13次常委会议。会议传达学习了习近平总书记关于防汛抗灾救灾工作的重要批示和省委、省政府有关精神，会议传达学习了省委书记赵克志、省政府省长许勤和有关省领导关于围场满族蒙古族自治县发生重大交通事故的重要批示精神，会议传达学习了全省深度贫困县脱贫攻坚座谈会议精神，会议传达学习了全省政法机关领导干部培训班有关精神，研究了贯彻落实意见。会议听取了市纪委关于2017年上半年履行党风廉政建设监督责任情况汇报。

2017年7月18日下午，市委召开十四届14次常委（扩大）会议。会议传达学习了习近平总书记关于防汛抗洪抢险救灾工作的重要批示精神，会议传达学习了中央政治局委员、中央书记处书记、中宣部部长刘奇葆在塞罕坝机械林场调研时的讲话精神，会议传达学习了省长许勤到承德调研讲话精神，研究了贯彻落实意见。会议听取了市发改委、市统计局关于2017年全市上半年经济运行情况汇报，会议听取了市环保局关于2017年全市上半年环境保护工作情况汇报，会议听取了市安监局关于2017年全市上半年安全生产工作情况汇报和市市场监督管理局关于2017年全市上半年食品药品安全工作情况汇报，会议听取了市信访局、市维稳办关于2017年全市上半年信访维稳工作情况汇报，研究了下步工作。

2017年8月3日上午，市委召开十四届15次常委会议。会议研究讨论并同意市委组织部关于干部任免的汇报意见。会议传达学习了全省宣传部长专题会议精神，研究了贯彻落实意见。会议听取了全市意识形态领域工作情况汇报，研究了下步工作。会议研究了“学习塞罕坝，加快走新路”大讨论活动，原则通过了《“学习塞罕坝，加快走新路”大讨论活动实施方案》。会议研究讨论并原则通过《中共承德市委关于改进领导作风的若干规定》。

2017年8月22日上午，市委召开十四届16次常委（扩大）会议。会议传达学习了省长许勤到承德调研讲话精神，研究了贯彻落实意见。会议传达学习了省委、省政府《关于深入学习贯彻习近平总书记对信访工作的重要批示为党的十九大召开创造和谐稳定社会环境的通知》精神，专题研究了迎接党的十九大召开的信访工作。会议传达学习了全省“两个专项”推进会议精神，听取了全市“两个专项”工作情况汇报，研究了下步工作。会议研究讨论并原则通过《中共承德市委2017—2021年巡察工作规划》。会议研究讨论并同意市委组织部《关于市属高校中层领导人员任免管理的调整建议》。

2017年8月29日上午，市委召开十四届17

次常委（扩大）会议。会议传达学习了习近平总书记关于塞罕坝先进事迹的重要指示精神和学习宣传河北塞罕坝林场生态文明建设范例座谈会议精神，市委常委和市政协党组书记围绕学习贯彻落实习近平总书记重要指示精神进行了发言。会议研究讨论并原则通过《关于认真组织学习〈习近平总书记关于河北工作重要指示摘编〉持续兴起学习贯彻习近平总书记系列重要讲话精神热潮的落实意见》。会议研究讨论并同意市纪委《关于给予李桂林开除党籍、行政撤职处分的请示》《关于给予肖俊泉党纪处分的请示》。

2017 年 9 月 7 日下午，市委召开十四届 18 次常委（扩大）会议。会议传达学习了中央政治局常委、中央书记处书记刘云山到承德考察调研指示精神，会议传达学习了省委书记赵克志、省长许勤到承德调研指示精神，会议传达学习了省委常委会听取承德市扶贫开发工作汇报的会议精神，研究了贯彻落实意见。

2017 年 9 月 25 日上午，市委召开十四届 19 次常委（扩大）会议。会议传达学习了国务院副总理汪洋和省委书记赵克志批示精神，会议传达学习了省长办公会议精神，会议传达学习了河北省第二届旅发大会精神，会议传达学习了全省抓党建促脱贫攻坚暨农村基层党建工作推进会议和全省城市基层党建工作会议精神，会议传达学习了全省党政领导干部扶贫专题培训班精神，研究了贯彻落实意见。会议听取了全市信访和维稳工作情况的汇报，研究讨论并原则同意《承德市领导干部大接访矛盾纠纷大排查信访稳定大督查活动实施方案》《承德市党的十九大安保工作实施方案》。会议听取了全市安全生产工作情况的汇报，会议听取了全市环境保护工作情况的汇报，研究了下步工作。会议研究讨论并同意市委组织部《关于给予魏莉、邓子来同志记二等功奖励情况的汇报》。

2017 年 9 月 30 日上午，市委召开十四届 20 次常委会议。会议传达学习了全省投资和项目建设观摩调度会议精神，会议传达学习了全省市委组织部部长、统战部部长和省直单位负责人会议精神，研究了贯彻落实意见。会议研究讨论并同意《关于政法系统市委管理干部任免程序》。会议研究讨论并同意市委组织部关于干部任免的汇报意见。

2017 年 10 月 13 日下午，市委召开十四届 21 次常委（扩大）会议。会议传达学习了省委常委（扩大）会议和全省脱贫攻坚电视电话会议、全省扶贫办主任会议精神，听取了全市扶贫领域监督执纪问责工作开展情况汇报，通报了市纪委对全市扶贫领域的明察暗访情况，对全市扶贫领域监督执纪工作进行了专题研究和部署。

2017 年 10 月 26 日上午，市委召开十四届 22 次常委（扩大）会议。会议专题传达学习了党的十九大和十九届一中全会精神，并就抓好全市学习宣传贯彻工作进行了研究部署。

2017 年 11 月 3 日上午，市委召开十四届 23 次常委会议。会议传达学习了省委九届五次全会精神，研究了贯彻落实意见。会议研究讨论并同意《中共承德市委第十四届委员会第二次全体会议方案》，研究讨论并原则同意《中共承德市委关于深入学习宣传贯彻党的十九大精神全力推进新时代生态强市魅力承德建设的决定》《中共承德市委第十四届委员会第二次全体会议决议》《周仲明同志在中共承德市委第十四届委员会第二次全体会议上的讲话》。会议研究讨论并原则同意《中共承德市委关于学习宣传贯彻党的十九大精神的安排意见》。会议听取了全市前三季度经济运行情况汇报，研究了下步工作。会议研究讨论并同意市编委办《关于市政协设立农业农村委员会意见的汇报》。

2017 年 11 月 9 日，市委召开十四届 24 次常委（扩大）会议暨市委中心组集中（扩大）交流研讨。会议传达学习了《中共中央关于学习宣传贯彻党的十九大精神的决定》和省委、市委关于做好党的十九大精神学习宣传贯彻工作的相关意见，市委常委，市人大常委会党组书记、市政协党组书记，市政府党员副市长，市法院院长、市检察院检察长、市公安局局长围绕“深入学习领会党的十九大精神，以习近平新时代中国特色社会主义思想为统领，不忘初心、牢记使命，忠诚担当、接续奋斗，坚决维护和捍卫习近平总书记在党中央全党的核心地位，坚定自觉地推动党中央和省委重大决策部署在承德落地落实，全力推进新时代生态强市、魅力承德建设”，进行了专题发言。

2017年11月16日下午，市委召开十四届25次常委会议。会议传达学习了《中共中央政治局关于加强和维护党中央集中统一领导的若干规定》《中共中央政治局贯彻落实中央“八项规定”的实施细则》，会议传达学习了全国推开国家监察体制改革试点工作动员部署电视电话会议和省委书记专题会议精神，研究了贯彻落实意见。会议传达学习了省委、省政府主要领导关于安全生产工作的批示，听取了承德市近期安全生产工作汇报，研究了下步工作。会议传达学习了省委、省政府主要领导关于信访工作的批示，听取了承德市近期信访工作汇报，研究了下步工作。会议研究讨论并同意市财政局《关于加强市属行政事业单位国有资产管理提高使用效率的建议》。

2017年11月27日下午，市委召开十四届26次常委会议。会议研究讨论并原则同意《关于开展全市重点工作大督查的实施意见》。会议传达学习了全省党政主要领导干部学习贯彻党的十九大精神专题研讨班精神，会议传达学习了全省深化监察体制改革试点工作有关会议精神，研究了贯彻落实意见。会议研究并同意市纪委《关于给予董文才纪律处分的请示》。

2017年12月6日上午，市委召开十四届27次常委会议。会议集中学习了《河北省安全生产条例》。会议传达学习了《王东峰、梁田庚同志在全省重点工作大督查动员部署会议上的讲话》，会议传达学习了全省扶贫脱贫工作会议精神，研究了贯彻落实意见。会议研究讨论并原则同意《关于贯彻落实中央“八项规定”实施细则的实施办法》。会议研究讨论并同意市委组织部《关于市“一带三区”建设工作指挥部办公室年度考核有关情况的报告》。会议研究讨论并同意市委组织部《关于首届承德市旅游产业发展大会表现突出人员给予记功奖励情况的报告》。会议研究讨论并同意市委组织部关于干部任免的汇报意见。

2017年12月8日上午，市委召开十四届28次常委会议。会议研究讨论并同意市委组织部关于十三届全国人大代表候选人人选推荐提名的意见。

2017年12月11日下午，市委召开十四届29次常委会议。会议传达学习了习近平总书记关于进一步纠正“四风”加强作风建设的重要指示，会议传达学习了习近平总书记和省委领导关于冬季供暖方面的重要批示，会议传达学习了全省社会治安综合治理表彰大会精神，研究了贯彻落实意见。会议听取了全市森林草原防火情况汇报，研究了下步工作。

2017年12月14日上午，市委召开十四届30次常委会议。会议研究讨论并同意市委组织部关于十三届河北省人民代表大会代表候选人人选和政协河北省十二届委员会委员候选人人选推荐提名考察情况的汇报意见。会议研究讨论并同意市人大常委会党组关于市十四届人大二次会议、三次会议以及市十四届人大常委会第六次会议有关事项的请示。

2017年12月26日下午，市委召开十四届31次常委会议。会议传达学习了省委九届六次全会精神，研究了贯彻落实意见。会议研究讨论并原则同意《关于维护党中央集中统一领导的规定》。会议研究讨论并原则同意《关于加强和改进人民政协民主监督工作的实施意见》。会议研究讨论并同意《承德市党委联系服务专家工作实施办法》。会议研究讨论并原则同意《全市扶贫领域腐败和作风问题专项治理实施方案》。会议研究讨论并原则同意《中共承德市委2017年度意识形态工作情况报告》。会议听取了全市党风廉政建设和反腐败工作情况汇报。会议研究讨论并同意市纪委《关于给予朱世宝开除党籍、行政撤职处分的请示》。会议研究讨论并同意市委组织部关于干部任免的汇报意见。

【联席会议】 3月26日上午，召开市委、市政府联席会议。会议专题听取了市旅发委《关于支持承办2018年河北省旅游业发展大会、举办2017年承德市旅游业发展大会项目建设的意见》的汇报。会议研究讨论并原则通过了《关于支持承办2018年河北省旅游业发展大会、举办2017年承德市旅游业发展大会项目建设的意见》。

4月27日，召开市委、市政府联席会议，研究讨论《承德市强力推进大气污染综合治理的意见及专项实施方案》。会议强调，要突出治理重点，做好燃煤、工业、机动车、建筑工地、道路运输、扬尘污染防治和生产生活污染防治工作；要强化源头防治，突出抓好重点区域、重点行业、重点企业的污染治理，逐步提高城市清洁能源使用比重；要坚持对症施策，打击违法行为；要高度重视建筑节能，采取突破性措施解决难题、降低成本。要加大奖惩力度，严格落实责任；要倡导全民绿色低碳生活。会议还强调，治理好水污染任务紧迫，要专门出台水资源治理的实施意见，坚决抓好水资源治理。

6月20日，召开市委、市政府联席会议。会议研究讨论并同意《关于调整承德市承办第三届河北省旅游产业发展大会和举办首届承德市旅游产业发展大会指挥部的通知》。会议研究讨论并原则同意《首届承德市旅游产业发展大会总体工作方案》《承德市承办第三届河北省旅游产业发展大会工作方案》。会议研究讨论并原则同意《2017年旅游市场秩序综合整治实施方案的通知》。会议研究讨论并原则同意《承德市A级旅游景区提升和创建工作方案》。

（供稿　夏　超）

市委经济发展及建设类会议

【全市经济工作会议】 1月16日，中共承德市委、承德市政府召开全市经济工作会议，会议传达学习贯彻中央和全省经济工作会议精神，总结2016年全市经济工作，分析当前形势，安排部署2017年全市经济工作重点任务，动员全市广大干部群众坚决贯彻落实党中央和省关于经济工作的决策部署，稳中求进、奋发有为，以优异成绩迎接党的十九大胜利召开。周仲明在会上强调，要深入贯彻落实新发展理念，坚定走“加快转型、绿色发展、跨越提升”新路，在实际工作中，要突出把握好六个关系。突出把握好“稳与进”的关系，坚持稳中求进、奋发作为。稳是大局；突出把握好“保发展与守底线”的关系，坚持生态优先、加快绿色发展；突出把握好“传统产业改造升级与新兴产业发展壮大”的关系，深入推进供给侧结构性改革；突出把握好“借力与借势”的关系，全力抢抓京津冀协同发展重大机遇，实现大开放、快发展；突出把握好“强实力与惠民生”的关系，聚焦脱贫攻坚、推动共享发展；突出把握好“补齐硬短板与破解软制约”的关系，强力推进改革创新、打造良好发展环境。常丽虹在会上强调，要着力打好生态环境、协同发展、重大政策“三张牌”，重点实施创新驱动、传统产业升级、新兴产业培育“三大战略”，继续强力推进重点项目建设、开发区改革发展、农村道路交通和县城建设“四大攻坚行动”。常丽虹还就岁末年初有关工作进行了安排部署。

【首届承德市旅游产业发展大会】 9月26日，由兴隆县、滦平县承办的首届承德市旅游产业发展大会召开。当日，承德旅游推介会在兴隆县举行。省政协副主席姜德果、中央军委纪委原副书记兼总装备部副部长李栋恒、国防发展战略专业委员会秘书长高东广、天津市中小企业发展促进局局长薛辉、天津市旅游局副局长何智能、天津市蓟州区政协主席卢金生参加活动。省旅游委副主任王荣丽致辞。市委书记周仲明出席，市长常丽虹作旅游推介。市领导韩福才、刘文勤、张泽峰、苏铁成出席，张泽峰主持。常丽虹在旅游推介中说，承德是习近平总书记亲自定位的京津冀水源涵养功能区，是美丽中国一颗璀璨耀眼的明珠，区位优势独特、交通畅达便捷、旅游资源富集，是全国首批历史文化名城、中国优秀旅游城市、国家全域旅游示范区创建城市，被评为亚洲最受欢迎旅游城市。兴隆县、滦平县作旅游推介。

【全市去产能工作大会】 5月12日，中共承德市委、承德市政府召开全市去产能工作大会。中共承德市委书记周仲明出席会议并讲话。市委副书记、承德市政府市长常丽虹主持会议。市领导韩福才、张泽峰、路洪昌、李晋宇、阮树平、陈德光及省环保厅第二环境监察专员办公室相关负责同志出席会议。市政府与县区政府代表签订去产能目标责任书。周仲明在会上强调，要扎实做到“五个到位”：落实目标责任到位；政府主导引领到位；政策措施落实到位；市场出清到位；职工安置到位。常丽虹在主持会议时强调，要进一步树牢五大发展理念，勇于担当，主动作为，坚决打好去产能攻坚战，确保完成钢铁煤炭压减任务。同时，要坚持以人民为中心的发展思想，采取有力措施解决好职工安置和企业出路问题，有效防范各种风险，实现化解产能与社会稳定同步推进。

【全市“转作风、优环境、促发展”大会】 2月3日，在收听收看了河北全省深化机关作风整顿大会后，中共承德市委、承德市政府召开全市“转作风、优环境、促发展”大会。中共承德市委书记周仲明出席会议并讲话，承德市政府市长常丽虹主持会议，市领导郭群、韩福才、刘文勤、张泽峰、邢留逮、路洪昌、李晋宇、阮树平、陈德光、丁伟、吴清海、路立营、于庆贺、魏莉等出席会议。市人大常委会、市政府、市政协全体领导同志，市法检“两长”、市公安局局长，市长助理、市政府党组成员，市人大常委会、市政府、市政协秘书长，市直各单位、各人民团体、市属院校和市委管理领导人员企业，省属以上院校、机关、企事业单位主要负责同志，市纪委、市委政法委、市直机关工委以及市发改、工信、民政、财政、国土、规划、住建、城管、水务、商务、审计、市场监督管理局领导班子成员在主会场参加会议。周仲明强在会上强调，要突出在“六个聚焦”上下功夫、求突破，全面促进经济社会发展。一要聚焦思想保守、观念不新的问题，在解放思想、转变观念上实现新突破；二要聚焦体制机制不活的问题，在深化改革、激发活力、打造优质高效的营商环境上实现新突破；三要聚焦项目落地难、落地慢的问题，在提升园区承载力、打造投资洼地上实现新突破；四要聚焦服务意识不强、服务质量不优的问题，在提升服务质量、规范市场秩序上实现新突破；五要聚焦精神不振、落实不力、“为官不为”问题，在鼓舞士气、振奋精神、提高执行力上实现新突破；六要聚焦工作标准不高，“只求过得去，不求过得硬”的问题，在事争一流、奋勇争先、增比进位上实现新突破。常丽虹在主持会议时强调，要强化问题导向，聚焦问题、深入整改，对标先进、调高标尺，不折不扣地把各项要求落到实处，以过硬的作风保障事业发展。

【全市大气污染综合治理大会】 5月12日，中共承德市委、承德市政府召开全市大气污染综合治理大会。会议强调，要全力打好减煤、治企、控车、抑尘、增绿五大攻坚战，确保承德市空气质量优良。市委书记周仲明出席会议并讲话。市委副书记、市长常丽虹主持会议。市领导韩福才、张泽峰、路洪昌、李晋宇、阮树平、陈德光及省环保厅第二环境监察专员办公室相关负责同志出席会议。李晋宇就市委、市政府《关于强力推进大气污染综合治理的意见》及 18 个专项实施方案作说明。市直部门及县区政府代表作表态发言，市政府与县区政府代表签订大气污染综合治理目标责任书。

周仲明在会上强调，要紧紧锁定目标，打好大气污染综合治理攻坚战；要创新机制，着力破解大气污染综合治理瓶颈制约；要强化责任，为大气污染综合治理提供坚强保障；要强化举措，持续做好水环境保护和治理工作。常丽虹在会上强调，要细化工作方案，不折不扣全面落实各项部署要求，努力走出有承德特色的生态保护路子。

市委农业农村及扶贫类会议

【扶贫开发领导小组组长会议】 2 月 15 日，中共承德市委、承德市政府召开扶贫开发领导小组组长会议。中共承德市委书记、市扶贫开发领导小组组长周仲明出席会议并讲话。市委副书记、市长、市扶贫开发领导小组组长常丽虹出席会议并讲话。市领导张泽峰、李晋宇、吴清海、路立营出席会议。会议听取了全市脱贫攻坚工作情况汇报，与会市直部门负责同志发言，与会市领导讲意见。会议强调，要强化责任意识。增强责任感和紧迫感，增强全局意识，把脱贫攻坚放到全面小康建设的大局中，要牢牢抓住用好三方面机遇：一是中央一号文件相关政策；二是京津对口帮扶相关要求。三是省委、省政府加大对深度贫困县扶贫力度的相关机制。要围绕农村土地流转和农村“三权分置”，不断加快改革步伐，通过改革创新解决易地扶贫搬迁资金缺口和农村特殊困难群体稳定脱贫等难题。要强化“三重”攻坚。聚焦深山区、接坝地区、水库移民区等重点区域，聚焦特殊困难群体及“三无户”等重点人群，聚焦资金瓶颈、生产生活条件改善等重点问题，确保如期脱贫。要把研究政策紧盯项目、抢抓机遇借助外力、强化责任激发内力有机结合起来，不断调动一切社会力量积极参与扶贫攻坚工作，汇聚起脱贫攻坚的强大合力。

【全市农村工作会议暨扶贫开发工作会议】 3 月 6 日，中共承德市委、承德市政府召开全市农村工作会议暨扶贫开发工作会议，会议贯彻落实中央农村工作会议、全国扶贫开发工作会议和河北省农村工作会议暨扶贫开发工作会议精神，总结 2016 年全市农业农村和扶贫开发工作，安排部署 2017 年全市农业农村和扶贫开发工作。中共承德市委书记周仲明出席会议并讲话。周仲明在会上强调，要凝心聚力，奋发作为，以打赢脱贫攻坚战为重点，全力推进农业农村工作再上新台阶。要进一步强化精准意识，打牢精准扶贫基础，工作目标、调查摸底、工作举措要再精准，深入开展“脱贫攻坚党旗红”活动。要以农业供给侧结构性改革为主线，大力提升农业产业化水平，全力推进农业产业化重点工程建设，大力培育引进壮大特色龙头企业，加强农业产业化园区建设，积极发展农业产业新业态。要扎实做好美丽乡村建设和易地扶贫搬迁工作，统筹推进美丽乡村建设、易地扶贫搬迁、农业产业化园区建设、特色民俗文化开发、乡村特色旅游、沟域经济发展，形成“六位一体”新格局。就抓好落实，常丽虹强调，要要突出脱贫产业抓落实，大力度调结构、建园区、育龙头，加快培育功能农业、美丽农业、品质农业、休闲农业、“互联网 +”农业和光伏扶贫等新业态、新模式，提升优质有效供给能力。要强化改革思维抓落实，扎实推进农村产权制度等改革，加快补齐短板，打好农民增收“组合拳”。常丽虹就春耕备播生产、动物疫病防控、森林草原防火等工作进行了安排部署。会上，部分县区作了典型发言。会议下发了《承德市 2017 年农业农村工作要点》《承德市关于深入推进农业供给侧结构性改革加快培育农业农村发展新动能的实施意见》《2017 年承德市扶贫开发工作要点》《2017 年承德市美丽乡村建设推进方案》。

【全市森林草原防火工作暨重大动物疫病防控工作电视电话会议】 3月9日，中共承德市委、承德市政府召开全市森林草原防火工作暨重大动物疫病防控工作电视电话会议，市委常委、市委农工委书记吴清海主持会议并讲话。副市长王成安排部署2017年全市春季森林草原防火、重大动物疫病防控、春耕生产及农村设施安全隐患排查等有关工作。有关部门负责人参加会议。

【全市脱贫攻坚电视电话会议】 10月12日，中共承德市委、承德市政府在集中收听收看河北全省脱贫攻坚电视电话会议后，立即召开全市脱贫攻坚电视电话会议，认真学习贯彻习近平总书记和中央领导对张家口扶贫领域突出问题的重要指示精神，深入贯彻落实全国深度贫困地区脱贫攻坚电视电话会议精神。会议要求，坚决把党中央和省委、省政府的要求部署落到实处，打赢脱贫攻坚硬仗。周仲明要求 要全力推进精准识别精准施策、产业扶贫、改善生产生活条件、“政银企户保”三零金融扶贫模式、“万户阳光扶贫”工程、医疗救助保障扶贫、农村改革、“脱贫攻坚党旗红”深入实施，下“绣花”功夫，八措并举，精准施策，全力打好脱贫攻坚战。同时，要盯紧重点难点，聚焦深度贫困地区，集中力量攻坚。

【全市扶贫领导小组（扩大）会议】 12月28日下午，承德市召开全市扶贫领导小组(扩大)会议，深入学习贯彻党的十九大精神，认真贯彻习近平总书记关于扶贫脱贫一系列重要指示，深入落实全省扶贫领域腐败和作风问题专项治理推进会议精神，对下一步工作进行再安排、再部署。市委书记、市扶贫领导小组组长周仲明出席会议并讲话。省重点工作大督查第二督导组组长张建军出席会议。市领导张泽峰、路洪昌、路立营、王成出席会议。会上，宣读了《全市扶贫领域腐败和作风问题专项治理实施方案》和《全市扶贫领域腐败和作风问题专项治理领导小组名单》。周仲明在会上要求，要按照中央和省市安排部署，认真开展扶贫领域腐败和作风问题专项治理，坚持无禁区、全覆盖、零容忍，坚持重遏制、强高压、长震慑，切实做到自查自纠到位、集中核查到位、重点问题解决到位、巩固提升到位、责任落实到位，为打赢脱贫攻坚战提供坚强保障。

市委深化改革及廉政建设类会议

【省委巡视反馈意见整改落实部署会】 4月11日，中共承德市委、承德市政府召开省委巡视反馈意见整改落实部署会。中共承德市委书记周仲明出席会议并讲话。市委常委、市纪委书记路洪昌传达省委巡视组对承德市巡视整改“回头看”暨换届风气专项巡视情况的反馈意见，并就承德市整改落实方案作说明，市委常委、市委秘书长丁伟主持会议。市领导路立营、李维、苏铁成、王成出席会议。周仲明要求，对照反馈意见逐条自查、认真动员，制定和落实好整改方案。要全面整改、逐项落实，针对存在问题明确责任，列出清单，挂账销号。要亲力亲为、动真碰硬，各级各部门党委（党组）主要负责同志要切实担负起巡视整改工作第一责任人的责任，真正把整改工作抓好抓实。

【全市“一问责八清理”专项行动暨基层“微腐败”专项整治推进会议】 4月28日，中共承德市委、承德市政府市召开全市“一问责八清理”专项行动暨基层“微腐败”专项整治推进会议。中共承德市委书记周仲明出席会议并讲话。市委副书记、市长常丽虹主持会议。市领导路洪昌、丁伟、王成、刘宏伟出席会议。会前集中收听收看了河北省“一问责八清理”专项行动暨“微腐败”专项整治动员部署会议。周仲明在会上强调，动员部署要“快”，自查自纠要“全”，分类处置要“细”，整改纠正要“实”；坚持以改革创新为动力，健全机制强化治本，围绕突出问题，深入推进体制机制改革，在“破”字上做文章、在“立”字上下功夫、在“新”字上求突破；坚持用好“追责问责”这一有利武器，形成持续震慑作用，以问责追责倒逼责任落实。常丽虹在主持会议时要求，要提高政治站位，迅速传达贯彻会议精神，扎扎实实开展好两个专项工作，推进全市党风政风建设和反腐倡廉工作迈上新台阶。

【全市警示教育暨领导干部廉政谈话会议】 12月14日，中共承德市委、承德市政府召开全市警示教育暨领导干部廉政谈话会议。市委书记周仲明出席并讲话。市委副书记、市长常丽虹主持会议，市领导韩福才、路洪昌、路立营、张建宇、阮树平，省第二督查组组长张建军，承德军分区政委王兰生出席会议。路洪昌通报2017年全市纪检监察机关查处的典型案件情况。周仲明强调，要旗帜鲜明讲政治，切实增强“四个意识”；坚定理想信念，始终做到不忘初心；要昂扬向上讲担当，务实重行真作为；要严格自律，时刻绷紧党的纪律和规矩这根弦。常丽虹在主持会议时强调，要迅速传达贯彻好会议精神，坚持以案为鉴，持续深化党风廉政建设和反腐败工作，不断优化风清气正的政治生态。

市委其他类会议

【政法工作会议】 3月1日，中共承德市委、承德市政府召开政法工作会议，会议传达了市委书记周仲明、市长常丽虹对全市政法工作作出的重要批示，全面贯彻落实中央和省政法工作会议精神，安排部署2017年全市政法工作。市中级人民法院代院长刘福明、市检察院代检察长纪志明、市公安局局长马占山就公安部门2017年工作部署作讲话。市国家安全局负责人、市委政法委委员和市政法委机关有关负责同志、市直政法部门副处级以上干部和市防范办、综治办、维稳办、信访局领导班子成员、各县区委常委及相关单位负责同志等参加了会议。市委常委、政法委书记邢留逮出席会议并讲话。市人大常委会副主任邢书印、市政协副主席孙林出席会议，副市长苏铁成主持会议。市委书记周仲明在批示中要求：全市政法机关一定要认真学习贯彻习近平总书记系列重要讲话精神，按照中央、省政法工作会议要求，再加鼓劲，全力落实，围绕中心，服务大局，以优异的成绩迎接党的十九大胜利召开。市长常丽虹在批示要求：紧紧抓住确保国家政治安全、制度安全这一中心，防控风险、服务大局、深化改革、破解难题、补齐短板，）着力打造平安承德、法治承德建设升级版，确保全市社会大局稳定、人民群众安居乐业，为建设“生态强市、魅力承德”提供坚强保障。

【项目审批工作座谈会】 8月7日，中共承德市委、承德市政府召开项目审批工作座谈会，市委书记周仲明出席会议并讲话，市领导李晋宇、丁伟、李维、刘宏伟出席会议。会议强调，要以行政审批制度改革、行政审批局成立为契机，全面清理行政审批事项，优化行政审批流程，实施行政审批流程再造工程。要整合行政审批事项，坚持下放一批、压减一批、并联一批。坚持放与管、放与服、管与服有机结合，“放”的同时要强化监管责任，“放”的同时要强化服务保障。要建立信息沟通机制，强化信息互联共享；规范行政审批行为，进一步推行一次性告知、限时审批等制度；规范中介行为，放开中介市场，彻底脱钩；规范招投标行为，探索推进招投标市场黑名单制度，不断加大对市场主体违法违规行为的惩戒力度，建立招投标诚信体系，促进形成良好环境；要推行联合执法机制，将常态执法与随机分散执法相结合。要严格落实收费制度，杜绝重复收费、随意提高收费标准等违法行为，降低企业投资成本。

【市四大班子领导干部会议】 8月16日，中共承德市委、承德市政府召开市四大班子领导干部会议，传达学习中共河北省委书记赵克志到承德调研精神，安排部署下一步相关工作。中共承德市委书记周仲明主持会议并讲话。承德市政府市长常丽虹传达赵克志到承德调研精神。市领导韩福才、张泽峰等出席会议。周仲明强调，要坚守生态和发展底线，坚定不移走生态优先绿色发展之路；持续用力发展“十大绿色产业”，加快转型升级步伐；聚焦“八个组合拳”，打好脱贫攻坚战；扎实推进农村环境改造提升，营造良好人居环境；全力抓好塞罕坝精神的学习宣传弘扬，迅速掀起高潮。

【信访稳定安全生产工作电视电话会议】 9月16日，在收听收看全省做好党的十九大期间信访稳定安全生产工作电视电话会议后，中共承德市委、承德市政府衔接召开全市做好党的十九大期间信访稳定安全生产工作电视电话会议。市委书记周仲明讲话，市委副书记、市长常丽虹主持。市领导张泽峰、邢留逮、丁伟、苏铁成出席会议。周仲明在会上强调，要强力推进信访攻坚，聚焦矛盾纠纷排查、开门接访、积案化解、依法治访、盯防稳控，综合施策。要突出抓好社会稳定，坚定不移维护政治安全；要坚决确保安全生产责任、安全风险管控、安全隐患排查、安全隐患问题整改、安全执法检查、安全事故应急救援等都落实到位。常丽虹在会上强调，要做到有访必接、有接必果，真心实意帮助群众解难题，把各类风险化解在基层、消除在萌芽。要全面开展安全隐患大排查大整治，切实筑牢安全防线。

【全市重点工作大督查动员部署会议】 12月5日，中共承德市委、市政府全市重点工作大督查动员部署会议召开。中共承德市委书记周仲明出席会议并讲话。市委副书记、承德市政府市长常丽虹宣读了市委、市政府《关于开展全市重点工作大督查的实施意见》，省第二督查组组长张建军出席会议，并对我市开展重点工作大督查提出了指导意见。市委副书记张泽峰主持会议。市领导路洪昌、丁伟、路立营，省第二督查组副组长金东海出席会议。周仲明在会上强调，要聚焦重点工作开展大督查，突出对市委、市政府贯彻党中央、国务院和省委、省政府重大决策和重点工作落实情况的督查；要聚焦重点问题开展大督查，奔着问题去，盯着问题查，着力推动问题解决；要聚焦重点对象开展大督查，切实提升各级党政班子和领导干部能谋事、干实事、碰硬事、解难事、成大事的能力和水平；要聚焦服务基层开展大督查，认真帮助破解落实过程中的关键制约。大督查动员部署会议前，省委第二督查组全体成员与市委、市政府主要领导举行了见面会。

重要文件

【学习贯彻党的十八届六中全会和省九次党代会精神】 1月4日，市委下发《关于学习贯彻党的十八届六中全会和省九次党代会精神的意见》。为把全市各级党组织、广大党员干部的思想和行动统一到党的十八届六中全会、中央经济工作会和省九次党代会、全省经济工作会精神上来，着力做好承德改革发展稳定各项工作，以优异成绩迎接党的十九大、市十四次党代会胜利召开，提出意见。

【加快培育农业农村发展新动能】 3月5日，市委、市政府下发承德市关于深入推进农业供给侧结构性改革加快培育农业农村发展新动能的实施意见。为认真贯彻落实党中央、国务院，省委、省政府关于深入推进农业供给侧结构性改革的安排部署，加快培育承德市农业农村持续发展新动能，制定实施意见。

【推进微腐败专项治理】 4月9日，市委下发关于深化基层党风政风“清洁行动”推进“微腐败”专项治理的意见。为进一步净化和维护基层政治生态，深入贯彻党的十八届六中全会、中央纪委十八届七次全会、国务院第五次廉政工作会议和省委九届二次全会精神，推动全面从严治党向基层延伸，经市委研究，决定在全市进一步深化基层党风政风“清洁行动”，开展“微腐败”专项治理。

【承德市“一问责八清理”专项行动】 4月28日，市委下发承德市“一问责八清理”专项行动实施方案。为深入推进全面从严治党，按照省委部署要求，在借鉴2016年成功经验基础上，市委决定在全市继续开展“一问责八清理”专项行动。为确保专项行动有序开展、取得实效，结合实际，制定该方案。深入学习贯彻习近平总书记系列重要讲话精神和治国理政新理念新思想新战略，坚持全面从严治党、依规治党，聚焦人民群众和市场主体反映强烈以及巡视巡察、纪律审查和日常管理中发现的带有普遍性的问题，在全市集中开展“一问责八清理”专项行动，着力解决党的领导弱化、主体责任缺失、落实政策不力、有章不循、懒政怠政等影响承德市改革发展和党的建设的突出问题，推进标本兼治，进一步优化政治生态环境、自然生态环境、市场营商环境，确保中央和省、市重大决策部署贯彻落实，为加快建设“生态强市、魅力承德”提供有力保证。

【推进大气污染综合治理】 5月11日，市委、市政府下发关于强力推进大气污染综合治理的意见。强力推进大气污染防治，是党中央国务院、省委省政府赋予承德的一项政治任务，是实现生态支撑，水源涵养的重要举措，是建设三区一城，打造生态强市、魅力承德的必然选择，是全市人民的殷切希望。为强力推进大气污染综合治理，打好蓝天保卫战，确保全市大气环境质量持续好转，提出意见。

【学习弘扬塞罕坝精神推进生态文明建设】 7月26日，市委、市政府下发关于学习弘扬塞罕坝精神推进生态文明建设的意见。为深入贯彻落实省委、省政府《关于命名塞罕坝机械林场为“生态文明建设范例”的决定》(冀字〔2017〕9号)，大力学习弘扬塞罕坝精神，全面推进生态文明建设，制定意见。

【推进防灾减灾救灾体制机制改革】 7月31日，市委、市政府下发关于推进防灾减灾救灾体制机制改革的实施意见。防灾减灾救灾工作事关人民群众生命财产安全，事关社会和谐稳定，是衡量执政党领导力、检验政府执行力、评判国家动员力、彰显民族凝聚力的重要方面。为贯彻落实省委、省政府《关于推进防灾减灾救灾体制机制改革的实施意见》(冀发〔2017〕4号)精神，进一步做好承德市防灾减灾救灾工作，就推进防灾减灾救灾体制机制改革提出实施意见。

【推进农垦改革发展】 8月23日，市委、市政府下发关于进一步推进农垦改革发展的实施意见。为深入贯彻落实《中共中央、国务院关于进一步推进农垦改革发展的意见》(中发〔2015〕33号)、《中共河北省委、河北省人民政府关于进一步推进农垦改革发展的实施意见》(冀发〔2016〕38号)文件精神，推动承德市农垦企业尽快建立适应市场经济需求、充满活力、富有效率的农垦管理体制和经营机制，制定实施意见。

【推进城市执法体制改革】 8月28日，市委、市政府下发关于承德市深入推进城市执法体制改革改进城市管理工作实施方案。为贯彻落实中共中央、国务院《关于深入推进城市执法体制改革改进城市管理工作的指导意见》(中发〔2015〕

37号）和中共河北省委、河北省人民政府《关于深入推进城市执法体制改革改进城市管理工作的实施意见》（冀发〔2016〕23号）精神，深入推进城市管理综合执法体制改革，理顺城市管理体制，提升城市管理综合执法水平，制定实施方案。

【学习习近平总书记关于河北工作重要指示】 9月5日，市委下发关于认真组织学习《习近平总书记关于河北工作重要指示摘编》持续兴起学习贯彻习近平总书记系列重要讲话精神热潮的通知。党的十八大以来，市委始终将学习习近平总书记系列重要讲话精神作为严肃的政治任务，全面部署要求，持续学习贯彻，多次下发文件进行详细安排。全市广大党员干部坚持以习近平总书记系列重要讲话精神引领航向，统一思想行动，有力推动了实现“脱贫摘帽、全面小康”、建设“生态强市、魅力承德”各项工作的扎实有序开展。习近平总书记对河北知之深、爱之切，党的十八大以来多次视察河北并发表重要讲话，多次作出重要指示批示，给全省人民以亲切关怀和极大鼓舞。近日，省委理论学习中心组组织编印了《习近平总书记关于河北工作重要指示摘编》，经中央领导和中央办公厅审定同意，印发全省县处级及以上领导干部和县（市、区）乡科级单位主要负责同志，并下发文件（冀发〔2017〕17号）就学习好、宣传好、贯彻好《摘编》工作做了专门安排部署。

【生态文明体制改革工作】 10月20日，市委、市政府下发关于承德市生态文明体制改革工作方案。为贯彻落实习近平总书记对塞罕坝林场重要批示和生态文明建设重要论述精神，进一步学习弘扬塞罕坝精神，牢固树立“绿水青山就是金山银山”意识，增强生态文明体制改革的系统性、整体性、协同性，加快生态文明制度体系建设，实现永续发展，让广大人民群众享有更多的绿色福利、生态福祉，结合承德市实际，制定工作方案。深入贯彻落实党的十八大及中共十八届三中、四中、五中、六中全会和省九次党代会精神，以习近平总书记系列重要讲话精神特别是关于生态文明建设系列重要论述引领航向，遵循创新、协调、绿色、开放、共享的发展理念，把生态文明建设摆在更加突出地位，以节约优先、保护优先、自然恢复为主方针，坚决守住发展和生态两条底线，消化吸收先进地区经验与承德实际有机结合起来，放大塞罕坝生态文明建设范例效应，以解决生态环境领域突出问题为导向，切实保障生态安全，着力改善环境质量，提高资源利用效率，全力推动生态文明体制改革，推动形成绿色发展方式和生活方式，全面提升生态文明建设水平。

【实施全面两孩政策推进计生服务管理】 10月24日，市委、市政府下发关于实施全面两孩政策推进计划生育服务管理的意见。为贯彻落实中共中央国务院《关于实施全面两孩政策改革完善计划生育服务管理的决定》（中发〔2015〕40号）和省委、省政府《关于全面实施两孩政策完善计划生育服务管理的意见》（冀发〔2016〕37号）精神，进一步加强和改进新时期计划生育工作，促进全市人口长期均衡发展，结合承德市实际，提出意见。

【深化扩权强县改革】 10月27日，市委、市政府下发关于深化扩权强县改革的实施意见。为进一步增强县级自主发展能力，做大做强做活县域经济，充分发挥县域在建设“生态强市、魅力承德”中的重要作用，根据《中共河北省委河北省人民政府关于深化扩权强县改革的意见》（冀发〔2016〕42号），就承德市深化扩权强县改革提出具体实施意见。

【推进安全生产领域改革发展】 11月23日，市委、市政府下发关于推进安全生产领域改革发展的实施意见。安全生产事关人民群众生命财产安全，事关改革发展稳定大局。为深入贯彻落实中共中央、国务院《关于推进安全生产领域改革发展的意见》（中发〔2016〕32号）和省委、省政府《关于推进安全生产领域改革发展的实施意见》（冀发〔2017〕22号）精神，全面推进安全生产领域改革发展，进一步加强安全生产（职业卫生）工作，结合承德市实际，提出实施意见。

【加强和完善城乡社区治理】 12月28日，市委、市政府下发关于进一步加强和完善城乡社区治理的实施意见。为全面提升城乡社区治理法治化、科学化、精细化水平和组织化程度，促进城乡社区治理体系和治理能力现代化，根据中共中央、国务院《关于加强和完善城乡社区治理的意见》（中发〔2017〕13号）和省委、省政府《关于加强和完善城乡社区治理的意见》（冀发〔2017〕32号）精神，就承德市城乡社区治理工作提出实施意见。

【推进农村集体产权制度改革】 12月28日，市委、市政府下发关于积极稳妥推进农村集体产权制度改革的实施意见。改革是发展的根本动力。党的十九大报告指出，“深化农村集体产权制度改革，保障农民财产权益，壮大集体经济”，为推进农村产权制度改革指明了方向。为认真贯彻落实党中央、国务院《关于稳步推进农村集体产权制度改革的意见》（中发〔2016〕37号）和省委、省政府《关于稳步推进农村集体产权制度改革的实施意见》（冀发〔2017〕21号）精神，积极稳妥推进承德市农村集体产权制度改革工作提出实施意见。

附：2017年中共承德市委领导名录

书　　记：周仲明

副 书 记：常丽虹（女）

　　　　　张泽峰

常　　委：邢留逮

　　　　　路洪昌

　　　　　李晋宇

　　　　　丁　伟

　　　　　刘新宇

　　　　　吴清海

　　　　　路立营

　　　　　于庆贺

　　　　　魏莉（女，11月免）

　　　　　陈德光（4月免）

　　　　　张建宇（8月任）

委员（按姓氏笔画为序）：

　　　　　丁　伟

　　　　　于　山（满族）

　　　　　马占山

　　　　　王　成

　　　　　王　毅

　　　　　王国维（满族）

　　　　　王贺民（满族）

　　　　　方志勇（满族）

　　　　　邢留逮

　　　　　刘文勤

　　　　　刘众民（满族）

　　　　　刘志琦

　　　　　刘宏伟

　　　　　刘新宇（满族）

　　　　　刘福明

　　　　　齐建文（满族）

　　　　　关利军（满族）

　　　　　祁　军

　　　　　祁海东（满族）

　　　　　纪志明

　　　　　苏铁成

　　　　　李　东（满族）

　　　　　李晋宇

　　　　　杨玉甫（满族）

　　　　　杨宪军（满族）

杨海龙（满族）
吴清海（满族）
佟伊民（满族）
谷宏健
宋成立
张立涛
张泽峰
陆文龙
范振喜（满族）
周仲明
赵春丽（女）
赵振清（满族）
段向东（满族）
秦　涛
袁丽枝（女）
栾志宏
高浚力（蒙古族）
曹佐金
常丽虹（女）
崔万峰（满族）
董正国（满族）
韩福才（满族）
傅海旺（满族）
焦　军
甄毓敏（女，满族）
路立营
路洪昌
蔡福浩
薛青松（满族）

候补委员（以得票多少为序，得票相同的按姓氏笔画为序）：

王志宏
朱守仓（满族）
李　浩（满族）
王　江（满族）
王成军（满族）
房宝占（满族）
高俊虎（满族）
宋清礼
杨宝林（满族）
李桂梅（女，满族）
侯国天

市委办公室工作

【概况】 2017年，在市委的正确领导和丁伟秘书长的悉心指导下，市委办公室领导班子团结带领全体干部职工，认真学习贯彻党的十九大精神，坚持以习近平新时代中国特色社会主义思想为指导，紧紧围绕市委中心工作和全市发展大局，研究新形势、适应新变化、锤炼新作风、履行新使命，全面完成了各项工作任务。紧扣市委重要决策部署，紧跟市委主要领导工作思路，积极当参谋、出主意、献良策，充分发挥“智囊团”“思想库”和“参谋部”作用，全力提升政务服务水平，构建市委信得过、用得上、有实效的智力支撑。党办工作无小事，时时处处见担当。我们严格对标习近平总书记对党办提出的“五个坚持”总要求，从机关规范化建设入手，大力推行标准化和“零失误”管理，拓展延伸到日常运转的每个环节，做到全覆盖、无死角，实现了整体工作的优质高效、规范无差错。根据全面深化改革、督查考核以及国家安全工作的新要求，聚焦目标任务，积极改革创新，健全完善工作机制，强化统筹服务，有力地推动了重大专项工作的开展。市委办作为党委核心机关，责任重大，把培育优良作风、建设一流队伍作为机关建设的着力点，全面加强制度建设，切实在抓细、抓小、抓实、抓常上下功夫，进一步巩固形成了团结进取、积极向上、创先争优的生动局面。

坚持从协调推进四个全面战略布局的高度，深刻认识把“全面从严治党”和“全面依法治国”战略要求，时刻把管党治党责任放在心上、扛在肩上、抓在手上，自觉维护宪法和法律权威，推动机关党的建设、法治建设。

【文稿起草】 坚持高标准、高质量、严要求，把提高综合文字水平作为办公室干部能力建设的大事来抓。围绕提升文稿质量和运转效率，着力构建文稿从起草、修改、呈阅、整理、审核直至印发的全过程盯办追溯机制。实行重要文稿“主笔制”和“择优制”，邀请市直有关部门和县区领导、相关领域专家参与文稿起草，集中众人智慧，起草精品文稿。全年共起草市党代会、市委全会、全市经济工作会议、旅发大会等各类讲话、主持词、汇报 265 篇约 205 万字。

【信息工作】 适应省市委信息工作新要求，提出信息工作“三个必须及时上报”（贯彻落实中央和省委重大决策部署和省委领导到承德考察调研的信息必须及时上报、市委重大决策部署和重要活动的信息必须及时上报、市委主要领导重要思路、办法的信息必须及时上报），每周四召开选题策划，确定 22 个市直信息重点联络单位，定期向各县（市、区）及市直部门专题约稿，全面提高信息编写质量和采用率。全年中办采用我市信息 27 篇，《河北信息》采用 106 篇，省委《信息专报》采用 12 篇，省委《信息摘报》采用 25 篇，在全省继续保持领先位次，预计在全省党委系统信息综合考核中承德市能够获得优胜单位称号。进一步整合各类信息内刊，加大动态性、预警性、前瞻性信息的搜集、整理力度，努力提高信息服务的层次和质量，一大批有情况、有分析、有思考、有建议，参考价值较高的精品信息进入领导视野。编发《每日动态》128 期、《承德情况》34 期，其中市委主要领导对《承德情况（专刊）》批示率达到 90% 以上。

【参谋服务】 坚持以服务市委重大决策为目标，认真做好市委领导同志的侧重服务工作，注重从宏观角度出发，把握全局性、预见性、战略性问题，切实把贯彻落实中央和省委决策部署同承德发展实际相结合，有针对性地提出合理化建议。全年就落实省委重点工作、市委制度建设、重要会议安排、重要公务接待、调研考察等提出工作建议 70 余项，均被市委主要领导采纳。承接中央领导和省部级领导到承德调研任务 7 批次，完成市十四次党代会、2 次市委全会、39 次市委常委会和 160 余次其他会议的组织服务工作，服务市委领导调研活动 30 余次，重大活动服务保障水平明显提高，为今后类似活动积累了经验，树立了标杆。在十九大召开期间，提请市委建立实行“四严格一集中”（严格请销假制度、严格值班制度、严格报告制度、严格控制会议和活动、集中精力做好十九大安保工作）的安保工作机制，实际效果明显，被省安保督导组和有关方面称为十九大维稳工作的“承德模式”。

【公文审核备案】 充分发挥公文审核关口作用，严格规范公文规格、文种、格式、词句，市委文件规范化水平明显提升。建立健全党内法规工作联席会议机制、文件备案审查衔接联动制度，加大合法合规性审查力度，确保文件在法律、法规等上位文件规定范围内运行。全年共审核各类公文 320 件，约 210.8 万字；向省委报备文件 57 件；审查县（市、区）和市直单位备案文件 254 件，提醒纠正问题文件 36 件。严格落实“当日件、当日清”“文不隔天、案无积卷”要求，把紧抓快办、精细精准、高质高效、安全保密、勤俭节约充分体现到工作中，全力打造随叫随到、协调联动、无缝衔接的一体化工作运转流程。全年办理来文 1566 件，传阅人数 3000 多人次，下发各类公文 700 件，印制各类公文近 110 万页，无一出现漏办、错办、延误等差错。为进一步提高公文运转效率，依托统一的公务内网平台，组建全市党委政府“电子公文数据库”，构建“大督查、大交换、大值班、大信息”工作格局，推进机关办公网络化、数字化、无纸化。《中办通讯》工作连续五年被中办秘书局表彰，连续15年被省委办公厅评为先进单位。

【应急值班】 认真落实丁伟秘书长对值班工作指示要求，按照“日常高标准、节日严要求、敏感期重点抓”的要求，重新修订完善值班工作制度、紧急情况重大事项办理流程，解决了值班事项办理流程复杂、值班事项交接不到位、报告资料存档不规范等问题。全年办理值班报告547期、向省报告5期，办理群众来信3封，接待群众来访3批次，全部做到及时、准确、规范、高效。认真抓好春节、“五一”、“十一”、十九大期间等特殊重点时期值班工作，对13个县（市、区）、81个市直重点部门值班工作进行检查抽查，对存在问题的单位进行通报。

【机要保密】 认真做好党的十九大、各类国家统一考试、重要涉密会议的保密服务管理工作，持续抓好定密、网络保密、涉密人员“三大管理”，对市直90个单位和8个县区进行保密检查，指导销毁国家秘密载体和废弃文件资料10余吨。强力推进市县两级保密机构队伍建设，完成保密档案管理和保密综合业务两大系统建设。上报信息被国家保密局《保密工作》杂志采用4篇，《保密科学技术》杂志采用1篇，河北省《保密工作》简报采用信息49篇、简讯12篇。强化密码安全管理，认真开展县级密码风险评估和密码安全保密自查，按时建成市专用通信保障工程，组织全市应急密码通信演练6次，为中央、省市领导提供高质量随行通信服务和专用通信保障9次，充分发挥了“生命线、保障线、指挥线”的重要作用，市委机要局连续23年获评省先进。全年在中办机要局《机要工作》刊发稿件4篇，《河北机要工作》刊发稿件32篇，《河北密码工作简报》刊发稿件1期，省机内网《市县动态》发稿39条。

【后勤服务】 严格执行各项财务规定，修订《市委办公室经费支出管理办法》，规范财务报销流程，强化经费使用的管理审核，保证资金依法合规使用。不断改进车辆管理调度方式，通过合理安排用车时间、集中乘车优先、租借结合等方式保障公务用车230余次。适应市委领导调整、办公室机构增加、人员增多的变化，及时调整改造办公用房10间，标准化会议室1个，保证了正常办公需要。严格执行公务接待规定，明确范围，细化标准，全年接待153批次370余人，同比减少7%。准确把握每位老同志的不同需求，实施分类管理，热情真诚地为老干部服务。认真抓好重要节日、老同志生日及生病住院期间慰问活动，组织老同志到普宁机场参观考察，协助安排老领导出席各种会议和活动10余人次，协助做好老干部健康体检、报销医药费、争取特困离退休干部帮扶基金补助等事项，受到老干部的肯定和表扬。

【深化改革】 既着眼于落实顶层设计，又聚焦承德“个性”，科学制定《承德市“十三五”时期重要改革举措实施规划（2016—2020年）》《承德市生态文明体制改革工作方案》等文件，着力破解制约承德市经济社会发展的重点难点问题。起草了《承德市行政审批局筹建工作方案》，市、县两级行政审批局全部挂牌成立。组织编制《2017年深改组会议审议计划》和《市委全面深化改革领导小组会议议题（汇报）申请表》，进一步完善全面深化改革领导小组会议筹办程序。全年共组织召开全面深化改革领导小组会议13次，审议改革文件62个，听取汇报68个，会议频次大幅增加，审议文件和听取汇报同比2016年增加1倍左右。修改完善了《承德市全面深化改革督察办法（试行）》，建立了“改革办＋专项小组＋市直单位”督查联动机制，实行“项目清单式管理”，组织开展联合督察，全力督导改革任务落实，市委改革办对市直单位的考核在考核体系中从2分增加到10分，比重大幅增加，有效推动了重点改革事项的落实。全年下发提示单198份，对规定任务扣分的5个单位进行了通报，并下发《整改意见书》6份，督促全部整改到位。上报省委改革办信息209篇，《省委改革动态》采用31篇，省委改革办上报中改办1篇。中央电视台、《人民日报》、《光明日报》、新华社等中央主要媒体对承德市改革特色亮点报道68次。

【督查督办】 按照“督考问用”四位一体的新体制，市委督查室认真履行市委抓落实的督办责任，按照“四干四有五个事”工作机制，把“干什么、谁来干、怎么干、何时干成”和“有部署、有检查、有落实、有成效”的要求贯穿抓落实全过程，把“能谋事、干实事、碰硬事、解难事、成大事”作为检验干部抓落实能力的重要标尺，切实提升抓落实水平。将工作台账作为推动工作落实的时间表和路线图，建立市委市政府年度重点工作台账，把责任、任务、目标落实到每位市级领导、每个县区和市直部门，延伸到每个科室和具体人员，定期“催账”，年终“要账”。全年累计立项分解、跟踪督办6大类314项重点工作，下达督办函191份，组织专项督导25次，印发《督查考核通报》16期，报送《督查考核专报》46期，有力促进了市委、市政府相关决策部署及重点工作的落实。持续盯办旅发大会筹办、承德机场和承秦高速沿线周边环境整治、开发区四项重点改革等20余项领导关注、群众关心的重点工作，仲明书记、丽虹市长多次作出“好”、“很好”和“这个机制好！”等批示予以肯定。《互联网＋让督考这把利剑更锋利》和《承德市运用“六个延伸”模式推进服务型党组织建设的实践与思考》等督查调研文章，分别由省委《党委办公厅工作》《督查通报》全文刊发。

【国家安全工作】 2017年市委国家安全领导小组工作职能由市委政法委划转到市委办。组织召开市委国家安全工作领导小组会议，制定了承德市领导小组、成员单位和办公室的工作职责、工作规则，建立了信息联络员工作制度，健全完善了重点领域国家安全工作协调机制、跨部门会商工作机制、风险预防评估预警制度等一系列制度文件，确保了中央、省委、市委国家安全政策顺利实施、全面落地。下发了《关于深入学习贯彻党的十九大精神加强总体国家安全观宣传教育的通知》，发放《国家安全宣传手册》3000余册，宣传卡片1000余张，承德广播电视台、《承德日报》、《承德晚报》等多家新闻媒体和新媒体自媒体平台高度关注，营造了维护国家安全良好法治氛围。统筹抓好五项重点工作，指导相关部门以维稳安保为主线，以平安承德建设为引领，构建立体化国家安全防线，有效防范、管理和处理了国家安全风险，保护了政治安全、经济安全、社会安全、网络安全和生态安全，承德市经济社会继续保持了平稳的态势。全国两会、“一带一路”国际合作高峰论坛、金砖国家领导人会晤、北戴河暑期、党的十九大等重大活动期间，没有发生大规模的群体性事件。

【强化法治工作】 协助抓好党内法规体系建设，把党内法规制度建设作为党建工作责任制、党委督促检查、巡视巡察的重要内容。组织精干力量，圆满完成了“不作为、乱作为、慢作为”专项整治活动办公室、“转作风、优环境、促发展”活动办公室承担的各项工作任务。将法律法规列入学习重要内容，自觉维护法律尊严，积极运用法律手段解决工作中遇到的新情况、新问题，做到严格依法办事。积极参与党内法规和规范性文件起草制定，完善相关工作机制。落实市委常委会会前学法制度，科学安排学习主题，精心选择授课人员，认真准备学习材料，确保授课学习效果。明确要求对提请市委常委会会议审议文件和重要规范性文件进行前置审核，重点审核是否符合党的路线方针政策和相关法律法规，涉及其他部门职权范围内的事项是否经过协商并达成一致意见、是否符合有关权限和程序等，真正把好政治关、政策关、法律关。

附：市委办公室领导名录

副秘书长 办公室主任：王国维（3 月免）
祁　军（4 月任）
副 秘 书 长：王瑞林（满族）
王和平（满族）
孙成伟（1 月任）
王泽辉
任溧馨
杨海涛（3 月任）
杨　勇（满族）
纪正红（2 月任）
刘秉奇（满族，4 月免）
高春林（满族，1 月免）
市委办副主任：张宏生

（供稿　杨　静）

组织工作

【概况】 2017 年，在市委的坚强领导下，全市组织系统坚持把学习宣传贯彻党的十九大精神作为当前和今后一个时期首要政治任务，用习近平新时代中国特色社会主义思想武装党员干部头脑。按照“突出一个主题、明确三大任务、搭建六个载体”的总体思路，聚焦主责主业，聚力攻坚突破，圆满完成了年初确定的各项目标任务，多项工作得到中央和省委有关领导的批示肯定，3 次在全省工作会议上作交流发言，全市党的建设和组织工作实现创新发展、全面进步。全力以赴抓好市人大、政府、政协换届工作，大会选举取得圆满成功，省委预批人选均高票或全票当选。高质量完成全国和省人大代表、政协委员推荐提名工作。坚持把“两学一做”学习教育作为重大政治任务抓实抓好，常态化制度化建设取得新成效。持续深化干部人事制度改革，以集中换届为契机调优配强各级领导班子，强化干部队伍管理，领导班子和干部队伍建设进一步加强。坚持政治引领，融入对接，创新引才聚才模式，服务改革发展大局，人才支撑作用日益增强。坚持在固本强基上下功夫，各领域基层党组织建设得到长足发展，特别是在农村，持续深化“脱贫攻坚党旗红”活动，强化驻村干部管理，抓党建促脱贫攻坚的经验做法得到中央和省委领导的充分肯定。进一步严格党员发展教育管理，工作规范化水平不断提升。创新电教远教工作形式，强化组织工作对外宣传，承德党建工作在全国、全省的影响力得到新加强。深入贯彻落实全面从严治党要求，大力加强机关规范化建设，组织部门自身建设进一步深化。同时，党的建设制度和基层基础工作改革、干部档案管理、大学生村官、组织史征编、保密、信访接待和老干部等工作也都取得了新成效。

在高质量抓好组织部门业务工作的同时，自觉聚焦中心，主动服务大局，牵头组织开展重点工作大督查、扶贫领域腐败和作风问题专项治理工作，有力推动了党的十九大精神和省、市重点专项工作的落地落实。

【市级换届工作】 以集中换届工作为中心任务，超前组织谋划、强化内外协调、加班加点工作，全力做好换届筹备及大会组织工作，先后于 3 月 21 日完成了市委换届，4 月 10 日完成了市人大、市政府换届，4 月 9 日完成了市政协换届，会议组织做到了准备充分，组织严密，运转顺畅，结果圆满，多次得到市委领导和省督导组的充分肯定和高度评价。

在会前工作筹备上，提前制定工作方案，明确分工，挂图作战，责任到人，克服了时间紧、任务重、人员少等困难，有条不紊地推进换届筹备各项工作。严格按照省委关于党代会代表、人大代表、政协委员审核推荐考察三个《党代表会代表人选推荐提名考察审核办法（试行）》要求，充分发扬民主，严格程序，严把政治关、廉洁关、能力关、结构关，提名推选产生的1193名市十四次党代会代表和市人大代表、政协委员体现了先进性、纯洁性和广泛性的要求。认真贯彻中央和省委关于领导班子换届的精神，坚持新时期好干部标准，充分发扬民主，认真听取各方面意见，综合分析研判，反复酝酿，提请市委研究，确定了结构合理、分布广泛、能够满足议事和决策需要的市“两委”委员人选，以及市人大常委会、市政协常委会组成人员。严格依法依规做好换届筹备前期市委常委会、市委全会等相关会议的组织工作和文件材料起草工作。同时，加强对县区领导班子换届的指导，2月底前各县区都完成了领导班子换届。

在大会选举组织上，发挥综合协调作用，精准对标省九次党代会，认真研究中央和省委关于换届的有关政策规定，参照以往惯例，科学设定市十四次党代会大会期间的各项程序，严格规范选举程序，精细制定大会选举工作方案和应急预案，深入做好人事安排方案说明，坚决落实党委人事安排意图，大会期间共组织召开会议29个，撰写大会主持词27个，完成了会议涉及各类名单、汇报、说明等材料105个，大会选举工作取得圆满成功，省委预批人选均高票或全票当选。市十四届人大一次会议、市政协十四届一次会议选举工作取得圆满成功，各职候选人全部高票当选。同时，大会期间，坚持高标准、严要求，严格作息时间，严格请假制度，严守保密纪律，规范佩戴党徽，代表的纪律和规矩意识得到进一步强化，展现了良好的会风会貌。

在会后材料归档上，历时近5个月，认真整理形成推荐出席党的十九大代表、省九次党代会筹备工作、省九次党代会（参考）、市十四次党代会筹备、市十四次党代会、市人大市政府市政协换届、县乡换届等资料汇编文本17卷，共4000余页、160余万字；整理换届电子文档11236个文件夹共53782个文件，整理后留存文件3798个文件夹共16472个文件，为下次市级班子换届提供资料依据。

【人大代表、政协委员推荐提名工作】 坚持把全国和省人大代表、政协委员推荐提名工作作为一项重大政治任务，始终高度重视，严格落实责任，紧扣关键环节，严把时间节点，层层推进落实，确保了代表委员推荐提名工作平稳有序推进。高度重视，迅速行动，深入贯彻落实省委代表委员推荐提名工作会议精神。全省各市委组织部部长、统战部部长和省直单位负责人会议后，迅速行动，9月30日向市委常委会汇报了省会议精神和全市的贯彻落实意见，成立了由市委书记任组长的代表委员推荐提名工作领导小组，明确了责任分工，有效地推动了推荐提名工作的扎实开展。

严格程序，精心组织，以高度的政治责任感做好代表委员推荐提名工作。10月12日，组织召开了全市推荐提名全国和省人大代表、政协委员人选工作会议，对全国、省人大代表、政协委员推荐提名工作进行安排部署。会后，17个二级推荐提名单位和市委统战部按照分配的名额、结构比例、推荐程序及时间节点要求，经层层推荐，酝酿协商、集体研究、择优遴选、征求意见后，上报了代表委员初步人选。综合各单位推荐提名情况，根据省委提出的相关人选结构比例等要求，提出了全国和省人大代表、政协委员初步人选建议名单，并报经市委代表委员提名工作审核小组审核同意后，征求了市人大、政协党组意见。10月26日，根据有关文件要求，征求了纪检、国安、公安、法院等16个部门的意见，对非公经济代表人士及新的社会阶层人士进行了综合评价。10月27日，对相关人选名单进行了调整补充，形成了全国和省人大代表、政协委员建议人选沟通名单报省委组织部。

统筹安排，综合考虑，确保代表委员结构的合理性。为确保代表、政协委员高质量、高素质，坚持用“注重代表委员的先进性、注重把握代表委员的结构要求、注重代表委员的广泛性、注重保持工作的连续性、注重向基层一线倾斜”五条原则，指导抓实代表委员推荐提名工作，全市共推荐提名全国人大代表人选8名，全国政协委员人选3名，省人大代表人选45名，省政协委员人选40名，相关人选结构比例完全符合省委要求。12月20日至22日，承德市第十四届人民代表大会第二次会议选举产生了承德市出席河北省第十三届人民代表大会代表40名，代表各项结构比例完全符合省委要求。

【“两学一做”学习教育常态化制度化】 全面落实中央和省、市委部署，认真履行牵头抓总职责，大力拓展“学”的深度、提升“做”的实度，全市“两学一做”学习教育常态化制度化扎实推进。层层压实责任，持续加大组织推动力度。代市委制发了《关于推进“两学一做”学习教育常态化制度化的实施方案》，要求自上而下一律保留“两学一做”学习教育协调小组、办公室及巡回督导组，持续做好组织协调和跟踪督导，确保工作力量不减、职责不变、劲头不松。6月13日，组织召开全市“两学一做”学习教育工作座谈会，总结交流先进经验，对推进“两学一做”学习教育常态化制度化进行再安排再部署。坚持把开展“两学一做”学习教育情况纳入党建工作考核、党组织书记专项述职和巡视巡察重要内容，两次组织开展学习教育“回头看”和集中督导检查，逐级传导压力、压实主体责任。

多措并举推进，着力增强学习教育实效。综合运用“以上率下学、规定书目学、专题研讨学、广泛宣传学、对标先进学、带着问题学、走上门送学、点对点帮学”八种学习方法，积极构建常态化、长效化的学习教育机制，特别是党的十九大召开后，及时把党的十九大精神和新修订的党章纳入“两学一做”重点学习内容，通过开展“四送入基层”（送党徽、送党章、送学习资料、送党报党刊，党的十九大精神入基层）活动，全市累计向基层党员发放学习资料9万余套、宣传图册13万本、“十九大邮包”1.5万份。注重发挥党支部主体作用，深入开展“五好党支部”创建和“万堂党课进支部”活动，组织省市县三级近300名党课宣讲骨干，组成12支宣讲队伍，先后深入各县（市、区）和基层单位开展宣讲活动近百场，进一步浓厚了“学”的氛围。全面推行党员设岗定责、挂牌示范、志愿服务和“1+1”“1+10”联户帮带制度，深入开展“戴党徽、亮身份”“我家有党员，乡亲向我看”“结对帮扶”和“迎接十九大，做合格党员”系列活动，全市共培树各类新典型1500余个，以身边事教育身边人，为广大党员树立了“学”和“做”的标杆。“七一”期间，以“纪念党的96岁生日，喜迎党的十九大召开”为主题，组织各级党组织普遍开展了“六个一”活动（召开一次组织生活会、组织一次专题座谈讨论、讲一堂高质量党课、集中进行一次走访慰问、开展一次志愿服务活动、举办一场知识竞赛或文艺会演），全市党员为基层群众办实事好事近7.5万件，充分彰显了新时代共产党员的先锋形象。

健全长效机制，拓展常态化制度化成果。进一步健全规范“三会一课”“双重组织生活”“党员活动日”“支部主题党日”等党内组织生活基本制度，建立实行“三定两报一纪实”制度，做到对党支部“三会一课”计划定频次、定主题、定形式，年初报上级党组织审核，年底总结报告，日常规范记录到《党支部工作手册》，推动党内组织生活实现制度化、规范化，党员党的意识和组织纪律性得到进一步增强。

【领导班子和干部队伍建设】 紧紧抓住市县乡集中换届的有利契机，坚持调优配强各级领导班子，着力打造决胜全面小康的坚强领导集体，各级领导班子和干部队伍建设水平得到持续提升。

调优配强各级领导班子。坚定不移贯彻新时期好干部标准，突出“六个旗帜鲜明”用人导向，坚持精准科学选人用人，从严落实换届政策要求，积极营造风清气正的换届环境，圆满完成了县乡领导班子换届工作；精心做好市党代会、市“两会”筹备和大会选举组织工作，省委预批的各职候选人全部满票或高票当选，市县乡领导班子知识、年龄、群体结构和整体功能得到进一步优化，实现了“绘出好蓝图、选出好干部、配出好班子、换出好面貌”的目标要求。

持续深化干部人事制度改革。实施“干部人事制度改革突破年”，积极探索加强领导班子经常性考察的有效办法，集中对换届后县（市、区）领导班子运行情况和新进班子成员、重点岗位干部、优秀年轻干部表现情况进行跟踪考察。制定出台了《关于贯彻落实〈关于防止干部“带病提拔”的实施办法〉的意见》《关于推进领导干部能上能下的实施办法（试行）》等改革性文件，调整市属高校中层领导人员任免管理体制，推进市属中学、国有企业领导人员任免管理办法制定工作，增强选人用人的精准性。注重发挥市委参谋助手作用，突出政治标准，坚持事业为上、公道正派，大力选拔使用承德事业发展需要的“好干部”。2017年，共调整任免干部8批436人，其中提拔任职169人，平职调整267人，县处级领导班子建设得到不断加强。健全完善京津冀互派干部双向挂职常态化机制，选派13名干部到北京挂职锻炼，推动选派干部赴天津挂职工作，接收中央国家机关、北京、天津到承德挂职干部26名，同时认真做好援疆援藏干部选派工作，为各级干部搭建了学习交流和实践锻炼平台。

创新形式大规模培训干部。坚持树立“抓发展必须抓干部，抓干部必须抓培训”理念，深入实施“领导班子建设和干部素质能力提升年”活动，研究制定《换届后干部教育培训工作计划》，大力度大规模推进干部教育培训工作。2017年，全市共举办各级各类培训班1188期，培训干部12.6万人次，其中市委组织部直接举办市管干部学习贯彻党的十八届六中全会精神和党的十九大精神专题研讨班、新提拔干部任职培训班、财政金融业务专题研讨班、青年干部理论读书班等54期，培训干部5500多人次，县处级领导干部全部轮训两遍。注重创新干部培训形式，建立领导干部上讲台制度，市委常委带头到市委党校为参训学员作专题辅导报告，推动形成了以讲促学、以讲带学的良好氛围。以弘扬塞罕坝精神为主导，着力打造承德特色党性教育和绿色发展培训项目；积极开辟外埠培训基地，分专题组织参训学员赴清华大学、浙江大学等知名高校和苏州、深圳等先进地区开展高端培训，进一步提高了各级干部推动改革发展稳定的能力。

不断加强和改进干部考核工作。扎实开展“督考问用机制深化年”活动，进一步调整完善了市管领导班子和市管干部综合考核评价办法，会同有关部门研究制定《承德市生态文明建设评价考核办法》《国有企业领导班子和领导人员综合考核暂行办法》等专项考核办法，初步形成了综合考核与专项考核相互衔接配套的考核制度体系。圆满完成了2016年度市管领导班子、领导干部年度考核和全市党群系统科级以下人员考核表彰奖励审核备案工作。注重完善督查考核软件系统平台功能，加强定量考核指标运行监控调度，围绕市委、市政府中心工作和重大决策部署，突出问题导向，有针对性地开展“点对点”实地督导，探索构建起“党政督查一体、督查考核一体，督考问责联动、督考用人联动”工作体系，较好实现了督查、考核结果与干部选拔任用的有效对接，充分发挥了督查考核工作的激励约束和导向作用，有力推动了市委、市政府重大决策部署的落实。在2016年度省对设区市的综合考核中，承德市位居全省第五位，取得了历史性突破。

扎实做好干部日常监督管理工作。以开展“全面从严治党治吏落实年”活动为载体，坚持抓早抓小抓预防，探索构建立体化的干部监督格局。结合落实省委巡视组反馈整改意见，集中对11个县（市、区）和市直单位选人用人和干部人事档案专项审核工作进行专项检查，对发现的共性问题和个性典型案例在全市进行点名通报，同时下发整改通知书限期整改，有力推动了全市选人用人和干部人事档案管理工作的规范化建设。严格落实中央新修订的《领导干部报告个人有关事项规定》《领导干部个人有关事项报告查核结果处理办法》，组织全市1569名市管干部按规定报告了个人有关事项，按照10%的比例对161人进行了随机抽查，对97名涉及职务调整、巡视交办、代表委员提名的县处级干部进行了重点抽查，针对发现的问题，依据有关规定先后对15人作出诫勉处理，对87人进行提醒谈话或批评教育并责令作出检查。组织实施全市组织人事系统问题线索清零行动，扎实开展“一问责八清理”专项整治“回头看”和“带病提拔”倒查工作。进一步完善干部选拔预审备案程序，认真做好县（市、区）科级干部预审工作，全年预审批复县（市、区）干部调整36批1482人。从严加强领导干部出国（境）管理监督，统筹做好干部选拔任用“一报告两评议”、领导干部经济责任审计和日常信访举报受理工作，推动干部管理监督由“宽松软”走向“严紧硬”。

【人才队伍建设】 坚持在融入对接上下功夫，各类人才服务经济社会发展的支撑作用日益增强。抢抓京津冀协同发展机遇，创新“产业＋人才”引才聚才模式，深度服务改革发展大局。

积极推进人才发展体制机制改革。牵头制定下发了《承德市人才工作目标责任制考核办法（试行）》《承德市高层次创新创业人才奖补资金评审办法（试行）》和《承德市高层次创新创业人才（团队）项目扶持资金评审办法（试行）》等规范性文件，将人才工作纳入县处级领导班子综合考核评价体系，推行项目化管理，集中开展专项督查，有力推动了市委、市政府深化人才体制机制改革重大政策的落实，进一步营造了有利于人才发展的政策环境。

突出抓好京津高层次人才引进工作。协同省委组织部和省科技厅，成功承办了河北省院士联谊会第九次会员大会。积极参与京津冀区域人才合作开发，与北京东城区签订加强人才合作框架协议。依托“十大绿色产业”，深入开展“双招双引”活动，争取市财政列支专项资金300万元，用于支持创新项目和补贴引进人才，全年柔性引进京津高级管理和技术人才4700余人次。邀请清华大学博士研究生实践团到承德就环首都地区生态建设、环境保护、脱贫攻坚等问题进行深入调研，开创了校地合作柔性引才引智新模式。

搭建人才创新创业和服务发展平台。2017年，全市新增院士工作站6家、博士后创新实践基地2家、省级工程技术研究中心和企业技术中心5家，新认定省级众创空间4家，组织农业产业化龙头企业、专业合作社等积极创建国家级、省级星创天地，年内获得科技部备案1家、省级备案8家。同时，统筹做好全市第二批农村青年拔尖人才评选工作，集中举办市管拔尖人才党的十九大精神暨国情研修培训班，深入开展“拔尖人才助力脱贫攻坚”专项行动，组织市县专业技术拔尖人才下基层3270人次，培训指导农村技术骨干8700余人，直接服务群众3.3万人，人才服务经济社会发展的引领支撑作用日益显现。平泉市“践行人才三双战略打造全国菌业第一县”经验被评为全国第三届基层人才工作优秀案例，“实施绿色产业人才支撑计划”做法被《中国组织人事报》刊发。

【基层党组织建设】 坚持在固本强基上下功夫，从严落实党建主体责任，牢固树立大抓基层的鲜明导向，推动基层党组织建设全面提升全面过硬。大力开展“基层党组织建设攻坚年”活动。突出问题导向，坚持靶向施策，以百分制量化考核的形式，重点在农村、社区、非公企业和社会组织等层面，探索建立了一套基层党组织可遵照执行、上级党组织可督查考核的标准体系，在全市形成了比学赶超、争先晋位的良好态势，使基层党组织运转经费不足、活动场所不达标、制度建设不规范、村居干部待遇偏低等突出问题得到有效解决，有力推动了“基本组织、基本队伍、基本活动、基本制度、基本保障”规范化建设。

持续深化“脱贫攻坚党旗红”活动。将“脱贫攻坚党旗红”活动纳入农村基层党组织建设标准体系，强力实施堡垒示范、致富先锋、能力提升、能人返乡、结对帮扶“五大工程”，构建形成了以村党组织为核心、经济组织为依托、产业党组织为骨干的“一核多元、融合互动”组织体系。2017年，全市依托专业合作社、专业协会等新型经营主体建立产业党组织1145个；对372个软弱涣散村特别是其中的248个贫困村，全部择优选派了驻村工作队，通过实施“治弱、治乱、治穷”一揽子计划，全部实现了整顿转化，进一步增强了农村基层党组织在脱贫攻坚中的战斗堡垒作用。坚持对贫困村党员实施分类定级、帮扶定人、结果定档“三定”管理，鼓励支持党员致富能手领办创办专业合作社1358个，引领广大党员争当“共富之星、带富之星、致富之星”，全市有6854名党员被评为星级党员。深入开展“万人示范培训”和“头雁培育”工程，全市累计培训村党组织书记4337人次，培训其他村干部1.09万人次，精心筛选53名优秀村党组织书记进行了直接培育。建立健全县乡村三级干部“联系在外能人制度”，深化“把返乡人才培养成党员、把党员身份返乡人才培养成村干部”双培养活动，先后吸引1927名优秀人才返乡创业，有971名返乡人才进入村班子，有效提升了贫困村党员干部的领富带富能力。深入推进机关事业单位“联万户”、非公企业“帮千村”、群团组织“大会战”，全面推行市直派驻单位科级以上干部结对包保贫困户制度，凝聚起举全市之力坚决打赢脱贫攻坚战的强大工作合力。以“脱贫攻坚党旗红”活动为载体、抓党建促脱贫攻坚的经验做法，得到赵乐际、刘云山、许勤、梁田庚等中央和省委领导的充分肯定，并在全省农村党建工作会议上做了典型发言，有关经验在全省学习推广；中央电视台、《人民日报》、《经济日报》、《中国组织人事报》、《北京日报》、《共产党员》和中组部《全国基层组织建设情况通报》等媒体，先后进行了深度报道。

从严做好精准脱贫驻村干部选派管理工作。聚焦脱贫攻坚深度贫困县和重点村，坚持“调精兵、派强将，硬抽人、干硬事”，2017年市级共选派驻村工作队190个，其中派驻三个深度贫困县118个，占到了市级工作队总数的62%，真正把最强的帮扶力量精准选派到了最需要帮扶的贫困村。坚持教育培训和典型示范“两促进”，全年围绕脱贫政策实施、项目资金使用、农村基层党建、学习贯彻十九大精神等内容，累计培训驻村干部7452人次，着力提升脱贫攻坚本领；扎实开展驻村帮扶成效每季一赛、先进典型每季一播、责任落实每季一晒“三个一”活动，制播先进典型专题片40余部，协调市直部门“一把手”为驻村工作队落实资金9719万元，办实事好事2329件。坚持从严管理与关怀服务相结合，以督导问责传导压力，以热心服务激发动力。年内，全市共诫勉谈话相关责任人8名，约谈违反驻村纪律干部201人次，调整不适宜人员64名；协调市财政追加预算570万元，使市级驻村工作队专项经费达到8万元，为广大驻村干部安身安心开展工作提供了有力保障。相关经验做法得到省委的充分肯定，并在全省精准脱贫驻村工作队选派工作会议上做了典型发言。

统筹加强其他领域党建工作。在社区，认真落实全省城市基层党建座谈会精神，组织实施城市基层党建“基础提升工程”，大力构建区域化城市基层党建新格局和共驻共建机制，进一步巩固提升了“全国社区治理创新试验区”和“全国和谐社区建设示范城区”成果。在非公企业和社会组织，深入实施“红色领航”工程，积极抓好非公企业和社会组织党组织书记和党务工作者培训，持续开展“百日攻坚行动”，扎实做好功能性党组织转化工作，加快推进非公企业和社会组织党建“两个覆盖”，非公企业和社会组织党组织覆盖率分别达到78.7%、72.8%，功能性党组织在全部党组织中的占比下降到4%，非公企业和社会组织党组织更加稳固。同时，机关、国企、学校等领域党建工作也得到同步加强。

【党员发展教育管理】 进一步规范和严格发展党员工作，为各级党组织统一配发发展党员工作流程图和党员档案目录，全面推行“三推两票决三公示三审”制度，实现了工作全程公开、全程记实、全程问责。注重科学制定全市发展党员计划，强化日常管控和业务指导，全年共发展党员4346名，其中35岁以下3371名、高中以上学历3845名、生产一线3151名，分别占总数的77.6%、88.5%和72.5%，青年和高知群体成为纳新党员主体。继续深化党员“先锋指数”积分制管理，组织召开观摩交流会议，制发了《关于深化窗口单位和服务行业党员“先锋指数”积分制管理工作的通知》，指导各县（市、区）和市直各党工委建立示范点242个。建立完善党员组织关系转接回执、防止再次失联等制度，新查到失联党员31名，办理停止党籍手续失联党员162名，接转党员组织关系900多人次；高质量完成了党组织和党员信息数据库建设任务，入库党组织10327个、党员233375名，入库党员信息完整性达到100%，入库率达到99%以上，党员日常管理进一步规范。深入实施党员“双育”工程，全市累计培训党员70多万人次，党员的素质能力得到不断提升。严格规范党费收缴管理使用，全年下拨中央和省、市补交党费1292.55万元，支持133个村完成活动场所建设，走访慰问困难党员群众3283人，充分发挥了党费的保障作用。

【党员电教和现代远程教育】 持续加强基层远教站点建设维护工作，组织开展了市县两级基层远教站点“百村调查”工作，完成了2089个基层远教站点IPTV模式升级和127个偏远村站点建设任务，基本解决了多年来站点节目播放不流畅问题。组织开展第三届“聚焦县区 对标先进”主题制片培训活动，全市电教远教系统年内共制作完成课件84部，上报省远教中心24部，全部入选全国远程办和省远教中心片库，《农民股东》《美丽山村我的家》《小社区大堡垒》等3部作品入围中组部评比项目，《美丽山村我的家》《不忘初心——刘保朝》等7部作品在“全省电教远教课件观摩评比”和“奔马奖”评选中获得一、二等奖；以美丽乡村建设为题材的微电影《双滦恋》荣获“第五届亚洲微电影节金海棠奖”旅游微电影奖；以护林防火员先进事迹为题材的微电影《林·家》获评全国第二届生态文明主题微电影“十佳影片”；以组工干部敬业奉献为题材制作的《组织部的年轻人》获得2017年全国政企优秀原创视频“十佳作品奖”，承德党建工作在全国、全省的影响力进一步增强。

附：中共承德市委组织部领导名录

市委常委、组织部部长：路立营

常务副部长：李兴臣（4月免）
段向东（满族、4月任）

副部长：
关继高（满族，兼，2月免）
贺长青（满族，兼）
高旭升（满族）
韩跃华（满族）
杨立君（满族，1月任）

部务会成员：
司景成（蒙古族，4月免）
佟志民（满族，1月任）

房宝占（满族，兼，2 月任）
李建侠（女，满族，8 月任）
李新泽（满族，8 月任）

（供稿　李　鑫）

宣传工作

【概况】 2017 年，全市宣传思想文化战线坚持以习近平新时代中国特色社会主义思想为指导，紧紧围绕学习宣传贯彻党的十九大精神这条主线，全面贯彻落实中央和省、市委的各项决策部署，努力为推进新时代“生态强市、魅力承德”建设提供有力思想舆论保证和良好精神文化条件。

【理论武装】 将学习宣传贯彻党的十九大精神作为首要的政治任务，贯穿于理论武装工作全过程。以市委理论学习中心组为龙头，大力开展理论“铸魂”工程。年初确定了 13 个学习专题，全年组织市委理论学习中心组集中（扩大）学习 10 次。特别是 11 月 7 日至 9 日，市委书记周仲明，带领中心组成员赴塞罕坝机械林场重温入党誓词，主持召开专题会议，深入学习宣传贯彻党的十九大精神，将市委理论中心组学习推向一个新高潮。通过组织专题培训、主题征文、县（市、区）委书记访谈、知识竞赛、音（视）频征集展示等活动不断丰富和拓展党的十九大精神的学习宣传形式。充分利用新媒体、自媒体理论学习平台，打通理论服务基层的“最后一公里”。认真抓好理论宣讲。市委、市政府主要领导带头宣讲,深入实施理论“扎根”工程。仅十九大以来，市委书记共宣讲党的十九大精神 20 场次，市长宣讲 12 场次，带动全市广大党员群众广泛兴起形式多样的宣讲活动，确保党的十九大精神进农村、进社区、进企业、进校园、进机关、进网络。2017 年，全市市、县、乡、村组建宣讲团 300 多个，草根宣讲队 3690 个，开展各级各类宣讲达万余场次，直接受众 75 万人次，间接受众达 1300 万人次。承德县委党校王福安被中宣部评为基层理论宣讲先进个人，全省仅其一人获此殊荣；市委党校王明香教授所作的宣讲报告被评为全省优秀；平泉县委宣传部获评全省基层理论宣讲先进集体。深入开展理论研究。紧贴中央的新理念新思想新战略，围绕省、市委的新安排新部署新举措，深挖全市宣传思想文化领域的特色亮点工作，组织编报各类重点稿件和调研文章 50 余篇，《河北宣传》（1—21 期）刊发承德市稿件 18 篇。《关于进一步加强新形势下高校思想政治工作的调研报告》，获得市委多个领导重要批示。6 月份承德市又被中宣部舆情局新增为全国社会舆情信息直报点，社会舆情信息和调研部刊工作总分排名全省前列。

【网络舆论工作】 坚持正确舆论导向。制定了《党的十九大期间新闻宣传工作方案》《关于学习贯彻党的十九大精神的宣传报道意见》等重要文件，加大对新闻媒体的管理。围绕党的十九大胜利召开、京津冀协同发展、脱贫攻坚党旗红、弘扬塞罕坝精神等重大主题，组织各媒体开设“砥砺奋进的五年”“新时代新气象新作为·十九大精神在承德”“学习塞罕坝 加快走新路”等专栏专题 110 余个，推出“论学习宣传贯彻党的十九大精神奋力开创新时代生态强市魅力承德建设新局面”等评论社论 20 多个系列、120 余篇。通过新闻综述、评论言论、专家解读、推出系列深度报道等方式，不断加大新闻宣传力度，得到了市委主要领导的充分肯定。承德日报社“潮河情·滦水行”大型系列报道荣获全国新闻界最高奖项“中国新闻奖”。加大对上对外宣传力度。充分利用全国“两会”、党的十九大、承德冰雪季、承德机场通航、首届承德市旅发大会等重要时间节点及重大文化活动，面向京津和全国推出重点深度报道，不断提升承德的知名度和美誉度。尤其是报道潘家口水库清理网箱养鱼的纪实稿件《只为碧水到津门》，经天津市委宣传部呈报天津市委书记李鸿忠阅批，并在《天津日报》头版刊发；《人民日报》内参稿件《共产党拉着我们过上好日子——承德市"脱贫攻坚党旗红"活动助力15万贫困人口摘帽》被省领导批示。2017年，《人民日报》、新华社、中央电视台等中央及省级主要新闻媒体刊播承德稿件2490篇、同比增加320篇。在重点新闻网站和知名商业网站刊发、转载我市宣传稿件2.4万篇、视频2020条，首页首屏1439篇，网宣工作始终保持全省前三。特别是配合中宣部、省委宣传部做好塞罕坝机械林场先进集体的宣传报道，从8月初至9月底，仅中央媒体就推出重头报道400余篇，文字报道总量20余万字，打造了200多个新媒体产品，网络话题阅读量超过3亿人次，形成了同频共振的立体宣传声势。确保网络空间更加清朗。利用"承德发布""承德网盾""承德网信办"等政务微信微博，对突发事件主动发声、有效引导，妥善处置了"2·17燃气管道泄露引发爆燃""4·20因吃大盘鸡患H7N9死亡""4·29承德县三家乡山火""围场7·6、承德县8·13车祸事故"等多起敏感热点舆情。共上报网上舆情32期，下发舆情预警21次，完成紧急网评任务215项，转发跟帖187万条，有效确保了网上舆情平稳。网络评论工作总成绩在全省名列第二。

【社会宣传】 大力弘扬塞罕坝精神。以市委、市政府名义印发了《关于学习塞罕坝精神推进生态文明建设的意见》，召开"学习习近平总书记重要指示大力弘扬塞罕坝精神"座谈会，大力开展"学习塞罕坝 加快走新路"大讨论活动，努力在全省、全国学习弘扬塞罕坝精神的大背景下，走在前列，争当先进。拍摄制作弘扬塞罕坝精神的"承德市生态文明建设巡礼"电视专题片，组织举办"承德市生态文明建设巡礼"大型成就展览，全面立体展现了承德建设生态强市的光辉历程。积极组织并配合筹办了全省和全国塞罕坝先进事迹报告会和中省直媒体集中采访活动，使得塞罕坝先进事迹在全省和全国引发广泛而强烈的反响。特别是中国塞罕坝林场建设者获得2017年联合国环保最高荣誉"地球卫士奖"，标志着承德市多年关注和培育的塞罕坝典型被成功推向世界。承德市作为塞罕坝典型的发现者、培育者、推动者和参与者，充分调动了各级各类宣传资源，得到了各系统各部门的密切配合，由此也成为承德市典型宣传的一座历史性丰碑，是承德市构建大宣传格局的成功实践和生动写照。广泛开展十九大公益广告宣传。制定下发《关于开展学习宣传贯彻党的十九大精神公益广告宣传的通知》《关于进一步加大党的十九大精神公益广告宣传力度的紧急通知》，强化责任落实，协调联动，齐抓共管，利用高速广告塔、灯杆道旗、交通护栏、电子显示屏、楼宇电视、车载电视、车体广告等载体广泛宣传十九大精神。在市区新增设宣传十九大精神的各类标语口号、公益广告200余处，安装道旗300余面，连接承德市的各高速公路及国省干道两侧大型公益广告立柱总数190余处。进一步拓展社会宣传形式和载体。在全市范围内广泛开展"美丽河北·魅力承德"最美系列推选展示活动，涉及最美人物、景物等评选活动30余项，向省推荐承德市最美人物（景物）300余个。围绕"中国梦"宣传教育，组织开展了第四期中国梦百姓故事汇、第四期"诗词楹联颂党恩"等系列主题活动。兴隆县烈士陵园获准成为第五批河北省爱国主义教育基地，全市各级爱国主义教育基地达52家。承德市6个县区56个村综合文化服务中心示范工程和围场县、丰宁县全覆盖工程第一批建设任务基本完成，建设成效及经验做法得到中宣部督查组的肯定。

【全市精神文明建设】 群众性精神文明创建活动有声有色。以文明城市创建工作为牵引，统筹推进文明村镇、文明校园、文明单位和文明家庭等创建活动。全市累计投入创城资金 1.3 亿元，综合开展市容市貌、环境卫生、交通秩序、景区景点 4 个专项治理行动，完成城市道路维修 3.4 万平方米、改造升级老旧小区 52 个、增绿补绿 3.86 万平方米，硬化美化社区道路 8900 延长米，市民生活更加便利、居住环境更加舒适、获得感普遍增强。省委常委、宣传部部长田向利就承德市创城工作专门作出批示，充分肯定承德市的创建思路和创建成效。最终，承德市及平泉荣获首届河北省文明城市称号，滦平、围场入列首届河北省文明县城。同时承德市 88 个单位、13 所学校、4 个乡镇、22 个村、20 个社区被评为省级文明单位、文明校园、文明乡镇、文明村和文明社区。承德市文明办荣获第四届全国未成年人思想道德建设工作先进单位称号；承德市推荐的塞罕坝机械林场总场等 9 个单位荣获第五届全国文明单位称号，塞罕坝机械林场作为全国文明单位唯一发言代表在全国精神文明建设表彰大会上介绍创建经验；承德市实验小学等 3 所学校荣获第一届全国文明校园称号；丰宁满族自治县胡麻营镇河东村等 6 个村荣获第五届全国文明村镇称号。公民思想道德建设成效明显。评选表彰承德市第一届文明家庭 62 户，第六届道德模范 62 名，第六届美德少年 210 人，第三届“最美承德人”11 人、“承德好人”102 人、“承德好人群体”3 个，联合平泉市委、市政府成功举办了“河北好人榜”5 月入选名单发布仪式暨道德模范与身边好人现场交流活动。广泛开展道德典型宣传推荐，丁玉龙荣获全国第六届道德模范提名奖，杨艳荣获全省第六届道德模范荣誉称号，高树满等 4 人荣获全省第六届道德模范提名奖荣誉称号，曹焕毅等 7 户家庭荣获 2016 年度河北省文明家庭荣誉称号，张凤莹作为全省文明家庭的杰出代表在表彰大会上做了发言。2 人入选“中国好人榜”，17 人被评为“河北好人”。志愿服务活动蓬勃发展。在继续培树“承德直属志愿服务总队”这一全国志愿服务活动品牌的基础上，培育壮大了“绿色使者”“爱心接力”“电力先行”“文化先锋”“小青橙”等一批志愿服务品牌队伍。全市利用“燕赵志愿云”注册的志愿者人数达到 22.9 万人。组建农村志愿服务队伍 2320 支，广泛开展“邻里守望”志愿服务活动。

【文化事业和产业】 文化产业实现跨越发展。设立并安排市级文化旅游产业引导资金 3000 万元，2017 年度直接用于支持项目资金 400 万元，全市实际用于支持文化产业项目建设资金超过 1 亿元。深化与京津对接合作，与北京市新闻出版广电局达成建设影视基地合作意向并正式签署了合作协议。承德市“21 世纪避暑山庄文化旅游产业园区”获得国家级文化产业园区创建资格（全国共 10 家，河北省仅此 1 家）。2017 年，全市有 45 个投资超亿元的重点文化产业项目开工或持续建设，计划投资总额 400 多亿元。在对北京、南京学习考察基础上，启动了承德市文化产业投资集团筹建工作。积极探索文化金融创新，成功联合北京文投集团合作设立了“京承文化发展承德投资基金”（总规模 10 亿元），并进一步组建市级文化产业股权投资基金，通过创新投入和支持模式，推动全市文化产业加快发展。文艺精品生产取得新突破。弘扬塞罕坝精神的主旋律电视剧《最美的青春》已于 2017 年 8 月底在北京人民大会堂举行了开机仪式，预计 2018 年完成拍摄并在中央电视台放映；话剧《塞罕坝》已由剧作家孙德民进行定稿创作，计划 2018 年进京演出；报告文学《塞罕坝》已创作完成，并在国家林业系统内部刊物《生态文学》上刊发。积极组织重点文艺选题申报省级文艺精品扶持，着重抓了现代评剧《甜水湾》、电视剧《最美的青春》、河北梆子《宝莲灯》、音乐电影《五十五年有多久》、音乐电视《老百姓的官》等作品的创作生产，加强督导检查和帮扶力度，确保作品如期完成并产生良好的社会效益。文化惠民活动深入推进。组织举办第三届承德市文化艺术展演季系列活动，相继举办彩色周末文化广场演出、第七届舞蹈大赛、第三届广场舞大赛、第三届手工艺品设计大赛等群众性文化活动10余项。在全市大力开展读书读报节、“农村书屋”建设、广播电视村村通工程、戏曲文化进校园活动，全面落实公共文化设施免费开放政策。

【干部队伍建设】 加强党风廉政建设。加强党员干部廉政教育和监督，增强廉政风险防范意识，推进惩防体系建设和作风建设，大力开展“微腐败”专项整治行动和“一问责八清理”活动。开展集中学习教育活动。围绕学习宣传贯彻党的十九大精神，由各副部长结合分管工作分别开展讲党课活动，组织部机关全体干部培训达6次。抓好宣传干部业务培训。重点抓好新闻发言人、网评员、宣传报道通讯员、中心组秘书及理论骨干专题培训。组织宣传思想文化干部赴中宣部、省行政学院、省委党校参加学习培训达22人次。

附：市委宣传部领导名录
部　　长：刘新宇（满）
常务副部长：王　强
副部长、市网信办主任、市委外宣局局长：
　　王新生（满族）
副部长、市文明办主任：
　　冉　君（女，蒙古族，4月任）
副　部　长：刘俐宏（女，1月任）
　　邱亚民（满）
　　李　勇（满）

（供稿　张勇）

统战工作

【概况】 2017年，市委统战部坚持以习近平统一战线思想引领航向，认真贯彻落实中央和省、市委关于统一战线一系列重大决策部署，紧紧围绕市委中心工作和全市发展大局，奋发作为、改革创新，各领域工作都取得新的进展和成效。

【主题教育活动】 支持各民主党派、无党派人士开展“不忘合作初心，继续携手前进”主题教育活动。民革承德市委《关于开展“不忘合作初心，继续携手前进”主题教育活动的报告》分别得到周仲明、张泽峰的重要批示。组织民营企业家赴贵州省遵义市开展以“弘扬遵义会议精神，坚定理想信念”红色主题教育，赴石家庄平山县中央统战部旧址接受“红色传承”教育，引导统战成员坚持不忘初心、爱国敬业、守法经营、创业创新、回报社会，积极投身经济社会发展大潮。

【服务改革发展】 2017年，广大党外人士利用“两会”“党外直通车”等平台，提提案、议案以及建议362件，引起中央部委以及省、市、县区领导重视的提案、议案以及建议281件，为党委、政府科学决策起到了积极的参考作用。协助农工党北京市东城区区委、农工党天津市滨海新区区委、农工党承德市委、农工党张家口市委举办助推京津冀协同发展研讨培训班。力促农工党承德市委与农工党天津市滨海新区区委签订友好合作协议，两次到围场满族蒙古族自治县腰站镇开展调研献策活动。积极争取党派中央支持，确定隆化县南营村作为民革中央脱贫攻坚帮扶点，为当地扶贫开发把脉问诊，出谋划策。建立党政主要领导、政府职能部门与民营企业家经常性座谈见面制度，推动形成健康的政商关系。支持工商联举办政策巡回宣讲、银企对接、律师对口服务中小企业、组织会员企业参加各类项目对接会等活动。开展“企业家素质提升工程”。依托中国人民大学举办“民营企业家和工商联干部素质提升培训班”；组织民营企业家和工商联干部参加中国人民大学“百年明德企业管理大型公益讲座”；

组织民营企业家赴浙江大学参加中小企业高层经营管理者培训班。帮助民营企业家及时了解新兴产业中的战略机遇，开拓企业发展新思维，寻求转型升级新路径，提升了企业综合发展力和竞争力。

【落实民族宗教政策】 开展民族政策宣传教育和民族团结进步创建活动，大力宣传民族团结模范人物和集体。加强宗教教职人员培训。开展“三支队伍”大培训工作，召开宗教中国化方向研讨会。处理教产纠纷等历史遗留问题，恢复药王庙为道教协会办公场所。天主教承德教区主教府建设项目施工进展顺利，进入审计决算阶段。落实“八项长效机制”，加强重点部位防范和重点人物的管控，做好敏感和特殊时期的思想引导和特殊教育培训活动，确保了在全国（全省）“两会”、十九大、天主教“朝圣敏感日”等重要时间节点上均不发生问题。开展“促和谐、保稳定”专项行动，在全市范围开展宗教势力排查防范工作，确保承德市没有形成宗教势力的土壤和苗头。

【脱贫攻坚行动】 支持统一战线各领域扎实开展产业扶贫、智力扶贫和捐赠扶贫等活动。民革承德市委促成中青城控投有限公司与市政府签订战略合作框架协议；市工商联引进中冀投资股份有限公司与市政府对接，围绕康养产业、PPP项目和产业基金等方面展开全面合作。在“四引四帮”活动中，帮助非公企业引进绿色项目11个，引进高端人才11名，引进科技成果6项。“千企帮千村”行动大幅度扩面增效，企业公益捐助和产业帮扶资金达4.1亿元，帮扶贫困村106个、贫困人口15684人。各民主党派开展社会帮教、捐资助教、帮扶结对、义诊赠药等社会公益活动30余次，累计捐款捐物折合人民币1000余万元。争取省委统战部“泛海助学”基金支持，为1888名建档立卡贫困户和残疾人家庭新入学大学生发放助学金944万元。帮助香港河北青年会举行“赤子心·燕赵情·手牵手·共圆求学梦”助学活动，为19名贫困学生捐款21.1万元。

【党外代表人士建设】 全方位把好政治关、廉洁关、素质关，真正把与党同心同德、敢于担当的党外代表人士选拔推荐出来。2017年，推荐提名非中共全国政协委员人选3名、非中共省级政协委员人选26名、省工商联副会长及执常委人选15名。推荐1名县政协副主席到唐山挂职副县长，安排1名民主党派专职副主委到隆化县挂职副县长。目前，市级人大、政协均在换届中配备了党外副秘书长和专委会正职，1名副县长交流到市直任市监察局副局长，1名民主党派专职副主委交流到市直任市规划局总规划师，实现了新突破。

附：市委统战部领导名录
部　　长：刘新宇（满族，8月任）
常务副部长：徐佩文（满族）
副 部 长：谭玉广
　　　　　郭紫金
　　　　　董鹏普（满族）

（供稿　唐楠松）

农工委工作

【概况】 2017年，全市认真贯彻落实中央、省、市农业农村工作会议精神，按照建设“生态强市、魅力承德”的总要求，立足京津冀水源涵养功能区发展定位，牢牢把握京津冀协同发展战略机遇，全市农业农村呈现持续健康发展的良好态势。2017年美丽乡村重点建设省级重点村282个，持续用力改造提升往年重点村50个，建设美丽乡村旅游示范精品村50个，创建省级重点片区4个、市级重点片区12个、县级重点片区8个，建设中心村9个，打造特色小镇22个；全市实施投资千万元以上农业产业化项目145个，总投资680亿元，全年完成投资85亿元以上（年初目标是80亿元）；农村综合改革持续深化，成绩显著；农民合作社达到12710家，比2016年增加1482家，成员总数15.2万人，成员出资总额252.4亿元。城乡居民人均可支配收入分别达到27042元和9682元，增长8.8%和10.8%。

【农业产业化】 通过增投入、上项目、育龙头、创品牌、活机制，多措并举、连续用力，农业产业化经营水平明显提高。初步预计，今年全市农业产业化经营总量415亿元以上，经营率69.7%以上，较2016年增加了1个百分点，预计农产品加工比值增幅0.02，达到0.57。“扶龙行动”见实效。全年争取5760万元省以上扶持资金支持龙头企业发展，占全省的27.4%。组织上百家龙头企业积极参加省6.16商企洽谈暨产品订货会、农产品进北京社区、廊坊农交会等各种展览展销及对接活动，推进优质农产品进机场和全市农产品展览中心。目前，市级以上龙头企业达404家，其中国家级4家，省级65家，预计全年实现销售收入240亿元以上。14个产业化联合体被批准为省级联合体，数量居全省首位。农产品加工上水平。围场县、滦平县获得全省一二三产融合发展试点县（全省6个），围场县、丰宁县、隆化县、兴隆县、平泉市获得2017年农产品产地初加工实施县，共争取资金2860万元，承德市实施县和争取资金数额均居全省第一。推荐承德森源绿色食品有限公司、承德味来食品、承德鑫达食品等申报全国主食加工示范企业。全市农产品加工业总产值239亿元，比2016年增长7%。全市一村一品村数922个，占全市总数的37.5%。新增3个全国一村一品示范村镇，总数达9个。项目投资稳中有进。全年全市实施投资千万元以上农业产业化项目145个，总投资680亿元，预计全年完成投资85亿元以上（年初目标是80亿元）。15个农业产业化建设项目列入全省2017年农业产业化重点建设项目计划。

【美丽乡村建设】 坚持“统筹布局、规划引领、高标定位、高点起步、精品示范、压茬推进、持续发展”的总要求，持续开展十四个专项行动，建立完善五项工作机制，全面实施美丽工程、特色工程、精品工程，圆满完成美丽乡村建设任务。2017年全市美丽乡村建设总计投入资金158.67亿元。其中，各级财政投资3.98亿元，平台融资19亿元，整合项目资金20.86亿元，社会资本投资110.31亿元，帮扶帮建资金0.35亿元，村集体投资2.41亿元，村民集资及投工投劳折合资金1.76亿元。全年重点建设省级重点村282个，持续用力改造提升往年重点村50个，建设美丽乡村旅游示范精品村50个，创建省级重点片区4个、市级重点片区12个、县级重点片区8个，建设中心村9个，打造特色小镇22个。年初确定的以“四改、四化、两治、四提”为主要内容的十四个专项行动全面实施。共改造房屋、院落21987处，实施危房改造4173户，改造农村安全饮水51866户，无害化厕所改造63735个，建设集中和分散污水处理设施21181处，清运垃圾杂物89.4万立方米，清理残垣断壁和路障17246处，清理庭院47375户，拆除违章建筑15.7万平方米，建设环村林带211.42万米，街巷绿化94.5万平方米，庭院绿化73.5万平米，整饰临街建筑立面65.98平方米，绘制农村文化墙11.03万平方米；修建连村道路、街巷道路263.92万平方米，安装更换路灯16436盏，推广高效清洁燃烧炉具14085套，完成村民综合服务中心建设4.68万平方米，建设互助幸福院68个，增加体育设施414处，新建文化广场32.5万平方米，村级电商服务网点实现全覆盖。

【农村综合改革】 积极发挥农业农村专项改革联络员单位作用，同时，积极推进农村股份合作制经济、农民合作社等具体改革工作。农村股份合作制经济改革稳步推进。制定出台了《承德市农村股份合作制经济全覆盖的实施意见》，积极探索推进了土地股份合作、集体股权合作、资金股份合作、农宅股份合作合作、资源股份合作、技术股份合作六种农村股份合作制典型模式，发展势头较好。2017年，承德市股份合作制经济组织发展到2880个，占全省22%，股份合作经济组织成员达到10.28万人，带动农户16.1万多户，其中贫困户2万多户，股份合作制经济实现经营收入73.9亿元，成员分红超过100万元的有1160个，承德市11家经济组织被评为省级示范组织。农民专业合作规范发展。全市登记注册的农民合作社达到12656家,成员总数14.2万人。全市有国家级农民合作社示范社的23家，省级示范社114家，市级示范社165家。特别是在发展农宅合作社上进行了积极探索，利用生态资源优势，盘活农村闲置房屋和资产，发展农村休闲旅游产业，促进农民当地就业和增收。2017年，全市发展农宅合作社70家，已登记注册50家，入社农户1200多户，带动农民就业3500多人，营业额达到2.3亿多元。

【农民合作社提质高效】 2017年承德市农民合作社达到12710家，比上年增加1482家，成员总数15.2万人，成员出资总额252.4亿元。全市有国家级示范社的23家,省级示范社115家(数量全省第二)，市级示范社165家。农民合作社拥有商标品牌706个，获得无公害、绿色、有机等质量认证的285个，60多家合作社产品获得省级以上名优产品、著名商标等称号。农民合作社成为提高农民的组织化程度、推进农村组织创新的重要新型农业经营主体。全年农宅旅游合作社发展到70家，推进了13个省级、8个市级精品农宅合作社建设，取得了很好的经营效果。推动合作社与市场对接,特别是与京津市场的对接。积极推进“互联网+合作社”建设，推动了与多家电商平台的合作，特别是加强与承德市全国农产品电商企业—大槐树电商的合作，有2000多家合作社实现了网上销售。加强培训，促进规范化管理，提高经营素质。全年市级以上组织了6次合作社培训，培训500人次。各县区共培训人员5000余人次。

附：市委农村工作委员会、市农业委员会领导名录

农工委书记：吴清海（满族）

农工委常务副书记、农委主任：

刘宝龙（满族，10月免）

高永海（满族，10月任）

农工委副书记、农委副主任：

张志民（满族）

侯光然（满族）

宋文平

田艳飞（满族）

（供稿 王凤春）

机关工委工作

【概况】 中共承德市委市直机关工作委员会（以下简称承德市直机关工委）直属党委2个、机关党委47个、总支20个、支部17个,党员13154人,其中在职党员8862人。2017年是党的十九大召开之年，市委市直机关工委在市委的坚强领导下，以习近平总书记系列重要讲话精神为统领，认真贯彻落实全面从严治党要求，全面贯彻落实党的十八届六中全会精神，深入学习宣传党的十九大精神，认真落实省委、市委一系列决策部署，坚持“务实、规范、从严、创新”的工作基调，真抓实干，开拓创新，统筹推进市直机关党的建设各项工作，在全市重点工作和重大活动的落实中，走在前，做表率，市直机关党的建设工作取得了显著成效，为建设“生态强市、魅力承德”提供了坚强保证。

【理论武装工作】 始终把政治思想建设摆在首位，突出把学习党的十九大精神和习近平总书记系列重要讲话精神作为重点，采取四项措施，深化理论学习，不断提高广大党员干部的思想政治素质。依托"机关大讲堂"平台，市直机关各级基层党组织坚持学在深处，走在前列，涌现出一大批学习典范。制定下发了《市直机关学习贯彻党的十九大精神宣讲工作方案》，向市直机关开展了送党章、送党徽、送学习资料活动。深入开展了"四个意识"专题教育，市直机关各级党组织和广大党员干部在拥戴核心、维护核心、捍卫核心上有更高标准、更严要求，坚持领导带头、以上率下，坚持问题导向、立行立改。"一把手"讲专题党课95次、专题研讨活动280余次；"七一"前夕，市直机关87个部门631个党支部以增强"四个意识"为主题，普遍召开了一次专题组织生活会，1万余名党员受到了一次严格党内政治生活的洗礼。为迎接党的十九大胜利召开，举办了市直机关"树意识遵党规守党纪修党性"知识竞赛，内容涵盖了《中国共产党纪律处分条例》、《中国共产党廉洁自律准则》，党章党规，习近平总书记系列讲话，党的十八届六次全会、省第九次党代会和市第十四次党代会精神及机关党建等方面知识。市直机关69个单位207名选手组成69支代表队参加了竞赛，进一步掀起了读原著、学原文、悟原理的热情。结合十九大精神学习，组织78名党务干部赴浙江大学开展了为期一周的学习培训，深入学习十九大精神，学习新形势下管党治党的创新理念和机关党建工作的新模式，到党的诞生地浙江嘉兴，聆听和感受"红船精神"。分两期三天时间，对市直机关500名党支部书记进行了培训。举办了200多名机关党务干部参加的市直机关落实"准则""条例"集中宣讲报告会。邀请市委党校教授讲解"准则""条例"，培训纪检委员300名。

【机关作风整顿】 在推进市直机关"转作风优环境促发展"活动中，把加强机关党的建设有机融入到活动之中，推出以"转优促"为主题的全新媒体问政节目《电视问政》，共播出13期，12个单位、42名领导干部接受现场问政，16名党代表、28名人大代表，30名政协委员、120多名问政当事人参与了问政，电视收视受众覆盖超过120万。中央国家机关工委主办的权威刊物《紫光阁》第12期以《搭建"公述民评"的"三方联动"监督平台——聚焦电视问政的"承德样本"》为题，专门刊发了承德电视问政的特色做法，成为承德机关党建工作的一个新品牌。印发了《市直机关"增比进位"工作方案》，要求各单位以市政府重大决策部署为重点，以完成部门承担任务为主线，以重点工作有特色、有亮点、有突破为目标，年内实现增比进位，进一步浓厚了市直机关比学赶超、事争一流的氛围。按照市转优促活动安排，积极推进市直机关目标绩效管理，成立了由常务副书记任组长，纪工委书记任副组长，相关科室负责人为成员的文件起草小组。通过外出学习调研、召开座谈会、向市领导和76个市直部门征求意见，多次召开起草小组工作会议研究讨论，起草了《承德市市直机关目标绩效管理实施意见》，并以两办名义印发。

【基层组织建设】 进一步强化各级党组织和主要负责同志党建主业意识，落实管党治党责任，形成了一级抓一级，层层抓落实的机关党建工作局面。研究制定了《市直机关党建考核办法》，健全完善了基层党建工作责任制考核评价体系。在市直机关开展"党支部规范建设年"活动，大力推行党支部规范化建设。着力推进"两学一做"常态化制度化，把学习教育融入日常、抓在经常。认真开展机关基层党组织换届工作，机关党组织按期换届率达到100%。研究制定了《关于市直基层党组织书记、副书记任免审批工作办法（试行）》，对基层党组织书记、副书记从任职所具备的条件、任免程序等方面做了进一步的规范。全年共发展党员134名，完成1.3万名党员信息采集工作，使党组织和党员管理工作走上了信息化道路。通过自下而上、上下结合、反复酝酿、逐级遴选等程序，选举工委系统出席市第十四次党代会的代表58名。制定了《市直机关党费管理办法》，进一步严格规范党费的收缴、使用和管理工作，完成了市直工委2014—2017年上半年党费及补交部分党费的清理审核和2014—2016年党费返还工作，研究制定了《清缴党费使用方案》，为以后党费的收缴、上缴返还、使用管理做了打基础、立长远的工作。健全完善党内激励关怀帮扶机制，建立特困党员台账，2017年元旦、春节和“七一”前夕，组织对市直机关建国前老党员和困难党员进行慰问。在每年慰问的基础上，适当扩大了慰问数量和慰问范围，共慰问老党员和困难党员431人，发放慰问金40.62万元，慰问因公殉职党员8人，发放慰问金1.6万元。

【精神文明建设】 以提高自身素质和城市文明程度为主要内容，凝聚群团力量，积极开展形式多样的志愿服务活动，以实际行动汇聚起推动城市文明进步的强大力量。集中一个月时间，组织市直机关60多个单位1000多名机关干部统一着装，站在街头指挥交通，对非机动车闯红灯、乱穿马路等不文明行为进行劝阻和制止，进一步提高了公民文明出行的法治意识和安全意识，积极地为创建全省文明城市贡献了一份力量。大力营造学习宣传塞罕坝精神的浓厚氛围，对标塞罕坝精神查不足、找差距、定措施、促提升，进一步凝聚思想共识，强化使命担当。高度重视意识形态工作，及时传达学习中央、省、市委关于意识形态工作的重大决策部署情况，把意识形态工作作为重要内容纳入党建工作责任制，作为年底党建目标考核的重要指标，定期分析研判意识形态领域工作。深入开展“工人先锋号”“青年文明号”“巾帼文明岗”创建活动，联合市体育局举办市直机关运动会，丰富了机关文化生活。实施精准帮扶、重点帮扶、综合帮扶，加大在岗困难职工脱贫解困力度，帮扶困难职工12人，发放资金2.5万元。

【党风廉政建设】 按照全面从严治党要求，严肃党内政治生活，加强党内监督，把纪律和规矩挺在前面，严在日常、抓在经常，坚持每周一向市直单位基层党组织发送严肃纪律作风微信，推送20期，转发1600多次，实现“微教育”常态化。签订党风廉政建设和反腐败工作“责任书”，层层传导压力，一级对一级负责，将党风廉政建设压紧压实。紧盯元旦、春节、端午、中秋等重要节点，发送“九条禁令”，对党员干部进行“微提醒”，全年共发送或转发“微提醒”信息240多次，实现了全体党员干部全覆盖。对参加市直机关党代会代表进行了资格审查，集中组织收看了《镜鉴》《警钟》等警示教育专题片，加强代表候选人推荐、考察、选举阶段的监督。对市第十四次党代会、市四大班子换届期间代表、委员驻地周边的双百、宽广、蓝岛、福满家四家大型商场、超市公款消费情况进行了检查，为维护换届环境、严肃换届纪律发挥了积极作用。履行监督执纪问责职责，发挥违纪案件的震慑作用。积极推进纪检体制改革，出台了承德市《关于加强市直单位机关纪委建设的意见》，为市直单位加强机关纪委建设提供了遵循。市直机关各级基层党组织按规定设立纪检委员480多名，实现了纪检委员全覆盖，形成全方位、无空白的机关党建监督体系。

附：中共承德市委市直机关工作委员会领导名录

书　　记：丁　伟

常务副书记：李桂梅（女，满族）

副 书 记：苏海玉（满族）

刘秀芬（女，满族）
常会友
高永阁（满族）
纪工委书记：孙宝贵

（供稿　张　超）

机构编制管理

【概况】 2017年，承德市编办深入学习贯彻习近平新时代中国特色社会主义思想和党的十九大、中共十九届三中全会，面对政策要求紧、改革任务重、急难工作多的工作态势，认真落实省编办工作安排，紧紧围绕市委、市政府、市编委的决策部署，主动适应和服务新常态，迎难而上、合力攻坚，继续全面深化改革，积极推动管理创新，着力加强队伍建设，推动机构编制工作再上新台阶。

【"放管服"改革】 扭住放权、治权、晒权、用权四个环节，以强烈的担当着力推进"放管服"改革，全力优化全市营商环境，激发出发展内生动力。大力简政放权。年内衔接取消中央指定地方实施行政许可事项13项，取消和调整行政审批中介服务事项21项，进一步降低了各类主体的办事门槛与办事成本。着眼突破制约基层发展的核心问题，制发了《下放市本级行政权力工作实施方案》，自主向县区下放行政权力11项，为基层发展添活力、增动力。依法规范治权。有效利用省行政许可目录管理系统平台，在系统内固化许可事项、设定依据、申报材料、办理流程，有力提升行政许可事项规范化水平。制发承德市《行政许可标准化实施方案》，积极推进了行政许可事项从事项管理、办事流程、审批服务、受理场所、监督检查五个方面达到标准化运行。同时，充分发挥协调配合职能，全方位提供和审核单位名录、机构状况、主要职责、服务事项等情况，会同相关部门着力推进"互联网＋政务服务"体系建设。公开透明晒权。组织市政府部门和县乡两级政府，继续深化行政清单建设，涵盖行政行为全过程的"综合＋专项"14张清单管理体系初步建立。坚持事项调整变动提醒、事项公开督办制度，行政权力、部门责任、行政许可事项、中介服务事项4张清单适时动态调整并及时公开。全面建立行政审批后续监管、涉企收费和罚没、行政执法、市场监管随机抽查、政务服务、乡镇（街道）权责等6张清单，并及时调整到位。群众和企业办事证明、安全生产监管责任、生态环境保护监管、开发区权责和中介服务事项4张清单加快编制。推动集中用权。代市委、市政府制发了《市县推行相对集中行政许可权组建行政审批机构的实施意见》。专人专责牵头做好机构设置、编制划转、职责调整工作，全程积极参与筹建并针对落实中的实际问题加强政策指导与督办督导，市县两级行政审批机构全部按"三位一体"模式组建到位，市直22个部门167项行政审批事项如期划转。改革完成后，市域内基本实现一个部门、一枚公章、一套体系管审批，审批事项集中办理、纵向联通、无缝对接、规范高效的新格局初步形成。

【市级机关内设机构改革】 在市委、市政府有力领导、全力推动下，市编办勇于任事、主动扛事，严把政策、认真谋划、规范操作、强力落实，市级机关内设机构改革主要任务基本完成。科学制定方案，反复沟通协调，严格政策标准，组织参改单位精简内设机构近21%，核减人员编制15.5%，完全达到省规定比例，精简内设机构和精简人员编制两个阶段改革任务基本完成，理顺职责、再造工作流程两项后续任务有序衔接。阶段性改革腾出的行政编制，一次性置换解决了部分工作部门多年遗留的使用事业编制问题，市级部门编制使用全部得以规范。

【重点领域体制机制改革】 国家监察体制改革试点全面推开。在巩固市、县（市、区）党委巡察机构和纪委派驻监督全覆盖改革成果的基础上，全面推开国家监察体制改革试点，市级机构调整转隶到位，44 名编制如期划转，对县级改革从政策把关和技术支持上给予有力指导。统筹深化旅游和生态领域体制改革。强化省市旅发大会承办地区机构职能保障，4 县旅游局更名为旅游发展委员会，推动实行“1+N”旅游监管机制。实施国有牧场办社会职能改革，御道口牧场管理区所有社会管理职能向围场移交到位，确保管理区集中精力抓经济发展、抓生态建设；研究上报了组建塞罕坝综合执法局的意见，将实行区域内集中统一高效综合执法。实施环保机构监测监察执法垂直管理制度改革，8 个县（市）环保局上收市级管理，市、县两级环境监控、环境执法机构全部同期调整到位，并积极落实了市级河长制工作机构。在总结丰宁、隆化试点经验基础上，配合相关部门全面推开全市国有林场改革，市属 2 国有林场管理机构及其 6 个林场实现经费全额保障；积极向上争取工作支持，有效解决了县（市、区）属 8 个国有林场管理机构与 23 个林场所需编制置换问题。深化开发区机构编制改革。按经济规模核定所有县（市、区）管理的 9 个省级开发区人员控制数 40 至 60 名，按政策提出了承德高新区管理机构改革的意见，推动各类开发区实施人员控制数和全员聘任制管理、因地制宜自主设置内设机构等方面的改革。综合行政执法体制改革有序开展。配合做好城市管理综合执法体制改革，研究上报了市城市管理局（市城市管理行政执法局）更名为市城市管理委员会（市城市管理综合执法局）的意见，拟定印发“三定”规定，协调落实职责划转。以农业、交通、文化等为重点领域，组织市、县（市、区）10 个试点单位开展行业内综合行政执法改革，组织平泉、围场分别自主开展乡镇综合行政执法和跨乡镇综合行政执法改革。扎实落实自身承担的专项改革任务。事业单位分类改革稳妥推进，组织开展事业单位分类统计，以生产经营类、按行业划分事业单位为重点，全面厘清事业单位机构编制管理现状，按“两减、一补、一转”原则，部署推进全市事业单位进一步清理规范；此外，配合推进社会体制、司法体制、党的建设等专项改革，年度任务全部完成。

【严控机构编制】 把握控编减编工作常态，强化机构编制管理刚性约束，通过传导压力、压实责任、强化督查，不折不扣抓好落实。总量控制目标落地。将机构限额和编制总量作为政策“高压线”和纪律“红线”，坚持不能突破。全面落实《严格控制机构编制和人员工作方案》和《严格控制机构编制和人员工作责任书》，全市机关事业单位编制总量得到有效控制，确保了各级机构限额和各类编制总量均未突破。只减不增取得实效。在落实编制使用核准制和实名制管理基础上，实行编制使用计划管理，严控增量需求，注重挖潜创新，资源动态调整，消化超编存量，以机构编制口径统计的财政供养人员实现只减不增。年内，控制不合理机构增量 47 个，减少增编需求 166 名；通过撤一或撤多建一的办法设置机构 3 个，调剂用编 80 名；市直超编事业单位较 2011 年底减少 60 个，消化超编人员 919 名。进一步推进信息平台建设，不断规范实名制管理，做到“一及时三加强”，为行政体制改革和机构编制管理提供及时、可靠的参考数据。

【事业单位登记管理】 全市机关、事业单位统一社会信用代码赋码工作圆满完成，事业单位法人治理结构建设试点稳步推进，在抓好市中医院实行人员控制数管理改革省级试点的同时，探索推开全市公立医院实行人员备案制管理。

【机构编制监督检查】 坚持机构编制跟踪评估和审计考核工作机制，定期进行机构编制配置及执行情况跟踪指导、督查问效。推进机构编制问题整改和审批联动，组织市直和县（市、区）全面自查，摸清问题362个，督促完成整改41个。配合省编办深入调查核实了省纪委驻省委组织部纪检组移交反映某县的问题线索，严格进行整改督办。

【服务改革发展大局】 把服务保障市委、市政府重大战略部署作为鲜明导向，按照“调弱济需、有保有压，调剂用活、有增有减，聚焦资源、优化供给”的思路，坚持有所为、有所不为，对重大任务和重点方面给予倾斜。从实际出发，完成组建市农林科学院，积极争取上级支持承德航空护林站机构建设，及时调整规范平泉撤县设市后的机构设置，规范完善了公共资源交易运行机制与机构，保障了教育事业、医疗卫生等民生方面的机构编制需求，强化了保密机要、网络信息监管、政府和社会资本合作、生态修复、退役军人管理服务、数字城市、矿泉水等十大绿色产业相关方面的职能与机构建设，把宝贵的执政资源用在了刀刃上，为实现市委、市政府战略部署提供了全方位服务，确保了机构编制工作切实跟上趟、给上力、使上劲。积极回应社会关切，认真办理人大代表、政协委员提案建议，答复满意率100%；以高度的政治担当，抽调政策熟、业务精、能力强的领导和同志参与退役士官（志愿兵）政策落实督导工作专班，并牵头圆满完成宽城、兴隆两县政策落实督导和党的十九大维稳督导任务。

附：承德市机构编制委员会办公室领导名录

主　任：胡伟纲（8月任）

副主任：胥广和

李松华（满族）

王　炜（满族）

（供稿　赵国栋）

政策研究

【概况】 2017年，市委研究室超前服务，主动作为，较好地完成了市委交办的各项工作任务。全年共起草市委文件、领导讲话、署名文章等重要文稿10篇；编发《呈阅件》14期、《调研专报》12期，批示率达90%以上；编发《承德建设》正刊12期、编辑稿件120多万字。在河北省委政研系统2016年度优秀调研文稿评选中，有27篇文稿获奖，其中一等奖3篇、二等奖14篇、三等奖10篇，获奖数量名列全省前茅。丁伟秘书长批示：政研室调研工作取得好成绩，予以充分肯定和表扬。

【文件起草】 2017年，在文稿起草上，着重在站得高、看得远上下工夫，思领导之所思，谋领导之所谋，不断提高参谋水平和服务层次。组织筹备市第十四次党代会，在前期大量调研论证的基础上，起草了市第十四次党代会报告、关于党代会报告起草情况的说明、关于十四次党代会召开情况向省委的报告等重大文稿，确保了市第十四次党代会圆满成功召开。承担起草了市委对省第九次党代会以来省委常委会工作的意见建议，市委十四届二次全会《关于深入学习宣传贯彻党的十九大精神，全力推进新时代生态强市、魅力承德建设的决定》及其全会决议，周仲明书记在市委十四届三次全会结束时的讲话等重要文稿，为促进党的十九大精神在承德落地生根勾画了蓝图，指明了方向。配合省委办公厅起草了《中共河北省委、河北省人民政府关于承德市加强基层党组织建设，打赢脱贫攻坚战的情况报告》，上报党中央国务院后，汪洋副总理批示：“实事求是，一切从实际出发，就能精准施策，就能打赢攻坚战。”

【政策研究】 紧紧围绕全面深化改革的重大部署

和市委、市政府中心工作，主动“换位思考”，把领导的“关注点”作为思考问题的“出发点”，积极主动开展决策性、建议性调研，力求“同频共振”，为市委、市政府科学决策提供参考。围绕“京津冀水源涵养功能区”定位，力促全市走出生态优先、绿色发展新路搞好政策研究。针对全市过去矿业一业独大的局面，如何坚守生态和发展两条底线，加快产业转型升级步伐，撰写了《擦亮生态承德的“名片”——关于承德市建设国家绿色矿业发展示范区的调查》，对全市坚持把生态作为可持续发展的根基命脉，以前所未有的决心和力度，对矿业经济实施大手术，持续推进百矿取缔关闭、百矿绿色改造、百矿复垦披绿“三个一百”进行了深度调研，得到了省委政策研究室领导的认可，《河北发展》准备刊发。围绕抢抓京津冀协同发展重大机遇，推动承德市新兴产业快速崛起搞好政策研究。面对经济下行压力和生态环境约束，承德市借力京津冀协同发展，着力推动大数据产业的赶超和突破，成为承德经济发展的新支撑。集中力量，深入开发区、承德县等地进行调研，采写了《协同发展催生“云上承德”——对承德市加速大数据产业布局的调查》，从初步成效、主要做法、思考建议三个方面进行了详细分析，此调研报告由省委研究室以《政研与决策（清稿）》形式报多名省领导阅示。同时市委仲明书记做了重要批示：“效果很好，主是要突出重点，及时上报，望志广同志结合国控集团、融资平台建设、绿色矿业示范区建设、文化旅游产业化、万户光伏扶贫等重点工作再搞几个调研。”围绕发挥全市生态优势，推进农业现代化搞好政策研究。在经济发展新常态下，如何依托自身生态优势发展现代农业，近年来，滦平县以打造燕山中药材经济核心示范区为依托，以中药材种植为抓手，推动中药材产业发展，取得了明显效果。组织了《14 万亩中药花海的绿色实践——对滦平县打造燕山中药材经济核心示范区的调查》，仲明书记批示：“滦平的经验做法值得推广。”常丽虹市长批示：滦平县在打造、培育中药材产业上探索的经验值得重视和借鉴。吴清海副市长批示：很好！战略定位高、重视程度高、探索的路径新、形成的规模大、收到的效果好。全省有名次、全市有位次，其他县区、部门学习借鉴。印发省委研究室《调研呈阅》。

【决策建议】 针对承德市经济社会发展中存在的深层次矛盾和问题，以敏锐的嗅觉和独特的视角，深入调研、深刻思考，先后撰写 20 余篇高质量的调研报告，以呈阅件形式报送市四大班子相关领导。针对无劳动能力、无收入来源、无致富项目的“三无”贫困户精准脱贫问题，与承德县委办公室联合调研，组织撰写了《“三无”贫困户的“阳光银行”——对承德县实施万户阳光扶贫工程”的调查与思考》，及时报送市委、市政府相关领导，提出调研思考和对策建议。周仲明书记批示：“此文思考与建议很好！请泽峰、清海同志阅。”针对“看病难”“看病贵”问题，深入滦平中医院调研，形成了《同疗同质、药品同源、文化同根——滦平县中医院与北京市中医院共建“医联体”的调查与思考》，以呈阅件的形式报市领导。常丽虹市长批示：“滦平的做法很成功，为承德市与京津实现医疗卫生协同发展，打造通联体，提高基层卫生服务能力闯出了一条成功的路子，请士刚市长和卫计委阅研，在全市推广滦平经验。”针对农村农田水利设施重建轻管、产权主体和权责界定不清晰等普遍问题，深入兴隆，采写了《“小农社”撑起“大水利”——对兴隆县实施农田水利设施产权制度改革的调查》，提出了思考和建议，周仲明书记批示：“兴隆农田水利设施建设与改革经验值得推广。”针对农村集体产权制度改革步伐缓慢问题，就如何保障农民财产权益，壮大集体经济，实施乡村振兴战略，深入滦平县安纯沟门乡调研，撰写《盘活农村“沉睡”的资产——对滦平县探索农村宅基地合作建房的调查》，周仲明书记批示："滦平的经验值得推广,以市委办通报形式转发各县（市）区书记、县（市）区长，研究借鉴。"针对承德市已列入"国家全域旅游示范区"，如何抓住这一千载难逢的机会，推动全市旅游业转型升级，选取全域旅游发展较早的广西桂林市进行全方位对标，并进行认真思考，撰写了《对标桂林：开启全域旅游新时代》，周仲明书记批示："请铁成市长组织认真研究讨论，该文分析透彻，建议可行，望对标先进提出我市的改进意见，切实补齐短板。"

【改革创新】 依托京津、服务京津中借力京津，拓展对接京津的广度和深度，与营子区委办联合调研，重点推出《北京航天中心医院落户鹰城的效应与启示——对营子区借力协同发展探索"医养"结合新模式的调查》,张泽峰副书记批示:"请守仓、金超阅研支持。请卫计委对托管模式进行研究分析给我报一下。"薛寒副市长批示："营子区借力协同发展积极探索医养结合新模式，走出了一条医疗产业发展的新路径，可在全市各县区借鉴推广。"推动传统产业迈向中高端，是承德市转型升级、绿色发展的"重头戏"。为此，采取"解剖麻雀"的形式，重点对承钢进行了深入调研，对承钢长期存在的"钢铁为主"的结构性矛盾、"自上而下"的体制性矛盾、创新不足的驱动性矛盾进行了剖析，形成了《以承钢为龙头走出一条钒钛产业崛起之路》，得到仲明书记的指示："请晋宇市长阅示。钒钛产业办认真研究，提出意见。该文所提建议很有价值，值得重视。"平安建设是新形势下加强社会管理综合治理工作的新举措，是构建和谐社会、促进经济发展的保障工程。特别是党的十九大召开，全球瞩目，加强平安建设显得更加重要，为此，深入连续11年荣获承德市平安建设考核第一名、连续4年获得"河北省平安建设先进集体"荣誉称号，2017年承德市唯一获得"2013——2016"年度"全国平安建设先进县"荣誉称号的平泉市进行深入调研，撰写了《全国平安建设先进县是这样打造的——关于平泉市平安建设的调查与思考》，仲明书记批示："平安建设是重要民生工程，也是区域治理体系和治理能力的重大工程，必须引起高度重视，平泉的经验值得学习借鉴。"

【对上宣传】 坚持以超前思维审视基层干部群众的实践探索，跟踪总结创新性做法，并不断加大对外宣传力度。反映承德特色亮点工作。面对推进供给侧改革，大力压减钢铁过剩产能的大背景，着眼全市生态良好，水资源丰富的特点，重点推出《着力打造"中国高锶矿泉城"——关于承德市依托生态优势推动产业转型升级的调查》，省委政研室《政研与决策》清稿第6期刊发，省委副书记、省长许勤，省委常委、常务副省长袁桐利，副省长徐建培、李谦均作出重要批示，要求省科技厅、工信厅阅研，关注、指导和扶持。争取省委省政府关注支持。因病致贫返贫是脱贫攻坚难啃的"硬骨头"，全市积极争取全省试点，创新推行医疗保障救助扶贫"632"模式，取得了较好效果。及时撰写了《解决因病致贫返贫的创新之举——关于承德市提高贫困人口医疗保障救助水平试点的调查》，在省委政策研究室《政研与决策》清稿第9期刊发，引起了省委、省政府领导的关注。省委常委、组织部部长梁田庚，省政府副省长张古江做出批示给予肯定。不断扩大承德对外知名度。一年中，先后有9篇重稿在省以上内刊或大报大刊刊发，其中《打通金融扶贫"最后一公里"：承德市创新"政银企户保"模式破解贫困户贷款难的调查与思考》、周仲明署名文章《牢记习近平总书记嘱托 坚决打赢精准脱贫攻坚战》在《河北发展》刊发；《矿业大市的绿色变革：承德十大绿色产业替代"两黑"产业的调查》《承德:867个亿元以上项目引领转型升级》《承德六措并举打好脱贫攻坚组合拳》在《河北日报》头版头条或一二版刊发；《河北承德：生态立市赢得经济绿色崛起》《河北承德：绿色钒钛基地建设快速起步》《河北承德：产业转型很明确》在《经济日报》一版等版面刊发，对扩大承德影响力起到积极作用。

附：市委研究室领导名录

主　　任：孙志广

副 主 任：李晓莉（女）

杨延平

曹进波

（供稿　曲久清）

对台工作

【概况】　2017 年，中共承德市委台湾工作办公室认真贯彻落实中央和省、市委对台工作的总体安排部署，以增强两岸同胞福祉为目标，以促进两岸经济社会融合发展为重点，以实施中华民族伟大复兴为动力，坚持“一个中国”原则不动摇，反对“台独”分裂活动，面对两岸形势新情况，突出工作重心，统筹兼顾其他各项对台工作，较好地完成了全年对台工作任务。

【涉台稳定】　涉台稳定工作事关对台工作的大局，市委台办始终把做好涉台稳定工作贯穿对台工作的全过程，切实抓紧抓好。按照“属地管理”和“谁分管、谁负责”的原则要求，分工到部门，责任到人，把有效预防和妥善处置涉台突发事件作为对台工作的一项重要任务，时刻抓紧抓好。修改完善了《承德市涉台突发事件应急预案》，形成了重点突出、措施具体、操作性强的维护涉台稳定工作机制。认真做好涉台来信来访工作。对涉台来信来访实行首问首办责任制，做到热情接待，认真倾听。对能够解决的问题，明确要求，明确责任，依法合规给予解决。对一时解决不了的，做好耐心细致的解释工作，协调相关部门，拿出尽快解决方案，使访者满意，没有出现再次访的现象。2017 年 6 月 6 日，省台办转来《关于台胞陈林雍陈情货物被窃事的函》（国台十字 [2017] 协 101 号）后，责成专人赴鹰手营子区，与区台办共同对该事件认真进行了调查了解核实，并将调查了解的详细情况和该办的建议书面上报省台办。

【对台交流】　全年共接待到承德交流团组 6 个 192 人次；自行组团赴台交流团组 1 个 11 人次；参加省以上部门组织的赴台团组 3 个 8 人次。台湾“中国统一联盟桃竹分会”参访团到承德参访考察。2017 年 4 月 21 日至 24 日，台湾“中国统一联盟”第一副主席、秘书长李尚贤率桃竹分会参访团一行 31 人，在省台办秘书处长宋振东、宣传联络处副处长刘申陪同下到承德参访。参访团一行考察了避暑山庄、普宁寺、普陀宗乘之庙、金山岭长城等文化保护工程和河北省“美丽乡村”建设示范村滦平县周台子村，与周台子村“两委”班子进行了座谈。参访团对承德市改革开放以来取得的重大成就给予赞誉，对全市的文化保护工作给予充分肯定，对承德市美丽乡村建设赞不绝口，表示要在岛内大力宣传。台湾大学生参访团。2017 年 7 月 4 日，台湾高雄市两岸和平发展促进会理事长晏扬清率台湾大学生参访团一行 28 人到承德市河北民族师范学院进行参访交流。河北民族师范学院副校长赵翠华代表学院对台湾大学生到承德交流表示热烈欢迎，参访团与文学传媒学院、历史文化旅游学院的部分师生进行了座谈交流，双方师生在座谈交流中增进了了解，增加了友谊，对两岸文化表达了积极认同，表示要进一步加强交流，为祖国统一做出贡献。台湾青年河北文化之旅参访团。7 月 14 日至 16 日，台湾“中华两岸交流促进会”名誉理事长蔡丙宪率 14 名台湾青年到承德市参访交流。参访团参观了避暑山庄、普陀宗乘之庙、围场坝上草原，对承德历史文化的发展和传承有了深刻的认知，表示要以自由行的方式再到承德旅游观光，充分感受祖国大陆改革开放成果，有的表示毕业后到大陆创业、就业，共圆中国梦。7 月 23 日至 26 日，台湾桃园市内坜高级中学校长李丽花率中学校长、学生代表参访团一行 48 人到承德参访。在承德期间，参访团一行参观了承德市规划展览馆、普宁寺、避暑山庄、普陀宗乘之庙、须弥福寿之庙，对承德避暑山庄及周围寺庙群表现的民族团结、民族融合文化大加赞赏。台湾媒体河北长城文化之旅参访团。8 月 24 日至 26 日，为促进冀台新闻媒体交流，推介美誉河北，经中台办批准，由河北省台办牵头，张家口、承德、唐山三市台办联合举办“台湾媒体河北长城文化之旅”参访团在省台办宣传联络处处长耿树强、副处长刘申的陪同下到承德参访。参访团先后参观了普宁寺、须弥福寿之庙、避暑山庄、金山岭长城。参访团通过承德的皇家园林文化、寺庙文化和长城文化，对“和”“合”中华民族文化价值观有了更深的认识，一致表示，要以媒体为桥梁带动民间更多交流，进一步促进两岸民众价值观的融合。11 月 30 月至 12 月 1 日，市委统战部、市台办共同接待了省台联组织的“中华妇女联合会”参议团一行。参议团成员游览了承避暑山庄、承德市城市规划展览馆。通过参观、游览，既领略了承德优美风光、深厚的文化内涵，又加深了对承德经济社会发展的了解。一致表示要秉持“两岸一家亲”理念，反对“台独”及分裂活动。12 月 5 日，按国台办、省台办指示接待了台湾“擎天”协会台退役将领参访团一行 35 人。12 月 10 日，市委统战部与市委台办共同协助河北省台联接待了台湾少数民族参访团一行 34 人。

【对台经贸】 承德市对台工作以促进承台经济社会融合发展为抓手，把对台经贸工作作为重中之重，积极调动各方面的力量，克服各方面困难，切实加大对台经贸考察和交流合作的力度。全年新增台商 1 家。抢抓机遇推介承德。借接待来承德市交流访问的台胞、台湾团组之机，积极推介承德市的投资环境、经济发展方向、产业优势、资源情况和在京津冀协同发展中承德作为水源涵养功能区的定位，增强来访台胞对承德的感性认识，激发台湾经济界人士参与承德经济建设发展的认同感。全力推进承台经贸合作。全年共接待到承德经贸团组 1 个 5 人次；赴台经贸团组 1 个 11 人次。积极利用上级台办搭建的各种平台进行招商活动。先后组织县（市、区）台办和市直有关部门、企业参加了上海“台北青创发展中心开幕典礼”，拜访了上海市台办，与上海台北青创发展中心相关人员就建设特色智慧小镇进行了座谈，并诚邀相关人员的在适当时间到承德参访交流。组织县（市、区）和市直相关单位参加了南京“大陆台资企业产品展销会”。参加了深圳“第十九届中国国际高技术成果交易会”。以优化营商环境为抓手，助力、扶持驻承德台资企业发展。台企台商是稳定和推动两岸关系和平发展的重要力量。市委台办认真贯彻落实《中华人民共和国台湾同胞投资保护法》及实施细则，依法保护台胞台商的合法权益，扶持支持祖国统一的台资企业健康发展。一年内，多次到台企进行走访调研，积极协助台企、台商解决生产经营中遇到的问题，积极为在承德台企解决实际困难。协助解决了承德台创生活企业管理有限公司企业注册问题；牵头协调市司法局、市公证处为承德御翔鑫消防设备有限公司进行产品产地公证，解决产品销售问题。协调双桥区政府，为大润发商业有限公司解决经营管理难题。为进一步做好承德市的对台经贸工作，积极开阔思路，认真学习兄弟省市先进经验和做法，克服种种困难，加强协调沟通，利用上级台办组织的对台经贸活动，先后到上海市、济南市、深圳市走访台办、台协、台湾工业园、台商等，学习他们好的经验和做法，为更好服务台企、台商探索新路径。

【对台宣传】 按照省、市委对台工作的决策部署和要求，突出“四个自信”深刻内涵，进一步加强对台宣传力度，努力提高承德在台知名度。全年接待来承德台湾媒体团组1个25人次；在有关报刊、电视台发表播出涉台宣传稿件、上报涉台信息6条。充分利用承德避暑山庄及周围寺庙景区和金山岭长城等文化保护工程向来访团组展示祖国的和合文化，各民族团结融合对实现中华民族伟大复兴中国梦的重要意义。以河北省“美丽乡村”建设示范村滦平县周台子村为切入点，向来承德台胞展示承德市在建设生态强市、魅力承德方面取得的成就。坚持“寓对台宣传于各项对台工作之中”的指导思想，紧密结合对台交流、对台经贸工作实际，利用一切宣传渠道和时机，采取多种形式，广泛深入开展对台宣传。深入开展涉台对内对外宣传。充分利用各种宣传媒体和《台湾工作通讯》、《两岸关系》、《承德对台工作通讯》、国台办网站等全面系统宣传党的对台工作方针政策，掌握工作动态，强化承台经济合作和文化往来调研，提出了进一步做好对台宣传的意见和建议，全力做好对台宣传工作。积极开展入岛宣传。把对台交流、人员往来和对台经贸活动作为入岛宣传的主要途径，有针对性地安排交流交往等活动。通过座谈、赠送宣传礼品等方式进行入岛宣传。市、县（市、区）台办还利用传统节日，向台湾同胞寄送贺卡，鼓励、指导台属利用书信对其家属进行宣传。全年共有100多件反映民族团结、历史文化、自然景观、经济发展的光盘、画册等宣传品输入岛内。紧紧抓住接待台湾人士到承德参访交流、经贸考察的契机，多角度地主动向台湾客人介绍和展示在中国共产党的领导下特别是改革开放30多年来承德经济社会发展取得的重大成就，侧重向台湾客人宣传展示党的十八大以来承德市在清洁能源、生态保护和文创方面的重大项目及优惠政策。利用省台办举办的“台湾媒体河北长城文化之旅”活动到承德之机，分别在央广网、你好台湾网、《中时电子报》等媒体以不同角度推介承德，提高了承德的美誉度。四是充分利用赴台交流考察团组做好入岛宣传。扎实开展涉台教育工作。紧紧围绕两岸关系热点问题，深入宣传党的对台方针政策，通过走访座谈、“行前教育”、广播电台、各级党校、接待来访等形式，对干部群众进行涉台政策宣传教育，全力做好涉台宣传教育工作。

【思想作风建设】 按照《承德市“转优促”活动市直机关工作推进方案》等通知要求，扎实推动各项活动有序推进。通过学习、研讨交流、观看教育片、重温党的革命史与奋斗史等“全员全覆盖”学习讨论，全体党员干部对党的群众观点和群众路线的认识更加深入，理解进一步加强，对教育实践活动的重大意义和开展教育实践活动的重要性和紧迫性的认识更加深刻，对开展好教育实践活动的自觉性、主动性和积极性进一步增强。改进工作方式，创建为民务实清廉党组织的信念更加坚定，全办党员干部继续保持良好的精神面貌和高昂工作状态。结合学习贯彻全省台办主任会议精神，市台办修改完善了2017年对台工作要点。组织开展了“温暖台企—台资企业走访调研”活动，对台资企业进行了走访，对台资企业安全生产情况、经营情况和台商生活情况了然于胸，倾情慰问台商吴尚桦，充分体现了对台湾同胞的关爱之情。为切实提高对台工作干部的思想觉悟、工作能力和服务水平，市委台办积极发挥主观能动性，采取多种方式，把学习宣传、教育、培训融汇于提高干部队伍素质的全过程。认真宣传贯彻党的十九大精神，把思想和行动统一到中央和省、市委精神上来。以全省台办系统干部培训为契机，进一步加强政治学习，全面贯彻落实党的对台工作方针政策和习近平总书记对台工作重要思想，在思想上和行动上始终与以习近平同志为核心的党中央保持高度一致。开展党风廉政建设。认真组织学习了习近平总书记关于党风廉政的重要论述、组织全办党员干部学习《中国共产党党内监督条例》《中国共产党纪律处分条例》

《中国共产党党员领导干部廉洁从政准则》，注重以违法违纪典型案例为反面教材警示党员干部，认真剖析原因，吸取教训，引以为戒，牢固树立立党为公、执政为民的理念。

附：中共承德市委台湾工作办公室领导名录

主　　任：王德明（2 月免）

　　　　　柳海东（满族，2 月任）

副 主 任：杨国新（满族）

　　　　　王　义（8 月任）

（供稿　张　军）

信访工作

【概况】　2017 年，全市信访工作总体呈现“五少、一高、四降和六个未发生”的良好局面。五少为“四个最少和一个较少”：全市发生进京个体访 785 人次，占全省的 3.5%，全省最少；发生进京集体访 705 人次，占全省的 2.6%，全省最少；发生赴省个体访 720 人次，占全省的 2.2%，全省最少；发生赴省集体访 340 人次，占全省的 1.5%，全省最少；发生到北京非接待场所有关人员 227 人次，占全省的 6%，全省较少，排在全省第二位。一高即：承德市信访机构及时受理率 99.9%，有权机关及时受理率 99.8%；按期答复率 99.8%；信访机构及有权机关群众满意率为 93.2% 和 96%，信访事项复查复核率 100%，综合排名居全省先进行列。四降即：①建筑领域集体访明显下降。通过开展建筑领域违法违规历史遗留问题专项整治行动，长期集体上访的欧尚风景二期、云山南等一大批住建领域房地产遗留问题得到妥善解决。②征地拆迁领域信访问题明显下降。通过领导接访包案、集中研判、部门联动、综合施策，使双峰寺水库、六沟新区等一大批征地拆迁领域疑难信访案件得到妥善解决。③信访积案存量明显下降。加大对“钉子案”“骨头案”等历史遗留问题的调处化解力度，使长达 10 年之久的下营房塞纳澜湾等案件得到妥善化解，10 余名住建、国资领域上访老户息诉罢访。④重点集体访案件存量明显下降。群众反映强烈、社会关注度高、解决难度大的建安一公司拖欠工资、双滦区砂场职工死亡、腾达小区供水、香江卡纳溪谷供暖、双滦区和营子区烟草遗留等集体上访问题在市级领导和各有关部门的共同努力下，得到及时妥善解决。六个未发生即：①全国“两会”期间，承德市未发生到北京非接待场所涉访；②在 4 次处置军队退役人员拟组织规模性进京上访中，承德市未发生进京上访；③“一带一路”峰会期间，全市未发生进京上访；④在北戴河暑期，全市未发生上访；⑤“十九大”召开期间，全市实现了“三个零”（“零非访”、“零集访”和国家信访局“零登记”）；⑥因及时有效处置，承德市经济诈骗、传销、非法集资等受损群体未发生大规模聚集上访。先后两次作典型发言（4 月 14 日在全省深入推进积案化解工作会议上作典型发言；4 月 21 日仲明书记全省维护稳定工作会议上作典型发言）。国家信访局副局长赵晓光和省委、省政府领和省政协领导到承德调研时，均对承德市信访工作给予了充分肯定。市委、市政府先后 20 余次召开市委常委会、市党政联席会、市政府常务会、市信访联席会议，研究部署信访稳定工作。市委、市政府主要领导亲力亲为、以上率下，有效带动了各级各部门高度重视并解决信访问题。联席会议各位召集人加强协调、主动上手、逐案调度，有效解决了大批上访案件，推动了整体信访工作深入开展。同时，强化制度保障，以市委、市政府“两办”以正式文件制发了《关于整合完善驻京值班的工作方案》等 12 个规范性文件，明确了相关工作的具体任务和要求，为信访工作规范有序开展提供了制度支撑。

【化访接访】　坚持源头化访。立足抓早、抓小、抓苗头，不断加强对重点领域、重点地区、重大活动和重要节日期间矛盾纠纷排查化解工作的力度。2017年，全市共排查各类信访矛盾隐患10924件，化解9931件，化解率达91%。坚持联合接访。印发了《2017年市级党政领导接访安排》《关于来访接待工作标准化建设的意见》，不断提高首办质量和一次性办结率。全年接访中心共受理群众来访1744批21501人次，召开调度会120余次，现场解决问题90余件。坚持阳光办访。进一步规范受理分流、答复告知、办理审核、督查督办、跟踪回访、满意度评价等各个工作环节，做到信访信息全录入、业务全流转、办理全公开，使信访业务平台稳步推进。共承办省局转送网上信访事项 2449件次（其中受理国家局877件次；省网上信访1222件次；省长信箱350件次），办理水平、结案质量和“三率”指标明显提升。

【领导接访包访】 协调推动各级领导干部接访约访下访工作机制常态化，推动疑难复杂问题妥善化解。县级领导干部共接待2980次，接访5774批32401人次，当场解决3772件，限期解决986件；约访下访1335次，解决1102件；县级领导干部通过召开协调调度会、批示批办信访件解决584件。强化包案督访。按照省委、省政府关于领导干部包案督访每年两批和包案数量每年不少于四件的要求，积极推动市县两级领导干部包案督访工作全面展开。全市第一批包案督访415件，办结398件，办结率95.9%，息访311件，息访率74.94%；第二批包案督访信访事项347件，2017年已办结341件，办结率98.27%，息访296件，息访率85.3%。

【信访积案化解】 坚持把信访积案化解作为信访工作的重中之重，尽全力减存量、控增量，取得了明显成效。全市113件信访积案已全部办结，息访92件，息访率81.42%，圆满完成省要求的70%息访率目标。强化遗留扫尾。对未息访的信访积案、“三跨三分离”信访案件、重点信访隐患和十九大“回头看”567个信访事项，推动有关县区和部门全部重新落实包案县级领导和责任主体，明确责任单位、第一责任人和解决时限，与市督考办联合督办推进落实。

【营造健康有序信访环境】 加大规范工作力度。按照国家信访局把2017年作为“信访工作责任落实年”的安排部署，根据中办、国公《信访工作责任制实施办法》和省委办公厅、省政府办公厅《信访工作责任制实施细则》文件精神，共向有关县区、乡镇和市、县区直部门提出改进工作、完善政策、给予处分“三项建议”53件，涉及提醒谈话105人，批评教育88人，约谈124人，诫勉谈话3人，组织处理1人。在十九大期间，14名责任人员（其中涉及处级干部2人）被启动问责程序，有效地促使县区、部门进一步规范行政行为和改进信访工作。加大依法打击力度。对信访活动中的违法行为，坚持“发现一起、处理一起、曝光一起”，一大批缠访、闹访和违法上访人员得到依法打击和惩处，信访秩序明显好转。全市共对违法上访人员依法训诫318人，行政拘留337人，刑事拘留22人，判刑5人。加大宣传曝光力度。对违法上访的40起典型案例制作了专题片，在市、县区电视台和在市、县区联合接访中心适时播出，收到很好的警示教育效果。

【“十九大”盯防稳控】 十九大期间，坚持实施“两条战线”作战和强化“三项重点工作”，圆满完成十九大信访维稳工作任务。“两条战线”即：一条战线是，由市委副书记张泽峰在家坐镇指挥全市信访稳定全面工作，吃住在十九大安保办，11次召开信访稳定调度会，8次到市内重点部位、重要场所、重点卡扣进行实地督导检查，综合协调处理重要敏感问题。另一条战线是，由市委常委、政法委书记邢留逮带领市信访局、市公安局等12个市直部门的主要或分管负责同志坚守北京，统一指挥全市驻京值班工作。留逮书记充分协调利用北京公安、治总资源，加强与省驻京工作组联络，争取各方工作支持。同时，坚持每天调度北京力量，分析研判形势，加强预警信息盯办，并主持召开各类不同规模、不同层次的会议21次，全力以赴开展驻京值班工作，筑实筑牢了最后一道防线。"十九大"期间，对北京12个重点责任区（4个重点涉访地区、5个火车站站点、2个北京市内长途汽车站点、1个重点公交站点）和2个重点工作部位（国家信访局来访接待司、久敬庄分流中心）实行信访、公安联合作业，绑定责任，反复查控，确保万无一失。北京外围查控并及时劝返各类进京上访人员229人次，其中重点人48人次。同时，市驻京工作组共收到并妥善处理信访稳定预警性信息30条，涉及48人次。进过全市263名驻京值班工作人员发挥连续作战、昼夜奋战，不怕疲、不怕苦、不怕累的精神，未发生在京出丑闹事现象。"三项重点工作"即：强化接访。从9月20日至10月15日，县（市、区）每天安排了一名党政领导全天候公开接访；从10月16日开始至十九大结束，各县（市、区）委书记、县区长、副书记、常务县区长"四职"轮流接访，就地解决问题和吸附群众。十九大期间，省联席办通过视频系统对领导干部接访进行了抽查检查，全市各县区领导全部按要求由本人接访，没有发现空岗、代岗、点卯接访问题。严防严控。在对交办全市8类788件重点信访事项的基础上，10月19日，又梳理了第二批市县党政领导和市直部门"一把手"包案督访案件347件，全部进行了分包。在重点防控2690名重点人员的基础上，10月17日至18日，又增加了516名重点人员，录入公安系统，分送各检查站、汽车站、火车站等卡点进行严防严控。十九大期间，承德境内各检查站共查控94人（外地31人）、汽车站、火车站查控22人（外地4人），全部都及时接劝返，没有形成滞留和影响交通问题。抽调市县乡三级信访工作人员进驻金山岭、兴隆县六道河、丰宁县南辛营、承德县安匠、滦平县巴克、滦平县虎什哈等6个环京"护城河"检查、警务站，以及火车站、长途汽车站等重点部位，全天候开展信访协调服务工作。严格责任。对梳理出113件信访积案、52件重点信访案件、第一批415件领导包案督访案件、31件"三跨三分离"案件、42件重点信访隐患，以及全市发生的进京、赴省集访和"非访"依法处置情况等10个督办清单，以签订责任状形式交办到各县（市、区），纳入市督考办督办事项，力促问题解决不上行。

附：市信访局领导名录
局　　长：李树德（满族）
副 局 长：张俊东（满族）
　　　　　葛利军
　　　　　郝秀喜

（供稿　陈　冬）

老干部工作

【概况】 2017年，在市委、市政府的正确领导下，在省委老干部局和市委组织部的指导下，全市老干部工作系统以贯彻落实《关于进一步做好离退休干部工作的意见》、《关于进一步做好离退休干部工作的实施意见》为主线，以为党和人民的事业增添正能量作为价值取向，紧密结合老干部工作创新发展、转型发展、科学发展的新要求，积极探索老干部工作的新思路、新方法，组织全市老干部工作系统继续深入开展"喜迎十九大 畅谈建言"活动，全面加强离退休干部服务管理工作，完成全年的各项工作任务。2017年，承德市共有离退休干部37090人，其中离休干部1430人，退休干部35660人。离休干部中：市直单位651人，承德县66人，围场县74人，丰宁县122人，隆化县100人，滦平县77人，平泉县109人，宽城县67人，兴隆县97人，双桥区29人，双滦区15人，鹰手营子矿区23人；行政机关638人，事业单位416人，企业单位376人；享受省长级医疗待遇1人，享受副省级医疗费待遇1人；正副市（厅）级（含享受）32人，正副处（县）级（含享受）725人，享受正副乡（科）级待遇672人；红军时期参加革命工作1人，抗日战争时期参加革命工作119人，解放战争时期参加革命工作1310人；80岁以上1430人。平均年龄87.8岁。

【落实老干部政治待遇】 离退休干部政治待遇“八项制度”普遍得到坚持和落实。认真组织老同志开展政治理论学习。召开副处级以上离退休干部传达贯彻十九大精神通报会，组建了老干部十九大精神宣讲报告团，深入县区、社区、学校宣讲党的十九大精神，为副市级以上离退休干部购买送发了党的十九大报告和党章修正案等学习辅导材料，送学上门。坚持年节走访慰问，为老干部送去组织温暖。春节前夕，市领导分11组走访慰问了56名实职市级离退休干部、1名老红军和25名实职市级老干部遗属。筹集资金对市直部分破产、改制企业离休干部进行了慰问。分4组，奔赴6个省市区，对易地安置和居住的23名离休干部进行逐户走访慰问，发放慰问金46000元。积极开展老干部喜闻乐见的文体活动。先后举办了市直第三十八届“长寿杯”老干部门球赛、全市第二届老干部门球赛暨中国门球冠军赛承德选拔赛、市直离退休干部棋牌赛。继续组织23位实职市级离退休干部到隆化县枫水湾进行为期10天的健康疗养。举办老干部形势通报会。9月份召开了200多人参加的市直离退休干部形势通报会，市委党校孟凡志教授就京津冀协同发展和雄安新区建设做了专题讲解。组织老干部参观考察。先后组织市级离退休干部参观考察了普宁机场、承德市首届旅游发展大会成果。一系列举措使老同志把思想和行动统一到中央、省、市委的要求上来，做到政治坚定、思想常新、理想永存。

【保障老干部生活待遇】 深怀感情，主动服务，深入细致地做好离退休干部服务管理工作。认真落实老干部待遇提高政策。全面落实提高遗属补助标准政策，及时落实生活不能自理离休干部护理费提高标准政策，受到离休干部和家属的好评。认真开展特困帮扶工作。市直共上报帮扶特困离退休干部120人，总计发放帮扶资金10万元（其中离休干部46人、30500元，退休干部74人、69500元）。各县区共慰问特困离退休干部880人，发放帮扶金78.15万元，使困难老同志得到有效救助。

【离退休干部党支部建设】 进一步强化党建工作主体责任，推动在县以上老干部工作部门设立离退休干部党工委。滦平、围场两县成立了老干部党委，并配备了专职副书记。把离退休干部党支部书记培训列入同级组织部门培训计划，从同级党建经费中支持培训资金。市委组织部从党费中专门拨出30万元支持老干部党支部书记培训。4月份，在市委党校举办了为期三天的全市离退休干部党支部书记培训班，提升了离退休干部党组织政治引领、思想引导的能力水平。

【发挥离退休干部作用】 依托老年大学、关工委、各种涉老团体和组织等阵地，搭建平台，积极引导广大离退休干部为社会增添正能量。“畅谈建言”活动卓有成效。组织全市离退休干部开展“畅谈十八大以来发展变化、展望十九大胜利召开”和“建言十九大”活动，共召开各种形式的座谈会、研讨会100多次，通过各种渠道征集到的意见建议2000余条，经过梳理，反馈给各相关职能部门，一部分已列入有关部门的议事日程，有些已经得到落实。老年教育亮点纷呈。市老年大学充分发挥窗口阵地作用，办学水平不断提高。2017年累计开设24个专业，207个教学班，招生6026人次。参加了2017年河北省首届中老年春节联欢会录制。先后举办了老年大学首届校园文化周和彩色周末专场演出。5月份，被市委宣传部、教育局等六部门命名为“承德市戏曲文化培育基地”。 9月份，被市委宣传部、市文广新局、民宗局，河北民族师范学院命名为“承德避暑山庄宫廷音乐培育传承基地”。关心下一代事业成果丰硕。市关工委配强了班子，增加了经费。编辑出版《谁藏起了春天》和《少年励志故事》并下发至基层关工委、社区、学校。通过省市共建的方式，筹集资金8万元，扶持了16个基层“五老”活动阵地。与文明办、团市委、教育局、电视台联合开展了承德首届“书香承德”读书大赛，历时半年，参与师生达8万余人。8月份在宽城召开了全市关心下一代工作暨经验交流会，市委常委、组织部部长路立营到会指导并做了重要讲话。在市关工委的积极争取下，获得中关工委基金会50万元项目资金，在围场朝阳地小学建成了省内第一个“中国关心下一代为教育示范基地”；15名贫困青年加入到中关工委“扶贫助困千人圆梦计划”，获得免费学习汽修、护理、厨师专业的机会；省关工委等部门组织的“燕赵爱心行—困境先心病儿童免费救治公益活动”率先在承德市启动，2017年，已有26名患儿在301医院接受了手术治疗。

【信息宣传】 宣传信息工作继续位于全省前列。全年在《老人世界》《中国老年报》刊发信息4条，《河北老干部工作》《承德日报》刊发“畅谈建言”6篇。《河北老干部工作情况交流》刊发信息10篇。向省委老干部局上报信息15篇。11月份召开了老干部系统学习贯彻十九大精神暨信息宣传工作会议。

【做好干休所工作】 不断强化日常服务和管理工作，配合相关部门对所内1～4号楼进行了全楼保温，对院内的所有污水井和污水管道进行了清理维护，得到了老干部的肯定。

附：市委老干部局领导名录

局　　长：贺长青（满族）

副 局 长：张晓军

　　　　　李兆军

　　　　　倪进能

（供稿　李芳方）

党校工作

【概况】 2017年，市委党校坚持以党的十八届六中全会和党的十九大精神为指导，以习近平新时代中国特色社会主义思想、系列重要讲话特别是对党校工作的重要指示和中央、省、市委党校工作会议精神为统领，以建设一流市级党校为目标，坚持以教学科研为中心，不断深化教学改革，努力提高办学水平，圆满完成各项工作任务，开创了党校工作的新局面。认真抓好机关党务、党风廉政建设、领导班子和教职工队伍建设、党校系统上下内外联系沟通、机关财务、人事劳资、老干部、图书资料、微机维护、网络安全、摄影摄像、办文办会、车辆管理、文印档案、材料信息、物品采购等各项基础性工作，为以教学为中心的全局工作提供保障。抓好物业、餐厅、公寓的管理，强化新校设备设施的检测排查与维护维修，积极跑办新校项目后续手续。获得“承德市园林式单位”和“河北省园林式单位”荣誉称号。

【主体班培训】 2017年主体班培训教学是近年来任务最重的一年，启动晚，时间紧，任务重，人数多，班次密，内容新，管理严。共完成各类主体班培训27期，培训学员2600余人，其中，市管干部十八届六中全会专题班9期900余人、新提拔县处班1期53人、青干班2期115人、财政金融班 1 期 60 人、市管干部十九大精神轮训班 10 期 1200 余人、市管专业技术拔尖人才十九大精神培训班 5 期 300 人。

【对外培训】 依托党校优势资源，共举办省市内外社会培训班次 40 期，培训各级各类学员 5300 余人，涉及 31 个单位系统，受训广度、培训班次和培训人员数量增长显著，特别是华东及沿海党校系统管理学年会、青海省共和州少数民族政协委员班、工信部培训班，地域广、人数多、层次高、影响大。

【学历教育】 抓好在职学历教育的招生、教学与管理，全年省委党校在职研究生招生报名 639 人，录取经济管理、法学两个专业共 92 人，在校研究生人数达到 244 人。继续坚持严肃认真的研究生教育的办学作风，研究生工作站连续第八次被省委党校评为全省优秀工作站。

【教学科研】 抓好教学水平提升。突出主业主课，实现了用马克思主义中国化的最新理论成果武装学员思想的目标。强化对教师的培训，特别是对十九大精神的培训实现了专职教师全覆盖，共派出教师 44 人次，是近年来派出学习人数最多的一年。积极探索教学方式方法创新，增开情景模拟教学专题，谋划打造隆化董存瑞烈士陵园红色主题教育——塞罕坝精神主题教育，继续开展第二课堂，重启异地培训。严抓学风，安排课堂教学、小组研讨、影视教学、课余自学，实事求是的学风、紧张务实的风气正在形成。从严明课堂纪律做起，每一堂课必先强调纪律，推进封闭式管理和人性化管理相结合，班主任全程跟班。围绕中心工作开展科研活动。坚持教学、科研并重，着力补齐科研短板。围绕当前疑点、难点问题和承德十大产业进行课题立项申报。全年共取得科研成果 42 项，其中，国家级 9 项，省级 2 项，市级 31 项。把优秀作品向《承德日报》《承德建设》以及为市领导参阅的内部刊物上推荐刊登。

附：市委党校领导名录

校　　长：张泽峰

常务副校长：杨宝林（满族）

副 校 长：闫　坤

聂志信（满族）

律　波（满族）

闫晓斌

（供稿　刘艳楠）

党史研究

【概况】 2017 年，在市委的坚强领导和省委党史研究室的有力指导下，市委党史研究室认真学习贯彻党的十九大精神，以习近平中国特色社会主义思想指引党史工作，紧紧围绕中央、省、市委工作部署，全力做好党史研究、宣教、机关党建等重点工作，围绕中心、服务大局，很好地发挥党史部门以史鉴今、资政育人作用。

【完成省部署任务】 完成省室《晋察冀边区历史大事记述》相关稿件的撰写工作。历时半年，搜集、查阅省室及廊坊、唐山、张家口、保定、秦皇岛、石家庄等市相关资料 67 种，完成 63 个条目、5 万余字初稿并上报。完成省室《砥砺奋进的河北——从党的十八大到十九大》一书承德市相关稿件的撰写上报工作，在市委宣传部、市统计局帮助下，完成“砥砺奋进的五年，绿色发展的承德”的综述及“生态承德，绿水青山就是金山”“脱贫攻坚，举全市之力打好组合拳”两个专题的上报工作。完成“全省党史图书资料（音像）收集报送工作”。共向中央党史研究室、省委党史研究室上报全市图书资料 13 种，65 本。完成省室“关于侵华日军无差别轰炸及其暴行学术研讨会征文”组织撰写工作。全市共上报论文 3 篇，其中市本级 1 篇。完成省室征集整理抗洪救灾资料的任务，撰写上报了《承德市抗洪救灾概况》的报告。完成《中国共产党河北年鉴（2016 年度）》“承德市部分”相关内容的撰写和上报工作。

【党史编研】 推进全市党史二卷的编写出版进程。市本级已完成《中国共产党承德历史（第二卷）》编写大纲及编写规范的制定。同时，组织召开全市党史研究室主任会议暨业务工作会议。截至年底，平泉、丰宁党史二卷已完成出版发行，滦平党史二卷正在出版印刷，围场党史二卷完成初稿，并形成 6 个方面 400 多条的修改意见。推进完成承德市大事记编纂工作。集中推进 2015-2016 年大事记资料征集撰写，经过三次编校，形成定稿并付诸印刷。完成撰写《承德市党史工作志》初稿工作。按照市政府关于撰写《承德市志（1989-2015）》的相关要求，相关撰写工作 2016 年 9 月正式启动，截至年底，已完成 20 余万字的初稿，报送市志办公室。完成《承德年鉴（2016 年度）》“党史研究”部分的撰稿报送工作。

【党史宣教】 组织开展承德市迎接党的十九大召开暨“学党史、感党恩、跟党走”主题教育知识竞赛活动。为迎接党的十九大胜利召开，市委党史研究室会同市委宣传部、承德日报社在全市开展了“学党史、感党恩、跟党走”主题教育知识竞赛。试题选择在“学”上下功夫，通过大量的党史背景、事件的介绍，寓学于题，筛选确定 100 道单选试题，2 万余字，全面反映中国共产党 90 多年的奋斗史、探索史、建设史。试题于 7 月 11 日刊发在《承德日报》后，全市党员干部群众、各单位、各县区、基层党组织，反响强烈，积极参与，很多单位利用试题平台进行党史专题学习、集体组织答题。多名老干部、老党员义务在企业、社区进行党史知识宣讲。中央党史网、河北党史网刊发了承德市的相关经验及做法。市委书记周仲明专门作出批示，指出：“市委党史研究室强化党史宣传主题教育活动收到良好效果，望进一步围绕学习宣传党的十九大精神，再创新活动载体，增强学习贯彻效果。”创新党史宣教方式。建立承德市党史微信群，汇集八县三区党史主管领导和业务骨干，加强全市党史系统内部的信息沟通，在中共河北历史网刊发信息 10 条，在中央党史网刊发 1 条，改变了长期以来的落后局面。超额完成了 2017 年度省室下达的《党史博采》宣传征订工作。在全省党史主任工作会议上作了典型发言，并被评为全省宣传征订工作先进单位。

附：市委党史研究室领导名录

主　　任：张立军

副 主 任：杨迎春（女）

　　　　　李　伟

（供稿　刘占广）

档案工作

【概况】 2017 年，全市档案工作紧紧围绕市委、市政府中心工作，坚持以党的十八届五中、六中全会和十九大精神为指导，深入学习贯彻习近平总书记系列重要讲话精神，以党建工作为引领，全面夯实基层基础，大力推进档案工作规范化管理，不断提升档案管理和服务水平，各项档案工作有序推进并取得明显成效。档案局班子调整以来，认真学习贯彻十九大精神，在进入新时代，面对新形势，如何开展档案工作方面，进行了认真思考和研究，围绕着：“改造硬环境、提升软实力、打开新窗口、拓展新路径”四个方向，实化举措，寻求突破。

改造硬环境。调整办公用房，改善馆库环境。清理杂物备品库房，增加档案库房面积。建立数字展示室和档案陈列室、组织档案专库、纪检档案专库、热河省档案专库、弘扬塞罕坝精神档案等专库。建立微型消防站，配备消防器材，为档案安全提供有力保障。突出文化建设，设立机关档案文化墙。提升软实力。以培育“开放的思维，学术的氛围，专业的精神，求实的作风，安全的底线”为核心的档案文化理念为目标，围绕市委、市政府中心工作选题定向，每天固定时间，读卷阅卷。开展每日一读、每周一讲、每月一评，通过开展“读、讲、评”活动，提升软实力，做到全局职工人人有课题，天天有收获，年年有成果。为营造“讲政治、守纪律、敢担当、有作为”的工作氛围，切实提高党员教育质量和效果，积极探索每周一讲、党课教育的新形式、新内容。机关党总支组织全体党员干部走进承德市廉政教育基地。打开新窗口。以建立数字展示室和档案陈列室为平台，打开展示馆藏档案的新窗口。用时近两个月时间投资 10 万余元，建设档案陈列室，领会学习贯彻十九大精神和即将开展的“不忘初心，牢记使命”主题教育活动，推出了“领略辉煌奋斗的历史，学习贯彻十九大精神”主题展览。设立与馆藏档案全文数据库连接的多媒体室，面积 50 余平方米，通过计算机和实物展示台等设备，运用文字、图画、投影、录音、录像等多种媒体，为领导、专家、学者直观了解馆藏档案资料提供窗口，为该局职工研讨工作、进行学术交流提供场所。探索新路径。近期，市档案局与河北民族师范学院经多次沟通协商，按照“资源共用、成果共享”原则，达成了河北民族师范学院将市档案局（馆）作为在校生实习基地，锻炼培养人才。市档案局（馆）借助河北民族师范学院人才资源、人力资源、设备资源等优势，开展民国档案整理、口述资料采集、档案资料开发等工作的合作框架协议。

【档案法治建设】 提升档案行政执法监督水平。按照承德市关于推进“三项制度”的相关要求，制定了《承德市档案局推行行政执法公示制度、执法全过程记录制度、重大执法决定法制审核制度实施方案》并组织实施。按照市委“转、优、促”活动安排部署，积极做好“放管服”工作，印发了《承德市档案局推广随机抽查规范档案行政执法监督检查实施细则》。在档案组织管理、档案整理、信息化建设等方面对市直机关 9 个单位进行了档案执法“双随机”检查，针对在检查过程中存在的具体问题，下发了整改通知书，提出整改要求，并将检查结果进行通报和公示，有效的规范了档案行政执法监督，提高了依法治档能力。加大档案普法宣传力度。在“国际档案日”“宪法宣传日”由机关党总支组织机关党员干部走上街头，悬挂标语，印发传单和宣传材料，宣传档案法律法规和档案业务知识，提高了社会档案意识，增强了档案法治观念。

【档案馆库建设】 市长常丽虹在市档案局向市政府报送的《关于全市县级综合档案馆建设推进情况的报告》上，就全市县级档案馆建设作出批示。市政府办公室将市长批示和市档案局的报告印发各县（市）区，要求各县（市）区加快推进档案馆建设。市档案局对全市县级档案馆建设进行再督导。2017 年，全市 12 个县（市、区）国家综合档案馆总面积达到 2.16 万平方米。

【档案资源建设】 继续开展口述档案征集。市档案馆继续开展口述档案征集工作，一是把知青口述资料作为征集重点，通过在市政府公众号、承德知青网站发布征集启事，扩大征集范围和影响。专程到天津采访曾在承德下乡的多名老知青。二是结合学习塞罕坝精神，到围场采访塞罕坝代表人物“六女上坝”之一的陈彦娴老人。2017 年，市档案馆共征集 20 人知青口述资料，征集知青相关资料、图片 200 余件，为今后档案资料研究提供有力的参考。积极开展塞罕坝档案资料征集。为弘扬塞罕坝精神，先后赴国家林业局、河北省林业厅、塞罕坝机械林场、中央档案馆、河北省档案馆等地征集了一批记录塞罕坝机械林场发展历史的档案，并初步与塞罕坝机械林场协商研究了相关档案开发事宜。2017 年，市、县（区）档案馆共接收档案 27 万（卷）件。全市综合档案馆馆藏量达到 202.1 万卷（件），市档案馆馆藏量达到 42 万（卷）件、册、张。

【档案信息化建设】 全面推进数字档案馆建设。全年，全市各级档案馆累计扫描档案全文 2012.5 万幅，市档案馆完成全文数字化扫描 150 万幅，累计扫描 750 万幅。县（市、区）档案馆完成档案全文数字化扫描 388 万幅。稳步推进数字档案室建设。将具有档案移交进馆任务的市直单位作为数字档案室建设的重点，通过召开工作推进会、上门指导、专门培训等形式，对财政局、人社局、国税局等 7 个市直机关数字档案室试点单位进行指导，并提出具体工作要求，加快推进数字档案室建设。

【档案服务基层】 推进机关、团体、企事业单位和重点建设项目档案工作。推进机关企事业单位档案目标管理认定工作。对市直部分单位进行档案年度接续立卷工作进行指导，全年，全市有 55 家机关、企事业单位的档案工作通过了省级档案工作目标管理认定。督导企业档案工作有序开展，重点加强对破产企业档案跟踪指导工作，目前已接收破产企业 3156 卷档案进馆。选派业务骨干，对“两馆”建设项目、承德机场、双峰寺水库等单位档案进行重点指导，使重点建设项目档案工作也得到了有效监管。切实抓好农业农村档案工作。继续实施“5533”（全市 50 个美丽乡村、50 个精准扶贫村、30 个乡镇、30 个社区档案管理示范工程）档案管理示范工程，精选试点，并向省档案局推送美丽乡村建设和精准扶贫档案管理工作先进经验典型。深入开展民生档案工作。按照省档案局设立“民生档案查阅中心”试点工作的要求，督导围场县档案馆开展“民生档案查阅中心”试点工作，顺利完成了全省首批、全市首家“民生档案查阅中心”试点工作。

【档案安全工作】 增强安全意识。强化“安全第一”“确保档案安全是档案工作者的天职”意识，始终紧绷安全这根弦，处处讲安全，时时抓安全，想方设法保安全，坚守安全底线。建立安全制度。制定务实管用、覆盖档案工作各个环节各个方面的档案安全制度，建立档案安全工作责任制，为档案实体安全、档案信息安全、档案政治安全提供制度保障。狠抓工作落实。加强监督检查，档案安全工作领导小组定期检查、随时抽查安全制度落实情况，轮值安全检查员排查库房、技术用房、对外服务用房、附属设施设备、办公室安全隐患，记录在案，及时采取措施消除隐患。

【档案编研】 围绕“四专”，即聘专家、做专访、建专库、出专著，开展热河档案资料搜集整理开发工作。聘请热河史研究专家，在业务上指导热河省档案资料搜集、整理、开发工作；对热河史专家和热河省人物进行专访，留存影像、声音和文字资料；建立热河省档案资料专库；在搜集整理热河省档案资料的基础上，拟编辑出版《热河省要事纪略》等专著。

附：市档案局（馆）领导人名录

党组书记、局（馆）长：吴景新（满族）

党组成员、副局（馆）长：周东来（满族）

年晓燕（满族）

周书星（满族）

（供稿　朱　虹）

接待工作

【概况】 2017 年，市接待办始终围绕全市中心工作，深入学习贯彻落实习近平总书记系列重要讲话和党的十九大精神，认真落实上级领导对接待工作的指示要求，精心服务，牢记使命，攻坚克难，圆满完成接待任务，全年共接待重要来宾286批，4361人次（比2016年度增加29%）。其中国家级6批，543人次；省部级109批，1749人次；厅级及以下客人171批，2069人次。接待省部级以上领导达213人次。特别是高质量完成了刘云山、刘奇葆、孟建柱、贾庆林、陈竺、陈至立等党和国家领导人到承德考察等重大任务。市领导周仲明、常丽虹、张泽峰、李晋宇、丁伟多次在接待工作专报等内容上进行批示："今年接待任务越来越重，接待办的全体同志敬业负责，克服了人员少，任务重、同时工作量几倍增加的困难，做了大量卓有成效的工作，圆满完成了各项任务，经受了考验和锻炼，接待水平有了很大提高！既展示了承德市良好形象，更为承德市争取更大支持创造了条件，达到了'接待也是生产力'的要求，值得肯定。"完成了让来宾满意、领导满意；促进绿色崛起、促进承德形象提升的"双满意，两促进"目标，为建设"生态强市、魅力承德"做出了贡献。

【接待保障工作】 按照市领导要求，首次承担了承德市第十四次党代会接待保障任务，通过学习考察石家庄太行国宾馆落实省九次党代会餐宿及服务工作经验，从会议组织、食宿安排、精选人员、后勤保障等方面不断开创承德特色，市领导一致认为办成了历年来最好的一次会议。还连续两次保障了市党政代表团赴天津市对接走访、学习考察、回访汇报和签约活动；完成市党政代表团赴深圳招商推介及湖州、咸阳、西安学习考察任务；同时赴县区协助落实国家扶贫开发成效交叉考核组和东西部扶贫省际交叉考核组接待任务近两周时间，提高了对"接待工作出形象、出环境、出生产力"的认识，达到了整体提升的目的。

【完善联动协调机制】 全年省部级领导同时莅临承德市考察调研情况增多，特别是参加市首届旅游发展产业大会的外单位多，跨省市人员多；2017年森林城市建设座谈会规格高，其中有省领导和全国100多个城市书记、市长出席大型活动；两院院士大会有省部级领导和院士100多人出席；省环保督察组集中省、市、县工作人员多达90多人，近一个月时间；十九大安保工作组到承德不仅时间长，跨县区次数多，工作要求高，从领导到工作人员都坚持盯住每一个接待环节，完善以接待部门为主导，以对口单位及相关部门为依托，以宾馆、考察点为载体的联动机制，及时协调各方力量，互相支持配合，对县区重大接待活动立足全局进行策划、组织、保障、服务，确保接待工作科学统筹、配置高效、协调有力，按照标准化、程序化落实好接待工作，做到每次任务不仅无一纰漏，都能达到领导满意，而且有效地展示了承德形象。

【提升服务质量】 为确保完成党和国家领导人多次考察等重大接待任务，在没有内部接待宾馆的情况下，针对坝上塞罕湖宾馆内部设施不规范不完备情况，通过对餐具、桌椅、办公用品的借、租、购、运以及服务人员的临时借调，对接待现场进行精心布置，精心协调，没有条件创造条件，多次连续完成紧急任务，全力保证服务质量。合理完善重要接待活动呈批笺和规章制度，规范各项接待审批程序和内容，进一步明确分管领导和科室人员职责，特别是在充分考虑来宾目的及相关情况的前提下，注重整合接待资源，提高菜品质量，多次与嘉和国际饭店等宾馆开展座谈交流，坚持从细节入手，依托承德皇家文化，深入挖掘地方特色菜品，充分彰显本地特色，大力推动简餐、自助餐等形式，为接待注入新的内涵和活力，给来宾留下难以忘怀的印象。

【协助支持县区接待工作】 认真落实《领导干部直接联系群众制度》，深入县区蹲点调研，查实情、访民意，帮助解决实际问题，特别是县区有重大接待任务时，都及时派领导班子成员亲赴县区加强现场指导，帮助释疑解惑，规范接待服务细节，充分利用重大接待任务进行现场培训，及时协调公安、交通、信访等有关部门，注重提前沟通，充分发挥接待联动机制效果。面对新形势、新任务、新要求，认真学习借鉴先进地市工作经验，主动与先进地市对标，多次开展外出学习交流活动：先后赴张家口、省接待办和石家庄市接待办等地学习；与沧州、德宏接待办同行交流工作经验，并多次与县区互动，全年共赴县区指导达50多批次，同时，认真落实岗位交流培训制度，通过县区安排人员到市接待办进行定期学习交流活动，为县区培训了人才，有效地提升了市、县区整体接待水平。

【落实党风廉政建设】 坚持从自身做起，明职尽责。强化责任意识，坚持“一岗双责”，自觉履行党风廉政建设主体责任。专题研究党风廉政建设。全年共专题研究党风廉政建设工作4次，认真制定《2017年党风廉政建设和反腐败工作实施方案》，班子成员分别签订了履行党风廉政建设主体责任书，按照市纪委要求及时落实党风廉政建设情况专题报告。 开展“微腐败”专项治理活动。在认真开展“一问责八清理”专项行动，签订“一问责八清理”承诺书的基础上，按照市纪委的总体部署，制定《深化基层党风政风“清洁行动”推进“微腐败”专项治理的实施方案》，成立领导小组，充分运用监督执纪“四种形态”，坚持问题导向，主动向合作酒店、县区接待单位等相关部门征求意见，开展“问作风、问症结、问线索”活动，收集群众和服务对象意见建议，强化群众和社会监督。分别于2017年5月25日和6月7日两次召开了全体党员（职工）大会，就“两个专项工作”开展自查自纠，自觉接受市纪委派驻市委办纪检组和市审计局的巡视、审计和监督，切实杜绝和解决发生在接待工作中的“微腐败”问题，确保自身工作层面不出现违纪违规问题。注重开展专题警示教育。共开展党性党风党纪专题警示教育10次，主要学习了《习近平关于党风廉政建设和反腐败斗争论述摘编》《周仲明、路洪昌同志在全市深化基层党风政风“清洁行动”推进“微腐败”专项治理工作会议上的讲话》《路洪昌同志在市纪委派驻机构建设工作会议上的讲话》《关于六起违反中央八项规定精神典型问题的通报》等内容，班子成员积极参加处级干部进修和必修课程轮训，自觉学习新党章、《中国共产党廉洁自律准则》、《中国共产党纪律处分条例》等规章制度，自觉收看《将改革进行到底》《大国崛起》等电视专题片，不断提高运用法治思维和依法办事能力，切实增强廉政风险的防范意识。

附：市接待办公室领导名录

主　任：苗立田（满族）

副主任：赵凤强（满族）

于卫国（满族）

祝万才

（供稿　王继东）

市直机关事务管理

【概况】 在市委、市政府的正确领导下，在省机关事务管理局的大力指导下，紧紧围绕机关事务工作“管理规范化、保障法制化、服务社会化”总要求，坚持机关事务服务保障“无处不精心、无处不精致、无处不精品”总目标，以党政机关公务用车制度改革、公共机构节能、市直机关办公用房集中统一管理、保障行政中心运行、妥善处理遗留问题为重点，凝心聚力，创新求实，圆满完成了年初确定的各项目标任务。

【公务用车制度改革】 按照省车改办《关于印发〈河北省公务用车信息化管理平台建设方案〉的

通知》要求，在规定时间内完成公务用车信息化平台建设工作，于7月10日投入运行，共完成全市2465辆公务用车信息录入，安装北斗定位系统1944辆，对全部保留公务用车喷涂监督电话，进一步加强对公务用车使用的监管力度。省车改办督导检查组对市信息化平台建设工作进行考核，对全市工作完成情况给予肯定。2017年分3次对全市市直机关取消公务用车进行拍卖，现符合交易过户条件的车辆全部处置完毕；会同市有关部门共同研究解决方案，将已过核验期强制锁死的车辆按程序进行报废处置，已基本处置完毕。

【公共机构节能】 根据工作需要和人员变化，年初对全市公共机构节能工作领导小组成员单位进行了调整，增补了市教育局等重点用能单位，为全市公共机构节能工作开展提供组织保障。对2016年度全市2010家公共机构能源等消耗情况进行分类统计，2016年度全市人均综合能耗同比下降2.45%，单位建筑面积（每平方米）综合能耗同比下降1.63%，圆满完成了省里下达的公共机构节能指标。按照省节能办要求，对全市“十三五”期间91万平方米的既有建筑改造任务进行了分解，全面推进实施，同时，稳步推进全市公共机构能源审计工作，制定印发了《承德市公共机构能源审计实施方案》，并督导指导各县区、市直各部门认真抓好落实。2017年6月上旬，在市中心广场举办了以“节能有我、绿色共享”为主题的节能宣传周活动，向市民发放节能宣传画3000余份、节能宣传单10000余份，广泛宣传节能知识。确定平泉市行政中心为能效领跑者创建对象，承德县中医院、滦平县职业技术教育中心为第三批国家示范单位创建对象，圆满完成节能示范单位创建工作。

【市直机关办公用房管理】 全年，共调剂解决国开行、市纪委等部门申请新增办公用房8间，并对市直各单位原纪检组长、监察室办公用房进行清查清退。按时完成了市直机关共77间新任领导办公用房改造工作，工作效率和工作质量得到市领导的肯定。对御道口牧场等23个市直单位办公用房维修改造申请提出初审建议，全部通过财政审核验收。

【设施设备保障】 对市委办等10多个单位新增加安装20套空调末端设施；检修保养运行设备560余台次；解决跑冒滴漏或不制热（冷）等各种故障500多次，确保了各项设施设备安全运行。就行政中心电梯故障频发问题，先后三次电梯维保致函并约谈，责令其限时解决，已全部良好运转。组织实施了行政中心配电室变压器负荷改造工程，彻底解决了行政中心用电超负荷问题，有效地保障了市委政法委、市委红机机房用电问题。将直饮水机房加装变频器、pH检测仪等设备，解决直饮水设备老化问题，保障直饮水安全稳定供应。对行政中心500千瓦光伏发电站维保项目进行重新招投标，保障光伏发电站正常运行，确保行政中心各类设施设备高效运转。

【会议服务保障】 完善会议中心基础设施设备建设，及时对会议中心部分会议室及南楼918市长专用会议室设备进行更换，进一步提高会议室和设备使用效率。全年共完成会议服务713场次，其中国家级会议49场次，省级会议76场次，市本级会议575场次，节假日及晚上召开的会议64场次，圆满完成了各类会议服务保障任务。

【生活保障工作】 对部分特色餐饮点环境和布局进行了调整，整体提高饭菜加工精细化程度，满足各类人群不同口味的需求，同时确保供应时间内的餐饮服务保障。切实把好进货及出入库、食品制作及售卖、日常管理等关口，努力创建放心、舒心、安全、卫生的就餐环境。全年共完成行政中心干部职工就餐服务11万余人次，会议用餐服务20多次，市委、政府应急接待任务20余次。新购了全自动彩色超声诊断议、全自动血球计数分析仪和全自动尿液分析仪，严格把控药品进入渠道，严格执行医疗技术操作规程，严格医护人员职业操守，进一步提升了门诊部诊疗水平。全年共诊疗离退休老干部9000余人次、在职职工8000余人次、城镇居民15000余人次，为老干部提供上门服务1000余人次，完成业务收入770余万元。

健全完善了行政中心物业维修网格化管理工作体系，变被动服务为主动服务，结合全市“转优促”活动，在3月开展“行政中心物业维修改造集中整治活动”，对驻行政中心各单位物业维修改造计划进行调查摸底并统一实施，共维修窗户、门锁、天花板、地板砖、踢脚线、地漏等1000余处，更换电源开关、灯管2800余处，维修景观灯、路灯1300余次，防水维修2200余平方米，极大地提高了工作效率和机关满意度。同时，针对行政中心各楼阳光板及龙骨老化严重问题，及时进行统一更换，进一步美化大院环境，省环保厅巡视组对此给予高度评价。

10月份，会同市公安局治安巡防大队、市公证处等部门，对行政中心地下大车库长期停放不动的僵尸车进行清理，清理出公务用车制度改革取消封存车25辆、私家车32辆，并将60辆长期停放车辆移出并集中停放，有效地缓解了行政中心车辆停放难问题。同时，对地下小车库现有的101个车位进行重新分配，有效地保障了市四大机关公务用车、市级领导和市委常委部门领导私家车停放，实现了现有资源的优化配置。

【安全保卫】 修改完善了《行政中心安全管理办法》，定期组织安全及消防演练，增强应急处突和化解安全隐患的能力。建立出入人员登记、值班人员交接、夜间巡逻、签订责任书等规章制度。实行网格化管理，责任分解、落实到人，提高临机处理安全问题的能力。按照安全生产“党政同责”“一岗双责”要求，分别与驻行政中心各单位、消防维保单位、应急分队派遣单位签订安全管理责任书，落实责任。全年共配合市行政中心相关单位接待上访人员373批次、7108人次，来访人员21300人次；协助市公安局巡警支队治安巡防大队、双桥分局行政拘留41人，成功处置因情绪激动到行政中心喝农药、跳楼突发事件2起。针对个别上访户进行重点管制和监控，对在行政中心突发跳楼、打条幅围堵行政中心、开车冲撞保卫人员等过激行为的重点上访人员进行管控、劝解，化解群体性事件苗头。同时，及时搜集信息形成专报，为相关部门决策提供及时准确信息，防范意外事件发生，确保行政中心安全稳定。

附：机关事务管理局领导名录

党组书记、局长：柳海东（满族，1月免）
马浩然（1月任）

党组成员、副局长：张　勇（满族）
郝瑞凯（满族）
于元振
梁晓红（女）

（供稿　刘安然）

承德市人大及其常委会

综　述

2017年市十四届人大常委会在中共承德市委的坚强领导下，市人大常委会深入学习贯彻党的十八大、十九大精神和习近平新时代中国特色社会主义思想，认真贯彻落实中央和省委、市委的决策部署，坚持党的领导、人民当家做主、依法治国有机统一，坚持以人民为中心的发展思想，坚持围绕中心、服务大局，忠实履行法定职责，保持工作的连续性和创造性，着力谋新篇、开新局，着力对标先进、点燃激情，着力推进人大工作与时俱进、创新发展，全市人大工作接力前进、务实推进、砥砺奋进。一年来，举行常委会会议6次、主任会议9次，开展视察、调查和执法检查16次，听取和审议工作报告和汇报35项，作出决议决定、形成审议和评议意见21项，依法任免国家机关工作人员93人次，有力促进了全市经济社会发展和民主法治建设，实现了常委会工作良好开局。

人代会　常委会　主任会

【人代会】　4月7日至4月10日，承德市第十四届人民代表大会第一次会议在承德大剧院召开。4月7日上午9时，大会开幕。4月10日下午，大会胜利闭幕。这次大会的指导思想是：坚持以习近平总书记系列重要讲话精神为指导，深入学习贯彻省第九次党代会和市第十四次党代会精神，以对人民高度负责的态度，认真履行宪法和法律赋予的职责，充分发扬民主，严格依法办事，圆满完成大会各项议程。在中共承德市委的领导下，动员和团结全市人民，振奋精神，真抓实干，奋力推进生态强市、魅力承德建设实现新突破，以更加优异的成绩迎接党的十九大胜利召开。

大会应出席代表372名，实出席代表365人。大会主席团由39人组成。周仲明、常丽虹、郭群、韩福才、张泽峰、郭椿、曹凯、邢书印、王素芝、张树民为主席团常务主席。

大会的主要议程是：听取和审议承德市人民政府工作报告；审议关于承德市2016年国民经济和社会发展计划执行情况与2017年国民经济和社会发展计划草案的报告（书面），审查、批准承德市2016年国民经济和社会发展计划执行情况的报告与2017年国民经济和社会发展计划；审议关于承德市2016年市本级预算和市总预算执行情况及2017年市本级预算和市总预算草案的报告（书面），审查、批准2016年市本级预算执行情况的报告与2017年市本级预算；听取和审议承德市第十三届人民代表大会常务委员会工作报告；听取和审议承德市中级人民法院工作报告；听取和审议承德市人民检察院工作报告；选举事项。

大会共收到10人以上代表联名提出的议案4件，收到代表提出的建议、批评和意见247件。大会议案审查委员会依法对代表提出的4件议案进行了逐件审查。审查认为，这4件议案法定人数具备，但内容均不属于市人民代表大会职权范围，拟作为建议连同大会期间收到的代表建议、批评和意见，交市“一府两院”及有关部门办理并答复代表。

12月21日至12月22日，承德市第十四届人民代表大会第二次会议在承德大剧院召开。12月21日上午9时，大会开幕。12月22日上午，大会胜利闭幕。这次大会的指导思想是：以习近平新时代中国特色社会主义思想为统领，深入学习贯彻党的十九大精神，认真落实省委九届五次全会和市委十四届二次全会精神，坚持以人民为中心的发展思想，认真履行宪法和法律赋予的职责，充分发扬民主，严格依法办事，圆满完成大会议程，在中共承德市委的领导下，动员和团结全市人民，奋力开创新时代生态强市、魅力承德建设新局面。

大会应出席代表371名，实出席代表344人。大会主席团由42人组成。周仲明 、韩福才、王素芝、孔庆龙、李伟、蔡福浩、丁然、李兴臣、邢书印、张树民、门玉生为主席团常务主席。

大会的主要议程是：选举承德市出席河北省第十三届人民代表大会代表。

【常委会会议】 2月28日，市人大常委会主任郭群主持召开市十三届人大常委会第三十一次会议，副主任郭椿、曹凯、邢书印、王素芝、张树民、柴山，秘书长张举和委员共35人出席会议。市人民政府副市长李维，市中级人民法院副院长、代理院长刘福明，市人民检察院副检察长、代理检察长纪志明列席会议。会议表决通过了市人大常委会关于召开承德市第十四届人民代表大会第一次会议的决定草案、承德市第十四届人民代表大会第一次会议建议会议议程草案、承德市第十四届人民代表大会第一次会议建议会议日程草案、承德市第十三届人民代表大会常务委员会工作报告讨论稿以及人事任免事项。

3月23日，市人大常委会主任郭群主持召开市十三届人大常委会第三十二次会议，副主任郭椿、曹凯、邢书印、王素芝、张树民、柴山，秘书长张举和委员共36人出席会议。会议表决通过了承德市第十四届人民代表大会第一次会议各项建议名单草案、承德市第十四届人民代表大会法制委员会组成人员人选建议名单草案、承德市第十四届人民代表大会第一次会议选举和表决办法草案、承德市十三届人大常委会代表资格审查委员会关于市十四届人大代表的代表资格审查报告。

4月18日上午，市人大常委会主任韩福才主持召开市十四届人大常委会第一次会议。市委书记周仲明、市长常丽虹、市人大常委会主任韩福才分别讲话。市人大常委会副主任王素芝、孔庆龙、李伟、蔡福浩、丁然、李兴臣，市人大常委会秘书长门玉生出席会议。此次会议应出席市人大常委会组成人员38人，实际出席36人，符合法定人数。会议通过相关议程后，表决通过承德市第十四届人民代表大会常务委员会代表资格审查委员会组成人员名单，以无记名投票方式通过补选省人大代表和人事任免事项。市人大常委会和市人民政府拟任命人员代表分别作供职发言。市人大常委会主任韩福才向被任命的市人大常委会和市人民政府组成人员颁发任命书。

6月22日至23日，市人大常委会主任韩福才主持召开市十四届人大常委会第二次会议，市人大常委会副主任王素芝、李伟、蔡福浩、丁然、李兴臣，秘书长门玉生和委员共32人出席会议。市人民政府党组副书记李维、副市长薛寒，市中级人民法院院长刘福明，市人民检察院检察长纪志明，市人民政府有关部门负责人，市人大常委会机关副处级以上干部，各县（市）区人大常委会负责同志和四名市十四届人大代表列席会议。会议通过相关议程后，听取和审议了市人民政府副秘书长刘英杰受市人民政府委托作的市人民政府关于贯彻实施《中华人民共和国水土保持法》和《河北省实施〈中华人民共和国水土保持法〉办法》情况的报告、市人大常委会农业和农村工作委员会主任李成彦作的市人大常委会执法检查组关于检查市人民政府贯彻实施《中华人民共和国水土保持法》和《河北省实施〈中华人民共和国水土保持法〉办法》情况的报告、市环境保护局局长张建文受市人民政府委托作的市人民政府关于2016年度环境质量状况和环境保护目标完成情况的报告（书面）、市教育局局长王国维受市人民政府委托作的市人民政府关于贯彻实施《中华人民共和国义务教育法》和《河北省实施〈中华人民共和国义务教育法〉办法》情况的报告、市人大常委会教育科学文化卫生工作委员会主任梁荣华作的市人大常委会执法检查组关于检查市人民政府贯彻实施《中华人民共和国义务教育法》和《河北省实施〈中华人民共和国义务教育法〉办法》情况的报告，并就有关议题形成了审议意见。会议还表决通过了《承德市荣誉市民称号授予办法》、《承德市制定地方性法规办法（草案）》和《承德市人大常委会2017年度立法计划》以及人事任免事项。市人大常委会秘书长门玉生在会上传达了全省人大工作座谈会会议精神。

7月18日上午，市人大常委会主任韩福才主持召开市十四届人大常委会第三次会议，副主任王素芝、孔庆龙、李伟、蔡福浩、丁然、李兴臣，秘书长门玉生和委员共37人出席会议。市人民政府常务副市长李晋宇，市中级人民法院院长刘福明，市人民检察院副检察长郑川列席会议。会议表决通过有关人事任免事项，韩福才主任向被任命人员颁发任命书。随后，举行了向宪法宣誓仪式。

8月29日至30日，市人大常委会主任韩福才主持召开市十四届人大常委会第四次会议，市人大常委会副主任王素芝、孔庆龙、李伟、蔡福浩、丁然、李兴臣，秘书长门玉生和委员共35人出席会议。市人民政府常务副市长李晋宇、副市长苏铁成，市中级人民法院院长刘福明，市人民检察院检察长纪志明，市人民政府有关部门负责人，市纪委驻市人大常委会机关纪检组负责人，市人大常委会机关副处级以上干部，各县（市）区人大常委会负责同志和六名市十四届人大代表列席会议。会议通过相关议程后，听取和审议了市发展和改革委员会主任王毅受市人民政府委托作的承德市人民政府关于2017年国民经济和社会发展计划上半年执行情况的报告、市财政局局长栾志宏受市人民政府委托作的承德市人民政府关于2017年市本级预算上半年执行情况的报告、市交通运输局局长张富民受市人民政府委托作的承德市人民政府关于交通基础设施建设情况的报告、市人大常委会财政经济工作委员会主任周晓燕作的承德市人大常委会视察组关于视察全市交通基础设施建设情况的报告、市扶贫和农业开发办公室主任王志宏受市人民政府委托作的承德市人民政府关于开展脱贫攻坚情况的报告、市人大常委会农业和农村工作委员会主任李成彦作的承德市人大常委会视察组关于视察承德市人民政府脱贫攻坚工作情况的报告、市人民检察院检察长纪志明作的承德市人民检察院关于加强生态环境保护检察工作情况的报告、市人大常委会内务司法工作委员会主任兰德龙作的承德市人大常委会视察组关于视察承德市人民检察院关于加强生态环境保护检察工作情况的报告、市人大常委会法制工作委员会主任相文举作的关于《市人大常委会立法咨询专家名单草案》有关情况的说明，并就相关议题形成了审议意见；会议表决通过了《承德市人大常委会立法咨询专家人选名单》《承德市人大常委会关于授予王博宇承德市荣誉市民称号的决定》以及人事任免事项。韩福才主任向20名立法咨询专家颁发了聘书，向被任命人员颁发了任命书。会上，举行了被任命人员向宪法宣誓仪式。

10月25日至26日，市人大常委会主任韩福才主持召开市十四届人大常委会第五次会议，市人大常委会副主任王素芝、孔庆龙、李伟、蔡福浩、丁然、李兴臣，秘书长门玉生和委员共31人出席会议。市人民政府副市长张建宇、郭士刚、苏铁成，市中级人民法院院长刘福明，市人民检察院检察长纪志明，市人民政府有关部门负责人，市人大常委会机关副处级以上干部，各县（市、区）人大常委会负责同志和六名市人大代表列席会议。会议通过相关议程后，听取和审议了市财政局局长栾志宏受市人民政府委托作的市人民政府关于2016年市本级决算和市总决算情况的报告、市审计局局长王允昌受市人民政府委托作的市人民政府关于2016年度市本级预算执行和其他财政收支情况的审计工作报告、市人大常委会财政经济工作委员会主任周晓燕作的市人大常委会财政经济工作委员会关于2016年市本级决算和市总决算情况的初审报告、市环境保护局局长张建文受市人民政府委托作的市人民政府关于贯彻实施《中华人民共和国大气污染防治法》和《河北省大气污染防治条例》情况的报告、市人大常委会城乡建设和环境资源工作委员会主任赵喜萍作的市人大常委会执法检查组关于检查市人民政府贯彻实施《中华人民共和国大气污染防治法》和《河北省大气污染防治条例》情况的报告、市人民政府副秘书长丛云飞受市人民政府委托作的市人民政府关于贯彻实施《中华人民共和国体育法》和《全民健身条例》情况的报告、市人大常委会教育科学文化卫生工作委员会主任梁荣华作的市人大常委会执法检查组关于检查市人民政府贯彻实施《中华人民共和国体育法》和《全民健身条例》情况的报告、市旅游发展委员会主任王成军受市人民政府委托作的市人民政府关于开展全域旅游工作情况的报告、市人大常委会民族侨务外事工作委员会主任杨国辉作的市人大常委会视察组关于视察市人民政府全域旅游工作情况的报告，通过了关于召开市十四届人大二次会议的决定，并就相关议题形成了决议和审议、评议意见。会议期间，市人大常委会召开联组会议，对市人民政府全域旅游工作进行了专题询问。市人民政府副市长苏铁成，市发改委、市旅发委、市环保局等11个政府部门的主要负责人到会应询，对市人大常委会组成人员和市人大代表的提问进行回答，并做出相应承诺。苏铁成在专题询问结束后，作了表态发言。

12月18日至19日，市人大常委会主任韩福才主持召开市十四届人大常委会第六次会议，市人大常委会副主任王素芝、孔庆龙、李伟、丁然、李兴臣，秘书长门玉生和委员共36人出席会议。市人民政府常务副市长李晋宇、副市长苏铁成，市中级人民法院院长刘福明，市人民检察院副检察长崔雁侯，市人民政府有关部门负责人，市人大常委会机关副处级以上干部，各县（市、区）人大常委会负责同志和六名市人大代表列席会议。会议通过相关议程后，听取和审议了市人民政府秘书长崔万峰受市人民政府委托作的市人民政府关于市十四届人大一次会议以来代表建议批评和意见办理情况的报告、市人大常委会选举任免代表工作委员会主任刘雅丽作的市人大常委会选举任免代表工作委员会关于市十四届人大一次会议以来代表建议批评和意见办理情况的报告、市商务局局长高俊虎受市人民政府委托作的市人民政府关于改善营商环境情况的报告、市人大常委会财政经济工作委员会主任周晓燕作的市人大常委会视察组关于视察市人民政府改善营商环境情况的报告、市财政局局长栾志宏受市人民政府委托作的市人民政府关于2017年市本级预算调整方案草案的报告、市人大常委会财政经济工作委员会主任周晓燕作的市人大常委会财政经济工作委员会关于《2017年市本级预算调整方案草案》的审查报告（书面）、市中级人民法院院长刘福明作的市中级人民法院关于“基本解决执行难”工作情况的报告、市人大常委会内务司法工作委员会主任兰德龙作的市人大常委会视察组关于视察市中级人民法院“基本解决执行难”工作情况的报告、市审计局局长王允昌受市人民政府委托作的市人民政府关于《2016年度市本级预算执行和其他财政收支情况的审计工作报告》中有关问题整改情况的报告、市人民政府副秘书长刘凤民受市人民政府委托作的关于《承德市水源涵养功能区保护条例(草案)》的起草说明、市人大常委会城乡建设和环境资源工作委员会主任赵喜萍作的市人大常委会城乡建设和环境资源工作委员会关于《承德市水源涵养功能区保护条例（草案)》的审查报告（书面)、市人大常委会财政经济工作委员会主任周晓燕作的关于《承德市人民政府向承德市人民代表大会常务委员会报告国有资产管理情况办法（草案)》的起草说明、市人大常委会法制工作委员会主任相文举作的市人大常委会法制工作委员会关于《承德市人大常委会 2018 年度立法计划草案》的说明。会议表决通过了市人大常委会关于调整承德市第十四届人民代表大会第二次会议召开时间的决定、承德市第十四届人民代表大会第二次会议相关文件草案、市十四届人大常委会代表资格审查委员会关于市十四届人大代表的代表资格审查报告、市人大常委会关于召开承德市第十四届人民代表大会第三次会议的决定以及关于许可对个别市人大代表采取强制措施的决定和人事任免事项。

【常委会主任会议】 2 月 23 日上午，市人大常委会主任郭群主持召开市十三届人大常委会第四十五次主任会议。会议决定，市十三届人大常委会第三十一次会议于 2017 年 2 月 28 日召开，会期半天。建议会议议程为：表决市人大常委会关于召开市十四届人大一次会议的决定草案，表决市十四届人大一次会议建议会议议程草案，表决市十四届人大一次会议建议会议日程草案，表决市人大常委会工作报告讨论稿，人事任免事项。市人大常委会副主任郭椿、邢书印、王素芝、张树民、柴山，常委会党组成员李伟，秘书长张举出席会议，市人大常委会机关各工作部门负责人列席会议。

3 月 22 日上午，市人大常委会主任郭群主持召开市十三届人大常委会第四十六次主任会议。会议决定，市十三届人大常委会第三十二次会议于 2017 年 3 月 23 日召开，会期半天。建议会议议程为：表决市十四届人大一次会议各项建议名单草案；表决市十四届人大法制委员会组成人员人选建议名单草案；表决市十四届人大一次会议选举和表决办法草案；确认市十三届人大常委会代表资格审查委员会关于市十四届人大代表的代表资格审查报告。市人大常委会副主任郭椿、邢书印、王素芝、张树民、柴山，党组成员李伟，秘书长张举出席会议，市人大常委会机关各部门负责人，市人大常委会副秘书长，驻市人大常委会机关纪检组组长列席会议。

4 月 17 日，市人大常委会主任韩福才主持召开市十四届人大常委会第一次主任会议。市人大常委会副主任王素芝、孔庆龙、李伟、蔡福浩、丁然、李兴臣，党组成员邢书印、张树民，秘书长门玉生出席会议，市人大常委会机关各工作部门主要负责人、有关常委会委员、副秘书长、调研员、纪检组组长、办公室副主任列席会议。会议决定，市十四届人大常委会第一次会议于 2017 年 4 月 18 日召开。建议会议议程为：表决市十四届人大常委会代表资格审查委员会组成人员名单草案，补选省人大代表，人事任免事项；市人民政府市长常丽虹讲话，市人大常委会主任韩福才讲话，市委书记周仲明讲话。会议听取了市委组织部、市人大常委会选任代工委、市人民检察院人事任免相关情况的说明，研究确定了市十四届人大常委会主任会议成员工作分工、常委会 2017 年工作要点以及常委会第一次集体履职学习有关事项。会上，还集中学习了《承德市人大常委会主任会议议事规则》。

6 月 15 日，市人大常委会主任韩福才主持召开市十四届人大常委会第二次主任会议。市人大常委会副主任王素芝、孔庆龙、李伟、蔡福浩、丁然、李兴臣，党组成员张树民，秘书长门玉生出席会议。会议决定，市十四届人大常委会第二次会议于 2017 年 6 月 6 月 22 日至 23 日召开。建议会议议程为：听取和审议市人民政府关于贯彻实施《中华人民共和国水土保持法》情况的报告，听取市人大常委会执法检查组关于检查市人民政府贯彻实施《中华人民共和国水土保持法》情况的报告，听取市人民政府关于2016年度环境状况和环境保护目标完成情况的报告，听取和审议市人民政府关于贯彻实施《中华人民共和国义务教育法》和《河北省普及义务教育条例》情况的报告，听取市人大常委会执法检查组关于检查市人民政府贯彻实施《中华人民共和国义务教育法》和《河北省实施〈中华人民共和国义务教育法〉办法》情况的报告，审议《承德市荣誉市民称号授予办法（草案）》，审议《承德市制定地方性法规办法（草案）》，审议承德市人大常委会2017年立法计划（草案），人事任免事项。市人大常委会机关各室委主任、市纪委派驻市人大常委会机关纪检组长和机关有关负责人列席会议。

7月18日，市人大常委会主任韩福才主持召开市十四届人大常委会第三次主任会议。市人大常委会副主任王素芝、孔庆龙、李伟、蔡福浩、丁然、李兴臣，党组成员张树民，秘书长门玉生出席会议。会议决定，市十四届人大常委会第三次会议于2017年7月18日上午10时召开，建议会议议程为人事任免事项。会议学习传达了全省推进县乡人大工作和建设座谈汇报会精神。市中级人民法院院长刘福明、市委组织部常务副部长段向东、市人大常委会机关各室委主任、市纪委派驻市人大常委会机关纪检组和机关有关同志列席会议。

8月22日，市人大常委会主任韩福才主持召开市十四届人大常委会第四次主任会议。市人大常委会副主任王素芝、孔庆龙、李伟、蔡福浩、丁然、李兴臣，党组成员邢书印，秘书长门玉生出席会议。会议决定，市十四届人大常委会第四次会议于2017年8月29日（星期二）至30日（星期三）召开，会期二天。建议会议议程为：听取承德市人民政府关于2017年国民经济和社会发展计划上半年执行情况的报告，听取承德市人民政府关于2017年市本级预算上半年执行情况的报告，听取和审议承德市人民政府关于交通基础设施建设情况的报告，听取承德市人大常委会视察组关于视察承德市人民政府交通基础设施建设工作情况的报告，听取和审议承德市人民政府关于开展脱贫攻坚情况的报告，听取承德市人大常委会视察组关于视察承德市人民政府开展脱贫攻坚工作情况的报告，听取和审议承德市人民检察院关于加强生态环境保护检察工作情况的报告，听取承德市人大常委会视察组关于视察承德市人民检察院加强生态环境保护检察工作情况的报告，审议承德市人大常委会立法咨询专家人选名单草案，表决承德市人大常委会关于授予王博宇承德市荣誉市民称号的决定草案，人事任免事项。市中级人民法院院长刘福明、市委组织部常务副部长段向东、市人大常委会机关各室委主任、市纪委派驻市人大常委会机关纪检组副组长和机关有关同志列席会议。

9月19日，市十四届人大常委会第五次主任会议，听取了市公安局关于对徐某某因涉嫌诈骗案采取强制措施的提请报告及具体案情汇报。鉴于情况紧急，依据《中华人民共和国全国人民代表大会和地方各级人民代表大会代表法》第三十二条“县级以上的各级人民代表大会代表，非经本级人民代表大会主席团许可，在本级人民代表大会闭会期间，非经本级人民代表大会常务委员会许可，不受逮捕或者刑事审判”、“对县级以上的各级人民代表大会代表，如果采取法律规定的其他限制人身自由的措施，应当经该级人民代表大会主席团或者人民代表大会常务委员会许可”和《承德市人大常委会主任会议议事规则》第七条第九款“如遇到市人大代表必须逮捕而又不能及时召开常委会会议的情况时，可以根据有关机关的提请，先由主任会议许可，再提请常委会会议确认”的规定，经主任会议研究，作出了关于许可对市人大代表徐某某依法采取强制措施的决定。

10月20日上午，市人大常委会主任韩福才主持召开市十四届人大常委会第六次主任会议。市人大常委会副主任王素芝、孔庆龙、李伟、蔡福浩、李兴臣，党组成员张树民，秘书长门玉生出席会议。会议决定，市十四届人大常委会第五次会议于2017年10月25日至26日召开，会期二天。建议会议议程为：听取和审议市人民政府关于2016年市本级决算和市总决算情况的报告；听取和审议市人民政府关于2016年度市本级预算执行和其他财政收支情况的审计工作报告；听取市人大常委会财政经济工作委员会关于对市人民政府2016年市本级决算和市总决算情况的初审报告；听取和审议市人民政府关于贯彻实施《中华人民共和国大气污染防治法》和《河北省大气污染防治条例》情况的报告，并进行工作评议；听取市人大常委会执法检查组关于检查市人民政府贯彻实施《中华人民共和国大气污染防治法》和《河北省大气污染防治条例》情况的报告；听取和审议市人民政府关于贯彻实施《中华人民共和国体育法》和《全民健身条例》情况的报告；听取市人大常委会执法检查组关于检查市人民政府贯彻实施《中华人民共和国体育法》和《全民健身条例》情况的报告；听取和审议市人民政府关于开展全域旅游情况的报告，并对此项工作进行专题询问；听取市人大常委会视察组关于视察市人民政府开展全域旅游工作情况的报告；表决市人大常委会关于召开承德市第十四届人民代表大会第二次会议的决定（草案）；表决市人大常委会关于确认市人大常委会主任会议许可对个别市人大代表依法采取强制措施的决定（草案）。

12月13日上午，市人大常委会主任韩福才主持召开市十四届人大常委会第七次主任会议。市人大常委会副主任王素芝、蔡福浩、李兴臣，党组成员张树民，秘书长门玉生出席会议。会议决定，市十四届人大常委会第六次会议于2017年12月18日（星期一）至19日（星期二），会期一天半。建议会议议程为：听取市人民政府关于市十四届人大一次会议以来代表建议、批评和意见办理情况的报告；听取市人大常委会选任代工委关于市十四届人大一次会议以来代表建议、批评和意见办理情况的报告；听取和审议市人民政府关于2017年市本级预算调整方案（草案）的报告，并作出相应的决定；听取市人大常委会财经工委关于《2017年市本级预算调整方案（草案）》的审查报告；听取和审议市人民政府关于改善营商环境情况的报告，并形成相应的审议意见；听取市人大常委会视察组关于视察市人民政府改善营商环境情况的报告；听取和审议市中级人民法院关于“基本解决执行难”工作情况的报告，并形成相应的审议意见；听取市人大常委会视察组关于视察市中级人民法院“基本解决执行难”工作情况的报告；听取市人民政府关于《2016年度市本级预算执行和其他财政收支情况的审计工作报告》中有关问题整改情况的报告；审议《承德市水源涵养功能区保护条例（草案）》；审议《承德市人民政府向承德市人民代表大会常务委员会报告国有资产管理情况办法（草案）》；审议《承德市人大常委会2018年度立法计划（草案）》；表决市人大常委会关于调整承德市第十四届人民代表大会第二次会议召开时间的决定（草案）；表决市十四届人大二次会议建议议程（草案）、市十四届人大二次会议建议日程（草案）、大会主席团和秘书长建议名单（草案）、大会主席团常务主席建议名单（草案）、大会执行主席分组建议名单（草案）、大会副秘书长建议名单（草案）、市十四届人大二次会议选举办法（草案）；确认市十四届人大常委会代表资格审查委员会关于市十四届人大代表的代表资格审查报告；表决市人大常委会关于召开承德市第十四届人民代表大会第三次会议的决定（草案）；表决市十四届人大三次会议关于设立承德市第十四届人民代表大会有关专门委员会的决定（草案）；表决市人大常委会关于许可对个别市人大代表依法采取强制措施的决定（草案）；人事任免事项。市人大常委会机关各室委主任、市纪委派驻市人大常委会机关纪检组组长和机关有关同志列席会议。

工作和法律监督

【计划预算审计监督】 密切关注全市经济运行情况，加强经济工作监督和预决算审查，听取审议国民经济和社会发展计划执行情况、市本级预算执行情况、市本级预算调整方案的报告，听取审计工作报告和审计整改情况的汇报，审议《承德市本级政府债务风险化解规划》，推动经济更高质量、更有效率、更加公平、更可持续发展。

【创建国家全域旅游示范区】 承德是第二批国家全域旅游示范区创建城市。常委会把推进全域旅游作为监督重点，组织力量进行专题调研，开展大型视察，听取和审议相关报告，要求市政府贯彻新发展理念、提升旅游业主导产业地位、推进基础设施建设、凝聚全民创建正能量，实现旅游业全域共建、全域共融、全域共享。举行联组会议，围绕全域旅游多规合一、量化创建目标、统筹项目建设等7个方面问题进行专题询问。市政府及相关部门积极应询，作出承诺，认真落实，凝聚了创建全域旅游示范区的整体合力。发展全域旅游，基础在环境。常委会着力推动城市旅游环境综合整治“百日攻坚”活动，对市区市容市貌、环境卫生、交通秩序和景区景点进行视察，形成专项报告报送市委，市委书记周仲明作出重要批示，市政府集中开展专项整治行动，城市旅游环境和生活环境持续向好。

【视察脱贫攻坚工作】 继2013、2015年对市政府扶贫攻坚工作开展视察后，2017年再次对全市脱贫攻坚工作进行调研和视察，听取审议相关报告，提出加快扶贫大数据平台推广运用、促进脱贫致富产业做大做强等建议，督促有关方面以更大力度、更快节奏、更有效的方法，扎实推进精准扶贫、精准脱贫，确保承德市与全省同步实现全面小康。市政府高度重视，着力打好八措并举“组合拳”，坚决打赢脱贫攻坚战，确保真脱贫、脱真贫，如期全面建成小康社会。全市各级人大代表聚焦脱贫攻坚主战场，深入调查研究，积极献计出力，推动落实富民政策，帮助困难群众解决问题，助力脱贫攻坚向纵深发展。认真落实帮扶责任，常委会领导和机关干部深入开展定点帮扶、“一对一”结对帮扶，谋划富民产业、引进脱贫项目、争取资金支持，协调解决危房改造、道路建设、易地搬迁等问题，受到当地群众好评。

【检查生态环境治理】 常委会以建设“生态强市、魅力承德”为己任，强化使命担当，回应百姓关切，围绕打赢蓝天保卫战，对市政府贯彻实施大气污染防治法情况进行执法检查，听取工作报告，开展工作评议，要求市政府突出问题导向，锁定目标任务，强化专项攻坚，健全长效机制，确保空气质量持续改善。针对承德市水土保持工作存在的突出问题，对市政府贯彻实施水土保持法情况进行执法检查，听取审议相关报告，督促有关方面切实把这项事关长远大计的工作抓紧抓好，维护生态安全和法律权威。

【改善营商环境】 常委会就市政府改善营商环境情况开展视察，听取审议相关报告，推动有关方面深化“放管服”改革、构建新型政商关系、营造创新创业良好环境。常委会紧扣改革任务，对全市国有资产管理情况开展调研，审议通过了《承德市人民政府向承德市人民代表大会常务委员会报告国有资产管理情况办法》，此项工作走在了全省设区市的前列。

【单项检查跟踪问效机制】 交通基础设施建设、义务教育和全民健身与群众生活息息相关。常委会对全市交通基础设施建设情况进行视察，听取审议相关报告，提出科学制定规划、破解资金瓶颈，加强“疏、建、管”力度、提升建设标准和水平的建议。对市政府贯彻实施义务教育法情况进行执法检查，要求政府加大投入力度，强化师资队伍建设，加快城乡义务教育一体化进程，推动义务教育迈向新阶段。对市政府贯彻实施体育法和全民健身条例情况进行执法检查，建议政府提高服务供给水平，加强和改进学校体育工作，打造城市运动品牌，加快建设健康承德。

【营造公平公正法治环境】 司法是维护公平正义的最后防线。常委会对市法院“基本解决执行难”工作进行视察，听取审议相关报告，要求市法院创新执行方式，提升执行到位率，维护当事人合法权益,坚决打赢“基本解决执行难”这场硬仗。市法院深化执行体制机制改革，强化执行强制措施，提升执行案件质效，努力让人民群众在每一个司法案件中感受到公平正义。常委会对市检察院加强生态环境保护检察监督情况进行视察，听取审议相关报告，要求市检察院健全机构，协调联动，惩防并举，坚决打击破坏生态环境违法行为，切实维护人民群众的环境权益。市检察院出台了《关于进一步加强生态环境保护检察工作的意见》，通过加强队伍建设、完善执法联动机制、开展专项立案监督等措施，形成了打击破坏生态环境犯罪的有效合力。

立法准备工作

【健全立法工作机制】 建立立法咨询制度，聘请了 20 名立法咨询专家。完善立法工作程序，制定了《承德市制定地方性法规条例》，依法规范我市地方立法工作。探索建立立法合作机制，常委会与河北大学建立了立法合作关系，对推动第三方立法体制机制建设、提高立法质量，发挥了积极有效的作用。

【立法能力建设】 坚持“请进来”与“走出去”相结合，举办立法和备案审查专题培训班，邀请全国人大、省人大、高等院校的专家、学者授课；组织立法人员到全国人大、省人大及临汾、宁波等地学习考察，借鉴先进经验，开阔思维视野，不断提升立法能力。

【启动承德市首部地方立法】 承德担负着水源涵养、生态支撑重大政治使命。常委会把《承德市水源涵养功能区保护条例》作为承德市首部地方立法，列入 2017 年度立法计划。在立法中，坚持问题导向，突出承德特色，通过实地调研、组织座谈、专家评审、专业机构论证等程序，发挥主导作用，保证立法质量。常委会会议对该条例草案进行了首次审议，相关部门按照审议意见，正在抓紧修改完善。

【开展立法调研和备案审查】 按照立法计划，常委会就城市规划管理、城市机动车停车场建设等四个方面工作，开展立法调研，征集立法项目建议 38 个。审查市政府及相关部门报备的规范性文件 5 件，提出修改意见 20 多条；收到法律法规征求意见草案 9 件，提出意见建议 35 条。

代表工作

【提升代表履职能力】 突出抓好省、市人大代表培训工作，制定了三年培训计划，举办培训班 3 期，培训代表 683 人次，增强了代表意识，提高了履职能力。坚持为代表订阅《中国人大》《公民与法治》等刊物，寄送常委会《会刊》和《承德人大工作》，拓宽了代表知情知政渠道。组织代表参加视察、执法检查、专题询问等活动 80 余人次，列席常委会会议 32 人次，丰富了代表闭会期间的履职活动。

【推进“代表之家”建设】 “代表之家”是代表联系群众、发挥作用的重要载体。常委会把“代表之家”建设作为一项创新之举，在学习考察、对标先进的基础上，确定了“全面覆盖、培树典型、巩固成果”工作思路，出台了抓基础建设，抓精品打造，抓晋档升级“三年三个阶段”工作方案，制定了学习培训、代表活动、联系选民等9项工作制度和“八有”建设标准，有序推进“代表之家”建设，让“代表之家”真正成为学习培训的基地、联系选民的窗口、解决民忧的“娘家”、宣传民主法治的阵地。全市已建成“代表之家（站）”246个，实现了乡镇街道全覆盖。

【提高建议办理质效】 市十四届人大一次会议以来，共收到代表建议298件。常委会坚持围绕中心、突出重点，选择旅游、环保、交通、农业农村等7个方面20件建议作为重点建议，加大督办力度，推动一批实际问题得以解决。市政府建立协调联动机制，加强督办考核，确保办理实效，受到省政府表彰。代表所提建议得到解决或逐步解决的236件、占79%，代表满意和基本满意率达到98%。

【代表产生及变更】 承德市第十四届人民代表大会代表应为379名。市十四届人大二次会议实有代表371名。辞去代表职务2名，丰宁满族自治县代表团王希国，兴隆县代表团徐开义。根据《中华人民共和国全国人民代表大会和地方各级人民代表大会代表法》的规定，这2名市人大代表的代表资格终止。根据《中华人民共和国全国人民代表大会和地方各级人民代表大会选举法》的规定，有关单位依法补选市十四届人大代表7名：丰宁满族自治县代表团张宝生、李文江，承德县代表团董宇、朱铁铮，平泉市代表团王猛，兴隆县代表团刘秉奇、那红。承德市第十四届人民代表大会常务委员会代表资格审查委员会对以上7名代表的代表资格进行了审查，确认代表的产生符合选举法规定的程序和法定票数，其代表资格有效。承德市第十四届人民代表大会现实有代表376名。

人大自身建设

【思想政治建设】 始终把政治建设摆在首位，把思想建设作为基础性建设来抓，深入学习贯彻党的十八大、十九大精神和中央、省委、市委决策部署，扎实推进“两学一做”学习教育常态化制度化，广泛开展“学习塞罕坝、加快走新路”大讨论，坚定政治方向，筑牢立场根基，服务发展大局。全面激发人大工作的内生动力和生机活力，坚持正确导向，强化正向激励，弘扬正气、焕发朝气、点燃激情，使想干事、能干事、干成事在人大系统蔚然成风。

【作风建设】 认真落实中央“八项规定”精神，关注新动向，经常“回头看”，严防“四风”问题反弹。制定了常委会会议和活动请假制度、会议文件制发规定，持续改进会风文风，提高常委会审议质量，高质量完成了人代会、常委会会议、主任会议的组织筹备和服务保障工作。深入开展“转作风、优环境、促发展”活动，摒弃“人大是二线机关”“人大工作难创新和创新难”的陈旧观念，强化“一线”意识和担当精神，始终保持思想在状态、工作在状态、作风在状态。常委会领导带头改进作风，坚持为民务实清廉，深入基层、深入群众，宣讲十九大精神，推动重大项目建设，做好基层联系点工作，促进了一批重点难点问题解决，办成了一批好事实事，带动常委会和机关上下形成了谋事干事、担当担责、风清气正的工作氛围。

【落实管党治党主体责任】 着力加强常委会党组

建设和机关党的建设，成立了常委会机关党委和机关纪委，强化“第一责任”，落实“一岗双责”，严肃党内政治生活，用好监督执纪“四种形态”，扎实推进机关党建和正风肃纪工作。把人大监督与纪律监督有机结合，通过“三察（查）”工作，助推全市“微腐败”专项治理、“一问责八清理”专项行动、“扶贫领域监督执纪问责”专项工作向纵深发展。深入开展警示教育，参观廉政教育基地，重温入党誓词，传导责任压力，筑牢拒腐防变思想防线。全力支持市委派驻纪检组履行监督职责，加强监督执纪工作。

【人大宣传和信访工作】 组织新闻媒体积极宣传人大制度和人大工作，不断扩大社会影响力。办好常委会内刊，加强微信公众平台建设，编发《承德人大工作》23 期、微信公众号信息 72 条，在《河北人大通讯》《公民与法治》等省级以上媒体刊发稿件 127 篇。接待来信来访 96 件、178 人次，推动解决了一批群众关心的切身利益问题。

【联系各级人大】 加强与上级人大常委会的沟通联系，配合全国、省人大常委会在承德市开展的“三察（查）”活动 15 次。加强对县市区人大工作的指导，联合开展视察、调查和执法检查，坚持县市区人大常委会主任列席市人大常委会会议制度，全面推进县乡人大工作和建设。

附：市人大常务委员会及办事机构、工作机构

承德市第十三届人民代表大会常务委员会组成人员

（2017 年 1 月 1 日—2017 年 4 月 9 日）

主　　任：郭　群

副 主 任：郭　椿（满族）

曹　凯

邢书印

王素芝（女，满族）

张树民

秘 书 长：张　举（满族）

委　　员：门玉生（满族）

王　琦

王志军（满族）

王艳云（女）

王振廷（满族）

王爱杰（女）

叶振宇（蒙古族）

兰德龙

刘永平（满族）

苏艳华（女，满族）

李成彦（满族）

李兴臣

李建华

杨秀华（女）

杨国辉

杨海燕（女）

吴晓群（女，回族）

谷雪芬（女）

张学军（满族）

陈志民（满族）

邵东明

武卫东

赵春丽（女）

赵喜萍

相文举

俞虹霞（女）

郭保童

常英瑞（满族）

梁荣华（满族）

韩　旭（女）

承德市第十三届人民代表大会专门委员会

（2017 年 1 月 1 日—2017 年 4 月 9 日）

法制委员会

主任委员：邢书印

副主任委员：相文举

委　　员：兰德龙
　　关玉玲（女）
　　张守义
　　钟玉清
　　常英瑞

承德市第十三届人民代表大会常务常委会工作机构
(2017年1月1日—2017年4月9日)

副秘书长：门玉生
　　魏长春
　　潘艳红（2月28日—4月9日）

办公室

主　　任：门玉生
副主任：贠连成
　　李立全（1月1日—2月28日）
　　张　斌（2月28日—4月9日）

信访室主任：杨　柳（女）

研究室

主　　任：叶振宇（蒙古族）
副主任：闫永澜

选举任免代表工作委员会

主　　任：郭保童
副主任：刘雅丽（女）
　　胡颖杰（女）

内务司法工作委员会

主　　任：兰德龙
副主任：李素娥（女，满族）
　　毛曙光

财政经济工作委员会

主　　任：王艳云（女）
副主任：韩国祥
　　黄冠毓
　　丁万利（2月28日—4月9日）

农业和农村工作委员会

主　　任：李成彦
副主任：甄丽华（女）

城乡建设和环境资源工作委员会

主　　任：赵喜萍
副主任：宋晓梅（女）

教育科学文化卫生工作委员会

主　　任：梁荣华（满族）
副主任：张瑞林（女，满族,1月1日—2月28日）

民族侨务外事工作委员会

主　　任：杨国辉
副主任：林秀玲（女，1月1日—2月28日）

法制工作委员会

主　　任：相文举
副主任：张　斌（1月1日—2月28日）
　　景国富（1月1日—2月28日）

承德市第十四届人民代表大会常务委员会组成人员
(2017年4月10日—2017年12月31日)

主　　任：韩福才（满族）
副主任：王素芝（女，满族）
　　孔庆龙
　　李　伟
　　蔡福浩
　　丁　然
　　李兴臣
秘书长：门玉生
委　　员：王会云
　　王志军
　　王显华
　　毛曙光
　　帅五宝
　　兰德龙

刘雅丽
贠连成
李　悦
李成彦
杨国辉
佟伊民
谷雪芬
张　磊
张学军
邵东明
周晓燕
赵宝军
赵春丽
赵喜萍
赵翠华
相文举
段向东
俞虹霞
秦　涛
徐攀慧
梁荣华
裘长安
潘艳红
魏洪如

承德市第十四届人民代表大会专门委员会
(2017年4月10日—2017年12月31日)

法制委员会

主任委员：李　伟
副主任委员：相文举
委　　员：毛曙光
　　　　　兰德龙
　　　　　张守义
　　　　　钟玉清
　　　　　洪继瑞

承德市第十四届人民代表大会常务委员会
工作机构
(2017年4月10日—2017年12月31日)

副秘书长：贠连成
　　　　　潘艳红

办公室

主　　任：贠连成
副 主 任：张　斌
　　　　　刘　洋
信访室主任：杨　柳

研究室

主　　任：赵宝军
副 主 任：闫永澜

选举任免代表工作委员会

主　　任：刘雅丽
副 主 任：胡颖杰

内务司法工作委员会

主　　任：兰德龙
副 主 任：李素娥

财政经济工作委员会

主　　任：周晓燕
副 主 任：丁万利
　　　　　韩国祥

农业和农村工作委员会

主　　任：李成彦
副 主 任：甄丽华

城乡建设和环境资源工作委员会

主　　任：赵喜萍
副 主 任：宋晓梅

教育科学文化卫生工作委员会

主　　任：梁荣华

民族侨务外事工作委员会

主　　任：杨国辉

法制工作委员会

主　　任：相文举

(供稿　潘晓勇)

承德市人民政府

综 述

全年，面对外部宏观经济环境变化和自身结构性矛盾的多重困难，全市上下坚持以习近平新时代中国特色社会主义思想引领航向，深入学习宣传贯彻党的十九大精神，紧紧围绕市委确定的“12345”总体思路目标，攻坚克难，拼搏进取，推动全市经济实现了平稳较快发展，为决胜全面建成小康社会奠定了更加坚实的基础。

经济发展取得新成绩。全市实现生产总值1618.6 亿元，增长7.1%；固定资产投资完成1732.5 亿元，增长7.2%；规上工业实现增加值563.9 亿元，增长5%；全部财政收入完成177.1亿元，增长20.5%；公共财政预算收入完成89.2亿元，增长8.6%。粮食总产量达到138.4万吨，农业产业化经营率达到69.7%。消费对经济增长贡献率达到56.6%，第三产业税收贡献超出第二产业5.5 个百分点。

转型升级迈出新步伐。十大绿色产业加快发展，绿色产业增加值占GDP 比重达到35%；高新技术产业增加值增长17.9%，高出工业12.9个百分点；圆满完成压减炼钢产能190万吨、炼铁产能104万吨、煤炭产能48万吨目标任务；工业技改投资增长30%，新增规上工业企业55家；德鸣大数据小镇、华明服务外包产业园等项目加快建设，博彦科技、软通动力等软件外包企业落户承德高新区；承德县高新区列入国家新型工业化（大数据）产业示范基地；成功举办首届全市旅游产业发展大会；全市游客接待量5796万人次、旅游总收入679亿元，分别增长25%和35%；“21世纪避暑山庄”文化旅游产业园跻身全国首批示范园区创建行列。

精准脱贫取得新进展。16.25万贫困人口实现稳定脱贫；“政银企户保”“三零”扶贫新模式在全国全省推广；全国产业扶贫现场会在平泉召开；围场列入国家农业可持续发展试验示范区；全面推开“632”医疗保障救助扶贫模式，为68.66万人次困难群众增报医疗费用2.6亿元；建设省级美丽乡村精品片区4个。

生态文明建设达到新水平。习近平总书记对塞罕坝建设者感人事迹作出重要指示，塞罕坝被联合国授予“地球卫士奖”，被中共河北省委和河北省政府授予“生态文明建设范例”，全国掀起学习弘扬塞罕坝精神热潮；空气质量PM2.5平均浓度35微克、下降12.5%，提前三年达到国家二级标准。市区优良天数达到291 天，继续保持京津冀前列；新增造林绿化62.5万亩，森林覆盖率达到57.67%，成功创建国家森林城市；取缔关闭、绿色改造矿山各100家；市县乡村四级全部建立“河长制”；全面取缔潘家口水库网箱养鱼，潘家口水库水质从Ⅴ类提升至Ⅲ类；系统推进生态建设体制机制改革，《水源涵养功能区保护条例》立法工作顺利推进，启动国家绿色发展战略环评和“三线一单”试点，对丰宁、兴隆开展领导干部自然资源资产离任审计，在围场县实施GEP核算体系试点。

协同发展实现新突破。认真落实京津冀协同发展重大国家战略。实施与京津合作项目295个，完成投资610亿元；中美友谊示范农场建设正式启动。

城市品味进一步提高。深入实施“一带三

区”城市发展战略，成功争创首批省级文明城市，并再获全国文明城市提名资格，围场、滦平和平泉三县（市）荣获首批省级文明县城和文明城市称号，平泉成功获批县改市。全市常住人口城镇化率达到50.7%；承德机场正式通航，开通6条航线、通达7个城市，旅客吞吐量达到14.6万人次；承德民族团结清文化展览馆和博物馆、冰上运动中心等文化体育设施主体完工；荣获全国“厕所革命”十大优秀城市奖。

改革创新释放新活力。继续深化“放管服”改革，取消下放行政许可事项11项，市县行政审批局全部挂牌，市级行政审批流程再造迈出实质步伐，行政审批效率提高60%。实行“多证合一”改革，新增市场主体3.96万户。市属31家国有破产企业遗留问题基本解决，安置职工1.19万人。国控集团及下属六大产业集团全部实行年薪制，资本运营机制进一步完善，直接支持发展资金55.5亿元，撬动社会资本126.9亿元。新增上市企业10家。市级9家公立医院实行药品零差率销售。大力实施科技创新，新增院士工作站6家、高新技术企业37家，实现了倍增目标；科技型中小企业新增427 家、达到1317家。农村综合改革扎实推进，农村土地承包经营权确权基本完成，土地流转率达到32.1%。农民专业合作社实现村级全覆盖，双滦区农村集体资产股份制改革经验在全国推广。国有林场改革、供销社改革、城管综合执法改革走在全省前列。

民生保障水平得到新提升。十四届人大一次会议上向全市人民承诺的“十项民生工程”20件惠民利民实事全部完成。财政民生投入占公共财政预算支出的85%，达到281.1亿元。城乡居民人均可支配收入达到27042元和9682元，分别增长8.8%和10.8%。新增城镇就业5.48万人，高校毕业生就业率达到95.4%，城镇登记失业率3.53%。全市新建、改扩建各类学校52所，中心城区新建中小学校15所，隆化县、兴隆县义务教育均衡发展通过国家验收，双桥区通过省级验收。城乡居民医疗保险、养老保险参保率分别达到95%和99%，为14万失地农民解决养老保险遗留问题。中心城区长期护理保险试点启动实施。改造棚户区6668套、农村危房2.7万户，95%的房地产开发遗留问题得到解决。启动实施基层医疗卫生服务“雨润工程”，市县34家医院建立对口帮扶协作关系。

政府作风建设不断强化。坚决落实全面从严治党各项部署，深入开展“两学一做”学习教育，认真执行中央“八项规定”和实施细则，驰而不息纠正“四风”，扎实推进微腐败专项整治和“一问责八清理”专项行动，加大行政监察和审计监督力度，进一步巩固强化反腐败斗争压倒性态势；忠实履行宪法和法律赋予的职责，自觉接受人大法律监督与工作监督、政协民主监督以及社会监督、舆论监督，共办理人大代表建议281 件、政协提案357件，按时办复率均为100%。

市政府常务会　全体会 党组（扩大）会

【市政府常务会】　2月24日，市长常丽虹主持召开市政府第十三届第六十一次常务会议，研究部署推进依法行政建设法治政府和化解过剩产能等工作。会议首先学习了《中华人民共和国劳动合同法》。会议听取了2017年全市推进依法行政建设法治政府重点工作安排情况的汇报。会议强调，要扎实做好行政执法“三项制度”试点工作。要健全依法行政的机制，强化决策法定程序的刚性约束和权力的监督制约，进一步提高依法行政的水平。要加快启动生态文明立法工作。会议听取了承德市化解过剩产能目标任务有关情况的汇报。会议强调，强化各部门的协调联动，不折不扣地做好化解过剩产能各项工作。会议研究并原则通过了《承德市外事礼宾接待工作管理办法》。

会议还研究了其他事项。

3月7日，市长常丽虹主持召开市政府第十三届第六十二次常务会议，研究部署安全生产和森林草原、文物古迹防火等工作。会议首先学习了《中共中央国务院关于推进安全生产领域改革发展的意见》。会议强调，进一步健全完善管理、监督的体制机制，坚决防范和遏制各类事故的发生。会议听取了全市安全生产工作情况汇报。会议强调，要坚决杜绝和遏制重特大事故和群死群伤事故，最大限度地减少较大和一般事故，坚决守住安全生产这条红线和底线。会议听取了全市森林草原和文物古迹防火工作情况的汇报。会议强调，要强化人员值守和灭火器材的引进，扎实做好防火应急准备工作。各扑火队要加强训练，确保拉得出、打得胜。要扎实落实"防火、防盗、防损坏"的文物保护要求，坚持人防、技防、物防相结合，同时要强化宣传教育，不断增强广大市民和游客的防火意识，切实杜绝各类火灾隐患。会议听取了承德市综治维稳工作情况的汇报。研究并原则通过了《承德市市县推行相对集中行政许可权组建行政审批机构的实施意见》。会议还研究了其他事项。

3月25日，市长常丽虹主持召开市政府第十三届第六十三次常务会议，讨论修改拟在承德市第十四届人民代表大会第一次会议上所作的《政府工作报告》，讨论并原则通过了《承德市旅游业"十三五"发展规划》等事项。会议听取了2017年《政府工作报告（讨论稿）》起草情况的汇报，就修改完善提出意见和建议。会议听取并原则通过了《承德市旅游业"十三五"发展规划》。会议强调，编制规划要适应并引领旅游发展新趋势，围绕"三个转变"，切实谋划好承德未来几年的旅游业发展。会议研究了承德市2016 年国民经济和社会发展计划执行情况与2017年国民经济和社会发展计划（草案）报告、承德市2016 年预算执行情况及2017 年预算（草案）报告。会议还研究了其他事项。

5月9日，市长常丽虹主持召开市政府第十四届第一次常务会议，研究部署2017年省、市政府重点工作目标任务分解等事项。会议研究了2017年省、市政府重点工作目标任务分解方案。会议强调，要提高认识，增强落实好省、市重点工作目标任务的责任感和紧迫感，形成全市一盘棋，不折不扣推动各项工作落实。各责任单位要密切配合、协调联动，齐心协力确保目标任务完成。要建立完善"1+N 工作小组"和"工作专班"等好的机制，加强对重点工作的协调调度，及时研究解决问题。要严格督查考核，加大问责力度，提升政府执行力和公信力。会议听取了承德市2017年以来经济运行情况的汇报。会议强调，突出结构调整、传统产业优化升级、重大项目建设、脱贫攻坚和民生保障等重点领域和重点工作任务集中发力，研究出台支持实体经济的政策措施，通过改革创新来培育新的经济增长点，形成生动活泼、生机盎然的工作局面。要大力优化营商环境，在简化办事程序、提高审批效率上下功夫，切实为企业发展和项目落地创造良好的环境。会议研究并原则通过了《承德市安全生产"十三五"规划》。会议强调，各级党委、政府要高度负责，时刻绷紧安全生产这根弦，进一步强化安全生产的底线意识和红线意识，依法严厉打击安全生产非法违法行为，形成震慑力。会议研究了《承德市人民政府工作规则》。会议强调，市政府和各部门领导同志要带头执行修订的政府工作规则，严格认真履职，提高工作效率和服务水平，以良好的精神状态和作风推动政府工作迈上新台阶。会议研究并原则通过了《承德市国家建设项目审计管理办法》。会议学习了《中华人民共和国行政许可法》。会议还研究了其他事项。

6月29日，市长常丽虹主持召开市政府第十四届第二次常务会议，研究部署防灾、减灾、救灾等事项。会议首先学习了《中华人民共和国城乡规划法》和《河北省城乡规划条例》。会议要求，要依法构建符合承德发展建设实际的规划体系，完善各类专项规划，推进多规合一，统筹城乡发展建设，促进国民经济和社会发展规划、城乡规划、土地利用规划、生态环境保护规划等有机融合，实现“规划一张图”。会议研究并原则通过了《承德市综合防灾减灾规划（2016—2020年）》。会议强调，要努力实现“三个转变”，即从注重灾后救助向注重灾前预防转变、从应对单一灾种向综合减灾转变、从减少灾害损失向减轻灾害风险转变，全面提升承德市抵御自然灾害的综合防范能力。会议研究并原则通过了《承德市推进防灾减灾救灾体制机制改革的实施意见》。会议还研究了其他事项。

7月28日，市长常丽虹主持召开市政府第十四届第三次常务会议，研究部署下半年全市经济运行等工作。会议听取上半年全市经济运行情况汇报，研究部署下半年工作。会议强调，做好下半年经济运行工作，要紧盯工作目标，突出去产能、大气环境综合治理、脱贫攻坚等重要任务和指标，集中发力，以更加坚定的决心、更加扎实的作风、更加过硬的举措确保完成今年各项目标任务。会议研究并原则通过了《承德市关于规范巩固提升“政银企户保”金融扶贫模式的指导意见》。会议强调，要以市级统筹协调指导监督、各县市区主体操作实施为原则，积极引入竞争机制，确保金融扶贫模式的进一步规范巩固和提升。要最大限度地降低贷款门槛、提高金融扶贫覆盖率、减低贷款成本，让更多贫困户从中受益。要注意防范和化解金融风险，确保金融扶贫模式长期、可持续发展。会议听取上半年全市环境保护工作情况汇报，研究部署下半年工作。会议强调，要认真落实“1+18”行动计划，继续实行减煤、治企、控车、抑尘、增绿五大举措，不折不扣地落实好蓝天、碧水、净土、雷霆四大行动，坚定不移地加强环境治理。要以大气、水源、农村污水垃圾和面源污染作为重点，突出城市、县城建成区和城乡接合部等重点区域，加快推进治理工作。会议研究并原则通过了《承德市关于进一步引导和鼓励高校毕业生到基层工作的实施意见》和《承德市关于改革完善企业职工基本养老保险省级统筹制度的实施办法》。会议听取了上半年全市食品药品安全、信访稳定、安全生产及职业卫生工作情况汇报，研究部署下半年工作。会议还研究了其他事项。

8月22日，市长常丽虹主持召开市政府第十四届第四次常务会议，研究部署大气污染防治和全域旅游等事项。会议学习了《中华人民共和国大气污染防治法》。会议研究并原则通过了《承德市全域旅游发展规划》。会议强调，要围绕创建国家全域旅游示范城市，全力加快旅游产业发展。要用足用好“旅游+”，注重突出承德旅游的皇家、民族、宗教、山水等特色，加大旅游业和工业、农业、林业、商贸、金融、文化、体育、医疗康养等产业的深度融合，实现旅游产业的差异性、特色化发展；注重旅游产品的国际化、品牌化、特色化，打造精品旅游线路、精品旅游景区和精品旅游片区，全面提升承德旅游的综合价值。要加快培育壮大旅游市场主体，加大招商引资力度，全面提升旅游企业的核心竞争力。同时要大力引进国际品牌酒店和知名度假酒店，推动承德市旅游业向高端化、国际化迈进。要以筹备和承办省市旅发大会为契机，加快补齐短板，全面提升承德市旅游基础设施建设和服务管理水平，进一步提高承德市旅游业的承载力和吸引力。会议研究并原则通过了首届承德市科技创新十佳评选事宜。会议强调，要进一步推动科技创新“1+9+N”政策的落实，加快创新型承德建设步伐。要积极扩大宣传，充分发挥科技创新十佳的引领示范作用，推动科技创新，弘扬创新精神，营造全社会尊崇创新、支持创新、竞相创新的浓厚氛围。会议研究并原则通过了《承德市推进安全生产领域改革发展的实施意见》《承德市“十三五”时期安全生产白皮书》《承德市2017年大气污染综合治理重点任务分解方案》。会议还研究了其他事项。

10月11日，市长常丽虹主持召开市政府第十四届第五次常务会议，研究部署贯彻落实塞罕坝相关工作会议精神和安全生产等事项。会议学习了《河北省安全生产条例》，书面传达了《2017年度省级政府安全生产工作考核细则》，听取了全市安全生产职业卫生和信访稳定工作情况的汇报。会议强调，各级各部门要高度重视安全生产工作，深入推进安全生产大排查大整治，切实消除各类安全隐患，堵塞一切安全生产漏洞。会议传达学习了省长办公会议关于塞罕坝相关工作会议精神并强调，继续加大塞罕坝精神学习宣传力度，在学习弘扬塞罕坝精神上走在前，做表率。各级各部门要各负其责，协调联动，积极服务，为落实好塞罕坝有关工作提供保障。要加快塞罕坝区域综合规划编制进度，推动塞罕坝及周边区域的联动可持续发展。会议研究了大气污染治理“1+18”政策体系落实有关工作。会议强调，要把各项目标任务盯死盯紧，对落实情况深督实查，调高工作标尺，提高管理水平，确保将各项目标任务落细落实落到位。要突出问题导向，聚焦省督察组交办案件，积极主动自查自纠，下大力抓好整改落实，坚决完成大气污染防治各项目标任务。要强化会商研判，科学监测预报，准确发布预警信息，齐心协力打好秋冬季大气污染综合治理攻坚硬仗和蓝天保卫战。会议研究并原则通过了《承德市强化基层医疗卫生服务能力建设实施意见》和《承德市2017年深化医药卫生体制改革重点工作任务》等系列文件以及《固定资产投资和项目建设完成情况通报约谈考核机制》《承德市关于促进工业投资支持工业发展的政策措施》《承德市优化投资建设项目审批流程若干措施（试行）》。会议还研究了其他事项。

11月10日，市长常丽虹主持召开市政府第十四届第六次常务会议，研究部署加强市属行政事业单位国有资产管理提高使用效益和农村留守儿童关爱保护等事项。会议首先学习了《中华人民共和国个人所得税法》。会议强调，要高度重视个人所得税征收管理工作，进一步加大宣传力度，增强公民依法纳税意识和自觉性，在全社会营造依法纳税的浓厚氛围。要着力强化税收征管，推动综合治税，促进信息共享，切实提升工作效率和服务水平，确保税收及时足额入库，努力维护税法的统一性、权威性和严肃性。会议听取了关于加强市属行政事业单位国有资产管理提高使用效益相关情况的汇报。会议强调，要成立行政事业单位国有资产管理体制改革领导小组，牵头负责，强化调度，及时解决遇到的困难和问题。各相关部门要积极参与、协调联动，切实规范和提升管理水平，对发现的问题要严肃查处。要组织开展市属行政事业单位国有资产专项清查，全面彻底摸清底数，确保数据真实、准确、完整。要制定实施市属行政事业单位国有资产管理办法，坚持依法合规，分类处置、分类管理，力求管理办法更科学、更有效、更具可操作性。会议研究并原则通过了《承德市人民政府关于加强农村留守儿童关爱保护工作的实施意见》。会议强调，要站在对承德未来发展负责的高度，进一步增强做好农村留守儿童关爱保护工作的责任感和紧迫感。要加强协作配合，以促进未成年人健康成长为出发点和落脚点，坚持依法保护，加大关爱保护力度，做好经费投入、培养教育、社会保障、医疗保险、法制教育等各项工作，确保农村留守儿童得到妥善监护照料和更好关爱保护。

会议研究并原则通过了《承德市规范公共资源交易工作规定（试行）》。会议还研究了其他事项。

11月28日，市长常丽虹主持召开市政府第十四届第七次常务会议，研究部署水源涵养保护和政务诚信建设等事项。会议研究了《承德市水源涵养功能区保护条例（草案）》。会议强调，要坚持高标准立法，确保条例（草案）的科学性、规范性和严密性，全力打造承德市地方立法的样板和标杆。要以务实管用为原则，切实让条例(草案）在推进京津冀水源涵养功能区建设、规范和加强全市水源涵养保护工作中发挥作用。要坚持创新，充分吸收承德市生态建设探索出的好经验、好做法，力求体现承德特色。要广泛征求社会各界的意见和建议，做到广开言路、开门立法。会议研究并原则通过了《承德市人民政府关于加强政务诚信建设的实施意见》。会议强调，要加强对广大公务员的教育和监督管理，严格督导考核，严肃追责问责，推动政务诚信建设目标任务落实落地。要进一步加强宣传引导，让广大群众积极参与，在全社会营造讲诚信、办实事的良好氛围。会议研究并原则通过了《承德市人民政府关于贯彻落实扩大对外开放积极利用外资政策的实施意见》。会议强调，要进一步创新机制，简化管理程序，优化营商服务，同时要加大宣传力度，营造良好氛围，努力形成承德市开放发展新格局。会议听取了首届承德市旅游产业发展大会总结暨承办第三届河北省旅游产业发展大会动员会议筹备工作情况的汇报。会议强调，要认真总结首届承德市旅发大会的成功经验，进一步统一思想，再鼓干劲、再加压力，力争把第三届河北省旅发大会办成精彩震撼、具有国际水平的旅游盛会，加快推动承德市全域旅游示范区创建和国际旅游城市建设。会议研究并原则通过了《关于加强乡镇政府服务能力建设的实施意见》《承德市“十三五”老龄事业发展和养老体系建设规划》以及向县（市、区）下放行政权力等事项。会议还研究了其他事项。

12 月 25 日，市长常丽虹主持召开市政府第十四届第八次常务会议，研究部署商务发展、土壤污染防治和发展品牌农业等事项。会议研究并原则通过了《承德市商务发展第十三个五年规划》。会议强调，推进商务发展要坚持统筹规划、科学布局、有序发展，在构建全方位开放合作新格局、实现内贸物流新突破、全面推进电子商务发展、加快现代物流体系建设和积极培育开发区增长极上下功夫，为承德加快转型升级、绿色发展，构建现代化经济体系作出新的更大贡献。要发挥规划对产业稳定发展的引导和调解作用，切实增强规划的刚性。要注重与“十大绿色产业”发展规划相衔接，制定具体实施方案，推动规划落地落实落到位。会议研究并原则通过了《承德市土壤污染防治工作方案》。要将方案与国家和省出台政策相衔接，坚持问题导向，切实增强治理工作的针对性和实效性。要细化工作方案，明确完成时限和责任人，及时有效解决问题，同时要组织开展“回头看”，确保完成各项任务目标。会议研究并原则通过了《承德市关于加快发展品牌农业的实施意见》。会议指出，各县（市、区）要在提升品牌内涵和增加品牌文化含量上下功夫，把特色农产品与历史文化有机融合、与人们对美好生活的新的期待和需求有机融合，着力培育和打造县域特色品牌。要强化科技人才的引领和支撑，积极引进更多的院士工作站等科研机构，提升品牌农业发展层级和水平。要在充分发挥市场作用的同时，制定出台扶持奖励政策，鼓励品牌农业加快发展。要坚持以工业化的思维打造农产品，推进品牌农业与文化旅游产业紧密结合，大力推动一、二、三产业融合发展。会议研究并原则通过了《承德市绿色矿业发展示范区建设（2016—2020 年）》《承德市空间发展战略规划》《承德市网格化环境监管体系管理办法》。会议还研究了其他事项。

【市政府全体会议】 4 月 19 日，市政府召开第十四届第一次全体会议。市长常丽虹出席会议并讲话。市委常委、常务副市长李晋宇主持会议。市政府领导李维、薛寒、苏铁成、董正国、王成、刘宏伟、于庆贺、魏莉、邓子来，市政府党组成员马占山、徐民，市政府秘书长崔万峰出席会议。市人大常委会副主任李伟、市政协副主席柴山应邀出席会议。李晋宇就做好新一届政府工作讲了具体意见。各县区政府、承德高新区管委会、御道口牧场管理区管委会主要负责同志；市政府组成部门、直属机构及市直有关单位、部分中省直驻承单位和金融机构主要负责同志参加会议。就做好新一届政府工作，常丽虹强调，务必要讲政治、守规矩；务必要善学习、强本领；务必要讲团结、顾大局；务必要在状态、有作为；务必要有担当、抓落实；务必要守廉洁、作表率，始终坚守清正廉洁的底线。常丽虹还对当前抓好经济运行调度、项目建设、企业帮扶、春耕生产、惠民利民实事、安全生产和稳定工作提出明确要求。

【市政府党组（扩大）会议】 8月22日，承德市政府市长常丽虹主持召开市政府党组（扩大）会议，就习近平总书记“7·26”重要讲话精神和《习近平总书记关于河北工作重要指示摘编》进行集中学习。市领导李晋宇、魏莉、张建宇、李维、郭士刚、苏铁成、董正国、王成、刘宏伟、邓子来，市政府党组成员马占山、刘海峰出席会议。常丽虹强调，要把做好全市改革发展稳定各项工作作为学习贯彻习近平总书记重要讲话精神最直接最有效的检验，坚持学以致用、用以促学，把发展的立足点聚焦到转型上来，以改革创新统揽和推进各项工作，在推进生态文明建设上有更大作为，坚决打好脱贫攻坚硬仗，着力防范和化解各种社会风险，同时要进一步营造良好的学习氛围，奋发有为地做好迎接党的十九大召开的各项工作。

10月27日，中共市政府党组书记、市长常丽虹主持召开市政府党组（扩大）会议，围绕贯彻落实党的十九大精神和十九届一中全会精神，按照市委统一安排，就市政府党组学习宣传贯彻工作进行具体部署安排。会议强调，要按照中央和省委、市委统一安排部署，迅速掀起学习宣传贯彻党的十九大精神热潮。市政府党组成员要带头抓好学习、宣讲和落实，把党的十九大精神传播开来、贯彻下去，在承德大地上落地生根开花结果，成为推动经济社会全面发展的不竭动力。会议强调，要在开启全面建设社会主义现代化国家新征程上迈出新步伐。要围绕建设现代化经济体系，深化供给侧结构性改革，全面落实“三去一降一补”任务，加快建设以“绿色产业”为支撑的现代化经济体系；要围绕落实区域协调发展战略，加快融入京津冀协同发展，抓重点、补短板、强弱项，努力在服务京津、对接京津中加快发展自己；要围绕提升保障改善民生水平，坚决打好精准脱贫攻坚战，让全市人民共享改革发展成果，确保与全国全省同步全面建成小康社会；要围绕加强生态文明建设，大力弘扬塞罕坝精神，加快建设生态强市、魅力承德。

12月12日，中共承德市政府党组书记、承德市政府市长常丽虹主持召开市政府党组(扩大)会议，学习传达贯彻习近平总书记关于进一步纠正“四风”、加强作风建设重要指示精神，就加强作风建设工作进行安排部署。会议强调，要结合召开民主生活会、组织生活会，把贯彻落实中央“八项规定”精神、转作风改作风情况作为对照检查的重要内容，深入查找“四风”突出问题，并研究制定整改方案，务求整改时效。要在即将开展的“不忘初心、牢记使命”主题教育中，把加强作风建设作为重要内容，以良好的作风确保取得良好的效果。

全市各类调度会

【全市创建国家森林城市工作调度会】 3月31日，承德市政府召开全市创建国家森林城市工作调度会议。承德市政府副市长王成出席会议并讲话。会上，全市各县区、承德高新区及市直相关部门分别就创建国家森林城市工作进展情况进行汇报。王成在会上强调，要坚定“初战必胜”的奋斗目标，围绕“环环相扣”的评审步骤，高质量完成各阶段目标任务，重点是要制定好总体规划、编制好“三个报告”、完善好佐证材料。要坚持“问题导向”的工作机制，确保各项指标顺利达标。要开展“百日攻坚”宣传，确保公众支持率和满意度达标；要加快项目建设进度，确保40 项评价指标达标。

【重点项目调度会】 5 月 12 日，承德市政府召开省市重点项目和 2017 年集中开工项目进展情况调度会。承德市政府市长常丽虹主持会议并讲话。市委常委、常务副市长李晋宇出席会议。会上，市发改委和各县区及高新区就省市重点项目和全市集中开工的 140 个重点项目进展情况进行汇报。常丽虹强调，要在搭建银企对接平台和扩大银企帮扶基金规模上下更大的功夫，着力破解土地、资金等制约项目建设的问题。要着力加强督导检查，齐心协力形成项目建设的良好氛围。常丽虹还就实现“双过半”目标、森林草原防火等工作提出明确要求。李晋宇就推动项目建设讲了具体意见。

【“一问责八清理”督导调度会】 6 月 27 日，承德市政府召开“一问责八清理”专项行动督导调度会，专题调度清理设立“小金库”等违反财经纪律问题及招投标不规范问题工作，听取牵头单位工作进展汇报，部署下一步工作。常务副市长李晋宇出席会议并讲话。李晋宇强调，要广泛发动各县（市）区、各单位深入开展自查自纠。监察、审计、信访等相关部门加强协作，组织精干力量，深入县（市）区、部门进行重点检查，做到检查到位、有力。对自查自纠、重点检查中发现的问题，要研究建立长效机制，做到破解顽疾固症、消除腐败土壤。

全市环境保护类会议

【全市环保工作电视电话会议】 3 月 30 日，承德市政府召开全市环保工作电视电话会议，贯彻落实国家、省环境保护工作会议精神，全面总结 2016 年全市环境保护工作，安排部署今年工作任务。副市长李维代表市政府与各县区和市直有关部门签订《2017 年度环保目标管理责任书》并讲话。会议通报了 2016 年全市环境保护目标管理和污染减排工作考核结果。会议要求，坚持环境保护与经济发展并重；严把源头与强化治理并重两个原则,实施“蓝天”“碧水”“净土”“雷霆”四大行动。责任落实务必要严格，决不能任务空转。

【大气污染综合治理电视电话会】 9 月 13 日 承德市政府集中收听收看了全省秋冬季大气污染综合治理攻坚行动电视电话会议，随后立即召开全市秋冬季大气污染综合治理攻坚行动电视电话会议进行安排部署。市长常丽虹出席会议并讲话。副市长刘宏伟出席会议。市政府秘书长崔万峰、市直相关部门主要负责同志在主会场参加会议。各县（市、区）、承德高新区、御道口牧场管理区设分会场。常丽虹在会上强调，要突出农村清洁供暖、劣质煤管控、燃煤锅炉治理、“散乱污”企业整治、不达标车辆整治、扬尘综合整治、露天矿山整治和应对重污染天气等重点，不折不扣落实大气污染防治“1+18”政策体系文件，确保空气质量持续改善和提升。

【水污染防治紧急调度会议】 11 月 29 日 中共承德市委、承德市政府召开全市水污染防治重点工作紧急调度会议。市委书记周仲明出席会议并讲话。市委副书记、市长常丽虹主持会议。副市长刘宏伟出席会议。省环境保护厅环境监察专员赵振兴特邀出席会议。会上，市环保局通报了全市 1—11 月份地表水环境质量状况及下一步工作安排。市商务局汇报了加油站地下油罐更新双层罐或设置防渗池工作进展情况。市农牧局汇报了禁养区养殖场关闭或搬迁工作情况。各县（市、区）政府、管委会主要负责同志围绕河流断面水质达标作了表态发言。周仲明在会上强调，要采取超常措施，铁腕执法、强力治污。环保部门要根据承德市各条河流情况，明确水污染治理问题清单、责任清单，加大巡察和督促指导力度。各县（市、区）要对照清单，找准源头、对症下药，死看死守污染源头，严防严控污染物排放，强力实施综合整治，确保取得成效。要坚持上下联动、协同配合、互相监督，层层传导压力、层层压实责任，坚决保证河流断面水质稳定达标。常丽虹在主持会议时强调，各级各部门要认清形势，增强紧迫感和责任感，坚决完成好河流断面水质达标各项目标。

全市安全生产及管理类会议

【安全生产电视电话会议】 1月5日，承德市政府召开安全生产电视电话会议。会议通报了2016年全市安全生产工作情况，就贯彻落实国家和省有关会议和文件的要求，对承德市春节、两会期间安全生产工作进行安排、部署。副市长李维出席会议并讲话。会议要求，强化安全生产执法监察；加强安全生产应急值守。

【安委会全体会议】 1月17日，承德市政府召开市安委会全体会议，传达学习国家和省安全生产电视电话会议精神，总结2016年安全生产工作，分析当前形势，对春节和两会期间的安全生产工作进行安排部署，会议还听取了市安委办和市直相关部门关于安全生产工作的汇报。李维就做好全市安全生产工作讲了具体意见。常丽虹在会上强调，要明确目标，抓住重点和关键环节，压实责任，确保全市安全生产形势持续稳定好转，为全市经济社会发展提供强有力的安全保障。

【全市消防工作会议】 3月28日，2017年全市消防工作会议召开。承德市政府副市长苏铁成出席会议并讲话。会议要求，树立“大消防”理念，坚持问题导向，聚焦风险防控，全面落实消防安全责任制，坚决遏制重特大火灾事故的发生。会上，市政府与各县区政府、承德高新区管委会、御道口牧场管理区委员会、市直相关部门签订了2017 年度消防安全责任状。

【食品安全委员会全体会议】 4月20日，承德市政府召开食品安全委员会全体会议，传达贯彻中央和省、市领导对食品安全工作的重要指示和批示精神、国务院和省政府食品安全工作会议精神，通报2016 年度各县区、食安委成员单位食品安全工作考核评价结果，全面总结2016 年全市食品安全工作，并对当前和今后一个时期的重点工作进行安排部署。薛寒就下阶段全市食品安全工作讲了具体意见。承德市政府常务副市长、食安委主任李晋宇出席会议并讲话，副市长、食安委副主任薛寒主持会议。李晋宇在会上强调，要全面贯彻国家和省、市做好食品安全工作的各项决策部署，严格落实“四个最严”要求，紧紧抓住源头严防、过程严管、风险严控、能力建设四个关键，构建形成“从田间到餐桌”的全过程监管体系，严打危害食品安全违法犯罪活动，提高全社会食品安全意识，维护群众“舌尖上的安全”。

【危险化学品领域安全生产整治会】 6月8日，承德市政府召开全市危险化学品领域安全生产专项集中整治暨市安委会全体会议。市委副书记、市长、市安委会主任常丽虹出席会议并讲话。副市长苏铁成主持会议。会上，市安监局通报全市安全生产情况，并对《承德市危险化学品领域安全生产专项集中整治行动方案》进行说明。苏铁成就做好我市安全生产工作讲了具体意见。常丽虹在会上强调，要做到“三彻底一到位”。全面排查要彻底；集中整治要彻底；打非治违要彻底；应急反应要到位。

【道路交通安全管理电视电话会】 8月22日 承

德市政府召开全市道路交通安全管理工作电视电话会议，分析承德市当前道路交通安全形势，就下一步开展道路交通安全大排查大整治行动进行安排部署。市长常丽虹出席会议并讲话。副市长刘宏伟主持会议。市政府党组成员、市公安局局长马占山出席会议。会议通报了近期全市道路交通安全情况。刘宏伟就做好全市道路交通安全管理工作讲了具体意见，马占山就开展全市道路交通安全管理工作进行具体部署安排。常丽虹在会上强调，要迅速开展道路交通安全大排查大整治，坚决遏制重特大交通安全事故发生。

【安全生产事故隐患大排查大整治会议】 12月4日 承德市政府召开全市安全生产事故隐患大排查大整治暨市安委会全体（扩大）会议。市长、市安委会主任常丽虹出席会议并讲话。市政府秘书长崔万峰主持会议。市安委会成员单位主要负责同志，市安监局科级以上干部在主会场参加会议。常丽虹在会上强调，要坚持严细排查全覆盖、彻底整改零容忍、依法监管出重拳、常抓不懈强机制，将大排查大整治与巡查问题整改紧密结合，严格落实排查、交办、督查、复查、问责“五个同步”，抓紧建立“四个清单”，做到“四个贯穿始终”，确保所有隐患全部“清零”。

全市其他类会议

【贫困人口医疗保障救助现场会议】 3月1日，承德市政府召开提高贫困人口医疗保障救助水平解决因病致贫返贫问题工作现场会议。会议总结了前一阶段工作开展情况，查找当前存在的主要问题，安排部署下一阶段工作，为全面提高全市贫困人口医疗保障救助水平，最大限度地解决因病致贫返贫问题，打赢脱贫攻坚战提供有力支撑。常务副市长李晋宇出席会议并对工作进行了部署。会议要求，承德作为全省医疗保障救助改革试点市，要先行先试，通过试点探索出一条遏制农村“因病致贫、因病返贫”，促进精准扶贫、精准脱贫的新路子。

【城市公立医院综合改革动员会议】 3月27日，承德市政府召开全市城市公立医院综合改革动员会议，主要任务是按照国家和省关于城市公立医院综合改革的统一要求和全市医改领导小组会议的总体安排，对全市城市公立医院综合改革进行启动部署。承德市政府常务副市长李晋宇出席会议并讲话，副市长薛寒主持会议。会上，宣读了《承德市城市公立医院综合改革工作推进方案》，市发改委、财政局、人社局、编办负责人对相关工作进行安排部署。市中心医院代表8家医院作了表态发言。李晋宇在会上强调，要突出工作重点，确保城市公立医院综合改革任务稳妥推进，圆满完成。

【工业和信息化工作电视电话会议】 5月24日，承德市政府召开全市工业和信息化工作电视电话会议。市政府党组副书记李维出席会议并讲话。市发改委、工信局、财政局、统计局、商务局以及各县区工信部门有关负责同志出席会议。李维强调，要坚持三个原则，即坚持加快发展与保护环境并举，坚持优化存量与做大增量并举，坚持供给侧与需求侧并举；要抓好项目、帮扶、运行、入统和信息化五项工作。要以更高的标准、更严的措施、更大的力度，推动全市工业持续健康发展。

【全市防汛抗旱电视电话会】 6月1日，承德市政府召开全市防汛抗旱暨夏季农业生产工作电视电话会议，对当前工作及形势进行总结分析，对下一步防汛抗旱及夏季农业生产工作进行安排部署。副市长王成出席会议并讲话。会议强调，盯紧山洪地质灾害点、水库塘坝尾矿库、行洪河道、城镇防洪排涝和在建工程五个重点，确保扎实做好各项防汛工作。

【高校毕业生就业创业电视电话会】 6月7日，承德市政府召开就业创业工作暨2017年普通高校毕业生就业创业工作电视电话会议，贯彻落实全国、全省就业创业工作暨2017年普通高等学校毕业生就业创业工作会议精神，安排部署全市就业创业工作。市委常委、常务副市长李晋宇出席会议并讲话。李晋宇强调，要把高校毕业生就业创业放在首位。努力拓宽高校毕业生就业渠道，通过加快产业创新拓展新领域拉动一批，通过重点产业的培育和新型城镇化建设，为高校毕业生创造更多的就业机会和就业形态。

【营商环境集中整治电视电话会】 6月21日，承德市政府召开营商环境集中整治“百日攻坚”电视电话会议，副市长魏莉主持会议，副市长苏铁成出席会议并讲话。会上，市监察局、市商务局、双滦区、滦平县先后做了发言，宣读了《关于做好全市营商环境集中整治“百日攻坚”重点工作的通知》，并对营商环境集中整治“百日攻坚”行动进行安排部署。市“转优促”活动领导小组办公室各工作组负责同志，44个市直有关部门分管负责同志在市主会场参会；各县（市）区政府分管负责同志和有关部门负责同志在分会场参加会议。会议要求，集中解决一批难点问题、对标提升一批服务事项、对接转化一批重要成果、曝光查处一批反面典型、全力构建一批长效机制。要进一步明确责任，强化责任分解、强化问责追责，不断改善承德市营商环境。

市政府和政府办文件

【经济发展】 1月13日，下发承德市人民政府办公室关于营造良好市场环境推动交通物流融合发展工作的落实意见，旨在切实推动承德市交通物流融合发展。

2月8日，下发承德市人民政府办公室关于开展消费品工业“三品”专项行动营造良好市场环境的实施意见，旨在切实做好承德市增品种、提品质、创品牌的“三品”工作，优化和营造良好市场环境，提高企业市场竞争力，提振消费需求，提升承德市消费品工业质量和综合实力。

2月23日，下发承德市人民政府办公室关于深入推进“互联网＋流通”行动计划的实施意见，旨在进一步推进全市实体商业线上线下融合发展，加快推进承德市商贸流通创新发展和实体商业转型升级，激发经济发展新动力。

3月31日，下发承德市人民政府关于促进创业投资持续健康发展的实施意见，旨在进一步促进承德市创业投资持续健康发展，推动技术、资本、人才、管理等创新要素与创业企业有效结合，增强经济发展新动能，助力经济结构调整和产业转型升级。

6月1日，下发承德市人民政府关于促进快递业发展的实施意见，旨在加快推进承德市快递业持续健康发展，充分发挥快递服务作为战略性新兴产业对稳增长、促改革、调结构、惠民生的支撑及对服务电子商务的主渠道作用。

8月11日，下发承德市人民政府关于印发承德市改革完善企业职工基本养老保险省级统筹制度的实施办法的通知，旨在提升企业职工基本养老保险基金保障能力，确保离退休人员养老金按时足额发放。

8月28日，下发承德市人民政府办公室印发关于开展“十三五”国家服务业综合改革试点实施方案的通知，旨在建立核心竞争力突出、特色优势明显、发展方式先进的现代服务业产业体系，做大做优中心城区，显著增强区域经济发展的辐射带动力。

10月16日，下发承德市人民政府关于印发促进工业投资支持工业发展政策措施的通知，旨在进一步促进全市工业企业扩大有效投资，支持工业经济转型升级，加快发展。

11月29日，下发承德市人民政府办公室关于贯彻落实扩大对外开放积极利用外资政策的实施意见，旨在积极有效引进外资，全面提高利用外资水平和质量，促进全市经济“加快转型、绿色发展”。

12月19日，下发承德市人民政府关于做好当前和今后一段时期就业创业工作的实施意见，旨在促进实现更高质量和更充分的就业。

12月25日，下发承德市人民政府印发关于激发重点群体活力带动城乡居民增收政策措施的通知，旨在营造激励奋发向上的公平环境，促进各类社会群众依靠自身努力和智慧，创造社会财富，共享改革发展红利，带动居民增收。

12月29日，下发承德市人民政府办公室关于加快发展健身休闲产业的实施意见，旨在以满足全市人民多层次、多样化健身休闲需求为目标，以健身休闲产业供给侧结构性改革为主线，以丰富健身休闲产业产品和服务供给为核心，推动健身休闲产业健康持续稳定发展，为健康承德建设提供支撑和动力。

【深化改革】 2月8日，下发承德市人民政府办公室关于做好国务院取消一批职业资格许可和认定事项衔接工作的通知，旨在做好国务院决定取消114项职业资格许可和认定事项衔接和后续工作。

2月17日，下发承德市人民政府办公室关于印发承德市双随机一公开监管工作推进方案的通知，旨在进一步强化事中事后监管，推进承德市“双随机、一公开”监管工作持续、广泛、深入开展，营造规范有序、公平竞争的市场环境。

2月22日，承德市人民政府办公室关于公布承德市本级行政许可事项目录的通知，旨在要求有关地方和部门抓紧组织落实、及时全面公布、规范权力运行。

3月20日，下发承德市人民政府办公室关于印发2017年度市政府常务会议学法计划的通知，旨在适应建设法治政府的相关要求，充分发挥市政府领导学习法律的表率作用，进一步提升依法行政、建设法治政府的能力和水平。

3月20日，下发承德市人民政府办公室关于印发全市深化“放管服”改革推进方案的通知，旨在进一步推进“简政放权、放管结合、优化服务”改革，优化全市经济发展环境。

3月16日，下发承德市人民政府办公室关于印发承德市外事礼宾接待工作管理办法的通知，旨在进一步加强外事管理，规范承德市外事礼宾接待工作，切实提高涉外工作水平。

4月18日，下发承德市人民政府关于印发承德市规范性文件管理实施办法的通知，旨在加强规范性文件管理，促进科学民主决策，提高依法行政水平。

4月25日，下发承德市人民政府办公室关于印发承德市“互联网＋政务服务”推进工作实施方案的通知，旨在依托全省统一的网上政务平台，统筹建设市级平台，逐步推行政务服务事项网上办理，降低制度性交易成本。

5月5日，下发承德市人民政府办公室关于衔接落实河北省人民政府办公厅关于衔接落实国务院第三批取消中央指定地方实施行政许可事项的通知的通知，旨在要求市政府有关部门要认真做好取消事项的衔接落实工作。

5月9日，下发承德市人民政府关于印发承德市推进行政执法公示制度执法全过程记录制度重大执法决定法制审核制度实施方案的通知，旨在着力解决行政执法中存在的不作为、乱罚款、乱检查、不透明、不文明等问题，促进严格规范公正文明执法，保障和监督行政机关有效履行职责，切实维护人民群众合法权益，进一步推进“放管服”改革。

5月11日，下发承德市人民政府办公室关于印发承德市政事不分政企不分政会不分问题专项清理工作方案的通知，旨在全面清理政事不分、政企（事企）不分、政会不分三个方面职责不清、管理不严、违规兼职、权力寻租等损害人民群众和市场主体利益的问题，深入推进党风廉政建设和反腐败工作。

5 月 15 日，下发承德市人民政府办公室关于印发全市简政放权评估问效工作方案的通知，旨在通过对全市简政放权重大政策落实情况进行跟踪评估问效，集中查找和整治简政放权改革过程中不协调、不配套、不衔接、不积极、不落实等问题，推进“放管服”改革向纵深发展，最大限度释放改革红利。

5 月 16 日，下发承德市人民政府办公室关于印发承德市重大行政决策目录管理办法的通知，旨在规范政府重大行政决策行为，明确重大行政决策事项范围。

5 月 19 日，下发承德市人民政府关于公布市政府重大行政决策事项目录和市政府重大行政决策事项听证目录的通知，旨在保障列入承德市人民政府重大行政决策事项目录的事项，严格按照“公众参与、专家论证、风险评估、合法性审查、集体讨论决定”的法定程序实施决策，确保决策程序正当、过程公开、责任明确。

5 月 31 日，下发承德市人民政府关于印发承德市国家基本建设项目审计办法的通知，旨在为加强对国家基本建设项目的审计监督，规范投资行为，提高投资效益，促进廉政建设。

6 月 22 日，下发承德市人民政府办公室关于印发承德市行政执法公示办法的通知，对公示公开内容、公示公开载体、公示公开程序、事后公开程序等方面作出明确规定。

6 月 22 日，下发承德市人民政府办公室关于印发承德市行政执法音像记录设备配备办法的通知，旨在规范行政执法音像记录设备配备工作，保障行政执法全过程记录制度落实，促进行政执法机关严格、规范、公正、文明执法。

7 月 26 日，下发承德市人民政府办公室关于印发承德市全面编制公开政务服务事项目录清单和实施清单工作方案的通知，旨在加快转变政府职能，建设网上政务服务平台，推进政务服务事项网上办理，进一步做好全面编制公开政务服务事项目录清单和实施清单工作。

7 月 28 日，下发承德市人民政府办公室关于全面推行跨部门联合“双随机”抽查监管的实施意见，旨在加快推动跨部门联合随机抽查，解决多头监管、重复检查问题，进一步降低对市场主体监管的制度成本，提高监管效率，着力打造公平竞争的市场环境和高效便捷的营商环境。

8 月 28 日，下发承德市人民政府办公室关于印发承德市全面推进政务公开工作实施细则的通知，旨在深入推进“放管服”改革，切实提升公开的质量和实效。

9 月 27 日，下发承德市人民政府办公室关于公开市级政务服务事项清单的通知，旨在加快政府职能转变，推进政务服务事项网上办理（全面公开的市级政务服务事项：承德市市级政务服务事项共 641 项，其中行政权力事项 466 项，公共服务事项 175 项）。

11 月 1 日，下发承德市人民政府关于市级经营性国有资产集中统一监管的实施意见，旨在力争 2017 年底前将国家规定统一监管的国有资本和市级党政机关、事业单位所属企业的国有资本纳入经营性国有资产集中统一监管体系，具备条件的授权国有资本投资、运营公司经营管理。

11 月 21 日，下发承德市人民政府办公室关于印发承德市优化投资建设项目审批流程若干措施（试行）的通知，旨在进一步深化“放管服”改革，创新投资建设项目审批工作机制，提高行政审批效率，加快项目开工建设。

11 月 21 日，下发承德市人民政府办公室关于印发承德市规范公共资源交易工作规定（试行）的通知，旨在确保全市公共资源交易招标投标活动遵循公开、公平、公正、诚实信用和高效便企的原则平稳有序运行。

11 月 29 日，下发承德市人民政府关于在市场体系建设中建立公平竞争审查制度的实施意见，旨在规范政府有关行为，防止出台排除、限制竞争的政策措施，营造公平竞争的市场环境，推动承德经济转型升级持续健康发展。

12月8日，下发承德市人民政府关于做好向县区下放市级行政权力事项的通知，旨在确保下放行政权力事项真正落实到位。

12月8日，下发承德市人民政府关于加强政务诚信建设的实施意见，旨在充分发挥政府在社会信用体系建设中的引领示范作用，树立政府公开、公正、诚信、清廉的良好形象，优化承德营商环境和社会环境。

12月11日，下发承德市人民政府办公室关于实行规范性文件三统一制度和建立规范性文件公开督促约束机制的通知，旨在加强法治政府建设。

12月11日，下发承德市人民政府办公室关于加快推进“多证合一、一照一码”改革的实施意见，旨在加快推进承德市“多证合一、一照一码”登记制度改革，优化营商环境，激发市场活力。

【环境保护】 3月24日，下发承德市人民政府印发关于建立健全水价调整补偿机制工作方案的通知，旨在充分发挥水价调节作用，增强全社会节约用水意识,在保障京津用水的同时建设集约、节约用水的典范。

3月27日，下发承德市人民政府办公室关于印发承德市主要河流跨界断面水质生态补偿实施方案的通知，旨在进一步改善承德市水环境质量，激励各级政府和相关单位改善水环境质量的积极性。

3月27日，下发承德市人民政府办公室关于印发承德市建设国家绿色矿业发展示范区2017年百矿取缔关闭实施方案的通知，旨在深入推进国家绿色矿业发展示范区建设，实现全市矿业经济健康发展。

3月28日，下发承德市人民政府办公室关于印发承德市2017年化解钢铁过剩产能实施方案的通知，旨在按照“坚决去、主动调、加快转”的要求，加快推进承德市钢铁行业化解过剩产能工作。

4月13日，下发承德市人民政府办公室关于进一步加强尾矿新型建材推广应用和管理的通知，旨在进一步加强尾矿新型建材推广应用和管理。

4月26日，下发承德市人民政府办公室关于下达2017年煤炭行业化解过剩产能煤矿退出计划的通知，旨在要求相关部门按照时间节点，倒排工期，确保按期完成任务。

6月5日，下发承德市人民政府办公室关于加快推进山水林田湖生态保护修复的实施意见，旨在以解决试点区域生态环境突出问题为导向，以体制机制改革创新为动力，以扩大和优化生态空间为目标，着力打造“一弧区域—潮河流域保护修复区、拓展区域—滦河支流保护修复区、坝上地区—湿地草地保护修复区、重点矿区—损毁矿山治理修复区”四个山水林田湖生态保护修复重点片区。

8月23日，下发承德市人民政府办公室关于划定野生动物禁猎区和规定禁猎期的通知，旨在更好地保护野生动物资源。

9月6日，下发承德市人民政府办公室关于印发承德市农村气代煤电代煤工作实施方案的通知,旨在最大限度减少燃煤散烧造成的环境污染，持续改善承德市空气质量。

9月19日，下发承德市人民政府办公室关于印发承德普宁机场电磁环境保护办法的通知，旨在加强普宁机场电磁环境保护，保障航空安全和人民生命财产安全。

9月18日，下发承德市人民政府办公室关于印发承德市关于建立绿色金融体系的工作方案的通知，旨在通过金融创新和财政、环保等配套支持，加快构建绿色金融体系，大力发展绿色信贷、绿色债券、绿色保险和其他绿色投融资服务，引导资金要素向低碳、环保、节能、降耗等领域聚集，抑制污染性投资。

10月25日，下发承德市人民政府办公室关于印发承德市河长名单公告制度（试行）等七项工作制度(《承德市河长名单公告制度(试行)》《承德市河湖管理会议制度（试行)》《承德市河长制信息共享制度（试行)》《承德市河湖信息报送通报制度(试行)》《承德市河长制工作督查制度(试行)》《承德市河长制工作绩效考核评价制度（试行)》《承德市河湖管理奖惩办法（试行)》）的通知，旨在加强水资源保护。

11月8日，下发承德市人民政府办公室关于印发承德市畜禽养殖污染专项整治行动实施方案的通知，旨在加快推进全市禁养区养殖场关停和搬迁工作。

11月17日，下发承德市人民政府关于印发全民所有自然资源资产有偿使用制度改革实施意见的通知，旨在健全完善全民所有自然资源资产有偿使用制度，促进自然资源保护和合理利用。

12月15日，下发承德市人民政府办公室关于印发承德市水权确权登记工作方案的通知，旨在优化配置各类水资源，科学合理地将县（市、区）域内可持续利用的水量分配到取用水单位和个人，对水资源使用权进行确权登记。

12月27日，下发承德市人民政府办公室关于印发承德市网格化环境监管体系管理办法(试行)的通知，对网格职责、网格管理、网格考核等方面作出明确规定。

12月29日，下发承德市人民政府办公室关于印发承德市草原保护制度工作方案的通知，旨在进一步深化承德市生态文明体制改革。

12月29日，下发承德市人民政府办公室关于印发承德市国有草原资源有偿使用制度工作方案的通知，旨在积极探索推进国有草原资源有偿使用制度建设，推进草原资源保护和有序利用。

【城市建设】 4月10日，承德市人民政府关于加强全市房地产市场调控的意见，旨在确保承德市房地产市场持续平稳健康发展。

5月14日，承德市人民政府关于进一步强化调控措施稳定全市房地产市场的通知，旨在进一步加强房地产市场调控工作，坚持“房子是用来住的，不是用来炒的”定位。

9月8日，下发承德市人民政府办公室关于加强信息资源共享统筹智慧城市建设的通知，旨在加速承德市信息化建设步伐，促进互联互通和资源共享，消除信息孤岛，提高智慧城市建设成效。

11月6日，下发承德市人民政府办公室关于印发承德市城市双修（生态修复、城市修补）工作实施方案的通知，旨在以改善生态环境质量、补足城市基础设施短板、提高公共服务水平为重点，转变城市发展方式、治理“城市病”，提升城市治理能力，打造和谐宜居、富有活力、各具特色的现代化城市。

12月11日，下发承德市人民政府办公室关于印发首都地区环线高速公路（G95）承德（李家营）至平谷（冀京界）段征地拆迁办法的通知，对征地拆迁实施原则、补偿标准、征地拆迁补偿程序及相关规定、资料报批、监督管理及奖惩等方面作出明确规定。

12月8日，下发承德市人民政府办公室关于加强中心城区互联网租赁自行车管理的指导意见，旨在规范城市互联网租赁自行车（以下简称共享单车）的经营、使用和管理，构建城市绿色出行体系，促进共享单车有序发展，切实保障市民和运营企业合法权益。

【文物保护】 6月29日，下发承德市人民政府办公室关于切实做好历史文化街区划定和历史建筑确定工作的通知 ，旨在加强承德市历史文化名城、历史文化街区和历史建筑保护，延续城市文脉，推进新型城镇化。

8月25日，下发承德市人民政府办公室关

于进一步加强承德市抗战文物保护和利用工作的意见，旨在进一步促进抗战文物的有效保护和合理利用。

【扶贫济困】 8月7日，下发承德市人民政府办公室关于印发承德市加强困难群众基本生活保障工作实施办法的通知，对建立健全困难群众基本生活保障协调机制、加强对重点群体的基本生活保障力度、保障措施等方面作出明确规定。

11月28日，下发承德市人民政府办公室关于促进承德市少数民族和民族地区发展实施方案的通知，旨在进一步促进“十三五”时期承德市少数民族和民族地区经济和社会事业加快发展，确保如期全面建成小康社会。

11月30日，下发承德市人民政府关于加强农村留守儿童关爱保护工作的实施意见，旨在进一步加强农村留守儿童关爱服务和救助保护工作，为承德市农村留守儿童健康成长创造良好环境。

【食品安全】 7月24日，下发承德市人民政府办公室关于印发承德市食品安全突发事件应急预案的通知，对适用范围、事件分级、工作原则、组织指挥系统、监测预警、信息报告与通报、应急响应、后期工作、应急保障等方面做出具体规定。

12月7日，下发承德市人民政府关于印发承德市盐业体制改革实施意见的通知，旨在加快推进全市盐业体制改革，促进行业健康可持续发展。

【医疗卫生】 6月23日，下发承德市人民政府关于印发承德市城市公立医院综合改革实施方案的通知，旨在把解决群众看病就医问题作为改革的着力点，把公平可及、群众受益作为改革的出发点和立足点，以群众可以接受、财政可以承担、基金可以运行、医院可以持续为目标，充分发挥公立医院公益性质和主体作用，切实落实政府办医责任。

10月11日，下发承德市人民政府办公室关于印发承德市推进医疗联合体建设和发展实施方案的通知，旨在推进医疗资源纵向整合，完善城乡医疗服务体系，构建分工协作机制，方便群众看病就医。

10月11日，下发承德市人民政府办公室关于印发承德市建立现代医院管理制度实施方案的通知，旨在以公平可及、群众受益作为出发点和立足点，切实维护公立医院公益性。坚持政事分开、管办分开，坚持试点先行、鼓励创新，不断提高医疗服务质量，充分调动医务人员积极性。

11月23日，下发承德市人民政府办公室关于印发承德市乡村医生定向培养工作实施方案，旨在进一步加强全市乡村医生后备力量培养，全面提升乡村医生队伍素质和村级医疗卫生服务能力。

【社会管理】 3月30日，下发承德市人民政府办公室关于进一步加强和改善住户调查工作的通知，旨在通过开展住户调查，获取居民收支和生活状况统计数据，为各级党委、政府准确掌握民生状况、制定实施惠民政策提供重要依据。

5月22日，下发承德市人民政府关于印发承德市社会信用体系建设规划（2016—2020）的通知，旨在加快完善承德市社会信用体系，增强全社会诚信意识，营造诚信化市场环境，促进经济社会全面发展。

7月3日，下发承德市人民政府办公室关于加强基层公共服务平台建设的通知，旨在大力推进人力资源基层平台建设，做好贫困人口医疗保障救助水平试点市工作，统筹有关部门信息服务资源，解决服务群众最后一千米问题。

7月17日，下发承德市人民政府办公室关于印发承德市综合防灾减灾规划（2016—2020年）的通知，进一步提高防灾减灾救灾能力，最大程度保障人民群众生命财产安全。

9月1日，下发承德市人民政府办公室关于

印发承德市安全生产领域打非治违工作暂行规定的通知，旨在严厉打击安全生产领域（包括作业场所职业卫生）非法违法行为和治理纠正生产经营单位违规违章行为，实现打非治违工作常态化、制度化，促进全市安全生产形势根本好转。

11月14日，下发承德市人民政府办公室关于加强个人诚信体系建设的实施意见，旨在积极营造“守信者荣、失信者耻、无信者忧”的良好社会氛围，提高全社会信用水平。

12月6日，下发承德市人民政府关于印发承德市见义勇为确认和保障工作机制的实施意见的通知，旨在进一步健全完善规范见义勇为确认和保障工作程序，确保见义勇为奖励和保护各项措施落到实处。

附：市政府领导名录

市　　　长：常丽虹（女）
常务副市长：李晋宇
副　市　长：于庆贺
　　　　　　魏　莉（女，12月免）
　　　　　　张建宇（8月任）
　　　　　　李　维（满族，4月免）
　　　　　　薛　寒（女，蒙古族，7月免）
　　　　　　郭士刚（7月任）
　　　　　　苏铁成
　　　　　　董正国（满族，4月任）
　　　　　　王　成
　　　　　　邓子来（12月免）
　　　　　　刘宏伟（4月任）
市长助理：易长生（5月免）
　　　　　　冯树楷（满族、挂职）
秘　书　长：信　祥（满族，4月免）
　　　　　　崔万峰（满族，4月任）
常务副秘书长：刘树华（满族）
副秘书长：赵长智（满族）
　　　　　　牛立杰（女，11月免）
　　　　　　崔瑞祥（满族，2月任，12月免）
　　　　　　丛云飞（满族）
　　　　　　薛莲蒂（蒙古族，8月免）
　　　　　　孙　雷（蒙古族）
　　　　　　遇建军
　　　　　　刘英杰
　　　　　　丁贺成
　　　　　　尚晓辉（蒙古族，11月任）

政府办公室工作

【公文处理】 针对公文运转存在的运转慢、有漏洞、不规范问题，采取登记留痕、并联分送、定时办结、OA系统运用等举措，对国务院和省政府文件严格办理时限，消除文件登记、拟办意见、传阅办理的周转时间差，对市领导签批件和下级来文实行催办制，做到责任到人、逐一盯办、定期通报，有效提高了办理时效，防止意外、失误和泄密现象发生。

【参谋调研】 坚持吃透上情、了解外情、熟悉市情的工作方针，协助领导找准上级政策与承德市经济和社会发展的结合点，力求“谋”在关键处，“参”到点子上。深入基层开展调研，多渠道了解政策信息，适时提出发展思路和应对方案。对全市重点项目“33591”工程、十大绿色产业“三年倍增计划”等市委、市政府重大决策部署和重大专项，从资源优势、发展思路、目标路径、项目支撑、重点改革事项等方面超前谋划、敢于担责、及时协调组织市直有关部门制定了企业降本增效、促进企业技改扩能、“工业投资20条”等一系列政策文件和落实方案，进一步细化指标、明确责任主体，加强督导调度，有效推动了一大批企业复工复产，确保了固定资产投资有质量的较快增长，引领产业提档升级步伐加快，推动全市主要经济指标增速跃居全省中上游；从生态文明体制、农业农村、科技平台、投融资、国有企业等8个方面提出了近30项改革任务，提交市政府研究确立了推进生态文明体制、提高农业高端服务供给、提升文化旅游服务供给、推进农村产权制度改革等力求突破的11个主攻目标，围绕主攻目标的落地落实，实行“落实清单”和台账式管理，明确了责任单位、改革时间表和路线图，及时组织督促责任单位制定改革方案、开展先行试点、总结改革经验，拿出了一批具有创新性的实招硬招。

【综合文字起草】 把综合文字作为体现政务服务水平最重要的标志、摆上更突出的位置。针对“重办事不重文字、重内容不重规范、重实用不重理论、重发文不重实效”等问题，重点在把握上级意图、反映基层实际、贴近领导风格、契合场景实况、突出目的实效五个方面加力，有效提高了文稿的一次通过率，达到了95%以上。全年组织起草政府工作报告、经济会讲话等重要文稿200余件，制发《关于全面推进高质量发展的决定》等重要文件520件，完成农村产权制度改革分析等调研课题40个，得到市领导的肯定和批示。

【信息工作】 坚持“上报信息争位次、本级服务上水平、刊物编发创品牌”的工作目标，建立信息工作新机制：组织召开县区上报信息调度会。对上报信息工作情况进行分析研讨；健全完善信息约稿机制。围绕当前省、市中心工作和承德市的工作亮点，通过信息报送系统发布公告或电话通知等形式，向有关县区和部门进行约稿；加大信息搜集、整理、报送力度。通过实行全员上报信息制度等举措，密切跟踪我市重点工作的阶段性进展；加大对上报国办约稿工作的调度力度。增加上报国办信息的奖励分值，同时大幅度提高了国采信息的考核分值。提高本级信息服务水平，结合特定时点特征，有针对性地精准全面从快搜集信息，及时反映热点、难点问题，为领导决策提供前瞻性信息；及时反映基层工作中的亮点，为全面推进工作提供典型；及时反映全市阶段性重点工作动态，为领导调度工作提供依据；坚持“以评促写、以写促评”的考核原则，每月公布信息采用和文件承办得分排名，当年上报各类信息1800余篇，被国务院办公厅采用8篇、省政府办公厅采用155篇，受到领导肯定性批示12篇。年终信息采用得分排名位列全省各市第一位，较上一年度提升4位，再次被省政府办公厅评为全省信息报送工作优胜单位。

【信息公开】 按照以公开为常态、不公开为例外原则，全面推进决策、执行、管理、服务和结果“五公开”，构建起信息公开、政策解读、新闻发布、舆情回应、平台建设等融合发展工作格局。成立了承德市政务公开领导小组，制定下发了《进一步加强承德市政务公开新闻发布工作的通知》、《全面推进政务公开工作的实施意见》《承德市2017年政务公开工作要点》《承德市“互联网＋政务服务”推进工作实施方案》《承德市全面推进政务公开工作实施细则》《关于做好政府重大政策性文件宣传解读工作的若干规定》等相关文件。充分利用政府网站、新闻媒体、微信和政府信息公开平台，及时主动向社会公开经济发展、社会事业、民生领域等方面信息，为切实做到“应公开、尽公开，应上网、尽上网”依法依规做好依申请信息公开工作，完善受理、审查、处理、答复以及存档备查等各个环节工作，依法依规满足人民群众的特殊信息要求。对涉及多个地方或部门的申请事项，加强会商协调，依法依规妥善处理。全年共处理市本级信息公开申请107件，其中市政府办公室受理10件，全部按《中华人民共和国政府信息公开条例》、河北省实施《中华人民共和国政府信息公开条例》办法规定予以答复。由信息公开引起的行政诉讼2件，其中1件败诉，1件正在审理。指导各部门发布政府信息2万余条，市政府信息公开平台公开政府文件

450件，未发生信息公开失泄密事件。联合市委宣传部制定下发了《关于做好政府重大政策性文件宣传解读工作的若干规定》，进一步明确宣传解读责任主体、范围重点、方式程序，推动各级各部门解读材料与政策文件同步起草、同步审批、同步发布，提升政策解读实效。在中国承德门户网站设置了“政策解读”专栏，全年共解读市政府、市政府办公室重大政策文件39件。

【建议提案】 以代表、委员满意为目标，以建议、提案落实为重点，认真交办，强化责任，狠抓督导，切实解决了代表委员关注的问题。2017年度，市政府系统共办理建议提案638件，经研究确定57件建议提案作为当年承办工作重点件，交有关单位重点研究办理。市政府承办的各级建议提案按时答复率、答复函规范率、按时走访率均达到100%，走访代表委员，代表委员满意率98%以上，符合年初规定目标。2017年5月份，承德市举办全省首次省政府提案处领导对市直及县区具体承办人员培训工作，8月份，承德市邀请省政府办公厅提案处、省政协提案委领导及省直相关部门来承德市开门办理提案承办工作，此次活动在河北省各市中属于首次。承德市政府办公室在河北提案工作中被河北省政协提案委员会评为先进单位。承德市政府在河北省政府系统2017年底承办工作中考核排名第一。

【应急工作】 严格实行24小时值班制度，及时调整充实应急管理组织机构，组织修订各类应急预案42件，确保信息畅通、反应迅速、应急指挥有力。组织成立新一届政府应急管理专家组，拥有涵盖自然灾害、事故灾难、公共卫生、社会安全、综合管理五大类共61名专家，开展食品安全突发事件、煤气泄漏事故等大型演练3次，与京津蒙辽等周边市区县建立协同联动机制。成功处置了“4•15人感染H7N9禽流感事件”“4•29承德县三家镇森林火灾”“7•6围场县交通事故”“8•4隆化县窑洞塌方事故”等较大级别以上突发事件6件，有效处置各类突发事件207件，有力保障了人民群众生命财产安全和全市经济社会大局稳定。积极做好信访稳定工作。牢固树立信访接待无小事思想，各位副秘书长、各科室坚持依法合规、合情合理原则，积极协助领导、协调部门妥善处理集体访76批次、4659人次。

【电子政务】 更新了行政中心楼层网络设备；科学制定安全策略，细化互联网访问规则；加强电子政务规范化管理，下发了《承德市电子政务外网升级方案》，制定统一的电子政务信息技术规范，为“互联网＋政务服务”实现信息网络互连互通和信息资源共享提供支撑；下发了《承德市人民政府办公室关于印发承德市政府网站管理办法的通知》（承市政办字〔2017〕228号），进一步规范了承德市政府网站的管站、办站职责，对网站的开办流程、关停整合、网站建设、集约发展、网站安全、机制保障等均作出了明确的要求，使各级政府部门在政府网站工作中能够做到有据可依；截至2017年底实现了电子政务外网对纳入“互联网＋政务服务”平台各级政府部门的全覆盖，满足了政务服务应用对网络带宽和服务质量的需求，并全力支撑“政务信息系统整合”工作稳妥运行；网站监管进入常态化，通过机器扫描、人工检测的方式，对辖区内的全部政府网站的整体运行情况、链接可用情况、栏目更新情况、信息内容质量进行日常监测，查出问题立即解决；继续加强“办公软件正版化”工作。2017年，“中国承德”政府门户网站更名为“承德市人民政府”，在办好原有栏目的基础上，针对全市工作大局，增设了“党的十九大精神宣讲进行时”“全面推进文明城市建设在行动”“承德安全生产”“行政执法”等专栏15个，更加全面报道市委、市政府的中心工作。“承德市政府”微信公众平台平稳运营，2017年，该微信公众平台已有关注用户近3780名，2017年全年发布各类信息120余次500余条，阅读量约为5.5万人12.2万次，朋友圈转发约1.9万人2万次。

【后勤保障】 认真管理办公用房和办公设备、办公用品，及时维修、更换、补充受损、老化设备及办公用品,保障办公秩序良好,环境整洁、舒适；全面清理办公用房，截至年底，机关无违规使用办公用房现象。遵照《大型会议组织管理办法》，组织市政府全体会等大型会议20多次，承办上级部门到承德调研、政府开放招商等活动30余次，做到了不出纰漏。严格财务报销审批程序，严格实行“一只笔”财务审批制度。对一切开支严格按财务制度办理，确保每笔支出合理合法。

【政府热线】 2017年，按照“统一管理、分级负责、归口办理、限时办结”的原则，依托“961890”群众服务热线，24小时受理办理群众生产生活中各方面的诉求。对于群众反映问题较多的防火、防汛、旅游、供热等阶段性热点问题，热线办与相关承办单位主管负责人逐一沟通，明确日常承办人、相关科室、主管领导的电话，确保24小时畅通。对预见性问题提前培训，最大限度地协调解决，有效地处理了不同时段的热点问题。部分群众来电反映的事项较为复杂，有的职责归属不好界定、有的需要多个部门联合办理，导致一些问题未能得到有效解决，针对这一现象，热线办采取灵活办理的方式，如现场踏勘、召开内部会议、呈报批办等。对于现场踏勘与会议方式均不好解决的问题，热线办形成专题报告呈报分管领导批办解决，并对事件办理过程全程跟踪。对于部门超期的办理事项，协调人员及时提醒督办。对于领导批办的事项，限时督办，并要求反馈办理结果。对个别没有对接窗口的省属以上企事业单位，通过发函方式协调督办。对于部门办理回复不及时、超期率较高的单位要求其进行整改，提交整改报告。

2017年，“961890”群众服务热线共受理群众来电45408件次，话务员直接解答36325件次，向承办单位交办9339件次；办结45052件次，整体办结率为99.22%；共收到群众来电表扬115件次，获得锦旗一面，做到了事事有回音，件件有着落。为群众和市场主体协调解决问题集中表现在：日常咨询类18006件次，占总工单的39.73%；生活资源类8974件次，占19.80%；城乡建设类3635件次，占8.02%；环境保护类2674件次，占5.90%。热线办被评为市级“三八”红旗集体荣誉称号。

【扶贫点工作】 为承德县岗子满族乡郑栅子村争取各项政策支持，通过入户调查，根据每个建档立卡贫困户的实际，分析致贫原因，因地制宜，建立了几条脱贫渠道：依托松利经济合作社，发展设施蔬菜、设施水果项目。发展户用光伏脱贫项目。参与劳务输出增加收入；农林政策支持，雇用贫困户参加集体有偿劳务活动；政策兜底，村低保、五保户收入已由原2016年10月之前的每年补助2800元年收入提高至现在的3900元补助标准。继续推进特色村寨民居改造项目。满族特色村寨房屋改造项目继续推进，2016年至2017年又规划设计改造了107户农院。该项目先后投资120余万元，大大提升了村落整体建设水平；完成戏台建设项目。该项目总投资80余万元，包括新建村民休闲广场一处（2200平方米）、建成的戏台一座（1000平方米），通过戏台演出，进一步提升村民整体文娱活动空间，丰富了村民精神文化生活。

为丰宁南关乡横河村作好扶贫工作，重点围绕农业种植和光伏产业，谋划推进了食用菌扩种、冷棚西红柿、中草药种植、村集体光伏、贫困户分布式光伏、打水井、安装变压器等7个主要项目。2017年5月聘请专业设计公司，对全村进行整体规划设计。当年10月有10个工程项目进场施工。因资金来源问题，采取化整为零的方式，将美丽乡村建设工程分解为22个工程项目，主要工程如下：安全饮水工程、厕所改造工程、污水排放处理工程、垃圾处理工程、村庄绿化工程、道路硬化工程、村东河防洪工程、村北排水工程、村庄亮化工程、河道水面工程、墙体建设工程、房屋保温工程、大小广场和村牌楼等其他工程。为丰富村民的业余文化生活，建设省级非物质文化遗产蒙丁演武文化演出舞台一座，节假日期间组织村蒙丁演武演员为村民演出，平时组织村民茶余饭后跳广场舞健身。在村部旁建设了村民活动室、村图书室各一间，为村民看书学习、下棋娱乐休闲提供了场所，在全村逐渐形成了读书看报、下棋娱乐、运动健身的健康业余文化生活习惯。为丰富村小学孩子课余活动，加强孩子身体锻炼，协调市体育局为村小学捐助了2万余元的体育器材，实现了孩子们课间和体育课有玩有乐有益有健康。

【实施责任目标考核】 组织制定了《办公室责任目标考核办法》，将被考核对象根据工作性质不同分为综合文字类、服务类和直属单位业务三类，把党风廉政建设、应急值守、卫生环境等5个方面的表现作为共性目标来考核，将文稿质量、信息外宣、文件运转、满意度等多个方面个性化的任务作为差异化指标来考核，增加分值权重；把文字工作量化考评。对办公室综合文字工作，创造性地把科室之间互评与聘请第三方考评结合起来，定期采取随机抽样的办法对各科室起草的文件从体例格式、公文形式、公文内容以及合法性、保密性等方面的内容进行评审，并确定相应等级和分值，作为年终考核的依据；建立起以文字为核心的用人导向。

督查督办

【落实事项】 以国务院第四次大督查、省委省政府考核承德市的重点工作目标及全市重点项目、民生实事为重点，结合开展“两学一做”学习教育活动和深入学习宣传贯彻党的十九大精神，进一步转变作风、强化举措、完善机制，创新工作方式方法，有效推动各项督查事项的落实，完成了全年各项工作任务。2017年，督查室共督查办理省、市政府重点工作156项，其中省重点工作涉及承德市14项、市政府重点工作142项，重点督促民生实事20项；完成省委、省政府重大政策措施督导检查等15项迎检工作；落实省政府督查事项30余项；督办落实市政府会议议定事项120项；完成上报省政府调研文章9篇，其中被省政府《政务督查》专刊采用2篇。

【大督查迎检】 国务院开展了第四次大督查工作，督查室牵头负责协调承德市的国务院第四次大督查各项准备工作。按照国家、省通知要求和市政府主要领导的指示要求，督查室将国务院第四次大督查督查重点内容进行了责任分工，明确了牵头部门、责任部门和责任人，对整个大督查工作全程进行了跟踪督查，并向省政府反馈了落实情况。在全面自查的基础上，开展“回头看”，对存在问题及时整改到位。对承德市2014年以来的国务院省政府政策措施应下发未下发的文件进行了全面梳理，并对承德市应出台的相关配套文件进行了督办落实。共清理2013年至2017年10月17日国务院下发文件613件，其中已发文落实280件，直接执行261件，不涉及承德市无需执行4件，待省出台文件后落实的36件，2017年年底前需要发文落实的32件，已发文或直接执行落实22件，剩余10件正在待落实。对国务院第四次大督查涉及承德市的4个中央预算投资调整项目按要求进行督查整改，对涉及全市的19个热线电话反映问题进行了整改督查并进行了按时反馈。

【督办政府工作报告落实】 在2017年省、市《政府工作报告》的基础上，起草印发了《承德市人民政府关于2017年省市政府重点工作目标任务分解方案的通知》（承市政字〔2017〕39号），确定了省重点工作涉及承德市14项、市政府重点工作142项，对省市政府重点工作进行了细化分解，每项工作都明确了牵头领导、牵头单位、责任单位，逐项督促落实，将所有重点工作纳入内网电子台账管理，实时网上督查督办，并列入年终考核。按照市政府主要领导要求，督查室对省市重点工作每月一报送、每季一通报、定期向市长报告督查情况。将推进缓慢的事项，列入重点督查范围，提请主管副市长和市长召开专题调度会议进行调度，有力地推进了省市重点工作的落实。156项省市政府重点工作均按照序时进度推进。

【专项督查】 主要围绕省市重点工作调度会议、全市重点项目投资、省政府重点工作任务分解、自身建设各项工作落实、重点工作进展缓慢事项整改、全市铁路建设工作会议情况落实、省政府常务会议落实、民生实事进展情况、陈栅子水源地建设工作、工业运行指标情况、十大绿色产业、21家企业改制、对接京津对口帮扶、国务院第四次大督查及群众热线反映问题落实、机场周边矿山裸露矿面治理恢复工作、塞罕坝环境综合整治、跟踪审计问题整改、“放管服”改革、张庆伟省长参加“两会”承德团讨论时有关人大代表意见建议及庆伟省长有关指示要求落实情况、上板城热电厂配套管网工程建设、大数据应用项目推进工作、市长便民服务窗口单位现场办公议定事项督查、太平桥老邮局及周边地块拆迁遗留问题、化解过剩产能、张古江副省长到承德调研医疗救助和文物保护工作、“1+18”大气污染防治、政府举债企业欠账农民工工资欠薪、科技型中小企业融资难政策落实、县区产城教建设、二仙居旱河南路一期建设及开发东区中路一期建设、河长制工作落实、承德华远自动化设备有限公司项目推进情况、内蒙古大唐国际克什克腾煤制天然气有限责任公司长输管线潜在重大安全隐患整改、中心城区供热管网铺设情况、全市河流水质退化治理情况、“双代”用户取暖情况等36项重点工作开展专项督查。全年共下发《督查通知》35个，《督查通报》3期，呈报市政府主要领导《督查专报》14期。其中，有12期《督查专报》意见建议被采纳，市长做出明确批示。

【组织开展全市大督查】 按照市委、市政府的要求，督查室承担了市大督查组办公室的综合组和协调组的工作。综合组每月定期收集汇总市驻县（市、区）各督查服务工作组工作汇报，及时统计汇总相关专项督查工作的完成情况，2017年，共收集汇总检查整改问题清单38条。协调组负责研究制定了驻县（市、区）近期重点工作督查事项清单，主要涉及学习贯彻党的十九大精神、精准扶贫和精准脱贫、深化改革、安全生产等9个方面30项重点督查内容，并下发了具体的实施细则，明确了督查重点、目标要求、责任部门及联系人。同时，积极配合省第二督查组做好到承德的督导检查工作。

外事与侨务

【涉外管理】 制发了《关于进一步加强因公临时出国（境）团组行前教育及回国后公示工作的通知》《关于因公临时出国（境）经费管理的补充通知》；出台了《承德市外事礼宾接待工作管理办法》等一系列规范性指导文件，进一步规范管理全市重要涉外涉侨活动。完成2017年全市因公出国（境）审核报批工作，未发生证件丢失和违规使用等事故。全力做好涉外安保、反恐、综治工作。以低调、妥善、快速处置突发事件的原则处置了承德籍留学生在印度尼西亚巴厘岛自杀事故，并积极做好家属抚慰工作；积极做好承德市境外非政府组织管理，动态掌握在承外籍人士、外教、留学生的情况，截至12月底，全市涉外和侨界平稳有序。

【国际交流】 2017年是承德市与日本高崎市缔结友好城市关系30周年，承德市与日本高崎市共同制作了“结好30周年纪念册”。根据承德市与友好城市日本柏市签订的友好交流协议，柏市国际交流中心長岡富男率青少年代表团一行6人于8月份访问承德市，两地青少年开展了音乐、手工剪纸、体育等友好交流活动。10月份，承德一中代表团赴日本柏市访问，同立柏高中签署了互派交换生协议；日本饭山市日中友好育英协会向承德市捐赠了27万日元助学金。

2017年9月中旬与北京外交人员服务局共同组织了“友好合作展未来、皇家园林沐金秋－外交使团走进承德”外事联谊活动，邀请了包括大使、参赞等高级外交官在内的80位驻华使节、外交官及家属参加，使外交官们更加了解承德市的经济社会发展情况，并为加深友谊、吸引国外经贸团组到承德投资兴业奠定基础。

【推动“中美友谊示范农场”项目落地】 为促进该项目成功落地，承德市成立了由市长常丽虹任组长的项目推进领导小组，明确中共承德市委常委、农工委书记吴清海牵头负责项目推进工作，领导小组办公室设在承德市外事侨务办公室。吴清海率领的承德市政府项目考察团于4月11日至16日访问美国，会见了艾奥瓦州州长特里·布兰斯塔德等政要以及多位习总书记“老朋友”，增进了互信，进一步明确了建设中美友谊示范农场的总体思路和目标。5月19日，在2017中国—廊坊国际经济贸易洽谈会举行重点合作项目签约仪式上，卢卡·贝隆先生和瑞克·金伯利代表美国艾奥瓦州—中国农场公司与滦平县人民政府、荣盛康旅投资有限公司负责人共同签署了《河北省中美友谊示范农场项目合作协议》。三方确认将在合作范围内依靠滦平县优越的自然和农业资源，打造特色鲜明的“六大中心”理念的综合性农业示范项目，响应习主席改变我国农业基础发展的指导意见，加快推进河北省乃至全国现代化农业的发展进程。该项目总投资不低于10亿美元。为促使该项目尽快成功落地，河北省政府副省长王晓东听取项目汇报和实地调研4次，中共承德市委周仲明书记组织5位市委常委一起听专题汇报，确定推进工作的重点，常丽虹市长到项目地实地调研，吴清海每月召开现场办公会，统筹全市力量协调该项目。2017年9月23日中美友谊示范农场项目启动仪式在滦平县虎什哈镇五道河村举行。美国驻华大使特里·布兰斯塔德，中共河北省委书记、省人大常委会主任赵克志出席并致辞，标志着中美友谊示范农场项目正式落地。美国驻华大使到地方出席农业项目启动仪式尚属首次，这也体现了中美双方对该项目的高度重视。

金融管理

【概况】 全市金融工作按照“稳增长、促改革、调结构、惠民生、防风险”主基调，上下同心、攻坚克难、抢抓机遇、真抓实干，金融主体持续增多、服务能力持续增强、融资渠道持续拓宽、保险功能持续放大、风险防范持续加强，金融业整体实力稳步提升，为全市经济社会发展提供了强有力的金融保障。全市金融业实现增加值122.0亿元，同比增长11.5%，占地区生产总值的7.5%，占服务业增加值的19.7%，对经济增长的贡献率达到11.6%。

【金融组织体系建设】 外引内育、双向发力，金融组织体系持续完善壮大。引进安华农业、天安人寿和安邦寿险3家保险公司设立承德中心支公司；新设承德县恒升村镇银行、平泉恒升村镇银行、宽城融兴村镇银行 3 家；新设县域一级支行 8 家、县域二级支行 5 家、村级服务网点 363 个；新设承德围场国都证券营业部 1 家，新设小额贷款公司 2 家，新增注册股权投资基金 19 支。全市银行业金融机构总数达到 736 家，其中：市级银行机构 12 家、村镇银行 6 家、农村商业银行 4 家、农村信用联社 5 家，县级及以下分支机构网点 709 家；保险业经营主体市级机构达到 37 家，其中：财产保险公司 19 家、人身保险公司 18 家，县级及以下分支机构 297 家；证券公司营业部 7 家、期货公司营业部 1 家、小额贷款公司 62 家。全市实现了银行、保险机构县城全覆盖、乡镇全覆盖和基础金融服务行政村全覆盖。

【金融服务实体经济】 深化改革、创新驱动，金融服务实体经济能力显著增强。全力开展企业帮扶，市政府制定实施了《银行业金融机构降低企业融资成本的意见》，协调各银行在不抽贷、不减贷、不限贷的前提下，帮助企业“借新还旧”，最大程度降低贷款利率，实施以来，累计帮助企业“借新还旧”3600 余笔、金额 400 余亿元，减少企业贷款利息 15.5 亿元；筹集设立了 3.5 亿元的银企帮扶基金，累计为企业办理倒贷业务 659 笔，帮助 146 家企业倒贷 268.4 亿元，直接减少企业社会融资成本 5 亿余元；发起设立了 50 亿元“农业产业发展基金”、10 亿元“农业产业化增信基金”，重点支持农业产业化龙头企业发展和美丽乡村建设；市国控集团发行私募债券 30 亿元，支持重点项目建设；搭建银企对接合作平台，组织全市性银企对接活动 3 次、县（市区）域银企对接活动 21 次，落实贷款 83 亿多元。创新开展金融扶贫，推出了“政银企户保”金融扶贫模式，建立了“政府主动担当 + 保险风险保障 + 银行创新服务 + 农户（企业）广泛参与”的金融扶贫工作机制，打通了金融扶贫“最后一公里”，盘活了农村经济发展“一盘棋”，金融扶贫增信平台基金达到 10.40 亿元，撬动银行发放扶贫贷款 60.22 亿元，支持带动建档立卡贫困户 10.45 万户。开展“小额贷款保证保险”试点，市政府设立信贷风险补偿基金，人保财险公司增信，邮储银行放大 5 倍放贷，为近百家小微企业提供无抵押、无担保贷款 2355 万元。全市金融机构各项贷款余额 1916.5 亿元，同比增长 16.2%，比年初增加 259.7 亿元，同比多增 98.7 亿元。增量存贷比 88.1%、存量存贷比 76.5%，同比分别上升 30.1 个百分点、1.5 个百分点，均保持了较高的运行水平，为实体经济发展提供了强有力支撑和保障。

【企业改制上市】 抢抓机遇、强力推进，企业上市步伐明显加快。制定实施了《关于进一步加快推进企业上市工作实施意见》，确定了到 2020 年全市企业改制上市工作目标，制定了土地、房产、税收、技改、环保等 12 项扶持政策，大幅提高了奖励标准，建立了企业上市联席会议制度，开辟了企业改制上市政务服务“绿色通道”。抢抓中国证监会资本帮扶的政策机遇，出台了《关于支持引企入承迁址上市的意见》，制定了信贷、基金、土地、税收等支持政策，成立了迁址上市工作服务小组，建立了 6 家证券公司与 6 个贫困县“一司一县”资本结对帮扶机制，在北京、承德举办了两次大规模 IPO 企业引进专项对接会，9 家域外企业已完成迁址注册并具有上市计划，16 家域外企业拟以迁址入驻、并购重组、设立分支机构等形式进驻承德。强化宣传培训和重点辅导，帮助企业研究解决改制上市瓶颈问题，加速推动企业上市步伐。全年新增挂牌上市企业 10 家，挂牌上市企业总数达到 39 家，其中：深圳主板上市企业 2 家，香港主板市场上市 1 家，“新三板”挂牌企业 7 家，石家庄、深圳前海、上海股权托管中心等区域性股权交易市场挂牌 27 家，通过并购重组间接上市 2 家。挂牌上市企业全年直接融资 1.284 亿元，累计直接融资达到 44.3 亿元，全市资本市场走向快速发展轨道。

【保险业服务保障能力】 加强引导、强化服务，保险业服务保障能力大幅提升。出台了《关于加快发展现代保险服务业的实施意见》，紧紧围绕脱贫攻坚、转型升级、社会治理，全面发挥保险的社会“稳定器”和经济“助推器”作用。大力服务脱贫攻坚，城乡居民大病保险覆盖率达到100%，受益1.8万人次；政策性农业保险承保马铃薯、玉米、林木等种植业3851.7万亩，承保能繁母猪、奶牛等牲畜87.7万头，受益农户达11.6万户次；农房保险实现全覆盖，为65.1万户农户提供风险保障212.0亿元，有效缓解了人民群众因病、因灾致贫、返贫问题；创新推动向日葵、谷子、瓜果蔬菜种植保险、黑木耳种植保险和价格指数保险、西红柿价格指数保险、林木火灾保险等地方特色涉农保险，为农民增收保驾护航。积极服务转型升级，平安集团引入投资2.1亿元，支持承钢公司、栗源食品有限公司等企业发展。全力服务社会治理，治安保险为5.7万农户提供风险保障78.7亿元；“一元民生保险”为285万居民提供自然灾害和见义勇为风险保障；医疗机构责任保险提供风险保障1.3亿元；环境污染责任保险试点为36家企业提供风险保障2.1亿元；启动长期护理保险，承保19万人，建立长期护理保险基金3800万元。全市保险业实现保费收入63.2亿元，同比增长10.1%；赔款及给付支出25.1亿元，同比增长5.2%。全市保险业承担风险保障总额1.6万亿元，提供就业岗位3.5万个，缴纳及代收代缴税费2.7亿元。

【小额贷款公司规范发展】 加强监管、规范发展，小额贷款公司成为支农支小的重要力量。强化行业监管，出台实施了《承德市促进小额贷款公司规范发展的实施意见》；支持做大做强，推动宽城神栗扶贫小额贷款股份有限公司、丰宁巨润扶贫小额贷款股份有限公司在石家庄股权交易所挂牌上市；推动创新发展，助力宽城神栗扶贫小额贷款公司开办了与银行、企业三方合作的“企业应急资金转续贷业务”，为40家企业提供了54笔共11亿元的资金支持，有效缓解了小微企业资金压力，降低了企业融资成本。全市62家小额贷款公司中，扶贫小额贷款公司19家、科技小额贷款公司12家、普通小额贷款公司31家，注册资本总额32.7亿元，当年累计发放贷款22.7亿元，贷款余额31.2亿元，支持小微企业等经营主体1522家，实现营业收入15137万元、净利润4096万元，上缴税金2595万元。

【防范和化解金融风险】 强化监管、妥善处置，金融风险得到有效化解。按照“属地管理、行业归口、协作配合、综合治理、稳妥处置”原则，成立了组织机构，建立了非法集资月报告和投诉举报制度，修订出台了《金融突发事件应急预案》《防范和处置非法集资工作方案》《互联网金融风险专项整治工作方案》《关于进一步做好防范和处置非法集资工作的实施意见》等一系列政策措施，不断加大排查和处置力度，切实做到“早发现、早防范、早处置”，严防发生系统性、区域性金融风险。成功化解了1.72亿元的承德市中小企业集合票据兑付风险，妥善做好廊坊黄金佳、北京e租宝、云南泛亚等跨区域重大非法集资案件的处置和维稳工作，积极推动承德永瑞、承德富汇燕兴违规大宗电子商务公司清理整顿工作，侦办辖区内承德众鑫网络科技有限公司和承德慧民科技有限公司2起涉嫌非法吸收公众存款案件，全年未出现越级访和进京访，维护了社会的和谐稳定。

附：市金融办领导名录

主　　任：赵宇峰（满族）

副 主 任：胡维俭（满族）

（供稿　王新元）

地方志

【概况】 2017年，地方志严格按照国家、省工作部署和政府办党组各项工作要求，本着“全心全意做工作，履职尽责谱新篇”的原则，和“直笔著信使，彰善引风气”的精神，勠力同心、砥砺前行，全力推进地方志事业创新发展、转型升级，取得了一定成果。

【统筹部门志、专业志编纂】 全年组织召开志书编纂调度会5次，组织市直部门单位集中培训10余次，采取电话督导、上门督导、写信督导等800余次，以请上来走下去等多种方式方法进行当面辅导100余次，审改部门志稿200余稿次，提出修改意见2000余条。全市136个部门单位中有14个部门单位召开了评稿会进入出版程序，有6个完成了三审三校进入评审程序，还有一大批部门单位完成了二稿或三稿，正在加紧编纂中。

【提高年鉴质量效率】 严格按照国家“一年一鉴、公开出版和当年出版”的要求，千方百计督导各部门单位上稿，对质量、字数不达标的提出修改意见，进行修改完善，不成体系的给予归纳整理。在总纂中从篇目设置、结构摆布、类别归纳、内容质量、语言运用等进行反复认真分析研究修改完善，《承德年鉴(2017卷)》数易其稿、全面完成，按照国家规定时限出版发行。

【加强信息化建设】 承德方志网2017年新增一级栏目2个、二级栏目10个，全年发布各类信息113条，网站被中国地情网排在河北各市第一位，并获河北省地方志系统信息化建设先进市。网站成为全市地方志事业发展的导向和承德方志文化建设、信息发布、业务指导、地情展示、资源开发利用的平台及弘扬正能量的重要载体。同时，加强新媒体建设，努力扩大承德市地情及方志工作的宣传和影响，2017年11月，方志承德微信公众号上线运行。

【政府办志和地情书编纂以及协调服务】 全力加强市政府和政府办志书编纂工作，想方设法查阅、挖掘资料，精心细致进行编纂，完成了重要会议、施政纪要、大事记、督查督办、信息宣传等11章50万字的编纂。认真搞好资源开发利用，完成了掌地方史志、观承德发展地情书《生态文明建设》篇的编纂。协调国土资源局、市委宣传部为中国地方志指导小组“魅力中国”展览捐献5种矿产资源展品和城市宣传片、承德史话书籍等，获中指组和省方志办表扬奖励。

【推动地方志系统转型升级】 一是下力量推动县区综合年鉴编纂工作。反复督导县区严格按照国家规定要求去做，同时，加强质量监督和指导，对11个县区年鉴主编就篇目设置、资料收集及编纂要求等进行了3次有针对性的辅导，努力提质提效，获得省方志办表扬奖励。二是加大推进乡镇村志编纂力度，成效显著。在争列中国名村志文化工程工作中，从选定名村、现场考察、篇目指导、向上申报等方面下大力量帮助支持县乡村工作，《庙宫村志》列入中国名村志文化工程，2017年12月29日，在北京人民大会堂受到中指组表彰，授予庙宫村中国名村志文化工程奖牌和入选证书；同时，全力推动乡镇村志试点有序进行，围场《四合永镇志》出版发行，另有10余个乡镇村志在编纂中；丰宁、宽城、兴隆、隆化等县区也启动了相关乡镇村志编纂。三是加强县区综合志书督导审稿，成果明显。《双滦区志》出版发行，《鹰手营子矿区志》进入出版程序，《双桥区志》完成市级二审。四是把握工作节奏，促进事业发展。全年召开全系统工作会议3次，与各县（市）区共同研究分析承德地方志工作状况，部署工作、提出要求；同时，指导、审改县区及乡镇各类志鉴14部，提出修改意见200余条。

【强化队伍建设】 2017年，地方志始终牢记使命担当，努力提升自身素养，忠诚敬业、勇于拼搏、奋发向上。一是认真学习、深入领会十九大精神，在统筹各类志书、年鉴、地情书编纂中以习近平新时代中国特色社会主义思想为统领，严把政治关、保密关、体例关、资料关、文字关，努力使之成为符合国家各项规定、经得起历史检验的地方文献。二是牢固树立"四个意识"，增强事业心、责任感和良好的政治素养、职业道德。地方志工作涉及全市各个领域各个部门、单位，每个部门单位对此项工作的认识不一、重视程度不一，大家在督导工作中反复耐心的做工作，在辅导和审稿中不厌其烦、细致入微的工作，遇到困难问题千方百计想办法协调解决，其吃苦耐劳、认真负责的工作态度和工作作风得到了很多部门单位、县（市）区的赞誉。三是严格遵守政治纪律和政治规矩。全体同志自觉遵守政府办党组各项规定要求和安排部署，不该说的话不说、不该做的事情不做，讲政治、守规矩，讲奉献、重操守，兢兢业业、勤勉工作，努力不辱使命，做出工作成效。

法治仲裁

【法治政府建设】 出台了《承德市党政主要负责人履行推进法治建设第一责任人职责实施细则》，进一步强化对法治政府建设的组织领导；印发实施《承德市重大行政决策目录管理办法》、《承德市人民政府关于公布市政府重大行政决策事项目录和市政府重大行政决策事项听证目录的通知》和《承德市重大行政决策档案管理办法（试行）》，完善了重大决策合法性审查机制；制定下发《承德市规范性文件管理实施办法》，进一步完善合法性审查意见的标准，在意见书中增加法律依据、合法性判断等内容；筹建市政府法治研究中心，增加编制6名；全面落实法治政府建设情况报告制度；圆满完成承德市"三项制度"试点工作，并在工作中与"放管服"和"一问责八清理"专项行动统筹推进，促进了承德市行政执法水平提升，区域营商环境进一步优化。建立健全政府立法起草、听证、论证、协调等制度，促进立法的规范化和标准化，增强立法的公正性和可操作性。针对《承德市水源涵养功能区保护条例》的起草成立了市政府立法工作领导小组和条例起草小组，聘请专家全程参与，并广泛征求部门和社会意见。《承德市水源涵养功能区保护条例（草案）》作为河北省人大常委会赋予承德市地方立法权以来首个关于制定条例的议案已经市人大审查通过，将报河北省人大常委会批准后正式生效施行。

【行政复议】 实行"受前答疑，审中调解，事后回访"行政复议办案新模式，加强对全市行政复议工作监督指导。2017年，市本级接待当事人来访1100多人次，收到行政复议申请90件，受理87件，审结行政复议案件68件。受理数量、办结数量同比增长29.9%和25.3%；全面推行市政府法律顾问参与办理行政应诉案件制度，办理市政府行政应诉120件，案件办理量是2016年的1.6倍；对2012年以来发布的规范性文件进行全面清理，市政府规范性文件保留283件，废止25件，失效7件，修改5件。全年审查发布文件43件，审核市政府协议47件。

【建立领导干部学法制度】 制定市政府2017年常务会议学法计划，组织城乡规划法、大气污染防治法等学法8次，全市累计开展各类领导干部学法活动1200余次。把宪法、法律列为各级行政机关工作人员学习培训的必修课，全力营造承德市学法尊法守法用法良好氛围。

【仲裁工作】 加大调解工作力度。对大量涉稳问题突出的敏感复杂案件，鼓励争议双方当事人进行调解，本着公平公正的原则，积极引导双方当事人和平解决问题，最终让案件得以最快速度结案，最终形成"裁决少，上访少，调解率高，执行率高"的和谐局面。案件管理更加规范。案件管理系统上线运行，通过多次调试，新版案件管理系统正式上线运行，方便当事人及时了解案件运行情况。案件管理方面，案件送达程序进一步规范；做足庭前准备工作，保证程序上合法；加强审限管理，保证案件在期限内审结。积极参与纠纷处理大调解，面向社会各个领域，广泛受理涉及财产权益的民商事纠纷。除了充分发挥仲裁快速高效结案的优势外，还充分彰显调解和解等多种灵活方式。2017 年共受理各类民商事案件 226 起，涉案标的达 5.8 亿元，较 2016 年减少 0.4%。2017 年从案件受理情况来看，案件类型更加丰富，房地产等领域案件数量大幅上涨，单个案件平均标的额有较大的增幅。2017 年调解和解率为 82%，结案率为 91%，自动履行率为 85%，仲裁案件“三率”基本稳定。

附：市政府办公室领导名录

中共承德市纪委驻承德市政府办公室纪检组长：
李建国（满族）
督查室主任：耿鑫华（满族）
地方志办公室主任：奚晓红（女）
应急管理办公室主任：闫景会（5 月免）
吕新东（8 月任）
经济社会发展研究中心主任：程志忠
承德市政务服务中心主任：李云腾（5 月免）
法制办公室主任：丛云飞（兼，满族）
信息中心主任：程志刚（满族）
金融工作办公室主任：赵宇峰（满族）
金融工作办公室副主任：胡维俭（满族）
仲裁委秘书长：崔　晨（满族）
承德市人民政府驻天津市办事处主任：
陆羽军（满族）
外事办公室主任：阎　洋（女，满族）
外事办公室副主任：徐树清

（供稿　孙　杰）

政协承德市委员会

综　述

2017年是党和国家发展进程中具有划时代意义的重要一年，是全市上下抢抓机遇、攻坚克难，同心协力建设生态强市、魅力承德的一年，也是承德市政协事业接力前行、创新发展的一年。在中共承德市委领导下，市政协以习近平新时代中国特色社会主义思想引领航向，深入贯彻落实中共十八大、十九大精神，紧紧围绕省九次党代会、市十四次党代会的安排部署，高举爱国主义、社会主义旗帜，牢牢把握团结和民主两大主题，充分发挥协商民主重要渠道和专门协商机构作用，大力推进社会主义协商民主，组织动员各党派团体和广大政协委员，全面履行政治协商、民主监督、参政议政职能，在继承中发展、在发展中创新，着力提升履职能力和成效。

引导政协各参加单位和广大政协委员学习理论，增进共识，进一步夯实团结奋斗的共同思想政治基础。注重强化政治自觉。通过召开常委会议、主席会议、中心组学习会、开办政协大讲堂等形式，深入学习习近平新时代中国特色社会主义思想，认真抓好十九大精神的学习宣传贯彻，引导各党派团体和各族各界人士自觉接受和维护中国共产党的领导，牢固树立政治意识、大局意识、核心意识、看齐意识，坚决维护习近平总书记在中共中央和全党的核心地位，坚决维护中共中央的权威和集中统一领导，坚决在思想上政治上行动上同以习近平同志为核心的中共中央保持高度一致。注重强化思想自觉。把中国特色社会主义作为共同思想政治基础的主轴，引导各党派团体增强道路自信、理论自信、制度自信、文化自信，不忘合作初心，继续携手前进，支持他们在政协这个平台上参政议政、履职尽责。注重强化行动自觉。组织引导广大委员准确把握新时代政协工作的新部署新要求，深刻领会习近平总书记对河北、对承德工作的重要指示，深入贯彻省委、市委全会精神，切实把思想、行动统一到中央和省委、市委决策部署上来，自觉坚持和依靠中共承德市委的领导，切实做到与市委目标一致、工作一致、步调一致。注重强化使命担当。聚焦大局和中心工作，提高站位，找准坐标，在继承历届政协良好工作基础上，确立了“在全国有影响、在全省有位置、在全市有作为、在全民有口碑”的目标要求，努力在服务改革发展、服务改善民生上发挥作用、彰显价值。坚持目标导向和问题导向，突出重点领域、重点工作、重点环节，紧扣百姓关心的热点难点问题，加强和改进调研视察工作，增强建言深度和实效，做到中心工作推进到哪里，履职服务就跟进到哪里，力量就汇聚到哪里，把履职成效真正体现在推动党政决策部署落实、促进高质量发展和提升群众获得感上。

2017年4月政协承德市委员会换届，截至12月31日，政协承德市第十四届委员会共有委员361名，常委会组成人员72人。

政协全会　常委会　主席会

【政协十四届一次全会】　2017年4月6日至4月9日，政协承德市第十四届委员会举行第一次全体会议，应出席会议委员361名，因事因病请假5名，实际出席356名，列席人员82名。会议的主要议题是：(1) 听取并讨论中共承德市委书记周仲明同志讲话；(2) 听取和审议政协承德市第十三届委员会常务委员会工作报告；(3) 听取和审议政协承德市第十三届委员会常务委员会关于提案工作情况的报告；(4) 列席承德市第十四届人民代表大会第一次会议，听取并讨论政府工作报告和其他报告；(5) 选举政协承德市第十四届委员会主席、副主席、秘书长、常务委员；(6) 审议通过政协承德市第十四届委员会第一次会议政治决议；(7) 审议通过关于政协承德市第十三届委员会常务委员会工作报告的决议；(8) 审议通过关于政协承德市第十三届委员会常务委员会提案工作情况报告的决议；(9) 审议通过政协承德市第十四届委员会第一次会议提案审查委员会关于市政协十四届一次会议提案审查情况的报告。

【十四届常委会议】 4 月 26 日，政协承德市第十四届委员会常务委员会召开第一次会议，会议应出席 72 人，实到 58 人。市政协主席刘文勤主持会议。会议的主要议题是：(1) 传达学习省政协十一届二十二次常委会议精神；(2) 审议通过《政协承德市第十四届委员会常务委员会关于设置各专门委员会和工作机构的决定（草案）》；(3) 审议通过《政协承德市第十四届委员会副秘书长、各专门委员会和工作机构主任、副主任名单（草案）》；(4) 审议通过《政协承德市第十四届委员会 2017 年工作要点（草案）》；(5) 审议通过《政协承德市第十四届委员会关于建立季度协商制度的实施办法（试行）（草案）》和《政协承德市第十四届委员会 2017 年季度协商工作方案（草案）》；(6) 审议通过《政协承德市第十四届委员会关于开展“四引四帮”主题实践活动的实施意见（草案）》；(7) 审议通过《政协承德市第十四届委员会常务委员会工作规则（草案）》和《政协承德市第十四届委员会专门委员会工作通则（草案）》；(8) 审议通过《政协承德市第十四届委员会关于进一步加强与市各民主党派、工商联，县区政协联系的暂行办法（草案）》；(9) 审议通过人事事项。

8 月 28 日，政协承德市第十四届委员会常务委员会召开第二次会议，会议应出席 72 人，实到 68 人。市政协主席刘文勤主持会议。会议的主要议题是：(1) 政协承德市第十四届委员会常务委员会集体学习暨第二期承德“政协大讲堂”专题讲座。邀请农业部产业政策与法规司张天佐司长以农业供给侧结构性改革为主线，深刻解读 2017 年中央一号文件；(2) 审议市政协专题调研组《关于推进我市农业供给侧机构性改革助力脱贫攻坚的建议（草案）》。

10 月 17 日，政协承德市第十四届委员会常务委员会召开第三次会议，会议应出席 72 人，实到 66 人。市政协主席刘文勤主持会议。会议的主要议题是：(1) 审议市政协专题调研组关于《坚持集中与分散处理相结合，整体提升全市农村生活垃圾污水治理能力的建议（草案）》；(2) 审议通过人事事项。

【十三届主席会议】 3 月 23 日，十三届市政协主席韩福才主持召开市政协十三届二十七次主席会议暨党组（扩大）会议，会议协商了政协承德市第十四届委员会的参加单位、委员名额和委员人选；审议通过政协承德市第十三届委员会常务委员会工作报告（草案）、提案工作情况的报告（草案）和“两个报告”报告人建议名单；审议通过政协承德市第十三届委员会各专门委员会工作报告（书面）；审议通过关于召开政协承德市第十四届委员会第一次会议的决定（草案）；审议通过政协承德市第十三届委员会常务委员会关于委托政协承德市第十三届主席会议主持政协承德市第十四届委员会第一次会议预备会议的决定（建议）；审议通过政协承德市第十四届委员会第一次会议预备会议议程（建议）；审议通过政协承德市第十四届委员会第一次会议大会主席团、主席团会议主持人和秘书长建议名单；审议通过政协承德市第十四届委员会第一次会议议程（建议）、日程（建议）；审议通过政协承德市第十四届委员会第一次会议提案审查委员会主任、副主任、委员建议名单；审议通过政协承德市第十四届委员会第一次会议大会主席团常务主席建议名单；审议通过政协承德市第十四届委员会第一次会议执行主席和各次全体会议主持人建议名单；审议通过政协承德市第十四届委员会第一次会议大会副秘书长建议名单；审议通过政协承德市第十四届委员会第一次会议大会秘书处分组名单及各组职责；审议通过政协承德市第十四届委员会第一次会议列席单位、人员名单（建议）；审议通过政协承德市第十四届委员会第一次会议分组办法和分组名单（建议）；审议通过政协承德市第十四届委员会第一次会议小组召集人名单（建议）；审议通过政协承德市第十四届委员会第一次会议选举办法（草案）；审议通过政协承德市第十三届委员会常务委员会第二十四次会议议程（建议）、日程（建议）；讨论了政协承德市第十四届委员会第一次会议大会发言材料。

【十四届主席会议】 4月20日，召开市政协十四届一次主席会议暨党组（扩大）会议，市政协主席、党组书记刘文勤主持会议。会议研究了市政协十四届领导班子成员分工；协商和审议了《政协承德市第十四届委员会常务委员会关于设置各专门委员会和工作机构的决定（草案）》；协商审议了《政协承德市第十四届委员会副秘书长、各专门委员会和工作机构主任、副主任名单（草案）》；听取了提案委关于市政协十四届一次会议提案交办及重点大会发言转提案准备工作的汇报；研究讨论了《政协承德市第十四届委员会2017年工作要点(讨论稿)》；研究讨论了《政协承德市第十四届委员会关于建立季度协商制度的实施办法（试行）（草案）》和《政协承德市第十四届委员会2017年季度协商工作方案（草案）》；讨论和审议了《政协承德市第十四届委员会关于开展“四引四帮”主题实践活动的实施意见（草案）》；讨论和审议了《政协承德市第十四届委员会主席会议工作规则（草案）》、《政协承德市第十四届委员会常务委员会工作规则（草案）》和《政协承德市第十四届委员会专门委员会工作通则（草案）》；讨论和审议了《政协承德市第十四届委员会关于进一步加强与市各民主党派、工商联，县区政协联系的暂行办法（草案）》；研究确定了市政协十四届一次常委会议议程、日程及有关事项；讨论通过了有关人事事项。

6月19日，召开市政协十四届二次主席会议，市政协主席刘文勤主持会议。会议研究讨论了市政协十四届一次会议20件重点提案和20件实事提案；研究讨论了《政协承德市第十四届委员会关于建立“五携手”联动机制更好发挥委员主题作用的实施意见（试行）》；研究讨论了《政协承德市第十四届委员会履行职能情况考核办法（草案）》；研究讨论了《政协承德市第十四届委员会教科文卫体委员会工作简则（草案）》；听取各专委会2017年工作计划汇报。

7月24日，召开市政协十四届三次主席会议，市政协主席刘文勤主持会议。会议听取了各专委会20件重点提案和20件实事提案落实情况和2017年度重点视察调研工作进展情况的汇报；审议了社法委《关于进一步加强社区治理能力建设，提升管理服务水平的建议（草案）》和季度协商工作方案；协商讨论了办公室《关于开办“政协大讲堂”的实施方案》；听取了市政协赴南京市政协信息化建设考察情况汇报；传达了市“一问责八清理”专项行动精神。

8月21日，召开市政协十四届四次主席会议，市政协主席刘文勤主持会议。会议研究讨论了《关于推进我市农业供给侧结构性改革助力脱贫攻坚的建议（草案）》；听取了关于召开市政协十四届二次常委会议有关情况的汇报。

10月13日，召开市政协十四届五次主席会议，市政协主席刘文勤主持会议。会议研究讨论了《关于加快推进我市主城区现代公共文化服务体系建设季度协商会议的方案》和《关于加快推进我市主城区现代公共文化服务体系建设的建议（讨论稿）》；研究确定了关于召开市政协十四届三次常委会议的有关事宜；听取了关于编辑出版《和合承德》和《海外承德（热河）历史文化译丛》有关情况的汇报。

10月16日，召开市政协十四届六次主席会议暨党组（扩大）会议，市政协主席、党组书记刘文勤主持会议。会议传达了市委组织部《关于王凤才等同志职务任免的通知》；传达了市扶贫领导小组《关于在扶贫日前后开展扶贫工作的通知》精神。

建言献策

【概况】 常委会紧紧围绕深化供给侧结构性改革，走好加快转型、绿色发展、跨越提升新路，努力建诤言、谋实招、献良策。一年来，共召开3次常委会议和2次季度协商会议，印发各类大会发言83件，报送重点建议18件，市领导批示73人次。

【督办水源涵养功能区建设】 按照市委、市政府主要领导的要求，以加快推进农村垃圾污水治理为突破口，列为常委会议政重点，同时作为“1号提案”，以主席会议重点督办、常委会议视察跟踪督办的方式进行重点办理，努力探索一种更加符合承德实际、具有承德特点的农村垃圾污水治理模式。自6月初开始，历经三个多月的实地调研、专项视察和专题协商，推动在重点县建立示范点，组织召开提案现场办理协商座谈会，并赴安徽、陕西学习考察，第三次常委会议进行了专题协商议政，向市委、市政府提交了《坚持集中与分散处理相结合，整体提升全市农村生活垃圾污水治理能力的建议》，提出4项12条对策建议。市委书记周仲明、市长常丽虹和多位党政领导作出重要批示，指出：强化水源涵养、生态支撑，这是个大问题、硬任务，市政协“1号提案”抓住了承德市生态文明建设和农村环境治理的关键，从情况分析、理念视野到解决的路径和举措，全面、系统、创新、求实，对推动这项系统工程启发很大。市委、市政府“两办”以正式文件将政协建议印发，充分吸纳到2018年政府相关工作安排中。对此，《人民政协报》作了专题报道。

【助推脱贫攻坚】 动员各级政协组织、各参加单位和广大政协委员，深入开展“四引四帮”主题实践活动，作为该届政协的重头戏贯穿始终，融入履行职能的各个方面，通过引进绿色项目、发展资金、高端人才、科技成果助力协同发展，通过帮建脱贫项目、帮办惠民实事、帮扶特困家庭、帮助困难学生助推脱贫攻坚。截至2017年底，共引进绿色产业项目102项、总投资81.8亿元，引进发展资金24.9亿元，引进中高端人才104人，引进科技成果52项；帮建脱贫项目164项，帮办惠民实事941件，帮扶困难家庭1.3万户、捐款捐物1568万元，为5412名困难学生捐助资金702万元，涌现出一批优秀单位和个人。这一主题实践活动，得到省政协和市委、市政府领导的充分肯定，受到国家、省新闻媒体重点关注和基层群众的积极赞誉。

【建立季度协商议政机制】 探索建立了“季度协商”议政机制，构建起全体会议协商为龙头，常委会议政协商为重点，季度专题协商为特色，对口协商、界别协商、提案办理协商为常态的协商议政新格局。先后就“加强社区治理能力建设”和“加快推进主城区现代公共文化服务体系建设”开展了两次季度专题协商，市委、市政府制定出台关于加强社区治理能力建设的意见中充分采纳了政协建议，部分县区政府就提高财政供养保障水平、加强社区服务能力等方面制定配套政策予以落实；就市政协关于主城区现代公共文化服务体系建设的建议，常丽虹市长和三位副市长分别作出批示，认为政协建议抓得准、很务实，要求下大决心、用大力气加快补上这个短板，部分项目列入2018年重点民生工程。同时，围绕加快创建国家全域旅游示范市、推进职业教育校企合作和产教融合、主城区基础教育和职业教育发展、推行医养结合养老模式、加强儿童医疗卫生服务资源配置、加强基层综治中心建设、加强社区物业管理、培育地方名菜品牌等重点民生课题，开展了系列的视察调研和对口协商活动，形成一批有价值的决策建议，得到市政府及相关部门的重视和采纳。

【提案办理】 把提案办理作为解决民生重点难点问题的有力抓手，建立了“1+2+2+N”提案办理工作体系。在抓好上届未落实提案跟踪督办的基础上，针对一次全会委员呼声强烈、意见较为集中的问题，贴近党政关注重点和民生热点，确定了“1号提案”和20件重点提案、20件实事提案，实行市级党政领导领衔办理、政协主席会议重点督办、现场提案办理协商等多种方式，加大提案办理落实力度。同时，加快建立提案工作网络信息平台，实现提案从咨询、酝酿、提出到办理、反馈和评价的网上运行，有效提升了提案办理质量和水平。到年底，市政协十四届一次全会提案已全部办复，“双20”落实率达到85%以上。如针对市民反映强烈的既有多层住宅加装电梯问题，经充分论证、提案协商办理，专题向市政府报送了建议，常丽虹市长高度重视，要求相关部门大力推动，尽早让更多群众受益；市政府主管领导和相关部门积极落实，制定出台了既有多层住宅加装电梯的意见，启动实施的柴场小区和农行家属楼试点并顺利完成，2018年将扎实推开。

合作联谊

【与民主党派和工商联的合作共事】 充分发挥爱国统一战线组织作用，把加强合作共事作为重要的政治担当，厚植大团结大联合组织优势。建立了市政协党组成员分工联系市各民主党派、工商联制度和秘书长联席会议常态化制度，实行党组成员与党外副主席结对子、交朋友，坚持定期走访联谊，认真听取意见，帮助反映诉求，解决实际困难。实行市各民主党派专职副主委、工商联专职副主席兼任市政协相关专委会副主任，密切沟通交流，扩大知情明政，重要课题联合调研，重点提案协商督办，重大活动通力合作，为党派团体参政议政创造宽松和谐环境。

【支持党派团体服务大局】 积极创造条件、搭建平台，全力支持各民主党派、工商联、人民团体发挥作用。市民革充分发挥高层建言渠道畅通的优势，主动邀请民革中央及省领导到承德调研，帮助承德市呼吁诉求，协调“中青城投”与市政府签订战略合作框架协议，加强在生态建设、扶贫攻坚、产业发展等领域的合作；市民盟积极组织盟员下农村、进社区开展司法援助，为促进社会和谐稳定提供支持；市民建连续多年开展大型公益捐赠活动，帮助基层医疗单位解决救护车辆不足问题，提升医疗服务保障能力；市民进、市农工党和市九三学社动员所属党员、社员，广泛开展文化、医疗、教育和科技下乡活动，与京津部分区县对口党派建立战略友好合作关系，助力我市协同发展和脱贫攻坚；市工商联深入开展“千企帮千村”精准扶贫行动，加强与外埠工商联和商会的沟通联系，促成中冀投资集团与市政府签订战略合作框架协议，与相关单位开展全面对接合作，引导市民营企业家和驻承德商会积极开展科技扶贫、捐资助教、扶危济困等活动；市侨联与北京市西城区侨联共同主办“圆梦中华创业京津冀”海外华商和高层次人才西城·承德行活动，吸引海外客商到承德投资兴业；市总工会、团市委、市妇联、市科协、市文联、市残联、市社科联等各人民团体充分发挥各自职能，在围绕中心服务大局中做出了积极贡献。

【促进民族团结宗教和睦】 注重发挥少数民族、宗教界委员的独特作用。积极支持和推动少数民族乡村经济社会发展，加快脱贫致富、全面小康步伐。加强与宗教界的联系联谊，坚持定期深入承德市五大宗教活动场所走访调研，及时反映信教群众的意见和呼声，切实帮助解决实际问题，通过加大提案协商办理力度，促成委员反映多年的“恢复市区药王庙为道教活动场所”问题圆满解决。注重发挥港澳台侨代表人士在对外联络、招商引资、信息交流等方面的积极作用，为扩大开放铺路搭桥、增添动力。通过举办新年茶话会、召开座谈会及庆祝香港回归20周年庆典活动，密切与各族各界人士联系，广泛增进了思想政治共识。

政协自身建设

【提升委员履职能力】 携手迁安市政协举办了为期3天的培训班，培训委员450人次。开办“政协大讲堂”，结合常委会议政主题，邀请专家、学者分别就推进农业供给侧结构性改革、加强公共文化服务体系建设、推动京津冀协同发展战略、加强水源保护和生态文明建设等进行了专题讲座，提升了常委、委员的参政议政能力。借鉴外地先进经验，探索建立了组织机构、开展工作、服务管理、履职考评、成果运用“五携手”工作机制，强化界别召集人和政协专委会职能，将委员、界别和专委会三股力量拧成一股绳，较好解决了“年委员、季常委”现象。认真贯彻落实中共中央《关于加强和改进人民政协民主监督工作的意见》，在深入调研基础上，协助市委在全省率先制定出台了《实施意见》，形成了承德市政协民主监督工作顶层设计。2017年，围绕“精准扶贫、精准脱贫”和“转作风、优环境、促发展”两项重点开展了民主监督，采取市、县（市、区）政协联动和委员共同参与，问卷调查与委员访谈相结合等形式，增强民主监督实效。周仲明书记对政协民主监督建议作出重要批示，要求有关部门研究改进。按照省政协安排，组织开展了对“滥挖山体河道”情况的专项民主监督活动。

【编辑出版文史资料】 编辑出版了《图说热河革命史》，填补了热河革命史丛书空白。启动编辑《和合承德》，全景展示承德自然、文化遗产和历史地位，揭示承德新时代历史方位和时代价值。与北京外国语大学合作项目《海外承德（热河）研究译丛》进入实施阶段，在该校海外孔子学院2017年会上向17个国家的22所海外“孔子学院”赠送了市政协编著的文史书籍，扩大了承德影响。

【政协宣传工作】 人民政协报、中国新闻网、《河北日报》、省政协《乡音》杂志等国家和省级新闻媒体，对承德市弘扬塞罕坝生态文明范例加强生态建设和环境保护、市政协开展“四引四帮”主题实践活动助力协同发展和脱贫攻坚、加强农村生活垃圾污水治理推动水源涵养功能区建设等情况，进行了广泛深入报道。市政协创新性工作举措及其成效，被省政协直报省委、省政府的《政协视角》登载，在全省政协系统推广。

【完善规章制度】 常委会及时制定完善了党组工作规则、主席会议工作规则、常务委员会工作规则、专委会工作通则、加强专题调研工作指导意见和改进领导干部作风规定等一系列制度规范，为有效履行职能提供制度保障。认真落实重大事项请示报告制度，科学制定协商议政和民主监督工作计划，广泛征求意见，规范履职程序，呈报市委批准后组织实施。坚持每项调研和视察考察活动，周密制定工作方案，落实分管和协管责任，会前充分准备、会中精心组织、会后编制《政协会刊》和会议纪要，并及时跟踪督办落实，提高服务效能。

【学习培训】 专门召开十四届市政协第一次党风廉政建设工作会议，认真学习贯彻《中国共产党廉洁自律准则》和《中国共产党纪律处分条例》，落实主体责任和一岗双责，坚持机关每周五下午固定日学习制度，组织到市廉政教育基地进行反腐倡廉教育，参观双滦区消防支队，增强消防意识；邀请相关专家就“现代金融和国家安全知识”专题讲座培训。认真开展“一问责八清理”和“微腐败”专项治理。全力支持市纪委驻市政协机关纪检组工作，主动接受纪检组对政协工作全过程的执纪监督，为政协履职提供坚强保障。

附：市政协及工作机构领导名录

政协承德市第十四届委员会组成人员主席会议成员：

主席、党组书记：刘文勤
副主席、党组副书记：柴　山（满族）
党组副书记：王　学（满族）
副主席：李建华（不驻会）
关继高（满族）
张富民（满族，不驻会）
王利华（女）
信　祥（满族）
白宝君（满族，不驻会）
郭靖涛（不驻会）
市政协领导：胡晓红
贾珍山
段晓岩（女，满族）
党组成员：高　嵩
孙　林（满族）
秘书长：单化军（满族）

市政协常务委员会组成人员（72人）

主席会议成员(10人，按省委提名顺序排序)：

刘文勤
柴　山（满族）
李建华
关继高（满族）
张富民（满族）
王利华（女）
信　祥（满族）
白宝君（满族）
郭靖涛
单化军（满族）

常委（62人，按姓氏笔画排序）：

注：部分常委与市政协委办负责人重叠

丁　宁（回族）
于明辉（满族）
马广春（兼职）
王　强
王文龙（满族）
王冬梅（女）
王志勇
艾　铮
田永卿（满族）
代　林（蒙古族）
冯保中
司志通
邢晓冬（满族）
毕凤君（满族）
闫忠民（满族）
刘　丹（女）
刘立平（女，满族）
刘宗旭
刘翠哲（女）
孙立侠（女、满族）
孙国华
孙海丰（满族）

纪春艳（女、满族）
苏艳华（女、满族）
李　莉（女、满族）
李广安
李月明
李守山
李国华
李铁柱
李海健
杨玉艳（女、满族）
肖　冰
汪亚东（蒙古族）
张　忠
张振坤
陆　媛（女、满族）
岳方勇
郑国民
封捷然（满族）
赵　永（满族）
郝长来
胡桂才（女）
徐佩文（满族）
殷明慧
高立国（蒙古族）
高旭升（满族）
高纪辉
黄智冬（满族）
黄新民
曹　静（女）
彭兴怀（女，满族）
葛月龙（满族）
葛曙光（女）
董　昆（女，满族）
董旭明
董淑琴（女）
蔡　成（满族）
蔡　静（满族）
暴洪颖（蒙古族）
潘宪忠
戴觐忠（回族）

政协工作机构：

副秘书长：毕凤君
葛曙光（女）
办公室主任：毕凤君
副主任：刘春辉
办公室研究室主任：傅庆元
提案委员会主任：潘宪忠
副主任：陈秀东（女）
财政经济委员会主任：高立国
副主任：赵志敏（女）
人口资源环境委员会主任：于明辉
副主任：王　旭
教科文卫体委员会主任：董　昆（女）
副主任：王喜永
社会和法制委员会主任：高纪辉
副主任：王丽英（女）
港澳台侨联络委员会、民族宗教委员会主任：
刘立平（女）
副主任：刘秀芹（女）
文史资料委员会主任：李月明
副主任：王凤才
政协承德第十四届委员会专职常委：
张振坤

2017年10月，市委批准市政协设立“农业与农村委员会”

（供稿　甘明锋）

纪检监察

综　述

全年，在省纪委和市委的坚强领导下，全市纪检监察机关深入学习贯彻党的十九大精神，全面落实中央纪委和省、市纪委全会部署，以全面从严治党新理念新要求为引领，增强“四个意识”，坚持标本兼治，精准运用“四种形态”，坚定不移惩贪治腐，持之以恒纠正“四风”，严肃整治损害群众切身利益突出问题，党风廉政建设和反腐败工作取得明显成效。全市执纪审查、扶贫领域监督执纪问责、派驻机构改革、基层纪检组织建设等工作，多次受到省纪委的表扬肯定；“两个专项”工作始终走在全省前列,全省基层“微腐败”专项整治推进会议在承德市召开，得到中央纪委副书记刘金国、省纪委主要领导和分管领导的充分肯定，《光明日报》《中国纪检监察报》等媒体刊发了承德市做法。2017年底，第三方社会调查评价结果显示，群众对“微腐败”专项整治和“一问责八清理”专项行动总体成效满意度分别达到93.8%和94%。

全体会　常委会　常委(扩大)会

【纪检委全体会议】　3月21日，中国共产党承德市第十四届纪律检查委员会第一次全体会议召开。会议选举并报市委十四届一次全会批准，产生了新一届市纪委常委会，顺利完成市纪委换届工作。受中国共产党承德市第十四次代表大会主席团委托，路洪昌主持第一阶段会议。出席这次全会的市纪委委员应到37名,实到37名,符合规定人数。会议以无记名投票的方式差额选举路洪昌、袁丽枝、李铁柱、李中东、杨树国、林国利、郭力天、夏百胜、王丽萍为市纪委常委，选举路洪昌为市纪委书记，袁丽枝、李铁柱、李中东为副书记。选举严格按照大会的选举办法进行。

新当选的市委常委、市纪委书记路洪昌主持了第二阶段会议，代表新一届市纪委领导班子讲话。他指出，新一届市纪委正式进入“考场”，接过了“接力棒”，每位纪委委员肩负着深化全面从严治党、推进标本兼治的神圣使命。唯有铁肩担道义、履职尽忠诚，才能不负重托、不辱使命，不断开创全市党风廉政建设和反腐败工作的新局面。

路洪昌强调，做好新形势下的纪律检查工作，责任重于泰山，事业任重道远。要提高政治站位，深刻把握讲政治的内涵、要求和标准，做敢讲、善讲政治的表率，切实担负起全面从严治党的政治监督责任。要坚守职责定位，牢记党内监督这个专责，聚焦监督执纪问责这个主责，坚持各司其职各尽其责，坚决把党章赋予的神圣职责扛起来、完成好。要推动工作上位，坚持标本兼治，始终保持惩治腐败高压态势，加强和规范党内政治生活，着力推动形成“不敢腐、不能腐、不想腐”机制。要确保履职到位,对党忠诚,敢于担当,精诚团结，严于律己，矢志不移、百折不挠，忠诚履职、携手奋进，为实现市第十四次党代会描绘的宏伟蓝图，同步全面建成小康社会，建设生态强市、魅力承德而不懈奋斗。

【纪检委常委会议】　1月17日召开。书面传达省纪委关于加强派驻机构建设工作会议暨派驻机构干部培训班精神；审议《关于开展反映扶贫领域涉嫌违纪问题信访举报“分级办理、集中攻坚”工作实施方案》；审议《关于扶贫领域经济合作组织违纪问题查办指导方案》；审议《承德市监察局办案使用查询措施审批管理办法(试行)》;审议《委局机关关于反映领导干部问题线索处置程序有关事项的通知》；听取全省纪检监察系统执纪审理业务培训会议情况，研究承德市贯彻落实意见。

2月27日召开。传达学习省委管理干部学习贯彻党的十八届六中全会精神专题研讨班精神；听取2016年度财务收支情况汇报；审议《关于加强和规范派驻纪检组工作的指导意见》；听取全省案件质量检查通报及座谈会精神，研究承德市贯彻落实意见；审议违纪案件审理报告4件；研究有关人事事项。

3月22日召开。审议《中共承德市纪委常委会工作规则》《中共承德市纪委书记办公会议议事规则》；研究市纪委副书记分管联系派驻纪检组事项;研究市纪委副书记、常委工作分工;市委常委、市纪委书记路洪昌就新一届市纪委常委班子自身建设提出要求。

4月14日召开。审议《承德市廉政教育培训中心财务管理规定（试行)》；听取市审计局对廉政教育基地项目审计情况的汇报；审议财务支出事项;审议违纪案件审理（复核、审核）报告13件;研究并同意有关执纪办案室提交的拟立案案件呈批报告；研究有关人事事项。

5月27日召开。会议审议了审理报告。

6月22日召开。会议审议了《新建办案楼购买家具、电器财务支出预算》；会议审议了《关于机关部分固定资产划转和报废的报告》；会议审议了《关于委局干部职工休假、请假的暂行规定》；会议审议了《关于进一步规范和加强县级纪委监督工作的实施意见》；会议审议了《关于纪检监察机关审理工作提前介入暂行办法》;会议审议了《关于党政纪处分决定执行工作暂行规定》；审议违纪案件审理报告3件。

6月28日召开。审议了违纪案件审理、复核报告3件；研究了有关干部人事事项。

8月17日召开。传达学习习近平总书记四次跨省区市扶贫座谈会上的讲话精神；传达学习中共中央办公厅《关于认真学习贯彻新修订〈中国共产党巡视工作条例〉的通知》精神，研究我市贯彻落实意见；审议《新建办案楼购买家具、电器财务支出预算》；审议违纪案件审理报告17件。

8月22日召开。审议了审理报告。

8月28日召开。传达学习《河北省贯彻落实〈中国共产党问责条例〉实施办法》，研究承德市强化问责工作的意见。审议违纪案件审理报告5件。

9月11日召开。传达学习省两个专项工作推进会议精神，研究承德市贯彻落实意见；审议违纪案件审理报告1件；研究了有关干部人事事项。

10月16日召开。传达学习全省扶贫领域监督执纪问责工作电视电话会议和市委十四届21次常委（扩大）会议精神,研究承德市贯彻落实意见;审议《廉政教育基地卫生保洁向社会购买服务的请示》《市廉政教育基地办案楼内装修工程调增概算》《市廉政教育基地办案楼扩建工程及附属工程调减概算》《下达2017年市廉政教育基地扩建工程办案楼室外管网工程投资计划》。

10月27日召开。传达学习党的十九大和十九届一中全会精神；审议《关于独立事业单位设立纪委有关情况的报告》；审议《市纪委派驻机构遴选和公选公务员工作方案》；审议违纪案件审理报告2件。

11月10日召开。审议委局机关和廉政教育培训中心2018年度财政预算计划。

11月23日召开。传达学习全省深化国家监察体制改革试点工作专题培训会议精神，研究承德市贯彻落实意见；审议违纪案件审理报告。

12月13日召开。审议违纪案件审理报告。

12月24日召开。审议违纪案件审理报告。

12月25日召开。传达学习中共承德市委办公室《关于认真学习贯彻落实习近平总书记关于进一步纠正“四风”加强作风建设重要批示的通知》；审议违纪案件审理报告。

【纪检委常委（扩大）会议】 1月20日召开。会议学习传达省纪委九届二次全会精神，研究承德市贯彻落实意见。

3月26日召开。会议传达学习省委常委、省纪委书记梁惠玲在承德调研时的讲话精神，研究贯彻落实意见。

4月27日召开。传达全省纪律审查工作会议精神，研究承德市贯彻落实意见；会议审议了《中共承德市纪委派驻纪检组工作规定》；会议审议了《中共承德市纪委派驻纪检组监督执纪工作办法》；会议听取了委局班子成员近期重点工作安排情况汇报。

5月25日召开。传达省纪律检查体制改革专项小组第四次会议、省纪律审查和“一问责八清理”专项行动暨基层“微腐败”专项整治调度会精神，研究我市贯彻落实意见；审议违纪案件审理报告11件。

9月15日召开。会议传达学习了省委常委、省纪委书记梁惠玲在承德调研扶贫领域监督执纪问责工作指示精神和省两个专项工作推进会议精神，研究了承德市贯彻落实意见。

10月19日召开。会议专题学习和讨论党的十九大报告，委局班子部分成员和单位负责同志结合工作岗位和职责实际，从不同角度谈了对党的十九大报告的认识、体会和贯彻落实的意见建议。

政治和作风建设

【监督政治纪律】 严肃查处违反政治纪律的党员干部12人。狠抓省委专项巡视和巡视“回头看”反馈意见的整改落实，核查问题线索52件，党政纪处分和组织处理17人，严肃问责市园林局敷衍应付省委巡视反馈意见整改问题。加强对党的十九大安保、脱贫攻坚、京津冀协同发展、优化营商环境、大气污染防治、安全生产等重大决策部署以及市第十四次党代会精神贯彻落实情况的监督检查，紧盯相关政策落实和重大事故事件中的失察失责、失职渎职问题，直接查处和督办问责95人。严肃组织纪律，严把换届人选和干部选任政治关、廉洁关，作出党风廉洁意见回复2138人次，防止“带病提拔”“带病上岗”，从源头上净化党内政治生态。

【党内政治生活】 监督和推动执行新形势下党内政治生活若干准则，督促各级党组织特别是基层党支部把“三会一课”、组织生活会、谈话谈心等党内政治生活严肃认真、生动活泼地开展起来。用好批评和自我批评这个锐利武器，梳理巡视巡察、谈话函询、初核了结发现的问题160个，督促112名市管干部在民主生活会上作出说明或检查，切实做到了真红脸、真出汗，对本人和班子同志都是一种深刻的警示教育。

【落实中央“八项规定”精神】 紧盯年节假期重要时间节点，加大明察暗访和通报曝光力度，从严查处顶风违纪者，不断释放越往后执纪越严的强烈信号。深入分析“四风”问题新形式新花样，创新监督和查纠方式，着力解决隐性变异的“四风”问题，严肃问责以形式主义、官僚主义对待全面从严治党、把同党中央保持一致仅仅当作口号等问题。2017年，全市共查处违反中央“八项规定”精神问题401件，对566人作出处理，其中给予党政纪处分402人，点名道姓通报曝光典型问题97批318件。

【作风建设常态化长效化】 构建重要节点集中查、错时延时交叉查、职能部门专项查、科技手段精准查的常态化监督检查机制，通过调取公款消费发票信息、卡口公务用车信息、公务用车

GPS定位信息等方式，从中筛选有价值问题线索进行重点核查。建立违反中央“八项规定”精神问题线索排查“直通车”和严查快办机制，优先查处通报“四风”问题，持续保持严防反弹的高压态势。坚持疏堵结合，协调相关部门明确通讯费、物业补贴等有关福利待遇政策，推行事前承诺、事中和事后随机抽查回访等措施，完善源头防控，推动作风建设由集中整治向常态化治理转变。组织88批次3230名党员干部到河北省(承德)廉政教育基地接受廉政教育。拍摄《医者之鉴》等警示教育片，辑印《忏悔录》等警示资料，持续强化震慑作用。充分利用塞罕坝精神、董存瑞烈士陵园、最美基层干部范振喜等正面典型，大力宣传无私奉献、清正廉洁先进事迹。征集优秀家规家训350余条、家风故事2100余个，编印《承德好家风》，引导带动社会风气向上向善。

两个责任

【以上率下传导压力】 市委牢牢抓住主体责任这个“牛鼻子”，充分发挥带头执行、全面推动、督促传导等作用，一级带一级，层层传压力。年内市委常委会24次专题研究党风廉政建设和反腐败工作；市委书记周仲明自觉担当第一责任，及时主持研究全面从严治党的重大问题，对党风廉政建设和反腐败工作批示39次，批办信访举报件24件；其他市级领导同志认真落实“一岗双责”，抓分管领域党风廉政建设工作，既管业务又抓纪律。市纪委把协助市委落实主体责任作为重要职责，对中央纪委和省纪委重要会议、重大部署，第一时间提请市委常委会传达学习、研究贯彻，有效发挥了组织协调、参谋助手作用。

【完善责任落实机制】 围绕推进全面从严治党“六个从严”要求，督促各县区党委、市直部门党组（党委）结合实际逐级细化责任清单，构建了横向到边、纵向到底的责任落实格局。健全完善并认真执行两个责任“双报告”、监督执纪谈话、述廉述责、责任纪实、督导考核等配套制度。着力推动管党治党责任向乡镇街道、农村社区、基层站所等基层党组织延伸，督促各级党委（党组）在综合部门新成立或调整主体办1010个，实现了全覆盖，真正把全面从严治党的压力传递到最末梢、把管党治党责任落实到最基层。

【严肃落实问责】 建立市委常委带队重点督导与年终考评相结合的落实党风廉政建设主体责任检查考核机制，考核结果纳入市委综合考核。11个县（市、区）党委及党委书记向市纪委全会述责述廉。组织召开全市警示教育暨领导干部廉政谈话会议，通报年内查办的重大典型案件，以案明责、传导压力、形成震慑。认真执行问责条例和省委实施办法，全市79个党组织被问责，52名领导干部因履责不力受到纪律处分，推动失责必问、问责必严成为常态。

执纪审查

【保持惩治高压态势】 畅通信访举报渠道，健全“信、访、网、电”四位一体监督举报模式，发挥巡察、派驻、审计等监督作用，及时发现问题线索。全面推行纪委书记主持集体排查会和“一件一交办”指令性临派审查制度，统筹使用执纪审查力量，同时有效防止了被“围猎”，初步构建起线索管理、执纪审查、执纪审理相互协调、相互制约的纪律审查工作机制。对问题线索认真分析研判，精心分类处置。突出审查重点，坚决查处不收敛、不收手，问题线索反映集中、群众反映强烈，现在重要岗位且可能还要提拔使用的干部。2017年，全市共处置问题线索4629件，立案2354件，其中县处级60件，结案2356件，党政纪处分2739人，移送司法机关97人，同比分别增长17.8%、8.9%、15.4%、14.6%、10.3%、26%。严肃查处了市司法局原副局长陶某、市供销社原副主任于某、双桥区政协原副主席王某某等一批严重违纪违法案件。巩固发展了已经形成的反腐败压倒性态势。

【运用监督执纪“四种形态”】 综合运用批评教育、谈话函询、组织处理、纪律处分等方式，推动各级党组织管在日常、严在经常，及时发现问题纠正偏差，层层筑牢纪律防线。按照省纪委提出的“五看四精”要求，以事实为依据，以纪律为准绳，把握政策、宽严相济，深化精准执纪。把握“树木”和“森林”的关系，在抓关键少数的同时，关注地方和单位党员干部队伍的整体情况，当好政治生态“护林员”。坚持对各县区执纪审查情况定期通报制度，及时约谈“四种形态”结构明显有问题的县区纪委书记，帮助分析原因，安排班子成员“一对一”指导。2017年，全市运用一、二、三、四种形态处置人数分别占52.8%、38.5%、5.5%、3.2%。

【提升纪律审查质效】 牢固树立“安全大于天”理念，严格落实审查安全三级责任制，对执纪审查全过程实行留痕管理，筑牢纪律审查安全“防护堤”。强化同志式审查理念，依纪依规、安全文明审查，让审查对象学习党章、重温入党誓词、重读入党志愿书，体现严管厚爱和“医者仁心”。认真做好纪律审查后半篇文章，严格落实处分决定向受处分党员干部所在党支部全体党员及本人宣布制度；加强对执纪问责案例剖析，通报曝光典型案件，发挥执纪审查治本功能。完善反腐败组织协调机制，充分发挥各级反腐败协调小组作用，推动成员单位各尽其责，增强反腐败整体合力。以《监督执纪工作规则》和省实施办法规范和指导工作，完善工作流程、明确工作标准，切实把规则要求转化为行动自觉，促进审查工作规范提质增效。

党内监督

【履行专责监督】 认真贯彻《中国共产党廉洁自律准则》《中国共产党纪律处分条例》，严格落实市委《监督执纪谈话办法》等制度，对新提拔任用的73名市管干部和市县两级几大班子领导、市县（市、区）直部门主要负责人及乡镇党政正职开展集体廉政谈话。对全市1461名市管干部建立廉政活页册，及时收集遵守六项纪律和中央“八项规定”精神、落实管党治党责任等情况并向党委报告。注重运用第一种形态，抓早抓小、防微杜渐，对党员干部的小事小节和苗头性、倾向性问题，及时进行约谈提醒、谈话函询，体现组织对党员干部的信任，激发党员干部干事创业的积极性，取得了良好的政治和社会效果。2017年，全市纪检监察机关开展谈话函询639件次，诫勉谈话928人，组织处理2015人。

【巡察定期监督】 制定巡察五年工作规划，围绕“微腐败”专项整治、“一问责八清理”、扶贫领域监督执纪问责等中心任务，市县联动对426个基层单位开展三轮专项巡察，发现问题4418个、问题线索812个，形成5个专题报告上报市委、市政府。以贯彻落实党的十九大精神为主线，突出政治站位，市委开展第四轮巡察，对市质监局、市体育局等10个市直部门进行常规巡察，共发现问题382个，其中需整改问题303个，问题线索79个，切实发挥了政治“显微镜”“探照灯”作用。

【派驻日常监督】 制发《加强市纪委派驻机构建设的意见》，建立“统分结合”领导体制，制定监督业务和日常管理等方面配套制度16项，发挥派驻纪检组“探头”作用，推动驻在部门主体责任有效落实。30个派驻纪检组共接受信访举报245件，谈话函询52人次，初核问题线索

143件，立案32件，党政纪处分14人，组织处理57人；开展廉政谈话5043人次。特别是在“三个专项”行动中，各派驻纪检组多轮次出击、全员出动、直奔一线开展督导检查和明察暗访，发现问题1085个。

【基层纪检委员履职监督】 市委出台《关于充分发挥基层纪律检查委员作用的实施意见》，在乡镇基层所站、农村社区、市县（市、区）直部门等基层党组织配备基层纪检委员7900人，实现了基层党支部（总支）全覆盖。各县区积极探索发挥基层纪检委员作用的有效办法，隆化县制定责任清单，提升监督针对性和实效性；滦平县设立村级党风政风监督站，整合力量监督村干部“微权力”；双桥区推行纪实管理，实现履职留痕。一年来，基层纪检委员聚焦主业积极开展履职监督，共参与基层会议、监督“三重一大”等事项2.98万余次，纠正提醒苗头性问题1.46万个，协助和配合查处各类违纪案件360起，基层正风反腐“前哨”作用初步显现。

专项行动

【扶贫领域监督执纪问责】 认真贯彻习近平总书记和中央领导同志对张家口扶贫领域突出问题作出的重要批示指示精神，全面落实中央纪委扶贫领域监督执纪问责工作电视电话会议精神和省纪委、市委安排部署，持续发力查纠整治扶贫领域突出问题。通过畅通信访举报直通车、市县联动专项巡察、市纪委监察局班子成员带队持续开展明察暗访等方式，深入开展全方位、多层次、立体式监督执纪问责，严查失职渎职行为，严惩违法违纪分子，以铁的纪律为全市脱贫攻坚保驾护航。全市共分类处置扶贫领域问题线索2160件，正在初核775件，立案审查764件，党政纪处分939人，移送司法机关56人。严肃查处了隆化县农业开发和扶贫办副主任王某某受贿、滦平县扶贫办主任王某某失职渎职、兴隆县扶贫和农业开发办副主任贾某某挪用扶贫资金等一批违纪违法典型案件。将监督检查中发现的959个问题及时呈报市委、市政府，向县区党委集中交办、限时整改。严查党委、政府主体责任、纪委监督责任和部门监管责任，240名党员领导干部被问责。通报曝光扶贫领域典型案件56批194件360人次，做到警钟长鸣，震慑常在。认真梳理和总结扶贫领域监督执纪问责有效做法，积极构建“问题发现、立体监督、快查快处、追究问责、问题整改、通报曝光”六项机制，推动扶贫领域监督执纪问责步入制度化、长效化轨道。

【开展“微腐败”专项整治】 在认真总结全市去年开展基层党风“清洁行动”的基础上，提高政治站位，坚持问题导向，着力在真找问题、找真问题、真解决问题上下功夫。用好党内政治生活这个法宝，落实“见事见人见物见钱”要求和“九看”标准，把分层普遍开展大约谈和召开领导班子专题会、基层党组织生活会作为必经程序，广泛宣传“自查从轻、被查从严”政策，打消党员干部思想顾虑，克服侥幸心理。开设自查自纠资金退缴临时账户126个，鼓励党员干部知错悔错改错。全市基层党组织共召开专题会6714场次，谈话谈心53195人次，共自查各类问题线索22904件，上缴违纪资金1.63亿元；整改问题22590件、整改完成率100%；纪律处分1584人，移送司法66人，组织处理1547人，问责党组织372个、领导干部671人，卫生、教育、交通等单位分别召开系统警示教育大会，形成了强大震慑效应。更重要的是，极大净化了行业和社会风气，医疗系统收受红包顽疾基本治愈，教育系统有偿家教问题有效遏制，基层执法领域不规范行为明显改观，群众的满意度和获得感大幅提升。

【“一问责八清理”专项行动】 按照省委部署要求，坚持问题导向，注重标本兼治，一手抓牵头单位责任落实，一手抓问题清理整改，建立三级审核把关机制，深抓清理、严抓整改、狠抓问责、细抓建制，强化留痕管理，推进“一问责八清理”专项行动取得明显成果。全市共清理发现问题18249件，县均清理1659件；其中18052件纳入整改，按照省统一标准，整改完成率已达到100%；查处问题16341件、涉及14976人，查处率达到89.54%；纪律处分660人，移送司法20人，组织处理270人，问责党组织857个、领导干部497人。针对专项行动中发现的突出问题、薄弱环节和风险点，深刻剖析根源，建立健全加强监督管理、规范权力运行的制度体系、工作程序和监管办法，累计新建各类制度1729件、修改完善452件、废止201件，推动形成解决问题的长效机制。专项行动县均发现问题数量和问题整改率、查处率均处于全省前列，有力促进了全市“三个环境”明显改善。

体制改革

【纪检体制改革】 按照省委统一部署，圆满完成市、县（市、区）纪委换届工作。全面完成市县党委巡察机构、纪委派驻机构和内设机构的调整组建、编制划转、人员配备，实现巡察和派驻监督全覆盖。积极探索执纪监督和执纪审查分开，推行市纪委纪检监察室不固定联系县区、市直部门，党风政风监督室履行监督专责，发现的“四风”问题线索提交排查会统一交办制度。

【基层纪检组织建设】 完成县区纪委机关改革，规范内设机构设置。撤销县区纪工委监察分局和县区直部门内设纪委，统一设立县区巡察办和监督室。进一步加强乡镇纪委建设，多数县区在保持乡镇纪委委员3至5名基础上，为乡镇纪委配备了1名专职委员或纪检干事。

【国家监察体制改革试点工作】 市委勇担改革主责，把坚持和加强党的领导摆在首位、贯穿改革试点全过程各方面。市委书记周仲明既挂帅又出征，主动上手、靠前指挥，亲自动员部署、深入县区调研指导，协调解决重大问题，以上率下履行“施工队长”职责。市委常委、市纪委书记路洪昌先后主持召开市纪委常委会、试点工作小组办公室会议、各推进组组长会、专题调度会等20余次，带头与拟转隶人员开展谈心谈话，深入县区实地督导解决人员转隶、办公用房、留置场所设置等重要问题。改革试点工作小组各成员单位按照职责分工，各司其职、协调联动，紧盯任务抓推进。截至2017年，市县两级改革试点方案全部经过审批、印发实施；办公用房全部落实，留置场所设置已形成明确意见；监委组建、人员转隶、内设机构设置等专项方案已经相关会议审定，纪法衔接、法法衔接的相关业务工作规范正在修改完善中。

纪检自身建设

【理论武装】 结合推进“两学一做”学习教育常态化制度化，以忠诚干净担当为标准，深入学习贯彻习近平总书记系列重要讲话精神以及中央纪委网站“学思践悟”文章，市委常委、市纪委书记路洪昌分别以《深刻把握习近平全面从严治党的科学思想体系》《以行动兑现承诺 用担当诠释忠诚 深入学习贯彻党的十九大精神》为题在全市纪检监察系统讲党课2次，引导纪检监察干部提高政治站位，加强党性修养，始终保持奋发有为的精神状态。以“如何做一名合格纪委书记”“总结2017年工作、谋划2018年思路”“推进全面从严治党向基层延伸”等为题，开展专题调研和理论研讨活动，形成报告和文章15篇，其中省纪委主要领导给予重要批示1篇，入选中国社会科学院第十届廉政研究论坛1篇。

【对内监督】 组织收看中央纪委专题片《永远在路上》《打铁还需自身硬》《关于部分纪检监察干部违纪案件及其教训警示的通报》，引以为戒，自律自省。坚持刀刃向内，零容忍解决“灯下黑”，严格执行审查纪律和保密纪律，严防压案瞒案、以案谋私、跑风漏气等问题发生。对驻外执纪人员遵守工作纪律等情况开展明察暗访9次，受理反映纪检监察干部问题线索19件，谈话函询12件，初核7件，正在立案审查1件。

【能力提升】 新一届市纪委常委会及时完善决策程序和议事规则，带头贯彻执行民主集中制，切实提高科学决策、民主决策水平。结合换届和机构改革，按照“思想好、作风好、业务好、评价好、精神状态好”五好标准，选用配强纪检监察干部。选派78名干部参加中央纪委、省纪委组织的培训班，市纪委举办派驻纪检组、巡察干部培训班3期，780人次集中接受培训，不断提升综合素质和履职能力。在全省19支代表队参加的“河北省纪检监察系统学习贯彻党的十九大精神和党章党规党纪知识竞赛”中，承德市代表队获得三等奖。全国监督执纪问责信息管理系统涉密终端增配、分级保护二期项目建设基本完成，省市视频会议系统和主要领导桌面视频系统建成联通，信息化建设水平进一步提升。

附：中共承德市纪委领导名录

市纪委书记：路洪昌
市纪委副书记、监察局长：袁丽枝（女）
市纪委副书记：寇占武（4月免）
李铁柱
市纪委副书记：李中东（4月任）
市纪委常委、秘书长、正处级纪检监察员：
杨树国（满族，9月任正处级纪检监察员）
市纪委常委、市委巡察组正处级巡察专员：
董汇源（4月免市纪委常委）
市纪委正处级纪检监察员：刘清海
市纪委常委、监察局副局长：林国利
郭力天
市纪委常委：夏百胜（4月选）
王丽萍（4月选）
市监察局副局长：刘俊（4月任）

附：中国共产党承德市第十三届纪律检查委员会委员

王铮
王允昌（满族）
王东利（蒙古族）
王玉洁
王会利（满族）
王国维（满族）
毛建海（满族）
卢建国
庄爱新
刘今保（满族）
刘立群（满族）
刘国峰
刘宝龙（满族）
刘科军（满族）
刘清海（满族）
李中东（满族）
李兴臣（满族）
李铁柱
李桂梅（女，满族）
李海健
杨树国（满族）
吴景新（满族）
宋玉平（女，满族）

张俊瑛（蒙古族）
张铁军（女，满族）
陈雪峰（满族）
林国利
郭力天
赵常林（蒙古族）
袁丽枝（女）
徐立新（女，蒙古族）
高云涛
崔万峰（满族）
寇占武
董汇源
惠春林
路洪昌
甄毓敏（女，满族）

附：中国共产党第十四届承德市纪律检查委员会委员

于卫红（女，满族，3月任）
王　明（满族,3月任）
王　猛（满族,3月任）
王允昌（满族）
王东利（蒙古族）
王丽萍（女，满族）
朱铁铮（满族）
刘清海（满族）
那　红（女，满族）
孙宝贵
孙喜明（满族）
李中东（满族）
李文江
李玉成
李国志
李铁柱
李海健
杨立君（满族）
杨树国（满族）
杨桂珍（女，满族）
宋汉生（满族）
张友余
张贺龙
陈金辉（女，满族）
林国利
赵旭东（满族）
胡　伟（满族）
袁丽枝（女）
夏百胜（满族）
徐立新（女，蒙古族）
徐品刚（满族）
郭力天（满族）
郭晓梅（女，满族）
崔雁侯（蒙古族）
惠春林
程中平
路洪昌

（供稿　张绍楠）

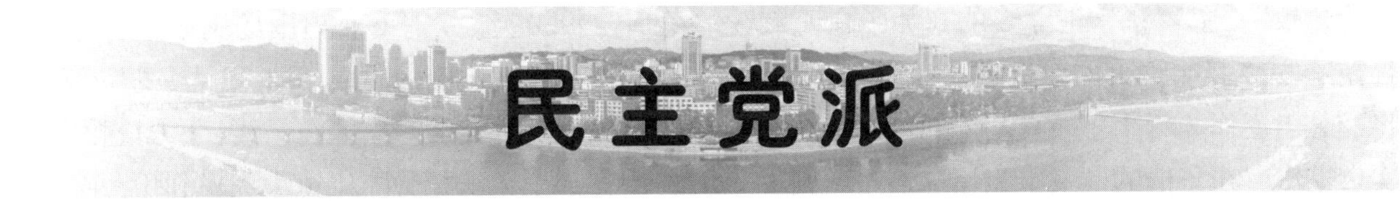

民主党派

民革承德市委员会

【概况】 民革承德市委会以全面开展新时代中国特色社会主义思想为主线，紧紧围绕市、区党委政府的工作大局，积极履行参政党职能，全面加强自身建设，切实开展社会服务活动，各项工作均取得了可喜的成绩。民革承德市委会机关被评为“民革全国机关工作先进集体”称号，副主委俞虹霞被评为“民革全国机关工作先进个人”“民革全国组织工作先进个人”称号。佟山支部荣获“民革全国社会服务工作先进集体”称号。

【履行参政党职责】 争取参政议政机会，推荐党员担任各级人大代表和政协委员。全市民革组织中，全国、省、市、县、区人大代表、政协委员共计 60 人，其中常委 17 人。不断提升参政议政质量和水平，持续开展“一支部一调研”活动，下发《调研参考提纲》，指导支部围绕热点难点问题建言献策。共收到基层支部调研报告 17 件，社情民意 100 件，党员个人建议 80 件为民革在各级“两会”上提交提案奠定了基础。鼓励新一届的代表、委员要以高度的政治责任感和强烈的代表委员意识，认真履行职责，展示议政建言能力，新一届省、市、县、区人大代表、政协委员共提出提案、建议 88 件，大会发言 5 份。

持续开展参政议政能力培训，认真组织党员参加省民革、市政协、中共市委统战部组织的各类培训；聘请高校专家授课，组织开展民革党史、多党合作、参政议政等方面培训；请骨干党员及其他兄弟党派与大家分享参政议政成果和学习经验体会。

成立参政议政专委会健全工作机制，4 月根据参政议政和各项专门工作的需要，民革承德市委会设置经济委员会、三农委员会、人口资源环境委员会、教科文卫体委员会、社会和法制委员会、理论与宣传委员会、祖国和平统一促进委员会、妇女工作委员会等 8 个专门委员会。起草《专门委员会工作条例》和《实施方案》，保证工作落到实处。

高度重视大会发言，集体提案显成效。《电商进入农村，应注意几个问题的建议》受到市委、市政府领导高度评价；《京津冀协同发展视野下关于承德市“休闲之都”城市品牌定位的建议》《“京津冀一体化”背景下关于承德市新型城镇化发展的建议》；民革承德市委与政协提案委联合《关于“京津冀协同发展”背景下加快承德特色小镇建设的建议》作为书面发言。刘艳姝的《关注企业科技创新，助推双滦经济发展》、徐攀慧的《加强交通管理，建设规范畅通的交通秩序》作为双滦区八届一次政协大会发言材料。

党员岳睿达的《关于加强“创新创业教育促进教育全面发展”的建议》上报民革河北省委，形成《加强创新创业教育 促进教育全面发展》作为省政协提案，得到中共河北省委书记赵克志的批示。李俊峰《关于构建现代农业技术推广体系的建议》的提案，被政协河北省第十一届委员会第五次会议列为第 11 号提案；李俊峰的《关于承德市新型职业农民培育的建议》、蒋春龙的《关于建设沿武烈河景观带公交快速专用线的建议》被列为全市 20 件重点提案之一。汪亚东的《关于加快推进我市老旧楼房加装电梯政策落地的建议》；王翠华、王立平的《关于在元雹线丹霞路安装照明路灯的建议》、李红梅的《关于将避暑山庄作为青少年教育基地的建议》被列为实事提案。崔华倩的《关于将原“热河考棚”一对石狮子从承德火车站收回，交由市文物部门保管》提案得到双桥区领导高度重视，就石狮子保护问题进行现场办公。

发挥民革中央“直通车”优势开展一系列调研活动。6月14日，民革承德市委专职副主委俞虹霞协调北京改革和发展研究会副秘书长、京津冀协同发展研究中心副主任研究员于宏程，国务院发展研究中心司长原松华，清华设计院长徐境赴承德营子区考察，形成《关于对国家资源枯竭城市（独立工矿区）鹰手营子矿区持续支持的报告》，并上报民革中央。

11月10日，高新区委组织党员赴滦平县就美丽乡村建设情况进行调研，围绕推进全市生态文明建设、加快全域旅游发展这一主题，全面了解美丽乡村建设基本情况，并就存在的问题提出意见和建议。

【履行社会责任】 积极参与市政协“四引四帮”主题实践活动，“四引四帮”主题实践活动以“四引”助力协同发展、以“四帮”助推脱贫攻坚，以此彰显政协的责任担当和时代价值，各支部领会精神，党员们积极响应，勇挑社会重担，开展招商、引资、引智、义诊等工作。

为政府工作牵线搭桥。4月28日，协调中青城投控股有限公司与承德市人民政府签订战略合作框架协议，双方将在承德全域范围内进行深度合作。9月19日，举行现代农业生物菌种捐赠活动，启动仪式上党员企业家、市委委员、佟山支部主委李俊峰现场捐赠生物菌种，受赠合作社38家，农民种植户28户，价值700多万元。捐赠仪式后进行了技术培训。

发挥党员专业、专长开展热心公益事业，双滦民革党员以各种形式向贫困学生和社会献爱心合计24960元。7月6日，围场满族蒙古族自治县半截塔镇发生交通事故，死亡9人、受伤28人，附属医院支部党员专家冲在一线，全力抢救伤员。佟山支部李天浩托管隆化镇医院，利用医院资源开展大量惠农举措、下乡义诊、送医送药活动，全年共下乡义诊20人次、送药品5万余元，义诊1000余人。虹桥支部主委王臻舟组织围场籍人士捐资而成立木兰助学基金，持续为贫困学生每年提供5000元。山庄、桃李街、营子等支部积极为兴隆县11名孤困女童资助上学经费共计10万余元。

积极开展社会帮扶工作，隆化县南营村为民革中央扶贫帮扶点，民革承德市委协助谋划南营村部、小学校舍、村卫生室、综合广场、修坝、便桥、修路、公共厕所等建设项目，共计250万元。1月20日，民革承德市副主委俞虹霞带队赴隆化县南营村慰问贫困户并送去米、面、油及慰问金。9月12日，民革天津滨海新区民革驻会副主委张宗云带领企业家一行10人到隆化县南营村调研，探讨研究具体帮扶措施，举天津滨海新区民革党员之力把帮扶工作引为长效机制，活动中两市民革签订合作协议。

承德民革野生动物救助协会全年共组织开展各种活动42次，救助各级、各类野生动物33只。其中，国家二级以上保护动物28只，国家一级重点保护动物8只。救助两只被称为“鸟类中的大熊猫”黑鹳，属于世界濒危物种。7月10日，承德民革野生动物救助站在承德市长安小区正式挂牌成立。8月25日，承德民革野生动物救助基地在民革党员伊宝玉的大力支持下，正式在隆化县白杨沟村揭牌，中国绿色发展及生物多样性保护基金会主任王海滨、辽宁省朝阳市野生动物保护协会会长程培野参观、指导承德民革野生动物救助基地。

【文化艺术活动】 为助推承德旅游发展，民革承德市委积极参加由民革北方城市旅游宣传协作网主办、民革齐齐哈尔市委承办的民革北方城市第十四届旅游风光摄影展暨“中国鹤乡 魅力北疆”主题展。为弘扬传统书画文化，推进承德文艺事业发展，民革党员刘爱民、齐剑南、张成林、谭鹤民、高健耀在全国各地举办有关承德的书画展，为宣传承德做出积极贡献。

3月9日，由承德市群众艺术馆、承德中山书画院、民革画院支部协办的“2017年承德市美术作品展承德市首届水彩画展”开幕式。7月18日，党员刘爱民个人作品展在避暑山庄博物馆举行。8月5日，民革承德市委举办“不忘合作初心，继续携手前进”最爱承德摄影展，民革党员摄影家、民革党员摄影爱好者及社会摄影家共110人参展。8月8日，党员叶海慧、秦英武作品受邀参加第三届环渤海风采“京津冀鲁辽”中国画作品邀请展。8月30日，党员刘爱民、张成林碧桂园杯作品联展在宜昌举行。9 月28日，由承德民革中山书画院协办承德市“幽燕丹青·环渤海风采”京津冀鲁辽中国画作品展在承德市群众艺术馆美术馆开展。11月27日，由河北省文化厅主办，承德民革中山书画院协办的河北省第十二届“燕赵群星奖”美术、书法、摄影优秀作品邀请展在承德群众艺术馆开展。老党员葛桂芹领导的民革和声艺术团，承担承德市大型演出任务，为扩大承德民革知名度和社会影响做出积极贡献。9月14日，民革各市委会共11支代表队参加民革河北省委会举办“不忘合作初心，继续携手前进——纪念民革成立70周年”知识竞赛，获得团体二等奖。

【海外联谊】 3月16日，民革承德市委专职副主委俞虹霞接待世界孔子后裔台湾联谊会会长、中化国际文化艺术交流协会理事长、中国孔子国际诗书画研究院荣誉院长孔宪中一行。8月26日，2017第五届中华艺术金马奖颁奖盛典在蒙古国成吉思汗营隆重举行，承德民革党员、摄影师吉久利荣获2017第五届中华艺术金马奖。9月，吉久利陪同台北两批摄影团共60余人赴围场坝上创作，采风。10月，2017第十九届全国艺术摄影大赛在天津举行，承德民革中山摄影学会选送海内外作品386幅（组）获得优秀组织奖；其中吉久利《雪浴天鹅》组照获花卉动物类银奖。党员邹大勇承制的大型纪录片《与自然共生》荣获美国休斯敦电影节最高雷米大奖，这是自美国休斯敦电影节创建50年来，中国纪录片首次获此殊荣。

党员毕刚与中国台湾亲属通过网络、电话等形式交流大陆政策变化、文化传承发展，并多次邀请、接待回承德参观、考察亲属、友人。党员李俊峰积极参与以侨联为主导的各项活动，与侨胞们面对面的进行技术交流、人才对接。9月25日，毕刚参加市侨联、北京市西城区侨联共同主办“圆梦中华创业京津冀”海外华商和高层次人才西城、承德行活动，为推动海内外华商“宽领域、多层次”参与承德建设，为助力京津冀一体化发展做出更大贡献。12月16日，毕刚成为河北省侨联第三节青年委员会委员，并作为代表参加“新时代 新征程 新辉煌”——河北省侨联青年委员会第三次委员大会。

党员于志强承办的“5·21”绘本阅读日暨“百所园万本绘本赠送”公益活动，邀请了中国民办教育协会学前教育专业委员会娱乐儿童发展与教育研究院、北京日月天地体育文化有限公司、香港猫博士有限公司等十多个单位到活动现场。为加强海峡两岸、港澳及海内外的文化艺术交流与合作做出了重要贡献。

党员朱丽华主动联系和服务新侨人员，8月成立承德市归国留学人员联谊会，为承德市拓展海外联谊、加大海内外交流合作提供平台。11月市归国留学人员联谊会创办《承德侨之家》网络平台，连续举办两期“海归人才创新创业精英沙龙”活动。为进一步加强侨联基层组织建设。

【学习培训】 认真学习中共十九大、十九届一中全会精神以及习近平系列讲话精神，学习中央统战工作会议精神、学习《中国共产党统一战线工作条例（试行）》《中共中央关于加强社会主义协商民主建设的意见》《中共中央关于加强政党协商的实施意见》《民革章程》等文件精神，不断强化党员参政党意识、多党合作意识和走中国特色社会主义道路意识。6月10日至12日，民革承德市委在市社会主义学院(中共承德市委党校)举办“不忘合作初心,继续携手前进”主题培训班，近200名民革党员参加为期两天的培训活动，党员们以支部为单位进行分组讨论，各支部主委在总结大会上进行汇报交流。民革中央专职副主席、全国人大常委会外事委员会副主任修福金，省政协副主席、民革河北省委主委卢晓光、中央统战部培训中心主任刘海富出席培训班开班仪式。市委副书记张泽峰出席开班仪式并致辞。

坚持开展民革党史教育和革命传统教育，牢固树立党员参政党意识和坚持中国共产党领导的多党合作的政治意识。11月3日，承德市政协副主席、民革主委张富民携市委委员、支部主委参观“砥砺奋进的五年成就展”并赴中山公园拜偈中山像；举办学习中共十九大精神报告会。

河北塞罕坝林场建设者感人事迹播出后，承德民革动员广大党员利用多种形式学习塞罕坝精神。9月，主委张富民带领虹桥支部、佟山支部、桃李街支部到围场参观塞罕坝展览馆，学习塞罕坝精神。双滦区委召集全体党员学习“塞罕坝”精神，开发区支部组织全体党员在承德市规划展览馆举行“爱家乡、弘扬塞罕坝精神”为主题的支部活动。11月28日，佟山支部通过观看弘扬塞罕坝精神先进事迹报告会、纪录片、音舞诗会、讨论交流等形式，学习塞罕坝人艰苦奋斗、坚韧不拔的拼搏精神。通过活动使大家进一步了解民革老一辈革命家在共和国发展历史上的伟大贡献，对民主党派应具备的协商能力有了更清醒的认识，进一步坚定在中国共产党领导下走中国特色社会主义道路的决心。

【党员发展培养】 发展党员注重质量、保持特色，坚持把高素质、高品质人才吸引到组织中来。党员发展前，作为联系人士阶段，要求他们积极参加支部活动，通过活动加深对民革组织的了解，明确、严肃自己的政治选择。同时也要求他们订阅《团结报》，通过报纸和承德民革的网站了解民革各项工作，加深了解与认识。修订完善《民革市委组织发展工作实施意见》，规范成员发展程序，坚持新成员的半年考察培养期和主委谈话制度，把握参政议政能力标准，不求数量保证质量，为民革组织输入健康新鲜血液。全年新发展党员20名。

注重党员特别是领导班子能力的培养，召开组织不同形式专题性工作会议。注重后备干部队伍建设，积极推进市级组织领导班子后备干部推荐工作。加强对各级后备干部的培养，推荐他们参加各级培训学习活动。

【民革机关建设】 建立主委会、市委会和全体党员大会制度，建立党员服务机制，坚持两节慰问、生日祝寿、走访患病党员、给60岁以上老党员订阅《团结报》、祝贺党员孩子金榜题名等活动。建立健全机关工作制度和组织管理制度，建立文秘档案制度，做好信息反馈档案留存工作，加强与报社、媒体之间的联系。全年上报民革省委、中共市委统战部等各类宣传信息20余件，在人民政协网、民革中央网站、民革省委网站、《团结报》、《民革地方情况反映》、《承德日报》、《承德晚报》、和合承德网等报纸、新闻媒体、网站刊登新闻稿件10余件。其中，民革承德市委会开展“不忘合作初心，继续携手前进”主题教育活动被《团结报》专版刊发，《人民政协网》《团结网》等国家级媒体进行转载。建立承德民革微信公众号，关注用户已达300余人，单条信息点击量上千余次。坚持及时更新承德民革网站，及时反映民革工作动态，为增强组织凝聚力、扩大民革知名度和社会影响起到重要作用。截至年底，承德民革网站点击量突破27万人次。

附：民革承德市委领导名录

主　　委：张富民（满族，不驻会）

副 主 委：俞虹霞

鞠永才（满族，不驻会）

马广春（不驻会）

肖　冰（满族，不驻会）

（供稿　白　冰）

民盟承德市委员会

【概况】 民盟承德市委牢固树立“立盟为公、参政为民”的工作思路，坚持“围绕中心工作，发挥群体优势，服从和服务于大局”的原则，紧紧围绕中共市委和政府的工作部署，找准民盟工作的切入点，把参政议政工作作为工作的重中之重，广纳良言、广求善策、深入社会、积极调研，努力为全市经济社会全面发展提供强有力的智力支撑。全年共向民盟省委、市人大、市政协等有关部门提交调研报告四篇、议案建议3件 提案34件。全年发展盟员26人。截至年底，民盟承德市委盟员总数为414人，下属27各支部。其中，市厅级领导1人，县处级1人，县副处级1人，省人大代表1人，省政协常委1人，省政协常委1人，委员1人，市人大常委1人，代表1人，县区人大常委2人，代表4人，市政协副主席1人，市政协常委4人，委员11人，区政协常委6人，委员9人。

【学习实践活动】 根据民盟中央和盟省委关于开展学习实践活动的有关部署，1月美术院支部以“不忘初心跟党走、多党合作谱新篇”为主题，举办两期书画展，充分体现出民盟人不忘初心、继续前进的理想信念以及爱党、爱盟、爱承德的赤子情怀。4月，关于“不忘合作初心，继续携手前进”专题教育学习实践活动共收到论文19篇，盟市委将其编辑成册用于学习交流。经济一支部、经济二支部、科技支部还组织部分骨干盟员到狼牙山爱国主义教育基地接受红色教育，到民盟中央参观盟史展，开展盟史优良传统教育。石油高等专科学校支部组织盟员到北京参观“砥砺奋进的五年”大型成就展。双滦区支部组织盟员到双滦区烈士陵园祭奠革命烈士，到上海参观中共一大会址，从中深受教育和鼓舞。多个支部也组织盟员开展不同形式的学习实践活动。通过不断拓宽学习实践活动的领域，充实内容，丰富形式，创新平台载体，取得实实在在的成效，美术院支部被民盟中央授予“坚持和发展中国特色社会主义学习实践活动”先进集体称号。

中共十八届六中全会闭幕后，盟市委印发《关于学习贯彻中共十八届六中全会精神的通知》，在“承德盟友”QQ群和“承德民盟”微信群刊发学习宣传资料，在组织盟员自学的基础上，盟市委组织部分骨干盟员召开了学习心得体会座谈会。换届后，盟市委领导班子参加省社院的培训班，专职干部到红旗渠干部学院进行培训。中共十九大闭幕后，盟市委下发通知，要求各支部和广大盟员把学习好、宣传好、贯彻好中共十九大精神作为当前和今后一个时期的重大政治任务，盟市委领导班子成员积极参加中共承德市委和各自单位组织的集中学习，综合一支部、附属医院支部、中心医院支部、教育支部、经济二支部、营子区支部、旅游学院支部、石油高等专科学校支部、医卫支部、技师学院支部等多个支部组织不同形式的中共十九大学习活动。盟市委组织各级人大代表、政协委员、市委委员和各支部主委进行了集中学习。通过学习，广大盟员进一步提高思想觉悟，增强对中国特色社会主义的政治认同、理论认同、文化认同和情感认同。

拓展宣传平台，全面展示成就风采。盟市委加强与民盟中央、盟省委及《承德日报》《承德晚报》等有关新闻报刊、网站的沟通联系，发挥特约通讯员作用，及时反映盟市委的重要活动，全年被采用的各类报道共计17篇。

【履行参政党职能】 民盟市委领导多次参加中共承德市委、市政府及有关部门召开的协商会、座谈会，围绕政府工作报告、重大人事安排事项、经济形势通报、“一带三区”城市发展战略、京津冀协同发展、深化司法体制改革等主题提出很多有价值的意见建议，为推动全市经济社会发展做贡献。“两会”期间，民盟承德市委内各级人大代表、政协委员坚持“不调查不发言、不研究不建议”的原则，深入基层积极调研，在省政协十一届五次会议上，盟市委提交的《深入挖掘、保护、传承我省民俗旅游文化资源的思考》被选为大会口头发言；在政协承德市第十四届委员会第一次会议期间，盟市委提交集体提案4件，其中《关于大力发展“液态富矿”，加快建设高锶矿泉城的建议》和《关于深化农村土地“三权分置”改革，更多释放土地红利的建议》被选为大会口头发言；各级人大代表、政协委员共提交建议、提案37件，杨林立提交的《关于进一步加强食品安全工作》提案被市领导签批，列为市政协领导督办提案。

反映社情民意。换届以后，盟市委邀请盟中央、盟省委领导在社情民意信息培训班上亲自授课，全年共上报各类信息14条，其中《关于将〈中华人民共和国预算法〉实施情况列入人大、政协重点执法检查、视察的建议》《关于建立农产品价格预警机制 引导农业生产的几点建议》等4篇社情民意信息被盟省委以上机关采用。

扎实深入调研重点课题。盟市委承担省政协委托盟省委开展的双滦区法院司法体制改革成效课题调研，完成《双滦区法院司法体制改革工作的调研报告》；与盟省委经济委员会共同承担《建立新工匠培育机制，推动我省新工业革命》重点课题，到承德避暑山庄企业集团有限责任和承德乾隆醉酒业有限公司考察“中华老字号”企业在技术传承、管理创新、人力资源管理等方面情况进行调研；民族师范学院支部在盟省委开展的“河北省非物质文化遗产保护和传承”调研期间，完成满族非遗二贵摔跤体育价值研究课题；在参加西柏坡课题研讨会期间，提交《西柏坡统战文化与中国传统文化关系》统战文化课题报告。市政协委员王志勇，对“承德市既有多层住宅加装电梯”课题进行多次调研，参照国内先进地区的成功案例，结合个人多年的从业经验进行建言献策，得到市政协领导的高度重视，为承德市制定相关政策起到参谋智囊作用。

有序推进民主监督。根据省委办公厅、省政府办公厅《关于支持各民主党派省委开展脱贫攻坚民主监督工作实施方案》的通知精神，盟省委将围场满族蒙古族自治县列为民主监督试点县，先后两次深入乡村，积极探索民主监督新机制，取得初步成效。河北旅游职业学院支部刘海光、王素荣两位盟员入选盟省委扶贫攻坚民主监督专家组成员。

【各类主题活动】 开展“黄丝带走进狱园”活动，在上板城监狱共开展活动8项。签订2017至2019年帮教合作意向书，构建“送知识、送温暖、送健康、送欢乐、送希望、结对帮扶”的“五送一扶”帮教新格局；向10名家庭困难的服刑人员子女捐助12000元助学金；为第二监区捐建“民盟爱心图书室”，共捐献图书3600册；盟员张旭东、王志勇、马元贺、康凯、孙书舟、李永辉等6位盟员企业家在监狱举行职业推介会，200余名服刑人员参加活动；民族师范学院支部讲授以“仁礼和谐、诚信忠孝”为主题的中华美德传统文化课；承德医学院附属医院支部组织肝胆外科、肛肠科、泌尿外科、眼科、内分泌科、皮肤科、骨科、超声室8名医学专家为76名服刑人员义诊；教育支部创作“同一心声”“我是家中梁”两首狱园歌曲，用于服刑人员上工、收工路上唱颂；司法支部开展“寒冬送暖 法律相伴”黄丝带走进狱园法律援助活动，于洪平、邙光远、李春雨、陈海峰、田春雨等5位盟员律师为14名服刑人员提供“一对一”的法律援助活动。推动“烛光行动”常态化发展。盟市委将宽城满族自治县塌山中心小学列为重点帮扶学校，“六一”前夕，盟市委为塌山小学校捐助价值3000余元的文体器材；6月，通过盟员张雅君的努力协调，首都经贸大学为塌山小学校捐赠计算机70台，为鹰手营子矿区寿王坟镇罗圈沟小学捐赠计算机50台；7月，与沧州鑫龙教学设备制造股份有限公司联系，为塌山小学校捐助价值3.5万余元的音体器材；希沃河北公司捐助3.4万余元的交互式电子屏；12月，组织周莺歌、崔莉丽省名师工作室5名老师和盟员王继侠到塌山小学校讲授示范课，结合教学实例，为该校老师分别做专题讲座。

推进“四引四帮”主题实践活动。医学院支部引进高端人才2名，捐助家庭困难的农户13户，贫困教职工1户，家庭贫困的学生20名。民盟双滦区支部，为患重病的双滦区实验小学五年五班的学生朱某某捐助3000余元助学金。教育支部将上板城监狱服刑人员袁少付的2名子女送到秦皇岛光明爱心之家学习。承德美术院支部以“墨香暖人心、春联进万家”活动为主题，组织9名盟员深入承德市双滦区绣水街道办事处等6个社区为广大群众免费赠送春联400余幅。附属医院支部到兴隆县上庄村开展义诊活动；河北旅游职业学院支部盟员刘海光教授深入农村开展果树培训13场次，指导建立起大棚葡萄、桃示范园40亩，同时完善杂果示范园建设70亩，帮扶专业合作社4个；黄雷到基层开展养殖技术指导50多次，挽回经济损失100多万元。

营建民盟林。4月9日，盟市委在鸡冠山风景区举行“民盟林”启动仪式，80余位盟员种树苗400多株。

【领导班子建设】 盟市委领导班子在议事和决策的过程中，充分发扬民主，充分协商一致，充分透明公正，实现高水平议事和科学决策，营造良好的团结共事氛围。

基层组织建设成效突出。换届之初，盟市委对基层支部进行重新调整划分，对各支部领导班子进行相应调整，各支部新一届领导班子成员充分发挥“主心骨”的核心作用，与盟员共同克服盟员工作单位分散，活动时间难统一，管理缺乏一定约束力的实际困难，通过精心、耐心、费心、细心、爱心的工作方法，不断增强支部的凝聚力，逐步形成思想上有进步、能力上有提升、工作上有贡献的新局面。

组织发展健康有序。一年来，盟市委以“保证数量、提升质量”为目标，深入分析组织发展数据，合理规划，有的放矢，全年共发展新盟员25人，发展率为6.5%。其中，硕士研究生以上文化程度的占48.0%，高级技术职称的占56.0%。

【建功立业】 盟员刘翠哲5项成果获国家发明专利，其“大黄蒽醌增效减毒技术研究及应用”获河北省科技进步二等奖；盟员王志宏获欧盟第七框架国际合作研究INPAC项目杰出贡献奖；盟员孙伟明、刘海光科研成果分别获承德市科技进步一等奖；盟员张化玉、党国义科研成果分别获承德市科技进步二等奖；盟员段雪光科研成果获承德市科技进步三等奖；盟员刘波科研成果获河北医学会科技一等奖；盟员张化玉、梁朝辉科研成果分别获河北医学会科技二等奖；盟员邹克武、齐世杰河北省教学成果二等奖；盟员李春辉获河北省优秀科技工作者称号；盟员宋云骏获承德市卫生紧急救援项目一等奖，并获全市卫生应急技能标兵称号；盟员毛淑芳获河北省优秀教学二等成果奖；盟员郑洪伟荣获承德市第十一批“新世纪学术、技术带头人”称号，荣获共青团承德市委、承德市文明办、承德日报社评为承德市“担当奉献好青年”荣誉称号；盟员李艳被评为承德医学院优秀教研室主任；盟员王继侠、张杰冰、于寒被评为市级教学能手，盟员贾建莉被评为市级骨干教师；盟员张雅君被评为“第一批承德市中小学骨干校长”，被团市委、承德市青年志愿者协会授予“青春守护点对点”关爱农村留守儿童爱心接力优秀志愿者称号；盟员曹凯、刘翠哲、毛淑芳、赵娟、张雷、姜一、牟海侠、王栋亮、黄雷分别在核心期刊发表论文；盟员刘海光入选河北省科技鉴定服务中心入库专家。

【民盟机关建设】 创新档案管理工作，完成一批档案资料的数字化处理；启动《承德民盟志》编纂工作，已完成初稿。编制《民盟承德市委第九届委员会规章制度汇编》等9个文本，规范各项工作；严格执行中央“八项规定”，厉行节约，严控“三公”经费支出；建立机关工作微信群，有效提高工作效率。

不断巩固多党合作思想基础。引领盟员系统学习习近平新时代中国特色社会主义思想，全面准确理解其基本观点和精神实质，深刻领会把握其核心要义和丰富内涵，结合中共十九大对多党合作事业提出的新要求，始终在思想上政治上行动上与以习近平为核心的中共中央保持高度一致，始终以习近平新时代中国特色社会主义思想武装头脑、指导实践，坚定不移地走中国特色社会主义政治发展道路。

发挥领导班子成员示范作用。全面提高市委会和各支部领导班子思想建设、能力建设。市委会领导班子成员要以身作则，率先垂范，做执行民主集中制的表率，做遵守盟章、团结共事的表率。盟市委将建立市委委员、盟员身份的各级人大代表、政协委员履职情况通报制度，加强市委委员、支部班子培训和“人才库”建设。坚持“三个为主”原则，研究和把握新时期基层组织建设规律和盟员成长规律，探索组织发展和管理新思路新模式。积极推进代表性人士和后备干部队伍的挖掘和培养，有计划地向盟内外推荐德才兼备的优秀盟员，使他们在更高层次和更广舞台施展才华，锻炼成长。注重质量，巩固民盟传统、界别特色，适度开拓新领域，积极吸纳高层次人才、行业专家和优秀机关干部加入民盟组织。按照建设“阳光、高效、规范、和谐”高素质参政党机关的要求，切实改进工作作风，坚持以制度建设促规范、以能力建设促高效、以文化建设促和谐、以长效机制建设促发展，努力营造风清气正、勇于担当、充满爱心的良好机关工作氛围，为全面履职提供有力的服务保障。

附：民盟承德市委领导名录
主　　委：白宝君（不驻会）
副主任委员：姜桂民
张学军（不驻会）
肖　冰（不驻会）
刘翠哲（不驻会）

（供稿　胡凯娜）

民建承德市委员会

【概况】 民建承德市委在中共承德市委和民建河北省委的领导下，坚持以马克思列宁主义、毛泽东思想、邓小平理论、“三个代表”重要思想、科学发展观、习近平新时代中国特色社会主义思想为指导，深入贯彻落实中共十八届六中全会精神，深入学习贯彻中共十九大精神和十九届一次会议精神；学习贯彻民建河北省第九次代表大会精神；积极学习实践习近平总书记重要讲话精神，积极研究京津冀协同发展，团结带领广大会员，紧紧围绕全市发展大局和中心工作，不断推进思想建设，努力强化组织建设，认真履行参政党职能，各项工作取得显著成绩，为推动全市经济跨越发展、建设美丽幸福承德做出新的贡献。

【素质提高】 围绕学习贯彻中共十八届六中全

会、中共十九大会议精神、习近平系列重要讲话精神和民建中央、民建省委指示精神，积极学习实践“赛罕坝”精神，倡导会员创新进取，建功立业。组织会内15个支部主委代表基层支部，赴石庄家参加“全省民建基层组织学习中共十九大精神培训班”。综合三支部主委程飞代表承德市作题为《创新支部建设快速融入新时代》的交流发言。在支部和专委会开展《民建承德市委关于开展“不忘合作初心，继续携手前进”专题教育系列活动方案》，落实省民建相关活动精神。积极号召全体会员投身到承德市政协提倡的“四引四帮”活动中，在社会扶贫助力发展方面做专题汇报。坚持开展优良传统教育，在支部、专委会深入开展学会史、会章教育，举办新会员、骨干会员会史会章集中学习培训班。借助民建中央、民建省委会刊、网站和市委会QQ群、微信等平台及时反映、宣传承德民建在开展思想教育、会务活动、扶贫帮困等方面的典型事例和先进经验，大力弘扬民建爱国、爱党、爱会的光荣传统；参加民建中央、民建省委基层组织负责人培训等系列学习活动。民建会员郭文华“走近甲骨文 传承古文化”全球百城巡展。已完成承德、北京、沈阳、大连、台湾，日本(左世保)、马拉维(布兰太尔、利隆圭)、埃塞俄比亚（亚的斯亚贝巴)、埃及（开罗)，迪拜等地展出。在非洲期间与中国驻外大使、国际奥委会官员参加大量活动，赢得国内外的好评。

【组织发展及活动】 坚持“注重质量、注意数量、保持特色、优化结构”组织发展原则，重视会员发展，突出界别特色，坚持标准，严格程序，发展一批政治上靠得住、社会上有影响、高学历、高素质的人才入会，会员队伍组成结构进一步优化。全年共发展会员28人，平均年龄38.9岁。其中，大学以上学历27人，中级以上职称6人。共有会员422人，平均年龄49.9岁。其中，大专以上学历375人（占88.9%)、中级以上职称178人（占42.2%)，会员中担任各级人大代表、政协委员61人次，占会员总数的14.5%，会员中担任各级政府及司法机关领导职务8人。1—4月，完成支部换届工作，换届后共有基层支部18个：企业一支部、企业二支部、企业三支部、企业四支部、综合一支部、综合二支部、综合三支部、综合四支部、综合五支部、高校支部、科教支部、医药卫生支部、商贸支部、双滦支部、双滦二支部、双滦三支部、退休一支部、退休二支部；还有妇委会、企业委员会2个专门委员会和参政议政小组。

为更好地学习和实践中共十九大精神，民建承德医药卫生支部以“使命在肩，责任在身”为主题，开展“情暖金秋，爱在重阳”义诊慰问等活动。民建18个基层支部、2个专委会和1个调研小组，通过举办座谈会、参观学习、开展联谊活动、捐资助困等形式，充实支部活动内容，支部成员参与活动的积极性有了很大提高。综合二支部组织到敬老院捐助，企业二支部举办扶贫捐助活动，科教支部与东北毛泽东思想宣传队举办联谊活动，双滦支部、双滦二支部联合开展捐资助困捐助活动等，加强支部成员的联系和交流，进一步增强民建组织的凝聚力和向心力。妇委会举办画展活动，企业委员会发动会员积极向贫困学生捐款。多名会员协助辛科安开展城市马拉松长跑，还借此机会，向社会奉献爱心。

民建河北省委帮扶全国唯一一个以“开发扶贫、生态建设”为主题的试验区——贵州省毕节市，毕节还是民建中央选定的两处扶贫点之一。民建承德市委积极号召广大会员以“缴纳特殊会费”的形式，16个基层支部251名会员，共捐款30200元，积极参与毕节地区扶贫工作。

【提交提案建议】 省、市“两会”期间，会内的人大代表、政协委员围绕河北省发展和建设及“生态强市、魅力承德”，在市人大会议上提交《应防止出现以健康为名义的养老骗老的现象》《农村垃圾亟待无害化治理》等建议11件。向各级人大、政协提交提案建议60余件，其中在市政协会议上共提交《关于将我市打造成中国自驾游明星城市的建议》《关于我市应把“3D”打印产业作为新引擎的建议》集体提案、大会书面发言等集体提案3件和个人提案24件。重点提案4件：黄新民《关于加快承德钒钛产业发展的建议》、付秋杰《关于进一步加强我市物业规范化管理的建议》、刘宗旭《关于承德市中药材产业发展的建议》、王连盈《关于推动京津冀一体化 促进商贸物流发展的建议》。

会员杨建光撰写的《把满族颁金节打造成为中国·承德少数民族经贸文化交流会暨中国少数民族文化及产品贸促会》《建议我市加快实施绿色供暖规划建设》《以古城、古镇、古村资源合力打造京津冀区域特色小镇》《以“光伏发电+”实现绿色环保城市快速发展》等4篇调研上报民建河北省委和中共承德市委。会员王冬梅撰写的《如何着眼京津冀协同发展的大局 推动雄安新区与周边区域协调发展》提交至省民建妇委会、理论研究委员会。

【信息调研】 市委会共编发杨建光、侯联军、刘志军、邢晓冬等报送的社情民意信息50多篇，分别被民建中央，省委、省政府、省委统战部、民建省委采用。全年报送社情民意《对治雾霾应从长远考虑的建议》《学校应重视生命教育》等50多件；为全国两会上报信息15件、省两会5件。其中：《(民建会员）打造京北最大国际商贸物流园区》被《人民日报》刊登。《承德市委连续五年提案建议促成承德市农林科学院正式成立》等16篇被民建中央采用，1篇建议被省委、省政府“优秀人民建议”选用；杨建光撰写的《我省应退堤还滩建设绿廊型和湿地型“海绵”城市的建议》被评为“2016年度优秀人民建议优秀奖”奖励。《关于实施“商标品牌”兴企工程助推经济转型发展的几点建议》被省委、省政府评为河北优秀人民建议二等奖。组织会员王冬梅、张元元、张雨佳、时悦洺参加省民建组织的参政议政培训班。

【社会服务】 4月13日，全国人大常委、财经委副主任、民建中央副主席辜胜阻一行赴丰宁开展调研活动，主委薛寒，民建承德市专职副主委、调研员邵东明，专职副主委付秋杰，副主委宋立铭、邢晓冬等领导出席。在座谈活动中，民建会员蔡成、龙正飞、王明远、张玉峰、计志英、张元元、曲纪双分别就自己所从事的行业做了主题介绍和发言。7月，配合民建省委赴丰宁县开展脱贫攻坚民主监督工作调研，与丰宁县委、县政府进行对接，了解丰宁县在脱贫攻坚方面所作的规划安排、具体的工作部署、有关政策的贯彻落实情况及取得的成效以及目前在脱贫攻坚工作中存在的困难和问题，结合丰宁实际，提供了有益建议。引入天津滨海新区民建组织（地市级）赴承德调研，并就未来扶贫和滦河流域水资源保护等工作达成一致意见。认真做好为会员服务工作，把市委会建成“会员之家”，坚持开展慰问老领导、老会员、病困会员活动，春节前夕市委会领导带领机关干部到市委会原主委郑力、彰无忌，副主委门海宾、冷一等家中慰问，重阳节组织离退休老领导、老会员举办讴歌中共十九大茶话会等活动。实施“思源工程”，打造扶贫帮困平台，市委会责成企业委员会通过“思源救护中国行”暨“芭莎公益慈善”基金项目，为隆化县中医院、滦平县妇幼保健院、平泉县医院（后改平泉市）申请到救护车，完成20多套申请材料的初审、填报、复审工作。协助民建中央、民建省委，选定宽城县卫生局、围场县卫生局组织赴京参加在人民大会堂举办的“肝病防治讲座和帮扶活动”。彰无忌、张晓东、邢晓冬等会员参与爱心联盟等公益活动，为贫困群众送去了温暖。

积极落实“四引四帮”活动，在市委会领导下，积极发挥作用，发动会员共向社会捐款近9万元，捐赠救护车辆3台，达成合作项目4项，为企业年增加300万～500万元。累计帮助40多名贫困学生，提供帮助资金共44700元。累计捐赠2个贫困村，慰问100多户贫困群众，累计捐赠334600元。累计帮扶贫困村5个，7次慰问近百户贫困群众，累计捐赠款物289900.00元。

引入社会公益事业，8月分别在承德市红十字会在位于下营房的红十字应急救护培训基地，连续举办“红十字应急救护培训班”5期，承德自驾车协会和承德爱心联盟志愿者协会组织会员和志愿者共118名，参加培训。

【引入企业合作项目】 帮助承德天惠温泉康养度假村（隆化七家）计划引资5亿元，初期征地120亩。帮助实现征地项目已落实到位，一期引资项目尚在洽谈中。引入科技支持，共同开发科技项目。积极协助民建朝阳区委相关农业技术专家，就小西瓜项目（试种成功），实现承德丰大农业发展有限公司与北京市场直线对接。引入民建中央企业家，协助引入民建中央对口帮助项目，民建中央组织企业家5月19日，赴丰宁县与丰宁满族自治县元始种植有限公司就产品营销进行对接。年合同资金：预计300万～500万元。引入迪信通“迪信云聚·划”，初步摸底承德市县区共有100家手机销售店有加盟意愿，并举办相关洽谈会。这个项目的引入将为承德中小型通讯服务公司转型升级和实现“互联网+”起到实质性的提升。同时，该项目还直接促进了民建会员企业——承德百盛通讯公司计划在石家庄股权交易所挂牌的准备工作。

附：中国民主建国会承德市委员会领导名录

主　　委：薛　寒（女，蒙古族，不驻会）

副 主 委：邵东明

付秋杰（女）

宋立铭（不驻会）

邢晓冬（不驻会）

（供稿　杨建光）

民进承德市委员会

【概况】 民进承德市委员会全面贯彻党的十九大会议精神，深入学习习近平系列重要讲话，坚持“有思有行、集智聚力、顺势而为、开拓创新”的工作方针，以政治交接为主线，以自身建设和参政议政为重点，不断加强高素质参政党建设。以促进经济增长和生态环境建设为着力点，围绕市委、市政府中心工作，凝聚全会智慧和力量，求真务实、拼搏进取，为实现脱贫摘帽、全面小康，为建设生态强市、魅力承德，为夺取新时代中国特色社会主义伟大胜利做出积极贡献。

【推进学习实践活动】 为更好地学习贯彻中共十九大精神，民进承德市委分别举办市委委员、支部主任、理论宣传员学习会，会内人大代表、政协委员座谈会，新会员代表培训会，以集中辅导、座谈讨论和汇报交流等形式，认真学习习近平代表第十八届中央委员会向大会作的题为《决胜全面建成小康社会　夺取新时代中国特色社会主义伟大胜利》的报告等理论，通过学习，大家深刻认识到，习近平新时代中国特色社会主义思想对决胜全面建成小康社会、开启全面建设社会主义现代化国家新征程指明了前进方向，中国共产党是一个不忘初心、牢记使命、坚定成熟、永葆先进的马克思主义执政党。

推进学习实践活动，自民进中央将民进承德市委纳入“民进中央学习实践活动第二批联系点名单”活动以来，民进承德市委以学习实践活动为重要抓手，组织班子成员深入研究，精心筹划，努力创新学习实践活动的方式和举措。9月25日，民进承德市委组织骨干成员分两批到北京展览馆参观“砥砺奋进的五年”大型成就展，一批由副主委王琦、薛梅带领市委委员和基层支部主任一行20人，另一批由副主委王显华、刘丹带领会内各级人大代表、政协委员及新会员代

表一行30人，大家在展览馆内参观了10个主题内容的展区，观看中国在经济、政治、文化、社会、生态文明、国防和军队建设，中国特色大国外交、“一国两制”实践、党的建设等方面取得的丰硕成果；参观特色体验展区、网上展馆，了解互联网领域的前沿科技取得的长足进展，亲眼目睹伟大祖国欣欣向荣、繁荣昌盛的壮美蓝图，更加坚定参政党成员坚持中国共产党的领导，走中国特色社会主义道路的决心和信念。

【班子建设及党员发展】 优化领导班子建设，牢固树立“三个坚持”。坚持贯彻民主集中制，坚持“集体领导，民主集中，个别酝酿，会议决定”的方针，严格按照议事规则和决策程序办事；坚持强化政治理论学习，班子成员始终把政治理论学习作为政治责任，深入研读党在各个历史时期的重要理论、方针和政策，进一步了解党在新时期提出的新思想、新论断、新举措；坚持提高综合素养和能力，通过举办民主生活会、谈心会，找问题、剖析根源，提出改进办法和措施。组织班子成员开展参政议政专题培训和实地走访调研，围绕市委政府中心工作提交有份量、有见地的意见建议；深入基层支部了解会员的思想动态，帮助会员解决生活实际问题。通过有目的、有计划地培养和历练，提高班子成员政治把握能力、参政议政能力、组织领导能力、合作共事能力、解决自身问题能力。

开展形式多样的组织活动。1月15日，组织会内书法艺术家到承德县安匠乡后沟村开展“春联万家”活动，市美协副主席、民进市委开明书画院院长李一维及市书法协会副主席汪钧、冯宝良，中国书法家协会会员王东海等会员为村民现场书写春联120多幅。3月28日，举办会内各级人大代表、政协委员培训班活动，市政协提案委主任潘宪忠为大家作“如何撰写提案”的辅导报告，市人大副主任、民进承德市委主委孔庆龙就人大代表、政协委员如何搞好调研，发挥参政议政、民主监督作用谈了三个方面指导意见，提高全体会员政治理论修养、履职的本领和能力，明确人大代表、政协委员的责任与担当。6月19日至20日，组织会内市政协委员参加承德市政协举办的政协委员培训班活动，帮助政协委员深入学习人民政协的基本知识，努力提高自身素质和履职能力，为全面建成小康社会，加快建设“生态强市、魅力承德”献计献策。

在民进市委各项活动的影响和带动下，各基层支部也开展丰富多彩的组织活动。双桥教育支部开展“考察市区新建小学校”活动，民进一中支部开展“对平泉县王土房乡山湾子村帮扶”活动，企业联合支部与双滦教育支部联合开展“为双滦区患脑瘤学生捐款”活动；民进电大支部开展“认真学习十九大精神”活动，民进新闻出版支部成功举办《赵朴初传》读者见面会活动。民进二中支部、民进机关支部开展“欢迎新会员，重温会史会章”活动，民进文化联合支部开展“爱满人间，重阳敬老”活动，民进师院支部开展“校企转型发展座谈研讨活动”，民进金融支部开展“不忘合作初心，继续携手前进主题交流”活动，民进旅院支部开展“赴邯郸涉县职业技术教育中心进行支教”活动，民进医卫支部开展“下乡义诊”活动。会市委13个基层支部全年共组织活动达40余次。

按照《河北省民主党派组织发展工作规程》要求，严格把握界别比例，规范考察程序，注重发展质量，努力把德才兼备的优秀中青年人士吸纳入会。全年发展会员12人。其中，硕士研究生学历2人，本科学历8人。截至年底，民进市委会员总数达到306人。

【履行参政党职能】 “两会”召开之前对会内代表和委员进行建言献策专题培训，引导代表、委员围绕党和政府中心工作进行深入调研，提出有见地、高质量的意见、建议。全年共提交建议、议案、提案及大会发言59件。其中，全国人大代表萧玉田提交的《建议把张、承贫困地区列入国家集中成片特殊类型的贫困地区，并在专项资金使用上向这些地区倾斜》得到国家部委的重视。孔庆龙在省政协十一届五次全会上代表民进省委做《关于推进京津冀金融一体化的建议》大会发言，提交的《关于批准设立社区教育培训收费项目的建议》提案引起省发改委、省财政厅高度重视，并予以采纳，调研报告《关于吸引京津金融资本解决融资难问题的建议》转为民进市委提交市政协大会发言；在市委理论学习中心组上作的《关于生态文明建设的几点建议》发言，引起领导重视。王显华提交的《关于加强网络视频监管的建议》被省人大列为重点督办代表建议。刘丹《关于提高市民文明素质建设学习型城市》的调研报告转为会市委提交的市政协大会发言，受到市文明办重视。薛梅提交的《关于培育多元文化主体 推进全域旅游发展的建议》调研报告转为政协大会发言，得到市委书记周仲明的批示。董瑞琴提交的《关于推进农村生活污水垃圾分散式处理的建议》被市政协确定为1号督办提案。李志怀提交的《关于调整公交运行线路 方便广大市民出行就医的建议》、刘肖玲提交的《关于加强市区内学校周边环境治理的建议》均被确定为“市政协十四届一次会议20件实事提案”。暴洪颖提交的《关于加快发展我市医疗康养产业的建议》被确定为“市政协十四届一次会议20件重点提案”。

【帮扶活动】 组织和动员市政协各参加单位和广大政协委员，开展招商引资、招才引智，帮建帮办、扶危济困，公益慈善、志愿服务等活动，市政协希望各民主党派在“四引四帮”活动中当先锋、作表率，积极为承德引绿色项目、引发展资金、引高端人才、引科技成果；帮建脱贫项目、帮办惠民实事、帮扶特困家庭、帮助困难学生。8月31日，民进市委领导班子一行到民进天津市滨海新区委员会参观学习、交流座谈，达成签订精准帮扶协议的愿望。10月19日，民进天津滨海新区委员会专职副主委袁一淞一行8人到承德县安匠乡初级中学考察调研，围绕教学设备、图书达标、教师培训等相关问题深入交流。考察调研结束后，双方举行精准帮扶签约仪式，民进承德市委与民进滨海新区委员会正式结为友好合作单位，民进滨海新区委员会以教育帮扶为重点在专业培训、网络互联、专项扶持等方面达成具体协议。12月15日，民进天津市滨海新区委员会为安匠乡初级中学捐赠图书2000多册，折合人民币3万余元。

11月18日，民进承德市委在民进河北省委的帮助下，联系民进北京市委在承德市第一中学开展教育帮扶活动。民进北京市委所联系的北京陈经纶中学的9位教育专家以讲座、上示范课等多种方式对承德一中各科教师进行专业培训，为各位教师传递先进的教育理念和经验，提供科学的教学模式。

民进各基层支部开展帮扶活动，金融支部和机关支部联合开展扶贫济困活动，为兴隆县南天门乡杨树岭村贫困学生钟雨杰和特困户冯占林捐款捐物，折合人民币3000余元；企业联合支部与双滦教育支部联合开展“为双滦区患脑瘤学生捐款”活动，捐款总额3600元；文化联合支部主任辛平所联系的承德瀚德科技有限公司为承德市福利院捐赠优质大米300公斤，折合人民币8000元。医卫支部邀请医疗专家，深入丰宁县石人沟乡汤道河村进行义诊活动，为当地45名群众进行问诊治疗。二中支部开展“捐资助学·圆贫困学子大学梦”活动，全体会员为该校特困生郭春平、张金柱、李喜朋捐款2500元，还为这3名学生分别辅导授课累计100多节。双桥教育支部开展“引资助学”活动，支部主任李光辉联系双桥区政协委员小组帮扶回民小学10名贫困学生，每名学生500元，共计5000元，还为回民小学捐赠字帖600套，折合人民币12000元。双桥教育支部陈立英为旅游职业学院代国忠老师患重病的孩子捐款 5000 元。

附：中国民主促进会承德市委员会领导名录
主　　任：孔庆龙（蒙古族）
副 主 任：王显华
　　　　　王　琦
　　　　　刘　丹
　　　　　薛　梅

（供稿　郭　妍）

农工党承德市委

【概况】 农工党承德市委团结带领全体党员，深入学习宣传贯彻中共十九大和农工党十六大精神，以习近平新时代中国特色社会主义思想为指导，牢固树立政治意识、大局意识、核心意识、看齐意识，进一步增强道路自信、理论自信、制度自信、文化自信，以深入开展“三学两做”主题教育为工作主线，持续推进坚持和发展中国特色社会主义学习实践活动，切实履行参政议政、民主监督、社会服务等职能，全面加强自身建设，为建设“生态强市、魅力承德”做出应有贡献。截至年底，全市共有基层支部13个，党员 299 人，其中：市厅级领导 1 人，县处级 8 人；省人大常委 1 人，省政协委员 1 人；市政协副主席 1 人，市政协常委 3 人，委员 10 人；市人大常委 1 人；县、区政协副主席 1 人，常委 3 人，委员 7 人。

【思想政治教育】 组织号召农工党员收听收看中共十九大会议直播，认真学习习近平代表中共第十八届委员会向大会作的题为《决胜全面建成小康社会　夺取新时代中国特色社会主义伟大胜利》工作报告。积极组织市委会领导和机关干部参加全市统战系统学习贯彻中共十九大精神宣讲报告会，按照农工党省委和中共承德市委的统一部署，制定学习宣传贯彻中共十九大精神工作方案，以支部为单位，组织全体党员通过个人自学、集中学习座谈、召开中共十九大精神培训班等多种方式，深入学习中共十九大会议精神，深刻领会中共十九大提出的新思想、新理论和新目标，积极响应中共十九大报告发出的“凝聚起同心共筑中国梦的磅礴力量”号召，自觉把思想和行动统一到中共中央的决策部署上来，不忘初心，携手前行，围绕新目标，深入思考、广泛调研，积极履行参政议政、民主监督职能，为承德市的发展建真言、献好策，为全市转型升级、绿色发展做出更大贡献。12 月 19 日召开“不忘合作初心，继续携手前进”主题宣讲培训会，传达十九大精神座谈会及中国农工民主党第十六次全国代表大会会议精神，组织市委委员和机关工作人员学习习近平总书记关于统战工作的新思想和新理论。强化对基层党员的教育培训，全年共有 16 名新老党员参加市人大组织的清华大学培训班学习、中国人民大学举办的领导干部培训、农工党河北省 2017 年新党员培训班学习，为促进全市农工党各项工作再上新台阶奠定坚实基础。

【参政议政】 为进一步提升基层组织参政议政能力和水平，市委会邀请省委“议政建言巡讲组”在承德市开展“议政建言巡讲”活动，加深对议政建言的意义、形式、方法的了解和认识，提高参政议政的主动性和积极性，年度内完成调研报告 3 篇、社情民意 14 篇、各类信息 13 篇。紧扣承德市继续全面深化改革、生态环境保护、社会和谐稳定等重点、难点和热点问题，深入调查研究，市委会领导多次参加中共承德市委、市政府的协商会议，就重大议政活动、党委协商会、经济工作、重要人事安排、政府工作报告、专题调研报告等各种重大事项的政治协商，提出有价值的、务实管用的意见和建议，得到领导的高度重视和充分肯定。在市“两会”上，农工党界别的代表、委员们切实履行参政议政职责，聚焦市委、市政府重大决策部署，围绕加快“一带三区”建设、医疗康养产业的培育与发展、医疗后勤保障服务向专业化社会化转变等经济社会发展问题，和居民出行、全民健身、文明祭奠等民生问题，向会议提交提案和建议20件。省政协委员商亚珍撰写的提案《关于承德承接京津冀跨区域养老的建议》在全省政协会议上被选为大会书面发言材料；向市政协会议提交《关于拆除废弃收费站的建议》得到落实，废弃收费站已拆除；政协常委、农工党市委副主委胡桂才关于《加强对慢性病防治工作的宣传和医保保障力度》的发言、农工党市委委员罗士洪《关于将武烈河沿岸建成承德历史长廊和开放观光带》的发言，受到市委副书记张泽峰的充分肯定。胡桂才、张淑青的《完善医疗相关配套设施，让群众享受更优质的医疗卫生服务》《“软文化”提升“硬实力”激活文化资源扮靓特色城市名片》的提案，在公众中引起强烈反响。

【社会服务】 市委会以增进民生福祉为着力点，聚焦精准扶贫精准脱贫，积极开展社会服务，品牌活动有新亮点，农工党社会影响进一步扩大。

为深入贯彻落实京津冀协同发展战略部署，结合第十届“中国环境与健康宣传周”活动主题，6月24日，农工党河北省委联合农工党承德市委、北京市东城区委赴丰宁满族自治县黄旗镇潮河源村开展了“送医、送药、送健康”义诊活动。农工党河北省委专职副主委经顺波、农工党北京市东城区委主委危天倪等领导应邀参加了活动。来自北京天坛医院、中日医院、第六医院、中医院等10余位专家组成医疗队，为村民解答关于医疗、保健方面的各种咨询和问题，并免费发放价值2.5万元的药品和价值1.5万元的生活物资。

根据农工党承德市委与农工党天津市滨海新区区委签订的友好合作协议，8月3日农工党天津市滨海新区区委到承德围场满族蒙古族自治县腰站镇开展对接帮扶捐赠活动，现场捐赠图书、办公桌椅、台式电脑、笔记本电脑及现金等价值50万元的扶贫物资。市政协副主席柴山，天津市滨海新区政协副主席、农工党区委主委马延和、市政协副主席、农工党市委主委郭靖涛出席捐赠仪式。

10月28日，为庆祝第二十九届“国际科学与和平周”到来，市政协副主席、农工党承德市委主委郭靖涛带领承德医学院附属医院、市中心医院、中医院的10余位专家，到平泉市七沟镇开展联合义诊活动，为当地医师讲解高血压的分级诊疗。市政协副秘书长葛曙光、专职副主委谷雪芬与平泉市政协领导一起，带着米面油等走访看望七沟贫困户。副主委、附属医院肾内科主任胡桂才组织心脏内科、内分泌科、儿科、外科和中西医结合科的10多位医疗专家共诊治群众200余名。市委会还组织全体党员为当地村民捐赠文化、医疗知识、种养殖技术等各方面的学习书籍1050册，九支部主任杨军自己花钱为孩子们选购儿童读物，受到广大村民的热烈欢迎和广泛赞誉。

7月14日，承德护理职业学院支部联合市中医院支部、市统计局开展“不忘初心、携手同行”扶贫义诊活动，到隆化县太平庄乡小黄旗村，为村民进行义诊、开展血压、血糖、心电图检测，受到广大村民的一致好评。承德护理职业学院支部被农工党中央表彰为党章党史学习先进基层组织。10月20日，承德医学院支部开展“不忘合作初心，继续携手前进”活动，到承德县甲山镇东梁村开展“农工党员走基层，奉献爱心除疾苦”的活动，帮助村民初步诊断相关疾病并做诊疗指导，自筹资金1200元为10户贫困村民送去米面油。11月25日，协助农工党北京市委开展北京市密云区对口帮扶滦平县儿童先天性心脏病筛查暨救护车捐赠活动。农工党河北省副巡视员张峻、密云区政府、红十字会、北京北铃专用汽车等领导出席仪式。解决儿童先心病筛查和县中医院医疗资源短缺等现实问题。11月26日，农工党承德市委联合中共承德市委统战部组织部分医疗专家到中共河北省委统战部定点帮扶村—隆化县韩家店乡西底沟村和厂沟门村开展送医送药活动。市中心医院和附属医院的医疗专家为村民们现场诊治，对部分行动不便的患者上门诊治，共义诊病人300多人次，免费发放价值5300元的药品。

9月4日，农工党河北省委联合省教育厅、明日之星教育基金会、农工党承德市委、市教育局在隆化县举行“班班通—助力教育信息化”教育扶贫捐赠活动承德市启动仪式。农工党河北省委专职副主委经顺波、副巡视员张峻，河北省教育厅、明日之星教育基金会等相关领导出席捐赠仪式。明日之星教育基金会向承德市教育局和隆化县教育局分别捐赠576万元和72万元的教学物资，承德市教育局向明日之星基金会颁发荣誉证书。

【组织建设】 认真贯彻落实民主集中制，不断健全领导班子集体领导和分工负责制，建立班子成员谈心会、述职述廉和民主评议制度，提升班子凝聚力。围绕市委、市政府重大战略部署和中心工作，认真落实，超前谋划，工作前瞻性、协同性进一步增强。按照农工党河北省委《党员发展工作规范》，结合承德自身建设实际，坚持标准，严格程序，保持特色，科学制定党员发展规划，坚持在医药卫生、人口资源、环境保护、科技等领域吸收人才，重点吸收高层次有代表性人士和具有宏观战略思维的参政议政复合型人才加入。在统战部的支持下，2017年新发展党员21人，其中：医药卫生届8人，占38%；政府机关9人，占42 %；科技教育2人，占10%；金融企业2人，占10%。截至年底，承德市共有农工党员299人。其中：大专及以上学历234人，具有中高级专业技术资格的248人，党员整体素质进一步提高。

加强机关制度化建设，优化运行机制和工作流程，提高制度化、规范化、程序化水平，认真贯彻落实中共中央“八项规定”精神。加强机关干部队伍建设，充实干部队伍，优化干部结构，加大培训力度，不断提升干部综合能力与素质。改善办公条件，规范财务、固定资产、档案等内部管理，机关服务保障能力不断提升。

【爱岗敬业】 承德市中医院支部主任陈建华被国家卫生和计生委、人力资源和社会保障部和国家中医药管理局评为“全国卫生计生系统先进工作者”；颈复康药业集团副总经理王春民、市中医院副院长安丽萍两位同志获首届承德市“科技创新十佳”；承德医学院商亚珍和杨志新老师被评为河北省中医药教学名师；齐杰敏被评为河北省模范教师；商亚珍被选为北京神经内科学会基础与医学转化专委会常委；刘玉玲被选为河北省实验动物学会第一届理事会副秘书长；计小清被选为中华民族医药学会健康产业分会常委；商亚珍、齐杰敏、李葵花、赵桂琴、刘金霞、计小清等获得省级以上自然科学和教改项目多项，在国内外发表论文30余篇，被评为优秀授课教师30多人次。医学院多人被评为学科带头人、科技标兵、先进工作者等。市医院支部孙大永和马胜辉两人获得省级科技进步二等奖，李勇作为客座教授在国家级专业会议上授课。

附：中国农工民主党承德市委员会领导名录

主 委 委 员：郭靖涛（不驻会）

副主委委员：谷雪芬（女）

姜艳丰（不驻会）

胡桂才（女，不驻会）

（供稿　李向宝）

九三学社承德市委员会

【概况】 2017年，九三学社承德市委员会在九三学社河北省委和中共承德市委的正确领导下，高举中国特色社会主义伟大旗帜，全面贯彻中共十八大和十八届三中、四中、五中、六中全会精神，全面贯彻中共十九大全会精神，深入学习习近平总书记系列重要讲话精神，坚持“有思有行、集智聚力、顺势而为、开拓创新”的工作方针，以政治交接为主线，以自身建设和参政议政为重点，不断加强高素质参政党建设。积极做好参政议政工作，全年完成调研报告3篇，2篇被市政协集体提案；扎实做好社会服务工作，全年深入农村、社区，累计开展义诊、公益、扶贫等活动10余次，捐赠药品、医疗器械、健身器材等物品价值约13万元，捐款4万余元；不断加强组织建设，提高履职能力。

【履职尽责】 积极参加中共承德市委、市政府组织的协商会、情况通报会、座谈会，听取全市大政方针、重要人士安排等情况通报，围绕建设一带三区、推进脱贫攻坚、加快创新型承德建设、优化能源结构等事关我市经济社会发展的重大问题提出意见建议，受到市领导高度重视。社市委主委、班子成员积极参加各级人大、政协组织的视察、督查活动，担任各级特邀监察员、特约审计员和特约监督员的社员，通过信息交流、情况通报、视察等活动，认真履行职责，发挥民主监督职能。

【调查研究】 社市委围绕社省委、市政协、中共承德市委统战部的重点调研课题，充分调动全市的力量，加强社内外资源整合，围绕文明城市创建开展“加快小区物业管理立法”“深化农业供给侧结构改革加快培育农业农村发展新动能”等调研。到秦皇岛与人大立法委座谈，通过与政府部门、企事业单位以及业内人士座谈交流和实地调研，掌握翔实资料。全年完成调研报告3篇，2篇转化为2018年报市政协的集体提案，推动相关问题的解决。提案工作成绩突出，在市政协十四届一次全会上，社市委提交大会发言3件，集体提案6件。其中，《实施“一带三区”战略要优先建好地下综合管廊》获得中共市委书记周仲明批示。进一步创新和完善参政议政工作机制，不断提高履 职能力和水平。召开参政议政工作会议，举办辅导讲座，对2016年度参政议政和信息工作进行总结和表彰。

【“四引四帮”活动】 积极响应政协号召，在“四引四帮”主题实践活动中，副主委董焕臣利用联系面广的优势，从北京引进宏盛环保建材有限公司，在双滦区投资3000万元，生产新型A级防火板、一体化板材和海绵城市所需材料，填补海绵城市建设材料的空白。李双众和杨宗慧等工程支社社员利用自身优势，从哈尔滨工业大学引进EPS专利技术，在承德县协助鸿城科技有限公司生产EPS一体化保温模块，解决农房建设中的节能保温问题，已经应用的农房在不取暖的情况下，室内气温不低于0℃，节能降耗效果明显。各支社积极探索和创新社会服务工作的新思路、新模式，着力突出 医疗下乡、科技支农、捐资助教、科普讲座等九三学社科技特色。全年深入农村、社区，累计开展义诊、公益、扶贫等活动10余次，捐赠药品、医疗器械、健身器材等物品价值约13万元，捐款4万余元，约4000人受益；举办科普讲座5场次，发放科普资料近3000份，累计受众约5000人次。

【九三学社自身建设】 深入学习贯彻中共十九大精神，邀请中共承德市委党校教授作报告。召开专题主委会，深入学习中共十九大精神，各级社组织精心选择学习内容，通过组织社员收看中共十九大实况，以会代训，邀请专家作辅导报告，召开研讨会、座谈会，开展征文活动，在社刊社讯网站开辟专栏，微信学习群等形式教育和引导广大社员深刻把握习近平新时代中国特色社会主义思想，增强坚持中国共产党的领导，坚持走中国特色社会主义道路的政治自觉。宣传报道影响力不断增强，在社省委网站、政协网站发表稿件17篇。稳步推进组织建设，认真落实“人才强社”战略，积极稳妥地联系发展社员，全年共联系发展社员14名。其中，高级职称8名，主体界别13名。平均年龄30岁，成员结构进一步优化，保持了社组织结构的特点。注重加强后备干部的培训，推荐3人参加社中央骨干社员培训班，多人参加社省委组织的骨干社员培训班、基层负责人培训班等，部分骨干社员参加市委统战部在中央社会主义学院组织的承德市统一战线理论专题培训班和承德市民主党派中青年干部培训班。社市委组织新社员培训班。使社员加深了对统一战线理论和参政党制度的认识和理解，提高了履职能力。多名优秀社员在本职工作中取得优异成绩，市属医院支社和杨滨分获社省委坚持和发展中国特色社会主义学习实践活动先进集体和先进个人称号；工程支社多名社员获得省市两级优秀勘察设计奖。

附：九三学社承德市委员会领导名录

主　委：李建华

副主委：王会云

　　　　高立国（蒙古族）

　　　　王志勇

　　　　董焕臣

（供稿　刘晓民）

群众团体

承德市总工会

【概况】 市总工会在市委和省总工会的正确领导下,以迎接学习宣传贯彻党的十九大精神为主线,按照“四事、三化、两突出”的工作思路,着力在务实上下功夫,在创新上求突破,在争先上上水平,各项工作取得了新进展。全市基层工会组织达到6414个、会员总数达到61.1万人。在全国首创企业民主管理监督制度,县级工会在省总规范化建设达标创优活动中全部被评为优秀,组织开展了“发现学习承德工匠”和庆“五一”系列活动,为促进全市经济发展和维护社会和谐稳定做出积极贡献。

【基层组织建设】 突出抓好新领域新阶层建会入会工作,以兴隆县为试点大力推进农业合作社建会入会,全年新建工会组织389个、新发展会员3.2万人。深入开展模范职工之家复查验收和会员评家活动,全市共创建全国模范职工之家24个,省模范职工之家85个,市模范职工之家393个。选树省级规范化建设示范乡镇(街道)工会54个,市级优秀乡镇30个。

【深化工会改革】 研究制定并以市委文件印发《承德市总工会改革方案》,先后落地《精简市总工会内设机构和编制》《增设一线职工劳模为市总兼职副主席》和与困难职工、困难农民工结对帮扶等各项改革措施14项,建立完善《市总党组及主席办公会议事规则》《工作人员平时考核办法》等各类长效机制22个,平泉市、宽城县、双滦区、营子区等4个县(市、区)制定下发了县级工会改革方案,双滦区在全省群团改革工作座谈会上进行典型发言。深化企业民主管理工作改革,在全国首创企业民主管理专项法律监督制度,全国厂务公开领导小组办公室刊登专刊要求在全国推广。探索工会经审工作改革,研究制定《承德市工会经审组织委托社会服务机构参与工会审计工作管理暂行办法》,被《中国工会财会》杂志刊登,并被《河北工人报》头版头条刊发。

【竞赛成果】 着眼全市经济发展大局,联合旅游、卫生、发改等部门开展了最美导游技能比赛、全市卫生应急技能竞赛和大气污染防治劳动竞赛等系列活动,全市有近3000家企事业单位、20万名职工参赛,从131名候选人中评选出24名能工巧匠,并从中选出4名承德工匠。开展农业产业龙头企业劳动竞赛连续两年被列为省重点劳动竞赛。组织开展“发现学习承德工匠”活动和庆“五一”系列活动。以市委、市政府名义召开劳模座谈会,高质量推荐全国工人先锋号1个,“五一”劳动奖章1名,河北省“五一”劳动奖获奖单位、集体和个人共18个,以及省级“金牌工人”1名和“能工巧匠”6名。

【维权维稳】 大力推动小门小店设立民主管理监督员,共有1140个小门小店设立监督员。随时掌握劳动关系动态,这一做法先后被《工人日报》、人民网等中央媒体报道,《承德改革动态》以《小‘探头’彰显管理‘大智慧’》为题介绍经验。组织职工法律援助律师赴企业开展“上门精准普法”专项行动26次,向2860余名职工普及法律知识。省人大调研组到承德市调研“七五”普法工作时对此给予充分肯定。市总工会巩固深化“探索精准普法新思路”、双滦区总工会为农民工讨薪排忧解难——孙某等50余人诉浙江某建筑公司追索劳动报酬纠纷案、双桥区总工会探索立体化法律援助模式实现服务职工“零距离”三项法律工作入选全省工会十大法治事件。全面排查化解钢铁、煤炭、水泥重点行业，转岗安置职工、困难职工、农民工等重点人群，有铁矿、煤矿的重点县（市、区）劳动关系风险隐患问题，建设将劳动争议排查化解端口前移的做法得到全总肯定。

【救助困难职工】 进一步做好困难职工解困脱困工作，着力做好困难职工精准识别、建档立卡工作，对6841名困难职工进行建档立卡。扎实开展创业就业扶持专项行动，全年完成创业项目66个。为301名困难职工子女发放金秋助学金86.8万元，向符合“尿毒症肾透析”救助条件的252名困难职工发放医疗救助金126万元，为212名符合“工会爱心卡”救助项目的困难职工拨付救助金76.32万元，对94名患病会员发放“急难暖心”救助金96.32万元，向省总推荐31名困难职工子女入选“助学育才千人计划”。

【服务阵地建设】 全力推动县级职工服务阵地建设，2015年至2017年，全市县级职工服务中心改扩建累计投入建设资金2551万元，设施规模由建设前的1700多平方米扩大到5200多平方米，功能由单一的对困难职工帮扶救助拓展为对全部职工的一站式、全方位综合服务，县级职工服务中心全部达到省级示范型标准。积极开展职工网上服务平台建设，圆满完成省总网上工会建设项目任务，对视频会议系统改造提升，开发建设市、县工会0A办公系统、微信矩阵、工会网站和手机APP，形成市、县工会信息互联、资源共享、工作互动的职工服务网络平台。

顺利推进市级职工服务阵地建设，在市委、市政府和省总的大力支持下，市总工会在市区购置5.4亩土地和近9000平方米的建筑设施，房屋、土地等过户手续基本办理完毕，通过功能改造将建设成为功能更加完善的市级职工综合服务中心。

大力推行工会会员普惠化服务，全年全市累计发放工会会员卡35万多张，签约合作商家506家，开发避暑山庄、雾灵山等全省通惠旅游项目16个，组织开展商家普惠主题活动100余次，会员得优惠近1000万元，有效扩大普惠化服务的影响力和用卡激活率。

组建一支6000多人的常态化职工志愿服务队伍，指导窗口单位积极开展“服务别人，快乐自己”职工志愿服务活动，在文明城市创建和十九大安保、脱贫攻坚、美丽乡村建设等全市重点工作中发挥重要作用，多次得到市委、市政府主要领导的肯定和表扬。

【规范化建设】 制定出台《县级工会工作评价办法》，先后组织兴隆、围场、宽城、滦平、双滦区、双桥区等6个优秀县区工会开展“回头看”，继续保持全省优秀等次，其他5个县（市）级工会也全部通过省总验收进入优秀行列，其中鹰手营子矿区总工会综合评价得分全省第一，全市县级工会全部达到省级优秀标准，位居各设区市首位，实现整体工作提档进位。

【龙头企业建工会】 以“当好主力军·建功新时代”为主题，围绕“脱贫攻坚、全面小康”工作目标，深化“农业产业化龙头企业建工会脱贫攻坚做贡献”专项行动，在脱贫攻坚中充分彰显工会组织的作为，此项工作荣获全省工会工作创新成果二等奖。

【联席会议】 全年市总工会和11个县（市、区）、高新技术产业园区总工会全部召开政府联席会议，承德县议定解决增加事业编制、滦平县农业产业化龙头企业劳动竞赛等30多个涉及职工利益和工会发展的重大问题。12 月 27 日，副市长李维主持召开市政府与市总工会联席会议，会议听取市总工会工作情况汇报和需要联席会议研究解决的问题，议定将困难职工解困脱困工作纳入脱贫攻坚工作整体布局，同时建立工会经费财政划拨协同落实机制。

附：市总工会领导名录

党组成员、工会主席：孙　林（满族）

党组书记、常务副主席：佟伊民（满族）

党组成员、副主席：李　峙

孙清江

司志通

刘忠云

（供稿　刘丹丹）

共青团承德市委员会

【概况】 团市委从严治团，以实和细开拓创新，形成以青年读书班和“六个一”节点教育为载体的十九大精神和塞罕坝精神青年学习宣传承德模式，“承德青年”公众号共青团系统内影响力稳居全省前三，单周排名最高达全国第七，小青橙助力创城单篇文章阅读量全国第二，喜迎十九大国庆快闪两季作品被人民日报微博等知名主流平台转载，点击量达 600 余万次。先后荣获全国先进集体、个人和项目奖项近 30 个，2 人获省青年“五四”奖章，获奖人数居全省之最；市青年中心被评为全国示范性青年之家综合服务平台，小青橙品牌工作多次被《中国青年报》宣传推广。脱贫攻坚有成效，8300 余人受帮扶。改革优化工作结构，与市委改革办、组织部等部门建立配套改革保障机制，圆满完成年度市委交办的改革任务。全年，共青团工作在市级以上主流媒体获报道 60 余次，在年度全省共青团工作考核中位列全省第一。

【青少年工作】 把握理想信念制高点，将学习宣传贯彻十九大精神和弘扬塞罕坝精神作为思想引领主线主题，切实筑牢青少年理想信念、增强“四个自信”。深化理论武装“主抓手”。坚持分级、分类、分专题、分形式开展学习培训，举办市级专题青年读书班 4 期，各级团组织举办 352 期，受益团干部及团员青年近 3 万余人次。深化宣教系列活动“主载体”。十九大前，以“青春喜迎十九大 · 不忘初心跟党走”为主题，开展节点教育、仪式教育、成就教育和情感教育等活动 1000 余场次。十九大之后，深入开展学习培训、主题团日、学习交流、征文演讲等多种形式宣教活动，扎实推进十九大精神学习宣传贯彻。实施“魅力承德 · 青春建功”典型选培工程，举办 承德青年“五四”奖章事迹报告评审会，开展“寻找承德好青年”第二季活动，培树市级先进集体和个人 363 名，省级以上 86 名，2 人获评河北青年“五四”奖章。实施“青年之声”线上聚声、线下聚影、工作聚效工程，开展线上活动 100 余次，举办名家讲师进校园、健康扶贫行、单身青年联谊会等线下活动 200 余次，平台访问量达 1600 余万人次。以“承德青年”微信公众号为牵引，开展网络引导活动 132次，覆盖青年 2.7 万余人，国庆原创快闪视频、“小青橙”志愿服务微文等作品，累计阅读量均在 10 万次以上；组建 100 余人的骨干网宣员和 1.3 万余人的网宣志愿者队伍，建立网络团工委，合作开展活动 30 余次，打造独具特色的“网上共青团”。

【共青团改革】 围绕共青团承德市委改革发展重大课题，开展为期 4 个月的集中调研，深入到县区、学校、企业、农村等单位，召开不同人群参加的座谈会 20 余次，发放调查问卷 1000 余份，广泛听取党政领导、专家学者、青联委员、团干部和团员青年的意见建议，了解基层青年、党政领导对共青团的期盼，掌握共青团改革的第一手鲜活资料。依据调研结果,结合工作实践、起草《共青团承德市委改革方案》。

紧紧围绕青年主要聚集领域、助力市委、市政府中心工作，强化顶层设计。改革方案明确改革九大主攻方向，100余项具体工作任务，制定科学时间表、路线图，推动改革任务自上而下有效落实。与市委改革办、组织部联合出台多项改革配套文件，将落实党建带团建工作情况纳入下一级党组织工作考核，建立党团工作同部署、同考核机制，建立常态化团干部挂兼职遴选机制及推优入党工作机制，推动改革各项举措落地落实。

建立县级团委改革方案评估及改革工作联合督导机制，进行两轮实地督导，推动县（区）共青团改革全面铺开，双滦、营子、平泉、宽城已正式印发改革方案。聚焦“缺编制”问题，坚持增编扩量与保障待遇并重,推动4个县（区）增加2个以上的人员编制，具有固定人员编制6人以上常态化工作力量的县区团委已达7个；3个县（区）落实乡镇团委书记正股级以上待遇，其中承德县乡镇团委书记按实职副科配备，推动基层团委有人干事、能干成事。解决“缺人员”问题，采取加强志愿者选派配备支持一批、落实专兼挂团干部机制充实一批、争取县区政府购买服务补充一批、推进村“两委”年轻委员及大学生村官担任村团支部书记等方式，有效充实基层工作人员。解决“缺经费”问题，进一步加强同县（区）党政沟通协调，推动共青团工作经费相关文件有效落实，探索推进共青团工作经费“协管”机制。解决“缺阵地”问题，大力推动市、县、乡“青年中心”建设实现全覆盖，打造服务青年有形化、身边化服务阵地。年内，4个县级青年中心获评省级示范性青年中心。

从严治会。青联改革，着力去“贵族”化，促进青联组织活跃，组织召开市青联常委会，调整委员、常委比例结构，增加一线劳动者在委员、常委中占比分别提高到10.1%、11.8%，着力打造活力青联。从严治会，淘汰一批不参与活动、不发挥作用的委员；青企协改革，实现青企协与团市委脱钩管理，强化青企协自运行能力。召开青企协会员大会，增选会员、调整组织架构，完善运行机制。在会员的选择上更加注重诚信、社会贡献等社会带头效应，打破按注册资本选人的惯例，淘汰一批不按期履职的会员。学校层面改革。制定出台《承德市中学共青团改革实施方案》《承德市少先队改革方案》等改革文件，落实学校系统共青团改革任务。

【科技捐助】 持续以“脱贫攻坚党旗红 青春建功做先锋”为统领，聚焦农村创业青年、农村留守儿童群体，实施“五大工程”全力推动助力脱贫攻坚精准化、实效化。全年，汇集项目资金及物资1400余万元，直接帮扶贫困户8300余人，资助贫困学生2600余人，帮助农村留守儿童1.5万余人次，培训农村青年4200余人次，小青橙贫困儿童健康保险计划全省推广，取得良好帮扶效果。

实施农村青年电商靶向培育工程，承办省级青年电商培训班2期，举办市县级25期，培育青年1500余人，40余人签约建店。深化大学生返乡创业行动，为5名帮扶对象提供贷款贴息扶持，贴息12.8万元。实施“小青橙”志愿服务脱贫工程，引进希望工程项目价值836万余元，发放奖学金251万余元，资助2600余名贫困学生，新建希望小学5所、希望厨房8个，惠及6000多名农村儿童。

实施“小青橙”贫困儿童健康保险计划，投资近60万元为全市2000名贫困儿童购买健康保险，实现深度贫困县贫困儿童全覆盖。实施协同助力平台搭建工程，发挥青联、青企协、青年文明号团属组织优势，深入开展百企扶百户、百号牵百手、青联情·助力行等系列活动，开展帮扶活动130余场次，结对帮扶贫困户180余户，捐助物资达60万元。

实施产业项目扶贫工程，整合新型职业农民培育、创业小额贷款等项目，联合组织开展培训39场次，培训农村青年3584人次，发放贷款1475万余元；将种青年林向造经济林转变，争取团中央植树造林项目落地实施，中央直属机关青联直接支持隆化县植树造林项目50万元，经沟通协调，变公益林为经济林，全年种植郁李600亩，可直接帮扶125户贫困户稳定脱贫。

推进“青春守护点对点”关爱农村留守儿童工程，帮扶留守儿童1.5万余人次，结对2589个，实施关爱帮扶项目74个，建立“亲情小屋”等关爱阵地39个，开展各类关爱活动1028次。不断深化公益理念、开展公益项目、打造公益平台，市青少年发展基金会前期筹备工作已完成，公益平台不断壮大；连续两季开展“小青橙”关爱农村留守儿童爱心接力活动，帮扶困难家庭760余个，投入物资近300万元。

【志愿服务】 深化“青春承德 志愿有我”服务理念，致力于打造全域化公益平台、凝聚社会组织孵化平台、服务党政中心志愿平台，全市注册志愿者达48万余人，注册率、活跃度稳居全省第一，“小青橙”志愿服务品牌影响力和知名度不断跃升；突出“五城联创 · 青春建功”，小青橙助力文明城市、旅游城市、森林城市、旅发大会等重点活动得到党政领导充分认可。

助力创建文明城市“百团千队万人”集中攻坚行动，深入开展交通引导、景区服务、创城宣传等一系列志愿服务活动，全市千余支“小青橙”志愿服务队、10万名“小青橙”志愿在创城一线展示形象、展现作为、体现价值。特别是在创城攻坚期，在主城区39个交通路口设置“小青橙文明交通岗”，每天200余人次轮值，并形成常态化工作机制；“小青橙”助力创城工作先后得到市委书记周仲明、市委副书记张泽峰等主要领导3次肯定性批示表扬。

助力旅游环境综合整治“百日攻坚”行动，聚力创建国际旅游城市，重点围绕整洁市容市貌、整治环境卫生等方面，突出“小青橙”志愿者能为可为善为，广泛开展电箱涂鸦、围墙美化、垃圾清理、广告清除等一系列扮靓城市志愿服务活动，取得良好效果。期间，市长常丽虹到现场指导工作、慰问志愿者，对专项行动给予充分肯定。

开展“青春卫蓝”共青团助力创建国家森林城市专项行动，全年落地实施青年林项目11个，造林1355亩，3万余名青年志愿者参与值绿护绿生态实践；广泛开展青少年环保实践活动100余场次，2万余名“小青橙”志愿者参与其中，主动担当大气污染综合治理突击队和宣传员，全市青少年生态环保意识不断增强。

开展“青春建功 · 岗位争先”活动，依托青年文明号、团员先锋岗等团属资源，先后在火车站、汽车站、高速收费站等主要交通枢纽以及各窗口单位设置“小青橙”志愿服务站86个，在重点景区设置“小青橙”志愿服务站10个，为停靠车辆和往来游人旅客提供热水、应急等便民服务，各类岗位志愿者1000余人参与其中，服务游人旅客近万人次。

【从严治团】 从严管理团组织，一方面，抓好基层服务型团组织建设，大力实施基层服务型团组织建设“双促”工程，推行“两表两册”工作制度，基层团组织实现纸质存档、电子备查、动态更新，整理下发共青团名词术语明白纸、基层团建工作文件汇编等，全力促进基层基础团务规范化。撤销直属团委2家，新建新兴领域团组织62个，规范组织发展，增强组织覆盖。深化开展活力青年中心建设年行动，建立青年中心249家，实现市、县、乡三级全覆盖，打造全国示范性青年之家综合服务平台2个、省级示范性平台4个，开展各类活动150余次，覆盖团员青年2万余人。另一方面，抓好团属组织规范化建设，以从严治团的标准推进青联、青企协、青年文明号建设，召开青联常委会，落实改革要求，优化委员结构；召开青企协会员大会，理顺组织关系，强化业务指导，实现工作脱钩；严格青年文明号创建认定工作，最大化引领青年创优创效、岗位建功。

从严管理团员。控制增量、优化存量，统一编号、配额发展团员，全年全市各级团组织发展团员1.25万人，同比下降19%，制发入团“九步走”工作法，规范团员发展。深入推进“学总书记讲话 做合格共青团员”教育实践，扎实开展理想信念教育，组织“怎样做一名合格团员”等主题团课458场次，覆盖团员3万余人，开展专题组织生活会，参与团员达13.9万人；举办市级演讲比赛，逐级开展主题征文活动，切实增强广大团员的政治责任感和使命感；深入推进团员先进性教育实践，深入开展“亮身份、当先锋、树形象”活动，深化“共青团员先锋岗（队）”创建，各级团组织开展志愿服务活动300余次，覆盖团员青年3.8万余人，有效提升团广大团员的光荣感。

附：共青团承德市委领导名录

书　　记：韩　旭（女，1月免）

　　　　　秦　涛（1月任）

副 书 记：秦　涛（1月免）

　　　　　艾　铮

（供稿　巴　音）

承德市妇女联合会

【概况】 承德市妇联深入贯彻党的群团改革精神，按照强“三性”（积极性、主动性、创造性）、去“四化”（机关化、行政化、贵族化、娱乐化）工作要求，发挥优势，服务大局，改革创新，积极探索新形势下妇联工作新路径，有力促进了全市妇女儿童事业全面发展，改革工作、妇女儿童工作、扶贫工作等都取得较好成绩，全市1898个村（社区）完成会改联，占2635个村（社区）的72.03%，超额完成省妇联下达的60%的任务；建成省级示范妇女之家87个、市级示范“妇女之家”171个，市级示范“儿童之家”371个；针对妇女群众放款达1.8亿元，惠及20089名农村妇女，极大地缓解了部分贫困妇女的资金压力。

【推动乡镇会改联】 5月，全省乡镇（街道）、农村（社区）妇联组织区域化建设观摩现场会在双滦区举行，全国妇联副主席张晓兰参加会议，并对妇联基层组织建设改革给予充分肯定。截至10月底，全市223个乡镇（街道）已全部完成换届任务，选举产生主席220名，专职副主席221名，兼职副主席609名，执委2256名。全市1898个村（社区）完成会改联，占2635个村（社区）的72.03%。其中，177个社区全部完成“会改联”。超额完成省妇联下达的60%的任务。这两项改革，有效解决了妇联工作力量“倒金字塔”问题，使基层妇联工作状态焕然一新。

为推动乡镇妇联组织区域化建设和“会改联”工作实施，12月，在市妇联努力下，将乡镇妇联组织区域化建设和“会改联”工作纳入市委全面深化改革领导小组办公室对各县区委改革工作考核内容，使全市基层妇联组织建设改革工作真正实现党建带妇建工作格局，使各县（区）委将妇联基层组织改革工作列入重要日程，强化妇联工作推进力度，切实收到改革实效。

【妇联工作阵地建设】 紧紧抓住省级示范“妇女之家”政策资金支持的契机，大力开展争创活动，努力打造党开展妇女工作的“坚强阵地”和深受妇女群众热爱信赖的“温暖之家”。截至年底，累计争取省妇联专项资金580万元，建成省级示范妇女之家87个、市级示范“妇女之家”171个，市级示范“儿童之家”371个。购置价值198万元的图书，为100个妇女之家配备“巾帼书橱”。

双滦区妇联率先在全省实现省级“示范妇女之家”在社区的全覆盖，为全省树立妇联工作及阵地的样板，受到省妇联的肯定。

积极推进网上妇联、网上妇女之家建设，已形成“两网两号两群一平台”的妇联工作新媒体矩阵。11个县(市、区)妇联全部开通官方微信号，市、县、乡、村四级妇联组织共建立新媒体工作联系群1093个，覆盖妇女干部和群众近5万人。9月，市妇联举办全市妇联系统新媒体能力建设培训班，要求各级妇联组织要强化做好网上妇女工作意识，为党争取阵地、凝聚人心，更好地传播党的声音，大力弘扬社会主义核心价值观，凝聚网上正能量。

为提高基层妇联干部及兼职妇联执委的履职能力，9月，市妇联在承德市妇女培训学校举办承德市基层妇联干部培训班，全市200名乡、村级妇联干部参加为期4天的业务培训，培训班特别邀省妇联组联部调研员张瑞坡为大家专题讲授乡镇（街道）、农村（社区）妇联组织改革工作。12月，市妇联举办全市妇联系统学习贯彻党的十九大精神骨干培训班，有120名妇联干部参加培训。

【弘扬巾帼风采】 通过电台、电视台、报纸、新媒体等，宣传各类妇女先进典型36个，“三八”妇女节期间，市妇联联合市电视台推出《巾帼风采》系列节目，宣传报道8位优秀女性的先进事迹；全年市妇联共表彰“三八”红旗集体、“维权工作先进集体”“三有两突出”基层示范组织等先进集体159个；“三八”红旗手、“维权工作先进个人”180名。

开展“魅力承德 · 我爱我家——真情善美家风传承暨母亲风采展示”活动，评选出15位“榜样母亲”；开展“善美家风．最美家庭”评选活动，评选出市级“最美家庭”112户。其中，向全国妇联推荐2户，向省妇联推荐6户。开展“家书抵万金——现代家书家信征集”和“社会主义核心价值观进家庭优秀案例征集”活动，向省妇联报送优秀家书7封；申报优秀工作案例2个。联合财政局、住建局等8家单位下发《2017年承德市深化美丽庭院创建工作实施方案》，深入推进“美丽庭院”创建工作，评选出市级“美丽庭院”示范村20个、“美丽庭院”示范户112户。全市有35条街(路)获得省美丽庭院示范街、110户获得省“美丽庭院”示范户表彰。

举办“我爱我家．同悦书香——亲子阅读”、亲子阅读进社区活动，全市举办亲子阅读活动累计40余场次，参与人数2000余人，形成“爱读书、共读书”的良好氛围。8月，在全市开展亲子阅读“微视频”征集展示评选活动,共征集“微视频”作品16部，其中7部作品获得表彰，并在“承德女性”微信公众号上进行展播。联合河北省民族师范学院设立“未成年人心理辅导站”，为广大青少年及家长提供服务。

开展“文明城市创建 · 巾帼岗位建功”主题活动，联合市总工会、团市委、市广播电视台下发《关于开展“魅力巾帼最美女性”评选活动的通知》，在不同社会层面、不同职业领域中评选出2017年第二届十佳“魅力巾帼·最美女性”10名。此次评选活动得到社会的广泛参与，投票人数达到565240人，投票页面访问量达到775212次。在全市评选承德市“巾帼文明岗”56个、“巾帼建功标兵”81名。

先后联合市旅发委、市扶贫和农业开发办下发《关于创建承德市巧手脱贫示范基地的通知》、联合市旅发委、市扶贫和农业开发办下发《关于创建承德市巾帼乡村旅游示范点的通知》《关于创建承德市巾帼现代农业科技示范基地的通知》，全年，联合表彰承德市巧手脱贫示范基地30个、巾帼乡村旅游示范村11个，巾帼乡村旅游示范点40个、巾帼现代农业科技示范基地19个，培训妇女1.5万余人，带动6700名妇女致富，带动3547户农民脱贫致富。

与市扶贫和农业开发办、市人社局、市总工

会联合下发《关于开展“热河嫂”家庭服务专项培训工程的通知》，将“热河嫂”家庭服务专项培训工程作为妇女精准脱贫、职业技能培训规划和农民工职业技能提升计划的重要组成部分，力争到2020年使有意愿有意愿从事家政服务行业的贫困女劳动者都能接受一次就业技能培训。11月，联合市人社局、市总工会举办第四届“热河嫂”技能比武大赛，有10名选手获奖。截至12月底，已累计培训“热河嫂”1120人。

【探索扶贫模式】 “班带店 店连片”模式，各级妇联组织在举办的妇女手工、乡村旅游、妇女电商等培训班中发现培树典型，通过为典型提供创业政策引导、注册建店、市场营销等服务，带动贫困妇女脱贫。推广“公司＋基地（合作社）+贫困妇女”扶贫模式。各级妇联组织积极引导“巾帼现代农业科技示范基地”、女性任法人的农业龙头企业、专业合作社、女能手等发挥引领带动作用，以食用菌园区、种植养殖基地、中草药种植园区为主要阵地、引导其为农村妇女尤其是农村贫困妇女优先提供就业岗位、技能培训、农产品生产销售等帮助，实现与贫困妇女的结对帮扶、互助合作。推广资金入股帮助贫困母亲模式，向隆化、丰宁50名贫困妇女发放的25万元“河北省温暖援助农村贫困单亲母亲”项目资金，以股本金的方式入股农业龙头企业，并倡议公司优先聘用有劳动能力的贫困妇女参与公司生产，带动项目户脱贫增收。推广电商扶贫模式，利用“互联网＋”的发展趋势，积极引导和帮扶农村妇女以零投入或者微投入加入电商，从而实现脱贫致富。推广“一带多”牵手发展脱贫模式，在旅游资源丰富地区选取其中带动能力强、有示范性的乡村旅游重点大户，通过妇联组织协调将该区域内的妇女家庭手工产品、特色农业产品等依托重点大户成立合作组织，进行整体策划、整体包装和整体营销，打造一批集妇女家庭手工、休闲观光农业、特色民食民宿和民俗文化娱乐于一体的乡村旅游精品示范点，增强当地乡村游的吸引力，实现互利共赢。

全市各级妇联组织发挥“联”字优势，争取市扶贫、市人社局、市旅游委等部门资金300余万元用于巾帼脱贫行动的致富技能培训，举办种养殖、电商、满绣、剪纸、编织、串珠等培训班261期，培训妇女1.5万人次。滦平县妇联联合中和农信成立滦平农户自立服务社，服务对象仅限于女性，采用三户、四户、五户联保等方式不用抵押就能借到贷款，为妇女群众发展小型扶贫产业提供资金支持。截至年底，服务社针对妇女群众放款达1.8亿元，惠及20089名农村妇女，极大地缓解部分贫困妇女的资金压力。隆化县妇联成立家庭手工培训基地，通过与天津市武清区余人造花厂、天津佳泰工艺品有限公司实现业务对接，已在22个乡镇开展家庭手工培训班，免费培训妇女1500余人次，引导 320名妇女从事拉花、绢花制作，其中贫困户102户，每名妇女可实现年收入8000余元。围场妇联重点扶持3家“满绣”基地，已累计培训绣娘1500余人，带动400人致富。

11月，与中国人寿保险股份有限公司承德分公司在全市联合开展为期5年的“关爱女性健康 幸福相伴左右”女性安康工程，已联合承德人寿完成县（区）业务培训工作。推荐承德丰宁满族自治县手工服务中心·泓瀛阁滕氏布糊画、围场家庭手工巧手创富就业实践基地·上世满绣两家基地加入河北省妇联手工旅游产品大数据平台，并为两个基地配备计算机，拍摄专题宣传片；与市工信局一起为围场“皇家满绣”与深圳“设计扶贫联盟”实施对接，为女性手工创业搭建更加广阔的舞台。

【妇女儿童维权】 启动政策法规性别平等咨询评估机制，对《河北省妇女儿童权益保障条例》广泛征求意见，共提出修改意见28条，上报市人大和省妇联。联合市法院、市司法局、市民政局推动各级妇联组织成立婚姻家庭纠纷人民调解委员会，全市共建立各级婚姻家庭纠纷人民调解委员会569个，有专职调解员113人，兼职调解员1068人。各级妇联组织宣传贯彻《中华人民共和国反对家庭暴力法》，全年县级妇联共接待妇女家暴信访案件27件，发放人身保护裁定3份；出具公安告诫书21份。

争取价值达20万元张倩玉图书室2个，价值10万元的“小侯鸟图书角”3个。全市共有1203名儿童接受“先心病 ”普查免费体检，对62名查出先心病的儿童，协调河北省医科大学第一附属医院给予资助治疗。全年各级妇联组织争取“关爱革命母亲”“春蕾计划”“绿叶行动”等救助资金、物资总计183万元，覆盖贫病妇女儿童267人。市妇联与市政协联合开展“微心愿”活动，共筹资3.3万元，为全市202个贫困儿童实现他们的小愿望。

【加大救助力度】 3月，市妇联将向全国妇联争取的217万元“贫困母亲两癌救助”中央专项彩票公益金，及时发放到丰宁、围场、兴隆、平泉、承德5个县的217名贫困“两癌”患病妇女手中，送去党和政府的温暖，获得社会高度赞誉。进一步加大“贫困母亲两癌救助”工作力度，12月底，已帮助3332名“两癌”女性患者完成网上信息采集，经初步筛查，2017年享受救助的“两癌”女性患者达到550人。

【助推平安承德】 利用重要节点集中开展妇女维权法制宣传，全市开展各类普法讲座、法律文化活动320场次，参与妇女2万余人次。以“进社区、进家庭、到身边”为主题，深化平安家庭创建工作，评选市级优秀“平安家庭”100户。11月，《承德市妇联扎实开展影响社会稳定突出问题集中整治“百日攻坚”行动实施方案》，以婚姻家庭纠纷和涉及妇女儿童合法权益矛盾问题为主要工作重点，积极协助、协调有关部门有针对性地研究并落实化解整治措施，为平安承德贡献力量。

附：市妇女联合会领导名录

党组书记、主席：赵春丽（女）

党组成员、副主席：彭兴怀（女，满族）

郑洪波（女，满族，1月免）

郭蕾蕾（女）

闫赛春（女，满族，1月任）

（供稿　李秋菊）

承德市工商业联合会

【概况】 2017年，承德市工商联有会员9000余名，执委以上会员199名，市工商联直属行业商协会14个；市工商联深入贯彻党的十八大和十八届三中、四中、五中、六中、七中全会和习近平总书记系列重要讲话精神，认真组织学习党的十九大精神，全面落实省、市委全会要求，坚持围绕中心、服务大局，牢牢把握两个健康主题，贯彻团结、服务、引导、教育方针，充分发挥桥梁纽带和助手作用，凝心聚力、真抓实干，使工商联各项工作有序开展、取得了新的成绩。

【十五届二次执委会】 12月15日，市工商联召开第十五届执行委员会第二次会议。市委常委、组织部部长路立营出席会议并讲话，市人大常委会副主任丁然，市政府党组副书记李维，市政协党组成员、市总工会主席孙林出席会议。会上，学习贯彻党的十九大精神、省委九届五次全会精神和市委十四届二次全会精神，听取并审议通过市工商联主席、市总商会会长董旭明所作的常委会工作报告，审议通过人事、财务等事项，表彰优秀直属商协会。

【学习教育活动】 以理想信念教育实践活动为载体，积极推进“两个健康”工作，健全长效机制，扩大工作覆盖，发挥商会主阵地作用，真正让企业家受教育、有收获。期间，市工商联组织企业家、商会负责人和机关人员参加全市统一战线学习贯彻党的十九大精神宣讲报告会；组织召开新入会直属会员座谈会，专题学习党的十九大精神；组织企业家赴遵义市开展以“弘扬遵义会议精神，坚定理想信念”为主题的红色教育，对于企业家进一步增强“四个意识”、坚定“四个自信”。注重对年轻一代非公有制经济人士的教育培养，组织全市青年企业家赴石家庄平山县中央统战部旧址接受“红色传承”教育，引导他们坚持不忘初心、爱国敬业、守法经营、创业创新、回报社会，积极投身经济社会发展大潮。

【扶贫开发】 按照工商联系统部署和市政协工作安排，开展“千企帮千村”精准扶贫行动和“四引四帮”活动，充分发挥市场作用和企业优势，不断创新村企共建模式，通过项目兴村、产业带动、资金帮扶、劳动力转移、公益救助等方式帮助贫困村开发特色资源、培育主导产业、改善生态环境、提高发展能力，实现了村企互利共赢。全市参与行动企业103家，企业实施项目数267个，投入资金总额4.14亿元，受帮扶村163个，帮扶建档立卡贫困人口14399人。市工商联机关帮扶兴隆县上庄村，强化村级班子建设，实施扶贫项目，提升村民素质，争取项目资金300余万元，为村捐款捐物20万元。

【业务素质提升】 实施“企业家素质提升工程”，组织企业家和工商联干部参加中国人民大学“百年明德企业管理大型公益讲座”，进行专项培训。与市工信局合作，组织全市民营企业家赴浙江大学参加中小企业高层经营管理者培训班，帮助全市中小企业高管进一步解放思想、创新思维，提升自身素质和管理水平。组织全市民营企业家赴苏州市和廊坊新奥大学参加四期民营企业家素质提升专题培训班，通过学习和培训，帮助民营企业家及时了解新兴产业中的战略机遇，开拓企业发展新思维，寻求转型升级新路径，提升企业综合发展力和竞争力。深化“走出去”战略，加强对外考察学习，组织部分企业家副主席、副会长赴贵州观摩学习，实地考察了贵州创客空间、电商云、贵阳大数据交易所和遵义市政务中心等部门，与贵阳市和遵义市工商联签订友好商会协议，并与两地企业家代表座谈交流，学习先进理念和成功经验，为企业走绿色发展、转型发展之路提供新的参考路径。

【对外联络】 围绕京津冀协同发展，深化与京津两地工商联对接，多次走访北京海淀区、朝阳区工商联，与海淀区工商联等单位组建了“京津冀协同发展战略联盟”；通过省工商联搭桥，加强与天津市工商联对接联络，天津市工商联为对口支援的承德市五个市县在天津推介项目提供大力支持。积极引进中冀投资股份有限公司与市政府签订战略合作框架协议，围绕康养产业园区、森林康养小镇、草原四季小镇、PPP项目和产业基金等方面展开全面合作。组团参加中国(广州)国际机器人智能装备及制造技术展览会、厦门国际投资贸易洽谈会和第二届世界冀商大会，接待重庆丰都县政府、吉林市工商联和北京物流商会等考察团，赴陕西、贵州、重庆、山西、内蒙、云南等地考察交流，参加商会活动，扩大对外影响，开阔视野，为进一步做好招商引资工作打下基础。

【会员交流】 加强会员交流沟通，积极推动会员小组活动，多次组织不同行业、不同规模、不同形式的沙龙、座谈会等活动。其中，市工商联与阅读品道文化沙龙共同举办直属商协会交流会，针对党建工作、服务会员、服务社会及公益慈善等多方面工作交流学习。组织10余名企业家赴张家口长城桑干葡萄酒庄园考察，参观从种植到生产整个工艺流程，对葡萄酒产业有了新的认识与了解，为推进全市葡萄酒产业发展提供学习交流机会。建立市工商联十五届执委和主席会长微信交流群，及时发布政策和信息，为会员企业家交流沟通、共享信息资源搭建平台，促进企业合作经营、抱团发展。

【助力经济发展】 在市人大、政协换届之际，市工商联通过各级组织推荐50余名企业家担任市人大代表、政协委员，向省工商联推荐省级机关作风评议员90名，充分发挥参政议政、监督职责，为民营企业健康发展保驾护航。在推荐基础上，市工商联积极帮助担任人大代表和政协委员的非公经济人士了解和掌握参政议政特点、内容和方式方法，提高履职尽责的水平。市人大、政协两会期间，非公经济人士人大代表和政协委员提交一批高质量的议案、提案，市工商联还在政协大会上作《关于加大金融创新力度助推中小微企业健康发展的建议》的发言，得到市领导和相关部门的重视。不断加强调研工作，专门制定《调研工作办法》，走访各县（市、区）工商联和几十家会员企业，了解全市民营企业发展状况和存在的问题，通过市委、市政府组织的座谈会、征求意见会，积极反映制约非公有制经济发展的重大问题和涉及非公有制经济人士切身利益的实际问题。加大与政府相关部门联系，让非公经济人士及时了解党和政府的方针政策、决策部署、重大事项等信息。在省、市两级深入开展优化营商环境专项整治行动中，市工商联联合多部门召开座谈会3次，发放调查问卷100余份，推动党委政府对政策落实的督导检查，增强企业的政策获得感，推进党委、政府与企业、商会沟通协商的制度化、常态化。

【工商联组织建设】 坚持好中选优的原则，把最具代表性、热心工商联事业的非公有制经济人士吸纳到队伍中来，新发展直属会员30余人，为工商联队伍注入新鲜血液。积极参与全国工商联和省工商联换届大会，推荐当选全国工商联执委1名，代表2名，推荐当选省工商联副会长1名，常委4名，执委10名，代表13名。在壮大队伍的基础上，实行会员动态管理、资源共享，完成市工商联十五届执委数据库和全国工商联组织数据库填报工作，实现会员企业全覆盖。实行企业家副主席、副会长轮值和述职制度，每周安排企业家副主席和副会长各1名到联机关办公，参加市联各种会议和活动，共同商讨重要工作和重大事项，年终所有企业家副主席、副会长进行书面述职，这两项制度得到会员企业的热烈响应和大力支持，为工商联带来优秀企业家精神。以“四好”商会为目标加强对直属行业商协会的业务指导，积极参加商协会活动，不断提高商协会的管理和规范化水平，促进其健康发展。积极支持帮助企业自主成立新的行业商协会，物色和考察条件成熟的行业，引导其成立行业商协会，新组建承德市仪器仪表协会和煤炭商协会。在非公经济商协会党建工作中发挥好非公经济商协会党委作用，召开承德市非公有制经济商协会党委第一次党员大会，选举产生第一届委员会，非公经济商（协）会党建工作实现100%全覆盖。注重组织建设，举办入党积极分子培训班，转正商协会预备党员7名，发展入党积极分子9名。在强化“一个设立五个有”的基础上，以“五好”为目标，积极推进县级工商联工作，围场工商联和滦平工商联被评为全国五好县级工商联。

附：市工商联领导名录

主　　　　席：董旭明（驻会）
党 组 书 记：谭玉广
副主席、党组副书记：帅五宝（驻会）
副主席、党组成员：刘海学（驻会，满族）
　　　　侯鸿昌（驻会）
副　主　席：王贵玉（满族）
　　　　王景荣（满族）

王福国
尤文武
卢久友
司瑞军（满族）
刘彦华（女，满族）
刘焕勇（满族）
孙士河
李　杰
李国刚
陈珍财
陈彦岗
周印军（满族）

（供稿　石志强）

市科学技术协会

【概况】 在市委、市政府正确领导和省科协的有力指导下，全市各级科协组织坚持以习近平新时代中国特色社会主义思想为指引，深入学习贯彻落实党的十八大和十九大精神，认真落实省、市委一系列决策部署，团结带领全市各级科协组织和广大科技工作者，围绕中心、服务大局、创新思路、强化举措、突出重点、狠抓落实，努力建设“三型”组织，搞好“四个服务”，圆满完成全年各项任务。截至年底，市科学技术协会有委员43人，常委25人。基层科协、市级学会（协会）组织51个。其中，县（区）级科协12个，企业科协5个，市级学会（协会）34个。农村专业技术协会110个，全市152个乡镇（街道办事处）设立科协组织机构，形成科协组织工作的三级网络。

【深化科协改革】 2017年，是市科协深化改革启动之年，《承德市科协系统深化改革实施方案》已经市委全面深化改革领导小组第24次会议审定实施。加强对县（区）科协改革工作的指导，双滦区、双桥区和宽城县等3个县（区）均已出台科协改革实施方案。结合省科协下达的改革任务，在探索建立科协个人会员制度、深化科协机关机构改革、加快科普信息化建设、规范学会管理和服务、创新科学决策服务机制、加强学会党建工作等方面都迈出了坚实一步。特别是双滦区科协积极争取区委领导的重视和支持，在全省第一个出台县级科协改革方案，在全区6个镇和3个街道以及3个园区全部建立健全科协组织，并明确由党群办公室专职工作人员具体负责科协工作，为科协工作向基层延伸奠定基础。

【科技惠农助力脱贫】 为贯彻落实市委、市政府《关于坚决打赢脱贫攻坚战的决定》精神，继续在全市科协系统深入推进“科技惠农·助力脱贫”专项行动。全市共建立乡镇科协159个，建立村级科技服务站953个，村民科普活动小组1500个；组建专家服务团38个，科技推广服务团34个，农村科普宣讲团35个；培养科技致富带头人3108人，选拔培养乡土技术人才6100人；引进新品种134个，推广先进适用技术98项；举办科技培训班342场次，培训农民9.76万人次；为特色扶贫产业发展提供32项技术服务；编发《农民科学素质手册》16.2万册。特别是围场县科协引进新品种28个，推广先进适用技术25项，为特色扶贫产业提供3项技术服务；平泉市科协积极为贫困村发展食用菌、苹果、设施菜、设施葡萄等特色产业提供技术支持，助力精准脱贫。积极争取“科技助力精准扶贫工程”项目支持，全年共向中国科协和省科协争取科技助力精准扶贫项目资金412万元。

【服务创新驱动发展】 实施创新驱动发展示范县建设，选定丰宁作为省级创新驱动发展示范县重点扶持，积极争取省科协专项资金30万元，专门用于支持丰宁的创建工作。支持丰宁与北京市科委合作，建立北京科技特派员帮扶丰宁专家工作站6个，选派21位专家到站开展工作。与北京农林科学院签署农业科技合作框架协议，建立沟通联络制度和定期会商制度。与北京高校和科研院所合作，引进高级人才6名、科技成果5项、建立科技示范基地6个，为县域企业技术创新和产业发展起到示范引领作用。

抓住京津冀协同发展的有利时机，巩固与北京市科协的长期合作关系，加强与天津市科协的沟通联系，主动向京津科协提供承德市企业人才技术需求信息，争取更多的优秀人才和科技成果在承德转化落地，助力承德市转型升级、绿色发展。兴隆县科协针对该县山楂加工产品单一、同质化严重等问题，积极与中国农科院合作，引进博士生导师、学科带头人毕金峰团队，研发高附加值的山楂深加工产品，助力产业发展。隆化县科协加强与天津市津南区科技合作，主动与天津农科院和农学院对接，引进新品种15个，引进新技术12项，并与之建立长期合作关系。

主动为企业技术创新服务，支持承德瑞泰食品有限公司、皇家高锶矿泉（承德）饮品有限公司、承德市蔬菜技术推广站、承德农业环境保护监测站、河北地质矿产开发局第四地质大队、河北民族师范学院等6家企事业单位建立院士工作站；指导承德鑫达食品有限责任公司和承德宇航人高山植物应用技术有限公司2家企业建立科技专家企业工作站，并得到省科协批准认定。积极开展科技信息服务企业推广培训，在省科协的支持下，先后在双桥、围场、滦平一区二县举办培训班3期，共培训企业技术人员160人，进一步提升全市中小企业应用专利信息促进创新发展的能力。

【提升全民科学素质】 实施全民科学素质提升工程，认真落实《承德市“十三五”全民科学素质行动实施方案》，突出农民和青少年两大重点人群，组织开展形式多样的科普活动。面向广大农民，共举办各类实用技术培训班1268期，培训20万人次；推广新技术76项、新品种104个；现场技术指导3100多场次。面向青少年，组织开展丰富多彩的科技创新和展示交流活动，在第三十二届河北省青少年科技创新大赛中，承德市获省级奖204项，有14项作品获国家级奖励；在第十七届河北省青少年机器人竞赛中，全市10支参赛队伍全部获奖，平泉双桥小学维度队荣获FLL工程挑战赛小学组一等奖冠军，并代表河北省参加了第十七届中国青少年机器人竞赛，荣获小学组二等奖。加强科普基础设施建设。充分利用流动科技馆巡展来弥补全市科普基础设施短板，组织兴隆、平泉、双桥、双滦等4个县(区)进行流动科技馆展览，参观人员达42000多人次，收到良好效果。积极争取农村中学科技馆公益项目，为围场朝阳湾中学、平泉第二中学、丰宁土城中学等9所学校争取到中国科技馆发展基金会农村中学科技馆公益项目，每所学校获得资助30万元的科普仪器设备，有效缓解承德市科普设施不足的问题。积极开展主题科普活动，在全国科普日、科技活动周、食品安全宣传周、送科技下乡等重点主题科普活动中，共发放科技图书35种5800余册、科普明白纸6万余份，组织科普文艺会演15场，社区科普讲座36场次，现场技术指导98次，接受群众咨询7800人次，有效提高主题科普活动的影响力。加强科普信息化建设。组织开展科普e站建设，推动“科普中国”在承德落地，全年共建设科普e站基础站202个、重点站33个、示范站2个，提升全市科普信息化水平。积极探索“互联网＋科普”的有效形式，与东北大学秦皇岛分校进行合作，对承德科协网站进行改版升级，开通“科普承德”微信公众服务平台，实现与科协网站互联互通，扩大网络科普的覆盖面和影响力。

【开展创新争先行动】 向全市广大科技工作者发

出“创新争先”行动倡议，充分利用报刊和新媒体大力宣传承德市涌现出来的优秀科技人物，激发广大科技工作者干事创业热情。全年在市级以上网络媒体、报刊杂志等媒体推出 28 名优秀科技人物的先进事迹，为全市广大科技工作者树立榜样。在“全国科技工作者日”期间，市、县两级科协和市级学会领导分别走访慰问基层优秀科技工作者，使他们深受感动，充分感受到组织的关怀和家的温暖。注重挖掘和培树先进典型，积极向上级举荐优秀科技工作者，推荐颈复康集团王春民、承德钢铁公司李兰杰参加全国“创新争先奖状”评选，其中王春民被省科协推荐到中国科协参加评选；联合市委组织部、市人社局开展第十三届“河北省青年科技奖”推选活动，推荐张恒强、王瞬彩、蔡君东、金铁娟为“河北省青年科技奖”人选。充分利用科协网站和微信公众平台，开设科技工作者之家专栏，为广大科技工作者搭建交流互动、提出建议、反映问题、了解情况的平台。市科协充分利用现有条件，初步建成实体化的科技工作者之家；双滦区科协积极创造条件，在“车库咖啡”众创空间建成 200 平方米的科技工作者之家。

附：市科学技术协会领导名录

党组书记、主席：杨永升（蒙古族）

党组成员、副主席：李建华

李宝春（女，满族）

（供稿　李兰兰）

市归国华侨联合会

【概况】 2017 年，市侨联全面学习贯彻习近平系列重要讲话精神和中央党的群团工作会议精神，紧紧围绕学习宣传贯彻党的十九大精神这一主线，坚持胸怀全局、服务中心，坚持以人为本、为侨服务，坚持与时俱进、改革创新，坚持两个并重、两个拓展，积极拓展工作载体，搭建服务平台，最大限度地把海外侨胞和归侨侨眷团结凝聚起来，为加快建设新时代“生态强市、魅力承德”贡献力量。

【学习教育活动】 3 月 28 日，开展“四个意识”专题教育活动，集中学习传达中共承德市第十四次党员代表大会精神，重点学习市委书记周仲明作的《深入贯彻新理念 坚定不移走新路 为加快建设生态强市魅力承德而努力奋斗》和市纪委所作的《强化监督执纪问责推进全面从严治党为加快生态强市魅力承德建设提供坚强纪律保证》。4 月 17 日，组织开展第二次“四个意识”专题教育学习，传达市“两会”、全市统战部部长会议精神，学习《政府工作报告》，讨论《承德市侨联改革方案》、修订《承德市侨联职能业务考核目标》。要求全体人员要进一步深入领会“两会”精神，深入强化“四个意识”专题教育；要充分发挥侨联系统、海外侨胞、归侨侨眷的积极作用，谋划服务推动新常态下的经济发展；围绕十大绿色产业加快转型升级、围绕借势借力协同发展、扩大全方位对外开放积极谋划好、开展好内引外联活动；结合“两会”精神学习，推进工作任务落实。

10 月 27 日，传达学习党的十九大、十九届一中全会和全市领导干部大会会议精神，学习人民日报社论。全面贯彻落实党的十九大精神，坚持以习近平新时代中国特色社会主义思想为指引，牢固树立“四个意识”，更加坚定“四个自信”，认真学习、深刻领会十九大精神实质，做好广泛凝聚共识工作，主动深入侨界群众，做好宣传动员，把思想行动统一到十九大确定的决策和部署上来，把智慧和力量凝聚到十九大确定的目标和任务上来，心系侨胞之情、团结侨胞之心、凝聚侨胞之力、建好侨胞之家，进一步团结带领全市广大归侨侨眷，紧密联系海外侨胞，紧紧围绕服务市委、市政府中心工作大局，努力发挥侨联组织的人才、渠道、统战等优势，助推承德绿色发展；以尊侨、爱侨、为侨的深厚感情，不断搭建平台，创新方式，做实做细为侨服务工作，让侨界群众拥有越来越多的获得感，充分发挥好党联系归侨侨眷的桥梁纽带作用。

【举行党日活动】 6月30日，市侨联党支部举行以“五个一”为主要内容的主题党日活动。党组书记徐毅带领全体驻会人员到老党员、退休老主席、退休老干部家中走访慰问，了解退休老干部的生活，身体情况，汇报侨联近期工作情况，征求退休老干部对《承德市侨联改革方案》和换届工作的意见和建议。党组书记徐毅为全体党员讲《树牢“四个意识”，做好“四个结合”》的专题党课，并邀请机关党外人士参加学习。召开“增强四个意识”专题组织生活会。每位党员结合学习情况和征求到的意见建议，进行对照检查发言，全面查摆支部和个人存在的问题、具体表现，深挖问题根源，有针对性地提出整改措施。党员之间相互指出缺点和不足，帮助进一步认清自身存在的问题，找准整改方向。邀请机关党外人士为机关党支部和每名党员提出意见建议。会议决定将每月30日确定为市侨联机关党员活动日，机关党员在活动日当天统一缴纳党费。

【联谊活动】 9月18日，旅菲各校友会联合会访问团到承德参观访问。中国侨联海外联谊部联谊处处长肖翎、河北省侨联副主席季加宇、承德市委副书记张泽峰、市政协副主席王利华出席欢迎仪式。市委副书记张泽峰、河北省侨联副主席季加宇、旅菲各校友会联合会访问团团长分别致辞。市委副秘书长杨海涛、市委统战部、工商联、市外办、市侨联等负责人参加欢迎仪式。

9月25日至28日，市侨联与北京市西城区侨联联合举办“圆梦中华·创业承德”海外华商和高层次人才承德行活动，邀请到来自美国、英国、西班牙、葡萄牙、新西兰、日本、韩国、新加坡等13个国家和地区的20多名海内外华商代表和高层次人才到承德县和兴隆县参观考察、对接项目和座谈交流，重点围绕十大绿色产业开展引资引智活动。此次活动，达成初步合作意向7个，征集到对承德市经济发展的意见建议16条，推动侨属资源与承德市县域经济发展的多层次对接与合作。

【完善人才信息库】 根据《关于联合开展全市侨情普查的通知》，对全市归侨、侨眷，华侨、华人，港澳同胞及眷属，海外留学生及归国人员，侨资企业等群体情况全面摸底调查，特别是重点了解和掌握海外名校高层次人，建立海外高层次人才数据库，联系海外高层次人才近百人，构建全市发展海外人才“智库”。

【公益演出】 1月18日，在承德剧场，由市侨联与市文广新局、市文联、农工党承德市委会联合主办，承德市歌舞团、承德市评剧团、承德热河文化传媒有限公司、郭小川研究会联合承办的“暖暖的乡愁 ·鸿时利和公益”——老家热河2017春节文艺晚会，多家新媒体平台现场直播。这是承德市侨联首次参与主办全市性大型公益演出活动。围绕“暖暖的乡愁”这一主题，晚会通过丰富多彩的艺术表演形式展现承德老家的故土风貌和家乡日新月异的美好变化，为远在异国他乡的的海外承德游子带去厚重的家乡文化，让生活在海外的游子、留学生抒发对故乡的回忆与眷恋。很多观众通过老家热河公众号、微博、微信等各个平台，收看晚会的现场直播。晚会中还为“中国梦 · 承德情 · 赤子心”乡亲乡情——老家热河征文大赛获奖者颁奖。

6月29日，市侨联联合市委宣传部、市文广新局、市电视台、市文联、市政协港澳台侨联络委员会共同主办“廿年璀璨共庆辉煌”承德市纪念香港回归20周年文艺演出，400余名演员同台献艺，承德市部分侨眷代表参加演出。

【参与教育卫生事业】 为迎接党的十九大胜利召开，月市侨联组织全市中小学生参加“第十九届世界华人学生作文大赛”，作文主题围绕传承中国文化、宣传身边美景、分享异域奇缘为主，全市共收到优秀作文作品3970篇，覆盖到全市中小学校105所，参赛学生56155人。其中，260名中小学生获奖，一等奖34人、二等奖86人、三等奖140人。260名教师获辅导奖，市侨联获优秀组织奖。

7月，向浙江省新华爱心教育基金会申请建立平泉一中第七期珍珠班,为平泉一中60名“家庭特困、学业特优的“珍珠生”争取三年学习生活费用总计45万元，为60名“珍珠生”争取生活补助9000元。

8月初，促成“侨爱心健康行”公益活动项目落户承德县，为承德县医院和承德县中医院争取2台具有国际先进水平的最新一代等离子电切电凝产品——双极电切电凝手术系统（SM10C）医疗设备，价值192万元。

【参政议政】 重视和支持各级政协委员切实履行好职责和义务，主动联系、服务和配合侨界政协委员赴基层开展专题调研活动，为他们参政议政、建言献策，反映侨情民意创造条件，提供服务。要求侨联界每位政协委员每年至少提交1份提案。“两会”期间，侨界政协委员提交反映社情民意的提案6件，得到有关部门的高度重视和反馈。提案《新丝路的“承德拓展”》被列为市政协大会发言材料。

【成立侨胞之家】 12月5日，在双滦区钢城街道行宫社区创建首个“侨胞之家”，市委统战部副部长、市工商联党组书记谭玉广，市侨联党组书记徐毅，双滦区政协副主席马玉兵，双滦区委统战部领导，钢城街道及行宫社区负责人共同出席揭牌仪式，并与社区部分归侨侨眷及留学人员亲属代表座谈。市侨联党组书记徐毅宣读《承德市归国华侨联合会关于创建行宫社区“侨胞之家”的决定》，市委统战部副部长谭玉广与双滦区政协副主席马玉兵共同为“侨胞之家”揭牌。

附：市归国华侨联合会领导名录

党组书记：徐　毅

副 主 席：武国庆（兼职）

　　　　　李海军（满族，兼职）

（供稿　陈　燕）

市文学艺术界联合会

【概况】 市文学艺术联合会深入学习贯彻党的十九大精神，特别是习近平在文艺工作座谈会、文代会、作代会开幕式上的讲话精神，深入开展“两学一做”主题教育活动、“深入生活、扎根人民”主题实践活动，为繁荣发展全市文艺事业、加快推进“生态强市　魅力承德”建设贡献力量。

【弘扬塞罕坝精神】 围绕“生态强市 魅力承德”总体战略，大力弘扬社会主义核心价值观及“塞罕坝精神”，着力在文艺兴旅、文艺扶贫等方面打造承德市地方特色品牌。协助中国文联、中美协、中摄协以及省文联，组织40多位国家级艺术家赴塞罕坝机械林场采风创作，作品“美丽的高岭”于十九大前夕在中国文艺家之家展览馆展出，并在石家庄美术馆进行巡展。承办由省委宣传部、省文联、北京市文联、天津市文联主办的“京津冀百名音乐家走进塞罕坝”采风创作活动，一大批歌颂塞罕坝精神的优秀歌曲唱遍燕赵大地。分两次组织市级各协会骨干会员赴塞罕坝机械林场采风创作，举办“学习宣传贯彻十九大精神 全面加强生态文明建设

‘绿色交响’——弘扬塞罕坝精神原创作品音乐会”，并在《热河》杂志刊登部分优秀采风创作作品。

【艺术创作】 举办“中国承德冰雪季”摄影展，共收到来自全国摄影爱好者拍摄的作品1400余幅，经过专家严格评选，100幅代表承德冰雪特色的优秀作品入选此次展览。开展“歌唱祖国礼赞英雄”主题创作活动，组织全市各门类艺术家50余人赴隆化董存瑞烈士陵园采风创作。继续承办市文化艺术展演季系列活动，在承德市第三届文化艺术展演季中，市舞协举办“舞比快乐”承德市第七届舞蹈大赛，共有50多支舞蹈队伍1500余人参加。

【传统文化进校园】 市戏协深入市直部门和各县区的32所学校，开展“戏曲进校园”活动，共演出40余场。举办承德市“戏曲进校园”专场演出，首次把承德市第十六中学等12所学校近5000余名学生请进金龙剧院，让学生全方位了解中华戏曲的博大精深。市曲协举办承德市首届青年大学生曲艺大赛。

【协会活动】 举办系列形式多样的活动，市摄协举办“弘扬塞罕坝精神，创建国家森林城市”摄影主题大赛，最美木兰围场摄影大赛等活动；市音协举办“承德市第六届器乐大赛”；市戏协举办“九进四送”文艺普法系列演出活动、会同隆化县委宣传部举办“美丽隆化”第五届承德市戏曲票友联谊演出活动；市民协举办“第二届百家争春—京津冀工艺美术艺术节”活动；市美协举办“中国梦．魅力承德美术书法作品大展”；市书协举办“歌唱祖国 礼赞英雄——书法美术作品展”；市青年书协举办“笔情墨意筑梦扬帆”关注贫困山区儿童公益微拍活动；市作协举办“小川故乡诗意浓‘丰宁杯’”诗歌大赛颁奖典礼暨丰宁县庆30周年诗歌大赛朗诵会”。

【文艺人才培养】 市文联及所属各协会举办各类培训班30多期，培训文艺人才2000余人次，新发展会员100多名，其中45岁以下新会员80多人。组织开展各县（区）文联负责人及18个协会骨干会员到兴隆县诗上庄村进行十九大精神及文艺理论培训；邀请省志愿者协会书法家、美术家、舞蹈家协会7名艺术家赴滦平县进行培训。市作协与鲁迅文学院合作，组织承德当地作家在滦平县举办文学创作培训活动。邀请《民族文学》杂志杂主编等一行5人到承德，为全市少数民族作家开展文学创作培训；市书协在宽城组织开展第三期重点作者训练营活动，邀请中国书协草书专业委员吕金光先生到鼎盛书画院进行培训；市摄协为会员进行培训15场，培训近千余人次；市舞协举办“健康快乐大家舞”百姓健康舞课程培训。

【文艺精品成果】 在2017年意大利自然世界四地巡回赛中于磊摄影作品《捕食》获鱼类特别奖。滕氏布糊画作品《富贵和平》入围“第十三届中国民间文艺山花奖·优秀民间工艺美术作品”奖。美协何万里等9人共12幅作品，入选国家级大展。张革新版画作品获美术类奖项。在中国书协第八届楹联书法展览活动，承德市1人入展。李赢、马双福作品获曲艺征文类二等奖；孙瑞林作品获新故事创作征文二等奖。影视家协会荣获河北省影视家协会奔马奖组织奖，此次奔马奖有两个栏目获特等奖、7个栏目获一等奖、二等奖一个节目、5人获单项奖。在河北省首届农民书法大赛，我市3人获奖。曹磊、张明明作品《满乡嫁女》获河北省燕赵群星奖，作品《寻梦的太阳》在“联盟杯”新世纪中国高校原创歌曲大赛中荣获校园歌曲一等奖。曹宗华演唱的歌曲《大美中国梦》获得河北省“歌颂祖国、礼赞英雄”歌曲征集优秀作品奖。在河北省文联主办的“歌唱祖国、礼赞英雄”活动评选中，市文联推荐的作品中共有12件获奖，其中获文学作品类奖项8件；获歌曲创作奖4件。"'绿色交响'——弘扬塞罕坝精神原创作品音乐会"中的11首歌曲进入河北省音乐家协会主办的"唱响绿色传奇 "网友最喜爱的塞罕坝原创主题歌曲评选展示活动，其中4首歌曲入选河北省委宣传部、省文联主办的弘扬塞罕坝精神主题歌曲优秀作品集。

【打造文艺品牌】 推出本土特色摄影文化，与《大众摄影》《中国摄影报》《中国摄影》《照相机》等多家专业报刊举影赛及影友联谊活动。持续打造"诗上庄"文艺品牌，不断扩大影响力，在诗上庄举第七届冰心散文奖颁奖典礼、第二届"刘章诗歌奖"颁奖典礼、第二届中国·兴隆诗上庄国际诗歌论坛等活动。举办"中国作家看承德"活动，打造"京津冀文艺家之家"文艺品牌，加快京津冀协同发展。

【文艺惠民活动】 坚持以人民为中心的创作导向，持久开展"深入生活、扎根人民"活动，共举办艺术作品巡展、文艺基层巡演、文艺采风、文化进校园、文化进社区、文化进军营等文艺下基层活动80余场。配合市委宣传部"三下乡"活动，分3次为百姓书写春联千余幅，送去书籍千余册。组织全市艺术家到兴隆县上庄村、承德县郑栅子村、承德县乌矶口村、隆化县汤头沟镇大东沟村慰问演出。

【联合合作活动】 与兴隆县委宣传部联合在诗上庄举办第二届中国·兴隆诗上庄国际诗歌论坛，9个国家和地区的40余位国际诗评家、诗人出席活动。5月23日由北京市文联、天津市文联、河北省文联、河北省作协主办，承德市文联及围场县委、县政府在哈里哈承办京津冀"到人民中去"文艺志愿慰问演出活动暨"文艺家之家"揭牌仪式；与北京市怀柔区文联组织开展以"助力京津冀，共谱同心曲"为主题的文化交流活动；与北京市密云区委宣传部等10市、区、县共同组织开展"京津冀十市区县书法精品巡回展"。

【文联改革工作】 制发《承德市文联深化改革方案》。加强文艺宣传工作，做好微信公众号维护管理、新闻推送工作，为联络会员、交流信息、成果展示等提供便捷高效的平台。做好《热河》杂志编撰印发工作。

附：市文学艺术联合会领导名录

党组书记、副主席：王冰玉

主　　　　席：王　琦

党组成员、副主席：贺成利

何英华

（供稿　苏志欣）

市社会科学界联合会

【概况】 市社会科学界联合会(简称市社科联)；围绕市委、市政府的重大工作部署，有计划地组织广大社科工作者开展年度社会发展课题研究工作和学术交流活动；定期组织开展全市性的社会科学优秀科研成果评奖工作；动员和组织各级各类社科力量依法开展社会科学知识宣传、普及和咨询服务工作，建设和管理社会科学普及基地和哲学社会科学研究基地。

【社科知识普及】 深入学习宣传贯彻党的十九大精神，组织全市社科界学习贯彻党的十九大精神专题培训会，并组织宣讲员深入到农村、学校、社区和社团组织有针对性地开展主题宣讲工作，共举办宣讲活动20余场，在《承德日报》等刊发表专家学者多篇学习体会文章。组织召开全市社科普及工作座谈会，就深入学习贯彻习近平总书记在哲学社会科学工作座谈会上的重要讲话进行座谈交流。成功举办以“走绿色发展新路 建美丽生态家园”为主题的承德市第十二届社会科学普及宣传周集中活动，组织全市社科工作者代表在平泉市南五十家子村观摩“理论宣传教育扎根工程”工作。各社团组织“优秀传统文化大讲堂”和“经典阅读”等活动得到市民普遍欢迎，社科知识进社区、进校园、进农村活动成为常态，全市社科普及工作网络基本形成。

【社科人文著述】 出版一批体现地方文化底蕴的学术著作，《赵朴初传》等30多部（本）学术著作公开出版，其中《承德土语》首次被列入河北省社会科学普及读物重点名录予以资助，具有区域特色的地方学术优势品牌正在形成。

【社科成果资政服务】 《社科成果专报》全年编报16期，推出质量显示度较高的研究成果，建言献策成果丰硕，市领导肯定性批示31篇次，并转有关部门提供决策参考。市委书记周仲明、市长常丽虹以及市委常委、宣传部部长刘新宇多次作出重要批示，对市社科联工作给予充分肯定和高度评价。

【社科研究】 年初紧密结合全市实际发布课题研究指南，从中国特色社会主义理论体系、生态强市建设等6个方面列出95项选题，共收到合格申报选题160项，批准立项112项。截至年底，申请结项52项，经中期结项评审会议，评出优秀等级5项、良好等级15项、合格等级27项、暂缓结项5项，对合格以上等级项目予以资助并颁发结项证书。此外，各高校申报立项省社科基金项目、省社会科学发展研究课题及民生调研专项课题36项，进入省、市党委、政府决策或受到省、市党委、政府关注。

【社科团体管理】 认真贯彻落实中央、省市委有关要求，全力推进社团党建工作，开展提升学会服务能力计划，启动中华优秀传统文化传播基地考察申报，完成省社科基地申报和社科团体年检初审工作。2017年，承德茶文化学会和河北省演讲与口才研究会承德专业委员会相继成立，承德社科组织增添新活力。

【社科窗口阵地】 《承德社会科学》紧跟时代变化，弘扬传统文化，研究地方文化，刊发的理论思考文章和学术研究论文在社科理论界引起了较好反响，学术研究成果的阵地和对外宣传的窗口作用得到充分发挥。此外，各高校社科类学术期刊、所属学会、研究会的会刊、内部报刊资料等及社科理论官方网站和微信公众号等体现地方特色，较好的展示承德特色学术研究品牌和承德学界新形象。

【组织建设】 贯彻落实省社科联关于加强县级社科联工作意见精神，积极推进县级社科联组织建设，会同市委宣传部印发《关于加强县区社会科学界联合会工作的指导意见》。平泉、围场、兴隆、丰宁相继成立社科工作组织机构，基本形成社科资源优化组合的“大社科”工作格局。认真组织开展“两学一做”、“四个意识”和“学习塞罕坝，加快走新路”大讨论学习教育活动。党组切实履行第一责任人职责，严格党内政治生活，全面落实“三会一课”、组织生活会、党员民主评议、党员承诺践诺和“党员活动日”等基本制度。制定《承德市社科联机关党员先锋指数考评管理实施细则》和《市社科联党风廉政建设责任主体和监督责任清单》，进一步健全规范各项具体规章制度，加强作风建设，不断提高工作标准化水平。

附：市社会科学界联合会领导名录

党组书记、主　席：王景山

党组成员、副主席：付喜宗（满族）

（供稿　李翠云）

承德市贸促会

【概况】 2017年，承德市贸促会深入学习宣传贯彻党的十九大精神，以“投资促进、贸易促进、会议会展、服务企业”四项工作职能为主攻方向，充分利用“一带一路”国际合作、“京津冀协同发展”等国家发展战略契机，围绕承德市京津冀水源涵养功能区的发展定位和十大绿色主导产业，立足“五合一”精准对接，持续对外开展项目招商和整体推介，为企业开拓国内外市场搭建平台，较好地发挥连接政府与企业的桥梁纽带作用。

【促进项目建设】 已投资的项目有：中信石化有限公司油库项目，总投资2亿元，年利税4000万元，预计2018年3月份将正式营业。阿特斯光伏发电项目，阿特斯公司以外资投入形式在尾矿库上建设光伏电站项目，是全国首例，投资2940万美元，已完成外资项目注册和选址工作，2018年将开工建设。怡阳兔业公司在哈萨克斯坦阿斯塔纳销售公司已注册。东方圣贤教育科技研究院教学项目，成功协助市教育局引进东方圣贤教育科技研究院。

新企投资拟以外资并购围场宇航人公司和平泉舒适公司项目经过多轮对接洽谈，拟于2018年二季度列入外方公司并购计划，拟利用外资额度1000万～1500万美元。俄罗斯玛克西姆公司拟在隆化县建设俄罗斯风情小镇项目，正在做项目设计规划。围场四合苗木公司在俄罗斯和哈萨克斯坦投资的林木加工和苗木种植项目正在推进之中。引进的荷兰耐寒花卉、会展中心、中养老龄产业智慧康养特色小镇等3个项目都经过多轮洽谈和实地考察。

香港廊桥（中国）投资集团股份有限公司在市中心城区跨武烈河建设廊桥商业综合体项目正在推进，促成河北省京津冀大数据产业协会与市政府签订框架合作协议。

【促进贸易活动】 重点围绕“一带一路”沿线国家以及周边国家和地区，引导和扶持企业开拓国际市场。组织企业参加日本千叶国际食品展览会、泰国国际建筑建材展览会、蒙古国中国机电产品展览会、阿斯塔纳世博会、科隆世界食品博览会、法兰克福2017世界制药原料展览会等6个国外贸易展会。

重点围绕京津冀协同发展战略，积极参加京津冀三地经贸交流活动，组织企业参加国内重点展会。组织企业参加阿斯塔纳世博会暨投资项目河北推介会、“承德来啦”—水源地绿色产品天津行活动、北京世界食品博览会、第三届京津冀国际投资贸易洽谈会、第二十一届中国（廊坊）农产品交易会暨河北国际绿色农业周、厦门国际投资贸易洽谈会、第五届黑龙江绿色食品产业博览会暨哈尔滨世界农业博览会、中国—拉美国际博览会、廊坊国际有机食品博览会、石家庄通航展、会聚中国社团合作发展论坛等11个国内展会。

【引进专业展会】 通过与廊坊展览集团对接，并经过几次的实地选址考察，最终廊坊展览集团的动漫展、渔具展落户承德。全力做好第十五届经洽会工作，邀请到会客商10家企业20余人参会。组织河北省京津冀大数据产业协会及其会员企业与承德市工信局开展座谈。组织京津冀大数据协会及杭州阔地教育科技有限公司赴承德市教育局进行对接洽谈，推进承德与天津实现教育资源的互动和共享。

【建言献策】 充分发挥贸促会“亦官亦民”的特点，找准工作着力点，有效提升服务政府、服务企业、服务社会的水平。积极为市政府建言献策。以更好地服务全市经济发展为目标，加强工作调研，向市领导报送“立足五合一精准招商 开创招商引资工作新局面”的工作专报，得到市委书记周仲明和市长常丽虹的充分肯定。

【服务企业】 扎实开展服务企业工作，积极开展法律服务，出具各类商事认证、证明书317份。为帮助企业预防和妥善处理贸易摩擦，及时通过网络发布《国际经贸摩擦预警短信息》28期。不断走访企业，了解企业需求，宣传外经贸政策，编辑《承德贸促》“一带一路”专刊等三期向企业发放。

附：承德市贸促会领导名录
会　　长：张庆来
副 会 长：姜　涛（满族）
　　　　　姚洪涛

（供稿　赵宏生）

承德市残疾人联合会

【概况】 2017年，全市共有各类残疾人27万人。其中，视力残疾28269人，听力残疾65502人，言语残疾4023人，肢体残疾87048人，智力残疾21006人，精神残疾18414人，多重残疾45738人。全年共新办理残疾人证18104个，上报省残联全国残疾人干部18名；动态更新共调查持证残疾人113158人，死亡注销残疾人3326人。

【残联换届】 以市委、市政府名义转发《关于全市各级残疾人联合会换届工作的意见》。县级残联换届工作在年底前完成。

【扶贫解困】 落实贫困残疾人生活补贴、重度残疾人护理补贴，全年完成贫困残疾人生活补贴48948名、重度残疾人护理补贴39609名；完成贫困残疾人家庭无障碍改造429户，同比增长108%，残疾人机动轮椅车燃油补贴338人，同比增长6%，分拨残疾评定补贴资金30万元。做好智力、精神和重度残疾人托养服务工作，全市已建成托养服务机构14个，在托养机构及日间照料的残疾人1100名。向贫困残疾人发放上海特殊关爱基金会捐赠羽绒服3500件。围绕“京津冀一体化”创新残疾人扶贫新路子，投入扶持资金60万元，建设兴隆、滦平两个残疾人养蜂基地项目，共17户残疾人受益，实现增收。举办“互联网＋就业”“众智汇”数据录入项目培训班三期，培训学员52人，全部就业，月收入300～1500元。新建残疾人扶贫就业基地7个，安置残疾人就业89人，辐射和带动残疾人就业500余人；主动上门与扶贫部门联系协调，组织乡（镇）残联专干对所辖村残疾人精准识别建档立卡情况精准梳理，对每一户残疾人纳入情况核实，并督导各县残联对已办理残疾人证而未填写残疾人证号的，将残疾人证信息补全，同时协调县扶贫部门将补充完整的实名制数据录入建档立卡数据库中，发放视频资料光盘8套，知识手册914本；党员带头、科级以上干部带头，全体职工积极参与，在全市范围每人至少联系帮扶两个典型基层残疾人，一类是具有领富带动能力、自强自立精神在各方面做出贡献的典型残疾人，一类是贫困残疾人家庭；对定点帮扶村小河西村进行结对帮扶。

【康复服务】 拨付建设资金722万元，市残疾人康复和托养服务中心项目已经完成。利用财政公开招标投入200万元，购置康复设备。到北京博爱医院、张家口康复中心参观学习。与中国卫生集团、承德市卫计委等商谈合作事宜。为全市19416名残疾人提供康复服务，康复服务覆盖率达到40%，为残疾人上门配送辅助器具1000多件，辅助器具适配服务率达到98.63%；为25名贫困听障儿童进行语言康复训练，为21名贫困听障残疾儿童验配助听器40台，实施国家任务脑瘫儿童康复训练项目50例，省任务脑瘫、智力残疾儿童康复训练项目30例，完成耳蜗手术救助15例，儿童辅助器具适配服务50例。市惠康医疗器械有限公司为缺肢残疾人免费制作大腿假肢5条。全市投入精准康复服务资金291.22万元、儿童康复经费264.8万元，市财政投入儿童康复救助资金114万元，县级配套100万元；全市已经建立市级康复服务机构21个，依托县级医院建立康复服务机构15个，有4个乡镇、社区卫生院被列为精准康复服务机构；新建社区康复站10个。双桥区新建4个康复站工作列入区政府“增比进位”事项。丰宁县为10个康复站聘用专职康复员，年提供康复服务1000人次。

建立残疾人证审批服务台账，严格按照中华人民共和国残疾人证管理办法流程，认真做好市级复审工作，累计办理残疾人证117587人，督促县（区）为行动不便的重度残疾人提供上门服务。市残联与市卫计委确定双滦区人民医院（承德市精神病医院）为市级智力残疾和精神残疾评定医院，解决市级无智力评定医师的难题。

【落实助学资金】 落实彩票公益金学前残疾儿童助学项目，全市资助学前残疾儿童入学72名；落实“通向明天—交通银行青少年助学计划”项目，资助残疾在校高中学生24名。配合教育行政部门落实“一人一案”残疾儿童义务教育入学率达到93%。全市考入本科院校的残疾考生13名，贫困残疾人家庭子女75名，省级资助资金29万元。考入专科院校的残疾考生10名，贫困残疾人家庭子女30名，市级资助资金8万元。

【排查化解信访案件】 积极排查化解残疾人信访案件，做好残疾人信访维权工作，全年共接待来信、来访、来电访300多人次。特别是“十九大”期间，做到无进京赴省访。

【残疾人就业及培训】 开展以“就业帮扶、真情相助”为主题的“就业援助月”活动，全市共推出岗位200个，求职登记109人，意向录用和现场录用30人，受理政策咨询150人次。应届残疾人大中专毕业生就业率达到70%以上。针对残疾人的需求开展计算机、家电维修、大棚蔬菜、食用菌种植、畜禽养殖、美容美发等多项职业技能和实用技术培训40多期，培训残疾人2600人次。城镇实名制新增160人就业，农村实名制新增从事生产劳动450人。组织双桥、丰宁、滦平等3个县（区）30名残疾应聘者及3家招聘企业赴张家口参加河北省残疾人就业创业洽谈会，15名残疾人达成就业意向。举办残疾人工作者手语培训班两期，培训残疾人工作者65名。开办盲人保健按摩培训班一期，培训残疾人20名，全国盲人医疗按摩考试4名，全省盲人按摩特色和计算机应用培训16名；协助省残疾人福利基金会筹备“集善三星爱之光”特教师资培训班，培训河北、内蒙两省特教教师150名。积极克服出现的征收企业户数减少、小微企业免缴从20人增至30人的不利因素等困难，市本级共收缴残疾人就业保障金1227万元，全市共收缴残疾人就业保障金3193万元，同比增长11%。

【残疾预防宣传】 围绕“爱耳日”、“世界自闭症关注日”、“全国助残日”、全国“残疾预防日”等宣传节点，开展残疾预防“进社区、进家庭、进校园”等宣传教育活动；在避暑山庄举办以“听见爱，拥有全世界”为主题的听力障碍儿童音乐会、瞻仰革命烈士陵园等宣传教育活动；围绕“七五”普法等节日，开展宣传法治教育活动。

【残疾人文体活动】 残疾人书法家辇宏伟参加“圆梦丹青”残疾人书画家“百人计划”第三期推介活动获得现场专家的好评。何明然、辇宏伟参加第二届“融合·国际”残疾人艺术展作品评选活动，获得最佳创作奖。2017年“美丽河北·魅力承德”最美残疾人推选展示活动，钟继仁获得“美丽河北·最美残疾人”称号，刘冬梅获得“美丽河北·优秀残疾人”称号。60户残疾人家庭参与文化进家庭“五个一”项目。承办省残联在承德市举办的河北－俄罗斯冰橇冰球友谊赛暨残疾人冰橇冰球推广展示活动。参加河北省残疾人高山、单板锦标赛。筛选16名残疾人参加省冬残奥运动员选拔和试训。培养残疾人康复健身指导员50名，新建残疾人健身示范点3个，300户残疾人提供“康复体育进家庭”服务。选送第三届全国残障少儿和平海报作品并开展省级作品评选工作，报送的13幅学生作品共有12幅获奖；全国残疾人干部信息库信息录入干部全市273名，市本级6名，全市维护更新273名，维护更新率达到100%。

【领导关爱】 1月24日，中国残联主席张海迪率中残联各部主要领导到滦平县巴克什营镇，走访慰问贫困残疾人家庭，调研农村残疾人工作，落实10万元为农村残疾人孙淑英做股骨头手术。1月31日下午，副市长苏铁成到双桥区慰问3户特困残疾人，每到一处，详细了解他们的生活、身体情况，鼓励残疾人要树立信心，坚强面对生活，要求各级残联、各相关部门切实关心残疾人的生活，对特困残疾人要格外关心关注，落实好扶残助残政策，创造条件加大扶助照顾力度，努力让他们的生活更加幸福。市政府办公室、市残联、双桥区残联陪同慰问。2月1日下午，副书记张泽峰到双桥区慰问3户特困残疾人，与他们亲切交谈，关切地询问他们的家庭情况、康复状况，鼓励他们坚强面对生活挫折，树立信心、自强不息，并叮嘱随行的残联组织、双桥区委负责人要认真做好特困残疾人帮扶工作，尽心尽责为他们排忧解难，安排好特困残疾人节日生活。

【全国助残日活动】 5月21日，是第二十七个“全国助残日”。市残联、双桥区残联在市中心广场开展主题宣传活动，主题是“推进残疾预防，健康成就小康”。所谓残疾预防，是在了解致残原因的基础上，积极采取各种有效措施、途径，控制和延迟残疾的发生，减轻残疾程度。活动中，市残联工作人员采取悬挂条幅、发放宣传单等形式宣传有关残疾人的法规政策，现场解答残疾人疑点热点问题，发放宣传资料2000余份，接待咨询200人次，全社会对残疾预防的意识得到提高。

【全市残联系统换届推进会】 11月22日，召开全市残联系统换届工作推进会。会上，由各县（市、区）残联理事长汇报代表大会筹备情况；承德高新区社会事务管理局、御道口牧场管理区社会事务管理局负责人汇报代表和主席团委员人选推荐情况。市残联党组书记、理事长陈志民要求各县（市、区）按照规定时限和有关程序完成换届任务，提出进一步抓好残疾人工作的三条意见：一完成好康复、扶贫、就业等主责主业方面的常规项目、各项活动、计划任务，特别是提高风险意识，强化项目操作规范，做到底数清楚，责任落实到位；二注重梳理现有残疾人优惠扶持政策，并不遗余力推动落实；三残疾人事业的发展氛围还很不浓厚，各级残联要坚持不懈做好靶向宣传，锲而不舍推动全社会关心、支持残疾人事业和各项残疾人工作。市残联各领导、各县（市、区）残联理事长，高新区社会事务管理局、御道口牧场管理区社会事务管理局、市残联各部室、直属事业单位负责人出席会议。

附：市残疾人联合会领导名录

党组书记、理事长：李树德

党组成员、副理事长：李海强

（供稿　梁士杰）

市工业经济联合会

【概况】2017 年，市工业经济联合会（以下简称“市工经联”）深入学习党的十九大、十九届一中全会精神，全面学习贯彻落实习近平系列重要讲话和省委九届五次、六次全会精神，牢固树立“四种意识”，扎实开展“转、优、促”活动，自觉加强作风建设，积极服务发展大局，以良好的状态履行职责，在加强机关自身建设、推进所属 11 家全市性经济类行业协会脱钩改革及规范发展等方面取得新进展和新成效。

【年检初审】 根据《承德市民政局关于做好市属社会团体 2016 年年度检查工作的通知》要求，3 月中旬至 7 月初，在规定时间内顺利完成所属 11 家全市性经济类行业协会中的 9 家协会的年检初审工作。承德市快递电商联合会因为成立不到一年无需年检。

【行业协会改革】 市工经联所属 11 家行业协会被列为全市第一批脱钩工作试点，根据市委、市政府关于行业协会商会与行政机关脱钩改革工作的指示精神，按照《承德市行业协会商会与行政机关脱钩实施方案》及《2017 年承德市行业协会商会脱钩试点工作方案》文件要求，市工经联高度重视，把脱钩工作作为一项政治任务来抓，理清脱钩事项，明确分离措施，市行业协会商会第一批脱钩试点工作动员会召开后，5 月 31 日前按照《2017 年承德市行业协会商会脱钩试点工作方案》要求，从人员、财务、资产、职能和机构等方面对 11 个行业协会进行摸底调查，结合各行业协会具体情况，逐一与各行业协会制定具体的脱钩实施方案。7 月 21 日，市工经联下发《关于抓紧实施行业协会商会与行政机关脱钩的通知》，要求各行业协会严格按照脱钩实施方案及《承德市行业协会商会与行政机关脱钩变更事项一次性告知书（试行）》抓紧实施脱钩工作，办理脱钩相关手续。截至 8 月 31 日，市工经联所辖 11 家行业协会全面完成脱钩工作，其中市粮食行业协会在脱钩的同时完成注销手续。

【政会不分专项清理】 按照省、市“一问责八清理”专项行动部署要求，为全面清理职责不清、管理不严、违规兼职等“政会不分”问题，市工经联按照全市政事政企政会不分专项清理办公室的统一部署，本着“从严从实”的原则，结合社会组织脱钩工作，统筹安排，狠抓落实，积极组织所属 11 家行业协会开展自查自纠工作，全力推进专项行动扎实深入开展。截至 6 月 30 日，共清理出主要问题 4 件，涉及市旅游协会、市再生资源行业协会、市粮食行业协会。针对清理出的问题，市工经联强化责任，细化措施，督促指导三个行业协会按时完成整改任务，并于 8 月 31 前到市行政审批局履行变更或注销手续。因整改及时到位，使有关行业协会中的相关责任人均免于处理。

【“小金库”清理】 按照承德市设立“小金库”等违反财经纪律问题专项清理领导小组办公室的要求，市工经联积极配合市民政局认真组织开展所属行业协会清理“小金库”工作。6 月，根据《承德市民政局设立“小金库”等违反财经纪律问题专项清理工作方案》要求，市工经联认真组织所属行业协会依照重点清理内容，对 2014 年以来收支情况进行全面自查，并按要求报送自查自纠材料。7 月初，市专项清理领导小组办公室对市工经联所属 11 家行业协会开展重点检查工作，此次检查没有发现所属行业协会有设立“小金库”等违规违纪问题。

附：市工业经济联合会领导名录

会　长：丁建东

秘书长：才文荣

（供稿　王红卫）

承德市红十字会

【概况】 2017年，市红十字会遵循国际红十字运动人道、公正、中立、独立、志愿服务、统一、普遍的七项基本原则，以保护人的生命健康，弘扬人道、博爱、奉献红十字精神，促进和平进步事业为宗旨，以救助最易损害群体为目的，依据《中华人民共和国红十字会法》和《中国红十字会章程》，指导全市各级红十字会攻坚脱贫，全市共接受捐赠款物874万元，发放款物807万元；创新培训模式，项目执行实现3个全国第一，走在全国首列，唯一在体验教室完成生命健康安全体验的项目市，项目执行起步快、质量高、效果佳；积极宣传红十字日常工作，利用微信公众号共发布通讯67篇、照片4000余张，每条信息阅读量累计超过1万人次；推动无偿献血；通过建章立制，不断完善红十字系统管理机制；开展遗体和人体器官捐献、参与开展造血干细胞捐献、组织红十字志愿服务和红十字青少年活动、开展国际人道法传播以及国际人道主义救援、国际交流与合作等工作。

【助力脱贫攻坚】 组织开展好“博爱一日捐”活动，倡导各类企业积极履行社会责任，大力发动普通志愿者捐款，形成稳定可持续的筹资机制，共接受慈善捐助款109.16万元。开展定向募集资金262.59万元，其中宽城宝山矿业有限公司捐赠围场三义永乡拐步楼村精准扶贫及建设农村互助幸福院项目40万元，围场三义永乡三义永村互助幸福院建设、村容村貌整治、产业发展等精准脱贫项目40万元，围场镇吉上村精准脱贫工程项目40万元；中国石油管道局工程有限公司捐赠围场棋盘山镇小上村仔牛育肥场后期建设工程45万元，围场棋盘山镇惠汉村精准脱贫工程45万元；中国石油天然气股份有限公司管道分公司捐赠围场广发永乡广发永村土豆储存库建设工程50万元，隆化红十字会、卫生和计划生育局在职工中组织定向募捐，救助全县2名严重烧伤儿童，募集资金2.59万元。开展重大疾病和个人灾难人道救助507人次，发放救助金68.8万元。开展博爱送万家活动，集中采购粮油14.34万元，发放到全市1993户贫困群众家庭和养老机构，受益群众达6700余人。

接受北京市红十字会两次向承德市对口帮扶，重点支持丰宁、围场、隆化3个深度贫困县，价值336万元物资已逐步发放到建档立卡贫困户手中。北京爱尔基金会通过京冀红十字会在丰宁开展脑瘫患儿康复、听障儿童复聪等7个免费医疗项目，对于助力全市脱贫攻坚工作将发挥重要的作用。接受天津市红十字会对口帮扶物资价值36.29万元，棉被、棉衣、帐篷、服装等各类物资5098件，用于春节期间平泉、围场、隆化、兴隆、承德县及鹰手营子矿区等贫困县（市、区）的对口救助帮扶工作。通过实施“小天使基金”共救治贫困白血病患儿31人，省级拨付救助款96万元；实施“天使阳光基金”共救治贫困先天性心脏病患儿4人，省级拨付救助款7万元；争取省红十字会便民救助金共救助困难人员9人，省级拨付便民救助资金1.4万元；争取省红十字会为丰宁草原小学支持床上用品300套，价值3.4万元；争取省红十字会2018“博爱送万家”家庭箱600个，价值18万元。承德视点商务服务有限公司定向捐赠一个电子阅报栏，价值2.9万元，用于滦平县金沟屯博爱小学。颈复康药业集团——承德腰痛宁公益基金会向市红会定向捐赠常用药品，价值1万元，与市委组织部拔尖人才卫生分会、市科技局、市医学会、市第三医院等单位联合，对隆化南营子村、兴隆南天门乡大洼村、围场四合永镇合子村等5个重点扶贫村开展下乡义诊活动，受益群众达1000余人，缓解村民“小病懒得治，大病治不起”的问题。

【创新应急救护培训】 争取红十字总会生命健康安全教育项目资金85万元，建立一所应急救护培训示范基地，扎实推进应急救护培训“六进”。通过精心设计、创新模式、规范实施，三个“学校＋社区”生命健康安全教育项目共培训应急救护师资33名，红十字初级应急救护员1848名，完成3000人次亲子讲座，组织1500名小学生开展学校生命健康安全体验活动。指导学校和社区开展逃生避险应急演练，完成7次主题宣传活动和3期公益讲座，完成全部信息采集和数据录入上传任务，同时向实验小学、南营子小学、竹林寺小学3所小学的8600个家庭发放调查问卷，覆盖30000余人。

项目执行实现3个全国第一，走在全国首列，即：在全国30个项目点中第一个启动项目工作点；在全国第一个完成全部项目工作任务并通过现场验收；在全国第一个建成并投入使用生命健康安全体验教室。执行政府购买服务项目，为河北旅游职业学院、石油高等专科学校和承德医学院培养救护员师资69名，培训大学生初级救护员3092名。在市委党校、消防支队、承德监狱等单位组织应急救护培训和普及培训500余人次。组织全市社区选手参加全省第四届应急救护大赛，获得团体总分第二名的好成绩。

【宣传红十字文化】 把握“世界急救日”“国际减灾日”等重要节点，积极协调沟通媒体记者，广泛宣传报道，让更多人了解红十字运动，让更多人参与红十字志愿者服务，推动更多志愿者积极参与献血、捐献骨髓干细胞、捐献遗体器官等工作。《中国红十字报》、中红在线对承德市红十字夏令营活动给予报道，东方头条、北京时间、中国西藏网、重庆网络广播电视台、河北省人民政府网、承德政府网、省市红十字会官网、公众号等多家新闻媒体给予关注转载100余条。通过加强官网建设，推广微信公众号，扩展朋友圈，截至年底关注人数达到1400余人，微信公众号共发布项目通讯67篇，照片4000余张，每条信息阅读量平均超过200人次，累计超过1万人次。组织全市4所高校开展“博爱燕赵、火热青春”大学生志愿者服务项目，推进义务献血、骨髓干细胞捐献、救护培训和农村精准支教等事业发展，其中承德医学院红十字志愿服务队获得优秀组织奖。与市中心血站联合推进无偿献血和造血干细胞捐献宣传和志愿者招募工作，积极争取总会项目，探索无偿献血、造血干细胞捐献、人体器官捐献“三献并推”的宣传形式和途径，“三献”工作取得明显进展。全年共完成34376人次无偿献血，全血采集13.3吨，较上年同期增长9.92%；采集入库造血干细胞181人份，宽城医院张军佩医生完成捐献造血干细胞1例。与承德医学院全省遗体捐献志愿者联盟积极推进遗体捐献，接受捐献遗体3例、眼角膜1例。

【完善管理机制】 通过建章立制，不断完善红十字系统管理机制，完善机关内部控制规范，进一步提高全市红十字系统公信力建设，促进红十字事业健康有序发展。在广泛征求社会各界意见的基础上，制定《承德市红十字会人道应急救助分级管理实施方案（试行）》，使人道救助工作初步实现科学化、制度化、规范化。解决承德市多年来人道应急救助没有统一制度、统一标准、统一流程的问题，对各县（市、区）红十字会赋予统一的责、权、利，进一步增强其主观能动性和开拓创新能力，为全面提升整体救助能力打下坚实的基础。制定实施《承德市红十字会内控管理制度》，组织财务人员开展“一问责八清理”“小金库治理”等自查清理回头看，确保各项制度得到落实，确保各项资金使用安全规范。

【理顺县级管理体制】 按照省、市委改革办、省红十字会、市政府有关部门精神，市红十字会全力以赴争取完成2017年度承接落实省的重点改革任务，把“理顺红十字会管理体制”作为关系到全市红十字事业持续健康发展的大事，积极推进。截至年底，全市尚未完成改革任务，完成率9%。除围场红十字会基本理顺体制，有编制2人，其余各县（市、区）均未完成体制理顺。丰宁、隆化、平泉、滦平、承德5个（市、县）红十字会为当地卫计局下属事业单位。宽城、兴隆及双桥区、双滦区、鹰手营子矿区由当地卫计局代管，人员由卫计局干部兼职。

附：市红十字会领导名录

党组书记、副会长：曾　强

秘　　书　　长：韩立平

（供稿　韩立平）

军 事

承德军分区

【概况】 承德军分区坚持以党在新时代的强军目标为统领，全面贯彻习近平强军思想，围绕“干好事、不出事、迎大考”的工作思路，坚持一手抓改革、一手抓建设，紧紧扭住“一个关键”、突出“四项重点”，狠抓工作落实，各项任务完成圆满。狠抓战备建设，扎实开展新大纲试训论证工作，探索国防动员工作方法路子。狠抓民兵应急队伍建设，组织全市2773名应急队员开展训练演练，先后出动2300多名民兵参与山火扑救。狠抓军事训练常态化，按照新大纲标准组织现役干部进行体能训练和年终考核。提升兵员征集质量，深入基层开展12场次宣传活动，激发适龄青年参军热情。抓好廉洁征兵工作，编印下发违纪问题案例和廉洁征兵手册，聘请882名廉洁征兵监督员，圆满完成新兵征集任务，大学生征集比例创历史新高，达64.7%。坚持新官理“旧账”，敢啃“硬骨头”，一些历史遗留问题和信访积案有效推进。

【征兵工作】 全市按照“确保风清气正、确保质量标准、确保安全稳定”的总要求，坚持依法征兵、廉洁征兵，圆满完成兵源征集任务。取消初中学历青年入伍资格，兵员素质逐年提高。坚持政府主导，强化组织领导功能，市县两级成立军地主要领导为组长的征兵领导小组，主要领导亲自过问，分管领导亲力亲为，层层传导压力、压实责任，督导乡、村分级按责抓好征兵工作，形成上级抓下级、下级抓落实的责任机制；军分区领导带工作组多次深入高校、乡村，调研了解矛盾和困难，提出解决办法和措施。各县（市、区）出台政策激励，督导兑现承诺，完成大学生征集任务，超过任务数16.7个百分点；严格落实廉洁规定，公布各级举报电话，发放廉洁征兵监督卡，人人签订责任书，对11个县（市、区）新兵家长逐个座谈调查，聘请882名廉洁征兵监督员全程监督，未发现违纪线索。体检医生培训考核、持证上岗，科学设站、严密组织，把住了身体关，严格政考程序，突出走访调查，通过“一网三库三系统”比对信息，把住了政治关，集中组织7天役前教育训练，坚持优胜劣汰，确保了入伍新兵思想坚定、素质过硬。

【军事训练】 紧紧围绕“能打仗、打胜仗”这一强军目标，坚持把训练工作摆到头等地位，做到主官主要抓、主管亲自抓、机关合力抓，构建了“教、训、管、责”于一体的军事训练教学绩效机制，不断强化组织领导。召开党委议训会议3次，分析训练存在问题，研究破解训练瓶颈，多次利用早交班时机进行训练讲评，有力地促进了全区军事训练工作深入发展。师团两级紧紧围绕提高战斗力这一目标，强化作风，坚持首长、机关授课制度机制化，按教学分工完成业务基础、战术作业等课目的训练，全部达到大纲规定的标准。组织全区干部加强军事理论学习，提高了理论素养。全面开展基础训练，狠抓全区干部、战士的体能、技能训练，尤其是对年初考核中作弊人员给予通报批评，对不及格人员取消后备干部资格，改变了训风考风。12月上旬，按照“全员参训、全员参考、全员过关、全员争优”的思路，扎实组织全区年终军事训练考核，军分区司令员李克双、政委王兰生在气温−6℃的情况下，带头参训、带头参考，极大地带动全区干部参考热情。全区参训总人数59人，参训率93.6%、合格率100%、优秀率58.7%。授领新大纲试训任务后，军分区坚持党委统揽、主官主抓，召开专题会议，统一思想认识，理清试训思路，明确标准要求，在既无教材又缺少训练器材的情况下，为抓好试训工作，司令员李克双、政委王兰生亲自授课，带头做试训工作的“引路人”。特聘请国防大学专家、教授授课，先后投入经费2万余元用于试训保障。全区64现役干部全部参训，试训课目53个，编写教案38份，制作课件30件，梳理试训意见建议163条，形成试训“四个一”成果，为进一步完善新大纲提供有力支撑。

【集训比武】 全面推进不同层次、不同对象的集训比武，集中组织全区7名人武部副部长、13名参谋人员进行指挥技能培训，并派出2名参谋参加省军区组织战役集训，其中1名参谋受到省军区通报表彰。两级机关人员业务能力和应急处突能力明显提升。组织全市208名专武部长教学法集训，为组织民兵训练打下坚实的基础。通过集训比武，掀起大抓军事训练热潮，营造争先创优氛围，促进军事训练有效落实。

【民兵训练】 突出抓好民兵“三支队伍”编组训练的同时，积极加强硬件建设，完善软件资料，结合季节性防火、防汛、“一带一路”、十九大安保等任务，严密组织全区基干民兵完成以反恐维稳、森林扑火、抗洪抢险、抗震救灾、重要目标警戒、防化洗消、卫生救护、核生化防护等20个课目91%的训练内容，参训率为98.4%。通过训练，有效提升全区民兵军事训练水平和遂行应急处突任务能力。同时，对训练经费实行战备建设处、保障处联审制度，做到了专款专用，确保将钱花到“刀刃”上。

【后勤战备训练】 坚持以实战需求为牵引，着眼能打仗、打胜仗的强军目标，紧贴实战、突出重点、固强补弱、全面推进，聚焦聚力狠抓战备训练、专业技能实战化训练和保障法演练，战备水平和保障打赢能力不断提升。着力在备实方案、编实力量、配实器材、训实内容上下功夫、使长劲，年初按照真打实备要求，修订完善各类保障预（方）案,全面推进全区保障战备库（室）建设，配备配齐各类战备、应急物资器材，定期对在用物资器材的检修保养，研究探讨冬训保障方面存在的问题和解决方案，持续提高应急应战保障处组织指挥和保障能力。全面落实省军区保障处战备工作实施细则，加大保障指挥和专业骨干的培训，组织保障处业务对口集训，保障指挥人才队伍建设得到进一步加强。加强应急保障队伍和专业保障力量建设，调整优化保障力量结构，提高全区快速保障动员能力。

【军交运输油料保障】 着眼综合防卫作战任务需求，深入挖掘属地交通数据，细化军交运输动员及保障方案。充分准备、统筹协调，圆满完成多次训练演练、森林防火行动及新兵铁路运输等交通运输保障任务。严格管理驾驶员资格审批，认真做好驾驶员调整相关工作。加大军车号牌使用管理力度，将安全警示教育贯穿全年，“平时树管教，出行严要求”，实现全区军车交通违法零抄告，展现全区军车的良好形象。高效完成全区实物油料供应工作，优先保障军事日训练等大项军事活动油料供应,严格管控机关勤务油料使用，准确核拨2017年全区各团级单位油料保障社会化经费，继续深化与市中石油、中石化公司油料保障社会化改革对接，保证资源优化配置，高效节约。

【营房管理】 加大基础设施设备维修投入力度，协调双桥区环卫局解决军分区机关、下二道河子家属区、军兴小区和四亩地综合用房垃圾外运工作，指导并协助干休所完成综合整治工程前期准备工作，结合编制调整改革对办公室进行调整并悬挂新门牌。进一步完善营院管理数据建设，完成5名转业退休干部住房补贴申报工作，继续补充完善住房管理信息系统数据。持续加强空余房地产正规化管理，稳步推进停止对外有偿服务项目，多次协调市委、市政府召开专题会议进行部署推进、督导调度，同时对各（县）区人武部、干休所空余房地产租赁项目进行检查指导，全区共有对外有偿服务项目中59个，已停止项目56个；同时对全区空余房地产租赁项目进行安全隐患排查，保证空余房地产租赁管理工作的正规有序和安全稳定。积极稳妥展开经济适用住房超面积处理工作，结合军分区实际，军分区房清办按照上级下发的宣传提纲，采取张贴海报的形式，在军分区所属的5个坐落内进行政策宣传，为下一步整改工作奠定舆论基础。持续加大公寓住房清理力度，完成公寓楼1-201、2-202、3-501号3套公寓房清理工作；持续推进干休所综合整治工作，先后2次组织人员对施工报名单位进行考核。

【保障卡及军需保障】 严格落实保障卡管理工作各项规章制度，切实与人力资源、财务、军需、营房、卫生等业务部门做好实力联审，确保人员供应实力、标准精确无误。按照相关时间节点，对保障卡系统进行4次升级，处理各类数据信息12360余条，解决系统故障问题20余次，申领、补换卡40余张，上报、接收数据127批次，较好地完成保障卡管理保障工作。着眼保障卡系统深化应用部署调整，高标准完成与各业务部门实力信息比对工作，共处理信息25300余条，为下一步更换第二代军人保障卡、持卡领装等深化应用奠定坚实基础。做好军需保障工作。以完善规章制度为抓手，建立经费使用管理长效机制，修订完善《承德军分区财务管理规定》《军分区机关行政消耗性开支限额标准》。从严把好经费预算关口，进一步细化经费预算，收归原部门经费纳入军分区机关总盘子，各部门经费使用提报合理需求，综合平衡后纳入军分区年度预算，有效避免大预算、空预算。严把经费支出关口，严格落实中央“八项规定”及中央军委十项规定，从严控制行政消耗性经费支出，此项经费支出较2016年减少54%。针对当前人少事多等突出问题，着力提升财务人员服务意识和业务素质，重点抓好《中国人民解放军财务条例》及各类新发布的制度规定文件学习，财务人员依法管财理财意识明显增强，服务保障效率显著提高。依规做好被装供应保障，严格按照供应实力编报预算，及时收取被装旧品，收旧率较往年大幅提升。加强军粮使用管理，依据实力精确测算军粮供应指标，做好军粮消耗逐日登记，精准计算发放军粮差价补贴经费，确保军粮供应工作顺利有序。

【军队改革】 紧跟改革进程持续抓好改革教育，扎实开展“三新”大讨论，广泛开展谈心交心活动，专题召开组织生活会，人人亮思想、表决心，官兵拥护改革、支持改革、服从改革更加自觉。坚持把干部调整作为改革的重中之重，严格政策法规和标准程序，扎实做好转业复退、晋职晋衔、定岗纳编等工作，旗帜鲜明地批驳“有条件服从论”，积极协调地方做好安置工作，除1名干部因病符合滞留条件外，其余干部均按规定的时间节点离队报到，率先超额完成5名老干部移交任务。及时建立健全各级各类党组织，为新体制起步运行提供组织保证。严格执行改革“六项纪律”，结合军分区实际细化量化6个方面具体措施，严密组织装备、物资、财务交接和领导离任审计，有效避免违规违纪问题发生。坚决贯彻军委停止有偿服务指示精神，协调市委4次召开集中攻坚推进会，军分区59个项目，已停止56个，在省军区排名相对靠前。顺利完成原总后承德干休所转隶交接工作。

【安稳工作】 始终把安全管理工作作为“党委

工程”“主官工程”，严格落实领导责任制，坚持从政治和全局的高度抓安全保稳定，倾注大量心血，做到逢会必讲、下去必抓，先后检查督导3个回合。始终把领导干部事业心责任感不强、规章制度执行力不够、一人一事工作落实不到位的问题，作为最大的安全隐患来纠治，坚持每季度召开安全形势分析会，排查安全隐患，研究整改措施，明确具体责任，采取列表挂账销号的方式逐一整治。加大枪弹清查力度，先后两个回合对现役干部、转业干部和老干部及遗属进行拉网式排查，清缴枪弹；扎实开展“百日安全”活动，围绕7个方面40项具体问题，逐条逐项抓好贯彻落实，深刻汲取南和县人武部燃气爆炸事故教训，组织开展专项排查，师团两级食堂及家属院均安装燃气报警器。始终高度重视安保工作，先后派出85人次，圆满完成“一带一路”国际合作高峰论坛、北戴河暑期办公、内蒙古自治区成立70周年和党的十九大期间的警备执勤任务，全区上下保持安全稳定良好形势。

【应急力量建设】 指导人武部圆满完成基干民兵编组的同时，把应急力量和基层规范化建设作为重点，进一步调整结构，配强骨干，补充装备，加强训练，高标准完成整组任务，抓好民兵“三支队伍”编组训练的同时，积极加强硬件建设，完善软件资料，结合季节性防火、防汛、反恐维稳等任务，指导各县（市、区）利用12天时间，组织民兵应急营、11个应急连完成反恐维稳、森林扑火、抗洪抢险、抗震救灾四类课目训练，做到人员、时间、内容、质量“四落实”。同时，对训练经费实行司令部、后勤部联审制度，做到专款专用，确保将钱花到“刀刃”上。

【全体会议军会】 1月19日，召开军分区党委九届七次全体（扩大）会议。会议总结2016年工作，部署2017年任务。军分区党委第一书记、市委周仲明书记作重要指示。军分区党委书记王兰生政委作党委工作报告，党委副书记、司令员陈德光讲话，参谋长张占武传达北京军区、省军区党委全体扩大会议精神。主任孔令桥宣读2016年度全区受省级以上表彰奖励情况通报。张中伟宣读军分区表彰奖励通令、通报。

12月19日，召开市委议军会议。研究讨论加强承德市国防后备力量建设发展的重难点问题。市委书记、军分区党委第一书记周仲明主持会议并讲话。议定：关于市民兵训练基地建设、关于人武部独立营院建设、关于支持军队改革落地落实3个问题。

【作风建设】 紧紧围绕迎接和学习贯彻党的十九大，大抓思想政治建设。突出抓好理论武装，采取党委中心组带机关和基层的方式，加大理论学习统的力度，确保末端落实效果；结合年初考核团级党委班子进行调研式学习的做法受到省军区肯定，“深入学习习主席系列重要讲话精神的措施”被省军区转发。突出抓好“两学一做”常态化制度化和“维护核心、听从指挥”主题教育，严格落实“三会一课”制度，5名常委普遍讲党课；深入开展“弘扬塞罕坝精神，推动军分区建设”和“弘扬存瑞精神，争做四有军人”教育活动。突出抓好意识形态工作，加强形势政策、“四反”和法纪教育，强化政治纪律、宣传纪律、网络纪律、保密纪律；深入进行郭徐流毒影响清查清理，官兵“四个意识”“三个维护”的自觉性坚定性进一步增强，确保军分区上下高度集中统一。

紧盯中央“八项规定”和军委十项规定，大力查纠“四风”问题，持之以恒正风肃纪，重点抓好“关键少数”，始终坚持“四个从严”，对违规违纪和“微腐败”问题“零容忍”。扎实开展警示教育，定期组织学习上级指示精神和法规文件，及时传达违纪违法案件通报，不断强化党员干部法治意识、纪律观念。注重加强教育管理，坚持节假日组织明查暗访，采取不打招呼直插末端方式，先后5个波次深入基层检查督导，始终保持严查严管高压态势，牢牢守住廉洁“底线”。坚持每季度讲评干部制度，点名道姓表扬好的、批评差的，对违规违纪的3名党员干部给予纪律处分，树立“失责必究、执纪必严”的鲜明导向。紧跟改革进程扎实做好干部调整配备工作，严格政策依据和标准程序，注重德才表现、突出工作实绩、尊重群众公论，坚持公开透明、公平公正选拔任用干部，研究确定了20名干部转业、8名干部提升、55名干部纳编、12名交流干部定岗定编，上下没有不良反映，形成风清气正的良好环境。

【班子队伍建设】 始终把强化组织功能作为班子建设的关键，坚持从强化本级抓起，对军分区全面建设实施坚强有力领导。新班子组建后，迅速召开会议，就班子怎么建、机关怎么抓、当前工作怎么干进行专题研究，明确提出新班子要有新目标、新思路、新举措、新作为、新形象，对领导干部提出“五个带好头”要求（在高举旗帜、听从指挥上带好头，在顾全大局、维护团结上带好头，在求真务实、扎实工作上带好头，在清正廉洁、树好形象上带好头，在开拓进取、创先争优上带好头），在廉洁自律上自觉“约法六章”（不准私买公报、不准私客公待、不准公车私用、不准私车公养、不准不假外出、不准违规喝酒）。组织师团两级召开党委民主生活会，围绕“三对照、三查纠”开展批评与自我批评，下力整改自身存在问题。始终坚持重大问题集体研究决定，认真贯彻民主集中制原则，注重提高议事决策质量，坚决做到“三个不能办”（不符合政策规定的不能办、上级不允许的不能办、群众坚决反对的不能办），保证决策的正确性科学性。始终下力抓好现役干部、士兵、职工、专武干部“四支队伍”建设，坚持每季度讲评干部，在人少事多矛盾突出，建设基础特别薄弱的情况下，军分区上下团结奋进，圆满完成年度工作任务，坚守住安全稳定底线。

（供稿　李东辉　赵永明　杜广军
王晓龙　赵　正　赵永明　杜国学）

市国防教育办公室

【概况】 2017年，市国防教育办，按照省国防教育办公室年初工作安排，不断推进全民国防教育普及深化，不断组织开展国防教育活动，不断增强全民国防意识，认真贯彻落实国防法律法规，坚持从加强基本建设入手，按照“以突出重点促进教育普及，以创新方式推动教育深化”的工作思路，扎实推进了国防教育进机关、进校园、进社区、进农村、进企事业单位的“五进工程”，教育覆盖面扩大，教育效果提升。努力开创国防教育工作新局面，被评为“全省国防教育先进单位”。

【国防教育活动】 结合重要节庆日、纪念日、全民国防教育日、国防法规颁布日以及征兵期间等时机开展集中宣传教育，重点开展以“增强国防意识、重视国防教育”“立志成才、爱我中华”“积极参军、报效祖国”“军民鱼水情、军民一家亲”“拥军、爱军、参军”为主题的五大系列教育活动。营造出关心国防、热爱国防、献身国防的浓厚氛围，激发青年学生爱国爱党、从军报国的热情。

【完善机构】 完善由市委书记担任组长的市国防教育工作领导小组，充实健全领导体制和工作机构，建立军地领导重视、部门密切配合、权责清晰明确的国防教育工作运行机制。充实以王明香、于群两位全国首批国防教育专家为首的27名国防教育师资队伍，并在全市做国防教育报告13场，被誉为国防教育“轻骑兵”。

【国防教育基地建设】 全市共有市级以上国防教育基地16所，实现每个县（市、区）至少有一所国防教育基地，满足人民群众开展国防教育集中活动的需要。重点培育出16所国防教育示范学校建设，进一步提升学校国防教育工作质量，激发广大师生爱国热情。

【国防教育宣传】 在加强国防教育网络阵地建设，完善全市全民国防教育网建设的同时，还注重发挥传统媒体的舆论引导作用，加大新闻宣传力度，先后有国防教育工作、先进典型人物等19篇新闻稿件，在市以上新闻媒体发出，特别是在中央新闻媒体对丰宁籍的战士、74集团军某旅两栖突击车车长王锐的先进事迹进行了全方位的报道的基础上，配合《河北日报》记者采访，分别以《战车尖兵强军梦》《铸魂军营写忠诚》为题在8月14日、15日进行系列报道，17日又以《河北籍战士王锐先进事迹赢得广泛点赞——放飞青春梦想 点燃报国激情》为题进行后续报道，网络转发1600篇（次）。

附：市国防教育办公室领导名录

主　任：梁世芳

（供稿　康义艳）

武警承德支队

【概况】 2017年，武警承德支队按照总部、总队党委总体部署和要求，紧紧围绕迎接保卫学习贯彻十九大这条主线，坚决维护中央军委权威，确保军队最高领导权指挥权集于军委、掌于统帅。坚持用强军目标引领各项建设，用强军目标赋予的“稳中求进、全面过硬”新的时代内涵，引领支队现代化建设，夯实建设发展根基。深刻把握部队建设阶段性特征，不定新目标，不提新口号，按照既定思路持续抓建设，保持工作连续性。始终紧盯管根本、蓄底气、利长远的经常性基础性源头性工作，特别是在培育官兵精气神、厚实部队建设底蕴上绵绵用力，基层基础更加稳固。突出党委（支部）班子的“龙头”地位，不断增强党委（支部）班子原则性、战斗性，攻坚克难，带动部队建设全面发展。

【练兵备战】 以执勤“五防一体化”建设为推手，先后投入60余万元在三中队召开执勤工作现场会，投入25万元为环京卡点和所有基层中队安装哨位终端，不断正规执勤秩序。年初以来，圆满完成了“两会”、“一带一路”峰会、十九大、“特朗普访华”期间环京卡点任务，为维护社会稳定发挥“压舱石”作用。高度重视编携配装，强化抽组兵力实兵演练和应急班比武对抗，在上板城监狱开展以执勤官兵、监狱干警、驻地民警、公安特警、联防队员为主的联合方案演练，部队战备质量不断提升，7月份，兴隆县中队成功协助驻地防汛办转移20余名被困群众。狠抓实战化训练，从难从严摔打锤炼部队，军事训练水平显著提高，机关年终军事考核所有科目全优，在总队组织的“千人大比武”中勇夺第一名，在“巅峰勇士”比武中获得排爆专业第一，侦查专业第二，指挥专业第三的优异成绩。

开展“魔鬼周”极限训练。3月20日至26日，支队特勤排圆满完成为期7天的“魔鬼周”极限训练。6月17日至24日，根据总队统一部署，支队组织特战精英参加张家口片区第二季度“魔鬼周”极限训练，展开“极限勇士”的激烈角逐。9月16日至9月22日，承德支队协同张家口支队开展承德片区第三季度“魔鬼周”极限训练。任务全程安全顺畅，有效检验和提高了特战分队在陌生复杂地域遂行多样化任务的能力。

【依法治警】 牢记抓安保稳政治责任，严格落实安全工作“八个规范”，扎实开展“安全工作大检查”和“百日安全竞赛”活动，不断夯实安全发展底数，支队被总部表彰为“安全工作先进单位”“百日安全竞赛优胜单位”。坚持从党委机关严起，每周落实升旗仪式、警容风纪检查、卫生评比通报，每天组织点名、安全警示，时刻保持秩序正规、军容严整，为基层做好表率。牢固树立管理要严、安全靠建的大安全观，紧盯人员这个重点，及时清理服务中心和机关帮助工作人员，实行休假统一审批、集中组织离队教育等方式，加强人员管控；紧盯手机网络这个热点，加强网络舆情监控，在涉密场所设立手机存放柜，防止泄密问题发生。

【基层建设】 狠抓“月蹲一周、周蹲一日”蹲点帮建制度落实，常委累计下基层蹲住200余天，围绕“六抓一保”（抓学习、抓思路、抓班子、抓大事、抓制度、抓经常、保安全）进行深入解读，帮助基层理思路、定目标、教方法，提高基层自建能力。大力推进正规化建设，先后在三中队、宽城中队组织召开执勤、管理、政工、后勤工作现场会。采取主官亲抓、部门合力、保障倾斜等方式，强力推进“322”工程建设，重点打造的丰宁中队、三中队坚持“硬件软件一起上”，“标杆”形象更加突显，丰宁中队连续8年被总队评为“基层建设标兵中队”，重点帮扶的兴隆、平泉中队“瞄准短板抓提升”，全面建设进步明显，兴隆中队被总队评为“基层建设先进中队”。

大力推进“实战型”后勤建设，立足实战背景修订完善后勤保障方案，常态化组织“一组五队”演练，突出抓好后勤专业人才队伍建设，严密组织司务长、军械员、驾驶员集训，不断提升后勤战备和岗位练兵质量。严格经费使用管理，要求所有经费开支必须纳入年度预算，大项经费开支必须由业务部门提出计划、经首长办公会或党委会讨论研究决定，不断提高经费使用的科学性规范性，高标准迎接上级审计检查。全面停止有偿服务项目教导队土地置换事宜，实现房地产历史遗留问题的起底清零。

【正风肃纪】 以党委中心组带机关理论学习为抓手，大力加强政治能力训练，扎实抓好十九大和习近平“7·26”重要讲话精神、朱日和阅兵、建军90周年大会、武警部队授旗等重要讲话的学习贯彻，不断提高党委“三个把握”的能力。《跟我上蕴含制胜之道》《以环京卡点政治工作实效保卫党的十九大》《军警地一体化情报保障体系构建探讨》等3篇理论文章在军队媒体发表，其中政工负责人高海滨撰写的《跟我上蕴含制胜之道》在全军政工网举办的“军史微故事大家讲”征文活动中被评为优秀作品。

【思想教育】 坚持把学习贯彻习近平系列重要讲话精神作为首要政治任务，大力推进“两项重大教育”，在全部队开展以“常上‘微党课’、常讲‘微故事’、常搞‘微活动’、常治‘微腐败’”为主题的“四微”活动，中国军网、《人民武警报》相继对此做法进行宣传报道。着眼培育“四有”革命军人，大力开展“做董存瑞精神传人、当护城河卫士尖兵”活动，扎实筑牢官兵忠诚尽责的思想根基，机动中队中队长李雷被总队表彰为“燕赵武警十佳卫士”。投资19万元新建支队机关政治环境，基层营区政治环境全部更新十九大内容，在总队营区政治文化环境建设评比中获得三等奖。严密组织15名政治指导员业务考核比武，切实提高政工队伍能力素质，机动中队指导员孙继光在总队“四会”优秀政治教员比武中获得第一名。

【党委扩大会议】 3月1日至2日，利用电视电话会议系统召开支队党委六届七次全体（扩大）会议。党委书记马建军以《坚决维护核心 坚定看齐追随 在改革强军中推动支队全面建设再上新台阶》为题向大会报告工作，党委副书记武卫东以《坚定看齐追随 坚持稳中求进 以高标准实现两个确保的实际行动迎接党的十九大》为题做重要讲话，司、政、后各部门分别部署新年度工作。

（供稿　谢正飞）

市人民防空办公室

【概况】 2017年，市人防办以党的十八大、十九大精神为指导，以习近平新时代中国特色社会主义思想为指导，以全面学习贯彻落实承德市委、市政府、军分区《关于深入推进人民防空改革发展的实施意见》为牵引，紧紧围绕新时期军事斗争人民防空准备，按照年初确定的“补短板、固基础、强能力、促发展、争一流”的年度总体工作思路，深入开展“转作风、优环境、促发展”活动，大力强化履行“战时防空、平时服务、应急支援”这一人防根本使命能力，主动作为、狠抓落实，较好地完成省人防办和市委、市政府下达的各项目标任务。

【人防工程建设和管理】 依法保障防空地下室批建和易地建设费收缴两项核心任务落到实处。按照市委、市政府关于审批制度改革的总体部署，8月之后，市人防办本级的6项行政审批事项全面移交给市行政审批局，平泉市、宽城满族自治县完成审批权移交工作。行政审批制度改革过程中，市人防办主要领导出面与市行政审批局进行沟通，对交接后的审批信息传递、审批事项把关、以及双方权利和义务都进行明确，实现审批权移交过程的无缝对接。运行2017年年底，双方实现良性互动，保证审批权的正确行使，同时也保证人防办的有效监督。突出抓好人防工程质量监督和竣工验收。市、县两级全部实施人防工程开工建设网上报监，采用预约式监督和主动现场巡查相结合的方式，对人防工程质量责任各方主体的质量行为、人防工程实体质量和人防专用设备安装质量进行监督检查。强力推进县级直属人防工程建设，丰宁满族自治县、承德县、围场满族蒙古族自治县3个县组织实施5个直属公用人防工程建设项目。

开展已建和在建人防工程巡察管护，全年集中开展安全生产和防火、防汛检查10次，消除安全隐患，确保人防工程始终处于良好状态。6—7月，在全市范围内组织开展在建人防工程建设质量、人防工程维护管理、人防工程安全使用专项检查，针对存在的问题，向各县（市、区）下达情况通报，限期整改。10月，配合省人防办巡查组再次开展人防工程安全大检查。

【规划编修】 积极推进《承德市人防工程建设规划》修编工作。按照省人防办和省住建厅要求，市、县（市、区）同步推进人防工程总体规划修编和控详规编制工作。市本级和承德、围场、隆化3个县完成初稿的编制工作。

【人防工程惠民】 开展人防工程兼作地震应急避难场所工作，对已列入避难场所的人防工程进一步规范管理，在出入口等明显位置悬挂标志牌，悬挂维护、使用管理制度，明确责任人，公布联系方式。同时在小区主要入口设置人防工程兼作避难场所的平面示意图，在小区明显位置设置指引标志牌，在各出入通道设置提示标志牌，以便于小区居民能够方便找到人防工程的位置和出入口。努力将人防工程设计、竣工验收工作与开辟应急避难场所工作结合起来，在人防工程设计阶段，由设计单位在工程设计方案中提出将人防工程开辟为应急避难场所的设计意见和要求，在工程竣工验收阶段对符合条件的，在通过验收的同时，将人防工程开辟为应急避难场所，并挂牌公示，在创建文明城市活动中，按要求顺利通过验收。截至年底，市本级共有21处人防工程被列为地震应急避难场所。

【疏散地域规范化建设】 市人防办依托承德山区特点和城市布局现状，结合美丽乡村建设、精准扶贫行动、旅游开发和特色小城镇建设等工作，制定疏散地域规范化建设工作方案，自下而上地开展规范建设试点工作，市本级在双桥区范围内重新选定2个示范点，制定近期建设方案和远期发展规划，完成基础数据调查统计工作。在县级选定示范点3个，分别完成自然条件等基础数据调查建档工作。按照京津冀人民防空协同发展工作第三次联席会议要求，确定丰宁满族自治县、滦平县、兴隆县为拟承接北京市人口疏散地域，梳理出乡镇17个、行政村68个，共可疏散安置6.7万人，圆满地完成省人防办下达的任务。

【重要经济目标防护调查】 努力夯实重要经济目标防护工作基础。根据《河北省人民防空办公室、河北省发展与改革委员会关于开展重要经济目标普查的通知》要求，按照“全面普查、实事求是、齐全要素、严格保密”的原则，把全市重要经济目标性质区分为指挥通信、交通枢纽、重要工矿科研、生命线工程、次生灾害五个类别、三个等级，通过实地走访调查和电话信件查询等方式，对全市重要经济目标认真翔实地普查，完成基础数据的统计和上报工作。

【训练演练活动】 5月，会同唐山市、秦皇岛市一道集结于隆化县开展为期4天的全省北部区域春季大练兵活动，出色地完成人防机动指挥系统春季大练兵活动。在市人防办的组织协调下，承德县人防办与北京市朝阳区民防局、天津市宝坻区人防办签订京津冀“两区一县”人防一体化协同发展框架协议，6月初在承德县开展一次跨区支援行动演练，为推进京津冀人防协同训练、全面构建三地统筹协调、战时同防、灾时同援、共建共享的一体化发展格局打下了基础。12月，组织全市11台中小型机动指挥系统进行为期4天的长途奔袭拉动，行程1000千米，在极寒条件下卓有成效地开展训练活动，磨练意志、检测设备、锻炼队伍，达到预期目的。

深入落实《人民防空训练和考核大纲》要求，建立起训练常态化机制，各训练科目全部都达到训练大纲要求。组织开展卫星通信、短波电台通信、防空警报、机动指挥系统和空情接收人员专业技能训练。市本级已建立抢险抢修、医疗救护、防化防疫、通信、消防、运输、治安、信息防护、心理防护、伪装等10种人民防空常备专业队伍，又依托承德益好心理咨询工作室新组建心理防护专业队，常态化开展人防专业队整组训练。组织开展卫星通信、短波电台通信、防空警报、移动指挥车和空情接收人员专业技能训练。

以警报试鸣活动为平台，全市统一行动，市人民防空办全程指导和现场导调，每年拉动一个县（市、区）人防专业队进行防空救灾科目演练，逐步形成“承德模式”。组织丰宁满族自治县带实兵进行年度“7·7”警报试鸣和演练活动，调动8支人防专业队和人防志愿者队伍及附近居民、学生共110多人，动用各种参演车辆46台和便携卫星等通信设备参加演练，取得良好效果。

【信息网络建设】 着力提高人防信息化建设水平。按照“一网四系统”建设顶层设计方案要求，积极做好人防数据采集和信息“保鲜”工作，推动人防部门与有关部门应急数据共享。全力推进人防指挥网保密升级改造，完成机房装修、改造、线路更新和设备安装，通过测评。积极推进警报科学布点建设和改频工作，全市新增警报器80台，全市现有统控警报器已全部完成警报控制系统改频工作。10月，完成《承德市第二代机动指挥平台建设项目可行性研究报告》的编制工作，组织论证并通过评审。有效落实《应急通信保障单元配置标准》建设工作，应急通信保障单元已配备完毕，并由厂家对使用人员进行培训。积极落实短波电台吐故纳新工作，已购置一部背负式短波电台。

【宣传教育】　稳定推进人防宣教基地筹建步伐。按照省办《关于开展人防宣教基地和宣教场所建设的指导意见》，市人防办积极筹建一处市级人防宣教基地。8 月，完成方案设计、预算编制和投资评审工作，拟建成集学习培训、训练演练于一体，突出人民防空特色，兼顾防灾减灾等内容的宣传教育基地。以人防宣传教育“进社区”“进学校”为重点，促进“五进”工作整体向前发展。在全市所有初级中学范围内开展人民防空知识宣传教育工作，为在校学生配发防空防灾教育读本。在新确定的“示范社区”配置应急展示柜、室外宣传橱窗等物品，为社区居民配发防空防灾知识宣传手册。积极开展“我是人防宣传员”主题活动，充分利用各类媒体报道人防工作动态、宣传人防建设成就，全年在国家级刊物上刊稿 4 篇，省级以下刊物刊稿 20 篇，刊登工作动态宣传图片 10 幅；在市、县电视台播发新闻 13 条，在人防网站更新、上传工作信息和工作动态 20 条。结合“5·12”防灾减灾日、“7·7”警报试鸣日、“12·4”法制宣传日开展集中宣传活动，组织学生开展应急疏散演练，开展人民防空警报手语推广宣传，组织聋哑人群体参加防空袭疏散演练。以承德医学院为依托，新招募大学生人防志愿者 100 名，全市大学生人防志愿者队伍不断壮大。

【人防法治建设】　3 月，以市委、市政府、军分区的名义出台《关于深入推进人民防空改革发展的实施意见》，进一步明确今后一个时期全市人防改革发展方向。扎实推进依法行政“三项制度”改革，在总体三项制度的基础上最终形成 10 项制度。全力深化“放管服”改革，积极做好权力清单和责任清单动态调整。认真落实“双随机一公开”监管机制建设，依据人防工作实际，科学规范地建立“一单两库一细则”，7 月组织开展一次“双随机”抽查活动。8 月，市人防办 6 项行政审批事项一次性全部移交给市行政审批局，实现无缝对接、良性互动，既保证审批权的顺利移交、正确行使，同时也保证审批后市人防办及时跟进，实施有效监督。

【人防工作会】　12 月 12 日，组织召开全市人防工作会议，在认真总结业务工作完成情况的同时，突出学习宣传贯彻党的十九大精神，用习近平新时代中国特色社会主义思想武装头脑、指导实践，推动全年工作全面落实，推动全市人防工作再创新局面。从市人防办到各县、市、区人防办，从办党组成员到每一名职工，从机关党委到每一名党员，自觉立足于人防使命任务，牢固树立国家总体安全观，深刻认识“人民防空是国之大事，是国家战略、是长期战略”的指示精神，坚决维护国家主权、安全、发展利益，坚决贯彻落实新时代党的强军思想，坚定不移走新时代中国特色强军之路，强化忧患意识、危机意识、打仗意识，坚决以党的十九大精神统领人防改革发展，不断提升人防应急应战现代化水平。

附：市人民防空办公室领导名录

党组书记、主任：章文魁（满族）

党组成员、副主任：王　东

吴静平（女，满族）

任密龙

党　组　成　员：李耘记（满族）

（供稿　李　默）

法治

政法委工作

【概况】 全市政法机关以习近平新时代中国特色社会主义思想和党的十九大精神为指南，全面贯彻落实中央、省委政法工作会议精神，以做好十九大安保工作为主线，发挥维护国家政治安全、确保社会大局稳定、促进社会公平正义、保障人民安居乐业的职能作用，全市社会稳定局面持续巩固和发展，各项社会和司法体制改革有新进展，法治建设迈出新步伐，平安建设取得新成果，人民群众的安全感和满意度居全省前列。市综治办被评为2013年—2016年全国社会治安综合治理先进集体。

【巩固政治安全社会稳定局面】 强化情报信息工作，始终掌握对敌斗争主动权。大力推进敌情、社情大排查，充分发挥情报信息工作协调联动机制作用，为省、市领导科学决策提供准确情报支持。始终保持依法严打的势头，净化社会面。年内，共立刑事案件8515起，同比下降9.4%；破获刑事案件4018起，同比上升8.4%。其中，30起现行命案破案率100%。深入开展“治爆缉枪”等专项行动，最大程度地消除不安全隐患。建立健全由公安、宣传、工信、国安以及网络运营商等部门参与的网络舆情应对工作机制，强化沟通与配合，敏感期内实行24小时网上巡逻防控，日巡查境内外网站1550余家，处置有害信息1406条。全年，主动发布正面引导信息5万余条。在敏感期和重要节点，全市未出现抹黑党政形象的负面舆情，未发生影响较大的炒作事件。

【完成党的十九大安保任务】 制定出台《承德市“领导干部大接访、矛盾纠纷大排调、信访稳定大督查”活动实施方案》《承德市党的“十九大”安保实施方案》。市综治办、市维稳办、市信访联席办联合印发《深入开展影响社会稳定矛盾问题摸排化解专项行动实施方案》，严格落实各级各部门党委主体责任。十九大期间实施“运用1个矛盾调处化解平台；推动综治、维稳、信访3条战线协调联动；落实12个县（市、区）属地责任，发挥25个市直重点部门职能”的维稳战时机制。同时，成立由10位市级领导带队的驻县（市、区）综合督导组。各专项工作和督导小组与县（市、区）党委、政府密切配合形成合力。年内，市政法委牵头召开的各类维稳安保工作部署、督导检查工作会15场次。坚持加强在各个重要节点的专题调度，强化对46处重点目标和部位的实地督查。修订完善处置恐怖袭击事件预案，组织县（市、区）对全市242个涉恐重点防范目标全面检查评估，组织开展3次拉网式矛盾隐患摸排活动。建立十九大市内工作组与驻京指挥部实时通报制度，牢牢把握工作主动权。通过高质量完成涉军群体落实政策“归零”任务，通过全部化解涉法涉诉件积案，承德市成为全省唯一进京访“零记录”的市、全省唯一未因涉军问题挂账督办的市，受到省委领导和省驻承督导组的高度评价和充分肯定。

【保障服务经济社会发展】 围绕中心工作，依法规范市场经济秩序，严厉依法惩处阻工扰企、破坏重大项目建设、破坏市场经济秩序、侵吞挪用企业资金、非法吸收公众存款、电信诈骗等违法犯罪活动。公安机关年内侦办经济犯罪案件133

起，破获80起，挽回经济损失近4000万元；检察机关共批捕破坏企业发展环境的刑事犯罪案件12件18人，提起公诉15件26人；全市法院受理的经济类民事案件结案标的49.8亿元，全力维护企业和个人合法权益。开展“转、优、促”活动，为市场主体提供优质司法服务。制定出台《优化营商环境实施方案》，落实建设工程审批进度短信告知制度、重大工程提前介入制度，推进行政审批程序优化、简化。在审理涉企民间借贷、互联网领域、金融债权等民事纠纷中，开通立案审判绿色通道，严格控制案件审理期限。推行涉企巡回检察和检察机关与企业共建预防职务犯罪联系点等制度，在工程招投标、政府采购中开展行贿犯罪档案查询。市综治办推进社会购买服务冲抵安全风险，全年为61.5万农户提供保额为83.19亿元的治安保险，覆盖率为83.16 %，处于全省前列。服务生态文明范例，开展专项整治活动，推进“利剑斩污”水环境专项整治、大气污染防治、“雷霆行动”等项行动。开展联合执法，查处企业426家，关停取缔52家，责令整改178家；批准逮捕破坏生态环境犯罪24件31人，提起公诉92件142人；依法审结乱砍滥伐、乱采滥挖、制污排污等涉环境资源类案件203件，有效遏制生态环境类违法犯罪。深入开展惩治和预防惠农、扶贫领域职务犯罪专项行动，公检法共组织专项调查21次，共立案查处公益林补偿、占地补偿等领域职务犯罪案件27件51人。积极开展对贫困村和美丽乡村周边的治安秩序整治，确保脱贫村和美丽乡村首先建设成“安全村居”。市直政法机关共派出扶贫攻坚组11个，帮助11村脱贫摘帽，精准引进扶贫项目18个，为贫困村办实事56件。

【平安建设和社会治理】 严格落实责任制，健全完善《承德市落实综治维稳领导责任制实施办法》和《一票否决权制实施办法》。市委与51个综治成员单位和各个县（市、区），各县（市、区）委与综治成员单位及各乡镇层层签订平安建设责任书。市、县两级全部配齐综治委、综治办主任，乡、镇（街道）全部建立综治委（办），配备政法书记。建立村（社区）综治工作中心2624个，配备综治专管员2624名，经费全部列入县（市、区）财政预算。制定出台《关于运用法治思维和法治方式化解社会矛盾纠纷的实施意见》《承德市完善矛盾纠纷多元化解机制的实施意见》《关于建立“互联网＋诉非衔接”工作机制推进矛盾纠纷多元化解工作的实施意见》《关于进一步加强“民转刑”命案防控机制建设通知》《关于建立承德市家事审判及家事纠纷联动综合解决机制的实施意见》等系列指导性文件，发挥人民调解在维稳工作中第一道防线作用。全市累计排查发现各类矛盾纠纷18525起，调解成功率96.8%。全年未发生重大民转刑案件。

【智慧政法建设】 推进综治中心规范化建设，制定出台《承德市关于推进综治中心规范化建设“333”工程实施方案》和《县（市、区）、乡镇（街道）、村（社区）三级综治中心规范化建设标准》，市级30个示范乡镇、300个示范村全部建成。推进综治信息化建设，严格按照《社会治安综合治理基础数据规范》要求，与省平台对接成功，实现数据传输，全市实有人口和实有房屋信息已全部录入。积极推进综治APP应用，推进综治视联网建设。制定《承德市关于推进综治视联网建设的工作方案》，全市县级综治视联网覆盖率达到100%。环京4个县、14个乡镇、41个行政村均已安装视联网系统，并实现与中央、省、市的互联互通。推进“雪亮护城河”建设。经积极争取，承德市“雪亮护城河”已获批国家重点支持城市项目，中央补助资金2500万元已经到位。

【深化专项领域服务管理】 推进“预防校园暴力欺凌及违法犯罪”教育实践活动，创新设立11所主题教育示范校，聘请由公安、司法、检察院、心理医生组成法制专家宣讲团讲授主题公开课，为青少年健康成长成才提供法治保障。加强精神障碍患者帮扶救治管控，启用精神障碍患者信息录统提高规范管理率，推行重病治疗在医院、康复治疗在社区，做到“应治尽治、应管尽管、应收尽收”。推进刑释解教和社区矫正工作进档升级，创新完善教、管、保“三位一体”社区矫正“承德模式”，社区服刑人员严重违规违纪率和再犯罪率低于全省和全国平均水平。

【推进法治承德建设】 全面推进司法体制改革，完成法官、检察官进入员额制改革。市中级人民法院、市人民检察院系统按照省标准圆满完成入额，职务序列套改全部晋级，并兑现绩效考核奖金，保持队伍和谐稳定。完成司法机关内设机构改革。市、县法检系统全部完成内设机构精简，法官检察官一线办案力量增加20%，85%以上司法人力资源回到办案一线，司法效率更加凸显。全力推进以审判为中心的诉讼制度改革，严格落实省委改革指导意见，督导市直政法部门抓好落实，协调政法部门建立侦捕、诉侦、诉辩等方面的配合机制。制定出台了《全市政法机关信息资源共享和网上协同办案实施办法》，除不宜网上流转以外的刑事案件电子卷宗全部从网上流转办理，并配套下发了《关于规范刑事案件电子卷宗的通知》，提高办案质效。认真落实省委政法委《关于建立全省政法机关涉案财物跨部门集中管理信息平台建设通知》要求，完成省涉案财物信息管理系统的年度既定进度。制定出台了《党政主要负责人履行推进法治建设第一责任人职责实施细则》《关于健全完善决策与落实机制的实施意见》，全面规范议事程序和决策程序，提高依法决策水平。建立了普法责任清单制度和考核评估机制，健全完善“谁执法谁普法”、以案释法、公益媒体普法等制度，扎实开展“法官进社区”“法律进景区”“普法进京到工地”活动，并加强了微博、微信等新媒体在普法中的运用。

【队伍建设】 落实党建主体责任，率先抓好政法委自身建设。建立完善了《市委政法委员会议事规则》、机关领导周例会制度、机关理论中心组学习制度。严格落实民主集中制、“一岗双责”的廉政主体责任制和政法部门重大事项向党委报告制度。认真开展“一问责八清理”和“微腐败”专项治理活动，建立廉政谈话制度，切实整饬各项纪律。加强机关党组织建设，坚持“三会一课”制度，开展“弘扬塞罕坝精神”“学习党的十九大精神”等系列专题教育学习活动。年内，市政法委机关未发生严重违纪违规现象。强化教育和培训，进一步加强政法队伍职业化、规范化建设。制定了《在全市政法系统深入学习贯彻党的十九大精神的意见》，与市委组织部联合，依托市委党校对全市政法系统200余名市管干部集中培训，依托政法大讲堂在全市政法系统开展学习习近平新时代中国特色社会主义思想和新党章活动；联合市委宣传部开展了“魅力承德·最美政法干警”推选展示活动，适时启动“向身边学先进”活动，营造学比赶超的浓厚氛围。制定了全市政法系统教育培训五年规划，明确培训任务和考核导向，指导全市政法机关开展政治教育和业务练兵活动，累计培训政法干部3万人次。全面落实从优待警，为干警排忧解难。坚持党管干部。树立正确选人用人导向，加大对长期在基层一线工作和在急难险重任务中表现突出的优秀干警选拔使用力度。定期督促政法部门组织干警体检，落实政法干警带薪休假制度。落实谈心谈话制度，及时了解政法干警的困难需要和思想动态，为市直政法部门一线干警落实意外保险制度，为181名省、市两级特困干警资助资金165.7万元。坚持全面从严治警，抓好干警常态化管理，围绕全市政法干警违法违纪情况和查处的典型案件，从案件分布、人员占比、案件成因等方面综合分析研判，研究源头预防措施。在全市政法系统开展“司法领域徇私舞弊、枉法裁决、执法不公”整改和“两个专项”活动，共查办违法违纪案件14起，处理违法违纪干警18名。强化新媒体阵地建设，做好政法宣传工作，“平安承德”网站及时跟踪报道重大活动近10次，每日更新二级栏目16个，成功搭建12个县（市、区）网站页面。深入开展“平安建设宣传月”活动，成功组织新闻、多媒体稿件征集活动，25件优秀作品被省采用；向河北省信息群推送的综治信息10篇被省微信公众号采用；开通“平安承德”“正义的力量”等公众微信号，政法宣传工作的社会影响力不断扩大。

附：市委政法委领导名录

书　　　　记：邢留逮
市法学会会长：阮树平（满族）
常务副书记、综治办主任：
　　　　　　李海健
副书记、维稳办主任：王　学
副　书　记：曹士锋
　　　　　　马致文
　　　　　　齐建坤
政法委委员、副书记（挂职）：
　　　　　　李树德（4月任）
政法委委员、政治部主任：
　　　　　　张新旭

（供稿　徐庆哲）

公　安

【概况】　2017年，全市公安机关严格落实全国、全省政法、公安工作会议精神，以“十九大”安保为核心，以“四个公安”建设为牵总，以科技信息化建设为牵动，以基层基础工作为重点，以细致、精致、极致的工作态度，深入推进“两河”战略，积极改进工作作风，积极创新警务模式，有效整合警务资源，不断提升警务效能，切实拱卫环京、环秦区域安全稳定，保障“生态强市、魅力承德”建设，圆满完成“一带一路”国际合作高峰论坛、暑期、香港回归20周年、建军90周年和十九大等系列安保任务，维护承德乃至首都北京的安全稳定。

【抓好情报工作】　成立由市政府党组成员、市局党委书记、局长马占山任组长的情报委员会，制定《承德市公安局情报合成作战中心建设方案》，平泉、围场、隆化及鹰手营子矿区分局先后组建情报合成作战服务中心，开展重大事件综合分析研判，先后撰写《全国“两会”安保工作社会风险评估报告》《十九大安保决战决胜阶段全市治安维稳形势风险评估报告》《关于围场坝上地区安全稳定面临形势存在问题及对策建议的专题调研评估报告》等综合性分析研判报告15篇和《全市社会治安形势月分析》12篇，为成功应对重大安保和敏感节点期间可能出现的不稳定因素提供强有力的情报支撑。共签收处理省厅情报指令608条，下发各县市区公安局情报指令6592条，核查重点人嫌疑人2100人次，确保重点人员稳控到位。

【安全管控网】　强化网情掌控，打击政治谣言，查处涉网络政治谣言类案件2起，强化涉网案件侦办，以打击整治黑客攻击破坏和网络侵犯公民个人信息犯罪专项行动为龙头，全市网安部门共计侦办破获各类案件884起、抓获嫌疑人员819名。开展承德市党政机关、事业单位和国有企业互联网网站安全专项整治工作，整合关闭中小网站50余家，建设网站集群5个，关闭不合格网站10余家，定级备案网站68家，进一步提高了政府门户网站安全防护水平。

【反恐防暴】　反恐预知预警能力明显提升，形成触角广泛、层次深入、公秘结合、覆盖全面的反恐情报信息网络；涉恐基础排查工作稳步推进，筑牢涉恐重点目标防范，印制《反恐怖防范标准汇编》1000册，下发至各县区和基层派出所，为基层民警印发《反恐怖应知应会常识》卡片1万张，对全市涉恐重点目标进行全面检查评估；反恐应急预案体系得到完善，重新修订《承德市处置恐怖袭击事件预案汇编》总体预案1份和分预案11份，对市直49个成员单位的反恐怖工作职责实行清单式管理；加强反恐处突合成演练，举行十九大安保反恐应急处突演练暨誓师大会，供电、环保等14个单位共200人、40余台车辆装备参加，提升合成作战能力。

【信访维稳】 全市公安机关共组织开展信访专项活动8次，完成重要敏感节点信访维稳任务11件，接待群众来访218人次，办理信访事项812件次，市局控申处被评为全公安机关“信访积案攻坚活动成绩突出集体”、市信访维稳安全生产先进单位。在源头治理方面，全市公安机关开展信访多发执法环节专项治理、减量退位专项治理；在案件攻坚方面，累计办理信访案件54起；在风险预防方面，开展2017年进京访突出县区挂牌整治活动、信访风险隐患大排查行动、进京非访专项治理，全市公安机关排查信访积案20件；在信访信息录入方面，进一步推进信访事项网上办理，不断强化信访信息录入工作，切实做到逢访必录，到市访录入率达到100%，组织开展2017年信访信息补录，补录信息70余条，有效改善信息录入“倒三角”局面，系统数据更加完善。

【警务协作】 围绕全年七大重要敏感节点，密切京津冀八地、京承七县区、承密、三省六盟市警务协作。9月，京承7县（区）和天津市蓟州区在北京平谷先后组织召开京承7县（区）联防委员会第58届年会和京津冀八地公安机关第一次警务合作会议。与密云公安机关成立区域警务合作领导小组，建立警务指挥联勤联动机制，在重大安保活动期间，派出3名县局工作人员驻密云分局指挥中心共同办公，加强区域指挥联动，与密云警方联合开展集中清查行动2次，清查行业场所1351家，消除安全隐患270余处，抓获违法犯罪人员13名。与北京市局多个警种部门建立战时合作机制和应急援助机制、协查布控机制，严防漏管失控人员在京滋事，与省厅高速总队协作，完善以金山岭检查站为中心的集中统一安检工作模式。

【安全保卫】 以党的十九大安全保卫为核心，自5月起就搭建以“安保工作指挥部”为牵总，“一办两专班”为中枢的组织架构，形成了科学决策高效指挥的承德安保标准模式。统筹推进“两河”战略，在环秦、环京、环蒙、环津4个安检查控圈，组织开展三道防线查控工作14次，历时182天，创造性地构建金山岭和东川2个中心检查站，全年共出动警力3万余人、车辆4000余台，盘查车辆80余万台次、人员200余万人次。全力做好在暑期安保工作中，从全市抽调83名精干警力进驻重新修建的东川警务站，竭力严守74个检查（警务）站，全天候24小时集中安检；在十九大安保工作中，抽调市局机关75名警力在中心城区开展一级武装巡逻，全市700余名执勤民警全力扼守54个检查站警务站和32条进京小路，最大限度将不稳定因素封堵在北京外围。同时，认真贯彻落实“外松内紧”工作原则，圆满出色地完成中央领导到承德重大安全警卫任务，得到各级领导的充分肯定。

【惩治罪犯】 以“热河利剑—2017”为牵动，组织开展打击严重暴力犯罪、打击农村黑恶势力、打击“村霸”和宗族恶势力、打击电信网络新型违法犯罪、打击盗抢骗等系列专项行动，全年共立刑事案件8515起，同比下降9.4%，破获刑事案件4018起，同比上升8.4%，抓获犯罪嫌疑人2344名；全年共发现受理治安案件20409

起，查处19724起，与2016年基本持平。打击严重暴力犯罪成效明显，共发八类严重暴力犯罪案件204起，破案191起，破案率为93.62%，同比提高9.12个百分点；30起现行命案全部告破，破获命案积案8起，其中20年以上的沉年积案3起。打黑除恶工作成效明显，全市共打掉恶势力团伙6个，九类涉恶类犯罪案件立案271起，破案249起，破案率达到92%，四类犯罪立案186起，破案177起，破案率达到95%。打击涉枪涉爆成效明显，共立破涉枪案件16起，抓获犯罪嫌疑人25人。打击“盗抢骗”成效明显，共立“盗抢骗”案件5229起，同比下降31.57%，破案2725起，同比下降29%，抓获犯罪嫌疑人806人，打掉团伙47个。网上追逃工作成效明显，共抓获网上逃犯663名，同比上升37%，抓获历年逃犯98名，同比上升69%，新增网上逃犯641名，同比下降8.1%。打击电信诈骗重点，全年全市共立电信诈骗案件846起，同比下降68.08%，损失金额2188万元，同比下降62.83%，破案1005起，抓获犯罪嫌疑人82人，打掉团伙12个，端掉窝点10个，追缴赃款200余万元，实现“发案率下降90%，重点人员管控率百分之百”的目标，丰宁电信诈骗重点地区正式“摘牌”。

【禁种铲毒】 在缉毒执法方面，扎实开展“缉毒执法百日攻坚”专项行动，全年共破获涉毒案件33起，其中省级目标案件2起，抓获涉毒犯罪嫌疑人68人，缴获毒品11.5公斤、子弹240余发；在禁吸戒毒方面，全市社区戒毒、社区康复执行率稳步上升，两率执行均达到100%，承德县、丰宁、鹰手营子、兴隆4个县（区）已正式建成社区戒毒、社区康复服务中心，全市社会面吸毒人员网格管理服务体系初步形成；在禁制管理方面，集中开展全市易制毒化学品检查整治专项行动，440家易制毒化学品企业全部纳入监督范围，全年检查率达到100%；在宣传教育方面，开展在校毒品预防教育宣传授课300余次、筹建市级青少年禁毒教育基地1所，填补市级固定宣传阵地的空白。各县（市、区）新增教育园地6处，开展大型宣传活动20余次。7月，承德市成功通过国家、省禁毒办验收，率先在全省实现连续4年“双零”目标，河北省委、省政府、省禁毒委对承德市委、市政府进行通报表彰；省公安厅对隆化局、丰宁局、承德县3个公安分局予以通令嘉奖。

【遏制涉众犯罪】 强力打击经济领域违法犯罪，全年共侦办经济犯罪案件133起，破获80起，抓获犯罪嫌疑人114人，涉案金额4.5亿元，挽回经济损失近4000万元。严打涉众型经济犯罪，开展重点公司、重大工程项目的清理排查，共走访重点企业103家，重点工程、重大项目122个，受理涉众型经济犯罪案件16起，立案13起，破案8起，抓获嫌疑人22人，涉案金额4.2亿元。根据省厅统一部署，破获在全国范围内有较大影响的“善心汇”组织领导传销案；为切实做好黄金佳案件最终资金清退兑付工作，在全市设立5个核查确认登记网点，在全省率先展开核查登记工作，共录入系统集资参与人信息1570条；严打发票违法犯罪，共立案侦办涉税违法犯罪9起，破案3起，抓获嫌疑人6人，成立“警税联络机制办公室”，深入推进“云端2017”专项行动，已完成外地研判线索29条，研判平均得分5.9分在全省排名第二。严打银行卡违法犯罪，共立银行卡犯罪案件27起，破案17起，抓获犯罪嫌疑人16人；严打合同诈骗犯罪，共立合同诈骗案件38起，破案28起，抓获犯罪嫌疑人18人。

【侦办环境污染刑事案】 生态环境治理方面，以“利剑斩污”、水环境专项整治、大气污染防治、“雷霆行动”和打击洋垃圾行动为抓手，全年共立案侦办环境污染刑事案件38起，破获案件28起，抓获犯罪嫌疑人36人，移诉案件31起，移诉

49人；刑事立案同比上升38%，破案数同比持平，抓获人数同比上升69%，批准逮捕数同比上升100%。办理环境污染治安案件80起，治安拘留75人，查处企业426家，关停取缔52家，责令整改178家。其中，破获的省督平泉市石良喜李宗义污染环境案，查获涉案危险废物196.22吨，控制危险废物燃烧造成的大气污染危害，是全省破获的首例非法处置洋垃圾案件。保障食药安全方面，开展“食药打假利剑”“秋风”等专项行动，历时10个月，破获“6·23”特大网络销售有毒有害食品案，抓获犯罪嫌疑人45名，打掉黑窝点16个，黑工厂3个，查获32种成品有毒有害保健食品15万余盒，西药原料13.3吨，案值预估12亿元。全年共侦办食药领域案件79起。其中食品领域51起，药品领域23起，农资领域5起。抓获犯罪嫌疑人68人。其中，刑拘38人，逮捕13人，起诉10人。

【加强要害领域防范】 组织全市治安系统开展矛盾纠纷和社会热点问题大排查活动，摸排矛盾纠纷3880起，已化解3453起，化解率为89.0%。在群防群治方面，208个封闭小区全部配备保安员，配备率达到100%，691个小区完成了保安员配备或群防群治组织建设工作，组建率达到98.43%。行业场所阵地管控力度有效提升，全市刻字企业印章业治安管理信息系统已建设安装完成，对全市688家场所进行明查暗访，处罚旅馆12家，限期整改机修厂7家、娱乐场所5家，通过旅馆业治安管理信息系统共抓获逃犯54名。提升重点要害部位安全防范能力，全市检查重点单位内部要害部位1681处，检查金融单位390家，检查学校、幼儿园451家，检查铁路线路314千米，发现不安全隐患735处，发整改通知书735份，落实单位内部治安保卫责任制和各种防范措施。在出入境管理方面，顺利启用全国公安出入境管理信息系统，群众办证等候时间缩短三分之一，共批准公民出国（境）申请72836人次，为境外人员办理各种签证证件225人次，处理涉外案（事）件6起，管理服务常住境外人员400余人，临时入境人员2万余人次。

【交通管理】 开展城区道路缓堵治乱、农村道路交通秩序整治等专项行动18次、统一行动130余次，全市全年共发生交通事故256起，同比上升34.74%；死亡75人，同比上升1.35%；受伤375人，同比上升83.73%；财产损失289.83万元，同比上升133.06%。大力推广“事故E处理”，淘汰老旧车辆，全市老旧车车型一注销率为93.91%，实际注销率为61.43%，车型二注销率为98.46%，实际注销率为64.34%，位居全省前列。开展坝上交通治理，抽调164名骨干民警进驻塞罕坝及外围区域，坝上地区道路通行环境明显改善。

【消防工作】 组织开展集中夜查行动12次，对全市13家社会单位实施政府挂牌督办，全年共检查各类场所和单位21386家次，督促整改火灾隐患43065处；共接警出动1501起，抢救被困人员183人，疏散人员438人，挽回财产损失6084.5万元，圆满完成承德县山火、钱库KTV爆炸、下营房民房坍塌等救援任务。全市连续2年未发生亡人火灾，消防支队连续7年未发生安全责任事故，“两个稳定”长久保持。会同市政府相关职能部门混编成100余个联合检查组，集中对全市文物古建筑、公共娱乐、大型商市场、易燃易爆、社会福利机构等单位和场所进行排查，累计督促整改火灾隐患1830余处。

【危爆物品管控】 大力组织开展涉爆单位和从业人员清理整顿工作，加大对涉枪涉爆违法犯罪活动的打击力度，突出打源头、建机制、夯基础，着力解决深层次涉枪涉爆问题。查处涉枪涉爆案件111起，其中刑事案件29起，处理违法犯罪人员99人，采取刑事强制措施28人，抓获部督涉枪逃犯 1 人，涉枪涉爆案件在逃人员缉捕会战缉捕率达 100%，确保涉危涉爆用品绝对安全。

【景区治安管理】 对景区开展巡查，分别与避暑山庄管理处、避暑山庄博物馆管理处、普宁寺管理处、公交总公司、长途四方公司等单位联合制定、完善 10 套反恐防暴应急处置预案，开展联合应急处突演练 3 次；会同工商、旅游、交通等部门开展联合检查摸排，取缔一批黑导游、黑旅游中介、黑经营点，进一步规范经营行为；在避暑山庄两宫门之间、普陀宗乘之庙、大佛寺等景区门口开展各类专项行动，整治、驱散、警告违规导游人员。

【户籍管理】 细化《深化户籍制度改革的实施细则（试行）》，并获市政府批复，为引导农业人口有序向城镇化转移确立政策依据。组织开展流动人口和出租房屋“清源”专项行动，组织区域性集中清查 568 次，清查出租房屋 20182 间、流动人口 15391 人。全面加强重点人员动态管控，管控率为 93.5%。

【规范执法】 深化受立案制度改革，市县两级案管中心共对 136245 起警情、17242 起行政案件、8591 起刑事案件进行监督。深化刑事案件“两统一”，结合“以审判为中心”的执法理念和严格排除非法证据的刑事办案要求，与市检共同制定《关于规范案件移送审查起诉工作的意见》，进一步规范和提高刑事案件办案质量，市县两级公安机关在刑事案件两统一工作中，共提请批准逮捕 1224 人，移送审查起诉 2725 人。推进涉案财物管理，建设“一码全程追踪、一网多维监督、一键即时展示、一地集中保管”的跨部门刑事涉案财物集中管理信息平台，制定具体建设方案及采购清单报送省厅。编纂《承德市公安局重大安保活动执法应用手册》，以应对维护国家安全和社会稳定的新情况、新问题。组织开展 2017 年度人民警察基本级、中级、高级执法资格考试工作。

【信息化建设】 增强可视化监督管理平台使用效能，大力推进高清数字审讯和执法六必录系统的使用工作，倒逼民警转变执法理念，将“两系统”的使用情况纳入季度执法质量考评和执法规范化考核范围。推广应用公检法司网上协同办案平台，制定下发《承德市公安机关推进信息资源共享和网上协同办案工作实施方案》，确保实现政法机关信息资源共享、刑事案件电子卷宗网上流转等功能。市、县两级公安机关集中执法办案中心建成率和派出所规范化改造率均实现 100%的目标。加强执法安全管理，在执法场所继续深化执法功能区建设和应用，100% 在办案区内办理，100% 录音录像备查；在监管场所，全力推动更新监管指挥系统，更换老化陈旧监控设备，完成“八大系统”建设；基本完成全市监所医疗社会化和市看守所监管病区建设，全市监管场所全年无安全事故发生。

【思想作风建设】 学习贯彻党的十九大精神，结合“三会一课”、“党员活动日”和党支部学习等形式，组织广大党员民警深入开展学习交流研讨活动。聘请中共中央党校教授张希贤等专家做专题讲座，深入解读党的十九大精神。市政府党组成员、市公安局党委书记、局长马占山深入围场县局御道口派出所，为一线民警专题宣讲党的十九大精神。派出由市局党委成员带队的宣讲小组，深入各县市区公安局宣讲党的十九大精神。开展深化机关作风整顿、“微腐败”专项治理、“小金库”清理和“一问责八清理”专项行动，全年共审计总金额 1.87 亿元。强化日常督导检查，重大敏感节点期间，市县两级公安机关均派出由党委班子成员带队的督导组，全年累计派出督察组 1455 个次，出动督察警力 3486 人次，检查基层单位6427个次，检查民警32528人次，发现、整改各类问题514个。

加强队伍“正规化建设，制定出台《承德市公安局全面深化公安改革实施意见》；推进警务辅助人员管理工作，市政府印发实施《承德市公安机关警务辅助人员管理办法（试行）》；开展政工信息系统数据质量专项核查百日会战，对市局机关全体民警1万余条人事信息进行维护。加强人员教育培训，抽调167名民警（辅警）进行集中封闭训练，完成参加全省公安机关警务实战化训练成果汇报大会训练演练任务；部署开展“警务实战化春季整训”活动，共举办“春训”培训班29期，培训民警3400余人，安排健康管理辅导15次，户外拓展活动30余次；深入素质强警交流合作工作，赴常州市公安局，参加河北承德·江苏常州两地公安机关素质强警交流合作框架协议签约仪式，并对其管理模式和经验做法实地考察，10个县分局和9个市局警种部门与常州市警方开展对接交流。通过政治思想工作和职业素质培训，共有188名民警记功授奖。其中，一等功1人、二等功7人、三等功78人、嘉奖71人。有21个集体受到表彰奖励。民警刘洋当选“全国特级优秀人民警察”，于海涛、蒙长海当选“全国优秀人民警察”称号，受到中共中央总书记习近平亲切接见。鹰手营子矿区公安分局治安警察大队荣获“全国优秀公安基层单位”荣誉称号，交警支队荣获“全国精神文明建设先进单位”称号。

附：市公安局领导名录

党委书记、局长、督察长：马占山
党委副书记、副局长：马占林
党委委员、副局长：徐振山
徐品刚（满族）
党委委员、副局长、交警支队支队长：
张春华（满族）
党委委员、副局长：赵兴海
徐　爽
白志强（满族）
王文阁
党委委员、纪检组组长：耿云飞
党委委员、政治部主任：张瑞林（满族）
党委委员：辛彩霞（女，蒙古族）
张建峰（满族）
许大明（蒙古族）
党委委员、国内安保支队支队长：
李　北（满族）
党委委员、指挥部主任：张晓东（满族）

（供稿　许亚男）

检　察

【概况】 2017年，全市检察机关围绕中心、服务大局，依法认真履行检察职能，全年共批捕犯罪嫌疑人1258人，提起公诉2991人；共立案查办贪污贿赂案件129人、渎职侵权案件63人，同比分别增长9.3%和28.6%，为国家和集体挽回经济损失879万余元；共办理刑事监督案件564件次，办理民事行政监督案件148件，各项检察工作保持健康稳步发展。

【维护社会稳定】 依法严厉打击刑事犯罪，正确贯彻宽严相济刑事政策，加强释法说理、刑事和解等工作，依法不批捕265人、不起诉139人。坚持把化解社会矛盾贯穿司法办案始终，深入开展涉法涉诉信访“四个专项治理”、刑事申诉案件公开审查等活动，通过远程视频接访、检察长接待日、带案下访、律师参与化解和代理涉法涉诉信访案件等形式，做好信访维稳工作，共办理各类控告申诉案件3110件，化解平泉市侯某某10年诉讼纠纷案。2017年，市检察院被评为全国检察机关“文明接待示范窗口”，4个基层检察院被评为全国检察机关“文明接待室”。以推进民生领域社会治理创新为重点，积极参与打击“村霸”和宗族恶势力犯罪及电信网络诈骗犯罪专项活动，共批捕犯罪嫌疑人81人，提起公诉170人，依法办理于某某等42人电信诈骗案等重点案件；组织开展涉农犯罪、危害食品药品安全犯罪等专项立案监督活动，通过监督立案等多种形式加大工作力度；认真落实普法责任制，深入开展“法律九进”活动，不断提升群众法治意识。

持续加大查办当地案件力度，查办贪污贿赂大要案32人、渎职侵权重特大案件47人。突出查办严重损害群众利益问题，组织开展医疗卫生、森林草原防火监管、安全生产等领域小专项活动，共立案查办贪污贿赂和渎职侵权案件43人。注重打击行贿犯罪，立案查办围猎干部、谋取不正当利益的行贿案件18人。持续深化职务犯罪预防，开展警示教育77次；与市邮政公司联合开展“预防职务犯罪邮路”活动，完成预防调查等102件，两级院多篇预防职务犯罪年度报告被党委、人大、政府领导批示肯定。

【服务经济发展】 努力营造良好营商环境，认真落实“转、优、促”部署，制定《推进构建法治化营商环境的意见》，采取严厉打击破坏企业生产经营、侵犯企业知识产权等危害经济秩序犯罪，开展服务非公企业活动等措施，依法办理秘某等人假冒山庄老酒、板城和顺等多种白酒的注册商标案等重大影响案件，《河北日报》等媒体对该服务举措均予以报道。对承钢钒钛高强冷轧板项目等13个重大建设项目开展同步预防，开展行贿犯罪档案查询5672次。多措并举促进绿色发展，创新“并体保护”工作模式，为全市实施生态优先、绿色发展战略提供坚强司法保障，共批捕破坏生态环境刑事犯罪31人，提起公诉142人，监督查办双滦西地前营废钢渣提炼厂污染环境、石某某等人跨省倾倒危险废物等案件；开展生态环境保护检察、打击大气污染犯罪等活动，建议行政执法机关移送涉嫌犯罪案件14件，监督公安机关立案21件，发出督促整改检察建议11件。深入开展查办和预防扶贫领域职务犯罪专项活动，查办截留、虚报冒领惠农扶贫资金等贪污贿赂案件51人，同比增长13.3%，市检察院打击扶贫领域职务犯罪经验在省检察院作典型发言。

【法律监督】 加强刑事诉讼监督，监督公安机关立案、撤案62件，同比增长34.7%；纠正侦查活动违法198件次；共提出刑事抗诉43件，同比增长126%，提升抗诉案件质量经验被省检察院转发。积极推进行政执法与刑事司法衔接工作，建成覆盖55个部门的“两法衔接”信息共享平台，通过线上线下审查行政执法案件1470件，建议行政执法机关移送涉嫌犯罪案件17人，公安机关已立案11人，其中包括一涉案3500余万元的组织、领导传销犯罪案件。加强生效裁判监督，提请抗诉35件，同比增长150%；提出民事抗诉和再审检察建议27件，同比增长17.4%。指导基层院与同级法院会签《加强民事执行活动法律监督工作若干问题的意见》等文件，重点对进入执行环节的执行行为和执行裁定进行监督，共提出检察建议110件，被采纳105件。

实化行政检察监督，在市政府大力支持下，通过在“两法衔接”信息共享平台增加行政检察监督模块搭建起行政检察与行政执法衔接平台，与市场监督管理局会签订《强化食品药品安全监督领域合作机制的实施方案》，围场县院提请围场县人大常委会审议通过《加强行政检察监督工作的决定》，从软件开发、试点单位应用、部门协调联动等方面夯实了行政检察监督工作基础。组织开展“清收耕地占用税、契税”专项活动，督促相关部门收缴税款3400余万元，经验做法被省检察院转发。围绕河道采砂、林地使用等环节开展公益诉讼，通过诉前程序追缴土地出让金1700万元。发出督促履职检察建议285件，支持起诉86件。

深化刑事执行检察监督，书面纠正执行机关

提请减刑、假释、暂予监外执行不当88人次，书面纠正刑事执行和社区矫正违法违规案件173件。注重提高监督准度，办理羁押必要性审查案件并被采纳意见104件，采纳率达到100%，杨某等人羁押必要性审查案获评全国精品案件，丰宁满族自治县检察院羁押必要性审查工作经验被省检察院推广。两级院均建成刑事执行检察信息中心，实现对看守所、监狱、社区矫正活动的动态监督。

创新未成年人检察监督，认真落实对涉罪未成年人特殊检察制度，与市公安局会签《全面落实犯罪记录封存、加强未成年人保护的若干规定》，依法不批捕24人，附条件不起诉11人，同比分别增长41.1%和57.1%。设立未检办案专区、教育园区检察官办公室和法制长廊，组织开展“检察开放日”“法治进校园”等活动，接受学校法制教育的师生达3万余人次，共同打造学校、社会、司法机关联动加强未成年人犯罪预防工作新格局。

【检察体制改革】 稳步推进司法责任制改革，全面实行人员分类管理，完成322名入额检察官的等级评定、89名检察官等级晋升以及检察官助理和书记员的等级确定工作，完成第二轮检察官入额及员额检察官比例调整工作。推行司法办案新模式，制定业务职权划分、法律文书签发权限等制度，入额院领导和检察官均按照新的检察权运行模式办理案件，人均办案量同比增长31%，人均办案用时减少5.6个工作日。建立案件质量评查聘任、打分定档、一人一档“三项机制”，有效规范司法行为，提高办案效能，最高检给予充分肯定。

稳步推进以审判为中心的诉讼制度改革，与市公安局会签《加强侦查监督工作配合的规定》《规范案件移送审查起诉工作的意见》等文件，指导基层院会签《加强诉侦配合的实施意见》《提前介入刑事案件、退回补充侦查活动的实施办法》《几种常见罪名证据采信标准》《办理刑事案件构建新型诉辩关系的若干意见》等文件，在构建新型诉侦、诉审、诉辩关系方面进行有益探索。共提前介入侦查262件次，召开联席会议136次，列席法院审判委员会讨论案件64件次，网上预约律师和诉讼代理人1102件次，市院被最高检评为保障律师执业权利示范单位。

稳步推进人民监督员制度改革，协助市司法局完成82名市级人民监督员的选任和培训工作，组织监督案件15件，邀请参加案件公开答复、职务犯罪案件评查等活动15次。

【省级领导检查】 3月10日，省院党组副书记、副检察长李玉龙一行3人到承德检查“两会”期间安保工作，并就分管检察工作调研指导。副检察长李玉龙听取承德市院工作开展情况汇报，对承德检察工作给予充分肯定，并提出两点意见：1. 控申工作要落实好责任制、责任心“两个责任”，做到底数清、数字准、工作实，要深入基层，掌握一线情况。2. 监督工作要抓实抓细，进一步完善监督手段，确保监督规范到位。

8月9日，省院党组副书记、副检察长申占群到承德市院视察指导工作。副检察长申占群一行先后到市院刑事执行检察信息中心、信息化运行维护中心和中心机房检查指导，听取各项工作情况的汇报。副检察长申占群对承德检察信息化工作给予充分肯定，强调：要进一步强化信息化工作的思维理念，积极适应大数据、人工智能时代的新要求，勇于打破既有思维定式、工作惯性，深化大数据运用，把科技创新与司法改革统筹起来，不断提高监督科学化、程序化、公平化水平。

8月16日，省院党组副书记、常务副检察长史建明到隆化县调研指导脱贫攻坚工作，走访慰问贫困户并看望省院扶贫工作队队员。看望省检察院驻隆化扶贫工作队队员。在县、乡、村及省检察院扶贫工作组共同参加的精准脱贫座谈会上，史建明与大家共同研究脱贫路径和具体措施，协调解决各村实际困难，为重点帮扶的3个村捐赠扶贫款项。

【预防职务犯罪邮路活动启动】 5月9日，由市检察院和中国邮政集团公司承德市分公司联合开展的“预防职务犯罪邮路”活动正式启动。市邮政投递员成立预防职务犯罪邮路活动志愿服务队，充分利用广大投递员走千家、进万户的服务优势，面向基层一线的国家工作人员、村（社区）干部和群众，通过检邮双方打造制作一套“预防职务犯罪”专用信封、开通一个流动宣传站等“七个一”预防平台，并充分利用发送传统纸质宣传品，利用微信、微博和APP 等互联网媒体，推送廉政短片、公益广告等预防视频资料等丰富多彩形式，重点宣传社保、医疗、扶贫等领域惠民政策，传播党的廉政理念，开展警示教育，形成覆盖城乡的预防职务犯罪网络。

【庭审观摩会】 11月8日，市检察院提起公诉的一起由微信抢红包纠纷引发的故意杀人案在市中院公开开庭审理。省、市人民监督员、全市检察机关公诉及其他相关部门干警等30余人观摩庭审。庭审结束后，与会人员对庭审情况作点评。市院公诉一处刘北南处长结合庭审就全省检察机关公诉部门贯彻落实非法证据排除规则的情况报告和与会人员进行研讨，对市检察院关于建立类案证据审查排除机制进行阐述说明。

【检察队伍建设】 全面加强检察队伍建设，认真学习宣传贯彻党的十九大精神，深入推进“两学一做”常态化制度化，扎实开展“学习塞罕坝，加快走新路大讨论”等活动，并结合实际开展向身患绝症病故前10天仍坚持工作的身边模范、原营子区院副检察长曲阳学习活动，努力形成学精神、齐奋进、勇争先的良好氛围，有3个基层院获得省级文明单位，2名检察人员被评为全市最美政法干警。全面实施素质提升工程，组织各类培训2748人次，有5门课程在省检察院精品课评选中获奖，14件精品案件入选全国检察业务指导性案例，宣传稿件、理论调研文章被省级以上报刊采用460余篇。

加强党风廉政建设，制定《廉政风险防控机制建设工作手册》，落实防控措施205条；开展深化基层党风政风“清洁行动”、推进“微腐败”专项治理等活动，开展警示教育和谈话函询161人次，在全省检察系统率先建立干警廉政档案178份。按照省检察院对市院党组开展巡视工作部署，认真查找在党的建设、从严治党治检等方面的突出问题，并根据省检察院巡视组反馈意见和市委主要领导落实反馈意见指示精神，坚决、全面进行整改。

加强基层基础建设，深入开展基层院“八化”建设，1个基层院被评为全省“八化”建设示范院，2个基层院被评为全省“八化”建设先进院。以打造“智慧检务”为统领，完成现代化侦查办案、检察监督、检务保障及办公等平台建设。全市检察机关和检察人员牢固树立“四个意识”，准扎实推动检察工作争先创优，两级院共有13个集体和67名个人获得省级以上表彰。

附：市检察院领导名录

党组书记、检察长：纪志明（4月任）

党组副书记、副检察长：崔雁侯

党组成员、副检察长：郑　川

党组成员、副检察长，安定里地区检察院检察长：徐树龙

党组成员、副检察长：陈焕新

党组成员、副检察长，反渎局局长：蔡金城

党组成员、副检察长：蒲英华

党组成员、纪检组长：赵常林

党组成员、政治部主任：侯　宇

党组成员、反贪局长：王　刚

（供稿　陈永丰）

法 院

【概况】 2017年，全市法院紧紧围绕司法为民公正司法主线，全面加强审判管理，努力提升司法能力，各项工作持续向好发展。全市法院共受理各类案件75327件，审执结72902件（含旧存），结案率96.78%，位居全省第一位。其中，市中院受理8369件，审执结8187件（含旧存），结案率97.83%，在全省11个中院中也名列前茅。

【案件审判】 全市法院共受理各类刑事案件2635件，审结2603件，判处罪犯2827人。其中，市中院受理431件，审结427件，一审审结43件，生效判处罪犯75人。全市法院共受理各类商事案件20097件，审结19787件。其中，市中院受理1988件，审结1963件。审结2016年全省人数最多、涉案金额巨大的电信诈骗案件，对42名被告人依法给予刑事处罚。全市法院共受理各类行政案件896件，审结870件。其中，市中级人民法院受理385件，审结374件。

全市法院网上预约立案12365件，网上预约立案数在全省位居前列。重点审理好涉民生案件，全市法院共受理各类民事案件28119件，审结27694件。其中，市中级人民法院受理2660件，审结2643件。人民陪审员共参加陪审案件8773件。

【加大执结工作力度】 全市法院系统共执结案件18229件，执行到位金额15.86亿元，公开失信被执行人信息3357条，限制高消费2362人次，限制出境6人次；移送公安机关追究涉嫌拒不执行判决裁定罪37人，法院判决12人；司法拘留600人次；采取罚款强制措施31件，罚款金额270万元。

【不断提升审判质效】 全市法院系统生效案件改判率0.13%，同比下降0.01个百分点；服判息诉率76.68%，同比上升0.03个百分点；申诉信访案件701件，同比下降12.48%。实行统筹分案、均衡结案，强化审限管理，努力提高办案效率。加强审判管理，全市法院系统人均结案103.95件，审限内结案率99.69%，案件平均办理天数41.08天，较全省平均办理天数少16.25天，在全省位居前列。

【深化司法改革】 推进新审判权机制运行，全市法院系统共组建审判团队188个。平稳完成第二批法官入额工作，共召开专业法官会议233次，研讨案件434件。制定关于规范审判权运行监督管理办法（试行）》，出台《院、庭长办案实施办法》，全市法院系统院庭长累计办案36828件，占结案总数的51.77%。扎实开展内设机构改革，全市所有基层法院对内设机构进行减缩，由原有的194个减为85个，累计减少56.20%，工作效率得到提高。全市法院系统民事一审简易程序适用率76.22%，累计办理小额诉讼案件2580件，诉讼资源节约，诉讼效率提高。双滦区法院被最高院确定为“案件繁简分流机制改革示范法院”。积极推行“轻刑快判”工作机制，全市法院系统轻刑快判审结案件1063件，适用率47.93%，居全省第一位。

深入推进司法公开，全市法院系统共公开审判流程69425件，庭审18145个，裁判文书49028份，执行信息19842件，减刑、假释案件1760件，网络司法拍卖436件。在2017年全省阳光司法指数评估中，全市法院系统位居全省法院第一位；市中级人民法院在全省190个法院混合排名中位居第二位，在11个中级人民法院中位居第一位。制定《接访处访工作规程》，完善接访处访工作机制，依法保护信访群众的合法权益。加强法律救助工作，全市法院共发放司法救助款872.76万元，减免诉讼费35.16万元，让生活困难者打得起官司，让打赢官司的困难者尽力得到救助。

【法院队伍建设】 不断提升干警政治素养，始终把政治建设摆在首位，强化“四个意识”、坚定“四个自信”，坚决在思想上政治上行动上与以习近平为核心的党中央保持高度一致。努力提高干警司法能力，分级分类抓好重点培训，鼓励和支持干警参加上级法院的各级各类培训。突出典型引领和传帮带功能，通过开展“庭审质量和裁判文书双十佳评选”等活动，提高干警的辨法析理能力、群众工作能力、信息化运用能力。着力改进干警工作作风，实施队伍日常精细化管理，先后制定涵盖党建工作、审判执行、队伍建设、行政管理各个方面的制度规定，坚持从出勤、院内秩序等小事抓起、小节做起，实现由小见大，促进干警良好习惯和规矩意识的养成。全面落实从严治党责任，坚持党组理论中心组思想政治学习，认真召开领导班子专题民主生活会，与各基层法院院长、中院各部门主要负责同志进行集体廉政谈话，落实领导干部“一岗双责”，不断压实“两个责任”。

附：市中级人民法院领导名录

党组书记、代理院长：刘福明（6 月免）
党组书记、院长：刘福明（7 月任）
党组副书记、副院长：陈雪峰（6 月免）
党组副书记、副院长：王淮志（满族）
党组成员、副院长：马瑞卿（满族，8 月免）
程中平（满族）
潘洪泉
党组成员、纪检组长：郭立琢（女）
党组成员、副院长：曲　图（8 月任）
刘宪海（8 月任）
党组成员、执行局局长：李亚平
党组成员、政治部主任：丁　一（8 月任）
党组成员、审监二庭庭长：王景林

（供稿　张　莉）

司法行政

【概况】 2017 年，全市司法行政系统以奋发有为的精神状态、更加严实的工作作风，坚决贯彻上级系列决策部署，认真履行法律服务、法治保障和法治宣传职责，全市司法行政工作整体推进，重点工作亮点纷呈，为建设生态强市、魅力承德做出了积极贡献。

【特殊人群服务管理】 在坚持社区矫正“十项机制”的基础上，不断探索、创新、完善出五项教育“一条龙”、六项管理“一条链”、七项保障“一条线”的教、管、保“三位一体”社区矫正“承德模式”。全市已建成县级社区矫正中心 3 个；建立市、县级“阳光中途之家”9 个，建立矫正小组 2644 个，并坚持对社区服刑人员开展多元化、配套化矫正；采用多项管理措施，不断推进社区矫正特色化、规范化建设。全市对符合条件的社区服刑人员全部实行“定位 + 微信”一体化监管，实行 GPS 手机定位 2260 多人、微管 2400 多人，对 30 名社区服刑人员试行“手机 + 手环”双重定位监管；在市以上报刊（简报）发表社区矫正稿件（信息）46 篇，《承德日报》整版刊发《“承德模式”点亮社区矫正工作》长篇通讯；制作《“承德模式”点亮社区矫正工作》视频在河北省和天津市、北京市广泛宣传；《法制日报》还以《信息化规范化点亮社区矫正“承德模式”》为题向国家有关部门报送内参，是年底，河北省首次开展的社区矫正工作督查、执法检查和绩效考评中，承德市司法局位居全省第一。

【安置帮教工作】 完善刑释人员核实衔接机制，全市在册刑满释放人员 9441 人。其中，刑满释放人员 4121 人，解除矫正人员 5320 人。刑释人员核查率 100%，核实率达到 99%，预释放信息回执率达 99.8%，帮教率 100%，无刑满释放人员重新犯罪发生。巩固刑释人员帮教安置机制，全市刑满释放人员帮教率达到100%；安置刑释人员9132人，安置率达到97%。免费为35名刑满释放人员培训机动车驾驶技术。

【律师管理】 加强律师党建和队伍建设，发挥律师党员和律师事务所党组织作用，3个律师事务所被省司法厅、省律师行业党委授予“市级律师行业党建工作示范点”称号。积极发展“两公”律师队伍，推动公职律师参与依法行政工作，全市公职律师和公司律师截至2017年底已达73名，在有效促进政府科学决策、企业依法运行方面发挥了重要作用。充分发挥律师服务民生维权维稳优势。继续开展村（居）法律顾问工作，指导全市律师认真履行法律援助义务，继续组织信访工作律师团律师到涉法涉诉信访中心值班，推动律师积极参与维稳工作。《承德日报》发表整版宣传文章《扬起法律利剑 服务社会发展——市司法局律师工作纪实》。谋划组织律师庆祝十九大文艺汇演，组织扶贫攻坚献爱心捐款活动，全市律师共担任各级政府法律顾问992家，办理各类案件1.3万多件，接待咨询和代书6.1万多人次，办理法律援助案件1292件。

【公证管理】 充分发挥公证服务、沟通、证明、监督的职能作用，不断拓宽服务领域，全力规范办证程序，化解社会矛盾，服务保障民生。优化公证资源合理布局，设在双桥区内的河北省承德市恒义公证处设置调整上划，与市公证处一并由市司法局一个层级管理。全市各公证机构均安装并使用办证软件办理公证业务，同时配备使用人脸识别系统和二代身份证识别仪，避免在以后办证业务中错证、假证现象的发生。妥善化解市部分公证机构涉上海房产委托书公证事项出现的问题，依法依规处理相关公证处和公证员。全市公证机构共办理各类公证22684件。其中，国内公证20614件，涉外涉台港澳公证2070件。开展法治宣传和公证咨询1892次。

【司法鉴定规范管理】 不断拓展鉴定业务，切实提高司法鉴定的质量和社会公信力，创造和谐稳定的社会环境。完成市15家司法鉴定机构，193名司法鉴定人员审核登记和名册编制申报工作。召开专题会议，对全市司法鉴定管理干部和机构负责人进行法律知识和业务培训。全市司法鉴定依法严格监管、不断完善管理体制的做法分别在《河北法制报》、司法厅和司法部网站上刊登。全年全市15家司法鉴定机构共办理各类鉴定6700件。

【法律援助】 出台《关于进一步加强法律援助工作的实施意见》，着力解决制约法律援助工作的瓶颈；积极与法院、公安部门协商，筹划在法院、看守所设置法律援助工作站工作，全年，各县区已经先后建立了法律援助工作站；市级12348智能信息语音平台升级改造已经完成并投入使用。全年共办理各类法律援助案件3000余件，受援群众5000余人，解答法律咨询2万余人次，挽回损失6000多万元。年初，《承德日报》头版头条报道承德市法律援助中心的先进事迹。完成2016年国家司法考试合格人员法律职业资格初审工作和2017年法律职业资格证书年度备案、变更登记工作；圆满完成2017年国家司法考试工作。

【化解社会矛盾】 大力推进人民调解组织建设，合并“承德市医疗纠纷人民调解工作领导小组”和“承德市人民调解工作指导领导小组”，成立“承德市人民调解工作领导小组”。全市共建立人民调解组织3304个，共有调解人员16081名。深入推进民间矛盾纠纷化解工作，坚持经常性排查和集中排查相结合，日常排查和重点时期排查相结合，重点人群和非重点人群排查相结合，全年全市各级调解组织共调解各类矛盾纠纷24237

件，调解成功23693件，成功率为97.8%，排查矛盾纠纷7595件，预防矛盾纠纷3949件；防止民间纠纷转化为刑事案件32起85人次；防止群体性上访298起3278人次；防止群体性械斗2起18人次。进一步加强承德市人民调解中心建设，中心有办公用房300平方米，软硬件齐全，各项制度完备，有17个专业性、行业性人民调解委员会挂牌，中心运行以来，共接待来访、来电咨询500余件，立案60余件，群众诉求730万元，赔付560万元，接待来访400人次，电话咨询300余次。经过多方努力，9月，人民调解与法院“互联网+诉非衔接”系统在中心试运行。截至年底，全市共建“民调通”信息管理平台2387个，覆盖率达90%。“四长办案”工作有序开展，全市各级司法行政机关主要领导直接参与人民调解案件42件。

【法治宣传】 精心组织开展法治宣传教育活动，在重要时间节点，组织多次集中宣传咨询活动。扎实推进“法治进校园”活动的深入开展，认真落实《河北省教育厅河北省司法厅关于举办河北省中小学生法律知识竞赛的通知》。进一步规范企业用工行为，深入推进职工普法宣传工作，依法维护职工合法权益，构建和谐劳动关系，促进企业健康发展，开展了职工法律援助律师“上门精准普法”专项行动。在巩固《承德日报》、承德电视台等传统媒体法治宣传的基础上，积极推进新媒体普法工作，八县三区法宣办均开通“两微一端”，在承德电视台的手机台开办司法行政专栏。调整充实承德市法治宣传教育领导小组和“七五”普法讲师团，壮大普法志愿者队伍。深入推进法治文化建设，制定印发《承德市“七五”法治文化建设活动三年规划》，利用三年时间，通过“九进四送”（即进农村、社区、机关、单位、学校、企业、市场、家庭、景区；送法律、送正气、送和谐、送平安），大力组织开展全市性的法治文化建设活动。积极组建承德市“七五”普法艺术团、“七五”普法志愿者团队，精挑细选打造两台全市性法治文艺综合节目和京剧精品节目，广泛组织“九进四送”巡回演出活动。制定《承德市“建设生态强市魅力承德”主题法治宣传活动方案》，推动落实国家机关“谁执法谁普法”“谁服务谁执法”的普法责任制。研究制定了承德市《关于建立以案释法制度的实施意见》，开展“法治宣传进景区”创建工作示范工作。

【强制戒毒】 坚持首位意识，落实第一责任，完成重要时间节点的重大安保任务，借助重要时间关口共进行安全隐患排查7 次，对照布局在系统查出的问题，积极主动进行自查自纠，为以后戒治做好预防准备。遣送工作稳把检查入口关、出口关，做到入所必检，在押出所前必检，配齐遣送干警，保证遣送行车安全，做好遣送对接，全年遣送戒毒人员28人。基础设施建设实现新推进，社会帮教用房和戒毒人员食堂设备的管网配套工程已经竣工，外围地面硬化和会见通道建设也已经完成，工作人员食堂首次实现从管教区内迁出到管教区外的目标，食堂设备也已验收完毕。

【改革创新】 加快推进律师制度改革工作，市律师协会成立“维护律师执业权利中心”和“投诉受理查处中心”。进一步依法保障律师执业权利，同时做到有诉必理、有案必查，确保律师队伍的健康发展。起草《关于进一步深化律师制度改革的实施意见》和《承德市落实法律顾问制度和公职律师公司律师制度的实施办法》，12月份在市委深改领导小组第25次会议上通过并以“两办”名义印发实施。公证体制改革认真贯彻落实司法部等四部委《关于推进公证体制改革机制创新工作的意见》，将围场满族蒙古族自治县公证处由行政体制改为财政性资金定额补助事业单位，核定事业编制8名，市公证处改革迈出重要一步。

【司法队伍建设】 认真贯彻落实习近平关于全面从严治党的要求，巩固“三严三实”专题教育成果，扎实开展“两学一做”教育活动，加强纪律作风整顿，努力打造政治过硬、业务过硬、责任过硬、纪律过硬、作风过硬的司法行政队伍。以“两学一做”为抓手，全面加强党的建设，组织开展了向李保国、范振喜学习和弘扬“塞罕坝精神”活动以及党员亮身份活动，围场司法局作为唯一市、县级司法局在全省司法行政系统“两学一做”推进会上作典型发言。全面加强基层党组织建设和党员队伍教育管理，坚持干部选拔任用标准，进一步改善班子结构，对中层干部进行轮岗交流，增强队伍活力，树立正确用人导向，大力培树系统内职业素养标兵和各方面典型，涌现出以李中文、王富忱、姜海红、柴玮津等为代表的先进典型。

按照“党要管党、从严治党”的要求，全面推进党风廉政建设主体责任落实。调整落实党风廉政建设主体责任领导小组，健全完善主体责任领导机制和工作机制。完善党政正职“三个不直接分管”和“末位表态”制度，建立健全“正职监管、副职分管、集体领导、民主决策”的工作机制，使决策、执行、监督权力相对分离，形成相互制约、相互监督的权力约束机制。严格落实“一岗双责”制度。组织学习习近平新时代中国特色社会主义思想和一系列重要会议精神。开展警示教育，划定思想红线，开展清洁行动，强化执纪问责。深入开展“转、优、促”“微腐败”专项治理和“一问责八清理”活动，切实加强党风廉政建设。充分发挥驻局纪检组监督作用，全程监督局党组“三重一大”事项决策，确保党组工作依法规范、廉洁高效。

附：市司法局领导名录
党组书记、局长：毛　银
党组副书记、市戒毒所所长：孙俊杰（9 月免）
张瑞林（9 月任）
党组成员、副局长：何庆奎
副　局　长：白宝君（满族）
党组成员、副局长：佟　欣
党组成员、政治部主任：徐　宏（女、11 月任）

（供稿　刘新春）

综合管理

发展改革

【概况】 一年来，面对外部宏观经济环境变化和自身结构性矛盾的多重困难，牢固树立和贯彻新发展理念，全力以赴稳增长、坚定不移调结构、不遗余力促协同、持之以恒推改革、坚持不懈优环境、千方百计惠民生，推动全市经济工作实现了平稳较好发展，为决胜全面建成小康社会奠定了坚实基础。

【提升调控能力】 面对严峻复杂的经济形势，采取一系列具有前瞻性、针对性、操作性的应对策略，全市经济实现稳定增长，主要经济指标增速跃居全省前列，全市生产总值完成 1618.6 亿元，增长 7.1%，全年出口总额完成 30.5 亿元，增长 21.8%，居全省各市第一位。为有效保障生产要素，出台了《2017 年有序用电预案》，顺利完成了全国两会、十九大等重要时段电力安保工作。10 家洁净型煤配送中心全部建成投产，全市洁净型煤保供能力达到 145 万吨。成立了天然气调度指挥中心，实施“气代煤”“电代煤”8151 户。围绕国家、省重点支持领域，积极开展对接跑办，成功争列“十三五”国家服务业综合改革试点市，承德县、滦平、兴隆、宽城成功纳入国家重点生态功能区，围场皇家猎苑、承德县德鸣大数据、丰宁汤河温泉等 6 个特色小镇列入省首批创建培育名单。争取扶贫光伏电站指标 48 万千瓦，村级光伏电站达到 131 座。

【投资和重点项目建设】 全市经济实现平稳增长，固定资产投资增长 1732.5 亿元，增长 7.2%，连续 5 个月居全省各市第一位。深入实施了“项目攻坚年”活动，计划开工的 23 个省重点项目和 200 个市重点项目全部开工建设，完成投资 210 亿元，超过年度计划 15%，全年在建亿元以上项目 918 个，完成投资 1311 亿元。一大批重大项目进展顺利，承德机场 2017 年 5 月 31 日正式通航，陆续开通石家庄、上海、西安、深圳、广州、海口等 6 条航线，通达 7 个城市，全年旅客吞吐量 14.7 万人次；上板城热电厂竣工投产，两台机组并网发电；京沈客专正式铺轨，境内 5 个车站工程进场施工。多丰铁路及张唐联络线实现全线开通运营，年新增铁路运力 3000 万吨。

【调整结构转型升级】 以十大绿色产业为重点，加快推进供给侧结构性改革，支持产业加快转型升级，打造经济增长新动能。先后出台了《关于促进工业投资支持工业发展政策措施》《关于支持重大战略性产业发展的意见》等多项政策措施，编制完成了十大绿色产业招商名录，为绿色产业发展提供了政策保障。全年实施亿元以上十大绿色产业项目 588 个、完成投资 810 亿元。一批重大产业项目取得新进展，承钢世界首条亚熔盐法清洁提钒生产和新通源尾矿微晶发泡项目竣工投产，承钢冷轧和建龙钒氮合金新材料项目全面开工建设；北汽福田高精尖汽车零部件项目土建完工；承德县高铁声屏障项目完成设备安装调试；宽城镕冠科技高铁大截面车体专用板项目主体完工。积极推进服务业综合改革试点建设，出台了《承德市“十三五”国家服务业综合改革试点工作推进方案》，强化第三产业运行调度，大力培育服务业规上企业，全年新增规上服务业企业33家，服务业增加值增速高于GDP增速3.9个百分点。全年压减炼铁产能104万吨、炼钢产能190万吨，，退出煤炭产能48万吨。积极推进了大用户电力直接交易试点，48家企业列入全省电力直接交易名单，减轻企业电费负担4900万元，在冀北五市中居第二位。

【促进开放协同发展】 有效整合力量，成立精准对接京津，扎实推进京津合作项目，引进软通动力、北京星裕、金隅集团、汇源集团等一批央企、京企、津企合作项目，筛选确定51项重大事项、项目实施市级领导包保责任，矿泉水博物馆、教育出版社大数据产业园、天津中德应用技术大学承德分校、中美友谊示范农场等项目加快实施。全年新增合作项目52个，总投资684.9亿元。交通、生态、产业三个领域率先突破实现圆满收官。启动承德中关村协同创新示范区，累计落户京津合作项目30个，与朝阳区政府签订了战略合作框架协议，共建“承德朝阳园”，津冀六沟产业园基础设施逐步完善，承载能力明显提高。莹科精细化工、森源绿色食品等4家企业被认定为省级企业技术中心，丰宁平安高科省级工程实验室正式挂牌，新认定高新技术企业46家，规上高新技术产业增加值增长17%，科技创新能力逐步增强。

【生态文明建设】 深入落实“绿水青山就是金山银山”理念，大力弘扬塞罕坝精神，争创生态文明试验区、“GEP”核算体系试点等工作全面展开，编制塞罕坝机械林场及周边地区可持续发展规划，全面启动了县乡村三级自然资源资产负债表编制工作，积极争取开展试点创建。加快实施京津风沙源治理、巩固退耕还林、两河流域综合治理等一批重大生态建设工程，启动与天津共建“津承滦河流域水源涵养生态林”项目，全年新增造林63.89万亩。

【优化能源结构】 出台了农村散煤治理、优化火电结构等政策措施，全面落实淘汰燃煤小锅炉、煤改气煤改电、农村清洁供暖等节能措施，强化能耗总量和强度双控，万元生产总值能耗下降4.55%、压减煤炭消费5万吨。清洁能源规模不断扩大，完成百万千瓦风电基地二期核准，启动三期工程，645个村级光伏扶贫电站部分提前开工建设，风电、光伏装机规模分别达到371万千瓦和78.2万千瓦，承德东50万千瓦站和上板城等3个22万千瓦站建成投运，电网结构更趋合理。

【改善民生发展社会事业】 易地扶贫搬迁稳步推进，52处集中安置小区全部开工，14处主体封顶，2016年开工的45处集中安置小区全部达到入住条件。实施保障性安居工程配套基础设施、基层社保服务设施、以工代赈、农村饮水安全等工程53个，有效改善了居民生产生活条件。强化就业增收工作力度，制定出台激发重点群体活力带动城乡居民增收的政策措施，全市城镇新增就业5.2万人，城乡居民人均可支配收入分别增长8.5%和10%。各项社会事业全面发展，被国家发改委批准为全国“体育产业联系点”，承德民族团结清文化展览馆暨承德市博物馆主体土建工程完工。

【物价水平保持平稳】 全年居民消费价格保持温和上涨态势。积极实施稳价安民，推进电力、天然气、供水、供热、医疗、教育等价格改革，落实销售电价分类政策改革，下调了市建投天然气价格。取消了居民住宅暂停供热收费，减轻主城区2.69万户居民收费1124万元。推进公立医院医疗服务价格改革，参改的9家医院全部实施药品零差率。全力开展清费减负，取消或停征41项行政事业性收费，切实减轻了企业和个人负担，全面开展涉企经营服务性收费自查自清工作。先后开展了涉农收费、涉企和电力价格收费、医药价格等专项检查，“12358”价格举报平台受理价费咨询839件、价格投诉8件、价格举报25件，办结率达到100%。

【保障粮食供给】 立足服务于“三农”和经济社会发展大局，全市耕地面积和粮食播种面积保持稳定，农田水利建设得到加强。大力实施“粮安工程”，深入推进与中储粮、中粮、京粮、省粮集团粮食产销合作，倾力打造国家储备粮中转基地，新建30万吨国家粮食储备库建设项目落户平泉。启动军民融合军粮保障创新示范工程，依托现有骨干军粮站，改造扩建为国家级军粮综合保障基地（国防动员中心），全面增强粮油食品国防动员能力。围绕转变发展方式、提质增效，继续推进国有粮食企业改革重组，印发了《市属国有粮食企业管理办法》《市属国有粮食企业领导干部管理办法》，为企业实现可持续发展提供了制度保障，全市国有粮食企业全年实现销售收入2.5亿元。深入抓好安全储粮和安全生产“两个重点”，全市各级储备粮企业“一符四无”（无虫、无霉、无鼠雀、无事故）粮仓和科学保粮率均达到了100%全年累计收购农民余粮65万吨，全市存储省、市、县三级储备粮达到7万吨、储备植物油1017吨，建立粮食应急加工、销售、储运及粮食配送中心网点263个，落实成品粮油储备3580吨。

【粮食宏观调控】 充分发挥国有粮食企业主渠道作用，积极引导多元市场主体入市收购，全年累计收购农民余粮65万吨，做到应收尽收，解决农民“卖粮难”问题；地方粮食储备规模全部充实到位，粮食宏观调控能力显著增强。全年全市存储省、市、县三级储备粮达到7万吨、储备植物油1017吨；进一步加强粮食应急体系建设，建立粮食应急加工、销售、储运及粮食配送中心网点263个，落实成品粮油储备3580吨。

【粮食安全保障】 按省要求，圆满完成河北省对承德市2016年度首次粮食考核工作，承德市粮食安全问题被评为“优秀等次”，位居全省前列。与此同时，协调市考核组成员单位，对各县（市、区）政府落实粮食安全市长责任制情况进行考核，全市11个县（市、区）中，7个县（区）被评为“优秀等次”、4个县（区）为“良好等次”。各县（市、区）粮食安全意识普遍增强，对粮食工作的重视程度进一步提高，全市耕地面积和粮食播种面积保持稳定，农田水利建设得到加强，财政各项支出1350万元，惠农资金全部落实到位；省核定承德市地方储备粮总规模如期完成，且数量真实、质量良好。粮食应急网点263个，市、县粮油质量检测机构进一步健全，农业和粮食监督检查行政执法20次，检查58家。全面落实粮食安全责任制的做法，得到省局督导检查考核组的高度评价和充分肯定，在全省粮食流通工作大会上进行了经验交流。

【振兴国有粮食企业】 围绕转变发展方式、提质增效，继续推进市县国有粮食企业改革重组，全市国有粮食企业由47家整合为11家，“一县一企、一企多点”格局基本形成，各类生产要素向优势企业集中，发展实力进一步壮大。隆化、滦平、兴隆实施“退城进郊”异地新建库，有效地盘活县域粮食存量资产。强化对本级粮食企业的管理和指导，从转换企业经营机制入手，本着管而不死、活而不乱、从严治企的原则，印发《市属国有粮食企业管理办法》《市属国有粮食企业领导干部管理办法》，实行经营者经营风险抵押金、重奖重罚和财务总监派驻等一系列制度，进一步明确企业法人代表责任，对企业各项费用支出严格实行刚性成本预算管理，为企业实现可持续发展提供制度保障。全年全市各级国有粮食企业深化改革，做强主业，狠抓项目实力、活力、发展力显著增强。全市国有粮食企业统算全年实现销售收入2.5亿元，同比扭亏增盈500多万元，实现省、市政府提出的改制后的国有粮食企业不亏损、多赢利的目标。

【粮食项目建设】 大力实施“粮安工程”，全面完成国家、省重点“危仓老库”“军粮专项”维修改造和功能提升项目 20 个，维修总仓容量 40 万吨，完成投资 1.3 亿元；总投资 460 万元国家承德粮油质量检验监测站建设任务基本完成；启动粮库智能化升级改造项目 13 个，总投资 1122 万元，已到位国家、省资金支持 785 万元。组织申报国家、省军粮保障基地、粮油质检、粮食产后服务中心项目 6 个，总投资 1.2 亿元。2014 年以来，累计争取省以上资金 1.5 亿元，项目建设之多、投入之大，在全市粮食发展史上是前所未有，投入资金相当于全市粮食系统前 15 年的总和。大力推进与中储粮、中粮、京粮、省粮集团粮食产销合作，倾力打造国家储备粮中转基地。市粮食局引入中储粮总投资 2.5 亿元，新建 30 万吨国家粮食储备库建设项目在平泉落地，项目前期各项准备工作基本就绪；组织全系统引进央企、省企资金 1.2 亿元，开展代购代销代储粮食 10 多万吨，年增加企业收入 1000 多万元。

【粮食安全生产】 全力做好仓储日常管理工作，多措并举确保储粮安全。健全落实储粮管理制度，指导各储粮企业依据《粮油仓储管理办法》《粮油储藏技术规范》《储粮化学药剂使用和管理规范》等行业标准，修订储粮管理制度和操作规范，检查督导企业建立健全保粮组织，层层落实储粮责任，确保库存粮食安全；指导企业规范账、卡、簿、标识牌等基础管理工作，巩固仓储规范化管理成果。推广应用科学储粮技术，微机测温、机械通风、环流熏蒸等科学保粮技术在储备粮承储企业得到广泛应用和发展；充分利用自然低温冷源，积极探索应用低温、准低温储粮技术，在储存环节减少使用化学熏蒸药剂，减缓粮食品质劣变。定期组织开展粮情检查，在春、夏季易发生储粮事故的时候，定期组织开展粮情检查，组织人员深入企业对重点部位进行抽查，及时发现和消除粮食结露、发热等不安全隐患；加强潮粮监管，采取每月定期上报潮粮处理进度、现场检查、电话询问等方式，督促各企业采取晾晒、带水外销、就仓通风、倒仓等措施处理潮粮，全年未发生坏粮事故。深入开展“一符四无”鉴定，根据国家、省粮食局的部署，在全市储粮企业深入开展“四无”粮仓创建活动，各企业每月定期组织“四五”检查，及时填写“四无”检查记录，组织粮情分析，确保能够及时发现和有效处置粮食发热、虫害、霉变等储粮隐患。各级粮食行政管理部门按照《“四无”粮仓考核鉴定办法》，定期组织“四无”检查，储备粮承储企业全部达到“四无”标准，全市“四无”合格率保持在 95% 以上。认真完成各项仓储统计工作，及时完成上年度粮食仓储基础设施统计、粮食流通基础设施建设投资统计及本年度年粮油储藏情况统计的审核、汇总和上报工作，数字真实、准确，报送及时。认真履行“抓收购、保供应、管库存、稳粮价”职责，突出抓好安全储粮和安全生产“两个重点”、坚决守住粮食收购、粮食供应、粮食质量和廉洁从政从业“四条底线”。从“关口前移、源头管控，全面排查、消除隐患，突出重点、专项治理，压实责任、到岗到人”等四个方面着力，集中开展“大快严”整治活动 6 次，全面消除隐患，全市各级储备粮企业“一符四无”（无虫、无霉、无鼠雀、无事故）粮仓和科学保粮率均达到了 100%，全系统没有发生各类安全事故，市粮食局连续 10 年被市政府评为安全生产监管工作先进单位。

附：市发展和改革委员会领导名录

党组书记、主任：王　毅
党组副书记、副主任：刘建国（满族）
杨兢成（满族，4 月任）
党组成员、副主任：王春田（满族，4 月免）
管国富（满族）
王凤翔（满族）

刘建海
胡铁钢（满族，8 月免）
党　组　成　员：李清玉
党组成员、副主任：崔海涛（满族，8 月任）
党　组　成　员：赵长江（2 月免）
王小鹏（1 月免）
马洪武
党组成员、副主任：刘爱民
党　组　成　员：张俊瑛（蒙古族）
苏立国
党组成员、副主任：尤文祥
党　组　成　员：孙福来
党组成员、副主任：穆素家（满族）

（供稿　刘春鹏　李　睿）

财　政

【概况】 市财政系统紧紧围绕市委、市政府和省财政厅决策部署，坚持“党建统揽、绩效引领、创新驱动、整合支撑”工作思路，牢固树立“解放思想、大胆干事、事争一流、唯旗是夺”理念，敢于担当、善谋实干、锐意进取，各项工作都有了新的起色和收获。

【财政收入实现恢复性增长】 严格落实市委、市政府“以旬保月、以月保季、以季保年”要求，修订完善了分包县市区督导机制，定期召开财税部门联席会、财政收入调度会，为实现增收提供了制度保障。依托综合治税信息平台、涉地税收一体化平台，结合“6321”专项清查（对全市商砼生产销售等 6 个行业，兴隆、营子食品加工业等 3 个区域，房地产开发企业增值税和水资源税 2 个税种，以及重点税源企业进行专项检查），采集涉税信息 183 万条，税务部门有效利用 103 万条，增加收入 10.6 亿元。全市全部财政收入完成 177.1 亿元，完成全年任务的 114.8%，同比增长 20.5%，增速居全省第二位，位次前移 9 位。公共财政预算收入完成 89.2 亿元，完成全年任务的 103.5%，同比增长 8.6%，增速居全省第 4 位，位次前移 7 位。其中，税收收入完成 66.4 亿元，同比增长 8.5%，占公共财政预算收入比重为 74.4%，收入质量居全省第二位。

【向上跑办争取资金支持】 牢固树立“向上争取与抓收入同等重要”理念，继续辑印《向上争取工作指南》，与各县市区和市直部门共同做好向上争取工作。全年累计争取到位上级财政资金 211.7 亿元，同比增长 8.6%。其中：争取重点生态功能区转移支付 8.7 亿元、京津对口支援资金 5.4 亿元、化解过剩产能专项奖补资金 2.33 亿元、引滦入津上下游横向生态保护补偿资金 2.41 亿元、资源枯竭城市补助资金 1.27 亿元、双峰寺水库补助资金 1 亿元、中德应用技术大学承德分校建设资金 0.5 亿元。此外，通过超前谋划、主动作为，省核定承德市新增债务限额 54.04 亿元，较上年增加 20.83 亿元，增长 62.7%，其中市本级及辖区 21.76 亿元，较上年增加 8.62 亿元，增长 65.6%，为重大基础设施和民生项目建设提供了资金保障。

【财税体制改革】 根据省以下财政事权和支出责任划分改革总体框架，坚持“责权利相统一、财权与事权相统一”原则，深入开展了调研分析，以市政府名义印发了《承德市市以下财政事权与支出责任划分改革方案》，推动形成了依法规范、权责匹配、运转高效的划分模式和分工体系。积极推进环保体制改革、司法体制改革、监察体制改革，使事权和支出责任进一步明确。各预算部门坚持以绩效预算管理为引领，切实担负起“用钱必问效、低效必问责”的主体责任。完善了专项资金定期评价和退出机制，将评价结果作为资金分配、预算标准及政策调整的重要依据，出台了《承德市部门工作活动绩效评价指标框架体系》

《承德市财政局绩效评价工作规划（2017—2019年）》，印发了《承德市财政局关于全面推开绩效预算管理改革的通知》，对农业、林业、水务、教育、城建等8个领域开展了部门整体绩效评价，累计完成重点评价项目66个，评价金额27.13亿元，追缴绩效缺失资金1851.2万元，并责成相关单位对存在问题进行了严肃整改。水资源税改革通过财政部评估，累计实现收入8911.35万元；矿产资源税从价计征改革扎实推进，累计实现收入5.64亿元；环保税开征前准备工作稳妥有序，为2018年度开征奠定了基础。谋划启动了市直行政事业单位国有资产管理体制改革。针对市直单位国有资产管理存在的突出问题，立足“全面深化改革、提高行政效能、转变政府职能、打造廉洁高效政府”大局，按照“统一管理、规范管理、科学管理、严格管理”要求，开展了行政事业单位国有资产管理体制改革，在整合盘活国有资源资产、提高使用效益上迈出了新步伐。配合行政审批制度改革，高站位再造了财政投资评审业务流程，实现了政府采购、产权交易职能的顺利移交。在全省各市中率先调整了城市配套费征收标准，通过清算，上解配套费增量1.1亿元，缓解了基础设施建设资金短缺现状。

【支持经济发展】 用活用好政策资金，积极拓展筹资渠道，全力支持经济平稳较快增长。减税降费成效明显。落实营改增政策、兼并增值税税率，取消政府性基金2项，扩大1项政府性基金免征范围，取消或停征行政事业性收费19项，降低4项行政事业性收费标准，累计减轻企业负担12.33亿元。政府和社会资本合作稳步推进。全市共有33个PPP项目签约落地，引入社会资本204.86亿元；5个项目被省推荐申报财政部第四批示范项目，投资额19.46亿元。承平高速公路等项目，正在按PPP模式加快推进。重点项目建设保障有力。累计筹集资金45.5亿元，较好保障了双峰寺水库项目建设。安排资金9035万元、争取上级资金2284万元、落实新增债券资金16.57亿元，为旅发大会顺利举办奠定了坚实基础。分别筹集资金8.5亿元、2.38亿元、1.54亿元、5000万元、2000万元、1000万元，为天津中德职业技术大学承德分校、“两馆”、冰上运动中心、河北民族师范学院二期规划、特教学校、体育运动学校射击馆建设提供了资金保障。安排拆迁款、前期费、建设资金超过3亿元，支持启动了两大类42个重点城市建设项目，有效改善了人居环境。产业基金成效逐步显现。农业产业发展引导基金50亿元已全部到位，基金运行一年来，累计支出23.6亿元，带动社会资本投入74亿元，全市受益人口104万人；其中，通过股权投资形式，对河北绿天、宇航人等11家企业投资4.34亿元。财鑫基金同北京诺宝、方富天元、新毅投资等公司达成了7亿元子基金合作意向，完成了对天大钒业的直接股权投资，投资额3000万元。同时，利用亚行、世行贷款5000万美元，设立了财汇蓝天基金，重点支持大气污染治理和生态环境保护修复。设立了总额3300万元的科技型中小企业技术创新增信基金，通过与银行合作，为16家企业融资6400万元。

【保障改善民生】 全年，全市民生支出281.1亿元，占公共财政预算支出330.8亿元的85%。筹集资金10.6亿元，将城乡居民基本医疗保险财政补助标准由人均420元提高至450元；筹集资金7.8亿元，将城市低保、农村低保标准分别提高至月550元以上和年3500元以上，补助城乡低保对象24万人；筹集资金9774万元，将基本公共卫生补助标准由人均45元提高至50元。同时，落实了市直机关公务移动通讯费补贴、物业服务补贴和取暖费提标等政策，人均年增资1万元左右。山水林田湖生态保护修复试点取得阶段性进展。探索“5+3”推进模式，即山、水、林、田、湖五大要素统筹考虑，不搞单打独斗；管理、技术、产业三大支撑协同并举，打好组合拳，用最先进的管理理念和世界一流的技术推动项目实施，注重与产业融合发展，实现生态反哺百姓，改善民生的良性循环。全年开工建设项目25个，累计投入资金9.4亿元，试点成效已经初步显现。环境保护治理投入持续加大。积极响应省政府号召，不等不靠、千方百计筹措资金6.59亿元，依法取缔潘家口水库养鱼网箱38982个，提前半年完成任务。同时，经过积极争取，清理资金全部由省级负担。筹集资金9108万元，重点支持了燃煤锅炉取缔、电代煤气代煤、新能源汽车推广应用等领域。筹集资金9718万元，支持了全市重点流域污染防治项目，改善了流域水环境。筹集资金6542万元，支持了农村环境综合整治，全市重点地区农村环境得到有效治理。脱贫攻坚财政政策落实有力有效。市本级安排扶贫资金3060万元，占公共财政预算收入的2.5%，达到并超出上级要求。严格落实贫困县统筹整合使用财政涉农资金政策，全市7个试点贫困县共整合资金26.27亿元。与农行合作成功创设承德市农业产业化增信基金，2016年以来，累计办理业务78笔，放贷4.87亿元。抢抓省级设立农担公司有利时机，注册成立了全省第一家市级农业信贷担保机构，资本金2亿元，其中省级支持资金1亿元，可撬动金融资本20亿元。累计将238个村争列为"扶持村级集体经济发展试点"，为每个村争取资金100万元，落实资金2.38亿元。政策性农业保险全面铺开，实现保险金额171.73亿元，保费总额1.86亿元，惠及62.61万农户。"政银企户保"资金池规模达到4.72亿元，撬动金融机构放贷15.77亿元，惠及2.6万贫困户，获取省级奖补资金8000万元，占全省总量的57%。

【提升财政监管效能】 制度建设步伐加快。在认真落实《中华人民共和国预算法》、严格执行《承德市人民政府关于进一步加强财政管理的意见》基础上，牵头制定了《承德市党政机关进一步厉行勤俭节约反对铺张浪费的实施意见》《承德市市直机关公务移动通讯费用补贴管理办法》《承德市党政机关国内公务接待实施细则》等制度办法，确保预算管理有据可依。制度执行规范严肃。坚持先有预算后有支出，2017年全市、市本级一般性支出预算分别安排22.09亿元、7.59亿元，同比分别下降5.3%、5.2%。"三公经费"分别安排2.13亿元、1742.55万元，同比分别下降9.4%、6.1%。实现政府采购规模37.32亿元，节约资金3.86亿元，资金节约率10.3%。预决算公开有序进行，除涉密单位外，市级部门预决算信息和"三公经费"支出全部在政府门户网站公开，市县两级政府预决算公开率全部达到100%，实现了从晒"对账单"向晒"成绩单"的转变。监督检查规范有序。严格按照"双随机一公开"、"三项执法制度改革"和"两个专项行动"要求，重点开展了设立"小金库"等违反财经纪律问题专项清理，累计发现"小金库"等违反财经纪律问题1341件，挽回损失5178.57万元。对市直60个单位政府非税收入进行了检查，发现问题资金3232.82万元，收缴资金2427.25万元。加大培训和指导力度，全市1728个行政事业单位全部落实了行政事业单位内部控制报告制度。借智借力成效显著。经请示市政府同意，协调市旅发委聘请石家庄物联网产业发展研究院，对承德市智慧旅游大数据平台建设工程费用预算进行了投资论证，建设工程费用送审金额2337万元，审定金额1250万元，节约资金46.5%。智慧政务和智慧交通云服务平台项目投资论证工作正在有序推进。

【财政队伍建设】 始终秉承财政系统"精神面貌一流、服务环境一流、财政业绩一流"优秀文化，注重党建引领、注重从基层基础抓起，探索完善了"双绩效（预算绩效、标准化绩效）+全程管理"工作新机制，努力让实干、能干、干得好的人有位置、有施展才华的平台。机关文化建设扎实推进。结合机关党的建设和干部职工思想实际，有针对性开展了考察实践，组织参加了市直机关篮球赛、乒乓球赛、市第四届职工趣味运动会、第四届大型登鸡冠山等活动，在强化思想教育同时，提升了队伍精气神。党建工作有力有效。制发了《承德市财政局关于加强和改进机关党的建设的意见》，以强化“四个意识”为统揽，先后开展了“双争双创”“机关党支部规范建设年”等活动，建设了“机关党建工作成果展厅”，通过典型引领、以点带面，在广大党员干部中树立“走在前、做表率”的模范意识。基础工作日趋规范。以信息技术为支撑，持续完善网络安全建设，实现了单位预算编报、财政指标管理、国库集中支付、账务处理等全过程电子化管理。组织工作专班开展了财源建设、政府债务管理、社保基金、行政事业单位国有资产管理等专题调研，调研成果得到了市委、市政府主要领导的高度评价；全年全市累计上报省级科研课题 21 项，11 项获省级奖励，获奖比例超过 50%，带动全局形成了主动研究工作的浓厚氛围。制发了《承德市财政局关于加强干部队伍建设实施意见》，累计培训财政干部近 300 人次；扎实开展三比活动，5 名同志被评选为省级业务能手，在系统内营造了“事争一流、唯旗是夺”的良好氛围。“全程管理”工作机制成效明显。该机制自推行以来，得到了财政系统的一致认可，较好破解了工作中出现的推诿扯皮、延误事项办理情况，实现了“谁分管、谁牵头、谁负总责、一包到底”的设计初衷，转变了工作作风、提高了工作效率。绩效管理理念深入人心。经过近两年的运转实践，标准化绩效管理体系的导向作用得到了较好体现，绩效管理已经成为激发干部内生动力、解决作风问题、推动工作落实的有效抓手。在全省财政系统绩效考核中，承德市财政局被评为全省优秀财政局。

附：市财政局领导名录

党组书记、局长：王　宇（满族，2 月免）
栾志宏（2 月任）
党组成员、副局长：裴　越
党组成员、财政干部培训中心主任：
王会利（满族）
党组成员、副局长：刘德涛
张建军
林国华（满族）
付延民（满族）
党组成员、市非税收入管理局局长：
李金华（满族）
党组成员、市财政监督稽查局局长：
司瑞安（满族）

（供稿　王　京）

国有资产监督管理

【概况】　2017 年，以“转作风、优环境、促发展”活动为契机，以深化国资国企改革为引领，全市国资系统全体干部职工戮力同心、攻坚克难，站在讲政治、顾大局的高度，切实发挥优良的工作作风，深入推进国资国企业改革发展步伐，全面提高国资监管效能，圆满完成了全年各项工作任务。

【深化国资监管体制机制改革】　准确把握出资人职责定位，以管资本为主积极推进国资监管职能转变，健全和完善监管体制机制，全面落实国有企业出资人职责和监管职责。推进经营性国有资产集中统一监管。按照国家、省规定的将机关、事业单位所属企业的国有资本纳入经营性国有资产集中统一监管体系的工作要求，起草了《承德市市级经营性国有资产集中统一监管实施意见》，并以市政府的名义印发，为推进经营性国有资产集中统一监管工作提供政策依据。探索国有资本授权经营新模式。国控集团七大集团经过规范化运作，资产状况良好，国有资本保值增值率平均 135%，较好地落实了国有资本的经营责任和国有资产保值增值责任。七大集团积极承担涉及全市经济社会发展的重大专项任务，较好地承担了国有资本的投融资平台、市政府重点项目建设平台、“十大”绿色产业的投资平台和承担政府重大专项任务的支持平台的任务，取得了较好的经济效益和社会效益，在市域经济社会发展中较好地发挥了国有资本的影响力、带动力。

【国有资产基础管理】 切实把好国有资产处置关、评估关、核准关、转让关、交易关，规范国有资产产权登记、转让和国有资产评估核准、备案工作流程，加强资产评估的事先、事中、事后监督，严把资产评估报告审核关，依法合规做好国有资产处置工作，加强产权转让及交易监管。全年共办理国有企业产权登记34项，办理注销登记1家。

【加强监事会监督检查】 完成了国控集团、旅游集团等17家企业监事会监督检查工作，主要以财务检查为核心，对企业的财务活动、资产运营状况、经营行为，董事、高级管理人员执行职务行为等进行了全面检查，出具了17家企业的监事会监督检查报告，共计检查企业资产总额320亿元，企业存在的各类问题和风险共计104项。代表市政府向国控集团、旅游集团、矿业集团、三元公司等8家监管企业派出了监事会主席和监事。加强企业财务监管和经济运行动态监控。对全市36家国有企业经济运行进行月统计、季分析，及时动态监测企业财务状况，更加真实、有效地掌握了企业资产运营和效益状况，为省市相关部门分析国有经济运行，及时正确决策，提供了重要的数据依据。完成了对原承德市化工工业供销公司的审计核实工作和五交化集团资产清查工作。

【国有企业投资监督管理】 研究起草了《承德市国有资产监督管理委员会监管企业投资监督管理办法》，对国控集团拟出资参与设立河北中电长城网际系统应用有限公司、发行绿色债券、出资参与设立承德职能停车场投资管理有限公司等项目进行了审批。组织实施国有资本收益上缴。按照《承德市市属企业国有资本收益收缴管理办法》，积极组织11家监管企业完成2016年度国有资本收益审核、上报和上缴工作。

【提升国资系统法治建设水平】 完成了国资系统“七五”普法宣传教育规划，在企业推进以依法决策、依法经营为主要内容的普法宣传教育，累计印发普法宣传资料71期，积极组织法制宣传活动，全面提升国资系统广大干部职工的法律意识和法律素质。以推进法治国企建设为核心，在监管企业逐步推行法务部建设和法律顾问制度，完善了企业法律风险防范机制。

【深化国有企业改革】 准确把握深化改革主线，全面贯彻落实国家、省、市关于深化国有企业改革政策要求，推动国有企业改革发展步伐，取得显著成果。稳妥推进国有企业发展混合所有制经济，提升企业竞争力。完成了安惠揽胜旅游公司的股份制改革，组建了承德避暑山庄旅游股份有限公司，成功实现在“新三板”上市，按照行业最低标准测算，挂牌后企业市场估值达8亿～10亿元。

【健全公司法人治理结构】 提高企业抗风险能力。与市委组织部联合印发了《关于做好将国有企业党建工作要求写入公司章程的通知》，把加强党的领导和完善公司治理统一起来，把党建工作总体要求纳入企业章程，落实了党组织在公司法人治理结构中的法定地位，明确了把党组织研究讨论作为董事会、经理层决策重大问题的前置程序。深化企业领导人员薪酬分配制度改革，激发企业活力。起草了《市国资委监管企业经营业绩考核暂行办法》，并以市政府办的名义印发，完成了10家履行出资人职责企业2016年度经营业绩考核和领导人员考核工作，并依据综合考核结果对国控、热力、矿业、旅游、水务、交通集团等6家企业兑现了薪酬。推进剥离国有企业办社会职能，解决历史遗留问题。发挥领导小组办公室的作用，协调市、县相关部门和相关企业，市政府与各县区政府和各专业组主要负责人签订了“三供一业”目标任务责任书。按照省、市要求完成了辖区内省属企业“三供一业”分离移交正式协议的签订和移交工作，完成了市属企业“三供一业”分离移交工作总任务的70%，完成了辖区内央企“三供一业”分离移交工作总任务的70%。

【破产企业改革攻坚】 国控集团为市属21家破产企业职工安置筹措资金54610.04万元，市属21家企业全部职工11864人已安置完成9616人，剩余人员正在安置中。国资委所属的承曲公司、千斤顶总厂、拖拉机厂和自动化计量仪器厂4家破产企业已经完成了职工安置工作，资产移交工作正在进行中。

【发挥国有企业带动力影响力】 紧紧围绕十大绿色新兴产业，谋划重点项目79项，项目预计总投资1027.79亿元，目前已完成投资18.07亿元，在市域经济转型升级、绿色发展中发挥国有企业的带动力和影响力。为全市经济社会发展提供资金支持：国控集团累计融资近40亿元，为全市经济转型升级、新旧动能转换提供资金支撑，通过股权投资、债权投资、并购资产投资等形式，为全市经济发展、城市建设、社会稳定提供资金支持近19亿元。

【新能源产业】 长河核电项目已完成了《初可研报告》审查，并上报了《项目建议书》，已获得了河北省的“小路条”，并列入了京津冀能源发展规划，争取长河核电项目早日获得许可；分布式核能热电联供项目取得新进展，通过了中咨公司的审查，河北省发改委出具了《关于支持中广核集团河北双峰寺热电堆项目开展前期工作的复函》，已向国家发改委上报了《项目建议书》待批；红松风电公司装机已达到50万千瓦，御道口牧场安装风力发电机465台，总装机容量达到665.5兆瓦。

【现代农业产业】 承德三元2017年计划投资项目11个，投资总额1.16亿元，已完成有机奶认证。御道口奶牛示范场完成土建工程；晓雅奶业粪污处理项目已完成待调试验收，奶牛共存栏1316头，累计产奶5262.59吨；平泉种猪示范场建设接近尾声，顺利完成种猪清群，年出栏生猪3308头。

【旅游产业】 旅游集团拟与天津远津绿洲股权投资基金管理有限公司合作共同组建承德避暑山庄股权投资基金公司，预计融资100亿元；投资200万元组建了“避暑山庄旅游集团森林空气科技开发有限责任公司”，已正式投入生产；在积极开发冬季冰雪项目、大循环项目、芳园居买卖街恢复项目等内部项目的同时，不断发展外部项目，与承德县大营子签订了旅游开发框架协议、与宽城花溪城项目签订了战略合作框架协议、与唐山凤凰花卉公司签订了合作意向书，承德低空飞行旅游主题园区项目已进入实质程序。御道口牧场全域旅游度假区项目正在加紧进行沟通协商，成功举办了环中国国际公路自行车大赛和2017木兰围场第二届国际旅游文化节系列活动，累计接待游客将突破52万人次，较2016年增长5%。

【水资源产业】 水务集团相继开展了“两河”综合治理、双峰寺水库周边土地开发、太平庄污水处理厂再生水利用工程、市区保障房雨排水一期工程、平泉市瀑河流域生态治理等17项工程建设，总投资51.33亿元；完成了市区供排水管网改造工程。矿业集团与北京建新集团达成合作开发宽城都山矿泉水合作意向，投资1000余万元，建设承德市矿泉水博物馆、矿泉水院士专家工作站、高锶矿泉水研究院、矿泉水销售中心。

【新型建材产业】 德厦建材公司投资120万元采用先进工艺，开发出混色砖、水洗砖、染色砖等6种新产品，其中混色砖和抛丸砖引用德国先进技术并已经投入生产，透水砖等产品已广泛应用于北京长安街、通州行政新区等华北、东北的高端市场区域。矿业产业：矿业集团完成探矿权延期11个，新获取探矿权3个，立项占补平衡项目103个，验收通过10558.78亩。

【服务民生产业】 交通集团完成市重点项目“第二条迎宾大道”项目投资，参与推进机场连接线、国家1号风景大道、国省干线安防工程等全市重点交通基础设施建设项目；公交集团投资1000万元完成了水泉沟公交首末站、鹰手营子公交枢纽站、双峰寺公交枢纽站等公交基础设施建设，建设纯电动公交车充电站，投资700万元组建了承德广隆汽车配件经销有限公司；热力集团完成了老城区供热管网的改造，通过PPP模式公开竞标取得了承德丰宁县、承德围场县等区域的供热特许经营权，新组建了沧州承热龙海热力公司、衡水承热龙邑热力公司，在实现跨区域合作、尽快做大做强等方面实现了重大突破。这些服务民生的项目促进了城市基础设施的改善和公交、供热等公共服务水平的提升。

【平安创建工作】 把平安建设作为年度重点工作，落实工作责任，强化工作举措，确保平安建设各项任务落实到位，连续多年被评为平安建设先进单位。落实责任，积极构建平安创建工作格局。牢固树立“稳定是硬任务，是第一责任”思想，把平安建设纳入年度工作重点、督查督办重要内容之中，确保平安建设各项任务落实到位。明确分工职责，按照“谁主管，谁负责”原则，实行“一岗双责”，把信访维稳和安全生产工作纳入了企业业绩考核指标，对发生大规模群体性越级访、重大群体性事件和重大安全生产事故的企业实行“一票否决制”。坚持把平安建设工作同国资委业务工作一齐抓、积极发挥成员单位的职能作用，积极构建党委委员及各企业、各科室、各清算组、各留守组负责人各负其责、齐抓共管的平安创建工作格局。扎实做好信访稳定工作，确保了职工队伍稳定。以解决国企改革中的信访问题为重点，真心实意、全力以赴积极化解矛盾隐患，重点做好转业士官、破产企业职工、国企改革遗留问题、“三跨三分离”等重点人群、重点问题的稳控和化解，全年共受理企业职工来访95批次，712人次，其中集体访18批次，701人次，个体访77批次，115人次，实现了接访率100%，按期答复率100%。完成了9个复查案件，处理省办批案件2件，办理了“三跨三分离”信访案件2件，争取信访疑难案件资金15万元，解决了5件信访疑难案件，成功化解了一批大规模群体信访事件，全年未发生进京赴省非正常访和群体性事件，实现了“六个确保”的十九大安保目标任务。

【企业安全生产监督】 全面落实企业安全生产监管责任和企业的安全生产主体责任，充分发挥企业主体责任和部门监管责任，细化分解任务，明确责任分工。将安全生产、重大环境污染事故、质量事故和职业卫生防治纳入监管企业经营业绩目标考核，通过考核督促企业大力推进安全生产工作。集中开展安全生产大检查和各类专项整治，以“安全生产宣传月”为契机广泛开展系列检查宣教活动，营造浓厚安全生产社会氛围，筑牢安全生产工作基础，国资系统企业未发生安全生产责任事故。

附：市国有资产监督管理委员会领导名录

党委书记、主任：房宝占（满族，2 月免）

党委副书记、副主任：聂红中

党委专职副书记：张学敏（女,满族,1 月任）

党委委员、副主任：魏占军（满族，4 月免）

陈　宏

张　岭

党委委员、监事会主席：杨兢诚（满族，4 月免）

监事会主席：薛莲蒂（8 月任）

张　楠（女）

（供稿　陈宏燕）

国　税

【概况】 国税系统在组织税收收入、优化营商环境、扶持市场主体等方面做了大量卓有成效的工作,为服务全市经济平稳较好发展做出突出贡献。面对预期大幅增长的收入态势，坚持把握节奏保均衡，压实任务提质量，坚决杜绝在形势趋好时违反组织收入原则。通过抓重点保收入，严格防范税收流失，确保收入总量不出现大的起伏。通过严稽查促收入，坚持全市“一盘棋”的稽查理念,落实“双随机”抽查机制,集中开展“双打”、专项检查和区域整治，共检查企业 226 户，查补入库 1.09 亿元，查补入库率 100%。通过强评估增收入，对新办纳税人、普通发票、不征税增值税发票等进行风险监控,补缴合计 2 亿元。同时，据实为 230 户企业办理缓缴税金 11.1 亿元，极大缓解了企业资金困难。一年来，全市国税工作 34 次得到国家税务总局、河北省国税局领导批示肯定，在全省纳税人满意度调查中首获第一。

【税收收入】 全市国税收入累计完成 100.96 亿元，同比增长 53.4%，增收 35.14 亿元；扣除车购税的政府口径税收收入完成 94.25 亿元，同比增长 55.4%，增收 33.59 亿元。增值税、企业所得税、车辆购置税和消费税分别完成 74.84 亿元、14.58 亿元、6.71 亿元和 4.83 亿元。

【税收特点与分析】 分税种看，四个主要税种全部增长，增值税占比增大，占全部税收收入的比重由 2016 年同期的 69.0% 提高到 74.1%，提高 5.1 个百分点。税收入库级次上看，中央级和地方级皆实现增收。中央级税收完成 57.72 亿元，同比增长 39.9%，增收 16.45 亿元；地方级税收完成 43.24 亿元，同比增长 76.1%，增收 18.69 亿元。地方级税收中省级税收和县级税收实现增长，分别完成 14.9 亿元和 27.29 亿元，分别增长 72.9% 和 106.0%，增收 6.28 亿元和 14.04 亿元；市级税收出现下降，完成 1.05 亿元，下降 61.0%,减收 1.64 亿元。受经济结构调整影响，第三产业税收增长幅度大于二产税收，产业差距逐渐缩小。第二产业税收完成 51.09 亿元，同比增长 51.4%，第三产业税收完成 49.75 亿元，同比增长 55.3%，第三产业地位逐渐加强，占全部税收收入的比重由 2016 年同期的 48.7% 提高到 49.3%，提高 0.6 个百分点。

【税收法治】 坚持把依法行政作为税收工作生命线，持续提升法治建设的层次和水平。强力推进“三项制度”改革，总结推广试点经验，创新研发执法记录信息管理系统，全面推行税收执法公示平台，实现了执法项目全公示、执法过程可留痕、重大执法决定必审核。大力加强法治人才建设，坚持专业人才和基层骨干培养并重，全市国税系统公职律师和法律顾问达 18 人，在全省执法资格考试中承德全部通过并排名第一。着力强化法治创建，加强对创建单位的培训辅导、评估推荐和检查指导，国税系统创建全省法治基地 1 个、法治窗口 5 个，带动形成了知法用法、遵法守法的浓厚氛围。

【纳税服务】 立足服务纳税人、服务经济社会发展，充分发挥职能作用，助推全市综合竞争力不断提升。在宣传辅导上，通过纳税人学堂、“云办税厅”等平台，围绕营改增政策等重点内容培训纳税人 8.3 万人次。在简政放权上，严格取消和下放行政审批事项，优化整合 25 项办税流程，实现 7 类 47 项全市通办、4 类 11 项全省通办。在高效服务上，借助信息化手段，配备 67 台办税终端实现 24 小时自助办税，试点运行预约办税系统、“智慧云办税厅”、“一窗一人一机单系统”，实现快捷办税，全市三类以上企业实现“无纸化”退税。在政策落实上，围绕供给侧结构性改革、产业结构优化升级，办理减免退抵税 15.3 亿元,营改增减税 9 亿元。在“银税互动”上，联合金融部门累计为 A、B 级企业发放信用贷款 267 亿元。同时，在市县两级成立警税联络机制办公室，率先在省内发起京津冀市级国地税稽查合作，营造了公平竞争市场环境。

【税收征管】 坚持强基固本和提档升级同步推进，有效提升了征管水平。围绕转变征管方式，试点推行分类分级管理，探索实行大企业税收一体化管理，初步建立了征管新模式。围绕夯实征管基础，做好户籍信息比对，扩大实名办税、五证合一、两证整合覆盖面，最大限度堵塞征管漏洞。围绕强化风险管理，实行专题分析、任务扎口、集中推送、分级应对，全市共推送风险应对任务 1.05 万户，风险识别命中率 90.78%，风险应对成效居全省之首。围绕税种管理，组织开展所得税汇算清缴风险提示、营改增互查、消费税检查、反避税监控、非居民企业股息红利风险应对，为强化税收管理提供了有力支撑。同时，对当前在用的 10 类普通发票分票种核定、库存管理、景点门票等 6 个方面进行全市普查，进一步规范了普通发票使用管理秩序。

【国税队伍建设】 立足干部队伍实际，坚持多措并举育人才、多线并行强基层、多法并用激活力，实现系统上下同心同向同行。着眼科学选人用人，坚持好干部标准，落实干部任用条例，提拔任用副科级以上干部 27 人、交流调整 36 人。着眼全面提升素质，开展分级分类教育培训，启动“青年干部素质提升工程”，继续推进“岗位大练兵、业务大比武”活动，取得全省团体第三名的好成绩。着眼倾力服务基层，投入 351 万元改善基层工作条件，倾斜资金 161 万元提高基层人均公用经费，争取 210 万元中西部困难补助弥补基层经费不足。着眼深化文明创建，通过弘扬承德国税精神，强化思想引领；通过深入开展精准扶贫和志愿服务，顺利完成《承德市志·国税志》编纂，提升社会形象。15 个单位获得省部级以上荣誉，市局机关继续保持全国文明单位称号。

附：市国家税务局领导名录

党组书记、局长：赵锡铎

党组副书记、副局长：魏庆祥

党组成员、副局长：王成才

刘瑞民

安福臣

刘宝如（满族）

党组成员、纪检组长：张　凯（满族）

党组成员、总会计师：程连星（满族）

党组成员、总经济师：齐宗飞（蒙古族）

（供稿　齐宗飞　刘学刚　孟凡力）

地　税

【概况】 截至 2017 年底，承德市局机关内设机构 13 个，事业单位 3 个，直属单位 2 个，下辖 12 个县区局，全系统人员总编制 1353，负责全市 13 个税种和社会保险费、残疾人就业保障金、工会经费的征收管理工作，管辖全市 10.68 万户纳税人和扣缴义务人。在省局“岗位大练兵、业务大比武”活动中，获得一等奖；市局人事教育科被河北省总工会授予“河北省工人先锋号”称号。

【地方政府支持税收工作】 各级政府重视支持税收工作，特别在综合治税和推进《国地税征管体制改革方案》工作中，大力协调部门支持配合开展工作。市、县两级领导先后30余次对地税工作作出肯定性批示。市委书记周仲明、市长常丽虹、常务市长李晋宇先后就组织收入工作、征管改革、优化营商环境、欠税管理、纳税服务、国地税委托代征等项工作作出专门批示和肯定。

【税费收入】 紧紧围绕“干好税务、带好队伍”工作主线，大力弘扬“团结、创新、务实、奉献、守纪”五种精神、在业务管理上强化五项重点工作、在干部队伍建设上落实五项举措的“三个五”总体工作思路，坚持依法治税，税收收入实现高质量增长。全年共组织入库各项收入96.7亿元。其中，税收收入62亿元，同比增长27.3%；社会保险费完成29.6亿元，同比增长19.7%。

【税收法治】 以依法行政为主线，以推进法治地税建设、“三项制度”试点、深化行政审批制度改革、加强规范性文件管理、规范税收执法和行政救济工作为重点，稳步推进地税系统依法行政工作，各项工作扎实有效推进，规范法律顾问和公职律师管理，推进“简政放权”和“放管服”工作，规范行政审批制度改革。强化内部审计工作，以重点项目为关键点，做好基建审计。聚焦中心，以大督察为切入点开展执法督察，及时督导各单位进行整改，提升督察质效。

【税政管理】 严格执行税收政策。按照规定权限和程序审批房产税、城镇土地使用税减免，实行分级审核、审批，做好大型物流企业商品仓储设施用地税优惠政策落实工作；严格落实小型微利企业所得税税收优惠政策，全年对1364户盈利小微企业减免税收2017万元，户均减免1.48万元，政策落实面达到100%，做好年度12万元个税申报工作；强化股权转让所得税管理，共发生个人股权转让291笔，入库股权转让税款1.11亿元，同比增加6073万元。

【纳税服务】 积极开展各类税收宣传，提升纳税人税法遵从度；统筹兼顾，优化营商环境和“便民办税春风行动”工作；依托平台，完善纳税信用等级评价和惩戒机制，共对8645户企业进行了信用评价，其中A级企业498户，B级企业5194户，C级企业1861户，D级企业1092户，同时强化信用等级结果的运用；积极推进“一窗一人一机”承德市国地税联合办税新模式。稳步推进“纳税服务提醒平台”项目建设。满意度调查全省综合评分名列前矛。继续深化国地税合作，实现市、县、分局三级联动，高效服务纳税人。全面实施“阳光执法”，及时公开税收政策、处罚结果、税收减免等情况，营造公平税收环境。

【税收征管】 继续深化落实转变征管方式，实现事前审核向事中事后监管、固定管户向分类分级管理、无差别管理向风险管理、经验管理向大数据管理的“四个转变”，征管效能逐步提高。扎实推进电子税务局试点工作，提高工作效率。创新数字征管“6+1”工作，不断拓宽和创新征管手段，提高税收征管效率。

【税源监控】 以树立风险管理理念、推进征管方式转变为中心，以信息化为支撑，以全面推行税收风险管理、深入开展“涉地税收一体化”、有效采集第三方涉税信息等工作为重点，不断提高工作水平，深化综合治税工作，协作开发《承德市综合治税信息管理系统》，全面采集利用第三方信息，合计入库税款1.5亿元。全力推进以地控税工作，通过涉地税收一体化系统核查查补税款2360万元。开展大企业风险管理，创新大企业个性化纳税服务。

【税务稽查】 稽查收入稳步增长，全年累计检查各类企业429户次，大口径入库税收收入3.48亿元，同比增收5068万元。全市稽查系统共查处30万元以上大要案件52件，查补1.3亿元，其中千万元以上案件4件，查补6255万元。积极开展重点税源企业检查，对全市近3年未查企业、重大矿山企业、土地增值税等主体税种行业185户实施重点税源企业直查，入库收入合计1.5亿元，实现连续3年增长。做好举报案源管理，共查处检举案件13件，查补总额148万元。深入开展打击发票违法犯罪活动，全年共出动执法人员189人次，查处违法企业67户、非法发票16098份，实现查补收入1179万元，荣获2016年度全国税务系统发票打假先进单位。

【信息化建设】 推进"互联网+政务服务"工作。督考合一管理平台、综合治税信息管理系统、纳税服务综合提醒平台、实名认证平台经过省地税局批准立项。完成智能机房云监控平台建设，承担视频会议和电子教室融合系统建设，完成电教室的改造和设备安装工作。承担全省金税三期工程运维服务管理平台的试点，于9月11日全省上线。完成电子税务局功能验证工作，规范问题管理平台的使用工作，严格把关数据修改。做好新社保软件的上线推广技术支持工作。开发承德数据中心应用平台。确保网络信息安全。

【税收改革】 加快推进深化国地税征管体制改革，稳步推进各项改革工作落实，取得积极成效。深化水资源税管理，安装远程监控系统，积极稳妥地推进农业水资源税政策的落实，做好农业水资源税的征收管理工作。全年共入库水资源税9629万元，增收5513万元。环保税开征前准备稳步推进。制定《环境保护税改革工作方案》，摸底排查缴纳排污费的企业492户，积极会同财政、环保等部门召开联席会议，共同研究落实征管协作、信息共享的具体举措，深入探讨当前排污费管理现状、征收措施及工作流程，确保环境保护税顺利实施。

【绩效管理】 做好"一提双增四强化"工作，即着力提高绩效管理工作质量；增强促进效果、增进考评位次；以战略导向强化工作落实、以"督考合一"强化工作推进、以精准考评强化过程管理、以精细管理强化效率提升，为抓班子促落实提供有力保障。绩效过程管理突出提醒和预警，印制2017版《绩效管理资料汇编》，制作指标分解表发放到股级以上单位，指导全系统做好绩效工作。绩效考评实现差异化，积极打造三项特色亮点工作，在省局绩效管理专项考评中获得"第一段"档次。

【教育培训】 统筹谋划、合理制定培训计划。严格落实税务总局培训项目设计要求，与市局中心工作紧密衔接，统筹考虑各项培训任务，细化培训需求，为培训项目的顺利开展奠定坚实基础；完成青年干部综合素质提升培训班全部培训计划并举办结业典礼；举办科（局）长领导能力提升培训班，全系统55名副科级以上领导干部参加培训；举办新任职分局长、股长培训班；公开选聘市局兼职教师盘活系统内部教学资源。按照严格规范的程序公开选拔五大专业类别18名兼职教师，为推进实施人才兴税战略提供了师资保障；做好2016年新入职公务员初任培训工作；抓好各类培训的规范化管理。

【税收科研】 组织完成以团队建设、税收征管体制改革、营改增为主题的全市重点调研课题3个，参与省局《关于促进河北经济发展的若干税收政策研究》和《水资源税政策效应及问题的研究》2项调研课题。全年向《河北税务》投稿56篇，发稿38篇，刊发承德税务4期。在全国2016年度调研成果评比中，1篇文章获得二等奖；在省局组织的2015—2016年度调研成果评比中，1篇获得二等奖，2篇获得三等奖，3篇获得优秀奖。

【地税文化】 开展丰富多彩文化活动，组织开展“学习塞罕坝 加快走新路”大讨论、“脱贫攻坚党旗红”、“文明城市创建”等活动，市县两级共组织开展了184次党组中心组专题学习，党组书记带头讲党课30次，使政治学习更加深入，广泛激发队伍整体活力。举办兴趣小组和“道德讲堂”等一系列地税文化活动。加强理想信念教育，党组提出的大力弘扬“团结、创新、务实、奉献、守纪”五种精神，体现在系统广大干部职工的行动中。获得省部级以上荣誉的有11个单位(部门)和2名个人,获得市级以上荣誉的有19个单位(部门)、9名个人。

【创新工作】 “互联网＋稽查质效”，执法实现全程“可视化”。开发运行稽查质效管理系统，运用“大数据”技术，实现了绩效考核自动化、案源信息多元化、检查时限精准化、工作过程模板化和领导决策科学化。让税收执法可以全过程记录、让执法信息能够实时交互，让执法结果更加阳光公正。同时，对该项目的功能进行再升级、再提升，该系统列入了全省第二批“互联网＋税务”推广项目。该系统平台呈现出“五倍加”的良好效果，全面提升稽查工作质效。四位一体制度管权，打造大督查格局。以科技为依托，研发运行了“督考合一管理平台”，“四位一体”与“督考合一”的融合，打造了大督查格局，以查促控，打造阳光税务，以督促进，督考工作与业务职能合拍共振，以考促改，全局工作整体提升。

附：地方税务局领导名录

党组书记、局长：路　坦
党组副书记、副局长：曹开明
党组成员、副局长：张力唯
李凤军
党组成员、总经济师：于秀萍（女，3月免）
王　辉（12月任）
党组成员、纪检组长：赵　群
党组成员、稽查局长：郭建东

（供稿　步玉忠）

统　计

【概况】 全市统计系统扎实推进统计管理体制改革，着力提升统计数据质量，统计服务的针对性和有效性进一步提升，全市统计工作服务改革、助力发展的能力和水平进一步提升。承德市统计局被河北省统计局、河北省人力资源和社会保障厅联合表彰为全省统计系统先进集体。在河北省统计局2017年度各专业业务工作考核中，市局综合统计工作、城市统计调查工作、第三次全国农业普查工作被评为优秀。

【统计数据质量管理】 强化数据生产流程管控。修订完善《承德市统计局专业数据审核评估办法》，建立市、县一套表平台在线同步审核机制和重点数据联合评估机制，规范数据审核、查询、修改、评估、上报流程。专业科室建立数据审核、查询、修改、综合评估台账，及时打印后规范存档，确保统计数据生产全程有记录、易检查、可追溯。强化源头数据质量。建立局领导联系县区局、科室联系乡镇、基层报表单位制度，加强对基层统计工作的检查指导。扎实开展一套表调查单位核查工作，确保企业一套表入库单位真实存在，具有报表能力、数据质量可靠。推进政府统计与部门统计的协调和统一。组织专门力量，对部分统计数据与部门数据的指标含义、统计范围、产生方式、数据差异存在原因进行了专题分析，就规范数据报送和发布方式提出三点建议，向市委、市政府做了专题报告。周仲明书记批示：“统计局工作认真负责，所提建议可行。统计规范化管理办法确需出台。”按照批示精神，市统计局起草了《进一步规范部门统计工作的意见》，正在征求相关部门意见。

【统计法治建设】 制定《承德市统计法治宣传第七个五年规划》，制发年度《全市统计法治工作要点》，明确法治宣传教育“七五”工作任务和年度法治工作重点。制定《承德市统计执法责任制实施方案》，进一步规范执法行为，明确统计执法岗位责任。扎实推进统计行政执法改革综合试点，制定《行政执法公示实施办法》《统计执法全过程记录实施办法》《重大执法决定法制审核实施办法》等制度，编制清单、服务指南、执法行为流程图等，全面规范执法行为。加大统计检查力度，全年全市检查单位1090家，查处统计违法行为20起；按照“双随机、一公开”程序，与质监、人社等部门在全市范围开展一次联合执法检查。

【咨询服务】 紧扣市委、市政府中心工作、经济社会发展热点，立足统计数据优势，不断增强统计数据解读和分析能力，有效提升统计服务水平。一年来，全市共编辑撰写统计信息167篇，统计分析和专题报告85篇。80%的统计分析和专题报告获得市领导肯定性批示或被国家局、省局内网、两办内刊和其他刊物采用。强化统计调查与数据挖掘的拓展和延伸，高质量完成市纪委委托开展的“一问责八清理”专项行动和“微腐败”实施成效的社会评价调查工作，撰写了调查报告；扎实开展全面建成小康社会监测工作，撰写的《承德全面建成小康社会难点和问题分析》获周仲明书记批示。规范统计数据的管理与发布，研究制定统计资料数字化工作方案，编制报送预算，完成电力增容等前期准备工作。在数据的提供和发布上，建立统计快报制度，第一时间将主要经济指标的初步统计数据向领导报送；进一步丰富《统计月报》内容，增加部分部门统计数据；及时通过网站、微信平台向社会公众发布统计信息。配合相关部门做好省对市、市对县区的督查考核相关工作。认真做好省对市党政领导班子实绩分析评价、粮食安全、节水城市建设、节能减排等各项考核的统计数据收集和提供工作。配合市督考办圆满完成对各县区、承德高新区、省级经济开发区党政领导班子定量指标考核工作。配合环保部门做好环保大督查迎检准备工作，并作为成员单位接受督查组现场检查。

【重点统计改革任务】 核算方法制度改革稳步推进。认真学习研究《地区生产总值统一核算方案》，深入分析核算方案的变化以及可能产生的影响，及时向市政府做好汇报。积极完成省局部署的资产负债核算改革试点调查任务，深入开展资产负债表编制工作方案研讨，形成调研报告上报省局。投资统计改革试点取得成效。与市发改委联合成立承德市投资改革协调领导小组，印发《关于开展2017年固定资产投资统计制度方法改革试点工作的通知》，明确工作重点，狠抓关键环节，承德市投资改革试点工作的做法和成效得到了省局的肯定。农业产业化经营单位联网直报和村级联网直报、特色小镇统计监测等改革工作稳步推进。绿色发展评价与监测扎实推进。认真学习领会国家和省“一办法、两体系”的重要精神，加强与部门和省局专业处室的沟通，及时掌握指标数据，密切跟踪省工作进度并及时向市委市政府汇报。稳妥推进市对县绿色发展评价工作，建立市级绿色发展指标评价体系，制定绿色发展统计报表制度。配合市农工委建立“绿水青山就是金山银山”统计台账。

【重点普查调查】 认真组织第三次全国农业普查。按照“全、准、真、严”和“三个100%”的要求，在入户登记阶段，先后组织对县区、乡村开展6轮督导，及时解决纠正普查登记过程中出现的问题和错误；在查询改错阶段，开发编辑基层数据查询公式，进行针对性审核、修改和核实，消除了逻辑性错误和漏项；在汇总上报阶段，严格按照国家、省局要求对普查数据进行趋势性、逻辑性评估，对于不符合趋势、有错误的指标及时查询改正，农业普查数据顺利通过省级核查验收。做好农业普查资料开发准备工作。高度重视第四次全国经济普查，迅速成立领导小组，周密编制经济普查准备工作预算，为经济普查顺利实施奠定基础。认真做好重点调查和专项统计监测工作。扎实开展战新产业调查、工业成本费用调查工作；联合工信等6部门印发《关于认真做好2017年全市投入产出工作的通知》，编制预算并组织开展了业务培训；圆满完成人口变动调查工作；组织实施城镇化、妇女儿童、社会发展水平、民营经济等统计监测；积极稳妥开展高新产业增加值和文化产业增加值等派生行业核算工作。

【统计干部队伍建设】 全市范围内对597名新上岗统计从业人员进行了岗位培训，对656名统计从业人员进行了继续教育培训，并对培训人员进行了考试和考核。选拔业务骨干参加省局统计分析等课程的师资培训，并参加了师资大赛。组织5名市县局领导参加省局的新任领导培训班。组织县局6名业务骨干参加国家局组织的基础班学习。

附：市统计局领导名录

党组书记、局长：冯国杰
党组副书记、副局长：任树怀
党组成员、副局长：张秀红（女）
鲍景欣（女，满族）
普查中心主任、城调队队长：
鞠建茹（女、蒙古族）
总统计师：徐维军（满族）

（供稿　宋艳芝）

审　计

【概况】 全市全年审计机关共审计（调查）212个单位，查出主要问题金额257.95亿元。其中，违规金额3.61亿元，管理不规范金额254.35亿元。损益（收支）不实36.34亿元。审计处理处罚金额254.35亿元。其中，应上缴财政0.91亿元，应减少财政拨款或补贴0.02亿元，应归还原渠道资金5.75亿元，应调账处理金额10.00亿元。审计发现非金额计量问题574个。审计促进整改落实有关问题资金10.39亿元。其中增收节支3.21亿元，已调账处理金额7.16亿元，审计后挽回（避免）损失0.04亿元。移送处理事项7项，核减投资额1.37亿元。提交审计专题综合性报告和信息简报340篇，被《中国审计》、《中国审计报》、省审计厅网站等采用318篇。提出审计建议373条，被相关单位采纳251条。承德市审计局被评为全国和全省文明单位，被中国时代经济出版社、《中国审计》编辑部评为通联宣传工作先进单位，对围场县人民政府2014年至2015年度财政收支决算和税收征收管理情况审计项目被评为河北省审计机关优秀审计项目。

【重大政策落实情况跟踪审计】 市、县（市、区）两级审计机关坚持以推进供给侧结构性改革为主线，结合全市经济发展实际，牢牢把握“审计要促改革促发展”的工作方针，开展了精准扶贫精准脱贫政策落实审计、重点建设项目审计、“三去一降一补”（去产能、去库存、去杠杆、降成本、补短板）政策措施落实情况审计和防范地方债务风险、金融风险审计调查等工作。截至12月底，市县两级审计机关共抽查单位636个，抽查资金总量29.19亿元，抽查项目395个，抽查项目总投资41.01亿元。共发现问题46个，涉及资金1.84亿元。同时，与承德市政府督查室建立联动机制，持续强化对发现问题的整改工作。

【财政审计】 以促进财政做大增量、盘活存量、优化结构、提高绩效为目标，通过“集中分析、分散核查”的审计方式，从项目预算执行、资金流向、核算真实和规范性、遵守财经法纪和中央“八项规定”情况等方面积极运用大数据分析技术开展审计，进一步探索预算执行审计监督全覆盖。通过对市财政局及市发展和改革委员会、市司法局、市粮食局等13个预算执行部门（单位）开展审计，共查出违规和管理不规范资金22.20亿元，向有关部门制发移送处理书1份。人大常委会对预算执行和其他财政收支审计工作报告及审计整改工作给予了充分肯定。

【经济责任审计】 全市审计机关共对67个单位71名领导干部开展了任期经济责任审计，查出主要问题金额67.14亿元。在省审计厅授权的石家庄市5个任期经济责任审计项目中，全市审计机关抽出70余人，组成审计组5个，共查出问题26大类97项，提出审计建议46条，移送案件23起，为地方财政增加税收收入5000多万元。审计工作得到了市长常丽虹、省审计厅厅长杨晓和及主管副厅长赵建护的充分肯定和高度赞扬。

【固定资产投资审计】 全市审计机关审计项目投资额13.09亿元，核减投资额1.37亿元，为各级政府节约了大量建设资金，促进了政府建设资金的使用。市审计局对新建承德市儿童医院和迁建承德市妇幼保健院项目、承德民族团结清文化展览馆暨承德市博物馆建设项目、双峰寺水库大型水利设施建设项目、上板城热电厂配套管网工程4个省市重点项目全过程跟踪审计以及承德市党员干部廉政教育基地项目、市区部分雨污水管网改造工程等16个竣工结算及预、决算项目审计，核减投资额1.2亿元。同时，市局还准确把握市委、政府和上级审计机关对投资审计工作的新定位、新要求，依据有关法规，通过召开座谈会广泛征求意见的基础上，代市政府起草了《承德市国家基本建设项目审计办法》，并于5月31日正式印发市政府各部门、各县区政府施行。该办法的修订工作得到了市长常丽虹的充分肯定。

【专项资金审计】 全市审计机关完成21个单位的专项资金审计，审计专项资金总额10.25亿元。生态环保资金审计，主要审计了承德市本级和高新区大气污染防治专项资金。审计资金总额3503万元，其中承德市本级大气污染防治专项资金3203万元，高新区大气污染防治专项资金300万元。组织、指导各县区大气污染防治资金专项审计工作。同时，加强地下水超采综合治理项目审计。按照省审计厅授权，抽调业务人员15人成立工作组，组织开展了献县2014至2016年度地下水超采综合治理项目审计工作。发现4大类问题，查出违规行为金额3362.23万元，提出审计建议8条。扶贫资金审，组织开展了对隆化县2016年扶贫政策落实和扶贫资金分配管理使用情况的审计工作。共查出违规行为金额581.50万元，提出审计建议5条，下达移送处理书1份。审计了张家口市崇礼区、衡水市阜城县2015至2016年度扶贫政策落实和扶贫资金分配管理使用情况，发现六大类问题，制发移送处理书16份。同时还注重做好扶贫审计协调工作。

【保障性安居工程审计】 对2016年度保障性安居工程跟踪审计，主要采取“上审下”与“异地交叉审”相结合的审计方式，承德市审计局一方面成立了跟踪审计工作协调小组，负责全市保障性安居工程跟踪审计的组织、领导及协调、汇总工作。同时，还抽出75人，组成10个审计组分别对张家口市本级和三个区及承德市八县一区实施审计，对张家口市审计共查出问题资金3581.47万元。

【自然资源资产审计】 根据党中央、国务院、省审计厅和市委、市政府关于生态文明建设的一系列决策部署及要求，承德市审计局一方面组织开展了兴隆和丰宁2个县领导干部自然资源资产离任审计试点工作。如实反映了试点地区自然资源资产现状，对审计中发现的问题进行了如实的披露，并提出了相关的整改建议。另一方面，建立完善了制度体系，起草了《承德市领导干部自然资源资产离任审计规定（试行）》，并在市委深化改革领导会议上进行了讨论。审计试点工作开展期间，市审计局共撰写上报审计专报7篇，得到市委、市政府领导和省厅厅长批示15次。河北卫视播出了记者对承德市审计局开展领导干部自然资源资产审计工作进行的专题采访节目。

【行政事业审计】 主要对承德市第九中学2016年度财务收支情况进行了审计。还派出审计人员参与省审计厅外资处组织的利用世行贷款河北省农村新能源开发项目2016年度财务收支情况和亚洲开发银行贷款、水融资伙伴基金计划赠款河北小城镇发展示范项目世界银行贷款河北省林业综合发展项目的两个子项目的审计。

附：市审计局领导名录

党组书记、局长：王允昌

党组副书记、副局长：周晓燕（女，4月免）

王双清

党组成员、副局长：陈宝春（2月任）

刘国锋（2月任）

魏景林（5月任）

党组成员、总审计师：谷锦川（回族）

（供稿　焦红煜）

人力资源和社会保障

【概况】 全年全市城镇新增就业5.48万人，城镇失业人员再就业1.98万人，困难人员就业7803人，新增农村劳动力转移就业4.34万人；城镇登记失业率为3.53%，始终控制在4.5%以内，高校毕业生就业率达到95.4%。全市基本养老、基本医疗、失业、工伤、生育保险参保人数分别为244.4万人、343.1万人、22.7万人、45.4万人、31.1万人。职工医保参保率达到96.5%，城乡居民医保参保率达到97.5%，城乡居民养老保险参保率达到99%。

【就业创业】 积极稳妥做好去产能职工安置。明确职责分工，创新工作举措，压实工作责任，圆满完成5家企业、3175名职工的去产能安置任务。突出抓好以高校毕业生为主的重点群体就业创业。出台了《关于进一步引导和鼓励高校毕业生到基层工作的实施意见》，高校毕业生就业率达到95.4%。市大学生创业园等18个创业孵化基地累计入住企业469家，直接带动就业3400人，4家被评为省级农民工返乡创业园。高新区大创园全面开工建设。深入实施就业精准扶贫工程。制定了《就业精准扶贫工作方案》，对有就业愿望的15.8万余名贫困劳动力全部建档立卡实施精准帮扶。通过开展“春风行动”、特色技能培训等活动实施精准帮扶，共组织培训10945人次，介绍岗位30702人次，劳务输出4349人次。就业服务质量不断提升。大力推进公共就业服务体系建设，实施“互联网＋公共服务”，加快发展人力资源服务业。在全省率先开展村级公共服务平台建设，省试点的滦平县和丰宁、围场、隆化三个深度贫困县村级平台基本建设完成。积极探索创业孵化云平台建设，全面服务创新创业。

【社会保险】 有序推进提高贫困人口医疗保障救助水平解决因病致贫返贫问题试点建设。探索建立了医疗保障救助扶贫“63231”模式，共为68.66万人次落实提高医疗保障救助待遇2.6亿元，符合条件的农村贫困群众住院合规费用报销比例平均达到90%以上，最高可达96%，取得了惠及贫困群众、助力精准脱贫的满意效果。全面启动全国长期护理保险试点建设。率先在全国启动实施,初步探索建立了长期护理保险“3332”制度体系和“商业承办＋专业护理＋行政监督”运行模式，市本级已有49名重度失能人员入驻护理服务机构按长护险政策享受待遇。加快推进异地就医联网结算。实现退休异地安置、在职长期驻外、转诊转院人员跨省异地就医直接结算，外省市参保人到承德市联网定点医院就医直接结算。稳妥推进养老保险制度改革。制定出台了《改革完善企业职工基本养老保险省级统筹制度的实施办法》，对企业职工养老保险调剂方式进行改革，实行省、市、县三级分担机制。全面启动实施机关事业单位养老保险制度核心业务。全面落实各项社保待遇。企业退休人员基本养老金实现“十三连增”、月人均养老金达到2355元，城乡居民养老保险基础养老金标准由每人每月80元提高到90元。城乡居民医疗保险财政补助标准提高到每人每年450元。失业保险金发放标准由月人均730元提高到1010元。

【人才引进】 不断完善人才政策。制定了《关于加强新形势下引进外国人才工作的实施意见》《关于提高技能人才地位的实施意见》等政策文件10余个，编印了《承德市招才引智优惠政策30条》，出台《承德市高层次创新创业人才奖补资金评审办法》，为39人落实奖补政策支持。大力实施重点人才工程。大力实施“名校英才入冀”计划，首次走进清华、北大参加高层次人才招聘活动，现场达成签约意向44人。积极开展引进国外智力工作，全年引进各类外国专家25人次。积极培育博士后创新实践基地和技能大师工作室，全市累计建成博士后创新实践基地8家、技能大师工作室4家，累计建设国家级高技能人才培训基地1家、省级4家。积极申报省政府特贴专家、省“三三三人才工程”评选等人才项目，评选市“新世纪学术技术带头人”65人。承德技师学院中德合作办学项目获批成为全省首个开展国际合作办学的技工院校。圆满承办了由人力资源社会保障部、中央电视台主办的《中国大能手》（第三季）全国总决赛。积极引进各类急需紧缺人才。大力实施“十大绿色产业”人才支撑计划，有序推进高端人才引进工程、产业紧缺人才培养工程、人才服务水平提升工程和人才承载平台升级工程“四大人才工程”，选择110家重点企业启动“百企百站”建设。印制了《承德市紧缺人才需求名录》，通过“现场招聘、网络招聘和校园招聘”等多种方式引进急需紧缺人才，全年共引进各类人才5817人，其中高层次人才232人。圆满承办了2017年京津冀高端外国专家学术休假暨主体建言活动和“海外人才京津冀创业行”现场观摩交流会。

【工资分配】 稳步落实提高职工工资待遇政策。出台了《关于完善收入分配政策提高基层机关事业单位工作人员待遇水平的实施办法》，落实了通信补贴和物业补贴，取暖补贴提高到按个人一个月工资总额标准发放，干部职工年均增资达到5000～19000元。深入推进事业单位绩效工资改革。实施以审批绩效工资总量为调控手段、以单位为分配主体、以考核分配办法为依据的绩效工资制度。特别是对市属5所高校及3所示范性高中提高了绩效工资总量控制线，年人均增资1.2万～2.4万元。不断完善企业工资收入分配制度。市属国有企业负责人薪酬制度改革、法检系统工资制度改革、公立医院薪酬制度改革等重点领域工资改革工作扎实推进。建立企业工资指导线发布制度，形成正常的职工工资增长机制。

【劳动维权】 全力保障农民工合法权益。加大劳动监察执法力度，狠抓治理欠薪“三金三机制一入罪”制度落实，组织开展清理整顿人力资源市场秩序等专项执法行动，全年共为7240名农民工解决拖欠工资5457万元，被评为全国清理整顿人力资源市场秩序先进单位。加大调解仲裁力度。积极推进仲裁院标准化建设，健全完善基层调解组织，不断提高仲裁办案效能，全年共受理仲裁案件3529件，涉及职工5005人，涉案总经济标的达4700余万元，结案率达到100%。做好信访稳定工作。坚持依法治访，认真落实领导包案、接访约访和带案下访制度，拓宽信访渠道，做到了及时妥善处置群体性事件和问题隐患，确保了十九大等重大敏感期间社会稳定。

附：人力资源和社会保障局领导名录
党组书记、局长、公务员局局长：
关继高（2月免）
房宝占（2月任）
党组副书记、副局长：张铁军（女）
党组成员、副局长：郭晓辉
党组成员：裘长安
党组成员、副局长：高志祥
党组成员、副局长、就业服务局局长：
任永志（11月免）
党组成员、副局长：司景成（4月任）
党组成员、外国专家局局长：张贯民（满族）

（供稿　戴鹏飞）

民族宗教管理

【概况】 全市民族宗教工作紧紧围绕全市工作大局，以维护民族团结，助力民族地区全面小康，创新宗教管理，促进宗教关系和谐适应为重点，扎实开展民族宗教领域“八个专项行动”，民族工作深入研究利用政策，争取更大支持，着力促进民族地区加快脱贫同步小康，着力推进民族团结进步创建活动，着力打造环京津少数民族特色村镇；宗教工作全面贯彻党的宗教工作基本方针，坚持提高宗教工作法治化水平，着力破解难题，着力加强宗教思想建设，着力引导适应，为维护全市社会和谐稳定、经济发展做贡献。

【民族文化活动】 紧扣“中华民族一家亲，同心共筑中国梦”主题，进一步丰富创建载体，拓展活动内涵，扎实开展民族团结进步宣传活动。在“第八个民族团结进步宣传月活动”中，充分利用广播、电视、报纸和网络等主流媒体，通过举办民族团结进步成就展、上好中小学“民族团结第一课”等活动，深入宣传党的民族政策，普及民族基本常识，大力弘扬民族团结进步先进典型事迹，取得了良好的社会效益。与此同时，举办“民族一家亲”文化下基层慰问演出11场，会同省民宗厅集中为少数民族和民族地方送文化、送科技、送健康活动4次，为30个民族村各赠送了3万元体育健身器材，深受各族群众的好评。参加全省少数民族书画展和少数民族单项体育比赛取得优异成绩，充分展示了民族大市的风采。按照既隆重热烈，又安全节俭的原则，经周密筹备，圆满举行了高规格、高质量、高影响力的丰宁建县30周年庆祝活动，进一步鼓舞了全县各族人民的斗志，坚定了全面如期实现小康的信心。

【民族经济发展】 持续用力，协调市直有关部门，积极争取上级支持，着力促进民族地区加快脱贫奔小康步伐。深入贯彻落实上级政策措施，制定出台了《关于促进我市少数民族和民族地区发展的实施意见》；协助省厅扎实做好省政府赴平泉、丰宁现场办公的组织服务和各项协调工作，共争取支持两县（市）项目601个，资金242.9亿元，超额500%完成目标任务，截至年底，两县（市）共落实项目602个，到位资金156.99亿元，现场办公成效创历史最佳；协同有关部门抓好民族村精准扶贫工作，争取方方面面的资金向民族地方倾斜，共争取少数民族发展资金3511万元，超额75%完成目标任务；进一步落实好民贸企业贷款贴息政策，全市5家民贸企业共获得年度贷款贴息资金430.66万元，为民贸企业加快发展注入了动力；着力环京津少数民族特色村镇建设，23个试点村中已有12个被国家民委命名挂牌为“中国少数民族特色村寨”，试点村总数和被命名数均居全省首位。

【宗教事务管理】 着力提升宗教工作法治化水平，深入学习全国、全省宗教工作会议精神、宗教政策法规和时事政治。一方面，由班子成员带队，分赴全市11个县（市、区）和高新区，集中宣讲两级会议精神。利用一个月时间，赴各县（市、区）广泛调研督导，就行政审批改革中下放的事项，研究事中事后监管措施，做到放管并重，以求做到规范管理。另一方面，采取“走出去”“请进来”等办法，对宗教团体班子成员和宗教上层人士进行多渠道的教育培训。先后组织了伊斯兰教、基督教、天主教爱国会的学习培训和教育活动。组织召开以坚持宗教中国化方向为主题的宗教思想建设成果交流会，对全市教职人员进行爱国爱教教育，并从研讨交流文章中择优向省厅推荐了7篇。以和谐寺观教堂创建活动为抓手，扎实推广重点宗教活动场所“9个1”文化工程，达到了巩固提升场所规范化管理及制度建设水平。

【解决突出问题】 在佛道教工作中，进一步加大乱建佛道教活动场所、乱塑大型露天宗教造像和寺观“被承包”“被经营”的整治力度。采取市政协提案办理专题协商会议的有效办法，彻底解决了市区药王庙教产遗留问题。在伊斯兰教工作中，积极引导伊斯兰教界人士自觉抵制极端思想，协助市伊协彻底解决了市区清真西寺新建工程建设手续不全问题。在天主教工作中，指导承德教区加强功能建设，积极协调有关部门做好主教府建设收尾工作。在基督教工作中，巩固好市“两会”换届成果，同时对私设聚会点情况开展调研摸底，试点备案管理，各项工作步入规范化管理轨道。

附：市民族宗教事务局领导名录

党组书记、局长：张　忠
党组副书记、副局长：苏玉友
党组成员、副局长：高士堂
官向前
高海滨
郭玉琢

（供稿　黄自强）

行政审批

【概况】 承德市行政审批局于2017年4月18日挂牌成立，加挂市政务服务中心、市公共资源交易监督办公室牌子，实行“一套人马、三块牌子”的运行机制。组建以来，认真贯彻落实党中央、国务院和省委、省政府一系列重大决策部署，机构组建、业务划转、整章建制、规范运行等各项工作有序推进。全年共接待行政审批业务办事人员10775人次，受理事项8364件，办结8227件，按时办结率100%，其中当日办结率达到62%，整体行政审批效率提升60%以上，做到了“零投诉、零上访”。市公共资源交易市场共完成交易项目727宗，成交金额72.37亿元，节约国家资金2.59亿元，拍卖增收资金2.98亿元。在上半年全省公共资源交易信息化建设和应用工作考核中，承德市总成绩位列全省第二，县级平台优秀率位居全省第一。在省公共资源交易监督办组织的年终考核工作中，承德市获得满分。

【机构组建】 局领导班子于4月26日到位后，积极稳妥地推进机构组建工作。按照“编随事走、人随编走”的原则，在市直各部门抽调34名审批骨干，于5月27日全部到位。根据班子成员和科级干部的工作经历、专业技能等情况，确定班子分工，明确了科室负责人，制定印发《关于进一步明确内设机构主要职责的通知》，合理确定机关各科室职能。按照“应进必进”的原则，研究确定划转事项清单。7月15日，市直22个部门实施的167大项、303小项行政审批事项划转到位，正式面向市场主体和群众开展行政审批业务。9月29日，市政府举行封存市直部门行政审批印章仪式，标志着市行政审批局组建工作圆满完成。先后制定实施人员考勤、应急值班、公章使用、公车使用、信息发布、财务管理、档案管理等20余项机关运转制度，确保各项工作有章可循、高效运行。

【优化审批流程】 先后4轮次梳理事项，将同一链条上、属性相近的事项整合到一个科室办理，研究整合119个申请要件，凡是能在科室内部流转的要件，不再要求申请人重复提供；清理合并23个审批环节，取消重叠审批、减少不必要的审批；事项的平均办理时限由20.5个工作日缩短至12.3个工作日，整体行政审批效率提升60%以上。

【创新审批方法】 研究制定了《承德市优化投资建设项目流程若干措施》，建立健全一次性告知、限时办结、容缺受理、领办代办、全程在线、重大事项会商、联合勘验等7项工作制度，取消、整合审批前置条件和审批环节，简化政府投资的房屋建筑工程和市政基础设施工程预、决算审核程序，对现行政策突破较大，有效推动了审批效率提升、成本降低。与市场监管部门密切配合，研究制定《关于加快推进“多证合一”“一照一码”改革的实施意见》，简化市场准入手续，激发市场活力。

【公开政务事项】 编制事项活页和服务指南，对全部审批事项的设定依据、审批时限、申请条件、申报材料、咨询电话等内容进行全面规范，通过纸质材料和网络平台同步面向社会公开。同时，牵头编制全市5870个政务服务事项的目录清单和实施清单，全市政务服务事项的名称、类型、依据、时限、流程等60要素全部明确到位，并在官方网站公开公布。

【拓展审批途径】 着眼“让信息多跑路，让群众少跑腿”，积极推进“互联网+政务服务”工作，于8月15日在全省率先建成使用网上行政审批系统，可以实现在线咨询、查询、申请、办理、考核五大功能。同步研发建设官方网站、手机APP、政务微信等新型政务服务平台。除部分涉密事项和待国家、省明确的事项外，共有123项行政审批事项实现网上申请、受理、审查、决定。此项工作得到了常务副省长袁桐利等省政府领导的表扬。承德市作为先进典型，在11月的全省“互联网+政务服务”电视电话会议上介绍了工作经验。

【优化审批环境】 以“一个大厅全覆盖”为目标，建立“1+4+8+N”运行模式。“1”即市行政审批局，对划转的167项行政审批事项全权负责；“4”指国土、规划、安监、交通4个市直部门，在机关内部成立行政审批科，整建制进驻大厅；“8”指国安、气象、消防、邮政、国税、地税、烟草、无线电等中央和省垂管部门，在大厅设立服务窗口；“N”指供水、供电、燃气、联通等若干个公共服务部门，进驻大厅，为群众办事提供便利。在政务服务大厅安装制作展板、灯箱、标示牌100余块，营造浓厚文化氛围；建设免费Wi-Fi系统，为办事人员网上查询、申报事项提供网络资源；设置自助上网区、综合服务区，为办事人员创造便利；在大厅安装饮水机，配备雨伞、急救药箱、针线包等便民服务用品，在点滴中体现周到细致服务。

【加强运行监管】 建立完善一次性告知、首问负责、工作人员服务规范、投诉受理、责任追究等相关制度，规范日常工作。在大厅安装120多个摄像头，对大厅日常工作全程监控、全程记录，同时加大监督检查频次，确保工作人员规范事项办理，为服务对象提供优质服务。建立网上监控系统，对审批事项时时监控、超时预警、效能监察，严防违规审批、超时作业。

【依法行政工作】 以落实依法行政“三项制度”（执法公示制度、执法全过程记录制度、重大执法决定法制审核制度）为抓手，建立健全事前公开、事中公示、事后公开、全程记录、重大事项法制审核等制度规范，规范“三项制度”落实。编制并公开行政执法事项清单、流程图、服务指南，公开行政执法人员身份，促进执法公示。为一线执法人员配齐记录仪、录音笔、照相机、摄像机等器材，为执法全程记录做足保障。遴选了1名法律专业并通过司法考试的干部，充实政策法规科力量，聘请专职律师为局法律顾问，审核重大执法决定，规范业务办理、文件起草等工作。荣获全省“依法行政”先进集体、政策法规科荣获全省“三项制度”先进科室，成为承德市唯一获此2项荣誉的市直部门。

【公共资源交易工作】 坚持把公共资源交易工作摆在与行政审批工作同等重要的位置，同步组织实施。积极与市财政、住建、国土等部门进行对接协商，稳妥推进人员编制划转、资产交接、业务培训等工作。截至12月31日，筹建工作已经完成，正式承接开展业务。制定《承德市规范公共资源交易工作规定（试行）》等17项管理制度，加强对各县（市、区）公共资源交易中心的指导，确保工作规范有序、顺利开展。按照硬件建设满足“交易受理、交易组织、交易评审、交易见证”为目标，对交易场地进行了升级改造，达到市级公共资源交易场地的验收标准。市本级和10个县（市、区）全部建设应用“承德市公共资源交易服务平台”系统，实现了省、市、县三级公共资源交易平台互联互通、数据信息和验证机制共享。工程建设、政府采购、国有土地使用权和矿业权出让、国有产权交易、医疗设备采购、排污权交易，全部实现网上办理。

附：行政审批局领导名录

党委书记、局长：刘秉奇（满族，4月任）

党组副书记、副局长：徐立新（女，蒙古族，9月任）

李云腾（4月任）

党组成员、副局长：魏占军（4月任）

胥广和（4月任）

闫景会（4月任）

岳建华（女，4月任）

（供稿　于鹏飞　潘如意）

国土资源管理

【概况】 国土资源系统从抓好党风廉政建设入手，加强制度建设，围绕党的建设、规范执法、提升基层管理、窗口服务、财务管理等工作，建立健全学习教育、工作职责、失职问责等规章制度。坚持用好监督执纪“四种形态”，抓住重点人、重点岗位和重点环节，对不作为、慢作为、乱作为等行为，及时发现，严肃问责。

【绿色矿业发展】 坚持以建设国家绿色矿业发展示范区为统领，结合露天矿山污染深度整治，深入实施“6743”工程，全面开展“3个100”专项行动。在此基础上编制了《承德市绿色矿业发展示范区建设方案（2016—2020年）》，示范区建设取得了较快进展。“百矿复垦披绿”行动。以机场周边、承秦高速两侧为重点，按照宜林则林、宜耕则耕、宜草则草、宜建则建的原则，采取挂网喷播、打孔种植、拉台覆土、采坑回填、景观再造等方式，深入开展矿山环境综合治理。全年，全市累计投入资金1.6亿元，绿化面积1.25万亩，植树7650万棵（株），超额完成矿山复垦披绿任务。“百矿取缔关闭”行动。严格按照国家和省相关政策，严把矿业权准入关口，全市范围内暂停新设露天矿业权审批。依法取缔关闭破坏生态环境、不具备安全生产条件、无证开采、资源枯竭的矿山企业。全年，关停取缔矿山100家，压减矿权140个，减少矿区面积38平方千米。“百矿绿色改造”行动。强力推进矿业整合改造，采取综合改造提升、采矿选矿技术改造、资源和尾矿综合利用、矿产品产业链延长等举措，推进生产技术、工艺的绿色改造，实现生产过程环保化、资源利用高效化、资源价值最大化，完成100家矿山企业绿色改造提升工作。同时，按照政府主导、市场化运作的原则，依托矿业资本优势，引导现有矿山企业向新能源、文化旅游、矿泉水等“绿色产业”转型。50家矿山企业成功转产，为结构调整注入了新的动力和活力。此外，深入推进露天矿山污染深度整治工作，完成2处采矿权灭失矿产地恢复治理，并通过验收，圆满完成省下达任务。

【地质调查服务】 紧紧围绕全市经济社会发展定位和产业实际，在实施国家生态文明示范区综合地质调查、平泉县1∶5万土地质量地球化学调查、承德地区地质遗迹调查3个项目的基础上，积极跑部争取支持，中国地质调查局将承德市和福建省列为全国地质调查支撑服务生态文明建设示范区，2018年至2025年通过开展土地质量地球化学、水文地质、地热清洁能源等7个门类的民生地质调查，构建区域资源环境承载能力评价体系，为全市提供规划、建设、运行、管理全过程的地质依据和地质解决方案，建设地质调查支撑服务生态文明建设数据信息平台，支撑服务全市生态产业发展和生态文明建设。

【重点产业发展用地保障】 及时完成土地利用总体规划调整完善工作，持续加大指标争取力度，全年共争取新增建设用地指标15996亩，获批建设用地23466.6亩，有效保障了旅发大会等重点项目用地需求。同时，全力开展土地整治专项行动，共完成占补平衡项目立项20706.82亩，验收12068亩，占省下达任务的121%，位列全省第三位，确保了全市耕地总量不减少、质量有提升，有效保障经济社会发展对占补平衡指标的需求和重点项目的及时报批。并积极探索创新供地方式，试行工业用地“租让结合”等灵活供地措施，对重点项目采取整体规划、分期供地的方式，并试行弹性年限供地。全市共供应国有建设用地使用权361宗，面积19824亩，出让价款73.3亿元，增长117.1%，其中市本级16.1亿元，增长34.8%。

【批而未供和闲置土地处置】 坚持以用为先盘活利用批而未供土地，新上项目能够利用批而未供土地的，不再安排新增用地指标。对于闲置土地，采取签订目标责任书等方式，压实各县市区工作责任，通过督促企业尽快开工、无偿收回、置换等方式加快处置。同时，加大土地供后监管力度，对圈而不建、建而不投、投而无效的及时清理处置，防止形成新的闲置土地。全年共完成闲置土地处置1798亩，完成批而未供土地处置8763亩。

【打击国土资源违法行为】 采取督办和实地核查相结合的方式，深入开展了严厉打击土地、矿山等国土资源违法违规行为专项行动，采取强力督导、实地执法、现场拆除、补办手续等一系列工作举措，及时发现违法违规行为，全力加快违法占地清理，做到行政处罚到位、责任追究到位、拆没补办到位，消除违法状态。

【便民利民】 积极参与房地产遗留问题排查和相关政策制定工作，聚焦“办证难”问题，将房地产遗留项目补办用地手续、办理不动产登记等相关问题的处理意见融入承德市委市政府

《关于解决房地产开发遗留问题的实施意见》和《承德市解决历史遗留问题不动产容缺或现状登记办法》，为解决房地产开发遗留问题提供了参考依据。同时，积极参与市本级40多个遗留项目会审工作，解决了很多长期没有解决的问题。通过分类排查，全市共涉及房地产开发遗留问题项目267个（共涉及12.55万套），其中办证难涉及112个，入住难涉及133个，征收难涉及22个项目。探索实行银行机构代办房地产贷款抵押登记业务，打通便民惠民“绿色通道”，待试点成熟后在全市范围内推广。实行公告、公示事项网上发布的便民利民措施，不动产权利人由跑报刊媒体登报申请等多个环节减少为只到不动产登记窗口办理即可，为群众提供了便捷服务。按照“能放则放、能减则减、能优则优”的原则，进一步减少审批要件、优化审批环节、压缩审批时限，全面梳理、优化、下放行政审批事项。全年共下放行政审批事项3项；取消行政审批事项2项；清理后减少审批要件7件；累计压缩审批时限113个工作日。

【落实安全生产】 牢固树立红线意识和底线思维，严格落实安全生产“党政同责”和“一岗双责”要求，将安全生产工作作为一项重大政治任务抓紧、抓实、抓牢。严查严管，消除隐患。以“两节两会”等敏感时间节点为重点，以打击越界采矿、无证采矿为主要内容，按照“四不放过”原则，严厉打击各类违法行为，消除安全生产隐患。注重防范，强化巡查。加强地质灾害隐患点防范治理，对全市835处隐患点开展风险辨识，并建立台账，明确具体监测人和责任人。同时，加强汛期暑期巡查检查，及时发现险情、及时处置到位，全年未因受地质灾害威胁而发生人员伤亡事故。专项整治，确保安全。深入开展安全生产大检查、“两个专项”、煤矿超层越界开采、“打非治违”等专项整治行动，成立由4名处级领导任组长的督导检查组，深入一线督导检查，切实将安全生产工作落到实处。

【助力扶贫攻坚】 强化用地保障。依托土地利用总体规划调整完善的契机，将易地扶贫搬迁等扶贫开发项目用地全部纳入规划调整完善范围，预留充足空间。同时，积极争取扶贫开发专项指标1991亩（农用地1358亩，其中耕地1188亩，未利用地633亩），实现对扶贫开发项目用地应保尽保。用活扶贫政策。用活城乡建设用地增减挂钩政策，对列入易地扶贫搬迁计划的760个整村搬迁项目逐个排查，摸清原址建设用地规模，并区分情况精准施策。积极推进增减挂钩结余指标流转，转让收益返还项目所在县，助力扶贫攻坚。2017年丰宁黑山嘴镇窄岭村增减挂钩项目已经省厅批准，结余指标85亩；12个批次增减挂钩项目报省审批，总复垦面积2383亩，预计节余指标2000亩。开展土地整治。积极实施土地整治和高标准基本农田项目，助力贫困人口得劳务收入、得优质农田、得农田基础设施资产、得优质生产生活环境。全年安排贫困村土地整治项目58个，总面积1.3万亩，新增耕地1.16万亩，预算投资2.7亿元。

【天然矿泉水产业发展】 围绕建设高锶矿泉城，不断加大地质勘查力度，实施勘查项目30个，农夫山泉年产60万吨桶装水、汇源果汁年产50万吨矿泉水生产基地项目落地承德。重点培育和打造的“避暑山庄”皇家特色本土矿泉水品牌已成功投放市场。北京星露隆化县龙凤山50万吨矿泉水开发、丰宁三义泉20万吨山泉水扩产扩能等项目建成试产；北京建新（皇家高锶）30万吨高锶矿泉水开发项目加快推进。同时，开展了“四个一”工程建设，即中国·承德高锶康养矿泉水院士专家工作站、中国·承德高锶康养矿泉水研究院、中国·承德矿泉水文化博物馆、中国·承德矿泉水电商平台，其中，院士专家工作站、博物馆、电商平台已经落成，研究院正在加紧建设之中。

附：市国土资源局领导名录
党组书记、局长：王鹤松（满族）
党组副书记、地勘局局长：吴双麒
党组副书记、副局长：戴廷耀
党组成员、副局长：杜振学
于明东
范明杰
党组成员、纪检组长：靳传新

（供稿 陈月玲）

市场监督管理

【概况】 市场监督管理工作坚持“监管惟严、服务惟实”的原则,以“六个专项行动”为总抓手，市场监管各项工作成效明显，市以上部门和媒体正面宣传1081篇信息及报导，省市领导批示表扬近20次，再次被中央文明委授予全国文明单位称号。

【保障食品安全】 重点开展了食品生产环节专项整顿提升、销售环节食品安全专项整治、餐饮业专项整治、保健品化妆品专项整治等四项子行动，同时积极争创省级食品安全示范城市。110家蜜饯行业食品安全追溯体系建设取得实效，22家食品生产企业通过“关键控制点体系（HACCP）认证”。优化了食品电子备案追溯管理平台，创建了11家省级食品销售示范单位、1个食品安全示范街道、4个食用农产品集中交易市场，45家大型超市、11家大型批发市场和集贸市场完成食用农产品快检室建设。持证餐饮单位量化分级率达98%，食品安全快速大道创建、“明厨亮灶”、“清洁厨房”任务全部完成，完成重大活动保障105次。各环节各领域专项整治成效明显，共抽检各类食品4108批次，化妆品82批次，查处案件1450件，配合公安部门查办的“6·23特大网络销售有毒有害食品案”被食品药品监督局评为2017年保健食品类优秀案例第一名，被公安部列为“全国公安系统百案之首”，市稽查局被公安部、食品药品监督局评为“全国食品药品案件查办工作成绩突出集体”，食品药品监督局毕井泉局长批示肯定。塞罕坝及坝上地区大规模食品安全整治攻坚成效明显。全市较大食品安全突发事件（Ⅲ级）应急演练圆满完成。省食安办2017年度综合考核位列第二档次。

【整治药械领域突出问题】 重点开展了药品生产企业专项整治、药品流通安全专项整治、医疗器械安全专项整治等3个子行动。完成6家药品生产企业新版药典执行情况监督检查。13家药品生产企业日常检查全覆盖，检查发现的238项问题均整改到位。开展了特殊管理药品监督检查、城乡接合部和农村地区药店诊所药品质量安全集中整治等多项专项整治，开展了角膜塑形用硬性透气接触镜、无菌和植入性医疗器械、互联网医疗器械经营等多项专项检查，共抽检药包材10批次、各类药品599批次，协助省药品检验研究院完成国家药品评价性抽验51批次，抽检医疗器械73批次；共查处药品、医疗器械案件436件，移送公安机关2件。3家药品生产企业通过省局GMP认证，药品生产企业GMP跟踪检查完成率、药品批发企业GSP跟踪检查覆盖率均达100%。上报药品不良反应、医疗器械不良事件3410例。积极探索药品生产企业风险评估与生产实践结合，与颈复康药业集团合作制作“药品单品种风险评估实施建议表”。成立了承德市药品生产监管人员实训基地。参与制定、修改“医改”有关文件12件。

【服务经济发展】 重点开展了市场主体增量、商标兴企、融资活企、党建促企等四项子行动。“六证合一、八证合一、一照一码”与简易注销改革全面实施。省内首创实施“银行代办照”“证照联办”新举措，市委书记周仲明、市长常丽虹、市委副书记张泽峰等市领导与省工商局局长刘云峰均批示肯定，工商总局政务信息、省工商局简报专刊刊登了承德做法。新增“缘天然”“菇芳源”“五谷农庄”“三融”“亚欧”“神栗”等驰名商标6件，总量达11件。新增地理标志商标4件，总量达10件。“宽城板栗”地理标志商标入选全国“商标富农和运用地理标志精准扶贫”十大典型案例，副省长沈小平作出重要批示，给予肯定表扬。助企融资136.07亿元，超额完成60.08%。全市非公企业设立党组织690个，覆盖企业2020个，设立团组织105个，覆盖企业42个。

【强化事中事后监管】 重点开展了市场主体信息公示、市场主体公示信息抽查、合同格式条款整治、无照经营查处、红盾治污和红盾护农等六项子行动。市场主体综合年报率列全省第三，企业年报率列全省第二，在全省年报工作推进视频会议上，做了经验交流发言。编制市本级市场主体行政审批后续监管清单（2017版）、政府部门涉企信息统一归集目录清单、失信企业联合惩戒措施清单，市委全面深化改革领导小组第二十五次会议通过。全市查办2711件各类违法案件均进行公示，公示率达100%。“双随机、一公开”工作取得重大突破，实现了“五个全覆盖”，初步形成了具有承德特色的落实机制，走在全省前列。省政府两次考核均给予高度评价，两次作为全省典型交流经验，市长常丽虹、副市长薛寒均批示肯定。查处无照经营案件581件，查处重点领域“霸王条款”案件88件，查处农资违法案件270件。大气污染防治工作成效显著。将全市劣质散煤管控专项实施方案细化为38项，分解至9个市直部门，建立了系统内部监管责任清单，确保不留监管死角。制定5项工作方案，组织了县（市、区）局主要负责人参加的综合整治会议6次，层层压实责任。按照各县（市、区）市场监管部门十有”、市场经营主体“六有”的要求，进一步规范工作。组织督导10次，有效推动各项工作圆满完成。“禁燃区”散煤销售网点全部取消，全市共取消煤炭经营网点210户，取缔无照经营58户。抽检煤炭经营户310户共502批次，覆盖率100%，合格率88%，查处案件170件；抽检加油站360个共560批次，覆盖率80%，合格率87%，查处案件64件。

【优化市场竞争环境】 重点开展了整治不正当竞争突出问题、保护商标专用权、整治虚假违法广告、网监执法等四项子行动。以公用企业限制竞争、虚假宣传、“傍名牌”等违法行为作为整治重点，查处不正当竞争案件204件，罚没款156.4万元。指导露露股份外地打假，指导“塞罕坝”商标管理使用，开展了打击加油站侵犯注册商标专用权等专项整治，对全市商标印制单位进行全面检查，共查处商标侵权案件63件，罚没款36.6万元。对重点媒体开展广告发布事前、事中行政约谈146次，行政指导335次，广告监测平台查看率、处理率均为100%，查处案件55件，罚没款65.2万元；强化网络商品交易行为监管，代市政府起草了网络市场监管处际联席会议制度，组织召开了第一次联席会议，查处网络违法案件13件，罚没款9.07万元。查办传销案件2件，均移交公安机关。

【开展消费维权】 重点开展了消费升级助力、维权效能提升、红盾质量维权等三项子行动。通过组织“3·15”宣传、开展消费教育“五进”、互联网消费教育、发布消费警示、维权典型案例等，多形式进行消费教育引导。“3·15”活动做法被国家工商总局政务信息刊登交流。旅发大会前与移动公司合作开通小区短信发送业务，向来承的20余万外地游客发布温馨提示。全年共创建放心消费示范单位279家、示范街区6条。与市文明办、市旅发委、市消协联合开展放心消费进景区观摩推进活动，8家AAAA级以上、9家AAAA级以下景区完成创建。全年共处理咨询投诉举报22535件，为消费者挽回经济损失466.31万元。成功解决1起涉及1000余人因经营者不按约定履行合同的群体投诉，妥善处理了2起共涉及2500余人的健身预付卡群体投诉事件，有效避免了“两节”和十九大期间群体上访事件的发生。联合市城管局、双桥区局解决了95件“共享单车”群体投诉，为消费者挽回损失2.8万元。组织4次针对银行、快递、供热服务行为和保健品经营市场体察评议活动，先后体察评议企业110家，发现并限期改正问题14个。强化流通领域商品质量监管与维修服务业整治，抽检热点商品762批次，查处违法案件676件。部署清查“3·15”晚会曝光商品的做法和成效被工商总局政务信息交流。全省两次推进会均表扬承德市消费维权工作。消费维权工作综合考评列全省第二位。省工商局、市政府领导对消费维权工作给予肯定。

【坚持依法行政】 进一步健全依法行政制度，研究制定行政执法公示、执法全过程记录、重大执法决定法制审核等“三项制度”，制定和完善了“四类文本、五个清单”。研究制定了假药认定办法，规范假药认定程序。进一步完善执法监督检查、案件评查机制，继续深入开展了“规范执法杯夺杯竞赛活动”，探索建立了食品药品“双随机”工作机制，明确了机关内部办案机构法制审核员及其职责，规范了执法。进一步深化与检察机关食品药品安全领域合作，搭建业务合作平台，建立食品药品安全的合作机制，提升了效能。

【加强基层基础建设】 全市12个县（市、区）共222个乡镇均建立了食安办，专兼职人员493人。设立市场监管派出机构114个，监管人员664人，进入三级网格的协管员达2584人。全市8个县区落实了协管员补贴。各县区均建立了监管网格和监管人员数据库、监管对象和地理信息数据库，完成了对各级网格监管人员培训。检验检测机构建设进一步加强，在双滦区国家检测检验认证产业园区统一建设食品药品安全检测能力项目，计划于2018年底完工。两个县纳入国家县级食品安全检验检测资源整合试点范围，1个县在全省率先取得“双认证”。11个县（市、区）建立了食品检验检测实验室或快检室。

附：市市场监督管理局领导名录

党组书记、局长：姜　昆（兼任承德市工商行政管理局局长、承德市食品药品监督管理局局长、承德市政府食品安全委员会办公室主任）

党组副书记、副局长：祁春艳（女，满族）

党组成员、副局长：石　锐

吕少斌

赵玉梅（女，满族）

任阁兴（兼任市卫生和计划生育委员会副主任）

张学德（满族）

刘佐兵

（供稿　刘晓兰）

质量技术监督管理

【概况】 承德市质量技术监督紧紧围绕全市经济发展大局，以提高质量核心竞争力为中心，坚持融入中心抓质量、多元共治保安全、转变职能促发展、适应形势强能力的工作思路，大力推进质量强市和标准化战略，持续夯实质量基础，全力开展质量提升行动，严格质量安全监管，发挥质量基础对经济社会发展的引领、支撑和保障作用，为建设“生态强市、魅力承德”做出了积极贡献。

【实施质量强市战略】 持续提升质量发展的向心力，推进质量强市战略取得新成效。市政府先后召开全市质监工作电视电话会议、全市质量强市和标准化战略工作会议，质量工作提升到政府层面，市政府与各县区政府签订年度质监工作目标责任书，层层压实质量工作责任。围绕《关于实施质量强市加快绿色崛起的实施意见》，市政协组织考察组深入青岛烟台考察，提出《关于加快质量强市建设的建议》，市长常丽虹和市领导作出重要批示，要求研究并提出推动具体意见和措施，为市政府决策提供参考。市质监局先后召开党组会议、局务会议，逐条进行研究讨论，提出了具体落实意见建议。加大对质量工作考核力度，把质量工作纳入经济发展综合目标，迎接省政府对市政府2016年度质量工作考核，市政府对各县区政府2016年度质量工作考核，推动了县区政府质量工作落实。9月13日，中共中央、国务院《关于开展质量提升行动的指导意见》发布后，10月18日，省委、省政府《关于开展质量提升行动加强质量强省建设的实施意见》，市局已起草《关于开展质量提升行动加强质量强市建设的实施意见》，待上市委、政府会议通过。

【标准化体系建设】 持续提升质量发展的牵动力，推进标准化战略取得新成效。制定了《承德市标准化体系建设发展规划（2016—2020）》，《承德市消费品标准和质量提升规划（2016—2020）》，起草《承德市标准化资助办法》，作为引领标准化工作纲领性文件。平泉市瀑河源食品有限公司承担建设的国家食用菌产业综合标准化示范区被列入第九批国家级农业标准化示范项目（全省3个建设期3年），结合生态文明建设、绿色循环经济和低碳技术等主导产业、优势产业，组织申报省级农业地方标准7项，《热河黄芩良种选育技术规程》等4项被列入2017年度河北省地方标准制修订项目计划，完成14项市级农业地方标准的制修订。完成采标任务11项，制定6项尾矿制品标准，承德金建公司填补河北民企制修订国际标准空白，主持制修订2项国际标准（全省民企首家），被评为“省标准化创新突出企业”，并参与“中国标准化助力奖”评选活动。申报《承德高中压阀门管件集团有限公司》省企业标准化示范单位。为“十大绿色产业”搜集提供37类相关标准511件，建立“十大绿色产业”标准信息阅览室。加强企业标准自我声明公开监管，214家企业公开了535项标准，涵盖818种产品，监督检查率91%。制定公共服务标准4项，社会管理标准3项，组织申报《社区建设工作指导标准》《电梯应急接警处置流程》《电梯应急救援安全操作规范》和《公共停车场运营服务规范》4项省级地方标准；申报隆化鸿兆、恒骏物流等3个省级服务业标准化示范项目。赢运开电子商务有限公司、承德县民政服务中心两家省级服务业标准化试点建设完成验收。

【推进名牌立市战略】 持续提升质量发展的竞争力，推进品牌立市战略取得新成效。实行班子成员分包企业制度，一对一帮扶，点对点指导，促进全市重点支柱企业质量管理水平提升。避暑山庄企业集团有限责任公司、承钢集团有限公司获省政府质量奖（全省10项）；承德金隅、承德怡达李志民获省政府质量奖提名奖（全省9名）；乾隆醉酒业公司事业部总经理谭小林获省政府质量奖个人奖（全省10项），获奖企业和个人数量创历史新高。完成第三届市政府质量奖评审，待市政府会议批准。开展增品种、提品质、创品牌行动，开展群众性质量管理和“质量月”等活动，利用3年时间，重点帮扶、梯次培育、精细服务，申报河北名牌16项、优质26项、服务名牌12项、质量效益型4家，宽城争创省知名品牌示范区1个,共59项,创历史新高。50家企业参加品牌节、“美丽河北最美名牌产品”推选展示活动；鼎盛文化产业投资有限公司等4家企业获“河北名片”称号;颈复康药业集团有限公司等2家企业获“河北品牌建设典范单位”称号，承德露露等4家企业产品获“美丽河北优秀名牌产品”称号，有力提升承德市特色品牌影响力。

【质量管理提升】 持续提升质量发展的共治力，开展质量提升行动取得新成效。深化“五个一”质量提升活动，35家企业推广卓越绩效管理、六西格玛管理等先进质量管理模式和方法。培育卓越绩效管理师13人，首席质量官58人，组织企业参加省第38次QC小组代表大会，国电承德供电公司等47个单位获省优秀质量管理小组称号。完善企业质量信用档案数据库建设，新采集录入信息1113条，建立质量红黑名单制度，发布《企业质量信用报告》18家次。加强汽车销售企业“三包规定”监督管理，引入消费者用户满意度评价机制，开展4S店落实“三包规定”综合评价，促进产品质量、服务质量双提高。开展质量宏观分析工作，完善了名优产品发展状况信息数据的收集、分析和运用，定期评估分析质量状况及竞争力指数。

【特种设备安全监管】 制订《全市特种设备日常监督检查计划》，明确安全生产责任清单，严格落实安全生产“一岗双责”“党政同责”规定，全市共有注册特种设备18221台（件），出动6067人次，持续开展大型游乐设施、涉氨制冷、气瓶充装、电梯、客运索道、锅炉、油气、压力管道等安全隐患专项整治和攻坚战，做好十九大、“两节两会”等重要时间节点的特种设备安全保障工作，完成国务院安全生产巡查提出问题整改，解决了高新区建投南互通加气站无证充装问题。重点企业和设备现场检查率91.91%，登记发证率100%，定期检验率94.39%。全年无特种设备安全责任事故，1人受总局表彰，兴隆获省特种设备安全示范单位称号。强化电梯安全监管。市电梯安全应急处置服务中心省内首家实现全市区域一次性全覆盖，组织宣贯《电梯安全管理办法》，开展电梯维保、使用和物业公司安全管理警示约谈，强化对电梯维保单位的监督管理和考核，发挥电梯应急处置平台作用，平台整理录入全市电梯数据8413台，在用覆盖率92.93%，接警应急处置1930起，解困1781人，平均救援用时18.15分钟，实现了服务百姓民生。强化产品质量监管。完成46家获证企业和6家食品相关产品企业自查工作，对全市13家机动车安检机构定期监督检查，规范提升安检机构检验质量，制定落实《全市工业产品质量监督抽查计划》，抽检27个批次的洁净型煤和尾矿建材制品，合格率100%。强化劣质散煤管控。制定《劣质散煤管控方案》，设立省界煤质检查站6个，检查入省运煤车辆2263辆，其中入市404台，劝返11台。开展煤炭检验135批次，合格78批次，不合格31批次。强化打假维权。持续开展“质检利剑”“打非治违”、春季打假等专项行动，共出动执法人员3000人次,检查企业600余家，“12365”受理质量投诉132人次。

【计量监管】 围绕政府关注、百姓关心的环保、医疗等重点领域和加油机、公路测速仪等重点计量器具，开展执法专项检查和定量包装商品净含量双随机抽查，共检查集贸、年货市场 126个，商场、超市375家，餐饮企业593家，加油站127家，出租车计价器221台，新建社会公用计量标准10项，5家企业实现节能减排在线数据采集，检测各类计量器具17.07万台件，其中强检15.77万台，完成12家定量包装“C”标志企业网上监管,开展计量惠民服务,免费检测“民用四表”、血压计、人体称和集贸市场计量器具

9432台件。在国家认监委和省局的大力支持下，滦平县获批国家有机认证示范创建县，全市已有50%的县获批创建，为推进国家有机产品认证示范市创建打下扎实基础，参加有机硒高峰会、国家有机产品认证示范区创建培训班、京津冀有机产品认证示范区推动会，召开有机认证与精准扶贫座谈会和有机“十二五”课题成果应用推广会，发挥承德有机绿色农业优势，有机产业助力精准扶贫做法受国家认监委认可，在全国推广，并呈报国务院,《有机产业如何成脱贫“金手指”》在《河北日报》刊发。强化机动车、煤炭、环保等资质认定获证检测机构专项监督检查50家，飞行检查9家，检查3C生产企业30家，超市、商店、小企业等共计26家，管理体系认证企业监督检查2家，食品农产品认证企业监督检查11家，组织32家机构参加钢筋、电线电缆、煤检、食品项目能力比对工作。实现科研项目零突破，申报特稳压力校验台和车辆外廓尺寸测量仪校准装置2个科技项目。市质量技术监督检验所实验室面积6000余平方米，设备固定资产2800万元，近年来，通过改善设施，增加设备，培训人员，不断提升检验检测能力，特别是省仪器仪表产品质量检验中心、能源计量中心、环境计量检测中心、质检中心检验检测能力明显提升。承德无产棉区，纤检所全省唯一承担全国棉花公检任务，完成15.4万支（500万吨）棉花公检，监管国储棉入库12.5万吨，争取棉花公检费用300余万元。积极推进承德市双滦国家级认证检验检测园区建设，努力争创国家级认证检验检测园区，为承德企业和产业发展提供技术支撑，服务承德经济发展。

【质监宣传】 强化政府宣传。制定《实施方案》《实施细则》《抽查计划》《事项清单》《抽查对象名录库》《执法检查人员名录库》，抽取执法人员5组10人，开展抽查工作5次，抽取监管对象45个，质量安全状况全部网上公开。强化大质量宣传。《承德质量》宣传片完成外景拍摄，国家级刊发35篇（条次），省级63篇（条次），各级网站、电台、电视台、省局、“两办”信息等刊发各类信息宣传稿件917篇(条次)。强化社会宣传。利用计量日、标准日、认证认可日和质量月、安全月等载体，加强质量知识宣传，制做宣传展版50块，发放宣传资料7万余份，面向学校、人大代表和政协委员开展“实验室开放日”质量主题参观和“四进”活动，承办人大代表建议和政协委员提案11项。

【行政执法监督】 基层监管能力和执法装备水平得到提升。结合基层执法监管工作实际，为市县区局配备执法装备、现场快速检测装备，使“四有两责”（有职责、有岗位、有人员、有手段，落实日常检查责任和监督抽检责任）得到有效落实，技术支撑体系建设得到加强，依法监管、科学监管的能力和水平得到提升。加强行政执法监督。及时调整行政权力清单、行政权力责任清单，实行动态管理，使职权法定，边界清晰，主体明确，公开运行；推行“两随机、一公开”行政执法，行政执法公示、执法全过程记录、重大执法决定法制审核制度，强化执法履职尽责监督，行政复议案件1起，无行政诉讼案件。强化信息化建设。完成行政执法12365单兵系统建设，实现“互联网＋政务服务”网上审批办理，优化网上服务流程，用好质监信息化办公平台，各项应用系统和信息网络安全运行。

附：市质量技术监督局领导名录
党组书记：王冰松
局　　长：张树国
党组成员、副局长：党国欣
张进宇
毕治国

（供稿　史安妮）

安全生产监督管理

【概况】 市安监局认真贯彻落实党的十九大精神，以习近平新时代中国特色社会主义思想为指导，牢固树立生命至上、安全第一的理念，全面落实国家、省、市安全生产各项决策部署，大力弘扬塞罕坝精神，以落实安全生产责任制、推动安全生产领域改革发展为主线,以减少一般事故、遏制较大事故、杜绝重特大事故为目标，以强化专项整治、监管执法、打非治违、教育培训、巡查整改和安全生产大检查为抓手，扎实稳步推进预防控制体系、应急救援体系、安全诚信体系建设，较好地完成了各项安全生产目标任务。承德市被省安委会评为“安全生产月”先进单位；被省八部门评为“安全生产志愿服务工作先进单位”；被省安委办评为“安全生产知识竞赛优胜团体”。

【安全生产领域改革】 在全省率先制定出台了《中共承德市委承德市人民政府关于推进安全生产领域改革发展的实施意见》《承德市安全生产白皮书》，进一步明确了当前及以后一个时期安全生产改革发展的目标、任务、路径，广泛凝聚安全生产齐抓共管共识。安全生产责任体系进一步健全完善。制定出台了《承德市安全生产领域打非治违暂行规定》，进一步明确了市、县、乡、村四级党委、政府和41个职责部门的打非治违责任，建立安全生产领域打非治违长效机制。隐患排查治理体系建设成效明显。1-11月份，全市隐患排查治理体系建设绩效考核以总得分808分排名全省第一。

【控制指标总体完成】 1-12月，全市共发生安全事故64起，同比上升18.5%、死亡36人同比下降20%、受伤118人。其中：工矿商贸领域共发生事故11起，同比下降26.7%；死亡11人，同比下降52.2%。道路交通领域共发生生产经营性事故53起，同比上升35.9%；死亡25人同比上升13.6%；受伤115人，且2起为较大事故。在宏观经济环境趋紧、经济结构转型升级、政策性停产限产频繁等困难下，实现了事故死亡人数持续下降，全市安全生产形势保持了总体稳定。特别是本着“早动员、早部署、早启动、早落实”的原则，超前谋划，严防死守，确保了“两节两会”、“一带一路”峰会、中秋、国庆、党的十九大等敏感时期“零事故”，得到了省督查组的充分认可和表扬。同时，经受住了“七下八上”汛期强降雨考验，全市未发生因极端灾害性天气引发的生产安全事故。

【加强安全生产领导】 市委、市政府始终把安全生产作为最大的民生、最大的政治、最高的责任，作为经济社会发展的前提、基础和保障，制定出台《承德市安全生产第十三个五年规划》《承德市职业病防治规划（2017-2020）》《承德市安全生产白皮书》，与经济发展和社会稳定同研究、同部署、同推进、同落实。重新调整市安全生产委员会组成人员，增加1名市委常委联系安全生产工作，新增了市政法委、市人民法院、市武警支队、市机场建设局为组成单位，进一步壮大了安全生产组织领导力量。工作中，严格执行市委常委会、市政府常务会等安全例会制度，深入学习宣传贯彻《关于推进安全生产领域改革发展的意见》、《河北省安全生产条例》、党中央和国务院通知要求及各级领导重要指示批示精神。市委书记周仲明、市长常丽虹高度关注、以身作则，先后召开7次常委会、5次常务会、4次安委会全体会、21次电视电话会，统筹安排部署全市安全生产工作。同时，坚持既挂帅又出征，22次带队检查调研安全生产工作，行程遍及10个县市区和12个重点行业领域。苏铁成副市长等分管领导全力以赴、一线检查，针对疑难问题，及时协调解决。各级党政班子成员和职责部门，都按照“党政同责、一岗双责”要求，及时对安全生产工作进行检查督办。由此，全市形成了以上率下、上下齐动的良好局面，有力地推动了各项安全防范措施的落实。

【安全生产责任落实】 把责任制作为抓安全生产工作的纲，坚决守好安全生产这条不可逾越的红线、不可触碰的底线。出台《承德市安全生产领域打非治违暂行规定》，进一步明确了市、县、乡、村四级党委、政府和41个职责部门的打非治违责任，确定了安全生产领域重点打击的7类非法行为、38类违法行为，明确了6类依法依纪应问责追责的情节，建立了联合执法、工作通报、信息报送、联合惩戒、宣传教育等12项制度，建立了安全生产领域打非治违常态化工作机制。同时，正在编制全市安全生产监管责任清单。各级党委、政府定期研究调度安全生产工作，实行一把手亲自抓、负总责，切实负起安全生产组织领导责任。各负有安全监管职责的部门持续深化专项整治、强化监管执法、开展隐患大排查，认真履行“三管三必须”职责。各企业以开展安全标准化建设为载体，以贯彻落实《中华人民共和国安全生产法》和“五落实五到位”规定为核心，加强全员安全生产责任制建设，促进安全生产主体责任落实。市政府与各县市区、23个市直单位签订了安全生产目标管理责任书，市安委会下发了《2017年安全生产目标管理考核办法》，并将安全生产纳入全市综合考核评价指标体系。在日常工作中，建立了常态化的考核督办机制，对重点事项和隐患拉出清单，及时下达限期整改督办通知，定期调度、跟踪盯办，不遗余力地杜绝监管空档，确保各项措施落实到位。今年共下发各类督查通报18份。严格落实安全生产责任追究制度，凡是发生安全生产事故的，一律按照“四不放过”原则，查清责任、严厉问责，用事故教训推动安全生产工作。2017年发生的11起工矿商贸事故，已批复结案10起，报省待审核1起，给予组织处理18人，党政纪处分18人，移送司法机关追究刑事责任6人，实施经济处罚648.1万元。

【深化预控体系建设】 牢固树立“事故可防可控可避免”的理念，坚持在预先防范上下功夫，把防控事故的关口前移、重心下移。推进风险分级管控。16个行业领域出台了风险分级标准，2524家企事业单位排查辨识各类风险点27410项，1545家企事业单位完成风险评估分级，其中：A级56家、B级265家、C级342家、D级882家。同时，进一步抓巩固、抓深化、抓提升，制发了《承德市深化安全风险分级管控和隐患排查治理双重预防控制机制建设实施方案》，在金属非金属矿山、尾矿库、危险化学品、冶金、轻工、人员密集场所等6个行业领域选择7家企业作为全市试点，探索建立风险分级管控和隐患排查治理“双清单”。2017年，7家企业已经完成了试点创建工作，正在编制“双清单”。实施动态隐患排查治理。印发了《进一步推进隐患排查治理体系建设工作的方案》以全省智慧安监综合监管平台为依托，监督企业开展全方位、不间断的动态隐患排查治理，对发现的隐患和问题建立台账，能当即整改的立即整改到位，一时难以整改的按照“五落实”要求限期治理，实现隐患排查治理自查自改自报闭环管理。全年，全市共组织监管平台应用培训4轮次，累计培训1687人次，企业利用监管平台上报隐患24759项，已整改24245项，整改率98%，各级监管部门对不按要求上报隐患自查自改情况的企业开展执法检查590家次。强化应急救援体系建设。重新修订了6个市级应急预案，1373家企事业单位应急预案进行了备案，561个单位重新签订了应急救护协议，313家企事业单位开展了应急演练。6月在承德建龙特殊钢有限公司举行了市级冶金行业煤气泄漏事故应急演练，7月在营子矿务局举办了市级应急救援技能比武大赛，通过实战演练和技能比武，进一步提高了应急救援保障能力。

【重点行业领域整治】 按照“常规工作上水平、重点工作见实效、难点工作求突破”思路，以提升企业本质安全为根本点，以防范各类事故为着力点，采取集中整治、重点攻坚、综合治理等措施,深入推进重点行业领域安全专项整治。煤矿，开展了全面安全“体检”工作，共排查整改隐患64项。完成关闭退出2家，化解过剩产能48万吨,提前完成了省下达的任务。金属非金属矿山，治理采空区11家、802.7万立方米，淘汰落后设备286套、非阻燃设施50500米，规范采矿方法31个，配备自救器3207台、便携式检测报警仪713台。尾矿库，投入资金3632万元，规整坝坡和滩面58座，改造排洪系统6个，续建排水沟31179米，植被绿化91座，闭库治理16座，超额完成了省下达的任务。危险化学品，强力推进综合治理，全面摸排安全风险，已排查企业657家，涉及危化品88类，排查出重大危险源点15个，建立了重大危险源信息档案。职业卫生，完成职业危害定期检测394家、现状评价119家，完成粉尘防护设备治理134家，23家汽车制造和维修企业开展了尘毒专项治理。冶金建材、道路交通、建筑施工、城市燃气、特种设备、消防、民爆、水利等行业领域，也分别按照年度工作要点和整治方案，以防范遏制事故、提高职业健康水平为核心，采取工程治理、整顿关闭、规范管理等方式，持续深化安全生产专项整治，有针对性地解决存在的突出问题。同时，突出塞罕坝及坝上地区，深入开展安全生产、旅游环境、道路交通、森林草原防火等8个方面集中整治攻坚，也取得了明显成效。

【安全生产监察执法】 始终把强化安全生产监察执法作为推动工作落实的第一抓手，按照“全面检查、严格执法、彻底整治”的总要求，坚持针对教训查、突出重点查、抓住问题查，沉下去、严起来，全方位、多层次，深入排查事故隐患和薄弱环节，确保将问题和隐患消灭在萌芽状态。深入开展安全生产大检查。隐患不除，事故难消。下发了《集中开展安全生产大检查实施方案》《安全生产事故隐患大排查大整治攻坚行动实施方案》，成立了由常丽虹市长任组长的领导小组，坚持“实字为先、严字当头、专字攻坚、督字落地”，坚持排查、交办、督查、复查、问责“五步”工作法和“四个贯穿始终”，突出目标导向、问题导向、短板导向和重点地区、重点领域、重点部位,全面系统的排查治理各类隐患。期间,市委、市政府先后召开5次会议，对大检查工作进行安排部署，持续加力、加压、加码。据统计，大检查行动开展以来，4106家企业开展了自查自纠，全市共成立执法组2390个、督导组1166个，检查企业14358家次，发现各类隐患14744条，已整改到位14491条。经省安委办综合考评打分，承德市安全生产大检查工作以总成绩73.6分，排名全省第四位。持续强化打非治违。非法违法行为是安全生产最大的祸患。以严厉打击非法违法生产经营建设行为、治理纠正违规违章行为为重点，采取“双随机”抽查、明察暗访、媒体曝光等方式，综合运用经济、行政和法律等手段，持续加大对各类非法违法行为的打击力度，严厉打击无视法律、无视监管、无视安全的非法违法行为。同时，实行群防群治、联防联控、举报奖励，对发现的问题，严格按照关闭取缔、上限处罚、停产整顿、严肃追责“四个一律”的要求，从严查处，决不姑息。全市共打击严重违法行为53起，关闭取缔29家，停产整顿33家，公开曝光3批6家，实施经济处罚274万元，问责曝光64人次。加强特殊时期安全监管。针对“两节两会”、暑期汛期、中秋、国庆、党的十九大等特殊敏感时期，及时下发了《关于贯彻落实国家、省安全生产电视电话会议精神切实做好当前安全生产工作的紧急通知》《关于做好五一、端午节日期间安全生产工作的通知》《汛期安全生产工作方案》《“十九大”期间安全生产工作方案》等文件，采取集中执法、交叉执法、驻企监督、巡回检查等措施，以执法监察促各项防范措施落实，有效消除了一批事故隐患，确保了特殊敏感时期的安全稳定。全年，全市共成立综合督查组1166个，开展督导检查3516人次，督促整改各类问题和隐患3968项。

【安全生产基层基础】 安全生产的重点在基层，难点是基础。全面深化安全标准化建设。把安全标准化建设作为贯穿行业安全监管始终的核心和基础，严把创建关、评审关、达标关、执法关，提高安全标准化创建质量。全年新增二级达标企业59个、三级达标企业130家，达标企业（生产系统）已达到1039家，其中二级241家、三级798家。推进企业安全诚信体系建设。积极构建激励诚信、惩戒失信的工作机制，推动企业主动加强安全管理。全市共完成评估授信企业459家，其中：A级14家、B级416家、C级29家，全部通过省安全生产诚信平台向社会发布，接受社会监督。对大检查期间发生较大事故的2家企业，报请省安委办纳入联合惩戒对象。持续加强安全文化建设。在承德电视台、《承德日报》开辟了安全生产专栏，录播安全生产专题12期、新闻32条，市级以上报刊发稿780篇，网站发布工作动态1116条，广泛传播安全文化理念。围绕宣传贯彻《中华人民共和国安全生产法》《河北省安全生产条例》，深入组织开展安全生产月、知识竞赛、安全文艺演出、安全生产征文、《中华人民共和国安全生产法》宣传周等活动，免费发放《市民安全知识手册》、警示教育手册等宣传资料5万余册,大力营造浓厚的安全生产氛围。开展安全教育培训。强化培训信息化、标准化建设，开展安全培训专项执法检查，努力提高培训质量和水平。全年组织安全监管人员培训23期、5400余人次，乡镇领导干部培训1期、208人，主要负责人培训32期、1335人，安全管理人员培训70期、2857人，特种作业人员培训202期、8118人，从业人员“三级”教育培训3万余人；检查培训机构19家次，立案5家、处罚4.7万元。同时，金属非金属矿山、尾矿库、危险化学品等重点行业领域，以典型事故案例为题材，有针对性地开展警示教育，把别人的事故当成自己的事故来看待和剖析，做到“一厂出事故、万厂受教育”。

【转变监管方式方法】 制定下发《关于推进安全生产领域改革发展的实施意见》，明确了69项重点改革任务，以科技兴安和制度创新为引领，着力提高安全监管监察效能。实施科技兴安战略。坚持人防、物防、技防相结合，持续推广应用尾砂胶结充填采矿、尾矿浓缩输送、高压辊磨机、天井钻机、撬毛台车、在线监控等一批先进适用工艺、设备和技术，降低企业运行安全风险。建立了重大危险源监控系统，141家企业安装视频观察点533个，77座尾矿库安装了在线监测设施，并与市、县监控平台联网互通。597辆危货运输车、1195辆长途客车、322辆旅游客车安装了GPS定位系统，实行24小时专人监控。宽城建龙矿业有限公司“机械化换人、自动化减人”成效明显，井下作业人员由原来每天261人减至37人。积极推进政府购买服务。建立了“政府买服务、专家查隐患、企业抓整改、部门督落实”的良性监管机制，由财政出资，聘请中介机构和技术专家，为矿山、尾矿库、冶金、危化等企业进行隐患排查，通过专家现场传、帮、带，有效的提升了企业管理人员和安全监管人员的业务水平。推行安全生产责任保险。本着“政府引导、市场运营，试点先行、有序推进，服务企业、放眼长远”的原则，在高危行业领域强制推行安全生产责任保险，发挥保险在安全生产中的经济补偿和社会管理功能，预防和减少生产安全事故。

2017年，全市参保企业达到214家，投保人数3320人，保费合计312.26万元，保额8.37亿元。深化行政审批制度改革。以加快推进简政放权、放管结合、优化服务为出发点，对市级所有行政审批事项进行再梳理、再清理，依法依规保留、下放和废止行政许可事项，做好“放、管、服”各项工作，做到既严格把关又优化服务。严密执法机制。制定了《行政执法公示实施办法》《全过程记录实施办法》《重大行政执法决定法制审核和集体讨论实施办法》等文件，重新调整细化了8类195项随机抽查事项清单，分行业建立了行政处罚自由裁量标准，明确了属地监管、分级执法的责任范围，定期开展执法案卷评查，促进执法行为科学化和规范化。

【整改巡查问题隐患】 针对国务院安委会巡查提出的政府层面8项问题、13家企业48项隐患，市政府立即召开了整改落实推进会，就巡查提出问题进行专题研究和部署，专门印发了《国务院安委会安全生产巡查问题整改落实实施方案》、国务院安委会安全生产巡查问题整改任务分解表等文件，对巡查问题和隐患逐项拉出清单，明确责任单位、包保领导、整改时限、整改措施，确保在规定时限内完成整改任务。56项问题已整改55项，剩余1项水库大坝安全鉴定工作，按省水利厅统一要求在年底前完成。年内应进行大坝鉴定的27座水库已完成鉴定15座、正在编制安全评价报告12座。同时，对巡查提出的问题，进行深层次研究剖析，制定针对性对策措施，印发了《承德市“气代煤”工程安全运营二十三条强化措施》《承德市农村气代煤电代煤工作实施方案》《承德市成品油市场专项整治方案》《关于进一步加强全市燃气市场安全管理工作的通知》等文件，着力打牢安全生产基础，建立长效监管机制。经省安委会综合考核评价，承德市巡查整改工作以总成绩105分，排名全省第二位。

附：市安全生产监督管理局领导名录

党组书记、局长：胡凤才（满族）
党组副书记、副局长：艾雪峰（满族）
党组成员、副局长：张瑞芹（女）
吕树军（满族）
葛　延（满族）
曲志清
监察专员：程木林
李西昆

（供稿　张凤君）

无线电管理

【概况】 承德无线电管理局深入贯彻党的十九大及习近平总书记系列重要讲话精神，认真落实国家、省无线电管理工作会议精神和省厅、省局及市委、市政府的工作部署，在“三个进一步”上做文章，在“六个不断”上下功夫，围绕中心，服务大局，扎实开展“深化机关作风整顿”“纪律提升年”和“一问责、八清理暨微腐败治理”三项重点工作，强化频谱管理核心意识，提高依法行政水平，全面宣贯《中华人民共和国无线电管理条例》，有效的维护了空中电波秩序，圆满完成了全年各项工作任务目标。

【无线电技术应用】 截至年底，全市共有各类无线电台站16456部，台站数量较2016年增长21.9%，其中广播电视台站114座，4G基站7344座，全市手机用户已达3179836部（4G用户达到1694166人），全市无线电业务稳步提升。同时无线电事业已在公安、武警、通信、广电、铁路、交通、气象、林业、水利、减灾及重大活动中广泛使用，涉及政治、经济、国防、文化建设等方方面面。尤其在防汛、防火和反恐应急等政府中心工作中以及工业、交通运输、气象、旅游等重点项目和重要企业中发挥积极作用，无线电通信的顺畅，保障了社会经济的快速发展。特别是在承德机场、双峰寺水库、平泉机场、围场机场等重点项目的建设和谋划中，提供了强有力的技术支撑。

【积极推进频谱评估】 召开了市、县两级广电台长频谱评估工作动员会，深入部署频谱评估工作。利用近两个月的时间，行程1700余千米，对12家单位的87座广播电视台站和12座机场导航台站进行监管。完成了所有县区的数据采集任务，总行驶里程达4000余千米，测试里程640余千米，采集监测数据文件1140个，基站数据文件29个，数据总量220G。

【打击治理新型网络违法犯罪】 继续落实打击治理“黑广播”“伪基站”等新型网络违法犯罪活动。全年共查处案件12起，其中黑广播案件9起，违章使用对讲机2起，擅自更改频率案件1起，收缴设备22套，协调解决干扰事件3起。

【组织开展应急演练】 为检验无线电干扰等突发事件，结合新修订的《无线电通信应急预案》，按照分级负责、快速反应的原则，组织公安、通信运营商和业务无线电爱好者开展了应急演练，此次演练从实战出发，实现了准确指挥、迅速组织和多方协调，提高了突发事件的应急处置能力和无线电通信保障能力。

【频率台站管理】 科学配置频率资源。全年共办理行政许可事项22起，审批各类台站2359座，其中1.8G无线接入5座，广播电视台站36座，公众网基站2173座，超短波固定台7座，移动电台128座，积极推进无线电事业发展。加大对1.8G赫兹无线接入业务在电力行业的推广力度，主动上门开展服务，认真了解运行情况。10月份，在前期试验发射，使用调整达到最佳效果后，审批市供电公司增加1.8G赫兹无线接入基站5座，并积极推动该项业务发展，初步预计2020年，实现承德所有地区全覆盖，每个县区至少设置3座。

【行政执法工作】 全面改进执法观念和方式，推进无线电管理法治化进程。强化依法行政，全年共查处案件12起，其中黑广播案件9起，违章使用对讲机2起，擅自更改频率案件1起，罚款4000元，收缴设备22套，协调解决干扰事件3起。有力的维护了承德辖区空中电波秩序。圆满完成重大活动无线电安全保障工作。保障了“一带一路”国际合作高峰论坛、“十九大”、“承德首届旅发大会”、全国两会、防火、防汛等活动期间的无线电安全，特别是承德首届旅发大会期间，对6个重点旅游行业场所开展了执法检查，对62部无线电发射设备进行了登记造册，对不符合规定的无线电台站下达了限期整改通知书，为2018年河北省第三届旅发大会打无线电安全保障工作下了坚实的基础。同时完成重要考试保障14次，累计动用人员60余人次，车辆30余次，设备120余套次。扎实推进“互联网＋政务服务”工作。积极与市审批局协调并上报了无线电管理行政审批的相关调研材料，切实推进简政放权，提升政府服务职能。

【技术管理】 进一步强化职能，履行职责，抓好日常监测工作。全年启动辖区内15座固定站开展监测工作，共监测20.6万余小时，监测分析无线电信号1200余个，开展不明信号定位查找40余次，同时加强监测月报数据的深度挖掘和应用，对每月监测数据进行认真分析讨论，对重点工作进行点评，制定合理的监测计划，全面掌握承德地区电磁环境状况，为台站审批和行政执法提供数据支持。加大对重点区域、重要频段、重要台网的保护力度，重大活动、防火、防汛关键时期开展多次保护性监测。强化事中事后监管。按照“双随机、一公开”和量化考核工作的要求，以行政审批、台站监管和执法检查为主要方式，主动适应监管“新常态”。全年共开展台站监管40次，检查设台单位30家，监管各类台站116座，确保台站设置更加规范。为做好省、市政府质量工作考核，结合承德实际，联合市场监督管理、质量技术监督等部门向各县（市、区）市场监督管理局下发了《关于联合开展无线电发射设备生产销售行为长效监管的通知》，并于11月14日联合市场监督管理局对辖区内2家销售市场的5个经销商铺进行了检查，进一步规范无线电发射设备生产和销售市场，营造良好的市场秩序和空中电波秩序。突出抓好机场电磁环境保护工作的落实。在工作调研基础上，推动市政府出台了《关于印发承德普宁机场电磁环境保护办法的通知》，此通知的出台对承德普宁机场的电磁环境保护工作具有重大意义，特别是在协调配合开展具体工作、齐抓共管保障航空安全方面发挥了重要作用。同时提请市政府下发了《关于成立承德普宁机场电磁环境保护工作领导小组的通知》，成立了该项工作市级领导小组，纳入18个相关部门，明确人员、职责和具体办法，为维护航空安全打下了坚实的基础。

【宣传活动】 开展《中华人民共和国无线电管理条例》的宣传贯彻活动。坚持“面向领导、面向社会、面向用户”的宣传工作思路，开展了条例宣贯会，条例进党校、进校园，组织开展了“2·13”“9·11”等活动日广场宣传，宣传覆盖人数4300余人次；配套修订了《行政许可申请事项办理暂行规定》《台站审批工作程序》《无线电管理行政处罚程序》《无线电管理收费工作办法》《无线电干扰查处工作程序》等8项管理制度，并在工作调研、执法检查和台站监管过程中积极做好宣传工作。积极发挥党报党刊、广播电视等传统主流媒体的作用，不断推出主题宣传活动，时事新闻报道，更好的宣传无线电管理工作。做到一事一报道，形成了“广播有声、电视有影、报纸有字、网络有言、户外有势”的宣传格局，营造了宣传氛围，取得了较好的宣传效果和成效。2017年，在各主流媒体先后播报的无线电管理新闻中，承德电视台新闻栏目报道新闻13次，承德广播电台报道新闻32次，《承德日报》《承德晚报》报道新闻21次。通过微信公众平台累计向广大涉台单位和无线电爱好者发送最新政策咨询和无线电知识13条。 全年共发简报178篇，其中，工业和信息化部网站采用信息2篇，中国无线电管理网站采用21篇，国家无线电管理通讯采用11篇，省局网站采用128篇，省局微信公众号采用12篇，当地党委、政府简报采用16篇。

附：承德无线电管理局领导名录

局　　长：赵东升

副 局 长：吕国栋

　　　　　王本周

（供稿　姚　远）

农 业

综 述

2017年，全市认真贯彻落实中央、省、市农业农村工作会议精神，按照建设“生态强市、魅力承德”的总要求，立足京津冀水源涵养功能区发展定位，牢牢把握京津冀协同发展战略机遇，全市农业农村呈现持续健康发展的良好态势。全年美丽乡村重点建设省级重点村282个，持续用力改造提升往年重点村50个，建设美丽乡村旅游示范精品村50个，创建省级重点片区4个、市级重点片区12个、县级重点片区8个，建设中心村9个，打造特色小镇22个；实施投资千万元以上农业产业化项目145个，总投资680亿元，完成投资85亿元（年初目标是80亿元）；农村综合改革持续深化；农民合作社达到12710家，同比增加1482家，成员总数15.2万人，成员出资总额252.4亿元。

全市粮食产量138.4万吨，同比增长3.6%。牛存栏84.5万头、出栏59.5万头，同比增长4.0%和5.1%。其中，奶牛存栏6万头，同比增长8.3%；羊存栏118.7万只、出栏150.3万只，同比增长5.5%和6.3%；生猪存栏166万头、出栏251.8万头，同比增长1.3%和2.4%。

以“百万吨食用菌”产业带项目建设为引领，全市食用菌新增1.03亿袋，规模、产量、产值继续位居全省首位。中药材播种面积22.9万亩，增长19.70%；新创建千亩以上中药花海旅游扶贫示范园区10个、面积达到1.6万亩；新增种子种苗繁育基地面积0.98万亩、总面积达到2.481万亩；占地2000亩的中药材科技创新与技术集成示范基地展示品种总数达到103个，实现二维码技术应用全覆盖。国家中药材现代农业产业技术体系河北综合试验站落户承德市中药材绿色生态种植技术服务中心，这是27个综合试验站中唯一一家落户农牧系统的承担单位。

依托林业重点工程建设，以“两河、六路、四区”为重点，突出沙化土地和水土流失严重等生态脆弱区，实施造林绿化攻坚。全市有林地已达到3417万亩，森林覆盖率提高到57.67%。坚持以板栗、苹果、山楂、仁用杏、时令果为重点，同时兼顾花卉、中药材、苗木、榛子、大果沙棘，全年新发展经济林29.57万亩（占任务28万亩的106%），全市总面积达到983.5万亩，农民来自林果收入近3100元，林果产业已成为富民增收的支柱之一。大力实施主城区绿化、水源涵养林建设、生态文化体系建设等“八大攻坚工程”，40项创建指标均高标准完成。按照国家、省国有林场改革试点总体安排部署，剩余32个国有林场全部纳入改革，除御道口林场维持企业性质外，市属30个（整合一个林场）国有林场全部定性为生态公益性林场，经费纳入本级财政预算，实现财政全额保障，完成国有林场定编、定岗、定经费的主体改革任务。村屯绿化成效显著，全市完成282个省级重点村村庄绿化（含环村林）1.47万亩、占任务1.4万亩的105%，村庄绿化覆盖率达到37%以上，50%的家庭达到美丽庭院标准。

全市农业产业化经营总量441亿元以上，经营率70.2%以上，农产品加工比值达到0.56。争取5760万元省以上扶持资金支持龙头企业发展，占全省的27.4%。市级以上龙头企业达404

家。其中，国家级4家，省级65家。全年实现销售收入242亿元。14个产业化联合体被批准为省级联合体，数量居全省首位。围场、丰宁、隆化、兴隆、平泉5个县（市）获得2017年农产品产地初加工实施县（市），共争取资金2860万元，实施县（市）数量和争取资金数额均居全省第一。承德森源绿色食品有限公司被批准为全国主食加工示范企业。全市农产品加工业总产值242亿元，比2016年增长8.6%。一村一品村数922个，占全市总数的37.5%。新增全国一村一品示范村镇3个，总数达9个。15个农业产业化建设项目列入全省2017年农业产业化重点建设项目计划。

扎实推进美丽乡村建设。全市美丽乡村建设总计投入资金158.67亿元。其中，各级财政投资3.98亿元，平台融资19亿元，整合项目资金20.86亿元，社会资本投资110.31亿元，帮扶帮建资金0.35亿元，村集体投资2.41亿元，村民集资及投工投劳折合资金1.76亿元。确定以“四改、四化、两治、四提”为主要内容的14个专项行动全面实施。共改造房屋、院落21987处，实施危房改造4173户，改造农村安全饮水51866户，无害化厕所改造63735个，建设集中和分散污水处理设施21181处，清运垃圾杂物89.4万立方米，清理残垣断壁和路障17246处，清理庭院47375户，拆除违章建筑15.7万平方米，建设环村林带211.42万米，街巷绿化94.5万平方米，庭院绿化73.5万平方米，整饰临街建筑立面65.98万平方米，绘制农村文化墙11.03万平方米；修建连村道路、街巷道路263.92万平方米，安装更换路灯16436盏，推广高效清洁燃烧炉具14085套，完成村民综合服务中心建设4.68万平方米，建设互助幸福院68个，增加体育设施414处，新建文化广场32.5万平方米，村级电商服务网点实现全覆盖。

制定并下发《承德市2017年种植结构调整工作实施方案》，实施“一减六增一提升”（减玉米，增加蔬菜、食用菌、干鲜果品、中药材、马铃薯、优质杂粮及高效经济作物，提升休闲农业发展水平）措施，全市累计调减籽粒玉米32.44万亩，新增蔬菜4.15万亩、食用菌2.07万亩、马铃薯2.93万亩、中药材5.74万亩、干鲜果品5.26万亩、其他12.29万亩，占年度计划任务的108%、占省下达任务的162.2%。

大力推进“功能农业扶贫综合示范区”建设，全市发展富硒马铃薯2万亩、富硒胡萝卜5000亩、富硒谷子5000亩、富硒黄瓜5000亩、富硒水稻2200亩、富硒食用菌1020万棒、富硒苹果5.2万亩；富硒胡萝卜、水稻、马铃薯生产标准提交省质监局申报省级标准，其中富硒胡萝卜已批复，其他单品正在制定承德市地方标准；河北绿天公司已完成部分品种富硒营养液及富硒饲料的配制和用法用量制定，为实现富硒肥料、饲料本地化生产奠定坚实基础。

农业改革开放及园区建设

【三权分置改革】 根据市政府下发的《关于完善农村土地所有权承包权经营权分置办法的工作方案》，全市有序推进农村土地确权登记颁证工作，完成外业调查信息二次公示无异议面积560.21万亩，占应确权总面积的的96.6%；完善土地承包合同683097份，涉及耕地面积529.64万亩，分别占应确权农户总数和应确权总面积的92.1%和91.3%；建立土地承包经营权登记簿676037份，占应确权农户总数的91.2%；已完成数据录入的村数2164个，占应确权村总数的92.7%。土地流转面积不断扩大，全市新增农村土地流转面积17.8万亩，累计达到133.1万亩，占家庭承包经营土地面积的32.1%，其中50亩以上规模流转面积达83.4万亩，占流转总面积的62.6%。家庭农场数量稳步增加，新认定家庭农场240家、累计达到962家，新认定市级示范家庭农场50家、累计达到100家，21家被评为省级示范家庭农场、累计达到58个。农村集体产权制度改革稳步推进。双滦区国家级试点累计完成24个村改革工作，村集体牵头领办成立公司15家、土地股份合作社10个，全区63个村全面完成清产核资，确认农村集体经济组织成员8.2万人，肖店、西地等10余个村累计发放改革红利600余万元、户均增收3000余元，省农业厅于12月11日至12日在双滦召开“全省农村集体产权制度改革工作现场会”，双滦改革成功经验在全省得到推广；平泉市被农业部、中央农村工作领导小组办公室确定为“国家级农村集体产权制度改革试点”。

【落实惠农补贴】 全市农机购置补贴实行“自主购机、定额补贴、县级结算、直补到卡（户）”。获得农机购置补贴须由补贴对象提出申请，由县级农机管理部门会同财政部门组织审核确定。对于敞开补贴品目，补贴对象可带机申请，申请、核实一并进行。补贴对象和农机产销企业对其提交的农机购置补贴相关申请资料的真实性负责。县级农机管理部门、财政部门按职责分工对农机购置补贴材料的合规性审核结果负责。先申请后购机或先购机后申请都必须在同一年完成，不允许透支使用补贴资金。县级农机管理部门要按时向财政部门提交相关资料，财政部门按时限组织补贴资金兑付工作，具体时限由各县区根据实际情况确定并及时向社会公布。完成中央农机购置补贴专项资金2543.13万元。继续覆盖三区八县和御道口牧场（三区为双桥区、双滦区、高新区）。补贴各种农机具2695台、件，其中：耕整地机械454台、种植施肥机械81台、田间管理机械157台、收获机械50台、收获后处理机械5台、排灌机械261台、畜牧水产养殖机械54台、动力机械1585台、其他机械48台。受益农户2086户。

【社会化服务试点】 围场省级试点项目区内马铃薯亩均增产500公斤以上、节本增效4800万元，平泉省级试点项目区内香菇增产600吨、增效880万元。启动农垦改革。出台了《关于进一步推进农垦改革发展的实施意见》，积极推进农垦国有土地使用权确权登记发证工作，相关招投标工作有序推进；指导相关牧场成立农业发展公司或旅游公司，积极探索企业化、集团化发展新路径；规范完善农垦办社会职能，御道口牧场已将社会职能一次性移交管理区和地方政府管理，其余牧场初步完成办社会职能机构设置、核定人员编制等工作。

【农业园区发展】 围场成功创建“国家农业可持续发展试验示范区”（全省唯一），平泉成功创建为“中国特色农产品优势区”（全省3个），并被列入“国家现代农业产业园”创建备选单位，为2018年成功申报创建奠定了良好基础。全市共推荐10个园区申报2017年省级现代农业园区，力争完成“保四争五”目标，平泉食用菌、滦平中药材、丰宁杂粮杂豆、隆化肉牛、承德县国光苹果、兴隆山楂成功申报“省级特色农产品优势区”获得补贴资金300万～1000万元，滦平、丰宁创建“省级现代农业产业园”工作进展顺利，有望同时获批。全市新认定市级现代农业园区11个、总数达到42个，同时指导县区积极开展县级园区认定工作。全市各个县（市、区）和承德高新区均成立副县级以上领导任主任的园区管委会，继平泉后，隆化、围场先后成立园区管理专门机构。累计整合资金19亿元投入现代农业园区建设，园区发展的资金保障进一步增强。严格督导和监管一、二、三产业融合试点项目和以奖代补项目资金使用，已完成资金拨付3166万元。全年，全市现代农业园区核心区面积已达到125万亩，流转土地97万亩，入园企业863家、农业合作社6369个、家庭农场663个，累计完成投资474亿元，直接带动农户15万户，其中贫困户7万户，带动就业50万人，园区内农民人均可支配收入达到1.2万元。

【农业绿色发展】 为强化京津冀水源涵养功能区生态文明建设，探索生态涵养与农业绿色发展新路径，经与省农业厅积极对接沟通，市政府与省农业厅于12月12日签订《共建农业绿色发展示范市战略合作协议》，双方将联合开展农业生态保护、产地环境提升、农业产业园创建、农产品品质提升、产业融合发展、美丽乡村建设、农业可持续发展示范区创建七项行动，努力探索适合承德特点的农业绿色发展道路。大力发展节水农业，全年推广抗旱节水技术面积320万亩，大力推广以地膜覆盖为重点的旱作综合农业节水技术，农业部于7月份在围场召开“2017年全国旱作节水农业技术现场培训班”，全国150余名代表参会，全市节水农业示范区建设受到部、省领导及称赞和肯定。推进化肥农药零增长行动。以平泉“农业部全国首批果菜有机肥替代化肥示范县”创建为带动，全市推广有机肥面积94万亩，推广机械施肥面积216万亩，实施测土配方施肥技术面积500万亩次；以统防统治与绿色防控融合为抓，推进农药减量使用，全市基层防控专业化组织服务面积达到100余万亩，新建绿色防控示范区18个、总面积12800亩。提高地膜回收利用效率，大力推广0.01毫米以上厚度标准地膜和生物降解地膜应用，建立地膜回收与再利用长效机制，全市地膜回收利用率达到65%。推进秸秆全量化利用，以肥料化、饲料化、燃料化、基料化、原料化利用为重点，全力推进农作物秸秆全量化利用，全市160万吨秸秆综合利用率达到96%以上。大力推进畜禽污染治理，按照农业部、环保部新划定技术指南，指导县（市、区）完成第二轮禁养区划定工作，全市禁养区内需关闭、搬迁规模养殖场22家，已完成关停9家、搬迁1家；全市818个规模养殖场粪污处理设施配套建设任务已完成693家，配建率达到84.7%。

【现代农业园区建设】 全市按照“品种高端、技术高端、装备高端、管理高端、产品高端”的要求，以带动农业供给侧结构性改革、促进农民增收为目标，积极做好现代农业园区建设工作。努力加快区域化布局、标准化生产、产业化经营、品牌化销售、市场化运作的步伐，加大政策、项目、科技要素的集成和推进力度，推动现代农业园区向一、二、三产业融合、产加销游一体、产业链条完整的方向迈进，示范引领全市现代农业发展。全市已创建国家级现代农业示范区1个，省级现代农业园区17个（2017年新增省级园区6个）、市级现代农业园区42个（2017年新增市级园区11个）、县级园区90个，建成区面积达到230万亩，全年园区吸引游客人数达到640万人次，休闲旅游总收入达到32亿元。

重点打造“燕山药花谷”中药花海示范园区。市农牧局派出11名专家蹲点提供技术指导，协同滦平县在五道营子乡19个村、2万余亩山地打造亲水堤岸、泰吉养生园、抡花吉祥园、百草园、花海长堤等主题药园和4个美丽乡村，顺公路绵延25.2千米，形成集绿化美化、荒山治理、精准扶贫、康养旅游于一体的现代农业新景观，成为京津冀首届中药材产业发展大会参观的一大亮点。持续抓好热河中药花海小镇建设，重点完成药用植物园品种丰富和提升工作，新增人参、枸杞等50多个品种，展示品种总数达到103个，并建立欧李园15亩、玫瑰园20亩，对药用植物园展示牌进行更新、更换，新增二维码标识，打造科普教育基地；协助企业完善功能药茶加工厂、产品展销店建设，进一步丰富热河中药花海小镇旅游元素，实现种植园区向休闲农业拓展。

【农业项目建设】 全年共争取政策性项目45个，实际到位资金10亿元。其中，争取耕地地力保护补贴、农业机械购置补贴、农村土地承包经营权确权登记颁证补助等惠农补贴项目8个，资金4.5亿元；草原生态奖补、大气污染防治等生态环境保护建设项目9个，资金3亿元；基层农技推广专项补助、新型职业农民培育工程等农牧生产保障项目4个，资金0.2亿元；旱作农业技术推广项目、中药材产业基金试点补助项目、优势特色主导产业发展、农机深松作业补贴等农业科技推项目22个，资金2.3亿元。同时，紧抓京津冀协同发展机遇，积极进行招商引资，全年谋划实施招商引资项目59个，完成投资32亿元，各项目正在积极推进。

成功促成市政府与天津市农委签订《现代农业发展合作框架协议》，市农牧局与天津食品集团、天津奥群牧业三方在首届渤海羊业发展高级研讨会上签订《百万只优质肉羊产业化工程建设项目合作框架协议》；北京中能昊龙控股集团总投资50亿元的“中国·承德冀康国际物流总部基地”项目于5月份奠基开工，总投资5.2亿元的隆化县10万头肉牛屠宰深加工产业园项目已完成设备安装调试，即将试生产。

【农业对外开放】　以争取补贴项目为宗旨，全市有直接农产品出口企业23家，全年出口总额4.2541亿元，同比增长11.99%，增速位居全省第四，连续3年呈上升趋势。全年全市共争取省财政480万元用于支持鼓励农业外贸产业，占全省总额（2900万元）的16.6%，为促进全市农产品出口注入扶持动力。以展示展销为平台，推动国内国际市场对接，全年共组织全市100多家市级以上龙头企业、合作社和1000多种名优农产品参加16次国内国际展示展销及商贸洽谈活动，组织参会人员累计1000余人次，与首航超市、新发地菜篮子社区店、车客家园等达成15亿元合作意向，丰宁黄旗黄小米、维乐夫菊粉两项产品荣获由农业部评定的农产品金奖称号。以对外交流与合作为契机，加快农业“引进来与走出去”步伐，引进和推动中美友谊示范农场项目，总投资10亿美元，选址滦平县虎什哈镇，计划总用地约2万亩，拟建设5个中心：建设现代农业示范中心、中美农业技术联合创新中心、现代农业实习培训中心、中美现代农业会展中心、美式乡村体验中心，滦平县人民政府、荣盛康旅投资有限公司和美国艾奥瓦州—中国农场公司已经正式签署合作协议。

种植业

【种植业概况】　2017年，承德市种植业坚持现代农业发展方向，结合承德农业的区域特点，按照“稳定面积、优化结构、发挥特色、注重科技、增加总产”的发展思路，通过政策引导、项目支持、园区建设、示范带动、产业升级等多种形式，突出主导产业发展，培育壮大粮食、蔬菜、食用菌、中药材、马铃薯等主导产业，推进承德现代农业的发展步伐。

【粮食播种】　全市粮食作物播种面积415.25万亩，占农作物总播种面积的65.7%，比2016年减少27.28万亩。其中：玉米播种面积229.03万亩，比2016年减少29.1万亩，；水稻播种面积19.58万亩，比2016年增加0.19万亩；小麦播种面积18.67万亩，比2016年减少6.03万亩；谷子播种面积19.98万亩，比2016年减少1.32万亩；大豆播种面积15.31万亩，比2016年增加1.25万亩；马铃薯播种面积86.69万亩，比2016年增加3.56万亩；杂粮杂豆播种面积25.99万亩，比2016年增加4.17万亩。

【蔬菜产业】　全市蔬菜总播种面积新增6.28万亩，其中，露地蔬菜面积新增1.83万亩，达到93.55万亩；设施蔬菜面积新增4.45万亩，达到63.52万亩；日光温室新增2.69万亩，达到39.58万亩。全年蔬菜总产量达到490.2万吨，总产值达到102.7亿元。

9月，京津冀第二届蔬菜产销对接大会在高碑店新发地市场召开，承德共有12家合作社和企业的蔬菜产品展示推介，展品包括黄瓜、辣椒、番茄、豆角、白菜、甘蓝、菜花、马铃薯、胡萝卜、甜瓜、西瓜、玉兰菜、西葫芦、有机白菇、有机褐菇及加工蔬菜等。为进一步加速科技成果转化，为承德蔬菜产业可持续发展提供强大的智力支持和技术保障，12月17日，中国工程院院士、沈阳农业大学李天来教授承德市蔬菜技术推广站院士工作站正式揭牌成立。平泉市设施黄瓜目标价格指数保险金融支农服务创新试点项目工作正式开展，已落实面积6363亩。其中，榆树林子镇3480亩，台头山乡1583亩，其他重点园区1300亩。

【食用菌产业】 食用菌生产规模达到14.6亿袋，基地覆盖80个乡镇，760个村，15万农户，为农民纯增收入84.6亿元。食用菌规模和产量超过2亿袋、20万吨的县（市）达到4个，分别为平泉、承德、宽城和兴隆，形成香菇、滑子菇、杏鲍菇、双孢菇、黑木耳等多个品种互促共进的格局，产品结构多元化。其中，香菇为主栽品种，占全市栽培规模的78.7%，杏鲍菇、双孢菇、黑木耳、平菇等品种也有较大规模的发展。3月1日，为总结产业精准扶贫的好模式、好经验，由农业部、国务院扶贫举办的全国产业扶贫现场会议在平泉市召开。“河北省食用菌产业发展大会暨2017中国（保定）国际食用菌新产品新技术博览会”在保定市召开，全市共有33家企业、合作社，共计115人参加展销大会，参加企业的数量位居全省首位，涉及标准展位8个、特装展位1个。在大会组委会组织的河北省蘑菇大赛和十佳品牌评选中获得佳绩。其中获得河北省蘑菇大赛金奖2项（全省仅3名）、获银奖1项（全省仅6名）、获铜奖1项（全省仅10名）、获蘑菇大赛优秀奖2名。3家企业跻身河北省十佳食用菌知名品牌行列，所获奖项位列全省第一。

市农牧局通过积极争取，与吉林农大李玉院士签订建立院士工作站协议书，12月11日，承德食用菌产业院士工作站揭牌仪式在滦平县举行，中国工程院院士李玉、省农业厅厅长魏百刚、市长常丽虹出席揭牌仪式。

【马铃薯产业】 围绕农业增产、农民增收、企业增效为主张发展马铃薯产业坚持以丰宁、围场为重点的种薯繁育为支撑、以商品薯生产为主导、以马铃薯加工为延伸、以储藏保鲜为调控、以市场营销为载体，在“稳定面积、提高单产、改善品质、增加效益”原则指导下，经过多年的培育基本形成科研、生产、加工、贮藏、销售功能较完备的产业体系，已成为增加农民收入的农业主导产业。全市马铃薯总面积达到86.69万亩。产业达到191万吨；主要种植的品种有荷十五、冀张薯十二、夏波蒂等。大力推广脱毒种薯、配方施肥、大垄栽培、地膜覆盖、膜下滴灌水肥一体化以及病虫害综合防治等综合配套栽培技术。错季马铃薯栽培面积稳步增长，全年在围场、承德、丰宁、隆化4县全面布点，起到了较好的示范带动作用。

【玉米种植】 重点围绕促进全市玉米产业优化升级，在稳定全市玉米种植面积的基础上，以简化、低成本为主攻方向，研究、开发、建立承德市春播玉米高效丰产简化集成技术体系，综合应用玉米单粒精播技术、精准施用缓释肥技术、地膜覆盖与除草一体化技术。推广承德地区冷凉早中熟区域地膜全覆盖、半膜覆盖简化栽培模式及中南部简化平种模式，推广玉米全膜覆盖双垄沟栽培，加大机械化作业水平，提高玉米单产和效益，促进加工增值，农民增收。玉米品种方面，中南部推广应用先玉335、承玉10、农华101、海禾17、富农9等品种。北部推广应用龙单13、佳禾10、冀承单3号、德美亚1等品种。其中，先玉335、沈玉17等为高淀粉玉米品种；豫青贮23、方玉1201、方玉36等为饲用（青贮）型玉米品；鲜食型玉米品种有京科糯2000、中糯1号、合作2号等。

【中药材产业】　全市全年中药材种植总面积达到79.63万亩，新增8.42万亩，同比增长16.11%，总产量15.13万吨，实现产值22.8亿元，同比分别增长26.08%、25.97%。全力推进百万亩中药花海扶贫示范区建设，古御道中药花海旅游扶贫示范带，坝上高原中药花海旅游扶贫示范区，围场坝上、丰宁中药材种植面积达到13.89万亩；中南部特色中药花海旅游扶贫示范区，承德、平泉、兴隆、宽城4县（市）中药材种植面积达到26.98万亩；城郊型中药花海旅游观光示范区，双滦区、双桥区、鹰手营子矿区、高新技术产业园区中药材种植面积达到2.61万亩。

【花卉】　全市花卉种植面积1.78万亩，总产值1.7亿元。其中，鲜切花0.45万亩，盆栽植物0.31万亩，观赏苗木0.37万亩，食用与药用花卉0.07万亩，工业用花卉0.44万亩，其它花卉0.14万亩。全市从事生产花卉的花农有904户，从业人员有1978人，专业技术人员122人。鲜切花卉除满足本地需求外，主要销往北京、凌源、天津等周边大城市；盆栽植物在本地市场用于销售和出租；食用与药用花卉（金莲花、玫瑰是干品）供应承德市的中药材企业，部分外销；工业及其他用途花卉，供应当地的生产企业。平泉市万寿菊种植面积大幅度减少，导致全市工业用花卉面积大幅下降。

【现代种子业】　全市共有种子企业46家。其中，农业部发证的“育繁推一体化”、注册资金10000万元的种子企业3家，省级发证注册资金500万元的种子企业11家，市级发证注册资金200万元的种子企业32家。全市种子企业共落实玉米杂交制种基地面积8.778万亩。其中，在承德市落实制种面积1.801万亩，省外制种面积6.977万亩。9家种子企业生产玉米杂交品种83个，制种产量3098.92万公斤。10个杂交玉米品种完成区域试验和生产试验，通过河北省农作物品种审定委员会审定。

【休闲农业】　在充分利用承德市独特的地理位置、自然资源、产业文化优势的基础上，紧抓京津冀协同发展的机遇，全力推动休闲农业发展。截至年底，全市休闲农业经营主体3368个，从业人数59850人，年接待1017万人次，营业收入达到24.8亿元。承德市兴承（兴隆县、承德县）休闲农业和乡村旅游示范区被认定为全国休闲农业和乡村旅游示范县（市、区）；隆化七家镇西道村和滦平大屯镇小城子村被认定为中国美丽休闲乡村；围场哈里哈乡扣花营村、宽城化皮溜子镇西岔沟村、承德县新杖子镇苇子峪村被认定为河北省美丽休闲乡村；承德顺和投资有限公司兴隆县顺和农场被认定为全国五星级休闲农业和乡村旅游星级示范企业；滦平县兴春和种植有限公司被认定为全国四星级休闲农业和乡村旅游星级示范企业；滦平县绿康园果蔬专业合作社、承德久财农牧开发有限责任公司等7家企业被认定为河北省星级休闲农业园和星级休闲农业采摘园。

畜牧水产业

【概况】　全市畜牧工作以深化供给侧改革为主线，攻坚克难、凝心聚力，做到常规工作有创新、重点工作有突破、阶段性工作有成效，全年全市新创建3个部级标准化示范场，全市累计创建部省级示范场96个，引导带动畜禽养殖场向标准化方向发展，提高了全市标准化水平；依托金融支持畜牧业项目，围场、隆化、滦平3个项目县累计撬动6亿余元金融资金支持畜牧业发展。

大力推进“百万头优质肉牛”“百万只优质肉羊”“京北有机奶都”等产业带项目建设。与天津合作取得突破，成功促成市政府与天津市农委签订《现代农业发展合作框架协议》，农牧局与天津食品集团、天津奥群牧业三方签订《百万只优质肉羊产业化工程建设项目合作框架协议》；围场满族蒙古族自治县政府与天津渤海集团、天津奥群牧业公司签订百万只肉羊种羊基地建设协议，开办股份公司。北京中能昊龙控股集团总投资50亿元的“中国·承德冀康国际物流总部基地”项目于5月份奠基开工，总投资5.2亿元的隆化县10万头肉牛屠宰深加工产业园项目正式投产运营。

【生猪产业】 产业规划布局上，以承德、滦平、平泉、丰宁、兴隆等5个县为主要区域，以承德县鹏程小店、滦平博亚、平泉三元中育、丰宁丰鑫实业、兴隆鑫鹏小店等为龙头，建设生猪繁育基地，带动周边地区生猪产业发展。其中承德博亚农牧发展有限责任公司被确定为市级重点畜牧业链条企业，辐射带动本县24个养殖场，链接形式为基地供料；丰宁丰鑫实业有限公司以“龙头企业＋合作社＋农户＋家庭农场”的模式开展产业化经营，通过企业的龙头带动和生猪产业链的整合，共带动56家养殖企业走上规模发展、效益发展之路，支持带动1200余户农民脱贫致富。在品种特色上，重点推广“杜长大”三元杂交育肥猪品种。平泉三元中育、滦平康牧养殖有限公司建立生猪良种供精站，每年从国内原种场、扩繁场大量引进纯种公猪和纯种母猪，极大地推进全市生猪改良工作进程。在提升产业水平上，以“龙头＋合作组织＋规模养殖场（户）”为主要发展模式，以“三位一体”生态养猪为补充，大力推广无公害生猪良种扩繁技术，以滦平博亚公司、丰宁丰鑫实业公司为核心示范区，以点带面，在全市推开。在圈舍设计上结合微生态发酵床的使用，解决养猪业所面临的环境污染问题，实现粪污“零排放”，猪群无疫病。在生猪屠宰加工上，丰鑫实业有限公司作为龙头企业，建立年屠宰200万头育肥猪的屠宰场，座落于丰鑫实业产业园区内，主要从事生猪屠宰、分割加工、销售。拥有由国家权威部门商务部设计研究院设计、按国家生猪屠宰一级厂标准建设，引进具有国内先进水平的生猪屠宰流水线设备，完善的冷链物流配送体系，全程实施冷链控制，二次冷却排酸。在生产过程中，严把生猪进场关、全封闭静养关、同步检疫检验关、全程质量关，所生产的猪肉产品注册为“满鑫”品牌，主要销往承德、张家口、内蒙、唐山、北京、天津等地。在产品特色上，为适应人们生活水平日益提高的需要，重点发展生态有机猪产业。生态有机猪已在滦平、丰宁、平泉、宽城、隆化开始推广，产品通过了美国及欧盟有机食品认证。全年全市生猪存栏202万头。其中，能繁母猪存栏19.83万头。生猪出栏320万头，良种覆盖率达95%。

【肉禽产业】 全市肉禽产业规模效益显著，全年禽存栏4443万只、出栏14546万只，同比降低1.1%和增长0.8%。肉鸡产业围绕华都、三融建设中北部肉鸡产业带。肉鸭产业围绕三元金星鸭业等重点龙头企业，肉鹅产业围绕平泉县泉发畜禽有限公司，设保种场1处，重点保护区4处，带动周边肉鹅养殖业的发展。进行科学合理布局，实行标准化、规模化生产，注重环境保护，发展循环产业。

【肉牛产业】 全市能繁母牛存栏41.11万头，全年生产犊牛25.81万头，年出栏81万头。借助良种补贴项目的外力，推进全市肉牛品种改良工作，扩大良种覆盖面，提高良种覆盖率。全年全市改良牛28万头，超额完成年初下达的指标任务。

稳步推进良种繁育体系建设，截至年底，共建牛标准化改良站点200个，利用西门塔尔牛、夏洛莱、弗莱威赫等优良品种对本地牛进行冷配；进一步优化产业布局，全力培育壮大以隆化为核心的百万头优质肉牛产业带；调整优化畜禽品种结构。通过引进优质胚胎或冻精，对现有肉牛进行改良的同时，培育和发展安格斯、和牛等优质肉牛。加快肉牛产业建设，按照定期核查、每月上报进度、影像资料上传等工作步骤进行肉牛扩群项目，经过新增犊牛核查、确认、公示等步骤，7 月底完成年度验收工作，并将补贴资金足额发放到户。加快实施畜禽粪污资源化利用项目，推进全市肉牛标准化、规模化健康养殖。

【奶牛产业】 截至年底，全市奶牛存栏 6 万头，规模养殖场区 34 个，其中规模场 27 个，存栏奶牛 53220 万头，养殖小区 7 个，存栏奶牛 6780 头。在产业布局上，奶牛养殖主要集中在丰宁、围场、滦平，隆化、承德县、平泉各有 1 个规模场。以丰宁中兴农牧、围场天添乳业、市畜牧场为龙头，逐步建设完成乳品生产加工产业带。在品种特色上，利用优质国产冻精、进口冻精、性控冻精、性控胚胎，不断加快全市奶牛品种改良进度，实现数量增长、生产性能提高、生鲜乳质量可靠的目标。在产品特色上，已形“源天然”有机奶、“霖霄泉”牌液态奶及活性奶，围场天添、银河生产的有机原料奶等品牌，这些品牌奶约占全市奶产量的 20% 以上，其余生鲜乳都销往蒙牛、伊利、三元、君乐宝等国内大型乳品加工企业。

【肉羊产业】 以围场为重点区域实施“百万只羊”项目，带动全市肉羊产业的发展，全市肉羊饲养量小幅增长。截至年底，规模养羊场发展到 1259 个。其中，100 只以上羊场 1159 个，500 只以上羊场 78 个，1000 只以上羊场 22 个。在区域布局上，丰宁、围场、隆化 3 县的接坝和坝上地区多以绵羊为主，宽城、兴隆、承德及滦平 4 县多以山羊为主。加快与天津奥群牧业、天津食品集团的合作步伐，建设以围场为核心辐射带动丰宁、隆化、滦平、平泉、宽城等 5 县的百万只肉羊产业带。在品种特色上，绵羊饲养以乌珠穆沁、河北细毛羊、小尾寒羊为母本，利用萨福克、无角道赛特、杜泊等优良的肉用品种为父本进行杂交提高产肉率；山羊则根据不同的生产用途，引进辽宁绒山羊和波尔山羊进行杂交，来提高产绒量和产肉率。在产品特色上，随着标准化规模养殖场不断增多和畜产品加工企业的诞生，“六和源”和“溯源”牌的手把肉、羊排、羊肉卷和礼品件等产品畅销国内市场。

【特色水产业】 以加快渔业供给侧结构性改革为重点，以小水面大作为、小行业大功能为切入点，加大调结构、转方式力度，以现有产业为基础，以改善环境和安全发展为保障，以项目建设为载体，围绕精品、特色、创新，大力促进现代化渔业和旅游观光休闲农业相融合，加快渔业转型升级步伐，实现渔业提质提效、渔民增产增收。全年全市水产品总产量 20683 吨，同比减少 27%。其中，捕捞产量 4873 吨，同比减少 16%，淡水养殖产量 15810 吨，同比减少 30%。全市共设 5 个测报区，15 个监测点，测报总面积 474.6 公顷，监测品种 8 个。

【水库渔业】 加快调结构转方式步伐，全年水产品总产量 20683 吨，同比减少 27%；养殖面积 4158 公顷，同比减少 3%。水库渔业产出比重仍然较大，全年全市水库养殖产量 13603 吨，占全市养殖总产量的 86%；水库养殖面积 3751 公顷，占全市养殖总面积的 90.2%。潘家口水库主要以网箱养殖为主，区网箱养殖产量 10780 吨，占全市水库养殖总产量的 79.2%；网箱养殖面积 130.5650 万平方米，占水库养殖总面积的 3.48%。为贯彻落实习近平“建设京津冀水源涵养功能区”的重要指示精神，加强潘家口水库生态环境保护，市委、市政府立足服务京津冀协同发展大局，推进依法取缔潘家口水库网箱养鱼工作，成立网箱清理领导小级，形成多部门联动、上下联动工作机制。截至5月20日，全市累计出鱼44457.5吨，清理拆解网箱38982个，网包196个、闸沟养鱼37处，依法取缔灯罩网、燕子网等非法网具1559个。提前半年顺利完成依法取缔潘家口水库网箱养鱼工作。

【休闲渔业】 全市休闲渔业被纳入全国渔业统计系统。全市全年休闲渔业总产值10011万元；休闲垂钓及采集营业额3676万元、旅游导向型休闲渔业营业额4027万元、观赏鱼产业产值1450万元、钓具、钓饵、渔药及水族设备等营业额897万元；休闲渔业经营主体224个，其中营业额在200万元以上的规模经营主体13个；休闲渔业从业人员1940人；全年接待人数490120人次。

出台《承德市渔业转型升级推进方案》，明确提出休闲渔业“一带三区”布局构想和绿色发展定位，休闲渔业布局得到进一步优化。全市三家休闲渔业企业获评省级休闲渔业示范基地称号，其中一家跻身全国精品休闲渔业示范基地（休闲渔业主题公园）行列，一家跻身全国休闲渔业示范基地行列，休闲渔业品牌创建工作取得较好成绩。《承德市2017年休闲渔业扶持项目实施方案》，经过县（市、区）遴选、公示等程序，确定休闲渔业基地14家和美丽渔村承担项目建设任务4个，休闲渔业基础设施建设得到进一步提升。

农牧业管理

【农牧业依法行政】 加强执法人员资格管理，严格落实执法人员持证上岗和资格管理制度，对执法人员进行动态管理。按照省市安排，组织行政执法人员参加在线培训和考试，执法人员培训率100%，考试合格率100%。建立可追溯式的执法全程记录制度，执法过程严格落实“三告知”制度，做到公正、文明、廉洁执法，确保权力行使流程完整、环节清晰、公开透明、责任到位。全年全市共出动执法人员3850人次，检查农业投入品生产企业和经营户4370个次，查处农业投入品经营违法案件45件，查获假玉米种子13150公斤，不合格农药930公斤。按照省委、省政府提出的“双随机、一公开”监管全覆盖要求，认真梳理各执法单位职责，动态完善市场主体和执法人员名录库，实现全覆盖。全年共开展双随机检查3次，抽查情况和检查结果及时在全市政务公开平台公示，增强行政执法监管的透明度和公正性。将行政执法各项制度进行系统性公示，完善“事前公开”和“事后公开”，确保行政执法规范化、透明化。

【质量安全监管】 加强农产品质量监管，持续开展农药、瘦肉精、农资打假等专项整治行动，累计出动执法检查人员4.4万人次、检查生产经营单位1.8万家次，平泉、双滦被农业部新认定为“国家农产品质量安全县创建试点单位”，全市未发生农产品质量安全事件。强化农产品检测。全年累计抽检蔬菜、食用菌等种植样品3880个、合格率均为99.82%，抽检畜禽水产品、饲料及饲料添加剂样品1816批次，合格率均为99.9%。加强疫病防控。高质量完成春、秋季重大动物疫病强制免疫工作，累计强制免疫牲畜491.98万头只、禽类1988.38万只，全市共完成产地检疫畜禽5622.01万头（只），规模场产地检疫率达到100%，散养畜禽产地检疫率超过90%。面对春季H7N9流感爆发的严峻形势，探索出双部署、双重点、双采样、双控制、双基础、双保障、双总结“七个双”防控工作机制，为全省防控类似疫情提供有效借鉴。深化农产品监管区域协同，继2016年与北京市签订京承农产品质量互检互认协议后，经市农牧局积极对接联系，北京市农业局与市政府在第七届京承农业战略合作座谈会上签订《农产品质量安全合作框架协议》，双方建立更广泛的合作关系。

【农村新能源建设】 积极争取省级大气污染防治（农业资源及生态保护补助）项目，共争取省级项目建设资金500万元。其中，围场农村清洁能源集成示范项目，建设资金300万元，重点用于太阳能、生物质能、风能、空气能等可再生能源开发利用，示范出2～3种可复制、可推广的能源类型和技术模式；宽城秸秆能源化利用项目，建设资金200万元，重点用于生物质成型燃料生产设施设备购置、秸秆收储运体系建设和秸秆成型燃料补贴等。本着“政府搭台、金融支持、社会帮扶、群众参与、市场运作”的建设思路，多模式打造承德光伏精准扶贫新途径，努力破解农户自筹难、银行贷款难、电力增容难等制约户用分布式光伏发电扶贫工程建设的瓶颈。全市户用分布式光伏发电扶贫工程建设规模达到62648千瓦，覆盖建档立卡贫困户12409户，该项工程成为全市建档立卡贫困户实现稳定脱贫的主要途径之一。全市新能源部门沼气工程安全排查工作共出动车辆51次、检查人员350人次；举办培训班21期，培训大中小型养殖场沼气工程从业人员185人；通过举办培训班、科技赶集等形式，发放沼气工程技术光盘200余张、技术手册（技术“明白纸”）0.5万余份，全市各类沼气工程没有发生任何事故，实现全年零事故的工作目标。

【农业面源污染治理】 推进化肥农药零增长行动，以平泉“农业部全国首批果菜有机肥替代化肥示范县”创建为带动，全市推广有机肥面积94万亩，实施测土配方施肥技术面积580万亩；以统防统治与绿色防控融合为抓手，推进农药减量使用，全市基层防控专业化组织服务面积达到100余万亩，新建绿色防控示范区18个、总面积12800亩。推进畜禽污染治理，指导县（市、区）完成第二轮禁养区划定工作。

【渔业品种资源保护】 积极争取国家、省级增殖放流项目资金213万元，用于潘家口水库池沼公鱼、鲢鳙鱼、草鱼增殖放流。全年，河北省渔业资源增殖放流资金40万元，要求在潘家口水库，放流池沼公鱼受精卵8.333亿粒（投资25万元），放流规格为40～70克／尾的鲢鳙鱼鱼种1.5万公斤（投资15万元）。5月16日，圆满完成池沼公鱼受精卵增殖放流任务。5月27日，省渔业资源增殖放流指挥部监督组对承德市鲢鳙鱼鱼种放流情况现场验收，确认圆满完成鲢鳙鱼增殖放流任务。拨付国家水生生物增殖放流资金173万元，要求在潘家口水库放流规格为40～70克／尾的草鱼鱼种3.5万公斤，投资70万元；放流规格为40～70克／尾的鲢鳙鱼鱼种9万公斤，投资90万元；放流池沼公鱼受精卵33333万粒，投资10万元。10月31日至11月2日，历时3天，在省渔业资源增殖放流指挥部监督组全程监督下，完成国家水生生物增殖放流项目草鱼及鲢鳙鱼鱼种的放流任务。

【粮改饲试点】 继续在围场、丰宁、隆化3个县实施国家级“粮改饲”试点项目，通过积极宣传发动、强化技术指导培训、抓树培育典型、探索总结成型模式，以全株青贮玉米收储补贴、青贮窖补贴政策带动其他有关惠农政策资金投入，实行“改种”与“改用”相结合，全年落实粮改饲面积30.97万亩、收储全株青贮玉米及优质饲草88.07万吨。其中，当年项目内完成粮改饲面积21.32万亩、收储全株青贮玉米及优质饲草60.12万吨，已全面完成青贮收储量核查登记和县级自验、公示，补贴资金3383万元已放发到收储场户；项目外完成“粮改饲”面积3.7万亩、收储11.65万吨。扶持建设万亩示范方1个、千亩示范片11个，京北缘天然、天添乳业、丰宁乐拓等一批有带动力的收储场户典型带动作用明显，饲草饲料供应基地进一步巩固，促进种养结合，缓解为草原禁牧压力。其中，安排1411万元用于扶持191个贫困村发展青贮玉米种植及青贮窖补贴，带动1039个贫困户直接受益。

【秸秆饲用与饲料生产】 全年全市秸秆总产量160万吨，完成秸秆饲料化利用75.5万吨（风干重）。其中，完成青贮120万吨（鲜重），微贮17.5万吨，秸秆压块13万吨，秸秆饲用率达到47.2%。青贮玉米种植30万亩，全株青贮玉米90万吨。开展秸秆饲用情况调研，制定《承德市秸秆综合利用实施意见》，召开全市青贮玉米产业化大会促进农牧结合、种养结合，推进“粮改饲”试点工作。全市持证饲料生产企业12家。其中，混合型饲料添加剂1家，添加剂预混料1家，植物蛋白原料2家，羽毛粉2家，肉鸡料2家，鸭料1家，猪料2家，精料补充料1家。全年饲料总产量22.5万吨。另外，平泉避暑山庄集团饲料公司年产酒精全糟干饲料(DDGS)6.65万吨,滦平普润生物科技的添加剂预混料投产(产量15.3吨)，鹰手营子矿区天丰生物酶制剂投产(产量485吨)，填补承德市饲料种类空白。加强饲料日常监管和饲料检测工作，指导各县（市）建立并完善饲料、饲料添加剂监督管理档案，落实“痕迹化”监管。在全市范围内开展饲料、饲料添加剂等投入品隐患排查行动、饲料原料专项整治行动、氟虫腈专项整治行动，抓好饲料企业安全生产。加强饲料质量检测完成省级饲料抽样62个，安排市饲料检测样品180批次，两次整治行动中饲料和饲料添加剂应急监测，抽检饲料样品48个，未检出不合格样品。

【草原建设保护】 如期完成新一轮草原生态保护补助奖励政策系列项目建设任务，完成2016年草原生态保护示范区建设任务及1.1863亿元草原生态补奖和绩效资金的落实，采取草地围栏封育、补播改良、人工饲草基地、典型区域治理、旱地莲草地补植等措施，新增治理草地面积18.3万亩，扶持规模养殖场提质增效、改造升级36个，培育畜牧业发展新型经营主体、促进金融支持畜牧业发展试点区。建成省级草原保护示范区11个、草原保护示范区总面积14.4万亩；争取草原生态补奖和绩效资金1.2353亿元，组织完成部分县草原补奖实施方案制定和报送本级政府批复；完成下年度草原生态保护示范区项目需求计划申报，2018年度草原补奖资金5200万元已提前下达到县、纳入预算；完成上一轮草原生态保护补助奖励政策项目尾工和加强政策资金监管“回头看”工作。

推进落实2016年度京津风沙源治理工程草地建设草地治理12.7万亩、暖棚28.2万平方米、青贮窖4.5万立方米、贮草棚4万平方米，落实国家投资6142万元，完成年度任务的100%；2017年度计划年度任务为草地围栏7万亩、飞播3.5万亩，人工饲草基地1.8万亩，圈舍39.8万平方米，青贮窖7.1万立方米、储草棚6.2万平方米，下达资金8215万元，年底前各县（市、区）完成作业设计审批和招投标手续，待春季及早开工。完成农牧交错带已垦草原治理项目任务，落实投资3400万元，在丰宁、围场2县和御道口牧场实施草原围栏、人工草地建植，治理已垦草原17万亩。

推进草原鼠虫害监测防控项目实施，完成草原虫害防治151.9万亩、鼠害防治170万亩，分别完成年度任务的102%和100%。其中，争取实施草原鼠重点监测试点2个、蝗虫重点监测试点2个，害鼠人工捕捉试点4个、野化狐狸控鼠试点1个、招鹰控鼠试点3个，牧鸡治蝗试点2个，实施招鹰控鼠3万亩、野化狐狸控鼠13万亩、人工捕捉16万亩、牧鸡治蝗5万亩，全年未发生草原生物灾害。如期完成草地资源清查工作，以上年草地资源负债表试点工作为基础，按照农业部和2017年河北省草地资源清查实施方案要求，及时组织各县（市、区）技术人员并依托河北农业大学、河北省农林科学院等专家团队支持，历时3个月开展草地资源清查外业调查和上图勾绘，完成样地调查321个，完成数据会商、形成全市草地资源基础数据，为以后草原建设保护工作提供技术支撑。

【草原生态建设】 积极推进2016年度京津风沙源治理二期工程草地建设扫尾工程，完成草地治理12.7万亩，建设暖棚28.2万平方米、青贮窖4.5万立方米、贮草棚4万平方米；全力实施粮改饲试点项目，全市建设万亩示范区1个、千亩示范片3个，落实青贮玉米种植面积28万亩，收储面积26.7万亩，收储全株青贮玉米及优质饲草75.3万吨，完成省下达的155.3%和161.9%；在丰宁、围场、御道口牧场完成农牧交错带已垦草原治理17万亩；与市防火办协作，全力抓好草原火灾防控，推进草原防火物资站建设，全市未发生等级以上草原火灾。第四次成功承办全国草原防火实战演练，得到农业部副部长兼草原防火指挥部总指挥于康震、武警森林指挥部副司令员郭建雄少将及国家气象局、国务院应急办、北京市、天津市有关单位领导、十三省区参会代表一致肯定；强化草原鼠虫害防治，全年完成草原虫害防治面积151.9万亩、鼠害防治170万亩，完成年度任务的102%和100%；建设2016年度草原补奖政策草原生态保护示范区5个，完成草地治理18.3万亩。

【渔政管理】 针对采用“偷、抢、毒、炸、电”猎鱼违法行为、水产养殖产品质量安全、种质资源保护区巡护，全年全市共开展渔政执法检查行动380次，出动检查员1140人次，执法艇60艘次，检查车辆130辆次，发放宣传材料2000余份；办理（含年检）水生野生动物经营利用许可证14本、水生野生动物驯养繁殖许可证5本。积极争取渔业油价补贴政策调整中央专项转移支付资金，用于潘家口水库渔港建设。潘家口水库渔港建设项目建设内容有：建设钢制泵船浮码头1座，泊位6个；护岸长100米、宽15米；进港道路1500平方米；改造渔政执法用房800平方米；配套建设给排水、环保、通讯、电力等基础设施，地点为宽城 罗台镇横城子村，建设期为2年。项目总投资844.02万元。其中，申请渔业油价补贴政策调整中央专项转移支付资金800万元，地方配套资金44.02万元。项目建成后，带动潘家口水库渔业经济发展，增强渔业执法监管力度，保护渔业资源，加强水上救助和处理渔事纠纷。

农牧业服务

【农业标准化与质量检测】 全年累计抽检生产基地、市内重点批发市场和四大超市蔬菜样品234批次，共3301个样品。其中，检测基地样品2080个，市场检测样品402个，超市检测样品819个。7个样品不合格，检测合格率为99.78%。省中心全年共对全市农产品抽样12次，抽取蔬菜、食用菌、水果等27个品种，共432个样品，经省农产品检测中心检测，合格率98.4%。为保证节日期间和“十九大”期间蔬菜质量安全，开展专项检测，抽检样品640个，合格率100%。为较好推动京承两地互检互认工作，承德市政府与北京市农业局签订《京承农产品质量互检互认合作框架协议》，更好地为推动京津冀一体化合作进程加油助力。

【农产品安全】 配合市科技局，积极推进“京津冀水源地（承德）国家农业高新技术产业示范区”创建工作。争取财政资金100万元，全力推进“四站两中心”建设，李天来蔬菜产业院士工作站、李玉食用菌产业院士工作站已批复成立，李玉食用菌产业院士工作站已举行授牌仪式；赵其国功能农业院士工作站承德分站已挂牌，正在按计划推进；李德发生猪产业院士工作站经与李德发院士多次沟通，确定地点仍在滦平县，继续加强科技研发；黄璐琦院士热河道地药材产业技术研究中心建设进展顺利，先期已挂牌成立国家中药材现代农业产业技术体系河北综合试验站。开展新型职业农民培育，省下拨专项培训经费864万元，全市计划培育新型职业农民4280人，其中3500人为脱贫带头人和农业产业精准扶贫培育对象，分批组织开展培训。加强基层农技推广体系改革与建设，落实项目资金1117.1万元，隆化被列为省级农技推广试点县，承德、滦平、隆化3县被列为全省科技创新推广示范基地；承德县头沟农业技术推广综合区域站站长梁久杰被农业部评为全国100名“最美农技员”。做好新品种、新技术推广，重点推广优新主导品种96个、实用技术16项，建立中心示范区122处、面积近60万亩，涉及农户65000余户，辐射带动47万户。提升农业机械化水平。争取中央农机购置补贴专项资金2354.88万元，补贴各种农机具2504台，围场成为主要农作物全程机械化示范县创建单位，全市农机总动力预计达到258万千瓦；完成农机深松作业40万亩，其中高标准深松作业2万亩；加强农机安全监管，全市未发生农机安全生产事故；全年耕种收机械化作业面积预计达到740万亩（次），主要农作物农业耕种收综合机械化水平达到47.5%。

【产地产品认证】 截至年底，全市在有效期内通过无公害畜禽水产品产地认定企业共125家。其中，通过无公害生猪产地认定企业52家、41.09万头，通过无公害活鸡产地认定企业7家、4388万羽，通过无公害肉牛产地认定企业16家、4.59万头，通过无公害肉羊产地认定的企业16个、10.76万只，通过无公害生鲜牛乳产地认定企业6家、7350吨，通过无公害鲜鸡蛋产地认定企业13家、6330吨，通过无公害肉类产地认定企业6家、36150吨，无公害水产品认定企业8个家、410吨，通过无公害肉兔产地认定的企业1家、10万只。无公害畜禽水产品认证企业28家。其中，通过无公害生猪认证企业4家、24400吨，通过无公害牛羊肉认证企业4家、3510吨，通过无公害生鲜牛乳认证企业1家、2000吨，无公害鲜鸡蛋认证企业6家、4280吨，无公害禽肉类认证企业4家、115140吨，无公害活鸡认证企业1家、2万羽，无公害水产品认证企业8家、产品13家、410吨。全市新申报无公害畜禽水产品产地认定企业3家，无公害肉羊产品认证1家。其中，通过无公害生猪产地认定企业1家、0.2万头，无公害肉牛产地认定企业1家、1.2万头，无公害鲜鸡蛋产地认定企业1家、450吨。

【土肥水工作】 建立耕地质量监测点31个，耕地等级调查评价点位780个。完成占补平衡项目验收评定40个，补充耕地面积0.9万亩。设立耕地质量监测点31个，初步建立覆盖全市的监测网络。实施新增千亿斤粮食生产能力规划田间工程项目，在隆化和平泉建设高标准农田3万亩，项目资金4500万元。

推广测土配方施肥技术面积580万亩，测土配方施肥技术覆盖率达到96.6%；氮肥利用率提高到37%。全年落实化肥减量增效项目资金473万元，建设化肥减量增效示范县2个，基础县2个，一般县4个。全市共取土970个，化验分析5260项次，制定肥料配方57个；落实化肥减量增效试验50个，建立示范区87个，示范面积6.48万亩；机械施肥237万亩，秸秆还田推广面积160万亩。在平泉市实施“农业部全国首批果菜有机肥替代化肥示范县”创建项目，项目资金1000万元，落实建设面积1万亩。推广旱作节水农业技术应用面积330万亩，总节水1.71亿立方米。实施旱作农业技术推广项目，项目资金5531.5万元，地膜覆盖面积72.75万亩，水肥一体化示范面积0.75万亩，形成与整合资源、整县推进、产业脱贫、休闲农业、功能农业相结合的旱作农业技术推广“承德模式”。

【植物保护与植物检疫】 全市农业有害生物中等发生，局部地块偏重发生，据统计，发生面积2028.51万亩次，防治面积1372.17万亩次。开展专业化统防统治，5月26日，在兴隆雾灵山镇召开全市绿色防控（果树）暨新型植保机械使用与维修培训会。7月12日，在围场御道口镇召开全市农药科学安全使用技术培训与农药减量增效（马铃薯）观摩会，省植保站领导及各市、县主管局长、站长、部分基层合作组织参加会议，邀请无锡汉和、河北卓蓝、中农丰茂、先正达等公司进行现场展示。11月7日，首次组织参加在辛集市举办的全省植保机手技能大赛。开展绿色防控，共建设绿色防控示范区18个（其中丰宁露地蔬菜为国家级示范区），中心示范区总面积12800亩，包括蔬菜、马铃薯、食用菌、中药材、玉米、水稻、苹果等七大类作物，以及鼠害、草地螟两种重要有害生物的防控。同时，积极投入到滦平农业科技创新与集成技术示范基地建设中，选派1名专业技术人员进入基地蹲点，投入黄板、诱捕器、生物农药等物资合计2万余元。

3月20日开始，开展全市植物检疫春季执法检查活动，采取自查、联查等多种形式，由省站执法监督科领导对联查进行全程督导。到6月底，共检查经营单位408个次，涉及玉米、大豆、水稻、高粱、谷子、油葵、马铃薯、蔬菜、小麦、莜麦等，品种2039个次（包括蔬菜），总数量199.5万公斤，合格率为98.88%。按照农业部检疫员管理办法，对专职植物检疫员进行调整，注销检疫员资格7人，拟增补5人，已经上报省站，待审核。审核通过后，全市专职植物检疫员将达到57人。

【农牧业信息服务】 与北京市农林科学院信息化所合作，开发承德供京蔬菜市场价格模型分析系统，已完成系统开发，正在进行系统测试和硬件定制；“12316”三农热线项目，按照省厅统一部署及《河北省农业专家咨询团专家管理办法》，在市、县两级共遴选各类专家64名上报省厅；农产品市场分析预警项目，完善农产品市场分析预警平台，在5个农产品主产县选定84个农产品市场分析预警信息采集点，确定84名信息员，全年采集、上报信息1400余条；信息进村入户项目。在全省推进信息进村入户工程，在无资金支持的前提下，已完成实施方案，并与承德北纬四十二度电子商务有限公司签订合作协议，新建益农服务社336个，超额完成省厅下达任务。11月，围场黄家营村晓庆益农服务社被农业部办公厅认定为全国农业信息进村入户工程百家案例。

【畜禽良种繁育】 全市新办续办种畜禽生产经营许可证企业9家，共有各类种畜禽场26家。其中，种猪场14家，种羊场6家，肉种鸡场4家，孵化场1家，种鹅场1家，种蜂场1家。通过引进优质胚胎或冻精，在对现有肉奶牛进行改良的同时，培育和发展安格斯、和牛等优质肉牛；以杜洛克、长白、大白三个品种种猪为主，积极发展热河民猪等优良地方品种，满足市场多样化的需求。引进优质种肉用公羊，对现有山绵羊品种进行改良；引进AA+、海兰、农大三号等品种，对蛋肉鸡品种进行更新。利用杂交优势，提高畜禽产品产量和质量。持续加大改良站点建设力度，全市完成生猪标准化改良站点建设250个，改良生猪40万头次；完成肉奶牛标准化改良站点建设230个，改良肉牛28万头次；完成山绵羊改良站点建设185个，改良山绵羊55万只次；均超额完成各项改良任务，全市猪、牛、羊良种覆盖率分别达到97%、85%、80%。

【重大动物疫病防控】 防控H7N9高致病性禽

流感。4月14日晚，接到市卫生部门疑似有人突然感染H7N9流感通报后，根据领导安排部署，疫控中心立即采取紧急措施，全体人员不分昼夜对采集的样本进行监测，经一个月紧张采样监测，共监测禽类养殖场810个，样本18985份次，全部血清学样本免疫监测有效率均在国家标准(70%)以上，监测病原学样本全部阴性，确保全市未出现疫情。根据农业部、省畜牧兽医局重大动物疫病防控动员视频会议精神，疫控中心认真谋划、制定各项方案措施，圆满完成重大动物疫病强制免疫工作，并顺利通过省厅考核验收。6月12日至16日，承德市代表河北省迎接农业部春防检查组实地检查，并顺利通过国家检查组的检查验收，荣获全国排名第4名的好成绩，得到省厅、省局的表扬。为进一步提升畜禽疫病防控技术水平，做好畜禽疫病综合防控工作，7月10日至12日河北省动物疫病预防控制中心、承德市动物疫病预防控制中心及内蒙古必威安泰生物科技有限公司、中牧实业股份有限公司兰州生物药厂、天康生物技术股份有限公司、辽宁益康生物股份有限公司、哈尔滨维科生物技术开发公司五家生物制品企业联合在承德市丰宁满族自治县成功举办2017年畜禽防控技术培训班。

【畜禽水产质量检验监测】 全年市畜禽水产品检测中心共检测样品1816批次，完成工作计划的181%。其中，畜产品1266批次、生鲜乳362批次、饲料188批次。检测合格率99.9%。样品类别涵盖肉、蛋、奶、饲料等种类15个。检测项目包括瘦肉精三项、苏丹红等21个。监测网点覆盖全市养殖、生产、加工、销售等环节。不断完善中心质量体系管理，年初制定管理体系八大计划，对实验室每一项工作都进行详细的检查校正，从管理体系上确保检测中心工作的规范化、标准化。经过两年的自主研发，承德畜禽水产品质量安全体系实验室管理信息系统项目，获得承德市科技进步二等奖，为更好地服务承德农牧产业发展、发挥北方风险评估实验站、对接京津一体化发展提供强大技术保障。

【草原防火】 扎实细致推动草原防火各项防控措施落实，全年累计接到农业部卫星监测热点信息1起，做到及时核实反馈，全年未发生草原火警、火灾。加强草原防火基础设施建设，承德市草原防火基础设施建设项目由农业部立项、河北省农业厅批复设计后启动实施，项目总投资1833万元，其中国家投资1665万元，拟在兴隆、围场、平泉、宽城、承德县（市）及御道口牧场同期建设草原防火物资站6处。防火库用房土建工程已开工3处、主体完工2处，防扑火设备、通讯保障设备、管理取证设备、防火专用设备主体完成招标采购。9月，成功承办全国草原防火实战演练，京津冀三地扑火队100余人以区域间联合防控方式在滦平县巴克什营镇偏桥村就草原扑火全过程实战演练，农业部副部长兼草原防火指挥部总指挥于康震、武警森林防火指挥部、国务院应急办、国家气象局、北京市和天津市有关单位领导、13个省（自治区）参会代表现场观摩，中央电视台、新华社、《农民日报》等新闻媒体予以报导，农业部草原防火指挥部通报表彰。

（供稿 赵海云 焦 阳 孙玉春 才凯华 刘玉坪 蒋俊杰 刘艳明 胡国勇 李 兵 谭雯雯 孙秀华 张 杰 赵继艳 修丽娜 吕若梦 王丽英 赵大彬 李素霞 刘爱君 刘计双 刘 楠 王青妹 郭立斌 袁建国 黄志龙 夏清华 张会文）

农业机械与农业技术

【概况】 全市农机总动力达到253.36万千瓦，

同比增长2.89%；大中型拖拉机达到22510台，同比增长8%；全年耕种收机械化作业面积达到850万亩（次），主要农作物耕种收综合机械化水平达到50.67%，主要粮食作物耕种收综合机械化水平达到66.8%。各项指标均完成年初制定的年度计划目标。

按照省农业工作会议的总体部署，以提高科技支撑能力、加快发展现代农业、增加农民收入为目标，通过强化协调，加强监管，创新工作，农业科技工作取得较好成效。3月，市农牧局与北京市怀柔区农委、怀柔区农业局合作，围绕农村电子商务产业，共同举办第三期“承德怀柔农村实用人才素质提升培训班”，《承德日报》以《携手逐梦三年整，塞北农业硕果丰》为题整版报道。6月，在全省农业科教工作会上，市农牧局以《落实新理念，把握新常态，提升基层农技推广体系服务现代农业发展能力》为题做典型发言。8月，市农牧局积极组织基层农技人员参加农业部开展的“寻找最美农技员活动”，承德市1人进入全国前100名，获评全国“最美农技员”荣誉称号，2人获评全省“最美农技员”荣誉称号。10月，在全省农业转基因生物安全监管座谈会上，市农牧局就承德市农业转基因生物安全监管做法做典型发言。

【农机购置补贴】 农机购置补贴按照“自主购机、定额补贴、县级结算、直补到卡（户）”原则。全年全市完成中央农机购置补贴专项资金2543.13万元，续覆盖3区8县（市）和御道口牧场。补贴各种农机具2695台、件，其中：耕整地机械454台、种植施肥机械81台、田间管理机械157台、收获机械50台、收获后处理机械5台、排灌机械261台、畜牧水产养殖机械54台、动力机械1585台、其他机械48台。受益农户2086户。

【农机安全监管】 树立安全发展理念，坚持“安全第一、预防为主、综合治理”的方针，以落实安全生产责任制为重点，以农机安全生产为核心，以强化源头安全管理、农机安全宣传教育为手段，以服务基层和农民为宗旨，以不发生重特大农机事故为目标，全市农机安全生产状况持续稳定。强化监管能力，针对春耕备耕、秋收、重点农时阶段、节假日农机事故易发的状况，组织农机监理人员深入乡村、集市、农户、场院等，通过发放明白纸、安全操作使用注意事项、宣传画等形式，开展送农机安全文化，安全知识下乡入户活动。认真开展“全面落实农机手安全生产主体责任”为主题的“农机安全生产月”活动，加强源头管理，规范业务流程，确保依法行政。全年共检验拖拉机2800余台，安全教育驾驶员3100余人，办理拖拉机注册登记1400余台，核发拖拉机驾驶证520余本，检验联合收割机5台。通过开展农机安全生产大检查、“平安农机”创建等活动，进一步提高农机驾驶操作人员的安全生产意识，消除事故隐患。同年，承德县荣获省级“平安农机示范县”称号。

【农机服务水平】 全市机耕、机播、机收面积分别达到377.18万亩、323.87万亩、149.63万亩。耕种机械化水平66.8%。全市共承担农机深松作业补贴任务40万亩，争取补贴资金1220万元。高标准深松作业2万亩，普通深松作业38万亩。分别为丰宁21.5万亩(高标准深松作业1.5万亩，普通深松作业20万亩)，补贴资金660万元；丰宁鱼儿山牧场2万亩，补贴资金60万元；围场15万亩，补贴资金450万元；滦平1万亩，补贴资金30万元。平泉0.5万亩（全部为高标准深松作业），补贴资金20万元。全市农机维修厂点保有量215个。其中，二级维修点4个，三级点142个，专项维修点69个。

【农机化水平】 全市农机推广部门以服务农业结构调整、重点产业发展和现代园区建设为中心，以促进农业节本增效为目标，积极开展农机化新技术、新机具在农业主导产业中的示范推广和应用。玉米机械化收获面积40万亩，马铃薯耕种收综合机械化水平达到86%，保护性耕作实施面积63万亩。根据中药材产业发展需要，引进中药材专用播种机，在平地示范推广播种、施肥一体化技术，山地推广小型半机械化播种、锄草技术。对现有谷物联合收获机的筛选机构进行技术改进，用于收获柴胡、苍术、藁本等中药材种子。通过实验对比，采用机械收获苍术种子比人工收获脱净率高、掉落损失少，每亩多收种子1公斤，亩增收900元。针对近年承德市谷子、高粱等小杂粮作物种植面积不断扩大，缺少适宜专用机具的实际。对现有谷子播种机的播种器和谷物联合收获机的拨禾轮等部件进行多次改动，实现高粱机械化种植，全年示范高粱种植机械化作业面积500亩，谷子全程机械化面积1000亩，亩节本增效400元。注重先进高端专用机械的引进。首次引进德国格立莫公司生产的牵引式传输型马铃薯联合收获机和德国克拉斯公司生产的JAGUAR系列850型自走式青贮收获机，填补承德市大型高端马铃薯收获、青贮玉米收获机械空白。

【农牧科技推广与应用】 全年推介和推广优新品种96个。按照全市农业工作会议要求，组织筛选16项重点综合推广实用技术，着力提高农业科技贡献率。16项重点综合推广技术共涉及市农牧局15个科站，涵盖蔬菜、食用菌、中药材、生猪、肉奶牛、羊等主导特色优势产业以及特色水产养殖，建立中心示范区122处，中心示范区面积近60万亩，共涉及农户65000余户，辐射带动47万余户。

全市共争取基层农技推广体系改革与建设补助项目资金1117.1万元，隆化县被列为省级农技推广试点县，承德县、滦平县、隆化县被列为全省科技创新推广示范基地。面对贫困县资金整合的实际情况，各项目县努力克服资金整合困难，积极争取当地财政支持，均按省厅要求完成各项任务。

【新型职业农民培育】 全年共争取新型职业农民培育资金864万元，新增鹰手营子矿区培育试点，全市培育任务达到4280人，比2016年增加1506人，为近年任务量最多的一年。面对全市7贫困县资金均被整合的实际情况，市农牧局多次实地督导，电话约谈各县（市）农业主管部门相关负责人，争取当地政府支持，确保培育任务按期完成。经过各地政府和部门的全力支持，全市共培育新型职业农民4960人。其中，生产经营型1340人，专业技能型3620人，超额完成省下达的培育任务。

【农业科技合作项目】 与中国工程院李天来院士团队合作建立承德蔬菜产业院士工作站，进行蔬菜新品种、新技术、棚室设施结构等方面科学研究、成果转化、技术试验示范与推广，支撑全市百万亩特色蔬菜产业发展；与李玉院士团队合作建立承德食用菌产业院士工作站，对全市现有食用菌品种、单产、精深加工等方面提档升级，助推百万吨食用菌产业发展；与中国科学院院士赵其国、中国科技大学博士尹雪斌团队合作建立承德功能农业院士工作站，开展马铃薯、蔬菜、粮食、畜禽等11个富硒单品冠军的产品质量标准、栽培（饲养）技术标准制定，打造全国首个富硒功能农业扶贫综合示范区；与中国农业大学博士生导师、农业部饲料中心主任、中国工程院院士李德发团队合作建立承德生猪产业院士工作站，开展优质无抗猪生产技术研究，支撑百万头生猪产业发展；与中国工程院院士、中国中医科学院黄璐琦常务副院长、杨光博士团队合作建立热河道地药材产业技术研究中心，开展北方中药材濒危品种种子种苗繁育、种子种苗提纯复壮、药食同源品种开发等，引领全市百万亩中药花海旅游扶贫示范区创建；与中国农业大学副校长王涛、教授李光永合作建立承德现代马铃薯产业技术研发中心，在马铃薯水肥药一体化、错季生产、精深加工、智能化、全程机械化等方面开展研究与推广，推进全市百万亩马铃薯产业发展。

附：承德大米

承德青山连绵，河谷纵横，土壤肥沃，气候宜人，四季分明，为水稻生长提供了天然优良的生长环境。境内农民世代依河耕作，形成“青山翠树碧水流，河谷两岸稻花香”的生态景观。这里的水稻吸天地之灵气，融净水之芳华，承皇家之世气，磨出的大米气味清香、口感绵软，清康熙年间就被定为“御用贡品”深受皇家贵族喜食。由此，“承德大米山间生，天子品来不思京”的美誉在民间广为流传。2017 年，全市水稻种植面积 4141 公顷，产量 2.53 万吨。

承德大米米粒呈长椭圆形，颜色晶莹剔透，香气浓郁，冷饭不易回生。经检验，承德大米富含硒、铁、锌，维生素 B1、维生素 B2，是真正源于自然、营养丰富、品质上乘的佳品。理化指标：胶稠度≥ 75.0 毫米，直链淀粉含量 14%-20%，蛋白质含量≤ 6.5%，垩白粒率≤ 5.0%。

（供稿　王小宇）

附：市农牧局领导名录

党组书记：张学东（9 月免）
刘宝龙（满族，9 月任）
局长：张学东
党组成员、农广校校长：王文合
党组成员、副局长：王德林
范庆杰（女，满族，9 月免）
韩立军（满族）
张长青（满族）
刘树新

（供稿　刘玉坪　张书辉　郭海燕
张　智　胡国勇）

林 业

【概况】 全年，全市完成造林绿化 62.5 万亩，占省下达任务 60 万亩的 104.2%；完成 282 个省级重点村村庄绿化（含环村林）1.47 万亩、占任务 1.4 万亩的 105%，村庄绿化覆盖率达到 37% 以上，50% 的家庭达到美丽庭院标准。全市有林地面积 3417 万亩，森林覆盖率提高到 57.67%。按照国家、省国有林场改革试点总体安排部署，全市剩余 32 个国有林场全部纳入改革。除御道口林场维持企业性质外，其余市属 30 个（整合一个林场）国有林场全部定性为生态公益性林场，为公益一类事业单位，经费纳入本级财政预算，实现财政全额保障，完成国有林场定编、定岗、定经费的主体改革任务。全市没有出现较大森林火灾，被评为全省森林防火优秀市级单位，按照京津冀协同发展，毗邻地区林业有害生物协同防控联动工作方案要求，阻断美国白蛾传播蔓延、遏制红脂大小蠹的危害；通过开展“金钺”“金剑”“金盾”“金网”“绿盾”等以保护森林资源为主题的专项行动，保护森林资源安全。

【生态工程】 以“两河、六路、四区”为重点，突出沙化土地和水土流失等生态脆弱区，实施造林绿化攻坚。依托林业重点工程建设，对深山远山采取承包、租赁、拍卖、股份合作、反租倒包、联户经营等多种造林绿化机制，有效调动群众造林绿化的积极性。对“京承、承唐、张承、承秦、承赤、承朝”6 条高速、京沈客专和国省干道交通沿线两侧山体绿化，采取针阔混交的造林模式，大力营造“山杏＋油松”“山杏＋樟子松”等针阔混交林，着力营造“四季有绿，三季有花”的绿廊景观；对村庄绿化美化，实行林业部门指导、帮扶单位帮建、村民自愿参与的建设机制，引导农民营造舒适优美的人居环境。

【资源管护】 严格执行“十三五”年度森林采伐限额管理，推行“两随机、一公开”工作机制，制定“一单两库一细则”制度，全面规范森林资源管理。将行政许可事项整体移交行政审批局，助推“放管服”改革。扎实开展以保护森林资源为主题的专项行动，打击违法犯罪行为。全市共查处各类涉林案件1608起。其中，刑事案件127起、抓获犯罪嫌疑人106人，林业行政案件1481起、行政处罚1875人次、罚款819万元。按照承德市《护林员管理办法》《停止天然林商业性采伐补助资金管理实施细则》等文件要求，对全市有林地划分管护责任区，优先从建档立卡贫困户或较为贫困户中选聘符合护林员条件的人员为护林员，确保在保护森林资源安全的同时，使贫困户中的护林员有较为稳定的收入。截至年底，全市共落实专兼职护林员44865人，其中专职护林员17544人。

【森林防火】 按照“预防为主、积极消灭”“全民防火、专业扑火”的总体工作思路，进一步强化“全党动员、党政同责，部门分工、全民参与”的工作机制，在清明、“五一”、“十一”和十九大等敏感时期，全市188座望火楼、256处防火检查站、4.4万名专兼职护林员、330名森林公安干警，全部在岗在位，坚守防火一线，重点部位、重点林区、重要出入口死看死守，实现森林防火攻坚战的全面胜利。全年，全市发生森林火灾16起，过火面积276.89公顷，受害森林面积43.86公顷，森林火灾受害率0.019‰，实现森林防火工作“三个确保”目标，全市没有出现较大森林火灾，被评为全省森林防火优秀市级单位。

【林业改革】 按照国家、省国有林场改革试点总体安排部署，全市剩余32个国有林场全部纳入改革。在充分学习借鉴贵州、湖南、山西、山东等省先进经验，围绕建设京津冀水源涵养功能区、京津冀生态支撑区的定位，除御道口林场维持企业性质外，把市属30个（整合一个林场）国有林场全部定性为生态公益性林场，为公益一类事业单位，经费纳入本级财政预算，实现财政全额保障，完成了国有林场定编、定岗、定经费的主体改革任务。

【林果产业】 坚持以板栗、苹果、山楂、仁用杏、时令果为重点，实施“一带四区”布局，同时兼顾花卉、中药材、苗木、榛子、大果沙棘。全年新发展经济林29.57万亩，占任务28万亩的106%，全市经济林总面积达到983.5万亩，农民来依靠自林果收入近3100元，林果产业已成为富民增收的支柱之一。按照《承德市关于加快功能农业扶贫综合示范区建设的若干意见》要求，围绕经济林八大主导产业发展，制定出台《推进功能果品建设实施意见》，积极推进功能果品发展，促进产业基地规模持续扩大、林果产业转型升级，提高承德市果品竞争力和市场占有率，实现林业增效、农民增收。全年，全市建立功能果品试验示范点15个，建成省级观光采摘园44个。按照上规模、成特色、增效益的要求，以优势果品品牌建设为中心，通过加大无公害果品、绿色食品、有机农产品和地理标志农产品“三品一标”的宣传推进，组织有关企业参加国家级林业重点展会和国际展会，发展区域经济，促进林业产业交流，大力培育承德国光苹果、滦熙梨、宽城苹果、燕山板栗（京东板栗）等果品品牌和露露、怡达、华净、神栗、亚欧等名牌产品。以“中国承德山杏产业基地”“平泉山杏产业示范区”品牌建设为起点，培育以“露露”“华净”为龙头的山杏产业链、以怡达为龙头的山楂产业链、以“神栗”“栗源”为龙头的板栗产业链、以承德国光苹果品牌为龙头的苹果产业链的果品仓储、加工龙头企业，促进一、二、三产业的融合发展。

【乡村绿化】 按照“路边树、街旁花、街心公共绿地”的要求，实行林业部门指导、帮扶单位帮建、村民自愿参与的建设机制，采取乔灌花草相结合，绿植花卉装点与建筑设计风格、民族文化内涵相统一，绿化、美化与硬化、亮化相协调的方式，引导农民营造舒适优美人居环境。以“村边森林化、村内园林化、道路林荫化、庭院花果化”为目标，打造“村在林中、路在绿中、房在园中、人在景中”的生态田园风光。全市完成282个省级重点村村庄绿化（含环村林）1.47万亩、占任务1.4万亩的105%，村庄绿化覆盖率达到37%以上，50%的家庭达到美丽庭院标准。

【创建国家森林城市】 6月6日，省林业厅将承德市作为河北省推荐的唯一创森城市上报国家林业局。6月10日至11日，国家林业局宣传办主任程红来承检查指导承德市创建国家森林城市工作。6月底，市委书记周仲明、市政协主席刘文勤向全国政协副主席齐续春汇报承德市创森工作，争办2017森林城市建设座谈会。7月12日至15日，积极配合国家林业局“森林城市·绿色家园”摄影采风团来承德市开展森林城市摄影采风活动。8月初，市长常丽虹、市委副书记张泽峰分别向国家林业局局长张建龙、副局长彭有冬汇报创森并积极申办2017森林城市建设座谈会。10月10日，2017森林城市建设座谈会在承德市成功召开。

依据承德市创森工作实施方案及2017国家森林城市申报要求，制定2017年度创森工作倒排时间表，抓重要时间节点，一个阶段一个阶段推进工作落实。3月29日，组织召开全市创建国家森林城市工作调度会议，副市长王成出席会议并讲话，会议印发《承德市创建国家森林城市宣传工作“百日攻坚”方案》，明确创森工作正式进入冲刺阶段并部署各县区、市直部门下一步工作任务。根据工作需要，先后组织召开了创森工作座谈会、市林业局创森调度会、创森“两个报告”编制座谈会等专项性工作会议，对阶段性任务进行安排部署。5月11日至13日，创森办联合市督考办对各县（市、区）及相关市直单位开展创森考核督导工作，对各部门2016年创森工作进行全面考核，对后续待落实工作进行有针对性的督导。

通过公开招标形式，委托国家林业局调查规划设计院为承德市编制创森《指标自查报告》《规划实施报告》。同时，创森办成立申报材料编制小组，认真组织撰写《创森工作报告》，并积极配合编制单位完成“两个报告”编制工作。先后多次对创森专题片进行修改完善。通过创森摄影大展收集整理创森成效照片并撰写说明。创森“三个报告”等申报材料于6月30日安排专人报送国家林业局宣传办。8月14日，创森办会同市园林局对全市有机地表覆盖物建设情况进行全面系统调查，撰写申报材料补充报告。

【科技推广】 围绕京津冀水源涵养功能区发展定位的这条主线，争取河北省林业厅项目仁用杏优质丰产综合配套栽培技术示范推广资金15万元；争取河北省中央财政林业科技推广项目雾灵紫肉栽培技术与推广资金100万元；申报河北省科技厅项目红树莓栽培管理技术示范推广、冀北寒旱地区苹果、猕猴桃提质增效栽培技术研究与示范，争取项目资金63万元；争取农业综合开发办项目栗蘑栽培技术示范推广与板栗测土配方提质增效配套技术示范推广，项目资金40万元待2018年验收后拨付；争取承德市科技局3个自筹经费项目：经济林下合理间作模式及综合配套技术研究与示范、京北沙化区适应性树种筛选与造林模式研究、林下灰树花栽培技术集成与产品综合开发；《瘠旱山地乔砧密植低产苹果园优质高效更新技术研究》获承德市科技进步二等奖；起草并发布地方标准4项：《山地乔砧密植低产苹果园复壮更新生产技术规程》《油用牡丹生产技术规程》《柠条栽培技术规程》《冀北山区平欧杂种榛子生产技术规程》；成功申报2017年度中央财政林业科技推广示范项目山楂良种雾灵紫肉繁育及高效栽培技术示范推广和林下穴栽香菇技术推广与示范。8月31日至9月2日，协助省林业工作站管理总站在隆化县举办全省林业工作站服务能力建设培训班。

【林业宣传】 以创建国家森林城市为抓手，以提高生态意识、弘扬生态文化为主线，大力宣传林业建设，营造"植绿、护绿、爱绿，支持绿色发展"的良好氛围。利用媒体广告、户外广告、电子屏幕、车辆广告、短信广告等多种形式宣传林业建设成就。同时，利用主题植树活动、大型宣传活动、发布倡议书、开展认建认养活动等打造宣传新格局。多措并举，开展创森专题活动、创森知识进课堂、结合节庆活动宣传创森、推广市树市花、加强古树名木保护。4月13日，义务植树现场组织开展创建国家森林城市万人签名活动。6月5日，结合世界环境日环保宣传活动，在市中心广场开展创国家森林城市主题宣传活动。同时，组织开展创森摄影大展、"最美森林"评选、有奖征文、创森知识竞赛等系列专题活动。开展进机关、进企业、进校园、进社区、进农村的创森"五进"宣传行动，发放带有创森标志的纪念品，营造"人人参与、全民共创"的舆论氛围。加大公益宣传力度，为市委书记周仲明、市长常丽虹代拟署名文章，4月10日，《承德日报》头版发表。在新闻媒体刊播公益广告，设立大型创森宣传牌，在路灯灯杆、电子显示屏、建筑围挡、公交站台灯箱等处设置创森公益广告。在机关、社区等宣传栏张贴创森宣传画、悬挂宣传标语。搭建多渠道宣传平台，建立"承德创森"微信公众号和承德创森官方网站，发布创森动态、创森知识、创森活动等宣传内容。同时，做好对国家林业局、省林业厅、市县各级的创森汇报对接工作，全年共印发创森工作简报20期。

各市林业局局长、林业站站长及业务骨干共计70余人参会。围绕全市经济林重点工作，在山庄宾馆举办全市林果技术推广及功能果品建设培训班。各县（市、区）主管林业技术推广、果桑工作的局长、站长及技术骨干、林果大户，共计90余人参加了培训会。承德市在2017年度全省林业宣传工作综合评价中排名第一。送科技下乡活动在族自治县龙须门镇东李杖子村举行，发放书籍1000册；发放林果技术资料5000份，解答果农技术问题 100余人次。8月—9月，市林业局调研员封捷然参加塞罕坝精神报告团，先后在人民大会堂和部分省市作报告。宽城满族自治县桲罗台镇椴木峪村成功入选全国生态文化村。

【森林净增量考核】 重点抓调查设计、地块复核、方案审批、施工管理、检查验收等环节，保证整体作业质量。截至年底，已全部完成作业。其中，完成中幼抚作业36.5万亩，丰宁、隆化、承德3县贫困县资金整合7.2万亩，折合资金720万元。全市参加义务植树适龄公民人数192.4万人次，完成义务植树782万株，占年度任务的112%。全年，河北省林业厅下达承德市造林绿化面积60万亩。其中，人工造林45万亩、封山育林15万亩。全年申报人工造林44.74万亩，封山育林面积23.28万亩。完成造林绿化68.02万亩。其中，人工造林44.74万亩，封山育林23.28万亩。按照省《考核办法》规定折合完成造林62.22万亩。其中，人工造林按100%计入，计划内封山育林按100%计入，计划外封山育林按30%计入。占省下达任务60万亩的103.7%。完成自查报告和各种表格的核实上报工作，完成河北省对承德市的外业核查工作，以及省林业厅总工张书桐为组长的省造林绿化考核工作。委托承德林业勘察规划设计院技术人员对各县（市、区）新增人工造林面积及成活率等项目进行外业核查，全市共抽查造林小班142个，核查上报面积14486.1亩，核实面积14441.55亩，面积核实率为99.69%；其中造林合格小班119个，造林小班合格率83.8%；造林合格小班上报面积

12774亩，核实面积12646.2亩，造林面积合格率87.57%。在实地勘察的基础上，1月初对全市安排部署及财政投入等情况综合考评，考核结果上报市委组织部。经核查，全市共有古树172544株，23科45属70种，其中：单株3335株（国家一级古树136株，二级古树1462株，三级古树1737株）；古树群31个、169209株（国家一、二级古树11株，三级古树169198株）。按照《古树名木保护实施方案》要求，全年投资9万元，采取安装围栏、支撑、破硬、植保复壮和修补树洞等措施对对市中心城区及山庄外庙内古树全方位保护。在“美丽河北——十佳最美古树评选 ”活动中，丰宁九龙松、平泉九龙蟠杨当选河北省十佳最美古树。2016年省厅下达承德市珍稀林木项目造林面积8000亩，投资400万元（其中：承德县北大山林场培育蒙古栎2000亩，平泉县宋营子林场新造黄柏2000亩），隆化县孙家营林场新造蒙古栎2000亩，兴隆县五指山林场改培核桃楸2000亩，2017年8月已全部按施工设计方案完成任务。

附：市林业局领导名录

党组书记、局长、市绿化委员会办公室主任：
王　江（满族）
党组副书记（兼）、千松坝林场党委书记：
任树友（1月任）
党组成员、副局长、国有林场管理局局长：
牟广泽（满族）
党组成员、副局长：孙金伟（满族）
段陟鑫（蒙古族）
周　满
纪　彪
党组成员、纪检组长：高利民
党组成员、市森林公安局局长：
马钢利（满族）
党组成员、市绿化委员会办公室副主任：
李金鹏（满族）
党组成员、市国有林场管理局副局长：
张成刚（满族，9月任）

（供稿　王　烨）

水　利

【概况】 市水务系统深入贯彻落实国家和全省水利工作会议精神，紧紧围绕市委、市政府重大决策部署，抓项目、促改革、求创新、补短板，圆满完成水利各项建设任务，为建设京津冀水源涵养功能区，全面建成小康社会，建设“生态强市、魅力承德”提供水利保障。全市多项水利工作走在全省前列，省委、省政府考核市委、市政府的水利改革发展和水资源管理两项工作，连续两年被评为全省“优秀”等次，受到省委、省政府通报表彰；潘家口水库网箱养鱼提前半年完成取缔任务，顺利通过省级验收。在全省率先完成水资源税改革试点任务。双峰寺水库建设、两河综合治理等“一带三区”重点工程取得重大进展。水务集团进一步发展壮大，累计融资45.65亿元，破解重点水利项目资金制约。首例京冀合作水生态项目正式落地实施，《人民日报》《河北日报》等进行专题报道。

【重点水利项目投资】 坚持把项目建设作为弥补全市水利设施短板的重中之重，以项目大建设带动水利大发展。全市共实施水利项目77项，完成水利项目投资16.90亿元。其中，上级安排专项资金9.11亿元，地方及社会投资7.79亿元。《京津冀水源涵养功能区承德支撑区建设规划》《承德市重点区域防洪规划》启动编制；总投资98.84亿元的水源涵养、河流生态治理、生态补调水等62项工程，列入国家《京津冀协同发展六河五湖综合治理与生态修复总体方案》；总投资8.04亿元的14项中小河流治理，9座小型病险水库除险加固工程列入国家《加快灾后水利薄弱环节建设实施方案》；承德县四道河、宽城老亮子及滦平西庙等3座中型水库列入《全国“十三五”中型水库建设规划》；总投资2亿元的坡耕地水土流失综合治理工程列入省“十三五”规划盘子；总投资8.2亿元的高效节水灌溉项目列入《河北省高效节水灌溉项目实施方案》，为更多水利项目落地实施奠定坚实基础。其他各类水利项目建设进度加快，总投资1.78亿元的高效节水灌溉工程全部按时完成任务；总投资3.29亿元的滦河双滦区、高新区技术产业园二道坝至武烈河口段、东西营段重点河段治理工程进展顺利；总投资6.88亿元的丰宁县潮河县城段“一主四副”河道综合治理工程完成投资2亿元；总投资1.80亿元的宽城自来水厂改扩建工程完成投资1.10亿元；总投资1.37亿元的平泉“引哈入瀑”工程建成通水。全市新建“五小水利”工程 1878个，占年度任务1500个的126%；新增和改善灌溉面积 15.50万亩，占年度任务12万亩的130%；新增节水灌溉面积13.70万亩，完成年度目标任务9万亩的 153%；治理水土流失532平方千米，占年度任务500平方千米的107%。小水电发电量达到4196万千瓦时。解决3.58万人农村饮水问题。

【双峰寺水库建设】 主体工程基本完工，水库淹没区 1318 户、6420 口人完成搬迁，库区防护、库底清理等扫尾工作正在推进；“两河”治理工程开工建设21.14千米，一期PPP项目建设资金已基本落实,正在开展项目用地征占拆迁工作，水源地打井工程已开始施工。

【防洪保安】 坚持以人为本，严格落实“党政同责、一岗双责、齐抓共管、失职追责”各项责任,突出防汛抗旱,狠抓水利安全。严守“红线”意识和“底线”思维，开展安全生产大检查、电气化火灾综合治理、危化品集中整治、安全风险辨识管控和隐患排查治理等专项行动，及时消除安全隐患，打击非法违法行为，强化质量监督检查，水务系统安全生产形势保持稳定。全面落实防汛抗旱“五个责任制”，建立各级应急抢险队伍，积极开展防灾减灾演练，全市储备防汛抢险物资1665.30万元，完成清障336项，防汛抗旱指挥系统能力建设持续加强，山洪沟治理等防汛工程加快推进，预警、指挥信息化水平明显提高。在汛期，及时组织协调，有效应对4次强降雨过程，做到提早预警、及时调度，安全转移受威胁群众5684人，实现安全度汛，确保人民群众生命财产安全。春季抗旱取得明显实效，累计投入抗旱人员3.87万人次，投入资金402万元，抗旱浇地85.18万亩，临时解决了3.80万人饮水问题；果断启动应急调水机制，从滦河向武烈河调水270万立方米，解决城市供水和生态用水短缺难题。

【水利惠民服务】 将水利建设与脱贫攻坚、美丽乡村建设相结合，充分发挥行业优势，整合农村饮水安全巩固提升、高效节水灌溉、水土流失综合治理等项目资金3.85亿元，向贫困县区和革命老区倾斜，助力脱贫攻坚；三个驻村工作组扎实开展工作，为帮扶村争取各类项目23个，筹集资金395.75万元，帮助137户、317人脱贫出列；宽城县桲罗台镇椴木峪村被评为“省级美丽乡村示范村”“省级乡村旅游示范村”“移民工作典型村”，争取省级奖补资金150万元，驻村工作组被评为全市脱贫攻坚竞赛“优胜工作组”。以解决贫困村群众饮水安全为重点，解决农村饮水安全人口3.58万人。大力开展集中式饮用水源地综合整治，全市供水企业规范化管理水平得到进一步提升，中心城区完成供水管网改造34公里，网上缴费平台系统建成投用，供水水质合格率100%。市区污水处理厂一期、二期及水务集团与双滦区、平泉市、承德县合作的污水PPP 项目运营正常，污水出厂水合格率100%。完成农田水利基本建设投资5.43亿元。其中，争取高效节水灌溉项目资金1.78亿元。兴隆县小型农田水利设施产权制度改革和创新运行管护机制试点任务全部完成。

【水利改革】 全面推行河长制，市、县、乡、村四级河长制工作方案全部出台，河长名单及河湖名录全部建立并在主要媒体公布，印发河长制“七项制度”、考核办法、河长制考核验收实施方案，河长公示牌制作安装完成，市、县两级河长制办公室基本组建完成。率先突破水权交易改革，编制市、县两级水权确权登记实施方案，全市水权确权发证工作全部完成。配合国家和省厅开展滦潮河水量分配工作，在全省率先开展农业节水模式化灌溉成本测算分析，为实现工农业水权交易奠定价格基础。开展农业水价改革试点工作，以高效节水灌溉工程为依托，积极推进平泉、围场两市、县农业水价综合改革试点工作，改革实施方案制定完成。推进水资源税改革试点工作，全市累计核查农业取用水户23905户，认定6886户，用水限额核定6886户，在全省率先完成工作任务。

【抓融资破制约】 立足水务自身发展需要，精心谋划包装项目，积极跑办争取政策支持，争取省级以上水利资金 6.56亿元。总投资2.53亿元的清洁小流域治理工程列入京冀“6+1”合作及《河北省密云水库上游承德张家口两市五县生态清洁小流域建设规划》，争取北京市支持资金1.28亿元。水务集团立足地域优势和自身资源，积极拓宽融资渠道，发展多种经营，累计融资45.65亿元，支持水利建设，壮大自身实力。通过国家开发银行先后为双峰寺水库建设、两河综合治理项目争取贷款18.23 亿元和26 亿元，破解重点水利建设项目资金制约；通过承德银行、农业银行、河北银行融资1.42亿元，支持局属企业生产经营和业务拓展；与宽城、平泉、双滦3个县（市）成功开展15.08亿元的给排水PPP项目合作。滦平县争列水利部PPP项目规划资金73.40亿元，县水务集团与北京碧水源成功合作，打造承德市首届旅发大会亮点工程。

【水生态文明建设】 深入落实最严格水资源管理制度，严守“三条红线”，制定《承德市2017年度实行最严格水资源管理制度考核方案》，健全市、县两级行政区域用水总量控制指标体系，全面推动水平衡测试工作，强力推进市区及各县（市）自备井关停工作，积极开展节水型载体创建工作，创建节水型小区7个，节水型机构10个，省级节水型企业3个。落实《水污染防治行动计划》，加强水污染综合整治，组织开展打击河道非法采砂“飓风行动”、河湖执法检查、砂坑隐患排查及整治等专项行动，取缔违规砂场49处，回填砂坑51处，拆除阻水违章建筑21处，水事秩序得到进一步规范。

在市委、市政府指挥调度下，宽城、兴隆两县提前半年完成网箱养鱼取缔任务。全市累计出鱼44457.50吨，清理网箱38982个、网包196个、闸沟养鱼37处，依法取缔非法网具1559个，潘家口水库出境水质得到明显改善。完成总投资0.67亿元的4项坡耕地水土流失治理工程，京津风沙源治理项目完成水利投资0.60亿元，生态清洁小流域治理项目完成投资0.77亿元，山水林田湖综合治理工程完成水利投资 6.77亿元，全市532平方千米水土流失面积得到有效治理，200千米河道得到生态修复，水生态环境得到明显改善。

【水务综合服务】 严格落实从严治党要求，进一步落实党风廉政建设主体责任，认真学习贯彻准则条例，深化水务惩防体系建设，扎实开展“一问责八清理”“微腐败”“优化营商环境”等专项行动，驰而不息纠正“四风”，党风廉政建设持续深入开展。进一步下放审批权力，按要求完成涉水行政审批事项划转。加强财务内控制度建设，做好财务预算、决算等政务公开工作。坚持正确用人导向，积极做好水务人才教育培训和推荐选拔工作，有效调动人才投身水务工作的积极性。全面落实老干部“两个待遇”，认真排查化解信访矛盾纠纷，处理各类信访案件487起，案件接收率、办结率和信访参评率均达到100%，水库移民持续保持无进京赴省集体访和移民群体性事件发生，水务信访形势持续保持稳定，得到水利部和省水利厅高度认可。利用多种渠道加强政策解读和工作宣传，水务信息宣传工作在省市继续保持前列，刊发政务信息和新闻稿件1500余条（篇），多篇稿件在《经济日报》《河北日报》等重要媒体刊载，水务系统影响力持续提升。

附：市水务局领导名录

党组书记、局长、移民办主任：
张宝生（满族，9月任）
党组副书记、副局长：孔令年（满族）
党组成员、双峰寺建管局局长：
周作军（满族，4月任）
党组成员、副局长：慕宏彪（蒙古族）
刘剑锋（满族）
闫锡杰（满族，2月任）
王淑国
刘志远（满族）
王永良

（供稿　滕树海　刘玉铭）

工业和信息产业

综　述

2017年，全市工业系统按照“发挥优势、高点起步、开放创新、绿色崛起”的总要求，全力“稳增长、调结构、促改革、优环境”，不断加大工业结构调整力度，千方百计帮助企业复产增效，支持重点企业技改扩能，大力推进食品医药、大数据、新型建材、装备制造等战略新兴产业发展，促进“两化”深度融合，全市工业经济保持平稳较快发展。主动顺应经济发展新常态，紧紧围绕“科技、管理、资金、市场、环境”五大要素，不断加大工业结构调整、转型升级力度，在工业运行、技术改造、银企帮扶、民营经济、尾矿利用、大数据等重点工作方面，采取了一系列行之有效的重大举措，确保了各项指标任务的圆满完成。规上工业完成增加值563.9亿元，同比增长5%，居全省第四位。工业投资完成581.4亿元，增长10.7%，高于全省平均水平8.3个百分点，增速居全省第二位。工业技术改造投资344.3亿元，增长30%，增速居全省第一位。民营经济完成增加值986.3亿元，同比增长6.85%，超额完成全年增长6%的目标任务。

【去产能促生产】 针对2016年钢铁去产能任务重，环境治理压力大，采暖季错峰生产（停产）面广，涉及企业多，对经济运行影响大的困难局面，该局科学把握，准确判断，深入县区、企业调研，及时掌握重点企业生产经营情况和重点产品市场需求、价格变动情况，逐季撰写经济运行分析报告，为领导科学决策提供依据。坚持工业经济运行旬调度工作机制，落实“以旬保月、以月保季、以季保年”要求，抓进度、强调度，突出工作重点，狠抓任务落实。针对净增规上企业任务重而经济形势又不好的实际情况，局里将新增入统企业目标分解下达到各县区，建立培育台账，定期督导，多次组织人员深入县区督导调度，逐县区、逐企业核实，把新增企业任务落到实处。

千方百计帮助企业复产增效，支持重点企业技改扩能，筛选100家重点企业，实行市县领导联系一对一包保、点对点帮扶，帮助企业解决了大量实际困难和问题，年内有50余家矿山企业恢复生产。充分发挥融资担保的助推作用，截至2016年底，全市入统融资性担保机构达到17家，注册资金13亿元，为企业提供担保贷款30亿元，通过强化监管系列措施的实施，促进了担保业规范发展，也促进了社会信用体系的不断完善。继续发挥银企帮扶基金的作用，实现抱团取暖，银企帮扶基金设立三年来，累计使用基金638笔，帮助企业倒贷262.9亿元，有效解决市内骨干企业到期偿贷难问题。推进“大智移云”产业，数字经济雏形基本形成，加强京津高端的对接与转化，打造大数据协同发展功能格局。作为承德战略新兴产业破题之举，年内实施“大智移云”产业项目25个，其中投入运营15个，开工落地10个，谋划实施了日趋完善的产业体系。

深入开展钢铁水泥行业淘汰落后产能和水泥、焦化、化工行业产能核查工作。积极配合发改部门争取去产能政策支持，细化落实目标，全面完成省政府下达承德市压减炼钢产能任务190万吨、炼铁产能104万吨任务。全面完成全市产能过剩矿业僵尸企业调查摸底和排查工作，对钢铁行业规范企业实行动态管理。组织开展钢材产品替代进口资金申报，承德建龙特钢通过省专家组审定。进一步加大与京津工信部门、各类协会学会对接力度，依托三个园区进行精准对接，在“5·18”经贸洽谈会上集中展示承德市“大智移云”产业，收到良好效果；在廊坊“6·16”节能与综合利用展上，全市5家新型建材企业签订了合作协议。2017年开展全方位的内引外联工作，通过积极向上争取，共争取各类上级扶持资金4867万元，比上年增加1554万元。

【产业转型升级】 围绕水源涵养功能区战略定位，坚持以项目建设为抓手，以科技创新为动力，突出先进装备制造、绿色新型建材、食品生物医药、绿色矿山等特色优势行业，瞄准绿色高端方向，加快新旧动能接续转换，促进传统产业转型升级。以新能源汽车及关键汽车零部件、智能仪器仪表、风电装备等装备制造行业为发展重点，重点推进了苏垦银河连杆扩能、比亚迪新能源客车承德基地、北汽福田汽车部件及精深加工等项目建设；全力推进华远自动化、金建检测、五岳电子等企业加快新厂区建设。比亚迪纯电动轿车通过工信部委托的专家组审核验收，标志着该厂整车研发取得了新进展，全年生产新能源汽车1200台。鹰眼电子科技公司多功能警用无人机及穿戴式手势控制系统获河北省工业设计金奖，为企业树立了良好的品牌形象。为充分发挥桥梁纽带作用，促进全市仪器仪表业快速发展，推进智慧制造，成立了承德市仪器仪表协会。全年装备制造业实现增加值29.3亿元，同比增长14.9%。

全年实施承德新通源尾矿微晶系列制品、承德鸿城节能公司EPS保温模块、河北建辰铁尾矿深加工建筑及装饰材料综合利用等新型建材项目10个，其中7个项目建成投产，完成投资8.7亿元。新通源公司微晶发泡陶瓷、建辰公司仿石仿木装饰材料和鸿城公司EPS保温模块产品填补了我市空白；装配式建筑得到较快发展，承德国佑鸿路绿色建筑科技公司投资5.1亿元的绿色装配式建筑产业化项目，已开工建设，承德绿建PC装配式建筑项目已投产，平泉天罡与江苏绿可合作的钢结构装配式建筑项目试生产，承德鸿城节能EPS保温模块产品广泛应用于农村民房建设。2017年全市新型建材产业实现产值181亿元，新增企业10家。河北睿索固废工程技术研究院已完成工程主体，正在内部装修。研究院依托京津冀尾矿综合利用产业技术创新联盟，成功进行了尾矿制备高强度陶粒、尾矿制备高性能混凝土和高强结构件、尾矿制备硅酸钙板等8个课题的研发工作，取得发明专利1项，实用新型3项。

【塑造特色品牌】 坚持突出优势、发挥特色、集约集聚、塑造品牌的思路，深入实施“三品”战略，市政府出台《关于开展消费品工业“三品”专项行动营造良好市场环境的实施意见》，围场宇航人、兴隆兴伊罐头、丰宁缘天然乳业等5家企业增加品种12个，兴隆中金丰利酒业山楂酒和葡萄酒生产线建成投产。承德天原药业金莲花颗粒、颈复康药业颈复康颗粒、腰痛宁胶囊、八味益肾丸4个品种列入河北省创新及优势药品名录，极大地丰富了承德市市场供给品种。颈复康药业腰痛宁胶囊前处理车间项目、丰宁平安高科菊粉高科技农业产业化终端项目争取省级技改资金支持900万元，全市累计实施食品医药工业项目20个，总投资38亿元。全年绿色食品及生物医药业实现增加值52.8亿元，同比增长9.7%。

【提升区域和行业两化融合水平】 通过整体推动督导，完成了全市公共区域免费Wi-Fi一期工程，在市县区主城区主干道、景区、广场等重点公共区域布放了1057个AP，实现了Wi-Fi覆盖并免费开放，百姓可免费安全快捷上网，开展好重大活动节点时期网络安全防控工作。全力提升区域和行业两化融合整体水平，为智能制造增添引擎。组织申报“高端连杆信息化建设”项目、

"钒铝合金连续自动化生产技术开发及产业化"项目、"智能化运输装备设计与生产服务网络化管理系统"项目、"城市大数据水务云系统"项目入选省级重点培育项目库，承钢公司获首批河北省"互联网 +"制造业示范项目。承德天成印刷科技公司"纳米绿色印刷版材数字化车间"被列为全省第二批数字化车间。

【环境污染防治】 坚持"管行业必管环保"的原则，积极推进工业领域大气、水、土污染防治工作，大幅度超额完成燃煤工业锅炉任务，以推进钢铁、水泥、焦化、铸造行业原燃材料入仓入棚为重点，全力推进工业领域场内运输、无组织排放和散乱污治理工作，科学安排钢铁、建材、焦化、铸造等行业企业错峰（停产）生产和错峰运输，推广新能源汽车1200台标车。按照"管行业必管安全"的原则，坚持从行业规划、产业政策、法规标准、行政许可等方面加强工业行业安全生产指导管理。进一步强化民爆物品生产、销售企业安全监管，积极推进技术进步和安全生产标准化对标提升工作，全年共出动安全检查120多人次，下达安全生产整改通知书19份，整改安全隐患和问题90余项，经省国防科技工业局年度考核，安全生产考核为优秀，4个民爆物品生产点安全标准化考评为A级。2017年在职责范围内，未发生安全生产责任事故，圆满完成市政府2017年度安全生产目标管理任务。

附：市工业和信息化产业局领导名录

党组书记、局长：宋清礼

党组副书记、副局长：王书立

张希跃（满族）

副局长：于清轩（满族）

王凌岩

刘智慧

（供稿 王晓光 程建国 白永开 赵晓林 马民 王兆品 王浩蕾 刘爱明 于学强）

钒钛产业

【概况】 认真贯彻落实中央和省委省政府决策部署，按照省政府下达给承德钢铁去产能工作目标任务，全市成立以市政府主要领导为组长的钢铁行业化解过剩产能工作领导小组和以常务副市长、主管副市长为组长的两个专项推进工作领导小组，协调推进全市钢铁行业化解过剩产能工作；召开全市去产能工作会议，制定《承德市2017年化解钢铁过剩产能实施方案》，下发《关于下达2017年钢铁产能压减任务的通知》，市政府与有关县（市、区）政府签订目标责任书，将任务分解落实到具体企业和具体设备；通过定期报告、现场督导组织协调等措施，稳妥有序推进承钢和盛丰两家钢铁企业关停设备工作。承德钢铁公司先后于5月和9月关停2座450立方米高炉和1座120吨转炉，拆除风、水、电、气及动力设施，共压减炼铁产能104万吨、炼钢产能120万吨；宽城盛丰公司于9月关停1座50吨炼钢转炉，压减炼钢产能70万吨。截至9月底，全市共压减炼钢产能190万吨、炼铁产能104万吨。组织和完成省、市两级的压减钢铁产能企业的验收工作，圆满完成全市压减钢铁产能年度目标任务工作。10月，去产能工作通过省级验收。

积极推动发展钒钛新材料产业，世界首条亚熔盐法清洁提钒生产线投入运营，开启钒钛产业实现清洁生产、绿色转型的崭新里程。在钢铁去产能的同时，加快推进钒钛新材料产业发展，靠新技术、新工艺、新产品，实现去产能不去产值。由承德钢铁公司与中国科学院共同研发的亚熔盐法清洁生产示范工程——世界首条亚熔盐法清洁提钒生产线，6月12日在承德钢铁公司投入运营。这是中国提钒工艺技术的重大创新，开启钒钛产业实现清洁生产、绿色转型的崭新里程，实现世界钒钛产业的绿色革命，对促进全球钒钛产业实现绿色健康可持续发展具有重大意义。承德钒钛基地项目一期承钢冷轧于6月11日开工建设、承德建龙全提钒改造升级项目已完成前期工作，钒氮合金项目已开工建设，正在进行主厂房土建施工。天大钒业钛合金用中间合金项目，首条进口生产线（钼铝合金）已完成调试和试产，现已进行批量生产；第二条进口钒铝合金，完成设备预定，资金已筹措到位，重点研究的高温合金用中间合金，已小批量供货约5吨。

结合《承德市发展和改革委员会“一问责八清理”专项行动实施方案》工作内容，集中开展“一问责八清理”专项行动，2013年至2017年，共备案工业类项目49个。其中，未开工项目2个、停工项目5个。按照省产业协调处提供已审批的项目清单，共涉及8个县（市、区）、70家企业，逐一进行调查后，共反馈37份问卷调查。

【河钢集团承钢公司】 河钢集团承钢公司（简称“河钢承钢”）1954年建厂，是国家“一五”期间苏联援建的156个项目之一。河钢承钢是依托承德地区丰富的钒钛磁铁矿资源、依靠自主创新建设发展起来的大型钒钛钢铁材料企业，是中国钒钛磁铁矿高炉冶炼和钒提取加工技术的发祥地，钒钛资源综合开发利用产业化技术处于世界领先水平，被誉为中国北方钒都。

河钢承钢拥有近600项具有自主知识产权的钒钛技术专利，发明专利逾百项。其中，亚熔盐法清洁提钒技术、含钒炉渣增钒精炼技术、电铝热法冶炼钒铝合金技术、商用钒电池电解液制备方法等专利技术达到国际先进水平，不仅推动了企业持续发展，更为中国乃至世界钒钛钢铁产业发展做出了重要贡献。河钢承钢已成为世界最著名的三大钒钛钢铁工业基地之一，是中国两大钒产品生产企业之一。

河钢承钢拥有3座世界最大的2500立方米钒钛磁铁矿冶炼高炉和1座1260立方米钒钛磁铁矿冶炼高炉；炼钢系统拥有大型提钒炼钢转炉8座，LF、VD、RH等精炼装备配套齐全；轧钢系统拥有1780毫米热轧卷板生产线1条、中等宽度带钢生产线1条、棒材生产线3条、高速线材生产线2条；钒制品系统拥有焙烧回转窑4座，亚熔盐法提钒生产线1条，高纯氧化钒、钒铝合金等高端产品产线各1条，氮化钒产线6条，50钒铁、80钒铁产线各1条，万吨级自蔓延法氮化钒铁产线1条（合作），钛精矿产线1条。

河钢承钢的主要产品包括含钒合金钢铁产品和钒钛产品两大类。多个产品被评为全国冶金产品实物质量金杯奖、冶金行业品质卓越产品、河北省名牌产品。钒钛产品包括钒系列产品及钛精矿。“鸡冠山牌”系列钒产品主要有五氧化二钒、三氧化二钒、50钒铁、80钒铁、氮化钒、高纯氧化钒、钒铝合金等，广泛应用于航空航天、钢铁冶金、超导材料和陶瓷印染等领域，产量占国内的19%、世界的11%，销往亚、欧、美等20多个国家和地区，获评“国际质量钻石星奖”。

【承德建龙】 成立于2001年（以下简称承德建龙），是北京建龙重工集团有限公司旗下的钢铁子公司（以下简称建龙集团）。“建龙集团”创建于1999年，是一家集钢铁、资源、船舶、战略新兴产业于一体的大型企业集团。建龙集团下属企业遍布河北、黑龙江、吉林、辽宁、山西、山东、浙江、北京、天津、四川、内蒙古、新疆、香港等地，全球钢铁企业粗钢产量排名第25名。

公司有职工2830人，其中博士、硕士20人，本科、专科937人，高级专家3人，总资产47.1亿元；公司现有钒钛特钢生产能力200万吨，年产五氧化二钒7000吨，其中引进的意大利达涅利圆坯连铸机，达到国内先进水平。

经多年的发展，承德建龙形成了以高压锅炉管、气瓶钢、管线钢及石油套管用连铸圆管坯、电渣母材、圆坯锻打材、齿轮钢、轴承钢、钎具钢、钢球用钢、汽车及工程机械用钢和五氧化二钒等产品为主的钒钛特钢企业，产品广泛应用于铁路、风电、锅炉、电力、矿山、汽车、石油钻探、石油运输、工程机械、装备制造等领域。

【承德兆丰】 成立于2000年9月，是集铁矿石采选、烧结、炼铁、炼钢、轧钢和房地产开发为一体的民营企业，现有员工5000人。集团下属6家矿山企业，具备年160万吨铁粉能力；钢铁生产线员工3500人，主要装备有两台132平方米烧结机，两台10平方米竖炉，两座650立方米 高炉，两座50吨转炉，一条650毫米轧钢生产线，两台12000立方米／小时制氧机，总装机容量3.3万千瓦的发电机组，具备170万吨铁、180万吨钢坯、150万吨带钢、自发电2亿千瓦时的年产能。

【承德盛丰】 2002年批准立项，组建于2003年，是根据承德市和宽城县域经济总体发展规划，以地方和企业自有铁矿资源为依托的具有矿山采选、加工、烧结、炼铁、炼钢、轧钢为一体及公辅设施配套的深加工型民营股份制钢铁联合企业。

公司现有主要生产装备：两座650立方米高炉、两台152立方米烧结机、一座10立方米球竖炉，两座45吨转炉、一座42吨转炉及配套连铸机其它配套设备。公司总资产30亿元，其中固定资产24亿元，有员工3290人。公司已形成年产铁170万吨、钢200万吨、材130万吨规模能力。主要产品铁、钢、材产量分别完成142万吨、134万吨和124万吨。

（供稿 毕国玉）

装备制造业

【概况】 全市装备制造业规模以上企业59家，实现主营业务收入839075.1万元，实现利润20758.4万元，从业人数10368人。产品主要分布在金属制品业、通用设备制造业、专用设备制造业汽车制造业、电气机械和器材制造业、仪器仪表制造业等几个子行业。全市装备制造企业有省级企业技术中心8家，高新技术企业35家。工艺装备达到国内先进水平的占32%。计算机辅助设计(CAD)、计算机辅助制造(CAM)、加工中心、数控机床等先进的技术手段和加工设备在全市装备制造业骨干企业得到普及。

装备制造业作为全市的十大重点产业之一，继续保持稳定、较快增长，在整个工业经济中的支撑拉动作用初步显现。上半年，全市装备制造企业总资产达86.8亿元;实现销售收入39亿元，占全市工业企业销售收入的3.9%；实现利润1.1亿元，占全市工业企业总利润的3.8%。产业门类齐全，全市装备制造业已从传统的矿山机械、电机、曲轴、挂车、农机、轴承、柴油机等，拓宽、延伸至智能化仪器仪表、风电装备、地（水）源热泵装备、石油装备、汽车零部件、矿山机械、自动输送设备、自动称量设备、节能环保设备等先进装备制造领域。代表性企业主要有热河克罗尼仪表有限公司、博冠实业集团、天宝机械、金建检测仪器、本特万达、本特顺达、本特思达、天宝机械、北辰电力、新新机电、江钻石油、富泉石油、司达公司、银河汽车连杆、润韩汽车零配件、宽城泰丰、华远自动化、五岳电子、联创计控、本特生态科技公司、五岳环保科技公司。

技术创新能力不断增强，全市装备制造企业有省级企业技术中心8家,高新技术企业35家。工艺装备达到国内先进水平的占32%。计算机辅助设计(CAD)、计算机辅助制造(CAM)技术在全市装备制造业骨干企业得到普及。流量计、自动称量设备、输送设备、石油机械、风电装备、汽车连杆等产品在国内有比较高的知名度。

【河北北汽福田】 河北北汽福田汽车部件有限公司是福田汽车集团唯一的汽车铸件生产基地。公司由北汽福田汽车股份有限公司、承德建龙特殊钢有限公司、北京汽车股份有限公司共同出资5

亿元于2011年9月16日在河北省承德市双滦区注册成立，主要从事汽车核心零部件及配件的制造与销售。公司占地965亩，规划总投资37亿元，分三期实施，全部投产后年产铸件30万吨。公司一期占地468亩，总建筑面积11.3万平方米，其中一期一阶段2012年3月动工，2013年9月投入生产，形成了年产6万吨六缸及四缸缸体、缸盖铸件的规模。公司总资产12.88亿元。在职员工468人，其中属地333人，占在职人员的71%。

公司采用进口设备，具备国际领先、国内一流的工艺水平。熔化采用德国ABP公司IFM 7型12吨双供电中频感应熔化电炉，造型采用德国千瓦静压造型线，采用机器人下芯；制芯采用冷芯和热芯两种工艺，主体芯制芯机为西班牙洛拉门迪制芯中心；机加采用日本丰田机加工中心，高精度加工缸体。公司于2015年通过TS19649质量体系第三方认证审核，通过安全三同时、职业健康三同时及安全环境体系14000/18000体系认证。

【承德热河克罗尼】 位于承德高新区，1991年6月成立，是由承德林达仪表有限公司与德国KROHNE公司合资兴办，外方控股，专业生产流量仪表和液位仪表及其配套设备的高新技术企业，公司注册资本为863.3万美元。为中国石化资源市场成员单位，中国石油一级供应网络成员，德国KROHNE公司设在中国唯一的金属管浮子流量计服务及维修中心。主要产品有：H系列、DK系列金属管浮子流量计、VFM型涡街流量计、DW18系列流量开关、DWM1000 电子式流量开关和DWM2000插入式电磁流量计、BM70X雷达液位计、BM51、BW25系列液位计、BM17、BM34系列液位开关等，特别是主导产品金属管浮子流量计，在国内市场中始终处于技术领先地位，年产量2万台，国内产品市场占有率达到55%。

【承德博冠实业】 位于双滦区，原名承德市电子仪器厂，成立于60年代。1992年被承德钢铁公司收购，2001年3月从承德钢铁公司分离出来，成立新新电子股份有限公司，为承德钢铁公司控股企业。2005年改制，实行主辅分离，正式从承德钢铁公司脱离。2008年更名承德博冠实业有限公司，2009年成立集团公司，更名为承德博冠实业集团有限公司，省级高新技术企业，集团下设工程公司、电控公司、电子公司、兴通钒业公司、新新机械公司、新新机电公司、卓诚工程监理公司、天运物流公司、渣业公司、天博工贸公司等，有员工3000余人，主要经营项目包括：工程建设、工厂设备运行维护、工程监理、机械产品制造加工、电控设备制造、电子产品研发制造、物流运输、起重装卸、冶金渣业深加工，位于承德市50强企业前列。

【承德苏垦银河】 位于承德高新技术产业开发区东西营工业园区，2004年3月成立，企业名称为承德银河连杆有限公司，专业化发动机连杆企业。2008年12月，由江苏农垦集团与银河天成集团强强联合，进行股份制改造，更名承德苏垦银河连杆股份有限公司，注册资本5000万元，总资产3.1亿元，有乘用车连杆生产线7条、商用车连杆生产线4条。其中，6条为高端裂解连杆生产线，填补了高端粉末冶金连杆加工技术空白的企业。以生产乘用车、商用车、工程机械连杆为主，总产能已突破1000万件。公司不但被北京现代、东风悦达起亚、广汽菲亚特等诸多汽车品牌评为优惠配套企业，而且已成为上海通用、神龙汽车、长城汽车、长安标致雪铁龙、山东现代威亚主机厂配套供应商。

【承德高中压阀门管件】 承德高中压阀门管件集团有限公司始建于1958年，2005年3月由原国有企业改制成立有限责任公司。2008年，组建集团公司。2013年10月，企业迁建到隆化县城南经济开发区。主要生产高中压阀门、管件、紧固件、化工设备（如大型水冷却器、管线、弯管）和石油钻采设备等，用于煤化工、石油采油、石化和化肥等行业。公司总资产22416万元，注册资金10398万元，现有员工280人。公司通过整体搬迁后企业的生产规模和实力扩大，年生产各类阀门4200吨、管件3500吨、化工设备800吨。已成为集设计开发、生产、销售和服务为一体的阀门集成专业制造供应商厂家，产品销往国内29个省、市、自治区，部分产品远销东南亚、俄罗斯、中东等20多个国家和地区。许多产品处于国内领先水平，拥有自主知识产权及核心技术，有15种阀门产品获得国家专利技术证书。公司通过TS、GB/T19022、ISO9001、API、DNV、CE和TUV等国内和国际权威机构认证，取得了相应资质。主导产品“LH牌高压阀门”被评为河北省名牌产品、承德名优产品、省著名商标，企业评为河北省创新示范企业、省级科技型企业、质量效益型企业、消费者信得过产品和承德市政府质量奖。“十三五”期间将积极引领经济发展新常态，继续做好阀门产业园区整体建设，使阀门技术向智能化和信息化方向拓展，开发高端产品，倾力打造具有世界先进水平的中国北方最大的阀门管件生产基地。

【承德比亚迪】 承德比亚迪汽车有限公司于2014年12月在承德市高新技术产业开发区注册成立。项目一期工程用地218.60亩，总投资5.85亿元，建成年产2000辆纯电动客车生产基地。2015年，建成整条高标准整车生产线，单班日生产能力达到每日4台。承德比亚迪新能源汽车基地主要生产纯电动大巴车，主要应用于城市公交。2017年已招聘员工570多人。

【承德华远】 承德华远自动化设备有限公司成立于2002年，民营股份制企业，主要为用户提供智能化运输和集散控制系统“产品的研发、设计、制造、安装及售后服务”交钥匙工程服务。企业拥有数控离子火焰切割机，液压板料折弯机、各种机床焊接等设备，拥有EPLAN、ACE等电气设计软件、AUTOCAD、INVENTOR等机械设计软件、用友财务管理软件及PLM管理系统。具有年产3套智能化运输和集散控制系统的生产能力。公司总资产37493万元，职工245人。合作企业有一汽大众、上海大众、武汉神龙、沈阳华晨、浙江吉利、北京汽车等大型汽车制造生产商。公司具有完善的组织管理系统和创新体系，2005年通过ISO9001质量管理体系认证。是河北省企业技术中心，2013年被认定为国家级高新技术企业，2014年被工商总局评为“守合同重信用”企业；被中国农业银行评为AA+级信用，中国工商银行评为AA级信用，被承德市国、地税评为“纳税信用等级A级”。投资2.7亿元在上板城高新技术产业园区投资新建智能化运输装备研发和产业化基地项目，项目占地90.65亩，总建筑面积42398.83平方米，投资2.7亿元新建工业机器人、自动化柔性装备试验车间、智能化运输和集散控制系统车间、研发中心、实验室和公用配套设施及生活服务设施等，项目建成后形成年产智能化运输系统10套、集散控制系统90套和工业机器人260套的生产能力，达产后预期实现销售收入6.7亿元，新增就业215人，实现税收8000万元。2015年签订出口白俄罗斯的总装和焊装项目，先后获得一汽大众特殊贡献奖和优秀供应商奖。

【承德富泉石油机械】 承德市开发区富泉石油机械有限公司是2001年8月成立的民营企业，现有员工100余人，占地58787平方米，企业注册资本1100万元，总资产17474万元。2016年实现销售收入5165万元，净利润1100万元，纳税547万元，出口创汇314万美元。企业主要从事石油钻采设备和成套井控装备的生产经营活动，主要产品有石油钻采专用设备防喷器及防喷器控制装置、井控装备、管汇、地面计量装备、带压作业装置、管阀系列130多个品种。公司在开发西区和开发南区拥有2座厂房，年产防喷器及防喷器控制装置30台套，其他产品500余套。在国内中海油、中油测井、大庆、辽河、新疆、胜利、四川等16个大油田得到了广泛应用，并出口俄罗斯、乌兹别克斯坦、伊朗、印尼、美国等多个国家。2006年取得美国石油学会颁发的API 6A、16A、16C、16D产品认证证书；2008年被承德市人民政府评为“优秀企业”；2010年取得中华人民共和国特种设备制造许可证（压力管道元件）；2012年“富泉石油”商标被河北省工商局认定为河北省著名商标；同年，公司主要产品“防喷器及控制装置”获河北省名牌产品称号。同年，公司被河北省科技厅等七部门命名为“河北省企业技术中心”。2013年公司荣获“河北省质量效益先进企业”称号。2015年公司被河北省高新技术产业协会批准为“会员单位”。 同年，通过环境管理体系IS014000和职业健康安全管理体系IS018000认证，获得11项实用新型专利证书，河北省和承德市税务部门首批被评定为纳税A级信用企业，被农业银行评定信用等级AAA级。

【承德新新机电】 承德新新机电设备制造有限公司是以机械装备制造业为主导的国家新能源产业高新技术企业。公司原为“承德真空设备制造有限公司”，始建于1976年，2004年加入承德博冠实业集团，成为承德博冠集团全资子公司，2008年新厂区建设完成，生产规模扩大，正式更名为“承德新新机电设备制造有限公司”，总资产1.97亿元，职工300人。

公司产品包括：ITO、CTP等光电玻璃连续镀膜生产线，CIGS薄膜太阳能电池、AZO等光伏连续镀膜生产线，光学设备、蒸发镀、空心阴极离子镀和等离子体发生器及其应用设备等。新产品“高效率低成本连续镀膜生产线”研制成功，投放市场，在国际真空镀膜行业享誉盛名，获得客户的认可和好评。公司研发的一些列产品已经广泛应用于航空、航天、军工、汽车、电子、玻璃、饰品、五金等行业。公司已通过了ISO 9001:2008质量认证，已获得15项国家实用新型技术专利，3项软件产品登记证书，是河北省认定的“高新技术企业”，是中国通用机械工业协会真空设备分会认定的“真空设备行业重点企业”，中国真空学会理事会“优秀团体会员”，是真空设备行业重点骨干企业。

公司拟于2017年以前实施迁建。搬迁后将与新新机械合并经营，整合后，拟购进部分先进设备，各种机床数控化改造完成率不低于60%，小批量以上零件机械加工基本实现数控化，企业内部实现管理网络信息化，大幅度提升冶金装备、真空镀膜设备制造能力，具有一般装备成套产品的生产能力，冶金非标备件覆盖率达到80%以上。

食品饮料药品加工业

【概况】 抢抓京津冀协同发展的重要机遇，牢固树立创新、协调、绿色、开放、共享发展理念，大力实施工业强市、质量强市战略，紧紧围绕绿色食品和生物医药重点产业，扎实推进“三品”工作，及时出台《承德市人民政府办公室关于开展消费品工业“三品”专项行动营造良好市场环境的实施意见》，围场宇航人、兴隆兴伊罐头食品公司、丰宁缘天然乳业等5家企业完成重要品种增项12个，酒类生产已增加品种10个，兴隆中金丰利酒业有限公司生产山楂酒和葡萄酒生产线已建设完成，填补承德市在葡萄酒生产上的空白。加大投资力度，改造提升传统食品企业和发展创新型食品工业。承德天原药业金莲花颗粒、颈复康药业颈复康颗粒、腰痛宁胶囊、八味益肾丸4个品种列入到河北省创新及优势药品名录。

随着承德市颈复康药业药物研究院，围场天原药业异地搬迁与GMP改造省级续建项目等项目的建设实施，医药企业创新能力、医药研发和品牌建设的大幅提升。积极推进滦平县河北省燕山中药材经济核心示范区建设，促进滦平县中药材加工制造业的转型升级。谋划《滦平县中药材产业发展工业转型升级项目建设实施方案》，把中药材产业放到一、二、三产业融合中来谋划、布局，做好“中药材＋文章”，拓展中药材基地（园区）休闲养生、旅游观光功能，加强产品贮藏和初加工能力，在京津冀周边打造产销游一体，一、二、三产业融合的重要花海旅游产业扶贫示范区。

【承德露露】 河北承德露露股份有限公司的前身是承德市罐头食品厂，始建于1950年。在整个罐头行业低迷时期，公司基于市场需求导向，依托当地丰富的山杏仁资源，开发生产了拥有自主知识产权的植物蛋白饮料——杏仁露，奠定了露露腾飞的基础。1997年11月公司在深交所上市，股票代码000848，成为国内植物蛋白饮料唯一的上市公司，通过上市募集的资金全部用于技术改造，使企业技术装备达到国内领先水平。2006年经过国企改制，万向集团（国内五百强企业）持有公司40.68%股份，为公司第一大股东。

公司的主营业务是饮料的生产和销售，属饮料食品行业，主要产品是植物蛋白饮料——杏仁露，是全国最大的杏仁露生产企业，年生产能力50余万吨，市场占有率90%。2015年底公司总资产24.91亿元，饮料生产能力50余万吨，职工1532人，销售收入27.06亿元，实现净利润4.63亿元，税金3.69亿元，产品市场覆盖全国各地，其主导产品露露杏仁露是获国家专利产品，深受广大消费者喜爱。公司建立了符合ISO 9001:2000标准的质量管理体系，公司先后获得“农业产业化国家重点龙头企业”“改革开放30年中国饮料行业突出贡献奖企业”“中国饮料业30年常青藤企业”“全国信息化500强企业”“全国质量诚信标杆典型企业”“河北省政府质量奖”等荣誉。在公司历届领导班子中两人获得全国“五一”劳动奖章，三人获得河北省劳动模范称号。露露商标被国家工商行业管理总局评为“中国驰名商标”，露露产品被国家技术监督局授予“中国名牌”产品称号，在全国形成以26个省会城市、4个直辖市为中心、覆盖213个地级市、包括1000多个经销商的销售网络。2017年公司正在实施“年产50万吨露露系列饮料项目”。

【承德宇航人】 成立于2003年10月，原名为“围场县森宝沙棘制品有限公司”，主要以沙棘果的收购和初加工为主，同时协助林业部门，推广种植和建设优质沙棘林。2006年公司充分利用承德区域内丰富沙棘及其他果蔬资源优势建设的，集沙棘果及其他果蔬资源开发、产品研发、生产销售为一体的高科技型龙头企业。拥有车间面积达30000平方米，生产线7条，年处理沙棘果及其它果蔬能力已达到80000吨，公司主要产品有：以沙棘为原料为主生产的沙棘原果浆、沙棘浓缩清汁、沙棘保健食品、沙棘功能性饮品、沙棘化妆品，另有以本区域特产的黄太平、金红苹果等为原料生产的苹果浓缩汁、干粉等七大类170多个品种。2015年底，资产总额3.59亿元，员工210余人，科研技术人员27人，完成产值2.47亿元。拥有先进的全自动、全封闭加工生产线和高尖端的现代化产品研发中心和检测中心。

【河北怡达】 始建于1989年，是国内最大的山楂食品民营企业集团，国家级农业产业化重点龙头企业。作为中国山楂休闲食品行业的领军者，怡达集团始终引领着山楂产业的升级与发展，先后参与制定多项国家级山楂食品生产标准。注册资金11847万元，总资产2.5亿元，产品主要有山楂休闲食品、罐头食品等，市场占有率国内排名第一，山楂食品国内同行业排名第一。“怡达”商标为“中国驰名商标”“河北省著名商标”，怡达产品也多次被评选为“中国食品市场产品过硬，消费者首选第一品牌”、“河北省名牌产品”、“消费者信得过产品”“河北省优质产品”。

公司总体占地面积500余亩，园区内建有“国内最大的山楂食品生产车间”“中国山楂博物馆”“中国山楂研发检验中心”“承德特色产品仓储物流配送中心”“电子商务运营中心”“电子商务创业孵化基地”，总体建筑面积10万平方米，怡达集团下属子公司6家，在山东、山西等地设有分厂8家，年综合生产能力可达20万吨，主要经营山楂休闲食品、罐头食品、干果蜜饯类200余种产品，“怡达”产品市场覆盖全国10万余家终端卖场，出口亚洲、欧洲、美洲、非洲等18个国家和地区。

2013年怡达集团积极实施互联网转型升级战略，并不断创新商业模式，确立“怡达”在山楂休闲食品全网第一的品牌地位，并借助自身品牌优势、渠道优势、团队优势，成功建成淘宝特色中国承德馆、京东中国特产承德馆、苏宁中华特色承德馆三大特色产品平台，带领广大企业及农户转型升级并取得了较好的成绩。2017年，怡达集团总资产5亿元，职工800人，销售收入7亿元，互联网销售收入突破2亿元。

【承德神栗】 地处河北省宽城满族自治县境内，是一家集基地种植、科技研发、生产加工、市场营销、旅游产品开发于一体的综合性食品加工企业，拥有独立进出口经营权，是省级农业产业化经营重点龙头企业。公司成立于2000年，2009年由宽城恒泰矿业集团投资3.6亿元进行异地扩建，于2010年底投产。拥有标准化生产车间14000平方米，库房5000平方米，自动化生产线6条，各类冷库19座，存储能力3万吨，产品加工能力达到10万吨以上。公司产品主要有：板栗系列、蜂蜜系列、山楂系列、大枣系列、冻干食品系列等。

公司以科技为先导、科研院所为依托，先后与中国农业科学院、中国农业大学、河北科技师范学院、承德CIQ建立了长期的合作关系，进行产品研发和科技攻关。投资1500万元，建成自己的研发中心。2003年“宽城板栗”获得国家质量监督检验检疫总局颁发的“国家地理标志保护产品证书”。 2010年，成功注册“宽城板栗”国家地理标志证明商标。2012年，被省发改委、科技厅、工信厅、财政厅、国地税、石家庄海关评定为河北省企业技术中心，先后荣获中国食品安全年会百家示范单位、河北省工业旅游示范点企业、河北省著名商标企业；神栗食品被评为首届“诚义燕赵，胜境河北”河北旅游代表品牌十佳旅游纪念品。2014年9月，国家质量监督检验检疫总局认定宽城板栗、宽城栗蘑、宽城山楂为“生态原产地保护产品”，已远销日本、泰国、美国、德国、加拿大、新加坡等20多个国家，在国内21个省市设立销售网点。搭建中国板栗交易网电子商务平台，建立神栗食品官方旗舰店，跻身河北省电子商务30强。已在全县建设有机板栗标准化基11个地，面积达10万亩；绿色食品基地80万亩。

【颈复康药业】 始建于1952年，是一家工商结合以研究、开发、生产和销售中成药、中药提取物、西药、中药原料药、保健食品为主的现代化药业集团，主要股东包括颈复康医药产业投资公司、上海复星医药集团、中国药材公司、石药集团公司、辽宁朝阳人民康泰连锁公司。除集团本部外，还有成员企业6家，即承德石药颈复康医药公司（商业）、赤峰颈复康医药公司（商业）、赤峰丹龙药业公司（工业）、颈复康药业集团保定东方中药有限公司（工业）、承德颈复康大药房连锁公司（宽城、商业）。

公司职工 1361人（不包括六家成员企业），其中博士1人、硕士26人、本科106人。是北京中医药大学、上海华东理工大学、承德医学院的硕士生培养基地、河北省博士后创新实践基地。公司拥有颗粒剂、硬胶囊剂、软胶囊剂等多种剂型生产线，主导产品有颈复康颗粒、腰痛宁胶囊、北豆根胶囊、普罗布考片，其中颈复康颗粒和腰痛宁胶囊单品种销售回款分别达到4亿元。公司为国家火炬计划重点高新技术企业，为国家中药50强，有批准文号400种，拥有发明专利授权9项，自主研发制定国家药品标准30多个，覆盖主要生产品种。其中颈复康颗粒、腰痛宁胶囊、复方石韦片等8种产品为国家中药保护品种。颈复康颗粒还被评为国家秘密技术项目，有着极高的科技含量，较强的市场竞争力，颈复康颗粒、腰痛宁胶囊已经成为治疗脊椎类中成药物的领军品牌甚至是首选品牌。公司拥有自营进出口权，营销网络遍布全国31个省、自治区和直辖市，远销中国港澳地区和东南亚、欧美等地区，深得广大消费者及用户的信赖及赞誉。

能源工业

【概况】 截至年底，全市电力总装机达到640.68万千瓦，发电量达到141亿千瓦时。其中，火电装机181.86万千瓦，发电量达61.18亿千瓦时；风电装机达到371.47万千瓦，发电量70.57亿千瓦时；光伏发电装机80万千瓦，发电量7.98亿千瓦时；小水电4.95万千瓦，发电量0.46亿千瓦时；生物质发电2.4万千瓦，发电量0.83亿千瓦时。共有500千伏输变电站4座，220千伏输变电站20座，110千伏输变电站62座。12回500千伏线路（承德—姜家营双回、承德—承德东双回、上都—承德三回、御道口—金山岭单回、金山岭—承德双回、金山岭—平安城＜唐山＞双回），总长度1395千米；220千伏输电线路64条、总长度2429千米；110千伏输电线路118条、总长度2544千米，输变电能力明显增强，基本形成以500千伏为电源支撑，220千伏实现中心负荷区域双环网供电，周边区域辐射型供电结构的坚强电网。河北长河核电项目已获省发改委批准开展前期工作，正在争取获得国家发改委开展前期工作的批复。承德核小堆项目建议书已上报到省发改委，并列入了京津冀协同发展规划，正在全力争取列入国家核电发展规划。

【火电】 全市火电装机181.86万千瓦，年发电量61.18亿千瓦时。其中，已建成的大型统调火电厂2座，为国电滦河电厂，装机99万千瓦，由3台33万千瓦热电联产机组构成；上板城热电厂，装机70万千瓦，由2台35万千瓦热电联产机组组成。小火电和工业用户自备电厂9座，装机12.86万千瓦。

【煤炭】 随着煤炭去产能工作的深入推进，全市煤炭企业仅剩2家，原煤产量35.5万吨，2017年煤炭消费量约1200万吨，大部分从内蒙、陕西等地购入。

【风电】 全市投产、在建及开展前期项目总规模604.74万千瓦。已完成装机371.47万千瓦，2017年发电量70.57亿千瓦时。核准在建233.27万千瓦，其中承德百万千瓦风电基地二期工程全部获得核准，已建成项目7个，装机规模33.85万千瓦，其他项目正在全力推进和建设中。

【光伏发电】 全市建成、在建及推进前期工作的光伏发电项目共53个，总规模141.26万千瓦，累计完成装机80万千瓦，2017年发电量7.98亿千瓦时。全市第一批131个村级光伏扶贫电站项目现已全部建成并网、第二批已获得国家批复315村（丰宁、滦平、承德县），正在抓紧推进前期及建设工作。争取2017年光伏扶贫电站指标48万千瓦。

【水电】 全市已建成常规水电站31座，总装机容量4.95万千瓦，2017年发电量0.46亿千瓦时。装机360万千瓦的丰宁抽水蓄能电站项目一期、二期（均6台30万千瓦机组）工程上下库、引水系统、地下厂房等正在同步施工建设。

【生物质发电】 全市建成、在建及推进前期工作的生物质发电项目共4个，总规模9.9万千瓦。其中，承德环能2.4万千瓦垃圾发电项目已并网投运，2017年发电量0.83亿千瓦时，兴隆3万千瓦、平泉3万千瓦、宽城1.5万千瓦生物质发电项目均已完成核准，正在开展建设及前期工作。

【地热能利用】 全市已探明地热温泉点12处，已有丰宁洪汤寺、围场山湾子、隆化七家和茅荆坝、承德县头沟等地8处地热资源被开发利用。主要用于洗浴疗养、养殖及饮用水加工。浅层地热供暖面积达301万平方米，污水源热能供暖面积达12.24万平方米。

【天然气】 大唐煤制天然气管线工程全线贯通后，全市长输天然气入市管网工程已建成通气。全市8县3区均建设城区燃气管网项目，管线总长度近350千米，天然气居民及工商业用户达9万余户，年天然气用气量超过7000万立方米。中油金鸿秦皇岛抚宁至承德宽城长输管道项目已列入省天然气“十三五”发展规划，承察天然气张家口下花园至丰宁管道项目完成可研论证。

【新能源装备】 全市已经具备年产兆瓦级风机整机2500台，风机罩1000台，风机塔架120台、垂直轴风力发电机组6000套的生产能力。承德万利通全钒液流储能电池项目（5～16千瓦电堆、质子传导膜）具备批量化生产条件。

信息产业

【概况】 全市信息产业紧紧围绕加快转型、绿色发展、跨越提升这一中心任务，指导企业谋划和建设制造业和互联网融合项目，培育和引导市级重点项目7个。在此基础上，向省厅上报省级重点项目5个，其中承德苏垦银河连杆有限公司“高端连杆信息化建设”、承德天大钒业有限责任公司“钒铝合金连续自动化生产技术开发及产业化”、承德华远自动化设备有限公司“智能化运输装备设计与生产服务网络化管理系统”、承德龙志达智能仪器仪表科技有限公司“城市大数据水务云系统”共4个项目最终入选省级重点培育项目库。苏垦银河连杆“高端连杆信息化建设”、华远自动化“智能化运输装备设计与生产服务网络化管理系统”共2个项目被列为省级重点跟踪项目。河钢股份有限公司承德分公司等10家企业参加河北省“互联网＋”制造业试点示范项目经验推广活动，其中河钢股份有限公司承德分公司作为首批河北省“互联网＋”制造业示范项目参加授牌仪式并介绍典型经验。

推进承德避暑山庄企业集团有限公司和承德泉力工贸集团有限公司两家企业开展两化融合管理体系贯标试点工作。在历年企业两化融合整体性评估的基础上，重点组织2016年工业总产值200亿元以上的宽城经济开发区和双滦经济开发区开展两化融合发展水平评估，做到规上企业全覆盖，截至年底，71家企业参加两化融合整体性评估。组织开展“制造业＋互联网”百县推广活动（承德站），助力全市开发区规上企业以及区外行业重点企业准确把握“制造业＋互联网”融合发展态势和重点方向，进一步提升企业两化融合能力和水平。开展全市钢铁企业两化融合有关情况的基础性摸底工作，指导承德兆丰钢铁集团有限公司、河钢股份有限公司承德分公司、承德建龙特殊钢有限公司、承德盛丰钢铁有限公司共4家钢铁企业认真总结近年来通过两化融合促进企业提高生产效率、提升产品质量、降低生产成本、提升企业竞争力的做法和成效，分析查找两化融合和企业转型升级过程中存在的问题和困难。

开展2017年工业控制系统信息安全自查工

作，选择11家有影响力的工业企业开展工业控制系统信息安全自查工作，并对承德钢铁公司的工业控制系统信息安全情况进行现场检查，建立工业控制系统的应急响应预案、安全管理制度、边界安全防护、物理安全防护、安全软件选择与管理等。完成电子信息产业软件和信息服务业主要指标月报、年报工作，全年新增入统软件6家，做好信息支撑工作，促进软件和信息服务业健康发展。根据《河北省工业和信息化厅关于通过CMM/CMMI认证企业申请补助资金有关事项的通知》做好CMMI资质企业摸底调查工作。

【承德移动】 全年，承德移动通信公司聚焦移动市场、家庭市场、政企市场和新业务四轮驱动，持续提升营销能力、客户服务能力，全面加快业务发展，强化市场竞争力。实行提速降费惠民举措，升级4G流量，推出大流量、不限量套餐和流量包产品。9月1日，取消手机国内长途和漫游费，推行“长市漫”一体化计费方式，为广大客户提供优质优惠的移动信息服务。加快客户发展，提升新增客户市场份额。大力推进4G终端、VoLTE业务发展，加快2/3G客户迁移，做好流量经营。加快家庭市场发展，依据客户需求，开展精准营销，持续扩大宽带用户使用规模。为客户提供家庭产品，强化固移融合，提升客户体验。落实电视带宽带提速要求，50M及以上客户占比达82.61%。优化宽带装维服务流程，设立县（市、区）专属售后服务热线，提升宽带装维修障、咨询投诉的处理能力，实现客户规模、客户口碑、产品质量三提升。加快政企市场发展，以清单式管理为牵引，以用户分层签约促保有，以存量用户4G迁移提价值、以六大行业圈地及异网专项拓展拓规模，持续稳固集团客户存量主导优势。聚焦重点产品运营的同时，积极探索本地化业务发展模式抢占市场；结合竞争形势及产品特性，创新性开展融合营销，提升产品营销能力；在加强客户经理能力提升基础上，探索电子渠道建设，提升全渠道综合运营能力。科学谋划发展路径，以项目发展为总统领，聚焦专线、物联网、和校园等数据化产品收入组织，以挂图作业推进项目落地，拉动通信和信息化产品收入。围绕技术发展方向和市场需求，持续打造4G精品网络，完成4G网络工程建设任务，全年新建4G基站1400多个，网络深度及广度覆盖持续提升。调整网络结构，推进城区疑难站点落地，控制网络重叠覆盖，2G热点区域4G全覆盖。加快双频网建设进度，储蓄开展2/3G流量迁移。加快NB-IOT网络规划，一期工程市区基站落地开通。优化医院、高校等高价值物业点网络质量，打造普宁机场精品路线，优化避暑山庄、塞罕坝4G覆盖，提前谋划2018年旅发大会通信保障方案，全面保障客户网络使用感知。

提升全业务端到端支撑能力，结合市场需求完成IPTV业务商用支撑；聚焦重要集团客户，完成重保客户双路由改造；科学规划集客预覆盖、家庭宽带点位，稳定推进集团专线、家庭宽带业务建设速度，全力支撑市场发展。优化城域网结构，重要OLT双上联占比提升到85%、OLT裸纤直连占比提升到80%，常态化开展城域网骨干层、汇聚层、接入层的链路扩容工作，提高客户感知。持续强化装维基础管理工作，优化家客、集客长流程。推出宽带“当日装、当日维”高质量服务，提升客户满意度；建立集客“铁三角”支撑专业团队，提高支撑能力；细化考核管理手段，有效激发装维队伍积极性。

提高网络维护基础管理能力，深化网络集中运维管理，进一步拓展面向客户、面向业务的全专业集中故障管理。强化网络类固定资产管理，多措并举提升无线设备完好性。加强综合资源管理，开展“重要客户综资拓扑梳理整治”和“集客外线综资梳理工作”，提升综资数据准确率。

附：中国移动通信集团河北有限公司承德分公司领导人名录

党委书记、总经理：张　军（11月免）

党委副书记、副总经理：温立志（11 月任）
党委委员、副总经理：王志祥（蒙古族，11 月任）
李继业（蒙古族）
邢东升
张彦生（12 月免）
王文龙（满族，12 月任）
（供稿　彭文平）

【承德联通】　全面开启企业发展的新常态。全年实现主营业务收入 6.02 亿元，缴纳税金 647 万元。移网用户到达 73.7 万户，宽带用户到达 29.3 万户，固话用户达到 21.5 万户。宽带端口总数达 94.2 万个，其中 FTTH 端口 72.4 万个。移动网 2G 物理站址达 2432 个；3G 物理站址达 3075 个；4G 物理站址达 2241 个。根据中国联通集团工作部署，积极推进混合所有制改革各项工作，10 月完成机构精简，部门由原来的 30 个精减到 21 个。

通过电信普遍服务项目开展扶贫工作，详细制定通信建设方案，赶时间、抢进度，将光纤拉进太行山脉，通过 8 个月坚持不懈的努力，圆满完成全部 741 个行政村的通信设施建设，并在所有试点行政村开通光纤宽带，提前完成“宽带中国”战略中确定的村通光纤目标，将信息化应用带给农民。

附：中国联合网络通信有限公司承德市分公司领导人名录

党委书记、总经理：丁鹏程
党委委员、副总经理、纪委书记：
李宝文（11 月免）
党委委员、纪检组长：曹喜顺（11 月任）
党委委员、副总经理：冯树楷
李志远（回族，11 月免）
马　晋
石　岩（满族）
（供稿　杨丽稳）

【承德电信】　承德电信分公司员工人数达到 180 人，下设市场部、政企客户部等职能部门和 10 个县（区）分公司。业务收入完成 3.4 亿元，收入份额达到 15.5%，突破 15% 生死线。全年建设开通 800 兆基站 1077 个、1800 兆基站 138 个、C 网基站 61 个，4G 城区覆盖率 99.3%，4G 行政村覆盖率 86.5%。为落实省委、省政府及省公司关于加强塞罕坝机械林场国家生态文明示范点网络建设的相关要求，完成光缆布放 191 千米，开通交通干道、景区基站 28 个，网络覆盖能力大幅提升。积极响应“宽带中国 · 光网城市 · 提速降费”发展战略，全力推进基础网络建设，大力发展高速光纤网络，截至年底，实现光纤覆盖过百万户，光宽用户达到 20 万户，平均用户带宽达 150 兆，全市普及百兆。

在长期为各级政府相关部门提供政务信息化服务的同时，积极对“智慧城市”开展前瞻性市场研究，为多个县（区）建设无线城市项目，为智慧城市建设奠定坚实基础；面向高校校园全面推进光纤覆盖，实施提速降价、手机宽带实名认证登记；面向中小学、幼儿园搭建信息化教育云平台，引进全国优质教育资源，更好的服务于电信用户，全面推进三通两平台建设；智慧旅游方面，承德电信抓住区域优势，通过大数据、云计算等技术手段以及优先的集成服务能力，进一步提升全市旅游行业的信息化服务水平，打造金山岭长城景区智慧旅游形象，为市级旅发大会顺利召开提供保障，创建“智慧旅游”城市树立标杆。

进一步加强渠道建设，全市共有近 600 个营业网点同时建立缴费站 700 余个。网点覆盖做到了城区核心区域都有自办厅，乡镇及农村集市以上区域都有代理店、都有缴费网点，电信用户可随时随地的享受电信服务。秉承“当日装、当日修、慢必赔”的理念，实现用户当日受理业务，当日进行装机，超时进行现金赔付，树立良好的服务口碑。全年，承德电信公司宽带上网满意度同城第一、手机上网满意度同城第一。

积极践行国企责任。响应政府关于精准扶贫工作的号召，市县两级公司派驻扶贫4人工作组，为兴隆县乔木梁村谋划产业脱贫项目“锦绣海棠”种植基地350亩。聚焦重点通信诈骗案件高发区域，主动监控，提前防范，及时分析、处置，进行全网号码核查，推动丰宁满族自治县防诈骗重点督办区“摘帽”出列。全力保障十九大、“一带一路”国际合作高峰论谈等重大会议期间的网络安全平稳运行，尤其是十九大期间，网络运行维护人员连续工作70天，累计投入保障人员260人次、车辆80车次、发电机50台次、应急装备31套，圆满完成重保任务。

附：中国电信股份有限公司承德分公司
领导人名录

党委书记、总经理：马秀琳（满族）
党委委员、副总经理：荣立军（满族）
牛青山
白浩雷（满族）

（供稿　王慧媛）

邮政管理

【概况】 2017年，全市邮政业持续发展，全年邮政行业业务总量累计完成4.04亿元，同比增长16.38%；业务收入累计完成4.49亿元，同比增长12.16%。其中，全市快递服务企业业务量累计完成1290.81万件，同比增长24.84%；业务收入累计完成2.29亿元，同比增长31.09%。快递业务收入占全行业业务收入比重达51%，比2016年同期提高7.4个百分点。为地区经济“稳增长”目标的实施做出积极贡献。

【强化行业政策扶持】 争取发展利好政策，市政府出台《关于促进快递业发展的实施意见》，进一步推动行业发展。《承德市邮政业突发事件应急预案》，纳入全市应急体系中，行业安全的预警、监测和管控能力不断加强。联合市商务局、市供销合作社出台全市《关于推进邮政业服务农村电子商务协同发展的实施方案》，在丰宁满族自治县使用供销系统基础设施和“供销e家”电子商务易货平台的运力将快件配送到村，实现偏远山区快递到村100%，此经验已在全市范围推广。承德快递园区整体建设日趋完善，全峰、国通等几家企业已入驻园区正式运营，分拣流水线、安检机等基础设施已配备到位，企业按“三化”标准实行规范管理。加快推进行业规划宣传贯彻，制定“十三五”规划宣贯实施方案，确保目标任务落实到位，召开全市邮政业发展“十三五”规划宣贯会议，进行规划解读培训。就快递车辆通行、邮政业安全中心设立、快递服务农产品出城、办公用房等问题，致力解决发展瓶颈问题。向国家邮政局申请设立平泉邮政管理局，成为全省继清河邮政管理局成立后的第二个县级机构，进一步增强县级监管力量。

【法治邮政建设】 制定《承德市邮政业法治宣传教育第七个五年规划》，落实“谁执法谁普法”责任制，加强邮政行业普法和依法治理工作力度。加快地方立法步伐，全年两次向市政府法制办、市人大法工委提交《承德市邮政条例》立法项目建议，已经市人大常委会第六次会议通过列入2018年立法计划。依法加强行业监管，普遍服务执法出重拳治顽疾，全年出动1172人次，检查邮政普遍服务和特殊服务营业网点365处（次）。将机要通信和扫黄打非纳入市、县整体绩效考核，及时查处快递市场监管的违法违规行为。全年共出动830余人次进行执法检查396次，行政处罚16起，确保旺季期间寄递渠道的安全畅通和平稳运行。切实推进邮政执法综合管理，制定《承德市邮政管理局推进行政执法三项制度实施方案》，研究编制公开行政审批事项清单、权力清单、责任清单。持续优化行政许可和变更流程。建立《邮政业经济运行分析通报制度》，切实增强企业主体责任意识和督促企业规范经营。做好“双随机”工作，在全市“双随机一公开”监管全覆盖推进会议上，市邮政管理局代表市直机关作典型发言。

【邮政安全监管】 重点落实收寄验视、实名收寄、过机安检寄递三项制度，多频次、大力度、常态化对企业进行督导，对环京重点区域和重点企业的分拨中心及营业场所进行高压执法检查。同综治、公安、国家安全、安监等部门开展寄递渠道安全检查、打击假冒产品的寄递和反恐、禁毒、扫黄打非等活动。协助查处管制刀具、气枪子弹、毒品、假烟等多起案件。强化责任，市邮政管理局被列为全市打击侵权假冒工作责任部门，纳入承德市危险化学品安全综合治理工作领导小组成员单位，纳入承德市网络市场监管联席会议制度成员单位，规范市场安全管理。坚持督导检查、联合宣传、社会监督、强化应用、通报跟进“五位一体”，推进邮件快件实名收寄工作。组织开展全市邮政业突发事件应急演练活动，对全市重点寄递企业处理中心运营特别是安检机使用情况进行跟踪监控。

【基础设施建设】 做好农村地区普遍服务基础设施、机要通信基础设施建设项目的监督管理和“十三五”建设项目的行业审查、建设检查。全年检查住宅项目12个、检查住宅总户数1125户，信报箱安装率100%，指导运营企业建成智能信报箱（信包箱）161组、格口4040个。全市2485个行政村已实现村邮站全覆盖，积极推动村邮站与农村邮政综合服务平台、邮政农村电商服务站点的共建共享。扎实推进快递“三化”建设，7个示范网点通过全省三化验收。全面推动“三进工程”，校园智能快件箱共设20组，3340格口，基本满足学校的日常使用需求；承德市圆通在50多个小区布置智能快件箱，全市已设置90家妈妈驿站；10月底完成了市行政中心智能快件箱的建设。

【脱贫攻坚】 以行业助力扶贫，以扶贫促行业发展，落实《国家邮政局定点扶贫工作方案》，紧盯目标任务，倒排时间工期，责任落实到位。哈叭气村在84个贫困村中首批出列，建档立卡贫困户17户、64人全部脱贫。坚持行业特色扶贫，多次组织邮政企业、快递企业和电商企业座谈，推动“快递＋农特产品”进城项目的有效实施。指导滦平邮政企业，根据承德华朗食品有限公司农产品深加工电商业务发展的需求，为企业提供仓储和配送服务，在市内实现“当日递”，月均寄件4000余件。平泉“919邮乐购物狂欢节”，通过邮乐小店发往全国各地31个省市自治区的蘑菇等农副产品26000余件，销售额22万元。

附：承德市邮政管理局领导人名录

党委书记、局长：付铁柱

党组成员、副局长、纪检组长：赵铁政

党组成员、办公室主任：杨　超（女）

（供稿　郭丽伟）

【邮政集团】 全年，承德邮政集团公司在转型发展、优化结构、夯基垒台等方面的改革举措取得初步成效，呈现出逐步向好的发展态势。全年全市实现业务收入20865万元，完成省定计划的82.68%，同比增长－14.75%。其中，代理金融收入10150万元，包裹快递收入2101万元，邮务类收入4679万元。成本费用支出22703万元，同比下降12.97%。企业经营资金1085万元，完成省公司利润指标。业务总量17863万元，全员劳动生产率12.79万元。截至年底，承德邮政集团公司下设县（市、区）分公司10个；综合办公室（安全保卫部）、党委党建工作部、人力资源部、财务部、工会等综合职能部门4个；市场营销部、服务质量部市场经营部门2个；运营管理部、网路运营中心、金融业务部、集邮与文化传媒部、包裹快递部、渠道平台部经营支撑部门6个；营业局、机要分局、投递局直属单位3个。全市在岗职工1675人，邮政营业网点101个，代理储蓄网点73个，代办所6个。

全年新增客户2.5万户，盘活客户9387户。打造标杆网点11个，新增余额4584万元，占全市的82%，7家支局于12月5日提前完成计划。全市余额规模51.72亿元，新增5614万元，市场占有率3.24%。兴隆分公司11月1日完成年度新增计划的109%，隆化分公司12月5日完成三年滚动计划2017年目标。统筹发展保险业务，新增保费2.29亿元，收入1065万元，中邮保费1343万元，完成省定期缴计划的113%，列全省第二。三是着力加快手机银行、聚合支付和代发工资发展。新增手机银行39982户，完成年计划的121%，电子银行交易替代率达到73.73%，较2016年提升13.4个百分点，平泉分公司新增11873户，日增33户，实现常态化发展。新增聚合支付3769户，完成年计划的106%；新增代发工资8585户，完成年计划的222%。

重点围绕电商、特色产业及政务、商务市场，通过市场走访排查、老客户介绍以及跟踪挖转，开发一批稳定且具有较好成长性的客户，包括华朗食品、“今合网”、成马商贸、丰宁黄旗小米、承德县中恒玻璃器皿等年收入10万元以上的电商快包客户，以及河北银行、张家口银行、中信银行票据、围场地税缴税通知单、双滦“房屋租赁到期通知函”、丰宁体检报告单等同城标快寄递客户。全年新增协议客户106户，累计424户，协议客户贡献率达到67%。电商快包5月份日均突破1000件后稳定在1000件以上，年业务量达到42万件，市场占有率4.45%。

建成县级运营中心10处，平泉、隆化、丰宁等邮乐县馆上线运营。累计建设邮乐购站1166个、批销掌柜70个，注册邮乐小店2.11万个。开展常态化促销活动，召开首届“9·19”电商节、“爽11”、创维零利购、订货节、单品促销等活动，实现批销额1871万元。运营质量稳步提升，活跃网点538个，占比45.9%；会员9.16万个，点均78个。“9·19”期间激活手机银行158户，爆点日新增储额1415万元、保费45万元。平台造包3.9万件，平泉蘑菇单日最高寄递包裹7000件。提高邮务类版块收益，集邮专业收入1412万元，开发邮折1800套，销售长城通用册700个。函件专业完成收入378万元，报刊专业收入1501万元，完成计划的100.07%。圆满完成2018年报刊大收订工作，现金流转额4845万元，完成计划的101.3%，列全省首位。机要通信第37年连续质量全红无差错，机要通信分局获得国家邮政局和集团公司联合颁发的“全国邮政机要通信工作先进集体”荣誉称号。

加强人工成本管理，制定《工效挂钩管理办法》，将人工成本配置与企业关键经营绩效指标相挂钩。建立大额业务奖励发放预警机制，落实绩效薪酬分配逐级审核管理办法，加强个人业务奖励达到3000元以上的审核。金融转型取得新进展，73个金融网点实现转型和网点绩效考核全覆盖，及时调整包挂督导制度，强化客户经营支撑和集采积分两个系统的应用，录入采购额度50.65万元，申请采购32.37万元，集中采购比例63.89%，积分兑换5.36万元，兑换比例16.56%。

加强制度建设，修订完善管理制度30余项。加强财务管理，完成ERP预算系统上线各项工作，实施零基预算管理，加大资金集中支付力度，成本费用集中支付比例达到90%以上。加强欠费和库存管理，欠费率2.61%，集邮和分销存货周转率分别为1.93次、2.55次。加强队伍建设，4名县（区）分公司副职提任正职，5名提任四级副职；调整6名县（区）分公司主要负责人，干部队伍年龄结构和专业结构优化。更新后备人才库，组织11名优秀人才赴基层交流锻炼。完善以“双定”为核心的劳动管理体系，优化用工配置，盘活46人，录用毕业生11人，转招劳务用工 36 人，用工总量符合省公司要求。加强教育培训，组织培训班 22 个，培训 1085 人次；组织 359 人参加技能鉴定，开展投递职业技能和储蓄业务练功竞赛活动。

优化邮路，省内互寄次日率达到 91%。推进县域“三合一”一体化改革工作，县（区）已全部实现大平面作业。落实新普服标准，开展“平安邮政”创建工作，组织专项检查 16 次，网点覆盖率 100%，妥善处理查询投诉 745 件。完成 6 个单位离任和 3 个单位任中经济责任审计，工程审计金额 49.4 万元，审减 5.14 万元，审减率 10.41%。加大对重点业务及项目的支撑，配备和更新自助设备、电脑等设备 150 余台，投资额 722.27 万元；更新普遍服务用车 7 辆，投入带车入网车辆 28 辆；投资支局煤改电锅炉改造 41 万元。投资 1292 万元，改造网点 4 处、整修和翻建各 1 处、危旧房改造 7 处、冷库项目 1 处，租建平泉、双滦、兴隆配送仓储 3 处。完成支局会议系统、客户经营支撑系统、A 类点钞机清分机联网以及新一代寄递平台系统上线等系统建设。在河北省邮政系统第一届道德模范评选中，刘学琴、胡亚楠分别获得敬业奉献模范和诚实守信模范称号。

附：中国邮政集团公司承德市分公司
领导人名录

党委书记、副总经理：满赤兵（7 月免）
党委书记、总经理：满赤兵（7 月任）
副总经理、纪委书记：安德斌
副总经理、工会主席：郭奕君（2 月免）
副总经理、工会主席：顾海波（2 月任）

（供稿　计晓玲）

大数据

【概况】 2017 年，承德大数据产业处于建设投入和培育发展阶段，全年实现产值 3 亿元。依托华明服务外包基地、力海企业港、德鸣大数据产业园、中电承德信息安全产业园，吸引国内外知名云计算、大数据、互联网等企业入住园区，激活园区。落实《河北省政务信息系统整合共享实施方案》，推进各部门信息系统上云、信息系统整合、信息资源共享交换等工作，构建政务信息化发展新模式。立足自身优势，紧紧围绕建设京津冀大数据走廊核心支撑城市目标，聘请权威专家和专业机构编制《承德市大数据产业发展规划(2015−2020)》，坚持产业和应用并重，大力推进大数据核心产业、关联产业和衍生产业，努力打造大数据全生态产业链。在市、县、区重点公共区域布放 AP1057 个，实现免费安全快捷上网。

【规划布局】 重点构建“一线三区”发展格局：一线即承德市高新技术产业园区、承德县滦河 72 千米沿线；“第一区”为高新技术产业园区闫营子，布局中国电子信息安全产业园，占地 1500 亩，产业定位在信息安全、军民融合、生命医学大健康三个板块，打造去工业化、生态化、宜居化的信息安全服务总部经济综合体和示范区；“第二区”为高新技术产业园区东西营，占地 2000 亩，园区定位为软件研发及数据中心；“第三区”为承德县西区，占地 5500 亩，着力建设大数据小镇，园区定位为数据存储、研发及应用为一体的大数据综合产业园)，着力建设“1+N”应用示范项目，打造智慧城市云平台和政务、旅游、交通等多个智慧应用项目”。

【构建科研体系】 大数据应用创新中心由河北民族师范学院与中科曙光公司共同打造，已经完成 1000 万元投资建设，在科研创新、应用服务和人才培养方面提供服务。承德石油高等专科学校 VR 研究院挂牌运营，通过 VR 技术，对地质勘探、城市规划、教育和医疗进行仿真，推进相关产业实现跨跃。大数据人才培训中心为人社部教育培训中心与承德市合作共建的大数据人才培训基地，举办多期大数据应用和平台设计培训；河北民族师范大数据学院是全国第一家大数据专业学院，已于2016年开课，有学员300余人。大数据研发展示中心占地15亩，总建筑面积3.2万平方米，用于汇聚大数据研发机构和进行大数据成果展示。

【打造产业集群】 数据存储方面，承德德鸣大数据产业园项目建设机柜2万个，一期两栋数据中心已经完成设备安装调试，具备承接服务的一切条件。中经网大数据光储中心、易骋云金融大数据产业园、斐讯云大数据中心等项目也已开工建设，项目全部完成后，机柜数量将达到5万个以上；国家图书馆战略储备库项目也已选址承德。数据应用方面，智慧承德云服务平台已建设完成并投入使用；智慧政务行政审批系统已上线运行，实现网上一站式审批；智慧旅游大数据平台已试运行，正在完善功能模块设计；智慧交通建设和技术方案已通过专家评审。软件开发、服务外包方面，与华唐中科、清华大学共建的承德服务外包产业园，是河北省首个“京津冀呼叫中心服务外包基地”，已有1500个坐席正式运营；博彦科技软件服务外包项目主要为百度地图、腾讯新闻等提供数据处理服务，全年实现年收入2亿元。

【产业链条延伸】 京郊服务外包产业园已有10万平方米建设完成，重点吸引包括电子信息大数据、生命医疗大健康、智能装备制造等京津无污染、低能耗、科技含量高的企业入驻。其中力海企业港项目总投资20亿元，占地340亩，一期35栋楼已完工，为创业者和企业提供全方位的创业发展生活圈。

中电承德信息安全产业园，总投资50亿元，占地1500亩，一期投资18亿元，占地500亩，已完成公司注册和园区设计。德鸣大数据产业园项目已经进入运营和扩建同步进行的轨道。旅游大数据创新应用试验区、京津冀精准医学大数据产业基地等一批项目进行深入洽谈。这些项目的引进，将进一步加速承德大数据产业向集约、集群化方向发展。

【德鸣大数据产业园】 项目于2015年12月3日正式签署协议，总投资60亿元，占地1000亩，位于承德县，计划建设机柜2万个。主要建设项目IDC数据中心机房及其配套设施，建筑面积约15～18万平方米。一期占地423亩，2016年3月开工建设，累计完成投资2亿元，主要建设IDC数据中心机房及其配套设施，包括主机房、辅助区和设备支持区、展览展示区；二期为数据中心配套服务功能项目，根据一期的运营情况及市场需求确定规划及建设方案，主要是商业配套、科研发展，项目于5月底前开工；三期建设大数据产业园的综合配套发展项目，主要包含公寓、研发中心、商业等及其他配套设施，自本项目一期开工之日起，3年内三期项目开工建设。项目建设单位世欣蓝汛科技股份有限公司。

【国家文献战略储备库】 2015年11月3日获得国家发改委批复立项，是“十三五”期间文化部四大工程项目之一。项目位于承德县下板城镇大杖子村龙王沟地块，总建筑面积60890平方米，总投资9.7877亿元（为中央预算内投资），计划占地152亩，用于建设存储库区、业务加工区、配套用房、文化展示区和武警营房等内容，具备文献储存、数字加工、纸质文本保护修复等功能。主要用于国家图书馆珍贵文献异地存储备份，同时解决国家图书馆馆藏空间不足问题。项目建设单位中国国家图书馆。

【河北大数据交易中心】 2015年12月3日，经河北省人民政府批准，承德市与北京数海科技有限公司合作打造的河北大数据交易中心正式启动，交易中心投资 2 亿元，主要从事数据资产登记、数据资产托管管理、数据商品交易等业务。中心建成后，将成为全国首家数据资产证券化服务机构和华北地区第一家数据资产交易平台。

【华唐服务外包产业园】 项目由北京华唐教育集团投资建设，一期投资 4000 万元，占地 1 万平方米，一期启动 2000 坐席的服务外包及呼叫中心建设，2017 年，已有 1000 坐席正式运营，另外 1000 坐席正在建设中。已承接艺龙网、美团网、华夏保险、联通 IPTV、Roseonly（专爱花店）、LG、乐视、海南航空等业务，一期运营后直接就业 5000 人以上，实现产值 1 亿元以上。

【承德大数据研发展示中心】 项目总投资 1.8 亿元，由国控集团与创元公司合作，在高新区科技大厦院内建设承德大数据研发展示中心，项目占地面积 8000 平方米，总建筑面积 32000 平方米，其中地上建筑面积 18000 平方米，地下建筑面积 14000 平方米。项目确定两个分区，一区为展示区，主要功能为展厅，利用多媒体技术展示大数据信息处理技术、智慧城市建设。二区为研发中心，主要功能包括软件技术研发、数据处理、系统集成、会议、管理、接待中心等。项目建成后年可实现产值 1 亿元，利税 300 万元。其中，一层展示中心由中国电子负责，主要展示智慧城市相关成果。

【其他大数据企业与项目】 斐讯大数据中心：项目位于承德高新区东西营区域，计划总投资 15 亿元，占地 200 亩，建设机柜 1 万个。项目建设单位上海斐讯数据通信技术有限公司。

中国电子长城网际大数据产业园：占地 500 亩，一期占地 20 亩。项目建设单位中电长城网际系统应用有限公司。

全国总工会会员服务平台：建成后，全国 3 亿工会会员信息及服务平台将落户承德。项目建设单位中华全国总工会。

大唐融合服务外包基地：省级服务外包产业园，涵盖服务 BPO 服务外包业务、大数据服务、金融银行保险、电子商务及双创孵化业务等。项目建设单位大唐融合通信股份有限公司。

（供稿　王晓光）

旅 游 业

综 述

全年，全市旅游业紧紧围绕建设国际旅游城市的总体目标，牢牢把握京津冀协同发展机遇，以创建国家全域旅游示范市为抓手，以筹办省、市旅发大会为主线，抢抓机遇、强化举措，突出重点、真抓实干，旅游业呈现良好的发展势头。全年全市共接待中外游客5796.55万人次，同比增长25.02%；实现旅游收入683.48亿元，同比增长34.92%。其中，接待国内游客5761.54万人次，同比增长25.14%，实现旅游收入670.96亿元，同比增长35.54%；接待境外游客35.01万人次，同比增长7.85%，实现旅游收入1.854亿美元，同比增长6.59%。成功举办首届承德市旅游产业发展大会，被河北省旅游工作领导小组办公室评为2017河北省市级旅发大会优秀奖。荣获全国“2016年旅游厕所革命工作先进市”、全国十大“2017年厕所革命优秀城市奖”，全国“最佳避暑旅游城市”，入选“2017中国全域旅游魅力指数排行榜”城市。在2017年河北省首届“不得不”旅游精品评选活动中，承德市在不得不游的河北十大风景名胜、不得不购的河北十大旅游商品、不得不品的河北十大特色美食、不得不访的河北十大美丽乡村、不得不享的河北十大休闲体验五大类中，共有7项入选。

成功举办首届承德市旅游产业发展大会，征集作品1624件。其中，logo137幅、吉祥物37个、口号1439条、会歌11首。这些作品来自全国28个省份55座城市，囊括各行各业不同风格的作品。其中以重庆、广东、深圳、浙江、山东、四川等省市的设计公司作品尤为突出。先后直接发出邀请函146份，联络转发239份，旅发办协助邀请46份。邀请函回执汇总200余份，共367人。制作《一分钟读懂首届承德市旅游产业发展大会》MG动漫推广视频，属省内首创；编印宣传画册、导游图，累计提供素材230余张，文字6000字以上。

2017年，全市共有星级饭店41家。其中，五星级饭店1家，四星级饭店18家，三星级饭店19家，二星级饭店3家。年内新增四星级饭店2家，注销三星级饭店1家。共有旅行社143家（其中具有出境资质的旅行社10家），旅行社分社45家，服务网点216家；年内新增旅行社11家，新增旅行社分社8家，新增服务网点111家；年内注销旅行社4家，注销旅行社分社5家，注销服务网点56家。

以全域旅游发展理念和发展路径编制的一部区域旅游发展总体规划，核心任务是以全域旅游规划为引领，以建设国际旅游城市为统领，以创建国家全域旅游示范区为阶段性目标，运用全域旅游的理念和模式实现旅游业转型升级、跨越发展。规划共分为4篇（研判篇、规划篇、建设篇、实施篇）、14章。对全域旅游创建的发展背景和未来趋势进行分析，找准承德市创建全域旅游的发展定位；对照国标打分标准，确定全域旅游发展战略和布局，做好规划引领；强化公共服务体系建设、新业态旅游项目建设、品牌建设和体制机制建设，夯实创建全域旅游的基础支撑；针对承德市旅游业存在的短板，从产品体系构建、产业融合发展、国际品牌营销、公共服务体系完善、全域环境提升、管理体制创新、重点项目建设等方面对全域旅游发展提出指导方案，明确任务分工，确定全域旅游实施计划。重点对标八大任务和创建全域旅游八项标准，明确创建总目标和创建方向。在产品体系创新上，围绕创建全域旅游要素要求，充分体现全时、全业、全龄、全域的特点，优化、创新旅游产品；在品牌营销上，对营销目标及品牌定位进行系统分类，做到按类施策；在项目建设上，对重点项目及特色小镇建设进行补充和完善，聚焦旅游项目对创建全域旅游的带动作用，实现项目建设和乡村旅游的有机结合；在创建任务分工上，明确全域旅游创建工作流程和任务清单，制定出创建全域旅游的详细计划。

首届承德旅发大会

【新项目新业态】 首届承德市旅游产业发展大会，紧紧围绕“旅居金山岭、漫游大燕山”主题，按照“新、奇、特、美”的要求，聘请北京北奥盛典文化公司编制《首届承德旅发大会规划策划》，坚持高起点设计、高水平打造，精心谋划建设和改造提升旅游项目60个，总投资420亿元，当年完成投资200亿元以上，其中新项目53个，占比达到88%。市旅发大会观摩项目共20个(兴隆县10个、滦平县10个)，其中新项目18个，占比高达90%。兴隆山景区由国内著名的中景信旅游投资公司投资16亿元开发建设，打造华北地区山水结合最为完美的国家AAAAA级旅游景区；青松岭康养小镇由河北荣盛集团投资15亿元，打造河北北方地区最大规模的集休闲度假、健康养生、旅游购物为一体的塞外第一水镇；观星小镇由广东动地集团公司投资2亿元，打造集科技、天文观测、康养为主要内容的特色景区；恒大山水生态旅游产业园由恒大集团计划斥资100亿元，倾力打造集儿童反斗城、商业街和湿地公园于一体的休闲乐园。一大批新项目、新景区的建成，促进区域旅游结构提档升级，使兴隆山、南天丽景、国歌广场、燕山植物园、长城河谷房车营地等新景区吸引了大批国内外游客，国庆、中秋假日期间，两县接待中外游客120万人次，实现旅游收入8.1亿元，同比分别增长260%和330%，成为京津冀乃至华北地区旅游市场的核心点和新热点。

【旅游带动效应】 为加快推进承德市旅游供给侧结构性改革，促进旅游业与其他行业融合发展，旅发大会共谋划各类旅游业态11种。“旅游+工业”，推出塞罕坝生态酒旅游观光等项目；“旅游+农业”，推出山楂树之恋房车驿站、南天门满族风情小镇、燕山植物园等农业观光点；“旅游+文化”，打造诗上庄诗歌小镇、郭家庄画家村、万融影视基地等文化品牌；“旅游+康养”，建设长城十里春风镇、融合城养生小镇等健康产品；“旅游+科技”，建设金山岭长城VR体验园、风洞体验馆、观星体验中心、5D电影、全息影院等一大批高科技产品；“旅游+体育”，打造金山岭滑雪场、金山岭射击场、兴隆十里画廊慢行步道等一批运动产品。各类融合型新业态相互补充、争奇斗艳，成为该届旅发大会最精彩、最靓丽的一道风景线。推动全域旅游带动扶贫工作，将旅游业与美丽乡村、山区综合开发、现代农业、特色小镇建设统筹发展，通过龙头景区带动、特色民宿、农家院、农副产品后备箱工程增加农民就业、带动脱贫致富。兴隆、滦平两县共新建美丽乡村65个、乡村旅游点20个、特色民宿和农家院180个，2.1万贫困人口实现稳定脱贫，带动两县各三分之一人口近22万人致富。兴隆山特色民宿、诗上庄村民中心、天子山景区实行由当地村民以资源或现金入股、统一经营、年底分红的新模式，实现资源变股权、资金变股金、农民变股民，充分释放农村发展活力。国庆、中秋假日期间，首届承德市旅游产业发展大会沿线所有特色民宿、农家院家家爆满，直接增加农民收入2亿元。

以举办首届承德市旅游产业发展大会为契机,调整完善承德市旅游工作领导小组,各县(市)区也成立旅游工作领导机构，加强对旅游工作的统一领导和综合管理；理顺旅游管理体制，成立承德市旅游发展委员会。搭建旅游投融资平台，以市场机制推进项目建设，首届承德市旅游产业发展大会政府投资44.1亿元，撬动374.7亿元以上社会资本参与旅发大会建设。完善旅游市场综合执法监管体系,探索成立旅游市场监管分局、旅游物价管理所和旅游巡回法庭,构建“1+3+N”市场监管体系。加快旅游“大景区”制改革，御道口牧场、金山岭长城、兴隆山等景区相继成立管理区或管理委员会，统筹协调景区及周边村镇的管理工作。

【特色文化活动】 会议期间举办系列旅游推介和招商活动。在兴隆县,举办承德旅游推介会暨“记忆青松岭·圆梦新兴隆”特色文化展演活动，市长常丽虹亲自推介承德旅游；在诗上庄诗歌小镇举办国际诗歌论坛，邀请来自美国、法国、印度以及国内的诗人和诗歌爱好者参加，演绎旅游与文化结合的盛宴。在滦平县举办承德旅游项目招商会暨“京北福地·乐享滦平”特色文化展演活动，突出表现为“六个好”，即全域旅游规划做得好，龙头项目带动得好，旅游业态创新得好，市场机制推进得好，旅游富民效果好，干部队伍锻炼得好。

活动期间，每个项目观摩点都安排丰富多彩的承德地方文化展演活动，雾灵皮影、二贵摔跤、迎宾锣鼓、评剧、水兵舞、长城谣、太极拳等节目让嘉宾流连忘返。举办系列承德名优特美食暨非物质文化遗产展示展卖活动，在山楂树之恋房车营地、青松岭康养小镇、拾得大地幸福实践区等，相继展示山楂、板栗等承德特色农产品，羊汤、驴打滚、烤全羊等特色美食，以及上世满绣、丰宁剪纸等非物质文化遗产，让嘉宾和游客充分领略到承德丰富的物产和传统文化的独特魅力。

【开放招商成果】 首届承德市旅游产业发展大会重点邀请有意向来承投资旅游项目的大企业、大集团参会，旨在进一步宣传推介承德得天独厚的旅游资源和禀赋。会议邀请中国五矿集团、中冶置业、中青城投、宝能集团、保利集团、绿维文旅、恒大集团、碧桂园、荣盛集团、阳光100、星光影视、北京市政等大型企业集团参会嘉宾352人，占参会嘉宾总数的57%，占市外参会嘉宾总数的84.5%。大会期间，发布鱼儿山国家牧场、皇家猎苑小镇等高端旅游招商项目10个，承德市政府分别与中国中建设计集团、中信银行石家庄分行，兴隆县与绿地集团，滦平县与保利生态环境治理公司及承德潮河湾旅游开发有限公司签订战略合作协议，5个签约项目总投资达500亿元人民币。

【旅游规划落实】 2016年，承德市成功入选第二批“国家全域旅游示范区”创建名单，确定发展全域旅游的目标任务。为加快创建国家全域旅游示范区步伐，聘请国内知名团队北京大衍致用旅游规划设计院编制《承德市旅游业“十三五”发展规划》《承德市全域旅游发展规划》，按照“南北联动、两翼齐飞、全域发展”的思路，以兴隆、滦平南片为重点先期启动，以此活跃带动全域旅游发展全局。此次旅发大会新建和提升兴隆山、金山岭长城等A级旅游景区12个，其中AAAAA级标准2个，AAAA级标准4个，建成燕山百里画廊和金山岭水景观2条风景大道，诗歌小镇、观星小镇、青松岭康养小镇、拾得大地幸福实践区等特色旅游小镇，带动沿线一批美丽乡村发展旅游产业，形成以核心景区为龙头，旅游风景道为主线，特色小镇为支撑，美丽乡村为补充的全域旅游发展新格局，成功开启承德由传统景区景点游向全域旅游跨越的新纪元。

【旅游形象宣传】 坚持把举办首届承德市旅游产业发展大会作为树立承德旅游品牌的重要抓手，在全球范围内开展大会标识、logo 等征集活动，共收到反馈作品 1 万余件。在承德电视台、承德广播电台、《承德日报》开设首届承德市旅游产业发展大会专栏、专版，拍摄首届承德市旅游产业发展大会市、县旅游宣传专题片和微电影《蹦跶会》。大会举办期间，央视、新华社、《人民日报》、《北京日报》、《天津日报》、《河北日报》等媒体刊发有影响的稿件，新华网、中国日报网、河北新闻网、澎湃新闻网、中新社、中国网、中国商务新闻网等 50 余家媒体，全程全景报道旅发大会盛况。已在国家、京津、省级媒体播发稿件 215 篇，图片 350 幅，重点稿件转发、转载 1130 次，微博、微信点击量超过百万次，网络直播观看人数超过 7 万人次，承德旅游知名度和美誉度得到大幅提升。

【城乡环境面貌】 完善旅游服务功能，突出抓好旅游“三网”建设，投资 30 亿元，建设国道 112 线、省道李杨线、金山岭长城连接线 200 千米，建设山水慢行绿道 50 千米；实施干线绿化提升工程和公路界外可视范围绿化工程，栽植乔灌木 150 万株、观赏花 460 万株，种植油葵、荞麦等绿化作物 9500 亩；新建游客服务中心 10 个、乡村旅游接待中心 8 个、旅游厕所 120 个、新增设旅游公路交通指示牌 130 处。重点建设承德旅游大数据中心，制作首届承德市旅游产业发展大会二维码，完成承德旅游网、旅游官方微信公众号等自媒体发布平台建设，景区、宾馆饭店、旅行社实现无线网络全覆盖。狠抓城乡环境综合整治，投资 5.8 亿元，实施美丽乡村、景观绿化、节点提升、水系治理、山体修复、污水处理、秩序整治等系列工程，拆除城乡违章建筑 2100 处 15 万平方米，治理河道 110 千米，打造水景观 7 处，新增绿地面积 1.1 万亩，修复裸露山体 2 万平方米，建设文化浮雕 2 万平方米。良好的生态环境和城乡面貌为承德旅游可持续发展插上了腾飞的翅膀。

旅游市场开发

【春季旅游】 1 月 19 日，“畅游京畿福地，乐享河北大年”2017 河北新春旅游推介会在京举行。借助岁末年初的新春假期时机，推出河北新春旅游系列惠民活动、新春民俗及冬季旅游项目。河北省旅游发展委员会、北京市旅游发展委员会、天津市旅游局及河北各地市旅游部门领导、京津冀地区旅行商、OTA 平台、自驾游俱乐部、旅游达人、百家新闻媒体等代表出席本次推介会。推介会上，作为河北冬季旅游的重要组成部分，全市整合推介新春、冬季旅游产品，介绍精品新春旅游线路，发布新春旅游惠民措施。并在春节期间，面向全国游客免费赠送价值 10 余万元的景区门票。

在冰雪季活动期间，推出依托承德市冬季自然资源、厚重的民俗、佛教文化等内容，设计包装出“冰雪＋灯会”“冰雪＋温泉”“冰雪＋祈福”“冰雪＋赛事”“冰雪＋民俗”“冰雪＋冰瀑”等一系列富有承德地方特色的旅游线路和产品。特别在春节前后特别推出与都市居民生活迥然有别的系列产品，如“新年祈福——聆听普宁寺除夕钟声”“体验避暑山庄冬季情趣”“逛满乡庙会”“住农家、睡火炕、品尝年味十足的杀猪菜”，民俗工艺 DIY 大课堂等。

4 月 3 日，第五届金山岭长城杏花节活动盛大开幕，与此同时，2017 承德赏花季系列活动也拉开帷幕。作为赏花季首个系列活动和重要的组成部分，第五届金山岭长城杏花节为期 4 周，游客除赏花、游玩以外，“龙的传人——京津冀千名太极爱好者长城展演”“第五届金山岭长城国际马拉松”“长城见证——满族婚礼盛典”等各类活动。活动以“美丽花海，魅力承德”为主题，时间为4月至6月，活动地点涵盖双桥区、双滦区、围场满族蒙古族自治县、滦平县、宽城满族自治县、承德县等相关县（区）。活动期间，举办主题活动10项，包括承德赏花季暨第五届金山岭长城杏花节启动仪式、第五届金山岭长城国际马拉松、第四届“赏海棠花·快乐乡村游”活动、“紫塞风华”摄影创作赛、“城市之韵”合唱表演赛、“舞动承德”舞蹈表演赛、“山庄论剑”武术表演赛、“大山里的幽香”栗花节等。赏花季是以活动形成热点、明确主题、整合资源、激活市场，拉动春季旅游市场，增加旅游热度。提升承德春季旅游在大众群体中的知名度和影响力，辐射京津冀周边市场。

【航空旅游】 6月20日上午8点30分，“乐享河北”号旅游飞机由石家庄飞往承德，首飞接机仪式在承德普宁机场隆重举行。首飞航班上共176人。飞机顺利抵达后，市旅发委组织帝苑梦华演员着民族服装向乘客敬献哈达，并与乘客和机组人员合影留念，并为航班上每位乘客及机组人员发放价值近8万元的承德旅游大礼包，其中包括导游图、旅游折页等宣传资料，避暑山庄景区门票、帝苑梦华演出门票，以及怡达、神栗等旅游小食品等。接机仪式有市旅发委、景区管委会、机场管理局等部门，以及承德市旅游协会各分会代表、承德市媒体记者代表等50余人参加。

10月28日，借助上海虹桥飞往承德普宁新航线开通的契机，承德市联合春秋集团在上海成功举办“承德遇见春秋——魅力承德上海旅游推介会”。承德—上海航线是承德机场通航后开通的首班通往省外的航线，将实现承德至“华东五市”（上海、南京、杭州、苏州、无锡）一站式直飞，增强承德旅游在华东地区和长三角地区的辐射力和影响力。新航线的开通打通了承德与上海商旅游客的空中桥梁，是进一步落实京津冀协同发展战略的重要一步，再次为两地间架起友谊合作的桥梁，不仅大大便利长三角地区的游客赴承德，同时也为承德游客赴上海旅游，体验海派文化创造条件。

12月7日，举办“皇家休闲—魅力承德”广州旅游推介会。承德至广州经停石家庄的航线已于11月15日开通，由于协议签订较晚，开航工作较为仓促，致使航线宣传推介工作未能及时开展。为保障航班收益，提高航班客座率，经与北京灏迪航空咨询服务有限公司（包机商）沟通，于12月7日在广州举办“皇家休闲—魅力承德”广州旅游推介会。航班换季后，承德至广州航线与张家口至广州航线同为海南航空公司执飞，且均使用同一包机商时刻执行（承德—石家庄—广州，每周一、三、五、七；张家口—石家庄—广州，每周二、四、六）。经共同协商，本次新闻推介会由北京灏迪公司主办，承德、张家口两市机场主管部门共同协办。

【入境旅游】 先后接待来自韩国的学生考察团、中国台湾旅行商考察团、美国旅行商考察团，这些考察团对承德及周边的旅游资源、特色线路、皇家文化等实地探察。特别是元旦过后到承德的韩国学生团，是2017年来承德市的首个大型入境团队，也是其连续第二年在年初到承德参观考察，休学旅游。针对到承德的入境旅行商及团队，市旅游委派专人陪同并请专业外语导游全程讲解，增进境外客商、媒体对承德市旅游资源的了解，为宣传承德的国际旅游形象及深化对外交流合作，开拓入境客源市场提供新的契机。

【智慧旅游大数据建设】 承德旅游大数据示范平台建设自2016年开始谋划，2017年已初见成效。完成智慧承德云服务平台上的部署，产业运行监测、应急指挥、决策分析、大数据分析等功能已上线运行，及服务功能模块的设计方案优化工作。旅游资讯网，微官网基本具备运行条件，逐步正式迁移到政务云平台完成功能部署。加紧推进涉旅数据接入，AAAA级景区全部接入，并对接到省旅发委数据中心。全市接入景区数量已达到12个，完成78个视频监控点位设置，可以对避暑山庄等7个文物局管辖景区、双塔山、董存瑞烈士陵园、大汗行宫、塞罕坝、御道口实时视频监控。文物局所属景区包括闸机系统在内的数据对接已完成，市场监督局数据通过手工导入方式已完成数据对接，交通运输局所属神龙公司和万和公司相关数据已经接入完成，已接入涉旅数据正在逐步导入系统，并根据系统运行情况进行优化。配合展示中心大数据产业成果展示规划，智慧旅游大数据相关展示系统已接入展示中心，展示内容的软、硬件调试完成，可以进行功能展示。

【自媒体宣传平台维护】 本着全力推广与宣传承德旅游的根本宗旨，努力打造有活力的旅游政务平台，每日对承德旅游自媒体平台更新与维护。经过近几年的部署，已经建成由微信公众平台、新浪微博、腾讯微博、今日头条、一点资讯、腾讯企鹅号等自媒体平台组成的承德旅游自媒体宣传矩阵，承德旅游的宣传途径扩大，形成以多点成面的宣传效果。全年承德旅游微信公众号发布信息1000余条，累计阅读量达到41万次，粉丝1.1万人；新浪微博发布信息3200条，累计阅读量达到122万次，全年点击次数超过400万次，累计粉丝48.5万人；一点资讯、企鹅号、今日头条全年合计发布信息3000余条。

景区建设

【旅游项目及商品】 全年全市共有旅游重点项目69个，总投资1812.11亿元。其中，续建项目35个，总投资697亿元；新建项目34个，总投资1115.11亿元；亿元以上项目59个，总投资1806.7亿元。截至10月底，共有68个项目开工，开工率98.5%，项目累计投资180.7亿元，年度投资93.8亿元，同比增长168%。

组织6家旅游商品企业、12件旅游商品及2个旅游设计参加天津旅游商品大赛报名，组织围场2家旅游商品企业参加第九届中国国际旅游商品博览会，组织全市旅游商品企业参加机场招商推介会，做好机场与商品企业之间沟通协调工作。组织2家旅游商品企业参加北京国际旅游商品博览会。

在河北省重点旅游投资项目推介中，御道口草原风景区、木兰围场国际狩猎场、兴隆山旅游度假区、金山岭长城休闲度假区、鼎盛文化产业创业基地、张承坝上草原风景道6个项目列入省级引擎项目，都山生态体育健康休闲文化产业园项目被列为市级引擎项目。滦平县金山岭国际滑雪旅游度假区、宽城满族自治县金都黄金文化产业园既淘金小镇、宽城满族自治县宽城花溪城生态康养文化体验园、兴隆县兴隆山景区4个项目入选2017年度全国优选旅游项目。按照《河北省旅游发展委员会关于申报2017年河北省旅游重点项目的通知》要求，完成22个旅游项目组织申报工作。其中，12个项目入选省旅游重点项目名单。总投资508.1亿元。其中，续建项目6个，总投资168.8亿元，累计投资14.6亿元，2017年预计投资13.3亿元；计划开工项目4个，总投资209.3亿元，当年预计完成投资18.6亿元；计划与前期项目2个，总投资130亿元。

【招商引资】 指导各县（市、区）谋划包装旅游项目，重点整理包装承德市具有影响力和亟待引进投资的旅游项目36个，印制2017年旅游招商册。其中，18个项目入编《河北省重点旅游投资项目招商册》。在承德市旅游投资地图上标注35个旅游项目，总投资1494亿元。基础设施与公共服务设施项目6个，旅游区域综合开发项目13个，“旅游+”开发项目3个，单项商业项目8个，成片旅游乡村扶贫项目1个，特色小镇4个。在天津举办的“承德来啦”绿色产品天津行旅游产业对接会、6·28百家名企进承德”文化旅游康养业发展专项对接会及首届承德旅发大会等各旅游专项会上推介丰宁万胜永茶盐古镇、御道口牧场管理区冰雪小镇等承德重点旅游招商项目。

【基础设施建设】 深入开展“厕所革命”，全年新建、改建厕所520座，承德市被国家旅游局评为“2017年厕所革命优秀城市奖”，全国共10个城市获奖，承德市是河北省唯一获奖城市。开展公共服务提升年活动，新建兴隆山、唐家湾、花溪城、青松岭文化旅游度假区等游客服务中心10个和隆化县温泉村、西道村乡村游客服务中心2个；新建交通标识牌22块；新建山楂树之恋房车营地、长城河谷房车营地2个；新建京承御道、燕山山水两条风景道共46.9公里。

【景区创建和提升】 1月4日，召开全市A级旅游景区建设与监管工作会议，对景区建设和监管工作提出具体要求。各县（市、区）旅游局主要负责人和分管负责人，30家A级旅游景区主要负责人参加会议。

为贯彻落实省旅游工作领导小组办公室通报精神，加强承德市A级旅游景区的监管，结合承德市实际，制定《承德市A级旅游景区专项整治行动工作实施方案》。按照《承德市2017年城市旅游环境综合整治“百日攻坚”活动方案》，制定《旅游景区环境综合整治专项行动实施方案》。为进一步提升全市A级旅游景区管理水平和服务质量，制定《承德市A级旅游景区提升和创建工作方案》，在6月26日全市旅游工作推进大会上下发。

4月26至28日、5月26至28日，组织景评员对全市A级旅游景区现场检查指导。经检查，大部分景区停车场、旅游厕所、游客中心、环境卫生等方面需进一步提升完善、加强建设；通景旅游道路沿线环境整治需进一步加强。磬锤峰景区被省旅游委摘牌后，市领导高度重视，要求做到高度重视、高点站位、高标准要求，按照AAAA级标准进行规划设计和组织实施，一年后重新申报成功国家AAAA级景区。每月向市政府专报进展情况。董存瑞纪念馆按期完成整改工作，国庆黄金周前，省旅发委质检所一行对其进行验收得到肯定；磬锤峰景区整改方案由北京洗心文旅咨询策划有限公司完成，通过专家评审，各整改工作积极推进，12月中旬将申报景观价值评审。金山岭长城旅游区已进入创建AAAAA级旅游景区关键期，于6月1日开始关闭景区，封闭施工。

表4 **承德市A级景区一览表**

等级	数量（家）	景区名称	隶属部门或单位	备注
AAAAA级	1	避暑山庄及周围寺庙	承德市文物局	
AAAA级	8	塞罕坝森林公园	河北塞罕坝机械林场	
		京北第一草原	丰宁满族自治县政府	
		御道口草原森林风景区	御道口牧场管理区	
		金山岭长城景区	滦平县旅游文化局	
		双塔山风景区	双滦区	股份制
		董存瑞烈士陵园	隆化县民政局	
		兴隆溶洞景区	兴隆县千华旅游开发有限公司	
		大汗行宫旅游景区	大汗行宫旅游开发有限公司	
AAA级	7	白云古洞	丰宁满族自治县旅游局	
		魁星楼	承德市林业局	

续表 4

等级	数量（家）	景区名称	隶属部门或单位	备注
AAA级	7	奇石谷风景区	兴隆县	
		六里坪—九龙潭	兴隆县林业局	
		辽河源森林公园	平泉市旅游局	
		平泉泽州园	平泉市林业局	
		蟠龙湖风景区	宽城满族自治县旅游局	
AA级	14	茅荆坝森林公园	隆化县国有林场管理处	
		关帝庙景区		
		城隍庙景区		
		九龙松	丰宁满族自治县旅游局	
		千松坝森林公园	丰宁满族自治县国有林场管理处	
		朝阳洞	承德县旅游局	
		都山景区	宽城满族自治县林业局	
		万塔黄崖景区	宽城满族自治县民宗局	
		花溪梨园景区	滦平县西沟乡	
		苇子峪景区	承德县新杖子乡苇子峪村响洞子果品专业合作社	
		大清猎苑景区	承德大清猎苑酒业有限公司	
		菁润观光园景区	承德菁润生态农业观光有限公司	
		宝山休闲庄园景区	宽城尖宝山生态农业观光有限公司	
		塞北江南景区	宽城中远希望农业开发有限公司	

乡村旅游

【概况】 全年全市乡村旅游接待人数1530万人，同比增长20%；乡村旅游收入95.9亿元，同比增长30%。年内新增发展乡村旅游村49个，截至年底共有乡村旅游村275个；贫困村中年内新增发展乡村旅游的村25个，截至年底，贫困村中共有发展乡村旅游的村93个。联合市妇女联合会、市扶贫和农业开发办公室授予丰宁满族自治县大滩镇大滩村等11个村为“承德市巾帼乡村旅游示范村”称号，授予围场满族蒙古族县棋盘山镇甘沟门村大清猎苑文化旅游景区等40个乡村旅游点为“承德市巾帼乡村旅游示范点”称号。

【精准扶贫】 高度重视乡村旅游扶贫工作，专门成立旅游扶贫工作领导小组，制定《承德市乡村旅游品质提升实施方案》和《关于创新乡村旅游扶贫机制的实施意见》，对乡村旅游扶贫工作进行整体部署，重点鼓励和引导贫困村、贫困户通过乡村旅游规划编制、特色乡村旅游产品开发、开展乡村旅游创建、加强乡村旅游宣传营销、促进贫困人口从事乡村旅游就业增收等，发挥乡村旅游在脱贫攻坚工程中的作用。

全面清查旅游脱贫攻坚政策不落实问题，制定《旅游脱贫攻坚政策不落实问题专项清理工作方案》，成立旅游脱贫攻坚政策不落实问题小组1个、乡村旅游扶贫专项清理小组、产业扶贫专项清理小组、行业扶贫专项清理小组等专项清理工作小组3个。完善《“一问责八清理”

旅游脱贫攻坚政策不落实工作机制》《旅游脱贫攻坚政策不落实问题专项清理工作相关文件学习贯彻落实制度》，每天报送问题及处理情况登记表。

【争取省级支持】 争取省级旅游发展专项资金835万元，用于乡村旅游及扶贫开发，支持贫困村和贫困户开展乡村旅游开发工作。对乡村旅游及扶贫开发专项资金使用问题开展调研和征求意见，制定《乡村旅游及扶贫开发专项资金使用指南》，通过乡村旅游及扶贫开发专项资金的引导，支持贫困村和贫困群众开展乡村旅游创业就业，实现脱贫致富，并借此契机，进一步加大乡村旅游资源开发力度，全市乡村旅游发展水平得到提升。

【乡村旅游标准体系】 经过上下齐抓共管，全市乡村旅游顺利转型升级，涌现出一大批具有典型示范作用的乡村旅游村、经营户及庄园。为进一步规范全市乡村旅游管理，制定《承德市乡村旅游标准体系》，力求实现乡村旅游经营户规范化、标准化管理。结合承德市旅游标准，按其属性和性质形成层次分明的结构，健全标准化体系，使乡村旅游标准化体系化。建立健全组织机构，成立承德市乡村旅游标准化技术委员会，负责乡村旅游标准体系的制定和完善。完善乡村旅游标准制度，制定《承德市乡村旅游标准评定工作规程》和相关评定工作管理办法。充分调研，创新标准化实践。赴各县（市、区）调研乡村旅游发展现状及发展趋势等情况，保证乡村旅游标准的制定和实施有所创新。《承德市乡村旅游标准体系》已初步成型，内容包括《承德市旅游村建设指南》《乡村游客服务中心建设标准》《承德市乡村旅游示范户星级评定标准》《承德市金牌休闲康养庄园评定标准》，层次分明，具有指导性、可操作性。

行业监督管理

【旅行社管理】 按照市委、市政府《关于划转市发展和改革委员会等部门行政审批职责和事项的通知》《关于做好市本级行政审批事项划转期间行政审批工作的通知》要求，市旅游发展委员会所承担的行政审批职责和事项于7月15日划转移交至承德市行政审批局。根据国家旅游局和省旅发委的文件要求，开展整治不合理低价游专项行动，旅游市场秩序综合整治春季行动，通过制定承德市一日游最低报价，定期在承德旅游政务网上公布全市主要旅游景区的门票价格，星级饭店住宿参考价格。联合有关部门检查旅行社、旅行社分公司30家，重点检查旅行社服务网点60余家，加强对旅行社企业的资质监管、行为监管、信用监管等一系列措施，进一步净化旅游市场，规范旅游企业经营，取得预期的效果。

按照市文明办的相关要求，组织旅游行业开展创建全国文明城市工作。多次召开专题会议，部署调度创城工作，深入旅行社，对照创建标准，进行检查督导、再检查再督导，共检查旅行社及其下属的分支机构近300家次，通过电子屏幕播放公益广告、发放宣传资料、悬挂自制自创文明标语海报等方式，营造浓厚的文明旅游氛围。

按照河北省旅发委《关于开展旅行社诚信经营培训工作的通知》要求，市旅发委组织辖区内的旅行社召开旅行社经理培训会，就旅游法规和诚信经营等内容进行了讲解和培训。

【旅游饭店管理】 组织召开全市20家理事单位负责人召开了饭店与温泉分会理事会会议，会上首先宣读《承德市旅游协会饭店与温泉分会关于调整饭店与温泉分会有关人选的通知》，经过会员单位投票选举饭店与温泉分会会长和秘书长，同时各参会人员就饭店与温泉分会如何发展的问题发表意见和建议。

组织星级饭店检查员对全市13家星级饭店进行评定性复核，其中四星级饭店5家，三星级饭店6家，二星级饭店2家。配合河北省星评委完成了全市5家四星级饭店（云山饭店、盛华大酒店、文冠饭店、东杉坝上草原假日酒店、仟喜龙度假村）的评定性复核工作。根据喜莱佳大酒店和丰宁宾馆的申请，承德市旅游饭店星级评定委员会对照《旅游饭店星级的划分与评定》（GB/T14308—2010）标准，完成喜莱佳大酒店和丰宁宾馆申请四星级的初评工作。并顺利通过河北省旅游饭店星级评定委员会的检查。河北省旅游星级饭店评定委员会于10月18日正式批准喜莱佳大酒店和丰宁宾馆为四星级旅游饭店 。

表5　　**承德市星级宾馆饭店一览表**

星级	数量（家）	名　称	地　址
五星级酒店	1	嘉和国际饭店	承德市迎宾路23号
四星级酒店	16	天宝假日酒店	承德市新华路6号
		云山饭店	承德市武烈路41号
		盛华大酒店	承德市武烈路22号
		承德宾馆	承德市南营子大街19号
		文冠饭店	承德市环城南路僧冠峰景区
		京城大酒店	承德市半壁山路12号
		乾阳大酒店	承德市普乐北路8号
		宽城天宝酒店	宽城县民族街359号
		东杉坝上草原假日酒店	丰宁县大滩镇
		隆化阳光假日酒店	隆化县北旱河北英雄广场东侧
		平泉客官国际饭店	平泉市兴平南路
		平泉泽州大酒店	平泉市渝州中路
		仟喜龙度假村	兴隆县雾灵山乡眼石村
		紫御国际假日酒店	承德市武烈路6号
		福满家大酒店	承德市普乐北路兴盛丽水商业街9号
		山庄宾馆	承德市丽正门127号
		丰宁宾馆	丰宁县新风路86号
		喜莱佳大酒店	双桥区狮子沟镇乾阳小区
三星级酒店	19	承钢宾馆	承德市双滦区宾馆路1号
		碧峰饭店	承德市德汇大厦B座
		白楼宾馆	承德市开发区西区13号
		丰宁银河温泉度假村	丰宁满族自治县汤河乡洪汤寺
		丰宁怡园山庄	丰宁满族自治县汤河乡洪汤寺
		龙骧大酒店	隆化县建设街中段
		乾隆宾馆	承德县板城大街88号
		上兰宫苑	围场满族蒙古族自治县御道口牧场
		宽城京城宾馆	宽城满族自治县行政中心西侧
		滦平新区大酒店0	滦平县北山新区1号
		兴隆县仟喜龙大酒店	兴隆县西关京唐路
		广兴宾馆	兴隆县兴开街

续表 5

星级	数量（家）	名　称	地　址
三星级酒店	19	华成商务酒店	承德市双桥区翠桥路甲1号
		围场太阳湖度假村	围场满族蒙古族自治县御道口牧场
		明珠大酒店	承德市山庄东路小南门
		雍和园商务会馆	承德市武烈路园林管理处69号
		易园宾馆	承德市双桥区丽正门大街7号
		不倒翁酒店	滦平县三地沟门
		承德大厦	承德市车站路5号
二星级饭店	3	丰宁华泽宾馆	丰宁满族自治县新丰北路230号
		丰宁金凤凰宾馆	丰宁满族自治县新丰北路202号
		黄金宾馆	承德市大老虎沟口

【导游员管理】 组织全市导游人员执业培训，重点对木兰围场旅游景区（点）导游员培训及面试考试，并与围场县签订针对定点导游员管理协议书，进一步规范木兰围场旅游景区定点导游员的管理，解决围场坝上旺季时导游员短缺问题。开展申办电子导游证换发工作，全年换发电子导游证人员近 4441 人，换证率为 72.8%。积极参加第六届河北省“寻找最美”导游大赛，获得河北省十佳导游员称号 2 人，青年岗位能手称号 2 人，优秀导游员称号 1 人，三八红旗手称号 1 人。

【旅游监察安全】 认真贯彻落实《中华人民共和国旅游法》和《河北省旅游条例》，结合全国文明城市创建工作，采取有力举措，全面提升旅游行业的服务质量。规范旅游市场秩序，建立健全旅游综合管理和执法体系，制定下发《承德市 2017 年旅游市场秩序综合整治实施方案》等文件，深入推进依法治旅，加大对重点区域旅游秩序的整治，加强对合同欺诈、不合理低价游等侵害旅游者权益事件的查处力度，切实保护旅游者合法权益。全年以联合检查、专项检查和重点抽查等方式行动 80 余次，出动检查人次 240 人次，共检查旅游企业 212 家，旅游市场环境得到净化。健全旅游投诉体系，按照“小问题不过夜，大问题不过周”的原则积极受理游客投诉。全年共受理旅游投诉 139 件，结案率达 100%。共为游客挽回经济损失 32134 元。抓好旅游安全工作，牢固树立“没有安全就没有旅游”的意识，制定《全市旅游行业安全生产活动实施方案》，开展安全生产大检查专项行动，共出动执法人员 45 人次，检查旅游企业 68 家，下达检查报告和整改指令 54 份，约谈旅游企业负责人 2 人。

附：市旅游发展委员会领导人名录

党组书记、主任：王成军（满族）

党组副书记、副主任：武国庆

党组成员、副主任：孟凡虎（满族）

甘颜秋

胡汉波

（供稿　李彩霞）

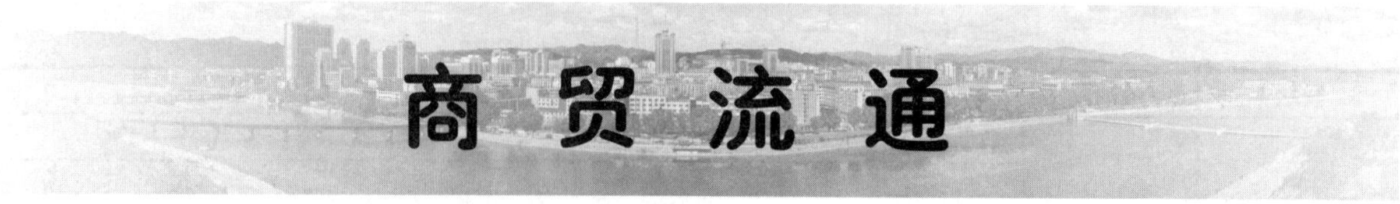

商贸流通

商务管理

【概况】 全年全市社会消费品零售总额完成603.4亿元，同比增长11.1%，增速居于全省第三位。从经营地看，城镇实现消费品零售额450.6亿元，增长10.7%；乡村实现消费品零售额152.8亿元，增长12.1%。

全市限额以上批发业实现商品销售额274.6亿元，比上年增长42.2%；全市限额以上零售业实现商品销售额105.0亿元，比上年增长13.6%。其中，粮油、食品类零售额22.7亿元，增长18.3%；烟酒类零售额10.7亿元，增长6.4%；服装、鞋帽、针纺织品类零售额16.8亿元，增长14.8%；日用品类零售额4.5亿元，增长6.0%；金银珠宝类零售额1.7亿元，增长14.0%；家用电器和音像器材类零售额5.3亿元，增长8.6%；文化办公用品类零售额2.1亿元，增长17.0%；石油及制品类零售额26.5亿元，增长17.8%；汽车类零售额31.8亿元，增长21.4%。截至年底，全市共建成各类电子商务交易平台50个，全市电子商务交易额完成630亿元，网络零售额75亿元，分别增长26%和36.36%。全市大型农产品批发市场达到23个；新建及改造提升农村集贸市场18个，累计完成128个。全年全市新增对外贸易经营者备案登记企业36家，为培育新的出口增长点打下基础。全市外贸出口32.56亿元（包括一达通、河钢返还数据3.59亿元），同比增长11.9%，完成省年初下达出口目标的130.9%，增幅位列全省第二位。全年全市实际利用外资3770万美元，新增备案外资企业7家。抓住“一带一路”有利机遇，积极引导企业转移过剩产能，全市境外投资企业累计达20家。

【对外贸易及经济合作】 抢抓国家建设“一带一路”倡议机遇，组织全市外贸企业参加省“境外百展市场开拓行动计划”中的重点展会、春秋两季中国进出口商品交易会（广交会）、北京食品展、2017中蒙（赤峰）国际民族商品交易会等各类展会，达成意向交易额5000万元以上，为企业开拓国际市场搭建了良好平台。抓住“一带一路”有利机遇，积极引导企业转移过剩产能，全市境外投资企业累计达20家。

与海关、检验检疫、金融、中信保、阿里巴巴等合作，举办外贸政策业务培训会、政策宣讲会，组织企业参加跨境电商等业务培训会，为企业搭建市场开拓平台和政策对接平台，培养外贸人才。完善省、市重点企业帮扶工作，建立健全外贸企业台账及市县两级联络员制度，对照问题一对一为企业排忧解难，助力企业发展壮大。

积极推进万生活进口保税商品直营中心及中俄互贸平台运营；四海集团保税仓、平泉市舒适保税仓加快建设；争取河北鹏涛供应链管理有限公司、梵纳瑞进出口商贸有限公司列入“省级跨境电子商务示范企业”，承德宇航人高山植物应用技术有限责任公司列入“河北省外贸品牌优势企业”。

【招商引资】 重点组织参加“3·19北京河北之夜”“5·18廊坊经贸洽谈会”“天津投资贸易洽谈会”等招商活动，承办“第十五届中国（承德）

国际经济贸易洽谈会暨百家名企进承德”等招商活动，邀请300多家名企参会，共签约合作项目61个。其中，外资项目总投资达10亿美元，内资项目总投资1386亿元。

协助双桥区引进20家台商企业进驻二仙居地下商业街，协助鹰手营子矿区引进20家北京疏解食品企业落户怡达集团，协助隆化县引进俄罗斯小镇项目。

经过精心筹备，市委、市政府主要领导两次赴深圳招商，并召开承德市深圳招商推介会；组织参加深圳冀商大会，推介承德，和深圳河北企业商会、深圳普宁商会建立友好合作关系，促成深圳宝能、佳兆业等大企业与高新区、承德县、双桥区达成实质性合作。

【与京津合作】 全市9个项目列入京津冀三省市共同发布的《环首都1小时鲜活农产品流通圈规划》，列入项目数量居河北省各设区市首位。抓住对口帮扶机遇，积极对接天津市商贸委员会、天津市中小企业局等部门，3月份在天津成功举办“承德来了—水源地绿色产品天津行”展览，同时举办农副产品和矿泉水、开发区、旅游产业、新型建材等4场专题对接会，共达成合作意向20个，销售意向合同金额3.5亿元。与天津合作取得新突破。促成京津冀三地商务部门在承德开展交流洽谈，承办首届京津冀三地商务部门羽毛球友谊赛，邀请京津冀三省市商务主要负责人来承德，就协同发展问题进行考察对接交流。期间承德市政府与北京市商务委员会共同举办商务合作项目签约仪式，签约商务合作项目10个，总投资30亿元。支持皇家136庄、怡达、大槐树、丰大等在北京市社区建设承德店，已达400多家。邀请北京京客隆、超市发、华冠、首航超市、物美等大型商超企业主要负责人来承德市考察农产品和矿泉水，促成承德市特色农产品进入北京市场，促成滦平真溪矿泉水与北京新奥集团成功合作，开发奥运品牌矿泉水。

【引进合作企业】 在促成市委、市政府主要负责人与中关村上市公司协会对接的基础上，选派优秀青年干部到中关村上市企业协会挂职，组织相关县点对点对接企业，协助金融办在京召开专题招商会，为承德县、滦平县引进IPO合作企业9家，与12家企业达成入驻意向。

【经济开发区建设】 全年全市省级经济开发区主营业务收入完成1790.65亿元，同比增长21.73%；税收完成50.57亿元，同比增长44.17%；固定资产投资481.18亿元，同比增长29.25%；实际利用外资2366.50万美元，同比增长42.37%；外贸出口40738.06万美元，同比增长16.42%；入园企业累计1750家，新入园企业135家；入园项目累计752个，成为引领全市经济发展的新引擎。按照省、市安排部署，组织县（区）大力推进开发区机构编制、人事薪酬、行政审批、投融资平台四项改革，下发《开发区四项重点改革百日施工战实施方案》等文件，完成改革任务并通过省验收。两次邀请天津市中小企业局主要领导到承德，就共建六沟产业园进行协商交流，达成合作共识。促进平泉经济开发区与天津西青区国家级经济开发区达成共建共享合作协议，有6家津企进驻；丰宁经济开发区与怀柔雁西开发区、兴隆经济开发区与平谷兴谷经济开发区等达成共建园区意向，新增入园企业40家，推进开发区与京津开发区开展紧密合作。组织各开发区参加省外知名院所校助推河北协同创新恳谈会、2016京津冀协同发展报告会、天津行—开发区发展专题对接会、北京项目对接会、深圳招商推介活动、“5·18”廊洽会、津洽会、承德开发区专题招商推介会等招商推介活动，以“小组团、专场会”等形式赴京津等地开展精准招商，共新签约项目47个，总投资额193亿元。

【电子商务双进】 新争取丰宁、隆化、平泉3个县（市）列为全国电子商务进农村综合示范县，争取扶持资金 4500 万元。截至年底，全市全国示范县达 6 个，居全省首位（全省共 40 个），累计争得扶持资金 1 亿元。围场示范县建设已完成并通过验收，宽城、滦平两县在全省综合考评中分居第一、第二位。

制定全市电子商务“双进”工作方案，大力提升农村电子商务和社区电子商务运营水平。重点推进10个电子商务产业园(孵化园)建设，其中9个已建成运营。中国网库20家单品平台上线运营。农村电商全覆盖工作提档升级，新增网店246个，带动企业投资2579万元；促成全市7个国家级、省级贫困县与移联网信、大槐树等6家重点电商企业达成电商精准扶贫结对帮扶合作；宽城等5个县及5家承办企业被评为全省农村电子商务全覆盖先进单位；全市电子商务交易额完成630亿元，网络零售额75亿元，分别增长26%和36.36%。

【服务外包】 华唐“承德服务外包产业园”项目正式运营，被评为首家省级服务外包呼叫中心基地，已建座席 2000 个，带动就业 1600 人，已运营知名互联网公司客服、航空公司客服等多个项目，获得省服务外包专项资金支持。

【完善城乡市场体系】 新建及改造提升农村集贸市场 18 个，累计完成 128 个。推动蔬菜果品批发市场、平泉三联农副产品批发市场、滦平万泽农贸批发市场等 6 家企业列为河北省农产品市场协会发起单位，其中承德市蔬菜果品批发市场列为河北省农产品市场协会副会长单位。

【商贸服务】 印发《关于全市住宿餐饮业质量整治提升专项行动方案的通知》，启动住宿餐饮业整治提升工作。成功举办第七届美食文化节和河北省第二届烤全羊大赛。扎实做好省市旅发大会承担任务，积极组织餐饮企业参加河北烹饪技艺大赛暨名优特小吃展演活动。组织各大商场超市利用节假日、店庆等节点开展让利促消费活动，促进住宿餐饮等商贸流通水平的显著提升。

组织大型商贸流通企业利用元旦、春节及商家店庆等重大节日，开展包括“品牌购物大优惠”“餐饮美食大促销”“网络放心购”“肉类直补惠民生”等为主要内容的促销活动。举办第十届“幸福河北欢乐购”——金秋季消费促进月活动和第十一届“幸福河北欢乐购”——悦冬季消费促进月活动，各商贸流通企业销售额同比增长8.8以上。

附：市商务局领导名录

党组书记、局长：高俊虎（满族）
党组副书记、副局长：张建勋（满族）
党组成员、副局长：褚瑞成
张　健
刘卫东（1 月任）
孙永阁（女）
从艳臣（满族，1 月任）
党组成员、贸促会会长：张庆来

（供稿　李　静）

商品检验检疫

【出入境检验检疫】 全年承德出入境检验检疫局共完成检验检疫出境货物 3295 批，同比增加 17.8%，货值 1.44 亿美元，同比下降 3.06%，重点出口商品为五氧化二钒、热处理鸡肉、木制品、板栗罐头和苦杏仁；入境货物 72 批，同比下降 2.7%，货值 717 万美元，同比下降 50.74%，重点进口商品为肉类和家禽加工机器、低电压电器及零部件、医疗仪器及零部件、医疗器具、测量分析设备及其零部件。在河北省占比情况：河北局 1—12 月份 12.5 万批、352 亿美元，承德（3367 批、1.51 亿美元），占比分别为 2.7%、0.4%；其中出口占 3.3%、3.4%，进口 0.3%、

0.02%。承德辖区进出口商品质量安全总体状况良好。出口产品质量总体安全稳定，维护承德出口产品在国际市场上的良好形象。

出具原产地证书1136份，同比增长6.57%；签证金额17559.6万美元，同比增长45.47%。其中，自贸协定优惠证书和普惠制原产地证书等优惠证书936份，同比增长14.01%；签证金额16753.1万美元，同比增长49.91%。各类优惠原产地证书累计为企业减免关税约1145万美元。继续贯彻国务院关于停征进出境检验检疫费用的要求,停收所有进出口企业进出境检验检疫费用。

【推进质量提升】 继续推进出口商品打假维权工作，以输非洲产品为重点，对出口非洲商品，实施批批检验，批批现场监装，彻底杜绝假冒伪劣产品，提升出口产品质量，检出一批出口苏丹工业品不合格。加强缺陷汽车和消费品的召回监管，定期登录质检总局网站了解进口缺陷汽车召回信息，督促经销商展开召回工作。对进口可用作原料的固体废物国内收货人的注册登记管理，对每一批进口固废进行核对检查,按时上报调查报告。开展严厉打击洋垃圾违法专项行动。结合进口可用作原料的国内收获人监管调查，开展自查和重点督导，强化企业重视守法经营意识。抓好危险货物及其包装检验监管。严格按照文件要求进行风险排查，同时到危险品生产企业监管，督促企业落实安全主体责任，对出口危险品，按照标准要求，认真检验。开展目录外进出口商品监督抽查，抽样送检并及时登陆C-RAPEX系统上报结果。

【严守国门安全】 全年共检验进口不合格商品10批。其中，包括进口食品化妆品不合格批次8批，进口工业产品2批。首次在进境集装箱中截获有害生物球螋，这是承德市区首次截获此类生物；首次在进口食用植物油中查获不合格木质包装；对某公司因缺少进口化妆品行政许可资质及其进口自韩国的方便面含有未获中国准入的动物源性食品，其进口的化妆品、方便面作出退运处理；检出韩国进口卫生巾涉及卫生、反欺诈项目不合格1批；一批进口机电设备残损出具索赔证书，成功索赔1500美元。7月15日，平泉出口食用菌质量安全示范区通过质检总局监督检查。

【原产地产品保护】 扩大承德地区生态原产地产品保护认定工作，已完成7家公司认定工作，17种产品列入生态原产地产品保护范围，在河北省各市中位居首位。完成生态原产地产品保护生产企业:承德神栗食品有限公司（保护产品为板栗、栗蘑、山楂）、平泉县人民政府（产品为平泉香菇、平泉滑子菇）、丰宁平安高科实业有限公司及公司（产品为莒粉、金玉兰）、承德乐野食品有限公司（产品为杏仁粉、杏仁露、山枣汁饮料）、承德亚欧果仁食品有限公司（产品为杏仁、杏仁油、黄岐、黄芩、桔梗、苍术）、承德琢酒。

【无纸化报检及新原产地证系统运行】 按照国家质检总局、河北检验检疫局工作部署要求，承德检验检疫局作为试点单位，2017年实现直通放行、无纸化通关、检验检疫单一窗口模式，无纸化报检系统及新原产地证系统顺利上线运行，实现辖区出口企业100%无纸化报检。推动进出口企业单一窗口申报，实现辖区进出口企业利用单一窗口申报率100%，超出河北检验检疫局规定的90%的要求，得到河北省出入境商品检验检疫局的表扬肯定，企业可充分享受国际贸易单一窗口的便捷服务。

为保证无纸化报检、新原产地证系统顺利上线运行，承德检验检疫局组织辖区自理报检企业、中检公司及意向自理报检企业34家、40人参加无纸化报检系统企业端培训，组织20多家进出口企业进行新原产地系统及电子口岸系统培训。建立QQ群、微信群，方便检企沟通，在运行过程中，积极帮助企业完成系统备案，详细解答企业在备案、无纸化报检过程中遇到的问题。

【服务地方精品工程】 实施农产品优进专项行动，支持优质资源性农产品安全引进。对丰宁隆兴牧业有限公司拟从澳大利亚进口羊驼、承德县德恩牧业有限公司拟从丹麦进口水貂提供检验检疫技术咨询，在隔离检疫场建设、饲养与安全防疫管理制度建立方面进行技术指导，积极帮扶企业解决办理进境检验检疫事宜过程中遇到的困难。依托地方特色经济发展，指导企业进行风险控制，提升水平，将执法与服务并举，加大对山楂、板栗、白桃等出口优势产业扶持力度，创建兴隆出口板栗示范区，优化水果种植加工的大环境。助推农食产品企业产业升级和创新，带动承德特色产业发展，不断促进承德农食产品向高档次，高水平迈进。

附：市出入境检验检疫局领导人名录
党组书记、局长：于培文
党组成员、纪检组长：纪正忠（满族，8 月免）
党组成员、副局长：黄冬磊
李玉景

（供稿　王春龙）

供销合作社

【金融扶贫平台】 高度重视“政银企户保”工作。针对存在的建档立卡贫困户门槛高、成本高、覆盖率低、利益难保障等问题，深入各县（市、区）和部分乡镇走访调研，起草并推动市政府下发《承德市人民政府关于规范巩固提升“政银企户保”金融扶贫模式的指导意见》，为进一步规范巩固提升“政银企户保”工作提供了坚实的政策保障。此项工作得到中华全国总社的高度认可，要求在全国供销系统积极稳妥推进这项工作。此项工作也被列为省政府考核承德市精准扶贫工作的加分项目。

【农村产权流转交易平台】 市、县（市、区）政府先后成立“承德市政府农村产权流转交易监督管理委员会”，研究制定《承德市农村产权交易经纪人管理办法（试行）》和《承德市农村产权交易中心会员管理办法（试行）》。各县（市、区）下发了《关于引导农村产权流转交易市场健康发展的实施意见》。确保此项工作的规范运行。规范建设 195 个乡镇农村产权交易服务站，初步形成市、县（市、区）乡三级农村产权流转交易服务网络全覆盖，同时吸纳银行、保险、招标代理和担保公司、农业产业化龙头企业等作为会员单位，构建起了集信息发布、产权交易、法律咨询、资产评估、抵押融资等为一体的为农服务综合平台。通过多种媒体，加大农村产权流转交易工作的宣传力度，规范信息库建设，积极探索推进各类业务开展。

【农产品现代流通网络】 不断优化市场布局，加快农产品流通基础设施建设，全市供销系统已经建成市级农产品交易市场 2 个，县以下农产品批发集贸市场 22 个，蔬菜平价直营店 30 个，物流配送中心 37 个，农产品电子商务平台和展示展销中心 11 个，投资 20 亿元的承德农产品冷链物流产业园先行起步区 4.7 万平方米主体已完工，二期仓储区 3.3 万平方米正在建设中，累计完成投资 2.2 亿元。

【社会化服务】 不断完善县（市、区）电子商务平台建设，健全农村电商服务站的管理和服务，组织县（市、区）特色农产品上线交易，并依托现有仓储配送资源，或通过与第三方机构合作，积极打造县、乡、村三级物流节点基础设施，以更好的打通农村电子商务“最后一公里”。丰宁满族自治县供销合作社通过引入社会资本共同持股注册成立丰宁云际供销电子商务公司，通过与总社供销 e 家的合作，业务网点覆盖到自然村。通过把农产品卖出去，把农民需要的日用品送下去，成为农村电子商务发展的主力军。围场县社木兰缘电子商务园区建成后，实现县城和郊区下单后24小时内送达，乡下和大宗商品下单后48小时内送达。“全县一张网”模式，得到全国供销总社的认可，典型做法在《中华合作时报》上刊登。截至年底，全市已建成村级电商服务站643家，实现电子商务交易额5600余万元。

【推进盐业体制改革】 成立以市政府分管副秘书长为组长、市供销社主任为副组长、相关单位为成员的承德市盐业体制改革协调小组，办公室设在市供销社，出台《承德市盐业体制改革实施意见》和《承德市市级盐业监管体制改革方案》两个文件，督导各县（市、区）出台《盐业监管体制改革方案》。加大市场监管和调控力度，确保全市盐业市场的安全稳定。

附：市供销合作社领导名录

党组书记、主任：刘玉铁（满族）

党组副书记、副主任：赵树才（满族）

党组成员、监事会主任：王晓利（满族）

党组成员、副主任：孙志强（满族）

党组成员：于雪梅（满族）

（供稿　李登峰）

烟草专卖管理

【卷烟经营】 认真落实调控措施，全面研判把握市场规律，围绕强化品牌培育、挖掘旅游市场、深化终端建设、夯实网建基础等工作，积极调整思路、目标和关键举措。坚持围绕主要经济指标发挥考核导向，密切关注销量、结构和销售额，加大市场调研、调度分析、价格监控、库存分析等工作力度，经济运行平稳发展。受宏观经济形势和各种因素影响，2016年承德市卷烟销量有所下降，销售卷烟11.61万箱，同比下降4.66%，年人均销量8.22条、同比下降0.40条。但在省内行业横向比较中，税利贡献仍然实现6.07亿元，同比增加5.49%，销售额、单箱值、结构烟和省产烟等主要指标增幅仍然排在全省行业前列，经济运行质量进一步提升，卷烟结构进一步合理，为下一步经济运行高质量发展奠定基础。

【打假破网】 专管质量明显提升，通过信息分析、梳理线索、摸排蹲守，联合公安技侦、网安等部门全面固化大案要案证据，侦办“7·28”“1·8”“9·14”利用手机社交软件销售假冒卷烟网络案件3起，涉案总金额达3400余万元，刑事拘留7人、逮捕7人；全年共判刑14人（含2016年国标案件判刑7人）。建立健全市场监管联席会议、联合行动、信息交流、案件移送等八项工作衔接制度，完善“双随机”机制，系统性、立体式卷烟市场联合监管体系初步建立。归档备案违法违规户基础信息，建立严管违法违规星级大户工作机制，实行差别化监管和定期巡查监控，监管真空不断缩小。组织开展“护航”“暴风雨”“闪电”等系列专项行动12次，出动执法人员15000余人次、检查车辆3900余台次，清理取缔无证经营50余户，排查僵尸户、休眠户483户。全年查处案件579起，查获非法卷烟469.6万支，案值236.85万元，市场环境有效净化。稽查中队职能充分发挥，分区域、分片区、分线路摸底排查辖区内经营户，分类别建立档案，动态管理无证户。优化办证流程，加强办证环节时间管控，“零超时”做好行政审批事项。组织召开规范经营专题会议2次，开展非客户修改订单、IP地址浏览器标识重复等不规范经营行为专项自查，下发整改通知书33份，实施经济处罚17人、通报批评35人次，卷烟外流情况得到有效控制，外流数量同比下降47.25%。

【烟草队伍建设】 认真开展技能鉴定，加强企业内部培训，举办培训班23期、培训1891人次，参加国家局培训15人次、省局189人次，超过省局"50%以上在岗员工年度参加脱产培训累计40学时以上"的工作要求。

附：承德市烟草专卖局（公司）领导人名录
党组书记、局长（经理）：贾立业（3月免）
徐　立（3月任）
党组成员、副经理：王满福
党组成员、副局长：滕佃军
党组成员、纪检组长：吴月江
（供稿　于腾飞）

中国石油天然气承德销售分公司

【销售及管理成效】 2017年，中国石油天然气承德销售分公司创新发展思路，着力提质增效，成品油销量14万吨，同比提升18%；直批销量4.5万吨，同比提升94%。非油销售收入2327万元，同比提升76%；非油利润215万元，同比提升40%；基础管理规范，"四位一体"检查综合评价在省公司考核平均得分95.5分，全省排名第一，全年实现95504客户投诉为零。

【直批销量】 坚持科学研判，高效有序实施扩销增量，9月底完成全年销售任务指标，全年完成任务进度的135.9%，三季度荣获省公司劳动竞赛"营销类"第一名。做实"市场大调查、客户大普查"活动，累计开发承德热电厂、冀东水泥等新客户。始终将"保资源、保库存、零超耗"作为工作目标，做到随时、随地、随机灵活调整配送计划，尤其是双品号运行以及"十九大"期间，加强内外部关系的沟通协调，保障油品供应。

【零售终端】 深入落实省公司纯枪增量"十项措施"，优化劳动竞赛方案和零售增量奖励政策，有效调动员工的销售热情，实现汽油纯枪同比增长6.2%。坚持多措并举，深化双低站治理，全年"双低站"治理40座，完成率100%。省公司"百日攻坚"大检查及"一站双查"活动中查处问题453项，整改率达98.5%，各项基础管理得到有效提升。推进五进发卡，高质量发展卡业务，先后进入电视台房车展、承德钢铁公司厂区、建设银行、旅游学院等单位、院校开展IC卡推介活动29次，全年实现发卡2万张，同比增幅53.82%；累计储值2.27亿元，同比增幅31.86%。狠抓现场规范，提升管理水平，坚持以"严"字当头、"细"字为先，严格落实"两服务、两清洁"工作标准，做到反复检查、落实整改、定期通报。"四位一体"检查综合评价、口袋助理在省公司考核中名列前茅，全年实现"95504"投诉为零，客户回访满意度达100%。

科学组织营销，店内销售提质提效，深入开展后备箱计划、节日促销、主题促销活动，打好旅游牌，坚持"一站一策"，在特色上做文章，营造"货卖堆山"的销售氛围。完善薪酬考核办法，开展"暑期夺标""开口营销"竞赛活动，打造百万元店4座，大石庙加油站店销超过500万元。强化店外挖潜，客户开发持续加强，坚持一体化营销，公司全员变身非油"客户经理"，广泛宣传优惠政策，扩大品牌影响力。持续推进五项业务，非油业务不断拓展，稳步推进汽服、生鲜水果、快餐、化肥、防霾用品五项非油业务，打造运营快餐、生鲜水果站点4座，实现销售收入7万元。

【优化网络布局】 提前谋划，合理安排，全年完成一体化改造工程13座，投运计划完成率100%。其中，编制各类改造方案估算52站次，开展电力、水井、护坡、墙体加固等竞争性谈判24次，签订各类合同51份。高质高效完成加油站维修工作，维修完好率达90%以上，保障了加油站正常运营。重点项目取得进展，大石庙加油站拆迁项目，本着"拆一还二、先建后拆"的原则，加强沟通协调，初步与承德市政府相关部门达成迁建意向。

【安全管理】 强化风险管控，落实“一岗双责”，开展HSE承诺，签订承诺书340份，确定安全工作目标、过程性考核指标，有力推动全员安全环保责任制落实。开展体系审核，覆盖率达71.4%，风险管理水平得到进一步提升。着力安全教育，组织施工单位进行安全知识培训与考核，严格落实许可制度，加强施工过程监督，施工安全管理总体受控。加强应急演练，开展加油站应急演练视频评选，完成15座加油站标准化达标验收。参加丰宁、滦平两县组织的微型消防站比武，员工处置突发事件能力有效提升。严格数质量管理，强化落实接卸油“手指口述”，全年未发生油品质量事故事件。开展诚信自律承诺活动，签订承诺书54份，利用数质量管理系统远程监督加油站油品异常盈亏情况，全年实现二次配送损耗率0.25‰、零售保管损耗率0.12‰。

【运营质量】 深入挖潜增效，突出预算引领作用，强化效益意识，细化管控措施，以管理降成本、用管理提效益，实现全年可控费用规范均衡列支，同比降低。注重专题经营活动对标，加强分析、寻找差距、发现短板、制定方案，有效促进提升公司运行质量。4月，进一步梳理业务流程，优化费用审批，规避管理风险，确保业务平稳受控运行。深化加油站管理2.0、物流2.0、客户关系管理、数质量、电子券等系统应用，充分整合信息资源，支持业务协同和一体化运作。全力应对“5·12”勒索病毒事件，及时制定应急措施，3天内完成24座中毒站的系统恢复，有力支撑销售业务运行。

附：中国石油天然气股份有限公司河北承德销售分公司领导名录

党委书记：曹　军

副 经 理：柏秀臣

总会计师：唐新平

（供稿　王秋平）

中国石油化工承德石油分公司

【确保经营任务完成】 中国石油化工销售有限公司河北承德石油分公司（以下简称中国石化河北承德石油分公司）全面贯彻落实上级工作部署，认真开展加油站（油库）运营能力评价体系、风险防控体系和“落实家文化，开心在基层”主题实践活动，面对特殊复杂的市场形势，紧盯各项经营管理目标，坚持以市场为导向，以提高发展质量和效益为中心，以省市公司开展的各项管理活动、营销活动为具体抓手，以队伍建设、创新网络发展、风险防控为重点，紧紧围绕省公司三大体系即运营能力评价体系、风险防控体系和“家”文化建设体系，落实各项工作要求，全面提升经营管理水平。实现两个确保：即确保安全数质量无事故，管理不出问题；确保经营任务完成，员工工资得到保障。较好地完成了各项经营指标。全年完成轻油量48.69万吨，完成轻油累计计划的104%，全省排名第一。其中零售量完成35.64万吨，完成累计计划的98%，全省排名第三；直分销量完成13.05万吨，完成累计计划的125%，全省排名第二；非油品营业额完成1.5亿元，完成累计计划的117%，全省排名第一；非油品毛利额完成2338万元，完成累计计划的123%，全省排名第二。完成累计考核利润1.4亿元，完成计划的114%，全省排名第二。夺得省公司比学赶帮超红旗16面。全年综合考核全省排名第二。

【市场营销】 按照“三座油库范围内零售、直批市场”需求，全年进货48万吨。执行二次配送最短运距标准，严格控制跨库配送，践行“脱销就是事故”的工作要求，全年出库成品油49万吨，密切关注天气变化及时调整柴油品号供应，确保柴油适销对路。

以客户为中心精准营销，深挖销量增长点。

新客户数量持续增加,客户经理职责进一步完善,坚持客户走访制度，全年共走访直分销客户397家,开发新直分销客户177家,实现销量11483吨。深入开展经营培训适应省公司营销政策变化，借助“一站一策、一户一策”营销方式增强客户黏性,借力“互联网+”,开展油非互促、线上线下营销,提升客户体验。切实推进“多加惠”“赶集站”、“四进”、“油惠通”APP推广、“一惠两式”和“支农惠农”等营销活动。建柴油核心增量站16座，柴油同比增加2778吨。开展汽油直降活动的站15座，汽油同比增量5776吨，开展“重拳出击”活动的汽油站11座,汽油同比增量4074吨。对50座旅游沿线加油站规范治理，实现汽油销售10万吨；开展“油非”互促活动，兑换非油品商品价值2485万元；开展“支农惠农”活动196站次,实现柴油销售3981吨。开展“走出去”营销活动572次，发展用户17万人，用券累计77万元，截至12月末“油惠通”APP推广注册客户31万个。在开展的各类联合营销活动中，电信翼支付刷手机消费472万元，移动兑积分加油123万元，建行ETC周末划卡优惠业务124万元。做好柴油联名卡上线推广工作，实现发卡4432张。召开重点商品品鉴会活动，12个片区共开展活动8场，实现销售额500万元。开展内部员工惠购活动，共实现系统内营业额50万元，系统外营业额0.5万元。提升“三专”商品销售额,新增“三专”门店21座,门店总数达48座，实现“三专”商品销售额718万元。开展分站差价测算监控，零售差价收入全省排名前列。

【网络建设】 争取省公司立项17项，获得省公司批复资金1.46亿元。加强工期管理,倒排工期,管控好时间节点，确保施工项目如期完工。大力开展双层罐改造工作，已改造完成加油站27座。争取到新建双桥丹霞路站及营子东大桥站迁建项目省公司批复。全力跑办手续，实现双桥太平庄站开业，营子东大桥站已签订迁建施工合同。积极发展“他有我管”站，已签合同21座站、开业12座,全年实现销量15602吨。统筹费用使用,为58座站进行外墙保温8702平方米,为64座站、2座油库更换断桥铝门窗2637平方米，对12座站房屋进行改造。争取省公司专项修理项目，批复资金101万元，已基本完工。积极推进丰宁白塔站土地附着物清理、兴隆二站选址、双桥狮子沟站土地置换、开发区闫营子站迁建项目进程。

【夯实管理基础】 夯实“三基”管理，在各个领域全面推行“清单+积分”管理。认真分解省公司下达的月度督办重点工作清单，全年完成省公司督办的重点工作考核全省排名第二。制定市公司月度重点工作清单下发到各片区、油库、机关各部门落实。对省、市公司督办重点工作清单完成情况与考核直接挂钩。对各单位、基层领导人员、站长、班组长和员工按照工作职责完成、履行情况实行积分管理，按月公布，将积分结果作为评先评优的重要依据，促进经营管理工作全面提升。

坚持以较真管理、精细管理为准则，本着对企业和员工负责的态度抓好各项管理工作。从细处着手，严格树立红线底线意识，将问题消灭在萌芽状态，杜绝各项违规违纪现象的发生，确保重点环节工作不出任何问题。圆满完成党的十九大、全国两会及重大政治活动时期安保、反恐和信访维稳工作。

【推进落实家文化活动】 关心改善基层员工生活。按照活动安排，稳步推动活动开展；筹措资金，购置开票电脑40余台，为所有便利店配备海信POS机77台。为加油站油库配备小厨房餐桌椅、微波炉、操作台等60余件。开展“高温送清凉”“冬日送温暖”等专项活动。机关各部门每月深入实地帮扶一次。坚持基层调研，公司班子带队对全区12个片区和3座油库调研走访，收集问题和建议 151 项，已全部整改。

【加强宣传报道】 充分利用《中国石化报》、《河北石油》、《承德石油简讯》、《承石纵横》月刊、公司官微等内部媒体进行宣传报道，全年刊发稿件 190 篇，完成全年上稿任务的 120%，推送官微 131 期。《畅通渠道迸发非油销售活力》获石化新闻报刊类文章三等奖。稿件《塞罕坝上有座站 守住那顶朝阳红》在销售公司官微朝阳E站发布，《绩效考核让员工叫卖起来》《特色商品重点卖》等稿件在石化报营销周刊头条发布，树立起良好形象，凝聚人心。

【加强信访稳定工作】 完善企地协调联动机制，妥善处置各类不稳定因素，做到矛盾纠纷排查，现场调度、处置不稳定苗头。认真执行信访稳定考核属地管理制度，对发生不稳定事件单位进行考核问责。建立领导接访日制度，变上访为下访，做到一人一案一事一策。确保十九大等重点敏感时期信访维稳工作不出问题。

附：中国石油化工股份有限公司河北承德石油分公司领导人名录

经　　理：赵文勇
党委书记：王卫东
副 经 理：谢立国
　　　　　李海生

（供稿　许　静）

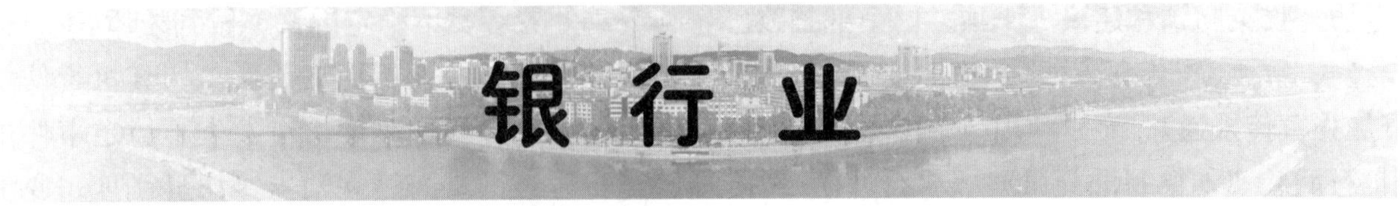

银行业

综　述

2017年，承德市银行业坚持稳中求进总基调，全面落实稳健中性的货币政策、防范金融风险、优化金融服务，金融支持实体经济发展、服务社会民生的能力进一步增强。

信贷投放总量持续增长，重点项目得到有效支持。全市各银行业金融机构认真贯彻落实国家金融政策，坚持稳中求进的工作总基调，积极争取上级行信贷政策和信贷规模支持，在支持政府PPP项目、高铁、电力等基础设施建设方面提供充足信贷资源，为全市重点项目有序进展提供了强有力的资金保障。截至年末，全市金融机构本外币各项贷款余额1916.5亿元，同比增长16.2%，较年初增加259.7亿元，同比多增98.7亿元。各银行业金融机构积极拓展表外业务，为辖内多家企业办理融资租赁、承兑汇票、理财产品等业务，为实体经济发展拓宽融资渠道。

信贷结构不断优化，全市银行业金融机构主动调整信贷结构，积极盘活存量、用好增量，在支持地方产业转型升级、降低企业融资成本、加大“三农”、小微企业和精准扶贫力度、做好京津产业转移金融支持等方面做大量工作。农发行突出棚改、扶贫、重大水利、农村路网、人居环境改善等五大领域，在投放的区域上重点向国家贫困县倾斜。工、农、中、建、邮储等商业银行从重点项目、重点板块和重点客户入手，在京承高铁、丰宁抽水蓄能、风电热电项目、承钢集团以及个人住房贷款等方面发挥了主力军作用。交通银行、中信银行发挥集团全牌照优势，大力引入域外融资。农村信用社系统、承德银行以发放小额贷款为主，支持大部分小微企业和农户的信贷需求。河北银行、张家口银行大力拓展网点布局，金融服务触角向基层延伸。

从数字上看，全市信贷结构调整取得明显效果。全年，全市新增贷款主要投向电力热力燃气及水生产和供应业、建筑业、制造业、批发和零售业、房地产业、租赁和商务服务业、交通运输仓储和邮政业、信息传输软件和信息技术服务业等8个行业，占全部新增贷款的57.8%。小微企业和大型企业贷款增速明显提升，全市金融机构企业贷款余额969.1亿元，同比增长20%，比年初增加160.7亿元，占全部新增贷款的61.9%。房地产开放贷款止跌回升，贷款余额47.6亿元，同比增长21.4%，比年初增加8.4亿元。个人住房贷款增势有所放缓，贷款余额358.9亿元，同比增长33.6%，比年初增加90.3亿元。涉农贷款增速显著回升，贷款余额941.7亿元，同比增长18.1%，较年初增加144.4亿元，占全部新增贷款的55.6%。

全力推进普惠金融，全市紧紧围绕“创新、协调、绿色、开放、共享”五大发展理念，切实推进普惠金融发展，努力满足多层次、多元化的“三农”金融服务需求，着力增加普惠金融服务和产品供给，明显改善对小微企业、“三农”等领域的金融服务水平。大力推进金融组织体系建设，截至年末，全市银行业金融机构总数达到736家。其中，市级银行机构12家、村镇银行6家、农村商业银行4家、农村信用联社5家；县级及以下分支机构网点709家。全市新设村镇银行3家；河北银行、张家口银行等新设县域一级支行8家，农行、承德银行新设县域二级支行5家；农行、建行等新设村级服务网点363个，全市银行机构村级服务网点总计2446个，银行机构实现县城全覆盖、乡镇全覆盖和基础金融服务行政村全覆盖。进一步完善支付功能，大力增加社区、县城乡镇金融便利店、离行式自助银行布放力度，通过向服务点投放固话POS及自助服务终端，配以手机银行、网上银行平台，推动自助银行网络不断向基层乡镇延伸，农户金融服务便利性逐步提高。降低收费水平，在银行卡年费、工本费、小额账户管理费、跨行取现手续费等方面实行减免政策，最大程度上让利于民。大力开展"金融知识普及月""金融安全月"等主题宣传活动，消费者安全责任意识和风险意识有效提升。通过网点定期明查、神秘人暗访、在线监控和调阅录像等模式，推动银行网点文明服务水平进一步提升。

强化外汇政策引导，在"控流出、扩流入"的政策导向下，外汇收支基本与上年持平，资金呈净流入态势，经常项目受辖区重点出口大户影响收入规模下降，资本项目受到跨境融资和利润汇出影响大幅增长，国际收支和银行结售汇继续呈现双顺差态势，但顺差规模明显收窄。经常项下贸易进出口略有下降，大型钢铁企业和跨境电商出口业务锐减带动全辖出口及收汇规模整体收窄，代理进口取消导致异地付汇额大幅减少。全年全市货物贸易外汇收支名录企业共180家，新增36家。进出口报关总额45163万美元，同比下降9%。资本项下外债涉外收支大幅增长，全口径跨境融资政策落地开花。外债涉外收支总额13728万美元，同比增长88.5%，新增全口径跨境融资外债6笔，签约金额总计8926.18万美元，实际流入金额7545万美元，同比增长55.25%；外债到期2笔，还本付息6183万美元，是上年同期的2.5倍，外债余额5199万美元。全口径跨境融资业务推广推动承德外汇衍生产品发展，办理全口径跨境融资配套衍生产品累计6392.3万美元，是上年同期的2.2倍。资本项下外商直接投资小幅增长，境外投资步伐放缓，新设外商直接投资企业3家，现有外商直接投资企业131家；本年无新增境外投资企业，现有境外投资企业13家。协议利用外资40219万美元，同比增长47%，实际利用外资1102万美元，同比增长1%；直接投资项下涉外收支1133万美元，同比下降71%。企业境外投资步伐放缓，无境外投资资本金汇出，比去年净减少770万美元，同比下降100%。外资企业利润汇出大幅增长，跨境人民币支付占比提高，受2016年底人民币兑美元贬值影响，全市多家外资企业申请汇出利润，全年共汇出利润3429万美元，是上年同期的14倍，但人民币支付3085万美元，占比90%，大大缓解辖区外汇资金流出压力。个人外汇收支平稳，个人项下涉外收支总计9669万美元，同比增长4%，其中：个人外汇收入1056万美元，同比下降10%。

推进金融产品与服务创新，加大对精准扶贫和建档立卡农户等重点领域和薄弱环节的金融支持，推进小额票据贴现业务，以小票中心为平台，缓解小微企业融资难、融资贵的问题。依托农户信用信息系统，探索开展"整村批发、集体授信"的小额农贷业务。依托农业产业化龙头企业，推广产业链信贷创新产品。依托"两区"建设，开展"易地扶贫搬迁贷""土地流转规模经营贷""农村人居环境建设贷"。围绕保障资金链持久延续，积极开展"重大水利工程专项过桥贷"，探索实行"农户发展产业过桥贷"，创新开展"板栗通达""种业通宝""光伏扶贫贷款"等信贷产品。为解决小微企业、农户、个体工商户无抵押、无担保融资难题，由市政府出资500万元设立信贷风险补偿基金，开展"小额贷款保证保险"试点，全年入户调查152家，出单97笔，发放贷款2355万元。积极组织开展多层次、多类型的政银企对接洽谈活动，组织全市性银企对接活动3次、各县（市、区）

组织银企对接活动21次、各银行机构组织银企对接活动24次，共落实贷款83亿多元。“政银企户保”模式已被中央改革办内参刊载，被河北省委省政府确定为金融扶贫先进典型，在全省范围内推广。充分利用国家放开中资企业可以举借外债的政策优势，积极为中资企业办理境外融资。充分发挥金融机构国际化便利，架通涉外企业“走出去”桥梁，主动为企业“走出去、迎进来”提供跨境投资撮合服务。

（供稿　路　勇　鲁　迪）

中国人行承德支行

【概况】　2017年，人民银行承德市中心支行按照“以人为本、开拓创新、务求实效、和谐发展”的工作思路，积极贯彻稳健货币政策、维护辖区金融稳定、优化金融服务，各项工作取得积极成效。全年共获得集体和个人荣誉30余项，连续12个年度被评为省级文明单位。

【落实货币政策】　贯彻落实稳健中性货币政策，金融支持实体经济能力不断增强，正确处理落实货币政策与支持地方经济发展的关系，有效发挥基层人民银行职能，积极配合落实承德市“三去一降一补”工作方案，全力推进金融支持供给侧结构性改革任务落实。扎实开展宏观审慎评估工作，不断加强信贷投放和投向管理，引导金融机构制定符合稳健货币政策和宏观审慎管理要求的信贷投放计划，全年累计向地方法人金融机构下达信贷规划119.7亿元。引导金融机构加大对精准扶贫等重点领域和薄弱环节的资金支持，全年累计发放再贷款17.8亿元，再贷款余额14.9亿元，金融扶贫工作得到省政府脱贫攻坚金融服务调研检查组的肯定，中心支行创新项目“运用扶贫再贷款+政府担保基金+贫困户信用评级”支持精准扶贫模式被石家庄中心支行评为优秀管理创新奖。落实房地产调控政策，协同政府有关部门制定出台承德市房地产限购政策，组织银行机构加强对居民消费信贷的管理，防范信贷资金违规进入房地产市场。强化流动性管理，推动金融市场稳中有进。加强利率监测分析，探索开展合格审慎评估工作。强化对承德银行债券市场交易监测，利用常备借贷便利工具为承德银行融通资金30亿元。

【力促金融稳定】　持续推进“两管理、两综合、一保护”工作。强化新设金融机构开业管理，进一步简化审批流程，修改资料申报清单，全年高效审批6家新设机构加入人民银行金融管理与服务体系。依法依规开展综合评价、综合执法检查，对辖内50家市级金融机构开展综合评价，组织开展对工商银行、农业发展银行等7家市级金融机构的综合执法检查工作。制定风险评级实施方案，对辖内13家投保机构开展存款保险风险评级工作，对数据真实性进行核查。充分发挥金融稳定信息共享机制作用，有效预防影响辖区金融稳定的事件发生。积极推进金融消费者权益保护工作，全年共受理、解决金融消费咨询投诉案件126起，均得到妥善处理。积极开展“金融知识进课堂”活动，牵头组织全市12家银行业金融机构组成金融知识宣讲团，精心制作的宣传链接在全省转发。

【金融服务】　扎实做好各项业务工作，金融服务水平不断提升。信息调研工作不断加强，积极探索延伸信息调研触角，进一步拓宽信息来源渠道。调查统计工作规范开展，全年上报统计数据实现“零差错”，在全省“调统微讲堂”上所做的专题讲座受到上级行领导的充分肯定。反洗钱工作不断深化，制定《承德市新设义务机构反洗钱监督管理办法》，有效促进新设义务机构全面履职。不断加强财务管理，严格执行财经纪律，加大对费用开支的分析监测力度，确保费用支出均衡、合理。支付结算管理和服务水平全面提升，组织开展支付结算执法检查，有效防范支付领域风险，确保支付渠道畅通；夯实会计核算基础，保障全辖支付清算系统安全高效运行；严厉打击电信网络诈骗，支付结算市场秩序进一步规范；持续优化银行卡受理环境，推广非现金支付工具，农村支付环境进一步改善。科技保障能力不断增强，顺利完成机关网络新旧切换、视频会议系统升级改造等工作，科技运行环境得到明显优化。货币发行管理进一步加强，全年发行基金调入29.1亿元、调出12.1亿元，累计投放138.5亿元，回笼126.5亿元，净投放12亿元。经理国库水平有效提升，创新建立国库业务倒查制度和差错业务通报机制，强化国库会计档案管理，相关工作在全省树立了典型。征信业务和信用体系建设不断完善，持续做好应收账款融资服务平台工作，截至年末，平台注册用户共133户，完成应收账款融资业务15.1亿元。外汇管理改革进一步深化，不断加大“流入端”业务推进力度，持续做好“流出端”管理监测，有效缓解辖区外汇流出压力。跨境人民币业务平稳健康发展，组织起草《承德市银行业金融机构跨境人民币业务评价管理办法》，积极指导符合条件的金融机构加入人民币跨境收付信息管理系统，累计激活企业达69家。

附：人民银行承德市中心支行领导名录

党委书记、行长：杨建奎（7月免）
　　　　　　　　夏俊峰（7月任）
党委委员、副行长：崔喜林
党委委员、工会主任：王少云（女，满族，1月任）
党委委员、副行长：宋　耐（满族）
　　　　　　　　杨风华
纪委书记：付正娇（女，5月任）

（供稿　路　勇　鲁　迪）

银行监管

【概况】 2017年，全辖银行业支持京津冀协同发展相关贷款余额278.98亿元，2017年累计发放贷款66.76亿元；确保扶贫小额贷款持续增长。截至年末，承德辖区小微企业贷款余额685.64亿元；积极压降不良，化解信用风险。截至12月末，全辖不良贷款余额34.38亿元，比年初增加6.80亿元。推动城商行转型升级，持续推进农村中小金融机构改革。

支持农业供给侧改革，支持农村商业流动体系转型升级。承德市银行业认真贯彻落实银监会、河北银监局关于债权人委员会相关工作要求，积极部署和有序推进债权人委员会工作。截至9月末，全辖银行业机构共成立债委会30家，授信额度377.85亿元，贷款余额362.72亿元。其中，支持和帮扶困难企业7家，授信额度22.57亿元，贷款余额22.37亿元；支持经营良好企业22家，授信额度347.46亿元，贷款余额340.16亿元。债委会支持实体经济、维护金融稳定的作用效果显著。

【重点领域金融支持】 引导各银行业机构加大对重点项目、战略性新兴产业和科技创新企业的资金倾斜力度，聚焦承德“十大绿色产业”和京津转移产业对接，主动服从服务于京津冀协同发展等重大战略的实施。截至年末，全辖银行业支持京津冀协同发展相关贷款余额278.98亿元，2017年累计发放贷款80.95亿元；全辖银行业支持重大工程项目相关贷款余额213.36亿元，2017年累计发放贷款66.76亿元，支持地方实体经济发展。

【去产能降成本】 继续加大对供给侧结构性改革的支持力度，落实“有扶有控”信贷政策。充分发挥债权人委员会作用，印发指导意见，明确债委会成立标准、工作职责以及重大事项议事规则等要求，截至四季度末，成立债委会 29 家，授信额度 364.23 亿元，贷款余额 343.70 亿元。强化绿色信贷统计监测，组织法人城市商业银行开展 2016 年度绿色信贷实施情况自评价工作，进一步提高绿色信贷工作效率和质量。督导辖内银行业机构严格执行“七不准”“四公开”要求，认真落实服务价格相关政策法规，做好银行业机构违规收费行为自查审核工作，进一步规范银行业服务收费行为，降低企业融资成本。

【推进普惠金融】 强化小微、涉农贷款督导考核，督促各机构完善普惠金融工作机制，保障对小微企业和三农的金融支持，加大精准扶贫工作力度，确保扶贫小额贷款持续增长。截至年末，承德辖区小微企业贷款余额 685.64 亿元，比同期增加 118.3 亿元，比同期增长 20.85%，增速高于同期贷款平均增速 5.18 个百分点，全辖小微企业贷款户数 25689 户，比上年同期增加 2153 户；申贷获得率 97.46%，低于上年同期 0.03 个百分点，法人银行业机构均完成小微企业贷款“三个不低于”目标。全辖涉农贷款余额 941.86 亿元，较年初增加 144.36 亿元，增速 18.10%，总体完成了涉农贷款持续增长指标；全辖共对接扶贫小额信贷贫困户 1.23 万户，贷款余额 9.12 亿元，比年初增加 2.73 亿元，发放扶贫开发项目贷款 2.66 亿元，比年初增加 0.17 亿元。

【完善消费者权益保护机制】 组织召开银行业消费者权益保护工作专题会议，督导辖内银行业机构主动做好消费者宣传教育和信息披露工作，充分发挥“一区双录”作用，妥善处理业务纠纷，切实提升金融消费者权益保护工作水平。制定《承德市银行业机构消费者权益保护工作人员轮值管理办法》，进一步强化银行业机构消保工作主体责任。开展“3 · 15”国际消费者权益日、“4 · 15”国家安全日现场宣传咨询服务以及“金融知识进万家”宣传服务月、“送金融知识下乡”、“防范和打击非法集资集中宣传月”活动，向社会公众普及金融知识，提升风险防范意识，推动创办金融知识宣传微信公众号，促进金融知识宣传教育常态化。

【案件和舆情风险管控】 组织召开案防专题工作会，要求辖内银行业机构切实做好年内信访维稳工作，为十九大胜利召开切实做好保障。贯彻落实“护城河”专项行动要求，严格执行“零报告”和信访维稳周报制度，加大重点领域跟踪摸排，强化应急演练，修订突发事件应急预案，确保十九大期间辖内无案件和上访发生。强化舆情监测和正面舆论引导，组织召开舆情工作专题会议，要求各机构进一步完善突发事件应急预案，强化舆情监测和应急处置能力，切实维护辖区银行业的良好声誉；加强十九大期间舆情监测和处置力度，严格执行舆情“零报告”制度，十九大期间辖内银行业未发生舆情隐患。

深入开展信用风险专项排查工作，投入检查人员 40 人，工作量 215 人天，针对贷款分类、同业业务等方面检查发现的 7 类 14 个问题，下发监管意见书 8 份，明确各机构整改要求，进一步摸清辖内银行业机构风险底数。督导各农合机构还原违规处置的风险资产，积极压降不良，化解信用风险。截至 12 月末，全辖不良贷款余额 34.38 亿元，比年初增加 6.80 亿元，不良贷款率 1.79%，比年初上升 0.13 个百分点，不良贷款余额和不良贷款率双升。

召开承德市整治市场乱象、强化风险防控、弥补监管短板工作会议，整治违法乱办业务、乱设机构行为，进一步规范金融市场环境。督导辖内各银行业机构做好“三三四”自查工作，严格防控“三三四”专项治理工作部署的十个方面风险。针对工商银行承德分行、中国银行承德分行、围场华商村镇银行分别开展“三违反”及“三套利专项治理现场检查、“四不当”及整治市场乱象专项检查、"三套利"行为专项检查，共发现问题12个，涉及金额1.79亿元，下发监管意见书3份，提出监管意见13条。

设计应用EAST系统流动性压力测试模型，实现动态分析判断法人机构流动性风险状况以及流动性压力测试标准化、日常化，提高流动性监管的前瞻性和科学性。充分发挥城商行、村镇银行流动性互助机制作用，督导承德银行拓展资金来源渠道，优化资产负债结构，按季开展流动性风险压力测试，提升应急管理能力和负债管理能力，确保负债总量适度、来源稳定、结构多元、期限匹配。强化农合机构流动性风险管理，要求农合机构完善流动性防控应急预案，按日监测流动性变化，按季开展流动性风险压力测试，严防负面舆情引发流动性风险事件。

督导银行业机构落实好房地产调控政策，优化信贷投放结构，降低房地产贷款集中度，对地方政府各类融资平台授信严格遵守一般企业的授信标准，切实做好贷款"三查"。强化房地产企业"名单制"管理，按月开展房地产市场运行和信贷风险监测分析。督导各机构严格落实《关于坚决制止地方以政府购买服务名义违法违规融资的通知》等要求，严禁通过各种形式形成违规的政府性债务，督促其积极与相关政府部门沟通，做好存量业务的问题排查和整改工作。坚守信息科技安全底线，扎实推进辖内机构软件正版化工作，开展了网络安全专项检查工作，及时消除安全隐患；开展信息科技排雷专项行动，严密防范外部网络攻击，强化应急管理，确保了十九大期间辖内各银行业机构信息系统运行正常。

【推进银行业改革】 督导承德银行进一步完善公司治理，深入推进转型发展。开展承德银行股权管理情况现场检查，下发监管意见书1份，提出监管意见5条。承德银行石家庄分行、廊坊分行获批开业，保定分行获批筹建；增资扩股工作顺利完成；流动性系统开发工作如期推进，已完成流动性风险管理系统业务需求、方案设计工作；完成"一区双录"系统建设，理财业务顺利上线；智慧网点建设项目顺利，已为23家支行布设 52台智能柜台；不断完善手机银行功能，新版网银系统功能明显增强，企业网银对账功能即将上线，服务能力显著提升。截至年末，承德银行核心一级资本充足率10.07%、一级资本充足率为10.07%，资本充足率12.9%，高于省局要求值，2.57、1.57、2.4个百分点。

持续推进农商行组建工作，严格执行"成熟一家、组建一家"原则，丰宁农商银行已批复开业，承德县农信联社改制工作重新启动。村镇银行组建方面，宽城融兴、承德县恒升、平泉恒升3家村镇银行已批复开业。

【改进监管方式方法】 用好追责问责，坚决杜绝对违规问题和风险隐患视而不见、查而不处现象的发生，制止屡查屡犯、屡教不改等情况的出现。严格落实"三必罚"要求，已作出行政处罚决定4项，对4家机构罚款金额合计人民币80万元，有效树立监管权威。严格执行行政许可、现场检查、非现场监管、行政处罚、政务公开等工作流程和质量标准。制定《承德银监分局非现场监管"五单"制度实施细则》，召开"五单"制度专题培训，有效落实非现场数据"五单"机制。截至年末，共下发非现场监管指标异动单17份、提示单4份和警告单13份，非现场监管数据质量和工作水平持续提升。积极改进和创新监管方式方法，创新EAST系统应用，截至12月末，共设计模型26个，优化模型24个，累计应用模型68个，核实可疑问题40个，发现问题资金52亿元，形成监管处罚1项。其中，EAST系统法人机构流动性指标监测体系模型在河北银监局2017年度EAST系统应用劳动竞赛中得到认可，分局被评为"先进团队"。

【不良贷款】 受经济下行的持续影响，辖内银行业信用风险依然突出。截至12月末，全市银行业不良贷款余额34.38亿元，比年初增加6.80亿元，不良贷款率1.79%，比年初上升0.13个百分点，不良贷款余额和不良贷款率双升。黑色金属采选及压延业和房地产行业仍是重点关注行业。截至12月末，铁矿采选企业不良贷款余额3.16亿元，同比增加0.77亿元，不良贷款率2.67%，同比增加0.8个百分点。辖内铁矿采选企业资金链依然紧张，正常生产的企业仅占54.99%。辖内钢铁企业贷款九成以上集中在河北钢铁股份有限公司承德分公司一家，贷款集中度风险较大。房地产不良贷款余额比年初增长1.03亿元，同比增长51.98%。截至12月末，个人购房住房贷款余额 358.73亿元，比年初增加90.39亿元，增量占全辖银行业机构当年新增贷款的34.81%，个人购房贷款超常规增长，潜在风险逐渐积聚。

地方法人银行改革已经进入深水区。农合机构方面，辖内郊区、兴隆、隆化、平泉等4家农信联社，由于不良资产处置合规性问题以及其他监管指标不达标，无法启动农商行改制工作，解决不良资产问题，需要地方政府、省联社及社会多方面参与，改革任务依然较为艰巨。承德银行转型发展缺少系统性的顶层设计和科学前瞻的战略性安排，公司治理水平仍有较大提升空间。

【助推扶贫】 完善工作机制和服务模式。农发行承德分行设立“扶贫业务部”，8家县支行的“扶贫金融事业部”挂牌，为扶贫攻坚工作提供组织保障。农业银行承德分行实行“一行一策”，围绕各县（市、区）域经济特点、资源禀赋、发展环境、服务短板等，制定金融服务方案，为不同县域扶贫业务发展提供精准、有效的金融服务模式。创新金融产品和信贷政策，农发行承德分行加强与政府及相关部门沟通、协作，加快推进“平台类”贷款向“公司类”贷款转型，积极撬动项目建设融资。将重大水利工程过桥贷款（国家172项工程）、水利建设贷款、棚户区改造贷款、农村公路贷款等四类贷款纳入PSL（抵押补充贷款）资金使用范围，申请贷款利率远低于基准利率。针对农户“实际年龄＋贷款期限”60周岁的门槛，农业银行承德分行推出“合作扶贫贷”“光伏扶贫贷”，将申请人实际年龄和贷款期限之和上限分别调至70周岁、75周岁，解决建档立卡贫困户因年龄偏大导致的“想贷不能贷”问题，信贷政策向扶贫领域倾斜。

构建风险补偿机制，2016年隆化县由政府牵头，联合银行业机构、龙头企业、保险公司，创新推出“政银企户保”金融扶贫模式，为贫困户提供信用担保，并负责对贫困户审贷条件进行初步审查，银行业机构按照担保金额的8～10倍发放贷款，保险公司为发放的贷款办理保证保险，赔付率一般为所缴保费的150%～200%。隆化县模式在全市由政府大力推广，通过政府搭台增信、银行降槛降息、企业农户承贷、专项保险保障，贫困地区建档立卡户的资金需求得到有效满足。截至6月末，全市共整合政府风险补偿基金6.43亿元，共发放“政银企户保”贷款53.06亿元，带动建档立卡贫困户6.8万户，惠及农户11万余户。农业银行承德分行与市农业产业化办公室签订《农业产业化增信资金融资业务合作协议》，开启“政府风险补偿基金＋农业产业化龙头企业贷款”模式。支持特色扶贫产业，辖内银行业机构以“一环六带”（一环”指：八县食用菌产业环，“六带”指：果品、肉类（鸡）、中药材、蔬菜、马铃薯、奶牛产业带）产业带和“九大扶贫主导产业”（ 林果业、食用菌、中药材、时差菜、马铃薯、养殖业、小杂粮、手工业、乡村游）为抓手，积极支持特色扶贫产业、新型业态发展。农业银行承德分行绘制精准扶贫生态图谱，将承德市辖产业带和主导扶贫产业细化至各乡镇，确保扶贫信贷资金的精准、有效投放。丰宁支行利用“政府＋银行＋牧场＋贫困户”扶贫模式，支持县域奶业龙头企业改建生产线，支持当地建档立卡贫困户1000余户，助其安业增收。承德县农信联社以“三家镇”为试点，积极开办光伏扶贫业务，支持贫困户申请贷款安装光伏发电设备增收，截至6月末，已支持建档立卡贫困户94户。

截至6月末，全市银行业发放金融扶贫贷款93.80亿元，比2016年同期增加31.70亿元，同比增速高于同期贷款平均增速38.35个百分点。获得信贷支持的建档立卡贫困户1.23万余户，比2016年同期增加6008户，同比增长94.72%。其中，对建档立卡贫困户发放扶贫小额信贷余额9.37亿元，同比增长111.59%。全辖银行业机构发放扶贫开发项目建设贷款余额84.43亿元，其中，支持贫困地区基础设施建设项目贷款余额50.87亿元；支持重点民生工程建设项目32.56亿元。

【银监队伍建设】 持续推进“青年成长计划”，组织开展法律法规知识竞赛、现场检查培训、季度非现场监管分析会等活动，对新入职员工实施双导师培养制度，青年干部综合素质得到进一步锻炼提升，监管队伍梯次培养态势初步形成。开展干部选拔工作，严格按照规定程序，将政治过硬、德才兼备的干部选拔到中层岗位，干部队伍结构进一步优化。持续深化监管文化建设，开展登山环保行、健康知识及国学诗词讲座、承德市金融系统青年三人制篮球赛等活动，丰富职工业余文化生活，提振干部队伍士气，队伍凝聚力显著增强。开展文明单位创建工作，丰宁监管办事处被评为河北银监局2016－2017年度“文明单位”。

附：承德银监分局领导名录

党委书记、局长：宋有田（满族）

党委委员、副局长：焦彦辞

杨明东（满族）

党委委员、纪委书记：李应军

（供稿　李应军）

中国工商银行承德分行

【概况】 中国工商银行股份有限公司承德分行（简称工商银行承德分行）认真贯彻落实承德市委市政府和总省行决策部署，把履行大行社会责任、建设“魅力承德”为奋斗目标，努力探索创新金融之路，积极落实各项金融扶贫举措，在全市经济社会发展中主动作为，展现出大行的形象。截至年末，实现中间业务收入1.47亿元，拨备前利润5.34亿元，净利润3.39亿元。全部存款余额219.3亿元，较年初增加20.6亿元。其中，公司存款较年初增加3.74亿元，机构存款较年初增加8.89亿元。全部贷款余额242亿元，较年初增加17.2亿元。其中，公司贷款累放39.44亿元，余额109.3亿元，较年初增加2.14亿元；个人贷款余额128.9亿元，较年初增加20亿元，同业占比均居首位。分期付款累放交易额6.39亿元，同比增幅84.15%。

【支持地方经济建设】 积极贯彻落实中央和全省经济工作会议精神，准确把握和适应经济金融发展新常态，充分发挥金融支持实体经济转型发展的作用，不断优化信贷资源配置，积极进入清洁能源项目、基础设施项目、医疗教育、新农村项目，靠项目推动承德地区业务发展。为助力承德市政府解决22家破产企业职工安置问题，成功为承德市国控投资集团有限责任公司发放并购贷款3.6亿元。以金融手段为引擎，为承德新承置地开发有限公司发放承德临空经济区项目前期贷款3亿元，加快承德地区城市现代化进程。抓住欧元负利率契机，为承德钢铁公司办理跨境直贷2笔，累计5550万欧元，为客户节省财务成本。

【服务民生】 始终坚持“无中生有，有中生新”的发展思路，以服务创新、产品创新、流程创新为核心，深入研究行业、企业特点，不断丰富业务品种，顺应企业客户融资需求，不断进行产品和服务创新，将金融创新的立足点根植于服务实体经济，最大限度地支持绿色经济发展。积极与京津冀相关银行开展深度金融合作，签订丰宁抽水蓄能 22 亿元项目协议；签订克旗朗诚瑞风电力 3.6 亿元支持协议，全面推进跨区域合作支持企业发展。大力支持农村商业流动体系转型升级，利用融 e 购平台支持农村电商、商贸流通企业发展。在融 e 购商城精准扶贫政策指导下，对贫困县商户执行“三免”优惠政策，即：免收交易手续费、免收保证金、免收入驻费，以减轻贫困地区商户负担。丰宁满鑫食品直营店成功上线该行融 e 购平台，将贫困地区特色农产品等资源推向市场，有效拓宽商户销售渠道。

【推动普惠金融发展】 始终立足“服务实体 支小助微”的普惠金融发展定位，以重点项目为突破口，以供应链融资为抓手，全力支持小微企业发展，及时为小微企业“输血供氧”。截至年末，小企业贷款余额 37.93 亿元，比年初增长 5.4 亿元。为丰宁村级光伏扶贫电站一期项目发放精准扶贫项目贷款 4000 万元，服务当地建档立卡贫困人口 3628 人，增加当地财政收入，拉动地方经济的发展，为加快实现小康社会起到积极作用。成功发放省内首笔小额扶贫贷款，填补全省空白。成为承德市首个开办“证照联办”业务的银行，极大地简化证照审批手续，为企业带来便利。积极参加第 22 届省直“三下乡”围场县集中活动，开展对围场的帮扶工作，捐献电脑 20 余台，专门拟定重点帮扶项目，向到场民众发放宣传资料和物品，现场累计解答客户业务咨询 100 多人次。

【提升服务水平】 全年为 4 家支行安装便携式外出营销智能终端，完成 4 家网点营业环境改造，36 家网点全部实现智能设备覆盖，完成 2 家支行的离行式自助银行改造工作，积极推进网点经营转型和业态创新，使客户真正体验到服务、智能、高效、便捷、舒适的全新服务模式。从讲政治、讲大局的高度重视军队金融服务工作，深入了解军队客户实际需求，不断提升官兵满意度，成功为某驻军部队安装离行式自助银行，帮助部队解决了实际困难。抓好服务品牌建设，通过发挥先进和典型的示范引领作用，以点带面带动全行服务水平的提升。热河支行作为中国工商银行承德分行精心打造成功的服务标杆网点，在被省行评为服务明星网点后，申报并获批中银协五星级网点；承德山庄支行营业室被总行评为 2017 年度服务五星级网点，工商银行承德分行被列为省级文明单位并进行公示，成为承德 2017 年唯一一家新命名国有商业银行文明单位。

【履行社会责任】 始终秉承“服务客户，奉献社会”的使命，把开展社会公益事业活动作为义不容辞的责任，坚持开展好不同形式的爱心活动。积极开展金融消费者权益保护、金融知识进万家、金融知识万里行等金融知识宣传活动。积极投身公益事业，履行社会责任，坚持开展不同形式的爱心活动，连续 8 年开展“工行托举朝阳，爱心奉献春雷”资助困难学童活动、连续 16 载坚守“爱的约定”看望孤残儿童、连续开展协管交通、博爱一日捐、为环卫工人送温暖等社会实践活动，截至年底，已向社会捐款捐物 200 余万元。

附：中国工商银行股份有限工商承德分行领导名录

党委书记、行长：韩晓坤
党委委员、副局长：芮炳立
张小滨
党委委员、纪委书记：侯志坤
党委委员、副行长：朱习丰
副行长：刘 洋

（供稿 李耀光 白晓嵩）

中国农业银行承德分行

【概况】 2017年末，各项存款余额277.6亿元，比年初增加24.4亿元，增长9.64%；各项贷款余额235.2亿元，比年初增加46.5亿元，增长24.64%；实现中间业务收入1.8亿元，比年初增加0.26亿元，增长16.88%；实现利润5.8亿元，同比增加1.0亿元，增长20.83%。

【主体业务】 围绕“抓基础、强落实，建机制、提效率，调结构、控风险”的工作要求，丰富营销内涵，突出挖潜增效，注重精耕细作，筑牢发展根基，推动服务渠道“线上发展”，坚定不移打造“存款强行”之路。各项存款存量市场份额30.9%，增量市场份额41.5%，均居同业第一，存款业务保持领先优势。恪守客户信用等级准入、行业产业指引、两高一剩行业标准和人民银行绿色信贷政策，坚持环保“一票否决”制，加快信贷结构调整，提高信贷资产质量。各项贷款存量市场份额26.13%，同业第三，低于第一0.75个百分点；增量市场份额38.5%，同业第一，创历史新高，贷款投放领跑同业。中间业务大幅增加，支付结算、银行卡、电子银行、投资银行、代理业务、托管业务共同发展，金融产品持续推新，服务功能日趋完善，创效能力稳步提升。中间业务收入市场份额28.78%，同业第二；完成省行计划的108%，居全省第一。

【“三农”服务】 全面推进“三农”服务体系建设，创新“三农”业务品种，深化“三农”服务领域，实现业务稳步发展。到年末，涉农贷款占比49.2%，县域业务稳居同业首位。加大重点领域投放力度，充分利用政府增信模式项下的“政银企户保”、增信基金、引导基金，有效支持县域基础设施、民生工程、供水供热、污水处理等重点项目，“大、新、特”目标客户稳步推进，实现有效投放18亿元；锁定36个重点旅游开发项目，择优支持专业大户、家庭农场、专业合作社等新型农业经营主体经营发展，新增专业大户、家庭农场354户。普惠金融不断深化，创新“惠农通”分层管理维护模式，推动“惠农网贷”业务发展，解决服务“三农”最后一公里问题，上线“农银e管家”828个，助农取款服务点增加400多个，行政村覆盖率提高20个百分点。完善《扶贫金融生态图谱》，依托“六业”（创业、就业、立业、安业、助业、善业）精准扶贫模式，因贫施策，精准发力，新增扶贫贷款3.4亿元，余额达17.6亿元，带动服务贫困人口11.4万人。

【内控管理】 强化“双基”管理（基础管理和基层管理），围绕“三化三铁”（标准化、规范化、制度化”，铁账、铁款、铁规章）创建、质量控制、履职能力提升，将“人控、机控、质控”有机结合，持续推进信贷、运营、财会、科技、保卫等领域案件风险专项治理。扎实推进“三线一网格”（党建线、纪检线、运营线；员工行为管理网格化）管理模式，落实家访、行为排查等规定动作，强化网络安全和人员行为管理，消除不安定因素。梳理关键设备、关键岗位、关键部位、关键时段风险点，编制操作手册，设计应急预案流程图、案防工作框架图，有效防控各类案件和重大事故发生。

附：中国农业银行股份有限公司承德分行领导名录

党委书记、行长：马　韬
党委副书记、副行长：吕俊军
党委委员、副行长：刘建宁
孙士斌
侯晓东

（供稿　胡宪义）

中国银行承德分行

【概况】 2017年，中国银行股份有限公司承德分行（简称中国银行承德分行）认真贯彻落实国家货币政策，紧紧围绕全市经济发展和产业结构调整方向，努力打造极具市场竞争力和品牌影响力的当地最好银行，在服务社会经济发展、服务百姓民生的同时，实现经营业绩持续提升。截至年末，全行实现净收入6.89亿元，拨备前利润4.89亿元，净利润3.61亿元。本外币贷款余额180.67亿元，较年初增加12.21亿元；存款余额176.25亿元，负增长5.16亿元。

【业务发展】 围绕全市基础设施建设、京津冀一体化、钢铁企业转型升级、十大绿色产业加大信贷投放力度，重点支持河北省高速公路管理局、国电承德围场风电、建投承德热电、中力海置业、山庄老酒、宽广超市集团、神栗食品、丰宁抽水蓄能等项目；全年累计投放公司贷款65亿元，投放个人贷款13亿元。以“中银信贷工厂”为抓手，依托核心企业，利用“1+N”模式，支持中小企业发展，并根据县域实情，实施“一县一品”策略，每个县均推出一款适合当地产业特点的信贷产品。实施重点项目带动战略，紧盯全市招商引资及京津冀协同发展项目，强力跟进。开展个人存量客户提质增效活动，提升客户产品覆盖率，新增客户产品人均持有中行产品4.53个。依托外汇业务优势，新增跨境客户1.32万户，个人结售汇市场份额全省第一。积极做好财政、社保、公积金等行政事业单位的稳存增存工作，先后开立承德市本级、隆化、宽城职业年金收入账户和归集账户，取得双滦区、双桥区和高新区国库集中收付代理业务资格。附属医院、围场县医院、滦平妇幼保健院三大银医合作项目，金龙城市广场、承德县宽广超市、高新区宽广超市收银一体项目等相继落地。大力推广“来聚财二维码”支付，优化支付环境。

【机制改革】 推动支行、部门动态薪酬考核，增强考核的穿透力，根据业绩动态调整薪酬等级。加大对净收入考核的挂钩比例，促进各机构围绕效益抓发展；对打基础、利长远的重点项目拓展，设置行长奖励基金和机构专项激励费用。推行网点效能评价，提升客户体验，鼓励网点争先进位。成立普惠金融服务中心，担当社会责任，服务实体经济，统筹推进全行普惠金融业务。落实市委市政府扶贫工作要求，分支行抽调人员，驻村开展扶贫工作，科级以上干部与贫困户开展结对帮扶。

【风险控制】 以信贷资产盘存为抓手，强化贷前、贷中、贷后管理责任。坚持多措并举，落实“一户一策、责任到人、分层清收”措施，化解处置不良资产3400万元。截至年末，不良贷款余额3390万元，不良率0.19%。针对当前案件特点，加强内部管理，划出合规红线，开展“坚守底线、警钟长鸣”合规教育；结合典型案例，明确“内控九条”高压线；健全“群防群控”的案防机制，以科技手段强化精准核查，加大基层网点风险管控专项检查力度，营造从严治行氛围。以深化“平安中行”建设为主线，加强硬件建设，提升物防技防水平，加强检查督查，落实各项安防措施，全辖实现全年无四类案件、无消防事故。

附：中国银行股份有限公司承德分行领导名录
党委书记、行长：牛少辉
党委委员、副行长：孙瑞稳
王　刚（满族）
党委委员、纪委书记：于文和
党委委员、副行长：张瑞军（满族）
秦树安（蒙古族）

（供稿　赵玉智）

中国建设银行承德分行

【概况】 2017年末，一般性存款时点余额231亿元，较年初新增21.6亿元，增速为10.3%；时点新增31亿元，增速为16.4%。各项贷款余额241亿元，新增37亿元，增速14%。拨备前利润6.26亿元，增幅10.1%，实现经济增加值2.68亿元，超额完成省分行计划。

【金融服务】 面临机遇与挑战，立足承德基础设施建设，围绕重点项目，开展重点攻坚。对信贷政策支持领域实现“有保、有转”，实施存量客户授信审批的延续和具有较大影响力和知名度的龙头民企继续信贷支持。年内重点实现对京沈高铁、津承城际铁路等基础设施建设类项目投入，对涉及民生的企业及纳入市级财政预算的政府购买服务和PPP项目投入，对具有较大影响力和知名度的龙头民企投入。以创新精神实现普惠金融落地，圆满完成普惠金融推广任务及“三个不低于”监管要求，做到“建设一个工厂，拓宽两个渠道，狠抓三个活动，打造五个平台，实现两个提升”。“建设一个工厂”，通过梳理流程、完善机制，完成小微企业“信贷工厂”模式搭建，奠定小企业信贷业务标准化、专业化操作基础。“拓宽两个渠道”，实现小企业信贷业务线上操作和物理网点的延伸。线上操作以“小微快贷”为抓手，通过“地毯式”培训，关键节点督导、重点产品宣传、名单客户推送，营造小微快贷发展氛围。自6月正式上线以来，“小微快贷”呈现快速发展势头。在延伸物理渠道上，制定网点型支行办理小企业信贷业务操作流程，完成网点办理小企业信贷业务机构分类，以“小微快贷”上线为契机，强化网点小企业信贷客户的挖掘，年内全部网点实现小企业信贷业务破零，有力提升网点对公信贷经营能力。

狠抓“三个活动”，前三季度重点抓客户群营销活动、大数据产品营销活动，立足该区域客户资源禀赋，围绕小企业传统信贷产品和“七贷一透”大数据产品实施精准、批量化营销。四季度重点抓“决战收官季 普惠促转型”专项活动，通过出台方案、加大资源配置、强力督导，举办客户沙龙及银税直连宣传等措施，超额完成目标任务,实现普惠金融圆满收官。打造“五个平台”，即：围绕“一圈、一链、一平台”，在巩固“E”贷款平台、“助保贷”平台的基础上，搭建科技贷合作平台等为小企业客户批量化营销奠定坚实基础。

实现“两个提升”，在小企业贷款高质量发展，带动对公相关产品、中间业务收入及有效客户提升；通过风险管控，实现资产质量的提升。截至12月末，小企业实现不良贷款额、率双降。

【重视消费金融】 开展“强分期促中收”与“转型促中收”两个活动，重点围绕四个客群，即：重点围绕手机银行客户、房贷客户、持有他行卡的年轻客群等实施主动营销，强化信用卡渗透；“两个渠道”，一是打通手机、微信等获客渠道；二是契合持卡人消费偏好、打造“惠兜圈”收单商户渠道，“两项工作”，即：狠抓网点产能达标考核，通过走访4S店和开发商，大力推动一般分期和专项分期，全年网点达标率35%，排名全省第二；坚持“典型引路”与“剁尾巴”两手抓，及时复制先进经验，通过调研、宣讲、辅导等方式对落后机构实施帮扶，着力打造精品网点。聚焦住房金融，抢抓政策窗口期。紧跟政策形势导向，坚持早投放、早发力。加大优质楼盘、高端客户的走访维护力度，在把好客户准入关的前提下，大力实施客户储备；加强与住建局、公积金中心、省行对口部门的沟通与交流，抢抓政策窗口，全力提升住房贷款规模，房改金融业务继续领跑同业。持续夯实客账户基础，做大对公负债规模。持续深化对公有效客户走访力度及频率，积极对接工商部门，扩大代理工商开户的优势。实施生态圈建设，推动个人业务全面发展。实施启动早部署、资源早配置、计划早下达、考核早明确、市场早预热，打造多维生态系统。围绕燃气、取暖、水费、有线电视等搭建互联网生态圈，实现年度内缴费客户超30万次；扩大交通生态圈范畴，落实5000位司机的专项拓展；提升校园生态圈建设质量，深入校园开展多维度活动，从金融知识宣传普及到金融产品使用指导，提高广大学生防范金融风险意识；积极部署龙支付推广系列活动，如“一元换购”，使用龙支付结算立减等多种活动，全面推进移动支付生态圈建设；强化助农点商户合作关系，注重农村生态圈活跃度，大力发展裕农通，增强农村金融服务供给；突出信贷的助力作用，强化产品联动，全面搭建房贷客户与消费金融生态圈。

【经营管理】 落实“转型基础夯实年”活动要求，及时修订完善绩效考核评价体系，突出政策传导与活动推进，细化资本管控。高度重视渠道建设，设置渠道管理中心，明确职责分工，完善人员配备和制度体系建设，强化功能发挥。制定出台《承德分行全面推进渠道转型工作实施方案》《承德分行物理网点建设三年规划》等一系列文件，提出物理渠道转型的总体思路、规划目标和7大类60项工作措施，以“任务清单”强化落实。加强对自助设备运营的梳理、分析、跟踪和整改，提升设备运营效率，优化自助设备渠道布局，年内全行188台自助设备运行平稳，台日均帐务交易量133笔，全省排名第二。强化智慧柜员机推广应用，持续开展新一代功能释放，科学提升设备使用效率；持续对智慧柜员机使用效率、零交易设备进行每日监控并每月通报。优化网点劳动组合，年内压缩高柜19个，低柜9个，释放柜员28人，行劳动组合和人员配置均达到省行最新优化标准。加大“龙易行”和综合营销支持应用的应用推广力度。

【建行风险防控】 注重体系建设，强化问责监督。落实资产质量“一把手”责任制，多次召开党委专项会议听取观察关注客户情况汇报，严格执行“风险职责进党委、延伸职责进支部”要求。注重全面防控，做到防微杜渐。党委班子带头抓不良贷款的督导力度和跟进速度，与基层支部一起对重点项目进行攻关跟进，形成“纵向到底、横向到边”的责任体系，一定程度上降低资产质量下迁的金额和概率，提高逾期贷款催收成效。注重流程管控，在日常风险管理上，强化信贷风险监测，及时进行风险提示、督办，对信用风险实施全流程管控。一方面严把客户准入、授信审批、贷后管理关口，做实营销信息沟通、信贷业务诊断、贷后管理跟踪三个例会制度和贷款“三查”制度，全面发挥“三道防线”作用。另一方面，在上级行业务政策、业务流程的框架下，用足政策空间，进一步优化授权审批业务流程，促进授信审批工作质量、工作效率的进一步提高。在日常风险管理上，强化信贷风险监测，及时进行风险提示、督办，对信用风险实施全流程管控。注重合规文化建设，强化主体责任落地。积极配合省分行开展好“合规建行、知行合一”活动，落实银监会“三违反”“三套利”“四不当”“银行业市场乱象”专项治理工作要求，坚持案件风险防控、预防腐败长效化和“零容忍”；开展大量艰苦、细致的协调工作，扎实开展信访维稳工作；不断健全安全生产风险防控体系，持续加强保密工作，持续巩固“平安建行”创建成果。突出信贷文化建设，全面推行“信贷文化大讲堂”“三必讲”“两反思”等活动，进行政策解读宣讲、答疑解惑，有效推动信贷文化理念的传导，为信贷业务健康发展奠定坚实基础。

附：中国建设银行股份有限公司承德分行领导名录

党委书记、行长：尹建中

党委副书记、副行长：杨占林

党委委员、副行长：池景明

党委委员、纪委书记：王呈禄

党委委员、副行长：何长军

（供稿　梁海鸥）

中国邮储银行承德分行

【概况】 全年围绕“稳增长、调结构、促转型”的中心任务，攻坚克难、砥砺奋进，各方面工作扎实推进。个人金融业务深化转型，中间业务收入水平进一步提高。理财业务销售量达12.85亿元，已成为拉动中间业务收入的主要增长点；信用卡业务持续开展“悦享”系列特惠活动和异业联盟特惠商圈建设，多项业务发展指标大幅提高；手机银行业务通过活动促进、联动营销、外拓营销获得持续发展，新增注册用户3.41万户。零售信贷业务坚持差异化经营策略，深入推进平台建设和特色支行建设，业务发展稳中有进，小额贷款业务净增额列全省第三位（系统内），个人商务贷款、消费贷款业务超额完成全年净增计划，小企业贷款业务收入完成比例列全省第二位（系统内）。公司业务深入践行联盟式发展战略，以大项目为抓手，加强优质企业挖掘和大项目对接，实现稳健发展。截至12月底，公司负债时点余额19.10亿元，日均余额20.06亿元，年净增长0.54亿元；公司信贷业务余额17.4亿元，本年累计净增2.4亿元。

【风险管理】 出台风控指引、风险管理工作要点等指导性文件，每季度召开风险与内控管理委员会会议，加大日常风险监测与预警力度，编发风险内参、风险提示和案例分析，风险管理工作不断深入。成立不良贷款处置工作领导小组、制定资产质量考核管理办法及抵押物质量评估管理办法，成立专职不良贷款催收团队，开展资产质量攻坚战、百日清收竞赛、不良贷款催收等活动，资产质量管控持续强化。通过召开案防领导小组会议、签订案防责任书、下发尽职检查通报，组织开展“两两回头看”“违法、违规、违章”行为专项治理等活动及案件风险排查、案件高发领域专项排查、非现场检查等形式，全力加强案件防控力度，全年未发生任何资金案件。开展各类安保培训，组织开展消防安全专项排查等各类检查，加强监控设备、消防设备、防盗设备、报警设备等案防设施建设，开展“能力提升回头看”等活动，安全保卫管理工作进一步夯实。

【精细化管理】 开展“质量效益年”“基础管理工作达标升级活动”，细化岗位职责、工作标准、工作措施、考核评价等内容，管理工作逐渐由“粗放型”向精细化转变。充分发挥资产定价管理委员会的作用，完善利率组合定价管理办法，利率定价管理水平得到提升。持续完善绩效考核体系，加大利润、人均效益及风险类指标的考核权重，绩效考核导向更加凸显。持续推进会计营运后台集中处理工作进程，完成银企集中对账、业务印章电子化推广、实物印章收缴、冠字号码管理子系统推广等工作，网点营运管理逐步加强。开展行业研究和监测及授信管理专项检查、贷后管理专项督查及全流程作业监督，加强授信业务风险把控；推广全流程审查审批系统、落实限时承诺制度、推广平行作业模式，审查审批效率进一步提高。开展设备清查、生产设备更新及机房、网点、ATM配钞间的网络治理工作，在全省（系统内）率先完成信息科技标准化改造工作；持续开展应急演练，完善应急管理组织构架和应急预案，信息科技风险防控和信息系统突发事件处置能力不断增强。

附：中国邮政储蓄银行承德市分行领导名录

党委书记、行长：刘晓东（满族）

党委委员、副行长：王金奎（满族）

李魁鹏

杨艳杰（女，回族）
熊　燕（女，满族）
（供稿　梁寒雪）

中国农业发展银行承德分行

【概况】 在承德市委、市政府和省分行党委的正确领导下，在人民银行和市监分局的精心指导和大力支持下，全面贯彻落实全省市级分行行长会议、全省推进业务发展工作会议精神，牢牢把握稳中求进工作总基调，以党建工作为统领，聚焦业务发展和风险防控“两大任务”，突出基础管理和队伍建设“两个重点”，形成了稳步发展的良好态势。截至12月末，各项贷款余额747113万元，比年初减少82894万元；各项存款日均余额258807万元，较年初减少81188万元，人均日均存款1362万元；实现账面利润9594万元，人均利润50.6万元；中间业务收入18.74万元；国际业务结算量694万美元；全辖继续保持无不良贷款。

【信贷支农】 始终将发展作为第一要务，不断加大支农力度。积极支持粮油收储，全年发放粮食收购贷款4800万元，收购粮食2119万公斤；发放中央储备粮贷款27069万元、地方储备粮贷款1722万元，收储粮食13020.5万公斤，保障了粮食安全。大力支持农业农村基础设施建设，发放基础设施贷款3亿元，支持农村流通体系、棚户区改造和城乡一体化建设；承接省平台公司易地扶贫搬迁贷款7.93亿元，支持隆化、平泉2个国定贫困县（市）易地扶贫搬迁项目建设。努力服务实体经济，累计向12家优质粮食加工、果品加工、畜牧养殖及畜产品深加工、蔬菜及食用菌种植加工企业发放贷款4.22亿元。抓好项目营销，为落实好省分行和市委市政府指示精神，以丰宁为试点签订支持乡村振兴暨城乡协调发展战略合作协议，授信50亿元，优化外部发展环境。建立落实“四项营销制度”，加强工作调度和业务培训，实施正向激励，项目营销取得初步成果。年末，营销储备中长期贷款项目31个，计划融资金额58.45亿元。

【经营管理】 针对经营管理基础薄弱问题，多管齐下，不断夯实发展根基。大力稳定经营效益，一方面树立存款增效意识，抓好涉农资金整合与贷款回笼管理，加大项目资本金、项目配套资金、贷款风险保证金及上下游客户存款的营销力度；另一方面严控费用支出，加大表外清欠与收息力度，实行县级行班子成员绩效与利润完成情况挂钩，努力增收节支。切实加强风险管控，对出现的大额风险贷款，主动与市、县两级政府沟通协调，落实催收措施和风险防控预案，全力进行化解。全年累计收回到期中长期贷款36笔，金额9.43亿元；收回产业化龙头企业贷款24笔，金额4.6亿元，缩小了贷款风险敞口，继续保持贷款质量“零不良”。以“信贷队伍建设年”活动为抓手，加强信贷全流程标准化管理，落实风险分析例会、贷后管理例会、风险分类管理等制度，开展押品检查，加强中介评估机构管理，信贷管理基础进一步夯实。深入开展财会对接检查，举办“典型引领，提质增效”承德站宣讲活动，严格落实会计结算制度，修订《机关财务管理暂行办法》《差旅费管理实施细则》《接待管理实施细则》《车辆管理暂行办法》，厉行勤俭节约，从严规范财会行为。以合规经营为重点，扎实开展“三违反”、“三套利”、“四不当”和市场乱象整治等专项治理，抓好反洗钱综合整治，全面开展内控评价和案件风险排查，倡导“精、细、严、实”工作作风，合规管理水平不断提升。

【党建工作】 不断探索基层党建工作的新途径，着力解决虚化弱化问题，扎实开展“两学一做”学习教育，确立党建联系点，开展主题党日和微党课活动，抓好扶贫共建，丰富党建内涵。严格落实“三会一课”制度，加强党员活动室建设，征集推广“特色支部工作法”，设立《党建通讯》专刊和党建微信群，党建制度化、规范化水平不断提升。认真落实干部交流任职及专业岗位兼职清理要求，对5名县级行“一把手”和5名市分行机关正副主管进行岗位交流，清理专业岗位兼职人员3名，将6名年轻干部充实到业务部门，队伍结构得到优化。抓好党风廉政建设，发挥纪委监督职能，签订党风廉政建设责任书，围绕省分行典型案件通报暨警示教育大会要求，集中开展警示教育活动，构建覆盖全员的廉政监督体系。党的十九大召开后，购置新党章和党的十九大报告单行本，组织收听收看专题党课和专题讲座，迅速掀起学习贯彻热潮。

附：中国农业发展银行承德分行领导人名录

党委书记、行长：李希杰（6月免）
徐泽湖（6月任）

党委委员、副行长：张爱其
肖俊青
赵学功（4月免）

（供稿　肖俊青　吴利国　任志伟）

河北省农村信用社承德办事处

【概况】 承德农信社面对强监管、防风险、大数据等年度金融工作热点，坚持稳中求进工作总基调，推改革、强管理、夯基础，全面提升发展质量和效益，实现业务经营稳中快进、体制改革持续深化、机制建设日臻完善、基础管理扎牢夯实、重点工作稳步推进的良好局面。完成县级联社改制农商行工作，丰宁农商行于10月18日正式挂牌开业。由宽城农商行发起设立的宽城融兴村镇银行于10月22日正式挂牌开业，首家阜外村镇银行——青龙融兴村镇银行于12月23日正式挂牌开业。承德县联社已完成清产核资及问题整改。郊区、隆化联社达到改制准入条件、已获省联社批筹。把调整信贷结构作为坚定不移的目标，严禁新增铁选等“两高一剩”行业贷款，严控新增房地产、建筑商和包工头贷款，实行房地产企业贷款退出战略。学习借鉴浙江、内蒙同业先进经验，规范管理半隔离式小贷中心，谋划建立全隔离式小贷模式，大力推广小额信贷，截至12月末，全辖单独建账的小额信贷净增24.5亿元，占新增贷款总额的39.38%，成为贷款投放的主渠道。深化干部队伍改革，制定理（董）事长引咎辞职办法，年末考核得分低于70分的最后一名引咎辞职。完成县级行社“三定两聘”工作，全体“起立”、重新竞聘，落聘人员转为专职营销岗，建立干部能上能下机制，员工能进能出的选人用人机制。

【支农支小服务】 扎实做好“双基”共建，按照“整村推进”思路，每个信用社每季度至少完成一个行政村的“双基”共建，确保不落一户、不落一人。截至12月末，全辖建档评级农户38.37万户，已授信94.95亿元，用信16.62亿元。5月，全省推进“双基”共建农村信用工程工作现场会在隆化县召开，各级党委政府、农工部门领导均给予充分肯定和高度评价。开通贫困户评级授信绿色通道，优先将围场、丰宁、隆化3个深度贫困县的72个深度贫困村纳入“双基”共建，保证深度贫困村的金融服务需求，对符合条件的贫困户及时摸底、评级、授信，确保满足贫困户生产生活资金。截至12月末，全辖已建档贫困户15.31万户，已评级贫困户15.31万户，已授信贫困户1.16万户，金额3.84亿元；已用信4208户，金额2.45亿元。推广创新扶贫贷款模式，在全辖推广“政银企户保”扶贫贷款模式，全辖农信社共发放“政银企户保”贷款3703户，金额7.97亿元，得到了各级党委、政府的肯定和支持，隆化县联社被评为2017年度中国精准扶贫优秀县域银行。

【做优金融服务】 创新业务产品，鼓励县级行社加大业务创新力度，开办个人住房按揭贷款、个人汽车消费贷款等低风险业务。不断创新特色中间业务，开办代收住房维修基金业务，承德县联社率先开办贵金属代售和保管箱业务。针对不同人群创新研发“白领乐”贷款、股金诚信贷款、股权质押贷款，有效满足广大客户多元化、多层次的金融服务需求。结合实际选择开展了超市MIS—POS、校园玲珑卡、财政零余额账户、扫码支付、移动展业和电商平台等业务，带动全辖网点业务快速发展。多渠道开展资金营运，发挥好市级资金营运平台职能作用和平台集中议价优势，不断拓宽资金营运渠道，实现同业资金收益最大化。截至12月末，实现金融机构往来收入6.35亿元，非信贷资金收益6.98亿元。全面推进“金融便民店”建设，加大“农信村村通”提升工程考核力度，精准布放小额现金循环机和智能POS机，做到提升一户、使用一户、有效一户，同特约商户、自助银行共同布局农村阵地，全辖共建成金融便民店1913家。深入实施扫街营销，全员发动，深入社区、商铺、企业，综合营销农信社存贷款、电子银行等业务产品，加大绩效考核力度，有力促进各项业务发展，全辖存款增长88.56亿元，贷款增长62.22亿元。2家县级行社存款突破70亿元关口4家县级行社存款突破80亿元关口。

【夯实基础工作】 实行经营管理双线考核，在继续考核经营指标的基础上，制定实施专项考核办法17项，实行管理目标科室对口考核，作为评判县级行社班子成员年度履职评价和部室管理评价的重要依据。强化信贷业务管理，制定下发《关于加强几项关键信贷管理工作的通知》，开展顶冒名贷款专项整治、超诉讼时效和空转贷款专项整治、不良贷款责任认定和责任追究等3个专项行动，采取联合法院开展“紫塞风暴”执行会战、成立清收大队、委托律师事务所代理清收、溢价发行股金搭售等多种举措清收不良贷款，强力规范信贷业务，提高信贷资产质量。加强财务会计管理，牢固树立成本管理意识，加强对费用开支的管理，增加公用费用率指标考核，实行成本收入比指标考核“一票否决制”。认真做好会计基础达标升级工作，做好柜面业务培训，提升会计结算效率和质量。持续提高合规建设水平，加大审计和稽核检查工作力度，加强实时预警系统运行管理，扎实开展案防合规文化单位创建、“四个一”合规促进、安全保卫达标升级等工作，荣获全省农信社法律法规知识竞赛团体第一名，围场农商行成为全市农信社第一家省级合规文化先进单位。

附：河北省农村信用社联合社承德办事处领导名录

党委书记、主任：刘　强
纪检书记、副主任：马月祥
党委委员、副主任：赵志刚

（供稿　刘志勇）

承德银行

【概况】 在国内外严峻复杂的经济金融形势和国家宏观政策深刻变革的情况下，扎实推进五大战略目标、加快五大机制建设，全体员工不畏挑战、同心协力、砥砺拼搏，各项业务保持良好发展势头。截至年末，全行资产总额1087.53亿元，比年初增加180.90亿元，增幅19.95%；负债总额1028.90亿元，比年初增加166.85亿元，增幅19.36%；各项存款余额813.43亿元，比年初增加148.64亿元，增幅22.36%；利润总额11.25亿元，同比增长1.57%；缴纳各项税金

4.14 亿元；资本充足率 12.90%，核心一级资本充足率 10.07%，流动性比例 77.54%，拨备覆盖率 199.98%，不良贷款率 1.5%，市本级纳税连续 6 年保持市属企业第一位，全行经营质效稳步提升。

廊坊分行、石家庄分行挂牌开业，保定分行获批筹建，全行已建、在建分支机构 85 家，形成有效覆盖承德、唐山、秦皇岛、廊坊、石家庄、保定 6 家地市的跨区域服务网络。截至年末，全行员工总数达到 1406 人，平均年龄 31.5 岁，本科以上学历人数 1251 人，占比 88.98%。

【业务发展】 组建互联网金融部，首款互联网金融产品“大数时贷”于 11 月末正式落地，截至年末，累计放款 95 户共 3007.9 万元；与大数金融、百度金融、京东金融、新网银行、北京江融信、白骑士大数据等 13 家国内一流的金融、科技公司的战略合作陆续开展。手机银行增加蓝牙 KEY 安全认证功能，转账限额提升至 20 万元，增加手机银行理财销售渠道，完善各类生活缴费功能；二代网上银行系统正式切换，操作更加简便、数据更加标准，更适应业务的长远发展需要；微信银行上线运行，在提供主要金融服务信息查询功能的同时，还为客户提供了线上贷款通道；智能柜台、柜面无纸化、生物识别、预约服务等功能正式推出，离柜业务替代率达到 72.43%。零售业务转型加速推进，创新发展能力不断增强。截至年末，全行 500 万元以下贷款共 8594 户，较年初增长 2.41%；贷款余额 49.9 亿元，较年初增长 83.79%，零售贷款不良率 1.05%；微贷中心全年累计放贷 8.91 亿元，不良率 0.06%，保持了高投放、高质量的良好势头。全行储蓄存款客户 124.2 万人，较年初增长 19.2%；储蓄存款 442.93 亿元，较年初增长 17.74%。理财产品“热河财富”“承银财富”正式推出，全年累计发行 29 期，发行金额 23.51 亿元，沉淀存款 7000 余万元。金融市场业务稳健发展，资产负债管理能力不断提升。截至年末，金融市场业务实现收入总额为 19.36 亿元，同比增长 56.63%；实现净收益 12.89 亿元，同比增长 34.55%；电票系统正式上线，为票据业务规范后的蓄力发展提供有效保障；充分发挥同业负债的灵活性和主动性，从央行、市场、同业等多渠道吸收低成本负债，有效提升全行资产负债管理能力和流动性水平。

【风险管控】 深入开展风险专项治理工作。依据内外部案防形势，制定《2017 年案件防控工作计划》，提出加强操作流程建设、强化重点人员教育、排查力度和建立案件风险排查的“四项原则”和“五项机制”，对制度建设、合规管理、风险管理等方面全面梳理，查改现行制度建设方面存在的问题，对缺失制度进行相应的补充。加大非现场审计监督力度。通过非现场检查，深入排查高风险业务，根据风险状况，及时优化审计模型，全年共提出建议并完成整合优化模型 198 个，有效提高内部审计的精准性。全面开展各项审计工作。全年共组织开展 9 个方面的专项和全面审计工作，提出风险提示和审计建议。

【绩效考核】 对绩效考核方案进行调整，根据不同岗位员工优化绩效工资结构及考核标准，突出考核重点和目的。为提升员工技能素质，全年共组织内外部培训 65 场，其中针对管理人员培训 10 次，员工 55 次，培训次数逐步增多，参训人员范围逐步扩大，取得较好的成效。

【企业文化】 “家园文化”内涵逐渐丰富。楼宇文化长廊成功布展，创办《承德银行》行刊，组织健走比赛、篮球比赛、书法摄影展等活动，充分利用企业文化展厅、员工休闲中心、健身中心、职工食堂、培训中心以及 8 个文体协会，为职工提供丰富多彩的工余生活。“合规文化”理念渐入人心，开展“案防合规先进单位”创建活动，平泉支行、兴隆支行、南营子支行荣获河北省案防合规先进单位；开展合规主题演讲竞赛，进一步筑牢员工抵御违法、违规行为的思想防线；通过创建案例警示交流平台、刊发内部法律期刊、开展违规行为专项检查等方式，为全行在严峻形势下稳健发展营造良好氛围。“服务文化”不断完善，从服务环境的改善、制度流程的优化、厅堂服务的提升入手，对5家支行装修改造，优化各类制度、系统、流程280多项，客户服务体验不断优化。品牌价值不断提升，全行银监会银行业监管评级晋升“2C”级，主体信用评级晋升“2A”级，成为河北省唯一一家获批“2C”级的城市商业银行；荣获第五届“全国文明单位”国家级荣誉称号，在全球权威杂志英国《银行家》发布的“2017年全球1000家大银行榜单”中，位列第864名，跻身“全球千家大银行”序列。主动履行社会责任，积极为贫困村滦平县付营子镇金鸡沟村协调基础设施建设项目；多次组织干部员工到贫困村进行对接帮扶；组织青年文明号单位青年员工代表到贫困村慰问留守儿童和贫困学生；为贫困村小学捐助了电脑、音箱、学习和体育用品等物资。

附：承德银行领导名录

党委书记、董事长：王振廷（满族）
党委副书记、副董事长、行长：张　磊
党委副书记：史文浩（满族）
党委委员、副行长：师文生（满族）
党委委员、监事长：姜　鹏
党委委员、纪委书记：马君慧（女）
党委委员、副行长：张建军（满族）
党委委员、副行长：汪　泳
党委委员、董事会秘书：赵广树
党委委员、副行长：丁德民（满族）

（供稿　王振宇）

在承德其他银行

【交通银行承德分行】 2017年，全年全行人民币存款日均余额29.57亿元（含同业），较年初增加13.70亿元，增幅86.33%。其中，对公存款日均余额11.84亿元，较年初增加2.81亿元，增幅31.12%；储蓄存款日均余额4.94亿元，较年初增加0.74亿元，增幅17.62%。人民币各项贷款余额18.76亿元，较年初增加4.36亿元，无不良贷款。全年实现经营利润4276万元，较上年增加1931万元，增幅82.35%，计划完成率95.37%；实现经济利润2163万元，较上年增加1506万元，增幅229.22%，计划完成率98.31%。

2017年，板块业务继续保持良好发展势头，存款指标完成较好，对公存款时点余额、日均余额创开业以来最高点。“保债计划”、快易贴业务、“彩虹桥”等项目，共同助推负债增长。同业业务进一步发展，与辖内各城商行、农商行、村镇银行已经建立良好的合作关系，同业理财产品“金月亮”最高时点余额创开业以来最高点。普惠金融方面，零贷小微企业贷款余额7.75亿元，较年初增加5.01亿元，零贷小微企业贷款户数45户，较年初增加1户，申贷获得率98.21%，较好的完成“三个不低于”指标和支农贷款任务。

截至12月末，AUM余额9.20亿元，较年初增长1.70亿元，储蓄存款时点余额5.64亿元，较年初增长0.64亿元，储蓄存款日均余额4.94亿元，较年初增长0.74亿元。达标沃德存量241户，新增48户，交银客户存量2050户，新增650户，低端客户存量1392户，新增601户，手机银行活户新增6760户，完成率123.54%。个人贷款业务首次实现突破，截至12月末，个人贷款余额8534万元，新增一手住房按揭贷款7708万元。

附：交通银行承德分行主要领导人名录

党委书记、行长：宋晓光

党委委员、副行长：马学东（5 月任）
赵利军（6 月任）
韩晓娟（女，满族，6 月任）

（供稿　殷健凯）

【河北银行承德分行】　面对经济形势下行环境和同业竞争压力，努力开拓，攻坚克难，经过全体员工共同努力，各项经营指标完成情况良好，在当全市同业实现领先发展，银政企合作关系得到巩固，河北银行承德分行品牌知名度和影响力进一步提高。截至年末，存款余额 38.44 亿元，新增 9.23 亿元，增幅为 31.62%，日均存款额 34.27 亿元，较上年日均额增加 11.03 亿元，增幅为 47.46%。贷款余额 21.97 亿元，较年初新增 8.72 亿元。营业网点 9 个，全辖人员在职职工 115 人。

积极推进大额资金争揽，先后争揽到双桥区、双滦区和滦平县等地的偿债资金、棚改资金、拆迁补偿资金等 10 亿元大额资金落地。成功续做大地远通集团结构化融资业务 7000 万元，投行融资额实现"破零"先后吸引国控集团、山庄酒业等理财增值资金近 4 亿元。先后成功办理全行首笔 7200 万元的并购贷款、分行首笔 2000 万元的出口退税账户托管贷款业务和首笔 660 万元的法人按揭贷款。与冀银租赁合作办理的首笔融资租赁业务 1.02 亿元成功落地，标志着分行在打通融资渠道、拓宽发展思路和服务地方经济上取得新进步。与扶贫工作相结合，推出光伏扶贫贷款，授信 1 亿元，实现经济效益和社会效益的双提升。

截至 2017 年末，承德分行基础客户数达到 19188 户。以理财为抓手，做大做强中高端客户群。中高端客户达到 15445 户，较年初增长 6668 户。本年理财销售 78.59 亿元，理财保有量达到 31.43 亿元、较年初增长 12.9 亿元。以工会卡为载体，全年新发卡 20 多万张，新激活 7 多万张，全年发售两期 2 亿多元的专属理财，使河北银行在承德地区影响力进一步加强。理财保有量达 4.8 亿元，较年初增长 4.2 亿元。发放工保 11832 万元，工保贷余额 9993.14 万元，较年初新增 8344.62 万元，提前完成总行下达的工保"决战 30 天"任务指标。截至年末，基础客户数达到 19188 户。

小微业不断发展壮大，全年累计发放小微企业贷款 260 笔，累计发放 33917 万元，贷款余额 37202 万元，较年初增加 23510 万元。"三个不低于"指标全部完成。

附：河北银行承德分行领导名录
党委书记、行长：宋永记（8 月免）
石振国（回族，8 月任）
副　　行　　长：徐晓晨（满族）
李瑞敏（女，蒙古族）
罗士斌

（供稿　李长龙）

【张家口银行承德分行】　截至 2017 年末，各项存款余额 271207 万元，较年初增加 99997 万元。其中：对公存款余额 52036 万元，较年初增加 14821 万元；储蓄存款 219171 万元，较年初增加 105176 万元。对公结算户累计 699 户；开立同业账户 17 户；销售个人理财 219292 万元。各项贷款余额 144609 万元，较年初增加 9563 万元。其中公司贷款 129391 万元，个人贷款 12166 万元，综合收息率 100.01 %。全年实现企业网银 363 户，较年初增加 191 户，个人网银 2770 户，较年初增加 1821 户，手机银行 4949 户，较年初增加 3914 户，个人电话银行 1972 户，较年初增加 1781 户；个人开卡 53315 户，较年初增加 39170 户。

资产业务。围绕"资产兴行"目标，针对符合张家口银行十大行业客户，不断加大营销力度。共向总行推荐涉及房地产、住宿、餐饮、新能源、医疗、教育等国家政策支持的行业 8 户，余额15.92亿元，通过审批5户，审批金额8.92亿元，累计投放4.22亿元。发展战略客户1户。大力营销高铁周边棚户区改造项目，获总行审批3亿元并成功投放1亿元。优化信贷结构，根据总行要求对管理客户进行详细分析，严格划分存量客户，对退出类客户逐户制定退出方案。全部收回不良贷款及利息，优化信贷结构，确保资产安全，并根据总行“去一般担保，强有效抵押”工作要求，有效提高团队现有资产质量，为确保资产安全提供有力保障。大力发展个贷、住房按揭业务，多次举办主题消费贷款专项营销活动，推动个人类资产业务的稳步发展，全年全行个人贷款（不含小微）余额11121.92万元，较年初新增11043.01万元。全年累计发放11055.8万元。其中，按揭8723.4万元，个贷2332.4万元。关注企业动态、及时掌握信息，通过与客户密切合作，给客户提供先期服务，超前服务，特色服务，吸引和抓住客户，逐步建立“重点客户、中小企业客户、网点客户”三级分层服务体系，提高客户营销效率。加强贷后管理，对贷款企业严格进行贷后检查，风险排查、实时监控。进一步完善客户经理定期联系、定期分析、定期报告制度，落实责任追究，确保资产质量。

2017年，在完成各项筹建工作的基础上，滦平、围场、丰宁三家新建支行分别运营开业。至此，张家口银行营业网点总数达到8家。其中，县域6家，市区2家。逐步形成以分行为中心，各分支机构基本辐射承德市、县的网点布局，进一步延伸了承德分行的业务领域，同时在网点设施上进一步优化。

附：张家口银行承德分行领导名录
党　委　书　记：郭东伟
党委副书记、行长：姚力余
党委委员、纪检书记、副行长：单煜峰
党委委员、副行长：王　玉

（供稿　贾小川）

保险业

综　述

截至 2017 年底，全市共有市级保险公司 37 家。其中，财产险公司 19 家，人身险公司 18 家。县级及以下分支机构 297 家。全市保险业实现原保险保费收入 63.17 亿元，同比增长 10.13 %。其中，财产险业务保费收入 17.29 亿元，同比增长 11.07 %；人身险业务保险收入 45.88 亿元，同比增长 9.78 %。全市保险公司总资产 109.95 亿元。全市保险业承担风险保障金额 1.59 万亿元；寿险责任准备金余额 152.94 亿元，同比增长 7.67%；长期健康险责任准备金余额 9.17 亿元，同比增长 26.83%。赔款与给付支出 25.09 亿元，同比增长 5.15%。全市保险公司缴纳及代收代缴税费 2.65 亿元，通过吸纳大学毕业生、社会失业人员、农村富余劳动力在保险业就业，以及带动汽车修理、楼宇经济等关联产业发展，为社会提供大量就业机会，截至 12 月底，保险业为全市提供就业岗位 3.46 万个。

健康扶贫，切实解决群众“因病致贫、返贫”问题。全年全市城乡居民大病保险共计承保 290.22 万人，累计赔付 6552.84 万元，受益 1.82 万人次。城乡居民大病保险的顺利推进，有效缓解人民群众因病致贫、因病返贫问题，遏制部分医院的不合理医疗费用。此外，还为 15.5 万城镇职工提供大额补充保险，累计支付赔款 1569 万元，受益人数 1206 人次。切实解决“因灾致贫、返贫”问题，全年承德保险业共承担农业保险风险保障金额 229.35 亿元，累计承保小麦、玉米、林木等种植业 3851.73 万亩，承保能繁母猪、奶牛等牲畜 87.70 万头。累计赔款支出 7427.52 万元，受益农户达到 11.62 万户次。农房保险实现全覆盖，共计为 65.14 万户农户提供 211.98 亿元的风险保障，累计支付赔款 409.02 万元。

为农民增收保驾护航。全年承德保险业积极推动向日葵种植保险、谷子种植保险、瓜果蔬菜种植保险、黑木耳种植保险和价格指数保险、西红柿价格指数保险、林木火灾保险等涉农特色产品，共计提供 3375.18 万元的风险保障。在平泉市开展农业部金融支农试点项目，承保设施黄瓜目标价格指数保险 6288 亩，保费收入 528.19 万元，为精准保障菜农收入作出有益探索。利用保险公司总部及集团资源融通资金，为实体经济提供动力。平安集团为承德引入投资 2.09 亿元，支持河北钢铁承德分公司、承德栗源食品有限公司等企业的发展。承德市人民政府与太平洋寿险签署战略合作协议，未来将会与承德市政府进行多层次合作，为经济转型升级提供保险资金支持。

服务社会治理体系建设，全年治安保险共计为 5.72 万户农户提供 78.65 亿元的风险保障，累计处理赔案 609 件，支付赔款 144.72 万元。承德市特有的一元民生保险为 285 万居民提供自然灾害和见义勇为风险保障，累计支付赔款 33.03 万元。环境污染责任保险提供 4800 万元的风险保障，为强化环境风险管理、减少污染事故纠纷，保护生态安全发挥重要作用。医疗责任保险保费收入 1176 万元，提供风险保障金额 1.3 亿元，累计支付赔款 804.3 万元。为缓和医患矛盾、维护社会稳定做出积极贡献。长期护理保险正式启动实施，承保人数19万人，建立3800万元长期护理保险基金，已有40余人入住定点服务机构，人口老龄化压力得到疏解，促进养老医疗产业发展。

2017年承德全市保险业业务统计表

表6 单位：万元

险别	公司名称	累计保费	各项累计赔款
财产险类	中国人民财产保险股份有限公司承德市分公司	63281.88	31450.1
	中国太平洋财产保险股份有限公司承德中心支公司	29775.73	12537.3
	中国平安财产保险股份有限公司承德中心支公司	16573.7	6717.56
	天安财产保险股份有限公司承德中心支公司	2168.25	684.12
	永安财产保险股份有限公司承德中心支公司	1093.43	825.81
	中华联合财产保险股份有限公司承德中心支公司	15465.89	9612.43
	中国大地财产保险股份有限公司承德中心支公司	10145.62	5243.54
	安邦财险保险股份有限公司承德中心支公司	525.8	154.5
	阳光财产保险股份有限公司承德中心支公司	9958.57	4488.46
	渤海财产保险股份有限公司承德中心支公司	1110.77	459.57
	太平财产保险有限公司承德中心支公司	3243.42	823.23
	亚太财险财产保险有限公司承德中心支公司	-0.23	395.18
	永诚财产保险股份有限公司承德中心支公司	1920.88	594.06
	中银保险有限公司承德中心支公司	5642.71	2493.54
	中国人寿财产保险股份有限公司公司承德市中心支公司	7107.56	3373.92
	英大泰和财产保险股份有限公司承德中心支公司	2495.07	1133.41
	燕赵财产保险股份有限公司承德中心支公司	7156.6	2767.59
	安华农业保险股份有限公司承德中心支公司	591.55	2.2
	承德合计	178,257.20	83,756.52
人身险类	中国人寿保险股份有限公司承德分公司	180712.58	91682.7
	中国太平洋人寿保险股份有限公司承德中心支公司	158642.42	35439.12
	中国平安人寿保险股份有限公司承德中心支公司	9329.43	1129.22
	新华人寿保险股份有限公司承德中心支公司	700.99	73.57
	泰康人寿保险有限责任公司承德中心支公司	17823.53	4549.61
	太平人寿保险有限公司承德中心支公司	10671.43	2258.87
	民生人寿保险股份有限公司承德中心支公司	4676.06	530.28
	合众人寿保险股份有限公司承德中心支公司	13743.72	1432.55
	富德生命人寿承德中心支公司	21810.93	4872.37
	中英人寿保险有限公司承德中心支公司	2285.72	569.13
	中国人民人寿保险股份有限公司承德中心支公司	12895.67	10391.22
	平安养老保险股份有限公司承德中心支公司	494.53	167.29
	阳光人寿保险股份有限公司承德中心支公司	7698.59	1044.09
	百年人寿保险股份有限公司承德中心支公司	3111.18	880.06
	光大永明人寿保险有限公司承德中心支公司	192.85	1506.68

续表 6

险别	公司名称	累计保费	各项累计赔款
	安邦人寿保险股份有限公司承德中心支公司	3.14	0
	华夏人寿保险股份有限公司承德中心支公司	5132.44	67.95
	天安人寿保险股份有限公司承德中心支公司	862.42	14.2
	承德合计	451,322.09	162487.61

注：统计范围为承德保险业

附：市保险行业协会领导名录

会　　长：米学贵（兼任）

副 会 长：任宝林（3 月任）

秘 书 长：吴静云（女，3 月任）

（供稿　赵　璇）

中国人寿承德分公司

【概况】　2017 年，中国人寿保险股份有限公司承德分公司总保费收入 18.29 亿元。排前三位的支公司是双桥 3.01 亿元、隆化 1.93 亿元、承德县 1.82 亿元，贡献度分别为 16.63%、10.65%、10.06%。全年实现首年标保业务 2.05 亿元，达成年计划 99.04%，位列全省第六；首年期交业务 4.96 亿元，达成年计划 122.78%，位列全省第四；10 年期及以上首年期交业务 2.87 亿元，达成年计划 114.80%，位列全省第五；短期人身险业务历史上首次过亿元，达到 1.02 亿元，完成计划 101.32% 。全辖销售总人力达到 11239 人，占全市常住人口 3.1‰，全省最高。总保费市场份额 39.91 %，全市行业第一，全省系统最高。全辖累计处理赔付 23165 件，赔款支出 11005.56 万元。其中，寿险赔付 2259 件，赔款支出 5149.36 万元，较 2016 年同期减少 6.9%；短期险赔付 14931 件，赔款支出 3553.14 万元，较 2016 年同期减少 18.65%；基金险赔付 5975 件，赔款支出 2303.06 万元，较 2016 年同期增加 49.9%。从立案到结案周期平均时效 2.27 天，结案率为 100%。

【落实支农惠农政策】　通过与当地政府沟通协作，取得政府相关部门的支持和配合，大力发展惠农小额保险业务，积极服务当地民生。“农村小额保险”专门针对农村家庭设计，按户计收保费，每户 100 元，保险期限 1 年。保险金额按全家人口数平均分摊，意外伤害及伤残保额 36000 元，意外医疗保险金额 9000 元，另外还有定期寿险 500 元。公司已承保 98121 户，50.98 万人，总保额 48.23 亿元，总保费 981.21 万元，累计理赔 4989 人次，支付理赔金 212.69 万元，为出险农民减轻医疗费用压力，发挥家庭“稳定器”的作用。

【提供风险保障】　通过与金融机构建立兼业代理协作关系，由金融机构代办“国寿安心贷借款人意外伤害保险”“国寿安心贷借款人意外伤害保险”，以在国家正式金融机构借款的借款人为被保险人，按照借款金额的 5‰收取保险费，以借款金额作为保险金额，保期一年，被保险人一旦遭遇意外伤害而致死亡或残疾，公司将向贷款金融机构支付保险赔偿金（死亡的按保额赔付，伤残的根据伤残评级程度赔付），既减轻借款人及家庭在借款人遭遇重大意外伤害后的还贷压力，还在一定程度上为金融机构按时回收信贷资金提供保驾护航作用，对推动实体经济特别是小微企业发展发挥了积极促进作用。全年已承保 6834 人次，累计保额 8.9 亿元，累计保费 408.35 万元，已处理赔案 6 件，赔付金额 46.9 万元，另外定期寿险给付 34 件，支付保险金 17000 元。

【普惠型民生保险】 积极参与社会保障体系建设，通过参与政府招标工作，成功中标承德市政府 2017 年“城乡居民大病保险”业务，进一步推动政保业务持续稳定发展。大病保险合同承保人数 105.22 万人，基金 4208.67 万元，截至 12 月 5 日赔付 7688 人次，支付基金 2899.84 万元。

【履行社会责任】 为贫困人群撑起“保护伞”，与扶贫办签署合作协议(省公司签署,地市落实)，为平泉市 52953 人和滦平县 15687 人的贫困人口成功承保“扶贫保险”业务，累计总保费 1283 万元，累计总保额 46 亿元。扶贫保险业务按照贫困人群分类计收保费，每人保费在 100 ~ 300 元之间不等，每人保额 67000 元，负责疾病住院医疗、意外医疗和意外身故或伤残以及住院日额补贴 50 元／天。

附：中国人寿保险承德分公司
党委书记、总经理：刘东升
党委委员、副总经理、纪检书记：王秀梅（女）
党委委员、副总经理：金红艳（女）
侯　杰
刘宝庄

（供稿　孙彦东）

太保人寿承德中心支公司

【概况】 全年，积极践行“以客户需求为导向，专注保险主业，推动和实现可持续的价值增长”的经营理念，在承德市委、市政府的正确指导下，业务快速增长，服务不断升级，在承德地区树立良好的企业形象和行业口碑。公司不断提高保险服务水平，深入推动数字太保工程，借力“手机神行太保”“中国太保官微”“微店销售”及“太平洋寿险 APP”等移动应用技术，全力打造移动互联下的智能化保险服务，通过加大对个人客户的人文关怀、再造服务流程、简化投保理赔手续、提升理赔时效等系列措施，切实提升客户体验，争做市场上服务最好的寿险公司。

【参与政府合作】 3 月 1 日，中标长期护理保险项目，承保人数 19 万人；4 月 18 日，中标城乡居民意外伤害保险，承保人数 104 万人；4 月 19 日，中标城乡居民大病保险，承保人数 185 万人。截至 12 月 31 日，公司实现规模保费收入 15.86 亿元，较 2016 年增长 31.7%，在太平洋寿险总公司全国系统内排第十二位，在太平洋寿险河北分公司系统内排第一位；公司规模保费市场份额 35%，较 2015 年上升 5.9 个百分点，其中营销新保业务市场份额 42.6%，全市第一。

【长期护理保险】 7 月 2 日，承德市长期护理保险制度启动实施仪式在市人社局举行，开启承德市长期护理保险制度的试点工作。河北省人力资源和社会保障厅副厅长苑鸿志、市人民政府党组成员刘海峰、太平洋人寿保险股份有限公司副总经理郁华出席启动仪式。启动仪式后，苑鸿志一行赶赴太平洋保险公司、承德第三医院医养结合护理区和承德博爱护理院现场调研。
承德市长期护理保险的实施范围为全市参加城镇职工基本医疗保险的参保人。承德作为人社部确定的国家首批长期护理保险试点城市，长期护理保险由市级统筹，参保范围为全市城镇职工医疗保险的参保人员，服务人群 19 万，基金规模 3800 万。

附：中国太平洋人寿保险股份有限公司承德中心支公司领导名录
党委书记、总经理：任翔洲
纪委书记、副总经理：于振满（满族）

副　总　经　理：夏学伟
　　　　　　　　王楠勋

（供稿　张　静）

平安人寿承德中心支公司

【概况】 平安人寿承德中支本着诚信经营、合规经营的理念努力提升服务质量、服务水平，扩大服务领域，全年累计实现总保费9329.43万元元，同比增速为40.91%，投资型保险累计保费为5786.81万元。其中，分红型保险累计保费为5181.05万元,万能保险累计保费为605.61万元,投资连结保险0.16万元。健康险保费1936.95万元。其中，长期健康险累计保费1933.48万元，短期健康险累计保费3.47万元。传统寿险累计保费1269.59万元，短期意外险累计保费336.08万元。开办的主要险种有平安福(2018)终身寿险、平安鑫盛终身寿险、平安鑫祥两全保险、平安鑫利年金保险。

【风险防范】 平安人寿承德中支结合监管和分公司要求，开展以“违规兼职，自毁前程（内外勤版）”“私设小金库”“ 违规私设网点”“违规采购”“两非，充满诱惑的陷阱”“合规经营 远离滞挪保费 ”“守纪律,讲规矩,树正气,促发展”“传销 疯狂的骗局”等为主题的宣传教育活动，按月宣导。结合监管和分公司要求，成立防范和处置非法集资工作小组，制定非法集资风险排查专项工作方案，持续开展非法集资排查工作。通过检查业务人员、营业区内勤电脑、办公室、储物柜等，查看是否存在违规代销及非法集资等宣传用品；以调查问卷或者承诺书等形式，通过自评估反馈，排查人员是否存在社会兼职及代销第三方理财产品的情况；调取投诉清单等，检视是否存在人员涉及社会兼职及代销第三方理财产品的情况；检视《营业区（展业单位）代理人现场管理周检查表》，是否存在人员涉及社会兼职及代销第三方理财产品的情况；通过搜索引擎、保险网站、微信、微博、微信朋友圈的关键字是否存在以平安名义开立金融类公司、非法集资或销售或推荐非平安金融产品情况。

开展内外勤人员违规兼职风险排查活动，小金库、违规私设网点风险排查活动、非法集资和销售非平安金融产品风险排查活动、滞挪保费风险排查活动及“传销　疯狂的骗局”风险排查活动。

【落实相关制度】 按照《中国保监会关于进一步加强人身保险公司销售管理工作的通知》规定，高度重视销售管理工作，认真贯彻落实“保险业姓保”要求，坚持正确经营理念，强化工作主体责任，把合规经营和防控风险摆在更加重要的位置，进一步加强内部管控和人员教育培训，为消费者提供优质的保险产品和服务，配合省公司按照《中国保监会关于进一步加强人身保险公司销售管理工作的通知》对自查自纠工作进行严格落实。

按照《保险销售行为可回溯管理暂行办法》中符合该方法规定的投保人，在取得投保人同意后，通过录音录像等技术手段采集视听资料、电子数据的方式，纪录和保存保险销售过程关键环节，实现销售行为可回放、重要信息可查询、问题责任可确认，已通过系统设置进行管控，严格落实该方法的实施。

附：平安人寿承德中支公司领导名录
总经理：赵悦
副总经理：韩盼盼

（供稿　胡　然）

人保财险承德市分公司

【概况】 中国人民财产保险股份有限公司承德市

分公司作为国有骨干保险金融企业、全市非寿险行业的领军企业，在市委、市政府的坚强领导下，深入贯彻落实党的十九大精神，自觉从社会发展大局出发，密切联系承德实际，坚持以客户为中心的发展思想，以实际行动为建设“生态强市、魅力承德”提供有效金融助力。全年共实现保费收入6.33亿元，承担风险保障金额2680.61亿元，累计处理各类赔案38898起，支付赔款3.20亿元，缴纳和代缴税款6931.14万元。

【服务政府及社会】 2017年，促成中国人民财产保险股份有限公司河北省分公司同承德市政府签订战略合作协议；与承德市扶贫办签订扶贫战略合作协议，兴隆、承德县、隆化、围场、丰宁也同地方政府细化扶贫合作协议，为深入融入经济社会发展奠定基础。

积极参与社会风险管理和社会保障体系建设，大力发展与人民群众生活息息相关的农村住房及治安家财保险等，重点推进环境污染、食品安全、医疗责任、校园安全、政府救助等与公众利益关系密切的责任保险。农房保险实现全市8县3区全覆盖，为65万农户提供211.98亿元的风险保障，全年累计赔款金额409.02万元；农村治安保险在全市8县3区都有所覆盖，累计为62万户农户提供78.65亿元的保险保障，全年累计赔款金额144.72万元；环责险、食责险、医责险、校责险、“一元民生保险”累计承担保障金额近2亿元。

协同中国人民解放军第二六六医院、上海金汇通用航空有限责任公司，将直升机救援服务项目引入承德，弥补承德保险业空中救援的空白，实现商业化救援和社会公众救援的有机结合，增强了社会力量参与全市防灾减灾的能力。

【特色涉农险种】 2017年，公司首次开办地栽黑木耳种植保险，为投保企业的216.37万棒地栽黑木耳提供389.47万元的自然灾害风险保障。至年底，公司开办特色农业保险累计增至7个，即瓜果蔬菜种植保险、向日葵种植保险、谷子种植保险、西红柿价格指数保险、林木火灾保险、温室大棚保险和地栽黑木耳保险。

【风险补偿】 全年公司发生50万元以上赔款重大损失案件共48笔，涉及赔款3424.42万元（结案口径）。在承德县三家森林火灾、承德县东山咀101国道5人遇难、围场县半截塔111国道9人遇难等社会影响巨大的灾害、事故中，公司均按照保险责任，第一时间实施理赔，赢得政府和百姓的广泛好评。严格落实保监会有关文件要求及各级各类监管文件精神，率先垂范，引导行业自律，在商业车险、理赔服务、消费者投诉、农业保险等监管重点领域，扎实落实监管要求，防范化解经营风险，全年未发生任何违法违纪行为。

【理赔服务】 公司服务评价指标达到保监会AAA评级标准；连续第六年在承德保险行业协会组织的“保险理赔服务现场查勘测评”中拔得头筹；在承德市保险行业第一届车险理赔服务技能大赛中以绝对优势荣获团体大赛一等奖。

附：中国人民财产保险股份有限公司承德市分公司
党委书记、总经理：米学贵
党委委员、副总经理：武军生（满族）
于志勇
鲁振申（满族）

（供稿　朱多多）

太保财险承德中心支公司

【概况】 2017年，太保财险承德中心支公司紧紧围绕“调结构、增效益、防风险、稳增长”的十二字方针，结合全年业务经营定位，即：以“车险增量、理赔减损、非车调整年”为核心开展工作，完善内控体系和团队建设，优化业务结构，努力提升运营管理水平，公司综合实力明显提升，品牌形象深入人心，在全体干部员工的共同努力下，较好的达成各项工作目标。实现保费收入29775.73万元，预算达成117.2%，综合成本率91.6%，市场份额16.7%，市场排位第二名。实现综合成本率优于行业、业务增速优于行业的“双优”目标，创造了新的辉煌，为太保财险承德中心支公司的发展奠定坚实基础。

【提升技能】 继续以“开门红”、月度、季度等业务劳动竞赛，以及各渠道提前续保签单、各种秒杀、短促活动为抓手，加快业务发展节奏，激励广大干部员工展业热情，多错并举，加快业务发展。在具体工作中，个销部明确划分各岗位人员职责，充分发挥专业技能优势，利用新人班、站长班以及早、夕会制度，加大培训、督导力度，利用政策、费用激励，提升业务人员的积极性。充分利用承德寿险近万人职场的拓展力量，进一步加强产寿联动力度，提出“提举绩、围圆桌”活动方案，培养新人销售习惯，提升举绩率。同时制定激励政策，大力提高职场专员活动率，及时关注各职场动态，区别对待，重点跟进负增的职场，提升专员技能。

【电网销业务发展】 紧密配合电销座席引导上门客户，争取单单回收、颗粒归仓，进一步提高渠道内机构业务的续保率，减少渠道间的业务漂移现象。同时加大对续保专员在落地承接、续保指标、出单量等方面的考核力度，加强对二促等落地的基础管理，及时了解市场动态，有效应对，不断提升电网销渠道的获客能力。不断拓展车商业务结构，搜集、分析单店的销量、产能等情况，努力查找单店产能低、零产能的原因，有重点的进行突破。不断加强理赔送返修管控力度，最大限度的整合资源，积极助力车商渠道业务发展。同时借助车商渠道基本法的落地实施，做好压力传导，提高车商专员展业动力。积极推广车商“太伙伴”工具的应用推广，多措并举提高车商渠道的文档集约化平台使用覆盖率。明确各单位非车险专员的工作职责，出台“三定”方案。在具体工作中立足于非车险的可持续发展，注重客户的积累，注重市场份额的提高，抓各个支公司、各渠道业务部的非车险增量、产品增量、渠道增量、客户增量，抓新领域业务发展，积极拓展车商、交叉、个销渠道的个人客户非车险业务，努力推动一体化融合发展。

【农险业务】 全年，农险业务实现保费收入8211万元（含保证保险838万元），超额完成分公司年初下达的4500万元任务目标，综合成本率89.8%，赔款1344万元。通过“政银企户保”模式累计为扶贫贷款提供保险保障6.95亿元，直接受益农户和企业8979户，保证保险保费同比增长156%。紧紧围绕上级公司农险业务发展战略部署，攻坚克难，奋力拼搏，提前超额完成分公司下达的农险保费规模和市场份额的挑战值。在积极拓展业务，扩大市场占比的同时，加强理赔管理，做好减损工作，强化基础管理，严守合规底线，运用e农险新技术，提升太保形象。

【理赔管理】 理赔中心制定一系列工作举措，如专票管理办法、当地重点车商的送返修管理办法、车险退票管理办法、未决档案管理办法等，各项数据指标落实到人，并设立奖罚机制，各个版块各司其职、各尽其能，严格按照各项考核办法推动执行。为全面助力业务发展，理赔人员进职场，开展培训、现场互动交流已经成为了常态，不但提高理赔人员的展业能力和激情，也为全员展业奠定良好的基础。同时通过内部专业技能培训，进一步提升理赔管理的精细化和专业化水准，提高理赔人员的工作能力和执行力。

【内控管理】 无论是承保、理赔，还是财务管理方面，严格按照上级公司要求实行分公司全过程集中管理。全年，公司按照上级公司统一部署，在中支公司党委、总经理室的领导下，先后在各支公司层面开展学习《内控合规手册（2017版）》《中国太平洋财产保险股份有限公司经营管理违规问责办法》《经营管理违规问题清单（2017版）》，学习中国保监会关于防范风险、整治市场乱象等重要文件精神的活动。贯彻落实保监会有关文件精神，组织开展专项自查整改工作，成立专项自查整改工作小组，对销售管理、承保管理、理赔管理、财务管理等方面进行专项自查整改。

附：太保财险承德中心支公司领导名录

党　委　书　记：姜跃利（蒙古族）

党委委员、总经理：贾　梅（女，满族，8月任）

党委委员、总经理助理：黄五一

（供稿　于大鹏）

平安财险承德中心支公司

【概况】 中国平安财产保险股份有限公司承德中心支公司全年保费累计收入14031万元，同比增速为34.4%。其中，车险全年累计保费收入为13202万元，同比增速为35.7%；财产险全年累计保费收入为511万元，同比增速为13.8%；意健险全年累计保费收入318万元，同比增速为19.6%。个人业务全年累计保费11976万元，同比增长39.6%；团体业务全年累计保费3056万元，同比增长17.3%。2017年已报备赔款6680万元，同比增速12.33%，平均结案周期为7天，结案率为98%以上，全年公司系统接收退保投诉情况均已合理解决。员工总人数120人。

【整改自查】 落实《中国保监会关于整治机动车辆保险市场乱象的通知》保监财险文件，扎实开展自查整改工作，成立自查整改专项小组，一把手负责，根据平安产险河北分公司的统一部署，认真落实保监会和分公司的各项要求，深入学习以及自查自纠，对自查过程中发现的违规问题进行了认真整改，并深刻认识到合规合法经营的重要性和紧迫性。公司将继续秉承合规合法的经营理念，强化“大局意识”，树立科学经营理念，主动维护行业健康发展。同时，强化内部队伍建设，加强政策学习，不断提升业务素质，增强合规意识，不断提升服务水平，为消费者提供更优质的服务，助力行业车险持续健康发展。

【强化服务意识】 公司秉承“平安保险，服务人民”的社会使命，打造“以人为本、和谐奋进”的理念。2017年，在全省设有地市公司11家，在146个县（市、区）设有销售机构和服务网点，拥有1.5万余名产险销售人员，为客户提供包括柜面、电话、互联网、移动APP及客户端等多种保险服务体验。公司拥有365天24小时的全天候专线服务电话，和电子商务平台在内的销售服务体系，拥有覆盖全省所有城市遍布城乡完善的机构网点。平安产险贯彻落实国家支农惠农政策，大力开展涉农特色险种服务，例如“惠农平安险”、平安“家财宝”等，为地方经济发展贡献力量。平安产险还大力发展线下服务，公开社会招聘，发展线下代理人，促进当地就业。承德地区保险行业发展还在起步阶段，市场潜力很大，在总公司带领下，承德中支公司以“科技＋金融”为路线，为承德当地经济发展做出贡献。

【风险防范】 借助《中华人民共和国反洗钱法》实施10周年之际，搜集反洗钱案例，整理反洗钱知识，制作反洗钱宣传资料，下发全员学习、宣导。配合分公司开展反洗钱自查自纠工作，对发现问题也及时整改。开展反保险欺诈工作，定期组织员工进行反保险欺诈知识培训，发送反保险欺诈案例供员工学习参考，增强全员反保险欺诈意识。针对内部工作管理风险，公司组织开展合规文化，每天发送合规文化小知识，每天晨会播放合规小视频，供员工学习，规避内部工作风险。

附：中国平安财产保险股份有限公司承德中心支公司领导名录

总 经 理：杜　玮

副总经理：侯　浩

（供稿　卢志勇）

城乡建设　环境保护

城乡规划

【规划编制】 按照省委、省政府工作部署，由中国城市规划设计研究院编制完成《承德市空间发展战略规划》。该规划深入贯彻落实中央关于推动京津冀协同发展的重要指示精神，及省委提出的转型发展要求和工作部署，着重解决城市空间发展中的“目标定位、体系结构、功能承接、规模控制、生态格局”等重大空间战略问题，找准承德市在京津冀世界级城市群大坐标系中的位置，是承德市在以后相当长一个时期内空间发展的纲领性和战略性文件。

为解决经济社会发展过程中日益突出的交通问题，由中国城市规划设计研究院完成《承德市综合交通体系规划》，该规划在市域层面将承德融入京津冀区域发展格局，统筹研究公路、铁路和机场布局；在中心城区层面从城市路网、慢行交通、旅游交通、公共交通、静态交通等多角度综合施策，并提出近期建设计划。

由市建筑设计研究院编制完成《承德市海绵城市专项规划》和《海绵城市试点区建设控制性详细规划》。《海绵城市专项规划》中发挥承德的山水优势，老城区以问题为导向，新城区以目标为导向，通过构建“一核、两带、多点”的自然生态空间格局，实现自然积存、自然渗透、自然净化的海绵城市。《海绵城市试点区建设控制性详细规划》以符合承德市自然环境特征和城市发展实际为实施方案，按已建区和待建区分别提出设施建设模式。

由中国铁塔承德分公司委托河北电信设计咨询有限公司编制《承德市中心城区公众通信站址整合规划》，以解决现有网络存在的问题为导向，对老城区联通、移动、电信等基站站点资源进行整合，按照景观化改造、多塔整合、迁建和新增等模式优化站址布局，促进铁塔资源的共建共享，提高资源使用效率。

市消防支队委托市规划院根据城市总体规划编制《承德市中心城区消防专项规划》，将中心城区划分为26个火灾评估单元，按照不同的火灾风险等级进行消防安全布局规划，对消防站址、装备、供水、通信和供电等方面进行规划安排，提出近期建设计划。

根据省住建厅《关于进一步加强城市供热专项规划修编工作的通知》，市住建局委托承德市建筑设计研究院开展《承德市中心城区供热工程专项规划》编制工作。规划考虑国家及省、市政策、城市建设进度、能源供应和城市供热需求等诸多因素的影响，对中心城区供暖负荷、热源布局及热力管网布置等做出了规划安排，提出近期建设计划和投资估算。

【规划管理】 全年城乡规划管理共计核发“一书两证”100个。其中，建设项目选址意见书21个；建设用地规划许可证36个，规划用地面积208.65公顷；建设工程规划许可证43个。审批建筑面积162.8万平方米。其中，居住建筑面积98.40万平方米，商业建筑面积35.83万平方米，工业建筑面积8.59万平方米，其他建筑面积19.98万平方米。

按照市政府《关于公布承德市本级行政许可事项目录的通知》要求，对涉及城乡规划的建设项目选址意见书核发、建设用地（含临时用地）规划许可证核发、建设工程（含临时建设）规划许可证核发、乡村建设规划许可证核发、建设用地改变用途审核、因工程建设确需改装、拆除或者迁移城市公共供水设施的审批、建设工程规划条件核实合格通知书核发、城乡规划编制单位资质认定（丙级及以下）、历史建筑实施原址保护审批、历史建筑外部修缮装饰、添加设施以及改变历史建筑的结构或者使用性质审批、历史文化街区、名镇、名村核心保护范围内拆除历史建筑以外的建筑物、构筑物或者其他设施审批等11项行政许可事项的行政审批事项服务指南、行政权力清单、责任清单、行政许可中介服务事项清单、行政许可事项流程图、窗口业务指导规范和行政许可事项审批活页等内容进行增补完善。

为精简审批流程，加快审批效率，规划部门对城乡规划行政许可事项的前置要件认真梳理研究，提出取消办理选址意见书的前置条件“抗震设防要求审定意见”，办理建设工程（含临时建设）规划许可证的前置条件“地质灾害危险性评估报告”“山地建设提供有工程设计资质单位编制的防护工程设计方案”“2013年6月1日市土地矿产工作领导小组第二十次会议之前取得国有土地使用权，且在国土部门出让土地时未征求消防、污水等9部门同意的建设项目，需提供消防、污水等9部门意见”“施工图审查报告书及合格书”“地下管线工程竣工测绘合同”“施工图”等7个前置要件。

【文化名城保护】 坚持真抓实干、探索创新，扎实推进历史建筑修缮和滦河老街历史文化街区环境整治和基础设施改造工程。通过名城保护部门与各区政府、区住建局、财政局、历史建筑产权单位等相关单位沟通协调，全力推进此项工作。顺利完成太平桥邮政局老办公楼修缮工程，完成滦河老街环境整治和基础设施改造工程中的道路改造工程及给水、雨水及污水管道铺设等工程，历史建筑修缮和历史文化街区环境整治和基础设施改造工作成效显著。上下联动、共同协作，按时完成历史文化街区和建筑的普查工作。按照《关于开展历史文化街区划定和历史建筑确定工作的通知》要求，名城保护部门代市政府办公室起草并印发《关于切实做好历史文化街区划定和历史建筑确定工作的通知》，分阶段、分步骤明确历史文化街区划定和历史建筑确定的目标任务，至年底，全市新普查历史街区3个、历史建筑92个。做好历史文化街区划定和历史建筑确定工作，按照《历史文化名城名镇名村保护条例》《河北省历史文化名城名镇名村保护办法》《河北省历史建筑认定和修缮保护技术规定》等有关规定，对符合条件、标准的历史文化街区、历史建筑履行相关程序划定、确定。其中，山庄宾馆、原热河省供销社、第四百货、承德第一百货大楼、江钻石油机械公司建筑群、罗汉山原机电农场建筑群等11处历史建筑，已履行相关程序后报市政府公布为市区第二批历史建筑；寿王坟历史文化街区已组卷报省政府，申请确定为河北省历史文化街区。

【法规建设】 以执法公示制度为抓手，打造阳光规划。制定《承德市城乡规划局行政执法公示制度（试行）》，明确公示工作任务要求。加强事前公示，组织编制了两单、两图、一指南；规范事中公示，公开行政执法人员资格，在服务窗口公示行政许可事项、流程、资料和工作人员岗位工作信息，为查询办理规划许可事项提供便捷方式；推进事后公示，通过局网站、政府执法公示专栏和省执法公示平台，全面公示规划许可信息，包括许可证编号、建设单位名称、许可事项、审批结果和时间等信息。以执法全过程记录制度为抓手，规范执法程序。制定《承德市城乡规划局行政执法全过程记录制度（试行）》，明确执法人员要求通过文字、音像记录等方式对执法程序、调查取证、审查决定、送达执行、归档管理等行政执法整个过程进行全程记录。以重大执法决定法制审核制度为抓手,推进依法行政。制定出台《承德市城乡规划局行政执法全过程记录制度（试行)》，规范审核范围，结合执法职能，制定法制审核事项清单，明确行政许可、行政处罚类执法行为应进行重大执法局定法制审核。同时结合工作实际，积极拓展审核范围，将全部行政处罚案件纳入审核范围；规范审核程序，组织制定法制审核流程图，建立承办机构提交、法制机构审核和反馈的工作机制；加强法制审核队伍建设，制定《法制审核人员培训制度》，规范法制审核人员任职培训、岗位培训、专题培训和自主培训四种主要形式，提升法制审核人员综合业务素质。

【数字规划】 以推进规划信息化建设进程为目标，以三维仿真技术应用为重点，继续推进中心城区现状地形图测绘和三维模型建设，启动承德市规划空间信息平台建设，已完成中心城区269平方千米现状地形图测绘和三维精细建模，数字规划成果已广泛应用于规划编制、审批工作中。推动规划方案采用数字化报建，年内已有52个项目运用三维模型进行分析、汇报和研究，为规划管理的科学决策提供定量支持。

加强规划信息网上公开工作，按照严格遵守发布审核制度、落实保密规定的要求，及时在规划部门网站上公布规划成果、审批信息和工作动态等各类信息363条，信息发布数量较2016年增长159%。

【城建档案管理】 档案工作始终坚持从实际出发，实行分类指导。对全市重点工程跟踪服务，实行提前介入和有针对性的业务指导与培训。重点在开工前与建设单位签订承德市建设工程档案移交责任书，从工程办证开始就介入工程档案指导，以确保工程竣工档案的全部归档。全年共签订移交责任书54份。对196个单位工程组织了档案专项验收，接收审查完成纸质竣工档案79个单位工程1185卷，核实电子档案8840卷，审查接收声像档案38个单位工程。建设档案馆在不断丰富馆藏和改善馆藏结构的同时，积极努力为社会提供热情周到服务，为个人和单位解决产权和经济纠纷、核查工程质量问题，为公检法等部门审查各类经济案件，以及城市工程建设、改扩建等项目提供大量翔实可靠的依据和凭证，全年共接待查阅工程档案276人次，调阅735卷，出示房产证明410份,接待查阅声像档案2人次,提供照片20张。全年为双峰寺水库、二仙居商业街、京沈客专等重点工程项目拍摄照片1613张，录像101GB。为我市重点工程项目建设过程留下了比较真实可靠的声像档案。

附：市城乡规划局领导名录

党组书记、局长：高中卫
党组副书记、副局长：白晓峰
党组成员、副局长：朱绍强
方青春
党组成员、规划院院长：刘东达
党组成员、副局长：张志远

（供稿 李刚 王超 于洋 闫硕 王思佳 于利剑 李健）

城市道路及村镇建设

【城市主干道养护】 全年维修的主要路段有：迎宾路沿线、东环路沿线沥青混凝土路面裂缝处灌封；武烈路沿线、石洞子沟沿线、元宝线沿线、狮子园路、安远路沿线、翠桥路（体校门口)、山庄东路、水泉沟路、高庙路（公交公司至广仁岭隧道）沥青砼路面破损处补修；东环路（混凝土路面段)、虹云岭隧道、风云岭隧道混凝土路面破损处补修；丽正门大街、南营子大街、安远路、狮子园路、石油南路、迎宾路人行道维修；东环路、武烈路、狮子园路、狮子园桥、承德大桥引线、鹫窝梁段局部损坏的栏杆维修；武烈河大桥、府前桥栏杆除锈刷漆、峰鹤桥刷漆；翠桥路、武烈路沿线、安远路、水泉沟路、南环路、丽正门大街、南营子大街、高庙路局部检查井周边破损维修及路面坑洞修补；武烈路观光桥木栈道维修及清坝木栈道维修；鹫窝梁沿线、安远路至医学院沿线清理落石及零星砌筑挡墙。

完成沥青砼道路维修（环保砖及方砖垫坑）540平方米，市区人行道板维修：花岗岩人行道2914.85平方米、环保砖人行道1350.02平方米、护栏维修110米、主干路沥青灌缝15937米、主干道检查井周边处理（高强水泥）172座、主干道沥青砼道路维修15230.07平方米、砼路面冷补料维修路面502.96平方米、花岗岩路牙石维修205.65米、清坝及观光桥木栈道维修65.57平方米、花岗岩护栏柱维修32根、砼路牙石维修335米、府前桥刷漆464米、武烈河大桥刷漆2311米、峰鹤桥刷漆650米、安远路处理山体塌方一处40立方米、半壁山路（嬴家小区外）处理山体挂网内落石30立方米。

【道路拓宽改造】 东园林路道路拓宽改造主要内容为拆除原有道路结构基层及面层，重新铺设，同时增设雨水、电力、通讯管道和道路照明设施。改造后车行道长330米，宽19米，北侧人行道长330米，宽2.5米，南侧人行道铺至既有建筑物。资金来源为市财政投资。工程于5月份竣工投用。

【农村危房改造】 全省开展建档立卡贫困户“回头看”工作,全市根据“回头看”精准识别结果，按照国家农村危房改造补助对象及危险房屋确认标准，组织各县（市、区）在全市范围内对4类重点对象（建档立卡贫困户、其他低保户、农村分散供养特困人员和贫困残疾人家庭）进行危险房屋工作核定，初步认定尚存“四类重点”户共有危房存量32879户。2017年—2018年度省安排全市危房改造任务27279户。已经按照省住建厅核定的进度要求，确认到户并相继开工，完全能够确保到2018年6月底前，完成27279户全部改造任务，达到竣工率100%。

【小城镇建设】 加强对全市8个省级特色小城镇培育工作的督导、指导，分类指导、培育特色，建立特色小城镇建设项目库,重点抓好基础设施、公共服务设施、民生保障、特色产业项目建设，尽快补齐短板，提高综合承载能力。经县级人民政府同意，经省和国家评选委员会通过，组织对标筛选，推荐宽城化皮溜子镇于2017年8月成功申报为国家级特色小城镇。成功申报兴隆半壁山镇为国家级美丽宜居小城镇；成功申报平泉党坝镇永安村（社区）为国家级保障基本示范村。

【美丽乡村建设】 按照省、市关于开展美丽乡村建设工作的总安排，共实施屋顶改造、屋檐改造、门窗改造、立面改造、院墙改造等民居改造12119户；结合农村气代煤、电代煤等工作，实施民居节能改造7157户；结合建筑设计下乡工作，实施EPL建筑体系、CL建筑体系等新型结构体系应用，实施民居改造19户。以美丽乡村建设重点村和精品片区为引导，在全市2453村庄大力开展以“清、拆、用、减、管”为主要内容的农村生活垃圾治理专项行动。全年已有2336个行政村垃圾得到有效治理，占行政村总数的95.23%。其中：487个行政村纳入“城乡一体化垃圾处理模式”，占行政村总数的19.85%；全市已有253个行政村采取政府购买服务方式进行第三方垃圾治理；实施垃圾分类村庄124个；实施资源化利用村庄116个。农村环境清洁的常态化和持久化机制逐步建立。营造更加干净、整洁、优美的农村人居环境。

【小城镇污水垃圾处理】 指导各县（市、区）制定重点镇和其他小城镇2017年—2019年三年小城镇污水处理设施建设计划。全市20个重点镇，已具备污水处理能力的10座（丰宁大阁镇、凤山镇；承德县下板城镇；平泉市平泉镇、卧龙镇；滦平县滦平镇、红旗镇；围场县围场镇、四合永镇；隆化县隆化镇），占重点镇总数的50%；正在建设的1座（隆化张三营镇）；正在审批阶段的有4座（兴隆半壁山镇、滦平巴克什营镇二期、围场克勒沟镇、隆化郭家屯镇）；筹备中5座（平泉黄土梁子镇；承德县高寺台镇、六沟镇；宽城峪耳崖镇、汤道河镇），计划均在2019年前建成。按照承德市水污染防治工作领导小组办公室工作安排和《河北省水污染防治工作方案》相关要求，紧密配合农村生活环境综合整治工作，大力开展“傍水”村庄生活垃圾治理。把重点流域农村生活垃圾专项治理作为重点，对老哈河、瀑河和柳河主要河流沿线村庄开展农村生活垃圾专项治理，取得明显效果。

（供稿　杨　明　高天悦）

建筑业及管理

【概况】 2017年，全市建筑业企业（不含市政类）共计613家，其中总承包企业243 家（房建总包企业182家）；专业承包企业214家；劳务分包企业156家；按资质等级分：一级企业18家，二级企业134家，三级企业305家。含盖了房屋、公路、铁路、水电、矿山、通信、基础设施、环保、电子、智能、消防等各个领域。

2017年，全市完成建筑业总产值159亿元，其中，出省施工产值14亿元，出国施工产值1亿元；增加值54.8亿元，占全市GDP的4.5%，建筑业从业人员年平均10.8万人，利润率5.1 %，实缴税金8.4亿元。建筑业增加值57亿元；企业利润总额10亿元。

全年监督单位工程2443个，建筑面积2165.74万平方米。其中市区1512个，建筑面积1103.97万平方米；县（市、区）831个，建筑面积1061.77万平方米。新开单位工程888个，建筑面积640万平方米；其中市区284个，建筑面积210.81万平方米；县（市、区）596个，建筑面积420.53万平方米。上年度结转单位工程1290个，建筑面积1150.48万平方米；其中市区699个，建筑面积458.92万平方米；县（市、区）596个，建筑面积689.56万平方米。新开市政监督工程项目48项。其中，市区27项，县（市、区）21项。共有560个单位工程竣工验收。其中，市区247个，县（市、区）313个。390个单位工程竣工验收备案。其中，市区121个，县（市、区）269个。市区依法立案查处违法违规行为案件17件，涉及处罚金额82.07万元。接待处理投诉信访事件320件。其中，市区141件，县（市、区）183件。结案率均达到95%以上。市区下发工程质量问题整改通知书98份。市区报监工程监督覆盖率达到100%，住宅工程分户验收实施率达到100%；报监工程质量合格率达到100%。

【建筑业管理】 加强建筑市场诚信体系建设，全市房建和市政企业已全部纳入征集平台。信用信息登录采取动态管理方式，建立统一的企业信用电子档案，为全市300多个项目提供数据支持。建筑市场稽查年度任务完成良好，全年监督检查全市379个建筑施工现场，共出动873检查人次，下发建设行政执法调查通知单90份，其中本市级依法巡查事项（件）379件，依法已纳入正常监管的事项184件，稽查覆盖率达到100%。全年共作出行政处罚的案件50起，已处理完毕40起，有10起正在处理中，处罚金额全年共计631.42万元，其中上年结转524.64万元。圆满完成财政局年初制定的600万元罚没收入的任务。

工程实体施工质量提高，初步落实工程实体质量常见问题防治措施，逐步推进施工现场标准化管理，各县均召开工程质量现场观摩会，发挥示范工程的带头作用。各县质监站逐步提升监管能力，逐步实现监督管理科学化、规范化、标准化和监督执法精准化。建筑施工安全生产形势保持平稳，共检查570个施工现场，检查中共下达安全隐患整改通知书224份，停工整改通知书212份，培训安管人员2420余人次，特种作业人员846人次。全年全市未发生建筑施工安全生产死亡事故，全市建筑施工安全生产形势保持平稳。

建筑节能与建材管理服务平台从正式运行以来，情况良好，已上报工程项目485项；启动《预制装配式混凝土检查井》《HUV预制装配式综合管廊》《预制装配式混凝土剪力墙》等三部图集的编制工作；完成《蒸压加气混凝土砌块构造》图集、《CDPA轻集料连锁砌块、复合保温连锁砌块构造》图集编制；31家预拌混凝土企业掺加使用铁尾矿砂石，年利用尾矿约350万吨；对全市18家检测机构和51家预拌混凝土企业进行专项检查；新建建筑执行国家和省节能强制性标准率100%，并全部执行75%节能设计标准。

【建筑劳务市场管理】 加强劳务市场和清欠管理，全年共执法巡查建设项目167个，对62个分包行为不规范的项目进行指导，对事实清楚、依据充分的18个违法分包行为立案查处，罚款金额28.6万元。积极推进建筑二级市场健康发展，对87项工程施工分包情况进行检查，实施建设工程施工分包发承包交易备案制度，完成36项施工分包监管及备案工作；对35家外施进冀企业、进承企业进行日常监管和检查；新开工项目预储金缴存率达到95%。

全年共接到建设领域农民工欠薪投诉案件239起，协调解决农民工工资1.05亿元，涉及农民工10000人，办结率94.2%，同比分别下降了82.4%、53%和49.6%。进一步规范招投标工作，全市共计460个标段。总建筑面积324.87万平方米，拦标价总计486416.80万元，中标价总计475482.82万元，为国家节省资金11933.98万元。其中房屋建筑工程272个标段，拦标价总计284907.74万元，中标价总计275600.46万元。其中市政基础设施工程88个标段，拦标价总计100169.39万元，中标价总计97437.05万元。

建设职业技能培训中心工作有序开展，共开25期78个班，包括钢筋工、模板工、砌筑工、混凝土工、电气设备安装工等18个工种，合计4508人；组织2519人建设领域现场专业人员培训和继续教育培训和考核工作；圆满完成全市造价师2118人培训考核管理工作。

【招投标工程造价管理】 在招投标管理上，规范程序，强化行为和过程监管，确保代理机构及评标专家工作规范，确保“公平、公正、公开”，加强围标串标行为治理，净化招投标环境，强化执法监督，坚决治理虚假招投标和转包以及违法分包行为，强化合同管理，重点开展合同履约行为跟踪监督，加强培训考核，提升总体素质，改善服务环境，提升服务水平。

深入宣传贯彻《河北省建筑工程造价管理办法》《建筑工程建筑面积计算规范》《河北省建设工程工期定额》，推行使用《建筑工程建筑面积计算规范》及《河北省建设工程工期定额》；完善最高限价备案，促进备案工作的专业化，参与棚户区改造工程的造价管理工作，参与地下综合管廊、滦平县地下管廊及上板城热电厂配套管网与管廊结合建设等工程项目的前期调研和建安成本分析工作。

（供稿　邱永涛）

住宅与房地产

【房地产市场监管】 依据国家相关法律法规，按照住房城乡建设部和省住建厅文件要求，根据全市实际情况，于1月18日出台《关于进一步加强商品房预售价格管理工作的通知》；2月14日出台《关于进一步加强商品房预售管理的通知》；4月11日出台《承德市人民政府关于依法查处商品房违法预售行为的通告》；5月15日，会同市场监督管理局、物价局、司法局等6部门联合印发《承德市房地产中介专项整治工作实施方案》；10月31日出台《关于规范商品房现房销售管理的通知》；11月10日，为落实省物价局和住建厅《关于开展商品房销售价格行为联合检查的通知》文件精神，与市物价局联合印发《关于开展商品房销售价格行为专项检查的通知》。

利用日常巡查、重点检查、投诉受理等办法，积极开展房地产市场监督检查工作，依法对房地产开发企业、房地产中介机构及从业人员进行全面检查。对检查中发现的问题，采取随发现、随检查、随督导、随整改的办法进行处理。通过监督检查，增强企业的遵纪守法、合法经营的意识，维护全市房地产市场的健康平稳发展。累计约谈房地产开发企业12次，房地产中介公司15次，注销2家房地产中介公司。

加大业务培训和政策宣传力度，提升企业从业人员业务水准，让国家的政策家喻户晓。全年共组织房地产开发企业和中介机构从业人员培训3次，累计达400余人，取得较好的效果；下发房地产市场专项整治类文件600余份，张贴告知书36份，制作宣传展板2块。同时，充分发挥新闻媒体作用，加大对房地产法律法规的宣传和房地产企业、房地产中介机构专项整治工作的宣传报道力度，并将在售的房地产开发项目、中介机构备案情况、信用信息以及违法违规行为，通过媒体向社会公开发布，接受社会监督。

建立长效机制，形成行业监管合力。针对房地产专项治理中发现的共性问题和突出问题，加大监管力度，积极与各行业主管部门沟通联系、密切配合，共同做好全市房地产监督管理工作；建立房地产开发企业、中介机构违法违规行为联合惩戒机制，加强信息共享，建立失信企业“黑名单”，完善房地产市场监管政策制度，健全房地产开发企业和房地产中介机构管理长效机制，促进全市房地产市场持续健康发展。

【房屋交易资金监管】 核发商品房预售许可证，全年经过严格依法审核审批，并现场核查形象进度，至7月15日共发放商品房预售许可证22个，按时办结率100%。7月之后，商品房预售许可证核发移交至市行政审批局。

对审批的所有预售项目全部签订商品房预售资金三方监管协议，商品房预售资金监管达到全覆盖；修订《承德市商品房预售资金监管办法》，已报送市政府等待上会通过。自2016年12月中旬起，全市二手房交易资金通过委托承德银行开设公用监管账户的方法实施监管。按照2016年省厅《关于启用河北省商品房预售许可信息管理系统的通知》要求，启动预售许可信息管理系统，责成专人负责、整理、报送和更新有关信息内容，2017年共完善和报送商品房预售许可档案信息22卷宗。

【解决信访问题】 坚持以事实为依据，以政策为准绳，注重工作方法，严格按照国务院信访条例办事。认真办理在房地产开发经营活动和房地产中介交易活动中引发的信访事项。处理、协调了因房地产开发经营引发的信访事项12起，接待上访人数累计20余人次；处理、协调、解决因房地产中介交易引发的上访事项26起，接待上访人数68余人次，满意率达到100%，收到感谢锦旗1面。积极落实“私房”改造中遗留的问题及信访事项。全年共受理社会主义私房改造中遗留问题信访事项3起，其中1起由信访局协调市环保局为责任单位，1起已达成终结协议，1起已出具复核意见。

附：市住房和城乡建设局领导名录

党组书记：刘宏伟（2月免）
关利军（2月任）
局长：刘宏伟（4月免）
关利军（4月任）
党组副书记、副局长：罗士学
党组成员、副局长：李国富
副局长：贾珍山
党组成员：常英瑞
党组成员、副局长：常庆新
党组成员建安公司总经理：刘福东
党组成员、副局长：刘庆珍（满族）
党组成员：姜秀凤（女，满族）
冯国发
党组成员、征收办主任：张凤栋

（供稿　李广贤）

城市管理

【概况】 2017年，市级城市管理执法体制改革工作走在全省前列；解决房地产开发遗留问题工作位居全省先进行列；城市共享单车工作在全省电视电话会议上做典型发言；被评为河北省照明行业2017年度优质服务窗口；被评为市级文明单位、市环境保护目标管理工作优秀单位、市食品安全工作优秀单位和文明城市创建工作先进单位；市数字化城管监督指挥中心被评为2016-2017年度承德市青年文明号；鹰手营子矿区获得省级"洁净城市"称号;滦平县在全省"强、转、树"专项行动中得到表彰；承德县成功创建国家级园林县城，兴隆、丰宁2县基本达到国家级园林县城标准；在河北省首届园林博览会举办活动中，承德市荣获优秀组织奖、造园艺术金奖、优秀设计奖等5个奖项。

【城管执法体制改革】 8月28日，市委、市政府印发《承德市深入推进城市执法体制改革改进城市管理工作实施方案》。9月27日，挂牌组建承德市城市管理综合执法局；全市12个县（市、区）均实现城市管理领域机构综合设置。市级厘清管理职能和执法边界，对住房城乡建设领域的全部行政处罚权集中行使；对城市道路、桥梁、照明、供水、排水、燃气、供热、污水和垃圾处理等市政公用设施运行管理、城市容貌和环境卫生管理、城市园林绿化管理等方面确定整合意见。明确执法人员配备比例，城管执法人员配备比例为城镇常住人口的万分之八以上。全面完成数字化城管平台建设，市级数字化城管平台已于2010年建成并投入使用，全市8个县（市）已于10月底前全部整合建成数字化城市管理平台。城管执法人员实现统一着装，市级城管执法人员制式服装和标志标识的统一更换已于9月27日开始实施。12个县（市、区），已启动制式服装和标志标识的统一更换工作。

依法对双桥区、双滦区、高新技术产业园区231家建设单位、304个开工建设项目进行全过程、全方位、全覆盖严格监管，新发现各类违法违规问题23个，及时发现、整改项目23个，立案查处12个，加上结转上年各类违法违规案卷，已结案20个，其中罚款案件13个，总计罚款150万元。

【开展"双违"攻坚行动】 强力推进解决房地产开发遗留问题专项治理，全市267个遗留问题项目，已解决251个，占比94%；80个涉房信访问题项目，已解决62个，占比78%。全力开展"双违"攻坚行动，全市共排查违法建设总面积229.69万平方米。其中，市本级128.79万平方米。已拆除违法建设218.34万平方米，占总数的95.06%。其中，市本级124.24万平方米，占96.47%，县级94.1万平方米，占93.26%。按照"拆美结合、拆绿结合、拆建结合、拆服结合"的原则，在违建拆除后，通过修建休闲广场、绿地、公园等，增加基础设施和公务服务设施建设，补齐城市短板。高新技术产业园区凤凰山大桥东侧9000余平方米违法建筑拆除后，及时对路面进行了硬化绿化，建设为便民集贸市场和停车场。

【市容整治】 牵头实施市容市貌、环境卫生、交通秩序和景区景点治理专项行动4个，取得明显成效。全市累计清理“十乱”现象9万处，拆除围挡广告5.5万平方米，维修道路3.4万平方米，清理积存垃圾10万多吨，冲洗道路9000万平方米，清理市区河道5万延长米，查获各类交通违法行为1.4万起、违法停车拍照上传10万起，更新景区景点各类标识标牌600多块，在市区闲置墙体、变电箱建设文化墙和涂鸦彩绘70多幅。组织实施六大攻坚，积极推行环卫市场化改革，严格落实门前“五包”责任制和城市主干道“路长制”，重拳治理城市“牛皮癣”，动员群众广泛参与，通过一系列志愿活动，引导群众主动参与整治，形成人人参与、齐抓共管、合力整治的良好氛围。

【民生工程】 实施武烈河步行系统二期工程，完成1971米栈道主体工程，新增亲水设施8处，铺设防滑广场砖1847.2平方米。实施照亮百姓身边路工程，包括中兴路、南园小区路、竹林寺小区、温家沟小区、牛圈子沟路等30个小区和街巷路灯改造，11月底前全部完工，总投资115万元。其中，双桥区投资50万元，市城管局融资65万元。整体更换路灯52基、75盏，维护维修路灯136基、241盏，变压器增压1处，修复电缆300米。实施智能立体车库工程，督导房地产开发企业在新小区同步建设5个智能立体车库、5904个停车泊位，已建成1725个。即：香江卡纳溪谷项目共5个车库、1120个车位，已建成288个车位；福地华园西区项目已建成788个车位；铂悦山项目正在建设1986车位，已建成323个车位；欢乐江山项目正在建设1864个车位，已建成326个；儿童医院项目正在建设146个车位。实施小区服务设施配建工程，督导18个居住项目配建停车泊位9167个、面积27.5万平方米，物业用房16个、面积4301.71平方米，社区用房13个、面积3502.16平方米，公厕13个、面积687.14平方米，老年活动中心5个、面积526.71平方米，幼儿园7个、面积16095.47平方米，垃圾转运站3个、面积136.23平方米，绿地面积27.2万平方米。实施共享单车一期工程，以景区景点为中心，在老城区设置停放点25个、停车位857个，一期投放共享单车300辆。

【城市亮化】 高标准完成武烈河复式河床步行系统一期、武烈河沿岸景观节点和山庄东路绿地亮化等10处亮化工程，安装各种灯具8000余盏。完成帝景园、魁星楼、半壁山大桥等 49处亮化点位的维修工程。启动南互通立交桥及湿地公园亮化工程和两宫门绿地亮化工程。同时，督导产权单位完成未来城、欢乐江山、祥云小区等住宅小区亮化建设，配合体育局完成承德市奥体中心亮化建设。

【实施数字化城管工程】 增加“百姓随手拍”功能。通过新闻媒体等渠道广泛宣传，扩大群众的知晓度、参与度，截至年底，群众通过“百姓随手拍”反映各类问题500多件，85%以上得到及时妥善处理。推进数字化城管平台功能升级，使运行效能得到全面提升，截至11月底，共发现各类城市管理问题13万件，有效立案数12.71万件，结案12.54万件，整体结案率为98.60%，同比提高0.6%。抓好智慧城管展厅建设，在大数据展示中心负责智慧城管展厅建设，设置壁挂式和桌面式两块展示屏幕，丰富和完善展示内容。

【园林绿化】 实施安远路道路绿化改造、畅远东路道路绿化改造和武烈河6～8道橡胶坝复坝绿化等8项绿地品质提升工程。共栽植乔灌木15495株（墩）、绿篱15088平方米、花卉及草坪等绿被75821平方米，改造换植花卉及草坪等绿被17963平方米，栽植地锦6939株，立体绿化武烈河护坝约2313延长米。实施主城区立体鲜花造景工程，“五一”“十一”节假日和重要时期，在市区公园、绿地、重要节点、重要出入口栽植摆放立体鲜花82万盆、60多个品种，扮靓扮美城市环境。实施河北省首届园林博览会承德展园建设工程，投资591万元的承德展园，设计水平高、施工精细、特色鲜明，被省园林博览会组委会授予多项奖励。

【户外广告升级】 整改提升围挡公益广告，在工地围挡公益广告达到50%的基础上，进一步加大公益广告的占比，其中市中心区一河两岸、重点景区、商业街区的围挡广告全部更新为公益广告。累计拆除破旧围挡1.1万平方米，更换围挡广告4.6万平方米，投放公益广告2.8万平方米。设置更新主干道桥梁、过街天桥和道旗公益广告。在武烈河大桥、承德大桥和人行过街天桥设置10处公益广告，在迎宾路、武烈路等市中心区15条主要街路两侧安装创建全国文明城市、宣传十九大等道旗广告2000多块。利用电子显示屏循环播放公益广告，6月至9月期间每处每天播放时间不低于4个半小时，重要时间节点每天达到7个小时。

附：市城管局领导名录

党组书记局长：蔡　青（满族，2月免）
　　　　　　　颜振乾（2月任）
党组副书记　副局长：姜立新（满族）
党组成员副局长：唐春金
　　　　　　　孙著彪
　　　　　　　解洪峰
　　　　　　　王云霄
党组成员：万忠然（满族）
　　　　　　　周占成

（供稿　郭　健　韩　平）

环境保护

【概况】 2017年是环保改革具有里程碑意义的一年，全市环保系统完成机构垂直管理改革，各县（市）环保局调整为市环保局派出分局，原“环境监测中心站”更名为“环境监控中心”，原“监察支队”与“稽查大队”合并组建“环境执法支队”。同时，原局纪检监察室划转为市纪委派驻机构，市局15项行政许可事项划转至市行政审批局，市局原总量科、污防科撤销，环评科、监管科、科技科合并组建监管科。同时为强化对县市区和市直部门的工作督办，新成立督查综合科。改革后，全局机构建设更加科学精炼。截至年底，市环境保护局行政编制33名，科级领导职数15名。直属事业单位由16个。全局干部职工378名，其中公务员（参照公务员管理人员）93人，事业人员223人。大专以上学历人员共316人，占总人数的85%，其中：硕士研究生13名，博士研究生1名。

【环境执法及法治建设】 持续加大环境执法力度，采取双随机、明察暗访、交叉执法等形式，先后开展“利剑斩污”“散乱污”治理、纳污坑塘整治、辐射安全执法等专项执法检查行动10个，累计检查企业3731家次，责令整改410家，立案处罚288件，处罚金额1633.3万元，移送拘留12起，涉嫌犯罪移送公安机关4起。配合完成省委、省政府环境保护专项督察，印发实施《承德市贯彻落实省委省政府环境保护督察反馈意见整改方案》，全力推进问题整改。截至年底，省委、省政府第八环保督察组交办承德市群众举报问题2224件，经查属实1583件，已整改完成1582件；河北省秋冬季大气攻坚第六督察组交办问题382件，已整改完成362件；省环保厅大气环境执法专项行动检查组共交办承德市环境问题279件，已整改完成272件。为解决环境监管力量不足的问题，着力推进污染源自动监控工作，印发实施《承德市环保局重点污染源在线监控管理办法（试行）》，进一步明职定责、规范管理，切实提高自动监控数据的准确性、有效性和传输率，提高对重点污染源的监管能力。综合电、信、访、网等多种渠道受理各类信访举报284件，均及时进行转办、督办、反馈，案件处理率100%，未因环境信访问题引发集体到市、到省以上集体性越级访，未发生因环境信访工作处置不当而引发重大信访事件。

严格法律审查，切实提升处罚办案质量做好环境行政处罚及移送涉嫌环境污染犯罪案件信息上报工作，数据信息上报工作已形成长效机制。全年全市行政处罚立案262起，处罚总额1432.03万元，无一例听证、复议、诉讼，结案率达100%。组织开展各县（市、区）环境保护分局行政处罚案卷评查，共评查案卷80余份，提出建议300余条，案件基本做到事实认定清楚、证据合法有效、量罚适当、案卷规范。制定《承德市环境保护局行政处罚裁量基准规定（试行）》及《承德市环境保护局常用行政处罚自由裁量权细化标准》，印发《承德市环境保护局行政执法公示办法》《承德市环境保护局行政执法全过程记录实施办法》《承德市环境保护局重大行政执法决定法制审核办法》《承德市环境保护局行政执法音像记录设备配备办法》等相关的制度文本。

【生态保护】 全力推进生态保护红线划定，以推动承德经济社会可持续发展的历史使命感，组织各县（市、区）政府和市直有关部门与省环保厅进行了5次大规模对接，20余次深入对接，6000余人次参与其中，客观、翔实地完成红线划定对接及征求意见工作。生态保护红线总面积为16619.14平方千米，占全市国土面积的42.08%，划定面积和占比均为全省最高。积极组织开展承德市“绿盾2017”专项行动，加强对省级以上自然保护区违规建设项目的彻底清查和督促整改。共排查出问题73个，已整改完成55个，其余问题正在按时序进度推进。全面启动国家首批绿色发展战略环评和“三线一单”试点工作。成立由市长和环境保护部环评司司长任双组长的工作领导小组，与北京师范大学签订技术合作协议，全面启动战略环评相关工作，助推承德绿色发展，并为其他地级市提供试点经验。

【环境规划】 按照《河北省生态环境保护“十三五”规划》和全市国民经济和社会发展第十三个五年规划纲要中的环境资源类指标，编制完成《承德市环境保护“十三五”规划》，该规划中谋划大气、水、土壤污染防治三大攻坚行动，主要污染物总量控制，声环境质量改善，生态环境保护与修复，环境风险防范，环境能力建设等8个方面的重点工作任务并设立重点项目专栏，对重点项目进行梳理和分类。从强化组织领导、拓宽资金渠道、加强科技支撑、加强与上下级规划衔接、强化规划落实和实施5个方面提出保障规划实施的举措。

【大气污染治理】 逐级压实责任，印发实施“1+18”方案及配套责任分工方案、重点任务分解方案，并通过签定责任书、大气污染治理联席会议等形式，把压力传导到县市区和乡镇。深入推进“减煤、治企、抑尘、控车、增绿”五大攻坚战，持续推进夏季达标计划和秋冬季攻坚行动，累计淘汰生活燃煤小锅炉889台，停产整治露天矿山410家，治理“散乱污”企业404家，推广新能源汽车1308辆，钢铁、水泥、电力等重点行业全部安装了脱硫、脱硝和除尘设施，燃煤发电机组完成超低排放改造。加大追责问责力度，将治霾措施不力问题清理纳入全市“一问责八清理”

重要内容，清理落实治霾措施不力问题2397件，限期整改、督办销号，各项措施落实力度明显增强。截至12月31日，市区优良天数291天，同比增加16天，PM2.5浓度均值每立方米35微克，同比下降12.5%，达到国家二级标准。

【水环境保护】 严格落实河长制，压实市、县、乡、村四级河长责任，配备河长参谋，增设80个河长制跨界考核断面，对42个跨县区界的市级考核断面按月监测和通报，对超标断面扣缴生态补偿金。规划先行科学施治，制定《滦河流域水污染防治规划（2017—2020）》《承德潮河流域十三五水污染防治规划》等系列规划，分区分级防治、分步分类实施，统筹解决流域水资源、水环境、水生态问题。大力推进治理工程，以基础设施建设、河道生态修复、工业达标整治等为抓手，启动实施水污染治理项目88个，涉及投资39.86亿元，新增污水处理能力19.5万吨，新改扩建污水管网220千米，提前半年完成潘家口水库网箱养鱼清理工作。全市国家和省考核断面水质达到和好于Ⅲ类比例为89.5%，主城区集中式饮用水水源水质达标率保持100%，地下水环境质量保持稳定，整体水环境质量保持全省领先。

【土壤污染整治】 印发实施《承德市土壤污染防治工作方案》，将210项具体任务分解落实到32个职能部门。报请市政府成立土壤污染防治工作领导小组，市长任组长、分管副市长任副组长、相关部门负责人为成员。市政府与各县（市、区）政府及市直有关部门、重点企业签订土壤目标责任书，启动全市土壤污染防治工作。编制完成《承德市土壤污染治理与修复规划》《承德市一般工业固体废物堆存场所整治方案》《承德市矿山开发利用土壤环境保护规划》《平泉市土壤污染防治工作方案暨产粮大县土壤环境保护方案》等规划或方案，并报省厅备案。

按照全国农用地土壤污染状况详查要求，完成全市1841个详查点位核定工作，划定详查单元396个，涉及企业795家，为全面推进土壤污染防治打下坚实基础。全力抓好危险废物整治，深入开展“打击危险废物违法犯罪雷霆行动”，配套开展“工业企业危险废物专项整治行动”“汽修行业危险废物专项整治行动”“医疗废物专项整治行动”等执法行动，累计排查涉危单位442家，限期整改231家，全市危险废物管控能力得到切实加强。

【环保宣传】 加强生态文明教育，坚持环境保护从小抓起，在全省率先开展生态文明教育，大力推广承德市《生态文明教育》小学读本，已覆盖市区全部小学和县城部分重点学校。加强社会宣传，在“6·5世界环境日”期间举办以“绿水青山就是金山银山”为主题的集中环保宣传活动，展出工作成果展板10余块，发放环保宣传册、环保购物袋等宣传品2000余份，现场解答群众反映环境问题50余个。积极进社区、进校园、进企业，开展秸秆禁烧、控制扬尘、保护水源和建设生态文明等环保主题宣传教育活动。加强环境信息公开，全面落实“五公开”要求，通过网站、微博、微信、传统媒体公开环境政务信息1859条，确保群众知情权。

附：市环境保护局领导名录

局　　长：张建文

副 局 长：张自强

　　　　　殷明慧

　　　　　孙宝顺

（供稿　苑秋菊）

交通

公路

【概况】 承平（承德至平谷）高速审批进程加快，投资人招标基本具备条件，承克（承德至克什克腾）高速项目审批报告通过省交通运输厅评审，为确保全面开工奠定基础、提供保障。京津冀“一卡通”公交卡正式发售，兴隆县被确定为京津冀公交一体化第三批试点，兴隆至平谷客运班线公交化改造完成。

全年共完成干线公路各类养护工程47项，总投资4.27亿元。承德市代表河北省承担的交通运输部公路安全生命防护示范工程通过交通运输部验收并获好评；干线千米技术状况指数（MQI）达到91.6；公路处、设备处参建省道隆凤线西山大桥维修加固工程获河北省建设工程安济杯，经济型SMA路面技术获河北省科学技术进步奖。稳步推进路域环境综合治理、公路扬尘治理和“一区三边”违法建设整治，全市全年共查处路政案件704起，破案率和索赔率均达到100%。继续深化源头治超，对439家源头企业进行公示，全市正在运行的超限检测站点全部实施路警联合执法，形成治超合力，完善治超站点布局，全市平均超限超载率控制在2%以内。

投放纯电动公交车100台用于城市公交。公交线网持续优化，开通机场高速公交。报废更新出租车93台，超额完成年初目标任务。开通承张高速客运班线，承德至围场高速客运快线实现公车公营、升级改造。城乡客运一体化，县城20千米范围内农村客运线路公交化运行率达到54%，24%乡（镇）完成农村班线公交化改造。与秦皇岛港、曹妃甸港、京唐港和天津港及北京周边市、县实现联运，乡村物流网格逐步形成。邮政企业与客运企业深度合作，开通39条客运企业代办邮路。

【公路规划建设】 年初，承平、承克（围御段）高速继续围绕PPP实施方案编制、工可及附件编制报批、控制性工程和招选社会投资人四条工作主线同步平行推进。与京沈客专两处交叉控制性工程已开工，确保京沈客专开通，隧道同步打通；项目申请报告于12月27日已获交通运输部批复；14个支持性文件完成批复12个；投资人招标所需的PPP实施方案自年初开始制定，已经多轮、多层次研究，重要指标已确定，正在征求相关部门意见，待省发改委核准项目申请报告后，市政府立即召开常务会议，通过PPP实施方案，即可进行投资人招标，投资人招标文件已制定完毕。承平高速征地拆迁办法已经市政府常务会议通过，沿线县（市、区）正在登统，项目补偿方案已拿出办法。承克高速项目申请报告通过省交通运输厅评审，正在进行初步设计，穿越塞罕坝国家级保护区等各类保护区手续正在跑办。

扎实推进干线公路建设，全年干线公路开工建设19条段521千米，建成通车4条段178千米，完成投资35亿元，至此，纳入“十三五”规划的干线公路开工率达到52%，全市二级以上公路里程达到3275千米，占公路总里程14.6%，较2014年底提高0.8%，域内路网整体水平进一步提升。精准扶贫取得新突破，全年建成农村公路750千米，258个贫困村887个自然村通达硬化路，占应硬化道路贫困村的36%，4万余人口的出行问题得到解决。“四好农村路”建设开局良好，平泉市以全省遴选第一的成绩获评首批全国“四好农村路”示范县称号，平泉、围场、滦平、承德县4县（市）获得河北省“四好农村路”示范县称号。同时新改建桥梁72座，实施安全生命防护工程403千米，全市农村公路通行能力和安全水平进一步提升。

【公路管理养护】 全年共完成干线公路各类养护工程47项，总投资4.27亿元。承德市代表河北省承担交通运输部安全生命防护示范工程，在全国七个示范省中第一个通过交通运输部验收并获好评。全年实施并完成大中修工程13项393千米，公路技术状况指数（MQI）达到91.6，较2016年提高1.7。公路处；承德市在省道出海路东大地中桥维修加固工程中首次采用2孔26米简支钢－混组合钢箱梁，该桥作为河北省干线公路养护工程中的第一座钢结构桥梁，在桥梁维修改造工程中做出的一次有益尝试。

全市共查处路政案件704起，收缴路产损失赔（补）偿费294.36万元，破案率和索赔率均达到100%。清理堆物堆料8481米、3556处，清理建筑垃圾212立方米，完成路域环境“试点村”建设47个，拆除路面加水点84处，治理、规范平交道口56处，拆除非交通标志495块，拆除违法建筑2318.86平方米、58处，整改扬尘车辆覆盖905台次、查处283台次。同时，积极开展“一区三边”违法建设整治，对公路沿线建筑控制区再排查、再延伸，已排查国省干线公路疑似存在违法建筑130.494千米，整治完成违法建设117.6672千米，拆除违法建筑面积22.53万平方米，整治非法平交道口43处，清理杂乱标牌309块，为确保全市国省干线公路安全畅通做出积极的贡献。

全年全市累计投入路政治超执法人员4.1万人次，检测车辆81.3万辆次，治理非法超限超载车辆1.07万辆次，卸载货物6.88万吨。全市正在运行的10个超限检测站，全部实施路警联合执法，共记3397分。同时继续深化源头治超，公示源头企业439家，对10家重点源头企业实行派驻监管，处罚源头企业27家，限期整改企业14家，录入“黑名单”企业6家，制止超限超载车辆出厂上路550台次。9月，河北省政府批准增设围场牌楼和丰宁鱼儿山超限检测站2个，围场牌楼站基本建设完毕。

【道路运输管理】 部署打击黑出租等非法营运行为，得到市领导和全社会好评。开展出租车行业改革政策宣传，密切关注行业动态，确保行业稳定。由河北省委宣传部、河北省交通运输厅联合组织的“美丽河北 最美出租汽车司机”评选中，全市13名出租汽车司机获评“最美出租车司机”和“优秀出租汽车司机”称号，2家出租汽车企业获评活动组织先进企业。

承张高速客运班线正式开通，采取公车公营的运营方式，全程运行高速，这条班线的开通结束了承德到张家口没有直达公路旅客运输的历史，也标志着承德市与全省各市间全部开通高速客运班线。平泉市被交通运输部确定为城乡交通运输一体化示范县。丰宁一级客运站建成投入使用，兴隆一级客运站具备使用条件，滦平客运枢纽、华北物流中心完成主体工程，双滦客运枢纽启动前期。

现代货物运输及物流商贸初步呈现，与秦皇岛港、曹妃甸港、京唐港和天津港及北京周边市县实现陆路联运、陆海联运。物流场站发展顺利，乡村物流网络逐步形成，宽城“大槐树”农村电商和承德县峰联物流电商已初具规模，基本实现农村物资有序集散和高效配送。邮政企业与客运企业深度合作，开通客运企业代办邮路39条，总里程达到2298千米，日均运输业务量近3800件，有效降低运营成本，实现资源共享。

【法治交通建设】 强化法治意识，严格按照法定权限和程序行使权力、履行职责。严格落实重大决策法律咨询、法律支持和合法性审查机制，局需签署的各类协议、合同及其他涉及法律法规的相关文件，均经法规部门把关审定，坚决不触碰法律红线。坚持民主决策，严格实行重大事项集体决策，坚持发扬民主，落实末位表态。深化行政改革，按照“应放尽放、能放则放”原则，持续推进“放管服”改革，向新成立的市审批局移交许可权10项，其他由市交通运输局继续行使审批权，细化审批流程，全部实行网上办理。完善法规制度体系，全面实施重大行政执法决定法制审核、执法公示和执法全过程记录“三项制度”。强化执法检查和案卷评查，重点规范自由裁量权和行政强制程序的实施，全年全局办理的行政许可和行政处罚案件，未发生行政复议和行政诉讼及因执法程序问题被追责的情况。加强执法力度，路政、运管、出租等执法部门，通过开展各类专项行动，与日常执法检查相结合，对公路治超、路产路权保护、城市客运市场等重点领域违法问题保持高压态势，交通发展环境得到进一步净化。出租行业规范严格执法受到市纪委主要领导肯定。

【平安交通建设】 突出平安交通建设，交通安全基础有新增强。以“平安交通”创建为载体，广泛开展“平安车”“平安船”“平安码头”“平安站”“平安工地”创建活动，路桥公司张承高速项目获评交通运输部、国家安全生产监督管理局公路水运建设项目平安工程。全面加强“党政同责、一岗双责、齐抓共管、失职追责”的安全生产责任体系建设，以及风险隐患双重预防控制、隐患源头安全防护、违法违规惩治和应急救援等体系建设。实施安全生产诚信等级评定工作，实现分类分级管理。持续开展安全生产监督检查、非法违法行为治理、重点领域整治等专项活动，及时督促整改存在的问题不足。

附：市交通运输局领导名录

局　　　　长：张富民（满族）
党 组 书 记：寇占武（2月任）
党组副书记、副局长：高松林（满族）
机关党委书记：张立新（1月任）
党组成员、副局长：王艳刚（满族）
　　　　李月武（1月任）
　　　　房国民
党组成员、纪检组长：訾振华
党组成员、副局长：张长志
　　　　臧志福
　　　　杨春东（1月任）
党组成员、副局长（兼）、邮政管理局局长：
　　　　付铁柱

（供稿　白　梦）

铁　路

【车务段概况】 2017年，承德车务段行政管理机构设运输和统计科、安全技术科、施工管理室、综治环治办公室、计划财务科、劳动人事科、职工教育科、信息技术科、经营开发科、办公室；生产管理机构设安全监控和生产调度室。党群组织设党委（下设3个总支，64个支部）、纪委、工会（下设50个车间分会）、团委，辖党群工作办公室，管辖承德铁路俱乐部。集体经营管理机构设劳动服务公司。设流水沟、南大庙、猴山、虎什哈、五道河、二道沟门、平坊、滦平、窑上、张百湾、金沟屯、滦河沿、梁底下、白旗、超梁沟、闹海营、承德东、上板城、上板城南、西大庙、新杖子、南湾子、潘家店、下台子、洞庙河、北马圈子、鹰手营子、兴隆县、前苇塘、六道河子、下板城、甲山、永和、榆树沟、上谷、大杖子、小寺沟、平泉、承德、双峰寺、高寺台、韩麻营、隆化、滦平东、李家营、丰宁、隆化公寓，客运乘务等48个车间；半壁山、承德西、塔黄旗东、杨木栅子等4个无人值守车站及赵家店乘降所。年末职工总数1787人，其中干部325人，女职工164人，高、中、初级专业技术人员分别为1人、28人、95人。工人技师168人，其中高级技师1人，首席技师1人。

【车务段设备管辖】 承德车务段管辖京承线自127千米至254.308千米，计15个站；锦承线自335千米至417.294千米，计8个站；承隆线自0千米至57.019千米，计4个站；京通线自115.708千米至244.565千米，计16个站；唐呼线自179.339千米至377.03千米，计7个站。管辖一等站1个、二等站3个、三等站7个、四等站39个，乘务车间1个，乘务员公寓1个。

段管辖营业站22个，其中客运营业站3个；货运营业站9个；客货运营业站10个，非营业站28个。段管内有货场20个、货物线50条、专用线31条、专用铁道4条。

下属客运乘务车间担当承德至通州西6419/6420次，承德至石家庄（经京广线）K7754/7751/K7752/7753次，承德至石家庄、邯郸（经唐山、天津）K7758/7759次；7763/7762次，承德至兴隆县6433/6434次，承德至平泉6435/6436、6455/6456次，承德至隆化57041/57044次，计7对旅客列车客运乘务工作。非在编集体工担当承德至昌平北4473/4472/4471/4474计1对旅客列车客运乘务工作。固定资产原值 11262 万元。

【车务段生产与经营】 年内，承德车务段运输收入58546.3万元，运输总支出35429.48万元，旅客发送量271.5万人，货物发送量423.98万吨，日均装197车，日均卸454车，中转时间3.9小时，停站时间16小时。截至12月31日，实现连续安全生产2270天。

附：承德车务段领导名录

段　　　　长：彭兴山
党 委 书 记：刘金硬
党委副书记兼纪委书记：李士军
工 会 主 席：韩如珍
副 段 长：叶晓虎
　　　　　韩志明
　　　　　秦保祝
　　　　　邢建国
　　　　　王　鑫

（供稿　于长水）

【工务段概况】 2017年，全段管辖正线8条（锦承、承隆、京承、京通、唐张、京锦联络线、唐呼京通联络线、唐呼京承联络线），线路总延长1042.395千米。固定资产原值2399712.88419万元。承德工务段行政机构设职能科室14个，办公室、安全生产调度指挥中心、安全科、线路技术科、桥梁技术科、施工质检科、计划财务科、劳动人事科、职工教育科、材料科、经营开发科、综治环治办公室（内保科），辅助生产机构1个，计量室。党群组织设党委（下设20个党总支，83个党支部）、纪委、工会（下设20个车间分会）、团委，辖党委办公室。车间21个，古北口线路车间、虎什哈线路车间、滦平线路车间、隆化线路车间、兴隆线路车间、鹰手营子线路车间、上板城线路车间、承德线路车间、下板城线路车间、平泉线路车间、承德桥梁车间、隆化桥梁车间、承德重点维修车间、怀柔北重点维修车间、探伤车间、承德动力设备车间、综合机修车间、李家营线路车间、滦平东线路车间、滦平东桥梁车间、工程车间。班组114个。年末职工总数1388人，其中女职工52人，干部228人，具有高、中、初级专业技术人员分别为7人、30人、120人，有高级技师资格9人、工人技师资格140人，高、中级技工分别为622人、74人。

【工务段设备管辖】 承德工务段管辖正线8条。线路总延长1042.395千米，其中：正线824.252千米、站段岔特线218.143千米（到发线135.858千米）；道岔712组，其中：正线328组、站段岔特线384组（到发线道岔180组）。桥梁513座/50206米，隧道175座/186778米，涵渠1085座/31384米，天桥1座/30米，地道5座/157米，灰坑2座/100米，调节河流建筑物605座/108.119立方米，桥梁建筑物总换长153492米。道口36处，其中工务看守6处、车务看守5处、地方监护12处、客车监护13处。担负锦承线与沈阳铁路局赤峰工务段分界335.000千米至417.770千米；承隆线里程0.183千米，终点57.756千米；京通线与北京工务段分界61.5千米至与沈阳铁路局分界244.565千米；京承线与北京工务段分界127千米至254.293千米；唐呼线（上、下行）与丰润工务段分界158.800千米至与张家口工务段分界335.500千米；京锦联络线0.000千米至1.095千米；唐呼京通联络线274.261千米至285.061千米；唐呼京承联络线208.683千米至216.939千米。

【工务段生产与经营】 承德工务段优化生产布局，撤销值守点工区3个，截至年底已撤并16个区间工区，安全风险点大大减少，累计完成合署作业1152次，上线作业安全风险得到有效控制。开展桥隧维修改革，制定《桥隧检养修管理工作实施意见》，实现检修分开，强化车间主体责任，进一步提高生产效率。共计完成各类施工1223项，完成成组更换新道岔34组；更换再用道岔1组；更换新轨枕19337根；更换再用枕4429根；道床清筛20.15千米；大机边坡清筛20千米；更换曲线磨耗轨5千米；无缝线路应力放散43个单元/40.008千米；桥梁圬工梁修补33座；隧道漏水整治8座；桥梁人行道板更换5745平方米；道口铺面大修2处；道口平台整修3处；外委施工监护26处以及京哈线12组道岔大修施工任务。强化设备动态监测分析和综合治理，轨检车优良率同比提升3.6%；TQI同比下降0.33。重点强化薄弱、关键设备整治。完成站线新铺再用轨无缝线路15.916公里；站线69型轨枕更换XⅡ型混凝土枕6000根；抽换失效木枕1000根；木枕道岔弹性化改造12组；道岔Ⅲ型弹条扣件改Ⅱ型30组；隧道内锈蚀立螺栓凿锚39306条；混凝土枕道岔穿销改造2592条；胶结绝缘129处；更换绝缘轨距挡板2600块；小半径曲线安装楔形胶垫23190块；小半径曲线钢轨润滑涂覆117.769千米；重点磨耗曲线人工涂覆4.96千米；侧向繁忙道岔人工涂覆125组等大量工作，有效补强设备短板。工电结合部管理进一步强化。制定下发《承德工务段工电结合部设备联合管理办法》，明确联合管理目标，强化联合检查、联合作业、联合验收的方案设计与实施，通过维修现场会，采用展板形式对工电结合部设备联合管理流程进行全面规范，年内累计完成A类作业82次、B类作业607次，确保结合部管理工作有序推进。2017年通过实施经营管理常态化检查的新举措，以重点问题追责问责为辅助手段，以发现问题、研究解决问题为最终目的，不断提高各级干部经营管理能力。加强科目负责人的考核力度，坚持每季召开经济活动分析会，分析经营工作存在的问题，提出阶段建议措施。全面完成各项物资经济指标，全年累计完成上缴废钢轨、岔心等旧料2100吨。在债权债务清理上，制定办法加大清欠力度也取得较好效果。2017年度运输成本有权总支出28694.28 万元，实际支出28663.26 万元，较有权节支31.02万元，其他业务收入3053.7万元，其他业务利润402.83万元，职工平均收入达到10.32万元，首次迈入10万元行列。征集各层级专业技术人员论文83篇，在省部级以上刊物发表8篇；征集合理化建议205条、优秀QC成果15项，职工参与面和内容覆盖面及质量同比有较大提高。由承德段承担的《线间距测量装置》《基于线绳的山洪泥石流远程监测预警系统》《雪深测量系统》已进入课题尾声阶段；承担的总公司重大课题《曲线半径250米无缝线路研究》也已结题。以创建“三型”领导班子为目标，严格执行民主集中制和“三重一大”事项集体决策制度，不断提升两级班子科学管理能力和综合管理水平。加大“承工工匠”和高技能人才队伍的选树和培养力度，全年全段评聘中级政工职称人员2人、高级技师9人、技师135人。加强教育培训力度，共培训干部1515人次、职工24953人次。

附：承德工务段领导名录

段　　长：赵继华

党委书记：申　伟

纪委书记：董海臣

工会主席：韩永宏

副 段 长：刘　东

韩树柏

黄建国

崔　冬

赵世佳

刘跃民

（供稿　全　竞）

机场及高速铁路

【试飞取得成功】 2016年12月22日到2017年2月23日正式试飞，期间降雪共计11次，由于华北局批复的正式试飞时间不确定，每次降雪后，各相关部门迅速组织人员除雪，高峰期间组织人力300余人，出动机械设备累计100多辆，除雪车用航空煤油累计消耗30多吨。由于机场特殊气候条件和除雪工作难度，每次降雪都连续平均奋战48小时以上。验证试飞从2月23日9时23分正式开始，在完成各项任务后11时14分试飞飞机安全降落。结果显示，承德机场各项参数和指标正常，机场相关设施、设备均符合要求。承德机场试飞工作取得了圆满成功。成功在于承德机场并未因地形复杂而被列入“复杂机场”，避免双机长运行，降低航空公司运行成本，也为承德机场航线跑办工作打下基础。

【行业验收及使用许可审定】 行业验收及使用许可审定是机场通航前的最后一次大考，为确保行验及审定工作顺利完成，先期邀请民航河北监管局分两次进行，提出整改项168项。预验收结束后，明确每项整改项责任人，制定整改要求和整改时限，每天进行调度，紧盯工作进展，严格控制质量和完成时间。在短短的一个半月内完成全部整改168项，为行业验收奠定坚实的基础。在预验收整改的同时，抓紧对行业验收所需的危化品许可证、成品油经营许可证、航空油料适航许可证进行办理，环评报告、水保报告及行业验收资料的整改工作也同步完成。

4月11日至14日，民航华北地区管理局组织实施承德新建民用机场工程行业验收及使用许可审定。经过为期4天的验收及审定工作，验收（审定）委员会原则通过承德普宁机场民用机场行业验收及使用许可审定。审定意见宣布当晚，市机场建设管理局立即组织施工单位、设计单位、监理单位研究整改项整改方案，随即开始整改工作。5月12日，民航河北监管局代表民航华北地区管理局对承德机场行业验收及使用许可审定复查，整改项全部完成。5月26日，承德机场获得民用机场使用许可证。

【机场通航】 承德机场通航仪式是全市最重要的活动之一，市领导多次召开调度会调度机场通航仪式准备情况，市机场建设管理局作为仪式的主办者和组织者，经过数次讨论修改，同时借鉴市内大型活动及其他机场通航仪式经验，制定详细的通航仪式活动方案。为确保通航仪式顺利开展，成立由常务副市长牵头的承德机场通航仪式活动领导小组，主要领导亲自调度、亲自安排、亲自部署，分管领导具体抓，责任到人，一盯到底，力求工作做到精致、细致、极致。仪式邀请民航部门、空军部门、友邻机场、友邻机场建设单位、航空公司、新闻媒体、参建单位、旅行社、市领导及市直部门、各县区代表约300余人参加，中央电视台、《人民日报》等国内国际媒体全程直播，并在央视《新闻直播间》播出，受到社会各界的广泛关注，对承德市旅游城市宣传和推广工作起到积极推动的作用。

承德机场自5月31日通航并开通石家庄—承德首条航线后，按照市委、市政府提出2017年开通石家庄、上海、广州等5条航线、完成10万人次吞吐量的工作目标，市机场建设管理局抓住冬春换季这一有利时机，专门对相关城市基地航空公司一一走访、对接，多次参加民航业内会议，洽商航线工作。但由于民航局发布的新通知中提出，北京、上海、广州、深圳不增加支线机场航班，对航空公司的时刻资源争取、航线航班编排产生重大影响，同时也加大承德市开通这些城市的难度。市机场建设管理局通过争取航空公司航线改造，即以经停的形式开通上广深航线，并尽量经停省会石家庄，提高客座率和石家庄的通达性，以减少承德市补贴压力。经多次跑办、沟通，在开通石家庄—承德航线的基础上，换季后又新开上海、西安、深圳、广州、海口等航线。新航线的开通不仅加强了省内的航运能力，更加完善省外航空网络布局。全年共开通航线6条，全年旅客吞吐量达到14.7万人次，超额完成年度目标。

【机场后续工程建设】 对因多次强降雨冲刷开裂破损的机场边坡排水沟进行修复，11月8日完成全部主体工程；对机场西北角边坡局部原地貌出现的沉降位移进行修复，已组织华北设计院进行实地勘察，提出明确处理方案；根据民航河北监管局安全检查提出的建设“平安民航”意见，开展道口提升和监控全覆盖工程，已全部完工；启动机场综合楼和旅游服务站前期设计等工作；启动原北空375亩置换土地和机场远期125亩发展用地的征收工作。

【航空产业合作】 推进与海航对接合作。按照市政府与海航公司签订的合作框架协议，与海航签订双方公司合作出资协议，对承德机场通航基地项目场址进行定界测绘，测算土地出让成本，并协助海航公司对通航产业园3000亩土地选址进行了踏查；积极开展招商引资。与美林航空、精功通用航空、翔宇通用航空、廊坊宏泰市镇产业投资有限公司进行合作洽谈。重点与北京华安通用航空公司进行对接，拟开辟承德机场至北京平谷摆渡小航线（距首都机场20千米），并派驻2架通用飞机在承德机场，开展低空旅游飞行业务。

【保障承德机场正常运转】 按照市政府与河北机场集团公司签订的协议，承德机场委托河北机场集团公司进行经营管理，该集团仅派驻管理人员，机场运营补贴资金由承德市政府保障。2017年，承德机场运营补贴和航线补贴资金未能列入当年预算。承德机场账无分文，举步维艰，工作难以开展，一方面与河北机场集团派驻管理人员和职工做好协调安稳工作；另一方面积极向市领导汇报，从机场建设资金借款900万元，先行保障承德机场运营；经过与市财政多次沟通协调，并对省内各支线机场运营和承德机场运营情况进行调研，争取到市财政安排解决机场运营补贴资金1000万元；航线保证金及航线补贴资金3682万元。

（供稿　夏琦宇）

【高速铁路建设】 京沈客专（承德段）工程建设合同总额为135.31亿元，截至年末已累积完成

121.22亿元，占投资总额的89.5%。其中，征地拆迁方面：京沈客专（承德段）相关工作已基本完成，累计征占土地6032亩，征占树木152万余株，拆迁房屋1079户，拆迁企业234家，迁改电力、通信线路366处；工程建设方面：河北段49座隧道（131千米）、78座桥梁（36.6千米）和1300万立方米土石工程已经全部完工，“四电”设施及站房建设已开始施工，11月2日河北（承德）段开始实施铺轨，至年底已完成铺轨55千米。

（供稿　张英楠）

教育

综述

全市共有学校1596所,其中,幼儿园987所,小学447所,初中101所,高中22所,特教学校9所,中等职业学校25所，普通高校6所。全市共有在校生人数632662人，全市共有教职工47912人，有专职教师40779人。年内，承德市教育工作紧紧围绕办人民满意教育的核心目标，以促进教育内涵发展为重点，全面实施素质教育，深化教育改革，优化教育资源，促进教育均衡，不断提升办学水平和效益，各项工作扎实开展、有序推进，取得明显成效，为全市经济社会建设提供强有力的智力支撑和人才保障。

学前教育

【概况】 承德市共有987所幼儿园，32588名幼儿，有幼儿教职工6229人，其中专任幼儿教师4280人。提升办园水平，做好评估前期指导，重点加强对农村幼儿园管理、规范农村园的保教行为，幼儿园文化建设方面的指导。鼓励各级各类幼儿园创建省市示范园和达标升级工作，新增省市示范园18个。年底有60%农村幼儿园达到省级二类园以上标准，全市幼儿园管理水平和办园水平明显提升。

【规范招生秩序】 规范市直园所招生秩序，要求各市直园所继续进行网上招生工作，各园所根据自己实际学位的情况，报送本园所招生计划，严格按照招生计划进行招生，市直园所招生工作严谨有序。制定完成《承德市第三期学前三年行动计划（2017—2020)》征求意见稿，于11月份报市政府审核通过后报省教育厅备案。

【学前教育现场会】 5月18日，承德市教育局在滦平县召开首届承德市学前教育现场会，全市各县（市、区）主管局长、幼教专干、学区研训员，各级各类园长等近500人参加会议，分为现场展示、经验介绍、专家讲座和领导讲话四个环节进行。现场会的现场设在滦平县的3个县城园，3个园所从课程、特色活动、户外活动、区域建设等几个方面进行展示并进行经验介绍，滦平县教育局从全县学前教育工作的开展进行全面的介绍。现场会后,先后有围场县、兴隆县、丰宁县、承德县、市直园所先后到滦平县进行交流学习，起到引领全市学前教育内涵建设的作用。

义务教育

【概况】 承德市义务教育阶段，小学447所，招生38299人，在校生278437人；初中101所，招生45405人，在校生121150人。全市小学、初中的生均公用经费实际分别达到820元、1020元，均超出省定的685元、885元标准。全市涌现出一批先进学校，河北民族师院附中、承德市第三中学、滦平县第三中学、承德高新区上板城初级中学、丰宁县南关中学、隆化县隆化镇回民小学分别被河北省教育厅、河北省人社厅、河北省总工会表彰为全省教育系统先进集体。

【适龄儿童入学】 市教育局认真贯彻市政府《关于扎实推进县域义务教育均衡发展的实施意见》，保证适龄儿童平等入学机会。分别在双滦区、营子区、高新区北师大附校召开推进学校内涵发展现场会，全市县区主管局长、股长、主任和校长、骨干教师1200余人次参加会议，推动全市学校内涵建设，培树一批内涵发展方面的典型学校。年内，出台《进城务工人员子女接受义务教育实施办法》。

【统筹管理义务教育招生工作】 统筹管理和协调全市义务教育阶段学校招生工作，主城区的招生工作严格按照“三个严禁、三个严格”，即严禁跨学区招生，严禁学校自主违规招生，严禁学校考试“掐尖”招生；必须严格按规定的招生轨制、班额和学区（学校）范围招生，严格按政策接收外来务工人员子女入学，严格控制外地区生源流入双桥区学校。初中招生原则上实行“整体对口入学”的免试招生办法，坚持“学区”九年一贯制管理。

【深化课程改革】 中国好老师签约计划。“中国好老师公益行动计划教育帮扶签约仪式”暨“落实核心素养，深化课程改革”交流会工作正常完成。9月6日，承德市桥东小学等17所学校与首都师范大学附属顺义实验小学等17所中小学校签署“京津冀”教育创新共同体合作协议书。开展“2016—2017年度“一师一优课、一课一名师”评选工作。全市699所学校参与此项活动，晒课教师11600人，共晒课13636节，有实录课数8073节，评选县优课2306节，推动数字教育资源在不同教学环境下的应用。

【资助困难学生】 全市学生资助项目总资金为36337万元，受助学生达133万人次；5个国家试点县的853所学校（其中教学点555所）实施农村义务教育学生营养改善计划，受益学生15.42万名。有525所学校采用食堂方式供餐，占比为61.55%，享受学校食堂供餐的学生人数为14.49万人，占比为93.97%；省试点县滦平县于2017年秋季学期开始全面启动实施农村义务教育学生营养改善计划，共120所（其中教学点74所）学校实施农村义务教育学生营养改善计划，受益学生 2万人。

普通高中教育

【概况】 2017年，全市共有普通高中学校22所，毕业生17259人，招生19825人，在校生56655人。有教职工5398人，其中专任教师3947人。学校占地面积1656837.97平方米，校舍建筑面积971240.31平方米。年内，高考报名人数为21357人，较2016年减少983人。其中报名参加统考报名考生18410人，参加对口报名的2947人。承德县第一中学、平泉市第一中学分别被河北省教育厅、河北省人社厅、河北省总工会表彰为全省教育系统先进集体。

【规范高中招生秩序】 继续贯彻落实《承德市教育局关于初中毕业与升学考试和普通高中招生工作的通知》和各普通高中学校的招生计划，完成普通高中招生工作。并于7月发布《承德市教育局关于规范外地民办普通高中学校到承德市招生的公告》《承德市教育局关于衡水第一中学等民办学校在承德市违规招生的处理公告》，有效控制生源外流。

【承办省研修班】 2月26日至27日，由人民教育出版社、河北省出版总社有限责任公司主办的“高考制度和高考内容改革高级研修班”在承德市举行。来自秦皇岛、唐山、张家口和承德市的教育行政主管部门负责人、教研部门负责人、高中校长等200多人参加研修班。研修班邀请教育部从事高考内容改革设计的核心组成员和专门针对高考制度改革研究应对策略的专家，剖析上海和浙江新一轮高考改革的经验，解读学科核心素养本位的学业质量评价策略与模式，解析高中新课程标准和新高考大纲，为河北省应对新高考提供课程设计、师资调配、选课走班等方面的建议和指导。

【组织域外研修】 4月12日至18日，市教育局组织高中校长和教师93人到华东师范大学进行专题研修。全方位对高中教育发展趋势、现代化学校管理、课程改革、“新高考”指向等进行学习，并深入上海交大附中等课改名校，进行专题讲座、经验介绍、课堂观摩、教学研讨。10月22日至29日在华东师范大学，组织由各县市区教育局主管基础教育副局长和招生办公室负责同志，普通高中和职教中心分管副校长、主任，市教育局基础教育科和中学教研室有关人员，共82人参加的“新高考”专题研修班。

中等职业教育

【概况】 承德市共有中等职业学校25所，毕业生11077人，招生13279人，在校生37419人。有教职工2871人，其中专任教师2047人。学校占地面积1002213.56平方米，校舍建筑面积493185.36平方米。

【中等职业教育招生】 严格执行中职招生政策，超额完成招生任务，职普结构比为42.34：57.66，位居全省第三。兴隆职教中心、围场职教中心招生均超过1400人，创办学以来历史最高纪录。

【人才培养】 深入实施省120所中职学校质量提升工程，实行动态管理，以此为抓手努力提高办学水平和质量。全市年内争取中央财政专项资金2102.5万元，9所项目建设校全部通过省年度绩效评价，其中滦平职教中心实现进档升级。继续加强校企合作与产教融合，推进人才培养模式改革，“订单式”“冠名班”“工学结合”“现代学徒制”等模式普遍开展，中职学校与当地30多家企业建立合作关系，其中与10余家企业开展深度合作。毕业生就业率连续多年保持在96%以上。学生可持续发展能力得到增强，超过2000名中职毕业生通过对口高考、“3+4”（中专学3年、大专学4年，颁发本科学历）“3+2”（3年中专，自主考试学2年，颁发专科学历）、自主招生等形式升入高等学校本专科学习深造。

【服务“三农”】 全市有6所县职教中心入围省20所“新型职业农民培养试点校”，招收新型兴职业农民学员2457人，完成各类培训11万人次，4所学校被初选为全省试点典型。河北省在承德市召开全省新型职业农民培养试点培训包开发与应用现场会。丰宁县农民工培训“五免一补”典型模式被国家级媒体报道，省教育厅领导在职业教育国际大会上作专题介绍。宽城县职教中心被河北省教育厅、河北省人社厅、河北省总工会表彰为全省教育系统先进集体。

高等教育

【概况】 承德市有普通高校6所，其中市直属4所。年内招生15184人，在校生45606人。有教职工3779人，其中专任教师2790人。学校占地面积2661357.24平方米，校舍建筑面积1144390.16平方米。年内，驻市各高校继续全面实施“高校毕业生就业创业促进计划”，积极进行多种形式的联合办学，继续深入开展政治思想教育，深入开展教学改革和科研工作，自觉为当地经济建设服务。其中河北旅游职业学院酒店系被河北省教育厅、河北省人社厅、河北省总工会表彰为全省教育系统先进集体。

【交流活动】 12月27日上午，承德医学院党委宣传部和基础医学院党总支邀请塞罕坝机械林场先进事迹报告团成员、机械林场第三代突出代表、机械林场总场副场长于士涛与200余名师生代表参加此次交流活动，师生开展面对面交流活动。

【荣誉奖项】 11月26日，由中国民族医药学会主办的科学技术颁奖大会在四川成都举行，承德医学院主持承担的“河北道地中药材产业体系建设示范研究”首获中国民族医药学会2017年科学技术一等奖。科学技术一等奖将按规定报国家科学技术奖励工作办公室备案。

【蚕桑应用技术项目】 11月29日，“河北省高校特产蚕桑应用技术研发中心”建设项目通过专家验收。河北省教育厅组织专家对承德医学院建设的“河北省高校特产蚕桑应用技术研发中心”项目进行验收。专家一致认为该项目圆满完成合同规定的任务，同意通过验收。

【“十三五”规划课题立项】 承德石油高等专科学校7个项目获得河北省教育科学研究“十三五”规划课题立项。其中，重点项目有衡军山老师主持的“与信息化环境相契合的高职院校计算机类专业课程教学设计研究与实践”、刘翔宇老师主持的“信息化背景下培养高职学生安全素质的实践教学改革与探索”和郝建林老师主持的“企业家精神培养目标下的高职院校创业教育体系建设”3项。

【争取科研经费】 河北民族师院5项课题获经费资助。其中，教育部青年项目1项，批准经费8万元；与河北农业大学共同承担的省科技支撑计划项目1项，批准经费8万元；承德市科学技术研究与发展计划项目3项，批准经费38万元，总资助金额54万元。

【大数据合作签约】 9月21日，市科技局与内蒙古民族大学、高新区管委会和广州万里达大数据有限公司举行合作签约仪式。借助高校、地方政府和企业的平台优势，实现校地、校企资源优势互补、强强联合，不断提高应用型人才培养质量，拓展合作空间，发挥高等教育社会服务职能，促进地方经济建设发展，最终实现“共赢”。

【师院支教】 河北民族师范学院2014级第二批本科顶岗实习支教工作全面展开。9月3日前，师院2014级第二批本科400余名顶岗实习学生分别到双滦区、隆化县、宽城县、平泉县、承德县、承德二中、承德十六中等7个实习学校，进行顶岗实习支教工作，涵盖全校5个学院8个本科专业，实习支教时间为4个月。

特殊教育

【概况】 全市有特教学校9所，招生76人，毕业46人，在校生807人。有教职工249人，其中专任教师212人。学校占地面积50182.6平方米，校舍建筑面积22823.1平方米。市教育局出台《第二期特殊教育提升计划实施方案（2017—2020）》，在承德县特殊教育学校组织召开全市“特殊教育学校教学和职业技能研讨会”，全市9所特殊学校的校长、业务校长、教导主任和骨干教师共48人参加会议。

【学校迁建】 3月8日，市政府召开“市特殊教育学校迁建工作”专题会议，明确由市教育局牵头负责市特殊教育学校迁建工作，由双桥区政府负责在双峰寺镇平房沟村提供80亩学校建设用地。市政府纪要下达后，市教育局及双桥区政府立即作出部署，落实会议精神。3 月 24 日，双桥区政府召开有市教育局、市特殊教育学校、区规划、国土、林业、土储及双峰寺镇政府参加的市特殊教育学校迁建工作会议，依据各单位职责，明确各单位任务。特教学校聘请承德纵横地质测绘有限公司对双峰寺镇平房沟村西南沟进行实地测绘，并出具测绘图，实测实有土地 89 亩，可用地 46 亩，特教学校迁建工程分两期进行。年底，学校迁址新建工作已完成土地测绘，着手办理立项、用地、规划、环评等相关前期审批手续。预计 2018 年 3 月开工建设，2019 年 3 月竣工并投入使用。

【教师队伍建设】 坚持业务学习制度，切实抓好校本培训工作。该学年教导处利用周三业务学习时间组织教师集中业务学习 16 次，触碰一体机操作使用培训 2 次，通过学习和培训教师的基本功水平明显提高；利用周五下午时间在双峰寺分校开展教科研工作 8 次，重点对自闭症儿童和学前智障儿童的日常康复训练、评估、个训、听统、档案管理等工作进行研究和指导，从而规范各种康复训练行为，有效地提高自闭症儿童和学前智障儿童的康复训练效果。抓好教师的继续教育及培训工作。学校积极组织教师参加各种培训和学习，给教师的专业成长搭建平台。本学期姜峰、吴丹两位教师分别到西北师范大学、新疆师范大学参加特殊教育骨干教师国培项目；5 名教师参加心理健康培训；10 名教师去温州市特殊教育学校参加浙江省教育厅举办的“百人千场”专家名师送教下乡活动；5 名教师去湖南衡阳参加全国听障教育 2017 年年会暨作文教学研讨会；2 名教师参加市级骨干班主任培训。通过各种学习和培训，教师的业务水平显著提高，从而促进教育教学工作的开展。学校积极组织教师进行远程教育培训学习，教师远程教育培训参训率 100%、成绩合格率 100%。本学期，金瑞玲教师被评为河北省三三三人才；王月梅、金瑞玲两位教师被评为市级骨干教师；吴丹、刘杨、杨红梅三位教师被评为市级教学能手；李晓波教师被评为承德市师德标兵。

【特殊教育教学】 重视教学常规工作管理。认真落实课程计划。加强信息技术、心理健康、美术、体育等薄弱学科建设，合理调配师资力量，进一步提高学科专业化水平，提高课堂教学实效。常规教学稳步推进。学校注重教学管理的科学化、规范化，认真落实“五案一反思”教学管理流程，认真抓好备、讲、批、辅、考、质量分析等教学各个环节，提高教育教学质量。12 月组织教师在全校开展听评课活动暨全市特殊教育学校学科课堂录像课选拔赛，集中听 15 名教师的课，通过评委综合打分 9 名教师代表学校参加全市特殊教育学校学科录像课大赛，并组织 19 名教师参加河北省第三届微课大赛，其中 10 人获得一等奖，2 人获得二等奖，3 人获得三等奖。分类教学成效显著。培智部学生生源比较稳定，培智低年级学生规范的学习生活习惯已经基本养成。培智高年级学生的职业技能也有一定的基础；该学年语训部学生较上学期人数有所增加，教师通过对受训聋童的精细化管理，认真落实个别化教学康复计划，受训儿童的口语表达能力有所提高；聋小学部坚持“口语为主手语为辅”的教学原则，目前生源稳步增多，常规教学落实的比较好，学生的基础知识和基本技能提高进步很快，学生的口语和书面表达能力也有不同程度的提高；聋中学部坚持升学与就业的办学方针，学校充分利用现有的各种教学资源为高中班学生升学就业创造条件。

【高考再创佳绩】 学校制定具体的高考计划，教师认真做好考前辅导工作，坚持周日补课制度，认真做好备考工作。2017 届高三 5 名学生参加高考，4 人考入大学，其中，彭颖同学考入郑州师范学院音乐专业本科，陈鸿斌、马志强、吕海龙三人考入郑州师范学院美术专业本科。高考成绩再创佳绩。

【学前康复】 该学年充分利用校内外各种教育资源，认真落实康复训练儿童的个别化康复训练计划，完善各种训练档案，定期对家长进行培训，认真开展自闭症儿童课题研究工作，坚持节假日对自闭症儿童进行巡回指导和听觉统合训练，上半年圆满完成33名学前听障儿童、16名学前智障儿童、10名孤独症儿童的康复训练任务，康复训练效果显著。下半年招收的15名孤独症儿童、15名学前智障儿童，正按着康复计划进行有序的康复训练。

【教育科研】 规范教研活动。本学期各教研组以校本教研和落实课题计划为主要内容，共开展教研活动10次。教研活动时间具体、内容实用、效果明显。重视课题研究工作。该学年省级课题《河北省特殊教育发展现状及对策的研究》和市级课题《沙盘游戏对提高自闭症儿童康复训练实效的研究》都已通过立项申请，各项研究工作正在按计划落实当中。

教育管理

【招生考试】 2月26日至28日，承德市招办组织举办全市教育考试信息安全管理暨标准化考点管理与应用培训班。各县（区）招办信息管理人员、市直各有关学校标准化考点系统管理员、市直各有关学校各类教育考试信息管理人员、市招办网络信息组全体成员参加培训。市招生办标准化考点负责人员对全市的标准化考点情况进行介绍，对标准化考点管理、使用、维护工作提出具体要求，对省、市相关标准化考点管理文件进行学习，各类考试的信息管理人员、公司工程师对各类考试的信息管理工作及数据库使用做详细培训，并开展互动交流活动。年内，先后组织15557人次进行计算机等级考试、15374名中小学幼儿园教师进行资格笔试、1862名考生进行高等教育自学考试、75237人次进行高中学业水平考试、19053名考生进行信息技术考试、16001名考生进行大学英语四六级考试、21357名考生进行普通高校招生考试、33112名考生进行初中毕业升学考试、12416名考生进行成人高校招生考试、2833人进行硕士研究生招生考试。

【教学研究】 促进学生全面发展的研究与实践。紧紧围绕立德树人根本任务，坚持以学生全面健康发展为核心，以打造文明校园，促进内涵发展为主线，组织师生开展丰富多彩的社会主题实践活动和阳光体育活动，学校未成年人思想道德建设、艺术、体育、卫生、法制等工作成绩显著，300余名师生获得省级以上奖励。市教育局先后荣获国家和省第24届爱国主义读书教育活动组织特等奖、省中小学生“关注时事·胸怀天下”知识竞赛优秀组织奖、省第六届中小学生艺术节展演优秀组织奖等各级奖项13项。制发《承德市中小学生体验教育实施方案》和《关于加强中小学研学旅游的意见》，全面打造全国体验教育示范区，全市70多所学校、4万余名学生参与体验教育实践课，具有承德特色的体验教育课程日臻完善。

【教研改革】 依托学科基地校开展教学观摩、课例研讨、教学论坛、专家讲座等多种形式的学科教研活动，共开展学科基地活动38次。大力推进网络教研，通过学科教学资源、学科教学QQ群和网上学科远程教研交流等网络教研平台组织开展教研活动。全年开展同课异构活动36个科次，“山庄大课堂”活动10余个科次。推进课程改革，积极应对新高考。以高中语文、英语学科为抓手，组织开展区域高中语文课程再造与重组的研究活动和高中英语泛读读本编写工作。高中语文区域读物《语文专题性整体阅读》第三册、第四册已于2017年暑假开学后开始使用。加强校本课程管理，按照三级课程管理体系，加强校本课程的研究实践，依托基地校推进校本课程实验，大力推介以围场二中为代表的一批“校本课程走班制”典型。举办“2017年河北省高考制度和高考内容改革高级研修班”、“新高考”高级研修班，高、中考备考研讨会等，开展备考策略研究，突出问题与对策的解决，高考成绩再次取得历史性突破。强化家庭教育工作的研究与实践。出台《关于家庭教育工作的实施细则》，将家庭教育工作纳入对县、区教育工作的督导、考核内容，细化、量化考核。累计举办家庭教育培训280多场，培训家长近30万人次。21所中小学、幼儿园通过省级验收，被认定为省级家长学校示范校。制定下发《关于加强全市中小学、幼儿园家长委员会建设的工作意见》，全市规模以上中小学、幼儿园均已建立起家长委员会，加强家长对学校工作的监督，畅通家校联系的渠道，减少家校矛盾，提升教育教学质量。

【改善办学条件】 强化学校建设，积极改善办学条件。推进城镇教育设施建设。继续推进6个县7个“产城教”项目，其中丰宁县开发区小学新建工程、滦平县一中迁建工程、隆化县第一中学迁建工程已基本建设完成。兴隆县一中迁建工程、平泉市一中迁建工程、承德县职教中心迁建工程、承德县三中迁建工程正在跑办前期手续。推进主城区中小学幼儿园建设。年内实施项目11个，其中汇水湾小学、普宁小学、会龙山小学、双峰寺镇老西营小学4个项目已建设完工并投入使用，民族小学、世纪城学校2个项目已完成主体建设，双峰寺镇中学项目正在建设当中。上板城初中、上板城小学、冯营子初中、市特教学校4个项目已启动前期工作，预计2018年陆续开工。全面改薄工程取得阶段性成果。按照国家要求，开展义务教育薄弱学校基本办学条件“20条底线”排查工作，共检查中小学（包括教学点）140多所。全市改薄工程开工学校472所，开工面积49.48万平方米，开工率109.99%，竣工学校399所，竣工面积37.78万平方米，竣工率83.98%，完成设备购置学校634所，金额2.39亿元，采购完成率95.52%，在全市范围内消除了D级危房，受到省改薄办通报表扬。

【教学装备】 完善基础光纤“校校通”建设，提升优质资源“班班通”和全市中小学“人人通”的建设与应用水平，全市校校通覆盖率达到93%、班班通达到95%，所有县区全部启动乐教乐学人人通平台，注册人数达到70万人。与移动公司合作建设承德市教育城域网及“智慧教育”公共服务平台工作已经启动，正在筹划签约等实质性工作。继续推进现代信息技术和教学装备工程，全市教育技术装备投入共10402.03万元，其中图书馆建设投入1133.6万元，普教投入1803.43万元，现代教育技术装备投入7465万元。

【教育队伍建设】 深化师德师风建设。加强宣传教育，制发《加强师德师风建设实施方案》，96名中小学、幼儿园一线教师被评选为市级师德标兵，其中14人被命名为“河北省师德标兵”。深入开展在职教师有偿补课专项治理工作，明确“六个严禁”的专项治理内容，提出“四不”要求，组织全体教师签订《在职教师拒绝有偿补课承诺书》。聚焦有偿家教、收受节礼、“谢师宴”、“升学宴”、借择校择园择班之机收受钱物、违规组织学生购买教辅资料及学生生活用品，以及套取、挤占教育资助、补助专项资金等重点问题，深入开展自查自纠，共查找出并整改问题50件，上缴查纠资金24.7万元，查纠资金涉及1167人。

多种形式补充教师。全市公开招聘教师2028人，其中市直属学校选借、选调42人，公开招聘54人，政府采购方式引入教师30人，解决历史遗留问题21人。加强特岗教师管理使用，年内6个设岗县新招聘特岗教师950人，同时针对当前部分设岗县在特岗教师服务期内及服务期满的留用安置工作中存在的问题，加大协调督查力度，确保各项政策落实到位。加强教师培养培训。完成国家级、省级培训项目3700名参训教师的遴选和送培任务，分学科、分层次完成中小学、幼儿园20858名教师的全员培训工作，完成各类校园长培训30人，完成骨干教师培养对象培训425人，认定骨干校长申报材料76人。

【教师评优】 继续开展市级教学能手、市级骨干教师的评选工作，评选认定市级中小学教学能手334人、骨干教师170人。年内获省教育系统先进集体10个、教育工作先进集体12个，省模范教师9人、优秀教师40人，先进个人41人、先进教育工作者1人、优秀教育工作者5人、省级特级教师7人、“美丽河北最美教师”1人、“魅力承德最美教师”13人。其中，围场县第一中学沈桂华、承德市第四中学李学玲、丰宁县第三中学王丽华、承德市实验小学周莺歌、平泉市教育局于亚文、承德市存瑞中学宫海宏、承德市第一中学杨晓煜等7人被河北省人民政府授予河北省特级教师荣誉称号；承德市第一中学郑洪伟、承德市第二中学孙庆杰（女，满族）、兴隆县第一中学陈依连、围场县围场镇中学白艳平（女，满族）、平泉市小寺沟中学李敬民、宽城县第二满族中学刘宝坤、滦平县大屯满族乡中心校鲍友林（满族）、隆化县第一中学王永洁（满）、丰宁县第三中学庞建华（女，满族）等9名教师被河北省教育厅、河北省人力资源和社会保障厅、河北省总工会表彰为河北省模范教师；围场县第二中学李丽然（女，满族）被河北省教育厅、河北省人社厅、河北省总工会表彰为河北省教育系统先进工作者。

【教育督导】 强化督导评估，提升区域教育发展水平。教育综合发展水平稳步提升。兴隆县、隆化县顺利通过国家义务教育基本均衡评估认定，双桥区顺利通过省义务教育基本均衡评估认定。年底，承德市全部县区都通过了省政府义务教育均衡发展评估验收。围场、丰宁、双滦、兴隆等四个县区被市政府评为“2016年教育工作先进县”。围场县、双滦区顺利通过省政府教育综合督导评估和语言文字评估。宽城县、丰宁县圆满完成国家义务教育质量检测任务。继宽城县之后，滦平县被教育部列为“国家级农村职业教育与成人教育示范县建设县”。平泉市被评为“省级责任督学挂牌督导创新县”。学校办学能力不断加强。全市新增省市示范园18个，有60%农村幼儿园达到省级二类园以上标准。3所学校通过省级素质教育示范校验收，5所学校通过市级素质教育示范学校验收，全市省、市级素质教育示范校分别达到29所和81所。3所学校被评为“全国文明校园”，5所学校通过省依法治校示范校验收，161所学校被命名为市级以上“绿色校园”。有效地解决热点问题。在规范幼儿园和义务教育阶段学校招生秩序的基础上，重点整顿普通高中招生秩序，落实招生管理办法，严格执行招生计划，对外地市民办学校来承违规招生、无序招生的行为进行遏制，有效控制优质生源外流，全市普通高中优质学苗明显增加，480分以上4950人，比去年增加650多人。通过汇总分析信息、实地抽查等形式，对全市各县区消减大班额情况进行专项检查，对检查中发现的部分县区仍然存在超过56人以上的新班下发督导函，限期整改。在春、秋季开学期间，深入县区、学校实地查看学生到校、教师到岗、教材发放、校舍安全、饮食饮水、安全教育等情况，开展综合督导，帮助学校有效地消除存在的问题及隐患，确保各级各类学校开学各项工作的有序开展。

【教育扶贫】 认真落实《关于推进教育脱贫行动的实施方案》，健全学生资助体系，将8699名建档立卡家庭经济困难学生优先纳入资助范围，全市落实不同教育段的学生资助项目总资金为3.56亿元，受助学生达131.58万人次，确保没有一名学生因家庭生活贫困而辍学。其中，重点推进生源地助学贷款工作，全市4814名学生贷款3446.732万元；年内全市山区教育扶贫工程规划项目40个，规划校舍建设面积4.32万平方米，附属设施11.62万平方米。到年底，校舍开工率100%，完工率超过50%，附属设施全部竣工。滦平县、平泉市分别被省通报表扬，并分别获得20万元奖励。

【教育改革开放】 强化改革开放，提升教育发展创新力。推进教育对外开放与交流。经过近两年的时间，天津中德应用技术大学承德分校筹建工作取得重大进展，省高校设置评议专家组完成实地考察，评审会已研究通过，为2018年秋季正常开学奠定基础。经过积极争取，中国好老师公益行动计划正式启动对承德市的帮扶工作，市桥东小学等17所学校与首都师范大学附属顺义实验小学等16所中小学校签署“京津冀”教育创新共同体合作协议书，建立一对一合作联盟。与京津中职学校校际交流互访活动明显增加，滦平县职教中心与怀柔职业学校、承德县职教中心与密云职业学校的合作办学进一步深化，工业学校与德国IB西部公益公司签订合作办学协议，成为全省唯一一所与德国教育机构开展合作的中职学校。全面推进学校内涵发展。深入贯彻落实《承德市推进中小学内涵发展指导意见》，在全面总结以往成绩的基础上，继续鼓励学校在内涵发展上进行大胆改革实践，先后在双滦区、营子区召开区域推进学校内涵发展现场会，在高新区北师大附校召开学校内涵建设展示会，培树一批典型学校，有效的引领全市义务教育学校内涵建设。加强校长教师交流研修。外派骨干园长140人到北师大、上海、南京等地加园长论坛、骨干业务园长培训，促进全市园长与省内其他地市园长的沟通交流。围绕“新高考”改革，先后组织县区局长、高中校长和教师到华东师大进行“新高考”专题研修，并深入上海交大附中等课改名校，通过专题讲座、经验介绍、课堂观摩、教学研讨等形式，全方位对高中教育发展趋势、现代化学校管理、课程改革、“新高考”指向进行学习。

高等院校

【承德医学院】 学校现有教职工2238人（含直属附属医院），其中专业技术人员1863人，正高职称203人、副高职称429人，博士和硕士1233人。有专任教师1006人。有享受国务院特殊津贴专家、全国优秀教师、河北省突贡专家、省级教学名师、省级青年学科带头人、百人计划特聘专家、省“三三三人才工程”和中青年骨干教师50人。有硕士研究生导师448人，博士研究生导师7人，还聘请了40余名国内外学者为客座教授。2014年院士工作站获得批准成立。有本、专科在校生及全日制研究生9380人，来自全国28个省（自治区、直辖市）。其中在读硕士研究生604人，留学生266人。学校设有临床医学、中西医临床医学、中医学、护理学、医学影像学、麻醉学、中药学、应用心理学、针灸推拿学、康复治疗学、生物信息学、生物医学工程等12个本科专业和临床医学、护理、涉外护理、医学影像技术、医学生物技术、计算机应用技术等6个专科专业。直属附属医院1所，非直属附属医院25所，教学实习医院64所，总床位达68000余张。有临床学院、护理学院、继续教育学院、基础医学院、中医学院、研究生学院、国际教育学院等7个学院及中药学系、心理学系、生物医学工程系、社会科学部、公共体育部、外语教学部等6个教学系部。学校现有临床医学、基础医学、中药学三个硕士授权一级学科，涵盖了26个二级学科，其中临床医学、中药学、护理为专业学位授予学科。2017年，学校招收本科生1575人；招收硕士研究生270人；招收留学生50人。河北省理工类本科二批控制线为326分，学校投档分为476分，高于省控线150分。最高分573分，高于省一本控制线的人数694人，占投档总人数的60%，其中临床医学专业最低录取线488分，高于一本控制线3分，平均为500分；文史类本科二批控制线为395分，学校投档分为502分，高于省控线107分；对口本科批次河北省控制线为450分，学校最高分666分，最低录取分586分，高于控制线136分。

2017年，深入推进教育教学改革。贯彻以学生为中心，以产出为导向（OBE）的教育教学理念，培养学生知识、能力、素质协调发展。注重课程体系的整合，开展基础医学实验项目的跨学科整合，开展教学方法改革。完善学生学业的形成性评价和终结性评定体系，继续推广网络在线考试并加强规范化管理，医学基础类课程网考占比高达90%；临床医学专业考试启动标准化病人（SP）问诊考核，使客观结构化临床考试（OSCE）主动适应了国家执业医师考试改革。在所有本科专业中全面推行学分制管理改革，不断加强管理制度体系建设，推进信息化进程。注重教育科学研究，稳步推进2018年审核评估和中医认证的准备工作。组织教师参编教材共计24部，其中国家级规划教材2部，省部级规划教材4部。实验室建设规范三轮论证程序，组织完成2017年度教学实验平台建设项目申报工作。完成2016年教学实验平台建设专项项目500万元的绩效评价报告。组织完成河北省实验室信息上报工作。加强培训，组织实验室管理人员和专业负责人参加全国高教仪器设备展和河北省高校实验室与资产管理学术研讨会。组织教学实验中心安全工作检查现场会，推进实验室安全和规范化管理。加强学质量监控，做好日常教学运行的监控和校级督导检查。在河北省院校临床医学与护理学专业学生临床技能考核中，均连续4年获得第一。

2017年，组织申报各级各类科研课题200余项，新立153项，包括国家自然科学基金4项、省自然科学基金项目3项；课题结题验收38项；成果鉴定2项；申报省级科技进步奖6项，获得中国民族医药学会科学技术一等奖1项（学校首次获国家一级学会科学技术一等奖），获得河北省省科技进步二等奖、三等级奖各1项，获市厅级以上奖励53项；发表论文582篇，其中SCI收录31篇，影响因子超过5.0的2篇；申请专利5项，获批发明专利1项(PCT一项)。科研平台工作取得新进展。河北省中药材产业技术战略创新联盟与滦平县深度合作，有效衔接，成立中药材产业创新联盟滦平县示范基地。完成2017–2019年度中央财政支持地方高校科研平台建设专项资金计划1140万元，其中2017年，基础医学研究所、中药研究所获中央财政支持地方建设项目专项经费520万元；学校投入100万元用于加强院士工作站、生物医学实验平台、中药研发平台、实验动物平台以及脊髓损伤与修复研究室、血液流变与细胞分子研究室等科研平台的建设；河北省中药材产业技术创新战略联盟、河北省高校特产蚕桑技术应用研发中心、河北省中药研究与开发实验室获得专项经费支持。加强学术交流与合作。比利时根特大学张维宏教授受邀到学校进行座谈并开展学术交流；沈阳药科大学何仲贵教授到学校进行学术讲座；学校教师参加国内外学术交流200余人次，大会主题发言10人次。

承德医学院5项教学成果获第七届河北省高等教育教学成果奖，其中一等奖1项、二等奖2项、三等奖2项。4人获得省中医药教学名师荣誉称号，1人获河北最美共产党员教师荣誉称号。承德医学院附属医院被评为第五届全国文明单位，学校获得全国文明单位（第四届）保留荣誉称号单位。

【承德石油高专】 学校设有10系4部3中心。开设高职专科专业41个，与河北科技大学联合开办工程教育本科专业4个，与德国安哈尔特大学合作开办中德合作专业4个，与韩国新罗大学合作开办中韩合作专业2个。学校面向20余个省份招生，有普通本专科在校生共计13000余人，成人学历教育学生3000余人，年各类培训20000余人次。占地面积1000余亩，校舍建筑面积25万平方米。教学科研仪器设备1.2亿元。图书馆藏书100余万册，收订中外文期刊1361种。学校现有教职工720人，高级职称教师236人（教授58人），硕士以上学位教师428人（博士39人）。学校有国家级教学团队3个，省级教学名师4人，入选省级人才工程17人，承德市拔尖人才12人，承德市新世纪学术技术带头人23人。4人入选第二轮河北省高职院校人才培养工作评估专家库，13位教师被聘为教育部高职高专专业教学指导委员会委员，14位教师被聘为硕士研究生导师。学校有7个教育部教学改革试点专业、3个教育部高等工程专科示范专业，5个区域和行业特色鲜明国家示范重点建设专业，5个河北省高职高专教改示范专业，2个高等职业学校提升专业服务产业发展能力重点建设专业。学校有省级以上精品课程25门，其中国家精品课程（国家精品资源共享课程）10门。应用化工技术专业教学资源库被教育部确定为首批启动的高等职业教育教学资源库建设立项项目并顺利通过验收。学校教师主编出版国家级规划教材64部，有25部主编教材被列入“十二五”职业教育国家规划教材，获得国家优秀教材奖4项。学校有河北省仪器仪表产业技术研究院、河北省仪器仪表工程技术研究中心、河北省高校工业数据通信与自动化仪表应用技术研发中心、河北省石油生产虚拟仿真技术及应用工程技术研究中心、河北省流体测控仪表工程实验室等5个省级科技平台，近五年承担市厅级以上教科研课题300多项，服务企业技术课题150余项，90余项成果获奖，其中国家级教学成果奖2项、教育部科技进步奖一等奖1项。学校近年来发表学术论文1300余篇，其中核心期刊论文480余篇，取得国家专利50余项。公开出版的学报是全国高职高专优秀学报和全国优秀科技期刊、全国高职高专核心期刊。学校建有较为完备的校内实验实训基地群，拥有校外实训和产学合作基地420余个。学校是首批职业院校文化素质教育基地、全国产学研合作教育试点单位、全国创业培训试点院校、教育部技能型紧缺人才培养培训基地，全国石油和化工行业职业教育与培训示范性实训基地、全国化工行业特有工种职业技能鉴定站和河北省电子行业特有工种职业技能鉴定站。学校在百余年的办学历程中，秉承“道艺兼修，敬业乐群”的校训和“工艺非学不兴、学非工艺不显”的办学理念，致力于服务地方经济以及石油工业发展。学校与12所国内院校和11所国外院校建立了校际合作关系，与承德市高新区管委会共同建立了政产学研战略联盟和科技创新创业苗圃，与企业共同建立了仪器仪表研发中心，牵头成立承德装备制造职教集团。学校与世界五百强企业中石油、中石化、中海油、大唐、神华等大型能源企业建立了长期合作关系，每年有大批学生到这些企业进行顶岗实习、就业。中国石油天然气集团公司在学校设立了中国石油奖学金，并建立了高技能人才培训基地。学校学生曾获全国大学生数学建模竞赛、全国大学生电子设计竞赛、全国石油工程设计大赛、全国职业学校创新创效创业大赛一等奖等多个冠军和奖项，毕业生就业一次签约率连续多年列河北省同类院校第一名，2009年在“麦可思”就业能力排行榜上位列国家示范院校第一名，2013年被教育部授予“全国毕业生就业典型经验高校”（全国高校就业50强）。学校近年先后获得河北省先进集体、河北省文明单位、河北省高校党的建设工作先进集体、河北省教育系统先进基层党组织、全国职业院校魅力校园、中国石油和化学工业文化建设先进单位、全国师德建设先进单位、全国精神文明建设先进单位、全国职业教育先进单位、全国文明单位等荣誉称号。校区建筑群被评为全省高校校园唯一的“河北省首批十佳公共建筑”。

扎实开展八大建设工程，创新发展行动计划、优质校建设各项任务有序推进，学校的整体实力和核心竞争力进一步增强，省厅领导给予“一美五深”赞誉。三项成果获河北省教学成果奖，五项课题立为河北省教育科学研究“十三五”规划课题，一项案例获评2017年高校教学改革优秀案例。召开优质校建设总结会，对标高水平，狠抓重点工作，全校师生奋发有为、全面争创一流。

深化与德国安哈尔特应用技术大学、韩国新罗大学合作办学，教师分批赴德国、韩国考察学习。成功举办首届“国际周”系列活动。学校被确定为高端技能型、应用型人才联合培养百千万交流计划院校、中国石油和化工职业教育“一带一路”联盟24个创始成员单位，学校国际合作办学获得全省高职专科唯一示范合作项目。在《2017中国高等职业教育质量年度报告》中荣登全国高职院校国际影响力50强。

全年获批省自然科学基金等各级各类项目60余项。一个项目获河北省科技进步三等奖。新增国家发明专利5项、实用新型专利27项，取得新的突破。全校新增项目合同经费逾600余万元，创历史新高。各项科技指标综合排名位列全省高职院校首位。依托专业建设和产业项目，产教融合、校企合作向纵深发展。河北省仪器仪表产业技术研究院在建设与运行绩效评估中获评优秀，研究院孵化企业实现销售收入3200余万元。和合众创空间先后获批入列市级和省级众创空间。社会培训扎实推进，各类培训达2.2万人。

2017年，超额完成在全国28个省区市的招生录取任务，专科报到人数4025人，报到率94.24%；本科报到人数233人，报到率97.08%。毕业生就业率94.45%，领先全省同类院校。就业质量优良，获得用人单位好评。学校优秀校友榜在全省高职信息平台展示。

【河北民族师范学院】 学校占地976.5亩，建筑面积27万平方米，教学仪器设备总值9300余万元，各类实验、实训室228个，纸质图书113万册，数字图书311万册。设16个二级院系，有本科专业39个。现有教职工829人，其中专任教师586人，教授65人，副教授191人。博士硕士441人。招生4058人，有全日制本、专科在校学生12397人。

9月，顺利通过河北省教育厅高校转型发展试点中期评估，专家组对学校两年多的转型发展工作予以高度肯定。学校加入的数据中国“百校工程”、中美“双百计划”两个重点项目，在人才培养方案的制定、课程设置等方面有实质性推进。加强与委属院校的帮扶对接，与首都师范大学、内蒙古民族大学签署帮扶协议，在学科专业建设、师资队伍建设、提高人才培养质量等方面建立全面合作。推进政产学研的深度合作，与新道科技、北雁商城、石家庄佳诚网络技术有限公司大数据有限公司、广州万里达、万龙运动旅游有限公司、承德宝琢酿酒有限公司等多家企业签署合作协议，积极推进人才培养模式改革。加大高层次人才和民族特色办学急缺人才的引进和“双师型”教师培养工作。引进博士5人，硕士64人，考取国内外博士8人，引进“满非遗”传承人4人，并由学校认定“双师型”教师179人。

推动教学全面改革。重点加强文化旅游类、大数据类、绿色生态类、教师教育类、经管类、民族类专业集群建设，实施“14458”工程，搭建教师培养培训平台、教育研究平台、实践实训平台、信息技术支撑平台，与地方政府、省内外高校、承德市中小学幼儿园、国内外各种社会资源协同，初步构建职前职后一体化的教师教育协同创新人才培养体系。

强化科研工作。科研立项168项，其中省部级以上25项、发表核心期刊学术论文70余篇，出版学术著作及教材10本；授权国家发明专利5项。

【河北承德护理学院】 承德护理职业学院原为承德卫生学校。学院占地286亩，建筑面积10余万平方米。现有在校生7803人，专任教师229名，其中教授26名，副教授等副高级职称132名；护理教育学方向博士1名，硕士学位教师97人。

学院建有临床护理、口腔、药检、医学基础4个实训中心以及人体生命科学馆。其中护理专业实训基地为国家级产训基地。在北京、天津、上海、深圳等地建立稳定的实习就业基地83家。学院开设有护理、涉外护理(英语方向、日语方向)、临床医学、口腔医学、医学影像技术、医学检验技术、口腔医学技术、中医保健康复技术、医学美容技术、药学、助产、公共卫生管理、卫生信息管理、健康管理、老年保健与管理专业，其中医学检验技术和口腔医学技术为国家支持重点建设专业。

学院先后被授予“全国教育系统先进集体”、“全省先进基层党组织”、“全省职业教育先进集体”、省级“文明校园”等荣誉称号,被确定为“国家执业医师临床实践考试基地”“全国老年护理师资培训基地”等。年内，学院应届毕业生就业率达到96%，其中护理专业毕业生就业率100%。全国护士职业资格考试通过率71.3%，优于全国平均水平。出国培训雅思成绩5.0分以上通过率66%，处于全国同类院校领先水平，到美国、澳大利亚留学及沙特工作92人。13名日语方向学生通过日语能力考试，并全部获得日本健育会下属医院工作邀约。

【河北承德电视大学】 “承德广播电视大学”“承德信息工程技术学校”“承德社区教育学院”三校合一，实行“三个职能，一套人马”的管理体制。学校占地面积39.9亩、校舍建筑面积3.46万平方米，固定资产2677万元，有28个专用教室。全年完成不同层次和类型的招生2783人，在校生达到8000余人。现有教职员工160名，专兼职教师88人，其中正高级职称5人，副高级职称27人，具有研究生学位的24人。

社区教育飞跃发展，社会效果不断扩大。通过主动发挥系统办学优势，积极推进市县乡村（社区）四级网络建设，逐步形成“党政统筹领导，教育部门主管，有关部门配合，社会积极支持，社区自主活动，群众广泛参与”的社区教育管理体制和运行机制，深受社区干部和居民好评。继续教育有序推进，干训和师训工作效果显著。全年培训1427人，参训教师的登录率和学习率均为100%。

注重教学改革和科研工作，不断提升教学质量。有11个课题项目立项，9个课题结题，省级以上发表论文29篇。

学校多次获得国家省市奖励。先后荣获中国成人教育协会全民终身学习活动周先进单位、中国农业大学网络教育招生先进单位、中国农业大学现代远程教育优秀校外学习中心、“河北省文明校园”、河北省教育厅安全稳定工作先进集体、河北广播电视大学网络教育先进集体、承德市委“两学一做”先进基层党组织等荣誉称号。

【承德市工业学校】　承德市工业学校是集预备技师、高级技工、中专、国家职业技能鉴定、成人函授、职业培训为一体的综合型职业院校。学校占地281亩，建筑面积12.4万平米。学校设有电气工程技术、汽车工程技术、建筑工程与艺术设计、现代装备制造、经济管理与现代服务、学前教育6个系部、29个专业方向，是全国首批中等职业教育改革发展示范学校、国家高技能人才培训基地、教育部现代学徒制试点校，中央电教馆数字化校园建设试点校，首批职业训练院建设试点校，全国工学结合一体化课程改革骨干师资培训基地。现有教职工418人，在校生6600人。

河北省“120工程”项目学校建设绩效评价名列A档。在河北省教育厅、人社厅、财政厅联合公布的河北省中等职业教育质量提升工程（简称“120工程”）项目学校建设绩效评价结果中排名第二，评价等级为A档。

扎实推进天津中德应用技术大学承德分校筹办工作。选派两批骨干教师和中层干部共78人，赴天津中德应用技术大学进行培训；完成分校章程制定、分校申报所需专业建设资料和制度汇编、图书和首期预开设的8个专业教学设施设备购置立项工作、总体设计及工程招标及各项建设审批手续，主体建筑已全面开工，预计2018年9月基本完工。与德国IB西部公益公司合作办学项目继续推进，来自德国的老师为2017级中德国际合作班学生授课。

全校教师共41人次获奖，其中国家级获奖23人次，省级获奖13人次，4名教师获得“河北省青年岗位能手”称号。学生共有97人次获奖，国家级获奖9人次，省级获奖48人次，市级获奖40人次。

“3+4”本科贯通培养班学生转段升学考试成绩喜人。首届120名“3+4”本科贯通培养班学生有119名通过转段考试，通过率99.2%。文化课成绩在全省居于首位，包揽全省文化课总分前三名。学校被确定为“吉利汽车人才培养基地”。与吉利控股集团签署校企合作协议，互授“校企合作校外实训基地”和“吉利汽车人才培养基地”牌匾。与中央电视台联合录制的《中国大能手》（第三季）电气装置项目全国总决赛圆满落幕。承办由人力资源和社会保障部、中央电视台主办的《中国大能手》（第三季）电气装置项目全国总决赛。

附：市教育局领导名录

工委书记、党组书记、局长：王国维（满族）
党组副书记、副局长：魏宝林（满族）
　　刘科军
工委副书记：赵相敏（女）
工委副书记、党组成员：史荣军
纪检组长：凌　龙
副局长：杨玉艳（女，满族）
党组成员、督学：刘　伟
党组成员、副局长：樊文广

（供稿　孙国昌）

科 技

综 述

2017年，承德市科学技术系统紧抓京津冀协同发展重大机遇，围绕主导产业发展抓创新，围绕科技成果转化抓创业，围绕科技服务抓创优，强化科技项目支撑引领，持续推动各级科技园区和产业基地建设。强化京津对接合作，不断提升各级科研平台的创新能力。强化国家科技政策贯彻落实，持续推进科技型中小企业、高新技术企业创新发展，科技工作成效显著。

全市共组织实施国家、省科技计划项目64项，资金3210万元；安排市本级科技计划项目35项，资金850万元。评选承德市科技进步奖50项。全市获得专利授权706件，其中发明专利82件，有效发明专利累计达到435件，万人发明专利拥有量1.23件。建成国家技术创新方法与实施工具工程技术研究中心承德基地，建设院士工作站6家；建设省级科技企业孵化器1家、省级众创空间4家、省级技术转移机构联盟4家、省级农业科技园区1家、省级工程技术研究中心3家、建设培育9个省级以上京津冀农业协同创新平台，建星创天地8个，通过省星创天地备案总数达到28个；建设市级众创空间12家、市级产业技术创新战略联盟2家、市级大型科研仪器设备共享服务平台1家；新增高新技术企业37家，有效期内高新技术企业达到71家；全年新增科技型中小企业有427家、科技小巨人企业13家，全市科技型中小企业达1317家，科技小巨人企业达50家。

承德市科学技术局被评为全国科技管理系统先进集体，全省2017年度科技统计工作先进单位，河北省院士智力引进工作先进单位，承德市地震应急指挥中心被中国地震局评为先进应急单位，承德市地震灾害防御中心被河北省地震局评为年度先进单位。

科研管理

【科技项目】 全年共组织实施国家、省科技项目64项，资金3210万元。其中省级重大科技成果转化项目4项，争取省级资金600万元：承德华远自动化设备有限公司的“智能化汽车制造总装装备”项目200万元，承德天大钒业有限责任公司的“钛合金用铝钽合金的研发及产业化”项目100万元，承德荣茂铸钢有限公司的“新型CADI磨球的研制及产业化开发”项目100万元，承德天成印刷科技股份有限公司的“纳米涂层绿色印刷版材技术成果产业化”项目200万元；承德裕丰种业有限公司“玉米新品种农单116”、隆化达旺绿色农业发展有限公司“早熟高产全能型菜豆新品种中杂芸15”、河北绿天生物科技有限公司“木醋液（植物酸）水溶肥料”三个项目列入省现代农业科技奖励性后补助专项。组织申报2017年度市本级科技计划项目343项。其中，编制下达市本级财政资助项目3个批次，共35项，资金850万元；编制下达自筹资金3个批次，共308项。

【科技成果】 评出市科学技术进步奖50项，其中，一等奖15项，二等奖17项，三等奖18项。

按类别分：工业17项，农业12项，医药卫生21项。推荐河北省2017年度科学技术进步奖11项，承德市获得河北省科学技术进步三等奖6项；组织承德市农业科技项目和个人参评2017年度河北省山区创业奖，6个项目和1个个人获奖，其中一等奖1项，二等奖1项、三等奖4项、个人突出贡献奖1项。"塞罕坝生态文明绿色发展实践创新"项目获山区创业奖一等奖。

全年共登记科技成果199项，其中医疗卫生106项、农业42项、工业22项、其他29项；按河北省要求，实行河北省成果在线登记97项，其中医疗卫生85项、农业5项、工业4项、其他3项。

【战略联盟】 全市成立产业技术创新战略联盟两家。由承德市畜牧研究所牵头，联合京津冀有关高校、科研院所、企业筹建承德市肉牛产业技术创新战略联盟，于11月17日召开成立大会；由承德嘉沃生态农业科技有限公司牵头，联合京津冀有关高校、科研院所、企业筹建承德市国光苹果产业技术创新战略联盟，12月正式成立。全市涉农市级以上产业技术创新战略联盟总数达到6家。

科技创新

【科技创新平台建设】 开展国家可持续发展议程创新示范区争创工作，与省科技厅联合上报的《关于推荐承德市创建国家2030年可持续发展议程创新示范区的请示》获得许勤省长肯定批示，省政府推荐承德市作为全省唯一一家创建主体申请创建国家可持续发展议程创新示范区。全面启动国家农业高新技术产业示范区创建工作，河北滦平高新技术产业开发区成功列入中国开发区审核公告目录。加强农业科技园区建设，河北围场省级农业科技园区于5月16日通过省科技厅认定，成为全省2017年度新认定的24家省级园区之一。全市省级农业科技园区总数已达8家，实现省级农业科技园区县域全覆盖。推进河北省创新型县（市、区）建设，组织承德县、平泉市申报省级创新型县（市、区）建设试点并获批。开展科技创新创业服务平台建设，国家级创新型孵化器"车库咖啡"筛选入驻创新项目23个，已注册初创科技型企业16个；承德高新区创新创业苗圃第一批入驻项目15个，第二批已征集创新项目60个。建设承德市大型科研仪器设备共享服务平台。成立"承德市大型科研仪器设备共享服务联盟"，43家企事业单位为成员，共同开发"承德市大型科研仪器设备资源共享平台数据库"，实现大型科研仪器设备共享，开展对外服务活动。

【科技型企业发展】 以支持"创新创业、提档升级"为主线，深入实施科技型中小企业成长计划和高新技术企业倍增工程，通过"孵化一批、创办一批、转型一批、引进一批、提升一批、壮大一批"的发展路径，推动全市科技型中小企业数量快速增长，实现科技型中小企业发展的新飞跃。科技型企业快速增长。新增科技型中小企业427家、科技小巨人企业13家，全市科技型中小企业达1317家、科技小巨人企业达50家。高新技术企业实现倍增。2017年新增高新技术企业37家，有效期内高新技术企业达到71家，同时向省科技厅推荐高新技术企业培育库入库企业78家。全市规模以上高新技术产业增加值达59.6亿元，增速达17.9%，增速位列全省第二。全市高新区主营业务收入完成659.64亿元，同比增长113.21%；工业总产值完成553.27亿元，同比增长71.13%；高新技术产业产值完成131.48亿元，同比增长88.2%；税收总额完成33.6亿元，同比增长70.99%。

【农业科技示范带建设】 大力加强环首都现代农业科技示范带建设。滦平、丰宁和兴隆3个县按各县县域分规划和年度实施方案的要求，已建成省级以上农业科技园区4个、市级园区5个。滦平县以河北滦平高新技术产业开发区为基础，积极争创承德国家农业高新技术产业示范区。以农业科技园区为依托，建设培育9个省级以上京津冀农业协同创新平台。在三县谋划和组织实施科技项目32项（京冀合作项目10项），其中6个项目列入省2017年科研计划，9个项目申报2018年度河北省科研计划。博亚公司“猪肉品质改良与优质猪肉生产技术集成与示范”、兴春和公司“京承生态循环农业科技成果转化基地建设”、本多宝公司“山楂核综合利用产业化关键技术与装备研究与示范”、丰宁信远牧业“奶牛繁殖关键技术集成示范”、丰宁水星乳品“功能性杏仁乳开发与产业化示范”等5个项目列入省环首示范带建设项目。

【农业科技项目】 强化科技项目组织实施，为扶贫开发攻坚提供技术保证。全年，共组织实施国家、省和市农业科技项目79项。其中，省级以上科技计划项目40项，获得省级资金支持1700万元。

【选派科技特派员】 开展科技特派员创业专项行动，普及和推广农业先进适用技术。全市共选派110名农业科技特派员到隆化、丰宁、围场、滦平等贫困县开展科技服务工作，获得科技部、省科技厅经费支持165万元（每人1.5万元）。这些科技特派员从市农牧局、林业局、市农林科学院、旅游学院、市农广校等部门所属25个事业单位选派，重点到围场、隆化、丰宁3个深度贫困县的72个深度贫困村开展服务，实现科技特派员深度贫困村全覆盖。累计推广应用先进技术60余项，发展农产品标准化生产基地80余万亩，建立规模科技示范园（区）12个，培育农业科技型龙头企业30余家。在科技特派员选派工作中，注重发挥大学生村官的优势，积极引导大学生村官科技特派员进行科技创业。2017年年底，全市共有17名大学生村官科技特派员。

【打造科技扶贫示范平台】 充分发挥农业科技园区辐射带动作用，打造科技扶贫示范平台。围绕培育县域支柱产业和优势特色产业，加强农业科技园区、基地建设，积极探索以园区建设为载体推进创业式扶贫开发，打造科技成果集成转化、示范推广基地，促进现代农业发展和农民脱贫致富。园区核心区总面积9.35万亩、示范区总面积118万亩、辐射区总面积647万亩，入驻企业221家（其中省级以上龙头企业19家）、农民经济合作组织1222个，已辐射带动全市82个乡镇，380个行政村，16.55万户农户发展种养业。园区共组织实施科研项目30项，培育引进食用菌、蔬菜、生猪、肉奶牛、山楂等优新品种30个，开发农业生产关键技术43项，引进示范新品种47个，推广新技术41项，申请专利29项，制订技术规程及产品质量标准22项，开发农产品加工新产品12项。

【科技培训】 加强科技培训，提高农民科技文化素质。针对农业生产中存在的问题，开展专项技术培训和形式多样的送科技下乡活动。组织开展“农业提质增效技术”“食用菌无公害栽培”“温室黄瓜、温室西红柿标准化栽培”“果树标准化栽培及病虫害防治”等专项技术培训。市县共举办各类培训班50多期。

【科技扶贫“百千万”工程】 大力组织实施科技部科技扶贫“百千万”工程。结合全市实际，建立6家科技扶贫帮扶对子。承德市农林科学院连续两年派遣技术人员常驻隆化县中关镇大铺村，建立承德市农林科学院创新基地，开展草莓种植、种苗繁育技术指导、培训。先后引进草莓新品种5个，繁育草莓种苗100亩，生产草莓种苗220万株，提供劳动力用工岗位25个，劳务费用28万余元。辐射周边乡镇推广种植草莓(大棚及日光温室) 3000余亩，产值达3000余万元，带动农户40余户。承德市农业经济作物管理站连续多年帮扶滦平县夏赢中草药种植合作社，发展中药材产业，引进中药新品种100多个，建立种子种苗繁育基地200多亩，标准化种植中药材基地2200多亩，建立药茶加工厂和中药材电商交易平台。通过帮扶合作社发展中药材产业，提供就业岗位80多个，通过土地流转，基地打工，资金入股等形式带动54户建档立卡贫困户脱贫，全村465户，1650口人，人均增收2000多元，增幅为42%。承德市林业技术推广总站与丰宁县黑山嘴镇平山村富平林果专业合作社建立帮扶结对，开展山杏等经济林种植和技术指导，有效促进合作社效益提升、健康发展。提供就业岗位20个，带动1个贫困村、7个建档立卡贫困户脱贫。带动7户农民，人均年增收3500元。

科技环境建设

【创新政策环境】 积极推进科技与金融结合，出台《承德市科技型中小企业技术创新增信基金管理办法（试行)》，建立支持科技型中小企业技术创新的引导性资金，增信后资金可使用额度可达1.5亿元，已批复融资科技项目16项，资金达6200万元。承德天宏泰越信息科技股份有限公司在全国中小企业股份转让系统成功挂牌，成为全市第六家在“新三板”挂牌上市的科技型中小企业。截至年底，6家企业已融资2.56亿元。重点组织主题为“科技强国、创新圆梦”的科普宣传活动；组织企业和团队参加第五届河北省创新创业大赛，参赛数量、项目质量较往年有较大提高。落实研发经费税前加计扣除政策。组织县区科技部门、企业有关人员参加了省科技厅组织的“河北省促进科技成果转化条例暨企业研发费用税前加计扣除项目鉴定”培训视频会议，协调税务部门落实研发经费加计扣除政策。28家申报研发费用加计扣除项目企业享受加计扣除金额5958.40万元。编印《承德市科技创新大会“1+9+N”系列科技创新政策解读材料》，对“1+9+N”系列科技创新政策中22项政策采取“问答”形式进行解读，积极推动科技政策落地生根。

【合作交流】 围绕京津创新资源，强化对接合作，一批企业与北京高校和科研院所等成功“联姻”。持续加强院士工作站建设。承德市院士工作站已达到13家。与清华大学、中国农业大学、北京航空航天大学、南开大学等高校及中科院北京分院等院所对接合作，联合组织“承德企业进院校系列活动”等系列对接合作活动，成功引进“玄武岩拉丝”等高校先进适用技术。强化与北京科学技术开发交流中心、北京现代农业科技创新服务联盟、北京农信通科技有限责任公司等相关组织的合作交流，联合组织2017京津冀科技成果转化高峰论坛、京津冀农业产品及信息技术推广会等科技交流活动，组织本市企业在相关活动上参与推介洽谈，积极为京津承科技合作搭建平台。

【科技政策落实】 扎实推进系列科技创新政策宣传、落实、督导和及时跟进工作。加强政策宣传解读。把系列科技创新政策按照行业、企业、部门、园区和平台等分类列出政策清单和明白纸，编印政策汇编材料1100册，制作政策解读宣传展板180块，并将有关科技创新政策制作成宣讲课件，通过组织全市科技创新系列政策宣传督导落实月、全国科技活动周、全国科普日、科技三下乡等时机，深入到企业、高校、社区、农村等开展政策解读宣讲。与市督考办联合对“1+9+N”系列政策落实情况进行督导。对各县区、有关单位科技政策落实情况进行调查摸底，将有关情况进行梳理整理，撰写《关于全市科技创新大会“1+9+N”系列政策落实情况的报告》向市委、市政府主要领导进行汇报。丽虹市长给予肯定性批示。研究制定跟进创新举措。建立科技型中小企业技术创新增信资金；制定完善科技人才引进奖励政策，起草制定《承德市创新创业团队申报管理办法》；完成承德市首届“科技创新十佳”评审，以市政府名义进行表彰和奖励；制定《承德市关于加快推进科技创新的若干措施》，提出大力培育创新主体、积极打造创新载体、推动科技成果转化、加强专利创造应用、加大科技创新财政投入、持续优化创新环境、强化科技督导考核等七个方面18项举措。

【科普宣传】 积极开展各项科普活动，营造良好创新创业氛围。第十七届科技活动周，市科技局共征集科技活动项目110项，从中遴选73项科技宣传活动，确定12项重点活动进行重点推广。科技活动周期间，集中开展“科技活动周集中宣传活动”“科技创新成果系列巡展活动”“宣传落实科技创新政策活动”等专题科普宣传活动。其中“承德市科技创新成果系列巡展活动”列为省重点科普项目；市科技局工作组赴宽城县龙须门镇东李杖子村，开展科技“三下乡”活动，向农民朋友赠送农业技术图书，聘请市林业技术专家进行果树种植、疾病预防等方面的专业讲解。

知识产权

【专利成果】 全年，承德市专利申请1465件，其中发明专利361件，实用新型981项，外观设计123项；授权专利706件，其中发明专利82件，实用新型534件，外观设计90件。有效发明专利435件，万人发明专利拥有量为1.23件。

【知识产权战略实施】 持续推进知识产权战略实施。经过三年工作，完成河北钢铁集团承德钢铁股份有限公司国家知识产权优势企业的培育创建；承德金龙建材集团金龙家居广场专利保护专业市场，通过省知识产权局组织的验收；平泉市4家企业列入2017年省专利管理规范贯标示范企业，完成贯标培训和准备工作；推荐申报专利导航试点企业1家，推荐国家知识产权强县示范县1家；申报省级专利资助68项，34万元，落实市级专利资助56.6万元。

【知识产权知识培训】 深入开展知识产权培训工作。充分利用“4·26世界知识产权日”活动，知识产权局邀请河北省知识产权研究会专家深入围场、丰宁、隆化、兴隆、平泉、承德县和河钢集团承钢公司、承德避暑山庄实业集团公司等开展专利基础知识和企业专利挖掘工作巡回培训讲座，同时开展专家—企业“一对一”专利挖掘服务，共培训各级各类人员600多人，为10多家企业进行专利挖掘辅导；结合“4·26世界知识产权日”和2017第十一届中国专利周活动，以《承德科技》为载体连续刊发10期政策解读专栏，对“十八大”以来出台的关于知识产权强国建设的系列方针、政策进行全面、深入、详实的解读；12月6日，组织全市专利行政管理部门和企事业单位100多人参加的《河北省专利条例》宣讲活动。

【知识产权服务】 积极引进知识产权服务机构。引进石家庄国为知识产权事务所在承德注册成立承德德泽知识产权代理服务有限公司，结束了承德市没有知识产权服务机构的历史。为企业和个人申请专利100件，为6家企业提供知识产权管理规范贯标、知识产权保护规范化市场建设、企业专利导航等专业咨询服务。

地震监测

【防震减灾建设】 做好地震监测台站和相关网络的维护工作。保障微观地震观测设施和观测环境，对全市各台站逐一进行排查，对问题的台站，上报省局，多方筹集资金进行加固维修，为12个台站屋顶做了防水工程，配备应急通信发电机，完成警示牌的安装工作。积极宣传，协调拆迁、补偿和选址重建工作，避免台站监测环境受到干扰。新建地震宏观观测点3个，强化地震宏观观测网络建设；重新梳理乡、镇、居委会遍布城乡的防震减灾助理员队伍，保证人员、责任的落实。

【台站勘选】 协助省地震局完成国家地震烈度速报与预警工程台站勘选工作。按照河北省地震局开展国家地震烈度速报与预警工程台站堪选工作的要求，承德地区共堪选台站4处。

【震情跟踪】 制定2017年度《承德地区强震强化监视跟踪工作方案》，将震情跟踪的各项工作落实到人，加大地震监测、分析和趋势研判工作力度，密切与省地震局的沟通联系；市地震局与承德中心台加强合作，强化地震监测，震情跟踪和分析研判工作，密切关注震情发展动态；积极参加天津市、唐山市、沧州市、廊坊市、秦皇岛市、承德市六市地震趋势会商联防会，通过专题讲课和分析讨论有效地提升会商水平。参加省局年度地震趋势会商，编写《2018年度地震趋势研究报告》，提出地震趋势意见。

【抗震设防审批】 加强抗震设防审批工作。抗震设防要求管理已经纳入全市基本建设管理程序；地震、发改、规划、住建、国土资源等部门从源头上加大对抗震设防要求的监管力度。全市行政审批服务中心窗口全年完成房地产项目抗震设防要求审批项目122项，办结率100%，满意率100%。

【地震行政执法】 加强地震行政执法，落实“双随机一公开”。按照市“双随机一公开”监管全覆盖要求，制定工作方案和实施细则；编制了“双随机”抽查事项清单；建立“双随机”执法检查人员名录库和执法检查对象名录库；开展行政执法“双随机”抽查。8月22日、8月23日、9月7日组织开展双随机抽查检查3次，分别对承德市隆化景怡房地产开发有限责任公司建设的隆化景怡河西新区商住小区一期工程项目等5家单位17个工程项目开展双随机抽查检查，按规定进行全程记录，所有工程项目均“符合设计时的规范要求”，检查结果在市科技局网站进行公示。

【地震应急救援】 积极做好地震应急救援工作。做好政府部门、企事业单位地震应急预案的制定和更新。根据省政府新修订《地震应急预案》修订印发承德市《地震应急预案》，同时督导各县区、各部门修订和完善各单位和各部门的《地震应急预案》。定期进行应急救援工作的检查与演练。会同市政府应急办对各县区政府、县地震局进行地震应急检查，重点检查地震应急预案的修订和落实情况。按照以块为主、条块结合、以专为主、群专结合的原则，把抢险救灾队伍落实到位。协调市教育局积极引导中小学校加强防震减灾知识宣传教育，组织应急疏散演练，提高中小学生的应急避险和自救互救能力。“5·12”和“7·28”期间，全市5000余名师生参加演练，近500名社会各界人士观摩演练。5月份组织在丰宁县化吉营小学地震应急疏散演练，邀请中国防灾科技学院领导和中国地震局专家专题演讲。9月13日，在承德县西坎小学组织地震应急演练，省地震局副局长张勤出席演练并做重要讲话，此次演练有140名小学生参加。

【应急避难场所建设】 保障应急避难场所建设不断优化。对全市现有的地震应急避难场所进行统计，悬挂明显标识；督促应急场所数量不达标的县区限期整改；制定应急疏散预案，做到灾情发生时人员疏散有场地。结合美丽乡村和精准扶贫工作，在围场县四合永镇合字村建立一处新的应急避难场所。强化地震灾害应急救援队伍建设和志愿者队伍建设。与市消防支队协同建设一支20人的专业地震灾害应急救援队；协调矿山等有应急救援队伍的单位，建立兼职应救援队伍；和蓝天应急救援队的志愿者联合，建设一支志愿者队伍。完善地震应急指挥系统及指挥中心建设。完成承德市地震应急指挥中心大厅的建设，完善视频系统，建设网络中心，实现与省地震台网中心联网、对地震的实时监控、上下指挥一体化；建设无线通信系统，添置微波通信设备，在市政府西楼建设中继台，配置车载台和手台，确保指挥中心和现场的通信联系，能够和省局应急指挥通信系统联网。

【防震减灾宣传】 印制《地震知识100问》《农村如何建震不倒的房子》两种共10000份宣传小册子，宣传防震减灾知识和建房常识；5月份，到丰宁、滦平、双桥等中小学校和大学进行5场地震应急演练和防震减灾知识宣传讲座；5月12日在市中心广场参加由市防灾减灾委统一组织的承德市第九个全国“防灾减灾日”宣传活动，发放应急知识宣传单、小册子2000余份；7月28日，在承德市电视台录制专题访谈，在网站上积极进行防震减灾知识宣传；积极开展防震减灾知识“进社区、进企业、进学校、进机关、进农村、进家庭”六进活动，共发放各类宣传资料2万余份；2017年完成市级科普示范学校12所，示范社区2所。

附：市科技局领导名录

党组书记、局长：李　威

党组副书记、副局长：崔海涛（满族，8月免）

党组成员、副局长：王亚洲（满族）

钱绍福（满族）

董凤义

刘承军（满族）

（供稿　陈立权　丛晓颖　黄　敬）

地质勘探

【概况】 2017年，地质勘探工作内强管理，外拓品牌，稳中求进，持续深化全队地质事业转型提升的切实举措，不断调整和优化生产经营主攻方向，各项工作均取得较好成绩。全年完成36个在建项目，共计完成钻探工作量32995.12米，化验样品5.66余万件。

【地勘业转型发展】 为适应生态文明建设和京津冀协同发展的新形势、新任务及新要求，积极主动调整立项思路，地质找矿实现新的转型发展。不断调整和优化找矿方向。结合地质找矿转型要求，2017年度全队实施“河北省承德市千层背钼多金属矿普查”“河北省丰宁满族自治县五道营乡下甸子银多金属预查”“河北省隆化县西杨树沟铜多金属矿详查”等多个项目，多金属、贵金属、新材料和环保材料找矿比例稳定增长，转型发展阶段性成果显著。立项成效显著。全队继续在立项的精准度上下功夫，结合河北省国土资源厅立项指南，把握立项重点，加大对中央及地方政府政策的研究力度，确保立项符合找矿方向要求；充分利用现有资料，深入挖掘，综合分析，共组织编写立项申请书5个，其中2个项目评审通过进入项目库。抢抓市场项目不放松。本着双管齐下的理念，坚持一手抓财政投入多立项、立好项；一手抓商业项目不放松，不断强化市场意识，建立协作联络机制。在建项目进展顺利。全年完成“敖汉旗农业局、敖汉旗畜牧业局专业技术服务项目”等36个在建项目。率先获得土壤污染状况详查样品分析测试方法技术要求资质，为以后助力全国土壤污染状况详查打下坚实基础。地质测绘抢抓机遇寻求突破。通过与各县区国土部门的沟通联系，积极承揽项目，完成“滦平县三权发证”“宽城县三权发证”“迁安县三权发证”等项目，区位测绘技术竞争力显著加强，为以后承德市城市地质开展三维建模、地下管廊建设、无人机测绘等拓展提供有效技术支撑。

【拓展市场】 勘探队工勘院积极跟踪市场信息，抢抓京津冀协同发展和承德市“一带三区”建设的有利机遇，多方努力拓展业务，不断提升整体技术实力、服务水平和市场综合竞争力。全年共承接地基与基础施工项目6项，风电、光伏施工项目4项，地灾治理施工项目6项，岩土工程勘查及水源地勘查等项目65项。主要项目有：承德市凤凰豪庭深基坑支护及止水工程、丰宁土城镇榆树沟苇子沟李泉窝铺找水打井项目、丰宁县土城镇榆树沟村水果大棚建设项目等。

【服务社会】 勘探队地环院充分发挥水工环地质工作的公益性、先行性和服务性作用，依托京津冀协同发展、承德水源涵养功能区和承德市高锶矿泉城建设等重大发展机遇，紧扣“绿水青山就是金山银山”的发展主题，各项工作迈上新台阶。全年共承接水工环类项目11项，建设项目地质灾害危险性评估报告20项，矿山地质环境保护与恢复治理方案3项，建设项目压覆矿产报告3项。重点项目有河北省平泉市永安村山泉水（矿泉水）勘查、河北省平泉市杨树岭镇矿泉水勘查、河北省平泉市松树台乡东老窝铺村矿泉水勘查等项目。不断加强综合技术实力，联合中国工程院院士、中国矿业大学水害防治与水资源研究所所长武强教授，在勘探队建立院士工作站，为以后更好地开展地灾地环工作提供有力的科学理论指导和高层次专业技术的人才支撑。

附：河北省地矿局第四地质大队领导名录

队　　长：白雪山
党委书记：孙　静
副 队 长：杨　勇
总工程师：车延安
副 队 长：杜维河
　　　　　康春年
　　　　　王　朝

（供稿　石绍君）

气　象

【概况】 2017年，全市气象系统进一步强化气象灾害防御能力，印发《2017年承德市气象防灾减灾绩效管理工作方案》，修订发布《承德市重大气象灾害应急预案》；继续优化地面气象观测站网布局，圆满完成围场、丰宁两部风廓线雷达项目建设任务；助力生态文明建设，形成《气象助力承德坝上生态文明建设调研报告》和《承德市太阳能资源分析评估报告》；2017年度河北省公众气象服务满意度调查承德得分88.76分，全省排名第一。

【气象基础业务】 继续优化地面气象观测站网布局，2017年完成60套国家骨干区域站建设任务，全市多要素气象站达到166个，已经覆盖了全市81%的乡镇。圆满完成围场、丰宁两部风廓线雷达项目建设任务，围场坝上X波段双偏振天气雷达建设项目进展顺利，雷达设备投资列入2018年山洪项目。完成全市气象部门广域网升级改造，实现省市县互联互通互为备份。切实重视省市县综合气象业务平台应用，从强化培训入手，建立督导考核制度，规范县局业务标准和业务流程。依托省市县集约化平台，建立预报预警工作流程，实现省市县灾害天气协调联动、预报预警信息快速制作发布。

【气象灾害防御】 强化协同防御。进一步落实气象防灾减灾责任，核实登记各级政府气象灾害防御联系人，重新公布96个气象灾害防御重点单位名录和责任人，明确乡镇（街道）气象灾害防御工作职责。坚持依法防御。市政府印发《2017年承德市气象防灾减灾绩效管理工作方案》，修订发布《承德市重大气象灾害应急预案》，落实"承德市暴雨灾害防御办法、承德市暴雨大风寒潮大雾高温灾害防御办法"。实现科学防御。与农业、林业、水务、国土等多部门之间实现信息互联互通，规范突发事件预警信息发布工作流程，开展气象灾害预警信息服务对象收集和备案工作，完善责任人"叫应"机制。开展风险防御。各县编制主要气象灾害风险区划图，开展地质灾害、山洪、城市内涝等灾害风险预报预警业务，组织开展防灾减灾科普宣传，增强公众防灾意识和自救互救技能。

【助力生态文明建设】 深入学习塞罕坝精神，针对承德坝上区域生态文明建设开展调研活动，形成《气象助力承德坝上生态文明建设调研报告》，塞罕坝机械林场及周边生态气象观测系统建设列入2018年国家山洪项目。认真做好大气污染防治气象保障工作，发布环境气象服务产品245期。完善空地一体化人工影响天气作业体系，发布人影作业条件潜势预报16期。全年共组织地面火箭增雨作业199点次，发射火箭弹786枚；飞机增雨9架次、作业30小时。与省气候中心联合制作的《承德市太阳能资源分析评估报告》，为推进承德市光伏扶贫工程提供技术支撑，得到市领导及相关部门的肯定。

【科技创新】 抓住承德坚守"天蓝"底线，开展大气污染防治攻坚战的机遇，争取大气污染防治专项资金40万元，开发《承德市大气污染预报预警系统》。全年获省局批复课题3项，市局自立科研课题17项，年内公开期刊发表业务技术论文16篇，其中核心期刊2篇。加强业务培训和创新人才培养，充分发挥远程培训在人才队伍素质提升中的作用，市局有4名业务人员成为省局不同类别的创新团队成员，派出技术骨干参加冬奥会气象保障预报员培训。坚持正确选人用人导向，优化全市气象部门科级领导班子和干部队伍结构，通过轮岗交流锻炼培养科级干部。

附：市气象局领导名录

党组书记、局　长：李兴文

党组成员、副局长：苗志成

党组成员、纪检组长：和　亮

党组成员、副局长：曹丽华

（供稿　于　超）

卫生计生

综　述

截至年底，全市共有各级各类医疗机构4289所。二级以上公立医疗机构32所，其中，三级医院4所（三级综合医院3所，三级中医医院1所）；二级医疗机构28所（二级综合医院11所，二级中医医院8所，二级妇幼保健院7所，二级专科医院2所）；二级以下公立医疗机构所9所；企事业医院4所；民营医院43所；乡镇卫生院204所；村卫生室2695所；社区卫生服务中心13所；社区卫生服务站94所；门诊部48所，诊所、卫生所、医务室1143所。全市各级各类医疗卫生机构设置床位21308张（医院14206，基层医疗机构6489张，妇幼保健机构613张），每千人口床位5.98张，病床周转次数28，病床使用率76.32%，平均住院日9.5天。其中，医院设置床位14206张，每千人口床位3.98张，病床周转次数28.2，病床使用率86.72%，平均住院日10.8天。全市专业卫生技术人员18835人，执业（助理）医师7910人，注册护士7203人，药师857人，技师1003人，其他1862人。每千人口卫生技术人员5.28人，每千人口执业医师2.22人，每千人口注册护士2.02人。全年全市各级各类医疗卫生机构总诊疗1791.37万人次，住院治疗57.1万人次，住院病人手术92432人次，医疗总收入71.29亿元。医疗卫生总收入73.22亿元。落实全面实施两孩政策，开展婚育新风进万家活动。

卫生管理

【医疗管理】 制定《承德市医疗质量管理办法实施细则》，推进22个市级质量控制中心建设。强化各专业质控中心质量管理内涵建设，指导医疗机构落实医疗质控工作要求，做好医疗安全风险防范。对围场、平泉、宽城、兴隆县医院进行评审评价。对丰宁县医院进行复核评审，确定为二级甲等综合医院。全市共完成8所二级综合医院现场带教评审评价工作，完成率73%，其中4所医院符合新一轮二级综合医院评审标准，确定为二级甲等综合医院。制定《2017年承德市深入落实进一步改善医疗服务行动计划重点工作方案》《承德市卫生计生委优化医疗服务流程，改善群众就医感受工作十项措施》《承德市二级医院优质护理服务工作方案》。三级医院全面实施预约诊疗，推动实名制和分时段精准预约诊疗。推行“互联网＋医疗”模式，提供诊疗、用药信息推送及检验检查结果查询服务，优化费用结算流程。推行多学科协作诊疗模式，扩大病种和试点范围，提升服务效率，改善患者就医体验。组织开展全市内科护理专业技能竞赛，召开承德市护理质控中心年会。开展“平安医院”创建工作，严厉打击侵害医患人身安全、扰乱正常医疗秩序违法犯罪活动。会同公安、司法、综治等部门，在全市范围内开展严厉打击涉医违法犯罪专项行动。落实“三调解一保险”医疗纠纷处置制度和涉医案件处置快速反应机制，推动实现二级以上公立医疗机构医疗责任保险全覆盖。出台《承德市强化基础医疗卫生服务能力建设实施意见》及配套文件《“雨润”工程实施方案》等一系列政策文件，提升基层医疗卫生服务能力。组织开展全市医疗机构临床用血技能竞赛。全市无偿献血34376人次，采集全血13.3吨，同比增长10%；采集血小板4044人份，同比增长23.5%；临床供血13.04吨，同比增长10.5%。

【中医药管理】 强化中医医院建设，继续开展市县中医医院持续改进活动，医疗质量、医疗安全整顿活动。市中医院被省中医药管理局确定为“河北省中医药文化宣传教育基地建设单位”。滦平县中医院被评为“河北省中医药文化建设示范医院”。深化基层中医药工作，逐步提高乡镇卫生院、村卫生室和其他医疗卫生机构中医药服务能力。围场、兴隆、承德县、双滦区被国家中医药局命名为“全国基层中医药工作先进单位”。新建基层医疗机构国医堂13个，总数达70个。落实全面放开只提供传统中医药服务的中医门诊部和中医诊所审批的政策，新审批设置社会办一级中医医院2家、传统中医门诊部3家、传统中医诊所6家。北京同仁堂承德中医院建设完成。基层中医药人员中医药临床适宜技术培训2000余人次。10名拜北京中医名师的学徒定期到北京中医医院跟师学习，市、县中医院27名主任中医师共带徒51人。2个省级名中医工作室（丁广谦、高慧）通过省验收，新增全国基层名老中医专家继承工作室建设项目3个（滦平县中医院靳景春工作室、丰宁县中医院张忠灵工作室、承德县中医院邢永明工作室）。滦平县举办首届京津冀中药产业发展大会，京津冀地区的200家中药材现代园区，100家中药企业和采购商，50家中兽药企业以及10家中医院和中医专家等1000余人参会，签约黄芩、黄芪、金银花等45个品种共13.5万吨，收购额23.8亿元。

【人口和计划生育管理】 出台《中共承德市委承德市人民政府关于贯彻落实全面实施两孩政策推进计划生育服务管理改革的意见》，稳妥实施全面两孩政策，引导群众按政策生育。市本级安排资金1060万元，保证计划生育各项工作有序开展。推进基层队伍整合和职能融合，全市村卫生计生专干2516人、卫生计生小组长6734人。严格执行计划生育初审制度，审核拟提拔副处级以上干部178人，审核先进个人、先进单位564个，审核代表委员97人、科级干部230人。推行计划生育网上办事，优化办事流程、简化办理手续，考核年度全市共办理网上一孩登记13273人、二孩登记16707人、再生育审批922人，占同期政策内出生人数的78.74%。全市共有乡级以上计划生育药具管理机构213个，药具管理和服务人员2556名，药具免费发放点2907个。全市期末计生管理服务对象376.34万人，年度总出生人口41076人，出生率10.75‰，符合政策生育率95.54%，人口自增率6.27‰，综合避孕率88.96%，修正后出生人口性别比106.27，全面完成省下达的各项目标任务。全面开展“婚育新风进万家”活动，全市新建婚育新风文明示范村50个、卫生计生科普宣传一条街50个、卫生计生主题文化长廊50个、卫生计生文化大院50个、文明幸福家庭示范户5000户。作为全国第五阶段婚育新风进万家活动示范市，全市在全省婚育新风进万家工作座谈会上作典型发言，经验在全省推广。

【医疗卫生产业】 出台《承德市关于促进社会办医加快发展的实施意见》，鼓励和引导优质社会资本举办上规模、上水平的医疗机构，满足不同层次医疗服务需求。共设置审批民营医疗机构1370所，其中，民营医院41所，床位2227张。以发展“大健康、新医疗”产业为重点，推进一批有发展前景的医疗健康产业项目落地。总投资7000万元的承德朝聚眼科医院、总投资7000万元的承德糖尿病医院、总投资3000万元的承德爱尔眼科医院、总投资3000万元的玥莱美美容医院、总投资500万元的红星骨伤医院、总投资500万元的承德儒家口腔医院已开展诊疗活动。总投资1.5亿元的承德圣华医院、总投资6500万元的双滦肿瘤医院、总投资6000万元的围场木兰医院已完成设置审批，正在进行施工建设。总投资6亿元的北京同仁堂承德医疗健康产业一期项目已投入使用。京承健康产业园、精准医学大数据产业基地、医生集团项目、中医院医养一体、康养小镇等一批京津等地社会资本投资的医疗健康产业项目正在推进中。

【医学科技】 扎实推进“科教兴卫、人才强医”战略。安排第七期10名乡镇卫生院全科医生转岗培训，学员完成临床实践、基层实践等考习任务。选派15名乡村医生骨干到河北中医学院学习基层适宜技术。选派25名基层实践基地带教师资到河北医科大学进行全科师资培训。卫生计生人才强基层工程乡村医生师资培训17名，全省卫生适宜技术进基层培训1020名。公开招聘全日制本科生16名，公开选聘全日制研究生25名。推荐12名优秀人才申报“新世纪学术、技术带头人”人选，44名专业技术人才申报高职级职称。申报2017年省卫计委和市科技局课题计划14项。2016年度河北省医药卫生科技成果奖和承德市科学技术奖评比中，共获奖项50项，一等奖4项，二等奖38项，三等奖8项。市中心医院《生长分化因子15基因多态性与冠心病的相关性研究》获河北省医药卫生一等奖，并被省卫生计生委科教处推荐参评2017年河北省科技进步奖。印发新版《实验室备案验收工作管理办法》，全市95%的二级以上医疗机构生物安全实验室通过备案验收。

【健康教育】 加强与媒体深度合作，围绕健康促进县区建设、医疗卫生服务体系规划、母婴安全年、社区卫生服务提升等工作开展专题采访，主动引导舆论、营造有利氛围。与电视台协同制作专题节目20余期，在广播电台市级以上报纸及网站发表稿件881篇次。开通承德卫生与健康微信公众号，全面解读政策、科普健康知识、推介典型人物，全市各县区卫计局均建立微信公众号。安排策划全年64个节日纪念日宣传工作，并明确责任分工。组织主题宣传系列活动、义诊10余场，共制作发放宣传折页、宣传品等50余种，20万余份。联合市委宣传部开展全市“美丽河北·魅力承德·最美医生”评选和宣传工作，挖掘勤奋工作、敬业奉献的行业典型。选出市中心医院乔建勇、滦平县妇幼保健院靳浩然、丰宁县中医院胡刻攀三名全市最美医生；评选出以第三医院门诊部护士曹玲玲、围场县妇幼保健院护士于新华、隆化县中医院护士黄淑杰为代表的三名全市最美护士，并对典型事迹进行宣传报道。

【医疗合作】 落实《京冀承医疗卫生协同发展合作协议》，合作医院间较既往合作的合作形式更加多样、合作内涵更加丰富、人才培训交流更加频繁。市中心医院与北京宣武医院形成定期互访机制。承医附院成为北京朝阳医院承德分院。北京口腔医院派员挂职市口腔医院副院长参与医院管理。市第六医院在北京航天中心医院的管理运营下，申报新技术新项目26项，审批通过14项，医疗技术、管理水平有明显提升，填补营子区域内多项医疗空白。市中医院与北京中医院建立人才培养机制。市妇幼保健院成为北医三院的“医联体”。平泉市医院心内科与北京安贞医院合作，成立心血管介入治疗中心，与北京同仁医院协作建立眼科诊疗中心，填补平泉市域内在心血管介入与眼科晶体植入的医疗空白。滦平县设立“北京中医医院刘宝利教授博士后工作站”、“国医大师李士懋传承工作室”。5月，市卫计委与北京市平谷区卫计委签订《京东京津冀医疗协同发展合作协议》，两地在医学人才培养、共建京东京津冀医学影音中心等方面开展深入合作，平谷区卫计委已为承德市免费培养妇科、普外、泌尿、消化、超声介入等专业医学人才 54 人。被帮扶 5 县加强与天津对口帮扶县区对接沟通，着力深化合作内容、积极争取帮扶项目，武清区卫计委帮扶围场县建立县域胸痛中心。隆化县卫计局与津南区卫计委签署了健康扶贫对口帮扶协议，津南区将在人才培养、医疗质量管理、医院管理、医疗技术等方面对隆化县开展深度帮扶。平泉市、围场县、兴隆县在基层医疗机构建设、县级医院医疗技术提升等方面争取到天津市对口县区的帮扶。全市 31 家二级以上医疗机构（不包括军队医院）与 50 所京津医疗卫生单位签署合作协议。825 人次京津医疗和管理专家到承德市医疗机构进行指导、帮带，285 名业务骨干免费到京津合作医院进修学习，与京津医疗机构开展远程会诊 1372 次，开展医疗新技术 20 余项， 2.9 万余人次患者在当地接受了京津专家诊治，群众就医费用显著降低。

医药卫生体制改革

【公立医院综合改革】 出台《建立现代医院管理制度实施方案》《关于进一步改革完善药品生产流通使用政策的实施意见》《承德市公立医疗机构药品采购推行“两票制”实施方案（试行）》。8 月 26 日零时起，全市 9 所公立医院同时启动药品零差率销售，全部取消药品加成（中药饮片除外），同步实施配套改革措施，全面推开城市公立医院综合改革。9 所参加综合改革的城市公立医院药品价格下降 15%，调整大型医疗设备检查费用下降 10%。承德县、滦平县、丰宁县通过省级评审验收，被授予全省县级公立医院综合改革示范县称号。举办全市公立医院全面预算管理和绩效考核现场经验交流会暨卫生计生财务管理人员培训班，推行公立医院全面预算管理，规范医院经济活动。

【分级诊疗制度建设】 制定《承德市建立分级诊疗制度实施方案》，各县区成立三个慢病医疗质量管理与控制中心，开展辖区内各级医疗机构的技术培训和指导。试点县隆化县政府出台《隆化县城乡医疗卫生服务一体化管理试点实施方案》，县级医疗机构与乡镇卫生院开展“线上、线下”全方位合作。围场县发挥“互联网 +”技术，依托县域医学影像中心，向上连接北京三甲医院影像云中心，向下辐射县级医疗机构和乡镇卫生院，形成“基层检查、上级诊断”模式。

【医疗联合体建设】 出台《承德市推进医疗联合体建设和发展的实施方案》及《试点方案》等配套文件。隆化县、围场县、双桥区为全市医联体建设试点，其中隆化县被列为省级试点。市直及驻市公立医院与双桥区以“院府合作”形式，分别组建 2 个同一法人和 2 个紧密型城市医联体，其中承德医学院附属医院组建的紧密型医联体内部机构心电、影像、病理远程医疗协作网已经搭建完成。隆化、围场分别组建 2 个同一法人的县域医共体，围场县先后投资 800 多万元，为乡镇卫生院配备 DR 诊断、传输等设备，依托县医院建立县域医学影像诊断基地，实现区域影像诊断资源共享。共出具 DR 影像诊断报告 1.13 万份，基层留诊患者 3455 人，为患者节约费用近百万元。市直及驻市公立医院分别牵头组建胸痛、卒中、高危孕产妇、重症创伤等专科联盟 10 个。市直及驻市 4 所三级医院联合 4 所二级医院与对口精准帮扶签约的 8 个县（市）组建纵向帮扶医联体。

【完善药品供应保障机制】 制定完善重点药品监控实施办法，建立药品配送企业约谈制度。全市基层医疗机构共网上采购药品 2.4 亿元，其中基药 1.57 亿元，国家基本药物采购比例为 65.4%，回款率 95.7%，配送额为 1.42 亿元，配送率 89.5%，网上采购率 100%。38 所县级以上公立医疗机构全部开展网上药品集中采购工作，采购药品13.04万元，配送11.08亿元，入库11.02亿元。全市29所县级以上公立医院网上阳光采购高值医用耗材18517万元，配送1.4亿元。对采购平台上1254种基药及332种医保药品进行价格监测。积极加入京津药品价格联盟，优先使用京津挂网药品，切实降低药品价格。

医　政

【综合监督执法】　落实规范性文件法制审查程序，全面推行部门规范性文件发布前合法性审查制度，凡涉及规范性文件，未经审查或者审查不合法的，不予核（印）发。建立法律顾问制度，与山庄律师事务所建立法律咨询服务联系机制。优化行政审批制度改革，根据《关于划转市发展和改革委员会等部门行政审批职责和事项的通知》（承市政字〔2017〕65号）要求，划转事项交接书签署之日起，将12项行政审批职责和事项划转到承德市行政审批局。对涉及群众办事的各种“奇葩证明”“循环证明”进行集中清理，清理结果及时向社会公开。制定《推行行政执法公示制度执法全过程记录制度重大执法决定法制审核制度工作方案》《承德市卫生计生行政处罚工作流程》《卫生行政处罚案件合议管理规定》，加强事中事后监管，依法及时向社会公开有关行政执法信息。开展行政处罚案卷评查工作，评查2017年行政处罚案卷15卷，评出优秀案卷2件，合格卷13件，1件案件被省评为优秀案件。召开承德市卫生计生行政执法2017年度“双随机”抽查启动会。全年分两次开展“双随机”抽查，按7个专业，抽取260家单位，抽查率100%，检查结果在监督网站上公开。为加大综合监督执法力度，全年，共检查单位16384户次。立案253起，结案253起，其中一般程序231起；简易程序22起，罚款共计57.6325万元。

【家庭医生签约服务】　制定《承德市家庭医生签约服务工作实施方案》，以“1+X+1”团队式签约形式（1名家庭医生、多名签约助理、1名专科医生），开展基本医疗、公共卫生和健康管理增值服务。优先选择老年人、孕产妇、儿童、残疾人和高血压、糖尿病、肺结核病、严重精神病障碍等重点人群以及建档立卡农村贫困人口和计划生育特殊家庭等特殊人群进行签约。全市共组织签约119.4万人，签约率为33.8%，其中重点人群签约70.8万人，签约率为66.1%，农村建档立卡贫困人口签约34.2万人，实现全覆盖。

【卫生应急】　制定《承德市人感染H7N9禽流感病毒应急预案》《承德市防汛防震卫生应急工作总体方案》《承德市医疗机构污染事故应急处置预案》；修订《承德市突发公共卫生事件应急预案》《承德市突发公共事件医疗卫生救援应急预案》《承德市鼠疫控制应急预案》《承德市血液保障应急预案》。完善《承德机场应急救护预案》《承德机场国内航空交通检疫处置预案》和《承德机场突发公共卫生事件应急控制预案》，已纳入《承德普宁机场应急救援预案》，卫生应急管理制度进一步规范。按《国家卫生应急综合示范县评估标准》巩固已创建的1个国家级和4个省级应急示范县区。开展塞罕坝中国“生态文明建设范例”保障工作，制定印发卫生安全保障工作系列规范文件18个，组织省市县疾控、监督、医政等专家进驻塞罕坝地区调研指导。加强鼠疫监测防控，加强首诊负责制，实现鼠间鼠疫不下坝，人间鼠疫不发生目标。全市共接到报告各类突发公共卫生事件及相关信息23起，均为一般突发公共卫生事件，全部得到有效处置。报告人感染H7N9病例12例，其中，康复6例，病死6例。H7N9应急处置工作得到市政府充分肯定，宽城县H7N9应急处置做法被省卫计委作为典型经验报送省政府。组织各县区应急骨干分期参加省突发急性传染病、鼠疫防控等培训班，培养卫生应急师资16人。参加唐山迁安市举行的全省地震洪涝等重大自然灾害卫生应急实战演练和张家口赤城县举办的“2017年京冀蒙晋市级减灾防病应急演练”，完善联防联动机制。组织市直单位参加全市反恐卫生应急实战演练。组织开展“技能竞赛历精兵，卫生应急护健康”为主题的岗位练兵活动。市应急队员获得全省卫生应急技能竞赛团体二等奖，中毒组获团体三等奖，2人分获传染病和中毒专业竞赛个人一等奖。1人获全国卫生应急技能竞赛中毒专业个人三等奖。

【疾病防控】 制发《承德市职业病防治“十三五”规划》《承德市地方病十三五实施计划》，起草《承德市遏制与防治艾滋病“十三五”行动计划》《承德市“十三五”结核病防治规划》。完善市级防治重大疾病工作部门联席会议制度。落实医疗机构公共卫生职能，将各县级以上医疗机构疾控工作绩效情况纳入对县区卫计局综合评价体系。全年报告法定传染病23种1.5万例，报告发病率425.14/10万，较2016年上升2.56%。全市儿童疫苗接种66余万剂次，以乡为单位免疫规划疫苗接种率90%以上。继续保持无脊灰状态，完成脊灰疫苗相关病毒登记清册。解决脊髓灰质炎疫苗短缺的情况，启动预防接种异常反应保险补偿机制。新增数字化预防接种示范门诊6个。有效处置人感染H7N9禽流感疫情、隆华县一中进修校区肺结核疫情、承德县等10多所学校水痘疫情、技师学院和高新区一中流感疫情。全面启动结核病分级诊疗和综合诊疗模式试点工作，规范患者基层管理，使用电子药盒督导患者服药。持续推进艾滋病综合防治示范市创建，全面推进艾滋病定点医疗机构开展抗病毒治疗。组织开展在校大学生防艾宣传知识辩论赛，召开防治艾滋病工作调度会。开展“三减三健”工作，现场活动及讲座299次，发放宣传品3.6万份、宣传资料1.6万余份。强化严重精神障碍患者管理，重性精神疾病报告率4.32‰。开展碘缺乏病、职业病、饮水和环境卫生、学校卫生、食品安全风险监测工作。

【开展爱国卫生运动】 加大市容环境、交通秩序、食品卫生、公共场所卫生、病媒生物防制和健康教育等方面的综合整治力度，加快推进国家级卫生城市创建工作。制定《承德市2017年城乡环境卫生整洁行动工作方案》，组织开展承德市春夏爱国卫生运动、爱国卫生运动65周年、第29个爱国卫生月等活动，动员各部门和乡镇整体联动，共治环境问题。以城市环境卫生薄弱环节和农村垃圾污水处理、改厕为重点，深入开展卫生整洁行动，统筹治理城乡环境卫生问题，实现环境卫生基础设施水平全面提升。宽城县、平泉市县城被命名为“国家卫生县城”。除隆化外其余7个县城均被命名为“河北省卫生县城”。制定《承德市美丽乡村建设无害化卫生厕所改造专项行动推进方案》，农村卫生厕所普及率达57%以上。

【基层卫生】 按照“整体推进，重点培养，分批达标”的建设原则，深入开展“建设群众满意乡镇卫生院”活动，通过重点帮建、专项督导、医改考核、典型示范等方式，落实人事制度、分配制度改革举措，下大力气协调引导医疗卫生工作重心下移、资源下沉，着力提升基层医疗卫生服务能力。全市共建居民电子健康档案263.05万份，建档率74.52%。新增国家级“群众满意的乡镇卫生院”13所。继续深入开展社区卫生服务提升工程，双桥区西大街社区卫生服务中心获得“全国百强社区卫生服务中心”荣誉称号。加强乡村医生队伍建设，落实原赤脚医生养老补助政策，网络培训乡村医生3539名，对符合条件的6880名原赤脚医生按政策发放养老补助。

【妇幼卫生】 以“母婴安全”为核心，以“保障母婴安全、促进优生优育”为主题，开展“母婴安全年”活动。印发母婴安全年活动实施方案，配套活动方案11个。编印“孕前优生健康检查、儿童保健、妇幼健康重点工作、母子健康”四类工作手册。建立14个危重孕产妇救治中心、12个新生儿救治中心，公示急救电话、健全救治转诊网络。以承德医学院附属医院为依托，联合县、乡医疗机构成立承德市危重孕产妇、新生儿救治中心、出生缺陷和急性重症创伤区域救治联盟。举办全市竞赛3项、危重孕产妇救治转诊实战演练11次、培训8次。全市形成以“宣传网、服务网、转诊网、监管网”四大网络为核心的全方位的母婴安全保障服务体系。全市孕产妇死亡率降至19.98/10万，新生儿、婴儿和5岁以下儿童死亡率分别降至2.08‰、3.08‰、3.97‰，均低于2016年，提前实现2020年妇女儿童两纲目标。此项工作得到省卫计委充分肯定，在全省母婴安全保障会议上作典型发言。实施婚姻登记和婚检有机结合，全市婚检率近50%。孕前优生目标人群覆盖率达到80%。落实省政府民心工程，实施免费唐氏筛查，产前筛查率较上年提升20%、达67.17%，免费唐氏筛查近1万人。三级预防新筛工作始终位居全省前列，筛查率达97.49%、听力筛查率91.84%，筛查、确诊PKU患儿3例、甲低患儿14例、听障患儿18例，均及时进行干预治疗。落实国家8个重大妇幼项目及省农村妇女生殖健康检查、计划生育免费服务项目。发放住院分娩补助资金530.01万元，发放叶酸4.28万人，孕前优生健康检查1.49万对，免费发放营养包1.34万人，艾梅乙项目检出 HIV阳性3人、梅毒阳性63人、乙肝阳性1073人，两癌项目检出乳腺癌10人、宫颈癌6人，对筛查出的阳性病例及时进行干预。推广使用母子健康手册，孕产妇系统管理率87.22%，新生儿访视率88.77%，3岁以下儿童系统管理率87.2%，7岁以下儿童保健覆盖率89.24%。审批备案助产机构168所，母婴保健专项技术人员1250名。依法加强出生医学证明监管，172所签发机构及其印章统一查新备案，480名人员签署终身责任制承诺书。依法开展病残儿鉴定工作，全年鉴定2次，审批病残儿13人。滦平县被评为省级妇幼健康优质示范县，平泉市被评为国家级妇幼健康优质示范县。

医疗机构

【承德医学院附属医院】 承德医学院附属医院前身可追溯到1934年伪满州国设立的承德国立医院，1945年更名为热河省立医院，1982年定名为承德医学院附属医院，经过80余年的发展，已成为承德地区规模最大的集医疗、教学、科研、康复、预防保健于一体的三级甲等综合医院。

医院有两个院区，占地面积218亩，建筑面积25万平方米，总资产18亿元，开放床位2402张。共拥有价值100万元以上医疗设备68台（套），10万元以上医疗设备576台（套）。设置有层流净化手术间33间（百级7间、千级4间、万级22间）。全年门、急诊140.26万人次，出院病人7.12万人次，手术2.16万例（手术室完成）。

医院现有职工3239人，其中卫生技术人员2566名，正高171人、副高326人；博士25人，硕士816人；享受国务院特殊津贴专家1名、河北省省管优秀专家1名、河北省政府特殊津贴专家3名、河北省“三三三人才工程”青年专家7名、承德市拔尖人才16名。

医院设有医疗、医技科室61个，职能科室31个，中医妇科为国家重点中医专科（1个）；儿科、儿科重症、骨科、消化内科、康复医学科、神经内科、血液内科、眼科、皮肤性病科、感染性疾病科、口腔科、肿瘤科、普外科、小儿外科、肾脏内科、胸外科、老年病科为省级临床重点专科(17个)；血液内科为省级医学重点学科(1个)，皮肤性病科、病理科、全科医疗科为省级医学重点发展学科（3个）。“临床医学”为学术型硕士和专业硕士学位授权一级学科。

医院承担国家自然科学基金、河北省自然科学基金等各类科研课题共512项；获省、市、厅、局级科技进步奖230项；在核心期刊发表学术论文1271余篇；其中发表SCI Papers52篇，其中IF最高9.18分；开展国家、省级继续医学教育项目176项。

医院为“首批国家级住院医师规范化培训基地”“国家级药物临床试验机构与培训基地”，挂牌“中国胸痛中心”“国家卫生计生委脑防委高级卒中中心”“河北省全科医生转岗培训基地”“河北省综合医院中西医临床协作试点单位”“河北省残疾人康复人才培养基地”“河北省危重孕产妇救治中心”“河北省危重新生儿救治中心”，和17个市级临床研究所，获得“第五届全国文明单位”“全国卫生计生系统先进集体”“全国省级医院思想政治工作先进集体”“全国百姓放心示范医院”“全国综合医院中医药工作示范单位”“河北省创建‘诚信医院’活动先进单位”“河北省服务名牌”“河北省文明单位”“河北省卫生系统行风建设先进集体”“河北省志愿服务工作先进单位”等荣誉称号，医院的发展进步赢得了上级部门、社会各界和人民群众的充分认可。

伽马刀、C型臂、电子胃、肠镜等一流的新型诊疗和科研设备300余台(件)，设备总值1.5亿元。为诊断和治疗各种疑难疾病提供了有力的保障。

医院一直秉承“质量、服务、权益”的治院理念，把医疗技术进步、人才培养和专科持续发展做为第一要务，有博士生5名，硕士生27人，本科生400余人，人才和技术水平有大幅度的提升，逐步形成外科手术微创化，内科治疗有创化的医疗格局。“脑血管疾病、创伤骨科疾病、消化系统疾病”三大诊疗中心技术特色优势明显。全院开展新业务、新技术35项，其中脑梗急性死动静脉溶栓取栓桥接术、动脉瘤动弹簧圈栓塞术，前列腺棒状水囊扩张术、腰间盘突出椎间孔镜摘除术、腹腔镜下胃肠道肿瘤切除等，填补承德地区的空白，肿瘤放化疗中心拥有承德地区最先进的的伽玛刀，治疗水平处承德市领先。卒中中心、胸痛中心为脑卒中、急性心肌梗死患者开通绿色通道，规范救治流程，大大缩短患者诊疗时间，提高患者的治愈率和生活质量。医院还率先开展无痛胃肠镜技术，十二指肠镜镜下取石术，避免胆结石患者手术的痛苦。本院的手足显微外科，拥有强大的技术团队，断指再植的成活率达到98%以上。

【解放军第二六六医院】 中国人民解放军第二六六医院始建于1954年，是集医疗、战备、教学、科研、疗养、预防保健于一体的现代化三级甲等综合医院。1996年通过总后勤部的三级甲等医院评审，2014年高分通过总后勤部复审。医院分为医疗区、疗养区两个院落，总占地面积35.2万平方米。展开床位610张，科室35个，拥有脑血管病研究诊疗中心和创伤骨科研究诊疗中心两个原北京军区专科中心，是第三军医大学、第四军医大学、白求恩军医学院、承德医学院等6所军内外医学院校临床教学医院。

历经60余年的发展，设备不断更新。现有1.5T核磁、64排(128层)螺旋CT、直线加速器、

【承德市中心医院】 承德市中心医院始建于1952年，历经60余年的沧桑巨变和几代人的不懈努力，已发展成为集医疗、教学、科研、预防、保健为一体的综合性三级甲等医院，承德医学院第二临床学院，全国脑卒中筛查与防治基地医院，河北省住院医师规范化培训基地，承德市全科医生临床培养基地，红十字承德市急救中心，承德市放化疗中心，承德市临床检验中心，承德市第一司法医学鉴定中心。医院建筑面积7万平方米，开放床位922张。拥有价值100万元以上的医疗设备35台（件），10万元以上的医疗设备345台（件）。2017年服务门诊患者76.43万余人次，出院病人2.76万人次，危重病人抢救成

功率 90.5%，年手术量 2 万台次。

有职工 1510 人，其中卫生技术人员 1250 人，正高职 103 人，副高职 162 人；博士、硕士 275 人；硕士研究生导师 35 人；河北省“三三三人才工程”专家 1 名，承德市专业技术拔尖人才 18 名，市级名医 17 名，新世纪学术技术带头人 29 名。

设临床科室 37 个，医技科室 15 个。2012 年起，急诊科被批准为省级临床重点专科建设项目单位；心胸外科、消化内科、心血管内科、神经外科 4 个学科被评为省级重点发展学科；呼吸内科、肿瘤外科、妇产科等 16 个市级重点学科，消化内科、内分泌科、普外科等 9 个市级名科继续在全市引领前沿。开展省、市级科研课题 126 项；获省、市级科技进步奖 56 项；发表 SCI、中华系列和北大中文核心期刊论文 184 篇；开展省、市级继续医学教育项目 51 项。

医院先后荣获全国卫生计生系统先进集体、全国百姓放心百佳示范医院、全国脑卒中防治工程示范医院、全国医院人文管理荣誉奖、河北省先进基层党组织、河北省医德医风示范医院、河北省创建“诚信医院”先进单位、河北省“白求恩杯”竞赛优胜单位、河北省创先争优暨“修医德、强医能、铸医魂”先进集体等诸多荣誉称号，患者综合满意度始终保持在 98% 以上。

【承德市中医院】 医院始建于 1956 年，是一所集医疗、教学、科研、预防保健、社区卫生服务等于一体的市级现代化综合性三级甲等中医院，是政府举办的差额事业单位。承德市医疗保险定点医院、公费医疗定点医院、新型农村合作医疗定点医院、铁路职工及家属定点医院、工伤保险定点医院，承德医学院附属中医院、承德护理职业学院附属医院、北京中医药大学东方学院教学医院、河北中医学院附属中医院、北京中医药大学东直门医院合作单位、中国中医科学院广安门医院合作单位。2010 年 12 月为推进国家重点中医院国债建设项目，承德市中医院与承德市第五医院合并整合。2014 年底，新建 13 层综合病房楼投入使用，两院区正式合并办公。2016 年 12 月 27 日至 29 日医院接受了国家中医药管理局组织的三甲评审，2017 年 4 月被国家中医药管理局正式批复成为三级甲等中医院。医院开放住院床位 432 张，占地面积 23 亩，建筑面积 3.36 万平方米，其中新建综合病房楼 2.53 万平方米。

有职工 659 人，其中卫生专业技术人员 512 人，高级职称人员 110 人，中职 133 人，研究生以上学历 26 人。省级名医 3 名，市级名医 6 名。

有科室 58 个，包括职能科室 24 个，临床科室 23 个，医技科室 11 个。国家级重点专科 1 个（康复科）；国家“十二五”重点专科培育单位 1 个（老年病科）；省级重点专科 5 个（康复科、脑病科、老年病科、肛肠科、护理学）；市级医学重点学科 2 个（肿瘤内科、骨科，含手足显微外科）。河北省中医药脑血管病后遗症重点研究室 1 个；市级重点专科研究室 4 个（康复科中医药中风病重点研究室、老年病科中医药消渴痹症重点研究室、肛肠科中医药肛肠病重点研究室、脑病科中医药癫痫病重点研究室）。

医院拥有美国 GE1.5T 超导核磁、美国 GE16 排螺旋 CT 机、德国西门子双排螺旋 CT 机、德国德瑞数字 X 光机、日立阿洛卡彩色多普勒超声诊断仪、美国飞利浦彩色超声诊断仪、德国“贝朗”血透机、血滤机、日本奥林巴斯电子胃肠检查治疗仪、德国 STORZ 高清腔镜系统、肿瘤免疫治疗系统、热化疗灌注系统、肿瘤热疗系统、全自动生化分析仪、全自动免疫分析仪、24 小时动态心电图、眼科超声乳化仪、鼻内窥镜及成套器械、美国尼高力全数字精确癫痫定位系统和精密显微外科手术器械等先进的医疗设备。

医院在心脑血管疾病、肛肠疾病、糖尿病、肝病、肾病、中医肿瘤的治疗方面具有鲜明特色。其中中医肛肠、骨伤、糖尿病、脑病、脾胃病、肝胆病为本院诊疗优势病种。针灸科、推拿科、治未病科为该院特色科室。

【承德市第三医院】 承德市第三医院（承德市肿瘤医院、承德市传染病医院、天津市肿瘤医院分院、首都医科大学北京佑安医院分院）是全市唯一一家肿瘤和传染病的专科医院，承担着承德地区肿瘤和传染病的诊断、治疗、急救、科研、教学、预防、筛查及重大公共卫生事件救治等任务。医院占地面积 82 亩，建筑面积 18000 平方米，开放床位 400 张。全院职工 334 人，其中医护技人员 284 人（高级职称 39 人、中级职称 55 人）；博士学位 1 人，硕士学位 15 人，在职攻读硕士 5 人，河北省政府公派出国留学 1 人，省三三三人才第二层次人选 1 人，省三三三人才第三层次人选 6 人；国家级专业技术委员会委员 2 人、省级专业技术委员会常委 3 人、委员 20 人；市管专业技术拔尖人员 1 人，市级名医 4 人，市级名护 1 人，市新世纪学术带头人津贴享受者 3 人，市级医学名科 1 个，市级医学重点学科 3 个、市级医学发展学科 1 个。

医院设有感染性疾病科、老年病科、肿瘤内科、放疗一科、放疗二科、胸腹外科、头颈乳腺外科和妇瘤科等 8 个临床科室，9 个医技科室。

医院拥有肿瘤特色治疗设备、医用直线加速器、铱 192 后装治疗机、西门子螺旋 CT、飞利浦 500MA 数字多功能 X 线机、GE 彩色超声诊断仪、GE 数字血管减影机、体外高频热疗机、床旁血液净化机、800 速进口全自动生化仪、罗氏生化免疫全自动定量分析仪等先进医疗设备。

医院加强与省、京、津、沪等地大医院合作，成为天津市肿瘤医院分院、首都医科大学北京佑安医院分院，与北京地坛医院、第二军医大学东方肝胆外科医院、河北省人民医院、石家庄市传染病医院建立了合作与帮扶关系，是承德医学院、承德护理职业学院、廊坊卫生职业学院的教学医院，同时与美国 Tulane University 癌症中心建立合作，聘请美国教授为医院技术顾问，采取远程多学科专家会诊形式为患者制定国际最先进的治疗方案。与美国 M.D.Anderson 癌症中心、河北医科大学、河北联合大学合作研究多项国家级科研课题，主持完成 30 余项科研项目，获省市级科研成果和科技进步奖 20 余项，出版专业医学书籍 20 余部，发表国家级核心期刊论著 100 余篇。

医院先后获得“百姓放心示范医院”“省安全生产管理先进单位”“市级文明单位”“物价信得过单位”“花园式单位”“市卫生系统先进基层党组织”等荣誉称号。

【承德市妇幼保健院】 承德市妇幼保健院始建于 1983 年，是全市唯一一所集医疗、保健、预防、科研、教学于一体的妇幼保健专业机构。医院占地 1130 平方米，建筑面积 5300 平方米，外租业务用房 2100 平方米，外借办公用房 500 平方米，兴隆街分院区业务用房 1870 平方米。医院开放床位 130 张，现有固定资产 6810 万元。拥有 10 万元以上的先进医疗设备 120 余台件。

医院设有行政、临床、保健、医技等 35 个科室，其中产科、新生儿科为市级重点学科，生殖医学中心是全市唯一获得开展人类辅助生殖技术资质的单位。医院有职工 381 人，其中卫生技术人员 312 人，占全院职工的 81.4%。

在各级领导和相关部门的正确领导和大力支持下，医院紧紧围绕妇女儿童医疗保健服务需求，抓住京津冀协同发展战略机遇，与北医三院和北京复兴医院建立长期合作关系。通过采取有效整合资源，加强管理，提高工作效能；加强人才培养和学科建设，提升服务水平；加强医疗质量管控，保障患者就医安全;加强妇幼网络建设，提升全市妇幼医疗保健服务能力等有效措施，克服医院基础设施薄弱等制约医院发展的瓶颈问题，使医院得到健康平稳快速的发展。医院年门诊量、住院人次、业务收入逐年增长，医院先后被评为省级文明单位，全省妇幼卫生先进集体、白求恩杯竞赛优胜单位等。

【承德市口腔医院】 承德市口腔医院为市属公立二级甲等口腔专科医院，医疗保险、工伤保险定点医院，首都医科大学附属北京口腔医院技术合作医院、承德护理职业学院教学医院、河北省口腔专科联盟单位。医院始建于1981年,原名为“牙科门诊部”，1984年正式改名为“承德市口腔医院”，1985年9月建现门诊楼，位于承德市双桥区南营子大街路东13号。三十多年来，医院坚持“以人为本、质量第一、诚实守信”的原则，科学发展、不断创新，现已发展成集医疗、预防、教学为一体的标准化、信息化专科医院。医院拥有口腔专业医技人员90余名,护理人员60余名，中高级技术职称人员占60%以上。医院业务用房近3000平方米，设14个临床科室、6个医技科室，有牙科综合治疗台74台。服务范围覆盖全市八县三区及周边地区，有首都医科大学附属北京口腔医院的专家定期来院出诊。

医院设有口腔内科、口腔外科、修复科、CAD/CAM工作室、正畸科、种植科、特诊科、综合科、预防保健科、儿童牙病科、老年牙病科、牙周粘膜科、医学美容科及VIP诊室。其中正畸科、修复科为市级名科；儿童牙病科、种植科、正畸科为市级重点学科。儿童牙病科、老年牙病科为本市独有特色科室。2013年又在市高新区成立了新院区。

主要开展：牙齿缺损、牙列缺失后种植牙修复、烤瓷牙修复、铸造支架、全口义齿、固定－活动联合修复等；龋病、急慢性牙髓炎、根尖周炎、等牙体病治疗；牙齿美白治疗、牙龈炎、牙周炎等牙周疾病的系统治疗与维护；儿童、青少年及成人牙齿排列不齐、下颌前突等错牙合畸形的矫治；微创、无痛拔牙等；同时开展重睑、切眉术等医学美容手术的医疗美容。

附：承德市卫计委领导名录

党组副书记、主任：朱守仓（满族）
党　组　书　记：胡光远
党组副书记、副主任：刘雁翔（蒙古族）
　　罗东海（满族,11月免）
党组成员、副主任：孙瑞国
　　祁玉莲（女，满族）
　　张秀玲（女，满族）
副　主　任：张松涛（满族）
党组成员、副主任：宋煜敏（女，满族）
　　孙　臣（满族）
　　刘　强
　　屈　民（满族）

（供稿　于瑞强）

文 化

综 述

全市文化工作坚持把党的政治建设放在首位，落实全面从严治党主体责任和监督责任，扎实推进“两学一做”学习教育，大力弘扬“牢记使命、艰苦创业、绿色发展”的塞罕坝精神和“传承德泽、以文化人”的承德文化精神，坚定文化自信，推动全市文化繁荣兴盛。文化产业健康快速发展，与京津文化交流合作日益密切，公共文化服务体系建设取得明显进展，非遗保护成效显著，艺术创作持续繁荣，文化体制改革不断深入，文化市场繁荣稳定，为承德市新时代“生态强市、魅力承德”建设提供强大的精神动力和文化支撑。

文学艺术

【艺术活动】 创作微电影《全家福》获亚洲微电影好作品奖。讴歌“一带一路”的音乐电视《尼雅之恋》获河北广电奔马奖。歌舞《满乡》、小品《心愿》的舞美设计参评河北群星奖。歌曲《寻梦的太阳》获首届中国高校原创作品大赛一等奖。歌曲《我们在寻梦的路上》《最浪漫的地方》分获大美塞罕坝歌曲征集三等奖优秀奖。还创作演出刊发了歌曲《美丽的召唤》《新时代》、小品《温暖》《激情岁月》《心愿》《好想好想》等诸多作品。

【香港回归纪念活动】 组织“廿年璀璨 共庆辉煌”纪念香港回归20周年文艺演出。围绕“团圆梦、中国梦”主题，展示香港回归20年来取得发展变化，展现祖国政治、经济、科技、文化外交等方面取得的伟大成就，表达全国人民期盼国家强盛、祖国统一的美好愿望，进一步激励全市广大干部群众坚定信念，振奋精神，凝聚力量，为建设“生态强市 魅力承德”努力奋斗。

【举办建军90周年合唱大赛】 举办《军歌嘹亮铸军魂》庆祝中国人民解放军建军90周年合唱大赛。来自部队和机关单位、群众团体的参赛团队以合唱的形式，追寻先辈的光辉足迹，不忘初心，激发民族自尊心、自信心和自豪感，喜迎十九大胜利召开为文化强市战略的实施以及“和谐承德”建设提供强有力的文化支持。

【弘扬塞罕坝精神音乐会】 由市委宣传部、承德广播电视台、市文广新局、市文联和河北省音乐家协会联合主办“绿色交响——弘扬塞罕坝精神”原创作品音乐会。此次音乐会的音乐作品是承德市的词曲作家们深入塞罕坝机械林场采风后创作完成的。旨在全面学习宣传贯彻党的十九大精神，充分发挥先进典型的示范引领作用，激励和引导承德市广大干部群众凝心聚力、真抓实干、奋勇争先，为加快建设新时代生态强市、魅力承德提供强大精神动力。

【“热河情·中秋月”晚会】 成功举办以“弘扬塞罕坝精神·创建国家森林城市”和“热河情·中秋月”为主题的两场大型诗歌迎中秋文艺晚会。以“崇德尚艺凝心聚力共建魅力承德”为主题的第三届文化艺术展演季闭幕式暨 2018 新年文艺演出在承德大剧院举行。文艺演出由市委宣传部、市文广新局、市广播电视台和市文联主办，市评剧团承办。为深入贯彻落实习近平总书记在文艺工作座谈会上的讲话精神和中央《关于繁荣发展社会主义文艺的意见》要求，全力实施文化惠民工程，承德市已连续三年成功举办“文化艺术展演季”系列活动，进一步丰富广大人民群众的精神文化生活，为开创新时代建设生态强市、魅力承德新局面提供了精神力量和文化支撑。

【《鼎盛王朝·康熙大典》《帝苑梦华》】 组织精干演职编创人员对《鼎盛王朝·康熙大典》、歌舞诗《帝苑梦华》等两部大戏进行再加工提高，并于 4 月底正式公演，全年共计演出 400 余场，800 余名演职人员参与其中。

【文化惠民活动】 为深入贯彻落实党的十九大精神和省委、省政府关于开展“知声腔国粹 爱家乡文华”戏曲文化进校园活动的工作要求。组织市评剧团在承德技师学院、铁路桥东小学、双滦区实验小学、高新区阳光四季小学、冯营子中学开展戏曲文化进校园、国粹传承演教活动。活动中，市评剧团的资深戏曲艺术家，通过丰富多彩的戏曲知识演教，把优秀的传统文化，献给现场的同学们，激发大家对戏曲文化的兴趣和热爱，进一步加强地方戏曲文化的保护、传承和发展，传播中国价值、涵养中华文化、坚定文化自信。为贯彻落实党的文化惠民政策，加快全市实现“脱贫摘帽、全面小康”，助力“生态强市、魅力承德”建设，市歌舞团在宽城县龙须门镇东李杖子村组织一场精彩的文化、科技、卫生“三下乡”演出活动。11 月 14 日至 17 日，组织市直文艺团体单位，在全市多个社区开展以“认真贯彻落实十九大精神 全面加强生态文明建设”为主题的文化惠民演出系列活动，以实际行动贯彻落实党的十九大精神。节目内容以新创歌舞、传统戏曲等群众喜闻乐见的艺术形式为主，紧扣时代脉搏，深入浅出地把十九大精神讲清楚、讲明白、讲透彻，通过艺术的形式，让社区群众听得懂、能领会，同时也让基层群众不出家门便能欣赏到艺术盛宴，展示紫塞风情，讲述承德故事，讴歌新时代中国精神，得到社区居民的一致好评。赴驻承德部队进行慰问演出。文化系统“文化进军营”春节慰问演出活动，是全市多年来发扬拥军拥属的光荣传统，以文艺演出的形式，向部队全体指战员送上最亲切的慰问和节日祝贺，丰富广大官兵的精神文化生活，营造欢乐祥和的节日气氛。

广播影视

【概况】 承德广播电视台有广播频率 3 个（新闻综合、交通文艺、旅游音乐），电视频道 3 个（新闻综合、公共生活、旅游文化），另有承德广播电视报、承德新闻网。为推进媒体融合发展，成立承德市新媒体中心，研发上线承德手机台及新媒体平台。广播各频率总播出时间 19710 小时，人口覆盖承德市七县一市三区和北京、河北毗邻市区，主要自制节目栏目有《承德新闻》《今晚新闻报道》《城市快车道》《我们爱旅游》《我是汽车人》《开心驿站》《向职场出发》《相约在此时》《891 乐说生活》《有事您说话》等；电视各频道自制节目总播出时间 2815 小时，人口覆盖承德市七县一市三区，主要自制节目栏目有《音画承德》《直播承德》《天南地北承德人》《双桥新闻》《承德新闻》《民生直达》《今日聚焦》《快乐出发》《人文承德》《中国承德》，以及新媒体栏目《新闻早八点》等。

【对内宣传】 突出主题宣传。抓住迎接宣传贯彻党的十九大这个“头等大事”，强化广播电视新闻节目头条建设和新媒体首页、首屏、首条建设，坚持结构化编排、逻辑化链接、亮点化聚合，提升宣传效果。开设《落实十九大,咱该怎么干》《砥砺奋进的五年》《学习塞罕坝 加快走新路大讨论活动》《全面推进文明城市建设在行动》等40余个专栏，对于阶段性的工作采取高密度、多角度报道方式，营造浓厚舆论氛围。完成首轮“对标发展,推动协作”最后一个县区的聚焦采访活动，制作播出一大批“带露珠、冒热气”的报道。做大典型宣传。坚持在众声喧哗的多元舆论场中，做大典型宣传，更加鲜明有力地把社会进步的主流展示好，用正能量引导正面舆论。配合上级媒体，成功推出塞罕坝机械林场这一重大典型，共播发、推送弘扬塞罕坝精神新闻200余条、专题40多期。联合出品的电视剧《最美的青春》拍摄量完成近半。开展劳动模范、先进基层党组织和优秀共产党员事迹展播，播出《农民脱贫致富带头人——范振喜》《碧水蓝天党旗红，同心同德谱新篇》等专题专访，全面展示党的十八大以来全市经济社会各方面取得的新成就、新实践。聚力民生宣传。坚持以人民为中心的思想，树立百姓情怀，发挥广电媒体的桥梁作用，关注民生、反应民意。90余个政府部门、窗口单位负责同志到广播直播间与听众对话，现场解答问题。推出《电视问政》节目，16家市直部门通过媒体实现政务公开，推动全市“转、优、促”活动的开展。与市教工委合办电视节目《教育在线》，通过高密度、大容量、系列化的报道，取得教育传播领域新突破。《今日视点》栏目以“内容丰富，服务百姓”为特色，受到省局《监听监看周报》表扬，称其“架起党群连心桥，开启惠民通道”。

【对上宣传】 上宣数量、质量再创历史最好水平，进入全省先进行列。在中央人民广播电台发稿83篇，中央电视台发稿193篇，在新华视频发稿 23篇，在河北广播电视台发稿820篇，市广播电视台荣获中央人民广播电台地市级媒体发稿“十强”称号。

【对外宣传】 在美国斯科拉卫星电视网播出专题片32部，在中国黄河电视台的重点栏目《新唐风》播出专题片19部，在环渤海城市台播出专题片23部，大大提升承德的知名度、美誉度。市广播电视台获2017年度全市对外宣传工作先进单位。

【影视及文化精品创作】 有30篇作品在河北新闻奖、河北广播影视奖评选中获奖。其中获河北新闻奖一等奖1篇，二等奖7篇，三等奖9篇；获河北广播影视奖一等奖3篇，二等奖4篇，三等奖6篇，优秀栏目一个。获第22届河北省影视艺术“奔马奖”特等奖一部、一等奖一部。在全省第二届公益广告大赛中获一等奖1篇，三等奖1篇。电视《人文承德》获第23届中国纪录片学术盛典年度纪录片好栏目奖；纪录片《老张的最后一网鱼》获“人文中国第六季”全国纪录片评选中篇一等奖，并受邀参加第3届海峡两岸广播电视文化展——两岸纪录片联合展映单元；《寻梦香巴拉》获“第十届中国旅游电视周优秀旅游电视节目”好作品奖。广播剧《魂归塞罕坝》在省广播电台播出，社会反响良好。“一带一路”题材3D电影《丝路英雄 · 云镝》在国内外院线播出，社会反响良好。以承德市农村改革为原型的数字电影《农民股东》在中央电视台影视频道播出。

【媒体融合和新媒体建设】 承德手机台借助和整合新华社手机电视台的中央级媒体视频资源及承德广播电视台雄厚的当地广播电视资源，积极上线运营直播承德APP，重点打造以新闻资讯、社交娱乐、生活服务为一体的、具有“互联网＋广电”性质的互联网移动应用客户端。同时充分借助聚现平台、轻快云平台的视频直播功能，相继策划和实施电影《单身夜》新闻发布会、承德广播电视台“好记者讲好故事”演讲比赛等多个活动的多（双）机位测试视频直播，实现承德市“非物质文化遗产进校园”

系列演出活动等活动的单机位测试视频直播。

【为行政村放映公益电影】 为每个行政村每月放映一场农村公益电影，是2017年市委市政府重点惠民工程之一。全年为全市2485个行政村放映电影29820场，极大地丰富农村群众的精神文化生活。

【政务和公共服务建设】 完成市广播电视台新增调频广播频率104.7兆赫兹转播河北广播电视台经济广播，新增调频频率101.2兆赫兹转播中央人民广播电台中国交通广播节目的审核、上报工作；完成围场广播电视台无线台站地址变更申请的审核、上报。

附：市广播电视台领导名录

党委书记、台长：梁世杰

党委副书记、总编辑：杨正义（满族）

党委委员、〇五转播台党委书记、台长：伊志山

党委委员、机关党委书记：陈克军

党委委员、副台长：赵德强、计卫泽、李新华

〇五转播台副台长：李德生、何维平、王克明

党委委员、一〇八五转播台台长：杨润忠（满族）

一〇八五转播台书记：韩英辉（满族）

（供稿 刘学梅）

新闻出版

【概况】 市新闻出版系统加强行业监管，按照省新闻出版工作年度核验要求，组织各县区对全市各类经营许可证进行年度审验；完善印刷企业、出版物发行单位电子年审档案和QQ工作联系群网，完成全市省批44家印刷、发行企业网上信息系统采集工作，85%的印刷、发行企业实现信息网上备案。强化服务意识，在实现市级新闻出版实现零审批、核验、备案事项的基础上，加大对各县区局行政审批、核验、备案事项的指导培训；协调企业和省、县区新闻出版行政管理部门之间的业务对接，切实简化环节、提高效率。

8月底前，组织指导承德市印刷发行协会在机构、职能、财务、资产、人员、党建和外事等方面与行政机关实现彻底脱钩。制定《承德市2017年推进使用正版软件工作实施方案》，组织协调财政、工信、审计、机关事务主管等部门抓好软件资产管理工作，完善软件资产管理相关制度，建立长效机制，确保软件正版化工作常态化。

【农家书屋】 按照河北省新闻出版广电局《关于检查我省2016年度农家书屋补充更新出版物配送情况暨调研2017年度农家书屋补充更新出版物内容需求情况的通知》要求，各县区对农家书屋进行认真检查，填写2017年河北省农家书屋出版物需求情况调查表720余份。按照省局《关于对我省2016年度农家书屋补充更新出版物配送工作进行全面检查验收的通知》要求，全市积极开展2016年度农家书屋补充更新出版物配送检查验收工作。用时一个月，将2016年度农家书屋补充更新出版物配送全部到位。并建立健全农家书屋管理、服务等各项工作制度和专项检查监督相结合的监督检查制度，所属书屋运转正常。组织开展农家书屋全面建设10周年表扬活动。

【全民阅读】 4月份，全市组织开展“阅读益人生 书香美燕赵”为主题的第五届河北省青少年“阅·知·行”读书活动，荣获河北省全民阅读活动优秀组织奖。宽城县小学获得“书香校园”“书

香园丁”等奖项。4月，启动为期一年的以“展卷闻书香　灵启鸿鹄志”为主题的第六届河北省青少年“阅　知　行”读书活动。4月底到5中旬，组织河北省第三届全民阅读“书香系列”评选活动，全市推荐省级“书香家庭”9个；“书香之村”5个、“书香社区”各4个；“书香之乡(镇)”4个、“书香街道”1个。为第27届全国书博会营造良好文化氛围，河北省开展“书博大篷车　美丽河北行”活动。5月19日至21日，在全市开展图书展销和捐赠活动。开展第三届全国“书香之家”评选活动，承德2名省级“书香之家”已完成国家级“书香之家”申报工作。

【日报宣传】 围绕中心，形成强大声势，将主题宣传做为提升党报舆论引导能力的重中之重。在各重要版面先后策划、组织、推出“守底线快转型促协同奔小康”“中国梦、我的梦”“强力推进精准扶贫精准脱贫”“京津冀协同发展”等20多个专栏，撰写刊发系列社评、权威解读文章150多篇。突出重点，营造热烈氛围。圆满完成宣传报道任务。十九大会议之后，及时制定宣传报道方案，开设4个专栏，组成15支采访队伍，刊发40多篇评论解读文章，滚动式立体化反应大会盛况。打造精品力作。8月份开始，随中央媒体聚焦塞罕坝，组织20多名记者加入大型采访队伍，推出《塞罕坝——承德生态文明英雄史诗》《绿色发展——承德面向未来的战略选择》等一系列深度重头报道。

（供稿　王　喆）

图书馆

【概况】 全年，承德市图书馆外借部、阅览部、儿童部共接待读者约8万余人，办理借书证2500个；借还图书10000余册，集体外借约3050册。采编部收集地方文献49种84册，接受外阜赠书23种42册、当地人士赠书1000余册、为招标补采图书175种525册、为儿童部整编上架新书610种1968册等。完成地方文献成果展，共展出地方文献46种46册；整编燕赵活动赠书3套81册。咨询部接待读者285人次，提供文献2538册次，接待电话咨询30人次；在全国古籍普查平台上录入民国文献279条3022册；建重点读者课题服务4项、搜集服务成果4项。

【猜灯谜活动】 正月十五猜灯谜活动自2010年开始连续举办了8年，已经成为承德市弘扬中华民族传统文化的一项重要群众性品牌活动。2月11日上午，一年一度的活动再次在市图书馆火热开展，尽显一片喜庆、祥和的节日氛围。

【承图讲堂活动】 推出4期有针对性的引人入胜的“承图讲堂”，包括：诗歌朗诵艺术的技巧与提高、避暑山庄及外八庙文化讲解专题讲座、牙齿保健与人体健康、学习贯彻党的十九大精神专题讲座，得到大众读者的普遍认可。

【读书读报节】 为培育和践行社会主义核心价值观，在全社会形成“爱读书、读好书”的良好社会风尚，全市自2009年起至2017年连续九年举办“承德市读书读报节系列活动”。第九届读书读报节系列活动仍由中共承德市委宣传部、市文广新局、承德广播电视台联合主办，承德市图书馆、市图书馆协会联合承办，活动内容主要包括“盲人诗歌朗诵比赛”“亲子故事表演比赛”“地方文献优秀作品评选”“扫码看书、全城共读”等活动，以“4·23”世界读书日为契机，举办启动仪式，八县三区联动组织推广，活动持续4个月，吸引不同年龄段读者的关注，近万人以饱满的热情参与到活动中来，设置奖项12个，70人荣获奖项。此活动充分发挥图书馆的职能作用，丰富市民的精神文化生活，加快了全市“书香承德”建设步伐，已发展成为承德市一项极为重要的标志性品牌文化活动。4 月 23 日，市图书馆前往双滦区实验小学举行世界读书日全民阅读推广活动，并赠送少儿经典读物 200 册。

【燕赵少年读书系列活动】 6 月 2 日，承德市图书馆在市桥东小学举行燕赵少年读书系列活动启动仪式，赠送图书 100 册，将该校设为活动荐读示范点，该项活动以“冀读经典 阅成习惯”为主题，历时 6 个月面向全市少年儿童读者、在校中小学生开展经典名著主题荐读活动、“给作家写封信活动、“阅读习惯养成挑战赛、经典名著故事竞猜、书香燕赵拼图特色读书活动。全市多所学校的众多小读者参与到活动中来，阅读热情高涨，养成良好的读书习惯，并有越来越多的未成年人读者走进图书馆。

【爱心助残服务】 10 月 15 日，承德市图书馆与双桥区盲协共同举办“国际盲人节联欢会”，40 多名盲人读者和 30 多名社会爱心助残人士到图书馆参与活动，承德医学院 30 多名青年志愿者在图书馆馆为盲人朋友引路讲解，大家分别表演朗诵、歌舞、快板等节目，在图书馆志愿者的共同努力下，使盲人朋友度过一个快乐温暖的节日。

【场馆建设改造】 为改善阅读环境，满足读者需求，图书馆装修并改造一楼大厅，装修一新的一楼馆舍内，新增设：“亲子阅览区”（140 平方米）、“图书借阅厅”（325 平方米）、“数字阅读体验区”（80 平方米）、“宣传展示厅”（90 平方米）、“视障人士阅读室”（30 平方米）、“公共饮水、卫生区”（150 平方米）等读者服务窗口与区域。

非物质文化遗产保护

【概况】 截至年底，河北省人民政府关于第六批省级非遗名录中承德有 17 个项目被列入省级非遗名录，全市共有省级项目 59 项。推荐市级项目代表性传承人 18 人申报河北省第五批省级非遗项目代表性传承人。完成全市第六批市级非物质文化遗产名录的申报工作，经过专家组评审推荐，新增 33 项列入市级名录。

【代表性传承人培养】 组织承德市 5 名非遗项目代表性传承人参加由文化部组织的河北大学 2017 年剪纸培训班。组织承德市 2 名非遗项目代表性传承人参加由文化部组织的传统戏曲非遗传承人群研修研习培训。

【非遗展演活动】 组织本市非遗项目参加第三届京津冀非遗联展暨第十届河北省民俗文化节活动。参加保定市首届旅游产业发展大会。组织“年味燕赵——第九届河北省民俗摄影大赛”。举办承德市第十二个非物质文化遗产展演活动暨第二届“百家争春——京津冀工艺美术艺术节”活动。组织承德市首届旅游产业发展大会（非遗传统展示版块和非遗体验板块）。加强宣传，推动非物质文化遗产知识进课堂、进校园、进社区，让更多的人了解和接触非物质文化遗产，培育非遗传承人产生的土壤。使学生充分领略非物质文化遗产的艺术魅力；充分利用对外交流、展演赛事，扩大非遗项目文化影响，提升当地特色文化品牌，提高非遗对普通大众的吸引力。组织举办承德市第二季暑期非遗体验活动（体验项目兴隆郑氏砂艺和丰宁满族剪纸）。举办“非遗进社区 文化有传承”五期丰宁剪纸培训班活动。组织并承办 2017 年创意承德—全市第三届手工艺品设计大赛。与承德市委宣传部、承德市文明办共同举办承德市非遗进校园系列演出活动。

文化交流合作

【影视产业合作】 12 月份，承德市人民政府与北京市新闻出版广电局在北京国家中影数字制作基地举行《北京（承德）影视产业基地框架协议》签约仪式。承德将与北京携手建设北京（承德）影视产业基地，共同推进两地影视行业资源整合、产业转型升级，促进北京和承德影视产业协同发展。框架协议的签署是贯彻落实党的十九大提出的培育新型文化业态、加快推进京津冀协同发展国家战略的重要举措，也标志着北京与承德影视文化深度合作进入崭新的发展阶段。

【与京津文化产业合作】 承德市人民政府加强与京津文化企业合作对接，促成一批文化产业项目落地承德。建设承德大稿国际艺术区项目。项目由北京大稿国际文化有限公司投资建设，总投资1.5亿元，年底，一期工程主体完工，已进行试营业。建设中关村互联网文化创意产业园（承德园）项目。项目由中关村互联网文化创意产业园和承德市高新区管委会合作建设。已入驻企业37家，正在接洽意向企业2家。建设御道河谷文化旅游区项目。项目由北京金汇博投资有限公司投资建设，总投资20亿元，年底，已取得土地7000亩，正在进行施工建设。建设承德金坤文化创意印刷产业园区项目。项目由北京艺科印成文化发展有限公司与承德金坤文化创意印刷投资有限公司合作建设，总占地79亩，总投资2.3亿元，已取得一期土地45亩并完成土地平整工作。

【促进京津冀文化事业交流】 开展形式多样的京津冀文化交流活动。先后成功举办2017“中国·承德——刺玫瑰国际微电影节”、京津冀辽鲁五省市书画展，参加第三届京津冀非遗联展暨第十届河北省民俗文化节、举办“百家争春——京津冀工艺美术艺术节”“承德来啦”——水源地绿色产品天津行开幕式演出活动，联合承办首届京津冀家庭戏曲曲艺大赛，促进京津冀文化事业交流。

群众文化艺术

【惠民工程】 为开展丰富多彩的群众文化活动，群艺馆除对原有的声乐、舞蹈、京剧、美术、书法等艺术门类进行免费辅导与培训外，全年又新增河北梆子、评剧、诗词、散文、词曲创作、摄影等艺术门类的辅导培训以及对公益性讲座、文化论坛等项目的免费开放。3月9日至29日，市群艺馆与市文联、市美协共同主办的2017年承德市美术作品展暨承德市首届水彩画展，共展出作品260幅，展期20天；7月1日由市文联、市美协、市书协、和市群艺馆共同主办的“歌唱祖国．礼赞英雄”——承德市美术书法作品展，共展出300幅优秀作品。展期15天；8月5日由市群艺馆和民革承德市委共同主办，市群艺馆和承德民革中山画院,民革中山摄影学会共同承办的“最爱承德”摄影展,共展出作品230幅,展期15天；9月28日,由山东省文化厅主办的“喜迎十九大,共创文明城,幽燕丹青”第三届环渤海风采——京津冀鲁辽五省中国画作品展在市群艺馆美术馆进行巡回展出，共展出109作品，均为6尺整幅巨作，展期15天。并接待天津馆艺术家7人到市群艺馆交流指导；11月27日，为贯彻落实党的十九大精神，由河北省文化厅主办，群艺馆协办的河北省第十二届“燕赵群星奖”美术、书法、摄影优秀作品邀请展在群艺馆巡展。共展出210幅优秀作品,展期15天。这5场展览均受到社会各界及媒体的高度关注与评价，社会反响良好。

【文艺活动】 群艺馆馆办团队演出的《桃花雨》《吉祥紫塞》《美丽的姑娘》分别获得承德市委宣传部、市广播电视台、市文广新局、市文联和市舞协主办的承德市第三届文化艺术展演季系列活动暨“舞比快乐”第七届舞蹈大赛一等奖和二等奖。承德市群艺馆选送的文化志愿者团队——和谐之声艺术团演出的合唱《天下乡亲》在省第四届“中老年才艺风采大赛”上荣获歌唱类铜奖。参加颁奖走红毯活动。

【群众文化主题活动】 群艺馆音乐、美术、舞蹈部的业务干部送文化下基层，免费辅导老年大学、66307部队、各个馆办团队约30余次、指导节目20多个；业务干部参加各级各类培训30余次、举办各类培训活动10余次。5月，特邀沈阳前进之友合唱团的邢东雷、赵任深老师授课，培训班为期两天，50余人参加培训；6月，举办“散文与写作”文学讲座，社会反响良好。继续发扬品牌优势，开展承德市第三届文化艺术展演季暨“彩色周末”广场文艺演出活动。5月20日—6月25日在金龙广场共演出19场，丰富和活跃全市人民的文化生活，满足群众日益增长的精神文化需要。9月9日开展“喜迎十九大，共创文明城，做文明有礼承德人”——文化志愿者在行动启动仪式，是全市以实际行动迎接党的十九大胜利召开、向党的十九大献礼的重要举措，也是培育和践行社会主义核心价值观、为承德市创建文明城市做出积极贡献的有力实践。11月在首届京津冀家庭戏曲曲艺大赛中，群艺馆选送的作品《红灯记》选段、《锁五龙》获得优秀表演奖，市群艺馆获得“优秀组织奖”。

【获奖作品】 据不完全统计，全年，群众文化艺术获得市级奖励11项、省级奖励10项。省级集体奖2项。10月，为深入贯彻习近平同志系列重要讲话精神，迎接党的十九次代表大会胜利召开，繁荣群众文艺创作，18件作品参评该届燕赵群星奖，其中音乐作品4件、舞蹈作品2件、戏剧作品2件、曲艺作品5件、美术作品5件。

文化产业

【概况】 全年全市35个重点文化产业项目开工或持续建设，总投资295亿元，较上年增长48亿元，增幅19.43%，完成投资30.2亿元，较上年增加5.3亿元，增幅21.29%，储备项目20个，总投资280亿元。

【创建国家级文化产业示范区】 积极组织“21世纪避暑山庄”文化旅游产业园区申报第一批国家级文化产业示范园区创建资格。市长常丽虹带队参加文化部专家评审会，经文化部开展答辩、实地考察、评审等环节，最终承德市“21世纪避暑山庄”文化旅游产业园区获第一批国家级文化产业示范园区（京津冀地区唯一一家，全国共10家）创建资格。11月份，文化部专家辅导组专程到承德进行指导，明确园区下一步建设方向。12月份，市政协主席刘文勤带队参加文化部推进文化产业园区建设和企业发展工作会议。

【共建影视产业基地】 12月9日，承德市人民政府与北京市新闻出版广电局在北京国家中影数字制作基地举行《北京（承德）影视产业基地框架协议》签约仪式。承德将与北京携手建设北京（承德）影视产业基地，共同推进两地影视行业资源整合、产业转型升级，促进北京和承德影视产业协同发展。框架协议的签署是贯彻落实党的十九大提出的培育新型文化业态、加快推进京津冀协同发展国家战略的重要举措，也标志着京承影视文化深度合作进入崭新的发展阶段。

【争创省级文化产业示范基地】 年初，按照《关于做好河北省第五批文化产业示范基地申报推荐有关事项工作的通知》要求，积极组织全市文化企业进行申报，经过申报、推荐、考察、筛选和评审环节，河北怡达食品集团有限公司获河北省第五批文化产业示范基地之一。

附：市文广新局领导名录

党组书记、局长：杨　铭（4月免）

董　宇（4月任）
党组成员、副局长：张廷柱
副局长、执法大队大队长：冯保中
党组成员、副局长：祝好勇
韩中山
驻局纪检组组长：高振国

（供稿　王　莉　王俊霞　辛　欣
章宏治　曹　磊）

文　物

【概况】 市文物管理工作在充分发挥好文物公共文化服务、爱国主义教育等社会效益的同时，采取各种有效措施，不断提高合理利用文物和旅游服务产生的经济效益。截至12月底，避暑山庄及周围寺庙四大景区游客人数达356万人，景区总收入3.2亿元。实现游客人数、景区收入稳定增长，有效保障全系统良性运转。通过完善组织建设和制度建设，狠抓安全工作管理和落实，深入开展安全生产宣传教育，深度实施消防提升工程；加大督导检查力度，加强隐患整改和专项治理，切实消除各类安全隐患，全年文博单位无火灾和安全事故发生，安全形势总体平稳，圆满完成省、市下达的安全工作目标。

【助力文明城市创建】 市文物管理部门在景点入口、游客中心、停车场等重点区域设置8处学雷锋服务站，设立124块公益广告牌，利用志愿者活动站、公益广告、游走字幕屏宣传创建口号，浓厚景区文明氛围。深入开展学雷锋志愿服务、文明引导行动、服务品牌创建、文明服务窗口评选等活动，强化职工文明服务意识，倡导景区文明新风，通过积极努力，景区管委会被授予全国文明单位荣誉称号。

【文物安全排查整改】 按照上级工作部署，开展文物安全状况大排查专项行动，对全市文保单位、博物馆、文物库房以及文保工程工地等安全状况进行拉网式排查和督查整改，共发现隐患问题19项，其中16项实现立行整改，3项年内整改到位。省文物局对承德市大排查工作给予充分肯定。

【文物执法督查】 完善《文物行政执法公示办法》《文物行政执法全过程记录制度》等文物执法制度，进一步提升执法工作的规范化水平；对省级以上文物保护单位进行执法巡查2次，责令相关单位整改存在的隐患问题4项；积极推进文物保护法制化建设，完成《承德避暑山庄及周围寺庙保护管理条例》重新修订的前期调研等工作，待新文物法颁布后启动修订工作；加大文物执法力度，妥善处理宽城孟子岭乡、平泉北五十家子镇盗掘古墓葬事件，严厉打击文物违法行为，有效震慑文物违法犯罪活动。

【安全消防防护网络】 对遗产本体实行划区域、分片包干的网格化管理，全面落实遗产安全工作线性责任体系和一岗多责、全员防火、分级负责的工作制度，形成横向到边、纵向到底的人力防控网络；在遗产工程安消防项目全部完工并投入使用的基础上，启动对山庄、外庙安消防系统完善提升工程，完成山庄湖区监控设备增补、山区存储设备更换、IP对讲系统安装等项目，年底，正在实施的国家财政投入5690万元的电气火灾智能防控全国试点项目进展顺利，初步实现山庄、外庙安消防科技系统无死角全覆盖，科技防护网络基本建成，有力保障遗产安全。

【文化遗产保护工程建设】 截至年底，避暑山庄及周围寺庙文化遗产保护工程累计到位专项资金5.5亿元。通过国家文物局及相关部门审批的工程项目共计105项，其中完工并通过验收工程88项，完工待验收工程2项。全年实施15项，其中13项已经完工等待验收；避暑山庄暖流暄波区块文物修缮展示项目和避暑山庄沧浪屿保护修缮2项工程，已经完成台基整修、大木装修制作等主要工程，剩余油饰彩画部分2018年5月底前完工。国家文物局批复年底对工程进行总体验收评价并予以结项。

【文物保护项目实施】 投入资金1200余万元，实施山庄四面云山整修、热河文庙古建筑整修、山庄毛石护坡景观改造等40余项古建筑保养维修、抢险加固和园林改造工程。各市县区积极争取上级资金支持近1000万元，先后组织实施一批文物保护项目，年底，丰宁凤山关帝庙消防工程、宽城喜峰口和潘家口长城、滦平兴州行宫、围场半截塔保护修缮等项目抓紧推进，这些项目全部完成后，将进一步改善全市重点文物的保护状况。

【馆藏文物科技保护】 为加强馆藏文物的科技保护，各县市博物馆积极争取上级支持，实施一批科技保护项目。平泉博物馆数字化提升项目抓紧推进；平泉和围场馆藏文物修复项目，共修复金属类文物300余件；滦平博物馆石质文物保护项目国家文物局已拨付资金80万元。馆藏文物科技保护项目的实施，有效改善文物藏品的保存环境，为促进文物藏品更加科学规范地保存和管理创造条件。

【文物管理】 文物家底彻底摸清。第一次全国可移动文物普查工作圆满结束，全市28家国有文物收藏单位47007件/套（实际数量329747件）文物的采集、登记、审核全部完成，可移动文物数据库基本建立，承德市普查办被国务院普查办和国家文物局评为"全国先进集体"，也是全省11个设区市中唯一获此殊荣的单位。加之2011年已经完成的全国第三次不可移动文物普查，全市不可移动文物登记4253处。实现全市文物底数清楚，管理责任明确。

【田野文物保护管理】 争取省资金25万元对平泉北五十家子镇半截沟村汉墓和围场新拨镇双水泉村地井沟辽代墓群进行抢救性发掘，为后续文物科学规范保护管理留足空间；完成双峰寺水库占地范围考古勘探工作，对考古勘探发现的8处遗址和相关文物采取保护措施，有效配合项目建设。

【展览馆博物馆建设】 承德市文化展示新地标、市政府重点工程"承德民族团结清文化展览馆暨承德市博物馆"建设项目进展顺利，截至11月底，专项资金到位23757万元，总计支出8793万元；其中土建工程部分，主展厅、技术管理用房、配套一、多功能厅已全部封顶；二次结构砌体完成85%；机电安装完成40%；下沉庭院防水工程已报财政评审；电梯、空调工程招标已完成，设备已进场；外立面石材样板已完成，待设计确认。展陈工作按照市委领导议事会议要求，进一步完善展陈大纲，并按比选程序确定北京科技园招标公司为"两馆"陈展工程招标代理机构，已根据招标方案编制招标文件初稿。

【文物展览】 为实现文化遗产价值的最大化，使保护成果惠及民众，深挖特色文物推陈出新，在完善自身基本展陈的同时，积极举办特色临时展览和对外宣传展览。"盛景说天下——承德避暑山庄及周围寺庙"图片展走进颐和园，120幅避暑山庄及周围寺庙四时美景图片展板，在颐和园景区主要游览线路进行展示；避暑山庄9只梅花鹿进驻北京故宫慈宁宫花园，参加"天禄永昌——故宫博物院藏瑞鹿文物特展"，与沈阳故宫达成战略合作等展览合作项目先后进行，全年全市各级博物馆共举办临时展览和推介展览近20次。

【文化体验活动】 避暑山庄精心策划牡丹芍药、荷花、菊花四季花卉节事活动，成为景区参观游览的新亮点；以皇家冰上活动为切入点，举办2016–2017承德冰雪季开幕式冰嬉大典、“承德避暑山庄杯”第四届全国轮滑·冰上自由轮滑公开赛等系列冰上活动，打造承德冬季旅游新品牌。这些特色活动的开展，为景区“一季游”向“四季游”转变创造条件，充分展现避暑山庄园林文化内涵，丰富旅游产品。

【推进景区厕所革命】 按照国家旅游局推进“厕所革命”要求，对避暑山庄外八庙景区旅游厕所进行全面改造提升，21座景区厕所全部达到国家AAA级厕所建设标准。改造后在装饰风格上体现了景区文化特色，在后期管理和服务上制定标准，明确要求，使景区厕所在形式、功能和管理上得到全面提升。

【磬锤峰景区整改】 抽调精干力量组成创建工作小组，协调相关部门积极开展整改提升工作，及时沟通并上报各项信息及工作进度。年底已经完成景区门票独立销售和AAAA级旅游景区景观评价评审材料的报送工作；组织制定磬锤峰景区全面整改创建工作方案，通过专家论证后报送市政府审定，并按照整改创建方案编制了《景区内部旅游服务设施改造提升工程方案》。

附：市文物局领导名录

党组书记、局长：张建文（1月免党组书记，2月免局长）

曹金岗（1月任党组书记，2月任局长）

党组成员、副局长：高士堂

相　阳

单洪斌

王大伟

李建来

党组成员：乔治海

（供稿　李　专）

体　育

【概况】 2017年，全市体育工作以2022年冬奥会、京津冀协同发展为契机，组织开展“中国承德冰雪季活动”中的民族项目展演、2016–2017大众速度滑冰马拉松赛（承德站）、国际班迪球邀请赛、“健康河北 欢乐冰雪”2017–2018河北省雪季系列活动启动仪式（承德分会场）暨“中国体育彩票杯”中国承德第五届国际轮滑·冰上自由式轮滑公开赛、第十四届速度滑冰公开赛、全市职工冰上趣味运动会等国际、国内赛事11项，市级30余项；组队参加第十三届全运会群众体育项目河北省选拔赛、传统民族体育项目河北省毽球比赛暨京津冀毽球邀请赛、河北省轮滑邀请赛。成功举办奥林匹克日长跑活动、京津冀校园足球协同发展“烛光行动”、“唐家湾杯”企鹅派对跑暨承德市首届职工主题跑步大会、全市职工运动会、市民登鸡冠山大赛等10余项赛事活动。为120个村配备体育健身设施，完成县级全民健身中心、公共体育场馆、农民体育健身工程、美丽乡村农民体育健身工程、社区示范工程、多功能健身场地等工程向省局争取支持的申报工作。对市本级健身步道部分器材进行更新。

【竞技体育】 承德体育运动学校被国家体育总局评为2017–2020年新周期全国高水平体育后备人才基地、全国体育事业突出贡献奖先进单位。被省体育局评为河北省综合类训练基地、冬季项目训练基地，为全市的竞技体育发展奠定基础。在天津市举办的第十三届全国运动会上，承德市有9名运动员代表河北省参赛，共获2金、1银、2铜，特别是射击运动员杨浩然荣获10米气步枪、50米步枪三种姿势（超世界记录），2枚金牌，另获1银1铜的好成绩，为河北省做出贡献，为承德争得荣誉。2017年初，“承德避暑山庄冰球队”与省冬季运动管理中心签约，更名为“河北承德避暑山庄浩泰冰球队”。11月，又与中国中商集团签约，成立“国家冰球俱乐部”。冰球队发展是京津冀协同发展的成果，是全市在新时期竞技体育体制改革的典范。按照“突出重点、科学训练、体教结合、统筹资源、打造品牌、培育精尖、人才共育、成果共享”的业训方针，积极推进优秀业训网点、单项训练基地、体育分校、体育传统项目学校建设。共扶持了8个业训网点，创建1所体校冬季项目分校、2所省级冬季项目优秀传统校和4个市级单项训练基地。在扎实开展业训工作的同时，积极举办、承办赛事活动，全年共承办省级赛事活动4项，参赛总人数达5000余人，联合市教育局举办市级青少年赛事活动7项。

【体育社会组织管理服务】 成功举办2017环中国国际公路自行车赛（承德站）、第四届金山岭长城国际马拉松赛、“勇士荣耀”综合格斗赛、2017年河北省国际象棋锦标赛、第三届俱乐部篮球联赛、承德市足球超级联赛等国际、国内、省市级赛事活动20余项。其中，环中国国际公路自行车赛吸引世界五大洲，共22支车队，近150人参加。中央电视台、河北卫视、各门户网站、新媒体、海外媒体等20余家媒体对赛事活动进行报道，大力推广“京承皇家御道”旅游概念及河北省政府提出的“国家一号景观大道”概念，为承德旅游发展起到积极作用。新成立篮球协会、电子竞技协会，完成社会体育指导员协会前置审查工作。全市新建健身气功站点90个。承办河北省健身气功一级社会体育指导员培训班，开展10期健身气功巡回教学活动。

【体育产业】 制定并印发《承德市体育产业“十三五”规划》《加快发展健身休闲产业的实施意见》和《承德市体育“十三五”规划》。丰宁草原嘉年华马术系列活动荣获省级体育产业示范项目，唐家湾景区开发有限公司、花溪城生态旅游发展有限公司、融合体育发展有限公司、畅达生物科技有限公司等4个单位荣获省级体育产业示范单位称号。成功举办第二届CS：GO全国电子竞技大赛。整个赛事持续2天时间，共进行4场比赛，每场互联网在线观看人数均约5万余人，现场观众每场均约1500余人。《参考消息》、《中国体育报》、人民网、搜狐体育、腾讯视频等44家媒体对赛事进行广泛宣传报道。完成承德市高危险性体育项目的监督检查工作。开展各县（市）区高危险性体育项目执法人员培训。

【体育基础设施建设】 承德市冰上运动中心（中国残疾人冰上运动训练中心）项目在合同工期内，已完成工程总量的约85%，年底正在开展弱电系统和制冰工艺的招标工作。室外管网、道路硬化、景观绿化工程计划2018年5月31日前完成。完成南营子体育场草坪更换、看台维修工程招标和附属用房维修改造立项工作。奥体中心泛光照明工程、安防视频监控系统改造购置安装工程、电力分户改造安装工程已完成复工、招标等工作，现正在有序推进。其中，泛光照明工程已完成主体施工。安防视频监控系统改造购置安装工程已完成招标工作。

【争取上级专项资金支持】 完成年度争取中央集中彩票公益金和省体育彩票公益金支持的体育事业专项资金预算的申报工作。全年共争取到上级专项资金支持2832万元，较上年增加近50万元。其中，中央级彩票公益金支持1307万元，省级专项资金1525万元。

附：市体育局领导名录

党组成员、局长：张树国（蒙古族，1月免）

党组书记、局长：李战争（1月任）

党组成员、副局长：王启宏（满族）

党　组　成　员：刘惠芬（女）

党组成员、副局长：张　延（满族）

池景生

裴福斌

（供稿　耿　超）

社会生活

人民生活

【概况】 2017 年，全市财政民生投入占公共财政预算支出的 85%，达到 281.1 亿元。新增城镇就业 5.48 万人，城乡居民医疗保险、养老保险参保率分别达到 95% 和 99%，为 14 万失地农民解决养老保险遗留问题。高校毕业生就业率达到 95.4%，城镇登记失业率 3.53%。脱贫攻坚取得新进展，16.25 万贫困人口实现稳定脱贫。全市地区生产总值完成 1618.6 亿元，同比增长 7.1%，高于全国、全省平均水平。比 2016 年增速提高 0.2 个百分点，城乡居民人均可支配收入增长高于地区生产总值 3.2 个百分点。承德市城镇常住人口 180.75 万人，比上年增加 7.69 万人，常住人口城镇化率为 50.70%。

【城乡居民收入】 2017 年，承德居民人均可支配收入 17755 元，比上年增长 10.3 %；城镇居民人均可支配收入 27042 元，比上年增长 8.8%；农村居民人均可支配收入 9682 元，比上年增长 10.8%。城镇居民家庭人均总收入 29454 元。其中：工资性收入 18716 元，转移性收入 6469 元，经营性收入 2620 元，财产性收入 1649 元。农村居民家庭人均总收入 12299 元。其中：工资性收入 5780 元，转移性收入 2317 元，经营性收入 4026 元，财产性收入 176 元。城乡居民收入增长得益于国家利民政策的全面落实：调整最低工资标准、上调退休人员基本养老保险金、精神文明奖、扩大社会保险覆盖面、提高城乡职工医疗保险待遇、解决高校毕业生就业问题、退耕还林还草补贴、畜牧业补贴、粮食直补、家电补贴以及其他生活补贴。同时国家鼓励全民创业、调整产业结构，有效地促进了高科技行业和服务业的发展，小微科技企业和服务公司不断涌现，吸收大量人才，扩大就业面。自 2011 年开始，城镇居民收入以年均 10.3% 的速度增长，农村居民收入以年均 11.6% 的速度增长，农村居民收入年均增速高于城镇居民收入年均增速 1.3 个百分点，城乡居民间收入差距不断缩小。城镇化率从 2011 年的 39.4% 上升到 2017 年的 50.7%，城乡一体化进程不断加快。城乡接合部的居民收支统计是部分归城镇，部分归农村，归入城镇计算拉低了城镇居民收入水平，归入农村计算提高了农村居民收入水平，总体上是拉动农村居民收入增长多于城镇，从而使得近几年农村居民收入增速高于城镇居民收入增速。

【城乡家居条件改善】 2017 年，城镇居民家庭人均住房建筑面积 29.8 平方米， 90% 以上的家庭户居住楼房、用上自来水、实现集体供暖、使用液化石油气或管道天然气，居民家庭住房比以前宽敞、配套设施更加完备，居住环境有明显改善。农村居民家庭人均住房建筑面积 26.5 平方米， 比上年增加 0.6 平方米，近几年在政府相关部门的大力帮扶下，对全市各县区农村的部分危旧住房进行翻建改造，大大改善居住条件。村村实现道路硬化，三网融合，随着城乡一体化的不断深入，水、电、暖等生活条件正在逐步改进，新农村的面貌发生可喜的变化。

【耐用消费品普及率提高】 2017 年，城镇居民家庭主要耐用消费品百户拥有量情况：家用汽车20.6辆，洗衣机99.4台，电冰箱102.1台，彩色电视机112台，计算机72.5台，其中：接入互联网计算机68台,微波炉68台,空调器31台,淋浴热水器72台，移动电话228.8部，其中：接入互联网移动电话141部。这几大项耐用消费品中，消费普及率较高的有:移动电话、电视机、洗衣机、电冰箱，几乎每个家庭都有。增长最快的是移动电话，比2016年百户拥有量增加7部，特别是联网移动电话比2016年增加24部，可见互联网植入家庭的速度，人们越来越依赖互联网的人性化功能。家用汽车百户拥有量比2016年增加2台，汽车已经不是家庭消费不可及的消费品，会以很快的速度进入每个家庭生活之中。家庭现代化水平的不断提升和普及，会给人们的生活带来舒适与方便。

农村居民家庭主要耐用消费品百户拥有量情况如下：家用汽车14.1辆，摩托车75辆，洗衣机90.4台，电冰箱89.5台，彩色电视机106.9台，计算机25.5台，微波炉11台，淋浴热水器24台，移动电话226.2部，其中：接入互联网移动电话85部，所有主要耐用消费品都比2016年有不同程度的增长，城、乡生活用品水平差距在不断缩小，移动电话、电视机、洗衣机、电冰箱、通信设备城乡差距几乎不存在。

【恩格尔系数降低】 新口径居民收支体系中新增自有住房折算租金指标，提升居住消费支出，进而提升居民生活消费支出，造成食品消费支出在居民消费支出所占比重下降，成为恩格尔系数总体水平降低的重要因素。2017年城镇居民生活消费支出19426元，居民人均食品消费支出5505元，占居民消费支出的28.3%；农村居民生活消费支出8264元，居民人均食品消费支出2437元，占居民消费支出的29.5%。

【消费结构】 在人均消费高速增势的基础上，居民消费结构和内容呈现出与以往有所不同的特点。

表7 2017年承德居民人均消费支出一览表

指标名称	数量（元）	增幅(%)
消费支出	13454	15.6
食品烟酒	3863	10.6
衣着	1129	11.9
居住	2798	13.5
生活用品及服务	784	25.3
交通通信	1618	5.2
教育文化娱乐	1383	20.1
医疗保健	1500	39.2
其他用品和服务	379	34.1

【需求层次】 居民消费平稳增长。承德居民人均消费支出13454元，比上年增长15.6%。城镇居民人均消费支出19426元，增长12.1%;农村居民人均消费支出8264元，增长20.4%。农村居民人均消费增速高于城镇居民8.3个百分点。

食品消费支出比重（恩格尔系数）进一步降低。承德居民人均食品烟酒消费支出增长10.6%，占消费支出的比重为28.7%，比上年下降1.2个百分点。城镇居民和农村居民的食品烟酒消费支出占消费支出的比重分别为28.3%和29.5%，分别比上年下降0.4和2.2个百分点。

城乡居民的消费结构中，增长最快的是医疗保健、其他用品及服务、生活用品及服务，同比分别增长39.2%、34.1%、25.3%，人们更加重视养生和生活享受。同时对教育和文化娱乐的投入不断增加，教育和文化娱乐同比增长20.1%。人们生活基本实现较低层次的生存需要、安全需要和社交需要，从而转向注重更高层次的尊重需要和自我实现需要。在消费方面，逐渐呈现出越来越明显的个性化、多样化特征。居民食品消费所占比重逐年减少。消费需求出现了向享受型、发展型转变的趋势。

【需求领域变化】 从数据分析来看，全市城乡居民的消费领域正在向基本实现现代化阶段迈进。消费领域由以吃、穿、用、住为主，逐步扩展到交通通讯、教育文化、旅游度假、休闲娱乐等方面。居住条件进一步向好。2017 年承德人均住房面积为 28.1 平方米。居民中有管道供水入户的户比重为 64%；有安全饮用水的户比重为 60%；80% 的居民住宅门前是水泥和柏油路面；有卫生厕所的户比重为 40%,50% 的住宅有普通旱侧；有洗澡设施的户比重为 48%。

耐用消费品持续升级换代。承德居民每百户家用汽车拥有量为 17.3 辆，比上年增长 9.9%；摩托车、助力车拥有量为 52.4 辆、28.4 辆，分别比上年增长 8.2%、12.2%；空调拥有量为 16.8 台，比上年增长 17.1%；电冰箱拥有量为 95.7 台，比上年增长 3.0%；排油烟机拥有量为 47.5 台，比上年增长 4.9%；热水器拥有量为 47.7 台，比上年增长 3.5%，计算机拥有量为 48.7 台，且基本全部连接到互联网络，移动电话拥有量为 227 部。基本实现人手一机。

【消费实现方式】 消费观念的转变、科技和经济的发展，使新兴消费方式层出不穷。近年来，智能手机的极大普及，刷卡消费、贷款消费、电话购物、网络购物、手机支付等方式，从无到有，迅速成长。特别是网购消费，随着移动互联网和智能手机的迅速普及，“网购大军”的队伍不断壮大，由城镇扩展到农村，由上班族扩展到各行各业，由年轻人扩展到全年龄层。2017 年，全市城乡居民人均网购的商品和服务增长率直线上升。

【如期完成收入翻番目标】 居民收入增长快于经济增长。2017 年，承德居民人均可支配收入 17755 元，扣除价格因素影响，比上年实际增长 8.3%，实际增速比 GDP 快 1.2 个百分点，居民收入向翻番目标更进一步。按现价看，2017 年居民人均可支配收入为 17755 元，是 2010 年的 2.2 倍。按可比价看，2011—2017 年承德居民人均可支配收入实际增速分别为 9.7%、11.8%、10.2%、9.7%、7.9%、8.5% 和 8.3%，七年累计实际增长 88.2%。据此测算，在未来三年内，全市居民人均可支配收入年均实际增速在 2.05% 以上，即可实现到 2020 年居民人均可支配收入实际增长翻番目标。

附：国家统计局承德调查队领导名录

党组书记、队长：刘长龙

党组成员、副队长：王承华

党组成员、纪检组长：郝立芬

（供稿　迟宪辉）

脱贫攻坚

【概况】 2017 年，全市全面落实国家、省、市脱贫攻坚决策部署，切实把脱贫攻坚作为重大政治任务、头号民生工程，牢牢抓在手上，创造性地研究扶贫工作、创新性地制定脱贫措施，因地制宜、因需施策，打造一批在全省、全国叫得响的扶贫工作模式、工作经验。“政银企户保”金融扶贫、“三零”产业扶贫、医疗保障救助扶贫、脱贫攻坚党旗红等经验做法在全国推广，脱贫工作连续两年在全省考核第一。同时，不断扩大对口帮扶合作成果，谋划京津对口帮扶项目 156 个，总投资 354.76 亿元。在脱贫攻坚工作中，聚焦重点区域、重点人群、重点产业，着力从精准识贫、特色产业、基础设施、金融创新、光伏扶贫、医疗救助、产权改革和领富带富等方面着手，八措并举打好脱贫攻坚“组合拳”，以绣花功夫推动脱贫工作取得明显成效。

农业综合开发坚持以项目建设为重点，突出“产业发展、生态涵养、脱贫攻坚”三项重点任务，通过实施现代农业示范区、高标准农田模式创新试点项目、创新园区试点等一批重点项目，打造一批可复制可推广的精品工程，提升资金使用效益，壮大扶贫产业，加快脱贫步伐。

【建立脱贫攻坚工作体系】 全年组织召开市委常委会议、政府常务会议关于扶贫工作内容共计22次，召开市级扶贫领导小组会议及专项调度会议36次，专题研究脱贫攻坚工作。在出台“1+10+N”脱贫攻坚政策体系的基础上，先后制定出台《脱贫攻坚责任制实施细则》《市直单位脱贫攻坚工作考核办法》等66个政策性文件，为深入推进脱贫攻坚进程，提供强有力的政策支撑。

【扶贫资金投入】 资金投入再创新高。全年争取国家和省财政扶贫资金4.67亿元；市县两级共投入财政扶贫资金1.9亿元；7个贫困县本年度纳入整合资金规模26.27亿元，整合进度100%。农开方面全年共争取各级财政资金3.06亿元，同比增长17.7%。

【扶贫成效】 2017年，全市预计实现16.25万贫困人口稳定脱贫、93个贫困村出列、平泉市摘帽；承德市代表河北省迎接国家扶贫成效、东西部协作交叉考核和第三方评估工作，从掌握情况看，与省内其他迎检县比较，承德市排名靠前；京津对口帮扶深入推进，谋划京津对口帮扶项目156个，总投资354.76亿元；全省农业综合开发5个单项工作考核承德市均获得较好名次，其中“信息宣传”“统计工作”“项目验收”获得先进单位称号，为承德市2018年度资金分配赢得加分因素。

【典型经验】 年内，在平泉市召开全国产业扶贫现场会，在滦平县召开全省易地扶贫搬迁现场会。年内承德市先后3次在省委、省政府召开的全省农村工作会、全省扶贫开发工作会等会议上作脱贫攻坚典型经验发言。

【八措并举组合拳】 按照中央和省委、省政府统一部署，承德市坚持精准识别、精准施策，八措并举打好“组合拳”，取得较好成效。规范建档立卡，打牢精准扶贫脱贫基础。建档立卡“回头看”创新实施“三严、四准、五到位、六比对”工作法，全市核定2016年度贫困人口36.9万人，较“回头看”前规模减少9%。发展特色产业，促进贫困群众持续增收。因地制宜发展林果、蔬菜、食用菌、乡村游等九大特色扶贫产业，打造经济林、食用菌、中药材花海、肉牛、肉羊“五个百万基地”。建设28个扶贫产业园，扶持产业项目7277个。培育农业产业龙头企业404个，发展农民合作社1.23万家，带动5.4万贫困人口稳定脱贫。建设232个旅游示范村，带动2.7万贫困群众脱贫。提升基础设施，改善农村生产生活条件。全面启动县乡村道路“三年攻坚行动”，计划新建改造农村公路5500千米，已经启动1120千米；实施农村电网改造项目852个；新增水浇地22.8万亩。建成易地扶贫集中安置小区45处、新建52处，入住贫困人口6977人；行政村宽带全部实现光纤化，4G网络全覆盖；1797个行政村生活垃圾问题得到解决，建成污水处理设施3349套。加强金融创新，实施“三零”扶贫新模式。为保证投入“零成本”、生产经营“零风险”、就业“零距离”的“三零”模式实施，实行与“政银企户保”深度合作。截至年底，累计放贷70.02亿元，撬动社会资金209亿元，带动9.04万贫困户。开展阳光扶贫，开辟特困群众增收渠道。已有11844户每户都建成一个5千瓦屋顶光伏电站，户均年增收4000元左右，可持续受益20年。有131个村级光伏扶贫电站并网发电，每年可增加收入10多万元。强化医疗保障，解决因病致贫返贫问题。全市探索实施的“632”救助模式，已累计为68.66万人次落实提高医疗保障救助待遇2.60亿元。实施产权改革，扩大农村资源资产收益。深入推进农村土地三权分置、村集体资产股份制和林权、水权等一系列改革，促进资源变资产、资产变股权、村民变股东，创新推广“一地生四金”扶贫模式。全市流转土地120.9万亩，发展农村股份合作经济组织2880家，实施扶贫股份合作项目1133个，带动5.8万贫困户增收。全市发展经济林954万亩，农民人均林果收入达到3034元，9754名贫困群众通过护林实现脱贫。建强基层组织，开展“脱贫攻坚党旗红”活动。着力实施堡垒示范、能力提升、致富先锋、能人返乡、结对帮扶“五大工程”。2017年，整顿转化275个软弱涣散党支部，在扶贫产业链上建立党组织1145个，培训贫困群众7.1万人次，组织党员与贫困户结成对子19万个。

【扶贫监督执纪】 纪委和组织部门聚焦主业主责，不断加大对扶贫领域的监督执纪问责工作，先后开展脱贫攻坚政策不落实、重点工作大督查、扶贫领域监督执纪问责、扶贫领域腐败和作风问题专项治理等多项专项行动。扶贫办作为这些专项行动的牵头部门或主要责任单位，在单位自身人员少、工作千头万绪的局面下，积极配合市专项办、大督查办的工作，先后抽调3人与业务工作脱钩到专项办或督查办专职工作。同时抽调专人成立市扶贫办的工作专班，不等不靠，直面压力和责任，以刮骨疗毒、壮士断腕的决心查找并纠正扶贫领域以及系统内的一些问题，为打赢脱贫攻坚战营造了风清气正的良好环境。

【争取农发资金】 立足承德实际，充分利用承德市环京津优势，精心包装项目，主动对接国家新政策。积极谋划现代农业示范园区项目、创新园区试点项目等重大项目，确保资金总量实现新的突破。全年共争取各级财政资金30592万元（含部门项目2240万元），同比增长17.7%。其中土地治理项目财政资金22264万元，同比增长31.9%；产业化发展财政补助项目资金5828万元，同比2016年增长15.2%。

【土地治理】 立项实施土地治理项目建设任务13.36万亩，其中高标准农田建设8.6万亩，生态综合治理4.76万亩，其中各贫困县参照农业综合开发土地治理项目进行设计，围绕本地脱贫攻坚规划进行农田基础设施建设，规划土地治理项目建设任务2.75万亩，其中高标准农田建设1.55万亩，生态综合治理1.2万亩。

【现代示范区建设】 深入推进滦平县现代农业综合开发示范区建设，以滦平县大屯乡为核心，幅射西、南11个乡镇建立示范区，2016—2018年规划立项建设高标准农田和生态综合治理6万亩，2017年安排财政资金3600万元。

【创新园区试点】 通过参加全省项目竞争，成功获批2个农业综合开发创新园区试点项目，财政投资6000万元。即：宽城县围绕板栗产业实施生态综合治理8900亩，以神栗食品股份有限公司为龙头，宽城神栗板栗专业合作社配合，实施储运加工、冷链物流、电子商务、“互联网+”等建设内容。具体建设内容有：建设1000平方米板栗收储冷库、年产 3000 吨板栗膨化食品生产线、1800平方米电子商务设施及配套冷链运输、“互联网+”等现代物流体系，购置安装各种 设备 127 台套。实施科技示范推广项目1个，发展树下经济，示范推广栗蘑新品种新技术100亩。项目总投资4504 万元，其中上级财政投资3000万元，群众自筹4万元，企业自筹1500万元。丰宁县围绕蔬菜菊苣产业实施建设高标准农田13000亩，以平安高科农业有限公司为龙头，建成年产1000吨菊苣终端产品生产线，建设生产车间、检测研发中心及相关配套设施。项目规划设计科技创新模式、农民利益连接模式、“三位一体”（现代农业园区建设、休闲观光旅游、扶贫攻坚）建设模式、高效节水示范模式、一、二、三产业融合模式五个方面的创新。项目总投资6100万元，其中上级财政投资4000万元。

【产业化发展项目】 共争取农业综合开发产业化经营项目财政资金8068万元，其中：产业化财政补助项目资金5828万元；农发部门项目财政资金2240万元。围绕《承德市扶持“一环六带”农业产业三年行动计划》和《全市农业综合开发产业化经营优势特色产业规划(2016-2018年)》，重点扶持粮油加工、蔬菜、食用菌、果品、畜禽养殖等优势特色产业发展，本着“缺什么、补什么”的原则，针对产业发展的关键环节、薄弱环节，进行重点扶持、连续扶持，构建立体式产业扶持格局，变扶项目为扶产业，着力打造一批资源条件好、生产规模大、产业基础优、带动作用强的优势产业发展带。

扶持农业综合开发产业化经营财政补助项目6个。其中：财政资金1088万元，企业自筹资金1200万元。6个项目即：宽城县200万公斤食用菌种植基地扩建项目；宽城县28万公斤食用菌种植基地新建项目；宽城县25万公斤食用菌种植基地新建项目；宽城县30万公斤食用菌种植基地扩建项目；宽城县6万公斤草莓种植基地新建项目；宽城县22万公斤食用菌种植基地新建项目。通过实施财政补助项目，增强农业龙头企业生产能力和市场竞争力，有效扩大农产品基地的发展规模，促进农业结构调整，增加农民收入，实现扶持一个产业，富裕一方农民的目标。

上级批复承德市2017年部门项目4个，总投资4566.79万元，财政资金2240万元，自筹资金2326.79万元，部门项目由农口部门负责实施。4个项目包括：丰宁县林下食用菌基地示范项目，丰宁县国家储备林基地示范项目，平泉县南瓜籽服务能力提升加工类扩建项目，隆化县区域生态循环农业示范项目。通过项目实施，有效解决农业龙头企业固定资产投资和流动资金等方面存在的难题，增强企业实力。

【项目验收及评审】 承德市2016年度农业综合开发涉及10个县区场，共计47个项目：其中省市批复项目19个，扶贫整合项目28个。6月份，市扶贫和农业开发办组织农发、财政和中介机构人员对2016年竣工的46个项目和2015年延迟验收项目进行市级验收。11月8日至12日，省农发办组织检查组对承德市开展省级验收、监督检查和先进县检查工作。省检查组对承德市做大投入蛋糕；部门协调联动、打造精品工程；监管到位，实现全程覆盖；体制机制创新突破，资金安全运行；助力精准扶贫和精准脱贫等方面取得的显著成效予以充分肯定。市扶贫和农开办被省农发办评为2017年农业综合开发省级检查成绩突出单位，宽城被评为河北省2017年农业综合开发资金和项目管理先进县，并给予通报表彰。

完善《承德市农业综合开发项目评审实施细则》，充实专家库，有序开展评审工作。全年共组织召开4次项目评审会，对宽城县、双滦区、御道口牧场申报的2017年度非贫困县农发项目；丰宁县、宽城县创新园区试点项目，进行专家评审，通过采取完善项目评审办法，提高省级专家参评比例，加强对参评专家进行评审前培训，以及评审前组织专家进行现场考察等措施，使承德市向省报送项目的通过率达到100%。

附：市扶贫和农业开发办公室领导名录

党组书记、主任：王志宏

党组副书记、副主任：刘海丽（满族）

党组成员、副主任：王兰军

王庆民（蒙古）

张俊发（满族）

赵　辉（8月任，挂职）

（供稿　金凤岗　王　政）

住房公积金管理

【概况】 2017年，归集住房公积金29.99亿元，较上年增加1.97亿元，同比增长7%，全市累计归集195.22亿元，归集余额达到92.37亿元；当年审批办理住房公积金提取17.22亿元，较上年增加0.57亿元、增长3.4%，占当年归集额的57.42%，累计提取102亿元；共向5060户职工发放公积金贷款17.46亿元，同比下降12.69%，个贷使用率达到74.43%，同比提高0.82%，累计发放贷款107.97亿元，贷款余额达到68.75亿元，贷款逾期率为0.021‰；实现增值收益1.51亿元，同比增加0.31亿元；年度共为职工结转住房公积金利息1.18亿元，均已划入职工个人账户；住房公积金管理规范，运行安全，贷款风险准备金充足率为100%；上缴廉租住房建设补充资金8032.55万元。

【公积金归集】 充分利用电视台、电台、报纸等多种媒体，采取多种形式广泛宣传公积金惠民政策，持续提升社会认知度和群众关注度。全年共举办业务培训3次，发放宣传单和明白纸1.5万份，参加承德电视台《民生直达》栏目1次，承德电台百姓热线节目1次，在承德日报开设专版1次。及时对接上级规定要求，结合承德工作实际，不断调整完善相关政策，将进城务工人员、个体工商户和非公企业人员纳入住房公积金制度范围，扩大住房公积金覆盖面，做大资金规模。执法促动。开展矛盾隐患拉网式大排查以及针对全市未建立公积金制度的企业单位及欠缴单位、个人的执法专项检查活动，开展打击利用虚假手续骗提套取住房公积金专项整治工作，针对存在的问题分别明确分包领导和主办科室，及时制定整改措施，做到早发现、早预警、早解决，为归集扩面工作有序开展提供强大支撑和重要保障。

【公积金贷款】 为认真贯彻落实省市有关房地产市场调控政策，维护正常房地产市场秩序，分别于3月28日和5月16日对承德市住房公积金贷款政策进行两次调整，将使用公积金贷款购买首套建筑面积144平方米以下住房的，最低首付款比例调整至30%，购买第二套住房的调整至60%，购买第三套住房的，不予办理公积金贷款；将“二套房”认定标准由“以公积金贷款认房”调整为“以贷认房”；对于尚未结清商业住房贷款记录的，不予办理公积金贷款；暂停办理全市范围内住房公积金异地贷款业务；停止办理“商转公”置换贷款业务；提高个人住房公积金贷款保证金比例，由贷款额度的3%调整为贷款额度的5%。

【健全完善制度】 根据风险防范管理目标要求，组织力量专题研究，深入分析，从银行账户设置、缴存和使用政策、增值收益分配和管理、管理制度建设、岗位职责设置、业务标准、操作流程以及信息化管理等方面入手，不断修改完善住房公积金廉政风险防控指引，建立和完善资金调拨、账户开立、个贷管理等各方面制度及规定70余项，全面梳理出风险类型13种，风险点28个，防范措施51条，修订公积金归集、提取、贷款、会计等业务工作规范，细化办理标准和操作流程，明确岗位职责，实行定岗定员，做到各项业务管理程序化、规范化。

【再造运营机制】 依托新的业务系统支撑，设计实施“账户统一管理、会计统一核算、资金统一存储、银行统一结算”的“四统一”资金管理运营模式，资金支付结算与业务管理系统、银行信息系统通过接口进行数据传输，业务驱动财务，做到业务数据与财务数据相一致，大大降低资金支付风险。上收银行账户23个，撤销银行账户16个，建立全市统一资金结算平台，分别和8家银行签署结算平台的合作协议，实现资金统一网上结算功能。

【强化节点控制】 健全防控体系，借鉴外省市先进经验，采取内部稽核监督与第三方监督相结合的风险防控机制，构建"一横两纵""五位一体"的风险防控体系。在资金调拨管理中，实行"申请—审核—审批—执行"四步调拨程序；在业务办理、资金划转工作中，建立风险预警机制，对资金的收缴、管理、使用等关键环节进行全程监控，做到数据、资料笔笔留痕，实现全程可追溯。

【创新服务方式】 以"互联网＋服务"为工作理念，以移动终端为主要载体，建设包括8种服务方式的住房公积金综合服务平台，年底，包括"12329"住房公积金服务热线、承德市公积金门户网站、网上营业厅、承德住房公积金微信公众号、住房公积金手机APP等方式住房公积金综合服务平台已基本建立，能够为缴存单位和职工提供多元化便捷服务，同时也实现住房公积金服务从传统的柜台式线下服务向移动互联网线上服务的延伸。

【公开公积金管理运行】 接受住房公积金管委会监督。通过每年召开公积金管委会，市公积金管理中心及时向管委会主任、委员，财政、审计等管委会成员单位及个职工代表汇报工作进展情况，及时协调人社、住建等相关部门以及各委托银行，解决实际工作中存在的各种问题。接受上级监管部门的监督。认真按照省住房公积金监督管理办公室的政策和业务要求开展工作，接受考核、监督。3月份，省监管办对市公积金管理中心2016年公积金管理工作进行全面考核，12月13日，接受省监管办保障性安居工程的工作考核。相关领导对承德市公积金管理工作给予充分肯定和较高评价。接受第三方机构监督。中心引进第三方监督管理机制，每月不定期由第三方监督服务机构到各县区管理部和委托银行承办网点，采用暗访、电话来访、门前拦截客户访问等多种方式进行检查，并将监督结果进行总结、整理、对比，及时发现问题、解决问题，最终形成网点业务工作量和书面调查报告在全市范围内通报，作为年终考核的依据。接受社会各界的监督。利用中心网站发布承德市住房公积金年度报告，主动将业务运行、财务数据、资产风险、社会经济效益以及其他需要披露的重要信息向社会公开，保障广大群众的知情权。积极办理"两代表、一委员"议案提案。上半年，有政协委员提出关于"老旧小区加装电梯需得到政府资金支持及住房专项维修资金和住房公积金管理部门的支持"的提案，中心就此提案专门组织相关科室召开研讨会，多次与省监管办及省内其他市公积金中心沟通，寻求政策出台依据，积极拟定其相关提取政策，明确相关提取要件，并和该委员见面征求意见、建议，并将办理结果向其及时反馈，委员对中心的答复非常满意。

附：市住房公积金中心领导名录

主　　任：郭　伟

党组成员：张跃里

副 主 任：蒯铁民

副 主 任：徐　磊

（供稿　赵　磊）

社会福利

【概况】 全市各类养老机构共103所，总床位18066张，其中公办养老机构56所，床位3915张；社会办养老机构47所，床位14151张。全市共有农村互助幸福院1846个，覆盖率75%，改造提升示范型幸福院7个（承德县1个、兴隆县1个、滦平县1个、宽城县1个、围场县3个），配套建设了娱乐、文化、保健等养老设施，解决农村老年人的养老问题；全市共建综合型居家养老服务中心12个，社区居家养老服务站135个，覆盖率82%，为社区老人提供日托起居、生活照料、康复理疗、精神文化等方面的服务。

【养老服务专项行动】 按照民政部等五部委召开开展养老院服务质量建设专项行动动员部署视频会议，市民政局高度重视养老院服务质量专项行动，迅速与相关部门沟通，谋划全市专项行动方案。4月，联合五部门转发《省民政厅、省公安厅、省卫生计生委、省质监局、省老龄办〈2017年开展养老院服务质量建设专项行动实施方案〉的通知》（承市民通字[2017]47号），并成立承德市养老服务质量专项行动工作小组。5月各县区签订《承德市开展养老院服务质量建设专项行动目标责任书》。

【编制康养产业发展规划】 通过公开招标选定北京中民养老规划院为编制单位，编制《承德市康养产业发展总体规划》。通过前期谋划、走访调研、组织部门座谈、聘请专家研讨等环节，完成规划初稿的编制工作；提交政府常务会议审议。11月24提交政府常务会议审议、主要领导修改审核通过。12月，以承德市人民政府名义印发，将该规划发至各县区及市直各相关单位。

【养老对接交流】 为加强京津冀养老企业互通、校企交流，加强养老机构管理，提高养老服务质量，4月19日参加京津冀养老工作协同发展2017年第一次联席会议，会议中就如何优势互补，加快京津冀养老事业协同发展问题展开交流讨论，同时将全市谋划的精品养老项目进行重点推介，并推荐隆化县国恩老年公寓、宽城县鹤鑫巢老年公寓（两家公寓床位均在200张以上）为承接京津老人来承养老的首选机构。积极参加“京津冀推进‘通武廊’养老服务业协同发展研讨会”，与会介绍承德市发展康养产业的优势条件和招商环境，推介承德市的康养产业项目，通过参观考察、学习交流，共同搭建养老机构合作平台，促进京津冀养老服务业区域性协同发展。

【筹备经济贸易洽谈会】 积极邀请企业参加第十五届中国（承德）国际贸易洽谈会暨百家名企进承德活动，并做好衔接工作，认真梳理承德市康养产业项目进行推介宣传。此次经洽会，通过深度沟通交流，宣传推介，客商十分看好承德康养产业的发展前景，纷纷表示会再次对承德市场进行调研考察，争取康养产业方面的合作。

【养老护理技能培训】 养老护理技能进社区培训活动于2016年6月2日开始，由双桥区开始逐步推进到全市范围，到2017年5月27日此次养老护理技能进社区活动圆满结束。此次培训共126场次，除双桥区和营子区的部分社区，其它县区培训已结束，累计培训106场次，每期参加人员30至50人，累计培训4000余人。

【残疾人生活补贴护理】 按照《承德市困难残疾人生活补贴和重度残疾人护理补贴实施办法》，做好残疾人补贴审核认定发放工作，全年共为45418人发放困难残疾人生活补贴3189.18万元；39604人发放重度残疾人护理补贴2388.62万元。

【做好慈善事业】 举办慈善日宣传活动，积极倡导“以人为本，慈善为怀”的社会互助精神，发放慈善法宣传册，积极耐心向群众讲解《中华人民共和国慈善法》，宣扬做慈善献爱心的意义，增强全社会慈善意识，树立良好道德风尚，此次活动共发放宣传单5000份。开展慈善捐赠救助活动。免费为先心病儿童、股骨头坏死等168名患者做手术，免除手术费150余万元；捐赠图书、轮椅等物品，折合金额达130余万元。全市全年接收捐赠款物折合金额1408万元。

（供稿　秦　颖）

优抚安置

【概况】 全年，全市共下拨各类优抚补助资金1.21亿元，保证重点优抚对象抚恤补助金按月足额发放。全市共接收退役士兵1192人（市本级230人），其中自主就业退役士兵1097人（市本级208人），符合政府安置工作条件的94人（市本级22人）。

【提高生活补助标准】 根据《省民政厅省财政厅关于调整部分优抚对象等人员抚恤和生活补助标准的通知》，自10月1日起，全市再次提高部分优抚对象抚恤和生活补助标准。调整后，残疾军人最高的一级因战、因公、因病抚恤金标准每人每年分别为74050元、71750元、69440元，最低的十级因战、因公抚恤金标准每人每年分别为8820元、8010元。烈士遗属、因公牺牲军人遗属、病故军人遗属定期抚恤金标准每人每年分别为23850元、20580元、19400元。抗日战争时期的在乡复员军人生活补助标准每人每月提高到1245元，解放战争时期的在乡复员军人生活补助标准每人每月提高到1200元，1949年后在乡复员军人生活补助标准每人每月提高到1195元。带病回乡退伍军人生活补助标准每人每月提高到660元，参战参试退役人员的生活补助标准每人每月提高到650元。居住在农村和城镇的无工作单位、年满60周岁的烈士子女的定期生活补助标准每人每月提高到530元。60周岁以上农村籍退役士兵每服一年义务兵役每人每月补助标准提高到30元。

【优抚对象医疗保障】 各县、区积极落实“一站式”结算服务，为优抚对象提供简捷、高效的服务，已基本建立健全优抚对象医疗保障体系。部分县区提高各类优抚对象医疗费报销比例，全年共下拨医疗补助资金1711万元，其中，上级补助资金1151万元，市级配套20万元，有效地保障优抚对象的基本医疗。通过实施“一站式”医疗等服务，减免、补助、救助优抚对象医疗费用550多万元，4920人次。全年为重点优抚对象发放门诊补助1221万元。各级优抚医院或优抚门诊广泛开展送医送药活动，全市共开展送医送药活动19次，服务优抚对象6568人，赠送药品159万元。

【开展“关爱功臣”活动】 结合庆祝中国人民解放军建军90周年，利用元旦、春节等重大节日，对全市部分重点优抚对象进行走访慰问，发放慰问金、慰问品198万元，为优抚对象发放对联、慰问信、挂历等。市委、市政府、市人大、市政协、军分区领导，县（市）、区领导四大班子及县武装部领导分别代表市、县（市）、区党委、政府走访部分重点优抚对象。按照退役人员工作专班要求，采取多种形式对全市各类优抚对象普遍进行走访慰问，发放慰问金、慰问品260多万元，市委、市政府、市人大、市政协、承德军分区和各县（市）、区委、政府、人大、政协领导按要求走访慰问生活困难的重点优抚对象789人，并给他们带去慰问品、慰问金。

2016年春节起在全市开展为现役军人家庭，“三属”、残疾军人、在乡老复员军人、两参退役人员、带病回乡退伍军人等优抚对象悬挂“光荣牌”活动。按照省民政厅《关于广泛开展为烈属、军属家庭等悬挂光荣牌活动的通知》要求和省规定的式样，重新制作一批“光荣牌”，全市共为2100名现役军人家属、225名烈属、192名因公牺牲和病故军人遗属、8979名残疾军人、在乡老复员军人、参战参试退役人员、带病回乡退伍军人悬挂“光荣牌”。

【烈士纪念建筑物管理】 为缅怀革命先烈，继承先烈遗志，弘扬民族精神，热河革命烈士纪念馆、董存瑞烈士陵园以及各县区烈士纪念单位，在烈士纪念日等传统节日和国家纪念日期间，广泛深入开展多种形式的纪念活动；9月30日，市民政局和热河革命烈士纪念馆承办承德市烈士纪念日烈士公祭活动，市委、市人大、市政府、市政协、法检两院及社会各界、解放军、武警官兵、学生代表1000余人参加。各县区党委、政府同日也开展大规模的纪念活动。5月25日，隆化举行“纪念董存瑞牺牲69周年”。

为褒扬烈士，大力弘扬烈士精神，切实加强烈士纪念管理保护工作，充分发挥烈士纪念设施在开展爱国主义教育、培养和践行社会主义核心价值观中的重要作用。按照《烈士纪念设施管理保护办法》和《河北省民政厅关于加强烈士纪念设施分级管理工作的通知》精神，市、县区认真做好烈士纪念设施定级工作，根据省级烈士纪设施申报条件，经过筛选，承德市兴隆县烈士陵园、宽城满族自治县烈士陵园两个烈士纪念设施被省政府批准为省级烈士纪念设施。

【义务兵家庭优待】 认真做好义务兵家庭优待工作，确保义务兵家庭优待金按新标准及时足额发放到位。积极协调财政部门将义务兵家庭优待金列入财政预算，并督导各县区将义务兵家庭优待全部列入本级财政预算，确保义务兵家庭优待金，按时足额发放；做好义务兵家庭优待金的测算和发放工作，全年优待义务兵家庭优待金2465户，共计发放优待金2434万元，其中，争取省财政支持2236万元，市本级配套198万元。

【退役士兵安置】 根据国家、省有关安置办法规定和退役士兵服役表现进行量化评分安置的工作要求，结合全市实际，研究制定《关于做好2016年接收的退役士兵安置工作的通知》。继续采取档案考核、文化考试，简称“双考”方式安置符合政府安排工作条件的退役士兵。明确退役士兵安置区的主体责任，实行按“双考”综合成绩高低选岗办法，推进“阳光安置”。 办法改变过去的安置工作流程，实行民政、人社、编制三部门合署办公，一并办理安置、编制、人事关系手续。实现安置计划、安置办法、安置结果全程公开工作要求。在安置工作中，市、县加大安置力度，协调人社、编制等部门研究分配方案，合理制定安置分配计划，以政府名义下达安置工作通知。2016年接收的符合政府安置条件的退役士兵94人已全部得到安置。

【退役士兵培训】 按照公开招标程序共确定14家大中专职业学校（院）为退役士兵培训承训学校，共组织597名退役士兵参加职业教育和技能培训，取得“双证”学员达 80%以上。市级确定承德技师学院、承德立诚驾校承担短期技能培训工作，先后开展驾驶、电工、焊工、装载机、挖掘机、会计等实用技术较强的传统专业和物流管理、酒店管理、平面设计等20多个热门专业，供退役士兵选报学习，受到退役士兵的欢迎。按照“谁培训，谁负责推荐就业”要求，通过培训学校自己组织招聘会、市县组织退役士兵参加省招聘会和与兵兵乐业网合作，全市共有300余名自主就业退役士兵实现就业。

【军休接收安置】 承德市各级军休机构按照移交安置工作求，坚持以人为本、热情服务的宗旨，制定了较为规范的移交程序。印制军休干部移交安置材料交接清单，对移交所需材料做到一次性告知。在与部队移交小组及待移交军休干部的相互沟通中，耐心细致做好相关政策及待遇变化情况等解释工作。交接过程中，认真做好审档核待遇工作，仔细填写材料交接清单，由部队、审档人和复核人签字确认；严格执行接收单位、部队、军休干部“三见面”会议制度，做好会议记录，并由与会三方核对内容签字确认。2017年全市共接收5名军队退休干部、6名无军籍职工。

【军供保障】 截至2017年度12月初，全市共接待过往部队5批次1343人次，全部优质、快速、准确、安全、保密地完成了供应任务，保障率达到100%，受到部队官兵的一致好评。

（供稿 王 雷 张 铭）

老龄工作

【概况】 围绕《"十三五"国家老龄事业发展和养老体系建设规划》等重要文件精神，征求市直相关部门意见，该规划经市政府第十四届七次常务会议审议通过，印发《承德市十三五老龄事业发展和养老体系规划》。落实各项老年人优待政策，做好老龄事业发展。

【落实老年优待政策】 为市区2.1万名70周岁及以上老年人办理更换乘车"敬老IC卡"。全市共7个县区落实70周岁老人乘坐公共交通的优待政策，其中，滦平县城区公交车实行免费乘坐政策。根据《老年人优待办法》，对老年优待政策落实检查中，国有公办旅游景区、客运车站、医院、法律援助机构等均按办法落实相关优待，给老年人提供方便快捷服务，相应减免服务费用。按照国家、省的要求全面落实80周岁以上高龄保健津贴制度。全年全市共发放高龄津贴约2835.8万元，约7.4万80岁以上老年人受益。

【爱心护理工程】 积极调动社会资本参与养老护理机构建设，为老年人提供更加完善的专业护理和临终关怀等服务。推选开发区博爱老年护理院、平泉综合托养康复服务中心、隆化县博爱养老中心三所社会办养老机构申报全国爱心护理基地。

【先进典型评选与表彰】 全市推选的基层示范性老年协会建设和第二届河北省"敬老文明号""敬老爱老助老模范人物"获得省通报表彰；推选出4人报送省"老有所为"先进典型人物评委组进行参评；承德市老年大学和陈彦娴荣获河北省中老年"健康之星"。市老龄办分别荣获中老年才艺风采大赛和中老年健康之星的优秀组织奖。宽城县老龄办荣获省老龄委表彰全省老龄系统先进集体、围场县老龄办主任刘春雨荣获全省老龄系统先进工作者。

【老年人生活状况监测调查】 开展第四次中国城乡老年人生活状况监测工作。组织围场、隆化、承德县老龄办督导员及乡镇调查员赴省参加"中国城乡老年人生活状况监测调查督导员(调查员)骨干培训班"。监测调查工作于8月31日结束，市级对县级监测调查情况进行督导，及时、准确完成调查任务。

【推进"助老安康工程"】 全市上下加强推动助老安康工程实施，与中国人寿保险公司密切合作，老年人成保覆盖面达到34.29%。参加助老安康工程22.44万人。保险费达525.99万元，风险保障金额达473.38亿元。医疗和死亡共理赔1240人，理赔额达437.57万元。其中，宽城县、围场县、平泉市、承德县由民政部门争取到政府支持，为老年人购买意外伤害保险，滦平县、隆化县等地积极参与。全市助老安康工程的实施，大大增强老年人的意外伤害的保障措施。

【"敬老月"系列活动】 9月20日举行"敬老月"活动启动仪式。创新思路，采用新媒体，对敬老月活动启动仪式首次进行网络直播，在老人节期间将党和政府的温暖送到高龄、困难老人家中。每个区慰问20人，每人500元的标准，共下拨慰问金4万元，各县区按市标准相应配套。敬老月期间，各县争取资金将老年人慰问提标扩面，承德县慰问发放慰问金12.2万元，慰问244人，双滦区开展百位老人金婚庆典活动，高新区为低保五保老年人购买意外伤害保险，滦平举办"迎国庆、颂重阳，喜迎十九大"文艺演出，隆化举办重阳节文艺展演，围场举办饺子宴等活动。全市在敬老月活动中发放老年人慰问金达30.03万元，慰问困难老党员、受灾老人、特困老人707人次，举办老年慰问演出（展演）11次，组织志愿服务活动23次，900多人参加志愿服务活动，老年法律法规和防电信诈骗宣传4次。全市主要商场超市开展惠老购物并赠送节日（生日）礼物活动。

（供稿　刘　阳）

社区建设

【概况】 印发《关于进一步加强和完善城乡社区治理的实施意见》（承发〔2017〕32号），就建设城乡社区治理体系；推进社区综合服务能力建设；推动市级奖补资金，社会组织孵化资金落实；提高社区工作者待遇，加强社区服务场所建设；创新社区治理机制等方面做出明确规定。

【争取省级社区建设奖补资金】 积极争取省级社区建设奖补资金，经与省厅积极沟通，承德市申请项目29个，争取省级社区建设奖补资金1200多万元。全市85%的社区用房及活动场所达到“四有一创”建设标准。承担省政府民生工程，在全市社区建设儿童之家40家，完成54家，超额完成上级安排工作任务。

【社区服务体系建设】 加强社区服务体系建设，探索社区公共服务准入制度，整合社区资源，拓宽服务领域，推进公共服务、便民利民服务和志愿者服务。“96096”“12349”“互联社区”等信息化平台建设覆盖率达到50%。继续开展“文明和谐社区”创建活动”，河北省民政厅《关于命名表彰全省和谐社区建设示范单位的决定》，本市双桥区、双滦区被评为“全省和谐社区建设示范城区”；双桥区头道牌楼街道、双滦区元宝山街道被评为“全省和谐社区建设示范街道”；双桥区头道牌楼街道文庙社区等12个社区被评为“全省和谐社区建设示范社区”。开展全国社区治理和服务创新实验活动。民政部专家组对承德市双滦区“全国社区治理和服务创新实验区”进行评估，双滦区圆满完成各项实验任务，验收结果为“合格”。

【社区协商试点工作】 双滦区秀水街道被河北省民政厅命名为“全省城乡社区协商示范街道”，输送机社区被命名为“全省城乡社区协商示范社区”，下甸子村被命名为“全省城乡社区协商示范村”。双桥区“五在社区”治理与服务的创新实践”为题的社区治理和服务创新典型经验，受到省厅领导关注，在民政厅基层政权交流会议作经验交流发言。加大对居委会干部培训力度，11月份组织全市社区管理干部培训班，共有350余名民政和社区干部参加主题为“六培训六提高”的培训。通过这次培训，全面提升社区干部综合素质，提高创新服务能力，促进全市社区健康发展，打造共建共治共享的社会治理格局。

附：市民政局领导名录

党组书记、局长：常金超

党组成员、副局长：丁朝东（满族）
窦立新
张万兴（满族）
巴　江（蒙古族）
贾国军

（供稿　陈建民　王　雷）

县区及承德高新区、御道口牧场管理区

双桥区

【概况】 双桥区行政区划总面积651.67平方千米，耕地面积2625.54公顷；总人口（户籍）386152（包含开发区）人，314082（不包含开发区）人，人口自然增长率6.95‰；全年地区生产总值完成129.4亿元，增长6.8%；全部财政收入完成28.29亿元，完成调整预算的132.2%，其中公共财政预算收入完成12.96亿元，完成调整预算的121.1%;固定资产投资完成70.9亿元，增长9.2%；社会消费品零售总额完成136.9亿元，增长11.3%；规模以上工业增加值完成2.9亿元，增长5.1%；城乡居民人均可支配收入分别完成30845元和11553元，增长9.5%和10.2%。

【重点项目】 全年开工亿元以上重点项目60个，谋划达到可研深度的亿元以上项目20个。强力攻坚重点产业项目。天山金街商业中心、大稿(承德)国际艺术区等4个项目全部或部分投入运营;酒仙庙文化公园、承德冰上运动中心等3个项目即将投入使用；承德磬棰湾国际商业街、普宁文化休闲小镇等5个项目正在加快建设；红星美凯龙商业综合体、金坤文化创意产业园等4个项目即将开工建设；华夏城、承德福成国际大马戏度假区等10个项目正在加快跑办前期。双峰寺水库移民安置和承张高速连接线、承围支线拆迁补偿安置进入扫尾阶段，保障市级重点项目顺利实施。合力推进京津冀协同发展。借助国际文化产业博览交易会、京津冀协同发展产业创新论坛、大智移云产业发展论坛、“5·18”廊坊经洽会等区域发展专题活动，以产业协同、教育协同、医疗协同和人才协同为重点,与20余家央企、京企、津企、商会、协会及院校进行实质性对接，达成合作意向9个、实质性合作7个，签约项目合作协议11个。全年吸引市外资金18.2亿元，其中京津冀地区资金9.6亿元，同比增长37%。

【城市建设管理】 不断完善基础设施建设。启动双峰寺三村棚户区改造拆迁工作；城市棚户区改造开工3788套、农村危房改造207户；牛圈子沟路建成通车，贾营路和庄头营东山路主路基本贯通，整修次干道支路1.2千米，汇水湾大桥开工建设；16个老旧小区12.5万平方米改造任务全面完成；市区路灯远程监控系统投入运行，节电达到30%以上，更换路灯2000余盏；既有住宅小区加装电梯试点工作进展顺利，柴场小区已经完工，农行家属楼正在施工；新建便民市场3个，新建改造公厕42座。城市管理体制改革步入正轨，管干分离的环卫市场化机制已经平稳运行;相继开展市容环境百日攻坚、违建清零攻坚、“两宫门”环境综合整治、磬棰峰景区治理等专项行动，新增城市绿地8000平方米，城乡面貌进一步改善。充分发挥创城主力军作用，为承德市荣获省级文明城市做出突出贡献。不断提高城市管理水平。坚持新生违建“零容忍”，累计拆除违法建筑600余处、12万平方米。其中拆除新建违建60余处、8000平方米；拆除历史违法建筑540余处、11.2万平方米。开展两宫门周边环境综合整治，停用两宫门地上停车场，实施公厕改造、棚亭改造、果皮箱增设更换、路面维修工程，增派人员力量，增设执勤岗，加大作业和执法频次，两宫门周边秩序、容貌、品质等方面得到有效改善。开展磬锤峰景区整治工作，累计拆除房屋149处，建筑面积3.7万平方米。规范便民市场建设和管理工作，新建石洞子沟西口、下营房、狮子沟3个小型便民市场，面积约2200平方米。对大石庙中心街集市进行搬迁，拆除违法建筑、私搭乱建38处、1800余平方米，将占道市场商户全部迁入新市场内经营，搬迁市场摊位20余个，取缔占道经营30余处。开展露天烧烤整治工作，取缔露天烧烤80余处，清理烧烤店外经营270余处，清理流动烧烤摊位500余处，拆除烧烤经营户违建34户1600平方米，市区内露天烧烤基本取缔。非法广告清理工作，收缴、清理小广告17万余条，粉刷面积1500平方米。

【回迁房建设】 北区五村拆迁回迁房。已基本完成120.96万平方米的选房工作，五道沟、草庐沟、六中周边等6个地块实现回迁入住。路网拆迁回迁房。共需建设回迁房25.6万平方米，已完成17.6万平方米回迁安置，剩余碾子沟、马架子两村8.9万平方米回迁房待自来水管网接入后启动分房工作。城中村改造回迁房。已启动的19个项目需建设回迁房约97.79万平方米。迎宾佳苑等10个项目35.78万平方米已实现回迁。剩余9个项目中，6个实物安置项目4.15万平方米实现回迁，完成分房6.8万平方米，开工建设11.6万平方米，7.86万平方米即将开工；3个货币化安置项目安置资金已拨付到位。争取到位棚改贷款11.7亿元、政府债券24.6亿元，近三年累计核销债务本金10亿元，债务总额较债务峰值下降6.5%。

【债务化解】 通过河北省保障住房投资有限公司为承贷主体向国家开发银行河北省分行申请的外八庙景区周边9个棚户区改造项目贷款42.7亿元，5月份已全部发放到位；红石峦小北沟村棚户区改造建设项目1.68亿元，已完成发放7008万元；承德市鹏瑞投资集团有限责任公司以承德市房屋建设投资有限责任公司为主体向国家开发银行申请的城中村改造项目贷款15.35亿元，截至年底已到位11.68亿元，完成支付10.1亿元。23.65亿的置换债券已全部拨付到位。

【农业农村工作】 重点实施鸡冠山休闲度假小镇片区美丽乡村建设，涵盖太平庄、石门沟、鸡冠山3个行政村，共1059户，3831人，完成各项基础设施建设80%，新建农村公路4.7千米。完成农村土地确权登记工作，土地流转总面积达到4653亩，柳树底村、狮子园村集体资产完成股份制改造。完成脱贫攻坚“回头看”精准识别，确定建档立卡贫困户49户129人。大力扶持中药材和特色种植产业发展，完成种植业结构调整3700亩。以全域旅游为抓手，鼓励发展休闲观光、农事体验、作物采摘等为主的乡村旅游，年接待游客78万人次，收入2300余万元。

【改善发展环境】 持续做优生态环境。淘汰燃煤锅炉46台，水泉沟区域燃煤锅炉整治和牛圈子沟、西大街、竹林寺区域30栋住宅楼散煤治理项目实现集中供暖，农村“气代煤、电代煤”改造982户，全面禁止垃圾和秸秆露天焚烧，PM2.5平均浓度每立方米保持在32微克以内，空气质量在全市保持领先。全面建立河长制，武烈河和11条旱河实现常态化保洁，建设污水分支管网10千米，区域内监测断面水质达标率100%，饮用水水源地水质达标率继续保持100%。大力推进森林城市创建活动，实施绿化造林1.48万亩，森林覆盖率达到43.3%，全区湿地面积达到1万亩。生态保护红线完成划定调整。不断提升政务环境。全力推进相对集中行政许可权改革，根据省市开展相对集中行政许可权改革要求，设立区行政审批局并正式运行；深入推进“放管服”改革，全部落实取消和下放行政审批事项、清理规范中介服务事项，保留实施行政许可中介服务事项63项，纳入市政府部门审批程序技术性服务事项12项；取消职业资格许可认定事项、清理非行政许可审批事项全面落实到位，区本级取消“非行政许可审批”类别；稳步实施“先照后证”改革工作，将90%的前置许可手续变为后置手续，让创业者更快捷地领到“身份证”；全面建立行政权力清单和责任清单制度，年底，区本级共保留25个部门3330项行政权力，329项主要职责，930项具体工作事项，88项与其他部门职责交叉事项，98项事中事后监管制度，82项公共服务事项，实现清单之外无权力、目录之外无审批。共办理市、区人大代表建议125件、政协提案133件，办复率和满意率均达到100%。营造安全稳定的社会环境。信访维稳成效明显。依法打击各类违法犯罪活动，加强群众工作和信访工作，强化信访案件调处力度，保障全区社会稳定。

【民生保障】 全力做好社会保障工作。社会保障体系不断完善，城乡居民养老保险待遇享受人员已经达到9648人，参保率达到95%，城乡居民医疗保险累计参保13.4万人，符合条件的被征地农民全部享受养老保险政策。城乡低保标准不断提高，城市低保标准提高到每月550元，农村低保标准提高到每年3500元，发放低保金3142万元，实现动态管理下的应保尽保。扶危济困保障有力，及时足额发放各类困难补助资金2000余万元。1832套保障性住房分配完毕，发放住房补贴327万元。投入资金80万元，建立区级应急粮油储备。全面落实惠农政策，累计发放各项涉农补贴资金232.8万元。“双拥工作”稳步开展。对2044名未在岗军队退役人员进行走访慰问，成立双桥区军队人员咨询服务中心，办理住房补贴2人，纳入公租房申报5人，纳入经适房申报1人。办理低保3人，临时救助1人。为184人安置公益岗位，第二批、第三批共计216人填写公益岗位申报表，一、二志愿已录取近100人。年发放各类抚恤经费900余万元。不断提升就业水平。全年实现城镇新增就业4408人，城镇登记失业率保持在3.9%以内，失业保险新增扩面1750人，完成目标任务的875%。全区农村劳动力向非农产业转移559人，完成目标任务的139.8%。

【社会事业】 大力发展教育事业。加快学校建设进程。投入资金3.9亿元，启动世纪城学校、民族小学、双峰寺镇中学校舍改扩建等10个学校建设项目，普宁小学、会龙山小学、汇水湾学校、双峰寺第二幼儿园投入使用；公开招录教师45人，师资队伍持续优化；全面落实6周岁入学、划片就近入学政策，顺利通过省级义务教育均衡发展验收。继续做好卫生和计生工作。积极落实医改要求。区属医疗机构全面实行药品网上集中采购，药品零差率销售，完善备案药品采购管理，基本药物使用覆盖率达到100%。基层卫生工作不断提高。城市社区卫生服务覆盖率达100%，普遍开展了以建立居民健康档案、健康教育、老年人健康管理等12类国家基本公共卫生服务项目。人口和计划生育工作有序开展。全面实施放开二孩制度，完善落实计生利益导向机制，全年全区共出生人口2797人，出生人口男女性别比109∶100。不断提升社区建设水平。落实社区干部待遇的上调，全区社区干部三挡生活补贴分别上调12%，4月份省民政厅发文评选双桥区为“全省和谐社区示范城区”、头道牌楼街道为“全省和谐社区建设示范街道”、4个社区（文庙社区、世纪城社区、永安街社区、碧园社区）为“全省和谐社区建设示范社区”。大力发展文化事业。加快推进磬锤峰景区复牌工作，现已经完成索道的上下站房地形图及线路断面初期地勘报告、项目可行性研究报告和设计方案以及风景影响评估及文物影响评估报告，待市政府批复后进行下一步工作。丰富公共文化体育活动，成功举办冰雪季、热河庙会、乡村大舞台文化下乡巡演、双桥文化节等活动，推进文体惠民工程，加强基层文化阵地建设，完善居民体育配套设施，完成双峰寺镇山湾村文体广场建设工作。

附：双桥区领导名录

中共区委书记：宋成立

副书记：杨玉甫（满族）

马浩然（1月免）

马学敏（女，1月任）

区人大主任：张新

副主任：项争鸣（满族，3月免）

胡立安（女，满族，3月免）

陈彦伦（3月免）

刘斌（3月任）

方国忠（满族）

蒋志民（3月任）

窦向红（女，3月任）

政府区长：杨玉甫（满族）

常务副区长：张成（满族，8月免）

张东川（满族，8月任）

副区长：崔东鑫（1月免）

刘俐宏（女，1月免）

关越（满族，1月任）

郭德启（满族，1月免）

王文龙（满族）

张国强（满族，1月任）

赵瑛楠（女，满族，2月任）

邢建军（满族，2月任）

任运阳（1月任）

赵泉（1月免）

张洪亮（苗族，挂职，9月免）

区政协主席：刘敏儒

副主席：郭凤水

王树勤（1月免）

韩智军

闫亚丽（女）

赵卫刚（3月任）

区委常委、纪委书记：刘国锋（1月免）

张友余（1任）

（供稿　王　超）

双滦区

【概况】　双滦区为承德市中心区，区政府坐落在双塔山镇滨河大街58号，距市区11.5千米，距北京210千米，天津320千米。区位北接隆化县，西连滦平县，东与双桥区相交，南与承德县接壤。区域位于河北省东北部的燕山山脉的东段，系内蒙古东南部丘陵与华北地区衔接交汇地带。总体地势，北高南低。地形高度在海拔360米～1300米，平均海拔700米。区内分布有丰富的铁、金、钒、钛、长石等资源。京承、京沈、承赤、承唐、京张五条高速干线穿区而过，是承德市“两环十射”交通网的重要枢纽。市内公共汽车5路、12路、15路、2路、3路、25路通达区内各地，51路、52路、53路、54路、55路、56路、57路在双滦区域内运行。区域总面积451.74平方千米，辖4个镇、2个乡、63个行政村、3个街道和18个社区居委会，25个社区，2017年末全区户籍总人口147466人，其中女性72856人。全年出生人口1845人，出生率为12.51‰，死亡人口2591人，死亡率为17.57‰，人口自然增长率8.82‰。

地区生产总值完成124.6亿元，同比增长7.8%，增速全市排名第二。第一产业增加值完成2.5亿元，同比增长6%，增速排名全市第五；第二产业增加值完成80.9亿元，同比增长3.7%，增速排名全市第十；第三产业增加值完成41.2亿元，同比增长17.9%，增速排名全市第一。规模以上工业增加值完成70.4亿元，同比增长2.5%，增速排名全市第十一。全社会固定资产投资总额完成154.1亿元，同比增长10.1%，增速排名全市第一。社会消费品零售总额完成23.69亿元，同比增长15.5%，增速排名全市第一。全部财政收入完成16.89亿元，同比增长62.9%，增速排名全市第一；其中公共财政预算收入完成8.61亿元，同比增长38.4%，增速排名全市第一。城镇居民人均可支配收入31498元，同比增长9%，增速排名全市第七。农村居民人均可支配收入11565元，同比增长11%，增速排名全市第七。三次产业比为2∶64.9∶33.1(以上数字为快报数)。

【文化旅游】 鼎盛王朝大型实景演出创历史新高，接待游客突破30万人次，营业收入近7000万元，分别增长38%、24%，品牌效应和美誉度持续攀升。鼎盛皇家灯会精彩亮相央视新闻联播，鼎盛文化精品廊、梅园等项目快速推进。鼎盛公司荣获“全国五一劳动奖”和“河北省十大旅游投资企业”等殊荣。双滦区全年共接待游客230万人次，旅游综合收入17.6亿元，分别增长10%、60%。“21世纪避暑山庄”文化旅游产业园区获得全国首批“国家级文化产业示范园区”创建资格。

【新型工业】 年产190万吨承钢钒钛高强冷轧板项目一期开工建设；世界首条亚熔盐法清洁提钒生产线、北京浩杜特新型环保建材项目一期建成投产，承钢公司获批“河北省钒钛产业技术研究院”创建资格。国家检验检测认证产业园一期完成主体建设，成功获得“第十一届河北名片”荣誉称号。全年完成技改投资8亿元，新增科技型中小企业51家、高新技术企业2家，33项科技成果获国家发明专利，6项科技成果荣获省市科技进步奖。

【商贸物流】 经纬智慧物流和德运供应链整合全市50多家快消品物流公司入驻，成功申报“全国物流标准化试点企业”，成为连接京津、辐射辽蒙的区域性商贸物流集散中心。如意洲双创平台、北洋之光等18家电商企业建成运营，北方汽车文化小镇开工建设，鹏涛保税物流园、皓盛集团总部等项目顺利推进。商贸物流园区实现销售收入91亿元，增长119%，连续两年被评为“全国优秀物流园区”。

【农业结构调整】 发放各类惠农补贴531万元，为农业化龙头企业、中小微企业和农户担保贷款1800万元，惠及农民12700户。加快推进现代农业园区建设，新流转土地2600亩，发展水果、杂粮等基地3500亩，新增市级农业示范园区1家。着力提升农产品质量，顺利通过省级农产品质量安全示范县区验收。编制特色乡村旅游线路4条，规模经营户新增20家，市级以上乡村旅游示范户新增2家，创建河北省星级采摘园3家，乡村旅游综合收入1.5亿元。

【改革开放】 各项改革取得新突破。衔接省市取消下放行政审批事项11项。在全市率先成立行政审批局，实现“多证合一”“一证一码”，行政审批效能极大提升。开发区“四项改革”在全市率先完成。商事制度改革扎实推进，“双随机、一公开”实现监管全覆盖，全区新增市场主体1925户，增长17.8%。财税体制改革步伐加快，营改增全面推行。深化农村综合改革，农村集体资产股份权能改革国家级试点任务全面完成，全省现场会在双滦区召开。获评“河北省农村股份合作制经济发展示范区”。

【开放招商】 积极融入京津冀协同发展重大国家战略，组建4支专业招商团队，开展专业招商、靶向招商。成功组织北京、深圳招商推介会等系列招商活动，积极对接绿地控股、国能富邦等世界500强企业和上市公司，未来科技城、家和佳美承德产业园、大洋路市场北部基地等37个项目签约落户。全年共引进市外资金29亿元，无偿资金6.2亿元，实现外贸出口3.4亿美元。

【改善人居环境】 强力推进城镇改造，累计收储土地2486亩，新建住宅小区30万平方米，实施棚户区改造17万平方米。持续发力整治“双违”，拆除违建35万平方米，消除违法占地107亩。深入开展物业管理攻坚行动，投入1000余万元对麻纺厂生活区等部分小区基础设施进行整治提升，惠及居民9600户。在城区15个重点部位、10条街巷两侧实施绿化美化亮化工程，新增绿地12万平方米。城区道路机械化清扫率保持85%以上，照明设施完好率及亮灯率均达98%以上。

【美丽乡村建设】 投资9100万元，大力实施改房、改水、改厕等14个专项行动，全面完成5个省级重点村、6个区级重点村建设。以健全环境卫生整治长效机制为重点，巩固提升农村垃圾户集、村收、镇运、区处理模式，农村垃圾无害化处理率达到100%，村容村貌大幅改观。反映全区美丽乡村建设的微电影《双滦恋》荣获“第五届亚洲微电影艺术节金海棠奖”。小贵口、二兴营等5个村获评省市级美丽乡村。

【生态环境】 深入落实大气污染综合治理“1+18”方案，压减钢铁产能224万吨，淘汰燃煤锅炉12台。取缔整改“散乱污”企业51家，整治无组织排放工业企业60家。PM2.5年均浓度由38微克／立方米下降到32微克／立方米，提前三年完成省市下达的目标。“河长制”全面落实，修建防洪堤5千米，治理河道11.8千米，牤牛河综合整治一期工程竣工投用。持续加强饮用水源保护及水质监测，地下水水质保持稳定。着力实施生态修复，山水林田湖草工程顺利推进，新增造林、封山育林1.4万亩，森林覆盖率达到35%。

【城乡面貌】 双滦区新建改建干线公路、市政道路、小街小巷47.4千米，启动总长200余千米的乡村道路建设工程，铺设综合管网7.5千米，拆违35万平方米，新增绿地面积12万平方米，视频监控、免费Wi-Fi覆盖城乡重点区域，城市照明亮灯率和道路机械化清扫率分别达到98%和85%。美丽乡村三年行动扎实推进，建成5个省级、6个区级美丽乡村，获批“省级农村环境整治和垃圾治理示范区”创建资格。农村集体产权制度改革实现全覆盖”，西地、二兴营等5个村获评“全省农村股份合作制经济发展示范组织”。农业产业化进程明显加快，农村土地确权登记率达到省级验收标准，培育新型农业经营主体400余家，乡村旅游综合收入1.5亿元，顺利通过“省级农产品质量安全示范区”验收，获评“全市农业农村工作优胜区”。

【民生保障】 完善鼓励就业创业政策措施，免费培训城乡劳动力1650人，新增城镇就业4305人。突出精准识别，扎实开展建档立卡“回头看”，深入实施脱贫攻坚八项举措，1034人稳定脱贫。大幅提高参保标准，城镇居民低保由每人每月450元提高到550元，农村居民低保由每人每年2800元提高到3500元。城乡居民社会养老保险参保率98.6%，9129人领取养老金，基础养老金由每人每年960元提高到1080元。城乡居民基本医疗保险财政补助由每人每年420元提高到450元。新建保障性住房485套，改造农村危房202户，866户困难家庭享受租赁住房补贴。

【社会事业】 坚持优先发展教育事业，投资2亿元开工建设西地满族中学、实验中学智能校园，完善现代教育教学设备。学前教育整体水平位居全市前列，高考成绩创历史新高。高标准通过国家义务教育均衡发展复检和省级教育综合督导评估验收，中小学区域内涵发展全市领先，第四小学被评为第一届“全国文明校园”。深化医疗卫生体制改革，基本药物制度全面落实，财政落实药品零差率补贴 1533 万元，免费体检 11752 人。双滦区获评“国家级健康促进区”。

【社会治理】 农村“四个覆盖”和城乡社区“网格化”管理全面推进，双滦区获得“全国农村社区治理实验区”创建资格。全区信访信息系统应用实现全覆盖，信访案件化解率达到 95% 以上。安全生产和食品药品安全均实现“零事故”。治安防控、交通指挥、城市管理实现多网合一、资源共享，智慧城市管理更加精准高效。荣获“全省平安建设先进县区”。

附：双滦区领导名录

中共区委书记：赵振清（满族）
副　书　记：王贺民（满族，1 月任）
　　　　　　刘　杰（满族）
区人大主任：傅云林（蒙古族，2 月任）
　　　　　　许先民（满族，2 月免）
副　主　任：徐小平（2 月任）
　　　　　　刘海峰（满族，2 月免）
　　　　　　王青春
　　　　　　周建军（满族）
　　　　　　赵素娟（女，满族，2 月任）
区政府区长：王贺民（满族，1月任代区长，2 月任区长）
常务副区长：杨玉兴（满族）
副　区　长：程彦龙（满族）
　　　　　　李长海（满族）
　　　　　　黄新民（2 月任）
　　　　　　左文娟（女）
　　　　　　董建军（挂职，9 月免）
　　　　　　高立国（1 月免）
　　　　　　张　杰（1 月免）
　　　　　　李秀宏（女，1 月免）
区政协主席：刘凤宇
副　主　席：徐小平（2 月免）
　　　　　　田　睿（蒙古族）
　　　　　　马玉兵（满族）
　　　　　　谢汉杰（满族）
　　　　　　张宝东（2 月任）
区纪委书记：孙喜明（满族）

（供稿　王乃民）

鹰手营子矿区

【概况】 鹰手营子矿区位于承德市西南部，辖鹰手营子、寿王坟、北马圈子和汪家庄 4 个镇和铁北路街道 1 个街道，总面积为 151.4 平方千米，总人口 6.2783 人，耕地面积 838 公顷，粮食产量 1655 吨。全区地区生产总值完成 36.48 亿元，同比增长 7%；规模以上工业增加值完成 20.6 亿元，同比增长 6%；其中，第一产业增加值 9861 万元，同比增长 4.2%，第二产业增加值 250390 万元，同比增长 5.8%，第三产业增加值 104580 万元，同比增长 10.5%；民营经济增加值完成 265660 万元，同比增长 6.9%。全部财政收入 2.65 亿元，同比增长 25.5%；公共财政预算收入 1.27 亿元，同比增长 15.6%；预算支出 6.36 亿元，同比增长 0.5%；年末城乡居民存款余额 304233 万元，同比增长 8.5%。城镇居民人均可支配收入 24032 元，同比增长 9.2%；农村居民人均可支配收入 9364 元，同比增长 10.2%。社会消费品零售总额完成 13.7 亿元，同比增长 10.6%。

【重大项目】 全年共安排重点项目 35 项，总投资 131.1 亿元，其中实施项目 11 项，当年完成投资 8.6 亿元。建龙集团总投资 4.6 亿元的年产 6000 吨钒氮合金项目一期工程开工建设，总投资 40 亿元的年产 85 万吨钒钛高科无缝钢管项目基本完成征地拆迁。金隅集团总投资 5 亿元、总建筑面积 10 万平方米的金隅示范小区项目完成土地招拍挂，投资 4700 万元的危废处置项目完成设备调试，投资1600万元的智能工厂项目部分子系统投入使用。积极推动怡达集团开展招商引资，成功引进和签约京企14家，总投资3.23亿元，其中半乳甘露聚糖、浓缩果汁及饮料生产线等8个项目已经开工建设，并被评为省级文化产业示范基地。航天中心医院承德分院全年收入达到6799万元，同比增长20%，医疗康养产业迈出重要一步，航天中心医院健康管理部承德分部正式运营，总投资5.6亿元的航天健康城一期项目进展顺利，同中建集团城市建设发展责任有限公司签订合同，前期各项准备工作已就绪，将于3月份开工建设。神龙山景区顺利通过AA级审批，实现A级景区零的突破。

【深化改革】 深化“放管服”改革。成立行政审批局，将16个部门单位承担的180项行政审批及服务事项划转至行政审批局，为企业营造优质发展环境，为群众提供便捷服务；“双随机、一公开”监管实现全覆盖，年度考核位列全市第一。农村集体经济股份制和土地承包经营权改革有序推进。营子村农村集体经济股份制改革试点工作取得丰硕成果，全区实现工商登记的农民专业合作社达到53家；农村土地确权工作完成年度目标任务。招商引资和产品推介工作成效显著。修订完善鹰手营子矿区招商引资优惠政策，全年引进市外资金10.9亿元；成功举办怡达省级现代农业园区承接非首都功能项目招商会，怡达等6家企业产品在首届承德旅发大会上进行展示，青果种植、胜达游艺机等4家企业进入承德市“走出去、引进来”企业发展名录。

【城乡建设】 棚户区改造项目有序推进，全面完成市下达任务，新开工200套、基本建成620套，桥南路棚改完成主体施工。持续深入推进老旧小区改造提升工作，投资1255万元对19栋老旧住宅楼完成既有建筑节能改造，投资6880万元实施供热管网改造，新增入网面积6000余平方米，铺设管网长度9.5千米，新建换热站2座。投资1600万元开通区内公交，投资520万元推进智慧城市建设，实现免费Wi-Fi城区全覆盖。深入开展全国文明城市创建活动，为承德市确保提名资格和荣获省级文明城市做出应有贡献。不断加大城市管理力度，垃圾处理率达到95%，污水处理率达到98%，道路机械化清扫率达到86%，成为全市唯一成功创建省级洁净城市的县区，滨河路公园被评为第一批省级城市文化广场。投资3000万元全力推进南沟村省级美丽乡村建设，成为承德市唯一参加全国首批“中华孝心示范村”创建工作的乡村。怡达省级农业产业化示范基地的带动作用更加明显，全区龙头企业总数达到10家；规范全区土地流转与经营，土地流转体制机制更加理顺；组建全区农业技术服务队，聘请业内专家进行技术指导，农业产业效益大幅提升，得到农民的高度认可。

【民生事业】 2017年社会事业支出占全部财政支出的86%，同比增长2个百分点。全面完成农村贫困人口建档立卡“回头看”工作，共录入系统贫困户237户、645人，年内完成脱贫25户、62人。65岁以上老人免费健康体检参检率达到69%，居民电子健康档案建档率达到76.5%，居民医保参保率达到99.7%。全区城镇登记失业率2.8%，城镇新增就业3587人，下岗失业人员再就业1024人，就业困难人员就业安置429人，农村劳动力转移就业725人，城镇新增就业、下岗失业人员再就业分别完成计划任务的120%、114%，就业困难人员就业安置、农村劳动力转移就业分别完成计划任务的107%、145%，涉军人员得到妥善安置；城乡居民社会养老保险参保率达到98%，累计发放农村、城镇低保金2382.4万元，救助各类困难人员1076人。

【生态环境】 连续开展大气污染防治、“散乱污”

企业整治、“渗坑”排查，以及“飓风”“雷霆”“利剑斩污”等多个环保专项行动，深入开展燃煤小锅炉淘汰工作，拆除生活取暖锅炉5台，在全市率先实现建成区内35蒸吨以下锅炉全部取缔淘汰。率先完成市下达的“电代煤”任务，提前完成煤炭去产能任务，强力推进工业污染防治、机动车尾气治理、扬尘综合整治，大气环境质量持续改善。全年PM2.5年均浓度值下降至52微克/立方米，同比下降14.8%，空气质量达标天数229天，比上年增加13天。大力实施京津风沙源治理项目，全区森林覆盖率达到70%以上，城市绿地率、绿化覆盖率、人均公园面积分别达到47.8%、50.3%和24.3平方米，全年未发生森林草原火灾。全面推行河长制，投资3800余万元实施老牛河环境综合整治、柳河河道整治、农村污水处理等项目。

【社会事业】 教育工作。成功举办全市中小学内涵发展现场会，中考成绩综合排名全市第一，普通高中高考本科上线率全市第一，位居全省示范性高中前列，滨河路小学被评为全国文明校园，金扇子小学被评为省级素质教育示范校，逸夫实验小学被评为省级依法治校示范校。新鹰城一中建设项目开工前各项手续基本办理完毕。医疗卫生。正式启动家庭医生签约服务和分级诊疗，完善区、镇、村三级医疗卫生机构服务体系，被评为全市医改工作优秀县区；公共卫生服务不断强化，有效防控H7N9禽流感疫情，“二孩”政策稳步推进，人口出生率7.53‰；铜城医院新建项目签定框架协议。文化旅游。实现公共文化全覆盖，跳沟村被评为第一批省级农村文化礼堂，兴煤社区被评为第一批省级社区文化家园，寿王坟镇被评为河北省宣传文化工作示范乡镇。与京津艺术家团体联合举办系列文化交流活动，促进文化互惠共享、协同发展；举办彩色周末、电影下乡等一系列文娱活动，群众文化生活不断丰富；成功举办“鹰城赏花季、美丽乡村游”“跳沟葡萄文化节”等系列活动。

【社会和谐稳定】 社会治安形势总体平稳，全年未发生命案及较大以上治安案件、刑事案件、公共安全和群体性事件，“118”社会治安立体化防控体系建成应用并得到了上级领导的充分肯定，公安分局治安大队被评为全国公安优秀基层单位，是全市唯一获得公安部表彰的基层单位，群众安全感满意度大幅提升；圆满完成全国“两会”“一带一路”峰会、党的十九大等重要节点的安保工作，是全市唯一的“三无”县区，军队退役人员全部妥善安置到位，深入研究房地产开发遗留问题，历史遗留问题和信访积案得到进一步化解；安全生产和食品药品安全形势持续稳定，全年未发生较大生产安全事故和食品药品安全事故。

【党的建设】 始终坚持集体学习制度，全年累计组织各类学习47次。深入学习宣传贯彻党的十九大精神，扎实推进“两学一做”学习教育常态化制度化，160名基层党组织书记共讲党课237次。制定出台《区委加强基层党建工作十条举措》，组织开展“讲政治、树形象、敢担当、做表率”主题实践活动，深入开展“基层党建攻坚年”行动，列支各类党建经费400余万元，基层基础不断夯实。建立县处级领导包镇（街）下村（社区）全覆盖制度，选派65名机关干部开展驻村（社区）帮扶活动，安排237名科级干部与贫困户结对帮扶，累计解决实际问题300余件。深入开展农村集体经济“破零行动”，提前一年消灭集体经济空白村。严格落实好干部标准，圆满完成区、镇两级换届工作，坚持一线用人导向，提拔重用干部23名。列支151万元干训经费，累计培训干部6000余人次，举办13期领导干部大讲堂，分两批次组织88名干部赴浙江大学培训，选派20名年轻干部参加“全市学习贯彻党的十九大精神理论读书班”的异地教学。

【党风廉政建设】 全面落实党风廉政建设主体责任，聚焦监督执纪问责，驰而不息纠正“四风”，深入开展“一问责八清理”“微腐败”专项治理行动，大力开展扶贫领域监督执纪问责工作。制定《区委巡察工作规划（2017–2021年）》，扎实推进国家监察体制改革。加强党风廉政教育，向全区所有党员印发《廉政漫画》口袋书。全年共处置问题线索65件，立案39 件，党政纪处分36人，移送司法机关2人，切实解决群众身边的不正之风和腐败问题。

附：鹰手营子矿区领导名录

中共区委书记：谷宏健
副　书　记：高浚力（蒙古族）
　　　　　　吴景新（满族，9月免）
　　　　　　牛立杰（女，9月任）
区人大主任：王　军（2月任）
副　主　任：李瑞民
　　　　　　周辅民
　　　　　　邓会民
　　　　　　孙树军
区政府区长：高浚力（2月任）
常务副区长：高春林（满族，2月任）
副　区　长：辛国勇
　　　　　　韩淑珍
　　　　　　胡连成（蒙古族）
　　　　　　吴国志
　　　　　　王　宇
　　　　　　付吉成（挂职）
区政协主席：蒋国成
副　主　席：杨永水
　　　　　　朱克玉
　　　　　　李振阳　（满族）
　　　　　　赵　妍（女，2月任）
区纪检委书记：王　明

（供稿　强　磊）

围场满族蒙古族自治县

【概况】 围场满族蒙古族自治县位于河北省最北部，辖11个镇、26个乡。总面积9219平方千米；耕地面积111599.38公顷。年末总户数202284户，年末户籍总人口533950人，其中男性278071人，女性255879人；城镇人口108469人，乡村人口425481人，户籍人口城镇化率20.31%。在上级党委、政府的正确领导下，县委、县政府坚持以党的十九大精神为引领，深入贯彻习近平总书记系列重要讲话精神，紧紧围绕“五位一体”总体布局和“四个全面”战略布局，认真贯彻习近平总书记“四个加快”“六个扎实”“三个扎扎实实”重要指示，积极践行五大发展理念，全面落实中央和省、市一系列重大决策部署，坚持“科学发展、绿色崛起、晋位赶超”工作主基调，主动适应经济发展新常态，坚持稳中求进，狠抓改革攻坚，突出创新驱动，加强民生保障，全县经济社会保持持续健康较快发展态势。全年地区生产总值实现125.09亿元，增长8%，其中第一产业实现增加值45.13亿元，增长5.7%；第二产业实现增加值33.51亿元，增长8%；第三产业实现增加值46.45亿元，增长11%，三次产业结构为36.1∶26.8∶37.1。人均GDP实现29247元（按常住人口计算），增长8.0%。固定资产投资实现137.2亿元，增长9.6%；全部财政收入实现10.3亿元，公共预算收入实现5.4亿元，分别增长26.7%、14.9%；规模以上工业增加值实现23.4亿元，增长5.4%；社会消费品零售总额52.2亿元，增长10%；城乡居民可支配收入实现22580元和7920元，分别增长8.5%和11%；节能减排工作圆满完成市下达的各项指标任务（注：以上各项数据为统计快报数据）。

【基层组织建设】 制定《关于开展“活力党支部”创建工作的实施意见》，以创建“五好党支部”

为标准，大力开展红色文化、传统文化、绿色理念、服务观念“四进支部”活动，基层党支部的凝聚力、战斗力和创造力得到有效提升。突出抓好村“两委”换届准备工作，形成312个村“两委”换届人事安排指导意见，为村“两委”班子换届打下良好基础。统筹推进基层党建各项工作，社区党支部全部升格为党总支，2个乡镇党建示范区、6个村级党建示范点打造完成。按照“一村一策”的总体思路，制定发展壮大村集体经济规划方案，通过生态补偿、股份制改造、光伏发电分红、合作社经营等途径壮大村集体经济，哈里哈村发展壮大村集体经济做法在省《基层组织建设情况通报》上刊发介绍。健全完善乡镇、社区、园区非公党建工作组织体系，选派党建工作指导员40名，非公企业和社会组织党组织覆盖率稳步提升。全面推进农村现代远程教育IPTV改版升级，完成终端站点310个，实现了远教提质扩面双提升。

【思想理论建设和舆论宣传】 思想理论建设全面提升。持续加强理论学习，建立健全理论学习通报、交流、考核制度，发放理论学习丛书1000余册，组织县委理论中心组（扩大）集中学习7次、专题研讨2次，培训人数达2万余人（次）。深入推进理论宣讲，紧紧围绕上级党委重大决策部署和县委中心工作，采取多种宣讲方式和宣传模式，向群众面对面阐释党和国家发展的理论成果和实践成果，全年组织各类宣讲活动500余场（次），受众达10万余人（次），被评为“省级理论宣讲工作站”。不断升华理论研究，组织各级理论中心组成员，围绕县委中心工作，深入基层开展调查研究，全年在市以上报刊发表理论和调研文章40余篇（次）。舆论宣传积极主动。创新宣传舆论工作的理念、内容、形式、手段，集中力量对全县十八大以来建设成就、贯彻落实十九大精神先进做法及生态文明建设、主导产业发展等方面的典型经验进行深入报道，为县域经济发展营造舆论强势，全面激发广大干部群众热爱围场、建设围场、奉献围场的内生动力。全年在市以上党报党刊、电台、电视台刊播发稿件4000余篇（次），其中在《人民日报》、中央电视台等国家级媒体刊播发稿件300余篇，完成市委宣传部上宣任务的665%，位居全市第一位。塞罕坝机械林场典型事迹在中央电视台《新闻联播》《焦点访谈》播出，助力培树的“塞罕坝精神”得到习近平总书记批示，在全国推广。

【开放引资和项目建设】 开放引资实现突破。紧紧把握京津冀协同发展和天津、唐山对口帮扶重大机遇，聚焦对接重点，扩大对外开放，深化开放引资工作成果，全年实际利用外资达到2459万美元。区域协同持续深入，借助“5·18”廊坊国际经贸洽谈会、承德市“引企进承”等各类招商活动，引进京津冀项目33个，协同发展重大事项11项，对口帮扶项目7个，总投资超400亿元，天津市及武清区落实帮扶资金1.04亿元，围场开发区合作共建框架协议签订完成。央企京企入围成效显著，引入武汉阿拉丁钱袋金融服务公司、承德亚联基金管理公司等金融类企业3家，华能朝阳湾风电场、汇源公司木兰公社等京企投资项目完成投资30.5亿元，实施国家山水林田湖工程4个，续建国投盛世、六方勤和等协同项目12个，有力支撑了县域经济发展。项目建设成效显著。以深入开展“项目建设攻坚年”活动为抓手，大力实施“11334”工程，严格落实“六个一”包保制度，畅通项目审批建设通道，项目建设创历史最好水平。项目建设持续向好，全年实施省级重点项目4个、市级重点项目30个、县级重点项目115个，完成投资195亿元。重大项目建设取得突破，总投资60亿元的皇家猎苑小镇主题酒店建成投入使用；总投资5.5亿元的三强海燕新型建材项目、总投资16亿元的北方现代物流项目、总投资5.5亿元的通用机场项目相继开工建设；总投资10亿元的围场庙宫抽水蓄能电站项目已完成项目选址论证，正在办理项目审批核准手续。

【扶贫攻坚】 脱贫思路进一步明确。突出22个深度贫困村重点，构建深度贫困村、一般贫困村、非贫困村均衡发展的“1+2+3”脱贫布局，制定《自治县深度贫困地区脱贫攻坚推进方案》、《深度贫困村脱贫攻坚总体方案》和22个深度贫困村脱贫攻坚具体推进方案及落位框架图，建立“两步走、三确保、四提升”脱贫攻坚目标，确定八大脱贫模式，健全工作保障机制。扶贫工作机制更加完善。全面开展建档立卡“回头看”工作，创新实施“三严四准五到位”工作法，在全市率先研究开发了扶贫数据信息平台。创新资金整合体系，整合各类财政涉农资金4.38亿元，集中投入到扶贫领域；创新政策扶持体系，累计向“政银企户保”金融扶贫平台注入财政资金7000万元，发放各类信贷资金达到7.86亿元，支持企业、合作社等442家，带动贫困户16706户。扶贫举措更加实用具体。深入推进“产业扶贫、基础提升、安居扶贫、智力扶贫、政策兜底”五大攻坚战役，在全县开展“党旗红、产业强、乡风美、共同富”脱贫攻坚主题实践活动，推行“到户产业＋扶贫、结构调整＋扶贫、龙头企业＋扶贫、基础建设＋扶贫、数据平台＋扶贫、生态环保＋扶贫”的“N+1”多元化脱贫模式，全面启动了“功能农业＋扶贫”“乡村旅游＋扶贫”“光伏电站＋扶贫”等十大产业扶贫工程。2016年3个易地扶贫搬迁小区全部入住，21个搬迁安置区（点）全部开工；年内实现2个贫困村脱贫出列、31909名贫困人口稳定脱贫。

【开发区建设】 制定出台开发区《主要职责内设机构和人员控制数规定》《岗位聘用办法》等工作方案，明确管理体制、主要职责、内设机构、人员控制和领导职数，人员配置基本到位，开发区行政审批局开始履行职能，“围场经济开发区投资发展有限公司”完成名称核准。围绕2018年实现“七通一平”、2020年达到“新九通一平”目标，采取政府自筹、上级政策支持、项目贷款和PPP合作等方式，实施边石线公路建设工程，硬化园区道路3千米，新建大桥1座，开发区核心区供热、供水、燃气、污水管网全部贯通，视、讯、有限宽带实现开发区全覆盖。三强海燕新型建材、汇源膨胀珍珠岩隔墙板、通用机场、东山文化产业园、承德皇家猎苑旅游文化产业园等5个项目开工建设，累计完成投资2.3亿元；沸石环保科技有限公司与韩国STG水务发展株式会社等5家企业签订战略合作协议；宇航人与国投中鲁公司、北京新华投资就果蔬深加工及高新技术成果转化产业园项目成功签约；总部经济发展战略正式启动，亚联金融服务有限公司、亚联基金管理有限公司正式在围注册，年可上交税收2000余万元。开发区入园企业总数达到98家，主营业务收入实现79.8亿元，增长31.8%，实现税收3.96亿元，增长67.2%。

【旅游康养产业】 紧紧抓住第三届河北省旅游产业发展大会承办和承德市国际旅游城市打造两大战略机遇，结合坝上精品景区打造，促进坝下旅游节点开发，科学编制《河北省围场县兰旗卡伦乡全域旅游规划》《河北坝上草原国家生态旅游度假区发展规划》《皇家猎苑小镇项目总体规划》《南大天森林生态小镇建设规划》《山湾子乡温泉旅游生态小镇建设规划》等一套规划体系，确保旅游产业项目建设的前瞻性、指导性和可操作性。结合旅发大会承办，推动旅游产品升级，深入实施全域旅游“百千万”工程，实施旅游及旅游基础设施项目15个，总投资105亿元。交通设施改造提升、智慧旅游、景区杆线入地等六大攻坚工程加速推进，全年绿化旅游廊道124.5千米，全县万家客栈农户加盟达到120户。结合旅游品牌打造，加快旅游市场拓展，成功举办承德市第二届冰上龙舟争霸赛、哈里哈文化艺术节、环中国国际公路自行车赛等宣传营销活动，组织上世满绣、百福满绣、大清猎苑、鑫达食品、承德富龙等旅游产品生产企业参加天津旅游商品大赛、中国国际旅游商品博览会等推介活动，围场旅游品牌影响力持续提升。全年接待游客278万人次，实现旅游综合收入20.3亿元，分别增长23.6%、27.4%。

【食品医药产业】 立足争创“国家有机产品认证示范县”目标，按照“壮强龙头、扩大基地、提升品牌”发展思路，扎实推进农业供给侧结构性改革，推动食品医药产业持续壮强。深化种植结构调整，新建功能农业基地2.5万亩，推广全株青贮玉米种植8万亩，发展水肥药一体化基地10万亩，压减籽粒玉米种植7万亩，成功创建“国家农业可持续发展试验示范区”。推进产业化进程，实施农业产业化项目13个，完成投资8.5亿元；支持宇航人、味来食品两家企业出口认证工作，组织承德泓辉双合、大清坊酒业等3家企业进行名优品牌产品申报，组织20余家企业参加天津农副产品展销会，全县市级以上农业产业化龙头企业达到43家。强化科技支撑，以“1135”现代农业示范区建设为引领，建设新品种新技术实验示范园区4个，引进新品种258个，示范新技术5项；建立农业综合示范园1处，引进新品种113个。持续打造“质量兴县”名牌产品，在全省“双安”工作现场会上作典型发言。

【能源环保和信息物流业】 能源环保产业支撑力凸显。围绕国家绿色能源县创建，加速推进第二个百万千万清洁能源基地建设，统筹实施总投资120.11亿元的国电石人梁、建投富丰等10个风电项目，年内完成新增装机51.55万千瓦，全县风电总装机达到291万千瓦，实现产值24.7亿元，上缴税收1.5亿元，第三个百万千瓦清洁能源基地基本建成。围绕清洁环保新型建材产业园建设，积极推进硅砂采矿权整合，引导生产企业向环保建材生产方面转型，完成全县13家硅砂企业整合入股工作；取缔洗砂场、采矿场等“散乱污”生产企业65家；引进实施新型建材生产项目2个，全县新型建材生产企业达到8家，实现产值达到2.5亿元。信息物流产业初具规模。围绕打造冀蒙商贸物流集散地目标，着力构建业态多元、方式先进、覆盖城乡、便捷通达的现代商贸物流网络体系。以园区为引领，开工建设集“产城贸信旅”于一体的北方现代物流园区项目，综合商业服务区、汽配交易中心和家具交易中心完成投资9.6亿元。以物流体系建设为支撑，实施远通蔬菜、广聚农业、雄威农业3家企业的物流标准化试点项目，完成投资3550万元；建成县级仓储物流配送中心1个、县级分拣中心1个、二级物流配送中心2个，形成较为完善的物流配送体系。以线上交易平台建设为补充，县级公共服务中心建成运转，“木兰围场”电商平台投入运营，农产品溯源体系建设获得确认，村级电子商务站达到309家，基本实现行政村全覆盖；各类市场主体达到26030户，同比增长20%。

【生态环境建设】 生态建设持续加强。积极开展自然保护区保护治理，完成生态保护红线划定修改工作，全县生态保护红线总面积调整到4521平方千米，生态功能区转移支付资金达到2.2676亿元，比上年增加497万元；伊玛吐流域山水林田湖综合治理规划编制完成，农牧交错已垦草原实施方案获得上级批复；统筹实施“山水林田湖草”、再造“三个塞罕坝”、京津风沙源治理、退耕还林、干线公路沿线绿化等11个重点生态建设工程，新建水源工程1处、水源节水工程50处，新增造林绿化12.3万亩，湿地保护1.8万亩，草场治理9万亩，治理水土流失15平方千米，小流域综合治理8平方千米，全县森林覆盖率达到58.8%。环境保护力度不断加大。建立健全县大气污染防治“1+17”环保政策体系，建立“高架源”排放清单，扎实推进“蓝天、碧水、净土、雷霆”四项行动，完成农村电代煤任务818户，取缔工业燃煤锅炉25台，清理“禁燃区”散煤经营企业102家，县城环境空气质量优良天数达到295天，PM2.5平均浓度为41.3微克／立方米，比上年同期下降12.1%。全面落实水污染防治“国10条”和“省50条”，制定并严格执行《自治县实行河长制工作方案》，总投资258万元的棋盘山镇垃圾收运体系建设项目竣工并投入运营，伊逊河四合永段河道综合治理工程全面开工，禁养区内养殖场（小区）完成取缔搬迁，整治率达90%以上，实现出境水质断面达标率和县城集中饮用水水质达标率“双百”目标。

【城乡一体协同发展】 按照“以城带乡、城乡融合”发展思路，坚定不移打好县城建设、美丽乡村建设、基础设施建设“三场硬仗”。县城建设水平明显提升。实施县城亮化、绿化、美化及小街小巷改造、老旧小区改造、房地产开发等各类城建项目29个，完成投资14亿元。县城建成区新增绿地面积18.74公顷，建成公园1处、广场2处、游园12处，常驻人口城镇化率达到40%，较上年提高2.75个百分点。城市供热能力达到430万平方米，集中供热覆盖率达到80%。深化城市管理执法管理体制改革，成立城市综合管理委员会，完成数字化城管平台八大子系统建设。加快推进“两区三边”“双违”专项整治，累计拆除县城建成区内违法建设物面积1.13万平方米。美丽乡村建设加快推进。围绕“一环、五线、六镇、多节点”规划建设目标，对旅游环线和进入景区的高速公路、棋塞、围多、御大和四御等5条旅游公路沿线村庄进行重点打造。投资6.5亿元，实施14个专项行动，打造“木兰秋狝·皇家猎苑”省级美丽乡村精品片区1个、市级美丽乡村精品片区1个、建设省级重点村37个，县级重点村30个。重大基础设施项目顺利推进。基础设施“四网重构”战略加快实施，总投资近30亿元，实施项目34个，完成投资14亿元。承克高速（围御段）项目完成社会风险稳定评估和路线方案初步设计，正在加快推进前期工作；国道G111线四合永至朝阳地段二级公路改建工程全线通车，总里程168千米、8条省县乡道路改造工程启动实施；正式开通高速直达客车，实现了承德、围场两地1.5小时直达；龙头山公交开通运行。完成总投资3900万元的农村电网改造工程和总投资近4000万元的煤改电变压器配建工程，御道口至金山岭清洁能源输送线路完成筑基41基。总投资2.5亿元的县城周边四镇一乡农村饮水安全工程铺设管道45.68千米，解决1.24万人饮水难题。启动实施“智慧围场”工程，景区、开发区、县城建成区无线Wi-Fi网络建设加快推进，基础设施支撑发展能力明显提升。

【文化事业】 持续推进文化产业创业孵化基地、大清猎文化产业园等项目建设，逐步构建集文化体验、休闲旅游、艺术创作、度假养生等于一体的文化产业发展新格局，全年引进市以上文化产业引导资金200余万元。围绕十九大精神、脱贫攻坚、社会主义核心价值观、塞罕坝精神等主题，深入挖掘满蒙特色文化，加大文艺精品创作力度，以新农村建设为背景的电视音乐《老百姓的官》在中央电视台播出。成功举办河北省第22届“三下乡”集中服务走进围场活动，引进资金、物资、项目折合23.27亿元，创历史新高。开展“推进精准扶贫、建设美丽乡村”送文化下乡活动，开展送戏、送图书、电影下乡活动4338场（次），极大丰富了人民群众的文化生活，繁荣了全县文化工作。加速推进乡村文体活动阵地建设，争取中央、省市资金3749万元，为163个村建设了村级综合文化服务中心，新建综合文体广场6个、村民文化中心3个；发放价值397万元的文体活动设备及图书2.5万册；为10所特色学校配发价值24.5万元的体育器材；投资311万元为乡镇、村配发公共文化一体机等设备，被评为“省级服务农民服务基层”先进集体。

附：围场满族蒙古族自治县领导名录

中共县委书记：刘众民（满族）
副　书　记：甄毓敏（女，满族）
　　　　　　于景国
　　　　　　侯国天（4 月任，挂职）
县人大常委会主任：杨国华（满族）
副　主　任：韩国忠（蒙古族）
　　　　　　白雅琴（女，满族）
　　　　　　段云峰（蒙古族）
　　　　　　张　开（满族）
人民政府县长：甄毓敏（女，满族）
常务副县长：侯国天（4 月免）
　　　　　　池大勇（满族，4 月任）
副　县　长：曹广明（4 月任，挂职）
　　　　　　刘继群（8 月任，挂职）
　　　　　　王金良（满族）
　　　　　　马玉文（满族，1 月免）
　　　　　　陆　媛（女，满族）
　　　　　　王占军（满族）
　　　　　　王　海
　　　　　　王国志（满族）
　　　　　　李伟光
　　　　　　石树俭（挂职）
　　　　　　彭　俊（挂职）
　　　　　　王永军（4 月任，挂职）
　　　　　　郭少伟（3 月免，挂职）
　　　　　　杜建华（9 月免，挂职）
政 协 主 席：马玉文（满族，1 月任）
副　主　席：李秀荣（女，蒙古族）
　　　　　　曲景友（满族）
　　　　　　延禹龙（满族）
县纪律检查委员会书记：
　　　　　　宋汉生（满族，1 月任）

（供稿　孙兆岭）

丰宁满族自治县

【概况】 丰宁满族自治县，位于河北省北部，承德市西部，内蒙古高原南部和冀北山地北端。西靠张家口市的沽源县和赤城县，东连围场蒙古族自治县和隆化县，北接内蒙古自治区多伦县，南临滦平县和北京市怀柔区。总面积 8765 平方千米，耕地面积 93187 公顷，在面积上是河北省第二大县。全县辖 26 个乡镇（10 镇 16 乡）1 个街道办、309 个行政村。年末，全县户籍人口 407151 人，其中城镇人口 97389 人、乡村人口 309762 人，人口总数比上年减少 3945 人（县公安局对死亡人口销户，核定出实际人口数），人口自然增长率 5.7‰，比上年增长 0.59 个千分点。全县地区生产总值（GDP）1148725 万元，比上年增长 7.09%。其中，第一产业增加值 283349 万元，比上年增长 6.5%，第二产业增加值 440585 万元，比上年增长 7.2%，第三产业增加值 424791 万元，比上年增长 7.2%。三次产业比重由上年的 25.6：38.3：36.1 调整为 24.7：38.4：36.9。单位 GDP 能源消耗总量 67.53 万吨标煤。民营经济完成增加值 844024 万元，比上年增加 36751 万元，增长 7.2%，占全县地区生产总值比重为 73.5%。粮食总产量 164862 吨，比上年增加 6014 吨，增长 10.5%。财政收入 121168 万元，比上年增加 13.5%；人均财政收入 2565 元，比上年增加 11.3%；财政支出 353673 万元 ，比上年增长 13.6%。城市空气好于二级的 360 天，空气质量达标率 98.63%，轻微污染 5 天，污染率 1.37% 。全社会消费品零售总额 445002 万元，比上年增长 15.4%。全社会固定资产投资 1454891 万元，同比增长 7.6%。年末在岗职工工资总额 105251 万元，比上年减少 5826 万元，下降 5.25%；在岗职工平均工资 49208 元（含劳务派遣），比上年增加 4676 元，增长 10.5%。城镇居民人均可支配收入 21706 元，比上年增加

1720元，增长8.6%。农村居民人均可支配收入7614元，比上年增加785元，增长11.5%。年末城乡居民存款余额108.3579亿元，比年初增加11.0136亿元，增长11.3%。

【政治理论学习】 把深入学习宣传贯彻党的十九大精神作为首要政治任务，切实用习近平新时代中国特色社会主义思想武装头脑、指导实践、推动工作。牢固树立“四个意识”，自觉维护以习近平同志为核心的党中央集中统一领导，旗帜鲜明讲政治，进一步增强政治自觉、思想自觉和行动自觉，坚决维护和捍卫习近平总书记在党中央和全党的核心地位。坚决用党的十九大精神统一思想、凝聚共识，通过邀请北大岳庆平教授到丰宁宣讲、县级领导带头到基层宣讲、理论中心组学习、召开十九大精神培训班等形式，组织各级干部真正学通弄懂做实十九大精神；安排县处级领导到联系乡镇向基层党员干部群众宣讲，带动各乡镇、县直各部门到基层开展集中宣讲，推动党的十九大精神深入人心、落到实处。不断加大干部培训力度，全年共组织县委理论中心组集中（扩大）学习5次，受训2000余人次；组织3期科级领导干部集中轮训班，各级各类宣讲113场次，直接受众14000多人次；组织赴北京大学举办选学培训班3期，培训县级领导、乡镇党政正职、县直部门“一把手”150余人。扎实推进“两学一做”学习教育常态化、制度化，通过开设“领导干部大讲堂”，建立领导干部讲党课制度，创新载体“深学”，聚焦问题“真改”，完善制度“实做”，以实实在在的效果，汇聚起新时代建设美丽丰宁的强大力量。

【开放项目建设】 开展“项目攻坚年”活动，全年全县安排实施123个重点项目，总投资1112.32亿元，年内计划完成投资192.34亿元。其中，省级重点项目3个，总投资239.6亿元，累计完成投资103.29亿元；市级重点项目27个，总投资514.5亿元，累计完成投资110.26亿元。随着远景智能风机装备制造产业园一期等项目投入运营，抽水蓄能电站等一批大项目加快建设，县域经济发展实力不断增强。成功举办县庆、自治县成立30周年成果展和省政府现场办公，共争取支持项目308个，支持资金156亿元；与14家企业共签订项目14个，总投资378.18亿元，为县域经济发展注入强劲动力。

【协同发展】 紧抓京津冀协同发展的重大历史机遇，强化对接，深化合作实现新突破。园区建设提质增速。以河北丰宁经济开发区为平台，主动承接北京非首都功能疏解，到年底，园区入驻重点工业企业达到38家，京北中小企业总部基地入驻企业47家；全年实现主营业务收入99.8亿元，同比增长64.1%。推动总投资44.8亿元的住总万科装配式建筑、合肥常青汽车配件项目等一批财源性项目入驻丰宁经济开发区。民建和各部委帮扶再添新动力。民建中央领导指导扶贫工作，在项目、资金、政策等方面给予帮扶。开展乡村医生培训、送医下乡和领导干部培训活动，改善贫困地区教育医疗卫生条件，有效提升单位部门抓发展的水平。农业部、北京市相关部门帮扶力度不断加大，成效日益明显。怀柔丰宁一体化加快推进。开展怀柔丰宁两地各级领导互访和企业对接活动，实现两地互派领导挂职锻炼；在产业、旅游、生态、劳务协作等7个方面建立合作机制；怀丰一体化进程取得了实质性进展。

【绿色发展】 立足京津冀水源涵养功能区建设，秉承生态立县、生态优先的发展理念，将生态优势打造成县域经济发展核心竞争力。生态建设稳步推进。继续争取和实施京津风沙源治理等重点项目，争取和实施国家投资的潮河上游国省干线绿色廊道工程；结合创建国家级园林县城，大力度实施社会造林；实施草地围栏封育、退耕还林还草、改良饲草基地等工程。全年，完成造林20万亩，打造万亩规模工程1处，千亩精品工程15处；完成草原治理22万亩，打造5个万亩连片示范区。生态治理力度加大。构建政府为主导、企业为主体、社会组织和公众共同参与的环境治理体系，把生态建设责任落实到党政主要领导身上，明确到具体人头上。坚决取缔潮、滦河干流河道采砂，“河长制”得到全面落实，水质达标率保持100%。制定了符合全县实际的“1+18”治理方案。电代煤、气代煤等重点工作强力推进，全年空气质量达标天数278天，大气环境质量持续保持京津冀领先水平。生态效益日益显著。大力发展“生态＋产业”，用发展理念让生态释放效益，将生态优势转化为经济优势。重点发展林果、苗木、有机农业和生态旅游业。其中，新建特色果品、苗木基地5万亩，打造出5个经济林精品示范村；累计投入资金7.5亿元，新启动24个有机园区建设。北京二商等大型国企纷纷与丰宁县签订合作协议，优质农产品打入北京高端市场。旅游产业提档升级。以承办省第三届旅发大会为契机，通过实施一批高端的新业态项目，引入现代旅游运营和管理模式，带动全县旅游向更高层次迈进。突出精品意识，打造旅游亮点。精心谋划总投资135亿元的11个项目，沿坝上御大公路沿线，重点打造“四个组团项目、三大风景片区、多个旅游节点”，1号风景大道初具雏形。成功举办国际公路自行车赛及国际马术系列赛事活动。丰富旅游业态，补齐景区短板。着力发展“旅游＋养生养老、体育健身、文化娱乐、农耕体验”等新业态，推进各业态深度融合发展。补齐道路交通、电力、通信等方面短板，全面提升旅游基础设施和公共服务设施建设水平。加大旅游从业人员培训力度，提升旅游产业发展软实力。优化发展环境，营造全域旅游氛围。以落实“九项工作制度”为抓手，全力为旅游产业发展营造好的环境。实行项目代办制、七人小组会商制，营商环境得到逐步改善。加大宣传推介力度，强化形象设计，努力形成特色鲜明的“丰宁旅游记忆”。

【全面深化改革】 深入推进重点领域改革，不断激发县域经济发展活力。全年安排县级改革任务228项，完成188项。体制改革不断深化。深入推进“放管服”改革，行政审批局挂牌成立，全面推行“多证合一、一照一码”，开展重点项目和为民服务全程代办，政务服务效率和群众满意度明显提高。积极推行公立医院绩效考核办法，被市政府授予“医改工作先进县”称号。实现贫困人口先疹疗后付费和医疗保障救助“一站式”结算报销。市场运作不断深入。以大元国控公司为平台，通过参与项目建设、产业引导等方式，全年流转资金6.5亿元。通过成立国有资产控股公司，发挥国有资本在城市建设、产业扶贫、城市管理等方面的服务作用。创新引领不断加强。推行光伏扶贫竞标模式，以带动贫困户为主要标准，实现光伏电站多带动1800户贫困户。创新加油站招商方式，采取竞争性磋商，对建设土地进行公开拍卖，增加土地出让收益。创新土地出让方式，北部新城九龙生态城项目用地综合出让工作稳步推进。

【精准扶贫】 坚持以脱贫攻坚统领全局，按照“六个精准”“六个一批”要求，举全县之力决战决胜脱贫攻坚。精准识别圆满完成。认真开展建档立卡贫困人口精准识别“回头看”，重新精准确定建档立卡贫困户25810户、贫困人口56526人，打牢精准扶贫的基础。发挥扶贫产业引领作用。开展“产业扶贫全覆盖攻坚年”活动，制定出台脱贫产业全覆盖支持政策，支持奶业、蔬菜、杂粮等特色产业发展。全年全县共实施乡镇扶贫重点项目202个，总投资16亿元，年内完成投资 12.2亿元。全县扶贫产业项目累计达到495个，涉及30710户建档立卡贫困户，覆盖率达到83%，全年带动贫困户户均增收1560元。集体经济增长率实现突破，年内共消灭空白村100个。

驻村工作组帮扶成效明显。建立精准脱贫驻村帮扶台账，实现贫困村、贫困户全覆盖。“五包一”“三包一”工作派出单位领导累计到帮扶村调研79次，直接投入的帮扶资金1832.58万元，物折款362.43万元，协调资金7583.7万元。帮助谋划实施种植、养殖等各类扶贫产业项目101个，带动2200多贫困户实现脱贫，涌现出一批可推广复制的扶贫产业模式，受到贫困户广泛认可。各项扶贫政策得到全面落实。10个安置项目中，3个已达到入住条件，其余均按时序进度推进。易地扶贫搬迁“五区同建”模式稳步推进。生态脱贫、教育扶贫、医疗脱贫、社会保障脱贫等各项扶贫政策全面落实，有效保障贫困群众的正常生产生活。

【城乡统筹】 县城建设扩容提质。实施投资6.88亿元的潮河流域县城段“一主四副”综合治理工程;实施县城道路畅通工程，优化城市路网结构，迎宾路、爱民街东延工程竣工通车，胜利街拓宽改造完成，提高县城通达度；同步加快供水、供热、燃气、电力等基础设施建设，城市功能更加完善。美丽乡村成效明显。按照“四美”标准，坚持把做美居住环境与生态建设、扶贫开发、特色产业、文化传承结合起来，突出精品引领，以美丽乡村助推城镇化。投入资金7.14亿元，完成对46个重点村建设任务，其中打造省级精品村13个,市级精品村19个。基础设施协调推进。年新增节水灌溉面积2万亩，解决2.04万人饮水安全问题；投资1亿元，对农村电网进行升级改造；张承高速县城连接线、省道半虎线“三改二”等道路竣工通车；投资1.6亿元，建成农村公路476千米,县域基础设施瓶颈得到有效缓解。不断提升群众获得感。涉及交通、电力等方面的30个民生项目扎实推进，共计完成投资30亿元。教育质量提升工程取得较好成效，高考成绩实现历史性突破；持续加大教育投入，落实义务教育保障资金4217万元；第六小学、第四幼儿园相继投入使用。全县公立医院改革通过省级验收，医疗服务能力不断提升；在全市率先实施村医定向培养工程。就业和社会保障工作扎实推进，全年城镇新增就业3800人；培训农民工6275人，其中贫困人口3750人。

【社会环境】 准确把握新时期社会管理的特点和规律，靠前服务、主动作为，以法治思维和法治手段，整合调动各方力量，积极营造公平正义、和谐稳定的社会环境。平安丰宁建设扎实推进。始终把维护社会稳定作为压倒性的政治任务，圆满完成全国“两会”、“一带一路”国际合作高峰论坛、十九大等特殊时期安保工作。坚持以解决问题为核心，扎实做好领导干部接访、约访、下访和包案化解等工作，有效化解一批疑难信访案件。坚持安全生产和食品药品安全常抓不懈，全年没有发生重特大安全生产事故和食品药品安全事故。有力地维护全县大局的和谐稳定。深入开展法治丰宁建设。邀请河北律师管文军及县内法律工作者解读各类法律法规，全力提升常委班子的法律素养。创新和完善行政管理、行政执法运行机制，与北京雨仁律师事务所合作，不断提高依法行政的能力和水平。大力开展全民法制宣传教育,全面推进实施“七五”普法,积极推进“互联网+法制宣传”；抓住“12·4”宪法宣传日等重要时间节点，开展送法下乡、送法进社区、送法进校园等活动,在全社会营造“尊法、学法、守法、用法”的良好氛围。社会文明程度明显提高。牢牢把握党委对意识形态领域的领导，认真履行好“党管意识形态”的政治责任。牢牢掌握新闻舆论的主动权，抓住县广播电视台、政府门户网站等舆论主阵地，积极培育和践行社会主义核心价值观，培树宣传先进典型，高扬主旋律，凝聚正能量。推动文明县城、文明村镇、文明社区、文明单位、文明家庭、文明校园创建全覆盖，打造丰宁新形象。扎实推进文化体育事业和产业发展，增强丰宁文化软实力。

【基层党组织建设】 开展“领导班子建设和干部素质能力提升年”活动，建设政治坚定、务实开拓的坚强领导集体和忠诚担当、善谋实干的党员干部队伍。开展“督考问用机制深化年”活动，改进和完善了综合考核评价体系，坚持科学设定考核指标，强化考核结果运用，督出干劲、考出实绩。坚持重品行、重实干、重公认的用人导向，全年共调整3个批次、226名干部，使一批为人正派、踏实肯干的干部走上重要岗位。圆满完成县乡换届任务。开展“基层党组织建设攻坚年”活动，不断增强农村党组织的凝聚力、战斗力、创造力。通过实施“双百双千”“素质提升”“争创达标”三大工程，打造出一批高质量的党建示范点、党员创业示范基地、村级标准化阵地。开展党员干部与贫困群众结对帮扶、“五好党支部”创建等活动。建立绩效奖补机制，加大对村班子的考核力度，财政拿出600万元奖金，奖励工作成效突出的村班子，激发村“两委”干部抓工作的积极性。扎实开展“脱贫攻坚党旗红”活动，培树黄旗镇城根营村等一批党建促脱贫的先进典型。党员干部抓落实成为鲜明导向。从县级领导做起，带头践行抓落实的工作导向，深入一线，靠前指挥；县四大班子领导落实县级领导分包项目和重点信访案件责任制，主动上手、亲力亲为；各乡镇、县直各部门敢于担当、主动作为。全县上下切实将党的十九大精神和中央、省市委作出的重大决策部署，迅速转化为各级各部门抓落实的具体行动，为各项工作顺利推进注入强大动力。

【全面从严治党】 坚持以构建惩治和预防腐败体系为重点，把党风廉政建设和反腐败斗争引向深入。认真落实党风廉政建设主体责任。坚持把党风廉政建设当主业来抓，实施网格化管理、图标式分责、链条式传导、反向追责。锲而不舍落实中央“八项规定”和实施细则精神，深化“一问责八清理”“基层党风政风清洁行动”，推进“微腐败”专项治理；深入开展扶贫领域腐败和作风问题专项整治，加大对扶贫领域执纪监督问责力度，推动全面从严治党向基层延伸。加大查办案件力度。用好“四种形态”，强化精准执纪，不断提升监督执纪质量。始终保持惩治腐败的高压态势，严厉查处违规违纪案件，巩固反腐败斗争压倒性态势。全年全县共受理信访举报602件，立案253件，结案253件，纪律处分272人，移送司法5人。充分发挥巡视巡察利剑作用，形成震慑。严格执行领导干部廉洁自律的各项规定。按照党风廉政责任制和党员干部廉洁自律准则，认真遵守有关规定。

附：丰宁满族自治县领导名录

中共县委书记：方志勇（满族）
副书记：杨宪军（满族）
庄爱新
县人大主任：刘海平（满族）
副主任：宋国文（满族，1月免）
杨瑞满（满族，1月免）
应翠平（女，满族，）
李兆春（满族）
孙明臣（满族，2月任）
孙瑞芳（女，满族，2月任）
县政府县长：杨宪军（满族）
常务副县长：何元武（满族，2月任）
副县长：孙海丰（满族，1月免）
宋宇宁（1月免）
桑爱民（2月任）
张立民（满族，2月任）
张胜勇（2月任）
薛宏霞（女，满族，2月任）
林树刚（蒙古族）
张宁生（女，挂职，2月免）
胡艳春（女，挂职，8月免）
刘占峰（挂职，4月任）
李文合（挂职，4月任）
万军（挂职，11月任）

张煦笙（挂职，12 月任）
县政协主席：赵　林（蒙古族，1 月免）
郭　锐（满族，2 月任）
副　主　席：张建兴（蒙古族）
丛雁飞（满族）
韩世君（满族）
王　和（满族）
县纪检委书记：李文江

（供稿　刘竞元）

隆化县

【概述】 隆化县下辖 25 个乡镇、357 个行政村、5 个居委会；总面积 5497 平方千米，农作物播种面积 62995 公顷，粮食作物播种面积 38960 公顷，粮食总产量 26516 吨，同比下降 4.95%；总人口 446918 人，人口自然增长率 −6.5‰；年生产总值 132.9 亿元，同比增长 7.1%，其中第一产业增加值 32.2 亿元，同比增长 5.3%，第二产业增加值 53.9 亿元，同比增长 4.6%，其中工业增加值 43.5 亿元，同比增长 5.5%，第三产业增加值 44.8 亿元，同比增长 12.6%；城镇环境质量明显改善，集中饮用水资源地水质达标率 100%，全县空气质量二级以上天数达到 274 天；完成全部财政收入 8.2 亿元，同比增长 16.9%，其中公共财政预算收入 3.7 亿元，同比下降 0.5%，公共财政预算支出 28.4 亿元，同比增长 20.7%；社会消费品零售总额 47 元，同比增长 10.2%，固定资产投资 161 亿元，同比增长 6.1%；在岗职工 14787 人，同比增长 −15.3%，在岗职工工资总额 83222.5 万元，同比下降 5.08%，职工人均工资 56178 元，同比增长 17.9%；农民人均可支配收入 8068 元，同比增长 11.2%；城镇居民人均可支配收入 24037 元，同比增长 8.4%；年末城乡居民储蓄存款余额 152.3 亿元，同比增长 17.1%。

【经济实力】 坚持做优增量与调整存量并举，抓开放、上项目，抓运行、促提升，全县经济实现稳中有进、稳中向好。抓企业，稳增长。深化“企业帮扶年”活动，以问题为导向，采取“一企一策、减税降费、产销对接”等系列措施，帮助企业解决困难，实现平稳运营。取消、免征、停收政府性基金收费项目及行政事业性收费项目 36 项，实现 4 家企业电力直供，进一步降低企业生产成本。搭建融资平台，打通“最后一公里”，促成银企对接融资 3.48 亿元，众成、汇德通达、新奥博、金富达建材等 19 家企业复产，规上工业企业开工率达 78.7%；全年预计完成产值 118 亿元，增长 16.8%；增加值 34 亿元，累计增速达 5.5%。抓开放，扩总量。以京津冀协同发展为契机，精心谋划、有的放矢、精准对接，积极参加“承德市（深圳）招商推介暨合作项目签约仪式”“百家京企津企进承德”等大型招商活动，全年引进经济联合项目 41 个、技术项目 13 个，引进县外资金 31 亿元。31 个重大项目和事项列入省、市协同发展规划盘子，华电集团风电开发、远通钛磷硫一体化、拾得大地温泉文化旅游小镇等 55 个、投资 644.8 亿元项目签约落地。抓项目，增后劲。整合县级领导及部门力量，强化包保责任，定期问效、对单交账，全年实施千万元以上项目 240 个，亿元以上项目 98 个，分别增长 4.17% 和 11.11%。县级领导包保的 85 个重大项目全部达到预期。格林鲜玉米养生速溶粉、气象观测站等项目主体工程建设完成；沃田数字生物有机肥加工生产、皓业光伏发电、亿福农业生态园等项目加快推进；郭家屯温泉特色小镇、中广核风电开发等项目开工建设，后发优势正在形成。

【深化改革】 坚持把深化改革作为破解发展难题、厚植发展优势的制胜之举，突出重点，攻克难点，打造亮点，扎实推进经济、生态、文化、社会等 8 方面改革，成效明显。研究部署改革任务53项，出台改革文件14件，实施上级改革试点10项。抓好“放管服”改革，组建县行政审批局，明确划转行政审批事项295项，对应衔接国家省市取消行政许可事项13项。全力做好环保监测监察执法垂直管理工作，积极落实“多证合一、一照一码”“双随机、一公开”等改革任务，优化政务服务，改善营商环境，新增市场主体3150户，增长20.4%。加快农村综合改革，确权登记土地面积达76万亩，农村产权交易平台建成投运。成功争创全国农村集体三资管理示范县、全国首批有机产品认证扶贫试点县、全省农村集体产权制度改革试点县，相应工作有序推进。

【转型升级】 以提升发展质量和效益为核心，在传统产业优化升级和新兴产业培育上下功夫，形成新支撑，实现新突破。突出重点，做大现代装备制造业。着力集聚资源、扩大规模、延伸链条，打造优势品牌，向中高端市场迈进。承德高中压阀门管件集团入围“三桶油”标段，金属3D打印粉末、宽幅带箔材加工等项目主体工程完成，金风电控、新风风力、悬挂输送机等企业订单大幅增加，发展势头较好。全年装备制造业产值达35.3亿元，占规上工业总产值比重29.9%。创新挖潜，提升资源综合利用产业。以打造县域经济“升级版”为主攻方向，充分利用人才科技力量，通过创新驱动，推进新旧动能转换。兴隆矿业、柏通矿业综合选磷投产运行，壹龙建材、大昌矿业150万吨铁精粉升级改造等项目进展明显，龙台酒业、畅隆中药材、中能昊龙天然矿泉水等开发项目稳步推进。扶持建立科技示范基地4个，研发中心7家，引进科技成果4项，荣获市级科学技术进步三等奖。工业技改投资26.4亿元，增长10.9%。

【现代农业】 强化特色，大力推进现代农业。从供给侧入手，围绕农业“一主两辅”产业，加快结构调整，提高产品层级，共压减玉米种植面积3.63万亩。发展适度规模经营，着力建设1个省级园区和3个市级园区，覆盖全县70%的乡镇，省、市级龙头企业44家，农业合作社450家，产业化经营率达69.8%。以冀康商贸肉牛深加工等项目为带动，延长产业链条，打造特色、叫响品牌，“隆化肉牛”被评为“2017最受消费者喜爱的中国农产品区域公用品牌”，“隆泉大米”荣获第十八届中国绿色食品博览会金奖。

【文化休闲旅游业】 彰显优势，加快文化休闲旅游业发展。以建设热河皇家温泉文化旅游区为重点，坚持文旅融合，强化多元投入，推动“景点游”向“全域游”转变。依托华人频道大力推介隆化，成功举办第三届温泉民俗文化节、第五届醉美红叶节等活动，完成董存瑞烈士陵园改造提升，枫水湾国际森林温泉城三期、七家温泉行馆、月亮湾二期、天域温泉二期、明珠国际温泉等项目加快建设，总投资120亿元的俄罗斯风情小镇项目落户隆化。全年共接待游客175万人次，旅游综合收入14.5亿元，分别增长20.7%和31.8%。

【现代物流业】 立足定位，积极培育现代物流业。以建设国家级电子商务示范县为机遇，依托“互联网+”，努力打造“服务京津、辐射辽蒙”的区域性物流集散中心。鸿兆农工贸、广利商贸冷链物流等项目建设完成，怡阳“两仓”及跨境电子商务园、隆丰冷链物流转运中心投入使用，覆盖全县的电子商务网络“鸿兆惠农购”正式建成，“隆化新农网”“移联网信”等网络销售平台稳定运营。

【脱贫攻坚】 以“1661”脱贫攻坚战略为抓手，靶向施策、下足功夫，全年实现10481户、27183人稳定脱贫。坚持精准发力，夯实工作基础。紧盯“精准”两字，不设比例、不设规模，集中时间、集中力量，全力开展“建档立卡”回头看，坚持“机构、领导、人员、责任”四落实，确保“符合条件的一户不漏、不符合的一户不进”。10月份接受省第三方评估，抽样漏评率1.81%、错评率1.89%、错退率1.31%、群众满意度达98%以上，评价结果排位全省领先。同时，认真开展扶贫领域腐败和作风问题专项治理行动，围绕扶贫资金使用、易地扶贫搬迁、危房改造、低保五保等方面，从严从实监督执纪问责，有力促进扶贫政策精准落地，进一步奠定工作基础 。突出产业扶贫，多措并举推进。牢牢抓住产业脱贫这个根本，坚持以金融支撑促进产业落地，全年累计发放贷款3.15亿元，覆盖贫困户5000余户，新建各类养殖园区（基地）165个，新增肉牛1.8万头、蔬菜1.1万亩、中药材1.3万亩、草莓2000亩、大榛子5000亩，23个深度贫困村实现产业全覆盖，其他贫困村覆盖率达85%。加快推进光伏扶贫，22个村级光伏电站并网发电，1100户屋顶分布式光伏发电建设完成。同时，解决42个贫困村1.24万农村人口的饮水安全问题，完成2016年下达1275人易地搬迁任务，3个集中安置小区和19个集中安置点开工建设，3949户农村危房改造任务开工建设，落实医疗保障救助资金4600多万元，“雨露计划”“三免一补”等工程惠及贫困学生6814人。深化活动开展，汇聚脱贫合力。认真落实省“五包一”帮扶工作联席会议制度，召开联席会议4次，强化与环保部等帮扶单位对接，与天津津南区签订《实施携手奔小康行动协议书》，为脱贫攻坚注入强大动力。深化“脱贫攻坚党旗红”活动，创新“支部＋经合组织”“党小组＋园区”等扶贫模式，组建合作社党支部37个、党小组152个，促进党建与产业发展无缝对接。按照每人帮扶3～5户贫困户标准，结成帮扶致富对子2.8万余个，实现帮扶全覆盖。

【城乡面貌】 突出以城带乡、城乡一体化建设，努力促进人口集聚、产业集中、功能集成，城乡面貌明显改观。提升县城品味。统筹“规划、建设、管理”三个环节，以县城建设“三年攻坚行动”为抓手，启动阀门厂周边南北片区、西山片区、交通局家属楼等棚改拆迁项目，大力推进尚城国际、景怡河西新区、鸿兆商住小区等6个房地产开发项目，全年共销售商品房2725套。着力完善市政基础设施，加快张承高速公路隆化连接线、省道承围线等道路建设，实施北安路、振兴路、兴洲路等7条道路拓宽改造，完成县城主要排水管网加密，加快实施县城亮化、公厕改造以及滨河公园提质等工程，不断完善市场化管理机制，庙山污水处理厂、龙霄供热第二热源厂投入运营。全年新增绿地面积23.79公顷，全县城镇化率达41%。做大承载能力。以深化经济开发区改革为动力，进一步优化“一区四园”产业布局，通过引入社会资本参与建设，基础设施达到“九通一平”标准。全力破解要素制约，制定入园优惠政策，健全“土地入股”经营方式，减轻企业投资压力，北戎牛业一期、金富达混凝土路面砖等项目建成投产，三强集团物流、钛能轧钢、裕民白荞面等项目有序推进。年底，开发区规模以上入园企业达42家，全年实现主营业务收入109.2亿元，增长19.19%。打造美丽乡村。把美丽乡村建设与新型城镇化、乡村旅游、精准脱贫相结合，以“十四项专项行动”为核心，投资2.4亿元，高标准、高质量建设40个省级美丽乡村重点村，完成通村公路236.4千米，所有行政村实现4G网络、光纤全覆盖。热河皇家温泉美丽乡村片区成功争列省级美丽乡村精品片区，田家营村、西地村等8个村被评为省级精品村，韩三沟门村、郑家沟村等9个村被评为市级精品村，七家西道村获得“中国十大美丽乡村”提名奖。

【民生福祉】 始终把民生工程摆在突出位置，率先考虑，加大投入，全年落实各类民生保障资金21亿元，占全部财政支出的92%，同比增长8.2%。坚持优先发展教育事业。着力推动城乡义务教育一体化发展，高度重视农村义务教育，全面落实农村学生享受营养餐计划，累计投资2.25亿元，实施学前、改薄、周转宿舍、义务教育工程等7大类43个校建项目。隆化一中迁建项目完成主体工程，并成为“河北工业大学优秀生源地”，天卉中学、华冠学校、下洼子幼儿园等投入使用，第五小学、特教学校、民族幼儿园项目加快推进，教育布局日益优化，产教城进一步融合。回民小学等3所学校被评为“全国新教育实验先进学校”，顺利通过义务教育发展基本均衡县国家评估。加快构建公共服务体系。不断深化公立医院改革，县、乡、村三级医疗机构全部纳入“医共体”管理范围，“分级诊疗”体系初步形成。加大卫生基础设施投入，妇幼保健院外迁项目投入使用，湾沟门、七家、西阿超等10所乡镇卫生院业务用房和附属设施开工建设，县医院迁建项目加快推进。全面落实两孩政策，人口出生率10.41‰，自然增长率5.82‰。进一步完善覆盖城乡的基层公共文化设施网络，建立健全文化发展机制，25个乡镇文化站、362个农家书屋全部建成使用，新增乡村少年宫3所。少府村、安州街道兴化社区分别入选省级农村文化礼堂和社区文化家园。着力提高社会保障水平。大力支持和引导就业、创业，全县城镇新增就业4580人，城镇登记失业率控制在4.4%以内，高校毕业生就业率达90%以上。社会保障体系不断完善，城乡居民医疗保险、养老保险参保率均保持在95%以上，城乡居民医疗保险实现信息系统与医院管理系统互联互通。城市低保标准提高到每月550元，农村低保标准提高到每年3500元，人均月补差标准分别达到300元和185元。全年发放各类保障资金1.12亿元，同比增长16.3%，惠及困难群众2.9万人，救助受灾群众2.1万人次。

【生态环境】 着眼京津冀水源涵养功能区定位，牢固树立“两山”理念，力求实现经济发展与生态建设互促双赢。打好蓝天保卫战。全面落实省、市“1+18”方案及“七个专项行动”，强力推进“减煤、治企、抑尘、控车、增绿”攻坚战。完成农村电代煤、气代煤1300户，治理“散乱污”企业19家，取缔采暖锅炉120台、工业锅炉9台，秸秆综合利用企业发展到20家，完成10家重点矿山企业绿化，54辆纯电动公交车投入运营。全年空气质量好于二级以上天数达274天，同比增长19天，PM2.5日均浓度40微克／立方米。狠抓水环境整治。严格实施“河长制”，扎实开展水环境综合整治行动，加大水功能区和入河排污口监管力度，取缔采砂场99处，整治入河排污口2个，清理河道37千米。重点推进武烈河上游河道（韩麻营段）清理、伊逊河水污染防治、伊兴湖公园综合改造提升等项目，滦河、伊逊河出境水质均达到Ⅲ类标准，武烈河水质达到地表水Ⅲ类标准，全县集中饮用水水源地水质27项指标稳定达标，境内水环境不断改善。加强生态化建设。以生态县创建为统领，全力推进京津风沙源治理、退耕还林、矿山绿化、小流域综合治理等生态工程，全年新增造林绿化面积7万亩，森林覆盖率净增0.75个百分点，治理水土流失和生态修复130平方千米。坡耕地水土流失综合治理工程列入《全国坡耕地水土流失综合治理“十三五”专项建设方案》。加强农村环境综合治理，安装分散式一体化污水处理设施300套，修建乡村垃圾池30个，韩麻营等4个乡镇垃圾卫生填埋场投入运行，中关等5个乡镇污水处理站加快建设，城乡一体环境治理体系日趋完善。

【社会治理】 把法治建设贯穿于社会治理各个方面，以有效的机制、有力的举措，积极维护社会公平正义。坚决维护社会和谐稳定。认真实施定点接访、重点约访、专题接访、带案下访和领导包案“四访一包”制度，因事制宜，综合施策，排查各类矛盾纠纷2988件，调处率达99%，顺利完成全国“两会”、“ 一带一路”国际合作高峰论坛、党的十九大等重点时期安保任务。深入开展“矛盾纠纷隐患大排查大化解”“依法打击信访活动中违法犯罪行为”“治痞除霸”三个专项行动，着力做好安全生产、森林草原防火、食品药品安全、禁毒等工作，社会大局保持和谐稳定。被授予“全国禁种铲毒先进单位”称号，被评为“河北省平安建设先进县”；信访部门荣获“全国信访系统先进集体”称号。全面加强精神文明建设。牢牢掌握意识形态工作主动权，大力弘扬“塞罕坝”精神，认真开展寻找“最美隆化人”“善行隆化孝行在身边”等评选活动，培树脱贫、公益、产业发展、大学生创业等一大批先进典型。成功举办“2017年第二届海派门球全国球友联谊赛”、全国最高法院“法治文化”走进隆化综合文艺演出等大型活动10余场。河北梆子现代戏《卧云岭》荣获河北省“五个一工程”优秀作品奖，小戏《好山好水》在唐山、邢台、邯郸等多地巡演；在隆化县内取景拍摄的农村扶贫题材影片《洋芋书记》于11月份中央电视台电影频道首播，隆化知名度、影响力进一步提升。深入推进法治隆化建设。突出严格执法、公正司法、全民守法，加快推进公共法律服务中心建设，扎实开展“法律九进”，大力推广“互联网＋诉非衔接”人民法庭工作新机制，首批法官、检察官员额制改革顺利完成，创新实行“3+1+N”审判架构模式，加强人民调解多元化建设，不断深化司法公开。全县行业调解组织达12个，专兼职人民调解员达2566名，增选人民陪审员192名，庭审直播1675次，审判流程信息做到100%公开。

附：隆化县领导名录

中共县委书记：陆文龙

副书记：李　东（满族）
王荣昌（满族）

县人大常委会主任：王胜军（满族）

副主任：李　华（满族）
赵桂华（女，满族，2月任）
李大东（蒙古族）
徐奉军（2月任）

县人民政府县长：李　东（满族）

常务副县长：迟运鹏（满族，11月免）
王东利（蒙古族，11月任）

副县长：王东利（蒙古族，11月免）
田　晟（挂职）
刘明杰（挂职，8月任）
贾一青（2月免）
龚宏光（满族）
刘　俊（满族）
任　强（2月免）
张松明（满族，2月任）
苗立国（满族，2月任）
王　慧（女，满族，2月任）
黄志冬（满族，2月任）
段雪峰（挂职）
张明磊（挂职，7月免）
李冬雨（挂职）
郝　岩（挂职）
田双喜（挂职，4月任）
张广西（挂职，7月任）
俞虹霞（女，挂职，8月任）

县政协主席：刘殿民

副主席：赵长宇（满族，2月免）
王振平（满族，2月免）
赵桂华（女，满族，2月免）
张松明（满族，2月免）
刘海明（2月任）
李　兵（2月任）
代海宏（2月任）

县纪委书记：王东利（蒙古族，9月免）
杨桂珍（满族，9月任）

（供稿　方瑞芬）

承 德 县

【概况】 承德县辖23个乡镇，1个街道办事处，378个行政村。总面积3648.1平方千米。2017年末，总户数153830户。户籍人口423726人。其中，男性221333人，女性202393人，乡村人口326311人、城镇人口97415人。全年出生人口4843人，出生率为11.31‰，自然增长率为6.08‰。实现地区生产总值140.6亿元，比上年增长7.2%。其中，第一产业实现增加值29.81亿元，增长5.6%；第二产业实现增加值64.16亿元，增长6.2%；第三产业实现增加值46.62亿元，增长9.9%。民营经济增加值97.39亿元，增长7.0%。农林牧渔业增加值56.08亿元，比上年增长5.9%。全年农林牧渔业总产值56.08亿元，比上年增长5.9%。全县农作物总播种面积60.9万亩，其中粮食作物播种面积47.1万亩，粮食总产量20.06万吨。蔬菜总产量43.4万吨，比上年增长5.7%，其中食用菌产量24万吨，同比增长9.1%。固定资产投资（不含农户）203.02亿元，同比增长5.2%。财政收入12.8亿元，同比增长22.9%。其中，公共财政预算收入6.44亿元，同比增长16.5%。税收收入10.6亿元，增长25.4%。公共财政预算支出24.66亿元，同比增长7%。社会消费品零售总额53.5亿元，同比增长9.4%。在岗职工年平均工资53540元。城镇居民人均可支配收入25395元，同比增长9.4%；农村居民人均可支配收入9971元，同比增长10.8%。年末全部金融机构各项存款余额175.9亿元，比年初增长12.6%。其中：住户存款余额为129.5亿元，比上年增长11.6%。县城环境空气质量优良，县城二级以上天数246天，PM2.5日均值为52微克/立方米。

【经济指标】 主要经济指标实现平稳较快增长，特别是全部财政收入实现大幅提升，排名从全市第五位提前至第三位。全县地区生产总值增长7.2%，固定资产投资增长5.2%，全部财政收入和县级一般公共预算收入分别增长22.9%和16.5%，规上工业增加值增长5.5%，社会消费品零售总额增长9.4%，城镇和农村居民人均可支配收入分别增长9%和10%。金融机构各项存贷款余额分别增长14.8%和28.3%。先后荣获国家级园林县城、国家级休闲农业和乡村旅游示范县等称号；成功创建国家新型工业化（大数据）产业示范基地，大数据小镇被省政府确定为全省12个重大战略转型项目之一；成功争列全省创新型县、新型城镇化、公立医院综合改革、公共文化服务体系示范区等省级改革试点县；喜获省级双拥模范县“七连冠”。

【产业发展】 农业产业化水平稳步提高紧紧围绕产业富民目标，深入推进农业供给侧结构性改革，压减玉米种植面积4.1万亩，果品、食用菌、蔬菜种植规模分别新增3.2万亩、5000万棒、4850亩，总规模分别达到27.24万亩、3.2亿棒、18.3万亩，肉鸡饲养能力稳定在7000万只。全县创建各类现代农业产业示范园11个，总面积达到3.1万亩。坚持“科技兴农”战略，加强科技成果转化推广普及，完成5家企业12个产品无公害认证，不断加强“三证一标”建设，大力实行有机、绿色、无公害农产品产地认定和产品认证，“五谷农庄”“三融”被认定为中国驰名商标，“鸿曼曼”被认定河北省著名商标，国光苹果成为全市唯一入选河北省林果地域公用品牌。全县无公害农产品认证企业达到17家，完成无公害产地认定3.2万亩。工业经济平稳运行。扎实推进供给侧机构性改革，强力推进主导产业集聚发展，着力构建绿色食品加工、新能源新材料、高端装备制造等新兴产业多点支撑，传统产业与新兴产业双轮驱动的工业发展新格局。绿色食品加工产业，9家企业完成产值15.7亿元，增长5.3%，其中，双承科技公司已荣获国家级高新技术企业称号。新能源新材料产业，国电投光伏发电等项目运行顺利，全县清洁能源发电量13661万千瓦时，河北建辰尾矿深综合利用、承德顺天5兆瓦屋顶光伏发电等项目建成具备投产条件，高端装备制造产业，铁科院高铁声屏障项目进入试生产阶段，宽温新型稀土锂离子电池等项目竣工投产或部分投产。旅游服务业势头良好。以创建全域旅游示范县为目标，高标准编制完成《承德县全域旅游规划》。初步形成了“一环两翼三镇四区”的全域旅游发展格局，即：“一环”承德市区旅游大外环，“两翼”南部山水田园休闲旅游片区和北部森林温泉康养旅游片区，“三镇”打造下板城、头沟、鞍匠三个旅游卫星城镇，“四区”白河花果采摘旅居片区、滦河—暖儿河休闲农业片区、柳河山水观光度假片区、丹霞温泉观光康养片区。景区景点建设进一步加快，唐家湾丹霞旅游景区、叮当洞等项目部分试运营，杏花峪、天奇溶洞、八家暖儿河旅游开发、彭杖子水晶葡萄小镇等项目正在进行前期工作，西山户外运动小镇项目正在深入洽谈，即将完成签约。积极发展乡村特色旅游，大力实施乡村旅游提升发展工程，被农业部认定为“2017年全国休闲农业和乡村旅游示范区”。全年旅游接待200万人次，旅游收入5.9亿元。

【项目和园区建设】 制定出台引进项目落地若干政策和引资引智奖励办法等一系列政策，进一步增强招商引力。通过开展“点对点”招商及举办“魅力承德县，走进新时代”集中推介暨重点项目签约活动，全年累计签约引进各类项目76个，总投资规模达700亿元以上。持续加大向上跑办对接力度，累计争取到位上级财政资金21.3亿元。继续推行“三定四包”和“六个一”项目机制和重点项目联席会议制度，创新实行“五账”工作法（即找问题对账、按分工认账、分节点挂账、亮红灯督账、到时间要账），项目推进合力进一步增强、力度不断加大。全年实施县级以上重点项目82个，总投资438亿元，完成投资170亿元，省市重点项目开工率和投资完成率均位居全市前列，新兴产业项目加快聚集。年内两次全市项目观摩承德县均做典型发言，项目工作得到省、市主要领导充分肯定。坚持以加快园区建设为重点，以实施重大项目为抓手，加速新动能培育，初步构建起“三园支撑、六业兴起”的产业发展格局。园区域承载能力快速提升。县高新区（下板城园区）各项基础设施建设有序推进，配套要素加快到位，园区承载能力进一步提升，协议引进云联世纪、神州数码等16家电子信息企业，产业集群效应初步凸显。县高新区（六沟园区）高铁站点建设有序推进，起步区“三纵三横”道路及管网工程加快实施，16万平方米企业孵化器通过省级科技企业孵化器评审，高铁声屏障、恺特涂装、宽温锂电池等新兴产业项目深入实施，新签约的高铁配套装备产业园等一批具有较高科技含量、较好市场前景的高端制造业项目落地工作加快推进，园区发展势态良好。临空经济区成功引入北京城市副中心投资建设集团战略投资，2平方公里核心起步区开发建设全面启动。

【脱贫攻坚】 全年实现19个贫困村脱贫出列，4638户13744人稳定脱贫，全县贫困发生率由“十二五”末的17.09%降至6.15%。抽调各级干部4847人，组成驻村工作队，扎实开展贫困人口建档立卡“回头看”工作。严格执行“六不评、五必看、六优先”要求，全面落实“八步工作法”，识别确定贫困人口36054人，其中，新识别贫困人口3887人，出台《承德县农村贫困人口动态管理机制实施方案》，实现对贫困人口自然增减动态管理。全年下达实施扶贫项目135个，总投资2.49亿元。创建各类现代农业产业扶贫示范园区11个，总规模达到3.1万亩。实施“万户阳光工程”，安装屋顶分布式光伏3409户，贫困户利益最大化模式在全市推广。第一批22个村级光伏电站全部安装完毕，实现并网发电；顺利完成2016年739人易地扶贫搬迁任务，2017年2865人的搬迁计划全面启动。加强与天津方面扶贫帮扶的联系对接，实施贫困村基础设施、生态建设、农村学校和卫生院建设等项目24个，总投资2.9亿元，其中，天津市及东丽区帮扶资金1亿元。整合各类涉农资金2.7亿元，集中用于农业主导产业、易地扶贫搬迁、危房改造、农村基础设施建设等重点领域。

【环境综合治理】 全力推进大气污染综合治理，深入落实大污染防治“1+18”政策文件，合理划定高污染燃料禁燃区，取缔燃煤锅炉43台、散煤销售点10个。在全市首推“秸秆回收利用全覆盖工程”，秸秆回收利用率达到96%以上。有序推进清洁能源取暖工程，超额完成农村“气代煤”“电代煤”任务，县城集中供暖普及率达到88.92%。统筹开展“散乱污”企业整治、施工扬尘、机动车辆污染治理，PM2.5日均值控制在52微克／立方米，县城空气优良天数达到246天。统筹推进“山水林田湖草”综合治理工程，完成绿化造林5.8万亩，森林覆盖率达到60.2%。以承秦高速沿线、普宁机场及县城周边区域为重点，强力推进露天矿山深度整治，创新采用挂网喷播植物覆绿、拉台覆土绿化等治理模式，修复山体破损面15.3万平方米，完成环保验收30家，绿色矿山示范区创建工作经验在全市推广。加快推进水污染治理，全面落实“河长制”，构建了县、乡、村“三级联动”的河湖管理保护机制。县内滦河主河道两侧非法采砂和县城规划区内畜禽规模养殖全面关停取缔，困扰多年的环境治理难题得以解决。推动制定县内主要河流“一河一策”治理方案，加快实施白河生态修复、武烈河上游农村生活垃圾处理等4个水污染治理工程，县域重点流域水环境质量总体保持稳定。

【城乡建设】 城乡规划进一步完善，大力推动“四点四区一中心”的县域城镇化格局加快构建，新杖子、石灰窑撤乡设镇工作圆满完成，全县建制镇达到12个。启动《承德县空间发展战略规划》编制及《承德县城乡总体规划（2013—2030)》新一轮修编工作，完成鞍匠镇、高寺台镇、头沟镇等7个乡镇控制性详细规划。按照“多规合一”的原则，修订风景名胜区、湿地资源及历史文化风貌保护规划，启动编制全域旅游规划，完善美丽乡村发展规划，进一步明晰做大做强县城、建设美丽宜居乡村的方向和路径。县城面貌呈现新气象。松云岭公园、滦阳湖公园基本建设完成，县城建成区新增绿地面积146.7公顷，达到329.2公顷，绿化覆盖率达到38.23%。投资4800万元，高质量实施迎宾路、板城大街、北环路等15条县城主街道路改造提升工程，受到群众普遍好评。投资1.6亿元的东区热源厂建成投用，县城集中供暖能力达到630万平方米。创新城市管理体制，组建城市管理委员会，进一步明确城市管理11项共同职责和109项具体职责，初步构建起权责明晰、齐抓共管的“大城管”格局。扎实开展城乡环境综合整治“百日攻坚”，以及“一区三边”“双违”整治等专项行动，县城面貌明显改观。乡村建设取得新成效。大力实施美丽乡村建设“1+22+33”（1个市级精品片区、22个乡镇政府所在地村、33个省级重点村）工程，加快推进道路硬化、房屋亮化、村庄绿化、环境美化以及治污、治脏等14个专项行动，改造危房515户，完成饮用水管道铺设5.14万延长米，硬化主街及巷道26万平方米，清理垃圾6.5万立方米。金融便民服务实现行政村全覆盖，有线电视、移动通信网络达到村村通，农村电网负荷能力进一步提升。总投资14.1亿元的赤曹线、承围线、高高线等干线公路全面启动建设。新建改造县乡公路25.6千米，改造村级公路188.6千米，成功创建省级“四好农村路”示范县，部分区域交通状况得到较大改善。

【社会事业】 聚集民生热点积极主动作为投入14.9亿元用于民生领域，本届上次人代会确定的各项民生实事基本完成。创业就业能力明显增强。城镇新增就业5173人，完成农村劳动力向非农产业转移6122人，城镇登记失业率下降至3.99%，高校毕业生就业率达97.3%。医疗卫生水平显著提升。深入推进县级公立医院综合改革，大力加强中医药服务能力建设，全国中医药工作先进单位创建工作顺利通过国家评审。基层医疗卫生机构和村卫生室基本药物制度全面落实，医疗保障水平进一步提高。公共文化服务体系不断完善。河北省公共文化服务体系示范区创建工作扎实推进，文体综合活动中心及全民健身中心两个项目主体工程竣工，全县文体综合广场、村民文化服务中心分别达到512个和163个，农家书屋实现378个行政村全覆盖。教育事业加快发展。制定出台支持教育事业发展的实施意见，全县教育资源布局更加合理，各行各界支持教育事业发展的氛围更加浓厚。14所农村中小学薄弱校改造全面完成，投资7.4亿元的教育园区全面启动建设。高中教育保持全市领先水平，县一中一本上线率跨入全省一流学校行列。社会保障水平进一步提高。城镇低保标准提至每人每月550元，农村低保标准提至每人每年3500元，分散和集中“五保”供养对象保障标准分别提至每人每年4550元和6000元，企业退休人员养老金实现“十三连增”。筹资3.7亿元，下决心解决失地农民期盼几十年的养老保险问题。客运提升工程深入实施。高寺台等4个乡镇客运交通枢纽建设全面完成。克服困难和阻力，县城二级客运站建设取得实质进展。承下线公交正式开通，市县同城发展进程进一步加快。安居扶助工程加快推进。安居小区一期、二期配套基础设施建设工程全部完工，330套保障房分配入住；下板城村西片区等棚户区改造工作顺利推进，并进一步谋划“城中村”提升改造扩面工作，棚改力度持续加大。老旧小区改造提升取得阶段性成果。多次研究改进物业管理的措施和办法，推动城区5个老旧小区改造提升试点工作，部分老旧小区面貌初步改观。城乡垃圾清运一体化扎实推进。县级财政对全县378个行政村卫生保洁和垃圾清运费用奖补实现全覆盖。两家乡、岗子乡、高寺台镇垃圾处理设施项目建设完成；集垃圾焚烧发电、粪肥污泥污水处理等于一体的生态环保产业园前期手续已办理完毕，开工在即。各项事业协调发展。安全生产工作全面加强，食品药品安全监管更加有力，平安承德县建设扎实推进。国防动员和双拥共建深入开展，民族宗教、外事侨务、史志档案、气象地震、妇女儿童、老龄、残疾人等工作都取得新成绩。

【社会治理】 针对社会治理领域存在的突出问题作全面安排部署。不断促进社会和谐稳定，形成良好的社会秩序，使人民获得感、幸福感、安全感更加充实、更有保障、更可持续。全力保证安全生产。深化县级党委、政府督导追责、部门行业执法、乡镇属地监管、企业自查自纠四位一体的责任体系，全面推进企业安全生产标准化和企业诚信管理体系建设，加大力度对重点行业领域的专项整治，全面遏制重特大事故发生，全县安全生产形式持续稳定并顺利通过国家、省安全生产巡查。大力解决信访隐患。以“息访息诉、群众满意”为目标。落实“一岗双责”，狠抓工作落实，加强排查，及时有效吸附稳控，多措并举，采取包案化解制度，切实解决群众信访问题。大批信访案件得到妥善化解，有效预防控制越级访、重复访、集体访和“非访”问题的发生，有力的保证社会和谐稳定。扎实推进社会治安。深入推进“热河利剑—2017”行动，及“命案必破”“打击电信诈骗”“打击盗抢骗”“打击网络贩枪”“三打击一整治”等专项行动，通过构建社会治安防控网络、加强综治基础规范化建设、信息收集研判等工作，严厉打击了易发多发的违法犯罪活动，有效推进平安承德县建设，为社会经济发展提供了强有力的保障。加强食品药品安全管理。按照以人为本、减少危害、预防为主、依法处置、统一领导、分级负责的原则，制定出台《承德县食品安全突发事件应急预案》，深入开展食药大要案件侦办工作，强化协调联动机制，清理取缔制售有毒有害食品的“黑作坊”“黑窝点”，有效维护食品药品安全。

【服务市场能力】 企业帮扶多措并举。全力推动企业降本增效，严格落实各项降税减费政策，清理环境监测服务费等政府性涉企收费7项，切实减轻企业负担。建立成长性工业企业信息库，实行动态监测、精准帮扶、重点培育，承德鼎信自动化、金瑞名邦2家企业成功在“新四板”挂牌上市。积极拓宽融资渠道，依托“河北省中小企业需求项目”数据库平台，有效对接各类股权投资基金、金融机构、社会服务机构，满足县内中小企业股权融资需求及其他服务需求。政府与基金机构合作设立8000万元的中小微企业过桥转贷基金，有效破解中小微企业转贷难题和防范、化解续贷风险。深入组织政银企对接合作，帮助企业融资20.3亿元，你发展、我服务的新型政商关系得到进一步巩固。创新发展引领转型。以成功创建河北省第二批创新型试点县为契机，严格落实《关于深化科技体制改革加快推进创新发展的实施意见》《关于加快科技创新建设创新型承德县的决定》等一系列支持科技创新的文件，大力实施创新主体培育、创新能力提升、知识产权强企、科技成果转化“四大工程”，采取政策引导、奖励辅助、技术培训等工作举措，扩大创新群体规模,全力营造更具活力的创新创业环境，引进科技成果转化6项，各类专利申请、授权达148件。高新技术企业、科技小巨人企业、科技型中小企业分别达到9家、9家和123家。加大科技研发平台建设，市级以上“众创空间”达到3个，省、市工程技术研发中心分别达到1家和14家，实现县内高新技术企业全覆盖。创新发展成为县内企业转型升级新的风向标。

【重点改革】 深化“放管服”改革，县行政审批局正式挂牌，实行政务服务事项和行政权力清单式管理，保留实施的行政权力3572项，确定中介服务事项70项，对315项行政审批事项办理流程优化再造，减少办事环节105个，大大缩短审批时限。认真落实商事制度改革，“双随机一公开”基本实现监管全覆盖，落实“多证合一”改革，全面推行“双告知”“容缺受理”制度，有效激发创业活力，全县各类市场主体达到18192个，增长14.8%。深化投融资体制改革，县国控公司等政府融资平台规范有效运行，全年完成融资17.98亿元，有力支持县内重点工程建设。以新理念引领新常态，推进重点领域和关键环节改革，在解放思想中激发活力，在改革创新中破解难题，在扩大开放中增创优势。财税金融改革全面推进。“营改增”和矿产品资源税从价计征改革工作全面落实，绩效预算改革取得显著成效，被评为河北省“绩效预算管理改革优秀示范县”。投融资体制改革不断深化，进一步规范政府投资行为，盘活存量国有资产，县国控公司、畅美生态家园等8家政府融资平台运行良好，完成融资17.98亿元，有力的保障了重大基础设施建设。深入开展“一司一县”结对帮扶行动，制定出台《关于支持企业上市的若干办法》，加大在资源保障、信贷支持等政策方面的支持力度，县内企业在多层次资本市场实现股权融资2.6亿元。河北银行承德县支行、恒升村镇银行正式营业，全县银行业金融机构达到65家，金融服务网络更加健全。农村综合改革深入推进。深化农业供给侧结构性改革，压减玉米种植面积4.1万亩，加大高效农业推广力度，推动一二三产融合发展，成功获得国家级休闲农业和乡村旅游示范县认定。农村土地承包经营权确权颁证工作基本完成，农村土地流转面积达到11.8万亩。大力扶持新型农业经营主体，全县农民专业合作社、家庭农场分别达到906家、194家。农村集体经济试点取得突破性进展，创建头沟双庙村等10个壮大村集体经济示范村。招商引资提质增量。加大向上跑办对接力度，积极争取资金支持，累计争取到位上级财政资金21.3亿元。制定出台《承德县高新区促进产业项目落地若干政策（试行）》和《承德县高新区引资引智奖励办法(试行)》等一系列文件，进一步健全招商引资政策支持。持续加大招商引资力度，通过开展“点对点”招商及举办“魅力承德县，走进新时代”集中推介暨重点项目签约活动，全年累计签约引进各类项目76个，总投资规模达700亿元以上。深入对接天津对口帮扶。与天津市合作交流办、天津市中小企业发展促进局、天津市东丽区先后4次开展深层次互访活动，相关对口部门进行13批次、100余人的互访交流和考察对接，在教育、卫生、劳务输出、人才交流等领域开展更加深入的协作。与天津市及东丽区共同谋划推进的23个对口帮扶项目，总投资2.3亿元，贫困村道路硬化、村民活动中心、农作物秸秆还田利用、白河山水林田湖生态修复、中小学旧校舍建设、易地扶贫搬迁配套等12个项目开工建设。

附：承德县领导名录

中共县委书记：齐建文
副书记：刘志琦
李建侠（女，满族，2月免）
韩　旭（女，8月任）
县人大常委会主任：许志忠
副主任：赵金瑞
吴家辅（2月免）
马江宏（2月任）
范士庆（2月免）
计德辉（满族，2月任）
李桂云（女，2月免）
黄福林（蒙古族，2月任）
县人民政府县长：刘志琦
常务副县长：白晓利（蒙古族，1月任）
副县长：杨海涛（蒙古族，8月免）
刑培林（挂职，4月任）
魏　威（挂职，8月任）
刘凤喜（挂职，8月任）
李淑金（女）
薄国平（满族，挂职）
李银
苏艳华（女，满族，2月任）
杨大伟（蒙古族，2月任）
赵宝树（8月任）
罗　骥（挂职，侗族，9月免）
张学军（挂职，9月免）
于大安（挂职，6月任）
县政协主席：冯桂琴（女，2月免）
李文水（满族，2月任）
副主席：孙德功
马江宏（2月免）
计德辉（满族，2月免）
张淑珍（女）
孟令钧（2月任）
县纪检委书记：朱铁铮（满族）

（供稿　张国华）

平泉市

【概况】 平泉市地处河北省东北部，冀、辽、蒙三省区交界处，“平泉”因清朝康熙帝见平地涌泉兴赞“圣地平泉”而得名。2017年5月26日，经国家民政部批准，撤销平泉县设立县级平泉市。平泉市域总面积3294.1平方千米，是个“七山一水二分田”的山区市，耕地面积48565公顷，总人口48.2万人，是国家扶贫开发重点市、国家可持续发展实验区、河北省统筹城乡发展试点。全市辖13镇6乡、12个居民委员会、238个村民委员会。实现地区生产总值186.73亿元、同比增长7.5%，其中，第一产业实现增加值33.72亿元、同比增长分别是6.1%，第二产业实现增加值80.60亿元、同比增长5.5%，第三产业实现增加值72.40亿元、同比增长10.3%，三次产业比重优化为18：43：39。全市共有规模以上工业企业69家，规上工业增加值53.3亿元、同比增长6.1%，增速位居承德市首位。民营经济增加值129.6亿元、同比增长8.1%，民营经济增加值占地区生产总值比重69.4%，同比增加0.4个百分点。农林牧渔业总产值55.4亿元，农林牧渔业增加值338182万元、同比增长6.1%。农作物播种面积50262公顷，粮食总产量239554吨、同比增长13.7%。全部财政收入12.75亿元、同比增长18%，其中一般公共预算收入6.46亿元、同比增长9.8%；公共财政支出33.71亿元、同比增长16.9%。社会消费品零售总额67.4亿元、同比增长11.4%，总量位居承德市各县第一位。固定资产投资202.1亿元、同比增长7.7%，位居承德市第三位。累计引进市外资金110亿元、同比增长-7.3%。出口创汇实现5372万美元、同比增长18.7%。城镇、农村居民人均可支配收入分别达到25961元、11139元，分别增长9.3%、11.5%。年末城乡居民储蓄存款余额170.12亿元、同比增长12.25%。平泉市人民政府驻地平泉镇。

【项目投资】 招商引资实现新突破。成功举办北京、天津招商推介会，累计签约中国地质大学（平泉）产学研基地、北京丰硕达农业生产物资服务中心等合作项目265个，总投资325亿元。实施平泉——西青产业园等结对帮扶项目18个，竣工投产11个；落实省政府民族县现场办公议定项目304个、资金74.8亿元，有力推动经济社会发展。累计谋划亿元以上项目238个，总投资678亿元；实施奥斯力特晶体谐振器、河北航研冷机制造等亿元以上项目101个，总投资535亿元，完成投资118亿元，其中鸿路钢构等新开工项目47个、完成投资45亿元。列入省、市重点项目31个，位居承德市前列。平泉经济开发区“四项改革”任务完成，累计完成基础设施投资1.5亿元。新增入驻企业35家，实现主营业务收入179亿元、增长45%，开发区承载项目、聚集产业能力不断增强。

【工业经济】 绿色制造、两化融合等改造升级工程扎实推进，累计实施兰泉净水设备等亿元以上生产性项目32个，总投资120亿元，其中技改升级类项目12个、完成投资48.3亿元。铁矿资源及铁选企业整合、技改升级工作取得实质性进展。平泉至天津（滨海国际机场）航线开通运营，加快平泉市融入协同发展的步伐。新增规上企业6家、高新技术企业7家，华净公司成为全省第一个国家级林业标准化示范企业。

【现代服务业】 深入实施“文化+”战略，完成《2018—2025年文化产业提升规划》《契丹文化发展专项规划》，中国活性炭科技创意城建成投用，“辽、菌、炭、酒、画”五大文化产业园稳步建设，累计完成投资5.5亿元。平泉市再获全省文化产业十强县称号。打造精品旅游线路3条，乡村旅游经营户达到320户，实现旅游综合收入10亿元。山庄酒文化产业园被评为全省唯一工业旅游示范点，平泉市成为承德市唯一全国森林旅游示范县。中华蘑菇云产业园、华北物流公共服务中心投入运营，邮乐购等电商平台便民运行；新增线上服务企业4家，食用菌、杏仁、活性炭艺术品等特色产品线上交易额达到1.5亿元，平泉市被评为国家电子商务进农村综合示范县。浙江瓯海村镇银行入驻营业。认定“亚欧”“菇芳源”中国驰名商标2件，平泉羊汤成为全省“十大不得不品特色美食”。

【现代农业】 以“做龙头、做基地、做品牌”为着力点，着力实施森源食用菌科技园、欧李深加工、振邦蔬菜深加工等千万元以上项目22个，总投资60亿元，农产品深加工取得新的进展。在稳定粮食生产的基础上，新增大田结构调整面积15.3万亩。其中，新增设施菜5900亩，直供京津市场优质农副产品25万吨。新建经果林基地2.2万亩，完成高接改优0.6万亩，打造高标准示范园10个，国家级山杏产业示范园区成功获批。新增食用菌4100万袋，“平泉香菇”获得全省十佳农产品区域公用品牌称号，入选国家特色农产品优势区；食用菌产业成为全国农产品加工业发展典型案例。全市省级现代农业园区达到3个，位居全省县（市）级之首。平泉市跻身全国果菜有机肥替代化肥示范县、全省农业可持续发展试验示范区行列。

【脱贫攻坚】 坚持把脱贫攻坚作为市政府工作的头等大事，围绕“两不愁、三保障”（不愁吃、不愁穿；农村贫困人口义务教育、基本医疗、住房安全有保障）精准施策，“六个精准、五个一批”（扶贫对象精准、项目安排精准、资金使用精准、措施到户精准、因村派人精准、脱贫成效精准；发展生产脱贫一批、易地扶贫搬迁脱贫一批、生态补偿脱贫一批、发展教育脱贫一批、社会保障兜底一批）扎实推进，累计实现12956户、30458名建档立卡贫困人口稳步退出。在产业扶贫方面，着力实施“远（抓林果产业）近（抓食用菌、设施菜产业）结合”脱贫战略，累计建设食用菌、设施菜等扶贫园区125个、3.7万亩，发展养兔、养牛、养羊等“庭院经济”3000多户，产业覆盖率达90%以上，带动全市5100多户、1.3万多贫困人口稳定脱贫。3月1日，全国产业扶贫现场会在平泉市召开；食用菌产业“三零”扶贫模式被列入“全国十大产业扶贫范例”，并得到国务院副总理汪洋批示；平泉市在全国精准脱贫现场会上作典型发言，产业扶贫经验在全国推广。惠民政策全面落实方面，1.3万多人享受贫困学生职业教育“雨露计划”和助学政策，资助资金1980万元；全市贫困村卫生所建设全部实现标准化；改造农村危房4928户，完成棚户区改造200余户，住房条件得到大幅改善；建立创业园3个，为贫困人口提供就业岗位1800余个；保障城乡低保和特困供养人员3万余人，实现应保尽保。在扶贫资金使用方面，累计整合涉农资金3.9亿元用于脱贫攻坚；争取易地扶贫搬迁资金4.8亿元，建设安置点11个，搬迁入住1671人；通过“政银企户保”平台，撬动资金2.7亿元，支持4500余贫困户发展产业，为脱贫攻坚提供资金保障。

【生态治理】 围绕京津冀水源涵养功能区建设，以环首都地区经济林等项目为抓手，举全市之力开展植树造林和发展林果产业涵水源、绿山川、富百姓。新增造林4万亩，森林覆盖率达到58.8%，高于全省平均水平20多个百分点，黄土梁子林场被评为“全国十佳林场”。全年治理水土流失面积36平方千米，新增和改善有效灌溉面积0.7万亩。扎实开展“蓝天、碧水、净土、雷霆”四个行动，山水林田湖草生态修复试点项目稳步推进，全市35家“散乱污”企业全部完成整治，资源节约、环境友好的绿色理念渐入人心。累计淘汰治理燃煤锅炉182台，主要污染物减排量完成省市下达任务，空气质量优良天数达到253天，位居全省前列。循环经济持续发展，列入国家和省科技项目19个，授权专利44项，新增省级工程技术中心2家、院士工作站1家，累计发布科技成果350项，创新驱动发展的能力不断增强。全年实施循环经济类项目12个，完成投资9.8亿元，华净公司炭基肥项目竣工投产，燕塞菌炭肥项目被确定为国家“十三五”重点推广项目。全市科技进步贡献率达到56%，成为全省第二批创新型试点市。

【城乡建设】 以省级新型城镇化综合试点工作为

载体，全面启动“多规合一”（把城乡总体规划、国民经济和社会发展规划、土地利用规划、生态环境保护规划、经济开发区规划等规划进行有效整合）、数字规划工作，累计实施高铁站及周边基础设施、滨河路北延等城建项目144个，完成投资29亿元。城区主次干道基本改为沥青路面，祥宁街公园、魁星阁建成投用，华北物流区域生态修复项目主体完工，城区绿化覆盖率达44%，人均公园绿地面积达到12.4平方米。“六城同创”（创建全国文明城市、国家卫生城市、国际旅游城市、全国双拥模范城市、国家环保模范城市和国家生态园林城市）有效开展，社区建设扎实推进，市容市貌更加整洁、优美。被评为国家卫生县城、全省首批文明城市、全省县城建设标杆市，荣获中国最美休闲旅游度假城市、中国最美生态文化旅游城市、河北省人居环境进步奖等称号。13个省级重点中心村加快建设，卧龙镇八家社区等5个中心村通过省市验收。党坝镇永安社区等32个省级美丽乡村重点村开工建设，其中20个贫困村类别的全部达标。硬化道路及广场25万平方米，为35个村（社区）配备路灯和垃圾箱，农村环境更加整洁、有序。椁椤树社区成为中国美丽乡村百家范例，永安社区被确定为全国保障基本示范村。“引哈入瀑”工程实现通水，鸽子洞水电站开工建设，用水安全保障水平大幅提升。南五十家子220千伏输变电站建成投用，改造35千伏线路15.4千米。互联网宽带用户普及率达到90%。京沈客专（平泉段）完成铺轨，国道101线平泉城区段改线完成投资6亿元。被评为全国首批“四好（建好、管好、护好、运营好）农村路”示范县，被确定为全国第一批城乡交通运输一体化示范县。

【社会事业】 25件惠民便民实事基本完成。累计民生支出26.7亿元，同比增长7.7%。教育教学质量保持承德市前列，平泉一中考入清华大学1人；平泉四中中考成绩连续13年位居承德市第一名；市职教中心对口升学本科上线率达到70.2%。城东小学教学楼等5个项目建成投用。平泉市被评为全国义务教育发展基本均衡县、全省教育工作先进县。医药卫生体制改革深入推进，市医院、中医院和19个乡镇卫生院全部实现药品零差率销售，家庭医生签约服务覆盖率达36.2%，市医院迁建项目开工建设，平泉市被评为省级妇幼健康优质服务示范市。文化体育服务体系日益健全，建设省级示范村文化活动中心8个，圆满举办全民健身体育特色项目展演等体育赛事。大窝铺村、永安社区被命名为全国少数民族特色村寨，全国唯一的中国契丹文化研究中心落户平泉，中国契丹文化之乡成功挂牌。

【社会保障】 基层就业社保服务中心竣工，新增城镇就业岗位5700余个，农民工合法权益得到有力保障。益农公司项目经理李然在第二届“中国创翼”创业创新（农民工专项赛）全国总决赛上，荣获第一名。完成老旧小区既有节能改造5.5万平方米、惠及居民500余户。城乡居民社会养老保险、基本医疗保险参保率分别达到98%、95%。累计发放各类救助和保障资金1.6亿元，医疗及临时救助困难群众7.6万人次。

【社会治理】 办理人大代表建议123件、政协委员提案155件，按时办结率、规范化率、走访率均达到100%。受理群众来电来信6000余件，办理满意率达到98%以上。圆满完成“十九大”安保等重要任务，“开窗工程”“天网工程”取得显著成效，社会治安形势持续巩固，社会治理能力不断加强，荣获全国平安建设先进县殊荣。安全生产形势总体平稳，被评为全国安全生产先进单位、全省隐患排查治理体系建设“百分县”，连续7年获评国家级出口食品农产品（食用菌）质量安全示范区，连续4年荣获全国防震减灾先进县称号。各类矛盾纠纷化解率达到98%，社会更加和谐稳定。

【综合改革】 扎实推进农民工返乡创业等国家级试点任务，以及新型城镇化综合试点等省级试点任务，国有林场改革得到国家林业局充分肯定，在承德市率先成立农村产权交易中心，被列为全国农村集体产权制度改革试点单位。深入实施“放管服”改革，“互联网＋政务服务”扎实有效，公开“三个清单”4451项，实现“一枚公章管审批”。规范项目招投标等领域管理，累计审减政府投资类项目资金4000余万元。行政服务效能明显提升，发展环境进一步优化。

【作风整顿】 坚持依法行政，恪守廉洁从政，努力高效施政。机关作风整顿、优化发展环境、“一问责八清理”等专项行动深入推进，不作为、慢作为专项整治成效显著，全市干部职工在脱贫攻坚、污染防治等“急难险重”任务面前，展现出“工作只争朝夕，成绩只争第一”的敬业精神。严厉查处基层“微腐败”，以及扶贫领域作风漂浮、失职失责等问题，全年自办案件141件，纪律处分159人，风清气正、干事创业的政治生态持续巩固。

附：平泉市领导名录

中共市委书记：董正国（满族）
副书记：曹佐金
苏永民（满族）
市人大常委会主任：高玉怀（2月免）
王忱（2月任）
副主任：王学珍（女，满族，2月免）
王景海
尤文武（满族）
张永志（满族）
程举（满族，2月任）
市人民政府市长：曹佐金
常务副市长：白晓利（蒙古族，1月免）
孙潇（满族，1月任）
副市长：李勇（蒙古族，1月免）
胡维民（满族）
闫锡杰（蒙古族，1月免）
曹静（女）
张靖楠
王力（1月免）
任强（1月任）
王占军（满族，1月任）
孙长君（满族，2月任）
赵铁政（挂职）
董志会（挂职，12月免）
邢晓光（挂职，5月任）
辛晨华（挂职，7月任）
黄有勇（挂职，8月任）
市政协主席：王忱（2月免）
李勇（蒙古族，2月任）
副主席：林子武（满族，1月免）
吴景寅（满族）
李永星
蒋宝维
杨兆永（满族，2月任）
市纪委书记：王猛（满族）

（供稿　徐志友　田凤华）

滦平县

【概况】 滦平县位于河北省东北部，承德市中西部。地处北纬40°39′～41°16′，东经116°40′～117°47′。东西直距84.8千米，南北67.3千米，总面积2993平方千米。年末耕地22219.03公顷。

滦平县下辖8个镇，12个乡（其中满族乡9个），1个街道办事处。年末，全县有120993户，328209人，其中城镇人口87941人，乡村人口240268人，男女人口比例为103∶100。

2017年全县实现生产总值174.2亿元，同比增长7.6%，其中：第一产业增加值30.5亿元，同比增长7.1%；第二产业增加值83.8%亿元，增长6%，其中工业增加值72.5亿元，增长5.9%；第三产业增加值59.8亿元，增长10.6%。三次产业结构占比为17.5：48.2：34.3，与2016年同期相比，一产下降0.3个百分点，二产下降2.9个百分点，三产提高3.2个百分点。民营经济增加值135亿元，增长6.8%。农作物播种面积33025公顷，其中粮食播种面积16691公顷，粮食总产79894吨，比上年增长0.21%，粮食平均亩产319公斤，比上年增产5公斤；油料产量414吨，增长5.34%；蔬菜种植面积17.79万亩，产量800368吨，增长8.68%，中草药种植5.82万亩，总产25215吨，增长18.88%。全部财政收入15.4亿元，同比增长24.4%。公共财政预算支出24.7亿元。社会消费品零售总额51亿元，比上年增长12%；农村居民人均可支配收入8936元，同比增长11.3%，城镇居民人均可支配收入27415元，同比增长9.2%。年末，金融机构各项存款余额1832327万元，其中城乡居民存款1117336万元，同比增长21.6%；各项贷款余额1330650万元，增长23%。深入推进供给侧结构性改革，主要经济指标位居全市先进行列。

县委、县政府团结带领全县人民，同舟共济、携手并进，集中解决一大批阻碍发展的瓶颈问题，出色完成一系列急难险重的工作任务。高质量完成中央领导来滦调研、中美友谊示范农场开工、京津冀首届药发会、全省易地扶贫搬迁现场会、承德市首届旅发会等一系列规格高、标准高、影响大的会议、活动。特别是，全县干部聚精会神、集中发力，仅用6个月时间，就完成金山岭生态文化旅游经济区一年半的建设任务；用4个月时间，建成燕山药花谷，打造1万亩中药花海；仅用18天时间，就完成3个村、337户的美丽乡村建设，修好10.5千米的柏油路，完成生态治理河道1千米，流转土地1700亩，保障中美友谊示范农场项目顺利开工。坚忍不拔、众志成城的“滦平精神”得到提升。

县委、县政府将“全国知名、河北一流、承德第一”作为工作目标和标准，成功斩获国家农产品质量安全县、第一批畜牧业绿色发展示范县、国家有机产品认证创建县、全国科普示范县、全国教育改革创新示范县、河北省人居环境奖、省级文明县城等40余个国家级、省级荣誉品牌；电子商务、医联体、政府购买服务等，10余项工作得到国家、省、市认可；易地扶贫搬迁、提高贫困人口医疗保障救助水平等，多项工作经验在全省推广，滦平县的亮点工作，吸引中央、部委、多地省市县领导，以及国内外重要企业和媒体到滦平共1800余人次，参观考察、调研指导。滦平县的成绩，得到《人民日报》23次报道。勇于创新、事争一流的“滦平形象”更具魅力。

【项目建设】 与中建材、荣盛康旅等央企、京企，签订重点项目合作协议34个，总投资达980亿元。借助贫困县IPO上市免排队政策，新引进中科遥数、玖琳创新等拟上市高新技术企业9家。实现新开工亿元以上项目74个，引进市外资金45.6亿元，累计利用外资1300万美元。金山岭国际射击场等6个省重点项目，冀康国际物流产业园等33个市重点项目，完成序时建设任务，投资达72.8亿元，占年计划50亿元的145.6%。

【要素保障】 完成土地收储7800亩；调整土地利用总体规划4952亩，新增建设用地指标6097亩；争取林地指标7000余亩；争取到位北京对口帮扶项目资金8912万元；筹集安排首批农业产业发展引导基金3.1亿元；设立重点产业引导资金8000万元；依托县内11家融资平台，为企业提供运转资金；搭建政银企对接平台，全县各类金融机构贷款余额达到133亿元，同比增长23.03%，增速全市第一，县域企业融资难问题得到极大缓解。

【现代循环农业】 深化农业种植结构调整，压减籽粒玉米种植面积3.1万亩，栽植经济林1.86万亩，中药材种植面积突破14万亩，全年向京津供应农产品5.5亿公斤。兴春和生态循环现代农业园，被批准为全市唯一国家级农村产业融合发展示范园；燕山（滦平）现代中药材产业园，成功争创省级现代农业园区。产业化经营率达到65.5%。

【工业经济】 完成河北滦平高新技术产业开发区“一区两园”改革工作，入园企业达到33家，高新技术产业产值增长263%。矿业经济加快转型，累计实施千万元以上工业技改项目54个，铁泰破碎技改及磷综合回收利用、信通首承硫酸镁生产、聚源选磷等8个新上项目达产后，可直接创造产值约12亿元。“一区两园”总收入达到330亿元，税收9.1亿元，主要指标跃升全省开发区前列。

【旅游经济区】 拾得大地幸福实践区、金山岭·融合城等10余个旅游项目日渐成熟，燕山植物园、儿童反斗城等40余个旅游业态丰富多彩。第三产业投资累计完成104.1亿元，占全部投资比重的47.6%。全年旅游人数达到118万人次，综合收入9.8亿元，增速保持35%以上。

【人与自然】 以生态清洁小流域、山水林田湖综合治理为引领，扎实开展水、大气污染治理工作。取缔燃煤锅炉157台；整治“散乱污”企业77家；在全市率先完成农村气代煤、电代煤改造任务660户。实施露天矿山复垦披绿32家；治理水土流失面积99平方千米；完成造林绿化面积11万亩，森林覆盖率达到60.98%；全年空气质量二级以上优良天数达到249天，PM2.5平均浓度41微克／立方米，空气质量居全省前列；地表水环境质量保持Ⅲ类标准，县城集中式饮用水源地水质达标率保持100%。

【宜居宜业】 新建、续建高品质住宅小区8个；启动育希大街、西街等16个棚改工程；建成张木沟“两涵一桥”、南环路西台子连接线等市政道路，完成华兴路大修工程，旧城面貌再焕新颜。北部新城建设进展加速，新一中、县医院新院、庄普酒店、地下综合管廊等工程稳步实施；智慧城市、园林城市、文明城市建设全面推进，县城美化、绿化、亮化水平再度提升。常住人口城镇化率达到44%。

【美丽乡村】 建设完善金山岭、燕山药花谷、小兴洲·大观园精品片区3个，省级重点村10个，县级重点村42个，中心村4个，特色小镇4个。小城子村被农业部评为“中国美丽休闲乡村”，下营子村被评为“第七批全国‘一村一品’示范村镇”。131个村实现农村垃圾处理“第三方”运营服务，被列为“全省首批农村环境整治和垃圾治理示范县”。

【基础设施】 国道101至112连接线、张承高速连接线等重点道路建设顺利推进；83.4千米的6条旅游道路加快实施；获评“四好农村路”省级示范县；移动通信4G网络、行政村宽带覆盖率均达100%，水电路讯管网等基础设施更加完善。

【改革创新】 行政审批制度改革扎实推进，率先完成行政审批局组建工作，26个部门、338项审批事项划转入驻；“双随机、一公开”监管全覆盖；“证照分离”“多证合一”改革顺利推进。逸熙庄、中清华宁、金滦米业等企业在石交所主板挂牌，挂牌企业数量全市第一。大屯、火斗山完成撤乡建镇。不动产登记改革工作稳步推进，合理解决县内60余栋楼房、912户业主的登记难问题。在安纯沟门乡桑园村，试点创新农村宅基地使用方式，有效盘活农村“沉睡资产”。医改工作深入实施，被评为省级公立医院综合改革示范县、市级医改工作先进县。农村土地承包权确权登记颁证工作基本完成。全市首创政府考核企业机制，有力保障项目建设进度。

【脱贫工作】 创新扶贫模式，兴春和现代循环农业园区项目被财政部纳入国家级资产收益扶贫典型案例。统筹整合涉农资金3.59亿元，实施项目扶贫646个，产业扶贫覆盖率达到80%以上；金融扶贫发放贷款3.3亿元，有效解决52家企业、合作社，1877户贫困户发展难题；光伏扶贫效益明显，完成2个集中式光伏扶贫电站、19个村级光伏扶贫电站建设，为2689户贫困户找到脱贫出路；医疗救助构建"四重防线"，大病保险政策覆盖率100%，建档立卡贫困人口参保率100%，基本解决因病致贫返贫问题；社会扶贫成效显著，各级帮扶组织累计投入帮扶资金2000余万元；易地扶贫搬迁稳步实施，2016年的9个集中安置小区全部达到入住条件，2017年的9个集中安置小区全部开工建设。贫困人口下降至18014人。

【民生事业】 该届人大一次会议确定的"20项惠民实事"，按序时进度全部完成。社会救助、免费教育等惠民政策全面落实。城镇登记失业率稳定控制在3.8%以内；在全省率先启动失地农民养老保险工作，2900名失地农民纳入保险范围；全年发放各类保险待遇5.6亿元；城镇、农村特困人员基本生活标准，分别提高至每年8580元、4550元；农村低保标准，提高至每人每年3540元；人口出生率控制在11.88‰；社会养老床位新增200张，达到2000张。五小、付家店小学投入使用，五幼主体完工，一幼迁建稳步推进，新四中、六小以及配套幼儿园等项目全面启动，教学质量连年提升，高考综合量化比位列全市第二。开展"厕所革命"，新建、改建A级旅游厕所60座，县城8个五星级公厕投入使用。城市规划展览馆、山戎文化森林公园等相继建成。南山公园荣获全市唯一的省五星级公园称号。天然气入城及供暖、供水、雨水管网改造等市政工程加速推进。全市首创县城公交免费乘坐政策，6路、7路公交正式开通，城区公交乘坐人数同比增加50%以上。

【社会安全】 把平安作为最大的民生，着眼于首都"护城河"职责，带着感情从老百姓最关心、最直接、最现实的问题入手，深入开展平安滦平、法治滦平建设。把解决问题作为信访工作的根本任务，严格落实风险评估、包案督访、下访约访等工作制度，突出依法治访，一批信访积案有效化解。"六个一线员"等司法为民举措在全市推广，政法机关执法司法规范化、标准化水平进一步提高。以"法律九进""法治九建"为载体，全面实施"七五"普法工作。15个司法所被省司法厅评为"全省规范化司法所"；"天网"深化工程高标准启动，"平安滦平"建设持续推进。牢牢把握意识形态话语权，社会主义核心价值观宣传文化活动取得明显成效；信访维稳工作见实见效，积案、难案进一步化解。食品药品农产品检验检测中心项目建设受到省级表彰，安全生产各项工作扎实推进，总体形势保持平稳。高度重视并狠抓安全生产工作，全县安全形势保持平稳。严厉打击各种犯罪行为，最大限度提升人民群众安全感。圆满完成全国两会、"一带一路"峰会、十九大等安保任务。

【基层组织建设】 针对基层存在的党组织战斗力不强、村集体经济薄弱、党员作用不突出等问题，以"基层党组织建设攻坚年"活动为主线，深化"脱贫攻坚党旗红"活动，结合全县实际，创新性地开展"双整双提"活动，建设3个党建示范带，构建大党建格局，全面提升基层党组织的凝聚力和战斗力。结合党员"先锋指数"积分制管理，开展"争当五员，服务群众"等一系列专项活动，在基层党员中培育出一大批脱贫攻坚开路先锋。制定实施《进一步发展壮大农村集体经济的实施方案》，消灭农村集体经济“空白村”；县财政追加预算1500余万元，对村级保障经费和基层干部补贴进行提标，新建改建19个危旧狭小村级组织活动场所，有效激发基层党组织活力。

附：滦平县领导名录

中共县委书记：蔡福浩
副书记：李　浩（满族）
于　山（满族，2月任）
马学敏（女，1月免）
县人大常委会主任：吴　畏（满族，2月免）
赵继成（满族，2月任）
党组副书记：杨生元（满族，2月任）
副主任：张殿功（满族，2月免）
丁万利（满族，2月免）
汤振兴（满族，2月免）
陈卫东（满族，2月免）
陈伟峰（满族，2月任）
赵振芳（满族，2月任）
郎贵福（满族，2月任）
赵喜树（2月任）
县人民政府县长：于　山（满族，1月代理）
于　山（满族，2月任）
常务副县长：曾庆鹏（满族）
副县长：马学敏（女，1月免）
赵继成（满族，2月免）
潘艳红（满族，1月免）
李　剑（满族，1月免）
王连福（满族）
王建文（满族，10月免）
赵志勇（满族，援疆，1月免）
任志远（土家族，挂职）
张云龙（10月任）
宣国锋（蒙古族）
王江平（1月任）
杨庆伟（满族，1月任）
孙立侠（女，满族，1月任）
刘　泉（女，挂职）
马保军（挂职）
刘会景（挂职，10月任）
张天辉（挂职，6月任）
县政协主席：王海隆（满族）
副主席：王国平（满族）
刘云利（满族）
赵振芳（满族，2月免）
杨占洲（满族，1月免）
左春兰（女，满族，2月任）
陶玉钟（满族，2月任）
县纪检委书记：赵旭东（满族，1月任）
张铁军（女，满族，1月免）

（供稿　赵春燕）

宽城满族自治县

【概况】 宽城满族自治县位于承德市南部。县域总面积1936平方千米，耕地面积12784公顷。县辖宽城镇、龙须门镇、峪耳崖镇、板城镇、汤道河镇、碾子峪镇、桲罗台镇、亮甲台镇、松岭镇、化皮溜子镇、塌山乡、孟子岭乡、独石沟乡、铧尖乡、东黄花川乡、苇子沟乡、大字沟乡、大石柱子乡10个镇8个乡、1个街道办事处，1个经济开发区；205个行政村、5个社区（居民委员会）。全县总人口260487人，23个少数民族，其中满族人口173484人，占总数66.6%。回族人口257人，蒙古族人口1037人，壮族、朝鲜族、苗族、土家族、布依族、彝族、侗族、瑶族、白族、傈僳族、藏族、达斡尔族、黎族、土族、水族、畲族、仡佬族、鄂温克族、怒族、独龙族等20个少数民族人口共662人。人口同比下降0.57 %，人口自然增长率8.79‰，同比提高1.68‰。

宽城满族自治县委、县政府坚持以习近平

新时代中国特色社会主义思想为统领，紧紧围绕“创新转型、绿色发展、跨越提升、全面进步”主基调，严守底线，突出重点，优化环境，狠抓协同，县域发展能力和发展质量得到明显提升，“富裕、美丽、活力、幸福、和谐”新宽城建设扎实推进。全年完成生产总值251.9亿元，同比增长7.2%。全部财政收入17.3亿元，增长19.6%。非铁类税收占全部财政收入的44.5%，第三产业税收占比达到31.5%，产业结构不断优化。一般公共预算收入8亿元，增长14.3%。财政支出18.729亿元。规上工业增加值127.9亿元，增长5.7%。全社会固定资产投资202.4亿元，增长4.7%。社会消费品零售总额48.7亿元，增长11.2%。城乡居民人均可支配收入分别达到29000元和11500元，分别增长9%和10%，年末城乡居民存款余额159.1779亿元。

年内先后获得国家卫生县城、国家森林城市、全国小康用电示范县、国家农村职业教育和成人教育示范县、全国计生优质服务先进县、国家第三批结合新型城镇化开展支持农民工等人员返乡创业试点县、河北省县城建设标杆县、河北省科技管理工作先进县等荣誉称号。

【县级领导班子换届】 2月18日，中国共产党宽城满族自治县第六次代表大会胜利闭幕。大会选举出中国共产党宽城满族自治县第六届委员会委员30名、候补委员6名。随后召开的县委六届一次全会选举产生新一届县委领导班子。2017年2月24日，政协宽城满族自治县第七届委员会第一次会议胜利闭幕，大会选举出新一届县政协领导班子。2017年2月25日，宽城满族自治县第七届人民代表大会第一次会议胜利闭幕，大会选举出新一届县人大常委会领导班子和新一届县政府领导班子。

【经济稳中有升】 大力实施项目攻坚年活动，坚持强化招商与争跑民生项目并重，新经济增长点不断呈现，民生发展短板加快补齐。全年共实施重点项目180个，累计实施亿元以上项目103个，完成投资115.35亿元，其中新开工总投资173.8亿元的产业项目54个、民生项目14个，建成26个。在建亿元以上重点项目68个、完成投资131.8亿元。列入省市重点项目29个，完成投资51.2亿元，项目数量和质量均实现新突破，两次承接全市重点项目观摩活动。全年新增规上企业6家，规上企业总数达到41家。工业技改投资同比增长423%，冶金矿山企业产能转车率保持在73%以上，铁精粉、带钢等主导产品产量稳定增长，完成税收9.87亿元，同比增长36%。

【发展环境】 落实减税降费政策，减缓收取涉企费用2.3亿元。域内外金融机构贷款余额净增16.1亿元，国控集团等各类投融资平台助企融资146.9亿元。土地供给保障充足，筹资2.73亿元新收储土地8000亩，依法出让土地1311亩，项目用地做到应保尽保。资金制约有效破解，共争取专项补助、置换债券等上级资金净增12.5亿元，PPP模式引资19亿元。

【工业转型升级】 传统矿业开辟绿色发展新路，绿色矿业发展示范区先行区建设有序推进，京城小宝山、天宝金海、剑峰双博等大型技改工程建成投产。高压辊磨、量恒式干选、皮带廊等节能环保高效设备得到推广应用，成功创建国家绿色矿山3家。新型工业加快崛起，廊坊天海压力容器外迁、稀土永磁电机、全自动激光供热系统、绿标装饰与外墙保温板、新通源发泡陶瓷、升华压力自动化技改、广盛居家俱出口、服装加工等19个项目建成投产。兆丰高温高压煤气发电、园区屋顶分布式光伏发电项目并网发电，高铁大截面车体专用板、低温还原超纯超细铁基粉末、天然高锶矿泉水等30个项目加快建设，工业发展动力持续增强。

【农业产业现代化】 农业产业化进程加快，总投资77亿元的百翠农庄、汤道河省级生态循环农业科技园等38个项目稳步推进，嘉润农产品深加工、聚盛源食用菌二期工程等产业化项目建成投产。建成有机谷子、设施蔬菜、花卉等特色标准化生产示范区10个，新增以板栗、苹果为主的经济林2.5万亩、食用菌500万袋、中草药1500亩。以农业订单形式建成了欧标苹果基地3500亩。新增农业产业化龙头企业9家，总数达到59家。盛隆有机肥公司晋升为省级农业龙头企业。新增农民专业示范合作社28家，其中国家级1家、省级10家、市级17家。年末核算，农业产业化经营率达到68.8%。宽城板栗入选100个全国消费者最喜欢区域公用品牌。宽城板栗传统栽培系统通过世界重要农业文化遗产第一轮遴选。新注册商标78个，“神栗”食品成功创建中国驰名商标、4个品牌荣获全省著名商标、5家企业获得有机认证、2家企业获绿色食品认证。

【服务产业】 第三产业增加值比上年增长32.5%，贡献率不断提高。市场流通硬件水平不断提升，先后建成13个商贸流通项目。兆丰农贸市场、北街富民市场、美都汇时尚购物广场、二手车交易市场、火狐狸服装批发城建成投用，天宝现代物流城、富丽湾商业街、中村老市场、果蔬深加工冷链物流加快建设。商业模式创新发展，大槐树农村电商平台服务网点达到9856家、交易额突破10亿元，七大类农产品实现网上交易，新注册网络销售公司10家，催生京东商城、申通、韵达等快递业务发展。以花溪城、首旅寒舍高端民宿为代表的一大批旅游项目建成运营，新增乡村旅游示范户156家。花溪城和皇家淘金小镇成功入列国家优选重点旅游项目名录，花溪城被评为河北省十大重点旅游项目、十大文化产业项目和省级体育示范基地。全县旅游业累计接待游客135万人次，同比增长73%；旅游综合收入突破10亿元，同比增长75%。

【深化改革】 新出台改革方案71个，推动落实改革事项217项。商事登记制度改革：实现23证合一、一照一码，新增市场主体2835户，同比增长16.7%。投融资体制改革：国控集团法人治理结构逐步规范，融兴村镇银行正式营业，成功引进河北银行设立分支，城投、宽河等担保公司规模不断壮大。农业农村改革：完成农村土地确权登记颁证工作，完成农村土地确权登记30万亩，顺利通过省级验收。4703户实行农业阶梯水价，启动农村集体闲置房屋改革试点，公益林、经济林等全部纳入保险范围。松岭镇、化皮溜子镇顺利完成撤乡设镇，激起新一轮小城镇建设热潮。新增农村股份合作制经济组织36家，实现村村都有农民专业合作社。

【协同开放】 抢抓京津冀协同发展机遇，与中建院、北京京城机电等28家央企、京企和科研院所建立合作关系。累计接待客商23批次400余人，与京津企业合作实施天然高锶矿泉水开发、天海压力容器外迁、中色地苑蟠龙湖保护开发、佰能生物质发电等产业类项目8个。实际利用外资177万美元，增长18%。积极与省市相关部门对接，共争取新增债券、转移支付、拆借往来等资金26.4亿元，有效缓解财政支出压力。全力支持外贸企业扩大出口，新增外贸企业5家，全年完成出口1020万美元。

【科技创新】 “1+9+N”科技创新政策有效落实，“一地两园”面积达到1.5万平方米，入驻企业153家，获批省级双创示范基地，发放创业担保贷款和高校毕业生创业补贴600万元。河北省（承德）板栗产业技术研究院等6家科研机构建成运营。新建博士后创新基地、金属材料工程实验室等科研机构4家。新认定省科技型中小企业30家、科技小巨人企业3家，新增高新技术企业3家、发明专利 8 件。泰航公司获得第六届中国创新创业大赛优秀企业奖。泰航公司和盛乾特种电机公司分别获得第五届河北省创新创业大赛二、三等奖。引进先进实用技术 21 项，国家知识产权局受理发明专利 6 件，创新驱动支撑作用逐步显现。

【城乡基础设施建设】 突出规划、建设、管理三个重点，扎实推进五城联创和县城建设攻坚行动，完成城区控制性详细规划和城市停车设施、地下综合管廊专项规划。总投资 8512.5 万元的经济开发区 C 路、电台路连接线、梁前院园区路、罗家沟至药王庙大桥拓宽工程建成投用，保障性住房配套道路及管网、宽和新区路网加快建设。完成城区高层住宅二次加压接收、兆丰东澄小区热计量收费试点、县城六个小区集中供气、污水处理厂二期扩建等工程。城区水源一级泵站等 10 个水利基础设施项目建成投用，城乡供水能力明显增强。县级路峪三线小龙须门至柳树底下段、花溪城园区路一期、乡级路大唐线改建工程竣工通车。以 PPP 模式推进的京建线、北凌线、承秦出海路辅线 3 条省级干线公路路基基本完成。县级路峪三线亮甲台至板城段改建、乡级路宝清线湾子至清河口段改建、炮沙线炮岭至沙窝店段改建等道路开工建设。承德东 500 千伏输变电站、扎鲁特高压工程进行收尾工作，新改建农村输电线路 23.4 千米，电力保障更加充分。

【农村面貌】 编制完成潘家口水库生态保护省级精品片区和 21 个美丽乡村规划，4 个村完成所有建设任务，其余村三清一拆和绿化工程基本完工，亮化和户厕改造等工程有序推进。实施农村饮水安全工程，新增饮水工程 25 处，解决 6600 名农村居民饮水难题。化皮溜子、大地顺利撤乡设镇，化皮溜子镇被住建部确定为第二批全国特色小镇，艾峪口村、王厂沟村成功申报中国传统村落名录，椴木峪村被评为全国生态示范村。

【生态环境】 统筹推进山水林田湖治理与修复，加强对气、山、水、林、田综合治理，整改省环保督察、“绿盾 2017 行动”等督查交办事项 211 个。推进“蓝天行动”，大气污染综合防治“1+17”方案全面落实，完成“电代煤、气代煤”改造 438 户，超额完成市政府下达的任务，空气质量二级以上天数达到 205 天。加强损毁山体修复，注销采矿权 11 家，综合整治 14 家矿山和铁路、高速沿线两侧矿山，修复损毁山体 8 处 240 亩，尾矿库绿化及复垦 1189 亩。开展“碧水行动”，“河长制”全面铺开，治理小流域 18 平方千米，清理疏浚河道 66.42 千米，关闭所有入河排污口，河流断面水质始终保持三级以上、集中式饮用水源地水质达标率均为 100%。提前半年完成依法取缔潘家口水库网箱养鱼任务，库区水质明显改善。实施“增绿工程”，新增人工造林、封山育林、城乡绿化 3.8 万亩，县乡两级廊道绿化 828.6 千米，森林覆盖率达到 66.4%，跃升全省第二位。开展“净土行动”，畜禽适养区、限养区、禁养区合理设置，化肥农药零增长计划有效落实，除草剂得到有效控制，种植业面源污染大幅减低。

【潘家口水库治理】 为贯彻落实习近平总书记“建设京津冀水源涵养功能区”的重要指示精神，宽城按照“坚持依法取缔而非协商同意、坚持合理奖补而非全额补偿、坚持依法合规而非违规操作、坚持解决污染问题而非解决移民问题”的四项基本原则制定《宽城满族自治县依法取缔潘家口水库宽城水域网箱养鱼工作方案》，抽调 1800 名干部组成 10 个专项工作组和 17 个包村工作组，于 2016 年 11 月 1 日，打响依法取缔潘家口水库宽城水域网箱养鱼清理工作攻坚战，经过夜以继日连续奋战，集中组织攻坚，5 月 20 日，共组织出鱼 4336.3757 万公斤，清理网箱 27462 个、网包 196 个、闸沟养鱼 37 处，依法取缔灯罩网、燕子网等非法网具 689 个，拆解船只 1468 条，提前半年全面完成依法取缔网箱养鱼工作任务。

【民生福祉】 全年累计民生支出12.4亿元，占公共预算支出的80%以上，人民群众的获得感幸福感不断提升。完成农村劳动力转移就业2900人，妥善安置因去产能分流职工595人，新增城镇就业4300人，城镇登记失业率为3.52%，低于控制线一个百分点。城乡居民基本医疗保险参保率达到96%以上、基本养老保险参保率达到95%。改造农村危房800户，分配保障性住房434套，建筑节能改造6.4万平方米。为2.4万人次提高医疗救助基金1772万元。社会事业全面发展，通过社会筹集2500万元的教育发展基金，如期完成县级公立医院综合改革示范县创建任务，完成县乡村三级专用网络建设，两孩政策稳妥实施。

【脱贫攻坚】 全面完成建档立卡贫困人口精准识别工作，抽调2660名机关干部定点帮扶，实施特色种养殖、光伏、旅游、电商等产业扶贫措施，共建成帮扶项目150个、电子商务服务站45个、分布式光伏扶贫项目378个，带动了720户贫困户就业增收。筹集中和农信小额信贷、政银企户保等资金4957万元，支持522户贫困户通过产业或分红返利实现脱贫。实施雨露计划，资助301名贫困学生就学。全面推行县域内贫困人口住院先诊疗后付费政策和“一站式”结算服务，财政为1.87万农村贫困人口全额缴纳城乡居民基本医疗保险，农村低保标准提高到每人每年3500元。43户156人通过易地扶贫搬迁迁入新居。全年共退出贫困村5个，5938户11799名贫困人口实现稳定脱贫。

附：宽城满族自治县领导名录

中共县委书记：祁海东（满族）
县委副书记：杨海龙（满族）
韩　旭（8月免）
张　成（满族，8月任）
张希跃（满族，10月任，挂任）
县人大常委会主任：张品川（满族）
副主任：葛月龙（满族）
李　勤（满族，2月免）
王树满（满族，2月免）
姚乃兴（满族）
张志敏（满族，2月任）
刘瑞民（满族，2月任）
县人民政府县长：杨海龙（满族）
常务副县长：孙　潇（满族，1月免）
崔东鑫（1月任）
副县长：张东川（满族，1月免）
高翠芝（女，满族，1月免）
张利民（满族，9月免）
刘长清（满族）
高秋波（援藏）
张　华（挂职）
赵　刚（2月任）
杨瑞欣（女，满族，2月任）
丁宇超（2月任）
白景军（满族，10月任）
县政协主席：王玉荣（满族）
副主席：白春举（满族，1月免）
刘瑞学（满族）
李海山（满族，1月免）
王子文（满族，2月任）
高翠芝（女，满族，2月任）
刘瑞奇（满族，2月任）
县纪检委书记：胡　伟（满族）

（供稿　谷盛林）

兴隆县

【概况】 全县总面积3116.4569平方千米，耕地总面积9709.04公顷。辖13个镇、7个乡，总人口32.7万人，人口自然增长率−7.97‰。地区生产总值113.8亿元，同比增长6.4%；第一产业增加值27.1亿元，同比增长6.8%；第二产业增加值51.4亿元，同比增长5.1%；第三产业增加值35.3亿元，同比增长8.0%；单位生产总值能源消耗1.0143吨标煤/万元；民营经济增加值77.2亿元，同比增长5.1%；粮食产量33421吨，同比增长0.5%；财政收入9.01亿元，同比增长15.5%；财政支出22.5亿元，同比增长20.2%；社会商品零售总额53.9亿元，同比增长10.0%；固定资产投资166.0亿元，同比增长5.5%；城镇非私营单位从业人员在岗职工（含劳务派遣）年平均工资51941元，同比增长8.47%；农村居民人均可支配收入11011元，同比增长11.1%；城镇居民人均可支配收入24005元，同比增长8.9%；年末城乡居民存款余额128.6亿元，同比增长19.5%。

【经济增长】 全年地区生产总值完成113.8亿元、增长6.4%。规模以上工业实现产值184.7亿元，增加值44.2亿元、增长5%，固定资产投资完成166亿元、增长5.5%，全部财政收入9亿元，其中一般公共预算收入5亿元，分别增长15.5%、10.9%，社会消费品零售总额达到53.9亿元、增长10%。全年实施亿元以上项目83项，完成投资95.3亿元，一批有质量的投资项目落地，为经济持续健康发展备足后劲，投资有回报、企业有利润、居民有收入、政府有税收的高质量发展格局正在形成。

【旅游事业】 举全县之力承办首届市旅发大会，创建国家全域旅游示范区迈出重要步伐。精品项目集群式推进，集中精力会战300天，撬动社会资本200亿元，建成110千米景观大道、30千米慢行绿道，新建兴隆山景区、青松岭文化旅游度假村和六里坪生态旅游度假区等3个核心景区，诗上庄诗歌小镇、南天门满族风情小镇、长河套观星小镇、青松岭塞外江南小镇等6个特色小镇，打造了“文化创意、民俗风情、天文科普、休闲体验、冰雪运动、影视基地、国际教育、国际医疗、漂流探险、农事体验”等十大旅游业态。综合效益大幅提升，全年游客达到287.9万人次，综合收入突破20亿元，同比分别增长35.5%、55.9%，第三产业税收贡献率达到59.3%，近13万群众直接受益。特色品牌全面打响，“生态燕山、爽邑兴隆”成为全域旅游的靓丽名片，入选“京津冀重点生态旅游目的地”，荣获“2017中国休闲避暑百佳县”，成功列入国家运动休闲区、国家休闲农业和乡村旅游示范区、京东休闲旅游示范区。

【脱贫攻坚】 坚持“一迁六业”（即移民搬迁，产业扶贫、创业扶贫、就业扶贫、基业扶贫、事业扶贫、学业扶贫）工作思路，全年实现7647口贫困人口稳定脱贫。高质量完成精准识别“回头看”，扎实开展建档立卡，确定了“一稳一降双减”（“一稳”：即保持全县农村低保人口比例稳定在5%左右；“一降”：即下决心降低全县贫困发生率；“双减”：即通过开展“回头看”，在有进有出、动态调整的前提下，把全县建档立卡贫困人口总数减下去，在严格标准、公平操作的基础上，把建档立卡贫困人口中低保对象数量减下去。）总体目标任务，严格落实“五看、五不录、六优先”（即：看住房，看大件，看劳力，看产业，看负担；有机动车的不录，有新建住房的不录，有城镇商品房的不录，有公职人员的不录，有较大实体产业的不录；有重病人的优先，有重度残疾的优先，有在校学生的优先，无壮劳力的优先，住危房的优先，重灾户优先。）要求，全县共确认建档立卡贫困人口8891户、20919人，做到了精准识别“全覆盖”。易地扶贫搬迁扎实推进，建成安置小区5个、新开工7个，同步实施C、D级危房改造1698户，搬迁贫困人口3651人。产业扶贫广泛覆盖，整合涉农资金2.46亿元，争取对口帮扶资金1亿元。新栽植果树90万株，打造乡村旅游扶贫示范村 12 个，完成光伏设备安装 552 户，春宏、首鼎等扶贫龙头企业年均分红收益稳定在 8% 以上。发挥县“政银企户保”（即政府、银行、企业、农户、保险五位一体金融扶贫发展新模式）平台作用，累计发放各类扶贫贷款 1.28 亿元，带动贫困户 2911 户增收。社会保障全面兜底，筹资 1968 万元，实施医疗救助 1.57 万人次，资助贫困家庭学生 8 万人次，贫困人口基本医疗、养老保险参保率均达到 100%。

【园区建设】 经济开发区与荣盛集团合作共建模式成为全市典范，起步区“九通一平”（即通市政道路和雨水、污水、自来水、天然气、电力、电信、热力及有线电视管线；土地自然地貌平整。）加快实施，产业聚集力显著提升，新型建材、食品药品加工等一批项目投产，安旭新能源汽车等 5 个项目主体完工，北京航云机械制造等 4 个项目签约落地，全年新增规模以上工业企业 6 家，高新技术企业 1 家，科技型中小企业 29 家，支撑绿色发展的新动能正在加快形成。现代农业园区引领示范，强基地壮龙头创品牌，带动群众增收致富。全年新建高标准基地 4 万亩，实施千万元以上农业产业化项目 23 项，新增省级以上龙头企业 1 家，培育省级名牌产品 3 个、著名商标 2 个，蝉联“国家级出口食品农产品质量安全示范区”，“兴隆传统山楂栽培系统”列为国家重要农业文化遗产名录，兴隆山楂成功入选“河北省十佳农产品区域品牌”。

【改革开放】 重点领域改革纵深推进，“放管服”改革不断深入，行政审批局挂牌运行，审批事项减少 185 项，非行政许可事项全部取消，营商环境有效改善，新增市场主体 2985 家。农业农村改革示范引领，南天门乡杨树岭村农村集体股份制改造成为全市试点，半壁山镇大碌洞村水利农民专业合作社获批国家级示范社，“农田水利产权制度改革和创新运行管护机制”的“兴隆模式”在全国推广。房地产遗留问题有序化解，财税金融、国有林场、城管综合体制改革稳妥推进。协同发展取得重要成果，河北银行落户兴隆，引进国企央企、上市公司、战略投资者 18 家，落地重大项目 23 项，总投资 680 亿元。面向京津举办“大美兴隆、大爱兴隆”等专题推介会 5 场，京津冀公路自行车挑战赛、中国 · 兴隆明长城徒步大会接连举办，兴隆知名度与日俱增。

【城乡面貌】 县城建设提质扩容，总体规划落地实施，编制完成 13 个专项规划，“四个新城”（即东部产业新城、西部高铁新城、北部雾灵新城、南部兴隆新城）启动建设，坚持拆建并举、“四化”（即绿化、美化、净化、亮化）同步，东西南三个出口焕然一新，城市规划展览馆开馆运营，“智慧兴隆”全城覆盖。“六城同创”（即国家生态文明建设示范区、国家卫生城、国家园林城、国家文明城、国家双拥模范城、中国旅游名城〔国家全域休闲旅游示范区〕）稳步推进，顺利通过环首县“国家园林县城”年度评估，获评省级双拥模范城。小城镇建设扎实推进，三道河、大杖子撤乡建镇，全县建制镇达到 13 个，半壁山镇成功入选国家级重点镇，获评“全国美丽宜居小镇示范镇”。乡村环境大为改善，“双违”（即未经批准违法占地建设的行为，未经批准或擅自改变批准内容违法建设的行为）整治强势推进，拆除违建 20 余万平方米，美丽乡村连区成片、加快建设，筹资 4.8 亿元，旅发大会沿线 57 个美丽乡村全部达到市级以上标准，兴隆山片区总体规划获评全市第一，南天门乡郭家庄村入选中国少数民族特色村寨，兴隆镇长河套村列入全省首批“健康村”。基础设施建设快速推进，（北）京沈（阳）客专主体工程完工，承（德）平（谷）高速重点控制性工程开工建设，承（德）唐（山）高速安子岭互通项目设计方案获批。改造提升京建线、112 线、李杨线（承唐高速白马川下道口到半壁山）等国省干线公路 95 千米，建设农村公路64.6千米，交通瓶颈正在加快破解。实施电力通信工程174项，线路迁改、管线入地260公里，农村互联网全面提速。

【生态环境】 生态修复持续加强，统筹山水林田湖系统治理，营林造林、陡坡开荒治理10万余亩，修复披绿矿山16家。大气污染防治成效显著，深入落实“1+18”（即省委、省政府关于强力推进大气污染综合治理的意见和18个专项实施方案）政策要求，治企抑尘压煤增绿统筹推进，改造燃煤锅炉124台，整治“散乱污”企业116家，实施电代煤421户，超额完成年度任务，PM2.5持续下降，空气质量稳居全省前列，连续4年入选“中国深呼吸小城”100佳。水质持续改善，全面推行河长制，集中开展柳河等流域综合整治，清理取缔柳河、瀑河等河道非法采砂，治理河道66.3千米，提前半年高质量完成潘家口水库网箱养鱼清理，断面水质全部达标。

【民生事业】 投入力度不断加大，县级财政民生类支出达到18.5亿元，占总支出的76.7%、同比增长14.1%。群众收入稳步提高，人民币存款余额达到182.8亿元、增长21.7%，城乡居民人均可支配收入分别达到24005元、11011元，分别增长8.9%和11.1%。社会事业全面发展，城镇新增就业3631人，失业人员再就业1429人，各类保险参保率稳定在90%以上；产城教园区稳步推进，县一中易址新建前期进展顺利，高标准通过国家义务教育均衡发展验收。计划生育成绩良好，医药卫生体制改革取得实效，药品零差率销售全覆盖，评为全国基层中医药工作先进县。多种形式开展文化建设，兴隆精神价值认同深入人心。积极应对“8·2”水灾，安全生产形势比较平稳，“平安兴隆”建设全面加强，社会和谐稳定。

【山楂栽培】 7月，兴隆县传统山楂栽培系统入列第四批中国重要农业文化遗产名单，也是兴隆县首个国家级农业文化遗产。兴隆县传统山楂栽培已有500多年历史，年内种植面积已达21.2万亩，以色泽红艳，个大肉肥，质地柔韧，酸甜爽口著称。兴隆山楂几乎不用化肥和农药，以注重保护生态、少用化肥农药的农耕文化传承至今，减少药物对产品及水、土的污染，实现人与自然的和谐发展。近几年来，通过测土配方施肥、病虫害绿色防控、新型植保机械应用、农药用量零增长培训等措施对山楂栽培进行专业研究，使兴隆山楂栽培体系不断完善。同时，县政府以山楂为媒，充分挖掘县内历史文化元素，发展农业观光、休闲度假产业，带动兴隆农民就业增收、传承农耕文明和建设美丽富裕农村，进一步提高山楂的品质和品牌影响力，促进兴隆实现经济、社会、文化、生态协调可持续发展。

【旅发大会】 9月26日，承德市首届旅游产业发展大会暨首届承德市旅游产业发展大会旅游推介会在兴隆县召开。本次大会兴隆站由承德市委、承德市人民政府主办，兴隆县委、兴隆县人民政府承办。来自省内外的500多位嘉宾出席大会。省政协副主席姜德果、中央军委纪委原副书记兼总装备部副部长李栋恒、国防发展战略专业委员会秘书长高东广、天津市中小企业发展促进局局长薛辉、天津市旅游局副局长何智能、天津市蓟州区政协主席卢金生、省旅游委副主任王荣丽参加活动。周仲明、常丽虹、韩福才、刘文勤、张泽峰，薛青松、焦军、马德军、马建权、裴鹏飞等市县四个班子领导出席盛会。

《人民日报》、新华社、中央人民广播电台、《河北日报》、河北电视台、央视网、澎湃新闻等国内媒体到会采访。

此次大会，兴隆县突出峡谷、山水、花果、生态、文化五大特色，以白马川至半壁山线、半壁山至兴隆镇线、兴隆镇至青松岭线、兴隆镇至六道河线四条旅游线路为辐射，以兴隆山景区、青松岭文化旅游度假村和六里坪生态旅游度假区为核心，设定兴隆山景区、诗歌小镇、山楂树之恋房车驿站、郭家庄综合体、南天门满族风情小镇、万融影视基地、中央美院写生基地、中国·兴隆观星小镇、青松岭文化浮雕、青松岭生态酒基地、塞外江南水镇、阿尔卡迪亚国际酒店、纳溪香谷花海、长城十里春风镇等14个观摩景区景点，沿途经过54个美丽乡村，涉及“文化创意、民俗风情、天文科普、休闲体验、冰雪运动、影视基地、国际教育、国际医疗、漂流探险、农事体验”等旅游新业态。还有观赏“梦回青松岭”特色文化展演，品尝民族异域特色美食等系列精彩活动。

此次承德市旅游产业发展大会为县旅游产业升级提供机遇和平台，更加丰富旅游业态，实现由单一观光游向多种旅游业态的转变，一个环首都休闲养生微中心和京津冀地区档次最高、规模最大、功能最全的全域旅游示范区已具雏形。

【承办徒步大会】 10月14日至15日，由中国登山协会、河北省体育局、承德市人民政府主办，由承德市体育局、兴隆县人民政府承办，以“善行旅游共建发展”为主题的2017徒步中国·全国徒步大会（河北兴隆站）举行，共有来自全国各地的240余名徒步爱好者参加此次活动。此次徒步的线路第一天从关外第一家起点出发，途径西毛峰峪、黄崖关长城、路况为长城、土路、水泥路、柏油路。关门点设置在快活林村。第一天徒步线路全长16千米。第二天徒步全程23千米，起点为花市村，终点为蚂蚁沟小学。两天线路尽揽兴隆秋日美景。

【中国少数民族特色村寨】 10月24日，兴隆县郭家庄村被国家民委命名为“中国少数民族特色村寨”。郭家庄村位于县城东南部，全村共有226户、768人，其中满族293人，占比超三分之一，为全县满族同胞主要聚居地，村庄区位独特、地理形态优越。自2014年以来，兴隆县积极贯彻上级民委决策部署，在南天门满族乡郭家庄村先后投资3000多万元，按照“满族家园，美丽乡村”的建设理念，全面实施民居民宿改造、基础设施建设、满族文化挖掘等工程，建成占地面积20亩的满族文化广场、展现满族习俗的“浮雕墙”、体现满族特色的“八旗展台”、突出民族精神的“弯弓起射标识”、彰显厚重文化的“清诗碑”，以及最具标志性的建筑“图腾方柱”，全力打造了“白墙青瓦、文化浓郁、庭院葱绿、休闲宜居”的满族特色村寨。

【召开考古专家论证会】 10月，兴隆副将沟遗址考古发掘专家论证会在李家营乡副将沟村举行，北京科技大学教授李延祥、北京大学教授陈建立、中山大学教授郑君雷、河北省文物研究所研究员高建强、王会民、毛保中、考古队队长张晓峥参加此次现场论证会。

兴隆县副将沟遗址因20世纪50年代出土兴隆铁范而闻名，被列为国家重点文物保护单位。根据国家文物局大遗址保护与管理政策，在坚持考古学研究与保护规划编制先行的基础上，由北京大学、北京科技大学、河北省文物研究所、兴隆县文物保护管理所联合开展考古调查、勘探、试掘、资料整理等工作，共历时3个多月，共收集出土标本600余件。与会专家对此次发掘工作给予高度肯定和认可，并认为兴隆副将沟遗址为燕山腹地重要冶金遗址，发掘基本认定为战汉时期冶铁铸造遗址，代表战国、汉代北方地区冶铁技术水平，在全国冶金技术史有着重要学术地位，此次考古调查、勘探和发掘，为副将沟遗址科学保护和规划提供重要考古学资料。

附：兴隆县领导名录

中共县委书记：薛青松（满族）

副书记：焦军

裴鹏飞

县人大常委会主任：马德军
副　主　任：贾海超
王立群（2 月任）
李桂霞（2 月任）
冯秀玲（2 月任）
杨青山（2 月免）
高春明（2 月免）
何玉萍（女,满族,2 月免）
县人民政府县长：焦　军
常务副县长：郭建平（女，10 月免）
迟云鹏（10 月任）
副　县　长：马广春（1 月任）
高春青（1 月任）
强占坡
杨文利
许建民（1 月任）
王传华（挂职,4 月任）
李舍斐（挂职,6 月任）
周庆庚（挂职,8 月任）
董业良（挂职）
董印玲（挂职,6 月任）
程立军（挂职,6 月任）
孙立良（1 月免）
张松涛（满族,1 月免）
王晓鹏（1 月免）
孙志强（援疆,1 月免）
张振宇（挂职,12 月免）
俞虹霞（女，挂职，民革,6 月免）
县政协主席：马建权
副　主　席：郭宝军（2 月任）
杨青山（2 月任）
刘啸林（2 月任）
徐东梅（2 月任）
王立群（2 月免）
李桂霞（女，2 月免）
孟宪龙（2 月，二线）
刘海明（2 月，二线）
县纪检委书记：那　红

（供稿　白海霞）

承德高新技术产业开发区

【概况】　承德高新区于 1992 年 6 月经省政府批准建立，初始规划面积 6.2 平方千米。2012 年 8 月，经国务院批准，升级为国家级高新区。托管 2 个镇、38 个行政村，托管面积 320 平方千米，规划建设用地面积 55 平方千米，建成区面积 15 平方千米，人口近 11 万人。拥有国家级科技孵化器 1 个，高新技术企业 22 家，科技小巨人企业 7 家，科技型中小企业 140 家，省级工程技术研究中心 4 家。2017 年底，全区共有各类企业 2067 家，其中，工业企业 200 家，规模以上工业企业 29 家。全区地区生产总值完成 58.9 亿元，同比增长 7%；规模以上工业增加值完成 35 亿元，同比增长 5%；固定资产投资完成 44.3 亿元，同比增长 15%；社会消费品零售总额完成 6.6 亿元，同比增长 10%。全部财政收入完成 16.7 亿元，可比口径增长 5.8%；公共财政收入完成 8.1 亿元，可比口径增长 14.3%。

【项目建设】　建立项目入区预审制度、重点项目建设推进机制、领导包保项目制度、项目推进联席会议制度、项目储备管理制度、跟踪督查考核和责任追究制度等 6 项制度，成立入高新区项目预审领导小组、行政审批领导小组、项目建设环境保障领导小组、项目前期服务领导小组等 4 个组织，实现对项目建设的全程跟踪服务，有效解决项目推进过程中遇到的问题，强力推动重点项目的顺利建设，该区固定资产投资和重点建设项目呈现良好态势，推进千万元以上重点项目共 103 个，实现连续两年固定资产投资增长率超过 15%。一批项目建成投产投用。加快推进在建项目进度，进一步落实责任领导和责任部门，帮助项目方打通项目建设“最后一公里”，比亚迪电动汽车生产基地（一期）、天大钒业钛合金用中间合金开发生产、上板城热电联产、承德大数据研发展示中心等28个项目建成投产并产生效益，为该区经济稳定增长提供新的动力源。一批项目开工建设。坚持问题导向，采取有针对性的措施破解签约项目落地难的问题，保障承德微型智慧创业创新科技园、承德高铁商圈整体提升工程、力海企业港、承德农产品冷链物流产业园、承德新一代绿色数据中心、中关村承德创新创业大厦、承德儿童医院、金亿达商业综合体项目等70个项目开工建设，在建项目覆盖战略新兴产业、基础设施项目和公益事业项目等各个方面，极大促进产业结构优化和发展环境提升。一批前期项目取得突破。明确推进重点，加强沟通协调，优客小镇、北京电影学院影视文化产业创新园、特变电工承德产业园、中国供热绿色产业园、承德四季度假·国际滑雪小镇等33个项目前期进展顺利，为下一步开工建设打下良好基础。一批储备项目深入推进。围绕高新区产业发展定位，立足做优发展平台建设、构建产业体系，推进招商引资、积极谋划项目，储备高新区能源供应中心、秦家沟至横水流子段隧道工程、恒通装配式建材、京津冀精准医学大数据产业基地、河北大数据交易中心等65个项目，并通过深入对接力促项目早日落地。

【优化发展环境】 围绕市委、市政府“一带三区”的城市发展战略，深化对区情的再认识，进一步明确“产城共建、以产为主、产城融合”的发展思路，落位于“一区三园”的发展格局，即以实现与京津同质化发展为目标建设“南部新城核心区”，以推进新兴产业聚集、产业结构优化升级为目标建设“大数据电子信息产业园”“生命医学大健康产业园”“智能环保和装备制造产业园”，按照这一总体思路统筹推进工作，并在实践中不断完善和发展。注重制度设计。编制完成三大园区的总体规划，制定产业准入条件、产业用地比例、产业投资强度和产业税收标准，从制度层面促进和推动产业项目的聚集和高端产业的引入，为实现产业结构稳步优化提升，进入国家级高新区第二方阵的目标奠定基础。强化生产要素配置。注重园区内部各要素的配套建设，如通过谋划冠山110千伏变电站、9.5千米电力缆线管廊和引入大数据能源供应中心项目、北京至承德直通光缆项目，为大数据电子信息产业园解决能源供应问题和数据传输线路保障问题。又通过“四桥七路”等道路桥梁工程建设，把三大产业园区连成一体。优化招商方式。坚持“引凤筑巢”和“筑巢引凤”相结合，通过政策吸引中国电子、中发展、北京电影学院等优势企业和高端人才进驻高新区，开发建设优势项目；通过政府加大投资和与中国二十二冶等战略投资者开展PPP项目合作，加快建设高新区亟待完善的基础设施和配套设施，提升区域承载能力，进一步吸引外来投资。构建适宜园区发展的新模式。遵循全产业链的发展规律和产业集群的趋势特征，积极打造“园中园”发展模式，推进微型智慧创业创新科技园、佳兆业中国数字化口腔医疗产业园、中电承德信息安全产业园、力海企业港、北京电影学院影视文化产业创新园建设，并强化园区公寓、商业等公共设施配套服务，形成以项目支撑小园，以小园支撑园区的发展局面。突出系统性开发方式。强调地块的整体性，在上下栅子、秋窝、崔梨沟等区域，探索引入资金雄厚的投资者进行整体开发，注重整体设计，坚持产业项目、住宅小区、道路交通、城市景观、公共设施等一体化建设，保证规划地块空间结构布局的合理性，构筑特色鲜明的整体空间形态。

【拓宽融资渠道】 多措并举，打通融资渠道。培育融资平台。创元集团通过财政注资、与市国控集团合作、向金融机构借款等形式，累计完成融资29.85亿元，较好地完成管委会交办的部分道路、学校、医院等基础设施和社会事业项目的代建任务；还通过股权投资，促进一批科技型项目落地；通过委托运营管理，启动承德科技创新中心、大学生创业创新园等“双创”空间建设，有力支持高新区建设发展。积极争取地方政府债券。2016年至2017年，共争取上级债券资金39.67亿元，其中，置换一般债券1.15亿元，置换专项债券31.27亿元，新增专项债券7.24亿元。极大地缓解了全区历史债务压力，有力地支持园区城市道路、土地收储、教育卫生事业等重点项目建设。有序放量房地产。共出让土地15宗1111.54亩，收取土地出让金12亿元，解决大量违规债务问题，降低了负债风险。积极争取专项资金。瞄准上级政策，积极申报各类项目，上级专项资金争取工作取得重大进展，2016年至2017年12月共争取专项资金40681万元。

【社会管理】 坚持以改革的思路、市场化的理念、系统的思维，推进社会管理工作。搭建管理体制改革体系。推进机构编制管理改革，建立起“9+1”的“大部制”管理机构体系，并在9个内设机构下设14个加强管理部门。对各部门职责、人员编制和岗位设置进行重新梳理，将原行政事业单位承担的可以市场化的管理职能，剥离给市场主体，同时重点解决部门间职能交叉、管理缺位等问题，机构设置情况已报市编委办备案，改革后，各部门运行显现职责明确、运行高效的改革成效。推进人事薪酬制度改革，实行全员聘用制和“部门领导＋主办负责”的运行机制。按照“扁平化”管理理念，减少管理层级，取消内设科室科长（主任），强化部门副职责任制，设置部门正职、部门副职和一至五级主办，实行绩效工资制和全员绩效考核。绩效工资结构包括基本工资、岗位工资和年度绩效工资3个部分，同时设立专项绩效工资，与党风廉政建设、财政收入、征地拆迁及专项重点工作等考核挂钩，充分发挥绩效工资的激励作用。搭建科技创新平台。指导企业开展各类科技项目申报、创建、认定等工作，共认定2家省级技术研究中心；引入天津大学姚建铨院士建立河北民族师范学院院士工作站；推进露露股份等企业与清华大学、中国中医药大学、中国中医科技院中药研究所等高校和科研机构开展科技合作。积极搭建创新创业平台，投资10多亿，先后建设了中关村创新创业大厦、大数据研发展示中心，购买了华峰大厦、阳光四季城椿林苑底商，腾出了科技大厦主楼的部分楼层，以租金补贴与税收贡献挂钩方式支持双创型企业，为项目提供优良的孵化环境。建设各类创新平台5个，新认定高新技术企业3家、科技型中小企业90家、科技小巨人企业7家，科技项目40个。启动教育医疗改善工程。从改善办学条件入手，弥补教育历史欠账，投资建成阳光四季城小学和凤凰御景学校2所学校。完成冯营子初中、上板城小学迁建项目的土地征收和上板城初中迁建选址。总投资2.6亿元的儿童医院项目，主体工程已完成70%；上板城中心卫生院、冯营子卫生院等2个迁建项目已启动实施。填补了社区建设空白。适应高新区人口迅猛增长需求，启动了社区建设和改革攻坚行动，成立高新区社区管理办公室，规划设立13个社区，11个社区居委会已获批复，7个已投入运行，实现社区建设从无到有的跨越发展。活化了城市管理机制。通过政府购买服务方式，有效提升城市管理水平。依托创元集团，实现城市中心区和上板城镇政府所在地210万平方米的环境卫生保洁和园林绿化的市场化，同时，积极推进上板城镇和冯营子镇垃圾处理一次性外包项目；引入“环保管家”对全区环境管理实行总承包；建设主城区Wi-Fi全覆盖工程。维护社会和谐稳定。推进平安高新区建设，全区安全生产、食品药品安全、消防安全、森林防火、社会治安未出现重大事件，圆满完成全国“两会”、“一带一路”国际合作高峰论坛、暑期安保，特别是党的“十九大”等重点时期安保工作，有效维护全区的和谐稳定。

附：承德高新技术产业开发区工委领导名录

工委书记、管委会主任：傅海旺

工委副书记、管委会副主任：王国辉

工委专职副书记：刁　志

工委委员、管委会副主任，曹妃甸承德临港工业园管委会主任（市高新区管委会副主任挂职）：杨文东

工委委员、管委会副主任：王志一

工委委员、管委会副主任：魏　民

工委委员、纪工委书记：郭建平（女，10月任）

工委委员、管委会副主任：陈　磊（挂职）

工　委　委　员：景联华

王　钧

王天一

董智慧

薛文忠

白春龙

（供稿　安　冉）

御道口牧场管理区

【概况】 御道口牧场位于河北省围场县北部坝上地区，地理坐标为北纬 42°07′～42°25′，东经 116°46′～117°26′，地处内蒙古高原东南边缘，西部与内蒙古自治区多伦县接壤，南部与围场县御道口乡毗邻，东南是木兰林管局，北部、东部与塞罕坝机械林场相连。场境东西长 50 千米，南北宽 33 千米，总面积 137.7 万亩（918 平方千米）。总场部距围场县城 105 千米，距内蒙古多伦县城 45 千米，距承德市区 260 千米，距省会石家庄市区 748 千米，距首都北京市区 400 千米。御道口牧场因为处在内蒙与河北的交界、滦河的上游、“北京—承德—围场—塞罕坝国家森林公园—御道口牧场—丰宁—北京”黄金旅游线的中段，所以在为京津及其周围地区阻沙源、涵水源的生态功能上和河北旅游上具有举足轻重的作用。同时，御道口牧场过境的“御克”公路是河北省与内蒙古、东三省联系的重要交通要道，作为河北省的北部门户，御道口牧场在交通上也具有重要节点作用。

土地总面积 137.7 万亩，全部为国有。耕地面积 3.48 万亩，占土地总面积的 2.53%。草地面积约 50 万亩，占土地总面积的 36.31%。林地面积 81 万亩，占土地总面积的 58.82%。林地面积中天然林面积 17.4 万亩，占林地总面积的 21.48%；人工林面积 63.6 万亩（其中部分为林草带），占林地总面积的 78.52%。水域面积 0.5 万亩，占土地总面积的 0.36%。村庄、道路等其他土地面积约 2.72 万亩，占土地总面积的 1.98%。御道口牧场下辖 5 个分场，共 20 个生产队，全场总人口为 4331 人。

区场以党的十九大和习近平总书记系列重要讲话精神为指导，在市委、市政府的正确领导下，团结带领广大干部职工，以“建设美丽幸福牧场”为目标，以“科学发展、绿色崛起”为发展路径，聚焦旅发大会筹办和农垦改革试点两大中心任务，持续培育“游、电、林、牧”四大主导产业，深入开展“2+4”专项行动，圆满完成了年初确定的各项目标任务。全年地区生产总值实现 8.1 亿元，增长 6.2%；固定资产投资完成 6.9 亿元，增长 5%；财政收入完成 6453 万元，增长 53.6%；人均可支配收入 20153 元。“游、电、林、牧”四大主导产业稳步发展。旅游业全年累计接待游客 52 万人，实现旅游综合收入 4.5 亿元。按照“风电保持现有规模、适度发展光电”的原则，强化光电项目的引进，先后与圣坤仁合、瑞宏、

中天万和签订了投资12亿元、装机15万千瓦的合作框架协议。年内，光电新装机2万千瓦、累计完成装机11万千瓦，风光电共完成装机68.6万千瓦、实现税收5648万元，占总财政收入的87.5%，已成为区场财政收入的最主要来源。林业完成林木种植1.9万亩，中幼林扶育2万亩。畜牧业方面，截至年底，全场肉牛存栏11000头、马存栏2430匹、肉羊存栏17100只，肉类总产量567吨，实现产值3450万元；全年改良黄牛707头。

2017年是管理区成立运行的第一年，也是区场全力筹办河北省第三届旅发大会、加快推进农垦改革的关键一年。

【管理区组建】 3月份，御道口牧场管理区党政综合办公室、党群工作部、经济发展局、社会事务局、财政局共5个内设行政机构和综合执法大队、森林草原防火和管护中心、农牧技术推广中心、三座山综合服务中心、黄土山综合服务中心、如意河综合服务中心、长林子综合服务中心、灯竹碗综合服务中心共8个内设直属事业单位主要负责人基本安排到位，其中有2016年通过场内招录考试选拔的御道口牧场原有科级领导干部21名、从场外借调的临时负责人2名。10月份，通过面向社会公开招录的8名公务员身份的行政岗位工作人员和面向场内在职职工公开招录的40名事业单位工作人员安排到位。

【农垦改革试点】 按照省农垦局统一安排部署，御道口牧场成为河北省农垦改革专项试点，并承担推进企业化改革和公司化改造、组建专业化农业产业公司、化解办社会职能形成债务等10项重要改革试点工作。

【企业化改革和公司化改造】 推进国有农场企业化改革和公司化改造。把此项改革作为所有改革的重中之重，为进一步开阔眼界，拓宽思路，在省农业厅的统一组织下，承担重点改革任务的牧场部分领导班子成员及部门负责人赴湖北、安徽、江苏等先进农垦改革单位考察学习，借鉴先进地区改革经验，结合实际，制定牧场企业化改革和公司化改造工作推进方案。围绕集团化组建这一中心，聘请承德天恒会计师事务所参与起草御道口牧场发展实业集团组建方案。实业集团公司拟注册资本5亿元，在已有3个公司（旅游公司、林业公司、市政工程公司）、5个分场基础上，整合新建组建4个全资子公司（御道口牧场农业发展公司、围场满族蒙古族自治县御道口旅游开发有限公司、承德御兴林业有限责任公司、御道口牧场投融资公司）和1个分公司（承德御道口红泉市政工程有限责任公司），集团化公司设立党委、董事会、监事会、经理层，内设5个部门，计划利用2～3年时间完成“新三板”或“主板”上市，成功融资并迈出现代化企业管理步伐。市政府已原则同意组建方案，进行批复。同时，聘请资产评估机构对全场资产进行评估，为进一步推进企业化改革打下良好基础。

【组建专业化农业产业公司】 组建专业化农业产业公司。立足区位优势，结合特色产业发展，于6月2日，注资500万元成立“承德御道口牧场如意农业发展有限责任公司”，为实业集团组建前期铺路。经过积极争取，已承接产业引导资金7200万元，先后实施投资2800万元的4个生产队、203户美丽场队建设，投资400万元的山水林田湖草生态保护项目，投资1000万元的旅游基础设施建设项目，投资3000万元的狩猎场项目，一大批项目的实施，为改变场容场貌，加快农业旅游业发展，推进生态资源保护利用，实现职工居民增收致富奠定坚实基础。

【化解国有农场债务】 化解国有农场办社会职能形成的债务。聘请第三方会计事务所对各单位账务进行账务审计，共梳理企业办社会形成的下属单位借款、历年职工薪酬、养老保险、工程欠款、银行借贷、年度亏损共 2.1 亿元。责成相关领导牵头，分类研究化解渠道，制定可行性化解方案，并争取新增债务资金 3000 万元，其余将通过争取政府置换债务化解。

【完善承包租赁经营制度】 改革完善职工承包租赁经营管理制度。结合该场草场承包已到期，耕地承包 2023 年到期的实际，对牧场现有租赁合同进行梳理，制定《职工承包租赁经营管理制度》，拟通过将承包经营权统一回收、流转、运营的方式，租赁给职工开展特色产业，不断增强牧场对草场、耕地、林地等资源利用的主动权。为确保改革的积极稳妥推进，更加切合全场实际，更加有利于保障职工的切实利益，更加公平、公正、合理，对《职工承包租赁经营管理制度》征求基层意见，待反馈梳理修改完善后组织实施。

【多种经营】 积极发展多种形式的适度规模经营。以发展壮大家庭农场为重点，积极探索土地股份合作制、农业专业合作社、龙头企业 + 农户等为主的适度规模经营方式，发展带动区域经济。发展家庭农场 62 户，其中重点扶植户 26 户，户均收入达到 7 万元以上。在一分场卧牛盘生产队通过土地股份合作方式，探索野生金莲花繁育 2000 亩，实现收入 4 万多元，人均分红 500 元。年内，共引进承德沃果、硒缘农业、平煤神马等龙头企业 5 家，计划带动 8 个生产队 260 户农户实现增收；完成土地流转 1.6 万亩，占总耕地面积的 51%；建设高标准养殖小区 7 个，总面积 20 万平方米，圈养规模达到 5000 头。

【市场化用工制度】 建立以劳动合同制为核心的市场化用工制度。对与牧场有劳动关系的职工进行全面调查摸底，对在职职工、家庭农场职工、季节工、扑火队员、禁牧人员、护林员、下岗职工、临时聘用人员、内退人员等 9 类、1244 名不同用工关系职工进行梳理，分别制定合同文本初稿，待对合同文本细化，运用到集团化公司运行管理中，为下一步集团公司组建市场化用工打下良好基础。

【职工养老和医疗保险】 强化农垦企业及其职工按时足额缴费义务和地方政府主体责任，依法保障农垦企业职工养老和医疗保险权益。对全场未参保、断保职工情况进行梳理，共存在 3 种情况，其中，按照国家规定比例，已足额对 450 名家庭农场职工历史上欠缴的 1273 万元养老保险，给予一次性彻底解决；对 6 名断保人员给予续接养老保险；对 198 名历史除名人员中途断保问题，经过深入研究向市社保部门提出处理申请，待批复后，抓紧落实到位，依法保障职工养老和医疗保险权益。同时，对职工住房公积金进行足额补缴。

【国有农用地调查】 开展国有农用地使用权抵押、担保。对牧场国有农用地调查摸底工作已全部完成。计划结合土地确权工作，深入推进使用权抵押、担保，为集团化改造提供保障。

【精准扶贫】 开展贫困农场精准扶贫、精准脱贫。围绕精准扶贫和精准脱贫工作，结合全省扶贫攻坚建档立卡“回头看”工作有关要求，认真学习省市扶贫开发建档立卡“回头看”电视电话会会议精神和工作要求，对全场 160 户，533 名农村人口进行入户调查，已确定贫困户 3 户、11 人，完成公示及人员信息录入工作。并根据各户实际情况，分别制定帮扶计划，组织实施。

【党建工作】 在农垦改革中加强党的领导和建设作用，充分发挥农垦党组织的政治核心作用。把加强党的建设和领导作为推进牧场改革发展的重要保障来抓，全面推进思想、组织、作风、制度建设。深入开展“建设美丽幸福牧场我该怎么做，我为建设美丽幸福牧场添光彩”大讨论活动，以“我为牧场发展献一策”活动、“我心中的美丽牧场”有奖征文活动、“建设美丽幸福牧场我该怎么办、建设美丽幸福牧场从我做起”主题演讲活动、“十佳爱岗敬业职工”评选活动、“牧场改革发展大调研”活动为载体，掀起热爱牧场、建设牧场、奉献牧场的热潮，进一步统一干部职工思想；扎实开展“联、转、帮、促”活动，各级党组织深入基层，解难题、办实事，锻炼了队伍，培养干部；持续开展“转、优、促”“一问责八清理”和“一承诺五机制”活动，党员干部作风明显好转；建立健全《党工委、管委会议事规则》《理论中心组学习制度》《首问负责、一次性告知、限时办结制度》《牧场领导班子和领导干部实绩考核办法》等一系列规章制度，通过开展一系列活动、健全一系列制度，党组织的政治核心作用得到充分发挥。

【重点改革】 土地确权。经省第二轮土地调查，牧场土地面积137.7万亩，已确权登记发证总面积为0.1225万亩（建设用地），未确权登记的国有土地面积为137.577万亩。按照上级要求，结合牧场实际，制定《御道口牧场国有土地使用权登记发证工作实施方案》，对全场5个分场所辖的20个生产队、1159户的房屋及院落进行调查，经实地踏察测量，总占地面积37万平方米，总建筑面积9.82万平方米，为下一步土地确权发证做好准备。省推选的10家测绘单位中，已有5家与御道口牧场对接，沟通合作事宜。办社会职能改革。御道口牧场是全省九大国有牧场中，最后一个成立管理区的牧场，同时也是全省贫困牧场之一。管理区成立以来，积极履行社会管理和公共服务职能，搭建起精简高效、运转协调的管理体制，主动承担起区域内监督、管理、协调、服务责任。牧场办社会改革重点在基础教育、基础医疗、“三供一业”等公共服务方面，改革工作正在分项有序开展。其中，御道口牧场小学已于2005年移交围场县教育局管理；牧场职工医院将委托围场县管理，已与围场卫计局对接，正在拿方案；供电已于2015年移交国家电网；供暖已与承德热力集团达成合作协议，进行资产评估，2017年已由其代理供暖；供水开始研究和制定市场化运作方案。国家现代农业庄园创建。御道口牧场地理位置优势突出，自然资源丰富，是京北草原森林风光旅游带和木兰围场皇家休闲旅游区的核心区，同时也是京津冀协同发展规划战略中的生态涵养区。依托独特的生态资源和广阔的旅游前景，积极申报国家现代农业旅游庄园项目，通过农业部农垦局和国家旅游局初审。结合全省第三届旅发大会筹办工作，全场基础设施建设更加完备，机场、高速开工在即，出入景区主要道路正在施工，为庄园建设破除了瓶颈制约；景区服务功能更加健全，阿尔卡迪亚主题酒店、雁鸣湖自驾车营地、智慧旅游中心、太阳湖游客服务中心、温泉城等22个投资45亿元的旅游项目开工建设，将为游客带来更加优质的服务；品牌优势更加显现，年内先后成功举办河北省第二届烤全羊大赛、世界旅游小姐大赛河北赛区总决赛、首届无人机竞速大师邀请赛、2017年环中国国际自行车公路赛等重大赛事，影响力和知名度显著提升。同时，对旅游沿线农业耕地进行整合，优化区域农业种植结构，打造旅游沿线重要节点农业产业休闲观光带4000余亩；投资1648万元，实施了5万亩花海秀美草原项目建设，使之成为一道新的靓丽风景。全年接待游客52万人次，实现旅游综合收入4.5亿元，较2016年增长5%，实现了“农业＋旅游”、一产带三产高度融合，为现代农业旅游庄园建设奠定了良好基础。根据市委、市政府的要求，确定2018年河北省第三届旅发大会开幕式主会场在御道口牧场举办，场区紧紧围绕承办旅发大会的要求，成立旅发大会项目七人小组，制定2018年旅发大会实施方案，并着力开展四项重点工作。

【编制发展规划】 结合全域旅游、旅发大会、美丽场队、景区景点改造提升等基础设施建设项目，聘请中建集团城市与风景规划研究院、北京银都园林绿化有限公司、河北和智旅游规划设计院、承德市规划设计院、新中远工程设计有限公司等，对全域旅游发展规划、景区景点改造提升、美丽场队建设进行规划设计。

【重点项目建设】 御道口行宫项目：该项目由荣盛集团承建，工程队于9月18日正式进场施工。一栋酒店综合楼和八栋客房楼主体工程已全部完成；二次结构工程已完成；电梯井道一、二层已完成；消防、给水、排水、通风主管道完成安装80%。图尔根自驾车营地项目：该项目由承德雁鸣湖旅游发展有限公司承建，工程队于7月12日正式进场施工。接待中心一段完成主体三层，二段、三段完成主体二层；6栋精品酒店基础工程已完成；自驾车营地内部道路已完成回填工程。御道口旅游服务（智慧旅游）中心项目：该项目由管理区承建，委托国家画院主题纬度城市规划院规划设计，采取EPC模式进行建设，边设计边施工，工程队于10月29日正式进场施工基础工程已全部完成。太阳湖、大峡谷景区改造提升项目：太阳湖改造提升工程，该项目由管理区承建，委托河北和智旅游规划设计院进行规划设计，对服务中心内部按AAAA级景区改造标准进行改造提升，由北京银都园林绿化有限公司进行施工图设计，采取EPC模式进行建设，边设计边施工，工程队于8月29日正式进场施工。已完成服务中心主体工程、停车场基础工程。大峡谷、龟山改造提升工程，该项目由管理区承建，委托河北和智旅游规划设计院进行规划设计，由承德热河建设集团有限公司正在进行施工图设计。采取EPC模式进行建设，边设计边施工，工程队于10月12日正式进场施工。停车场填、挖方平整工程已完成，1号观景台6根桩基完成4根。

【旅游环境改造】 美丽场队建设：围绕打造幸福美丽牧场的目标，积极推进全场美丽场队建设。重点在御克公路沿线的生产队（四号、压岱、黄土山、前大脑袋）进行美丽场队建设，聘请承德市规划设计院和新中远工程设计有限公司进队入户进行规划设计，结合实际确定每户改造方案、区场补助标准、奖励办法等。完成了四号、压岱、黄土山、前大脑袋四个美丽场队203户居民房屋改造工程和文化广场、巷道硬化招投标。旅游观摩道路建设：国家一号风景大道（牧场段）建设开工，包括“御克”公路改造提升，自行车慢行系统、停车港湾、观景平台、驿站、观花赏花节点建设。其中“御克”公路大修进行铺设沥青路面工程，已完成15千米的改造；总场部道路改造加宽工程，已完成2千米道路的改造；总场部—大峡谷—太阳湖—四队道路改造加宽“白加黑”工程，已完成路基工程建设。自行车慢行系统、停车港湾、观景平台、驿站、观花赏花节点已开工建设。沿线景观建设：通过种植结构调整，土地流转在公路沿线、景区环线道路两侧种植观赏花卉及作物，规划建设10万亩花海，人工种植补植花海3万亩（金莲花、格桑花、油菜花、油葵等）。同时，总结记录人工种植花海的花期，为2018年旅发大会景观打造积累经验。旅游景区提升：对月亮湖、桃山湖进行改造提升，完善景区重要节点观景平台、游客中心、停车场、购物场所、导览图等基础设施建设，本着“标准化、国际化、特色化、人性化”原则，新建和更新全场重点景区和主干公路旅游标识牌，增加宣传展示、休闲元素、服务设施导引、旅游服务功能、应急和投诉电话等内容，由河北和智旅游规划设计院进行设计，完成方案设计。“加快旅游厕所革命”在景区及周边建设标准化旅游厕所，拟新建及改造标准化旅游厕所20座，其中高标准A级旅游厕所8座、围绕美丽场队及民俗旅游按标准化规划建设及改造厕所12座，配套化粪池、停车场、水井等设施，该项目由围场满族蒙古族自治县新中远工程设计有限公司进行施工图设计，完成施工图的绘制；完成发改备案审批手续；厕所改造提升工程已开工建设。景区周边环境治理：开展环境卫生综合整治，建立长效机制。首先对沿线村队环境进行治理，清理生活垃圾及牲畜粪便2.1万吨、建筑垃圾5万吨，拆除残垣断壁28万延长米；同时加大标准化圈舍建设力度，拆除旧牛、马、羊栏4万平方米平米，拆除草原子400余处，新选址规划建设标准化圈舍10万平米，一分场、二分场、四分场标准化圈舍计划建设43栋，累计1栋整体完成、5栋主体完成、完成11栋地基。建设高标准围栏19万米，绿化种植树木10万株。

【接待能力提升】 牧场管理区现有四星级标准以上酒店4家，床位数950张，餐位数1020人；三星级标准酒店15家，床位数2821张，餐位数3085人。新开工建设阿尔卡迪亚酒店有372套客房、图尔根自驾车营地有162套客房、如意庄园大酒店有400套客房。

附：御道口牧场管理区领导名录

党工委副书记、管委会主任：
侯国天（4月任）
党工委副书记：孙　儒（满族）
党工委委员：刘铁彪
党工委委员、纪检组组长：
张志文（满族）
党工委委员、管委会副主任：
张宝儒（满族）
党工委委员、管委会副主任：
冯志春（满族，4月任）
党工委委员：黄国林（满族，10月免）

（供稿　延国龙）

人 物

全国“五一”劳动奖章获得者

庞　博

庞博，男，42岁，国网冀北承德供电公司运维部检修主任。完成1640个帮扶村和986个重点村建设项目可研报告编制，完成农村面貌改造提升行动电力保障项目的可研编制、评审、上报及批复工作；完成冀北公司2013–2020年配电网规划滚动修编工作，形成“省、市、县三个层面”、“1个规划报告和8个专题报告”及“4图3表2清册”的成果体系。主持研究的多个项目分别获河北省优秀工程勘察设计二等奖和承德市建设工程勘察设计二等奖，先后获得国网冀北电力公司十大感动人物。

河北省“五一”劳动奖章获得者

张润华

张润华，男，45岁，河北承德露露股份有限公司工程设备部主管。在植物蛋白饮料制造装备及工艺创新方面处于国内领先水平。完成多项建设项目及装备工艺创新，其中露露企业技术中心项目及郑州露露系列饮料项目年产已达15万吨，实现巨大的经济效益。2015年在“年产50万吨露露系列饮料搬迁扩能项目”规划设计中，响应中国制造2025国家战略，倡导绿色环保理念，项目通过了中国城市科学研究院三星绿色工业建筑设计评审。

邓金辉

邓金辉，男，34岁，承德宽丰长丰矿业有限公司选厂车间主任助理。他勤奋好学、遵纪守法；爱岗敬业、勇于创新，为企业发展做出了很大贡献，多次受到市、县、单位表彰和奖励。先后被评为集团公司先进工作者、县创先争优活动先进个人、承德市劳动竞赛先进个人，宽城县金牌工人。

战秀河

战秀河，男，49岁，自任国网承德供电公司总经理以来，认真学习习近平总书记系列重要讲话，深刻领会河北省委、省政府各项决策，有效落实承德市委、市政府工作部署，勤勤恳恳学习，踏踏实实做事，以“精、严、细、实”的工作作风为地方经济社会发展做出了积极贡献。

李景文

李景文，男，53岁，承德市中医院推拿科副主任，2014年市级先进工作者。从医三十余年，始终在推拿按摩一线工作，行医廉洁，从不收受红包，拒绝吃请。在工作中，认真学习专业知识，自创一套不使用药物、治愈率极高的绿色疗法，治疗疑难杂症，称之为“内科疾病手法治疗”，数百例疑难杂症通过他的治疗得以康复，其中包括两名美国病人，这两个病人康复出院时都称赞我们祖国医学的伟大。他带过的学生都能单独执业，成了小有名气医生。

周　弘

周弘，女，39岁。2003年大学毕业后，先后在天津、北京、西安、长春、乌鲁木齐等多个公司从事管理工作。2013年，周弘毅然放弃大城市的高薪工作，回家乡创办了“承德县舜易月嫂家政服务有限责任公司”。公司自创办以来，坚持“以人为本、以客为尊、卓越服务”的经营理念，把工作“落小、落细、落实”，自2013年底至2017年12月已先后培训家政类服务人员1000余人，就业率达50%以上，就业地点从最初的县域内，发展到外县、承德市及北京、天津等地。2017年，该公司已被定为“承德护理职业学校家政服务实习就业基地”，是承德市家庭服务协会会员单位。2016年9月，周弘参加河北省家庭服务职业技能大赛获得家政组第一名；2016年11月由公司推荐的选手获得京津冀家庭服务职业技能大赛养老组第一名。

烈　士

马桂明

马桂明同志，平泉市榨椤树镇（原郭杖子乡）马杖子村人，时任原高杖子区公所马杖子村党支部书记，1947年5月带人斗争了地主杨延林，杨怀恨在心，带着全家逃到小寺沟其岳父家，几天后买通榨椤树伪乡长郑玉华，由其带领杨延林找到土匪头目张其昌，1947年11月，土匪队包围蜈蚣山区小队时，将马桂明、许占春抓获，并于次日将其二人在下营坊一块枪杀。经各级政府逐级审核上报，2017年10月18日，被省政府批准烈士。

逝世人物

刘爱国

刘爱国（1933—2017），1933年12月出生，辽宁凌源人，1953年1月参加工作，1962年3月加入中国共产党，退休前任承德市第九届人大常委会主任。2017年6月18日中午12时，因病医治无效逝世，享年85岁。

刘爱国于1953年1月从热河农校毕业，分配到热河省水利局任技术员；1956年1月至1983年9月历任承德地区水利局技术员、水土保持试验站站长、农田水利科副科长、农办生产组长，承德地区水利局副局长；1983年9月至1983年11月任承德地区行署副秘书长；1983年11月至1984年9月任宽城县县长；1984年9月至1986年8月任宽城县委书记；1986年9月至1987年1月在承德地区组织部协助工作；1987年1月至1993年6月任承德地区行署副专员；1993年6月至1993年9月任承德市人大常委会党组书记、筹备组组长（正市级）；1993年9月至1998年12月任承德市第九届人大常委会主任、党组书记；1999年1月经省委组织部批准退休。

刘爱国政治立场坚定，旗帜鲜明，拥护党的路线方针政策，在政治上、思想上、行动上始终与党中央保持高度一致；他忠诚于党，忠诚于人民，坚持把党的事业和人民的利益放在第一位，充分发挥了党员领导干部的模范作用。在四十多年的革命生涯中，刘爱国坚持解放思想、求真务实、与时俱进，从一名普通技术人员成长为懂经济、善管理的领导干部。无论在地区综合部门工作还是到县里担任领导职务，他始终勤勤恳恳、兢兢业业、恪尽职守、甘于奉献，为全市农林水利事业发展和县域经济建设做出了积极贡献，1991年被林业部、人事部授予全国造林绿化劳动模范光荣称号。在市人大常委会工作期间，他筹备召开了地市合并后的承德市第一届人民代表大会，充分发扬民主，严格依法办事，积极履行宪法赋予的职责，为坚持和完善人民代表大会制度、推进承德市民主法治建设做出了重要贡献。

承德市2017年国民经济和社会发展统计公报

承德市统计局，国家统计局承德调查队

（2018年2月1日）

2017年是党的十九大胜利召开的重要一年，也是深入推进供给侧结构性改革、决胜全面建成小康社会的关键一年。面对外部宏观经济环境变化和自身结构性矛盾的多重困难，市委、市政府带领全市各族人民以习近平新时代中国特色社会主义思想为统领，认真落实习近平总书记对承德作出的重要指示，紧紧围绕“12345”总体目标和“三区一城”发展定位，始终坚持稳中求进的工作总基调，积极践行新发展理念，以十大绿色产业为重点，深入推进供给侧结构性改革，促进新旧动能有效转换，加快转型升级、绿色发展步伐，经济呈现稳中向好的发展势头，社会事业不断进步，民生保障持续增强，开创了新时代建设“生态强市、魅力承德”的新局面，为全面建成小康社会奠定了更加坚实的基础。

一、综合

初步核算，2017年全市实现地区生产总值1618.6亿元，比上年增长7.1%。其中，第一产业增加值252.2亿元，增长6.1%；第二产业增加值746.5亿元，增长4.5%；第三产业增加值619.9亿元，增长11.0%。三次产业增加值占地区生产总值的比重由上年的16.5∶45.8∶37.7调整为15.6∶46.1∶38.3。全年实现全部财政收入177.1亿元，比上年增长20.5%。其中，公共财政预算收入89.2亿元，增长8.6%。税收收入66.4亿元，增长8.5%。公共财政预算支出330.8亿元，增长8.0%。其中，教育支出65.1亿元，增长12.3%；社会保障和就业支出41.7亿元，增长21.9%；医疗卫生与计划生育支出34.1亿元，增长30.5%；公共安全支出17.5亿元，增长12.2%。

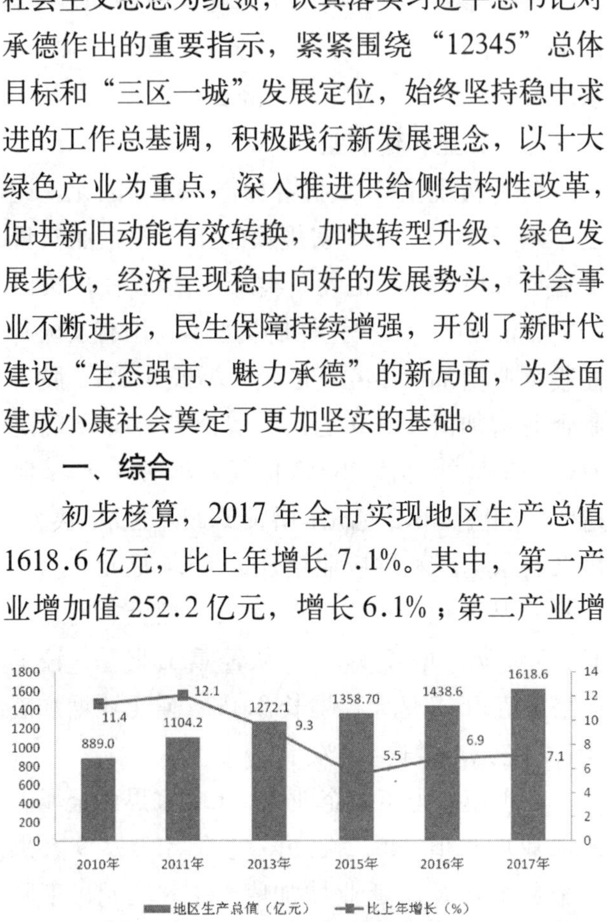

图1　2010—2017年全市生产总值及增速示意图

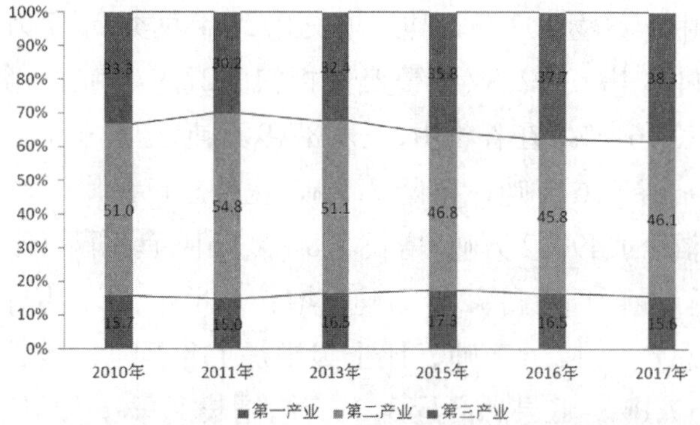

图2　2010—2017年全市三次产业结构情况示意图

全年实现民营经济增加值1054.5亿元，比上年增长7.4%，增长速度比生产总值增速快0.3个百分点，民营经济增加值占全市生产总值的比重达到65.1%，比上年提高1个百分点。民营经济中，第一产业增加值35.1亿元，增长4.5%；

第二产业增加值612.2亿元，增长4.5%；第三产业增加值407.1亿元，增长13.1%。

据抽样调查，居民消费价格比上年上涨2.0%。其中，食品烟酒类下降0.4%，衣着类上涨1.8%，居住类上涨5.1%，生活用品及服务类上涨1.8%，交通和通信类下降0.1%，教育文化和娱乐类上涨0.1%，医疗保健类上涨10.0%。工业生产者出厂价格上涨26.6%。其中，轻工业生产者出厂价格下降2.4%，重工业生产者出厂价格上涨29.8%。（2017年居民消费价格指数见附表三）

二、农业

全年粮食播种面积427.9万亩，比上年下降1.6%。其中，谷物336.9万亩，下降3.0%；豆类15.1万亩，增长10.3%；薯类75.8万亩，增长3.1%。在谷物播种面积中，玉米255.1万亩，下降5.0%；稻谷17.2万亩，下降14.4%。蔬菜播种面积120.8万亩，增长2.8%。中草药材播种面积22.9万亩，增长19.7%。瓜果播种面积1.3万亩，增长6.7%。

全年粮食总产量138.4万吨，比上年增加4.5万吨，增长3.6%，粮食平均亩产324公斤，比上年增加16公斤，增长5.2%。在粮食总产量中，谷物107.7万吨，增长0.2%；豆类2.77万吨，增长12.8%；薯类（折粮）27.9万吨，增长16.7%。在谷物中，玉米87.9万吨，增长0.7%；稻谷9.6万吨，下降8.5%。蔬菜总产量（干鲜混合）490.2万吨，增长5.8%。其中，食用菌（干鲜混合）达到72.3万吨，增长6.8%。中草药材总产量12.6万吨，比上年增加1.8万吨，增长17.0%。瓜果总产量3.2万吨，增长1.9%。（2017年主要农产品产量见附表一）

全年人工造林面积48.3万亩，下降31%；四旁（零星）植树769万株，下降8%；森林抚育面积49.6万亩，下降32%；育苗面积12.7万亩，增长14%。园林水果产量140.5万吨，增长9.1%。食用坚果总产量22.9万吨，增长9.8%。新增造林绿化62.5万亩，发展经济林29.57万亩，有林地面积3417万亩，森林覆盖率达57.67%。承德市被授予“国家森林城市”称号，塞罕坝机械林场被联合国环境署授予“地球卫士奖”。

全年肉类总产量47.9万吨，比上年增长4.8%。其中，猪肉产量18.8万吨，增长2%；牛肉产量9.4万吨，增长5.2%；羊肉产量2.1万吨，增长6.3%；禽肉产量16.9万吨，增长7.8%。禽蛋产量12.4万吨，增长4.2%；奶类总产量16.8万吨，增长9.8%。年末牛存栏84.5万头，增长4.0%；羊存栏118.7万只，增长5.5%；猪存栏166.0万头，增长1.3%；家禽存栏2925.3万只，增长2.2%。全年牛出栏59.5万头，增长5.1%；羊出栏150.3万只，增长6.3%；猪出栏251.8万头，增长2.4%；家禽出栏10664.2万只，增长5.7%。

水产品养殖面积7.7万亩，比上年下降12%。其中，水库养殖 7.0 万亩，下降13.2%。水产品总产量3.2万吨，下降23.9%。

三、工业和建筑业

全年实现全部工业增加值632.8亿元，比上年增长4.5%。488家规模以上工业企业实现工业增加值563.9亿元，增长5.0%。在规模以上工业企业中，从登记注册类型看，国有及国有控股企业增加值144.8亿元，增长3.8%；股份制企业增加值550.0亿元，增长4.7%。从门类看，采矿业增加值261.3亿元，增长7.9%；制造业增加值246.2亿元，增长1.1%；电力、热力、煤气及水生产和供应业增加值56.4亿元，增长8.2%。从企业规模看，83家大中型企业增加值402.5亿元，增长5.8%。从轻重工业看，轻工业增加值56.7亿元，增长9.1%；重工业增加值507.2亿元，增长4.5%。

在规模以上工业企业中，138家黑色金属矿采选业增加值246.2亿元，增长8.3%，9家黑色金属冶炼及压延业增加值111.8亿元，下降8.3%，两行业拉动规模以上工业增长2.1个百分点，对全市工业增加值的贡献率达41.3%，占规模以上工业的比重为63.5%，比上年上升0.1个百分点。食品制造业增加值15.9亿元，增长13.4%；农副食品加工业增加值14.1亿元，增长25.0%；酒和饮料制造业增加值22.8亿元，下降0.7%；电力生产和供应业增加值48.8亿元，增长8.9%；装备制造业增加值29.3亿元，增长14.9%；医药工业增加值4.1亿元，下降0.4%；煤炭开采和洗选业、石油加工炼焦和核燃料加工业、化学原料和化学制品制造业、非金属矿物制品业、黑色金属冶炼和压延加工业、电力热力生产和供应业等六大高耗能行业增加值201.6亿元，下降2.1%。88家高新技术产业企业实现增加值59.6亿元，增长17.9%。其中，新能源增加值22.3亿元，占37.4%。

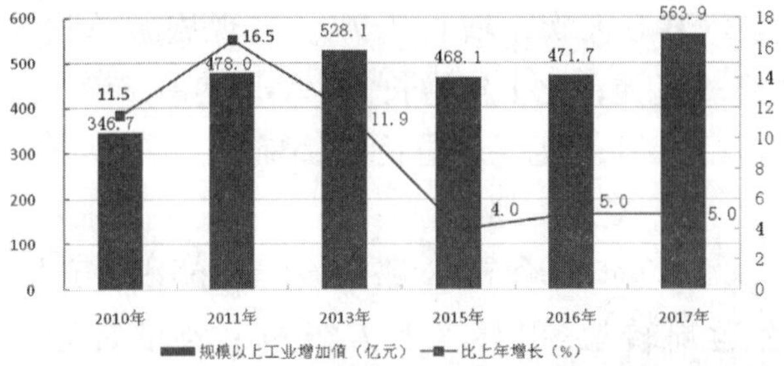

图3　2010—2017年全市规模以上工业增加值及增速示意图

规模以上工业企业实现主营业务收入1992.3亿元，增长24.7%；实现利润总额92.4亿元，增长98.7%。每百元主营业务收入中的成本为87.93元，减少0.77元；工业企业资产负债率为69.6%，下降0.9个百分点。年末亏损企业117家，全年累计亏损额为13.3亿元，比上年下降47.9%。

2017年规模以上工业企业产品销售率为96.2%，比上年下降0.4个百分点。规模以上工业企业产品产量中，铁矿石原矿3.3亿吨，增长33.5%；生铁1409.8万吨，下降0.9%；粗钢1330.3万吨，下降3.1%；钢材1197.9万吨，下降3.3%；水泥685.5万吨，增长8.1%；发电量125.4亿千瓦小时，增长15.1%，其中风力发电量68.2亿千瓦小时，增长25.7%，光伏发电5.0亿千瓦小时，增长27.7%；中成药4776.9吨，增长1.2%；白酒3952.7万升，增长16.9%。（2017年规模以上工业主要产品产量见附表二）

初步核算，全年建筑业增加值 113.9亿元，比上年增长4.2%。资质等级以上总承包及专业承包建筑企业185家，有施工活动的企业172家。签订合同总额270.7亿元，增长21.2%。其中，本年新签合同额197.8亿元，增长31.4%。房屋建筑施工面积769万平方米，下降1.2%；房屋建筑竣工面积286.2万平方米，增长2.5%。

四、固定资产投资

全年完成固定资产投资（不含农户）1732.5亿元，增长7.2%。其中，城乡建设项目投资1579.5亿元，增长6.8%。从产业看，第一产业投资267.7亿元，增长22.7%。第二产业投资581.4亿元，增长10.7%。其中工业投资581.4亿元，增长10.7%。其中，黑色金属矿采选业73.2亿元，增长7.3%；黑色金属冶炼及压延业15.1亿元，下降31.9%；医药制造业11.2亿元，增长135.4%；农副食品加工业41.6亿元，增长225.5%；汽车制造业0.2亿元，下降84.5%；电力热力生产及供应业134.1亿元，下降31.3%；工业技术改造344.3亿元，增长30.0%。第三产业投资883.4亿元，增长1.3%。其中，交通运输、仓储和邮政业114.3亿元，下降31.0%；水利、环境和公共设施管理业364.7亿元，增长6.7%。民间投资1268.2亿元，增长25.5%。

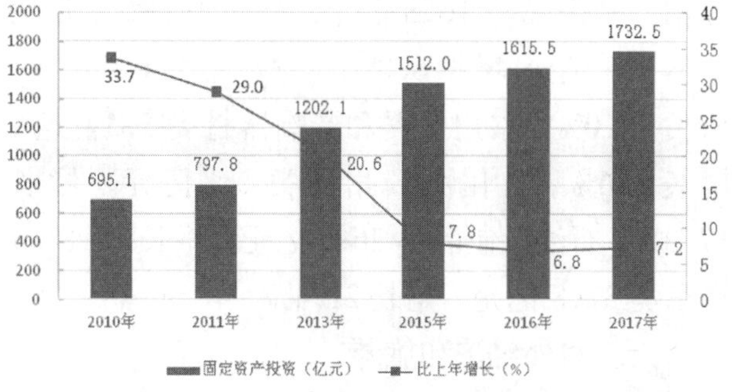

图4　2010—2017年全市固定资产投资额及增速示意图

从投资项目看，城乡建设施工项目1573个，本年新开工项目1105个，比上年下降7.1%，占施工项目的70.2%。亿元以上城乡建设施工项目563个，比上年增加115个，完成投资1218.8亿元，增长14.5%，占固定资产投资的70.4%，拉动投资增长9.6个百分点。

房地产开发投资152.9亿元，比上年增长12.0%。其中，商品住宅投资111.1亿元，增长11.9%。房屋施工面积1537.1万平方米，增长5.3%；房屋竣工面积177.2万平方米，增长47.4%。商品房屋销售面积325.97万平方米，下降6.9%。

五、国内贸易

全年全市完成社会消费品零售总额603.4亿元，比上年增长11.1%。从经营地看，城镇消费品零售额450.6亿元，增长10.7%；乡村消费品零售额152.8亿元，增长12.1%。

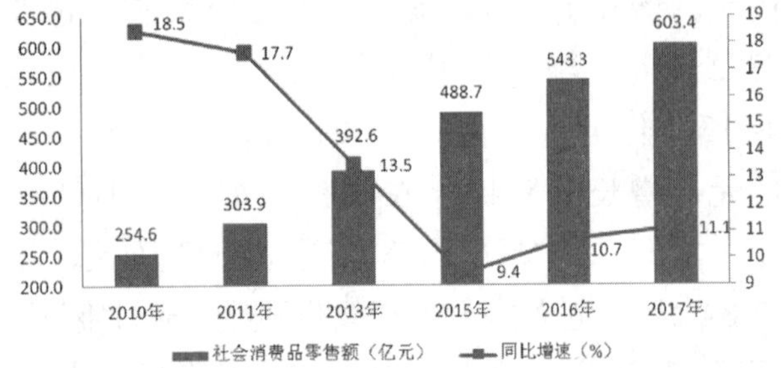

图5 2010—2017年全市社会消费品零售额及增速示意图

211家限额以上企业（单位）全年实现零售额142.0亿元，比上年增长14.1%。限额以上批发零售企业零售额中，粮油、食品类22.7亿元，增长18.3%；烟酒类10.7亿元，增长6.4%；服装、鞋帽、针织品类16.8亿元，增长14.8%；日用品类4.5亿元，增长6.0%；金银珠宝类1.7亿元，增长14.0%；家用电器和音响器材类5.3亿元，增长8.6%；文化办公用品类2.1亿元，增长17.0%；石油及制品类26.5亿元，增长17.8%；汽车类31.8亿元，增长21.4%。

六、对外经济和旅游

全年实际利用外资3770万美元，比上年下降81.2%。其中，外商直接投资2723万美元，下降75.4%。在外商直接投资中，电力、热力生产及供应业2636万美元，制造业57万美元。年末实有三资企业95家，比上年末减少1家。全年新批三资企业6家，与上年末持平；新批合同总金额8228万美元，增长4.2%，其中新批合同外资额3906万美元，增长13.4%。

据海关统计，全市进出口总值44388.9万美元，比上年下降6.7%。其中，出口42536.8万美元，下降2.8%。五矿产品出口18391万美元，增长6.6%；农副产品出口6363万美元，增长10.1%；机电产品出口10286万美元，下降9.5%（不包含河钢集团）。

据市旅游部门提供，全市全年接待境内外游客5796.6万人次，比上年增长25.0%。其中，境内游客5761.5万人次，增长25.1%；境外游客35.0万人次，增长7.9%。实现旅游总收入683.5亿元，比上年增长34.9%。其中，境内游客收入671.0亿元，增长35.5%。

七、交通、邮电

2017年，全市公路客运量965.95万人，客运周转量80133.8万人公里；公路货运量4528.3万吨，货运周转量1162513.1万吨公里。全年干线公路开工建设19条段521公里，建成通车4条段178公里，纳入“十三五”规划的干线公路开工率达到52%；建成农村公路750公里，258个贫困村887个自然村道路问题得以解决；新改建桥梁72 座；实施安全生命防护工程403公里。市区新增100台纯电动公交车，中心城区纯电动公交车数量达到330台。承德普宁机场5月31 日正式通航，开通6条航线，通达7个城市，到年底旅客吞吐量达14.7万人次。京沈高铁承德段全线铺轨。

全年实现快递业务总量1290.81万件，增长24.8%；邮政业务总收入4.49亿元，增长12.0%；快递业务总收入2.29亿元，增长30.9%；订销报刊杂志累计份数5077.71万份，下降6.4%；年末全市有邮政局（所）225处，邮路总长度（单程）3650公里。电信业务总收入（移动、联通、电信公司）22.2亿元，比上年下降1.3%。移动电话年末用户359.6万户，增长9.4%；互联网宽带接入用户66.3万户，增长15.5%。

八、金融和保险业

2017年末金融机构人民币各项存款余额2505.2亿元，比年初增长13.3%。其中，住户存款1606.5亿元，增长11.7%；非金融企业存款389.3亿元，增长6.0%。年末金融机构人民币各项贷款余额1916.5亿元，比年初增长15.7%。住户贷款余额702.2亿元，增长26.2%。其中，短期贷款226.3亿元，增长19.5%；中长期贷款475.8亿元，增长29.7%。非金融企业及机关团体贷款1214.3亿元，增长10.4%。

据保险行业协会提供，2017年全市人身险保费收入45.1亿元，比上年增长9.8%；赔款、给付金额16.2亿元，增长12.0%。财产险保费收入14.0亿元，增长10.5%；财产险保险金额7208.07亿元，增长16.2%;财产险赔付金额6.1亿元，下降 3.8%。交强险保费收入3.8亿元，增长15.9%。

九、科学技术和教育

2017年，全市专利申请1465件，专利授权706件，分别比上年增加280件和111件。全年共组织申报、实施国家和省科技计划项目64项，争取资金支持3210万元，安排市级科技计划项目35项，财政投入850万元。

全年共新增科技小巨人企业 13家、科技型中小企业427家，全市科技小巨人企业、科技型中小企业分别达到50家和1317家。全市新建省级工程技术研究中心3家、众创空间4家、科技企业孵化器1家、星创天地8家，新建院士工作站6家。

建成了承德市大型科研仪器设备共享服务平台，成立了“承德市企业科技创新研究会”、“国家技术创新方法与实施工具工程技术研究中心——承德基地”和承德市技术创新方法与实施工具工程技术研究中心，为企业开展创新研究和协同创新提供了重要平台。

2017学年，全市拥有幼儿园987所，学前三年毛入园率达83.5%；省级城市示范性幼儿园24所，60%的农村幼儿园达到省级二类园以上标准。省级中小学素质教育示范校26所。小学、初中义务教育巩固率分别达100%、97%以上，高中阶段毛入学率达91.5%。省级示范性高中14所，在省级示范性高中就读学生数占高中学生总数的比例达78%。

普通高等学校6所，专任教师2790人，在校学生45606人；中等职业教育学校25所，专任教师2047人，在校学生37419人；普通中学123所，专任教师12401人，在校学生17.79万人；小学447所，专任教师18060人，在校学生27.84万人。

十、文化、体育和卫生

年末全市有广播电台9座，广播节目11套，中、短波发射台和转播台5座，广播覆盖率为94.19%；电视发射台和转播台15座，电视发射功率为23.05千瓦，电视覆盖率为96.48%；有线电视用户数达53.1万户，入户率达35.11%；拥有文化馆10个，文化站205个，影剧院18个，公共图书馆图书总藏量达167.06万册。

成功举办了“2017中国 · 承德——刺玫瑰国际微电影节”、京津冀辽鲁五省市书画展、“百家争春——京津冀工艺美术艺术节”、“承德来啦——水源地绿色产品天津行开幕式”等活动，促进了京津冀文化事业交流发展。开展了“彩色周末”文化广场演出、文化艺术市民大讲堂、读书读报节、全民阅读、燕赵少年读书系列活动、戏曲票友大赛等群众性文化活动，受到了人民群众的广泛好评。

举办了2017环中国国际公路自行车赛（承德站）、第四届金山岭长城国际马拉松赛、“勇士荣耀”综合格斗赛、2017年河北省国际象棋锦标赛、第三届俱乐部篮球联赛、承德市足球超级联赛等国际、国内、省市级赛事活动20余项。

全市拥有体育场馆136个，体校及业余体校6个，重点体校及业余体校1个，体育俱乐部32个，体育社团组织27个。二级运动员116人，社会体育指导员（二级）445人。全年开展群众体育活动130次，40万人积极参加。在省及以上级比赛中共获得金牌19枚、银牌37枚，铜牌32枚。

年末拥有公立卫生机构2801个，其中医院36个；公立卫生机构医生（执业医师和执业助理医师）7904人，注册护士7202人；公立卫生机构床位2.13万张，其中医院拥有1.42万张；公立卫生机构人员2.56万人，其中卫生技术人员1.88万人。

十一、人口、人民生活和社会保障

据公安部门统计，2017年末，全市户籍人口380.2万人，比上年末减少3.1万人。其中，男性195.7万人，女性184.6万人。

据抽样调查，2017年全市居民人均可支配收入17755元，比上年增长10.3%。按常住地分，城镇居民人均可支配收入27042元，增长8.8%；农村居民人均可支配收入9682元，增长10.8%。

年末，全市城镇职工基本养老保险参保人数74.9万人，城乡居民社会养老保险参保人数171.6万人；城镇职工基本医疗保险参保人数43.7万人，城乡居民基本医疗保险参保人数299.3万人。工伤保险参保人数45.4万人；生育保险参保人数31.1万人；失业保险参保人数22.7万人。全年城镇新增就业人员54774人，年末城镇登记失业人员22761人，城镇登记失业率为3.53%。

全年城市居民最低生活保障人数4.3万人，农村居民最低生活保障人数17.2万人；养老机构103个，床位18066个；社会福利院3个，福利院床位228个；城市社区服务中心179个；社会救济总人数21.5万人。

十二、环境保护

2017年，市区空气质量达标天数291天，达标天数占80.17%，比上年提升5个百分点；市区PM2.5 浓度年均值每立方米35微克，降低5微克；城市集中饮用水源地水质达标率保持100%。

全年规模以上工业企业综合能源消费量966.7万吨标准煤，比上年下降3.2%；单位工业增加值能耗比上年下降7.9%。

2017年主要农产品产量统计表

附表一：

产品名称	计量单位	绝对数	比上年增长（%）
粮食	万吨	138.4	3.6
#玉米	万吨	87.9	0.7
稻谷	万吨	9.6	-8.5
豆类	万吨	2.7	10.2
薯类（折粮）	万吨	27.9	16.7
油料	万吨	2.6	10.2
食用菌（干鲜混合）	万吨	72.3	6.8
食用坚果	万吨	22.9	9.8
园林水果	万吨	140.5	9.1
肉类总产量	万吨	47.9	4.8
#猪牛羊肉	万吨	30.3	3.4
禽肉	万吨	16.9	7.8
禽蛋	万吨	12.4	4.2
奶类总产量	万吨	16.8	9.8
牛出栏	万头	59.5	5.1
羊出栏	万只	150.3	6.3
猪出栏	万头	251.8	2.4
牛存栏	万头	84.5	4.0
羊存栏	万只	118.7	5.5
猪存栏	万头	166.0	1.3

2017年规模以上工业企业主要产品产量统计表

附表二：

产品名称	计量单位	绝对数	比上年增长（%）
粗钢	万吨	1330.3	-3.1
钢材	万吨	1197.9	-3.3
生铁	万吨	1409.8	-0.9
水泥	万吨	685.5	8.1
白酒	万吨	3952.7	16.9
饮料	万升	23.3	-14.3
中成药	吨	4776.9	1.2
发电量	亿千瓦小时	125.4	15.1
#风电	亿千瓦小时	68.2	25.7
光伏	亿千瓦小时	5.0	27.7

2017年居民消费价格指数统计表

附表三：

类　别	同比指数（上年=100）
居民消费价格总指数	102.0
#食品烟酒	99.6
粮食	102.0
鲜菜	92.6
畜肉	93.2
水产品	107.9
蛋	95.6
鲜果	108.7
#衣着	101.8
#居住	105.1
#生活用品及服务	101.8
#交通和通信	99.9
#教育文化和娱乐	100.1
#医疗保健	110.0
#其他用品和服务	99.2

说明：1. 公报中部分数据为快报数。

2. 生产总值、各产业增加值绝对值按现行价格计算，增长速度按可比价格计算。

3. 公报中一、二、六、七、八、九、十、十一、十二中部分数据由相关部门提供

2017年承德市主要经济指标统计表

主要指标	绝对量(亿元)	比上年增长%
国内(地区)生产总值	1618.6	7.1
#一产增加值	252.2	6.1
二产增加值	746.5	4.5
三产增加值	619.9	11.0
规模以上工业增加值	563.9	5.0
规模以上工业利润总额	92.4	98.8
固定资产投资	1732.5	7.2
社会消费品零售总额	603.4	11.1
全体居民人均可支配收入（元）	17755	10.3
#城镇居民人均可支配收入(元)	27042	8.8
农村居民人均可支配收入(元)	9682	10.8
出口总值	29.0	−0.3
公共财政预算收入	89.2	8.6

分县（市、区）主要经济指标统计表

县　区	地区生产总值（亿元）				其中：第一产业（亿元）				第二产业（亿元）			
	绝对值	位次	增长%	位次	绝对值	位次	增长%	位次	绝对值	位次	增长%	位次
全　市	1618.6	–	7.1	–	252.2	–	6.1	–	746.5	–	4.5	–
双桥区（含高新区）	189.1	–	6.8	–	1.9	–	6.2	–	65.7	–	1.8	–
其中：高新区	59.7	11	7.0	8	1.0	10	21.7	1	39.7	9	4.2	10
双桥区（不含高新区）	129.4	6	6.8	11	0.9	12	−7.8	12	26.0	11	−1.6	12
双滦区	124.6	8	7.8	2	2.5	9	6.0	6	80.9	3	3.7	11
营子区	36.5	12	7.0	8	1.0	11	4.2	11	25.0	12	5.8	5
承德县	140.6	4	7.2	5	29.8	5	5.6	9	64.2	5	6.2	3
兴隆县	113.8	10	6.4	12	27.1	7	6.8	3	51.4	7	5.1	8
平泉市	186.7	2	7.5	4	33.7	3	6.1	5	80.6	4	5.5	6
滦平县	174.2	3	7.6	3	30.5	4	7.1	2	83.8	2	6.0	4
隆化县	132.9	5	7.1	7	34.2	2	5.3	10	53.9	6	4.6	9
丰宁县	114.9	9	7.0	8	28.3	6	6.5	4	44.1	8	7.2	2
宽城县	251.9	1	7.2	5	18.0	8	6.0	6	156.7	1	5.2	7
围场县	125.1	7	8.0	1	45.1	1	5.7	8	33.5	10	8.0	1

分县（市、区）主要经济指标统计表（续一）

县区	第三产业（亿元）				规模以上工业增加值（亿元）				规模以上工业利润（亿元）			
	绝对值	位次	增长%	位次	绝对值	位次	增长%	位次	绝对值	位次	增长%	位次
全市	619.9	–	11.0	–	563.9	–	5.0	–	92.4	–	98.8	–
双桥区（含高新区）	121.4	–	9.5	–	38.5	–	4.7	–	7.5	–	−14.2	–
其中：高新区	18.9	11	11.8	3	35.6	7	4.6	11	6.6	7	−19.0	8
双桥区（不含高新区）	102.6	1	9.1	10	2.9	12	5.1	8	0.9	11	0.6	7
双滦区	41.2	9	17.9	1	70.4	2	2.5	12	−1.3	12	▲0.8	–
营子区	10.5	12	10.5	7	20.6	11	6.0	2	3.2	10	▲−0.8	–
承德县	46.6	5	9.9	9	55.1	4	5.5	6	9.41	5	65.1	3
兴隆县	35.3	10	8.0	11	44.2	6	5.0	10	5.5	9	188.9	1
平泉市	72.4	3	10.3	8	53.3	5	6.1	1	9.39	6	−25.9	9
滦平县	59.8	4	10.6	6	67.9	3	6.0	2	10.5	4	67.0	2
隆化县	44.8	7	12.6	2	34.4	8	5.6	5	6.5	8	50.9	4
丰宁县	42.5	8	7.2	12	28.3	9	5.1	8	12.2	2	47.7	5
宽城县	77.2	2	11.3	4	127.9	1	5.7	4	17.9	1	▲−10.2	–
围场县	46.4	6	11.0	5	23.4	10	5.4	7	11.8	3	31.9	6

注：标“▲”为上年同期数

分县（市、区）主要经济指标统计表（续二）

县区	固定资产投资（亿元）				社会消费品零售总额（亿元）				限额以上企业（单位）消费品零售额（亿元）			
	绝对值	位次	增长%	位次	绝对值	位次	增长%	位次	绝对值	位次	增长%	位次
全市	1732.5	–	7.2	–	603.4	–	11.1	–	142.0	–	14.1	–
双桥区（含高新区）	115.2	–	–	–	143.4	–	11.3	–	84.4	–	13.1	–
其中：高新区	44.3	11	5.0	12	6.6	12	10.1	10	0.4	11	5.5	11
双桥区（不含高新区）	70.9	10	9.2	3	136.9	1	11.3	4	84.0	1	14.3	4
双滦区	154.1	7	10.1	1	23.7	10	15.5	1	10.7	3	20.0	1
营子区	32.0	12	7.5	7	13.7	11	10.6	8	0.06	12	3.7	12
承德县	203.0	2	5.2	11	53.5	4	9.4	12	1.7	9	7.9	9
兴隆县	166.0	5	5.54	9	53.9	3	10.0	11	0.6	10	11.4	8
平泉市	202.1	3	7.70	6	67.4	2	11.4	3	13.3	2	12.8	7
滦平县	218.7	1	8.7	4	51.0	6	12.0	2	4.1	8	16.0	2
隆化县	161.0	6	6.1	8	47.0	9	10.2	9	5.6	6	14.3	4
丰宁县	142.2	8	7.73	5	48.4	8	11.0	6	4.5	7	13.9	6
宽城县	200.9	4	5.45	10	48.7	7	11.2	5	8.55	4	15.9	3
围场县	137.3	9	9.6	2	52.6	5	10.7	7	8.49	5	7.9	9

分县（市、区）主要经济指标统计表（续三）

县 区	城镇居民人均可支配收入(元)				农村居民人均可支配收入(元)			
	绝对值	位次	增长%	位次	绝对值	位次	增长%	位次
全 市	27042	–	8.8	–	9682	–	10.8	–
双桥区	30845	2	9.5	1	11553	3	10.19	11
双滦区	31498	1	9.0	7	11565	1	11.0	7
营子区	24032	8	9.2	4	9364	7	10.2	10
承德县	25395	6	9.4	2	9971	6	10.8	8
兴隆县	24005	9	8.9	8	11011	5	11.1	6
平泉市	25961	5	9.3	3	11139	4	11.504	2
滦平县	27415	4	9.2	5	8936	8	11.3	4
隆化县	24037	7	8.4	11	8068	9	11.2	5
丰宁县	21706	11	8.6	10	7614	11	11.499	3
宽城县	29104	3	9.1	6	11558	2	10.6	9
围场县	22643	10	8.8	9	7966	10	11.6	1

2017年承德市规模以上50强企业统计表

序号	企业名称
1	承德钢铁集团有限公司
2	承德兆丰钢铁集团有限公司
3	承德盛丰钢铁有限公司
4	国网冀北电力有限公司承德供电公司
5	承德建龙特殊钢有限公司
6	承德燕北冶金材料有限公司
7	承德京城矿业集团有限公司
8	承德信通首承矿业有限责任公司
9	承德宽丰矿业有限公司
10	承德中滦煤化工有限公司
11	河北金风电控设备有限公司
12	承德天宝矿业集团有限公司
13	承德剑峰矿业集团有限公司
14	河北滦平华都食品有限公司
15	承德澳天山楂制品集团有限公司
16	承德避暑山庄企业集团股份有限公司
17	丰宁鑫源矿业有限责任公司
18	河北承德露露股份有限公司
19	承德宝通矿业有限公司
20	宽城泰丰矿业集团有限公司
21	承德县双龙冶金有限公司
22	承德铁成矿业集团有限公司
23	承德承钢双福矿业有限公司
24	承德市创远矿业有限公司
25	隆化县顺达矿业有限责任公司
26	承德比亚迪汽车有限公司
27	颈复康药业集团有限公司
28	国电承德热电有限公司

序号	企业名称
29	丰宁顺达矿业集团有限公司
30	承德县金盈矿业有限公司
31	滦平县伟源矿业有限责任公司
32	承德天宝集团滦平铁泰矿业有限公司
33	河北围场龙源建投风力发电有限公司
34	中红三融集团有限公司
35	承德县恒伟矿业集团有限公司
36	滦平源通矿业有限公司
37	承德润丰铜业有限公司
38	承德天宝集团滦平铁马矿业有限责任公司
39	中盐银港（承德）人造板有限公司
40	隆化县鸿程矿业有限公司
41	隆化县新村矿业有限公司
42	承德金亿达矿业集团有限公司
43	平泉金茂矿业集团有限公司
44	滦平县骥腾矿业集团有限公司
45	承德县京华矿业有限责任公司
46	承德县金宜矿业有限公司
47	承德乾隆醉酒业有限责任公司
48	兴隆县丰鑫矿业有限公司
49	滦平建龙矿业有限公司
50	滦平县宝蓝中矿业有限公司

索　引

使用说明：

一、本索引包含分目、主要条目，按照首字汉语拼音字母顺序排列。

二、索引文字采用宋体字，数字表示内容所在的页码。

A

B

C

D

E

F

G

H

J

K

L

M

N

R

S

T

W

X

Y

Z